제6판

상법강의

김홍수 · 한 철 · 김원규 공저

세창출판사

이 도서의 국립중앙도서관 출판예정도서목록(CIP)은 서지정보유통지원시스템 홈페이지(http://seoji.nl.go.kr)와 국가자료공동목록시스템(http://www.nl.go.kr/kolisnet)에서 이용하실 수 있습니다.(CIP제어번호: CIP2020032649)

제6판 머 리 말

작년 말 공표된 기업생멸행정통계에 따르면 2018년 말 현재 우리나라에서 영리 기업으로 활동하는 기업의 총수는 625만 개, 그 종사자 수는 2041만 4천 명으로서 이는 우리나라 경제활동인구(2828만 3천 명)의 72.2%이고, 우리나라 총 인구의 39.4%에 해당하는 수치이다. 한편 위 활동기업 중 회사를 포함한 법인기업이 65만 7천 개로 전체 기업의 10.5%를 차지하고 그 종사자 수는 1149만 4천 명(56.3%)에 이르며, 개인 기업은 559만 3천 개로 활동기업 총수의 89.5%이고 그 종사자 수는 892만 명(43.7%)인데, 특히 2018년의 신생기업 수는 소멸기업 수(69만8천 개)보다 22만 2000개가 많은 92만 개에 달했다.

이러한 통계수치는 상법을 처음 접하는 초심자에게도 기업의 생활관계를 규율하는 상법의 중요성을 충분히 이해하고도 남음이 있으리라고 본다. 아울러 상법이 회사는 물론 개인 기업의 설립부터 소멸에 이르는 영리활동관계에 적용이 된다는 점에서 상법의 제1편 총칙부터 제7편 항공에 이르는 모든 규정의 소중함을 새삼 돌아보게 한다.

이러한 점에서 금번 상법강의 제6판을 출간함에는 기업의 생활관계를 규율하는 법률로서 빠른 속도의 기업환경 변화에 신속하게 대응하는 상법의 이미지를 제고하고 각종 공직시험이나 자격증 시험을 대비한 수험준비서로서는 물론 공동기업과 개인기업의 실무에 필수적인 기본서 내지는 정리서의 역할에 충실하기 위하여 2020년 9월까지 개정된 내용 중 누락된 부분을 보완함은 물론 독자들의 의견수렴을 통하여 필요한 부분에 대한 부연설명을 함으로써 독자와 소통하는 상법강의 교재를 완성하고자 노력하였다.

2020년 7월

한남대학교 연구실에서

공 저 자 씀

머리말

  자본주의 사회의 규범적인 틀을 이루는 상법의 중요성에 대하여는 아무리 강조한다 하더라도 오히려 부족할 것이다. 그러므로 상법을 중시하지 않는 사회는 규범적인 면으로 볼 때 건강하고 튼튼한 사회가 되기 어려운 것이다. 상법은 진보적·유동적 성향이 강하다 보니 타 법률에 비하여 기업 환경의 변화에 따라 개정이 빈번하며, 그 내용도 방대하고 복잡다기하다. 그러므로 상법의 모든 내용을 한 권의 책에 담아내기란 쉽지 않은 작업이 될 수밖에 없는 일이다. 또 상법을 처음 접하는 초심자들에게 과도하게 방대한 분량의 책은 심리적인 위축을 가져다주는 것이 사실이다. 공저자들은 오랜 기간 대학에서 상법강의를 담당해 오면서 될 수 있는 대로 초심자들이 쉽게 접근할 수 있는 교과서를 저술하고자 하는 마음 간절하였다. 늦은 감이 없지 않지만 이제 그러한 생각이 자그마한 결실을 보게 되어, 강의경험과 강의를 하면서 준비해 온 자료들에 기초하여 독자들에게 책을 내놓게 되었다. 이 책은 다음과 같은 몇 가지 방침에 따라 저술되었다.

  첫째, 이 책은 상법의 전체적인 윤곽을 파악하고 구체적인 제도들을 평이하게 이해하고자 하는 초심자들을 염두에 둔 것이다. 그러므로 이 책의 주된 독자들에게는 꼭 필요하다고 할 수 없는 참고문헌의 인용을 위한 각주나, 사족이라고 여겨지는 불필요한 설명은 가능한 한 배제하였다.

  둘째, 서술체계는 상법전을 중심으로 상법총칙, 상행위, 회사, 보험 및 해상의 순서로 하되, 어음법·수표법은 위 체계 중 회사와 보험 사이에 넣어 기존의 상법교과서의 체계를 유지하였다.

  셋째, 서술방법은 상법상의 제 제도를 기업을 중심으로 종합적으로 다루되, 실무적으로나 학문적으로 중요한 회사와 어음법·수표법에 상당한 지면을 할애했으며, 그중에서도 중요도가 떨어지는 것은 되도록 간단하게 다루고자 노력하였다.

  넷째, 상법상의 제 제도에 관한 법 규정의 해석에 관하여는 학설 및 판례상 이론이 있는 경우가 있으나, 이 책에서는 이 점에 관하여 너무 깊이 있는 논의는 삼가고자 하였다. 따라서 학설이나 판례를 일일이 소개하지는 않았으나, 중요한 사항에 관하여는 대립하는 학설 및 판례를 간단히 소개하거나 적어도 학설상의 대립이 있음을 기술하여 독자가 이 책을 읽는 데 도움이 되도록 배려하였다.

다섯째, 위와 같은 기본적인 방침하에 상법상의 제 제도의 본질적인 의의 및 특성을 분명히 하는 데 중점을 두고, 법의 기초를 이루는 사회적·경제적인 실체에 관하여도 고려하였다.

여섯째, 1000쪽 이내에 불과한 이 책 속에 상법 전체를 서술하기 때문에, 독자가 조문을 읽고 대체로 그 의미를 이해할 수 있는 것이나, 별로 중요하지 않다고 생각되는 것은 조문번호를 인용하되 그 조문의 내용을 일일이 기재하거나 이를 설명하지는 않았다. 또한 중요한 조문이라도 그 내용을 그대로 기재한 다음 이를 해설하는 방식을 취하지 않고, 그 의의나 특색을 기술한 후 문제점을 분명히 하는 데 중점을 두었다. 따라서 이 책을 읽는 독자는 인용조문을 참조하여 이 책의 서술내용을 스스로 보충한다면 더 풍부한 이해의 경지에 도달할 수 있을 것이다.

공저자들은 이 책을 통하여 초심자들을 상법이라는 새로운 세계로 인도하는 친절한 길 안내자가 되고자 하였다. 그러나 이러한 처음의 뜻이 제대로 이루어졌는지에 대한 평가는 이제 전적으로 독자들의 몫이 될 것이다. 부디 이 책을 읽는 모든 독자들이 상법 이해에 대한 깊은 영감을 얻을 수 있기를 빌어 마지 않는다.

마지막으로 이 책의 편집과 출판에 남다른 배려를 해주신 세창출판사의 이방원 사장님과 임길남 상무님, 그리고 편집, 교정 등 번거로운 일에 힘써 주신 편집부 여러분께 감사의 말씀을 드린다.

2008년 1월

한남대학교 연구실에서

공 저 자 씀

차 례

[제1편 상법총칙]

| 제1장 | 서 론 _ 3

| 제2장 | 商 人 _ 23

| 제3장 | **상업사용인**(상인의 보조자) _ 37

| 제4장 | 영 업 소 _ 52

| 제8장 | **영업양도**_89

[제2편　商行爲法]

| 제1장 | 서　론_103

【 제3편 會 社 法 】

| 제1장 | 會社法 總論 _ 235

| 제2장 | 合名會社 _ 255

| 제5장 | 株式會社 _ 302

| 제6장 | 有限會社 _ 529

[제4편 어음法・手票法]

|제1장| 어음・手票法 一般論 _ 609

|제2장| 어음·手票法 序論 _ 623

|제3장| 어음·手票法 總論 _ 638

| 제4장 | 어음法 各論 _ 703

| 제5장 | 手 票 法 _ 777

| 제6장 | 電子어음法 _ 799

[제5편 보 험 법]

| 제1장 | 보험법 서론 _ 815

| 제2장 | 보험계약 _ 821

[제6편 해 상 법]

| 제1장 | 총 론 _ 869

| 제2장 | 해상기업 _ 873

| 제3장 | 운송과 용선 _ 890

| 제4장 | **해상위험** _ 912

[**제7편 항공운송**]

| 제1장 | **통 칙** _ 917

법령약어 (가나다 순)

가맹　　가맹사업거래의 공정화에 관한 법률

국기법　　국세기본법

기준　　기업회계기준

민　　민법

민소　　민사소송법

민집　　민사집행법

부정경쟁방지법　　부정경쟁방지 및 영업비밀보호에 관한 법률

비송　　비송사건절차법

상　　상법

상등　　상업등기법

상등규　　상업등기규칙

수　　수표법

약관규제법　　약관의 규제에 관한 법률

어　　어음법

여전　　여신전문금융업법

여전영　　여신전문금융업법 시행령

외감법　　주식회사의 외부감사에 관한 법률

자본시장법　　자본시장과 금융투자업에 관한 법률

전기　　전자거래기본법

전자어음법　　전자어음의 발행 및 유통에 관한 법률

전자어음법시행령　　전자어음의 발행 및 유통에 관한 법률 시행령

형　　형법

회파　　채무자 회생 및 파산에 관한 법률

참고문헌

강위두 · 임재호, 상법강의(상), 형설출판사, 2011.
_____, 상법강의(하), 형설출판사, 2010.
김건식 등 7인 공저, 회사법, 박영사, 2012.
김인현, 해상법, 법문사, 2007.
김정호, 상법총칙 · 상행위법, 법문사, 2010.
_____, 어음 · 수표법, 법문사, 2008.
_____, 회사법, 법문사, 2010.
김홍수, 회사법강의, 글누리, 2007.
박세민, 보험법, 박영사, 2011.
서헌제, 상법강의(상), 법문사, 2007.
_____, 상법강의(하), 법문사, 2002.
손주찬, 상법(상), 박영사, 2005.
_____, 상법(하), 박영사, 2006.
손진화, 상법강의, 신조사, 2011.
안강현, 상법총칙 · 상행위법, 박영사, 2008.
양명조, 어음 · 수표법, 신조사, 2009.
양승규, 보험법, 삼지원, 2005.
이기수 · 최병규, 상법총칙 · 상행위법, 박영사, 2010.
이기수 · 최병규, 어음 · 수표법, 박영사, 2009.
이기수 · 최병규 · 조지현, 회사법, 박영사, 2009.
이철송, 상법총칙 · 상행위, 박영사, 2012.
_____, 어음 · 수표법, 박영사, 2010.
_____, 회사법강의, 박영사, 2012.
임중호, 상법총칙 · 상행위법, 법문사, 2012.
임홍근, 상법(총칙 · 상행위), 법문사, 2001.
_____, 회사법, 법문사, 2000.
전우현, 상법총칙 · 상행위법, 박영사, 2011.

정경영, 상법학강의, 박영사, 2007.

정동윤, 상법(상), 법문사, 2003.

_____, 상법(하), 법문사, 2003.

정찬형, 상법강의(상), 박영사, 2012.

_____, 상법강의(하), 박영사, 2012.

채이식, 상법강의(상), 박영사, 1997.

_____, 상법강의(하), 박영사, 2003.

최기원, 상법학신론(상), 2009.

_____, 상법학신론(하), 2008.

최종현, 해상법상론, 박영사, 2009.

최준선, 보험법 · 해상법, 삼영사, 2008.

_____, 상법총칙 · 상행위법, 삼영사, 2011.

_____, 어음 · 수표법, 삼영사, 2007.

_____, 회사법, 삼영사, 2012.

홍복기 등 8인 공저, 회사법, 박영사, 2012.

제1편 상법총칙

제1장 | 서 론

제1절 상법의 개념

I. 총 설

상법(commercial law, business law, Handelsrecht)이라는 말에는 두 가지의 의미가 있다. 형식적 의의로 말하면 상법이라는 이름으로 제정된 법률, 즉 商法典을 의미한다. 이는 각국의 역사적 배경과 입법정책을 반영하는 것이므로 나라와 시대에 따라 존재할 수도 있고 존재하지 않을 수도 있다. 즉, 우리나라를 비롯하여 독일, 프랑스 등의 대륙법계의 국가에서는 이와 같은 상법이라는 명칭을 가진 제정법을 찾아볼 수 있다. 그러나 미국이나 영국 등의 영미법계 국가들의 경우에는 이러한 명칭을 가진 제정법이 없다. 또한 상법전을 가진 경우에도 나라와 시대에 따라 내용과 체계를 달리한다.

실질적 의의로 말하면 상법전의 유무나 그 내용과 관계없이 규율되는 기업의 생활관계의 실질 또는 내용에 의하여 파악된 통일적이며 체계적인 법의 영역을 말한다. 이러한 독립적인 규율대상이 있기 때문에 실질적 의의의 상법이 독립적인 법학의 한 분야로서 존재할 수 있게 되는 것이다.

II. 상법의 규율대상

1. 商의 개념

'상'(commerce, Handel)의 개념은 시대에 따라 많은 변화를 경험하였다. 원래 경제학에서의 商이란 생산자와 소비자의 사이에서 재화의 전환을 매개하여 이득을 얻고자 하는 행위를 말한다(경제적 의미의 商 또는 고유의 商). 한때는 상법의 규율대상

(法律上의 商)은 이러한 행위에 한정되기도 하였다. 그러나 경제의 발전에 따른 필연적인 결과로서 새로운 종류의 상행위가 등장하면서 상법의 규율대상은 다음과 같이 크게 확대되었다.

(1) 고유의 상과 불가분의 관계를 가지면서 여러 가지 방법으로 고유의 상을 보조하는 商(補助商)으로 중개업, 창고업, 금융업 등이 발생하였다.

(2) 그런가 하면 보조상과 영업의 형태에 있어서는 아주 유사하지만 상품의 전환과는 무관한 새로운 형태(유형)의 상(類型商)으로 생명보험업 등이 나타났다.

(3) 나아가서 보조상이나 재화의 전환과는 무관한 공업, 임대업, 전기·전파·가스 또는 물의 공급업, 건설업, 출판업, 통신정보업 및 서비스업 등과 심지어 일부의 광업, 채석업 등 원시생산업까지 등장하였다.

그리하여 상법의 규율대상이 되는 상은 인류의 역사와 함께 지속적으로 확대·발전되어 왔으며, 인류가 존재하는 한 이윤창출을 위한 상의 발전은 끊임없이 새롭게 변화를 더해 갈 것이다.

2. 상법의 대상론

상법의 대상론이라 함은 상법의 규율대상(法律上의 商)은 매우 다양한데 여기에 존재하는 중심이념 또는 지도이념은 무엇인가를 논의하는 것을 말한다. 이러한 논의 중에는 상법이란 고유의 상에 필요하고 유익한 각종의 법률제도와 법률규정의 집합에 불과하다고 하여 그 중심이념을 탐구하기를 포기하는 견해(상법대상파악 포기설)도 존재한다. 그러나 주류에 서 있는 입장에서는 상법의 규율대상이 확대된 것은 자본주의 사회에서 경제생활의 발전에 따른 필연적인 결과로 보고 상법의 규율대상이 되는 생활관계의 통일성의 근거를 밝히고자 노력하는 태도를 견지하여 왔다. 그러한 노력은 다음과 같이 다양한 견해로 나타났다.

(1) 발생사적 관련설: 재화 이전의 매개와 관련되거나 역사적으로 이로부터 전문화 또는 분화된 형태로 발전한 영업활동의 총체를 상법의 대상으로 파악한다.

(2) 매개행위본질설: 매개행위를 상법규율대상의 공통적 특질로 파악한다.

(3) 집단거래본질설: 상법의 규율대상의 특징을 거래의 집단성으로 파악한다.

(4) 상적 색채설: 상법적 법률사실에 공통된 기술적 성격을 상적 색채라 하고, 이러한 색채를 띠는 생활관계를 상법의 대상으로 파악한다.

(5) 기업법설: 법률상의 商의 중심개념을 '기업적 생활관계'로 보는 견해이며, 통설로 인정되고 있다. 이 견해에 따르면 법률상의 상은 기업이고, 상법은 기업법에 해당한다고 볼 수 있다.

(6) 상인법설: 기업법설에 대하여 문제점을 지적하며, 상법을 '상인'에 관한 특별사법으로 파악한다.

III. 실질적 의의의 상법

기업법설의 입장에 따르면 '상법은 기업에 관한 특별사법'이다.

상법은 기업에 관한 법이다. 기업이란 자본적 계산방법에 따라 경영되며 법률상 독립체로 취급되는 계속적 · 영리적 경제단위를 의미한다. 그러므로 상법은 기업의 조직, 기업의 운영 · 관리, 기업의 활동 등의 법률관계를 규율하는 법이다.

상법은 기업에 관한 사법이다. 상법은 사법의 하나로 발생하였으며 사법적 규정 이외에도 공법적 규정을 포함하고 있다. 그렇다고 하더라도 사법적 규정이 상법의 본질적인 내용이 되고 있으며, 그 대상이 되는 기업의 조직과 활동에 관한 규정의 주류가 사법적 규정이므로 전체적으로 볼 때 사법체계에 속한다고 볼 것이다. 한편 기업을 중심으로 하는 생활관계에 대한 국가의 개입이 많아짐에 따라 상법에도 공법적 규정이 늘어나고, 공법적 규정이 사법적 규정과 유기적으로 연결되어 있으므로 이러한 규정들을 종합적으로 이해하여야 할 것이다.

민법에 대하여 상법은 기업을 중심으로 한 생활관계를 규율하는 특별사법이다. 따라서 상법의 규정 중에는 기업에 특유한 독자적 규정(회사, 상호, 상업장부, 상호계산 등), 민법상의 일반제도를 기업에 맞게 특수화하거나 민법상의 규정을 단순히 변경하거나 보충한 규정들(상사유치권, 상사질권, 상사법정이율, 상사채권의 소멸시효 등)이 있다. 이러한 규정들은 모두 일반사법인 민법에 대하여 특별사법적인 규정들이다.

IV. 형식적 의의의 상법

형식적 의의의 상법이란 '상법'이라는 이름으로 제정된 商法典을 말한다. 상법전의 규정은 주로 사법규정이기는 하지만, 그 밖에도 형벌법규, 소송법규, 섭외사법적 규정 등 많은 공법적 규정이 포함되어 있다. 한편 실질적 의의의 상법은 상법전 이외에도 많은 상사특별법령 및 상관습법 등을 포함한다. 즉 은행법, 신탁업법, 보험업법, 증권거래법, 담보부사채신탁법, 부정경쟁방지법 등 각종의 기업에 관한 특별법령은 실질적 의의의 상법에 속한다.

V. 양자의 관계

실질적 의의의 상법은 통일성 · 체계성을 중요시하는 데 대하여, 형식적 의의의 상법은 입법정책적 입장에서 실제성 · 편의성을 위주로 하여 제정된 것이므로, 양자는 반드시 그 범위가 일치하는 것이 아니다. 형식적 의의의 상법의 발달과 변천이 실질적 의의의 상법의 연구를 자극하고, 실질적 의의의 상법의 연구가 형식적 의의의 상법의 개정 또는 해석에 유력한 지침을 줄 수 있는 등 양자의 관계는 매우 밀접한 관련을 갖고 있다.

제2절 상법의 지위

상법을 그와 관련된 다른 법들과의 관계를 살펴보아 상법이 전체 법체계상 점하고 있는 위치를 확인한다면 보다 명확하게 상법을 이해할 수 있을 것이다. 수많은 법들이 상법과 관련을 맺고 있다고 하지 않을 수 없지만, 이곳에서는 상법과 관련성이 많은 법인 민법, 노동법, 경제법 등과의 관계를 살펴본다.

I. 상법과 민법

1. 민법과 상법의 관계

국민의 경제생활관계를 규율하는 점에서 민법과 상법은 공통적인 기반을 대상으로 하고 있다. 차이점이 있다면 민법은 국민의 일반적인 경제생활관계를 규율한다면, 상법은 특히 기업적인 특수한 수요를 반영하는 생활관계를 규율하는 것이라고 할 수 있을 것이다. 따라서 양 법은 일반법과 특별법적인 관계에서 상호간에 밀접한 관련을 맺고 있다고 볼 수 있다. 그리하여 상업등기, 상호, 상업장부, 회사, 지배인 등의 제도와 같이 민법에 아무 규정이 없는 사항에 대하여 상법이 독자적으로 규정을 두는 경우가 있다. 이에 대하여 법정이율, 상사매매, 상사유치권 등과 같이 민법에 일반적인 규정을 두고 있으나, 상법의 그에 대한 예외규정으로 특칙을 두는 경우도 있다. 나아가서 능력, 법률행위, 기간, 불법행위 등과 같이 기업을 중심으로 하는 생활관계에서도 규율될 필요성이 있기는 하지만 일반적인 경제생활관계와 특별히 다르게 규율할 필요가 없는 경우도 있다.

2. 民商二法統一論

(1) 의   의

상법이 과연 민법과 분리해서 독립하여 존재할 이유가 있는 것인가? 즉, 상법의 자주성이 문제된다. 이는 상법상의 여러 제도가 민법의 기본원칙을 근간으로 하고 있으며, 상법의 대상인 상이 무질서하고 산만하게 확대되고 있어서 그 규정이 단편적인 듯한 인상을 주고 있음을 감안하면, 상법을 독립한 법 부문으로 인정할 필요가 없다는 것이다. 결국 민법과 상법을 분리하여 입법할 것이냐 또는 단일법전으로 통일하여 입법할 것이냐 하는 것이 상법의 자주성과 관련하여 문제된다. 상법의 형식적 자주성을 부정하는 민상이법통일론은 바로 상법의 실질적 자주성을 부인하는 것이다.

(2) 내   용

현대의 상법은 중세와 같은 상인단체법이 아니라 일반인의 모든 경제생활에 적용되므로 상법전과 민법전을 별도로 입법할 필요가 없다는 주장이다. 그러나 기업을 중심으로 하는 특수한 생활관계가 일반인의 경제생활과 구별될 수 있다면, 독립의 법역을 이룩할 기반이 인정될 수 있는 것이다.

상법은 은행업자·상공업자 등 상인계급의 이익 보호를 위한 계급법이기 때문에 양 법전을 별도로 입법하면 상인과 거래하는 일반인의 이익이 희생될 것이라고 주장한다. 그러나 입법과정에 특수한 계급의 영향력이 작용한다면 이는 법전의 통일 여부와는 무관한 것이다. 양 법을 구별할 학리상의 정확한 기준이 없고, 법률상의 상과 상인의 개념이 불확정하여 법적용상의 혼란과 불안정을 초래한다고 하는 주장이다. 그러나 이러한 문제는 상법의 전반에 관한 것이 아니고 상행위편 총칙에 있는 소수의 규정의 적용 문제일 뿐이다. 이것도 상당 부분 합리적으로 해결될 수 있다.

양 법전의 병존은 사법이론의 통일적 발전을 저해한다고 하는 주장이다. 그러나 법체계는 생활관계의 실체에 순응해야 하며 구조와 정신이 다른 생활관계를 다루는 법을 단순한 외형의 유사성에 따라 획일적으로 규율하는 것을 타당하다고 할 수는 없다. 통일론은 오늘날에는 이를 추종하는 학자는 찾아보기 어렵고, 이를 반영한 입법례에서도 법전의 내부에서는 여전히 양 법을 분리하여 입법하고 있다.

(3) 분리입법의 필요성

민상이법통일론이 부당하다고 하여 모든 상법관련 법규들을 하나의 통일된 법전으로 제정하여야 한다고 할 수는 없다. 그보다는 상법은 그 규율대상이 되는 생활관계가 계속적으로 변화되어 가는 현실을 따라가기 위하여 그 개정의 필요성이 많은 점에 비추어 주식회사법, 보험법, 해상법 등으로 분리하여 입법할 필요성이 더 커져가고 있다.

3. 民法의 商化

(1) 의 의

민법의 상화라 함은 상법에서 형성된 사상이나 법규가 민법에 의해 수용되는 현상을 말한다. 즉, 민법의 상화현상은 계약자유의 원칙과 같이 상법에서 형성·승인된 원리나 제도를 민법이 받아들여 일반화함으로써 나타나는 것이다. 원래 민법은 일반생활, 상법은 기업생활을 직접의 대상으로 하는 구별이 있기는 하지만, 경제생활을 규율하는 점에 있어서는 양자에 차이가 없다. 그러나 자본주의의 발달과 더불어 '경제생활의 상화'가 생기고, 일반인도 그 생활태도를 기업의 경제적 정신에서 본받지 않으면 안 되게 되어 있다. 이와 같이 민법상의 생활관계도 결국은 영리경제의 기초 위에서 이루어지는 개별거래이며, 여기에 관여하는 인간은 경제인의 유형에 속하는 것이므로 자본주의 경제제도의 유지·발전에 가장 적합한 상법의 진보적 원리가 민법에 침투하는 것이다. 한편 민법의 상화라는 말은 민사회사와 같이 본래 민법에 속하던 법률제도가 상법의 지배하에 들어가는 현상을 의미하는 말로도 사용되었다. 그러나 이것은 원래 상법에 속하는 사항을 민법에서 규정했기 때문에 본래의 관계로 是正되는 현상으로 이해하는 것이 타당할 것이다.

(2) 상법의 自主性

민법의 상화현상에는 한계가 있다. 즉 민법 중 신분법은 그 성질상 상화가 될 여지가 없고, 재산법 중 추상적·일반적인 채권법에서 부분적으로 상화가 일어나는데 이것도 그 성질상 매우 제한적이다. 민법의 상화현상은 민법 중 극히 일부분에서만 일어나는 현상이지, 상법이 그 자주성을 상실할 정도로 일어나는 것은 아니다. 또한 상법이 그 규정의 일부를 민법에 이양하더라도 상법 자체는 경제생활의 진전과 더불어 끊임없이 새로운 거래질서를 창조한다. 상법은 수없이 새로운 제도를 창조하고 있으며 각국의 상법이 빈번하게 개정되고 있는 사실은 이것을 입증하고 있다.

II. 상법과 노동법

기업의 성립과 활동에는 물적 요소와 함께 인적 요소가 필요하다. 특히 기업은 그 규모가 커지면서 기업주의 노력을 보충하여 주는 기업보조자를 필요로 한다. 기업보조자와 기업주와의 법률관계에는 대외적 법률관계(대리관계)와 대내적 법률관계(고용관계)가 있다. 이 양자의 법률관계는 그 성질을 달리하는데, 전자는 거래법적 정신에 의하여 지배되고, 후자는 거래와는 관계없이 주로 피용자(노동자)의 생존권적 관계를 내용으로 한다. 전자를 규율하는 법이 상법이고, 후자를 규율하는 법이 노동법이다. 오늘날 기업에 있어서 노동자의 지위를 강화함에 따라 상법과 노동법의 교착현상도 나타나고 있다. 즉 프랑스의 노동자주, 독일의 공동결정, 영국의 이익참가, 미국의 종업원지주제도, 우리나라의 우리사주조합제도 등이 그 예이다. 이러한 새로운 법들의 출현으로 인하여 오늘날에는 노동법적 요소가 다시 상법 분야에 영향을 미치는 상황이 되었다. 그리하여 독일과 프랑스의 경우에는 상법과 노동법을 통합하여 기업법으로 발전시키려는 움직임도 나타나고 있다.

III. 상법과 경제법

19세기 후반 이래 자본주의 및 자본주의 경제의 고도화는 부익부 빈익빈의 문제를 비롯한 각종 사회적 폐해를 가져왔다. 이를 시정하기 위하여 경제법이라는 법분야가 등장하였다. 경제법의 의의에 관하여는 아직 정설이 없으나 대부분의 학설은 경제에 대한 국가의 직·간접 규제를 기반으로 하고 있다. 그러므로 잠정적으로 경제법은 국가경제 전체의 차원에서 국가에 의한 경제규제에 관한 법이라고 할 수 있을 것이다. 이 법분야에 속하는 우리나라의 실정법으로는 경제헌법이라고 일컬어지는 「독점규제 및 공정거래에 관한 법률」이 대표적이며, 민간경제부문의 성장에 따라 국가규제의 필요성이 증대됨에 따라 계속 늘어나고 있다.

상법과 경제법의 관계에 대하여는 분리설(다수설)과 합일설의 두 가지 입장이 있다. 분리설의 입장에서는 상법은 개별적 경제주체 상호 간의 이익조정을 목적으로 함에 반하여, 경제법은 국민경제 전체의 이익조정을 목적으로 하므로, 양자는 다른 이념과 원리 하에 존재하는 별개의 법이라는 것이다. 이에 대하여 합일설의 입장에서는 상법의 이념은 입법정책에 따라 자유주의일 수도 있고 통제주의일 수도 있으며, 경제법은 상법의 발전에 의하여 상법에 흡수·통합된다고 보는 입장이다.

제3절 상법의 연혁과 각국의 상법

I. 상법의 연혁

1. 고   대

BC 20세기경에 함무라비법전 중에는 상법적인 제도가 존재했던 것으로 알려지고 있다. 그리스에서는 특별법보다는 관습법으로 상사제도가 발달하였던 것으로 보인다. 그리스의 보통해법을 기초로 BC 3세기 로드 해법이 발달하였다. 로마 시대에 상의 발전은 괄목할 만하였으나, 은행과 해사에 관한 그리스 제도를 계수하였으며, 상거래와 영업에 관한 몇몇 제도가 있었으나, 상사특별법은 성립하지 못하였다. 그 이후에 일어난 게르만 제국에서는 상거래에 관한 법제는 별다른 발전을 보이지 않았다.

2. 중   세

중세에 들어와 지중해 연안의 상업도시들에 있는 상인은 강력한 상인단체를 조직하였다. 이 상인단체에 소속된 상인들은 도시행정에 참여할 수 있는 세력이 되어 상인을 위한 특별법을 제정케 하였다. 즉, 상인단체를 위한 자치법규를 정하고, 상인집단의 법원을 설치하였다. 단체원에만 적용되는 상인법을 만든 것이다. 이 법은 관습법으로 성립한 것이었다. 이것이 상인단체의 자치규약 또는 도시법에 채택되었고, 상인단체 또는 도시의 법원의 재판에 의하여 발전되었다. 이것이 도시법으로, 그리고 지방법으로, 종국에는 국가법으로 되어 오늘날 상법의 기초가 되었다. 또한 이 법은 원칙적으로 상인의 계급법이었으며, 상인단체의 구성원 간에서만 적용되었다. 나아가서 이 법은 특정한 상인단체 또는 도시의 법으로서 지방적인 법에 불과하였다. 그리고 이 법에는 사법적인 내용 이외에도 여러 가지의 공법적 규정들이 포함되어 있었다.

3. 근   대

근대에 들어오면서 유럽의 국가들은 통일국가를 형성하면서 중앙집권제적인 국가를 지향하였다. 그리하여 각국은 법전편찬작업에 뛰어들었다. 중세의 관습법 이외에 국가법인 성문법이 자리를 잡고, 상인단체의 법원도 국가의 법원으로 대체되기에 이르렀다.

II. 각국 상법

오늘날 세계 각국의 상법은 프랑스법계, 독일법계 및 영미법계의 세 가지로 나누어 볼 수 있다. 그러나 오늘날 상법의 보편화·통일화의 경향이 심화되면서 이러한 법계에 의한 구분은 그 의미가 현저하게 퇴색되고 있다고 볼 수 있다. 오히려 상거래가 국제적으로 확대되어 가면서 국가마다 내용이 다른 상법을 가지고서는 빈번한 국제법률의 수요에 적응하기 어렵게 되었다. 그리하여 19세기 말경부터 국제적 성질이 강한 거래부문에 관해서는 통일법을 마련하고자 하는 운동이 일어났다. 그러한 결과 마련된 조약들은 완전한 세계법으로 성립하였다고는 볼 수 없지만, 그 실현을 향하여 접근한 것이라고는 말할 수 있다. 우리나라의 어음법·수표법은 1930년 및 1931년의 제네바통일조약에 의한 것이고, 해상법의 많은 규정은 이러한 국제조약을 따르고 있다.

제4절 상법의 이념과 경향

상법은 일반법인 민법과 다른 독자적 이념을 추구하고, 민법과는 다른 특색을 가지고 있다. 상법에 반영되고 있는 기업적 경제생활관계를 규율하는 규범의 특수성은 내면적인 측면(이념)과 외면적인 측면(경향)으로 나누어 볼 수 있다.

I. 상법의 이념

상법의 수많은 규정들은 통일적인 이념을 지향하고 있다. 이러한 점은 상법의 개정과 해석과정에도 적용되어야 할 것이다.

1. 기업조직의 측면

기업조직면의 이념은 기업의 維持強化에 있다. 기업의 건전한 발전을 위하여는 기업의 유지가 전제되어야 하며, 일단 성립된 기업은 소멸되어서는 아니 된다는 것이다. 기업은 국민의 막대한 재산을 흡수·저축하며 노동의 기회를 제공함으로써 대부분의 국민의 소득의 원천이 되어 있으므로, 기업은 이미 어느 개인의 이윤추구의 수단에 그치는 것이 아니라 그 자체가 하나의 사회적 존재로 되어 있다. 그러므로 이와 같이 사회적 존재가 된 기업이 소멸되면 그 개인경제상뿐만 아니라 국민경제상의 손실은 막대하게 된다. 따라서 상법은 기업의 이와 같은 기능과 지위로 인하여 그 기업의 형성을 쉽게 하고, 또 이것을 유지강화하는 것을 이념으로 하고 있다.

(1) 기업의 독립성의 확보

기업의 유지강화를 위하여는 이를 구성하는 인적 요소로부터 분리하여 독립성을 보장할 필요가 있다. 이러한 요청에 부응하기 위한 가장 대표적인 것으로 會社制度가 있다. 상법은 이 외에도 기업의 독립성을 확보하기 위하여, 개인기업에 대하여도 상호제도를 두고, 상업장부를 영업재산본위로 기재하게 하며, 대리권이 본인의 사망으로 소멸하지 않도록 규정한다.

(2) 적임자에 의한 경영관리

기업의 유지강화를 위하여는 기업의 소유와 경영을 분리하여 적임자가 그 기업을 관리 · 경영할 수 있도록 할 필요가 있다. 대표적으로 주식회사에 관한 규정에 있다. 즉 기업이익의 귀속자인 주주는 기업소유자로서의 지위를 가질 뿐 기업경영의 의무를 부담하지 않으며, 반대로 기업경영자인 이사는 기업소유자임을 요하지 않는다. 상법은 지배인제도, 익명조합 등을 규정한다.

(3) 자본의 조달과 집중

기업의 유지강화를 위하여는 원활한 자금조달이 이루어져야 한다. 상법은 자기자본의 조달을 용이하게 하기 위한 규정으로 수권자본제도, 타인자본의 조달을 용이하게 하기 위한 규정으로 사채제도, 주식과 사채의 장점을 결합한 규정으로는 상환주식, 전환주식, 전환사채, 신주인수권부사채제도 등을 규정한다. 상법은 자본집중을 촉진하기 위하여 익명조합제도, 각종 회사의 합병제도, 주식회사 및 유한회사제도, 선박공유제도 등을 두고 있다. 특히 주식회사에 있어서 자본집중을 촉진하기 위하여 자본이 균일한 비례적 단위인 주식으로 분할되어 유통성을 가진 증권으로 표창되어 있고, 주주가 유한책임을 지게 하고 있다.

(4) 기업해체의 방지

기업유지의 이념을 실현하기 위하여 기업의 해체를 방지할 수 있는 제도적 뒷받침이 필요하다. 상법은 각종 회사의 계속제도, 주식회사의 1인회사 인정 등을 규정한다. 또 회사의 합병제도, 주식회사의 분할제도, 회사설립무효, 취소의 소의 제소기간의 제한 등도 간접적으로 기업의 소멸을 회피하여 기업의 유지이념에 기여한다.

(5) 노력의 보충

기업의 노력의 보충을 위하여 상업사용인, 대리상, 중개인, 위탁매매인, 합명회사 등에 대하여 규정한다.

(6) 위험부담의 완화 · 경감

기업활동에 따르는 위험부담을 완화하는 제도로는 처음부터 기업위험을 분산하는 제도와 기업담당자의 책임을 제한하는 방법이 있다. 기업위험을 분산하기 위하여 각종의 회사제도, 보험제도, 공동해손제도 등을 두고 있다. 기업담당자의 책임을 제한하기 위하여 물건운송인의 책임제한, 합자회사의 유한책임사원, 주식회사의 주주 및 유한회사의 사원의 유한책임, 선박소유자의 책임제한, 적하의 이해관계인의 책임제한, 공동해손 분담의무자의 책임제한, 해양사고 구조비지급의무자의 책임제한 등에 관하여 규정한다.

2. 기업활동의 측면

기업활동의 측면의 이념은 거래활동이 원활하게 이루어지는 것이 중요한 것은 두말할 필요도 없다. 기업활동의 원활화를 위하여 기업거래는 간이 · 신속함과 정형화를 요구하고 있으며, 거래객체는 그 유통성의 확보를 위한 조치를 요구하고 있다. 또 기업과 거래하는 제3자를 보호하기 위하여 거래의 안전을 위한 조치도 필요하다.

(1) 계약자유

기업활동은 경제인의 활동이다. 그러므로 이에 대하여 국가의 후견적 작용이 필요한 것은 아니다. 오히려 기업인의 창의력을 존중하여 계약자유의 원칙이 철저하게 보장될 필요가 있는 것이다.

(2) 기업거래의 個性喪失

일반적으로 기업활동은 영리목적으로 동종행위가 계속적 · 반복적 · 집단적으로 행하여지는 것이므로 행위의 상대방이나 급부의 내용에 있어서 그 개성이 중시되지 않는다. 상법은 각종의 개입권과 개입의무, 인수 없는 주식에 대한 발기인의 인수납입담보책임 등의 제도를 규정한다.

(3) 기업거래의 簡易·迅速과 定型化

기업활동의 간이·신속을 보장하기 위하여 상행위의 대리, 상사계약의 청약의 효력, 계약의 청약에 대한 상인의 승낙 여부의 통지의무, 상사매매에 있어서 매도인의 공탁권과 자조매각권, 확정기매매에 있어서 해제권, 매수인의 목적물검사와 하자통지의무, 일반상사채무의 단기소멸시효 등을 규정한다.

(4) 거래의 안전

1) 公示主義   기업의 기초가 되는 중요사항은 그 내용을 널리 일반 공중에게 알리는 것이 기업자로서나 거래의 상대방으로서나 필요한 것이므로, 상법은 그것의 진실한 공시를 요구하고 있다. 가장 기본적인 것으로 상업등기제도가 있으며, 미성년자, 법정대리인의 영업, 지배인의 선임·해임, 상호의 선정·변경·폐지, 상호의 가등기, 각종 회사의 설립·해산, 물적회사의 자본의 증감 등에 관한 규정이 그 예이다.

2) 外觀主義   공시된 사항이 진실과 일치하지 않는 경우, 공시된 사항을 믿고 어떤 행위를 하거나 하지 않는 자를 보호할 필요가 있게 된다. 이때 외관을 만들어낸 자에게 歸責事由가 있음을 이유로 외관을 信賴한 제3자를 보호하게 된다. 이를 외관주의라고 한다.

3) 嚴格責任主義   기업가는 실제 거래계의 경험과 지식이 풍부한 경영전문가이기 때문에 거래당사자 특히 기업가의 책임 내지 의무를 무겁게 함으로써 거래안전을 보호를 할 필요가 있다. 상법은 상사매매에서 목적물의 검사와 하자의 통지의무, 목적물의 보관위무 등을 규정한다.

(5) 영 리 성

기업은 영리활동을 하는 것을 본질로 한다. 따라서 이러한 영리성을 보장하기 위해 상법은 법정이율의 인상, 소비대차 및 체당금의 이자청구권, 상인의 보수청구권 등을 규정한다.

II. 상법의 경향

상법은 다른 법역 특히 민법에 비하여 그 존재경향에 있어서 현저한 특성을 나타낸다. 이러한 상법의 특징적 경향으로는 시간적인 면에서는 유동적 내지 진보적 경향, 공간적인 면에서는 세계적 내지 통일적 경향 등의 현저한 특색을 지적할 수 있다. 상법의 규율대상인 기업관계는 경제적 합리성에 의하여 지배되는 것이며, 이는 인간의 욕망에 따라 끊임없이 발전하게 된다. 그러므로 이를 규율하는 상법도 유동적이고 진보적인 경향을 가지게 되는 것이다. 상법의 규정은 경제관계의 변동에 대하여 민감하게 반응하는 것이 아니면 경제생활의 실제와 간격이 생기기 쉽다. 상법이 빈번하게 개정되는 것은 바로 이러한 이유 때문이다.

그런가 하면 기업조직이나 기업거래는 점차 국제화되어 가고 있으며 이에 따라 그 관계를 규율하는 상법은 국제적으로 통일되어가는 경향을 보이고 있다. 합리주의에 의하여 지배되는 상법은 당연히 세계적으로 공통화의 경향을 나타낸다. 그리하여 세계적 상관습법의 성립을 보게 되고, 나아가서 국가간 조약에 의한 통일법이 성립되고 있다.

제5절 상법의 법원

I. 의 의

法源(sources of law)이라 함은 법의 존재를 인식할 수 있는 근거로서의 자료를 말하며, 商法의 법원이라고 할 때에는 기업에 특유한 생활관계를 규율하는 법규로서의 상법이 존재하는 형식을 의미한다. 중심적인 상법의 법원은 상법전이며 그 밖에 상사특별법령·상사조약 및 상관습법, 기타 특별법령 등이 있다. 그리고 상법의 법원으로 자치법·조리·판례·학설 등이 포함되는가에 관하여 논란이 된다.

II. 법원의 종류

1. 상사제정법

상사제정법이란 국가가 그 입법권을 근거로 성문법의 형식으로 제정한 법을 말한다. 상법의 법원으로 가장 중요한 것이다. 기업생활관계는 기술적·대량적·계속적·반복적인 성질이 있으므로 이러한 거래에 따른 법규의 내용을 명확히 하고 법적 안정성을 위하여 성문의 제정법이 필요하게 된다. 따라서 불문법주의국가인 영미에서도 상법의 영역에서는 많은 성문의 제정법을 갖고 있다. 여기에는 상법전, 상사특별법령, 상사관계조약 및 국제법규 등이 있다.

2. 상관습법

(1) 의　　의

상관습법이란 상거래에서 장기간 되풀이되어 온 결과 거래계의 다수인에 의하여 법규범으로서의 확신을 얻은 행위양식을 말한다. 이와 유사한 사실인 상관습이 있다. 다수설과 판례는 양자를 엄격하게 구별한다. 구별하는 견해는 사실인 상관습을 상거래에서 관행적으로 지켜지기는 하지만 아직 법적 확신을 얻게 되지 못한 것으로 보고 양자의 효력에 차이를 둔다. 민법과의 관계에서 상관습법은 민법의 강행법규에 반하여도 성립할 수 있으나, 사실인 상관습은 그러하지 아니하다. 상관습법은 상법의 법원을 이루는 법규범이지만, 사실인 상관습은 당사자의 의사표시가 명확하지 않는 경우에 그 의사표시의 해석재료가 됨에 불과하다.

(2) 특　　성

전통적·비합리적·보수적 성격을 갖는 민사관습법에 비하여, 오랜 기간의 상거래경험을 통하여 모든 사람에게 편리한 방향으로 형성되는 상관습법은 그 내용이 대체로 합리적·진보적이다. 그러므로 상관습은 어느 정도 기간이 경과하면 입법적 검토를 거쳐 성문법으로 흡수된다. 또한 상관습법은 성문법의 흠결된 부분을 보충해주고 입법의 방향을 제시하는 기능을 하므로 상거래 및 상법의 발전에 유익하다. 그리하여 규범의 내용을 관습법에 위임하기도 한다. 즉, 상업장부의 작성에 관하여는 아예 공정하고 타당한 회계관행에 맡기고 있는 것이다. 반면 상관습의 역기능도 있다. 경제적 강자와 약자의 거래에서는 주로 경제적 강자들의 이익을 증대하기 위해 불건전한 상관습이 형성되기도 한다. 이러한 경우에는 대체로 성문법을 회피하기 위한 것으로 내용도 사회질서에 위배되는 것이 대부분이며 그 효력을 인정할 수 없다. 나아가서 입법에 의하여 그러한 관행을 차단하여야 할 것이다.

3. 상사자치법

회사나 기타 단체가 그 조직과 구성원의 법률관계 및 대내외적 활동에 관하여 자주적으로 정한 규범을 자치법이라 한다. 회사의 정관과 증권거래소의 업무규정이 대표적인 예이다. 자치법은 계약과 달리 개개인의 의사에 불구하고 단체의 기관이나 구성원을 구속하므로 법규적 성질을 가지며, 따라서 상사단체의 자치법은 상법의 법원이 된다(통설).

4. 보통거래약관

(1) 의 의

보통거래약관(general conditions, allgemeine Geschäftsbedingungen)이란 "그 명칭이나 형태 또는 범위에 상관없이 계약의 한쪽 당사자가 여러 명의 상대방과 계약을 체결하기 위하여 일정한 형식으로 미리 마련한 계약의 내용"을 말한다. 단순히 약관이라고도 한다(약관의 규제에 관한 법률 2 i). 사업자는 약관을 이용함으로써 자기 영업에 관한 계약내용을 정형화·표준화시켜 반복되는 대량의 거래를 신속히 처리하고 부대비용을 절약할 수 있다. 고객의 입장에서도 약관에 의해 계약을 체결할 때에는 특별한 전문지식이나 협상능력을 요하지 않으므로 모든 고객이 평등한 조건의 급부를 제공받을 수 있다는 장점이 있다. 이러한 편의성 때문에 일반 대중을 상대로 재화나 용역을 공급하는 계약은 약관에 의하여 이루어지고 있다.

그러나 보통거래약관은 사업자가 일방적으로 제정한 것이니만큼 사업자와 고객 간에 약관의 내용에 관해 정보의 비대칭 현상이 나타날 수밖에 없다. 또 일방적으로 기업의 이익만을 위하고 거래상대방의 이익을 희생할 우려가 있다. 이러한 결점이 있다고 하여 약관에 의한 계약을 전면적으로 부인할 수는 없다. 따라서 법적으로 적절한 규제가 필요하다.

(2) 약관의 구속력

보통거래약관은 고객이 그 내용을 모르고 있더라도 약관에 정해진 내용으로 계약을 한 것으로 인정되고 그에 따라 계약관계가 규율되어야 할 경우가 많다. 따라서 약관은 마치 법령과 유사한 기능을 하므로 그 법적 성질이 무엇인가, 나아가서 법원으로 볼 수 있는가에 대하여 다툼이 있다.

1) 自治法說(규범설)   약관을 정관과 같은 자치법규의 일종으로 보거나, 또는 약관을 사회적으로 그 거래권이 정한 자치법으로 보아 중요한 법원의 하나라고 보는 견해이다. 이에 대하여 약관은 단체가 그 구성원에 대하여 정하는 것이 아니므로 자치법으로 보는 것은 곤란하다는 비판이 있다.

2) 制度說   약관을 기업이념을 실현하기 위하여 기업에 갖추어져 있는 기업의 제도적 소산으로 보고, 이는 국가법과 개인 간의 계약의 중간적 지위를 인정하여 약관 그 자체를 기업의 자치법으로 보는 견해이다. 이에 대하여는 제도라는 개념이 법률개념으로는 불충분하다고 하는 비판이 있다.

3) 商慣習法說   보통거래약관 그 자체는 상관습법이 아니며, '약관에 의하여 계약을 체결한다'는 것이 상관습으로 형성되어 있으면 이에 근거하여 약관의 법원성

을 인정하는 견해이다. 이에 대하여도 강자에 의한 일방적 약자 지배를 정당화시켜 주는 상관습의 존재를 인정할 수 없다는 등의 비판이 있다.

　　4) **法律行爲說**(계약설)　　원칙적으로 당사자가 약관을 계약의 내용에 포함시키기로 합의하였기 때문에 약관이 당사자를 구속하는 것이라고 보는 입장이다. 약관은 그 자체가 결코 법규정이 될 수 없고, 기업이 약관에 의한다는 점을 밝히고 또 고객이 볼 수 있게 약관을 제시한 경우에 한해서 개별계약의 내용을 구성하는 것이며, 이렇게 약관이 계약의 내용이 되기 때문에 당사자를 구속한다는 것이다. 약관규제법은 사업자에게 약관의 명시 및 설명의 의무를 부과하고 있고, 이를 이행하지 않는 약관은 계약의 내용으로 주장하지 못하게 하고 있는 점으로 보아, 이는 법률행위설에 근거하고 있다고 볼 수 있다. 대법원 판례는 보험약관에 대하여 일관하여 법률행위설을 취하고 있다. 즉 보험약관이 당사자를 구속하는 근거에 대하여 "약관 그 자체가 법규범 또는 법규범적 성질을 갖는 것이기 때문이 아니라, 보험계약 당사자 사이에서 계약내용에 포함시키기로 합의하였기 때문이다"라고 판시하고 있다.[1]

　　(3) 약관의 해석원칙

　　1) 개별약정우선의 원칙이란 약관에 의한 거래에 있어서 일정한 사항에 관하여 당사자가 약관의 내용과 다른 합의를 한 때에는 그 합의사항(개별약정)이 약관에 우선하여 적용된다는 원칙이다.

　　2) 신의성실의 원칙이란 신의성실의 원칙에 따라 공정하게 해석되어야 한다는 것이다.

　　3) 객관적 해석의 원칙이란 약관의 해석은 당사자의 주관적 의사와는 무관하게 해석되어야 하며, 고객의 지위나 개성에 따라 다르게 해석되어서는 안 된다는 원칙이다. 약관은 그 자체가 법규범은 아니지만 객관적 기준에 따라 해석되어야 하며, 거래마다의 특수한 사정이나 계약당사자들의 개별적인 이해관계나 의사 등이 고려되어서는 안 된다는 것이다.

　　4) 불명확조항 해석의 원칙이란 약관의 조항 중에 명확하지 않은 조항은 작성자에게 불리하게 해석되어야 한다는 원칙이다. 작성자불이익의 원칙 또는 상대방유리해석의 원칙이라고도 한다. 그러나 사업자의 우월적 지위가 인정되지 않는 경우에는 예외가 된다.

---

1) 대판 1985.11.26, 84다카2543.

(4) 약관에 대한 규제

1) 입법적 규제   입법적 규제는 국가가 법률로 약관의 효력요건, 기재사항 등을 정하여 규제하는 것이며 사전적 규제로서 예방적 효과를 갖게 되고, 구체적인 소송에서 법적 기준이 된다. 그 방법으로는 포괄적인 입법과 개별적인 입법이 있는데, 포괄적인 입법으로는 약관의 규제에 관한 법률이 있다.

2) 행정적 규제   행정적 규제는 보통 행정청에 의한 약관의 사전인가에 의하여 약관의 내용을 규제한다. 이의 예로는 보험약관의 기획재정부장관에 의한 인가, 운송약관의 국토교통부장관에 의한 인가 등이 있다.

3) 사법적 규제   사법적 규제는 구체적으로 소송이 제기된 경우에 법원의 판결에 의한 규제로서, 사후적이며 개별적이고 소극적인 규제인 점에 특색이 있다. 대법원은 이에 관하여 소극적인 태도에서 적극적인 태도로 변화하고 있다.

4) 공정거래위원회에 의한 규제   공정거래위원회는 약관을 사용하는 사업자가 공정거래법상의 시장지배적 사업자 또는 기타 일정한 경우로서 그가 불공정약관 조항의 사용금지에 위반하는 경우에는 당해 약관조항의 삭제·수정 등의 시정명령을 할 수 있는데, 이 시정명령에 위반한 사업자는 형사처벌을 받는다. 공정거래위원회는 약관규제에 관한 준사법기관이라고 할 수 있다.

5. 상사판례법

상사판례법(case law)이라 함은 상사사건에 대하여 법원이 내린 판례에 포함된 법원칙을 말한다. 상사에 관하여 법원이 판시한 상사판례법이 法源이냐에 대하여 부정하는 견해가 다수설이다.

6. 상사학설법

학설법이라 함은 유력한 법학자의 학설 중에 나타나 있는 법률상의 원칙을 말한다. 상사에 관한 학설이 상법의 법원이 될 수 있는가에 대하여, 학설은 성문법의 해석에 있어서 지침이 되어 판례 등에 영향을 미치는 것은 사실이나 이를 법원이라고 할 수는 없다고 보는 것이 일반적이다.

7. 조 리

條理(law of nature)란 사물자연의 이치, 즉 사물의 합리성·본질적 법칙을 말한다. 조리가 법원이 될 수 있는가에 대한 문제에 대하여는 다툼이 있다. 긍정하는 견해에서는 헌법 제103조가 "법관은 법률에 의하여 그 양심에 따라 독립하여 재판한다"고 규정하고 있는 점과, 민법 제1조가 "법률에 규정이 없으면 관습법에 의하고 관습법이 없으면 조리에 의한다"고 규정하고 있는 점에서 조리의 법원성을 긍정하고 있다. 그러나 민법 제1조가 조리를 재판의 준거로 들고 헌법이 법률에 의한 재판을 규정하고 있으므로 조리가 바로 법률과 동일한 지위를 갖는다고 단정하는 것은 무리라고 본다. 민법 제1조의 규정은 조리가 법원임을 규정한 것이 아니고, 단순히 재판의 준거가 됨을 밝힌 것으로 보아야 할 것이다. 법원의 의미를 법의 구체적 존재형식이라고 볼 때 조리는 법원이 될 수 없다고 할 것이다(다수설).

III. 법규적용의 순서

1. 상법전과 상관습법

상법 제1조에 의하면 상사에 관하여 상법전에 규정이 없으면 상관습법을 적용한다고 하였는데, 이의 해석을 어떻게 할 것인지는 관습법의 효력을 어떻게 볼 것인지에 따라 설이 갈린다. 상법 제1조는 민법 제1조와 입법정신을 같이한다는 것으로 성문법 제일주의를 규정한 것이라고 하는 견해와 상법 제1조는 관습법의 보충적 효력을 규정한 것이 아니라, 입법의 한계를 자인한 규정이라고 하는 견해가 있다.

2. 상관습법과 민법전

상법 제1조에 의하면 상사에 관하여 상법전에 규정이 없는 경우에는 즉시 민법전을 적용하지 않고, 이에 관한 상관습법을 우선적으로 적용하여야 한다. 이 규정에 대한 해석에 있어서도 다툼이 있다. 이 규정은 성문법우선주의의 예외를 인정한 것이라고 하는 견해와 상관습법도 상법전과 동등한 지위에 있으므로 상관습법이 민법전에 우선하는 것은 특별법과 일반법과의 관계에서 생기는 당연한 원칙에 의한 것이지, 성문법 우선주의의 예외를 정한 것이라고 볼 필요가 없다고 설명하는 견해가 있다.

3. 상법전과 민법전

상법 제1조는 상사에 관하여 상법전 및 상관습법에 규정이 없는 경우에 민법을 적용한다고 규정하고 있는데, 전술한 바와 같이 이것이 민법을 상법의 법원으로 규정한 것이 아니다. 상사에 관하여 민법이 적용되는 경우로는, 제도는 상법전이 창설하였으나 그 상위개념이 민법에 있는 경우에 민법의 상위개념이 상법의 규정에 보충적으로 적용되는 경우, 기업생활관계에 대하여 성질상 일반생활관계와 동일하게 규율하여도 무방한 경우에 민법의 규정이 적용되는 경우 등을 들 수 있다. 상사에 관하여 상법전과 상관습법에 없다고 하여 민법을 적용하려고 할 것이 아니라 상법고유의 법원을 종합하여 기업에 관련된 생활관계의 특성에 맞는 규범을 발견하려고 하는 작업이 이루어져야 할 것이다.

4. 각 법원과 규범의 적용순위

이들 상호 간의 적용순서는 일반원칙에 따라서 자치법이 가장 우선적으로 적용되며 제정법 상호간에는 일반원칙에 의하여 특별법이 일반법에 우선한다.

제6절 상법의 효력

I. 시간에 관한 효력

신법에 의해 구법이 폐지됨이 없이 동일한 사항에 관하여 적용할 상이한 법률이 둘 이상 존재할 수 있다. 이 경우에 이들 실정법 상호 간의 효력문제에 대하여는 다음과 같은 원칙이 있다. 즉, "신법은 구법을 변경한다"는 원칙과 "일반법인 신법은 특별법인 구법을 변경하지 않는다"라는 원칙이다. 또한 구법시대에 발생한 생활관계가 신법 시행 후에도 존속하는 경우에 이를 어떻게 취급할 것인가. 이 경우에 행위 당시의 현행법인 구법의 추급적용을 인정할 것인가 아니면 법을 적용하는 시점의 현행법인 신법을 소급적용할 것인가. 즉, 소위 經過規定 또는 時際法의 문제로서 보통 시행법 또는 부칙에서 규정한다.

일반적으로는 법적 안정성과 기득권을 존중하는 의미에서 法律不遡及의 원칙이 적용된다. 따라서 신법은 그 시행 후의 생활사실만을 규율하고 시행 전의 생활사실에는 적용되지 않는다. 그러나 상법의 영역에서는 대체로 신법이 보다 진보적이며 합리적이므로, 신법이 기득권을 침해하지 않고 오히려 당사자에게 이익이 되며 또한 형평에 부합하는 경우가 많아 신법을 소급적용하는 경우가 적지 않다.

II. 장소에 관한 효력

상법은 원칙적으로 우리나라 영토의 전부에 적용된다. 그러나 일정한 경우에는 우리 상법이 한국 영토 외에서 적용되는 일도 있고, 이와 반대로 외국 상법이 한국 영토에서 적용되는 일도 있다. 이것은 국제사법(섭외사법)의 문제이다.

III. 사람에 관한 효력

상법은 원칙적으로 모든 한국인에게 적용된다. 그러나 국제사법상의 문제로서 일정한 경우에는 우리 상법이 외국인에 대하여 적용되는 경우가 있고, 반면에 외국 상법이 우리 국민에 대하여 적용되는 경우가 있다. 또 상법 중의 어떤 규정은 특수한 상인에게 적용되지 않는 경우가 있다. 즉 소상인에게는 지배인·상호·상업장부·상업등기 등에 관한 규정이 적용되지 않는다(9).

IV. 사항에 관한 효력

상법은 국민의 생활관계 중 제1조가 정한 商事에 대해서만 적용된다. 상사라는 것은 상법전의 규정에 의하여 규율되는 사항이라고 할 수 있다. 상사에 대하여는 원칙적으로 쌍방적 상행위인 경우뿐 아니라 일방적 상행위인 때에도 적용된다. 이로 인하여 상법의 적용범위는 매우 확장된다(3). 또한 이때의 상행위에는 공법인의 상행위가 포함된다(2). 그러나 예외적으로 그 관계자가 모두 상인인 경우에 한하여 적용되는 경우도 있다(예: 상인 간의 금전소비대차시의 법정이자청구권; 상인 간의 유치권, 58; 상사매매, 67-71 등). 상사에 관해서 상법만이 아니라 민법도 적용될 수 있다(1).

제2장 │ 商　人

제1절 총　설

I. 서　설

기업이란 영업을 수행하기 위해 인적 · 물적 설비를 유기적으로 결합시킨 사회적 실체이고, 실제 기업생활에 상법을 적용함으로써 발생하는 법률관계는 권리의무의 귀속주체인 상인을 중심으로 전개된다. 상인(merchant)은 자기의 이름으로 기업을 경영하는 법률상의 주체를 말한다. 현행법상 기업 자체가 권리의무의 귀속주체가 될 수 없게 되어 있으므로, 기업과 관련하여 발생하는 권리의무를 귀속시키기 위한 주체가 필요하며, 이것이 바로 상인이다. 그러므로 상인의 개념을 정함으로써 개개의 상법규정의 적용대상과 범위를 확정하게 된다.

II. 상인 개념에 관한 입법주의

상인 개념을 정하는 입법주의는 상인의 개념을 상인의 특성이나 그가 행하는 행위의 형식에 따라 정할 것이냐 아니면 상인이 하는 행위의 실질에 따라 정할 것이냐 라는 방법론적 차이에 따라 형식주의와 실질주의 그리고 절충주의로 나뉜다.

1. 형식주의

형식주의는 행위의 실질적 성질을 구별하지 않고 어떠한 행위든지 일정한 형식을 갖추고 상인적 방법으로 영업을 하는 자를 상인으로 보는 입장이다. 이에 의하면 먼저 상인개념이 결정되고, 그가 하는 행위가 상행위라는 식으로 상행위의 개념이 도출된다. 형식주의에 따르면 상인이 아닌 자가 영리행위를 할 때에 상법으로 규율할 수 없는 문제가 발생한다.

2. 실질주의

실질주의는 법으로 상행위가 되는 행위를 열거하고 그 열거된 행위를 영업으로 하는 자를 상인으로 보는 입장이다. 그런 점에서 열거주의라고도 한다. 실질주의에 의하면 형식주의와는 반대의 과정을 밟아, 상행위의 개념이 먼저 결정되고 그로부터 상인의 개념이 도출된다. 이에 의하면 상행위를 제한적으로 열거하게 되므로 경제가 발전함에 따라 생겨나는 새로운 기업활동을 수용할 수 없고, 따라서 그러한 활동을 하는 기업주체를 상인으로 인정할 수 없게 되어 마땅히 상법을 적용해야 할 거래를 상법의 적용대상에서 제외시키게 되는 문제점이 발생한다.

3. 절충주의

절충주의는 실질주의와 형식주의를 병용하여 실질주의에 따라 상행위를 하는 자도 상인으로 하고 아울러 형식주의에 따라 일정한 형식에 의해 행위하는 자도 상인으로 하는 방법이다. 일본 상법(일본 상법 4, 501, 502)이 이에 속한다.[1] 그 밖에도 영국이나 미국의 경우와 같이 민법과 상법을 구별하지 않음으로써 상인의 법적 개념을 정하지 않는 입장도 있다.

III. 상법의 입장

우리나라 상법은 상인 또는 상행위의 정의와 관련하여 4개의 조문을 두고 있다. 우선 상인을 當然商人(4)과 擬制商人(5)으로 분류하고 있다. 또 상행위는 기본적 상행위(46)와 보조적 상행위(47)로 나누고 있다. 그런데 당연상인은 기본적 상행위를 전제로 하여 규정하였으나, 의제상인은 상행위를 전제하지 않기 때문에 상법의 입장에 대해서는 학설 다툼이 있다.

1. 형식주의설

상법은 절대적 상행위를 인정하지 않고 있고, 당연상인의 기초가 되는 영업적

---

1) 日本商法은 우리와 달리 절대적 상행위를 인정한다(日商 501). 「① 이익을 얻을 의사로 동산·부동산·유가증권을 유상취득하거나, 그 취득한 것을 양도할 목적으로 하는 행위, ② 타인이 취득할 동산·부동산·유가증권의 공급계약 및 그 이행을 위한 유상취득을 목적으로 하는 행위, ③ 去來所에서의 거래, ④ 어음 기타 상업증권에 관한 행위」의 네 가지이다.

상행위도 영업의 주체인 상인과 관련하여서만 그 상행위성이 인정되기 때문에 형식주의의 입장을 취한 것으로 본다.

2. 절충주의설

상법상의 당연상인(4)은 제46조의 상행위 개념을 토대로 하고 있으므로 실질주의를, 의제상인(5)은 상행위의 개념과는 무관하게 상인 개념을 정하고 있으므로 형식주의를 취하고 있으므로 전체적으로 절충주의라고 보는 입장이다. 그런데 제5조 제1항이 의제상인의 범위를 넓게 잡고 있어 당연상인도 대부분 이에 포함되므로 상법의 입법방식은 형식주의에 가까운 절충주의라고 하는 것이 타당할 것이다. 그러나 상인의 적용기준으로서 주관주의와 객관주의 외에 상인의 개념을 정하는 입법주의와 상행위개념을 정하는 입법주의를 별도로 논의하는 실익은 별로 없다.

제2절 상인의 의의

I. 당연상인

당연상인이란 자기명의로 상행위를 하는 자를 말한다(4). 실질상인 또는 고유의 상인이라고도 한다. 여기서 상행위란 상법 제46조에서 정하는 기본적 상행위를 가리킨다.

1. 自己名義

자기명의로 상행위를 하는 자이다. 자기명의란 자기가 상거래로 인해 발생한 권리의무의 귀속주체가 된다는 것이다. 상인 여부를 판별함에 있어서 실제로 기업활동을 하는 자가 누구인가는 중요하지 않다. 자신이 직접 영업행위를 하는가 아니면 다른 사람에게 대리시키는가, 영업상의 자본이 누구의 것인가를 불문한다. 또한 영업상의 손익이 자기에게 귀속되느냐 여부도 불문하고, 자기가 권리의무의 주체로 되는 한 행정청에 대한 신고명의인, 납세신고인, 점포의 임차명의인을 다른 사람으로 하는가도 불문한다. 명의대여의 경우 명의인과 영업자가 분리된다. 그러므로 명의대여의 경우(24) 명의자가 아니라 타인이 상인이 된다.

2. 상 행 위

商行爲를 하는 자이다. 이 경우의 상행위는 상법 제46조에 한정적으로 열거된 기본적 상행위와 특별법에 의하여 규정된 상행위를 말한다. 그런데 상행위를 한다고 하여 항상 상인이 되는 것은 아니고, 이를 營業으로 하는 경우에만 상인이 된다.

(1) 상법 또는 특별법상의 상행위

1) 상법상의 상행위(46)

① 동산·부동산·유가증권 기타의 재산의 매매

② 동산·부동산·유가증권 기타의 재산의 임대차

③ 제조·가공 또는 수선에 관한 행위

④ 전기·전파·가스 또는 물의 공급에 관한 행위

⑤ 작업 또는 노무의 도급의 인수

⑥ 출판·인쇄 또는 촬영에 관한 행위

⑦ 광고·통신 또는 정보에 관한 행위

⑧ 受信·與信·換 기타의 금융거래

⑨ 공중(公衆)이 이용하는 시설에 의한 거래

⑩ 상행위의 대리의 인수

⑪ 중개에 관한 행위

⑫ 위탁매매 기타의 주선에 관한 행위

⑬ 운송의 인수

⑭ 任置의 인수

⑮ 신탁의 인수

⑯ 相互賦金 기타 이와 유사한 행위

⑰ 보 험

⑱ 광물 또는 토석의 채취에 관한 행위

⑲ 기계·시설 그 밖의 재산의 금융리스에 관한 행위

⑳ 상호·상표 등의 사용허락에 의한 영업에 관한 행위

㉑ 영업상 채권의 매입·회수 등에 관한 행위

㉒ 신용카드, 전자화폐 등을 이용한 지급결제 업무의 인수

2) 특별법상의 상행위   擔保附社債信託法에서는 사채총액의 인수를 상행위로 보며(동법 23②), 자본시장과 금융투자업에 관한 법률에서는 이익을 얻을 목적으로 계속적·반복적인 방법으로 하는 신탁의 인수를 상행위로 보고 있다(동법 6①vi). 전자의 행위는 이른바 절대적 상행위로서, '영업으로' 하는 여부를 묻지 않고 이를 하는 자는 당연상인이 되고, 후자의 행위는 특별법상의 기본적 상행위로서 이를 하

는 자 역시 당연상인이 된다.

(2) 상행위의 영업성

상행위를 營業으로 하여야 한다. 영업성이 인정되기 위하여는 이익을 목적으로 일정한 계획에 따라 동종의 행위를 반복적으로 하며, 영업의 의사를 외부에서 인식할 수 있어야 한다(영업의사 객관적 인식가능성)는 것을 뜻한다. 의사·변호사·화가·음악가 등의 자유직업을 영위하는 자가 설령 영리의 목적을 가지고 상행위로 열거된 행위를 하더라도 영업성이 배제되는 것으로 본다. 이들 업무의 성질이 공익성을 띠고 있고, 고도로 개성적이기 때문이다. 의사가 진료의 수단의 범위를 넘어서 환자를 입원·숙박시키는 경우에는 영업이 된다고 하는 견해도 있다.

3. 예외: 기업성

이상의 요건을 갖추어 자기명의로 영업성 있는 거래를 한다고 하더라도 「오로지 賃金을 받을 목적으로 물건을 제조하거나 노무에 종사하는 자의 행위」는 상행위로 보지 아니하며(46단), 따라서 이러한 행위를 하더라도 상인이 되는 것은 아니다. 이러한 자는 小商人(9)도 아니다. 여기서 임금을 받는다는 것은 특정인에게 고용되어 보수를 받는다는 뜻이 아니라 제조 또는 노무의 양에 따라 영세한 보수를 받음을 뜻한다. 이러한 행위를 하는 자도 그 나름대로 영리성을 가지고 계속적·반복적으로 제조 또는 노무제공을 하지만, 지나친 영세성으로 인해 企業性을 인정할 수 없어 상인의 범위에서 제외시킨 것이다. 어떠한 자가 이에 해당하느냐는 것은 시설이나 거래의 규모로 판단해야 할 것이다.

4. 상사회사

회사는 상행위 또는 기타 영리를 목적으로 설립한 사단이다(169). 회사 중에서 상행위를 영업으로 하는 상사회사는 당연상인이다.

II. 擬制商人

1. 의   의

의제상인이란 점포 기타 유사한 설비에 의하여 상인적 방법으로 상행위 이외의 영업을 하는 자 및 상행위 이외의 영업을 하는 회사를 말한다(5). 형식상인이라고도 한다. 여기서 상행위라 함은 상법 제46조의 상행위를 말한다. 즉 의제상인이란 제46

조 이외의 행위를 영업으로 하는 자이다. 원래 제46조의 행위를 기본적 상행위로 한 것은 이 행위들은 경험적으로 상인들이 주업으로 삼아 왔던 것들이므로 상인의 영업으로 보기에 적합하기 때문이다. 그러나 이 밖에도 기업활동의 대상으로 할 만한 것들이 다수 있고, 경제가 발전함에 따라 새로운 사업유형이 등장한다. 이러한 행위들을 기업화할 경우 역시 상법에 의해 규율하는 것이 공평하다. 그리하여 상법은 의제상인의 개념을 도입하여 제46조의 상행위 이외의 영업행위들을 상법의 적용대상으로 포섭한 것이다. 의제상인은 설비상인과 민사회사의 두 가지이다.

2. 설비상인

設備商人은 점포 기타 유사한 설비에 의해 상인적 방법으로 상행위 이외의 영업을 하는 자이다(5①).

(1) 준상행위(기본적 상행위 이외의 행위)

설비상인이 되기 위하여는 법률에 규정한 상행위 이외의 영업행위를 하여야 한다. 예컨대 농업·임업·수산업 등 원시산업을 경영하는 자나 새로운 유형의 영업행위(신종의 상행위)를 영위하는 자가 이에 해당한다. 일반적으로 의사·변호사와 같은 전문 직업인은 그 사업활동이 대체로 의제상인의 요건을 충족하지만 영리성을 그 사업의 기본적인 특성으로 인정하기 어려우므로 상인으로 보기 어려운 것으로 본다.[2] 그러나 이러한 경우에도 영업의사를 외부에서 객관적으로 인식할 수 있으면 상인으로 보아야 한다는 견해도 있다.

(2) 자기명의

준상행위를 자기 명의로 하는 자이다.

(3) 영업으로

상행위 이외의 행위를 영업으로 하여야 한다(영업성). 즉 영리의 목적으로 동종 행위를 반복·계속하여야 한다.

(4) 상인적 방법

점포 기타 유사한 설비를 갖추어야 한다. 점포 기타 유사한 설비에 의하여야 하

---

2) 독일에서도 상인으로 보지 않는 것이 일반적이다.

므로 영업소가 전제되어야 한다. 상인적 방법으로 영업을 하여야 한다. 상인적 방법이란 사회통념상 상인이 보통 이용하는 경영방법을 뜻하며, 구체적으로 장부체계, 업무의 분담, 기업보조자의 고용 등 기업 전체의 형태를 기준으로 하여 판단하여야 한다.

3. 민사회사

회사(169)에는 상사회사와 민사회사가 있다. 상행위를 목적으로 하는 회사를 상사회사라 하고 상행위 이외의 영리를 목적으로 하는 회사를 민사회사라고 한다(5 ②). 상행위를 목적으로 하는 회사는 당연상인이지만, 상행위를 하지 않는 회사는 당연상인이 아니다. 그러나 회사는 대체로 점포 등의 설비에 의하여 상인적 방법으로 영리행위를 하는 것이므로, 개별적으로 설비상인의 요건을 구비했는지를 따지지 않고 일률적으로 상인으로 보기 위해 제5조 제2항을 둔 것이다. 민사회사도 상법 회사편의 규정에 의하여 설립되고 운영되며, 실질적으로 영리활동을 하는데 상행위편의 규정이 적용되지 않는다고 하는 것은 불합리하다고 본다. 입법론적으로는 민사회사와 상사회사를 각각 의제상인과 당연상인으로 할 것이 아니라, 일률적으로 당연상인으로 하는 것이 타당하다고 본다. 상법은 양자를 구별하지 않기 때문에 이를 구별하는 실익은 없는 것으로 보인다.

III. 小 商 人

소상인은 소규모의 영업을 하는 상인을 말한다. 이에 대하여 소상인 이외의 모든 상인을 완전상인이라고 한다. 소상인은 기업의 규모가 일정한 기준 이하인 상인, 즉 자본금액이 1,000만원에 미달하는 상인으로서 회사가 아닌 자를 말한다(상법시행령 2). 그러므로 소상인이 되기 위해서는 자본금액이 1,000만원 미만이어야 하고, 회사가 아니어야 한다. 여기의 자본금액의 의미에 대하여 의문이 있을 수 있으나, 영업재산의 현재가격을 뜻하는 것으로 볼 수밖에 없을 것이다. 다만 그 금액은 유동적인 것이어서 완전상인과 소상인을 왕복하는 상인에 대한 법률관계의 불안정성이 문제가 될 수 있다. 그러나 회사는 그 금액과는 무관하게 모두 완전상인이다.

소상인에 대해서는 상법 중 지배인, 상호, 상업장부 및 상업등기에 관한 규정이 적용되지 않는다(9). 이것은 소상인이 위 규정을 따를 의무가 없으며, 또 그를 따르더라도 상법의 보호를 받지 못한다는 뜻이다. 상인에 관한 상법의 모든 규정을 소상인에게 적용하면 한편으로는 소상인에게 가혹하고, 다른 한편으로는 다른 상인에게 방해가 되기 때문이다. 소상인제도를 가지고 있던 독일 상법은 1998년 이 제도를 폐지하였다. 그 결과 일정한 규모 이하의 상인은 그의 상호를 등기하지 않는 한 비상인으로 취급된다.

제3절 商人資格의 취득과 상실

상인자격은 상인으로서의 자격을 뜻한다. 영리법인인 회사는 처음부터 영리활동을 목적으로 하여 상인으로 출발하였으므로 상인자격과 분리하여 생각할 수 없다. 따라서 상인자격은 영업활동 이외에 별개의 활동영역이 있는 자연인과 공법인에서 특히 문제된다. 이들은 이미 권리능력이 있는 자로서 존재하고 있기 때문에 그 의사에 따라 상법 제4조와 제5조의 요건을 갖춤으로써 상인자격을 얻게 된다, 그러므로 권리능력이 있는 자 외에 특별한 인격자로서 상인이 따로 있는 것은 아니다. 상인으로 존속하는 동안에는 그의 행위에 대하여 상법이 적용되므로 언제 상인자격을 얻고 언제 상인자격을 상실하는가의 문제는 상법의 적용범위를 정하는 중요한 문제가 된다.

I. 자연인의 상인자격

1. 상인자격의 취득

자연인의 권리능력에는 원칙적으로 제한이 없으므로, 자연인은 성별·연령·행위능력에 관계없이 상법 제4조 또는 제5조의 요건을 구비한 때에는 상인자격을 취득한다. 그러면 언제 이러한 요건을 취득한다고 볼 것인가? 영업의 목적 자체인 행위를 개시한 때가 아니라, 그 이전에 開業準備行爲를 한 때에 소급하여 상인자격을 취득한다고 보는 입장이 있다(다수설). 이에 대하여 상인자격을 취득하는 것과 균형이 맞지 않는다고 비판하면서, 자연인은 객관적으로 기업으로서 인식될 수 있는 組織이 갖추어졌을 때에 상인의 자격을 취득한다고 보아야 한다는 입장도 있다(소수설).

그러나 개업준비행위는 영업의사가 객관적으로 인식될 수 있는 때에 비로소 성립한다고 보므로 상인자격의 취득시기가 불명하여질 염려는 없다고 하겠고, 또 소수설에 의하면 자연인이 분명히 영업의사를 가지고 준비행위를 한 경우에도 상법을 적용할 수 없는 불합리한 점이 있으므로, 다수설이 옳다고 본다. 대법원도 같은 입장이다. 영업을 개시하기 위하여 행정관청으로부터 허가·인가를 받거나 행정관청에 신고를 하여야 하는 수가 있으나, 이것은 상인자격의 취득과 무관하다. 상법상의 상인자격은 오로지 영업개시 또는 영업준비의 사실의 존부에 따라 결정된다.

2. 상인자격의 상실

상인자격은 영업행위를 종료함으로써 상실된다. 영업의 종료(폐지)에는 당사자의 의사에 의하는 경우와 당사자의 의사 이외의 원인에 의하는 경우가 있다. 영업종료의 시기는 폐점한 때가 아니라 잔무처리까지 모두 종료한 때이다. 따라서 폐업신고나 폐업광고를 한 뒤에도 현실적으로 영업을 계속하는 이상 상인자격을 보유한다. 자연인이 사망하면 그 사망자 자신은 상인자격을 상실하지만, 그 영업은 상속인에게 상속되므로, 상속인이 영업을 양도하거나 폐지하지 않는 한 상인자격을 승계 취득한다.

II. 법인의 상인자격

1. 私 法 人

(1) 영리법인(회사)

營利法人은 상행위 기타 영리를 목적으로 하는 법인으로서 회사이다(169). 회사는 모두 상인이므로 당연히 상인자격을 가지고, 상인자격과 분리하여 존재할 수 없다. 회사의 상인자격은 설립등기에 의하여 취득하고, 청산의 종료에 의하여 상실된다. 회사는 성립한 이상 영업의 목적인 행위를 개시하지 않더라도 상인이 된다.

(2) 비영리법인

1) 공익법인 公益法人은 학술·종교·기예·자선 등 특정한 공익사업을 목적으로 하는 사단법인 또는 재단법인을 가리킨다. 공익법인은 그 본래의 목적이 비영리사업이므로 이에 관한 한 상인이 될 수 없다. 그러나 공익법인이 본래의 목적인 공익을 달성하는 데 필요 또는 유익한 수단으로서 영업을 하는 경우에는 공익법인도 그 범위 안에서 상인자격을 취득한다고 본다(사립학교법 6). 공익법인의 상인자격은 자연인의 경우와 같이 영업의 개시에 의해 취득하고 영업의 종료에 의해 상실된다.

2) 중간(중성)법인 中間法人은 사법인 중 영리법인에도 공익법인에도 속하지 않는 것으로 구성원 간의 상호부조 또는 공동이익의 증진을 목적으로 하는 것이며, 협동조합·상호보험회사 등이 이에 해당한다. 이들 중간법인에 대하여는 각 특별법에 영리를 목적으로 하는 사업을 할 수 없도록 규정되어 있으므로 그 상인

자격을 부정하는 것이 일반적이다. 다만 농협중앙회, 수협중앙회 및 축협중앙회가 비회원에 대하여 신용사업을 영위하는 경우에는 그 범위 안에서 상인이 된다고 할 것이다.

2. 公 法 人

(1) 일반적 공법인

국가나 지방자치단체와 같은 一般的 公法人은 일반 국민의 복지증진을 목적으로 하며 그 법인의 존립목적에 제한이 없으므로 필요한 경우에는 영리사업을 행할 수 있고, 이 경우에는 그 범위 안에서 상인자격을 취득한다. 상법 제2조는 공법인의 상인자격을 전제로 한 규정이다. 다만 공법인에 대하여 특별법령이 있는 경우에는 특별한 규정이 없는 때에 한하여 상법이 적용되고, 또 성질상 상업사용인·상호· 상업장부·상업등기에 관한 규정은 공법인에게 적용되지 않는다. 일반적 공법인이 상인자격을 취득·상실하는 시기는 자연인의 경우와 같다.

(2) 특수적 공법인

농지개량조합법에 의한 농지개량조합과 같이 특별법에 의하여 설립되는 特殊 的 公法人은 그 설립목적이 특정되어 있으므로 상인자격이 없는 것으로 보는 것이 일반적이다. 그러나 수익사업을 영위하는 범위에서 상인이 될 수 있다고 하는 견해 도 있다.

제4절 영업능력

營業能力이란 영업행위를 자신이 할 수 있는 능력, 즉 營業上의 行爲能力을 말 한다. 자연인 가운데 행위능력이 없는 자는 원칙적으로 영업능력을 가지지 못한다. 법인은 권리능력의 범위 안에서 전면적인 행위능력을 가지므로, 상인자격을 가지면 당연히 영업능력을 가진다. 상법은 미성년자·한정치산자·금치산자의 세 가지의 경우를 규정한다.

I. 미성년자

1. 미성년자가 스스로 영업을 하는 경우

미성년자는 법정대리인의 허락을 받아 스스로 영업을 할 수 있으며, 이 경우에는 허락된 특정영업에 관하여 성년자와 동일한 능력을 가진다. 이 경우에는 거래의 안전을 위하여 이 사실을 등기하여야 한다(6). 법정대리인은 영업의 허락을 취소 또는 제한할 수 있으나, 이로써 선의의 제3자에게 대항하지 못한다. 영업허락의 취소 또는 제한은 등기하여야 하며 등기를 하면 선의의 제3자에게 대항할 수 있다고 본다.

2. 법정대리인이 영업을 대리하는 경우

법정대리인이 미성년자를 위하여 영업을 대리할 수 있는데, 이때에는 등기를 하여야 한다(8①). 이 경우에 상인이 되는 것은 물론 미성년자 자신이다. 법정대리인의 대리권에 대한 제한은 선의의 제3자에게 대항할 수 없다. 이것은 대리권의 범위에 관한 제3자의 신뢰를 보호하기 위한 것이다.

3. 회사의 무한책임사원이 되는 경우

미성년자가 법정대리인의 허락을 받아 회사의 無限責任社員이 된 때에는 그 사원자격으로 인한 행위에는 능력이 있는 것으로 본다(7). '사원자격으로 인한 행위'는 사원과 회사의 내부행위에 관한 사항, 예컨대 출자의무, 지분의 양도, 의결권의 행사 등을 가리키고, 회사의 대표행위는 능력의 제한을 받지 않으므로, 여기에 해당하지 않는다. 무한책임사원이 된 경우에도 등기에 의한 공시가 필요하지만, 회사의 사원으로서 그 성명이 등기되기 때문에 별도로 등기할 의무는 없다.

II. 한정치산자

한정치산자의 영업능력은 미성년자의 경우와 같다. 다만 미성년자의 경우에는 법정대리인이 제1차적으로 친권자이다. 친권자가 친권을 행사할 수 없거나 친권자가 법률행위의 대리권 및 재산관리권을 행사할 수 없는 경우에 한하여 후견인이 제2차적으로 법정대리인이 될 수 있을 뿐이다. 그러나 한정치산자의 경우에는 법정대리인이 후견인뿐이다.

III. 금치산자

금치산자에는 영업허락의 제도가 인정되지 않기 때문에 금치산자 자신은 유효한 법률행위를 하지 못한다. 따라서 금치산자의 경우에는 언제나 법정대리인인 후견인이 금치산자를 대리하여 영업을 한다. 이 경우에도 법정대리인은 등기를 하여야 한다. 법정대리인의 대리권에 대한 제한은 선의의 제3자에게 대항하지 못한다(8). 금치산자도 정관의 규정에 의하여 무한책임사원이 될 수 있다는 견해가 있으나, 현행법의 해석으로는 무리라고 본다.

제5절 영업의 제한

I. 공법상의 제한

1. 공익상 및 국가재정상의 제한

(1) 공익적 이유

선량한 풍속 기타 사회질서에 반하는 행위를 목적으로 하는 영업, 예컨대 밀수입업이나, 형법상 처벌의 대상이 되는 행위를 목적으로 하는 영업, 예컨대 아편의 제조·판매업, 음란한 도서·도화의 제조·수출입업 등은 성립할 수 없다. 이 경우에는 영업 자체가 성립할 수 없으므로, 이에 위반하는 행위를 하는 경우에는 상인이 될 수 없다.

(2) 공안상 이유

一般公安上의 이유에 기한 것(예컨대 전당포), 保健衛生上의 이유에 의한 것(예컨대 식품·약품의 제조판매업), 危害防止의 이유에 기한 것(예컨대 총포·도검·화약류 제조판매업) 등의 경우에는 영업의 개시에 행정청의 면허를 받거나 신고를 하여야 한다. 이에 위반하여 영업을 하는 경우에 행정벌은 별론으로 하고 그 행위는 사법상 유효하고, 그는 상인이 된다.

(3) 재정상 이유

국가가 재정상의 이유로 독점경영하는 사업은 개인이 경영할 수 없다. 예컨대 우편사업, 체신예금·체신보험사업 등의 경우이다. 이에 위반하는 경우에도 그 행위는 사법상 유효하고, 그는 상인이 된다.

(4) 국민경제상 이유

은행업, 신탁업, 보험업, 증권업 등은 주무관청의 면허를 받아야 한다. 이에 위반하는 경우에도 사법상 효력은 인정되고, 상인자격도 인정된다.

2. 신분상의 제한

특수한 신분을 가진 자에 대하여 영업행위를 금지 또는 제한한다. 즉, 법관(법조 49) · 검사(검찰 43 iii) · 변호사(변호사 38) · 공무원(국공 64) 등 일정한 공직에 있는 자는 관기숙정, 공무의 능률적 수행 등의 견지에서 금전상의 이익을 목적으로 하는 업무에 종사하지 못한다. 이에 위반하는 행위의 효력은 사법상 유효하고, 그 범위 내에서 상인자격을 취득한다.

3. 영업활동의 행태에 관한 제한

(1) 부정경쟁의 제한

부정한 경쟁은 선의의 영업자의 건전한 영업활동을 침해하고 소비자를 기망하여 거래질서를 깨뜨리므로, 부정경쟁방지 및 영업비밀보호에 관한 법률은 이를 규제하고 있다.

(2) 독점의 금지

시장을 독점함으로써 공정한 경쟁을 배제하는 것은 소비자의 이익을 침해하고 영세한 영업을 괴멸시키므로, 독점규제 및 공정거래에 관한 법률은 이를 규제하고 있다.

II. 사법상의 제한

1. 계약에 의한 제한

당사자 사이의 계약에 의하여 영업을 제한하는 수가 있는데 이는 선량한 풍속, 기타 사회질서에 반하지 않는 한 유효하다. 이 제한에 위반하여 영업을 하여도 그 행위 자체가 무효인 것은 아니며, 영업을 하는 자는 상인이 된다.

2. 법률에 의한 제한

상업사용인, 영업양도인, 대리상, 인적 회사의 무한책임사원, 물적 회사의 이사 등은 일정한 경업금지의무를 지므로 그 범위 내에서 영업의 제한을 받는다. 이에 위반한 행위는 사법상 유효하고 그 범위 내에서 상인으로 되지만, 개입권 등의 대상이 된다.

제3장 │ 상업사용인(상인의 보조자)

제1절 총 설

상인의 영업규모가 커지면 상인은 그 영업활동의 수행을 위해 점포나 공장, 기계 등의 물적 설비 이외에도 영업을 보조할 자가 필요해진다. 상인을 보조하는 자로는 상인에게 종속되어 기업의 내부에서 상인을 보조하는 종속적 보조자와 상인으로부터 독립하여 기업의 외부에서 상인을 보조하는 독립적 보조자가 있다. 상인의 독립적 보조자에는 대리인, 중개인, 위탁매매인 및 운송주선인 등이 있다. 상인의 종속적 보조자에는 유통과정에 참가하여 상인을 代理하여 상인의 대외적인 활동을 보조하는 자와 생산과정에 참가하여 대내적인 활동을 보조하는 자가 있다. 후자에 관하여는 민법과 노동법이 규율하고, 상법은 전자인 상업사용인에 대하여 규율한다. 피용자의 대리행위는 민법의 대리제도에 의하여 규율되지만, 상거래의 대리에 있어서는 민사대리와는 다른 법원리를 필요로 하는 사안이 있으므로 상법은 상업사용인에 관하여 별도로 규정을 두어 영업거래에 관한 피용자의 대리관계를 다루고 있다.

제2절 의 의

상업사용인(Handlungsgehilfe)이라 함은 특정한 상인(영업주)에 종속하여 상시 계속적으로 영업주를 위하여 대외적인 영업상의 업무를 보조하는 자를 말한다.

1. 특정한 상인에 대한 從屬性

상업사용인은 특정한 상인(영업주)에 종속하여 그 대외적 거래를 대리하는 자이다. 따라서 특정한 상인의 영업을 보조하더라도 그에게 종속되지 않고 독립한 상인의 지위를 가지는 대리상은 상업사용인이 아니다.

2. 雇傭契約 여부

상업사용인의 종속성의 전제로 상인과 사용인 간에 고용계약이 체결되어 있어야 하느냐 하는 점에 대하여는 다툼이 있다. 일반적인 경우에는 고용계약이 체결되고 근무에 들어가는 것이 통례이겠으나, 고용관계가 없더라도 특정 상인의 영업활동을 보조하는 것은 가능한 일일 것이다. 상인과 거래한 제3자를 보호하기 위하여 고용관계의 유무를 불문하고 상업사용인이 될 수 있다고 보아야 하는 것이다(통설). 그러므로 고용계약이 없더라도 대리권 수여만 있으면 부모자녀관계 등 가족관계에서도 성립할 수 있다.

3. 대 리 권

상인의 營業活動을 보조하는 자이다. 따라서 단순히 가사상·기술상·문화예술상의 노무에 종사하는 자는 상업사용인이 아니다. 對外的으로 상인을 대리할 권한(代理權)이 있는 자이다. 따라서 대리권 없이 내부적인 영업상의 업무에 종사하는 서무·회계 등의 직원과 내부적인 노무에만 종사하는 청소부·수위 등은 상업사용인이 아니다.

4. 사용인의 범위

법정대리인이 무능력자를 대리하여 영업을 하는 경우 법정대리인은 무능력자인 상인에 종속관계에 있는 것이 아니고 후견적 지위에서 영업거래에 관한 능력을 보충해주는 자이므로 상업사용인이 아니다. 이사·감사·업무집행사원 등 회사의 기관을 이루는 자는 상인인 회사의 조직의 일부가 되는 것이요, 회사에 종속하는 것이 아니므로 상업사용인이 아니다. 상업사용인은 영업주의 영업활동을 보조하는 자이므로 자연인에 한한다(통설).

5. 종 류

상법은 대리권의 범위를 기준으로 상업사용인을 지배인, 부분적 포괄대리권을 가지는 사용인, 물건판매점포의 사용인 등 세 가지의 경우를 규정한다.

제3절 支 配 人

I. 의 의

지배인(Prokurist)은 영업주에 갈음하여 그 영업에 관한 재판상 또는 재판 외의 모든 행위를 할 수 있는 권한을 가진 상업사용인이다(11). 가장 포괄적인 대리권을 가진 상업사용인이다. 지배인의 이 대리권을 강학상 支配權(Prokura)이라 한다. 상인은 지배인을 선임함으로써 영업에 관한 자기의 分身을 만들어 영업활동의 범위를 확대할 수 있다. 또한 거래의 상대방은 지배인의 권한이 법적으로 정형화되어 있기 때문에 거래시마다 대리권의 유무를 일일이 확인할 필요 없이 계약을 체결할 수 있으므로 거래의 신속과 안전을 기할 수 있다. 그러므로 지배인제도는 상인의 영업활동의 범위를 확대해주고 또한 외관주의에 의해 제3자를 보호하는 기능을 한다. 지배인은 상인에 의해 선임되지만, 그 권한은 법규정에 의해 정형적으로 주어진다. 지배인인지 여부는 실질적으로 그가 가진 대리권의 범위를 기준으로 하여 결정하여야 한다(통설). 실제 거래계에서는 지배인이라는 명칭보다는 영업부장·지점장·영업소장 등과 같은 직위를 함께 표시하는 명칭을 선호한다. 지배인은 그 권한이 영업 전부에 미친다는 점에서 권한이 가장 큰 상업사용인이다.

II. 선임과 종임

1. 선 임

(1) 선임권자

지배인을 선임할 수 있는 자는 영업주인 상인 또는 지배인 선임의 권한이 수여된 대리인에 한한다. 묵시적인 의사표시에 의해서도 지배인의 선임이 가능하다고 하는 견해도 있으나, 지배권의 포괄성에 비추어 동의하기 어렵다. 지배인은 특별한 수권이 없으면 그 영업주를 위하여 다른 지배인을 선임할 수 없다(11②). 회사에서는 대표기관이 지배인을 선임하며, 회사 내부에서 일정한 절차를 밟아야 한다. 그러나 회사 내부의 절차를 밟지 않았더라도 그 지배인의 대외적 행위의 효력에는 영향이 없다.

(2) 지배인의 자격

지배인은 자연인이어야 하며, 법인은 지배인이 될 수 없다. 영업주와 지배인 간의 신뢰관계가 필요하기 때문이다. 자연인인 이상 행위능력자가 아니어도 좋고, 특별한 자격을 요하지 않는다. 감사는 업무의 성질상 지배인을 겸할 수 없다. 회사대표기관인 대표이사는 지배인을 겸할 수 없지만, 대표권이 없는 이사나 업무집행사원은 지배인을 겸할 수 있다.

(3) 선임의 법적 성질

지배인 선임의 법적 성질에 관하여는 영업주와의 사이의 대내관계를 발생시키는 행위라는 이유로 대리권수여행위와 결합한 고용계약 또는 위임계약으로 보는 견해가 있다. 그러나 고용계약과 결합된 대리권수여계약으로 보는 경우에는 고용관계가 없는 가족이나 친족에게 대리권을 수여하는 경우에는 적절하지 못한 문제가 있다. 그러므로 지배인 선임행위의 법적 성질은 대리권수여계약이라고 보는 것이 타당하다.

(4) 선임방식

선임방식에 대한 특별한 제한은 없고, 서면에 의하지 않아도 좋으나, 포괄적 대리권을 수여하는 행위이므로 명시적 의사표시에 의하여야 한다고 본다. 지배인을 선임함에 있어서 꼭 지배인이라는 명칭을 부여하는 것은 아니다.

2. 종 임

지배인은 영업주의 대리인이므로 대리권의 소멸사유가 있으면 지배인은 종임한다. 즉 기간의 만료, 지배인의 사망·금치산·파산, 영업주 또는 지배인에 의한 해지, 영업주의 파산 등으로 인하여 종임한다. 지배인의 대리권은 상행위의 위임에 의한 대리로서 영업에 직결되어 있으며, 영업주의 사망은 종임사유가 아니다. 지배인은 영업의 존속을 전제로 하므로, 영업의 폐지와 회사의 해산은 종임사유가 된다. 영업의 양도에 관하여 기업의 유지를 위하여 종임사유가 되지 않는다고 하는 견해가 있다. 그러나 지배인은 영업주와의 특별한 신뢰관계에 의하여 영업주만이 선임할 수 있기 때문에 종임사유가 된다고 보아야 할 것이다.

3. 등 기

지배인의 선임과 종임은 등기사항이므로 영업주가 이를 등기하여야 한다(13).

그러나 지배인의 등기는 보고적 등기에 지나지 않으므로, 선임의 경우에는 등기하기 전에도 대리행위를 할 수 있고, 해임의 경우에는 등기하기 전이라도 대리권이 없다. 다만 등기를 하지 않으면 선의의 제3자에게 대항하지 못한다(37①).

III. 支配人의 權限

1. 의　의

지배인의 대리권을 지배권이라 한다. 지배인은 영업주에 갈음하여 그 영업에 관한 재판상 또는 재판외의 모든 행위를 할 수 있는 권한을 가지고 있고, 이를 제한하여도 선의의 제3자에게 대항할 수 없다고 규정함으로써(11) 포괄적인 대리권의 범위를 객관적으로 정형화하고 있다. 이처럼 지배권은 민법상의 대리권과 달리 영업의 전반에 걸치는 포괄적 권한이고, 그 범위도 상법이 법으로 정하여 영업주가 마음대로 제한할 수 없는 획일적 권한이다. 그리하여 지배인은 상인의 최고의 기업보조자로서 영업주에게는 제2의 자아(Alter Ego)와 같은 존재로 표현되기도 한다. 지배권의 包括性과 劃一性은 거래의 상대방을 보호하여 거래의 안전을 도모하기 위한 것이다.

2. 내　용

(1) 포　괄　성

지배인은 영업주에 갈음하여 그 영업에 관한 재판상 또는 재판 외의 모든 행위를 할 수 있다(11①). 지배권은 영업주의 영업에 관한 행위에 한정된다(營業關聯性). 영업에 관한 행위로서 지배인의 권한에 속하는가 여부는 그 행위의 객관적 성질에 의하여 결정하여야 하고, 지배인의 주관적 의사와는 관계가 없다. 따라서 지배인이 자기 개인의 이익을 위해 지배인 명의를 사용한 경우에도 행위의 객관적·추상적 성질상 영업에 관한 행위로 인정되면 그 행위는 영업주의 행위로 인정된다. 재판 외의 행위는 영업에 관한 모든 적법행위를 말한다. 영업으로 하는 행위와 영업을 위하여 하는 행위가 모두 포함된다. 지배인은 지배인을 제외한 점원 기타 사용인을 선임 또는 해임할 수 있다. 재판상의 행위는 소송행위를 가리킨다. 지배인은 모든 심급의 법원에서 영업주의 소송대리인이 될 수 있고, 또 다른 사람을 소송대리인으로 선임할 수 있다.

(2) 획일성(불가제한성)

지배인의 대리권은 이와 같이 그 범위가 객관적으로 정형화되어 있으므로 거래의 안전을 위하여 획일성이 요구된다. 그리하여 영업주가 그 대리권에 대하여 거래의 금액·종류·시기·장소 등에 관하여 개별적으로 제한하더라도 이를 가지고 대외적으로 선의의 제3자에게 대항하지 못한다(11③). 지배권의 범위를 영업주가 제한하는 것은 사적 자치의 원리상 허용할 수밖에 없지만 이러한 제한을 가하는 경우에도 그 제한내용을 지배인 등기란에 등기할 수 없다(상등 50, 51), 나아가 이와 같은 지배인의 대리권의 범위를 확대하는 것은 불가하다고 본다. 이는 지배인의 권한을 가급적 영업소 단위로 재판상, 재판외의 행위를 하는 대리인으로 획일화하여 거래의 안전을 도모하기 때문이다. 이로써 거래 상대방은 지배권의 유무와 범위를 별도로 조사할 필요가 없게 되는 편의를 누리게 된다. 따라서 영업주가 지배인에게 법정의 권한을 초과한 대리권을 수여하는 경우에도 그것은 별개의 수권이지 지배권의 확대가 아니다.

3. 지배권의 한계

지배인의 대리권은 영업에 관한 행위에 한정되므로, 신분에 관한 행위를 포함한 영업주의 私的 行爲에는 미치지 않는다. 또 영업의 존재를 전제로 하여 그 경영에 관한 행위만을 할 수 있으므로, 정관의 변경 등 기본적 행위는 할 수 없다. 영업의 목적의 변경, 지점의 설치도 할 수 없다고 본다. 또 영업에 관한 행위라도 일신전속성이 있어서 영업주 자신이 하여야 하는 행위, 예컨대 선서, 서명 등의 행위도 할 수 없다. 지배인은 영업주의 인적 신뢰를 바탕으로 하고 있으므로, 지배권의 양도는 할 수 없다.

4. 지배권의 제한

(1) 서 설

지배인의 대리권은 법률에 의하여 객관적으로 정형화되기 때문에, 대리권에 대한 제한을 이유로 선의의 제3자에게 대항할 수 없다(11③). 이처럼 지배권은 定型的이고 不可制限的이다. 그러므로 영업주가 지배인의 代理權을 制限하면 그것은 당사자 사이에서만 효력을 가질 뿐이고, 지배인이 위 제한에 위반하여 거래행위를 하여도 그것은 지배인의 해임 또는 손해배상청구의 사유가 될 뿐, 그 행위의 대외적 효력에는 영향이 없는 것이 원칙이다. 그러나 惡意의 제3자는 보호할 필요가 없으므로, 그에 대하여는 대리권의 제한을 대항할 수 있다. 대법원은 지배인이 영업주가 정한 대리권에 관한 제한 규정에 위반하여 한 행위에 대하여는 제3자가 위 대리권의 제한 사실을 알고 있었던 경우뿐만 아니라 알지 못한 데에 重大한 過失이 있는 경우에도 영업주는 그러한 사유를 들어 상대방에게 대항할 수 있고, 이러한 제3자의 악의 또는 중대한 과실에 대한 주장 및 입증책임은 영업주가 부담한다고 한다.[1] 지배권의 불가제한성에는 특정한 업종 또는 영업소에 지배권을 한정하는 경우와 수인의 지배인이 공동으로 지배권을 행사할 수 있게 하는 경우의 두 가지 예외가 인정된다.

(2) 특정한 업종 또는 지점의 지배인

지배인의 대리권은 영업주가 각각 다른 상호로 수종의 영업을 하는 경우에는 각 상호의 영업에만 한정된다. 또 영업주가 동일의 영업에 관하여 수개의 영업소를 둔 때에는 그중 선임된 영업소에 대하여서만 지배권이 미친다.

(3) 공동지배인

1) 의   의   영업주는 수인의 지배인이 공동으로만 대리권을 행사할 수 있도록 하는데, 이 경우의 지배인을 공동지배인이라 하고, 이 경우의 대리권을 공동지배권이라 한다. 이것은 지배인의 대리권의 오용이나 남용을 방지하고 상호견제를 위하여 선임한다.

2) 형   태   공동지배의 형태에는 제한이 없다. 갑, 을, 병 3인을 지배인으로 선임한 경우에 전원의 공동, 그중 2인의 공동 또는 1인은 단독, 2인은 공동으로 대리하는 형태가 모두 가능하다.

3) 공동지배권의 행사방법

(개) 능동대리   공동지배인이 영업주를 대리하여 상대방에게 의사표시를 하는 경우에는 반드시 공동으로 하여야 한다. 따라서 공동지배인 중 1인의 대리행위는 영업주에 대하여 효력이 없다. 그러나 수인의 지배인이 시간적으로 동시에 의사표시를 할 필요는 없다. 공동지배인 중 1인이 자기의 지배권을 타인에게 위임할 수 있는가에 관하여, 포괄적 위임은 공동지배인제도에 반하여 허용되지 않는다는 데 이론이 없다. 다만 특정한 종류 또는 특정한 행위에 대하여 전원의 의사가 합치된 경우에는 그 의사표시만을 다른 공동지배인에게 개별적으로 위임하는 것은 가능한가에 대하여는 긍정설과 부정설(다수설) 간의 다툼이 있다.

(내) 수동대리   상대방이 공동지배인에게 의사표시를 하는 경우에는 각자가

---

1) 대판 1997.8.26, 96다카36753.

단독대리권을 가진다. 따라서 지배인 1인에 대한 의사표시는 영업주에 대하여 효력이 있다.

　　4) 1인에게 발생한 사유의 효력　　공동지배인 중의 1인에게 의사의 흠결, 지·부지, 선의·악의 등 주관적 사정이 있는 때에는 영업주에 대하여 효력이 있다. 공동지배권은 하나의 통일적 대리권이므로 능동대리·수동대리를 묻지 않는다. 공동지배인 중 1인의 대리권이 소멸한 경우에 남아 있는 공동지배인의 대리권은 소멸하지 않는다고 본다(통설). 남아 있는 공동지배인이 단독으로 능동대리를 한 경우에도 영업주가 이를 추인하면 유효하게 된다(민 130, 133).

　　5) 등　기　　공동지배인에 관한 정함은 거래의 상대방에게 중요한 영향을 미치는 사항이므로 등기하여야 한다(13). 공동지배인의 소멸·변경의 경우도 같다.

IV. 表見支配人

1. 의　의

표현지배인이란 본점 또는 지점의 본부장, 지점장, 그 밖에 지배인으로 인정될 만한 명칭을 사용하는 자로서 진실한 지배인이 아닌 자를 말한다(14). 지배인인가 아닌가는 그 명칭에 관계없이 실질적으로 지배권의 유무에 따라 정해진다. 그러나 영업주가 지배권을 부여하지 않으면서 지점장·지배인 등 외관상 마치 지배권이 있는 것 같은 명칭의 사용을 허락하고, 그러한 명칭에 의하여 거래의 상대방이 지배권이 있는 것을 믿었다면 이와 같이 외관을 신뢰한 선의의 제3자를 보호하여 거래의 안전을 도모할 필요가 있다. 표현지배인제도는 이러한 취지에서 민법의 표현대리를 강화한 것이다. 표현지배인 제도는 다른 상업사용인에게는 준용되고 있지 않고, 판례도 이에 대해 부정적이다.

2. 要　件

일정한 명칭을 가진 사용인을 표현지배인으로 인정하여 영업주가 그의 행위에 대하여 책임을 지도록 하기 위하여는 외관의 존재, 외관의 존재에 대한 귀책사유 및 상대방의 신뢰 등의 요건이 필요하다.

(1) 外觀의 存在

1) 지배인으로 인정될 만한 명칭 사용　　사용인이 본점 또는 지점의 본부장, 지점장, 그 밖에 지배인으로 인정될 만한 명칭을 사용해야 한다. 판례에 의하면 영

업주임, 지점장, 지사장, 지배인, 영업소장, 사무소장, 출장소장 등이 이에 해당한다고 한다. 다만 보험회사의 지사장·영업소장은 지점의 실체를 갖추지 못하여 표현지배인에 해당하지 않는다. 또 지점차장, 지점장대리 등은 상위자의 존재를 전제로 하고 있고, 지점주임, 지점서무계장 등은 지점의 1국 또는 1과의 책임자임을 나타내므로 어느 것이나 여기에 해당하지 않는다.

　2) 營業所의 實質　　표현지배인에 대한 상대방의 오인은 그 영업소와 밀접한 관련이 있으므로 표현지배인은 본점 또는 지점의 사용인(반드시 상업사용인이어야 할 필요는 없다)이어야 한다(14①). 다수설에 의하면 그 사용인이 근무하는 영업장소가 상법상의 영업소인 본점 또는 지점의 실질을 구비해야 한다. 영업소의 실질을 갖춘다고 하는 것은 그곳이 영업활동의 중심지, 즉 대내외적으로 영업활동을 지휘·명령하는 중심이라는 뜻이다.

(2) 外觀存在에 대한 歸責事由

　표현지배인제도는 영업주에게 사실과 다른 외관을 야기한 책임을 묻는 제도이므로 상업사용인의 명칭은 영업주가 그 사용을 명시적 또는 묵시적으로 허락하였어야 한다. 따라서 제3자가 영업주의 허락 없이 그러한 명칭을 참칭한 경우에는 영업주가 그러한 사실을 알지 못하고 또 그 사용을 제지하지 못한 점에 과실이 있다고 하더라도 영업주는 그 자의 행위에 대하여 책임이 없다.

(3) 제3자의 信賴

　선의의 상대방을 보호하기 위한 제도이므로 상대방이 악의인 경우에는 그 적용이 없다. 여기에서 악의라 함은 그 사용인이 지배인이 아니라는 것을 알고 있는 것이다. 선의에 관하여 경과실이 있는 경우는 보호받지만, 중과실이 있는 경우는 보호받지 못한다. 악의 여부는 거래시를 기준으로 판단한다. 악의의 증명책임은 영업주가 부담한다. 과실 있는 선의인 경우 경과실이면 선의로 볼 것이나, 중과실이면 악의로 보아야 할 것이다(통설).

3. 효　　과

　사용인에게 이상의 요건이 충족되는 경우에는 영업에 관하여 그 사용인이 한 재판외의 행위는 지배인이 한 행위와 같이 취급된다(14①본). 즉 본래 대리권이 없는 자의 행위를 대리권이 있는 자의 행위로 보므로 영업주는 상대방에 대하여 책임을 진다. 재판상의 행위에 대하여는 표현지배인의 권한이 미치지 않는다(14①단). 소송행위에 대하여는 원칙적으로 표현대리의 법리가 적용되지 않기 때문이다. 표현지배인으로 인정되어 영업주가 상대방에 대하여 책임을 지는 경우에는 표현지배인 자신은 상대방에 대하여 책임을 지지 않는다. 상법 제14조는 제37조 제2항과는 차원을 달리하는 규정이므로 제37조에 불구하고 적용된다.

제4절 부분적 포괄 대리권을 가진 사용인

I. 의   의

부분적 포괄대리권을 가진 사용인이란 영업의 특정한 종류 또는 특정한 사항에 관한 재판외의 모든 행위를 할 수 있는 상업사용인을 말한다(15①). 부장·차장·과장·과장대리·부장대우 등이 이에 해당한다. 판례에 따르면 건설회사 현장소장은 특정된 건설현장에서 공사의 시공에 관련한 업무만을 담당하므로 표현지배인이 아니라 부분적 포괄대리권을 가진 사용인에 해당하며, 주식회사의 기관인 상무이사라 하더라도 부분적 포괄대리권을 가지는 사용인을 겸할 수 있다. 이들은 재판상의 행위에 대한 대리권은 없다. 이러한 사용인과 거래하는 상대방은 그 직책 때문에 대리권이 있다고 믿고 신뢰하는 것이 보통이다. 그리하여 상법은 사용인에게 대리권을 부여함으로써 거래시마다 대리권의 유무 및 범위를 일일이 확인하지 않고도 거래를 할 수 있게 하여 거래의 신속과 안전을 도모하고 있다.

II. 선임·종임

대체로 지배인의 선임·종임과 같으나 영업주와 그 법정대리인 외에 지배인도 선임·해임할 수 있는 점(11②), 그 선임과 해임을 등기하지 않는 점, 소상인도 선임할 수 있는 점(9) 등이 다르다. 부분적 포괄대리권을 가진 사용인의 선임행위의 성질도 대리권수여행위로 볼 수 있다. 소상인이 지배인을 선임하더라도 상법의 적용이 없으나, 부분적 포괄대리권을 가진 사용인을 선임하는 경우에는 상법이 적용된다.

III. 대리권의 범위

부분적 포괄대리권을 가진 사용인은 영업주로부터 위임받은 영업의 특정한 종류 또는 특정한 사항에 관하여 대리권을 가지고 재판 외의 행위만을 할 수 있는 점에서 지배인과 다르다. 그러나 이 사용인도 위임받은 사항에 관하여는 포괄적인 대리권을 가지고 대리권을 제한하여도 선의의 제3자에게 대항할 수 없는 점은 지배인과 같다(15①②).

IV. 表見使用人

지배인과 부분적 포괄대리권을 가진 사용인은 모두 상업사용인이고, 그 권한에서 후자가 전자 못지않게 넓은 대리권을 가진 경우가 있으므로 민법상 표현대리보다 용이하게 거래상대방의 신뢰를 보호할 필요가 있다. 그러므로 부분적 포괄대리권을 가지는 사용인에 대하여는 표현지배인과 같은 규정이 없으나, 이를 유추적용하여 상대방을 보호할 필요가 있다(다수설). 표현지배인의 유추적용을 부정하는 견해(소수설)에서는 민법 제125조의 표현대리 또는 제756조의 사용자책임의 법리에 의하여 문제를 해결한다.

제5절 물건판매점포의 사용인

I. 의   의

물건판매점포의 사용인이란 점포의 물건판매에 관한 모든 대리권이 있는 것으로 의제되는 사용인을 말한다(16①). 소위 店員이 이에 해당한다. 상법은 이러한 자에 대해 대리권 수여여부와 관계없이 대리권을 의제하고 있는 것이다. 물건의 판매를 목적으로 하는 점포의 사용인은 그 점포에 있는 물건의 판매에 대한 대리권이 있는 것 같은 외관이 있으므로 거래의 안전을 위하여 그 외관을 믿은 제3자를 보호하기 위한 것이다. 물건판매점포의 사용인의 선임·종임에 관한 문제는 부분적 포괄대리권을 가진 사용인의 경우와 같다.

II. 적용요건

상법 제16조는 물건을 판매하는 店鋪의 사용인에 대하여서만 적용된다. 점포에서의 판매가 외관을 구성하기 때문이다. 따라서 점포 밖에서 근무하는 외무원에게는 대리권이 의제되지 않는다. 판매 등 거래행위가 점포에서 체결되었거나 점포에서 개시되어야 하고 상대방이 선의이어야 한다(16②). 점포 내의 물건만을 판매하는 경우를 의미하는 것은 아니다. 점포 내에서 판매하는 이상 그 물건이 점포 외에 존재하는 경우에도 적용된다. 물건판매점포의 사용인의 대리권의 의제는 상대방이 선의인 경우에만 적용된다(16②).

III. 대리권의 범위

대리권의 범위는 그 販賣에 관한 모든 권한에 미친다(16①). 판매에 관한 모든 권한은 그 점포에서 보통 생각할 수 있는 판매와 수령에 관한 권한이며, 외상판매·할인판매·교환 등과 같은 통상적인 판매에 관한 모든 행위가 포함된다고 본다. 물건의 판매에 관련된 처분행위만이 아니라 채무부담행위도 할 수 있다는 것이 다수설이다. 물건을 구입하는 권한은 인정되지 않는다.

IV. 적용범위의 확대

상법 제16조는 물건의 임대·교환 등을 목적으로 하는 점포, 예컨대 비디오 임대, 렌트카 등의 점포의 사용인에게도 유추 적용되어야 할 것이다(다수설).

제6절 商業使用人의 義務

I. 총   설

상업사용인은 영업주와의 사이에 위임 또는 고용관계에 있는 것이 통상의 경우이므로 일반원칙에 따라 영업주의 영업에 대해 선량한 관리자의 주의로서의 주의의무(민 681)나 보고의무(민 683) 또는 노무제공의무(민 655)를 부담한다. 한편 상업사용인은 영업주의 영업에 관하여 대리권이 있고, 또 영업의 내용에 관하여 정통한 입장에 있으므로 영업주와 사이에 고도의 인적 신뢰관계가 유지되어야 한다. 그러므로 사용인과 영업주 사이에 영업상 경쟁관계의 발생과 사용인의 정력분산을 막기 위하여 상법은 상업사용인에게 특별한 不作爲義務를 과하고 있다.

II. 競業禁止義務

상업사용인은 영업주의 허락 없이 자기 또는 제3자의 계산으로 영업주의 영업부류에 속하는 거래를 하지 못한다(17①전). 이를 경업금지의무라고 한다. 이러한 의무는 상업사용인 이외에도 대리상(89), 합명회사의 사원(198), 합자회사의 무한책임사원(269, 198), 주식회사와 유한회사의 이사(397, 567), 영업양도인(41) 등에게도 인정되지만, 상업사용인의 경우에 그 범위가 가장 넓다. 상업사용인의 퇴임으로 이 의무는 소멸하지만, 강행규정에 반하지 않는 한 당사자 간의 특약으로 계속 부담하게 할 수 있다.

1. 금지되는 거래

상업사용인은 영업주의 허락 없이 자기 또는 제3자의 계산으로 영업주의 영업부류에 속하는 거래를 하지 못한다(17①전). 금지되는 거래는 영업주의 영업부류에 속하는 거래이다. 영업주의 영업부류에 속하는 거래라 함은 영업주의 영업목적인 거래를 말한다. 영업을 위하여 하는 거래는 자유로 할 수 있다.

2. 계　산

자기 또는 제3자의 계산으로란 자기 또는 제3자가 그 거래로 인하여 발생한 경제적 효과(손익)의 귀속주체가 된다는 뜻이다.

3. 영업주의 허락

이 의무는 영업주의 이익을 위한 것이므로 영업주는 이를 허락할 수 있다. 영업주의 허락은 명시적이든 묵시적이든, 서면에 의하든 구술에 의하든, 사전이든 사후이든 상관이 없다.

4. 존속기간

이 의무는 다른 약정이 없는 한 사용인이 속한 영업조직의 근무시간과는 무관하다. 사용인의 지위에 있는 동안에는 계속 적용된다.

III. 兼職禁止義務

상업사용인은 영업주의 허락 없이 회사의 무한책임사원·이사 또는 다른 상인의 사용인이 되지 못한다(17①후). 이 의무는 겸직금지의무 또는 특정지위취임금지의무라고도 한다. 여기에서 말하는 회사는 영업주와 동종영업을 하는 회사뿐만 아니라 이종영업을 하는 회사까지 모든 회사를 포함한다고 본다(무제한설, 다수설). 영업주의 허락의 방법은 경업금지의무의 경우와 같다.

IV. 의무위반의 효과

1. 경업금지의무 위반

상업사용인이 경업금지의무에 위반되는 행위를 한 경우 그 행위 자체는 유효하다. 다만 영업주는 내부적으로 상업사용인에 대하여 그 의무위반의 행위로 인하여 생긴 손해배상청구를 할 수 있고, 사용인을 해고할 수 있으나, 이것만으로 영업주를 충분히 보호할 수 없기 때문에 개입권을 인정한다.

(1) 介入權 또는 奪取權

1) 의 의   상업사용인이 영업주의 허락 없이 영업주의 영업부류에 속한 거래를 한 경우에 만일 그 거래가 상업사용인 자신의 계산으로 한 것인 때에는 영업주는 이를 영업주의 계산으로 한 것으로 볼 수 있고, 제3자의 계산으로 한 것인 때에는 영업주는 상업사용인에 대하여 이로 인한 이득의 양도를 청구할 수 있다(17②). 이를 영업주의 개입권 또는 탈취권이라고 한다. 이것은 상업사용인의 의무위반으로 인한 손해의 증명이 어렵고 손해배상만으로는 불충분하므로 고객관계를 확보하면서 영업주의 이익을 보호하기 위한 것이다.

2) 발생요건   상업사용인이 영업주의 허락 없이 영업주의 영업부류에 속한 거래를 하는 것, 즉 경업금지의무를 위반하는 것이다. 겸직금지의무를 위반한 경우에는 탈취권이 발생하지 않는다.

3) 성 질   영업주가 상업사용인에 대하여 일방적 의사표시로 행한다. 따라서 탈취권은 形成權이다.

4) 행사효과   영업주가 상업사용인과 거래한 상대방에 대하여 직접 계약의 당사자로 되는 것이 아니라 영업주와 상업사용인의 내부관계에서 상업사용인이 거래행위로 취득한 경제적 효과를 영업주에게 이전하여야 할 의무(채권적 의무)를 발생시키는 것이다. 상업사용인이 자기의 계산으로 거래한 때에는 영업주는 상업사용인에 대하여 그 거래 행위로 취득한 물건 또는 권리의 양도를 청구할 수 있고 아울러 상업사용인이 부담한 의무를 인수해야 한다. 상업사용인이 제3자의 계산으로 거

래한 때에는 영업주는 상업사용인에 대하여 이로 인한 이득, 즉 제3자에 대한 보수청구권의 양도를 청구할 수 있다(利得讓渡請求權).

　5) 소　　멸　　탈취권은 영업주가 그 거래를 안 날부터 2주간을 경과하거나 거래가 있은 날부터 1년을 경과하면 소멸한다(17④). 위 기간은 제척기간이다.

(2) 契約解止權

　사용인이 경업거래를 한 경우 영업주는 상업사용인과의 사이의 모든 계약을 해지할 수 있다(17③). 따라서 상업사용인을 해임할 수 있다. 영업주의 개입권 행사만으로는 그 상업사용인에 대한 제재나 영업주의 손해전보에 충분하지 않을 수 있기 때문이다.

(3) 損害賠償請求權

　개입권을 행사하거나 이익양도를 받고도 여전히 영업주가 손해를 입은 경우에는 그 배상을 청구할 수 있다(17③).

2. 겸직금지의무위반의 경우

　상업사용인이 영업주의 허락 없이 회사의 무한책임사원, 이사 또는 다른 상인의 사용인이 된 경우에 관하여는 상법은 규정을 두지 않는다. 이 경우에는 이러한 지위에 취임한 행위 그 자체의 효력이 없는 것은 아니라 할 것이므로 탈취권의 행사는 불가능하다고 보는 것이 타당할 것이다. 그러나 계약의 해지와 손해배상의 청구는 가능한 것으로 보아야 할 것이다(다수설).

제4장 | 영 업 소

제1절 의 의

영업소(place of business, Handelsniederlassung)라 함은 기업의 영업활동의 중심이 되는 일정한 장소를 말한다. 영업소는 특정 지점만을 나타내는 개념이 아니고, 이와 함께 인적 · 물적 시설의 물리적 존재를 빌려 영업조직의 중심을 나타내는 개념이다. 영업소는 내부적으로 영업활동을 지휘 · 명령하고 외부적으로 기본적 거래가 이루어지는 곳으로서 어느 정도 독립적인 결정권이 있는 곳이다. 영업활동을 위한 장소이므로 상품의 제조 · 가공 · 보관 등과 같은 사실행위만이 이루어지는 공장 · 창고 등은 영업소가 아니다. 영업활동이라 하더라도 단순히 판매 · 용역제공 등 영업거래만이 이루어지는 매장 · 객장은 영업조직의 중심이라 할 수 없으므로 역시 영업소가 아니다. 영업활동을 위한 조직의 중심이므로 독립적인 영업단위를 이루어 경영관리 조직을 갖춤으로써 그 영업활동에 관한 한 독립적인 관리가 행해지고 회계 등 경영효과가 집중되어야 한다.

영업소는 대내적 관리와 대외적 거래의 중심으로서의 기능을 수행해야 하므로 고정적인 설비를 갖추고(고정성) 계속적으로(계속성) 유지되어야 한다. 영업소 여부에 대한 판단은 객관적으로 영업소로서의 실체를 구비하고 있는지의 여부에 따라 판단하여야 하고, 상인의 주관적 의사에 따를 일이 아니다(통설). 또 명칭이나 등기 여부에 구애받지도 아니한다. 그러므로 상인이 영업소 · 본점 등의 명칭을 사용하거나 그와 같이 등기하였다 하더라도 영업소로서의 실체를 갖추고 있지 못하면 영업소로 볼 수 없고, 반대로 출장소 · 직매점 등의 명칭을 사용하였다 하더라도 영업소로서의 실체를 갖추었다면 지점 또는 본점으로 보아야 한다. 다만 영업소의 실체를 갖추고 있지 못한 장소를 영업소로 등기하였다면 부실등기의 효과로서 선의의 제3자와의 관계에서는 이를 영업소로 볼 수 있다(39).

제2절 영업소의 수와 종류

하나의 상인은 수 개의 영업을 경영하는 경우는 물론 하나의 영업을 경영하는 경우에도 수 개의 영업소를 가질 수 있다. 1인의 상인이 수 개의 종류가 다른 영업을 할 때에는 각 영업별로 독립된 영업소를 갖게 마련이다. 그렇다고 그 영업소들이 장소적으로 격리되어 있어야 한다는 뜻은 아니다. 동일한 장소에 있더라도 기능적으로 분리되어 있다면 수 개의 영업소로 인정할 수 있다. 1인의 상인이 하나의 영업을 하더라도 그 영업에 관해 수 개의 영업소를 가질 수 있으며, 수 개의 영업을 할 때도 각 영업별로 수 개의 영업소를 가질 수 있다. 이와 같이 동일 영업에 관해 수 개의 영업소가 있을 때에는 각 영업소가 主從의 관계에 있게 된다. 전체 영업 중 수량적 일부를 차지하며 영업을 수행하는 영업소와 이들을 전체적으로 통합하고 그 영업결과를 하나의 경영단위로 집중시키는 영업소가 있다. 후자의 영업소를 본점, 전자의 영업소를 지점이라 한다. 지점은 여러 개가 있을 수 있으나 본점은 한 개만이 있을 수 있다. 기업의 실제를 보면 보통 영업지역을 구획하여 각 지역별로 지점을 두어 해당지역의 영업을 전담시키고 있다. 그러나 이것은 영업활동의 효율을 위한 편의적 관할을 둔 것일 뿐이고 대외적 거래에 지역적 제한이 있는 것은 아니다. 예컨대 어느 은행의 부산지점이 서울에 거주하는 사람과 당좌거래를 하였다고 해서 무권대리가 되는 것은 아니다.

제3절 영업소의 결정

영업소는 상인이 영업소를 가지려는 의사와 함께 영업소의 실체를 구비함으로써 결정된다. 영업소를 변경하는 것도 같다. 자연인인 상인의 영업소는 자신의 의사결정으로 간단히 결정 또는 변경되지만, 회사의 영업소의 결정 또는 변경은 다음과 같이 일정한 조직법적 절차를 거쳐야 한다. 본점의 소재지는 모든 회사가 공히 定款에 기재할 사항이므로 본점을 변경할 때에는 정관변경절차를 요한다(179v, 269, 289①vi, 543②v). 그리고 지점의 설치 및 변경은 합명회사와 합자회사의 경우에는 통상의 업무집행방법에 따라 결정하지만(200, 201, 269), 주식회사의 경우에는 이사회의 결의를 거쳐야 한다(393①). 유한회사에서도 이사의 과반수의 결의를 얻어야 한다(564①). 어느 종류의 회사이든 본점 및 지점의 소재지를 등기하여야 한다(180i, 269,

317②i 및 ③, 549②i).

제4절 법적 효과

상인에게는 영업소가 자연인이 민사관계에서 가지는 주소와 같은 효력이 있다. 따라서 회사의 경우 주소는 본점소재지에 있는 것으로 하며(171), 자연인인 상인의 경우 주소와 영업소를 동시에 갖게 되겠지만 영업생활관계에 있어서는 영업소가 생활의 근거가 된다.

I. 영업소 일반

1. 채무변제의 장소

지참채무는 채권자의 영업소, 추심채무는 채무자의 영업소가 각각 이행장소가 된다. 특정물 인도 이외의 영업에 관한 채무는 원칙적으로 持參債務이므로 채권자의 현영업소에서 변제하여야 하며(민 467②단), 지시채권이나 무기명채권은 推尋債務이므로 채무자의 현영업소를 변제장소로 한다(민 516, 524).

2. 지배인의 선임단위

지배인은 영업소를 단위로 하여 본점 또는 지점별로 둘 수 있다(10)(그렇지 않고 영업 전부를 통할하는 총지배인을 둘 수 있음은 물론이다). 그러므로 영업소는 지배인의 대리권의 범위를 정하는 뜻이 있다. 따라서 표현지배인도 본점 또는 지점의 영업과 관련하여 표현적 명칭을 사용한 자에 대해 인정된다.

3. 등기관할의 표준

상법에 의하여 등기할 사항은 당사자의 신청에 의하여 영입소의 소재지를 관할하는 법원의 상업등기부에 등기한다(34, 상등 4).

4. 재판적 등의 기준

회사의 普通裁判籍은 회사의 주된 영업소에 의해 정하며(민소 5①), 영업소가 있는 자에 대한 訴는 그 영업소의 업무에 관한 것에 한해 그 영업소 소재지에 特別裁判籍이 인정된다(민소 12). 한편 민사소송에서 서류의 송달은 송달받을 자의 주소, 거소, 영업소 또는 사무소로 한다(민소 183①본).

II. 지　점

1. 지점거래로 인한 채무의 이행장소

채권자의 지점에서의 거래로 인한 채무의 이행장소가 행위의 성질 또는 당사자의 의사표시에 의하여 특정되지 아니한 경우에는 特定物의 引渡 이외의 채무의 이행은 그 支店을 이행장소로 본다(56).

2. 지점에서의 등기

지점에 둔 지배인의 선임과 대리권의 소멸은 그 지점소재지에서 등기하여야 한다(13). 그리고 본점의 소재지에서 등기할 사항은 다른 규정이 없으면 지점의 소재지에서도 등기하여야 한다(35). 지점에서 등기하여야 할 사항을 등기하지 아니한 경우, 그 지점의 거래에 한해서는 선의의 제3자에게 대항하지 못한다(38→37).

3. 영업양도의 단위

특정 지점의 영업을 본점 또는 다른 지점의 영업과 분리하여 양도할 수 있다(통설). 상법 제374조 제1항 제1호에서는 주식회사의 영업의 전부양도 또는 중요한 일부의 양도에 관해 규정하고 있다.

제5장 | 상 호

제1절 총 설

I. 기 능

　　상인은 상호로써 자신의 기업을 타인의 기업과 구별짓고, 기업생활로 인한 법적·경제적 효과를 자신에게 귀속시키게 된다. 상호는 상업이 발달하기 시작한 중세 도시국가시대에 이미 등장했다. 초기에는 상호가 회사에 대해서만 인정되었으나, 점차 자연인도 기업생활이 활발해지면 기업과 가계를 구분할 필요가 있고, 또 사망·은퇴·전업 등 상인의 개인적 사정에 의한 기업주체의 변동에도 불구하고 영속적으로 기업의 同一性을 표시하자면 기업을 나타내는 별도의 명칭이 필요하다. 그래서 자연인의 상호도 인정하기 시작했고, 우리 상법도 법인과 자연인을 차별하지 않고 상호를 인정하고 있다. 또한 상호는 상인의 중요한 영업재산으로 인식되고 있다. 즉 상인이 기업거래에서 장기간 상호를 사용함으로써 그 상인의 누적된 신용과 명성이 상호에 화체되고, 드디어는 대외적으로 상호 자체가 신용과 명성의 주체인 듯한 인식을 준다. 상호는 영업과 결합되어 상인이 누구냐를 떠나 기업 자체의 대외적 신용도를 표현해 준다. 이제 상호는 중대한 영업재산으로서의 가치를 갖는다. 그러므로 상호를 보호할 필요성이 커진 것이다.

　　상인과 거래하는 제3자에게도 거래의 안전을 위하여 상호는 의미를 가진다. 오늘날은 거의 모든 경제거래에 있어서 상호로 상인의 동일성을 판단하고 그에 의해 거래상대방을 선택한다. 그러므로 상호의 선정·사용은 일상의 거래에서 일반인이 신뢰할 수 있도록 엄정하고 선명해야 하며, 상호를 신뢰하고 거래한 자는 제도적으로 보호되어야 한다.

II. 상호의 의의

商號(trade name, Firma)라 함은 상인이 영업상 자기를 표시하기 위하여 사용하는 명칭이다.

1. 명 칭

상호는 명칭이므로 문자로 표시되고 발음될 수 있어야 한다. 따라서 기호·도형·문양 등은 상호가 될 수 없고 이 점에서 상품의 식별 표지인 상표, 서비스의 식별 표지인 서비스표 및 영업의 식별 표지인 영업표와 구별된다. 상호는 외국어도 가능하나 외국문자로는 등기할 수 없고 대법원예규에서 정하는 바에 따라 한글과 아라비아숫자로 기록한 다음 괄호 안에 로마자, 한자, 아라비아 숫자, 그리고 부호를 병기할 수 있다(상등규 2).

2. 상인의 명칭

상호는 상인의 명칭이다. 따라서 상인이 아닌 상호보험회사 또는 협동조합이 사용하는 명칭, 학교명이나 각종 비영리법인의 명칭 같은 것은 상호가 아니다. 소상인이 영업상 사용하는 상호도 상법상의 상호가 아니므로 상법상의 보호를 받지 못한다.

3. 영업상의 명칭

상호는 영업상의 명칭이다. 회사기업의 경우에는 상호 이외의 다른 이름이 없으므로 항상 상호를 사용해야 한다. 그러나 개인기업의 상인은 영업활동 이외에서 활동이 가능하고 반드시 상호를 선정·사용할 의무는 없다. 개인 상인이 영업 외에서 사용하는 성명이나 예명·아호 등은 상호가 아니지만 자기의 성명을 그대로 상호로 쓰는 것은 상관이 없다. 다만 회사는 상호 이외에는 성명이라는 것이 없으므로 영업 이외의 생활관계에서도 상호로 자신을 나타낸다.

4. 자기를 표시하는 명칭

상호는 자기를 표시하는 명칭이다. 상호는 경제적으로 영업 그 자체를 나타내는 기능을 수행하지만 법률적으로는 영업 그 자체는 권리의무의 주체가 될 수 없으므로 상호는 영업의 주체인 상인을 나타낸다.

제2절 상호의 선정과 사용

I. 입법주의

1. 상호진실주의

상호에 영업주의 명칭·소재지·업종 등을 사용할 때에는 반드시 영업의 실질과 일치하여야 한다는 입장이다. 이 입장에서는 상호와 영업의 실질이 일치하므로 거래상대방이 상호를 보고 기업의 실태를 오해하는 일이 없게 되므로 거래의 안전을 위해 바람직하다. 그러나 영업양도나 상속의 경우에 양수인 또는 상속인이 종전의 상호를 계속 사용할 수 없게 되므로 상호의 경제적 가치를 보존 또는 換價할 수 없게 되는 문제가 있다.

2. 상호자유주의

상인은 어떠한 명칭이든 자유롭게 상호로 사용할 수 있다고 하는 입장이다. 영미법계 국가가 이 주의를 취한다. 이 주의는 상호진실주의의 장단점과 정반대의 장단점을 가진다.

3. 절충주의

상인이 새로이 상호를 선정하는 경우에는 상호진실주의에 의해 영업의 실제와 일치할 것을 요구하지만, 상인이 개명하거나 영업의 양도 또는 상속이 이루어지거나, 회사에서 사원의 입·퇴사가 있는 경우에는 상호의 계속사용을 허용하는 입장이 이에 속한다. 우리 상법은 상호의 선정에 관하여 특별한 제한을 두지 않는 것을 원칙으로 하면서, 회사 등 특별한 경우에 그 예외를 인정하고 있으므로 절충주의를 취한 것으로 볼 수 있다.

II. 상호자유주의의 원칙과 그 제한

1. 상호자유주의의 원칙

상법은 "상인은 그 성명 기타의 명칭으로 상호를 정할 수 있다"고 규정함으로써 상호자유주의를 택하고 있다(18). 그러므로 상인은 성명을 상호에 표시해야 한다든지 하는 적극적인 제약이나 업종과 무관한 상호를 사용해서는 안 된다는 식의 소극적인 제약을 받지 않고, 영업의 실제와 관계없이 영업주·영업내용·관련지역을 나타내거나 혹은 나타내지 않는 어떠한 문자든지 상호로 선택할 수 있다. 그러나 상호자유주의는 거래상대방을 오도하고 건전한 거래질서를 해할 염려가 있으므로 최소한의 범위에서 몇 가지 제약을 가하고 있다.

2. 상호자유주의에 대한 제한

(1) 회사의 상호

회사의 상호 중에는 회사의 종류에 따라 합명회사, 합자회사, 유한책임회사, 주식회사 또는 유한회사의 문자를 사용해야 한다(19). 그리고 은행업·신탁업·보험업 등 공공성이 강한 영업을 하는 회사는 그 상호 중에 은행·신탁·보험 등의 문자를 사용해야 하고 보험회사는 나아가서 그 상호 중에 주로 영위하는 보험사업의 종류까지 명시하여야 한다.

(2) 회사가 아닌 상인의 상호

회사가 아니면 상호에 회사임을 표시하는 문자를 사용하지 못한다. 회사임을 표시하는 문자는 회사라는 문자 외에 합명상회, ××상사 등도 포함된다. 회사의 영업을 양수한 자가 회사가 아닌 경우에도 회사임을 표시하는 문자를 사용하지 못한다(20후). 위 제한에 위반한 자는 200만원 이하의 과태료에 처한다(28).

(3) 부정한 목적의 상호

누구든지 부정한 목적으로 타인의 영업으로 오인할 수 있는 상호를 사용하지 못한다(23①). 이에 위반하여 상호를 사용하는 자가 있는 경우에는 피해자는 그 폐지와 손해배상의 청구를 할 수 있고(23②③) 그 위반자는 과태료의 처분을 받는다(28).

(4) 부정경쟁이 되는 상호

국내에 널리 인식된 타인의 성명·상호 등과 동일 또는 유사한 것을 사용하거나 이러한 것을 사용한 상품을 판매하여 타인의 상품과 혼동을 일으키거나 타인의 영업상의 시설 또는 활동과 혼동을 일으키는 행위는 부정경쟁행위가 되므로 이러한 상호를 사용해서는 안 된다(부정경쟁 2ⅰ). 부정경쟁행위로 인하여 영업상의 이익이 침해되거나 침해될 우려가 있다고 인정하는 자는 그 행위의 금지 또는 예방과 필요한 조치를 청구할 수 있다(부정경쟁 4①②). 또 고의 또는 과실에 의한 부정경쟁행위의 경우에는 피해자는 손해배상을 청구할 수 있으며 영업상 신용회복에 필요한 조치를 청구할 수 있다(부정경쟁 5, 6).

3. 商號單一의 원칙

동일한 영업에는 하나의 상호를 사용해야 한다(21①). 이를 상호단일의 원칙이라고 한다. 이것은 하나의 영업에 수 개의 상호를 사용하는 경우에는 일반인의 오해를 야기할 염려가 있고, 다른 상인의 상호선정의 자유를 부당하게 제약하는 결과가 될 수 있기 때문이다. 개인 상인이 수 개의 영업을 하는 경우에는 수 개의 상호를 가질 수 있다. 상호단일의 원칙은 영업을 단위로 하기 때문이다. 회사에 있어서는 수 종의 영업목적을 가지고 있더라도 법률상 하나의 영업으로 인정되기 때문에 1개의 상호밖에 가질 수 없다. 하나의 영업에 관하여는 수 개의 영업소를 가지고 있더라도 하나의 상호밖에 가질 수 없으므로 지점의 상호에는 본점과의 종속관계를 표시해야 한다(21②).

4. 상호의 등기

상호는 상인 자신뿐만 아니라 거래상대방에 대하여도 중요한 사항이므로 법률은 상호를 공시하기 위하여 상호등기제도를 마련하고 있다. 개인 상인의 경우에는 상호의 등기여부는 자유이고 이를 등기하는 경우에는 상호등기부에 하게 된다(상등 11①i). 회사의 경우에는 설립등기시에 반드시 상호를 등기하게 되어 있고(180, 269, 317, 549), 상호등기는 회사등기부에 하면 되고 별도로 상호등기부에 등기하지 않는다(상등 11①vi-xi).

상호를 변경 또는 폐지하는 경우에도 이를 등기해야 한다(40). 상호의 등기는 상업등기법에 의하게 되며(상등 11①i), 등기의 세부적 절차는 상업등기규칙에 의한다. 상호를 등기하면 동일한 특별시·광역시·시·군에서 동종영업을 하는 다른 상인이 같은 상호로 등기하는 것을 배척할 수 있고(22), 동일한 특별시·광역시·시·군에서 동종영업으로 타인이 등기한 상호를 사용하는 자에게 부정한 목적이 추정되어 입증책임이 전환된다(23④). 또 정당한 사유없이 2년간 상호를 사용하지 아니하면 폐지한 것으로 의제되고(26), 상호를 변경 또는 폐지한 경우에 2주간 내에 그 상호를 등기한 자가 변경 또는 폐지의 등기를 하지 아니하면 이해관계인이 그 말소를 청구할 수 있다(27).

5. 상호의 가등기

(1) 의 의

이 제도는 현재 사용하고 있지 않고 앞으로 사용하게 될 상호권을 일정한 기간 보전하는 것을 목적으로 한다. 상호의 가등기는 회사의 경우에만 가능하고 개인 상인의 경우에는 적용되지 않는다. 회사 설립시와 상호·목적의 변경시에는 본점 소재지를 관할하는 등기소에, 본점을 이전하는 때에는 이전할 곳을 관할하는 등기소에 신청할 수 있다. 상호가등기의 절차는 상업등기법(38 이하)과 상업등기규칙(80)이 규정한다.

(2) 假登記를 할 수 있는 경우

1) **會社設立**   주식회사 또는 유한회사, 유한책임회사를 설립할 경우에 가등기를 신청할 수 있다. 현재의 실상은 주식회사 설립시에 창립총회 등 법정의 설립절차를 실제 밟는 것이 아니고 등기에 필요한 서류만을 작성하는 실정이고, 등기신청 후 2, 3일이면 회사설립등기를 필하므로 주식회사나 유한회사라도 설립시에 상호의 가등기를 이용할 실익은 별로 없다. 그러나 설립절차를 정식으로 밟는 경우에는 장시간이 소요되므로 실익이 있다.

2) **商號·目的의 變更**   회사의 상호를 변경하거나, 목적을 변경하거나, 상호와 목적을 변경하고자 할 경우에 가등기를 신청할 수 있다(22의2②). 회사의 상호를 변경하려면 정관변경을 위해 상당한 시일이 소요되므로 그 절차를 밟는 동안 제3자가 변경할 상호를 선점할 가능성이 있기 때문에 이를 보전할 수 있게 한 것이다. 그리고 상호의 변경 없이 목적만을 변경할 경우에는 타인이 상호를 선점하는 일이 있을 수 없으나, 상법상 등기된 상호의 등기배척효력은 동종영업의 상호에 한하여 주어지므로(22) 目的을 변경함으로 인해 상호권에 영향을 줄 수가 있다. 상호나 목적의 변경으로 인한 상호의 가등기는 특히 주식회사가 이용할 실익이 크다.

3) **本店의 移轉**   회사가 본점을 이전할 때에도 상호를 가등기할 수 있다(22의2③). 가등기상호가 유사상호의 등기를 배척하는 효력은 같은 지역에서 사용하는 상호에 국한하여 주어진다(22). 그러므로 본점소재지를 이전한다 해서 상호를 변경하는 것은 아니지만, 기존의 상호에 관해 새로운 본점소재지에서 상호권을 취득하는 것과 같으므로 타인과 상호등기의 경합이 일어날 수 있다. 그러므로 본점을 이전할 때에도 상호의 가등기를 허용한 것이다.

(3) 가등기의 효력

상호의 가등기는 제22조의 적용에 있어서는 상호의 등기로 본다(22의2④). 따라서 상호가등기를 하면 가등기한 상호에 관하여는 동일한 특별시 · 광역시 · 시 · 군에서 동종영업의 상호로 이를 등기하지 못하게 되는 등기배척권이 발생한다. 상호의 가등기는 상호의 등기로 보므로 상법 제23조의 적용에 있어서도 등기상호와 동일하게 취급된다고 보아야 한다.

(4) 가등기의 남용방지

상호를 가등기하고 장기간 방치함으로써 타인의 상호선정을 제한하는 남용이 있을 수 있다. 그러므로 상업등기법은 이를 방지하기 위한 규정을 두고 있다.

1) 상호가등기를 신청할 때에는 1천만원 범위 안에서 대법원규칙으로 정하는 금액을 공탁해야 한다(상등 41).

2) 가등기를 할 때에는 본등기를 할 때까지의 기간을 회사의 설립과 관계된 상호의 가등기는 2년, 상호 · 목적의 변경에 관계된 상호의 가등기의 경우에는 1년, 본점 이전에 관계된 상호의 가등기의 경우는 2년으로 제한한다(상등 38②, 39②).

3) 발기인, 회사 등 등기신청인은 ① 주식회사 또는 유한회사의 설립, 본점이전, 목적변경에 관계된 상호의 가등기의 경우에 있어서 상호를 변경한 때, ② 상호나 목적 또는 상호와 목적변경에 관계된 상호의 가등기의 경우에 있어서 본점을 다른 특별시 · 광역시 · 시 또는 군으로 이전한 때, ③ 그 밖에 상호의 가등기가 필요 없게 된 때에는 상호의 가등기의 말소를 신청하여야 한다(상등 42①).

예정기간 내에 본등기를 하거나, 본등기를 하지 아니하고 예정기간을 지난 때에는 등기관은 상호의 가등기를 직권으로 말소하여야 한다(상등 43). 가등기 말소 사유에 해당하는 경우에 가등기한 자가 2주간 내에 말소등기를 하지 아니하는 때에는 이해관계인은 그 말소를 청구할 수 있다(상등 42②).

제3절 상호권의 보호

I. 의   의

상호권이라 함은 상인이 특정한 상호를 선정하여 사용하는 경우에 인정되는 일정한 권리를 말한다.

II. 법적 성질

상호권의 성질에 대하여는 인격권설, 재산권설, 등기의 전후로 하여 등기 전에는 인격권, 등기 후에는 재산권이라는 설, 원래는 인격권이지만 등기 후에는 재산적 성질을 병유하게 된다는 설, 그리고 전통적 인격권도 아니요 재산권도 아닌 기업현상에 따라 나타나는 특수한 권리라는 설 등이 있다. 그러나 상호권은 상호를 선정하여 사용함으로써 발생하는 권리로서 등기의 유무에 따라 성질이 달라지지 않으며 누구에 대하여도 주장할 수 있는 절대권에 속한다. 다만 이 절대권의 내용이 무엇이냐에 관하여 이를 단순한 재산권으로 보는 견해도 있으나, 상호권은 경제적 가치를 가지고 양도와 상속이 인정된다는 점에서 분명 재산권에 속하지만 그 침해시에 인격권의 침해시와 마찬가지의 구제수단이 인정되는 점에 비추어 인격권적 성질을 포함 또는 겸유하는 재산권으로 보는 것이 좋을 것이다.

III. 내　용

1. 商號使用權

상호사용권이란 자기가 적법하게 선정한 상호를 타인의 방해를 받지 않고 사용할 수 있는 권리를 말한다. 상호사용권은 상호를 등기하지 아니하여도 발생한다. 따라서 미등기상호의 사용자는 타인이 후에 자기와 동일한 상호를 선정하여 먼저 등기를 하여도 자기의 미등기 상호를 계속하여 사용할 수 있다.

2. 商號專用權

(1) 의　의

상호전용권이란 타인이 부정한 목적으로 자기와 동일 또는 유사한 상호를 사용하는 경우에 그 상호의 폐지와 손해배상을 청구할 수 있는 권리를 말한다(23②③). 등기한 상호에만 상호전용권이 발생한다고 보는 견해도 있지만, 상법 제23조 제2항이 상호를 등기하지 아니한 상인에게도 상호전용권을 인정하는 뜻을 명백히 하고 있으므로 상호전용권은 상호의 등기 여부에 관계없이 인정된다고 할 것이다(통설). 상호전용권은 상호배타성의 원칙에 의한 권리이며, 상호자유주의에 대한 예외라고 할 수 있다. 이 권리는 불법행위책임이 성립되지 않는 경우에도 인정된다.

(2) 요 건

1) 부정한 목적   타인이 부정한 목적으로 자기의 상호를 사용해야 한다. 부정한 목적이란 자기의 영업을 상호권자의 영업으로 오인시켜 상호권자가 가지는 사회적 신용을 자기의 영업에 이용하려는 의도, 즉 무임승차의 의도를 말한다. 부정한 목적이 있다는 점은 상호권자가 증명해야 한다.

2) 동일·유사 상호의 사용   타인의 영업으로 오인할 수 있는 상호를 사용해야 한다. 상호권자의 상호와 동일한 상호뿐만 아니라 이와 유사한 상호도 포함한다. 유사상호 여부는 상호의 주요한 부분인 핵심이 동일 또는 유사함으로 인하여 혼동·오인할 우려의 유무를 표준으로 결정하여야 한다. 타인의 영업으로 오인할 수 있는 상호는 그 타인의 영업과 동종영업에 사용되는 상호에 한정하는 것은 아니고 일반 수요자들이 양 업무의 주체가 서로 관련이 있는 것으로 생각하거나 또는 그 타인의 상호가 현저하게 널리 알려져 있어 일반 수요자들로부터 절대적인 신뢰를 획득한 경우에는 영업의 종류와 관계없이 일반 수요자로 하여금 영업주체에 대하여 오인·혼동시킬 염려가 있다.

3) 손해의 염려   등기를 하지 아니한 상호권자는 손해를 받을 염려가 있어야 하지만, 등기를 한 상호권자는 손해를 받을 염려가 없어도 된다.

4) 입증책임   등기상호의 경우에는 상호권자는 자신의 권리를 주장하기 위하여 이상의 요건을 스스로 증명할 책임을 지지 않지만, 미등기상호의 경우에는 이상의 요건에 대한 입증책임을 상호권자가 진다. 그러므로 미등기상호의 경우에 상호전용권의 주장이 어렵게 된다.

(3) 효 과

상호권자는 주체를 오인시킬 상호를 사용하는 자에 대하여 그 상호의 사용폐지를 청구할 수 있다. 이 경우 폐지란 현재뿐만 아니라 장래에도 사용금지하는 것을 의미한다. 예컨대 간판의 철거, 포장지·인쇄봉투 등의 폐기, 상호등기의 말소 등 상호 사용의 폐지에 필요한 모든 작위청구가 포함된다. 그러나 미등기상호의 경우 등기배척권(22)은 없다. 이와 아울러 상호폐지청구권을 행사하였더라도 매출액감소·신용훼손 등의 손해가 발행한 경우에는 손해배상의 청구도 할 수 있다. 이 경우에는 일반 불법행위의 요건을 요하지 않는다.

3. 등기상호

상호를 등기하면 상호사용폐지청구권의 요건이 완화되고, 유사상호의 등기배척권이 발생하는 등 상호권이 강화된다.

(1) 商號使用廢止請求權

상호를 등기하면 상호전용권의 하나인 상호사용폐지청구권의 요건 중 두 가지가 완화된다. 즉 등기를 하지 아니한 상호권자가 상호사용의 폐지를 청구하려면 이로 인하여 손해를 받을 염려가 있어야 하나 등기를 한 상호권자는 위 요건이 필요 없다(23②). 등기를 하지 아니한 상호권자가 상호사용의 폐지를 청구하려면 부정한 목적이 있음을 증명해야 하지만(23①②), 등기를 하면 등기된 상호를 사용하는 자가 부정한 목적으로 사용하는 것으로 추정되므로(23④), 상호를 사용하는 타인이 부정한 목적이 없음을 증명해야 한다(입증책임의 전환).

(2) 登記排斥權

1) 의 의   타인이 등기한 상호는 동일한 특별시·광역시·시·군에서 이를 동종영업의 상호로 등기하지 못한다(22). 등기를 하지 아니한 상호권자도 타인이 자기와 같은 상호를 등기하면 상호사용폐지청구권에 기하여 사후에 등기말소청구권을 가지나 등기를 마친 경우처럼 사전에 타인의 상호 등기를 막을 수는 없다. 등기가 배척되는 상호는 등기된 상호와 동일한 것이므로(상등 29, 26xiii) 등기관은 동일한 상호의 등기신청이 있는 때에는 이를 각하하여야 한다. 종전에는 등기상호와 확연히 구별할 수 없는 상호도 포함하여 규정했으나, 회사를 설립하는 경우 상호선택이 어렵게 되고 등기관의 자의가 개입될 수 있으므로 수정한 것이다. 그러나 등기배척의 효력은 행정구역의 변경으로 동일 상호가 경합하여 존재하게 되는 경우와 지점설치로 인하여 지점소재지에 동일 상호가 중복되는 경우에는 인정되지 않는다. 후자의 경우에는 지점의 표시를 부기하여 등기하여야 한다(35).

2) 성 질   상법 제22조에 규정한 등기배척권의 성질에 관하여 다툼이 있다. 이것은 동일 또는 유사한 상호의 등기신청이 있으면 등기공무원은 이를 각하하여야 한다는 등기법상의 효력을 규정한 것이요 상호전용권과는 별개의 효력이라고 보는 견해가 있다. 즉 상호에 관해 이중의 등기가 이루어진 경우 상호권자는 상법 제23조에 의해 사용폐지청구권을 행사하여 그 등기의 말소를 청구할 수 있으므로, 상법 제22조의 등기배척권은 단지 등기법상의 효력만이 있다고 보는 것이다(등기법상의 효력설). 이에 대해 상법 제22조는 등기법상의 효력을 규정한 외에 실체법상의 효력도 정한 것으로 보고, 선등기자는 후등기자에게 등기의 말소를 청구할 수 있다고 보는 견해도 있다(실체법상의 효력설). 생각건대 이것은 그에 위반하여 동일 또는

유사한 상호가 이중으로 등기된 경우에는 사법상의 효력까지 규정하고 있는 것으로 서 상호전용권의 하나의 내용으로 보아야 할 것이다(대판 2004.3.26, 2001다72081). 상법 제23조가 부정한 목적을 요구하는 것과는 달리, 제22조는 부정한 목적이 없는 경우에도 등기된 상호의 말소를 구할 수 있는 사법상의 효력까지 규정하여 상호권 자의 보호를 꾀한 것으로 볼 수 있기 때문이다.

4. 부정경쟁방지법에 의한 상호권의 보호

「부정경쟁방지 및 영업비밀보호에 관한 법률」에 의하면, 국내에 널리 인식된 상호와 동일 또는 유사한 상호를 사용하는 자가 있는 경우에는 이로 인하여 영업상 의 이익이 침해되거나 침해될 우려가 있다고 인정되는 상호권자는 그 상호사용의 금지 또는 예방을 청구할 수 있고 아울러 상호의 폐기, 간판의 제거 기타 필요한 조 치를 청구할 수 있다(동법 2, 4). 이 경우에는 상호가 국내에 널리 인식되었을 것(周 知性)만을 요하고 부정한 목적을 요하지 않는다. 이러한 청구를 할 때에는 그 부정 경쟁행위를 조성한 물건의 폐기, 부정경쟁행위에 제공된 시설의 제거 기타 부정경 쟁행위의 금지 또는 예방을 위하여 필요한 행위를 함께 청구할 수 있다. 침해자에게 고의 또는 과실이 있을 때에는 손해배상청구도 인정된다(동법 5). 이 경우에 법원은 선택적으로 또는 경합적으로 영업상의 신용을 회복하는 데 필요한 조치를 명할 수 있다.

제4절 상호의 양도와 폐지

I. 상호의 양도

1. 양도가능성

상호는 장기간 영업과 일체가 되어 사용되면서 영업에 관한 상인의 대외적 신 용이 상호의 재산적 가치로 축적되고 나아가서는 그 자체가 독립된 가치를 지니게 된다. 상인이 상호를 더 이상 사용하지 않을 경우에는 상호의 재산적 가치를 환가할 필요가 있다. 그러므로 학설은 상호권을 인격권적 성질을 가진 재산권이라고 설명 함으로써 그 양도성의 이론적 근거를 제시하며 법적으로도 양도를 허용하고 있다. 그리하여 상호권은 인격권의 성질을 포함하는 재산권이므로 등기를 하였든 하지 아 니하였든 양도의 대상이 된다.

2. 양도요건

상인과 거래하는 제3자 내지 불특정 다수의 공중은 상호를 가지고 영업의 동일성을 파악함이 일반적이다. 그러한 상호를 영업과 분리하여 무제한 양도할 수 있게한다면 영업의 동일성 내지 지속의 여부에 대한 공중의 판단을 흐리게 할 것이다. 그래서 상법은 이러한 가능성을 최소화할 수 있다고 여겨지는 경우, 즉 영업과 함께상호를 양도하는 경우 또는 영업을 폐지하는 경우(25①)에 한해 상호의 양도를 허용하고 있다. 이 경우에는 양도인의 영업과 양수인의 영업 사이에 혼동을 일으킬 염려가 없고 또 양도인이 그 상호에 관하여 가지는 재산적 가치를 잃지 않게 하기 위한것이다. 이 경우 당사자 간의 양도의 합의만으로 양도의 효력이 발생한다.

3. 제3자에 대한 대항요건

미등기상호의 경우에는 등기를 하지 않고도 양수의 사실만으로 제3자에게 상호권을 주장할 수 있다고 본다. 등기를 하지 않고 있는 상호에 대하여 양도시에만등기를 강요하는 것은 부당하기 때문이다. 등기상호의 경우에는 등기를 하지 않으면 제3자에게 대항하지 못한다(25②). 이 경우에는 상법 제37조는 적용되지 않는다. 여기에서 말하는 제3자는 상호를 이중으로 양수하거나 압류한 사람을 뜻한다. 따라서 상호의 이중양도의 경우에는 먼저 등기한 자가 우선한다. 이 경우에는 제3자의선의·악의는 불문한다. 상호를 침해하는 자는 제3자에 포함되지 않으므로 상호의양수인은 등기를 하지 않고도 상호침해자에게 상호사용의 폐지를 청구할 수 있다(23②).

II. 상호의 상속과 압류

상호권은 재산권적 성질을 가지므로 당연히 상속의 대상이 된다. 이에 관해 명문의 규정은 없으나 異說이 없다. 수인의 상속인이 상호를 공동상속한 경우, 성질상상호는 분할할 수 없으므로 공동상속인이 상속비율에 따른 지분을 갖고 준공유관계를 유지하거나, 상호를 양도하여 그 대가를 분할하여야 할 것이다. 상호의 상속과상호의 양도는 대항요건으로 등기를 요하지 아니한다. 즉 상업등기법상 등기상호의승계인이 계속 상호를 사용하고자 할 때에는 상호 승계를 증명하는 서면을 첨부하여 등기를 신청할 수 있다(상등 33). 그러나 이 규정은 상속 또는 양도한 사실을 등기하지 않는다고 해서 상호권이 소멸함을 정한 것이 아니라, 등기하지 않을 경우 등기상호로서 보호받지 못한다는 것을 의미한다. 상호의 압류도 가능하지만 영업과 분리하여 상호만을 압류할 수 없다.

III. 상호의 변경·폐지

상호의 폐지는 상호권자가 상호권을 포기하는 것으로, 이에 의해 상호권은 절대적으로 소멸된다. 상호의 폐지는 상호권자의 포기의사를 나타내는 단독행위에 의해 이루어지는데, 그 의사표시는 특별한 형식을 요하지 아니한다. 등기된 상호의 경우 등기와 사실관계를 일치시키기 위하여 상호권자는 폐지 또는 변경의 사실을 등기하여야 한다(40, 상등 32). 그런데 등기된 상호의 경우 상호를 폐지하고도 장기간 등기를 말소하지 않으면 상호권이 존속하는 듯한 부진정한 외관이 지속된다. 상호에 대해서는 사회 일반인이 모두 잠재적인 이해관계를 가지므로 이러한 부진정한 외관은 속히 시정하는 것이 바람직하다. 그래서 상법은 등기된 상호의 상호권자가 정당한 사유 없이 2년간 상호를 사용하지 아니한 때에는 이를 폐지한 것으로 간주하고 있다(26). 상호권자가 상호를 폐지 또는 변경하고도 2주간 내에 등기하지 아니하는 때에는 이해관계인은 등기의 말소를 청구할 수 있다(27). 상호의 등기가 존속할 때에는 타인의 상호등기를 제약할 뿐 아니라(22) 타인이 같은 상호를 사용하면 나중에 부정사용 여부의 문제가 발생할 가능성도 있으므로(23), 이해관계 있는 제3자가 적극적으로 등기관계를 시정할 기회를 준 것이다. 이때 이해관계인은 그 말소에 관해 이해관계가 있음을 서면으로 증명하여야 한다(상등규 76).

제5절 명의대여자의 책임

I. 의   의

명의대여라 함은 타인에게 자기의 성명 또는 상호를 사용하여 영업을 할 것을 허락하는 행위를 말한다. 그리고 타인의 명의대여에 의해 그 명의를 사용하는 것을 명의차용이라고 한다. 타인에게 명의를 대여한 자는 자기를 영업주로 오인하여 명의차용자와 거래한 제3자에 대하여 명의차용자와 연대하여 변제할 책임이 있다(24).

명의차용자가 명의대여자의 이름으로 거래한 경우, 명의차용자가 영업상의 채무를 이행할 자력이 없거나, 이행하더라도 채무의 성격상 명의차용자의 이행으로는 채권의 만족을 얻을 수 없는 경우가 있어 명의대여자를 영업주로 믿고 거래한 상대방에 대해 예측하지 못한 손해를 줄 수 있다. 이러한 경우 명의대여자에 대해 표현대리의 책임을 묻거나, 특히 면허사업의 경우에는 명의대여 자체가 위법이므로 명의대여자에게 불법행위책임을 물을 가능성도 있다. 그러나 상거래에서는 역시 명의대여자에게 거래상의 책임을 묻는 것이 상거래의 안전을 위해 바람직하다. 그리고 상거래의 신속과 안전을 위해서는, 민법상의 표현대리보다 간명한 방법으로 책임을 물을 수 있게 하고 거래상대방을 보다 두텁게 보호할 필요가 있다. 이같은 취지에서 상법 제24조는 외관을 신뢰한 제3자를 보호하기 위한 제도로서 금반언 또는 외관이론의 표현이며 간접적으로 상호진실주의의 입장을 반영하고 있는 것으로 볼 수 있다.

II. 책임발생의 요건

1. 外觀의 存在

(1) 貸與者名義의 使用

명의차용자가 명의대여자의 성명 또는 상호를 사용하여야 한다. 법문은 성명 또는 상호라고 하고 있으나, 그 이외의 명칭, 예컨대 지방자치단체·관청·공공기업체의 이름에 관해서도 명의대여가 성립한다. 따라서 명의대여자는 상인이 아니어도 된다(통설, 판례). 명의차용자도 상인일 것을 요하는가? 명의대여자가 영업을 할 것에 대하여 명의사용을 허락한 경우에 책임을 지기 때문에 명의차용자는 상인이어야 한다고 본다(상인임을 요하지 않는다고 하는 학설, 판례 있음). 상호를 차용하는 경우에 이를 그대로 사용하지 않고 여기에 약간의 부가어를 붙여 사용하더라도 중요한 부분이 동일하여 유사하다고 인정되면 본조가 적용된다. 자기의 상호 아래에 대리점이라는 명칭을 붙여 사용하는 것을 허락한 경우에는 지점·영업소·출장소 등을 붙인 경우와는 달리 본조의 책임을 지지 않는다.

(2) 營業上의 使用

명의차용자가 그 빌린 성명 또는 상호를 영업상 사용하여야 한다. 이 제도는 명의차용자의 영업이 명의대여자의 영업인 듯한 외관을 보호하려는 것이기 때문이다. 따라서 명의차용자는 商人인 것이 원칙이지만 상인이 아닌 경우에도 이를 유추적용하여야 할 것이다. 명의차용자가 그 빌린 성명 또는 상호를 명의대여자와 동종의 영업에 사용하여야 한다는 견해도 있으나 이를 엄격하게 해석할 필요는 없다고 본다. 영업과 무관한 비상인도 명의를 대여한 경우에 책임을 지는 것이므로 영업의 동일성은 상법 제24조의 적용요건은 아니다. 또한 개인상인은 하나의 상호로 수종의 영업을 영위할 수 있고, 회사의 권리능력은 정관소정의 목적 범위 내로 제한되지 않는다는 것이 통설이므로 상호가 영업의 종류 및 범위를 제한하는 기능을 한다고 볼 수 없기 때문이다. 1회 또는 수회의 비계속적 거래에 한하여 명의의 사용을 허락한 경우에는 영업을 할 것을 허락한 경우가 아니므로 본조가 적용되지 않고 민법상의 대리의 법리에 의하여 해결해야 한다.

2. 外觀存在에 대한 歸責事由

명의대여자가 자기의 성명 또는 상호를 사용하는 것을 명의차용자에게 허락하였어야 한다. 즉, 명의대여자가 외관을 작출하였어야 한다. 명의사용의 허락은 명시적임을 요하지 않으며 묵시적인 허락도 상관이 없다. 타인이 함부로 자기의 성명 등을 모용한 경우에는 설사 제3자가 선의이더라도 명의대여자로서의 책임을 지지 않는다. 타인의 모용을 방지하지 못한 데 과실이 있는 경우도 마찬가지이다. 명의사용의 허락을 철회한 경우에는 명의사용을 금지하였다는 뜻을 통지 또는 광고하는 등 외관을 없애기 위한 적극적 조치를 취하여야 하고 그러한 조치를 취하지 아니한 경우에는 선의의 제3자에 대하여 책임을 면할 수 없다.

3. 제3자의 信賴

명의차용자와 거래한 제3자가 거래를 함에 있어서 명의대여자를 영업주로 오인하였어야 한다. 따라서 제3자가 악의인 때, 즉 명의대여의 사실을 알고 있는 때에는 명의대여자는 책임을 지지 않는다. 제3자는 명의차용자와 영업상 거래를 한 직접의 상대방을 가리킨다. 따라서 직접의 거래상대방 이외의 제3자는 본조의 보호대상이 아니다. 다만, 판례는 직접의 거래상대방으로부터 영업상의 채권을 양수한 자는 제3자에 포함되는 것으로 본다. 제3자가 선의이지만 過失이 있는 경우에 관하여는 과실이 있더라도 보호하여야 한다는 견해, 아무런 과실이 없어야 보호받을 수 있다는 견해, 경과실이 있는 때에는 제3자가 보호받지만 重過失이 있는 경우에는 보호받지 못한다는 견해 등이 있다. 중과실은 악의에 준하는 것이므로 중과실 있는 신의자를 보호하지 않는다고 보는 제3설이 타당하다고 할 것이다. 제3자의 악의 또는 중과실에 대한 증명책임은 명의대여자에게 있다.

III. 책 임

1. 책임의 내용

명의대여자는 자기를 영업주로 오인하여 거래한 제3자에 대하여 명의차용자와 연대하여 변제할 책임이 있다. 따라서 거래의 상대방인 제3자는 명의대여자, 명의차용자 또는 그 양자에 대하여 변제를 청구할 수 있다. 이 경우 양자는 不眞正連帶債務關係에 있으므로 명의대여자가 상대방에게 변제한 때에는 명의차용자에게 구상할 수 있다.

2. 책임의 범위

(1) 去來上의 債務

명의대여자가 변제할 책임을 지는 채무는 제3자가 자기를 영업주로 오인하여 거래를 한 데서 생긴 채무, 즉 영업거래로 인한 채무에 한한다(거래상의 책임). 영업거래로 인한 채무에는 거래로부터 직접 발생한 이행채무에 한하지 않고 그 거래와 관련하여 발생한 채무, 예컨대 채무불이행으로 인한 손해배상채무, 계약해제로 인한 원상회복의무 등도 포함한다(거래상의 부수적 책임).

(2) 不法行爲로 인한 損害賠償債務

명의대여자가 명의차용자의 불법행위로 인한 손해배상채무도 변제할 책임을 지는가에 관하여 이를 부정하는 견해가 있다. 그러나 경우를 나누어 자동차사고와 같은 순수한 사실로서의 불법행위(사실행위적 불법행위)의 경우에는 외관의 신뢰와 손해의 발생 사이에 因果關係가 없으므로 외관신뢰와 무관한 문제이므로 책임을 인정할 이유가 없다. 그러나 사기적 거래와 같이 거래행위의 외형을 가지는 불법행위(거래행위적 불법행위)의 경우에는 외관의 신뢰와 손해 사이에 인과관계가 있는 이상 책임을 인정하여야 한다. 대법원은 다수의 사례에서 불법행위의 경우 명의대여자에게 사용자책임을 인정하고 있다.

(3) 피용자의 행위

명의대여자가 책임을 지는 채무는 명의차용자가 거래상 부담한 채무에 한한다. 왜냐하면, 명의대여자는 명의차용자에게만 명의의 사용을 허락하였기 때문이다. 명의차용자의 피용자가 피용자의 이름으로 거래상 부담한 채무에 대하여는 명의대여자가 책임을 지지 않는다(판례). 그러나 명의대여는 명의차용자의 개별적 행위를 위한 것이 아니라 영업을 위한 것이고 영업을 위하여는 당연히 피용자의 보조가 불가피한 것이므로 명의대여자가 책임을 진다고 하는 견해도 있다. 명의차용자가 상호를 전대하여 전차인이 거래상 부담한 채무에 대해서는 명의대여자에게 책임이 없다.

IV. 어음행위와 상법 제24조

어음행위에 대하여 상법 제24조의 적용이 있는가에 대하여는 두 가지의 경우로 나누어 보아야 한다. 먼저 명의대여자가 자기의 명의를 사용하여 영업을 할 것을 허락한 경우에 명의차용자가 그 영업과 관련하여 명의대여자의 이름으로 어음행위를 한 때에는 상법 제24조가 당연히 적용된다. 다음으로 명의대여자가 특정한 어음행위에 관하여 자기 명의의 사용을 허락하여 명의차용자가 명의대여자의 명의로 어음행위를 경우에 관하여 상법 제24조의 유추적용인정설과 유추적용부정설이 있다.

제6장 │ 상업장부

제1절 총 설

상인은 영업상 재산상태나 손익상황을 정확히 파악하고 이를 기초로 장래의 계획을 수립하기 위하여 정확한 장부의 작성 및 보존이 반드시 필요하다. 회사나 기타 공동기업의 경우에는 영업의 성과를 명확히 함으로써 사원 등에 대한 이익배당의 기준을 명확히 하는 동시에 채권자에 대하여 상인의 영업상의 신용상태를 명백히 하기 위하여 상업장부에 의존하게 된다. 특히 주식회사의 경우에는 회사채권자의 유일한 담보인 회사재산의 충실한 확보를 위하여 상업장부의 중요성이 부각되고 있다. 기업이 국민경제상 중요한 역할을 하면서 상업장부제도는 기업을 위한 사경제적 의의만이 아니라 국민경제적 의의를 가지게 되었다. 기업공개에 따라 기업에 대한 투자가(주주)의 수가 늘어나며, 이와 유관한 종업원, 소비대중의 증가로 상업장부제도는 국민경제상의 중요한 의미를 가지는 제도가 되고 있다.

제2절 상업장부의 의의

상업장부(trade books, commercial books)란 상인이 그 영업과 재산의 상황을 명백히 하기 위하여 상법상의 의무로 작성하는 장부를 말하며, 회계장부와 대차대조표가 있다.

1. 상인의 작성

상업장부는 상인이 작성하는 장부이다. 그러므로 상인이 아닌 상호보험회사나 협동조합이 작성하는 장부는 그 실질이 상업장부와 같아도 여기에서 말하는 상업장부가 아니다. 또 소상인은 상업장부에 관한 규정을 적용받지 않으므로 소상인이 작성하는 장부도 상업장부가 아니다.

2. 작성의 목적

상업장부는 상인의 영업상의 재산 및 손익의 상황을 명백히 하기 위한 것이다. 따라서 상인이 작성하더라도 재산 및 손익의 상황에 관한 것이 아닌 장부, 예컨대 주주명부, 사채원부, 중개인일기장 등은 상업장부가 아니다.

3. 상법상의 작성의무

상업장부는 상법상의 의무로 작성하는 것이다. 따라서 상법상 작성의무가 없는 통상재산목록은 상업장부가 아니다.

4. 상업장부와 재무제표

상업장부와 재무제표는 다 같이 상법상의 의무로서 작성하는 것이지만 그 종류 (범위), 적용범위, 작성시기, 재산평가, 확정절차 및 공고, 작성의무위반의 효과 등에서 차이가 있다.

제3절 상업장부에 관한 의무

I. 작성의무

1. 의   의

상인은 소상인을 제외하고 일정한 상업장부를 작성할 의무가 있다(29①). 다만 작성할 상업장부의 종류는 개인 상인이냐 회사냐에 따라 다르다. 상업장부의 작성의무는 개인 상인에 있어서는 상인자격의 취득과 동시에 발생하고 회사에 있어서는 설립등기에 의하여 법인격을 취득함과 동시에 발생한다.

2. 상업장부의 작성과 會計慣行

상법 제29조 제2항은 상업장부의 작성에 관하여 상법에 규정이 없는 것은 일반적으로 公正・妥當한 會計慣行(generally accepted accounting principles)에 의한다고 한다. 상법에 있는 규정은 총칙편의 상업장부 및 회사편의 주식회사와 유한회사의 계산규정 등이다. 일반적으로 공정·타당한 회계관행이란 장기간 반복되어 관행으로 정착되고 널리 보편성이 인정되고 공정한 것이어야 한다. 회계의 이론과 관행은 시대에 따라 발전·변천하므로 이에 관한 상세한 규정을 모두 상법에 두는 것은 적당하지 않다. 그리하여 상법은 기본적인 것만을 규정하고 그 이외의 것은 유동적인 회계관행에 의한다고 하는 포괄적 규정을 둠으로써 고정적인 상법과 유동적인 회계관행을 연결시키고 이를 통하여 상법이 항상 회계관행을 따라갈 수 있도록 하였다.

II. 보존의무

상인은 상업장부와 영업에 관한 중요서류를 보존해야 한다(33①). 상법상 보존이 요구되는 상업장부에는 부기상의 총계정원장, 일기장, 분개장, 전표, 청구서, 어음 및 수표 등이 포함된 후일 분쟁이 발생한 경우에 증거로 될 수 있는 서류를 가리킨다. 보존기간은 상업장부의 경우에는 장부폐쇄의 날로부터 10년이고, 상업장부 이외의 영업에 관한 중요서류의 경우에는 자기가 받은 서류는 받은 날, 자기가 발송한 서류의 부본은 발송한 날로부터 10년이다(33①본). 다만 전표 또는 이와 유사한 서류는 5년간 이를 보존하면 된다(33①단). 보존방법에 관하여 특별한 규정이 없으나, 현대의 발달된 컴퓨터 기술을 이용하여 간편하고 효율적으로 상업장부를 보존하는 방법을 도입하였다 그리하여 상업장부와 영업에 관한 중요서류는 마이크로필름 기타 전산정보처리조직에 의하여 보존할 수 있도록 하였다(33③).

III. 제출의무

1. 의 의

법원은 신청에 의하여 또는 직권으로 소송당사자에게 상업장부 또는 그 일부분의 제출을 명할 수 있다(32). 이 경우 상인은 그에 대한 제출의무를 부담한다. 상업장부의 제출명령을 함에는 민사소송법상의 일반적인 문서제출의무의 요건(민소 344)이 필요하지 않으며 또 법원이 제한 없이 직권으로 할 수 있다(민소 292). 제출의무를 부담하는 자는 상인 또는 상업장부보존의무를 지는 자로서 소송당사자로 되어 있는 자이다.

2. 不提出의 效果

법원에 의한 제출명령에 응하지 않은 경우 또는 상대방의 사용을 방해할 목적으로 이를 훼손하거나 사용할 수 없게 한 경우의 효과에 관하여 상법은 규정을 두지 않았다. 민사소송의 書證一般의 제출에 관한 규정에 따른 증명방해의 이론에 따라 법원은 그 문서에 관한 상대방의 주장을 진실한 것으로 인정할 수 있다(민소 349, 350).

3. 상업장부에 관한 의무위반

상업장부의 작성의무자가 의무를 위반한 경우에 관하여 회사의 경우를 제외하고는 상법상 특별한 규정은 없다. 따라서 개인 상인에 관한 한 상업장부에 관한 의무를 정한 상법의 규정은 불완전법규에 속한다. 이에 반하여 회사의 경우에는 위 의무의 위반이 있을 때에는 업무집행사원·이사 기타의 기관담당자는 500만원 이하의 과태료의 제재를 받는다.

제4절 상업장부의 종류

I. 회계장부

회계장부라 함은 상인이 거래와 영업상의 재산에 영향이 있는 사항을 기재하는 장부이다(30①). 이것은 대차대조표와 손익계산서를 작성하는 기초가 된다. 회계장부는 그 성격·기능 및 형태에 따라 분개장(journal), 원장 및 전표 등으로 구분된다.

개인 상인과 회사를 가리지 않고 개업 후 영업연도 중에 작성하는 회계장부에는 거래와 기타 영업상의 재산에 영향이 있는 사항을 기재해야 한다(30①). 여기에서 말하는 거래는 경제상의 거래가 아니라 회계상의 거래 내지 부기상의 거래를 뜻하며 구체적으로는 자산·부채·자본에 증감을 일으키고 비용과 수익을 발생시키는 사건을 말한다. 개인 상인은 영업을 개시한 때와 매년 1회 이상 일정 시기에 또 회사는 성립한 때와 매 결산기에도 회계장부를 작성해야 한다(30②). 상법은 회계장부의 기재방법에 관하여 특별히 규정한 바 없으므로 일반적으로 공정·타당한 회계관행에 의하여 작성하면 된다. 회계장부에 거래를 기재해야 할 시기도 공정·타당한 회계관행에 따른다.

II. 대차대조표

1. 의   의

대차대조표(balance sheet)라 함은 일정한 시기에 있어서의 기업의 자산과 부채 및 자본을 게기하여 기업의 재무상태를 총괄적으로 표시하는 장부를 말한다. 대차대조표에는 통상대차대조표와 비상대차대조표가 있다. 통상대차대조표는 다시 개인 상인의 개업시 또는 회사의 성립시에 작성하는 개업대차대조표와 개인 상인이 매년 1회 이상 일정한 시기에 또는 회사가 매 결산기에 작성하는 결산기대차대조표으로 나누어진다(30②). 비상대차대조표에는 합병대차대조표, 청산대차대조표, 분할대차대조표, 회사정리대차대조표, 파산대차대조표 등이 있다. 비상대차대조표 중 기업의 존속을 전제로 하지 않는 것은 통상대차대조표와 다른 회계기준에 의하여 작성된다.

2. 작성방법과 형식

대차대조표는 회계장부에 의하여 작성한다. 이 방법을 유도법(derivative method)이라고 한다. 회계장부에 의하여 대차대조표가 작성되는 과정은 일정한 시점을 기준으로 하여 총계정원장 또는 집계표를 정리·집계하여 시산표(trial balance)를 만들고, 여기에 필요한 수정을 가하여 정산표를 만들며, 그로부터 수익과 비용에 관한 계정을 모아 손익계산서를 만들고, 자산·부채 및 자본에 관한 계정을 모아 대차대조표를 만든다. 대차대조표의 형식에는 보고식과 계정식의 두 가지가 있다. 보고식은 맨 위에 자산에 속하는 사항을 기재하고 그 아래에 부채와 자본에 속하는 사항을 기재하는 형식이고 계정식은 T자형의 좌우 양란을 두어 좌측에 자산에 속하는 사항을, 우측에 부채와 자본에 속하는 사항을 기재하는 형식이다. 대차대조표에는 그 작성자가 기명날인 또는 서명을 하여야 한다(30②).

제5절 상업장부의 작성원칙

1. 서   설

상업장부제도가 추구하는 여러 가지 목적을 달성하기 위해서는 상업장부에 기재할 자산의 평가가 적정하게 이루어져야 한다. 2010년 5월 개정상법은 과거의 자산평가원칙에 관한 규정을 삭제하고, 그 대신 일반적으로 공정·타당한 회계관행에 따르도록 했다. 법률에 구체적인 회계규정을 두지 않는 국제적 추세를 따른 것이며, 변화하는 회계관행에 신속하게 대응하고자 함에 그 취지가 있다.

2. 일반적으로 공정·타당한 회계관행

상업장부의 작성에 관해서는 상법에 규정한 것을 제외하면 일반적으로 공정·타당한 회계관행에 의한다(29②). 공정·타당이라는 용어는 명확히 정의된 바 없으나, 대체적으로 공정·타당성은 상업장부의 내용이 재산상황 등 기업의 실체를 진실하게 반영할 것을 요구하는 것으로 이해된다. 이 공정·타당성은 '일반적으로' 인정되어야 한다. 이는 단순히 회계이론의 상태를 넘어서 회계원칙의 지위를 취득한 것을 의미하는 것으로 이해된다. 이러한 회계원칙이 이론적으로 수용되는 정도에 머무는 것이 아니라 상당 기간 동안 이용자들 사이에 규범의식이 형성되었을 때 비로소 회계관행이 성립한다. 회계원칙과 회계관행은 동의어로 사용되기도 한다.

3. 회계처리기준

회계처리기준은 「주식회사 등의 외부감사에 관한 법률」에 근거하여 금융위원회가 증권선물위원회의 심의를 거쳐 일반적으로 공정·타당하다고 인정되는 회계관행들을 모아 성문화한 행정명령이다(외감 13①). 일반적으로 공정·타당한 회계관행은 외부감사법(13) 및 동법 시행령(7의3)의 규정에 따라 제정된 「기업회계기준」에 그 중요한 부분이 구체적으로 등장한다. 이 기준은 재무상태표, 손익계산서, 그 밖의 계산서류 등을 규정하고 있지만 전표, 분개장, 원장 등의 회계장부에 대해서는 침묵하고 있으므로 여기에는 일반적인 회계관행이 적용된다.

제7장 | 상업등기

제1절 총 설

상업등기제도는 상인의 영업에 관한 중요한 사항을 공시하는 것을 목적으로 한다. 상인의 기업 내부 사정을 알면 거래의 효력에 영향을 미치는 일이 있기 때문에 이를 공시하여 상대방을 보호할 필요가 있고, 다른 한편 이를 공시함으로써 상인은 그 사회적 신용을 획득 · 유지할 수 있기 때문이다. 상업등기는 주식회사의 결산대차대조표 공고(449③) 등과 함께 이러한 취지에서 도입된 중요한 기업공시제도이다.

상업등기(commercial registration)라 함은 상법의 규정에 의하여 일정한 사항을 법원의 상업등기부에 하는 등기를 말한다(34). 상업등기는 법원이 관할하는 상업등기부에 하는 등기이다. 상업등기부는 전산정보처리 조직에 의해 입력 · 처리된 등기정보자료를 대법원규칙으로 정하는 바에 따라 편성한 것(상등 2ii) 및 등기부와 동일한 내용으로 전자적 정보저장장치 등의 보조기억장치에 기록된 자료를 말한다(상등 2iii). 상법의 규정에 의하여 하는 등기이므로 민법 기타의 법률에 의한 부동산등기, 상호보험회사의 등기 등은 상업등기가 아니다. 상업등기부에 하는 등기이므로 상법의 규정에 의하여 하더라도 상업등기부 이외의 등기부에 하는 등기, 예컨대 선박등기부에 하는 선박등기(743, 선등 1, 3)는 상업등기가 아니다. 상법은 상업등기에 관한 실체적 법률관계와 이에 관련된 약간의 중요한 절차에 관해서만 규정하고 있고, 상세한 등기절차는 상업등기법과 상업등기규칙에서 규정하고 있다. 다만 소상인에 대하여는 상업등기에 관한 규정이 적용되지 않는다(9).

제2절 등기사항

I. 의 의

상법은 등기사항을 일일이 개별적으로 규정하고 있다. 상업등기의 대상이 되는 사항을 상업등기사항이라고 한다. 상업등기는 기업과의 거래상대방을 위하여는 상세한 것이 바람직하겠지만, 상인의 입장에서는 영업상의 비밀을 유지할 필요도 있다. 그러므로 상법은 쌍방의 이익을 비교형량하여 등기사항을 정하고 있다. 실질적으로 등기사항은 상인의 신용유지와 제3자의 보호에 관한 사항이며, 상업등기의 주요한 목적은 책임관계를 명확히 함에 있다고 할 수 있다. 상법상 등기사항으로 규정되어 있지 않은 것은 등기할 수 없으며, 잘못되어서 등기하여도 효력을 가지지 아니한다. 상업등기부에는 상호, 미성년자, 법정대리인, 지배인, 합자조합, 합명회사, 합자회사, 유한책임회사, 주식회사, 유한회사 및 외국회사 등 11종이 있다(상등 11①).

II. 등기사항의 종류

1. 등기주체에 따른 등기사항

등기사항은 등기주체에 따라 구분하면, 상인 일반에 관한 것으로서는 상호와 지배인 등이 있고, 개인 상인에 관한 것으로서는 미성년자 · 한정치산자 또는 후견인이 영업을 하는 경우가 있으며, 회사에 관한 것으로서는 회사의 설립 · 자본의 증감 · 특수사채의 발행 · 회사의 합병 · 분할 · 해산 · 청산 등이 있다.

2. 절대적 등기사항 · 상대적 등기사항

등기사항 가운데 반드시 등기를 해야 하는 사항을 절대적 등기사항이라 하고, 등기 여부가 당사자의 임의에 속하는 것을 상대적 등기사항이라고 한다. 절대적 등기사항에 관하여 등기를 하지 아니하면 등기의무자는 선의의 제3자에게 대항하지 못한다는 불이익을 입는 외에 회사의 경우에는 책임자에게 과태료의 제재가 있다. 상대적 등기사항도 일단 등기를 하면 그 변경 또는 소멸은 반드시 등기를 해야 하므로 이때에는 절대적 등기사항과 동일하다.

3. 창설적 등기사항·선언적 등기사항·면책적 등기사항

등기의 효력에 따른 분류이다. 창설적 등기사항은 등기를 함으로써 비로소 법률관계가 생겨나는 경우로서 회사의 설립등기와 합병등기가 이에 해당한다. 선언적 등기사항은 등기하기 전에 이미 발생한 법률관계에 대하여 사후에 확인하는 의미로 등기를 하는 경우로서 지배인 선임·해임의 등기, 해산결의의 등기, 청산인 선임의 등기 등이 이에 해당한다. 면책적 등기사항은 등기를 함으로써 기존의 법률관계가 해소되는 경우이며, 지배인의 해임등기 및 사원의 퇴사등기 등은 면책적 등기사항이라고도 한다. 특히 이 경우에 상업등기의 실익이 크다.

4. 지점의 등기

본점의 소재지에서 등기할 사항은 법률에 다른 규정이 없으면 지점의 소재지에서도 등기하여야 하며, 지점의 소재지에서 등기하지 않으면 그 지점의 거래에 관하여 선의의 제3자에게 대항할 수 없다(35, 37①). 다른 규정이 있는 경우란 지배인의 선임과 그 대리권의 소멸 같은 경우를 의미한다.

5. 변경 또는 소멸의 등기

등기한 사항에 변경이 있거나 그 사항이 소멸한 때에는 당사자는 지체 없이 변경 또는 소멸의 등기를 해야 한다(40). 상대적 등기사항이라도 일단 등기를 한 후에는 동일하다. 시·군 등의 행정구역 또는 그 명칭의 변경이 있는 경우에는 등기부에 기재된 행정구역 또는 그 명칭은 당연히 변경된 것으로 보므로, 변경등기를 신청할 필요가 없다.

제3절 등기절차

I. 신청주의

상업등기는 법령에 다른 규정이 있는 경우를 제외하고는 당사자의 신청 또는 관공서의 촉탁에 의한다. 이를 신청주의라고 한다. 등기절차는 상업등기법 및 상업등기규칙의 규정을 따른다. 상업등기의 관할등기소는 등기신청자의 영업소의 소재지를 관할하는 지방법원·동 지원 또는 등기소이다(34, 상등 4). 등기사무는 관할등기소에 근무하는 법원공무원 중에서 지방법원장이 지정한 자, 즉 등기관이 이를 처리한다.

II. 등기소의 심사권

등기관은 지방법원, 그 지원, 또는 등기소에 근무하는 법원서기관, 등기사무관, 등기주사 또는 등기주사보 중에서 지방법원장이 지정한다(상등 8①). 등기관은 등기의 신청이 있는 경우 사건이 그 등기소의 관할에 속하지 아니한 때, 사건이 등기할 사항이 아닌 때, 사건이 등기할 수 없는 상호의 등기 또는 가등기를 목적으로 하는 때 등에 해당하는 때에는 이유를 기재한 결정으로써 신청을 각하하여야 한다. 다만, 신청의 흠결이 보정될 수 있는 경우 등기관이 보정을 명한 날의 다음날까지 신청인이 이를 보정한 때에는 그러하지 아니하다(상등 26). 이때에 등기관이 형식적 적법성만을 심사할 수 있을 뿐인가, 아니면 등기사항의 실질적 진실성까지 심사할 것인가의 문제를 놓고 다툼이 있다. 상업등기법은 등기사항의 진실성을 확보할 필요가 있는 때에는 서명에 의한 증명을 요구하고 있으므로(동법 49①②) 어느 학설에 의하든 실제로는 별 차이가 없게 된다.

III. 등기의 更正과 抹消

등기에 착오가 있거나 빠진 것이 있는 때에는 그 등기의 경정을 신청할 수 있다. 등기의 경정은 당사자가 신청하는 경우(상등 75)와 등기관이 직권으로 경정하는 경우(상등 76)가 있다. 등기가 그 등기소의 관할에 속하지 아니한 때, 등기할 사항이 아닌 때, 그 등기소에 이미 등기되어 있는 때와 등기된 사항에 관해 무효의 원인이 있는 때에는 그 등기를 말소할 수 있다. 이 경우에도 당사자가 신청하는 경우(상등 77)와 등기관이 직권으로 말소하는 경우(상등 80)가 있다.

IV. 등기사무의 처리

상업등기사무는 전산정보처리조직에 의해 처리해야 한다(상등 8②). 전산정보처리조직은 컴퓨터 등 정보기술을 이용하여 등기사무를 간편하고 신속하게 처리하기 위한 것이다. 등기관이 전산정보처리조직에 의하여 등기사무를 처리한 때에는 등기사무를 처리한 등기관을 확인할 수 있는 조치를 취하여야 한다(상등 8④). 등기부와 부속서류(전자문서 포함)는 등기소 또는 대법원규칙으로 정하는 장소(중앙관리소)에 보관·관리하여야 하며(상등규 14), 법원의 명령 또는 촉탁이 있거나 전쟁·천재지변이나 그 밖에 이에 준하는 사태를 피하기 위한 경우를 제외하고는 그 장소 밖으로 옮겨서는 아니 된다(상등 11③).

제4절 등기의 公示

상업등기는 일반대중에게 거래상 중요한 사항을 알게 할 것을 목적으로 하며, 이것은 공시에 의하여 실현할 수 있다. 상업등기의 공시방법에는 등기부를 열람하고 그 등·초본의 교부를 청구할 수 있게 하는 방법에 의한 개별적 공시와 이를 신문이나 관보 등을 통하여 공고하여 널리 알리는 방법에 의한 일반적 공시의 두 가지 방법이 있다. 1995년 개정법은 일반적 공시방법을 아예 없애 버림으로써 현재는 개별적 공시만 규정하였다. 그리고 상업등기법은 등기부와 부속서류의 열람, 등기사항증명서의 교부, 전자서명 및 자격에 관한 전자증명서의 교부 등을 규정한다(상등 15, 17).

제5절 상업등기의 효력

I. 일반적 효력

등기의 유무와 관계없이 존재하는 등기사항을 등기로 공시함으로써 거래의 상대방 기타의 제3자와 쌍방의 이익을 합리적으로 조정하기 위하여 상법이 제37조에서 규정하고 있는 것이 일반적 효력이다. 등기사항을 등기하기 전에는 선의의 제3자에게 대항할 수 없고(소극적 공시력), 등기 후에는 제3자가 정당한 사유로 인하여 알지 못하였다는 것을 증명하지 않는 한 선의의 제3자에 대하여도 대항할 수 있는 것(적극적 공시력)을 말한다(37). 등기에 효력이 발생하기 위하여는 등기사항의 사실이 존재하여야 하며, 이러한 사실이 존재하지 않은 경우에는 등기가 있어도 위의 효력은 발생하지 않는다. 즉, 등기에는 선언적 효력이 있을 뿐, 적극적 공신력은 없는 것이다.

1. 등기 전의 효력(소극적 공시력)
등기할 사항은 등기한 후가 아니면 선의의 제3자에게 대항하지 못한다(37①).

이를 등기의 소극적 공시력이라고 한다. 이로 인하여 법정등기사항의 등기가 촉진되는 효과가 있으며 제3자가 보호되는 결과가 된다. 악의의 제3자에 대하여는 언제나 등기사항의 객관적 내용을 주장할 수 있다.

(1) 등기의무의 불이행

등기할 사항이 발생하였는데도 등기를 하지 않았어야 한다. 즉 등기의무의 불이행이라는 부작위가 있어야 한다. 처음으로 등기할 사항이 발생하였는데도 등기하지 않은 경우 외에 등기할 사항에 관하여 일단 등기를 하였는데 그 뒤에 등기한 사항에 관하여 변경·소멸이 있음에도 변경·소멸의 등기를 하지 아니한 경우가 포함된다. 등기사항을 등기하지 않은 데 대하여 등기의무자에게 귀책사유가 있을 필요는 없다. 따라서 등기의무자는 지체 없이 등기 신청을 하였는데 등기관의 사정으로 등기가 늦어진 경우에도 제37조 제1항은 적용된다.

(2) 제3자의 선의

제3자가 선의이어야 한다. 즉 진정한 법률상태를 알지 못하여야 하며 모르는 데 과실이 있어도 상관이 없다(다수설). 제3자의 악의에 대한 증명책임은 악의를 주장하는 자가 부담한다. 제3자라 함은 등기사항에 관하여 법률상 이해관계를 가지는 모든 이해관계자를 말한다. 대등한 지위에서 하는 보통의 거래상대방을 말하므로, 조세의 부과처분을 하는 국가는 이에 해당하지 않는다. 당사자 상호 간에는 등기와 관련 없이 객관적 사실관계에 따라 해결한다. 따라서 선임등기를 마치지 아니한 청산인으로부터 부동산을 매수한 제3자는 다른 제3자에게 그 소유권을 주장할 수 있다.

(3) 對 抗 力

등기할 사항으로 선의의 제3자에게 대항하지 못한다. 대항하지 못한다고 하는 것은 등기의무자 측에서 제3자에게 진실한 법률상태를 주장할 수 없다는 뜻이다. 그러나 제3자 측에서 등기의무자에 대하여 진실한 법률상태를 주장하는 것은 상관이 없다. 제3자는 자기에게 유리한 바에 따라 일련의 사실관계 중에서 일부에 대하여는 외관적 법률상태를, 다른 일부에 대하여는 진정한 법률상태를 선택하여 주장하는 것도 가능하다. 악의의 제3자에 대해서는 등기가 없어도 진실한 법률상태를 주장할 수 있다.

2. 등기 후의 효력(적극적 공시력)

(1) 원　칙

등기사항은 등기 후에는 악의의 제3자에게는 물론, 선의의 제3자에 대하여도 대항할 수 있다(37①). 제3자의 악의를 의제하는 것이며, 등기를 한 것, 즉 作爲에 대하여 주어지는 효력이므로, 적극적 공시력이라고 한다. 법률관계의 획일·명확화와 무익한 쟁송을 방지하고자 하는 것이다.

(2) 예　외

등기할 사항은 등기 후라도 제3자가 正當한 事由로 인하여 이를 알지 못한 때에는 대항하지 못한다. 제3자가 정당한 사유로 인하여 등기사항을 알지 못한 때에까지 제3자의 악의를 의제하는 것은 부당하기 때문이다. 정당한 사유로 인한 부지는 이를 주장하는 자가 입증하여야 한다. 본 예외규정은 과거에 등기의 공고제도가 있던 때에 홍수 등으로 관보 등이 도착하지 아니하여 공고의 사실을 알지 못한 경우에 대비한 것이었다. 공고제도가 없어진 지금에는 여기에서 정당한 사유란 등기부의 소실 등으로 등기부의 열람 또는 등·초본의 교부청구가 불능한 경우 등의 객관적 사유를 가리킨다고 할 수 있을 것이다(통설).

3. 적용범위

(1) 法律關係

법률행위에 의한 거래에 적용되는 것은 당연하다. 불법행위에 관하여는 다툼이 있으나, 교통사고와 같은 순수한 불법행위에는 적용되지 않지만, 사기적 거래와 같이 거래와 관련된 불법행위에는 적용될 수 있다고 본다. 이와 달리 불법행위의 경우에도 거래행위와 같이 본조를 적용하여야 한다는 견해도 있다. 사무관리·부당이득의 경우에도 적용이 없다고 본다. 상대방의 신뢰가 전제되지 않기 때문이다.

(2) 商號讓渡

상호의 양도는 등기하지 아니하면 제3자에게 대항하지 못한다(25②)고 규정되어 있다. 이와 같은 상호양도의 등기와 관련하여 상법 제37조가 적용되지 않는다고 보는 견해와 이 두 가지 규정은 각기 적용되는 경우를 달리하는 것이라고 하는 견해가 있다. 후자의 입장에서는 제37조가 적용되는 경우가 있다고 한다. 제37조와 제25조 제2항은 모두 상업등기의 대항력에 관한 규정이므로, 제25조 제2항은 제37조에 대한 특칙이라고 보아야 할 것이며 상호권 양도의 등기에는 제37조가 적용되지 않는다고 할 것이다.

(3) 表見責任

지배인·대표이사 등은 등기사항이므로 이를 등기하면 상업등기의 일반적 효력이 발생하여 선의의 제3자에게도 대항할 수 있을 것처럼 보인다. 그러나 상법은 이에 대한 예외규정으로 표현지배인·표현대표이사 등에 대하여 규정한다. 그리하여 표현지배인·표현대표이사 등에 대하여는 상업등기의 일반적 효력이 미치지 아니한다. 이 경우 선의의 제3자는 악의로 의제되지 않고 보호받게 되는 것이다. 이처럼 상업등기의 일반적 효력에 관한 제37조를 제쳐놓고 표현지배인에 관한 제14조가 적용되는 이유는 무엇인가? 이에 대해서 상법 제14조가 제37조의 예외라고 보는 설, 제14조가 제37조에 규정한 정당한 사유에 해당한다고 보는 설, 제14조와 제37조는 차원을 달리하는 규정이기 때문이라고 보는 설(판례) 등이 대립하고 있다.

(4) 支店去來

지점의 소재지에서 등기할 사항을 등기하지 아니한 때에는 상업등기의 일반적 효력, 즉 상법 제37조의 규정은 그 지점의 거래에 한하여 적용한다(38). 지점에서 등기할 사항(13)과 본·지점에서 모두 등기할 사항(317②ix)이 있는데 위 원칙은 어느 등기에 대해서나 적용된다. 특정 지점에서만 등기할 것을 등기하지 않는 경우에는 그 지점과 거래한 선의의 제3자가 소극적 공시의 원칙에 따라 보호받는다. 본점과 지점에서 모두 등기할 사항을 본점에서는 등기하고 지점에서는 등기하지 아니하거나, 본점과 다른 지점에서는 등기하고 어느 지점에서만 등기하지 않은 경우에는 그 지점과 거래한 제3자는 다른 본·지점의 등기와 관계없이 소극적 공시의 원칙에 의한 보호를 받는다.

(5) 공법관계 및 소송행위

조세부과행위와 같은 공법관계에서도 적용이 없으며(판례), 소송행위에 대하여는 긍정설과 부정설의 다툼이 있다.

II. 특수적 효력

상업등기 중 일정한 사항은 제3자의 선의·악의를 묻지 않고 등기 그 자체만으로써 효력이 발생하는 경우가 있다. 즉 상법 제37조가 적용되지 않는 경우인데 이를 상업등기의 특수적 효력이라 한다.

1. 창설적 효력

등기에 의하여 새로운 법률관계가 형성 또는 설정되는 효력을 등기의 창설적 효력이라고 한다. 회사는 설립등기에 의하여 비로소 法人格을 취득하고, 회사의 합병은 합병등기에 의하여 효력이 생기는 것을 말한다.

2. 보완적 효력

등기를 하면 등기의 전제가 되는 법률사실에 존재하는 하자가 보완되어 그 하자를 주장할 수 없게 되는 경우의 효력을 보완적 효력 또는 치유적 효력이라고 한다. 회사의 설립등기나 신주발행의 변경등기가 있은 후 1년이 경과하면 그 전제가 되는 법률사실의 하자를 주장할 수 없게 되는 것과 같은 것이다(320, 427).

3. 기타의 부수적 효력

등기에 의하여 일정한 제한이 해제되거나 면책의 기초로 되는 효력이 있는데, 이를 해제적 효력이라고 한다. 주식회사의 설립등기에 의한 주권발행·권리주양도 제한의 해제(355②, 319), 합명회사 사원의 퇴사등기(225) 등과 같은 것이다.

III. 부실등기의 효력

1. 의   의

상업등기는 이미 존재하고 있는 사실관계를 공시함으로써 대항력을 갖추게 하는 효력만 있을 뿐 사실관계가 여하 간에 등기를 신뢰한 자에게 대하여 등기된 대로의 효력, 즉 공신력을 부여하는 것은 아니다(통설, 판례). 그런데 이 원칙을 관철하면 등기를 신뢰한 자가 전혀 보호를 받지 못할 수 있고, 그렇게 되면 누구도 등기제도를 신뢰하지 않을 것이며 결과적으로 등기의 공시적 기능까지 붕괴되고 말 것이다. 상법 제39조는 고의 또는 과실로 인하여 사실과 상위한 사항을 등기한 자는 그 상위를 제3자에게 대항하지 못하게 한다(39). 이것은 등기부에 어떠한 사실을 등기한 것, 즉 作爲에 대하여 부여되는 효력이므로, 제37조 제2항과 같이 적극적 공시력의 하나이다. 이것은 상업등기부에 공신력이 인정되지 않음으로 해서 생기는 문제를 해결하기 위한 것이다. 상법 제39조는 부실한 등기라는 외관을 진실한 것으로 신뢰하고 거래한 선의의 제3자를 보호하기 위한 것이므로 외관주의에 기초를 둔 제도라고 본다.

2. 요 건

(1) 外觀의 存在

등기한 자의 고의 또는 과실로 인하여 사실과 상위한 사항이 등기되어야 한다 (39전). 부실한 사실을 등기한 경우, 즉 作爲의 경우에만 본조가 적용된다. 따라서 이미 등기한 사항에 대하여 변경·소멸의 등기를 하여야 함에도 이를 하지 아니하여 결과적으로 현재의 등기가 사실과 다르게 된 경우, 예컨대 선임등기한 지배인을 해임하였는데 해임등기를 하지 아니한 경우와 같은 不作爲의 경우는 본조의 적용대상이 아니고, 제37조 제1항의 소극적 공시력의 문제이다.

(2) 外觀의 存在에 대한 歸責事由

제39조는 등기신청인에게 부진정한 외관을 작출한 책임을 지우는 데 그 취지가 있으므로 사실과 다른 등기가 이루어진 데 관해 등기신청인의 귀책사유가 있어야 한다. 즉, 등기신청인에게 故意 또는 過失이 있어야 한다. 고의란 사실이 아님을 알면서 사실과 다른 등기를 하는 것이며, 과실이란 부주의로 사실이 아님을 알지 못하고 등기를 하는 것이다. 자기명의의 부실등기가 되어 있는 사실조차 모르고 있는 경우에는 등기신청에 고의·과실이 없으므로 본조를 적용할 수 없다. 그런데 자기명의의 부실등기가 되어 있는 것을 알고도 방치한 경우에 관하여 학설의 다수 및 판례는 본조의 유추적용을 인정하고 있다.

(3) 제3자의 信賴

제3자는 선의이어야 한다. 선의란 등기내용이 사실과 다름을 알지 못하는 것이며, 선의에 과실이 있는가는 묻지 않는다(중과실은 선의에서 제외). 제3자는 등기의무자와 거래한 직접상대방뿐만 아니라 등기에 관한 이해관계인을 포함한다.

3. 효 과

이상의 요건이 갖추어지면 부실등기를 한 자는 그 등기내용이 사실과 다름을 선의의 제3자에게 대항하지 못한다. 즉 등기된 대로의 사실에 기초한 제3자의 주장을 부인하고 이와 다른 사실을 주장할 수 없게 된다. '선의의 제3자'에게 대항하지 못한다. 따라서 제3자는 부실등기된 사실과 진실한 사실관계 중 어느 것도 주장할 수 있는 선택권을 가진다.

제8장 | 영업양도

제1절 총 설

I. 영업재산의 의의

상법상 영업의 개념은 주관적 의의의 영업과 객관적 의의의 영업으로 구분된다. 주관적 의의의 영업이란 상인의 영업상의 활동을 가리킨다(15①·6·8① 등의 영업). 이러한 주관적인 영업활동 그 자체는 성질상 양도의 대상이 될 수 없다. 영업양도의 경우의 영업은 영업주의 교체나 변동과 관계없이 독자적 가치를 가지는 것을 말하며, 이는 객관적 의의의 영업으로 파악된다. 객관적 의의의 영업, 즉 영업재산은 일정한 영업목적을 위하여 조직화된 유기적 일체로서의 기능적 재산을 말한다. 영업재산은 적극재산인 물건, 권리 및 재산적 가치가 있는 事實關係(goodwill)와 소극재산인 채무 등으로 구성된다. 물건으로서는 원료품·상품·기계·기구 등의 동산과 토지·건물 등의 부동산이 있고, 권리로서는 지상권·질권·저당권 등의 물권, 거래상의 채권, 불법행위로 인한 손해배상채권 등의 채권 외에 특허권·실용신안권·디자인권·상표권·저작권 등이 있으며, 재산적 가치가 있는 사실관계로서는 고객관계, 구입처관계, 영업상의 비결, 경영조직 등이 있다. 그리고 채무로서는 영업상의 거래, 기타 이와 관련하여 발생한 일체의 채무가 있다.

II. 영업재산의 법적 성질

1. 特別財産性

관념적·경제적으로는 영업재산은 특별재산을 이룬다. 경제적으로는 영업재산은 일정한 영업목적에 제공된 재산이므로, 그 재산의 범위는 영업목적에 의하여 결정된다. 그리하여 개인 상인의 경우에는 사용재산과 영업재산은 구별된다. 또 개인과 회사를 불문하고 수개의 독립한 영업을 경영하는 경우에는 각 영업에 관하여 독립한 영업재산을 구성한다. 그러나 법률상으로는 영업재산에 대하여 아직 특별재산성이 인정되지 않는다.

2. 權利主體性

사회적·경제적으로 보면 영업은 그 자체로서 영업주와는 독립하여 신용과 명성을 가질 수도 있다. 법적으로도 영업은 부정경쟁에 대하여 특별한 보호를 받게 된다. 그리하여 영업은 마치 독립적 인격자인 것으로 받아들여지고 있다. 그러나 기업거래에서 발생하는 권리의무의 귀속자는 법적으로는 영업자인 상인 자신이며, 영업은 독립적인 권리주체가 아니다.

3. 權利客體性

물권법상으로는 영업재산의 권리객체성은 거의 인정되지 못하고 있다. 현행법상 영업재산은 1개의 물건으로 취급하지 않으므로, 전체로서 하나의 기타 물권적 권리의 목적물이 될 수 없는 것이 원칙이다. 재단저당제도에 한하여 그 예외가 인정되고 있다. 채권법상으로는 영업재산의 권리객체성이 인정되고 있다. 영업재산은 그를 구성하는 개개의 재산의 산술적 합계보다 큰 가치를 가지는 유기적 재산이므로, 법률적으로도 이를 존중한다. 그리하여 영업재산 그 전체를 매매 등 채권적 거래의 대상으로 삼는 것을 인정하고 있다.

제2절 영업의 양도

I. 서   설

1. 의   의

영업의 양도(transfer of business)라 함은 일정한 영업목적에 의하여 조직화된 유기적 일체로서의 기능적 재산, 즉 영업재산의 이전을 목적으로 하는 채권계약을 말한다(다수설).

(1) 이전의 목적

영업양도에 의해 이전되는 재산은 객관적 의의의 영업, 즉 영업재산이다(다수설). 그러므로 단순한 물건 또는 권리의무만이 아니라 거래처관계·영업상의 비결·경영조직 등의 사실관계가 포함된다.

(2) 영업의 동일성의 유지

영업의 同一性을 유지하면서 영업재산을 이전하여야 한다. 동일성이 유지되는 한 영업에 속하는 재산의 일부를 제외하여도 상관이 없다. 영업에 속한 재산의 전부를 양도하였더라도 그 조직을 해체하여 양도함으로써 종래의 영업이 그대로 기능할 수 없으면 영업양도에 해당하지 않는다. 영업양도는 그 결과로서 영업주의 지위가 넘어가서, 영업상의 권리의무의 귀속주체가 변경되어야 한다. 이 점에서 영업의 소유관계에 변동이 없이 영업의 경영주체만 변동이 생기는 영업의 임대차나 경영위임과는 구별된다.

(3) 채권계약

영업양도는 영업재산의 이전을 목적으로 하는 채권계약이다. 이처럼 계약에 의한 이전이라는 점에서 법률상 당연히 포괄적 이전의 효력이 생기는 상속 또는 회사의 합병에 따른 영업의 이전과는 구별된다.

(4) 회사합병과의 차이

회사의 합병은 두 개 이상의 회사가 당사자가 되어, 그 일부 또는 전부를 해산하고 재산과 사원이 이전·합병·수용되는 것을 말한다.

1) 영업양도의 경우에는 양도의 대상인 권리의무에 관해 개별적 이전행위를 요하지만, 회사합병의 경우는 해산회사의 권리의무 및 사원·재산이 흡수되는 것을 말한다.

2) 영업양도의 경우는 양도회사가 소멸하지 않으므로 사원의 수용·고용관계의 수용이 반드시 이루어지는 것은 아니다.

3) 영업양도의 경우는 채무인수가 반드시 필요하므로 채권자 보호가 필요 없고, 합병의 경우에는 해산회사의 채무가 당연히 따라오므로 채권자를 보호하기 위한 장치가 필요하다.

4) 영업양도의 당사자는 회사 이외에 개인도 될 수 있으나, 합병의 당사자는 회사뿐이다.

5) 영업양도의 무효는 민법의 일반원칙에 의하여 주장할 수 있으나, 합병의 무효는 합병무효의 소에 의해서만 제기될 수 있다.

2. 법적 성질

영업양도계약은 유상계약인 경우에는 매매 혹은 교환계약과 유사하고, 무상계약인 경우에는 증여계약과 유사하지만, 그 이전의 대상에 소극적 재산 및 고객관계 등 권리로 표현할 수 없는 利益 등이 포함되어 있으므로 특수한 혼합계약으로 보아야 할 것이다. 이 혼합계약의 목적이 무엇이며, 영업양도의 대상이 무엇인가에 대하여 양도처분설, 지위양도설 및 절충설의 다툼이 있다.

(1) 양도처분설

영업을 양수인과 양도인 사이의 거래의 객체로 보고, 영업양도를 객관적 의의의 영업을 이전하는 것으로 보는 견해이다. 영업양도의 대상을 무엇으로 보느냐에 따라 세 가지의 견해가 있다.

1) 영업재산양도설   일정한 영업목적으로 위하여 조직화된 유기적 일체로서의 기능적 재산의 이전을 목적으로 하는 채권계약이라고 한다.

2) 영업조직양도설   영업에 고유한 재산적 가치가 있는 사실관계를 이전하는 것이고 물건·권리는 이 영업조직의 종물로서 영업양도에 수반하여 양수인에게 이전한다고 한다.

3) 영업유기체양도설   유기체로서의 영업을 채권계약에 의하여 이전하는 것이라고 한다.

(2) 지위교체승계설

영업을 중심개념으로 보아 기업 내에서 영업주체의 변경 또는 이전(지위의 교체 또는 승계)을 목적으로 하는 계약을 영업양도계약으로 보는 견해이다.

(3) 절 충 설

이 두 입장을 절충한 견해로서 경영자인 지위의 인계와 영업재산의 이전을 내용으로 하는 채권계약이라고 보는 지위·재산이전설과 기업의 동일성을 유지하면서 기업 그 자체를 일체로서 이전하는 계약이라고 하는 기업자체이전설이 있다.

지위양도설은 사회적 현상을 파악함에 있어 장점이 인정된다. 일반적으로 영업이 양도되더라도 영업의 소유자가 변경되는 데 불과하며, 영업의 동일성은 유지되면서 영리활동은 계속되기 때문이다. 그러나 법적인 측면에서는 영업양도를 파악하지 못하는 단점이 있다. 아울러 소규모 기업의 경우에는 적절치 못한 것으로 본다. 법적으로 양도처분설이 타당하다고 본다.

II. 영업양도의 절차

1. 계약의 당사자

양도인은 양도의 목적인 영업의 주체로서 상인이다. 양도인은 개인 상인인 경우도 있고 회사인 경우도 있다. 개인 상인이 영업 전부를 양도하면 상인자격이 상실되나, 회사는 그 즉시 잃는 것은 아니고 영업을 완전히 종료한 때에 상인 자격을 잃는다(정관상의 목적을 변경하여 다른 영업을 할 수도 있음). 양수인은 상인인 경우도 있고 상인이 아니어도 좋다. 개인이든, 회사든 상관이 없다. 상인이 아닌 경우에는 영업의 양수를 통해 상인자격을 얻고, 이 경우 양수하는 행위는 개업준비행위로서 보조적 상행위이다.

2. 대내적 의사의 결정

개인 상인의 경우 그가 영업의 양도 또는 양수의 결심을 하면 되고 별도의 절차가 필요 없다. 회사의 경우 내부적으로 신중한 의사결정의 절차를 밟아야 한다. 합명회사나 합자회사가 회사의 존립 중에 영업을 양도하고자 하는 경우에는 총사원의 동의가 있어야 한다(204, 269). 주식회사와 유한회사의 경우에는 영업양도를 위하여는 각각 주주총회나 사원총회의 특별결의가 필요하다(374①i, 576①).

3. 계약의 체결

양도인과 양수인 사이에서 영업양도계약이 체결된다. 당사자가 개인인 경우에는 본인 또는 대리인이고, 회사의 경우엔 대표기관이다. 양도계약의 체결 시기는 위의 내부적 의사결정이 이루어진 후일 수도 있으나, 총사원의 동의와 총회의 특별결의를 조건으로 미리 계약을 체결하는 것이 보통이다. 양도계약의 중요내용은 자산·부채의 범위와 이전시기·영업소 및 상호의 인계·경업금지·양도대가의 지급 등이다. 이 계약의 이행으로 영업이 양수인에게 이전되며 그에 따라 제3자와의 관계가 생긴다.

4. 영업양도의 자유와 제한

상법상으로는 영업의 양도·양수가 자유이다. 그러나 은행법(55), 보험업법(150), 자본시장과 금융투자업에 관한 법률(408) 등에 의한 제한이 있고, 독점규제 및 공정거래에 관한 법률도 일정 규모 이상의 회사에 대하여 일정한 규제를 가한다(66①ii).

III. 영업양도의 효과

1. 당사자 간의 관계

(1) 營業財産의 이전의무

1) 이전대상　　영업양도계약에 의하여 양도인은 각종 재산을 양수인에게 이전하여 양수인으로 하여금 이익을 받게 할 적극적 의무를 부담한다. 이전되는 재산의 범위는 계약에서 정하지만 적어도 영업의 동일성이 인정되는 범위 내의 재산이 포함되어야 한다.

2) 이전절차·대항요건　　이전될 범위 내의 각 구성재산에 대하여 개별적인 이전절차를 취하고 또 등기·등록 등의 효력발생요건·대항요건을 갖추어 주어야 한다. 즉 동산에 있어서는 인도, 부동산·상호에 있어서는 등기, 기명주식에 있어서는 명의개서를 해야 한다. 거래처·영업상의 비밀·고객관계 등 재산적 가치가 있는 사실관계에 대하여 양수인이 이를 사용할 수 있도록 조치해야 한다. 채무에 있어서는 채권자의 승낙 하의 채무인수(민 454), 채무자 변경으로 인한 경개(민 501) 등의 절차를 취하여야 한다. 채권자의 동의 없이 한 채무의 인수는 채권자에게 대항할 수 없다.

3) 영업의 인적 조직　　영업양도의 의의에 관한 학설 중 다수설·판례의 입장인 영업재산양도설에서는 양도인의 상업사용인 등에 대한 고용계약상의 권리도 영업의 동일성을 유지하기 위하여 필요하기 때문에 이전된다고 본다. 이 경우 상업사용인 등은 고용계약을 해지할 수 있을 뿐이다(민 661). 기업자체이전설이나 지위·재산이전설에서도 영업양도에 의해 경영자의 지위가 이전하므로 인적 조직인 사용인에 대한 관계는 당연히 이전한다고 본다.

(2) 競業避止義務

1) 의　　의　　영업의 양도는 사회적 활력을 가진 유기적 일체로서의 기능적 재산을 이전하는 것이므로, 양도인이 동종의 영업을 재개한다면 양수인으로서는 영

업양수의 실효를 얻지 못하게 될 것이다. 그러므로 상법은 영업양도가 실효를 거둘 수 있도록 일종의 부작위의무를 규정한다.

2) 의무의 내용   당사자 사이에 다른 약정이 없으면 양도인은 10년 간 동일한 특별시·광역시·시·군과 인접특별시·광역시·시·군에 한해 동종영업을 하지 못한다(41①). 양도인이 동종영업을 하지 아니할 것을 약정한 때는 동일한 특별시·광역시·시·군과 인접 특별시·광역시·시·군에 한하여 20년을 초과하지 아니한 범위에서 그 효력이 있다(41②). 20년으로 제한한 것은 무제한적으로 구속하는 것은 부당하기 때문이다. 이 의무의 발생 시기는 영업양도계약이 이행되어 양수인이 영업활동을 할 수 있는 상태에 이른 때이다. 이 의무를 지는 개인이 회사를 설립하여 경업행위를 하게 한 때에는 이 의무위반이 됨은 물론 회사도 이 의무를 지게 된다.

3) 의무자의 범위   양도인은 상인인 경우에 한하여 다음과 같은 경업금지의무를 진다. 양도인의 상속인은 직업선택의 자유의 원칙상 위의 의무를 상속하지 않는다고 본다.

4) 의무위반의 효과   영업양도인이 이 의무를 위반한 때에는 양수인은 그 경업행위의 금지를 청구할 수 있다(민 389②). 또한 의무위반으로 인하여 손해를 입은 경우에는 손해배상도 청구할 수 있다(민 390, 393).

2. 제3자에 대한 관계

(1) 營業上의 債權者

1) 商號를 續用하는 경우

(가) 의   의   영업양수인이 양도인의 상호를 계속 사용하는 경우에는 양도인의 영업으로 인한 제3자의 채권에 대하여 讓受人도 변제할 책임이 있다(42①). 외관법리의 표현으로 부진정연대책임을 지는 것이다.

(나) 책임의 요건

a. 영업의 양수   영업을 양수하였어야 한다. 영업의 전부를 양수한 경우는 물론, 일부를 양수한 경우에도 본조가 적용된다.

b. 영업의 양수   영업을 讓受하였어야 한다. 매매·교환·증여·신탁 등 일체의 유·무상계약이 이에 해당한다. 영업양도계약이 무효·취소된 경우에도 양수인은 책임을 진다.

c. 상호의 속용   상호를 계속 사용하여야 한다. 완전히 동일한 상호만이 아니라 사회통념상 동일한 상호로 평가되는 경우도 포함된다.

d. 영업에 의한 채무   양수인이 책임지는 채무는 양도인의 영업으로 인한

제3자의 채권, 즉 양도인이 영업상 제3자에게 부담한 채무이다. 여기에는 거래상의 채무, 거래상 채무의 불이행으로 인한 손해배상채무뿐만 아니라, 거래와 관련한 부당이득 및 불법행위로 인한 손해배상채무 등 일체의 채무가 포함된다.

　　e. 채무불인수　　양수인의 채무불인수에 대하여 양도인의 영업상의 채권자가 惡意일 경우에는 적용되지 않는다(판례 동지).

　　㈐ 양도인과 양수인의 책임　　양수인은 양도인의 영업상의 채무에 대하여 무한책임을 진다. 양수한 영업재산의 범위 안에서만 책임을 지는 것은 아니다. 양수인은 양도인이 제3자에 대하여 가지고 있는 모든 항변으로 대항할 수 있다. 양수인이 책임을 진다고 해도 양도인이 책임을 면하는 것은 아니다. 양도인은 양수인과 부진정 연대채무를 진다.

　　㈑ 책임의 배제　　양수인이 양도인의 채무에 대하여 책임을 면하려면 양도인의 영업상의 채무를 인수하지 않을 것을 약정하고, 이를 지체 없이 등기하거나, 양도인과 양수인이 지체 없이 제3자에 대하여 위의 뜻을 통지하여야 한다(42②). 이 경우에는 외관신뢰자를 보호할 이유가 없기 때문이다.

　　2) 상호를 속용하지 않는 경우

　　㈎ 원　칙　　양수인이 양도인의 상호를 계속 사용하지 않는 경우에는 양수인은 양도인의 영업으로 인한 채무에 대하여 변제할 책임이 없다. 이 경우는 양도인의 영업과 그 구별이 뚜렷하므로 보호해야 할 외관에 대한 신뢰가 존재하지 않기 때문이다.

　　㈏ 예　외　　양수인이 양도인의 영업으로 인한 채무를 인수할 것을 광고한 때에는 양수인도 변제할 책임이 있다(44). 금반언의 법리에 의한 것이다. 광고 중에 채무인수의 문구가 없더라도 사회통념상 영업에 의하여 생긴 채무를 인수한 것으로 채권자가 일반적으로 믿을 수 있는 경우를 포함한다.

　　3) 양도인의 책임의 소멸　　영업양수인이 상호의 속용 또는 채무인수의 광고 또는 통지에 의하여 변제의 책임이 있는 경우에는 영업양도 또는 광고 후 2년이 경과하면 그 책임이 소멸한다(45). 이 기간은 제척기간이다. 이것은 영업상의 채무를 특정한 영업주의 채무라기보다는 영업 그 자체의 채무로 인정하여 영업의 양수인을 주채무자로 본 것이라 할 것이다.

(2) 營業上의 債務者

1) 상호를 속용하는 경우

양수인이 양도인의 상호를 계속 사용하는 경우에 양도인의 영업으로 인한 채권에 대하여 채무자가 善意이며 重大한 過失 없이 양수인에게 변제한 때는 변제의 효력이 있다(43). 채무자가 외관상 기업주의 교체를 알 수 없기 때문에 양수인에게 변제한 채무자를 보호하기 위한 규정이다. 본조는 채권양도가 있고, 채무자에 대하여 대항요건(민 450)을 갖춘 경우에는 적용이 없다. 이 경우에는 당연히 양수인에게 변제해야 되기 때문이다. 본조는 지시증권 또는 무기명증권상의 채무자에게는 적용되지 않는다. 이 경우에는 증권상의 피배서인이나 소지인이 채권자이기 때문이다.

2) 상호를 속용하지 않는 경우

㈎ 원 칙 영업양수인이 양도인의 상호를 계속 사용하지 않는 경우에 관하여는 상법에 아무런 규정이 없으므로, 채권양도의 일반원칙에 따라 해결해야 한다. 영업양도가 있은 후에도 채권양도가 없는 한 채무자는 양수인에게 변제하여 면책될 수 없다.

㈏ 예 외 상법에는 규정이 없으나 양수인이 채권양도를 받지 않았음에도 이를 받은 것처럼 양도인의 동의하에 공고하거나 양도인과 함께 채무자에게 통지한 경우에는 양도인에게 귀책사유가 있고, 선의의 채무자를 보호할 필요가 있으므로, 상법 제44조를 유추적용할 수 있을 것이다.

제3절 영업의 임대차와 경영위임

I. 영업의 임대차

1. 의 의

영업의 임대차란 상인이 그 영업의 전부 또는 일부를 일괄하여 타인에게 임대하는 계약을 말한다. 임차인은 자기의 명의와 계산으로 영업을 경영하고, 임대인은 임료의 지급을 청구할 수 있다. 영업임대차의 법적 성질은 영업을 일체로서 임대하는 것이므로 민법상의 순수한 임대차(민 618 이하)가 아니고, 이에 유사한 혼합계약이다. 영업의 임대차는 임차인에게는 기업의 일시적 확대나 콘체른의 형성을 위한 수단으로서 편리하고, 임대인에게는 기업소유자의 지위를 유지하면서 안정된 임대료를 받을 수 있는 제도이다.

2. 계약의 체결

영업의 임대차에 대하여는 특별한 방식이 필요하지 않지만, 주식회사와 유한회사가 임대하는 경우에는 주주총회 또는 사원총회의 특별결의를 얻어야 한다(374②, 576①). 이 경우 주식회사에 있어서는 임대차반대주주의 주식매수청구권이 인정된다. 합명회사와 합자회사에서는 총사원의 동의를 얻어야 한다(204, 269).

3. 효   력

영업의 임대차에 관하여 특별규정이 없으므로 그 효과는 계약 내용을 따르지만, 계약에 정함이 없으면 영업양도에 관한 규정을 준용하는 외에 민법의 임대차에 관한 규정을 유추적용해야 한다. 임대인은 임차인으로 하여금 영업을 사용·수익하도록 할 의무가 있고, 임차인은 자기의 이름과 계산으로 영업을 할 권리를 취득함과 동시에 임대인에게 임료를 지급할 의무를 부담한다.

II. 경영위임

1. 의   의

경영위임이라 함은 기업의 경영을 타인에게 위임하는 것을 말한다. 대외적으로 영업의 경영이 위임인의 명의로 행하여지는 점에서 그것이 임차인의 명의로 행하여지는 영업임대차와 다르다. 주식회사 또는 유한회사가 경영위임계약을 체결하려면 주주총회 또는 사원총회의 특별결의를 얻어야 한다(374②, 576①). 합명회사와 합자회사에 있어서는 총사원의 동의를 얻어야 한다고 본다(204, 269).

2. 협의의 경영위임계약

협의의 경영위임은 경영위임계약 가운데 수임인의 계산으로 하는 것, 즉 영업상의 손익이 수임인에게 귀속하는 형태이다. 대외적으로 위임인의 이름으로 영업이 행해지므로 위임인은 수임인에 대하여 영업의 경영에 대하여 광범한 대리권을 수여하고 수임인은 위임인에게 일정한 보수를 지급한다. 수임자가 위임자의 상호를 사용하여 영업을 하는 경우에는 위임자는 명의대여자로서의 책임(24)을 진다 할 것이다.

3. 경영관리계약

경영관리계약은 경영위임계약 가운데 위임인의 계산으로 하는 것 즉 영업상의 손익이 위임인에게 귀속하는 형태이다. 수임인은 그 활동에 대하여 위임인으로부터 소정의 보수를 받는다. 委任의 일종이라고 할 수 있다. 따라서 계약의 효과에 관하여는 민법의 위임에 관한 규정(민 680 이하)이 적용된다.

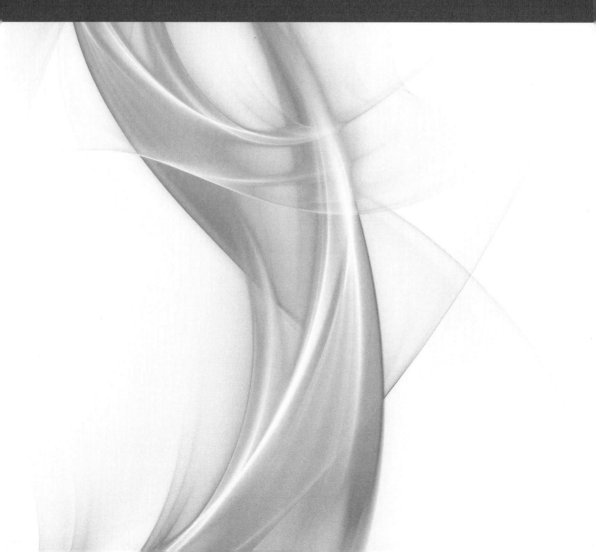

제2편　商行爲法

제1장 | 서 론

제1절 상행위법의 의의

형식적 의의의 상행위법이라 함은 상행위라는 명칭을 가진 성문법을 의미하며, 우리 상법전 제2편 제46조부터 168조의12까지의 상행위편이 이에 해당한다. 실질적 의의의 상행위법이란 기업의 활동(거래)에 관한 법규의 전체라고 할 수 있다. 이런 점에서 상행위법은 상법전 제2편 이외에도 많은 상사특별법 기타 상관습법에도 존재한다고 할 것이다.

제2절 商行爲의 의의

I. 서 설

상행위는 상인의 개념과 더불어 상법의 적용한계를 정하는 중요한 중심적 개념이다. 즉, 상법은 상행위에 대하여 당연히 적용되며, 또 행위의 주체가 상인인 경우에 적용되는 것이다. 상행위의 주체가 공법인인 경우에도 특별법상 다른 규정이 없으면 상법을 적용한다(2). 그러므로 상행위의 개념은 상법의 적용범위를 정하기 위하여 매우 중요하다. 그러나 이것은 절대적인 것이 아니고, 상법전이 규정하고 있는 상행위 이외의 영리행위를 하여도 상법이 적용되는 경우도 있다. 그러므로 상행위를 어떻게 정할 것인가의 문제가 제기된다.

II. 상행위의 의의

상행위를 정함에 있어서 실질적 의의의 상행위와 형식적 의의의 상행위를 구별할 필요가 있다. 실질적 의의의 상행위는 행위의 내용이나 성질을 실질적으로 파악하여 상행위를 정하는 것으로, 영리에 관한 행위를 말한다. 형식적 의의의 상행위란 상법 및 특별법에서 상행위로 규정한 상행위를 말한다. 이는 상법의 적용범위를 명확하게 하기 위한 편의상·기술상의 이유에서 규정된다.

제3절 상행위의 종류

상법은 상행위로서 영업적 상행위(46), 부속적 상행위(47) 및 준상행위(66)의 세 가지를 규정한다. 상법상의 상행위는 모두 채권법적 행위이며, 대체로 법률행위이다. 그중 영업적 상행위는 상인 개념을 정하는 기초가 되므로(4) 이를 기본적 상행위라고도 한다. 부속적 상행위는 상인의 개념이 먼저 정해지고 이로부터 도출되는 것이므로 보조적 상행위라고도 한다.

I. 기본적 상행위와 보조적 상행위

상법 제46조의 기본적 상행위란 당연상인의 개념의 기초가 되는 개념이다. '영업으로'라는 말의 의미는 영리의 목적으로 동종행위를 반복하는 것을 의미한다. 기본적 상행위는 이와 같이 당연상인이 영업으로 하여야 상행위가 되기 때문에 영업적 상행위이며, 절대적 상행위에 대하여 상대적 상행위라고 할 수 있다. 상법 제46조에 규정된 22가지의 행위에 해당하는 것이 기본적 상행위이다. 동조는 제한적 열거이다(통설). 그 종류를 한정적으로 열거하고 있는 점에서 형식적 의의의 상행위가 된다.

보조적 상행위란 기본적 행위 이외에 '상인이 영업을 위하여 하는 행위'를 말한다. 보조적 상행위는 영업을 위하여 하는 점에서 영업으로 하는 영업적 상행위와 구별되고 부속적 상행위라고도 한다. 이때의 상인은 당연상인이든 의제상인이든 소상인이든 또는 공법인이든 사법인이든 불문한다. 회사 기업의 경우에는 그 행위가 전부 영업과 관련된 행위이므로 그 행위의 상행위성에 대하여 문제될 경우가 거의 없으나, 특히 개인 기업의 경우에는 어느 행위가 영업을 위하여 하는 행위인지 또는 개인의 이익을 위하여 하는 행위인지 불분명한 경우가 많다. 그리하여 상법은 '상인의 행위는 영업을 위하여 하는 것으로 추정한다'(47②)고 규정하고 있다.

　　보조적 상행위는 상인이 '영업을 위하여 하는 행위'이다. 영업을 위하여 하는 행위란 영업과 관련된 모든 재산법상의 행위를 의미하며, 유상이든 무상이든 불문한다. 영업을 위하여 하는 행위인지 여부는 행위의 객관적 성질에 의하여 판단한다. 그리하여 예컨대 영업자금의 차입, 상업사용인의 고용, 사무소의 구입 또는 임차 등의 행위가 이에 속한다. 보조적 상행위는 법률행위뿐만 아니라 준법률행위 및 사실행위에도 성립될 수 있다. 사무관리나 불법행위 등은 당연히 보조적 상행위가 된다고 할 수는 없다. 불법행위로 인한 손해배상채무는 영업과 관련된 경우에는 보조적 상행위로 보아야 할 것이다(다수설). 영업의 목적인 기본적 상행위를 하기 전에 그 준비를 위한 행위를 하는 자는 영업으로 상행위를 할 의사를 실행하는 것이므로, 그 개업준비행위를 할 때에 소급하여 상인자격을 취득함과 동시에 그 행위는 그 사람의 최초의 보조적 상행위가 된다.

II. 고유의 상행위와 준상행위

　　고유의 상행위는 상법이 원칙적으로 적용되는 상행위를 말한다. 당연상인이 영업으로 하는 기본적 상행위(46), 당연상인이 영업을 위하여 하는 보조적 상행위(47) 및 의제상인이 영업을 위하여 하는 보조적 상행위(47)가 이에 속한다. 한편 준상행위란 상행위법이 원칙적으로 준용되는 행위를 말하며, '의제상인이 영업으로 하는 상행위'가 이에 해당한다(66). 예컨대 상법 제5조의 요건을 갖춘 농장주가 생산한 농산물을 판매하는 행위 등이 이에 해당하다. 이 준상행위도 영업으로 하여야 상행위가 되기 때문에 영업적 상행위이다.

III. 절대적 상행위와 상대적 상행위

　　절대적 상행위란 그 행위의 객관적 성질에 비추어 고도의 영리성이 인정되므로 당연히 상행위로 되는 것이며, 객관적 상행위라고도 한다. 따라서 상인 아닌 자가 절대적 상행위를 하더라도 이에 대해서는 상법이 적용된다. 예컨대 일본 상법은 투기구매 및 그 실행행위, 투기매각 및 그 실행행위, 거래소에서의 거래, 어음 기타 상업증권에 관한 행위를 절대적 상행위로 규정하고 있다(일상 501). 우리 상법에서는 절대적 상행위를 인정하지 아니한다. 그러나 담보부사채신탁법에서는 사채모집의 위탁회사나 신탁업자가 아닌 제3자가 사채의 총액을 인수할 경우 이를 상행위로 보는데, 여기에서의 제3자는 누구든 관계가 없으므로 사채의 총액을 인수하는 것은 절대적 상행위이다. 우리 실정법상 유일한 절대적 상행위이다.

한편 자본시장과 금융투자업에 관한 법률에서도 "이익을 얻을 목적으로 계속적·반복적으로 신탁의 인수를 업으로 하는 때"에는 이를 상행위로 본다고 규정하는데(6①vi), 여기서는 '업으로' 한다는 요건이 있으므로 특별법상 인정되는 기본적 상행위로 보아야 한다. 그러나 이미 상법에서 '영업으로 하는 신탁의 인수'를 기본적 상행위로 보고 있으므로 실익이 없는 규정이다. 상대적 상행위는 행위의 객관적 성질상 영리성이 그렇게 강하지 아니하므로 당연히 상행위가 되지는 못하고, 이를 영업으로 하거나 영업을 위하여 하는 경우에 상행위가 되는 것이며, 주관적 상행위라고도 한다. 영업적 상행위(46), 보조적 상행위(47) 및 준상행위(66)가 이에 해당한다.

IV. 일방적 상행위와 쌍방적 상행위

일방적 상행위란 '당사자의 일방에게만 상행위가 되는 행위'이다. 예컨대 소매상과 일반 소비자 간의 거래가 이에 해당한다. 이러한 일방적 상행위인 경우에도 전원에게 상법이 적용되는 것이 원칙이다(3). 이와 같이 일방적 상행위인 경우에 전원에게 상법을 적용하도록 함으로 인하여 상법의 적용범위가 매우 확대된다. 쌍방적 상행위란 '당사자의 쌍방에게 상행위가 되는 행위'이다. 예컨대 도매상(상인)과 소매상(상인)과의 거래가 이에 속한다. 이 경우에는 당연히 당사자 쌍방에게 상법이 적용된다.

V. 사법인의 상행위와 공법인의 상행위

법인에는 사법인과 공법인이 있으므로 법인인 상인에는 사법인인 상인과 공법인인 상인이 있다. 사법인인 상인의 상행위에 상법이 적용됨은 당연하므로 특별한 의미가 없으나, 공법인인 상인의 상행위에도 상법이 적용될 수 있을 것인지에 대하여 의문이 있다. 따라서 상법은 "공법인의 상행위에 대하여도 법령에 다른 규정이 없는 경우에는 상법을 적용한다"(2)고 규정하고 있다. 따라서 공법인도 상인으로서 기본적 상행위 및 보조적 상행위를 할 수 있는데 이 경우에는 특별법령이 없는 한 상법이 보충적으로 적용된다.

제4절 영업적 상행위의 유형

기본적 상행위는 영업으로 하는 상법 제46조 각 호의 행위로서, 당연상인의 주된 영업활동이 된다. 이를 '영업적 상행위'라고도 부른다. 영업성은 채권행위에서만 발견될 수 있으므로 기본적 상행위는 채권적 법률행위이다. 기본적 상행위가 될 수 있는 행위는 다음 22가지이다(46i-xxii).

1. 동산·부동산·유가증권 기타의 재산의 매매(1호)

매매는 물건 등을 저가로 사서 고가로 팔아 차익을 취하는 행위로서 상인의 전형적인 영업행위이다.

(1) 목 적 물

상인의 매매는 주로 동산·부동산·유가증권의 소유권 등을 대상으로 하지만 그 밖의 재산, 예컨대 소유권 이외의 물권, 채권 또는 특허권·저작권 등의 무체재산권과 광업권·어업권 등을 대상으로 할 수도 있다.

(2) 매   매

본호의 매매를 '매수와 매도'로 보는 견해(다수설)와 '매수 또는 매도'로 보는 견해(소수설)가 있다. 매매를 '매수 또는 매도'라고 보는 견해는 매수 또는 매도의 어느 일방만을 영업으로 하는 업종을 생각하기 어렵다고 하는 점에서 수용되기 어렵다. 매매는 유상취득 또는 유상양도를 목적으로 하는 채권행위이다. 교환이나 소비임치도 유상이므로 매매에 포함시키는 것이 타당할 것이다(통설).

2. 동산·부동산·유가증권 기타의 재산의 임대차(2호)

이것은 타인으로 하여금 자기 재산을 이용하게 하고 그 대가에서 이익을 취하는 행위이다. 유가증권은 임대차의 목적에 적합하지 않음을 이유로 임대차의 목적물에 유가증권이 포함되어 있는 데 대해 입법론적인 의문을 제기하는 견해가 있다. 그러나 주권·채권 등의 임대차는 현재 거래계에서 널리 행해지고 있다. 예컨대, 증권거래에서 '貸株'를 하는 일도 있고, 기업이 연금기금이나 보험회사 등이 보유하는 주권이나 채권을 빌려다가 은행에 담보로 제공하고 자금을 차입하는 것도 흔히 볼 수 있는 일이다. 다만 현재 유가증권의 임대차를 전업으로 하는 기업은 찾아보기 어려울 뿐이나, 장차 전업기업의 출현도 충분히 예상할 수 있다. 임대차의 의미에 대하여 임차와 임대가 내적으로 관련된 것이라고 보는 견해(소수설)와 임대할 의사를 가지고 임차하거나 이것을 임대하는 행위로 보는 견해(다수설)가 있다. 소수설의 견해는 임대업을 너무 좁게 해석하여 법의 의미를 없게 하고, 거래의 실정에도 맞지 않기 때문에 다수설이 타당하다 할 것이다.

3. 제조·가공 또는 수선에 관한 행위(3호)

제조란 원재료에 일정한 공법을 사용하여 새로운 용도를 가진 물건을 만드는 작업이고(방직·양조·기계생산 등), 가공이란 원재료의 동일성을 유지시키면서 그 효용을 증가시키는 작업이며(세탁·염색·정미 등), 수선이란 원재료의 효용을 회복시켜 주는 작업이다(구두수리·양복수리·자동차수리 등). 그런데 제조·가공·수선을 유상으로 인수하는 행위뿐만 아니라 원료를 취득한 다음 자기를 위하여 제조·가공·수선하는 행위도 포함된다는 견해(다수설)와 자기를 위한 製造 등에서는 대외적 거래가 없으므로 상행위성을 인정할 수 없다는 견해(소수설)가 있다. 다수설이 타당하다 할 것이다.

4. 전기·전파·가스 또는 물의 공급에 관한 행위(4호)

전기·방송(라디오·텔레비전 등)·가스·수도 등의 계속적인 공급을 인수하는 것을 말한다. 그 성질은 매매계약이라고 할 수 있지만, 설비의 임대가 수반되는 때는 매매와 임대차의 혼합계약이 된다.

5. 작업 또는 노무의 도급의 인수(5호)

'작업의 도급의 인수'는 부동산 또는 선박에 관한 공사를 인수하는 행위를 말하고(철도부설·가옥건축·교량 및 도로 공사 등), '노무의 도급의 인수'란 노동자의 공급을 인수하는 계약으로서 인력송출업이 여기에 속하며, 주로 토목사업 등에서 행해지는 계약이다.

6. 출판·인쇄 또는 촬영에 관한 행위(6호)

출판에 관한 행위란 문서 또는 도화를 인쇄하여 발매 또는 유상으로 배포하는 행위를 말한다. 출판을 위해 저작자와의 사이에 출판계약, 인쇄업자와의 사이에 인쇄계약이 행해지는데, 이러한 계약은 출판업자의 보조적 상행위에 속한다. 그러므로 자기가 직접 서술하거나 인쇄하더라도 무방하다(예: 신문출판행위). 인쇄에 관한 행위란 기계 또는 화학적인 방법에 의하여 문서 또는 도화를 복제하는 작업을 인수하는 행위이다. 촬영에 관한 행위란 사진의 촬영을 인수하는 계약이다.

7. 광고·통신 또는 정보에 관한 행위(7호)

광고란 특정기업이나 상품 기타 특정사실을 일반 공중에게 홍보하는 행위인데 유상으로 광고를 인수하는 행위가 상행위가 된다. 통신이란 유·무선장비에 의해 의사 또는 정보를 교환하는 행위인데, 이 중 불특정의 정보를 계속적으로 수집하여 유상공급하기로 하는 계약이 상행위가 된다. 일반적으로 정보란 생활에 관련된 공개 또는 미공개의 지식을 말하는데, 여기서 정보에 관한 행위란 타인이 의뢰한 특정 사항에 관한 정보를 유상으로 수집·제공해 주기로 하는 계약이다.

8. 수신·여신·환 기타의 금융거래(8호)

수신이란 이자부로 또는 이자 없이 타인의 금전을 수취함을 말하며, 여신이란 금전을 타인에게 대여하는 행위를 말한다. 환은 이종화폐 간의 교환을 뜻하며, 기타의 금융거래는 금전의 수신·여신·환 이외에 금전의 가치이동을 내용으로 하는 거래를 말한다. 어음할인이나 금전대차의 보증 등의 행위가 이에 해당한다.

9. 공중이 이용하는 시설에 의한 거래(9호)

공중의 집래에 적합한 설비를 갖추어 이를 객의 수요에 따라 유상으로 이용시키려는 것을 목적으로 하는 행위이다. 여관·다방·음식점·이발소·극장·동물원 등이 이에 해당한다.

10. 상행위의 대리의 인수(10호)

이것은 독립된 상인이 다른 일정한 상인을 위하여 계속적으로 상행위를 대리할 것을 인수하는 행위이다. 즉 체약대리상계약(87)이 이에 해당한다.

11. 중개에 관한 행위(11호)

타인간의 법률행위의 중개를 인수하는 행위를 말한다. 상법상의 중개인(93)·중개대리상(87)이 이에 속하고, 각종의 민사중개인(공인중개사·자동차 중개인·직업소개소 등)의 중개에 관한 행위도 상행위에 속한다.

12. 위탁매매 기타의 주선에 관한 행위(12호)

이것은 자기의 명의로써 타인의 계산으로 거래하는 것을 인수하는 행위로서 간접대리의 인수라고 할 수 있다. 위탁매매인(101)·준위탁매매인(113)·운송주선인(114) 등의 위탁계약이 이에 해당한다.

13. 운송의 인수(13호)

물건 또는 사람의 운송을 인수하는 행위로서 물건운송·여객운송·육상운송·해상운송·항공운송·자동차운송·철도운송 등이 모두 이에 해당된다.

14. 임치의 인수(14호)

이는 타인을 위하여 물건 또는 유가증권을 보관할 것을 인수하는 행위로서 창고업자의 임치계약이 이에 해당한다. 소비임치의 경우 다툼은 있으나 상인의 영리성은 임치행위가 아니라 소비행위(임치물의 운용)에서 이루어지므로 임치 자체에서 영리성을 실현할 것을 전제로 하는 본 호에는 해당되지 않는다고 본다.

15. 신탁의 인수(15호)

신탁이란 신탁자가 특정의 재산권을 수탁자에게 이전하거나 기타의 처분을 하고 수탁자로 하여금 일정한 자의 이익 또는 특정의 목적을 위하여 그 재산권을 관리·운용하게 하는 법률관계이다(신탁 2). 이때 수탁자가 체결하는 신탁계약이 상행위이다.

16. 상호부금 기타 이와 유사한 행위(16호)

1995년 개정 전에는 무진이라 규정하였으나 개정법에서 현행과 같이 바꾸었다. 무진이란 과거 국민은행이 설립되기 이전 무진회사가 취급하던 금융상품으로서 오늘날의 상호신용금고가 영위하는 상호신용계에 해당한다. 개정법에서는 현재 상호신용금고가 영위하는 상호신용부금을 포함시키기 위하여 법문의 표현을 '상호부금 기타 이와 유사한 행위'로 수정하였다. 이에 의해 종전의 무진, 즉 상호신용계는 '기타 이와 유사한 행위'에 흡수되었다. 상호신용계이든 상호신용부금이든 금융상품의 일종으로서 제8호가 규정하는 '기타의 금융거래'에 다 포함되므로 이를 별도로 규정한 것은 불필요한 입법이다. 상호부금이란 일정 기간을 설정하여 고객으로 하여금 정기적으로 금전을 납부하게 하고 기간의 중간 또는 만기에 고객에게 일정한 금전을 급부할 것을 약정하는 여수신의 혼합거래이고, 상호신용계란 일정 수의 인원이 일정 기간 정기적으로 일정 금액을 납부하고 구성원들이 추첨·입찰 등의 방법으로 일부의 구성원에게 금전을 급부할 것을 약정하는 여수신의 혼합거래이다.

17. 보 험(17호)

보험이란 동일한 위험을 예상하는 다수인이 단체를 형성하고 일정한 기간을 정하여 금전을 모아 그 구성원 중에서 위험을 당한 자에게 일정한 금액 기타의 급여를 지급하는 것이다. 보험자가 체결하는 보험계약이 기본적 상행위이다.

18. 광물 또는 토석의 채취에 관한 행위(18호)

이것은 원시생산업에 속하는 것이지만 기업성이 농후하여 상행위로 흡수한 것이다. 채취는 사실행위이므로 채취한 것을 판매하는 행위가 상행위이다.

19. 기계·시설 그 밖의 재산의 금융리스에 관한 행위(19호)

이는 금융리스업자의 업무행위를 말한다. 금융리스란 금융리스 이용자가 선정한 기계·시설 그 밖의 재산을 금융리스업자가 제3자로부터 취득하거나 대여받아 그 금융리스 물건에 대한 직접적인 유지·관리책임을 지지 아니하면서 금융리스 이용자에게 일정기간 사용하게 하고, 그 기간에 걸쳐 일정한 대가를 지급받는 금융을 의미한다(168의2~168의3).

20. 상호·상표 등의 사용허락에 의한 영업에 관한 행위(20호)

이는 소위 프랜차이즈를 뜻한다. 프랜차이즈란 독립된 상인 간의 일방(프랜차이즈 이용자)이 타방(프랜차이즈 설정자)의 상표나 기타 영업에 관한 표지를 이용하며, 아울러 자신의 영업에 관해 부분적으로 타방의 지휘·감독을 받기로 하고 그에 대한 대가를 지급하기로 하는 계약을 말한다. 프랜차이즈 설정자의 프랜차이즈 설정행위를 상행위로 규정한 것이다.

21. 영업상 채권의 매입·회수 등에 관한 행위(21호)

이는 소위 팩터링을 뜻한다. 팩터링(factoring)이란 물건이나 용역을 판매하는 상인이 외상판매채권을 전문적인 채권회수업자에게 양도하여 채권을 관리·회수하게 하는 것을 내용으로 하는 거래이다. 상법에서는 채권회수업자가 상인으로부터 채권의 회수를 의뢰받는 행위를 상행위로 규정한 것이다.

22. 신용카드, 전자화폐 등을 이용한 지급결제업무의 인수(22호)

지급결제란 경제주체들이 지급수단을 이용하여 거래당사자 간 채권, 채무관계를 화폐적 가치의 이전을 통해 청산하는 행위를 말한다. 신용카드, 전자화폐 등을 이용한 지급결제는 IT 기술과 전자상거래의 발달로 은행의 고유업무에서 벗어나 이동통신사, 소매유통업체, 제조업체 등이 전자지급결제와 금융서비스 판매를 위한 시스템을 구축하고 지급결제업무를 수행하고 있다. 대표적인 환거래행위인 이러한 지급결제업무에는 전자금융거래법 등이 적용되고, 일정 부분 한국은행의 감독을 받는다.

제2장 │ 총 칙

제1절 서　설

상행위법은 상거래의 영리성이 신속성 · 안전성 · 자유성 등의 특성을 바탕으로 한 특수한 수요에 따라 일반법인 민법을 보충 · 변경하고 있다. 그중에서도 특정된 업종에 관계없이 적용되는 내용들을 제1장 통칙에서 규정하고 있다. 이들은 모두 단편적인 규정이지만 민법의 일반적 규정들을 상행위의 특수한 성격에 따라 보충 · 변경한 것이므로 이하에서 편의상 민법의 체제에 따라 총칙 · 물권 · 채권의 각 관련 부분의 특칙으로 다루고자 한다. 아울러 대리상 이하의 여러 가지 특정 업종과는 성격이 다르다고 할 수 있는 상사매매 · 상호계산 · 익명조합 등도 상행위법 총칙에서 같이 다루기로 한다.

제2절 민법 총칙편에 대한 특칙

Ⅰ. 상행위의 대리와 위임

1. 대리의 방식

민법에 의하면 대리인이 대리행위를 할 때에는 상대방에 대하여 그 행위가 본인을 위한 것임을 표시하여야 하며, 이를 표시하지 않고 대리행위를 한 때에는 그 의사표시는 대리인 자신을 위하여 한 것으로 본다(顯名主義)(민 115본). 그러므로 대리인이 본인을 위한 것임을 표시하지 않고 한 행위에 대하여는 원칙적으로 대리인만이 책임을 진다. 상대방이 대리인으로서 한 것임을 알았거나 알 수 있었을 경우에는 본인이 책임을 진다(민 115단, 114). 그러나 상행위의 대리인이 본인을 위하여 상행위를 하는 경우에는 본인을 위한 것임을 표시하지 않더라도 그 행위는 원칙적으로 본인에 대하여 효력이 생기고(非顯名主義)(48본), 예외적으로 상대방이 본인을 위하여 하는 것임을 알지 못한 경우에는 본인 또는 대리인의 어느 편에 이행청구를 하더라도 무방하다(48단).

민법이 대리에 대하여 현명주의를 채용하고 있는 점에 대한 상법의 예외규정인데 그 이유는 상거래의 신속·안전을 기하기 위한 것이다. 따라서 상행위의 대리에 있어서 본인을 위한 것임을 표시하지 않은 경우에 상대방이 본인을 위하여 대리인으로서 한 것임을 '안 경우'에는 본인만이 책임을 지며, 상대방이 본인을 위하여 대리인으로서 한 것임을 '알지 못했거나' 또는 '알 수 있었을 경우'에는 본인 및 대리인이 책임을 진다. 본조는 대리행위의 방식에 관한 특칙이다. 대리권이 없더라도 본인에 대하여 효력이 있다거나 대리권이 추정된다는 의미는 아니다. 본조가 적용되기 위하여는 대리권 자체가 존재하여야 한다.

2. 본인의 사망과 대리권의 존속

민법상 본인이 사망하면 대리인의 대리권은 소멸한다(민 127①). 그러나 상인이 그 영업에 관하여 수여한 대리권은 본인이 사망하더라도 소멸하지 않는다(50). 따라서 대리인은 본인의 사망으로 당연히 상속인의 대리인이 되고, 상속인에 의한 새로운 수권을 요하지 아니한다. 이것은 경제적 생활체로서의 기업이 기업으로서 존속하는 한 대리인에 의한 기업활동의 효력을 확보하는 동시에 기업을 상대로 하여 거래하는 제3자를 보호하기 위한 규정이다. 상속인이 수권행위를 철회할 수 있음은 당연하다. 여기에서 '영업에 관하여 수여한 대리권'이라 함은 지배인 등의 선임행위가 대표적 사례가 될 것이며, 본인인 상인에게 보조적 상행위가 될 것이다. 또 회사가 본인인 경우에는 본인의 사망이라는 것은 있을 수 없고 회사의 소멸이 곧 기업의 소멸이므로 본조가 적용될 여지가 없다.

3. 상행위의 수임인의 권한

상행위의 수임인은 '위임의 본지에 반하지 않는 범위 내에서 위임을 받지 않은 행위'도 할 수 있다(49). 상품 구입의 수임인이 구입한 상품의 가격이 폭락하므로 그 손실을 최소한도로 막기 위하여 즉시 전매하는 것과 같은 것이다. 이 규정은 수임인은 '위임의 본지에 따라 선량한 관리자의 주의로써' 위임사무를 처리하여야 한다(민 681)고 하는 민법의 규정과는 차이가 있는 것처럼 보인다. 이에 관한 민법과 상법의 규정의 관계를 파악함에 있어서 다툼이 있다. 이에 대하여 상법 제49조는 상행위에 관하여 부여된 대외적인 '대리권의 범위에 관한 특칙'이라고 보는 견해가 있으나, 그 규정내용에 있어서는 대내적인 수임인의 권한을 규정한 것으로 보는 것이 타당한 것으로 본다. 또 상법 제49조는 수임인의 권한을 민법 제681조보다 확대한 것인가 여부에 대하여 이를 긍정하는 견해(예외규정설)(소수설)와 부정하는 견해(주의규정설)(다수설)가 있다.

II. 소멸시효

1. 시효기간

민법상 채권(민사채권)의 소멸시효기간은 일반적으로 10년이다(민 162①). 그러나 상행위로 인한 채권(상사채권)의 소멸시효기간은 원칙적으로 5년이다(64본). 상인은 다수인을 상대로 집단적·반복적으로 거래관계를 가지므로 상거래 관계의 신속한 해결을 위하여 단기의 소멸시효기간을 규정한 것이다.

2. 적용범위

상행위로 인한 채권(상사채권)은 쌍방적 상행위로 인한 채권이든 일방적 상행위로 인한 채권이든 불문하며, 이러한 일방적 상행위로 인한 채권은 채권자를 위한 상행위이든 채무자를 위한 상행위이든 불문한다(판례). 상사채권인 이상 채무인수가 있은 경우에도 채무인수행위가 기본적 상행위나 보조적 상행위에 해당하지 아니한 경우에도 5년의 상사시효가 적용된다. 또한 상사채권은 영업적 상행위로 인한 채권이든, 보조적 상행위로 인한 채권이든 불문한다.[1] 또한 상사채권은 상행위를 직접원인으로 하여 발생한 채권뿐만 아니라 그와 동일성이 있는 채무불이행으로 인한 손해배상채권을 포함한다.[2] 본조의 적용으로 주채무와 보증채무는 시효를 달리할 수 있다. 상행위로 인한 보증채무는 주채무가 민사채무라도 주채무와는 별개의 채무인 점에서 5년의 상사시효에 걸린다. 그러나 상인과 관련하여 발생한 채권이라도 상행위와는 전혀 무관한 채권은 상사시효의 대상이 아니다. 채권양도가 있는 경우에도 채권의 성질이 달라진다고 볼 수 없으므로 상사채권이 상인 아닌 자에게 양도되더라도 여전히 본조가 적용된다.

---

1) 대판 1998.7.10, 98다10793.
2) 대판 1979.11.13, 79다1453.

3. 단기시효

상법이나 다른 법령에 상사시효보다 단기의 시효가 있는 때에는 그 단기시효를 적용하고 5년의 상사시효는 적용하지 아니한다(64단). 상법에 보다 단기의 시효를 규정한 예로서, 운송주선인·물건운송인·여객운송인·창고업자·선박소유자의 손해배상책임의 시효를 1년으로 하고 있고, 이들의 채권의 시효도 1년으로 하고 있으며, 공중접객업자의 손해배상책임은 6월로 하고 있다(154①). 그리고 보험금청구권과 보험료 또는 적립금의 반환청구권의 소멸시효는 3년, 보험료청구권의 소멸시효는 2년으로 하고 있다(662).

제3절 민법 물권편에 대한 특칙

I. 상인 간의 유치권

1. 의   의

상거래에 있어서는 특히 상호 간에 신용이 필요하다. 민법상의 담보방법은 요건과 절차가 엄격하여 일상적인 상거래의 신용확보 수단으로는 불편함이 있다. 상품을 매매할 때마다 외상채권을 담보하기 위하여 저당권이나 질권을 설정한다면 거래의 신속을 기할 수 없을 뿐 아니라 담보설정비용도 필요하고, 담보로 제공된 자산은 가치가 동결되어 채무자의 영업활동에 활용될 수 없게 되는 비경제도 따른다. 민사유치권은 취득에 번거로움도 없고 별도의 비용이 소요되는 것도 아니지만, 목적물과 피담보채권의 견련성이 요구되는 등의 제약이 있어 역시 상거래의 담보수단으로는 적절치 않다. 그리하여 상법은 상인 간의 거래에서 신속하고 편리한 방법으로 담보를 취득하게 하기 위한 목적에서 상인 간의 유치권을 규정한다.

상법 제58조는 상인 간의 상행위로 인한 채권이 변제기에 있는 경우에 채권자가 변제를 받을 때까지 그 채무자에 대한 상행위로 인하여 그가 점유하고 있는 채무자 소유의 물건 또는 유가증권을 유치할 수 있다고 규정한다(58본). 이것을 상인 간의 유치권 또는 일반상사유치권이라고 한다. 민법상으로도 타인의 물건이나 유가증권을 점유한 자는 그 물건이나 유가증권에 관하여 생긴 채권이 변제기에 있는 경우에는 변제를 받을 때까지 그 물건이나 유가증권을 유치할 권리가 있다(민 320). 그러나 양자는 그 요건에 차이가 있다.

2. 성립요건

(1) 當 事 者

상인 간의 유치권은 채권자와 채무자가 모두 상인이어야 한다. 이는 법이 명문으로 요구한다(58본). 따라서 은행과 비상인인 그 고객, 영업주와 그 상업사용인, 주식회사와 그 이사 등 사이에는 일반상사유치권은 성립하지 않는다. 그러나 상인인이상 소상인이라도 무방하며, 또 유치권이 성립한 후에 상인자격을 상실하더라도유치권은 그대로 존속한다. 이 점이 민사유치권 및 위탁매매인·운송주선인·육상운송인·해상운송인 등에 인정된 특별상사유치권과 다르다.

(2) 被擔保債權

목적물에 의하여 담보되는 채권, 즉 피담보채권은 상인 간의 상행위로 인하여발생한 것이어야 하며, 당사자 쌍방을 위하여 상행위가 되는 행위(쌍방적 상행위)에의하여 생기고 또 변제기에 있음을 요한다(통설). 따라서 당사자 쌍방이 상인이라도일방적 상행위 또는 상행위가 아닌 행위에 의하여 발생한 채권에 관하여는 이 유치권은 성립하지 않는다. 이미 발생한 타인의 채권을 취득하여도 이 경우의 피담보채권은 되지 못한다. 다만 채권의 승계취득의 경우라도 목적물이 함께 이전하는 경우에는 승계인이 유치권을 가지는 것으로 보아야 한다. 또 합병·상속과 같은 포괄승계의 경우와 지시식 또는 무기명식의 유가증권상의 채권을 양수한 경우에는 피담보채권이 될 수 있다.

일반상사유치권의 피담보채권은 당사자 간에 쌍방적 상행위로 인하여 발생한채권이면 모두 포함되는 점에서 민사유치권이 유치목적물에 관하여 생긴 채권만이피담보채권이 되는 점과 구별되고 특별상사유치권의 피담보채권이 상법에 각각 한정적으로 규정되어 있는 점과 구별된다. 그러나 피담보채권이 변제기에 있어야 한다는 점에서 민사유치권 및 특별상사유치권의 경우와 같다.

(3) 留置目的物

1) 점유취득원인　　채권자가 유치목적물을 점유하게 된 원인은 채무자에 대한상행위로 인하여 점유하게 된 것이어야 한다. 즉 점유취득원인은 상행위이어야 하는데 채권자에게 상행위가 되어야 한다. 왜냐하면 상사유치권은 기업활동에 의하여점유하게 된 목적물에 대하여 법률상 당연히 담보물권을 인정하고자 하는 제도이기때문이다. 이때 채권자가 목적물을 점유하는 것은 직접점유를 하는 경우뿐만 아니라 간접점유를 포함한다. 민사유치권의 경우에는 제한이 없고, 대리상과 위탁매매

인은 본인 또는 위탁자를 위하여 점유한 것이면 된다(91, 111). 운송주선인과 운송인의 경우는 탁송을 위하여 이들에게 인도되어 점유하게 된 것이면 되므로 상사유치권의 경우와는 다르다.

2) 소유관계   채권자가 유치할 수 있는 목적물은 채무자의 소유이어야 한다. 그러나 채무자의 소유이어야 하는 요건은 유치권의 성립 당시에만 존재하면 충분하므로 그 후 채무자가 목적물의 소유권을 타인에게 이전하여도 유치권은 존속한다. 그러나 민사유치권이나 대리상·위탁매매인·운송주선인 및 운송인의 유치권의 경우에는 반드시 채무자 소유일 것을 요하지 아니한다.

3) 목적물의 범위   채권자가 변제를 받을 때까지 유치할 수 있는 목적물은 물건 또는 유가증권이다. 이때 물건에는 부동산을 제외하는 견해도 있으나(소수설), 민법상 물건의 정의규정에서 볼 때 부동산을 제외할 합리적인 이유는 없다고 본다(다수설). 물건 또는 유가증권에 한정되므로 이외의 권리나 무체재산권 등은 목적물이 될 수 없다. 목적물이 물건 또는 유가증권이라는 점은 민사유치권이나 대리상·위탁매매인·운송주선인 및 운송인의 유치권의 경우와는 다르다.

(4) 目的物과 被擔保債權과의 관련성

민법상의 유치권의 경우에는 피담보채권과 유치의 목적물 사이에 개별적인 관련성을 요구한다(민 320). 이에 반하여 상인간의 유치권에서는 個別的 關聯性을 요하지 않고 영업을 통하여 관련되어 있으면 된다(一般的 關聯性). 이러한 점에서 일반 상사유치권의 담보목적물의 범위가 민사유치권 등의 그것보다 확대되어 있고 또한 유동적이다.

3. 留置權排除의 特約

일반상사유치권은 법정담보물권의 일종이지만 당사자 간의 특약으로써 그 성립을 배제할 수 있다(58단). 과거에는 이 점을 상사유치권의 특색으로 설명하였으나, 오늘날은 민법상의 유치권도 특약에 의해 배제할 수 있다고 이해하므로 더 이상 상사유치권의 특색으로 볼 수는 없다고 보아야 할 것이다. 특약은 묵시의 의사표시로도 할 수 있다(통설).

4. 유치권의 효력

상사유치권의 효력에 관해서 상법은 채권자가 채권의 변제를 받을 때까지 목적물을 유치할 수 있음을 규정할 뿐이다(58본). 나머지 사항에 대해서는 민법상의 유치권에 관한 규정(민 320 이하)을 준용한다. 이에 따라 채권자는 채권을 변제받기 위해 유치물을 경매할 수 있다. 유치권에 대해서는 우선변제권이 인정되지 않으나, 채권자는 채권의 변제가 없는 한 경락인에 대해 유치물의 인도를 거부할 수 있으므로 실질적으로 우선변제권을 갖는 것과 같은 효과를 누릴 수 있다.

5. 기타의 상사유치권

상법은 제58조의 일반적인 상사유치권 외에 몇 가지 업종에 대해 특수한 상사유치권을 인정하고 있다. 즉 대리상·위탁매매인·운송주선인·운송인·해상운송인에 대해 각 종류별 영업에서 발생하는 채권을 피담보채권으로 하는 유치권을 인정하고 있다.

II. 流質契約

1. 유질계약의 허용

민법에 의하면 질권설정자는 채무변제기 전의 계약으로 질권자에게 변제에 갈음하여 질물의 소유권을 취득하게 하거나 법률에 정한 방법에 의하지 아니하고 질물을 처분할 것을 약정하지 못한다고 규정한다(민 339). 즉, 流質契約을 금지하고 있다. 그러나 상법은 명문의 규정을 두어 상행위로 인하여 생긴 채권을 담보하기 위하여 설정한 질권에는 유질계약을 허용하고 있다(59).

2. 적용범위

상사유질계약에 관한 상법 제59조의 「상행위로 인하여 생긴 채권」의 해석문제에 관하여 다툼이 있다. 채권자와 채무자 쌍방에 대한 상행위로 인한 채권이 이에 포함된다는 점에는 이론이 없다. 그런데 다수설은 채무자 또는 채권자의 어느 일방에 대해 상행위가 되는 행위에 의해 생겨난 채권으로 본다. 그러나 상인인 채무자가 질권을 설정할 경우에 한해 적용된다고 보는 견해(소수설)도 있다.

제4절 민법 채권편에 대한 특칙

I. 상사계약의 성립

1. 청약의 효력

(1) 對話者 間의 청약

民法에 의하면 승낙기간을 정한 계약의 청약은 그 기간 내에 승낙의 통지를 받지 못한 때에 그 효력을 잃고(도달주의, 민 528①), 승낙기간을 정하지 않은 계약의 청약은 청약자가 상당한 기간 내에 승낙의 통지를 받지 못한 때에는 그 효력을 잃는다(도달주의, 민 529). 상법상 대화자 간의 계약의 청약은 상대방이 즉시 승낙하지 아니한 때에는 그 효력을 잃는다(51). 승낙기간이 없는 청약의 경우 민법에서는 막연히 상당한 기간 내에 승낙의 통지를 하여야 한다고 규정하고 있으나, 상법에서는 이를 구체화하고 단축하여 즉시 승낙을 할 것을 요구함으로써 청약 단계에서의 거래관계의 신속한 완결을 도모하고 있다. 그러나 상법의 해석상 청약의 효력을 대화가 계속되는 동안에만 존속하는 것으로 이해한다. 이런 점에서 상법 제51조는 민법에 대한 특칙으로 보기는 어렵고 주의규정의 의미를 가진다고 볼 것이다(통설).

(2) 隔地者 間의 청약

1) 承諾期間이 없는 경우   2010년 5월 상법 개정시 격지자간 계약에 관한 상법 제52조는 삭제되었으므로 민법의 일반원칙이 적용된다. 민법의 일반원칙에 의하면 격지자 간의 계약은 승낙의 통지를 발송한 때에 성립한다(민 531). 그러므로 격지자 간에 승낙기간을 정하지 않은 상사계약의 경우 청약 후 상당 기간 내에 승낙의 통지를 발송하면 이로써 계약이 성립한다. 부도달로 인한 불이익은 청약자가 부담한다. 입증책임은 청약자가 부담한다.

2) 承諾期間이 있는 경우   격지자 간에 승낙기간을 정한 청약의 경우에는 청약의 효력과 계약의 성립시기 모두 민법이 적용된다. 그러므로 계약은 승낙자가 승낙통지를 발송한 때에 성립하나(발신주의, 민 531), 청약의 효력은 청약자가 승낙기간 내에 승낙통지를 받지 못하면 소멸한다(도달주의, 민 528①). 상충하는 듯한 이 두 규정을 조화롭게 해결하기 위해 도달주의 중시설과 발신주의 중시설이 대립하며, 상사계약의 성립에 있어서도 마찬가지의 문제가 발생한다. 승낙은 승낙기간 내에 승낙의 의사표시가 도달하지 아니함을 해제조건으로 승낙통지를 발송한 때에 성립

한다고 보는 것이 다수설이다.

2. 청약을 받은 상인의 의무

민법상 계약의 청약은 청약자를 구속할 뿐이다(민 527). 즉, 일방적으로 철회할 수 없게 된다. 그리고 청약을 받은 상대방에게 이에 대하여 낙부통지의무를 발생시키지 않는다. 또한 청약을 하는 자가 청약과 동시에 물건을 송부하더라도 상대방이 청약을 거절하는 경우 상대방은 이를 보관할 의무가 없고, 상대방이 이를 보관하는 경우에는 사무관리가 된다. 그러나 상인과 관련된 거래에서는 상거래의 민활·신속과 편의를 기하기 위하여 상법에서는 청약을 받은 상인에 대하여 다음과 같은 특칙을 두고 있다.

(1) 諸否通知義務

1) 의 의 상인이 常時 거래관계에 있는 자로부터 그 영업부류에 속한 거래의 청약을 받은 때에는 지체 없이 낙부(승낙의 여부)의 통지를 발송하여야 하며 이를 해태한 때에는 승낙한 것으로 본다고 규정한다(53). 이를 청약에 대한 낙부통지의무라고 한다. 이는 상거래의 신속을 도모하고 상시거래관계자의 신뢰를 보호하기 위한 것이다.

2) 요 건

㈎ 常時去來關係 상인이 상시거래관계가 있는 자로부터 받은 청약이어야 한다. 상시거래관계가 있는 경우라 함은 과거부터 거래관계가 있어 왔고, 장래에도 거래가 계속될 것이 예상되는 경우를 말하는데 이는 거래의 규모·종류 등을 종합하여 개별적으로 판단하여야 할 것이다.

㈏ 청약자 이때 청약을 받은 자는 반드시 商人임을 요하나, 청약을 한 자는 상인임을 요하지 않는다(통설). 반대의 경우에는 적용이 없다.

㈐ 영업부류에 속한 청약 청약을 받은 내용은 청약받은 상인의 營業部類에 속한 것이어야 한다. 이는 청약을 받은 내용이 청약을 받은 상인의 기본적 상행위 또는 준상행위, 즉 '영업으로' 하는 거래에 속하는 것이어야 함을 의미한다. 따라서 청약을 받은 상인은 그의 보조적 상행위에 속하는 거래에 관하여 청약을 받은 경우에는 적용되지 않는다.

㈑ 적용배제 당사자 간에 이와 다른 약정이나 이와 다른 관습 또는 기타 특수한 사정이 없어야 한다.

3) 효 과 청약의 수령자가 계약체결을 원하지 아니할 경우에는 지체 없이

거절의 통지를 하여야 한다. 통지의 발송으로 족하므로 그의 책임 없는 사유로 거절통지가 연착·부도달한 경우에는 청약자가 불이익을 부담한다. 거절의 통지를 게을리한 경우, 즉 청약을 받은 상인이 위의 낙부통지의무를 해태한 경우에는 그 청약을 승낙한 것으로 본다(53 2문). 따라서 이 경우에는 계약 성립의 효력이 발생한다. 그러나 낙부통지가 상대방의 책임 없는 사유로 지연되거나 또는 상대방이 무능력자인 경우 등에는 승낙으로 의제할 수 없다(통설). 낙부통지의무의 해태의 효과로서는 승낙한 것으로 의제하는 효력만이 있을 뿐이지 손해배상책임은 문제 삼지 않으므로 낙부통지의무는 간접의무 또는 불완전의무라고 할 수 있다.

(2) 物件保管義務

1) 의 의   민법에 의하면 청약과 함께 물건을 받았을 때 그 청약을 거절한 경우에 그 물건의 반환이나 보관의 의무는 없다. 즉, 그 청약을 거절한 경우에는 계약이 성립하지 않으므로 청약자를 위하여 그 물건에 대한 사무관리를 하면 된다.

그런데 상법은 "상인이 그 영업부류에 속한 계약의 청약을 받은 경우에 見品 기타의 물건을 받은 때에는 그 청약을 거절한 때에도 청약자의 비용으로 그 물건을 보관하여야 한다. 그 물건의 가격이 보관비용을 상환하기에 부족하거나 보관으로 인하여 손해를 받을 염려가 있는 때에는 그러하지 아니하다"고 규정한다(60). 이러한 상법의 특칙은 기업의 책임을 강화함으로써 상거래의 안전과 신용유지를 기함을 목적으로 하는 것이다.

2) 요 건

㈎ 商人性   청약을 받은 자는 商人이어야 한다. 청약자는 상인임을 요하지 아니한다. 상시거래관계가 있음을 요하지도 않는다.

㈏ 營業部類에 속한 去來의 청약   청약을 받은 자는 그 영업부류에 속한 거래의 청약을 받아야 한다. 영업부류에 속한 것이라 함은 청약을 받은 자가 영업으로 하는 거래이어야 하며, 청약은 해석상 대화자 간의 청약은 제외되고 격지자 간의 청약을 의미한다.

㈐ 청약과 관련한 見品 등의 수령   청약을 받은 자는 청약과 관련하여 견품 기타의 물건을 받아야 한다. 이때 견품 기타의 물건이란 거래상의 자료로서 송부되는 상품 견품을 의미하는 것이 아니라 목적 상품의 일부로서 받는 견품 기타의 물건을 의미한다.

㈑ 보관비용   그 물건의 가격이 보관비용을 상환하기에 부족하거나 보관으로 인하여 손해를 받을 염려가 있는 경우가 아니어야 한다.

㈃ 의무발생시기 　 이 의무는 목적물을 받은 때 발생하며, 계약의 청약을 받은 때 발생하는 것은 아니다. 목적물을 수령한 후 그 청약을 승낙한 때에는 계약이 성립하므로 보관의무를 면한다. 승낙을 거절한 때에는 존속한다.

3) 주의의무 　 청약을 받은 상인은 청약을 거절한 경우에도 그가 받은 물건을 선량한 관리자의 주의로써 보관할 의무를 부담한다. 그러므로 물건이 멸실될 우려가 있는 경우에는 사무관리에 관한 규정(민 734 이하)에 따라 그 물건을 긴급매각하여야 한다.

4) 의무위반의 효과 　 청약을 받은 상인이 이러한 의무를 이행하지 않아 청약자에게 손해가 발생한 경우에는 그는 청약자에게 손해배상책임을 진다.

II. 商行爲의 有償性

1. 상사법정이율

민법상의 법정이율은 다른 법률의 규정이나 당사자의 약정이 없으면 연 5푼이다(민 379). 그러나 상행위로 인한 채무의 법정이율은 당사자 간에 약정이율이 없는 경우에 연 6푼이다(54). 기업거래에서는 보통 자금수요가 클 뿐만 아니라 이러한 자금의 이용에 의하여 발생하는 이익도 크기 때문에 상사법정이율을 민사법정이율보다 높인 것이다. 이 경우 '상행위로 인한 채무'란 쌍방적 상행위로 인한 채무뿐만 아니라 채권자 또는 채무자의 어느 한편에 대한 일방적 상행위로 인한 채무를 포함한다(통설). 채무자가 상인인 경우에는 채무자가 차입한 자금으로 보다 고수익을 얻을 것이고, 채권자가 상인인 경우에는 채권자가 고수익의 기회를 상실할 것이기 때문에 고율의 상사이율을 적용하는 것이 합리적이라 할 수 있기 때문이다. 또한 이러한 채무는 상행위로 인한 채무와 동일하거나 변형된 채무를 포함한다. 그러나 불법행위로 인한 손해배상채무나 부당이득반환채무 등은 비록 상인 간에 발생한 것이라 하더라도 상사법정이율이 적용되지 않는다.

2. 消費貸借의 利子請求權

민법상 소비대차는 특약이 없는 한 無利子가 원칙이다(민 598, 600, 601). 상법은 "상인이 그 영업에 관하여 금전을 대여한 때에는 법정이자를 청구할 수 있다"고 규정하여(55①), 당사자 간에 이자 약정의 유무에 불구하고 상인에게 법정이자의 청구권을 인정하고 있다. 상법이 이와 같이 규정한 이유는 상인의 영리성을 보장하여 주기 위한 것이다. 이때 '상인이 그 영업에 관하여 금전을 대여한 경우'란 대주인 상인에게만 상행위가 되는 행위이면 족하고, 차주는 상인이 아닌 비상인이라도 관계 없다.

3. 替當金의 利子請求權

민법은 委任의 경우에는 "수임인이 위임사무의 처리에 관하여 필요비를 지출한 때에는 위임인에 대하여 지출한 날 이후의 이자를 청구할 수 있다"고 규정하여(민 688①), 수임인에게 체당금에 대한 법정이자청구권을 인정하고 있으며, 임치의 경우에도 같다(민 701). 그러나 事務管理의 경우에는 "관리자가 본인을 위하여 필요비 또는 유익비를 지출한 때에는 본인에 대하여 그 상환을 청구할 수 있다"고만 규정하여(민 739①) 관리자에게 체당금에 대한 법정이자청구권을 인정하고 있지 않다.

상법은 "상인이 그 영업범위 내에서 타인을 위하여 금전을 替當한 때에는 체당한 날 이후의 법정이자를 청구할 수 있다"고 규정한다(55②). 그리하여 상인에게는 모든 경우에 체당금에 대한 법정이자청구권을 인정하고 있다. 상법이 이와 같이 규정한 이유는 상인의 영리성을 보장하여 주기 위한 것이다. 체당이라 함은 금전소비대차에 의하지 아니하고 널리 타인의 채무의 변제로서 금전을 지출하는 것을 의미한다. 체당을 하게 되는 원인에는 위임·임치·사무관리 등이 있다. 부동산중개인이 매수인의 등기이전비용을 대납하는 경우가 여기에 해당한다.

4. 보수청구권

(1) 의   의

민법에 의하면 위임 또는 사무관리에 대하여는 특약이 없으면 보수를 청구할 수 없다(민 686①, 739), 이에 대하여 상법은 "상인이 그 영업범위 내에서 타인을 위하여 행위를 한 때에는 이에 대하여 상당한 보수를 청구할 수 있다"고 규정한다(61). 이 특칙은 타인과의 사이의 위임관계의 유무와는 무관하게 적용된다. 이것은 민법상 타인을 위하여 어떠한 행위를 하는 위임·임치·사무관리의 경우에 비용의 상환은 청구할 수 있지만, 보수는 청구할 수 없는 것에 대한 특칙이다(민 686①, 701, 739). 보수가 상인의 수익의 중요한 원천이기 때문에 인정한 것이다.

(2) 요   건

1) 행위의 주체   행위를 하는 자는 商人이어야 하며 그 상대방은 상인임을 요하지 않는다. 민사중개인도 상인이므로 그가 영업범위 내에서 타인을 위하여 행위를 한 이상 특약이 없어도 소개를 부탁한 상대방에 대하여 상당한 보수청구권을

갖는다.

2) **영업범위 내의 행위**   營業範圍 內의 行爲란 그 상인이 영업으로 하는 상행위이든 또는 영업을 위하여 하는 상행위이든 불문한다.

3) **타인을 위한 행위**   '타인을 위하여'라는 의미는 타인의 이익을 위하여라는 의미이다. 그러므로 중개인이 매도인을 위한 의사를 갖지 않고 매수인을 위한 의사만을 가지고 매매를 중개하고 매도인에게 이로 인한 반사적 이익이 돌아간 때에는 매도인에 대하여 보수청구권을 가지지 아니한다.[3)]

4) **해당하는 행위**   해당행위는 거래의 대리나 채무의 보증 등 법률행위이든 상품의 보관이나 시장조사 등 사실행위이든 불문한다. 그 행위를 하게 된 원인이 위임·임치 등과 같은 계약상의 의무에 의하여 하든 의무 없이 하든 불문한다. 상인이 타인을 위하여 불법행위를 한 경우에 보수청구권이 발생하지 않음은 물론이다.

5) **특약의 유무**   당사자 간에 보수를 지급하지 않는다는 特約 또는 그러한 내용의 去來慣行이 없어야 한다.

(3) 효   과

상인은 그 상대방에 대하여 相當한 報酬를 청구할 수 있다. 상인의 이러한 보수청구권은 상대방의 승낙을 요하지 않고 당연히 발생한다. 상당한 보수인지 여부는 행위의 성질, 거래의 관행·노력의 정도·타인의 이익의 정도 등을 고려하여 정한다. 그러나 상인의 보수청구권이 인정되지 않는 예외적 경우가 있다. 즉 행위의 보수가 계약상의 대가에 포함되어 있는 경우, 거래관행 또는 사회통념상 무상으로 하는 것으로 인정되어 있는 행위를 한 경우, 법률의 규정에 의하여 보수청구권이 배제된 경우 등에는 보수청구권이 없다. 또 상법이 보수청구권에 관하여 특별규정을 둔 경우에도 본조는 적용되지 않는다.

5. 商事任置

(1) 의   의

민법에 의하면 임치가 有償인 경우는 수치인은 선량한 관리자의 주의로 임치물을 보관하여야 하지만(민 374), 無償受置人의 주의의무에 대하여 "보수 없이 임치를 받은 자는 임치물을 자기의 재산과 동일한 주의로 보관하여야 한다"고 규정하고 있다(민 695). 민법상 임치는 무상을 원칙으로 하나(민 693), 예외적으로 당사자 간의

---

3) 대판 1977.11.22, 77다1889.

특약 등에 의하여 유상으로 할 수 있다(민 701, 686). 유상수치인은 특정물의 보관에 있어서 善良한 管理者의 注意로써 임치물을 보관하여야 한다(민 374). 이 주의는 수치인의 직업 또는 지위에 따라 일반적으로 요구되는 정도의 객관적 표준에 의한 주의가 된다. 그러나 무상수치인은 自己財産과 同一한 注意로써 임치물을 보관하면 된다(민 695). 이것은 수치인 각자의 주의능력에 따른 보통의 주의로서 주관적 표준에 의한 주의의무가 된다. 그러므로 유상수치인의 경우보다 그 주의의무가 경감되어 있다. 상법은 일반 상인의 무상임치의 경우에 대하여 "상인이 그 영업범위 내에서 물건의 임치를 받은 경우에는 보수를 받지 아니하는 때에도 선량한 관리자의 주의를 하여야 한다"고 규정하여(62), 민법상 주의의무보다 그 주의의무를 가중하고 있다. 상인의 무상임치에 대하여 이와 같이 그 주의의무를 가중한 것은 상인은 상거래의 안전을 위하여 누구나 평균인 이상의 주의의무를 갖고 있는 것으로 가정하고 또한 상인의 신용을 높이고 거래의 원활을 도모하기 위한 것이다.

(2) 요　건
1) 수치인의 商人性　수치인은 商人이어야 한다. 임치인은 상인이 아니어도 무방하다. 수치인이 특수 업종에 종사하는 상인인 경우에는 위에서 본 바와 같이 상법이 그러한 자의 임치책임을 특별히 규정하고 있으므로 상법 제62조에서 말하는 상인에는 해석상 그러한 상인을 제외한다.
2) 營業範圍　상인이 그 營業範圍 內에서 물건의 임치를 받아야 한다. '영업범위 내'라고 함은 영업적 상행위로서 임치를 받은 경우뿐 아니라, 보조적 상행위로서 임치를 하는 경우도 포함한다. 공중접객업자(152)나 창고업자(160)의 경우와 같이 상법이 특수 업종에 종사하는 상인에 대하여 별도로 규정하고 있는 경우를 제외한다.
3) 報　酬　상인은 그 물건의 보관에 관하여 報酬를 받지 않아야 한다. 보수는 물건의 보관 그 자체와 관련하여 받는 경우뿐만 아니라 상인의 보수청구권에 기하여 받는 경우를 포함한다.
4) 임치인의 受領遲滯　임치인이 수령지체에 빠져 있는 경우에는 수치인의 주의의무는 경감되어 고의 또는 중대한 과실이 없는 한 손해배상책임을 지지 않는다(판례).
5) 특　약　상법 제62조는 임의규정이므로 당사자 간에 이를 경감하거나 배제하는 특약이 없어야 한다.

(3) 효   과

상인은 善良한 管理者의 注意로써 그 물건을 보관하여야 할 의무를 부담한다. 즉 상인은 추상적 경과실이 없어야 면책된다. 상법 제62조에 의한 수치인의 이러한 선관주의의무는 임치계약이 존속하는 동안만 있는 것이다. 임치계약이 해지된 후 임치인이 그 임치물을 受領遲滯하고 있는 동안에는 일반원칙에 따라 수치인의 책임이 결정된다.

III. 상사채무의 이행

1. 이행의 장소

채권자의 지점에서의 거래로 인한 채무이행의 장소가 그 행위의 성질 또는 당사자의 의사표시에 의하여 특정되지 아니한 경우 특정물 인도 외의 채무이행은 그 지점을 이행장소로 본다(56). 이 규정은 채권자의 지점에서의 거래로 인한 채무이행에만 적용된 것이며, 채무자의 영업소에서의 거래로 인한 채무이행에는 민법 제467조 제2항이 적용된다. 채권자의 지점에서의 거래라도 그 행위의 성질 또는 당사자의 의사표시에 의해 이행장소가 특정되는 경우에는 그 장소가 이행장소로 된다. 상법은 채무이행의 장소에 관해 지점거래의 경우 외에는 별도의 규정을 두지 않는다. 따라서 그 밖의 채무이행의 장소는 민법이 적용된다.

특정물의 인도는 채권성립 당시에 그 물건이 있던 장소에서 해야 한다(민 467① 후). 그러나 채무의 성질 또는 당사자의 의사표시에 의해 이행장소를 정한 때에는 그 장소에서 이행해야 한다(민 467①). 특정물의 인도 이외의 채무이행은 채권자의 현주소에서 해야 한다(민 467②본). 영업에 관한 채무이행은 채권자의 현영업소에서 해야 한다(민 467②단). 지시채권 및 무기명채권과 금전, 물건 또는 유가증권의 지급을 목적으로 하는 유가증권에 대해 채무자의 현영업소, 영업소가 없는 때에는 채무자의 현주소가 채무이행의 장소가 된다(민 516, 상 65).

2. 이행 또는 이행청구의 시기

상법은 "법령 또는 관습에 의하여 영업시간이 정하여져 있는 때에는 채무의 이행 또는 이행의 청구는 그 시간 내에 하여야 한다"고 규정한다(63). 민법상으로도 명문의 규정은 없으나 채무의 이행 또는 이행청구의 시간은 거래관행 및 신의칙에 따라 정하여진다고 해석되므로 이에 관한 한 상법은 특칙으로서의 의미는 없으며 주의규정에 불과하다(통설). 이 규정은 채권자 또는 채무자 중 일방만이 상인인 경우에도 적용된다. 또한 이 규정은 임의규정이므로 당사자가 이와 다른 약정을 한 경우에는 그에 따른다. 당사자가 명시적으로 다른 약정을 하지 않은 경우에도 채권자가 영업시간 외에 이행청구를 하면 채무자가 이에 응하여 이행할 수는 있다(통설). 동시에 영업시간 이외의 변제의 제공이라도 채권자가 임의로 이를 수령하고 그것이 변제기일 내인 경우에는 채무자는 이행지체에 빠지지 않는다.

IV. 多數當事者의 債務

1. 다수채무자의 연대책임

(1) 의   의

민법은 채무자가 數人인 경우에는 특별한 의사표시가 없으면 각 채무자는 균등한 비율로 채무를 부담한다고 규정한다(分割債務의 原則)(민 408). 이에 대하여 상법은 수인이 그 1인 또는 전원에게 상행위가 되는 행위로 인하여 채무를 부담한 때에는 연대하여 변제할 책임이 있다고 규정한다(連帶債務)(57①). 이와 같이 상법이 수인의 채무자에게 연대채무를 지운 것은 상거래상의 채무의 이행을 확실하게 함으로써 채권자의 이익을 보호하고 거래의 안전을 도모하기 위한 것이다.

(2) 요   건

1) 당 사 자   채무자 중 1인은 반드시 상인이어야 하나, 채권자는 상인임을 요하지 않는다.

2) 채무발생의 원인   채무발생의 원인이 되는 행위가 채무자의 1인 또는 전원에게 상행위가 되어야 한다. 이러한 채무는 직접 상행위에서 생긴 채무가 아니라 하여도, 채무불이행으로 인한 손해배상채무, 계약해제로 인한 원상회복채무 등과 같이 실질적으로 동일하거나 변형된 채무를 포함한다(통설).[4]

3) 공동행위에 의한 채무   수인의 채무자가 하나의 공동행위에 의하여 채무를 부담하여야 한다. 공동행위란 채무자 중의 1인이 동시에 다른 채무자의 대리인으로 하는 경우도 포함한다. 판례에 의해 인정된 사례로는 양말제조업을 공동으로 경영하는 수인이 부담하는 원사구입의 외상대금채무,[5] 동업자로서 영업을 하는 자가 부담하는 물품대금채무[6] 등이 있다.

---

4) 대판 1998.3.13, 97다6919.
5) 대판 1966.11.29, 66다174.
6) 대판 1976.1.27, 75다1606.

(3) 효 과

수인의 채무자는 연대채무를 부담하는데 연대채무의 효력은 민법에 의한다. 이때 수인의 채무자 중 1인만이 상인인 경우에도 채무자 및 채권자 전원에 대하여 상법이 적용되어 채무자 전원은 채권자에 대하여 연대채무를 부담한다. 상법 제57조 제1항의 규정은 임의규정이므로 당사자 간에 이와 다른 약정을 할 수 있다. 수인이 1통의 어음을 공동으로 발행하는 경우에는 수인이 독립한 수개의 어음행위를 하는 것이므로, 본조에 의한 연대책임을 지지 않고 어음법에 따른 합동책임을 진다. 기업집단에 속하는 계열회사들이 그룹의 조달본부를 통하여 물건을 일괄구매하여 분배하는 경우에 계열회사들이 물품대금에 관하여 연대책임을 지는가는 구체적 사실관계에 따라 판단하여야 한다.

2. 保證人의 連帶責任

(1) 의 의

민법은 보증인이 있는 경우에 그가 주채무자와 연대하여 보증한다는 특약이 없는 한 일반 보증이 되어 보증인은 催告 및 檢索의 항변권(補充性)을 가진다고 하고 (민 437본), 또한 보증인이 수인 있는 경우(공동보증)에는 각자 균등한 비율로 보증채무를 부담한다고 규정한다(分別의 利益)(민 439). 이에 대하여 상법은 보증인이 있는 경우에 그 보증이 상행위이거나 주채무가 상행위로 인한 것인 때에는 보증인이 연대보증을 한다는 의사표시를 하지 않은 경우에도 그 보증은 연대보증이 된다고 규정한다(57②). 催告 및 檢索의 항변권 및 分別의 利益에 대한 특칙을 규정한 것은 상거래상의 채무의 이행을 확실하게 함으로써 채권자의 이익을 보호하고 거래의 안전을 도모하기 위한 것이다.

(2) 요 건

1) **保證이 商行爲인 경우** 보증이 상행위인 때라 함은 상인이 영업으로 또는 영업을 위하여 보증을 하는 경우를 말한다. 보증이 보증을 하는 상인에 대하여 기본적 상행위 또는 보조적 상행위가 되는 경우이다. 은행이 고객을 위하여 지급보증을 하는 경우와 같이 상인이 그 영업을 위하여 보증을 하는 경우가 여기에 속한다. 이와 관련하여 은행이 대출을 하면서 보증을 요구하는 경우와 같이 보증이 채권자를 위하여 보조적 상행위가 되는 경우에도 상사보증으로 연대성을 인정할 것인가에 관하여는 두 가지의 견해가 대립한다. 다수설의 입장에서는 이 경우의 주채무는 債務者의 商行爲로 인하여 발생한 것만을 말한다고 본다. 소수설 및 판례의 입장에서는

채권자에게만 상행위가 되는 일방적 상행위로 인한 채무도 포함된다고 본다.[7] 입법론적으로는 다수설의 주장에 일리가 있다고 할 수 있으나, 해석론상으로는 우리 상법 제57조 제2항이 채무자 측만의 상행위성을 문제 삼는 규정이라고 보기는 어렵다고 할 것이다.

2) 主債務가 商行爲로 인한 경우 주채무가 상행위로 인한 것인 때라 함은 주된 채무가 채무자의 상행위로 인하여 발생할 경우로서, 상인이 영업자금을 차용함에 있어서 보증을 하는 경우가 이에 해당한다. 주채무의 발생원인이 상행위로 인한 것인 때를 뜻한다. 이 경우 상행위가 채권자를 위하여 상행위가 되는 경우를 포함하는가에 관하여는 긍정설과 부정설이 있다. 이 경우에 채권자가 상행위가 되는 행위를 배제하는 것으로 해석할 수는 없다고 본다.

3) 保證人이 數人인 경우 보증인 상호 간에도 연대관계(보증연대)가 성립하는가의 문제가 있다. 이에 대하여 상법에는 규정이 없으나 보증인 또는 주채무자 측에서 상행위가 되어 주채무자와 연대관계(연대보증)가 성립하는 한 보증인 상호 간에도 연대관계(보증연대)를 인정하여야 할 것이다(통설).

(3) 효   과

주채무자와 보증인 간에 연대관계(연대보증)가 성립하며 그 효력은 민법에 의한다. 따라서 그러한 보증채무에는 補充性이 배제되어 보증인은 최고 및 검색의 항변권을 갖지 못한다. 보증인이 수인이면 보증인 상호 간에는 연대관계(보증연대)가 성립하여 각 보증인은 分別의 利益을 상실하고 보증채무의 전액을 변제할 책임을 부담한다. 상법 제57조 제2항의 규정은 임의규정이므로 당사자 간에 이와 다른 약정을 한 경우에는 그 약정에 의한다. 어음보증은 민법상의 보증과 성질이 다른 채무부담행위이고, 어음보증인은 연대책임이 아니라 합동책임을 지므로 여기에는 본조가 적용되지 않는다.

V. 상사매매

매매는 기업거래에서 가장 일반적인 것이며, 대표적인 상행위라고 할 수 있다. 그러나 상법에 규정된 상사매매에 관한 특칙은 겨우 5개 조뿐이며, 상세한 것은 민법의 계약법 중에 규정되어 있다. 상법에 규정된 상사매매에 관한 특칙은 모두 매도

---

7) 대판 1959.8.27, 4291민상407.

인의 이익을 보호하기 위한 규정들이다. 상법이 이와 같은 특칙을 두게 된 이유는 상사매매에서는 매도인만이 아니라 매수인도 상인이기 때문에 민사매매의 경우에 비하여 특히 매수인의 보호에 치중하기보다는 균형 있는 이익보호를 도모하려고 하는 것이며, 또한 상사매매에 따른 법률관계를 신속히 종결시켜 거래의 신속을 기하며 당사자 간의 분쟁을 사전에 예방하여 기업의 신용을 유지시키고자 하는 데 있다.

1. 매도인의 공탁권 및 경매권

(1) 의 의

1) 공 탁 권   상사매매에서 매수인이 목적물의 수령을 거절하거나(受領拒絶), 매수인이 목적물을 수령할 수 없는 때에는(受領不能) 매도인은 목적물을 供託할 수 있다. 이 경우 지체 없이 매수인에게 그 통지를 발송하여야 한다(67①). 민법상으로도 매수인이 목적물을 수령하지 아니하거나 이를 수령할 수 없는 때에는 그 목적물을 공탁할 수 있고(민 487), 공탁자는 지체 없이 공탁통지를 하여야 한다(민 488③)(도달주의). 그러므로 공탁에 관한 한 상법의 규정은 민법에 대한 특칙이 아니다.

2) 경 매 권   상사매매에 있어서 매수인이 목적물의 수령을 거절하거나 이를 수령할 수 없는 때에는 매도인은 상당한 기간을 정하여 최고한 후 경매할 수 있다(67①). 최고를 할 수 없거나 목적물이 멸실 또는 훼손될 염려가 있는 때에는 최고 없이 경매할 수 있다(67②). 매도인이 목적물을 경매한 때에는 그 대금에서 경매비용을 공제한 잔액을 공탁하여야 하지만, 그 전부나 일부를 매매대금에 충당할 수 있다(67③). 민법상으로는 목적물이 공탁에 적당하지 않거나, 멸실 또는 훼손될 염려가 있거나, 공탁에 과다한 비용을 요하는 '경우에 한하여 법원의 허가를 얻어 그 물건을 경매할 수 있으며, 그 대금은 반드시 공탁하여야 하고, 경매대금으로 매매대금에 충당할 수 없다. 제67조는 민법상의 공탁의 요건이나, 법원의 허가를 요구하지 않을뿐더러, 경매대금을 매매대금에 충당하는 것을 허용하고 있는 점에서 민법의 경매에 대한 특칙이라 할 수 있다.

(2) 행사요건

상인간의 매매의 경우에만 인정된다. 매수인이 목적물의 수령을 거부하거나 이를 수령할 수 없는 때이어야 한다. 매수인의 수령거절 또는 수령불능시에는 매도인은 이행기의 전후를 묻지 않고 이행의 제공을 하지 않고 공탁 또는 경매를 할 수 있다. 그러나 매수인에 대하여 수령지체로 인한 손해배상을 청구하려면 이행의 제공을 하여야 한다. 경매를 하기 위하여는 위 두 요건 외에 매도인은 원칙적으로 상당한 기간을 정하여 매수인에게 수령을 최고하여야 하고(67①), 다만 최고를 할 수 없거나 목적물이 멸실 또는 훼손될 염려가 있는 때에는 예외적으로 최고 없이 경매할 수 있다(67②).

(3) 효　　과

1) 공 탁 권　　매도인이 목적물을 공탁한 경우에는 지체 없이 매수인에 대하여 이에 관한 통지를 발송하여야 한다. 민법상 공탁에서도 공탁자는 지체 없이 채권자에게 공탁통지를 하여야 하므로 이 점에서 상법은 민법과 다를 것이 없다. 매도인의 의무는 소멸한다. 따라서 매도인이 매수인으로부터 매매대금을 지급받지 못한 경우에는 매수인의 지급능력·담보·보증 등에 의하여 권리실현을 할 수밖에 없다. 이에 대하여는 상법에서 특별히 규정하고 있지 않으므로 민사소송법의 일반규정에 의한다.

2) 경 매 권　　매도인이 목적물을 경매한 경우에는 공탁의 경우와 같이 지체 없이 매수인에 대하여 이에 관한 통지를 발송하여야 한다. 매도인이 목적물을 경매한 경우에는 그 대금에서 경매비용을 공제한 잔액을 공탁하여야 하나, 그 대금의 전부나 일부를 매매대금에 충당할 수도 있다. 경매비용을 매수인의 부담으로 하는 점은 앞에서 본 공탁권과 같은 점이나 경매대금을 공탁하지 않고 직접 매매대금에 충당할 수 있도록 한 점은 민법상의 경매권과는 중요한 차이점이다. 매도인이 이와 같이 목적물을 경매하여 그 대금을 공탁 또는 매매대금에 충당하면 매도인의 채무는 소멸한다.

2. 確定期賣買의 解除擬制

(1) 의　　의

확정기매매란 민법상 정기행위의 일종으로서 賣買의 性質 또는 當事者의 意思表示에 의하여 일정한 일시 또는 일정한 기간 내에 이행하지 아니하면 계약의 목적을 달성할 수 없는 매매를 말한다. 이행시기가 계약의 성패를 좌우할 정도로 매매의 본질적 요소가 되는 경우라 할 수 있다. 민법상 定期行爲의 경우에는 당사자 일방이 그 시기에 이행하지 아니한 때에는 상대방은 그 이행을 최고하지 아니하고 계약을 해제할 수 있다(민 545). 그리하여 계약해제의 요건 중 履行催告를 면제해 주었다. 그러나 계약해제의 의사표시는 필요하게 되어 있다.

(2) 상법의 특칙

1) 의 의 상법은 確定期賣買에 대하여 상인 간의 매매에 있어서 매매의 성질 또는 당사자의 의사표시에 의하여 일정한 일시 또는 일정한 기간 내에 이행하지 아니하면 계약의 목적을 달성할 수 없는 경우에 당사자의 일방이 이행시기를 경과한 때에는 상대방은 즉시 그 이행을 청구하지 아니하면 계약을 해제한 것으로 본다(68)고 규정한다.

2) 적용의 요건

㈎ 당 사 자 상인 간의 매매인 경우이며, 당사자 쌍방이 모두 상인이라야 한다. 일방만 상인이고 상대방이 비상인인 경우는 적용대상이 되지 않는다(통설).

㈏ 확정기매매 확정기매매이어야 한다. 즉 매매의 성질(절대적 확정기매매) 또는 당사자의 의사표시(상대적 확정기매매)에 의하여 일정한 일시 또는 일정한 기간 내에 이행하지 아니하면 계약의 목적을 달성할 수 없는 매매이어야 한다.

㈐ 당연해제 이행시기 이후 즉시 이행청구가 없으면 채무자의 과실의 유무나 이행지체의 유무를 불문하고 계약은 당연히 해제된다. 채무자의 귀책사유에 의한 채무불이행의 경우에 상법이 적용된다는 견해도 있다.

㈑ 이행청구 채권자(상대방)가 즉시 이행청구를 하지 않아야 한다. 채권자가 즉시 이행을 청구한 때에는 그 계약은 해지되지 않는데 이것은 이행기를 경과한 채무의 이행이 채권자에게 이익이 되는 경우에 채권자가 이를 선택하여 이행청구할 수 있도록 하기 위한 것이다.

3) 효 과 확정기매매계약은 해제된 것으로 의제된다. 이 점에서 민법상 정기행위의 해제와 구별된다. 즉 이행기 경과의 경우 민법상 정기행위는 解除權만이 발생하나, 상법상 확정기매매는 解除效力이 발생한다. 확정기매매계약이 해제되면 이에는 민법상 계약해제에 관한 일반원칙이 적용된다. 즉 그 계약은 소급하여 효력을 잃게 되어 각 당사자는 그 상대방에 대하여 원상회복의무가 있다. 이행시기의 경과로 인하여 손해가 있는 경우에는 채권자는 상대방에 대하여 손해배상을 청구할 수 있다(민 551).

3. 매수인의 목적물 검사·통지의무

(1) 서 설

매매의 목적물에 하자 또는 수량의 부족이 있는 경우에는 민법에 의하면 매도인은 瑕疵擔保責任을 지기 때문에 매수인은 대금감액청구권·계약해제권·손해배상청구권을 갖는다. 이러한 매수인의 권리는 매수인이 선의인 때에는 그 사실을 안 날로부터 1년 내에, 악의인 때에는 계약시로부터 1년 내에 이 권리를 행사할 수 있다(민 572-574, 580). 이 규정을 상사매매에도 적용한다면 매도인은 오랫동안 불안정한 지위에 있게 되며, 장기간이 경과한 후에 하자담보책임을 추궁받게 되면 인도 당시의 목적물에 대한 하자의 유무에 대한 조사가 곤란하게 되고, 매도인은 구입처와의 교섭 및 전매의 기회를 상실할 수 있다.

(2) 상법의 특칙

1) 의 의   상법은 "상인 간의 매매에 있어서 매수인이 목적물을 수령한 때에는 지체 없이 이를 檢査하여야 하며 하자 또는 수량의 부족을 발견한 경우에는 즉시 매도인에게 그 通知를 發送하지 아니하면 이로 인한 계약해제·대금감액 또는 손해배상을 청구하지 못한다"고 규정하여 매수인의 검사·통지의무를 규정하고 있다(69). 상법이 이와 같이 민법과는 달리 매수인에게 검사·통지의무를 부과한 이유는 매수인이 매도인의 손실부담으로 투기적인 담보책임을 주장하는 것을 방지하고, 상사매매에 따른 법률관계를 신속히 종결시키기 위한 것이다.

2) 매수인의 의무발생의 요건

㈎ 商人 間의 賣買   상인 간의 매매의 경우이다. 당사자 쌍방 또는 일방이 소상인이라도 무방하다.

㈏ 目的物의 受領   매수인이 목적물을 受領하여야 한다. 수령은 검사할 수 있는 상태에서의 수령이므로 목적물 자체를 실제로 수령하는 것을 의미하고 화물상환증·선하증권 등의 양수에 의하여 목적물에 대한 권리가 이전되는 것을 의미하지 않는다.

㈐ 瑕疵 또는 數量不足   목적물에 瑕疵 또는 數量不足이 있어야 한다. 이를 민법상 매도인의 담보책임의 대상과 비교하면 권리의 하자 중 목적물의 수량부족과 물건의 하자만이 상사매매에 있어서 매수인의 검사의무의 발생요건이 된다. 따라서 그 밖의 권리의 하자의 경우에는 매수인이 검사·통지의무를 부담하지 않고 민법의 일반원칙에 따라 매도인에게 담보책임을 물을 수 있다.

㈑ 賣渡人의 善意   매도인이 善意이어야 한다. 즉 매도인이 목적물의 인도 당시에 물건의 하자 또는 수량부족을 알고 있었다면 매수인은 검사·통지의무를 부담하지 않고 민법의 일반원칙에 의하여 매도인의 담보책임을 물을 수 있다.

㈒ 特 約   이 의무에 관한 규정은 임의법규이므로 당사자 간에 매수인의 의무에 관하여 의무의 강제·완화·배제 등 다른 약정이 없어야 한다.

3) 매수인의 의무의 내용

㈎ 검사의무   원칙적으로 매수인은 수령 후 지체 없이 목적물을 검사하여야 할 의무를 부담한다. 이때 매수인의 검사의 시기·방법·정도 등은 목적물의 종류 등에 따라 객관적으로 정하여진다. 따라서 매수인은 객관적인 주의로써 검사하여야 하며 매수인의 주관적 사정은 고려되지 않는다. 또한 매수인의 과실유무를 불문한다. 예외적으로 목적물에 즉시 발견할 수 없는 하자가 있는 경우에는 6월 내에 검사하여야 할 의무를 부담한다.

㈏ 통지의무   매수인이 목적물을 검사한 결과 하자 또는 수량부족을 발견한 경우에는 즉시 이에 관하여 매도인에게 통지를 발송하여야 할 의무를 부담한다. 매수인이 목적물을 수령한 후 지체 없이 검사하여 하자 등을 발견한 경우나 또는 즉시 발견할 수 없는 하자가 있어서 6월 내에 이를 검사하여 발견한 경우를 불문하고 매수인은 발견 즉시 통지할 의무를 부담한다. 통지의 방법은 제한이 없으므로 서면·구두 또는 전화 등으로 할 수 있으며, 통지의 내용은 매수인이 쉽게 알 수 있는 정도의 것이면 된다. 통지를 발송하였다는 사실에 대한 입증책임은 매수인이 부담한다.

4) 매수인의 通知履行의 效果   민법의 일반원칙에 의하여 매도인에 대하여 담보책임을 물을 수 있다. 목적물에 대한 瑕疵의 경우에는 매수인은 특정물인 때에는 계약해제권과 손해배상청구권을 행사할 수 있고, 불특정물인 때에는 계약해제권 및 손해배상청구권을 행사할 수도 있고 또는 이에 갈음하여 하자 없는 물건을 청구할 수도 있다. 매수인은 이러한 권리를 그 사실을 안 날로부터 6월 내에 행사하여야 한다. 목적물에 대한 수량 부족의 경우에는 매수인은 대금감액청구권 또는 계약해제권(잔존부분만이면 매수하지 않을 때)과 손해배상청구권을 행사할 수 있다. 매수인은 이러한 권리를 그 사실을 안 날로부터 1년 내에 행사하여야 한다.

5) 매수인의 義務違反의 效果   매수인이 위의 검사·통지의무를 이행하지 않으면 매수인은 매도인에 대하여 담보책임을 물을 수 없다. 즉 매수인은 매도인에 대하여 계약해제권, 대금감액청구권, 손해배상청구권을 행사할 수 없다. 매수인이 이러한 의무를 이행하지 않은 경우에는 매도인에 대하여 위의 권리를 행사하지 못하는 불이익을 받는 데 불과하고 손해배상책임을 부담하는 것은 아니다. 따라서 매수인의 이러한 의무는 간접의무 또는 불완전의무라고 할 것이다.

6) 계약해제의 경우의 조치   매수인이 담보책임을 묻는 방법으로서 매매계약을 해제한 경우에는 매도인의 비용으로 이미 인도받은 목적물을 보관 또는 공탁하여야 하고, 만일 목적물이 멸실 또는 훼손될 염려가 있는 때에는 법원의 허가를 얻어 경매하여 그 대가를 공탁하여야 한다(70①).

4. 매수인의 목적물 保管・供託・競賣義務

(1) 서 설

매매 목적물의 하자 또는 수량부족으로 인하여 매수인이 계약을 해제한 경우에는 민법에 의하면 각 당사자는 원상회복의 의무가 있고, 매수인은 매도인에게 목적물을 반환하면 된다(민 548). 또한 매도인이 매수인에게 인도한 물건이 매매의 목적물과 상위하거나 수량을 초과한 경우에는 이에 관한 민법의 명문규정은 없으나 매수인은 매도인에게 상위한 물건이나 수량을 초과한 물건을 반환하면 되는 것으로 해석된다. 상사매매의 경우에도 민법의 원칙을 적용하면 매도인은 운송의 위험과 운송비를 부담하여야 하며, 목적물 소재지에서 전매할 기회를 상실하게 된다.

(2) 상법의 특칙

1) 목적물 보관・공탁 등의 의무   상법상 매매의 목적물이 하자 또는 수량부족으로 인하여 매수인이 매도인의 담보책임을 물어 매매계약을 해제하거나 또는 매수인이 매도인으로부터 인도받은 물건이 매매의 목적물과 상위하거나 수량을 초과한 경우에는 매수인은 인도받은 물건을 보관 또는 공탁하여야 할 의무를 부담한다(70①전). 이러한 의무를 규정한 것은 매도인에게 반송의 비용 및 위험을 경감시킬 뿐만 아니라, 전매의 기회를 부여하여 매도인의 이익을 보호하기 위함이다.

2) 매수인의 의무발생의 요건
(가) 商人 間의 賣買   상인 간의 매매인 경우이다. 당사자 쌍방 또는 일방이 소상인이라도 무방하다.

(나) 契約解除・目的物의 相違・數量超過   매수인이 목적물을 수령한 후 매매의 목적물의 하자 또는 수량부족으로 인하여 매매계약을 해제하거나 또는 매수인이 매매의 목적물과 相違하거나 수량을 초과한 목적물을 수령하여야 한다.

(다) 隔地賣買   매도인의 영업소와 목적물의 인도장소가 동일한 특별시・광역시・시・군에 있는 때에는 본조는 적용되지 않는다. 왜냐하면 위와 같은 경우에는 매도인은 즉시 적절한 조치를 취할 수 있기 때문이다.

(라) 매도인의 善意   매도인에게 악의가 없어야 한다. 즉 매도인이 목적물의 하자 또는 수량부족으로 인한 해제사유 또는 매매의 목적물과 상위하거나 수량을 초과하여 물건을 인도한 사실을 몰랐어야 한다.

3) 매수인의 의무의 내용
(가) 보관・공탁의 의무   매수인은 매매의 이행으로서 수령한 목적물, 상위한

물건 또는 수량을 초과한 부분의 물건을 보관 또는 공탁하여야 할 의무를 부담한다. 매수인은 위의 물건을 보관하거나 또는 공탁할 수 있으므로 선택하여 어느 하나의 의무를 이행하여야 하고 이에 따른 비용은 매도인의 부담으로 한다.

　　(나) 경매의 의무　　매매의 목적물은 그 자체를 보관 또는 공탁하는 것을 원칙으로 하나, 목적물이 멸실 또는 훼손될 염려가 있는 경우에는 매수인은 법원의 허가를 얻어 그 목적물을 경매하여 그 대가를 공탁 또는 보관하여야 한다. 이러한 경매를 緊急賣却이라고 하는데 이는 2차적인 수단으로만 인정된다. 매수인의 긴급매각의 경우에는 매도인의 자조매각(67①②)의 경우와는 달리 부당한 경매를 방지하기 위하여 법원의 허가를 얻도록 한 것이다. 매수인이 이와 같은 긴급매각을 한 때에는 지체 없이 매도인에게 그 통지를 발송하여야 한다. 발신주의를 취하기 때문에 통지의 부도달에 의한 위험은 매도인이 부담한다.

　　4) 의무이행 및 의무위반의 효과　　매수인이 목적물을 보관하는 때에는 보관에 관한 비용(69①)과 상당한 보수(61)를 매도인에게 청구할 수 있다. 매수인이 위의 의무를 위반한 경우에는 민법의 일반원칙에 의하여 매도인에 대하여 손해배상책임을 진다.

제5절 유가증권에 관한 규정

　　유가증권이란 재산적 가치가 있는 사권을 체화한 증권으로서, 그 권리의 행사를 위하여 증권의 소지가 필요한 것을 말한다. 그러므로 유가증권은 사권에 속하는 권리를 체화하고 있어야 한다. 사권을 체화하고 있는 한 그것이 채권이든 물권이든 사원권이든 상관이 없다. 사권을 체화한다는 것은 사권과 증권을 불가분적으로 결합하는 것을 말한다. 증권의 소지가 언제 필요한가에 관하여 권리의 발생·이전·행사의 전부 또는 일부에 증권을 필요로 한다는 견해, 권리의 이전 및 행사에 증권을 필요로 한다는 견해, 권리의 이전에 증권을 필요로 한다는 견해, 권리의 행사(주장)에 증권을 필요로 한다는 견해 등이 대립하고 있다.

　　상법 제65조는 금전·물건 또는 유가증권의 지급을 목적으로 하는 유가증권에는 민법 제508조 내지 제525조의 규정을 적용하는 외에 어음법 제12조 제1항, 제2항의 규정을 준용한다고 규정하고 있다. 상법 제65조는 금전·물건 또는 유가증권의 지급을 목적으로 하는 유가증권에 적용된다. 어음이나 수표 등은 금전의 지급을 목적으로 하는 유가증권이고, 물건의 지급을 목적으로 하는 유가증권은 선하증권 · 창고증권 · 상품권과 같이 물건인도청구권을 나타내는 유가증권이다. 이처럼 상법 제65조는 금전 · 물건 또는 유가증권의 지급을 목적으로 하는 유가증권만을 규정하고 있기 때문에, 물건 또는 사원권을 나타내는 유가증권, 예컨대 주권에는 적용되지 않는다. 유가증권은 이미 상인의 전유물이 아니고, 또 상행위법 총칙에 유가증권에 관한 행위가 절대적 상행위로서의 지위를 가진 것도 아니므로, 상행위법 총칙에 유가증권에 관한 규정을 둘 이유는 사라진 것으로 보아야 할 것이다.

제6절 상호계산

I. 총   설

계속하여 거래관계에 있는 당사자 상호 간에는 그 사이에 많은 채권 · 채무가 발생하게 된다. 이 경우에 그때마다 즉시 지급을 한다면 매우 번잡할 것이다. 또 격지자 간의 거래에는 송금절차 · 비용 · 위험 등의 부담이 있게 된다. 나아가서 자금이 필요 이상으로 고정된다. 상호계산제도는 이와 같은 불편과 부담을 피하기 위하여 마련한 제도로서 일괄상계에 의한 대체결제방법이다.

II. 상호계산의 의의

상호계산(current account)이라 함은 상인 간 또는 상인과 비상인 간에 常時去來關係가 있는 경우에 일정한 기간의 거래로 인한 채권채무의 총액에 관하여 상계하고 그 잔액을 지급할 것을 약정하는 계약을 말한다(72).

1. 당 사 자

상호계산계약의 당사자는 적어도 그 일방이 商人이어야 한다. 이것은 상호계산이 기업활동의 결제제도라는 성질에서 나오는 당연한 요건인데 상법은 상인 간 또는 상인과 비상인 간으로 규정하여 이 점을 명확히 하고 있다. 양 당사자가 모두 상인이 아닌 경우, 즉 민사상호계산은 상법상의 상호계산과는 다르며, 따라서 민사상호계산에 대하여 상법의 관련 규정이 당연히 적용되는 것은 아니다.

2. 계속적 거래관계

당사자 간에는 계속적인 거래관계가 있어야 한다. 그러므로 채권 또는 채무의 일방만이 생기는 데 불과한 거래관계는 상법상 상호계산이 아니다. 즉 상법상 상호계산이 되기 위하여는 채권·채무 발생의 상호성이 존재하여야 한다. 그러므로 당사자의 한쪽만 채권을 취득하거나 채무를 부담하는 경우(일방적 상호계산)는 상법상의 상호계산이 아니다(채권발생의 상호성, 통설).

3. 상호계산기간

상호계산의 대상은 일정 기간 내의 거래로 인하여 생긴 채권·채무이다. 이 일정 기간을 상호계산기간이라고 하는데 다른 약정에 없는 한 6개월로 한다(74).

4. 상호계산의 객체(상호계산능력)

상호계산의 대상이 되는 채권·채무는 상행위로 인하여 발생한 것이어야 하며, 일괄상계가 가능한 금전채권에 한한다. 금전채권이라도 특약이 있거나, 그 성질상 즉시 또는 현실로 이행되어야 할 채권이나 증권에 의하여 권리행사를 하여야 하는 어음채권과 같은 유가증권상의 채권은 특약이 없는 한 제외된다. 그러나 어음 기타의 증권상의 권리 자체가 아니라, 증권의 수수에 따른 대가지급의 채권·채무는 상호계산에 계입할 수 있으나, 그 증권상의 채무자가 변제하지 아니한 때에는 당사자는 그 채무의 항목을 상호계산에서 제거할 수 있다(73).

5. 상호계산의 약정

채권·채무의 총액에 관하여 상계하고 그 잔액을 지급할 것을 약정하는 계약이다.

III. 상호계산의 법적 성질

상호계산은 계약이다. 상호계산의 계약으로서의 법적 성질에 관하여는 상호적 소비대차설, 쌍방적 위임설, 부합계약설, 상계예약설, 연기계약설 등이 있다. 그러나 이러한 견해들은 각각 상호계산의 법적 효과의 어느 일정한 부분만에 치중한 것으로 볼 것이며, 결국 간이결제제도의 설정을 목적으로 하여 여러 가지의 사법상의 종합적 효력을 가지는 상법상 인정된 특수한 낙성계약이라고 볼 수 있다(통설). 상호계산은 채권·채무가 대등액의 범위에서 소멸하는 점에서 민법상의 상계와 유사하나 민법상의 상계는 개별적인 채무를 소멸시키는 단독행위이나 상법상의 상호계산은 포괄적인 채무를 소멸시키는 계약이라는 점에서 다르다.

IV. 상호계산의 효력

1. 소극적 효력

상호계산기간 중의 채권·채무를 일괄하여 결제하는 제도이므로 각 채권·채무는 상호계산기간 중에는 집단적으로 묶이게 되고, 개별적인 효력은 발생하지 않게 되어 그 獨立性을 잃게 된다. 이 기간 중에 계입된 다수의 채권은 정지상태에 들어가게 된다. 이러한 상호계산의 효력을 相互計算不可分의 原則 또는 消極的 效力이라고 한다.

(1) 당사자 간의 효력

1) 원   칙   당사자 간에서는 상호계산에 계입된 채권·채무를 임의로 제거할 수 없다. 또 당사자 간에서는 상호계산에 계입된 채권·채무를 개별적으로 이행청구할 수 없고, 상호계산 외의 다른 채권·채무와 상계할 수도 없다. 따라서 상호계산에 포함된 채권·채무는 개별적으로 시효가 진행되지 않는다. 다만 개별채권에 대한 확인소송·해제권·취소권 등은 행사할 수 있다.

2) 예   외   상호계산에 계입된 채권·채무는 당사자가 임의로 계산으로부터 제거할 수 없는 것이 원칙이다. 그러나 어음 기타의 상업증권이 수수된 대가가 상호계산에 계입된 경우에는 그 증권채무자가 변제하지 아니한 경우에 한하여 예외적으로 당사자는 그 대가에 관한 항목을 계산으로부터 제거할 수 있다(73).

(2) 제3자에 대한 효력

상호계산은 제3자에 대한 관계에서 효력이 있는가에 대하여는 학설상 다툼이 있다. 1) 긍정설은 절대적 효력설이라고도 하며, 이에 따르면 상호계산기간 중에는 각 채권이 독립성을 상실하므로 양도나 입질하더라도 제3자의 선의·악의를 불문하고 효력이 없고 압류도 인정되지 않는다고 본다. 상법상 상호계산에 관한 규정은 임의규정이 아니라 강행규정이므로 모두 효력이 인정되지 않는다고 한다. 이에 대하여 2) 부정설은 상대적 효력설이라고도 하며, 이에 따르면 상호계산불가분의 원칙은 오로지 계약당사자 간에만 미치는 것이므로 당사자의 일방이 이 원칙에 위반하여 채권양도 등을 하였을 때에는, 선의의 제3자에게는 그 제한을 대항할 수 없고 당사자 간에 손해배상의 문제를 발생시킬 뿐이라고 한다. 3) 절충설은 경우를 나누어서 i) 채권의 양도와 입질의 경우에는 선의의 제3자에게 대항할 수 없는 것으로 보고 있고, ii) 압류의 경우에는 제3자의 선의·악의를 불문하고 효력이 있는 것으로 본다.

상호계산제도는 하나의 간이결제제도로서 제도적 성격을 띠고 있기 때문에 강행성을 가진 것이라고 주장하는 견해가 있기는 하지만, 이에 대하여 선의의 제3자에게 이를 공시할 방법이 없을 뿐만 아니라 현재까지 제도로서의 확고한 기반을 인정하기에는 무리가 있는 것으로 보인다. 나아가서 당사자 간의 약정에 의하여 국가의 강제집행권을 제한하는 재산권을 만들 수도 없으므로 상호계산불가분의 원칙은 당사자 간에만 적용된다고 하는 견해가 타당한 것으로 생각된다.

2. 적극적 효력

(1) 잔액채권의 확정

상호계산기간이 경과하면 상호계산기간 중 발생하였던 채권·채무는 일괄상계되고, 그 결과 잔액채권이 성립한다. 이러한 잔액의 확정은 잔액을 산출한 계산서를 각 당사자가 승인함으로써 이루어진다(75본). 이와 동시에 이로써 종래의 채권채무관계가 更改된다(72). 이것을 상호계산기간의 경과 후의 효력 또는 적극적 효력이라고 한다.

(2) 계산서승인의 효과

1) 이의제기의 금지   잔액이 확정된 후에는 각 당사자는 채권채무의 각 항목에 대하여 이의를 하지 못한다(75본). 즉 각 항목의 채권의 원인인 거래의 무효·취소 또는 해제를 이유로 잔액채권 자체의 성립을 다툴 수 없고, 상호계산 이외에서 부당이득의 반환을 청구할 수 있는 데 그친다.

2) 착오나 탈루   계산서의 각 항목에 대하여 착오나 탈루가 있는 경우에는 상법 제75조의 단서의 문맥상 승인행위 그 자체의 효력을 다투어 잔액채권 자체의 성립에 이의를 제기할 수 있다는 승인행위무효설이 있다. 그러나 이 경우에도 잔액승인행위는 취소할 수 없고 이의를 제기하여 부당이득의 반환을 청구할 수 있을 뿐이라고 보는 견해가 다수설의 입장이다.

3) 담보의 소멸   잔액채권은 새로이 발생한 독립된 채권이므로 계산에 계입된 종전의 개별채권에 부수되었던 질권이나 보증채무 기타 담보는 특약이 없는 한 잔액채권을 담보하지 않는다(다수설).

4) 잔액채권의 시효   소멸시효는 잔액에 대하여 새로이 진행된다.

(3) 잔액채권의 이자

상호계산기간의 경과 후 계산에 계입된 채권·채무의 총액을 일괄상계한 후 잔액에 대하여는 채권자는 계산폐쇄일 이후의 상사법정이자를 청구할 수 있다(76①). 이때 각 항목채권에 당사자 간의 특약으로써 이자를 붙인 경우에도 채권자는 계산폐쇄일 이후의 상사법정이자를 청구할 수 있다(76②). 그러므로 重利의 발생도 가능하다.

V. 상호계산의 종료

1. 종료원인

(1) 일반종료원인

상호계산은 계약이므로 존속기간의 종료 등 계약의 일반적 종료원인에 의하여 종료된다. 따라서 당사자 간에 계속적 거래관계가 종료되면 상호계산이 종료되고, 영업이 양도되면 원칙적으로 상호계산이 종료되는 것으로 보아야 할 것이다. 상호계산은 그 계약의 존속기간의 종료에 의하여 종료하는 것이지 상호계산기간의 종료에 의하여 종료하는 것은 아니다.

(2) 특별종료원인

상법이 규정하고 있는 특별종료원인으로는 解止가 있다. 즉 상호계산계약의 각 당사자는 상대방의 신용에 변동이 있거나 기타 특별한 사정이 있는 경우에는 언제든지 상호계산계약을 해지할 수 있다(77). 해지의 의사표시는 상대방에게 명백히 하여야 하며 이 의사표시가 상대방에게 도달하여야 그 효력이 생긴다.

2. 종료의 효과

상호계산계약이 당사자의 해지에 의하여 종료된 때에는 당사자는 즉시 계산을 폐쇄하고 그 잔액의 지급을 청구할 수 있다(77).

제7절 匿名組合

I. 총 설

익명조합은 경제적으로는 출자자와 영업자의 공동기업형태의 일종이면서 법률상으로는 영업자의 단독기업인 점에 그 특징이 있다. 익명조합은 출자자의 입장에서 보면 직업상의 제한으로 영업을 할 수 없거나(일정한 공무원 등) 자기의 출자관계의 비밀을 유지하고자 하는 경우에 유리하며, 또 영업자의 입장에서는 자기자본이 없으면서 영업을 할 수 있다는 점과 익명조합의 출자를 받으면서 영업상의 간섭 없이 자유로이 영업을 할 수 있다는 점 및 출자관계를 비밀로 붙일 수 있다고 하는 점 등에 그 경제적 기능이 있다고 할 수 있다.

II. 익명조합(undisclosed association)의 의의

익명조합이라 함은 당사자의 일방(익명조합원)이 상대방의 영업을 위하여 출자를 하고, 상대방(영업자)은 그 영업으로 인한 이익을 분배할 것을 약정하는 계약이다(78).

1. 당 사 자

(1) 營業者와 匿名組合員

익명조합계약의 당사자는 출자자인 익명조합원과 상인인 영업자이다. 민법상의 조합과 같이 3인 이상이 있을 수 없다. 다만 익명조합원이 수인이 있는 것은 상관이 없다. 이때 수인의 익명조합원이 공동으로 출자한 경우에는 하나의 익명조합계약이 있게 되나, 수인이 따로따로 출자한 경우에는 각기 독립한 수개의 익명조합계약이 있게 된다. 익명조합원(undisclosed, dormant or sleeping partner)의 자격에는 제한이 없으므로 상인이든 비상인이든 또는 영업자의 상업사용인이라도 상관이 없다.

(2) 營業者의 商人性

영업자는 상인이어야 하며, 소상인을 포함한다. 익명조합에 있어서 익명조합원의 출자는 영업자의 영업을 위하여 하고 영업자는 영업으로 인한 이익을 분배하여 주어야 하기 때문이다. 그러나 상인인 이상 자연인이든 회사든, 단독상인이든 조합이든 상관이 없다. 또 그 상인자격은 계약체결 당시에 이미 존재하지 않더라도 계약의 체결이 영업자의 영업을 위한 행위이면 된다.

2. 익명조합원의 출자

익명조합원은 영업자의 영업을 위하여 출자하여야 한다. 영업은 영업자의 전 영업일 필요는 없고 영업의 일부라도 관계없다. 익명조합원은 금전 기타의 재산만을 출자할 수 있는데, 이러한 출자는 영업자에게 귀속한다(79). 그러므로 영업자가 그 영업의 이익금을 함부로 자기 용도에 소비하였다고 하더라도 횡령죄가 성립되지 않는다(판례). 익명조합원의 出資義務는 익명조합계약의 본질적인 요소이다. 익명조합원은 후술하는 감시권 이외에는 영업자의 영업에 간섭하지 못한다.

3. 이익분배

익명조합에서는 영업자의 영업으로 인한 이익을 익명조합원에게 분배하는 것을 요소로 한다(통설). 영업자의 이익분배에 관한 약정에서 영업자는 이익의 유무를 불문하고 매월 일정액을 익명조합원에게 지급할 것을 약정한 경우에는 익명조합이 될 수 있는지 여부에 대하여 의문이 있다. 이에 대하여 판례와[8] 다수설은 익명조합이 아니라고 본다. 그러나 이에 대하여 영업자의 상대방이 영업에 대한 감시권이나 기타의 간섭권을 가지고 있다면 위와 같이 일정률의 이익분배를 특약하였다고 하더라도 익명조합으로 볼 수 있다고 하는 견해도 있다.

III. 익명조합의 법적 성질

익명조합은 유상·쌍무·불요식·낙성계약인 점은 명확하다. 그런데 이것이 어떤 종류의 계약인가에 대하여는 다툼이 있다. 익명조합계약은 계속적인 기업활동을 위한 기업조직에 관한 특수한 계약이므로 민법상 어떤 전형계약에 속하는 것이 아니고 상법상의 특별한 계약으로 그 내용은 기업조직에 관한 장기적 계약이라고 하는 견해가 있으나, 상법상의 특수한 계약으로 보는 것이 다수설의 입장이다. 익명조합은 대외적인 면에서는 영업자의 단독영업이나 내부적으로는 공동사업이 있고 조합관계가 존재한다. 그러므로 익명조합관계에는 우선 익명조합에 관한 규정을 적용하고 다음으로 상법 제78조 내지 제86조, 그리고 보충적으로 민법의 조합에 관한

---

8) 대판 1962.12.27, 62다660.

규정을 보충적으로 적용하여야 할 것이다.

IV. 익명조합의 효력

1. 내부관계

(1) 익명조합원의 의무

1) **出資義務**　익명조합원은 영업자와 달리 계약에서 정한 출자의무를 진다 (78). 익명조합에서 출자의무를 부담하는 자는 익명조합원뿐이다. 이 의무는 익명조합계약의 본질적 요소이다. 영업자에게는 출자의무가 없다. 출자의 목적은 금전 기타 재산에 한정되며, 신용이나 노무는 출자목적물이 될 수 없다(86, 272). 출자목적물인 재산은 소유권에 한하는 것은 아니고 당사자 간의 특약에 의하여 특정한 재산에 대한 사용권 또는 채권 등도 포함된다고 본다. 출자이행의 시기에 관하여 특약이 없으면 영업자로부터 이행할 것을 최고받은 때이다(민 387②). 출자이행의 방법은 출자목적물이 영업자의 재산에 귀속되는 점에서 재산권의 이전에 필요한 절차를 밟아야 한다. 익명조합계약은 유상계약이므로 익명조합원의 출자이행에 대하여는 민법의 매매에 관한 규정이 준용된다. 따라서 익명조합원은 출자목적물에 관하여 담보책임 등을 진다(민 581). 익명조합원이 출자한 재산은 법률상 영업자의 재산으로 본다. 따라서 영업자가 익명조합원이 출자한 재산을 사적인 용도로 소비한다고 하더라도 형법상 횡령이 되지 않는다.

2) **損失分擔義務**　손실분담의 약정은 익명조합계약의 요소가 아니나 당사자 간에 손실을 분담하지 않기로 하는 계약이 없으면 공동기업의 일반원칙에 의하여 익명조합원은 손실을 분담하는 것이 원칙이라고 본다. 손실분담의 비율은 약정이 있으면 그에 따르고, 없으면 이익분배의 비율과 공통된 것으로 추정한다(민 711②). 익명조합원이 손실분담의무를 지게 되는 경우 익명조합원의 출자가 손실로 인하여 감소된 때에 당사자 간에 다른 약정이 없으면 그 손실을 보전한 후가 아니면 익명조합원은 이익분배를 청구하지 못한다(82①③). 당사자 간에 다른 약정이 없으면 익명조합원은 추가출자의무나 이미 받은 이익의 반환의무는 없다. 이 부분의 손실은 영업자의 손실로 돌아간다. 익명조합이 대외적으로는 영업자의 단독기업으로서 영업자가 익명조합의 채권자에 대하여 무한책임을 부담하는 관계상 당연하다. 그러나 이때 익명조합원이 출자를 이행하지 않은 부분이 있으면 당연히 이를 이행하여야 한다.

3) **地位不讓渡義務**　익명조합은 내부 구성원 상호 간의 인적인 신뢰관계를

기초로 하며, 영업자의 업무에 대하여 감시권을 가지고 영업에 정통할 수 있는 지위에 있다. 그러므로 특약이 없는 한 출자의무를 완전히 이행한 경우에도 익명조합원의 지위는 영업자의 동의 없이 이를 타인에게 양도하지 못한다.

(2) 익명조합원의 권리

1) 利益分配請求權　　익명조합원은 계약의 효력으로서 영업자에게 영업으로 인한 이익의 분배를 청구할 수 있다(78). 이 권리는 익명조합계약의 본질적인 요소이다. 그러나 출자가 손실에 의하여 감소된 경우에는 그것을 전보한 경우가 아니면 이익배당을 청구하지 못한다(82①). 이익 유무의 기준은 매 영업연도를 기준으로 하는데 이 영업연도는 당사자 간의 다른 특약이 없으면 1년으로 한다(30② 참조). 따라서 이익 유무의 확정은 영업연도 말의 대차대조표에 의하여 확정된다. 이익분배의 비율은 당사자 간에 계약이 있으면 그것에 의하나 이러한 특약이 없으면 각자의 출자가액에 비례하여 정하여진다(민 711①).

2) 營業執行請求權　　익명조합에서 영업수행의무를 부담하는 자는 영업자뿐이다. 익명조합은 형식적으로는 영업자의 단독영업이나 실질적으로는 익명조합원과 영업자의 공동기업이다. 그러므로 민법상 조합에 관한 규정이 유추적용되어 영업자는 조합계약의 본지에 따라 선량한 관리자의 주의로써 영업을 수행하여야 할 의무를 부담한다(민 681, 707). 따라서 영업자가 정당한 사유 없이 익명조합원의 승낙을 받지 않고 임의로 영업을 개시하지 않거나 영업을 휴업·폐지 또는 양도한 경우에는 익명조합원은 계약을 해지하거나(83②), 채무불이행을 이유로 손해배상을 청구할 수 있다.

3) 業務監視權　　익명조합원은 업무를 집행할 권리가 없다. 그러므로 업무집행에서 배제됨으로 인하여 소홀하기 쉬운 익명조합원의 이익을 보호하기 위해서 익명조합원에게 감시권을 인정할 필요가 있다. 이에 상법은 익명조합원에게 합자회사의 유한책임사원과 같이 영업을 감시할 권리를 인정한다(86, 277). 즉 익명조합원은 영업연도 말에 있어서 영업시간 내에 한하여 회계장부·대차대조표 및 기타의 서류를 열람할 수 있고, 회사의 업무와 재산상태를 검사할 수 있고 중요한 사유가 있는 때에는 언제든지 법원의 허가를 얻어 이러한 열람과 검사를 할 수 있다.

2. 외부관계

(1) 영업자와 제3자의 관계

익명조합은 내부적으로는 공동기업이지만, 외부적으로(법률적으로)는 영업자의 단독기업이므로 대외적으로는 영업자만이 제3자와 법률관계를 갖게 된다. 즉 익명조합원이 출자한 재산은 영업자에게 귀속되고, 영업자는 자기명의로 영업하므로 영업자는 제3자에 대하여 모든 권리의무의 귀속의 주체가 되고 또한 익명조합의 채무에 대하여는 무한책임을 진다.

(2) 익명조합원과 제3자의 관계

상법은 원칙적으로 익명조합원은 영업자의 행위에 관하여 제3자에 대하여 권리나 의무가 없다고 규정한다(80). 그러나 이에 대한 예외로 상법은 익명조합원에게 명의대여자로서의 책임을 규정하고 있다. 즉 상법은 익명조합원이 자기의 성명을 영업자의 상호 중에 사용하게 하거나 자기의 상호를 영업자의 상호로 사용할 것을 허락한 때에는 그 사용 이후의 채무에 대하여 영업자와 연대하여 변제할 책임이 있다고 규정하고 있다(81). 이러한 상법의 규정은 상법 제24조와 같은 취지로서 제3자의 신뢰이익을 보호하기 위하여 인정되는 외관신뢰책임이라고 할 수 있다.

V. 익명조합의 종료

1. 종료의 원인

익명조합은 존속기간의 만료 또는 계약의 일반적인 종료원인 이외에 다음의 특별한 종료원인에 의하여 종료한다. 존속기간을 정하지 아니한 경우 또는 어느 당사자의 종신까지 존속기간을 정한 경우에는 각 당사자는 해지에 의하여 계약을 종료시킬 수 있다. 다만, 조합의 계속적 성질에 비추어 해지의 시기는 영업연도 말이며 또 6개월 전에 예고를 하여야 한다(83①). 그러나 부득이한 사유가 있으면 존속기간의 정함이 있는지 여부를 불문하고 언제든지 해지할 수 있다(83②). 익명조합계약은 영업의 폐지 또는 양도, 익명조합원의 파산, 영업자의 사망, 파산 또는 성년후견개시와 같은 경우에는 해지를 필요로 하지 않고 당연히 종료한다(84). 영업자의 사망이나 성년후견개시가 있게 되면 상속자 등이 그 지위를 승계할 수 있기 때문이다. 또한 익명조합원의 사망 또는 성년후견개시는 상속인 등이 그 지위를 승계할 수 있는 경우에는 익명조합계약의 종료사유가 되지 않는다.

2. 종료의 효과

조합계약이 종료한 때에는 영업자는 익명조합원에게 그 출자의 가액을 반환하여야 한다(85본). 출자의 가액은 계약의 종료당시의 재산상태를 기준으로 하여 계산하는데, 여기의 출자는 최초의 출자액이 아니라 익명조합원이 영업재산에 대하여 가지는 몫이며, 고정자산의 평가익도 계산에 포함된다. 현물출자의 경우 반환의 방법은 특약이 없으면 출자의 가액을 금전으로 평가하여 반환한다. 물건의 사용권만을 출자한 경우에는 사용권을 반환하면 된다.

출자할 금액 중 익명조합원이 아직 이행을 하지 아니한 부분에 관하여는 영업자가 반환할 의무가 없는 것은 당연하고, 익명조합원이 손실을 분담할 특약이 없는 때에는 납입미필분을 납입할 의무가 없다고 본다. 익명조합원이 손실을 분담할 특약이 있는 경우에 납입된 출자가 손실로 인하여 감소한 때에는 그 잔액만을 반환하면 된다(85단). 납입된 출자가 손실로 인하여 마이너스가 된 때에는 익명조합원이 추가출자의 의무가 있는가의 문제에 대하여는 익명조합원은 납입미필분만 납입하면 되고 그 이상의 추가출자의 의무는 없다고 본다(82②)(통설). 따라서 그 손실액은 영업자의 부담이 된다. 영업자가 파산하여 종료한 경우에는 익명조합원은 파산채권자로서 출자반환청구권을 가진다. 익명조합원이 사용권만을 출자한 경우에는 그 소유권에 기하여 그 물건에 관하여 환취권을 행사할 수 있다(파 430①). 이에 반하여 익명조합원이 파산하여 종료한 경우에는 영업자에 대한 출자반환청구권은 익명조합원의 파산재단에 속한다.

제8절 합자조합

I. 총   설

현행 민법상 조합은 모든 조합원이 조합채무에 대해 무한책임을 부담하고, 현행 상법상 합자회사는 유한책임사원이 회사경영에 참여할 수 없는 문제점이 있다. 그리하여 상법은 2011년 4월 개정을 통해 주식회사와 조합의 장점을 살릴 수 있는 새로운 기업형태로서 미국의 Limited Partnership을 우리 법에 맞게 수용하여 합자조합제도를 신설했다. 이 제도는 기업의 설립·운영·해산과 관련하여 사적 자치를 폭넓게 인정하면서도 참여자의 유한책임이 인정되므로 벤처기업, 사모펀드 등 소규모의 전문사업에 적합한 기업형태이다. 합자조합은 내부적으로 조합의 실질을 가지고 자율적인 운영을 하며, 외부적으로 유한책임조합원은 유한책임의 혜택을 누리면서 법인격의 부여에 따른 세제상의 불이익을 받지 않는 장점이 있다. 합자조합의 실질은 법인격이 없는 점을 제외하고는 합자회사와 같다.

II. 합자조합의 의의

합자조합은 "조합의 채무에 대하여 무한책임을 지는 조합원과 출자가액을 한도로 하여 유한책임을 지는 조합원이 상호출자하여 공동사업을 경영할 것을 약정함으로써 그 효력이 생기는 계약"이다(86의2).

1. 당 사 자

합자조합에는 조합채무에 대해 무한책임을 지는 1인 이상의 업무집행조합원(직접·연대·무한 책임, 86의2, 86의8, 212)과 1인 이상의 유한책임조합원이 있어야 한다. 유한책임조합원은 조합계약에서 정한 출자가액에서 이미 이행한 부분을 뺀 가액을 한도로 조합채무에 대하여 직접·유한책임을 진다(86의6). 그러나 연대책임은 지지 아니한다(86의8④ 참조).

2. 목 적

합자조합은 업무집행조합원과 유한책임조합원이 상호출자하여 공동사업을 경영할 것을 목적으로 한다(86의2 참조). 합자조합은 업무집행조합원이 경영하는 사업에 유한책임조합원이 자본을 제공하고 그 사업으로부터 생기는 이익분배에 참여하는 공동기업이다. 조합원의 출자와 손익분배에 관한 사항은 조합계약에서 정한다(86의3vi-vii).

3. 계 약

합자조합은 무한책임조합원과 유한책임조합원이 상호출자하여 공동사업을 경영할 것을 약정함으로써 효력이 생기는 계약이다. 합자조합은 조합원의 책임을 제외하고는 그 실질이 조합이므로, 합자조합에 관하여는 상법 또는 조합계약에 다른 규정이 없으면 민법 중 조합에 관한 규정을 준용한다(86의8④본). 합자조합은 계약의 일종이고 법인격이 없으므로 소송상 당사자능력이 인정되지 아니한다. 따라서 합자조합은 자기의 명의로 소송상 원고나 피고가 될 수 없고, 업무집행조합원이 조합을 대리하여 소송을 수행하여야 한다(86의8②, 209).

III. 합자조합의 설립

1. 조합계약의 체결

합자조합은 업무집행조합원과 유한책임조합원 사이에 조합계약을 체결함으로써 설립된다. 조합계약은 상호출자하여 공동사업을 경영할 것을 목적으로 하여야 한다. 설립등기는 합자조합의 성립요건이 아니며 조합계약과 동시에 합자조합이 성립한다. 합자조합에서는 일정한 사항을 등기하도록 되어 있으나(86의4), 이는 조합 설립 후에 이루어지는 등기로서 조합의 성립과는 관계없다.

2. 조합계약의 기재사항

합자조합의 조합계약에는 다음의 법정기재사항을 적고 총조합원이 기명날인 또는 서명해야 한다(86의3). ① 목적, ② 명칭, ③ 업무집행조합원의 성명 또는 상호, 주소 및 주민등록번호, ④ 유한책임조합원의 성명 또는 상호, 주소 및 주민등록번호, ⑤ 주된 영업소의 소재지, ⑥ 조합원의 출자에 관한 사항, ⑦ 조합원에 대한 손익분배에 관한 사항, ⑧ 유한책임조합원의 지분의 양도에 관한 사항, ⑨ 둘 이상의 업무집행조합원이 공동으로 합자조합의 업무를 집행하거나 대리할 것을 정한 경우에는 그 규정, ⑩ 업무집행조합원 중 일부 업무집행조합원만 합자조합의 업무를 집행하거나 대리할 것을 정한 경우에는 그 규정, ⑪ 조합의 해산 시 잔여재산 분배에 관한 사항, ⑫ 조합의 존속기간이나 그 밖의 해산사유에 관한 사항, ⑬ 조합계약의 효력 발생일.

3. 설립 후의 등기사항

업무집행조합원은 합자조합 설립 후 2주 내에 조합의 주된 영업소의 소재지에서 법정사항을 등기하여야 한다(86의4①). 그 사항이 변경된 경우에는 2주 내에 변경등기를 하여야 한다(86의4②). 업무집행조합원이 이러한 등기를 게을리한 때에는 과태료의 제재를 받는다(86의9).

4. 조합계약의 하자

합자조합의 설립을 위한 조합계약에 하자가 있는 경우 합명회사·합자회사와 같은 규정(184, 190, 269)이 없으므로 그 계약의 효력이 문제된다. 이 경우에는 조합계약을 무효로 볼 것이 아니라 거래안전을 위하여 조합으로서 영업을 한 기간은 마치 유효한 조합이 성립한 것처럼 취급하여 제3자를 보호하여야 할 것이다.

IV. 합자조합의 내부관계

1. 조합원의 출자의무

각 조합원은 조합계약에서 정한 바에 따라 출자의무를 부담한다. 업무집행조합원은 무한책임을 지므로 출자의 목적에 아무런 제한을 받지 않으며, 재산출자 외에 신용과 노무를 출자하는 것도 가능하다(86의8④본:민 703). 유한책임조합원은 신용과 노무를 출자의 목적으로 하지 못한다(86의8③, 272). 출자이행의 시기 및 정도는 조합계약에서 정한 바에 따른다(86의3vi:민 703). 조합원이 합자조합에 대한 채권을 가지고 있는 경우에는 상계로써 조합에 대항할 수 있다고 본다. 출자이행의 방법은 출자의 종류에 따라 다르다. 재산출자의 경우에는 금전의 납입이나 현물출자의 목적인 재산의 이전에 의하고, 노무출자 또는 신용출자의 경우에는 노무 또는 신용의 제공에 의한다. 조합원이 출자의무를 불이행한 경우에는 채무불이행의 일반적 효과로서 손해배상 책임을 진다. 출자는 합자조합이 공동사업을 경영하는 데 필수불가결한 요소이므로, 조합원의 출자의무 불이행은 제명사유에 해당한다(민 718 참조).

2. 업무집행

(1) 업무집행권자

합자조합의 업무집행은 업무집행조합원이 담당한다(86의5). 업무집행조합원은 선량한 관리자의 주의로써 업무를 집행하여야 한다(86의5②). 업무집행조합원이 1인인 경우에는 그가 단독으로 업무집행의 의사결정을 하고 업무를 집행할 권리와 의무가 있다. 업무집행조합원이 둘 이상인 경우에도 원칙적으로 각자가 합자조합의 업무를 집행할 권리와 의무가 있다(86의5①).

(2) 업무집행권의 제한

조합계약에서는 둘 이상의 업무집행조합원이 공동으로 합자조합의 업무를 집행할 것을 정할 수 있고(공동집행), 또 업무집행조합원 중 일부 업무집행조합원만 합자조합의 업무를 집행할 것을 정할 수 있다(86의3ix·x 참조). 업무집행조합원의 업무집행을 정지하거나 직무대행자를 선임하는 가처분을 하거나 그 가처분을 변경·취소하는 경우에는 영업소의 소재지가 있는 곳의 등기소에서 이를 등기하여야 한다(86의8②, 183의2). 직무대행자는 가처분명령에 다른 정함이 있는 경우와 법원의 허가를 얻은 경우 외에는 통상업무에 속하지 아니한 행위를 하지 못한다(86의8②, 200의2).

(3) 이 의 권

업무집행조합원이 둘 이상 있는 경우에 조합계약에 다른 정함이 없으면 그 각 업무집행조합원의 업무집행에 관한 행위에 대하여 다른 업무집행조합원의 이의가 있는 경우에는 그 행위를 중지하고 업무집행조합원 과반수의 결의에 따라야 한다(86의5③). 유한책임조합원은 업무집행권이 없으므로 이의권이 없다.

(4) 업무집행자 등의 의무

1) 경업금지의무   업무집행조합원은 다른 조합원의 동의가 없으면 자기 또는 제3자의 계산으로 합자조합의 영업부류에 속하는 거래를 하지 못하며, 동종영업을 목적으로 하는 다른 회사의 무한책임사원 또는 이사가 되지 못한다(86의8②, 198①). 업무집행조합원이 영업기밀을 이용하여 조합이익을 해하는 것을 방지하기 위한 것이다. 다만, 조합계약에 다른 규정이 있으면 업무집행조합원은 경업금지의무를 부담하지 아니한다(86의8②단). 유한책임조합원은 업무집행에 관여하지 않으므로 경업금지의무를 부담하지 아니한다(86의8③, 275). 업무집행조합원이 경업금지의무에 위반하여 거래를 한 경우에 그 거래가 자기의 계산으로 한 것인 때에는 합자조합의 계산으로 한 것으로 볼 수 있고, 제3자의 계산으로 한 것인 때에는 그 조합원에 대하여 이로 인한 이득의 양도를 청구할 수 있다(86의8②, 198②). 이러한 개입권은 다른 조합원 과반수의 결의에 의하여 행사하여야 하며, 다른 조합원의 1인이 그 거래를 안 날로부터 2주간을 경과하거나 그 거래가 있은 날로부터 1년을 경과하면 소멸한다(86의8②, 198④). 이 기간은 제척기간이다. 개입권을 행사하더라도 손해가 있는 경우에는 그 업무집행조합원에 대하여 손해배상을 청구할 수 있다(86의8②, 198③).

2) 자기거래의 제한   업무집행조합원과 유한책임조합원은 다른 조합원 과반수의 결의가 있는 때에 한하여 자기 또는 제3자의 계산으로 합자조합과 거래를 할 수 있다. 이 경우에는 민법 제124조(자기계약·쌍방대리의 금지)를 적용하지 아니한다(86의8②③, 199). 조합원이 그 지위를 이용하여 조합이익을 해하는 것을 방지하기 위한 것이다. 그러나 조합계약에 다른 규정이 있으면 업무집행조합원 또는 유한책임조합원은 조합과 거래를 할 수 있다(86의8②단, ③전).

(5) 유한책임조합원의 감시권

유한책임조합원은 영업연도 말에 있어서 영업시간 내에 한하여 합자조합의 회계장부, 대차대조표 기타의 서류를 열람할 수 있고 회사의 업무와 재산상태를 검사할 수 있다. 또 중요한 사유가 있는 때에는 유한책임조합원은 언제든지 법원의 허가를 얻어 위의 열람과 검사를 할 수 있다(86의8③, 277).

3. 손익의 분배

합자조합은 조합계약에서 정한 손익분배의 비율(86의3vii)에 따라 손익을 분배하여야 한다. 손익의 분배는 반드시 출자의 비율에 따라야 하는 것은 아니며, 또 이익분배의 비율과 손실분담의 비율이 같아야 하는 것도 아니다. 조합원의 다수결로 손익분배의 비율을 정하는 것은 무효라고 본다. 조합계약에서 손익분배의 비율을 규정하고 있지 아니한 경우에는 민법의 조합에 관한 규정을 준용한다(86의8④본). 이에 따라 당사자가 손익분배의 비율을 정하지 아니한 때에는 각 조합원의 출자가액에 비례하여 이를 정하고(민 711①), 이익 또는 손실에 대하여 분배의 비율을 정한 때에는 그 비율은 이익과 손실에 공통된 것으로 추정한다(민 711②).

4. 지분의 양도 및 탈퇴

조합원의 지분은 조합원의 합자조합에 대한 지위, 즉 조합원의 권리·의무의 총체를 가리킨다. 업무집행조합원은 다른 조합원 전원의 동의를 받지 아니하면 그 지분의 전부 또는 일부를 타인에게 양도하지 못한다(86의7①). 그러나 유한책임조합원의 지분은 조합계약에서 정하는 바에 따라 양도할 수 있다(86의7②, 86의3viii). 유한책임조합원의 지분을 양수한 자는 양도인의 조합에 대한 권리·의무를 승계한다(86의7③). 조합원은 사망, 파산, 성년후견의 개시와 제명에 의하여 탈퇴된다(86의8④; 민 717). 조합원의 제명은 정당한 사유가 있는 때에 한하여 다른 조합원의 일치로써 이를 결정한다(86의8④; 민 718). 조합원은 임의탈퇴할 수도 있다(86의8④, 민 716).

V. 합자조합의 외부관계

1. 대 리

(1) 대리권자

업무집행조합원은 조합계약에 다른 규정이 없으면 각자가 대외적으로 합자조합의 업무를 대리할 권한이 있다(86의5①). 유한책임조합원은 조합계약에 특별한 규정이 없는 한 조합의 업무를 대리하지 못한다(86의8③, 278). 조합업무의 대리는 조합의 대외적 관계에 속하므로 조합의 채무에 대하여 무한책임을 지는 업무집행조합원이 맡도록 한 것이다. 업무집행조합원은 선량한 관리자의 주의로써 조합의 대리

업무를 집행하여야 한다(86의5②). 합자조합을 대표하는 업무집행조합원은 합자조합의 영업에 관하여 재판상 또는 재판 외의 모든 행위를 할 권한이 있다. 이 권한에 대한 제한은 선의의 제3자에게 대항하지 못한다(86의8②, 209). 업무집행조합원이 1인인 경우에는 그가 단독으로 조합을 대리한다. 업무집행조합원이 둘 이상인 경우에도 원칙적으로 각자가 조합의 업무를 대리할 권한을 가진다(86의5①).

(2) 대리권의 제한

조합계약에서는 둘 이상의 업무집행조합원이 공동으로 합자조합의 업무를 대리할 것을 정할 수 있다(86의3ix 참조). 이 경우 업무집행조합원 전원이 공동으로 조합의 대외업무를 대리하여야 한다. 그러나 제3자의 조합에 대한 의사표시는 공동대리의 권한이 있는 업무집행조합원의 1인에 대하여 하여도 효력이 있다(86의8②, 208②). 또 조합계약으로 업무집행조합원 중 일부 업무집행조합원만 합자조합의 업무를 대리할 것을 정할 수 있다(86의3x 참조).

2. 조합원의 책임

(1) 업무집행조합원의 책임

업무집행조합원은 조합의 채무에 대하여 직접·연대·무한의 책임을 진다(86의2, 86의8②, 212). 이에 따라 조합의 채권자는 업무집행조합원에 대하여 그 채권발생 당시에 업무집행조합원의 손실부담의 비율을 알지 못한 때에는 각 업무집행조합원에게 균분하여 그 권리를 행사할 수 있고(86의8④본: 민 712), 업무집행조합원 중에 변제할 자력이 없는 자가 있는 때에는 그 변제할 수 없는 부분은 다른 업무집행조합원이 균분하여 변제할 책임이 있다(86의8④본: 민 713).

(2) 유한책임조합원의 책임

유한책임조합원은 조합의 채무에 대하여 직접·유한책임을 진다(86의2, 86의8②와 ③ 대조). 그러나 업무집행조합원과 달리 연대책임은 지지 아니한다(86의8④ 참조). 유한책임조합원은 조합계약에서 정한 출자가액에서 이미 이행한 부분을 뺀 가액을 한도로 하여 조합채무를 변제할 책임이 있다(86의6①). 이 경우 합자조합에 이익이 없음에도 불구하고 배당을 받은 금액은 변제책임을 정할 때에 변제책임의 한도액에 더한다(86의6②). 업무집행조합원의 경우와 달리, 조합채권자는 채권발생 당시에 유한책임조합원의 손실부담의 비율을 알지 못한 때에도 각 조합원에게 균분하여 그 권리를 행사할 수 없고(86의8④단: 민 712 적용배제), 조합원 중 변제 자력이 없는 자가 있는 때에도 그 변제할 수 없는 부분을 다른 조합원에게 균분하여 청구할 권리가 없다(86의8④단: 민 713 적용배제).

(3) 자칭 업무집행조합원의 책임

유한책임조합원이 타인에게 자기를 업무집행조합원이라고 오인시키는 행위를 한 때에는 오인으로 인하여 합자조합과 거래를 한 자에 대하여 업무집행조합원과 동일한 책임 또는 그 책임의 한도를 오인시킨 책임을 진다고 본다(281 유추).

(4) 책임의 변경

조합계약에 의하여 유한책임조합원이 업무집행조합원으로 변경되거나 반대로 변경된 경우에 상법 제282조(책임을 변경한 사원의 책임)를 유추적용하여 그 책임의 변경 전에 생긴 채무에 대하여 다른 조합원과 동일한 책임을 지게 하는 것은 조합원의 의사에 반한다고 본다. 이러한 경우에는 조합계약에 다른 정함이 없으면 이들이 책임을 변경하기 전에 부담한 채무에 대하여 책임이 변경된 시점부터 변경된 책임을 부담하는 것으로 본다.

VI. 해산 · 청산

합자조합은 조합계약에 정한 존속기간이 만료하거나 해산사유를 정한 경우에는 그 사유가 발생한 때에 해산한다. 또한 업무집행조합원 또는 유한책임조합원의 전원이 퇴사한 때에도 해산된다(86의8①, 285①). 해산되면 청산절차를 밟게 된다. 업무집행조합원 또는 유한책임조합원의 전원이 퇴사한 경우에 잔존한 업무집행조합원 또는 유한책임조합원은 전원의 동의로 새로 유한책임조합원 또는 업무집행조합원을 가입시켜서 조합을 계속할 수 있다. 새로 가입한 조합원은 그 가입 전에 생긴 조합채무에 대하여 다른 조합원과 동일한 책임을 진다. 이미 조합의 해산등기를 하였을 때에는 일정한 기간 내에 영업소의 소재지에서는 조합의 계속등기를 하여야한다(86의8①, 285②, 213, 229③).

합자조합의 청산인은 업무집행조합원 과반수의 결의로 선임하고, 이를 선임하지 아니한 때에는 업무집행조합원이 청산인이 된다(86의8④본; 민723, 708). 청산인의 직무는 현존사무의 종결, 채권의 추심 및 채무의 변제, 잔여재산의 인도 등이며, 청산인은 청산에 관한 직무를 행하기 위하여 필요한 모든 행위를 할 수 있다(86의8④본; 민724①, 87). 잔여재산은 각 조합원의 출자가액에 비례하여 분배한다(86의8④본; 민 724②).

제3장 | 각 칙

제1절 代 理 商

I. 총 설

기업이 활동지역을 확대하는 것은 기업으로서 이익일 뿐 아니라 다수의 계약을 수집하여야 하는 집합기업에 있어서는 필수적인 것이다. 기업은 그 활동지역의 확장의 필요에 따라 자연히 기업보조자를 이용하게 되나, 이 경우 상업사용인을 사용하면 영업성적의 여하에 관계없이 보수 · 비용 등의 부담이 늘어나고, 나아가서 업무감독도 용이하지 않게 된다. 그러나 사업확장을 하려는 지역에 있는 독립상인을 대리상(commercial agent)으로 이용하는 경우에는 영업실적에 따라서만 수수료 등의 보수를 지급하게 되고, 대리상의 그 지역에서의 명성 · 경험 · 신용 등을 활용할 수 있는 이점이 생긴다.

II. 대리상의 의의

대리상이라 함은 일정한 상인을 위하여 상업사용인이 아니면서 常時 그 영업의 부류에 속하는 거래의 代理(체약대리상) 또는 仲介(중개대리상)를 영업으로 하는 자이다(87).

1. 상인의 特定

대리상은 일정한 商人을 위하여 거래의 대리 또는 중개를 하여야 한다. 대리상은 상인을 위하여 행위를 하는 자이므로 상인 이외의 자를 위하여 대리 · 중개를 하는 자는 상법상의 대리상이 아니다(民事代理商). 본인인 상인은 단일함을 요하지 않으나 반드시 특정되어야 한다. 이 점에서 대리상은 불특정다수인을 보조하는 중개인 또는 위탁매매인과 다르다.

2. 영업의 繼續性

대리상은 常時 거래의 대리 또는 중개를 하여야 하므로 본인인 상인과 계속적 거래관계에 있어야 한다. 따라서 대리상은 단지 개별적인 위임사무를 처리하는 데 그치는 단순한 수임인과는 달리 본인인 상인과 깊은 신뢰관계에 기초를 두고 있는 것이다.

3. 營業部類에 속한 거래

대리상은 일정한 상인의 영업부류에 속하는 거래의 대리 또는 중개를 하여야 한다. 대리상은 본인의 영업부류에 속하는 거래를 하여야 하므로 본인의 영업부류에 속하지 않는 거래를 하는 자는 본인을 위하여 계속적으로 이를 대리하거나 중개하더라도 대리상이 아니다. 따라서 매매업을 하는 특정한 상인을 위하여 주로 금융의 대리·중개를 하는 자는 대리상이 아니다.

4. 거래의 代理 또는 仲介

대리상이 본인을 위하여 하는 행위는 거래의 대리 또는 중개이다. 거래의 대리를 하는 대리상을 締約代理商, 중개를 하는 대리상을 仲介代理商이라고 한다.

5. 獨立性

대리상은 상업사용인이 아닌 독립한 상인이다. 대리상은 상업사용인과 같이 기업을 보조하는 자이지만 대리상은 기업의 외부에서 독립한 상인으로서 기업을 보조하는 자이므로 기업의 내부에서 기업의 인적 요소를 구성하며 종속적 경영보조를 담당하는 상업사용인과는 구별되는 것이다.

6. 商人性

대리상은 상행위의 대리의 인수 또는 중개에 관한 행위의 인수를 영업으로 함으로써 당연상인의 자격을 취득하여 독립한 상인이 되는 것이다. 따라서 대리상이 이렇게 인수한 행위를 제3자와 구체적으로 실시하는 거래의 대리 또는 중개는 보조적 상행위가 된다.

7. 명　칭

대리상인가의 여부는 대리상이라는 명칭의 사용여부와는 무관하고 양자 간의 계약의 내용과 효과를 중심으로 판단하여야 할 문제이다.

III. 대리상계약의 법적 성질

대리상은 본인인 상인과 그의 영업부류에 속하는 거래를 계속적으로 대리 또는 중개하기로 하는 계약을 체결함으로써 성립된다(87). 이 계약을 대리상계약이라고 한다. 대리상계약은 낙성·불요식계약이다. 이 계약은 본인인 상인에게는 영업을 위하여 하는 행위로서 보조적 상행위가 되고, 대리상이 되고자 하는 자는 대리의 인수 또는 중개를 영업으로 하는 것이므로 그에게는 기본적 상행위가 되어 그가 당연 상인이 된다. 대리상계약의 법적 성질은 법률행위(체약대리상) 또는 사실행위(중개대리상)에 관한 委任(민 680)이며, 민법상의 위임에 관한 규정이 준용된다. 체약대리상에 대해서는 상사대리에 관한 제48조 내지 제50조의 특칙이 적용된다.

IV. 대리상의 권리·의무

1. 대리상과 본인과의 관계

(1) 대리상의 의무

1) 善管注意義務　대리상계약의 법적 성질은 위임계약이므로, 위임의 성질에 따라 대리상은 본인을 위하여 선량한 관리자의 주의로써 그 영업부류에 속하는 거래의 대리나 중개를 하여야 한다(민 681). 상법은 이 외에도 대리상의 의무와 권리에 대하여 다음과 같은 특칙을 두고 있다.

2) 通知義務　대리상은 거래의 대리 또는 중개를 하였을 때에는 지체 없이 본인에 대하여 그 통지를 발송하여야 한다(88). 민법은 위임계약에서 수임인은 위임인의 청구가 있거나 위임이 종료한 때에 한하여 위임인에게 통지의무를 규정하는데(민 683), 상법은 본인을 보호하고자 하는 기업거래의 필요에서 대리상의 의무를 보다 엄격히 규정하고 있다. 통지할 사항은 대리 또는 거래가 이루어진 사실과 거래의 주요 내용이며, 통지는 발송만 하면 되도록 하여(發信主義) 대리상의 보호를 도모하고 있다. 즉 통지의 부도착이나 연착에 대한 위험은 본인이 부담하는 것이다.

3) 競業避止義務　대리상은 본인의 허락이 없으면 자기 또는 제3자의 계산으로 본인의 영업부류에 속하는 거래를 하거나 동종영업을 목적으로 하는 회사의 무

한책임사원 또는 이사가 될 수 없다(89①). 이것은 대리상과 본인의 이익조정을 도모하는 것이다. 상업사용인의 경우와 비교하여 보면 협의의 경업피지의무는 같다. 그러나 겸직금지의무에서는 동종영업을 목적으로 하는 회사에 대해서만 인정되고 또 다른 상인의 사용인이 될 수 없는 점에 대해서는 언급하지 않는다. 그러므로 대리상에 대하여는 동종 영업을 목적으로 하는 회사에 대해서만 겸직금지의무를 인정하기 때문에 경업피지의무의 범위는 그만큼 축소되어 있다. 협의의 경업피지의무 위반의 경우에는 본인은 대리상계약의 해지권, 손해배상청구권 및 개입권을 행사할 수 있고, 겸직금지의무 위반의 경우에는 본인은 대리상계약의 해지권 및 손해배상청구권만을 행사할 수 있다(89②, 17②-④).

4) 營業秘密遵守義務　　대리상은 계약의 종료 후에도 계약과 관련하여 알게 된 본인의 영업상의 비밀(trade secret)을 준수하여야 한다(92의3). 이것은 본인을 보호하기 위한 것으로, 계약 존속 중은 물론 계약의 종료 후에도 인정된다. 영업상의 비밀이란 영업과 관련된 사항으로서 소수인만이 알고 있고 본인이 공표되는 것을 바라지 않는 것 등을 의미한다.

(2) 대리상의 권리

1) 報酬請求權

대리상은 상인이므로 본인을 위하여 한 행위에 관하여 당사자 간에 보수의 약정을 하지 않은 경우에도 당연히 상당한 보수를 청구할 수 있다(61). 대리상의 보수액에 관하여는 보통 대리상계약에서 정하여진다. 그 금액은 동종거래에 관한 관습과 사회통념에 의하여 결정된다. 보수의 지급시기에 대한 합의가 없는 경우 보수는 원칙적으로 대리 또는 중개에 의해 계약이 성립되고 그 이행이 종료된 때에 청구할 수 있다고 본다. 그러나 우리 상법은 대리상의 보수에 관하여 일체의 규정을 두지 않고 있기 때문에 해석론에 의존할 수밖에 없는 궁색한 현실이며, 법의 정비가 필요한 부분이다.

2) 留置權

⑴ 의　의　　대리상은 다른 의사표시가 없는 한 거래의 대리 또는 중개를 함으로 말미암아 생긴 채권이 변제기에 있을 때에는 그 변제를 받을 때까지 본인을 위하여 점유하는 물건 또는 유가증권을 유치할 수 있다(91). 이와 같이 상법은 대리상을 위하여 별도로 유치권을 규정하여 대리상과 본인 간의 이익조정을 도모하고 있다. 이는 특별상사유치권의 일종이다. 대리상은 이러한 유치권 외에도 민

사유치권이나 일반상사유치권의 발생요건을 충족하면 이와 같은 유치권을 행사할 수도 있다. 이러한 특별상사유치권은 그 발생요건에서만 민사유치권 및 일반상사유치권과 구별되고 그 효력에서는 다른 유치권과 같다.

(내) 요 건 　　被擔保債權은 거래의 대리 또는 중개를 함으로써 생긴 채권이어야 한다. 즉 민사유치권과 같이 유치목적물에 관하여 생긴 채권임을 요하지 않는다. 이 점은 대리상의 특별상사유치권이 민사유치권과 다르고 일반상사유치권과 같은 점이다. 대리상의 유치목적물은 본인을 위하여 적법하게 점유하는 물건 또는 유가증권이면 족하고 占有取得原因 여하 및 所有權의 소재 여하를 불문한다. 이 점에 있어서 대리상의 특별상사유치권은 상행위에 의하여 채권자가 점유하게 된 물건으로서 채무자 소유의 것을 유치목적물로 할 수 있는 일반상사유치권과 다르고, 민사유치권과 같다.

(대) 유치권배제의 특약 　　대리상의 유치권은 당사자 사이의 특약으로 배제할 수 있다(91단).

(래) 효 력 　　대리상의 유치권의 효력은 민사유치권의 경우와 같다(민 321 이하).

3) 보상청구권

(개) 의 의 　　대리상의 報償請求權이라 함은 대리상의 활동으로 본인이 새로운 고객을 획득하거나 영업상의 거래가 현저하게 증가하고 이로 인하여 본인이 대리상계약의 종료 후에도 이익을 얻고 있는 경우에는 대리상에게 본인에 대하여 상당한 보상을 청구할 수 있는 권리를 말한다(92의2①본). 대리상이 열심히 노력하여 새로운 고객을 획득하거나 종래의 고객과의 거래규모가 현저하게 증가한 경우에 본인이 갑자기 대리상계약을 해지하고 직접 고객과 거래를 하여 이익을 독식하는 사례가 발생하는 경우가 있는데, 이 경우 대리상에게 그의 과거의 노력에 대한 상당한 대가를 지급하도록 함으로써 대리상을 보호하고 또 본인과 대리상 간의 형평을 도모하기 위하여, 대리상계약이 종료된 후에 인정되는 법정의 권리이다. 대리상의 이러한 부당이득은 본인의 불법행위로 인한 손해배상청구권도 아니고, 본인에게 발생한 부당이득에 대한 반환청구권도 아니며, 본인에 대한 보수청구권도 아닌 법정의 권리이다.

(내) 요 건

a. 적극적 요건 　　대리상의 활동으로 인하여 본인이 새로운 고객을 획득하거나 영업상의 거래가 현저하게 증가하여야 한다. 그 결과 본인은 대리상계약의 종료 후에도 이익을 얻고 있어야 한다(92의2①전). 이익은 영업이익을 말하는 것이

아니라, 대리상이 개척한 고객과의 거래가 유지됨으로써 얻는 기업상의 경제적 가치를 말한다.

　　　b. 소극적 요건　　　본인과 대리상 사이의 대리상관계가 종료되어야 한다. 종료원인은 대리상의 귀책사유로 인한 경우가 아니어야 한다. 대리상계약의 종료가 대리상의 귀책사유로 인한 경우에는 대리상을 보호할 필요가 없기 때문에 상법은 이 경우에는 대리상의 보상청구권을 인정하지 않는다(92의2①단). 계약관계가 계속되었더라면 얻을 수 있었던 보수청구권을 상실하여 대리상이 손해를 입어야 한다. 보상금을 지급하는 것이 형평성에 부합하여야 한다.

　　㈐ 보상금액　　　대리상이 청구할 수 있는 것은 상당한 보상이며, 법은 그 최고한도액을 제한한다. 대리상의 보상청구금액은 대리상계약의 종료 전 5년간의 평균연보수액을 초과할 수 없고, 대리상계약의 존속기간이 5년 미만인 경우에는 그 기간의 평균연보수액을 기준으로 한다(92의2②).

　　㈑ 소　　　멸　　　대리상의 보상청구권은 대리상계약이 종료한 날로부터 6월을 경과하면 소멸한다(92의2③). 이 기간은 제척기간이다.

　　㈒ 적　　　용　　　상법은 이 규정의 적용범위에 관하여 제한규정을 두지 않는다.

2. 대리상과 제3자와의 관계

(1) 거래상의 책임

대리상이 제3자에 대하여 어떠한 범위 내에서 본인을 대리할 권한이 있는가는 대리상계약의 내용에 따라 다르다. 그리하여 체약대리상은 계약체결의 대리권을 가지지만, 중개대리상은 중개를 할 수 있을 뿐 계약을 체결할 대리권은 없다.

(2) 대리상의 통지수령권

상법은 물건의 판매나 그 중개의 위탁을 받은 대리상은 매매의 목적물의 하자 또는 수량부족 기타의 매매의 이행에 관한 통지를 받을 권한을 갖는다고 규정하고 있다(90). 이러한 대리상의 통지수령권은 법정의 권한으로 체약대리상만 아니라 중개대리상에게도 인정된다. 또한 이러한 통지수령권은 물건판매와 관련하여 매매의 이행에 관한 통지에 한정되므로 매매계약 자체의 무효·취소·해지 등에 따른 통지수령권은 인정되지 않는다.

V. 대리상관계의 종료

1. 종료원인

(1) 일반종료원인

대리상계약은 위임의 일반종료원인에 의하여 종료된다(민 690). 다만 본인의 사망에 의하여서는 종료되지 않는다(50). 또한 대리상계약은 기업의 존재를 전제로 하므로 그 기업의 해소는 당연히 종료원인이 된다. 그러나 영업양도의 경우에는 상업사용인의 경우와 같이 원칙적으로 종료되지 않는다고 본다.

(2) 법정종료원인

당사자가 계약의 기간을 정하지 않았을 때에는 각 당사자는 2월 전에 예고를 하여 그 계약을 해지할 수 있다. 그러나 부득이한 사정이 있을 때에는 각 당사자는 언제든지 그 계약을 해지할 수 있다(92). 부득이한 사정이 없음에도 불구하고 상대방이 불리할 때 대리상계약을 해지한 경우에는 손해배상을 하여야 한다(통설).

2. 종료효과

대리상관계가 종료하면 대리상과 본인 사이의 잔무를 처리하여야 한다. 대리상은 이미 처리한 대리 또는 중개행위에 대한 보수를 청구할 수 있다. 대리상은 보상청구권과 영업비밀준수의무를 진다.

제2절 중 개 업

I. 총   설

중개인의 기능은 주로 계약체결 기회를 촉진하는 데 있으며, 중개인은 상인의 보조기관으로서 존재하는 것이다. 즉, 상거래를 함에 있어서는 적당한 상대방을 선택하고 그 자력이나 신용을 확인하며 또 시장의 사정을 탐지할 필요가 있으나, 본인이 직접 이러한 일을 한다는 것은 용이하지 않은 경우가 적지 않다. 이때 중개인을 이용하면 용이하게 거래를 성립시킬 수 있는 이점이 있다.

II. 중개인의 의의

중개인(broker)이라 함은 "타인 간의 상행위의 중개를 영업으로 하는 자"를 말한다(93).

1. 중개행위

중개인은 '중개'를 하는 자이다. 중개라 함은 타인간의 계약의 체결에 힘쓰는 事實行爲이다. 중개인은 이와 같이 사실행위인 중개행위만을 할 뿐이므로 제3자에 대하여 당사자가 되지 않을 뿐만 아니라, 위탁자의 代理權도 없다. 따라서 중개인은 자기의 이름으로 위탁자의 계산으로 매매계약을 체결하는 '위탁매매인' 또는 일정한 상인을 위하여 계속적으로 그 대리인으로서 제3자와 계약을 체결하는 '체약대리상'과 구별된다.

2. 상사중개와 민사중개

'상행위'의 중개를 하여야 하므로 적어도 타인의 일방은 상인이어야 한다. 상인이외의 자의 상행위란 있을 수 없기 때문이다. 그러나 그 상행위는 쌍방적 상행위뿐만 아니라 일방적 상행위를 포함한다. 그러나 이때의 상행위는 영업적 상행위만을 의미하고 보조적 상행위를 포함하지 않는다(통설). 중개업은 영업으로 반복하는 상행위의 중개를 예정하고 있기 때문이다. 상법상의 중개인은 '상행위'의 중개를 하여야 하는 점에서(商事中介人), 당사자의 어느 일방에게도 상행위가 되지 않는 행위의 중개를 하는 民事仲介人과 구별된다. 토지나 가옥의 매매 또는 임대차를 중개하는 부동산중개인이나 직업소개소, 결혼상담소 등의 민사중개인도 상법 제46조 제11호의 중개행위를 영업으로 하는 자로서 당연상인이 되지만 상법 제93조의 중개인이 되는 것은 아니다. 민사중개인에 대하여도 일정한 범위 내에서 중개인에 관한 규정이 준용될 수 있다.

3. 불특정 타인 간의 중개

상법상의 중개인은 널리 '타인간'(불특정다수)의 상행위의 중개를 하는 점이 특정한 상인을 위하여 계속적으로 상행위의 중개를 하는 '중개대리상'과 다르다.

4. 商 人 性

중개를 '영업으로 하는 자'이다. 이는 상행위의 중개를 인수하는 것, 즉 중개계

약을 체결하는 것을 영업으로 하는 것을 말한다. 따라서 우연한 경우에 중개행위를
일회적으로 하게 되는 자는 중개인이 아니다.

III. 중개계약의 법적 성질

상행위의 중개를 위탁하는 자와 중개인 간의 계약을 仲介契約이라고 한다. 중
개계약은 당사자 일방(위탁자)이 상행위의 중개를 위탁하고, 상대방(중개인)이 이를
승낙함으로써 효력이 생기는 낙성계약이다. 중개계약에는 중개인은 적극적으로 중
개할 의무는 없고 다만 계약이 성립하면 그에 대한 보수를 청구할 수 있는 계약인
일방적 중개계약(片務契約)과 중개인이 적극적으로 중개할 의무를 부담하는 계약인
쌍방적 중개계약(雙務契約)이 있다. 그런데 당사자 간의 특약이 없는 한 중개계약은
원칙적으로 쌍방적 중개계약으로 보아야 한다(통설). 이러한 중개계약의 법적 성질
에 대하여 쌍방적 중개계약은 위임계약이라고 보는 것이 통설이다. 그러나 일방적
중개계약의 법적 성질에 대하여는 다툼이 있다. 위임계약이란 수임인(중개인)이 사
무처리의 의무를 부담하는 계약이므로 중개인이 이러한 의무를 부담하지 않는 일방
적 중개계약은 위임계약으로 볼 수는 없고, '도급계약에 유사한 특수한 계약'으로 보
아야 할 것이다. 그러나 상법의 규정은 쌍방적 중개행위에 한하여 적용되어야 할 이
유가 없으므로 양자에 대하여 적용되어야 할 것이다.

IV. 중개계약의 효과

1. 중개인의 의무

(1) 서   설

중개계약은 보통 쌍방적 중개계약이며 그 법적 성질은 위임이므로 이 경우 중
개인은 중개위탁에 대하여 수탁자로서 선량한 관리자로서의 주의의무를 부담한다
(민 681). 예컨대 중개를 위해 상대방을 선택함에 있어 그의 신용을 상당한 범위에서
조사한다든지, 후술하는 중립을 지키는 것 등은 중개인의 주의의무에 속한다. 이 의
무의 내용은 구체적인 경우에 따라 개별적으로 계약에 의하여 결정될 것이지만, 적
극적으로 위임사무를 처리할 의무뿐만 아니라 그 밖의 부수적인 의무도 포함한다.
또한 중개되는 계약의 쌍방당사자는 서로 반대의 이해를 갖게 된다. 예컨대 매도인
은 가능한 한 고가로 매도할 것을 원하고 매수인은 가능한 한 저가로 매수할 것을
원한다. 이 경우 중개인은 중개를 위탁한 자 또는 보다 많은 보수를 약속하는 자의

이익에 치중하기 쉽다. 그러나 중개인은 위탁자일 뿐만 아니라 그의 상대방과의 사이에도 중개계약관계에 서는 것이며, 보수의 다소는 주의의무의 내용에 영향을 주는 것이 아니므로 어느 일방의 이익에 치중해서는 안 되고 중립성 및 객관성을 지켜야 한다. 중개인은 상법에 의하여 다음과 같은 특수한 의무를 부담한다.

(2) 見品保管義務

중개인은 그 중개한 행위에 관하여 견품을 받은 때에는 그 행위가 완료될 때까지 이를 보관하여야 한다(95). 견품이라 함은 견품매매에서 수령한 견품을 말하며, 이 경우 이것을 중개인에게 보관시키는 것은 당사자 간의 분쟁을 방지하거나 또는 신속히 해결하기 위하여 그 증거를 보전하기 위한 것이다. '그 행위가 완료할 때까지' 보관하여야 한다. 이는 단순히 중개행위가 완료하거나 목적물이 이행된 때까지의 뜻이 아니라, 그 물건의 품질에 관하여 분쟁이 발생하지 않을 것이 확실하게 된 때까지라는 뜻이다. 보관의무가 종료한 후에는 견품이 중개인에게 귀속된다는 명시적 또는 묵시적 약정이 없는 한 중개인은 견품을 그 소유자에게 반환하여야 한다. 중개인의 견품보관의무는 '법률상 당연한 의무'이므로 특약 또는 특별한 관습이 없는 한 그 보관에 대하여 보수를 청구할 수 없다. 또한 보관의 정도는 '선량한 관리자의 주의로써' 하여야 한다. 중개인이 이 의무를 위반하면 그로 인한 손해배상책임을 부담한다.

(3) 結約書交付義務

1) 의 의   중개가 성공하여 당사자 사이에 계약이 성립한 때에는 중개인은 지체 없이 각 당사자의 성명 또는 상호, 계약의 연월일 및 그 요령을 기재한 서면을 작성하여 기명날인 또는 서명한 후 이를 각 당사자에게 교부하여야 하는데(96①), 이 서면을 결약서라고 한다. 중개인이 중개한 계약이 성립한 사실 및 그 내용을 명확히 하여 분쟁 예방과 신속한 해결을 위한 증거방법을 제공하기 위한 것이다. 결약서의 성질은 그것이 당사자 간의 계약이 성립한 후에 중개인이 작성하는 것이므로 계약서가 아니며 계약의 성립요건도 아니고, 계약의 성립과 내용에 관한 단순한 증거서류에 불과하다.

2) 기재사항   결약서의 기재사항은 각 당사자의 성명 또는 상호, 계약의 연월일, 계약요령, 및 중개인의 기명날인 또는 서명이다. 이 중에서 '계약요령'이란 계약 내용의 요점으로 목적물의 명칭·수량·품질·이행의 방법·시기·장소 등이다.

3) 교부시기   중개인은 당사자 간에 성립한 계약이 즉시 이행할 것인 때에는

'지체 없이' 결약서를 작성하여 이것을 각 당사자에게 교부하여야 하며(96①), 당사자가 즉시 이행함을 요하지 않는 경우에는 결약서를 작성하여 이에 '각 당사자로 하여금 기명날인 또는 서명시킨 후' 이것을 상대방에게 교부하여야 한다(96②).

4) 이의의 통지　　당사자의 일방이 결약서를 수령하지 않거나 이것에 기명날인 또는 서명하지 않을 때에는, 상대방에 대하여 지체 없이 그 통지를 발송하여야 한다(96③, 발신주의). 이것은 계약에 대하여 당사자 일방에 이의가 있음을 의미한다.

5) 의무해태의 효과　　상법은 이 의무를 해태한 경우의 효과에 대하여 명문의 규정을 두고 있지는 않지만, 중개계약에 대한 채무불이행을 근거로 손해배상청구가 가능하다고 보아야 할 것이다(민 390).

(4) 장부작성 및 등본교부의무

중개인은 결약서의 기재사항을 기재한 장부를 작성하여야 한다(97①). 이러한 장부는 중개인의 '일기장'이라고 한다. 이는 타인 간의 상행위를 기재한 것이므로 중개인의 상업장부는 아니다. 일기장의 보존에 관하여 상법은 침묵하고 있으나, 상업장부의 보존에 관한 규정을 유추적용하여야 할 것이다. 당사자는 언제든지 중개인이 자기를 위하여 중개한 행위에 관하여 그 장부의 등본의 교부를 청구할 수 있다(97②).

(5) 성명·상호묵비의무와 개입의무

1) 姓名·商號默秘義務　　당사자가 그 성명 또는 상호를 상대방에게 표시하지 않도록 명한 경우에는, 중개인은 결약서 및 장부의 등본에 그 성명 또는 상호를 기재하지 못한다(98).

2) 介入義務(이행담보책임)　　중개인이 임의로 또는 당사자의 요구에 의하여 당사자의 일방의 성명 또는 상호를 그 상대방에게 알리지 않은 경우에는, 중개인은 그 상대방에게 스스로 이행할 책임을 진다(99). 상대방의 신뢰를 보호할 필요가 있으므로 위탁자의 성명을 숨기고 중개한 결과에 대하여 개입의무(이행책임)를 인정한 것이다. 중개인의 이러한 개입의무는 상대방의 신뢰를 보호하기 위하여 법률상 인정된 특별한 '(이행)담보책임'이라고 볼 수 있다. 이행을 한 중개인은 묵비된 당사자에게 구상할 수 있다고 본다. 중개인은 개입의 의무만을 질 뿐이지 상대방의 요구가 없을 때에 스스로 계약상의 권리자가 되는 개입권은 없다.

2. 중개인의 권리

중개인은 상인이므로 위탁자와의 특약의 유무에 불구하고 보수청구권을 행사할 수 있다(61). 이러한 중개인의 보수를 口錢 또는 仲介料(brokerage)라 한다. 이 중개료에는 특약이 없는 한 교통비·통신비 등의 지출비용도 포함된다. 보수청구권이 인정되기 위하여는 1) 중개에 의하여 당사자 간에 계약이 성립하여야 한다. 계약이 성립한 이상 이행의 유무를 불문하며, 계약이 성립하지 않는 한 중개인의 노력이 아무리 크더라도 보수를 청구할 수 없다. 또한 2) 중개행위와 계약의 성립 간에는 상당인과관계가 있어야 한다. 즉 당사자 간에 성립한 계약은 당사자가 그 중개를 중개인에게 위임한 것이며, 또 그것이 중개인의 중개에 의하여 성립한 것이어야 한다. 3) 중개인은 결약서작성교부절차를 완료하지 않으면 보수를 청구하지 못한다(100①).

중개인이 당사자 쌍방으로부터 중개의 위탁을 받았으면(쌍방중개인) 중개인은 특약 또는 관습이 없는 한 보수를 균분하여 당사자 쌍방에게 그 지급을 청구할 수 있다(100②). 중개료의 액은 특약 또는 관습에 의하여 거래가액에 대한 백분율로써 정하는 것이 보통이다.

중개인은 중개를 함에 있어 교통비·통신비 등의 비용을 많이 지출하더라도 특약 또는 관습이 없는 한 그 상환을 청구할 수 없다. 왜냐하면 비용은 보수 중에 포함되는 것으로 보기 때문이다. 또한 중개인은 중개만을 할 뿐 스스로 행위의 당사자가 되는 것이 아니고 또 당사자의 대리인도 아니므로, 다른 약정 또는 관습이 있는 경우를 제외하고(94단) 당사자를 위하여 지급, 기타의 급여를 받을 권한이 없다(94본).

V. 중개계약의 종료

중개계약은 기간의 종료, 해제조건의 성취 등에 의하여 종료되고, 중개계약이 위임인 경우에는 위임의 종료사유인 중개인의 사망·성년후견개시, 중개인 및 위탁자의 파산에 의하여 종료된다(민 690). 다만 위탁자의 사망에 의하여는 종료하지 않는다(50). 위탁자는 일방적 위탁의 경우를 제외하고는 언제든지 위탁계약을 해지할 수 있다.

제3절 위탁매매업

I. 총   설

상인이 멀리 있는 상인과 거래를 하는 경우에는 지점을 설치할 수도 있지만 이 경우에는 많은 비용이 들고 업무감독이 용이하지 않으며, 또 대리점을 이용한다면 권한이 남용될 수도 있다. 중개인을 이용하는 것만으로는 자신의 신용을 강화하는 데 도움이 되지 않는다. 이러한 경우에 위탁매매제도를 이용하면 이를 극복할 수 있는 장점을 취할 수 있으며, 자기가 기반을 갖지 않은 시장에 쉽게 진입할 수 있게 된다. 위탁자는 위탁매매인의 신용·지식·경험을 이용할 수도 있고, 금융의 편의를 얻을 수도 있으며, 거래의 상대방으로서도 본인의 자력·신용·대리권의 유무 등을 일일이 조사할 필요 없이 신속한 거래를 할 수 있게 된다.

II. 위탁매매인의 의의

위탁매매인(mercantile agent)이라 함은 "자기의 명의로 타인의 계산으로 물건 또는 유가증권의 매매를 영업으로 하는 자"를 말한다(101).

1. 法律的 形式

위탁매매인은 자기의 명의로 물건 또는 유가증권의 매매를 영업으로 하는 자이다. '자기명의'(법률적 형식)로 한다는 것은 위탁매매인 자신이 법적으로 매매계약의 당사자로서 권리의무의 주체가 된다는 의미이다. 따라서 위탁매매인은 단순히 중개라는 사실행위만을 하는 중개인 또는 중개대리상과 구별된다. 본인 명의로 거래하는 체약대리상과도 구별된다.

2. 經濟的 效果

위탁매매인은 '타인의 계산'(경제적 효과)으로 매매를 하는 자이다. '타인의 계산'이란 그 거래에서 발생하는 손익이 모두 타인, 즉 위탁자에게 귀속된다는 의미이다. 위탁매매인은 법률상 제3자에 대하여 계약의 당사자로 나타나지만, 경제적 효과는 위탁자(타인)에게 귀속되므로 그 실질은 대리나 체약대리상과 유사하다.

3. 목   적

위탁매매인은 '물건 또는 유가증권'의 매매를 주선한다. 주선행위의 목적이 물건 또는 유가증권의 매매인 점에서 다른 주선인과 구별된다. 즉 운송주선인의 주선행위의 목적은 물건운송이고, 준위탁매매인의 주선행위의 목적은 매매가 아닌 행위이다.

4. 商 人 性

위탁매매인은 '주선행위의 인수'를 영업으로 한다. 상법은 다만 "물건 또는 유가증권의 매매를 영업으로 하는 자"라고 표현하고 있으나, 위탁매매인이 상인자격을 취득하는 것은 '주선행위의 인수'를 영업으로 하기 때문이며, 위탁매매인이 하는 매매행위는 위탁업무의 이행행위로서 위탁매매인이 영업을 위하여 하는 보조적 상행위이지 영업으로 하는 영업적 상행위가 아니다(통설).

III. 위탁매매의 법적 성질

위탁자와 위탁매매인 사이에 위탁매매계약이 체결된다.[1] 이 계약은 불요식 낙성의 채권계약으로서 그 법적 성질은 민법상 委任이다(통설). 따라서 상법에서 규정하지 않는 사항에 대하여는 민법상 위임에 관한 규정이 위탁매매계약관계에 적용된다(112). 위탁자로부터 위탁매매를 영업적으로 인수함으로 인하여 위탁매매인은 상법상 당연상인이 된다. 위탁매매인은 제3자(거래의 상대방)와 매매를 한다. 이 매매는 법적으로 위탁매매인 개인의 매매와 다를 바 없다. 제3자와의 매매를 위탁매매계약을 위한 보조적 상행위로 보려는 견해가 다수이지만, 위탁매매에 관한 행위로서 영업의 내용이 되는 기본적 상해위로 보는 견해도 있다.

IV. 위탁매매계약의 법률관계

위탁매매인은 위탁매매계약에 의하여 위탁자의 계산으로 자기명의로 제3자와 물건 또는 유가증권의 매매계약을 체결한다. 그러므로 위탁매매계약의 법률관계는 위탁매매인과 위탁자와의 관계(내부관계)와 위탁매매인과 그 거래의 상대방인 제3자와의 관계 및 위탁자와 제3자와의 관계(외부관계)가 문제 된다.

---

1) 대판 1993.12.28, 93다26632.

1. 내부관계(위탁매매인과 위탁자와의 관계)

(1) 위탁매매인의 의무

1) 서   설   위탁매매인과 위탁자와의 주선계약은 위임계약이므로 위탁매매인은 위임인으로서 위탁자를 위하여 善良한 管理者의 注意로써 그 위임사무를 처리하여야 할 일반적인 의무를 부담한다(112, 민 681).[2] 상법은 위탁매매인에게 이러한 일반적 의무 이외에 다음과 같은 특별한 의무를 부과하고 있다.

2) 위탁실행의 통지의무·계산서제출의무   위탁매매인이 위탁받은 매매를 한 때에는 지체 없이 위탁자에 대하여 계약의 요령과 상대방의 주소·성명의 통지를 발송하여야 하며, 또 계산서를 제출하여야 한다(104). 상법 제104조는 수임인에 대하여 위임인의 청구가 있거나 위임이 종료한 때에만 보고의무를 부담시키는 민법규정(민 683)에 대한 특칙이다.

3) 指定價額遵守義務

㈎ 의   의   위탁자는 위탁매매인에게 매매가액을 일임하는 경우도 있으나, 이것을 지정하는 경우도 있다. 이 경우에는 위탁매매인은 그 지정가액을 준수할 의무가 있다. 만일 위탁매매인이 지정가액을 준수하지 않았을 경우에는 위탁자는 그 매매의 결과를 인수하지 않아도 무방하다. 그러나 이에 대하여 상법은 다음과 같은 특칙을 두고 있다.

㈏ 差額負擔附賣買   위탁매매인이 스스로 그 차액을 부담하면 그 매도 또는 매수는 위탁자에 대하여 효력이 있다(106①). 이로 인하여 위탁매매인은 불필요한 거래의 경제적 효과를 떠맡지 않아도 되고, 또한 차액을 부담하는 대신 자기의 보수에 대한 경제적 이익을 확보할 수 있는 것이다. 이러한 효력을 발생하기 위하여는 반대의 특약이 없어야 한다. 위탁매매인의 차액부담의 의사표시는 매도 또는 매수의 통지와 동시에 위탁자에게 도달하여야 한다. 차액의 지급방법은 상대방과의 매매계약에서 정한 조건에 따라야 한다.

㈐ 차익의 귀속   위탁매매인이 고가로 매도하거나 또는 염가로 매수한 경우에는 당사자 간에 반대의 특약이 없는 한 그 매매의 효력을 위탁자의 이익으로 한다(106②).

---

2) 대판 1992.12.8, 92다1308.

4) 履行擔保責任(개입의무)

㈎ 의 의   위탁매매인은 다른 약정이나 관습이 없으면 위탁자를 위한 매매에 관하여 상대방이 채무를 이행하지 아니하는 경우에는 위탁자에 대하여 이를 이행할 책임이 있다(105).

㈏ 입법취지   위탁매매인은 위탁자와의 관계에서 위탁계약의 수임인이므로 선량한 관리자의 주의로써 매매를 하는 한 상대방이 채무불이행을 하여도 원칙적으로 이에 대한 담보책임이 없다. 그러나 상대방의 채무불이행으로 인한 손해는 결국 위탁자의 손해가 되는데, 위탁자와 상대방 사이에는 아무런 법률관계가 없으므로 상법은 위탁자를 보호하기 위하여 규정한 것이다.

㈐ 법적 성질   위탁자를 보호하고 위탁매매제도의 신용을 유지하기 위하여 상법이 특별히 인정한 法定責任이며, 또한 無過失責任이다.

㈑ 내용과 범위   그 내용과 범위는 상대방이 위탁매매인에 대하여 부담하는 채무와 동일하다. 그리하여 상대방이 매매대금을 지급하지 아니하면 위탁매매인이 대금을 지급하여야 하고, 상대방이 목적물을 인도하지 아니하면 위탁매매인이 이를 인도하여야 한다. 위탁매매인은 매매계약과 관련한 기타의 의무, 예컨대 목적물의 하자로 인한 담보책임 등도 부담한다. 위탁매매인의 책임은 상대방이 이행지체를 한 경우뿐만 아니라 불완전이행을 한 경우에도 발생한다. 상대방의 의무에 대신하는 것이므로 위탁매매인은 상대방이 위탁매매인에 대하여 가지고 있는 항변을 가지고 위탁자에게 대항할 수 있다.

㈒ 채무이행의 효과   위탁매매인이 타인의 채무를 이행한 경우, 상대방이 스스로 이행한 경우와 같이 위탁매매인은 보수·비용을 청구할 수 있다. 또한 이 채무를 이행한 후 상대방에게 당해 채권을 행사하고, 손해배상도 청구할 수 있다(변제자대위, 민 480 이하).

㈓ 적용제한   본조는 임의규정이므로, 위탁매매인의 이행담보책임은 당사자 간의 다른 약정이나 관습에 의하여 이를 배제할 수 있다(105단). 다만, 이 의무는 수수료 상인인 위탁매매인에게 가혹하고, 결과적으로 수수료 상승의 원인이 된다는 점에서 입법론적으로는 특약이 있거나 관습이 있는 경우에만 이행담보책임을 부담시키는 것이 바람직하다고 본다.

㈔ 시효기간   위탁매매인의 이행담보책임은 위탁매매인의 영업상의 책임이므로 상대방의 채무의 시효기간과는 상관없이 5년의 시효로 소멸한다(64). 대법원은 이에 대하여 민법 제163조 제6호 소정의 단기시효(3년)의 적용을 배척하였다.[3]

5) 위탁물의 毁損·瑕疵 등의 通知·處分義務   위탁매매인이 위탁매매의 목적물을 인도받은 후 그 물건의 훼손 또는 하자를 발견하거나, 그 물건이 부패할 염려가 있을 때, 또는 가격저락의 상황을 안 때에는 지체 없이 위탁자에게 그 통지를 발송하여야 한다(108①). 이 경우에 위탁자의 지시를 받을 수 없거나, 그 지시가 지연되는 때에는 위탁매매인은 위탁자의 이익을 위하여 적당한 처분을 할 수 있다(108②). 물건의 훼손 또는 하자가 발견되거나 부패할 염려가 있는 경우의 통지·처분의무는 일반적인 수임인의 선관주의의무의 구체적인 표현으로 볼 수 있다. 다만「가격저락의 상황을 알고 통지·처분」하는 것은 상법상의 특칙으로 보아야 할 것이다.

(2) 위탁매매인의 권리

1) 報酬請求權   위탁매매인은 특약이 없는 경우에도 위탁자에 대하여 상당한 보수를 청구할 수 있다(61). 다만 이 보수청구권은 위임사무를 완료한 후에 비로소 행사할 수 있으므로, 위탁매매인이 단순히 제3자와 매매계약을 체결한 것만으로는 이를 청구할 수 없고, 위탁자로 하여금 위탁의 목적을 달할 수 있게 하는 상태에 놓이게 하여야 청구할 수 있다(민 686②).

2) 費用償還請求權   위탁매매인은 비용이 필요한 경우에는 특약 또는 관습이 없는 한 이를 체당할 의무가 없고 위탁자에 대하여 先給을 요구할 수 있다(112, 민 687). 만일 위탁매매인이 이를 替當한 경우에는 그 체당금과 체당한 날 이후의 이자를 청구할 수 있다(112, 민 688①).

3) 留置權   위탁매매인은 특약이 없는 한 위탁자를 위하여 물건의 매도 또는 매수를 함으로 말미암아 위탁자에 대하여 생긴 채권에 관하여 위탁자를 위하여 점유하는 물건 또는 유가증권을 유치할 수 있다. 이것은 특별상사유치권으로, 대리상의 특별상사유치권과 동일하다(111, 91). 위탁자는 상인이 아닐 수도 있기 때문에 상인간의 유치권(58)만으로는 부족하여 둔 규정이다. 대리상의 유치권과 같다.

4) 供託·競賣權(매수위탁의 경우)   매수위탁자가 위탁매매인이 매수한 물건의 수령을 거절하거나(수령거부) 또는 수령할 수 없는 때(수령불능)에는 위탁매매인은 (상인간의 매매에 있어서의 매도인과 같이) 그 물건을 공탁하거나 또는 상당한 기간을 정하여 최고한 후 이것을 경매할 수 있다(109, 67).

---

3) 대판 1996.1.23, 95다39854.

5) 介 入 權

(가) 의   의   위탁매매인이 거래소의 시세가 있는 물건 또는 유가증권의 매매를 위탁받은 경우에는 직접 그 매도인이나 매수인이 될 수 있다(107①). 이를 위탁매매인의 개입권이라 한다. 이 개입권은 상업사용인 등의 경업금지의무 위반시 영업주 등이 가지는 조치권(17②)으로서의 개입권과는 달리, 위탁매매인이 직접 계약 당사자로 되는 전면적 개입권의 성격을 띤다.

(나) 인정취지   상법이 개입권을 인정한 취지는 위탁사무의 신속처리에 의하여 위탁자와 위탁매매인의 양자에게 편의를 주고자 하는 것이나, 이는 위탁자와 위탁매매인의 이해의 대립을 가져오는 것이므로, 이는 공정하게 행사되어야 하고 또 남용되지 않도록 신중하게 다루어져야 한다.

(다) 개입권의 성질   위탁매매인의 일방적 의사표시로 효과가 발생하므로 형성권의 성격을 띤다(통설).

(라) 개입권행사의 요건   '거래소의 시세'가 있어야 한다. 위탁매매인이 개입한 경우에도 가격을 객관적으로 공정하게 할 수 있고, 개입권 행사의 공정을 기할 수 있는 것이어야 한다. 이 경우의 매매대가는 위탁매매인이 매매의 통지를 발송할 때의 거래소의 시세에 의한다(107①2문). 개입금지에 관한 명시 또는 묵시의 '특약이나 법률의 규정'이 없어야 한다. 투자매매업자 또는 투자중개업자는 금융투자상품에 관한 같은 매매에 관하여 개입권의 행사가 금지되어 있다(자시 67). 위탁매매인이 아직 '매매행위'를 하지 않았어야 한다. 위탁매매인이 이미 매매를 하였으면 위탁매매인과 위탁자와의 사이에서는 위탁매매인의 상대방에 대한 권리의무가 당연히 위탁자에게 귀속하여 위탁매매인이 개입할 여지가 없다.

(마) 개입권행사의 효과   위탁매매인이 개입권을 행사하면 위탁매매인은 법정의 효력으로 위탁자에 대하여 자동적으로 매매계약상의 당사자의 지위에 서게 된다. 따라서 당사자 간에는 매매에 관한 민법 및 상법의 규정이 적용된다. 이 경우 '매매가액'은 위탁매매인이 개입의사의 통지를 발송한 때의 거래소의 시세에 의하고, 개입의 '효력발생시기'는 위탁매매인의 개입의사가 위탁자에 도달하였을 때이다. 또한 위탁매매인은 위탁자에 대하여는 위임사무를 이행한 것이 되므로, 위탁매매인이 개입을 한 경우에도 위탁자에 대하여 당연히 보수·비용 등을 청구할 수 있다고 본다. 위탁매매인은 선량한 관리자의 주의로써 개입을 하여야 하며, 위탁매매인이 이 의무를 위반하여 위탁자에게 손해가 발생한 때에는 위탁매매인은 위탁자에 대하여 손해배상책임을 진다.

(3) 매수위탁자가 상인인 경우

위탁자가 상인이며 또한 그 영업에 관하여 물건의 매수를 위탁한 경우에는, 위탁매매인을 보호하기 위하여 위탁자에게 상인 간의 매매에서 매수인에게 인정된 의무를 부과하고 있다(110, 68-71). 이러한 경우 위탁매매인이 상대방으로부터 매수한 물건은 일단 위탁매매인에게 귀속되므로, 위탁매매인(매도인)이 그 물건을 위탁자(매수인)에게 이전하는 행위는 상인 간의 매매와 유사하다. 따라서 이 경우 상인 간의 매매에서 매도인(위탁매매인)을 보호하는 규정을 준용한다.

1) 확정기매매의 해제의제   매매의 성질 또는 당사자의 의사표시에 의하여 일정한 일시·기간 내에 이행하지 아니하면 계약의 목적을 달성할 수 없는 경우에 위탁매매인이 이행시기를 경과한 때에는 위탁자는 즉시 그 이행을 청구하지 아니하면 위탁계약을 해제한 것으로 본다(110, 68).

2) 목적물의 하자와 수량부족   매수위탁을 한 상인이 위탁매매인으로부터 목적물을 수령한 때에는 지체 없이 이를 검사하여야 하고, 하자 또는 수량의 부족을 발견한 때에는 즉시 위탁매매인에게 그 통지를 발송하여야 하며, 목적물에 즉시 발견할 수 없는 하자가 있는 경우에 위탁자가 6월 내에 이를 발견한 때에도 같다. 만일 위탁자가 이 검사와 하자통지의무를 게을리하면 이로 인한 계약의 해제, 대금의 감액 또는 손해의 배상을 청구하지 못한다(110, 69).

3) 목적물의 상위와 수량초과   매수위탁을 한 위탁자가 위탁매매인으로부터 목적물을 인도받았으나 인도된 물건이 매매의 목적물과 상위하거나 수량을 초과한 때에는 위탁자는 위탁매매인의 비용으로 이 상위한 목적물 또는 수량을 초과한 부분을 보관 또는 공탁하여야 한다. 그러나 그 목적물이 멸실 또는 훼손될 염려가 있는 때에는 법원의 허가를 얻어 경매하여 그 대가를 보관 또는 공탁하여야 한다(110, 71). 위탁자가 수령한 목적물에 하자 또는 수량의 부족이 있어서 그 통지를 발송하고, 담보책임의 추궁으로서 계약을 해제한 경우에도 목적물 보관·공탁의 의무가 있다(110, 70).

2. 외부관계

(1) 위탁매매인과 제3자(상대방)와의 관계

위탁매매인은 자기의 명의로 매매를 하기 때문에 상대방에 대하여 직접 권리를 취득하고 의무를 부담한다(102). 따라서 위탁매매인과 제3자와의 관계는 보통 매매에 있어서의 매도인과 매수인과의 관계와 같고, 제3자 측에서 위탁매매인이 하는 매매가 위탁자의 계산으로 한 것임을 알고 모르고는 매매의 효력에 영향을 미치지 않는다.

(2) 위탁자와 제3자(상대방)와의 관계

위탁자와 위탁매매인 사이에는 위탁관계가 성립하지만, 위탁자와 제3자와의 사이에는 아무런 직접적인 법률관계가 생기지 않는다. 따라서 위탁자는 제3자에 대하여 위탁매매계약에 따른 채무의 이행청구나 손해배상청구를 할 수 없다. 또한 위탁자는 위탁매매인과의 사이의 법률행위의 하자를 이유로 하여 위탁매매인과 제3자 사이의 매매행위의 효력을 다툴 수 없다.

(3) 위탁자와 위탁매매인의 채권자와의 관계(委託物의 歸屬關係)

1) 목적물의 귀속원칙　　매매의 위탁이 있으면 매매의 결과를 위탁자에게 전해주기까지는 위탁매매인은 위탁자를 위하여 물건 또는 유가증권을 점유하거나 대금채권을 취득하게 된다. 따라서 대외적인 관계에서는 이들 권리가 위탁매매인에게 귀속한다. 다만 대법원은 증권회사의 경우는 약정의 취지를 고려하여 판단하여야 하는 것으로 보고 있다.4) 한편 위탁물의 유용은 횡령죄(형 355)를 구성하는 것으로 본다.5)

2) 예　　외　　상법 제103조는 "위탁매매인이 위탁자로부터 받은 물건 또는 유가증권이나, 위탁매매로 인하여 취득한 물건·유가증권 또는 채권은 위탁자와 위탁매매인의 채권자 간의 관계에서는 이를 위탁자의 소유 또는 채권으로 본다"고 규정하여, 위탁물의 귀속에 관하여 하나의 예외규정을 두고 있다. 상법이 이와 같은 규정을 두게 된 이유는 경제적으로 위탁자에게 귀속하면서 형식적(법률적)으로는 위탁매매인에게 귀속하는 소유권 또는 채권을 위탁매매인의 채권자와의 관계에서는 실질관계를 중시하여 위탁자에게 귀속하는 것으로 의제하여 위탁자를 보호하기 위함이다. 위탁매매인이 위탁매매로 인하여 취득한 물건·유가증권 또는 채권은 (위탁자와 위탁매매인의 채권자 사이에서는) 위탁매매인의 이전행위 없이도 당연히 위탁자에게 귀속되는 것으로 간주된다. 그리고 위탁매매인의 채권자가 위의 물건·유가증권 또는 채권에 대하여 강제집행을 한 경우에는 위탁자는 그 채권자를 상대로 이의의 소를 제기할 수 있고(민집 48), 위탁매매인이 파산한 경우에는 위탁자는 위의 목적물에 대하여 환취권을 행사할 수 있다(회파 407).

---

4) 대판 1994.9.9, 93다40256.
5) 대판 1982.2.23, 81도2619.

V. 위탁매매계약의 종료

위탁매매는 위임이기 때문에 위임의 종료사유에 의하여 종료된다. 그리하여 위탁자와 위탁매매인의 사망 또는 파산, 위탁매매인의 성년후견개시 등에 의하여 종료한다. 또 위탁매매의 목적을 달성한 때에도 종료한다.

VI. 준위탁매매인

자기의 명의로써 타인의 계산으로 매매나 물건운송이 아닌 행위를 할 것을 인수함을 영업으로 하는 자를 準委託賣買人이라 한다(113). 출판·광고의 주선, 임대차의 주선, 임치계약의 주선 등의 행위가 주로 그 대상이 된다. 준위탁매매인의 행위에 대하여는 상법상 위탁매매업에 관한 규정이 준용된다. 상법은 준위탁매매인에 대하여 위탁매매인에 관한 규정을 전면적으로 준용하고 있으나, 상법 제107조 내지 제110조는 그 성질상 매매를 전제로 한 규정이므로 준위탁매매인에게는 준용될 여지가 없다.

제4절 운송주선업

I. 총   설

운송주선인은 운송 그 자체를 인수하는 것이 아니고, 운송인과 운송계약을 체결하는 것을 인수하는 점에서 운송인과 다르나 물건매매에 관한 공간적인 장벽을 극복하는 점에서는 운송인과 같은 역할을 한다. 운송수단도 다양화되고 화물도 복잡·대량화되면서 운송인에 대한 정확한 정보를 갖지 못한 송하인들은 어떤 물건을 특정장소에 송부하고자 할 때 적합한 운송수단과 운송인의 선택, 적절한 운임의 결정에 애로를 겪게 마련이다. 운송인도 별도의 조직을 운영하지 않는 한 화물의 공급시장에 대한 정보에 어두우므로 송하인과의 연결이 용이하지 않다. 여기서 운송주선인을 활용한다면 송하인은 보다 효율적인 수송을 행할 수 있고, 운송인은 운송물을 확보하기 위한 비용을 절감하고 운송에 전념할 수 있는 것이다. 운송주선인은 송하인을 위하여 가장 적합한 운송인을 정하고 운송계약을 체결하여 주는 역할을 수행하게 될 것이며, 그 역할이 점증되고 있는 것으로 보인다.

II. 운송주선인의 의의

운송주선인(forwarding agent)이라 함은 자기의 명의로 물건운송의 주선을 영업으로 하는 자를 말한다(114). 운송인과 물건운송계약을 체결하는 것의 위탁을 인수하는 법률행위, 즉 운송주선계약을 하는 것을 영업으로 하는 자이다.

1. 주선행위: 名義와 計算

운송주선인은 타인의 계산으로 자기의 명의로 행위를 한다. 그러므로 운송주선인은 다른 주선인과 같으나, 본인의 명의로 계약을 체결하는 운송계약의 개별적인 대리인 또는 운송대리인(체약대리상)과 다르고, 또한 당사자로서 전혀 나타나지 않으면서 운송계약의 중개만을 하는 중개인 또는 중개대리상과도 구별된다.

2. 물건운송의 주선

운송주선인은 物件運送의 주선을 하는 자이다. 주선의 목적을 물건운송에 한정하였으므로, 여객운송의 주선을 영업으로 하는 자는 운송주선인이 아니라 준위탁매매인이 된다. 운송주선인은 주선의 목적이 물건운송이라는 점에서 다른 주선인과 구별된다. 즉 물건 또는 유가증권의 매매를 주선하는 위탁매매인, 물건운송과 물건 또는 유가증권의 매매 이외의 법률행위를 주선하는 준위탁매매인과 구별된다.

3. 상 인 성

물건운송의 주선을 '영업'으로 하는 자이다. 운송주선인은 물건운송의 주선의 인수를 영업으로 함으로써 상인이 된다.

III. 운송주선계약의 법적 성질

위탁자(송하인)와 운송주선인과의 관계, 즉 운송주선계약의 성질은 委任이다(123, 112, 민 680). 그러므로 운송주선인에 대하여 위탁매매인에 관한 규정을 준용하고(123), 민법의 위임에 관한 규정을 보충적으로 적용하게 된다(112). 상법상 운송주선인은 위탁매매인과 같이 주선인의 일종이므로 위탁매매인에 관한 규정을 준용하게 되었지만, 양자의 성질상의 차이와 운송주선인에 관한 특칙을 고려하여 준용여부를 검토하여야 한다. 그러므로 개입권과 특별상사유치권은 운송주선인에 관하여 특칙이 있으므로 준용될 여지가 없고 이행담보책임과 매수위탁자가 상인인 경우의

특칙 등은 성질상 준용되지 않는다. 그리하여 운송주선인과 위탁자와의 관계, 위탁
물의 귀속, 수탁행위실행의 통지, 지정가액준수의무, 위탁물의 훼손·하자 등의 통
지의무, 공탁권·경매권 등에 관한 규정들이 준용된다.

IV. 운송주선인의 의무·책임

1. 일반적 의무(주의의무)

운송주선계약은 위임계약이므로 운송주선인은 선량한 관리자의 주의로써 운송
의 주선계약을 이행하여야 한다. 운송주선은 운송계약을 체결하는 것에 한하는 것
이 아니라, 이에 부수하는 업무로서 상관습상 인정되거나 또는 위탁자로부터 지시
받은 업무 일체를 포함한다.

2. 손해배상책임

(1) 책임원칙

운송주선인은 자기 또는 그 사용인이 운송물의 수령·인도·보관·운송이나
다른 운송주선인의 선택·기타 운송에 관한 주의를 게을리하지 않았음을 증명하지
않으면, 운송물의 멸실·훼손 또는 연착으로 인한 손해를 배상할 책임을 면하지 못
한다(115). 무과실에 대한 입증책임은 운송주선인 측에 있다.

(2) 책임규정의 성질

운송주선인의 이러한 손해배상책임에 관한 상법의 규정은 운송주선인의 過失
責任主義를 취함과 동시에 운송주선인 측이 無過失의 立證責任을 부담하게 하고,
그 사용인 등의 고의·과실에 대하여도 운송주선인이 책임을 부담하는 점에서 민법
상 채무불이행으로 인한 손해배상책임에 대하여 예외 규정으로 보는 견해가 있다
(특별규정설). 그러나 민법에서도 이행보조자의 과실을 채무자의 과실로 보고(민
391) 입증책임은 해석상 채무자 측에 있다고 보고 있는 점에서 볼 때 이는 민법의 일
반원칙에 대한 주의규정이라고 본다(주의규정설: 통설).

(3) 손해배상액의 범위

운송주선인의 손해배상액에 대하여는 상법에 특별규정이 없으므로 민법의 일
반원칙(민 393)에 의한다. 즉 운송주선인은 원칙적으로 채무불이행과 상당인과관계
에 있는 모든 손해를 배상하여야 하고, 예외적으로 특별손해는 운송주선인이 그 사

정을 알았거나 알 수 있었을 때에 한하여 배상할 책임을 진다.

(4) 임의규정

상법 제115조는 임의규정이므로 운송주선인의 고의의 경우를 제외하고 당사자 간의 특약에 의하여 그 책임을 면제 또는 경감할 수 있다.

(5) 불법행위책임과의 관계

상법 제115조는 채무불이행으로 인한 손해배상책임이지만, 운송물이 멸실 또는 훼손된 경우에는 동시에 불법행위(민 750 이하)를 구성하는 경우가 있게 된다. 이 경우 청구권경합설과 법조경합설이 있다. 통설은 채무불이행책임과 불법행위책임과는 그 요건과 효과를 달리하므로 두 개의 청구권은 별개의 청구권이며, 그 선택적 행사를 인정하는 것이 피해자인 위탁자를 보호하는 것이 된다고 한다. 판례도 같은 입장이다.

(6) 고가물에 대한 특칙

화폐·유가증권 기타의 고가물에 대하여는 위탁자가 운송의 주선을 위탁함에 있어 그 종류와 가액을 명시하지 않으면 운송주선인은 손해배상책임을 지지 않는다(124, 136). 상법이 이와 같이 고가물에 대하여 특칙을 둔 이유는 위탁자는 고가물의 종류와 가액을 명시하지 않음으로써 고가물에 상당하는 보수의 지급을 면하고자 하는 경우가 많은데 이를 방지하고, 위탁자가 고가물을 명시하였더라면 운송주선인은 그 보관 기타의 처리에 있어서 그에 상당한 주의를 하여 손해의 발생을 미리 방지할 수 있기 때문이다.

(7) 책임의 소멸시효

상법은 운송주선인의 책임에 관하여 단기소멸시효를 두어 수하인이 운송물을 수령한 날로부터 1년을 경과한 때에는 소멸시효가 완성한다고 규정한다(121). 그 이유는 운송주선계약상의 채무불이행으로 인한 책임은 이에 관한 증거가 인멸되기 쉽고, 비록 증거가 보전된 경우에도 무수한 운송물을 다루는 운송주선인으로서는 오래 그 증거를 보전하기가 곤란하고, 또 운송물의 멸실·훼손·연착 등은 운송인 또는 다른 운송주선인의 면책사유와 밀접한 관계가 있기 때문이다. 1년의 단기소멸시효기간이 적용되기 위하여는 운송주선인의 책임발생원인이 운송물의 멸실·훼손 및 연착으로 인한 경우에 한하고, 또 운송주선인이나 그 사용인이 惡意가 아니어야 한다. 판례는 이러한 1년의 단기소멸시효기간은 당사자 간의 약정에 의하여 이를

배제하거나 연장할 수 없다고 본다.6)

(8) 수하인에 대한 책임

운송물이 도착지에 도착한 후에는 운송주선계약상 수하인으로 된 자도 권리자이므로, 운송주선인은 이러한 수하인에 대하여도 운송주선계약상의 의무 및 이러한 의무위반에 따른 책임을 부담한다(124, 140).

3. 위탁매매인에 관한 규정의 준용에 의한 의무

위탁자가 운송주선인에 대하여 지정가액을 정한 때에는 이를 준수하여야 한다. 다만 운송주선인이 차액을 부담한 때에는 그 운송계약은 위탁자에 대하여 효력이 있다. 운송주선인이 운송인과 운송계약을 체결하였을 때에는 위탁자에게 그 계약의 요령과 운송인의 주소·성명의 통지를 발송하여야 하며, 계산서를 제출하여야 한다. 운송주선인은 운송물을 인도받은 후에 그 물건이 부패할 염려가 있는 때에는 지체없이 그 통지를 발송하여야 하고, 위탁자의 지시를 받을 수 없거나 그 지시가 지연된 때에는 위탁자를 위하여 적당한 처분을 하여야 한다.

V. 운송주선인의 권리

(1) 보수청구권

운송주선인은 당사자 간에 보수에 관한 특약이 없더라도 위탁자에 대하여 상당한 보수를 청구할 수 있다(61). 보수청구는 운송계약이 성립하여 운송인에게 운송물을 인도한 때에 할 수 있다(119①). 이때 주선계약의 이행이 완료되기 때문이다. 다만 운송물을 인도하였더라도 아직 운송계약이 성립하지 아니하였으면 보수를 청구할 수 없다. 반면에 운송계약이 성립되었음에도 불구하고 위탁자에게 책임 있는 사유로 운송주선인이 운송인에게 운송물을 인도할 수 없었을 때에는 운송물의 인도 없이도 보수를 청구할 수 있다. 확정운임 운송주선계약의 경우, 즉 운송주선계약으로 운임액을 정한 경우에는 다른 약정이 없으면 따로 보수를 청구하지 못한다(119②). 운송주선계약에서 운임을 확정하였다면 당사자가 그 운임 속에 보수를 포함하였다고 볼 수 있기 때문이다. 따라서 이때에는 운송계약이 체결된 것으로 보아 당사자 간의 법률관계에는 운송에 관한 규정이 적용된다고 본다(다수설).

---

6) 대판 1987.6.23, 86다카2107.

(2) 비용상환청구권

운송주선인이 주선계약을 이행함에 있어서 운송인에게 운임 기타 운송을 위한 필요비를 지급한 때에는 위탁자에 대하여 이의 상환을 청구할 수 있다(123, 112, 민 688). 필요비에는 운송물의 운송·보관·보험·통관절차 등의 지출비용이 있다.

(3) 유 치 권

운송주선인은 운송물에 관하여 받을 보수·운임 기타 위탁자(송하인)를 위한 체당금이나 선대금에 관하여서만 운송물을 유치할 수 있다(120). 일반상사유치권에 비하여 운송주선인의 특별상사유치권의 피담보채권의 범위를 제한한 것은 위탁자와 운송주선인 간에는 원칙적으로 계속적 거래관계가 없고 또 수하인의 이익을 보호할 필요가 있기 때문이다. 유치권의 목적물이 운송물로 한정되어 있다는 점에서 민사유치권(민 320①) 및 일반 상사유치권(58)과 다르다. 그러나 목적물의 소유관계를 묻지 않는 점, 피담보채권과 목적물의 견련성이 요구되는 점에서 일반상사유치권과 다르고 민사유치권과 같다. 운송주선인의 유치권의 특색으로 들 수 있는 것은 운송주선인이 운송인을 통해 운송물을 간접점유 하는 동안에도 유치권을 행사할 수 있다는 것이다. 운송인과의 관계에서는 운송주선인이 송하인의 지위에 있으므로 운송 중에는 운송주선인이 운송물에 대한 간접점유를 갖고 이에 기한 처분청구권을 통해 유치권을 행사할 수 있는 것이다.

(4) 개 입 권

운송주선인은 다른 약정이 없으면 직접 운송할 수 있다(116①1문). 이를 운송주선인의 介入權이라 하며, 그 성질은 형성권이다. 운송주선인은 보통 운송업을 겸영하고 있고, 운송을 누가 실행한다 하더라도 위탁자를 불리하게 하지 않게 된다는 사정을 고려한 규정이다. 운송주선인이 개입권을 행사함에는 개입금지의 특약만 없으면 족하고, 위탁매매인의 개입권과 같이 운임에 관하여 시세가 있음을 요하지 않는다. 이는 운임이나 운송방법이 대체로 일정하여 개입에 의한 폐단이 없기 때문이다.

개입권의 행사는 특약이 없는 한 운송주선인의 위탁자에 대한 명시 또는 묵시의 단독의 의사표시로 이를 행사한다. 특별한 방식을 요하지 않는다. 개입의 효력은 이러한 개입의 의사표시가 상대방에게 도달하였을 때 생긴다고 본다(到達主義). 개입권의 행사는 명시 또는 묵시의 의사표시로 하는데, 상법은 일정한 경우에는 개입권을 행사한 것으로 의제하고 있다(介入의 의제)(116②). 즉, 운송주선인이 위탁자의 청구에 의하여 화물상환증을 작성한 때에는 개입권을 행사한 것으로 본다. 화물상환증은 송하인의 청구에 의하여 운송인만이 발행·교부할 수 있는 것이므로 이 경우에는 개입의 의사표시가 있는 것으로 의제한 것이다.

운송주선인이 개입을 한 때에는 운송인과 동일한 권리의무가 있다(116①2文). 따라서 운송주선인은 운송주선인으로서의 지위와 동시에 운송인으로서의 지위를 가진다. 운송주선인이 개입권을 행사하여 운송인의 지위에 선다고 하더라도 운송주선인과 위탁자 사이의 운송주선계약은 그대로 존속한다. 그리하여 운송주선인은 위탁자에 대하여 운송인의 지위와 운송주선인의 지위 등 이중의 지위를 가지고, 위탁자는 송하인의 지위와 위탁자의 지위를 가진다. 따라서 운송주선인이 개입권을 행사한 경우에도 위탁자에 대하여 운송주선에 따른 보수를 청구할 수 있다.

VI. 수하인의 지위

수하인은 운송주선계약의 당사자는 아니지만, 상법은 운송물의 공간적 이동과 계약이행의 정도에 따라 마치 운송계약에 있어서의 운송인과 수하인과의 관계와 같이 직접 운송주선인과의 사이에 법률관계를 인정한다. 즉 운송물이 도착지에 도착한 때에는 수하인은 운송주선계약에 의하여 생긴 위탁자의 권리와 동일한 권리를 취득하며(124, 140), 운송물이 도착지에 도착한 후 수하인이 그 인도를 청구한 때에는 수하인의 권리가 위탁자의 권리에 우선하며(124, 140②), 수하인이 운송물을 수령한 때에는 운송주선인에 대하여 보수 기타의 비용과 체당금을 지급할 의무를 부담한다(124, 141).

VII. 순차운송주선

1. 순차운송주선인의 의의

운송주선에는 수인의 운송주선인이 동일 운송물의 운송에 관하여 순차적으로 그 주선을 하는 경우가 있으며, 이것을 널리 순차운송주선인이라고 한다. 이것에는 다시 부분운송주선인, 하수운송주선인 및 중계운송주선인 등이 있으며, 좁은 의미에서 순차운송주선이라고 하면 보통 중간(중계)운송주선을 가리킨다. 이것은 중간운송을 요하는 운송물에 있어서 운송주선인이 자기 명의로 위탁자의 계산으로 중간운송주선인과 주선계약을 하는 경우이다. 상법이 수인이 순차로 운송주선을 하는 경우(117①)라고 하는 것은 이것을 가리킨다(통설).

2. 순차운송주선의 형태

부분운송주선은 송하인이 수인의 운송주선인에게 구간별로 운송주선을 위탁하는 형태로서, 이 경우에는 각 운송주선인별로 송하인과 직접적인 주선계약관계에 있다. 하수운송주선은 최초의 운송주선인이 전 구간에 걸쳐 운송주선을 인수하고, 그 전부 또는 일부를 다른 운송주선인으로 하여금 주선하게 하는 것이다. 이 형태에서는 위탁자와의 관계에서 최초의 운송주선인만이 주선계약의 당사자이고, 다른 운송주선인들은 최초의 운송주선인의 이행보조자일 뿐이다. 중계운송주선(협의의 순차운송주선)은 발송지의 제1의 운송주선인이 송하인의 위탁에 따라 최초 구간의 운송주선을 인수하고, 다음 구간에 대해서는 자기의 이름으로 위탁자의 계산으로 제2의 운송주선인에게 운송주선을 위탁하는 것이다. 운송구간을 세분한 경우 제3, 제4운송주선인에게 순차로 주선을 위탁할 수 있다. 상법 제117조와 제118조에서 말하는 순차운송주선은 이 형태의 운송주선을 말한다.

3. 순차운송주선의 법률관계

(1) 중간운송주선인의 의무

순차운송주선에서 後者는 前者의 권리를 행사할 의무를 부담한다(117①). 즉 중간운송주선인은 자기의 위탁자인 운송주선인 및 그 이전 단계의 운송주선인이 갖는 보수·비용의 청구권 및 이를 위한 유치권 등의 권리를 행사할 의무를 갖는 것이다.

(2) 代位辨濟의 효과

순차운송주선에서 後者가 前者에게 변제한 때에는 전자의 권리를 취득한다(117②). 여기서 전자라 함은 자기의 직접의 전자뿐 아니라 그 이전 단계의 운송주선인까지 포함된다. 운송주선인들의 권리가 명백하다면 후자의 변제는 전자에게 불리함이 없기 때문이다. 운송주선인이 운송인에게 변제한 때에는 운송인의 권리(운임·비용상환청구권)를 취득한다(118). 여기서 말하는 운송주선인이란 운송인에게 운송을 위탁한 운송주선인을 말하는 것이 아니고 그 다음 단계의 운송주선인을 말한다.

제5절 운 송 업

제1관 총   설

I. 운송업의 기능

　　운송업은 기본상의 보조업으로부터 출발하여 운송수단의 발달과 함께 불특정 다수인으로부터 계속·반복하여 운송을 인수하는 독립된 상인으로 발전하였다. 운송영역도 육상운송에서 해상운송과 항공운송으로 확대되었다. 특히 국제무역의 발달과 함께 해상운송이 비약적으로 발전하였고, 운송에 관한 이론도 해상운송에서 많이 생성·발전되었다. 여객운송의 경우 대부분 불법행위를 구성하는 신체 사상의 경우를 제외하고는 법률적으로 크게 문제되지 않는다. 따라서 물건운송계약이 중심이 되어 운송계약에 관한 권리·의무가 주된 쟁점이 된다.

II. 운송인의 의의

　　운송인(carrier)이라 함은 육상 또는 호천·항만에서 물건 또는 여객의 운송을 영업으로 하는 자를 말한다(125).

1. 육   상

　　운송인은 육상 또는 호천·항만에서 운송을 하는 자이다. 따라서 해상운송인 또는 항공운송인은 여기에서의 운송인은 아니다. 육상이라 함은 지면에 한하지 않고, 지하 및 지면과 연결된 시설이 있는 공중을 포함한다. 호천·항만이라 함은 하천, 호수, 항만 기타 선박안전법 시행규칙(15①i,② 별표 4)에 규정된 평수구역 내의 해면을 말한다. 따라서 하천, 호수는 물론 항만 기타 바다 위에서 선박을 이용하여 하는 운송이라도 평수구역 내에서 행하여지면 육상운송이다.

2. 물건 또는 여객

　　운송인은 물건 또는 여객을 운송한다. 물건은 운송을 할 수 있는 모든 물체를 말하며, 여객은 운송의 목적이 되는 모든 자연인을 말하며, 반드시 운송계약의 당사자일 필요는 없다.

3. 운　송

운송을 하는 자이다. 운송이라 함은 물건 또는 여객을 장소적으로 이동시키는 것을 말한다. 다만 물건운송의 경우에는 성질상 운송의 목적물이 운송인의 보관 아래 이전되어야 하므로, 예선계약은 피예선이 예선의 선장의 지휘하에 있는가에 따라 운송계약인가 단순한 도급 또는 고용계약인가가 결정된다.

4. 상 인 성

운송의 인수를 영업으로 하는 자이다. 운송인은 운송의 인수를 영업으로 함으로써 당연상인이 된다. 운송의 인수를 하면 되고, 반드시 스스로 운송의 사실행위를 수행할 필요는 없다.

III. 운송계약의 성질

운송계약은 당사자의 일방이 물건 또는 여객을 운송할 것을 약정하고 이에 대하여 상대방이 보수를 지급할 것을 약정함으로써 성립하는 계약이며, 이것은 운송이라는 일의 완성을 목적으로 하는 것이므로 都給契約(민 664 이하)의 일종이다(통설).[7] 그러나 이에 관한 상법의 규정이 거의 자족적이므로 민법의 도급에 관한 규정이 적용될 여지는 거의 없다. 또 운송계약은 낙성·불요식의 계약이며, 원칙적으로 유상·쌍무계약이다.

IV. 운송의 종류

운송의 객체에 따라 물건운송·여객운송·통신운송으로 구별할 수 있다. 물건운송은 물건을 운송하는 것이고, 여객운송은 여객을 운송하는 것이며, 통신운송은 신서의 송달과 전화·통신사업을 말한다. 운송이 이루어지는 장소에 따라 육상운송·해상운송·항공운송으로 구별할 수 있다. 육상운송은 육상 또는 호천·항만에서 하는 운송이고 해상운송은 호천·항만 이외의 해상에서 하는 운송이며, 항공운송은 공중을 통하여 하는 운송이다.

---

7) 대판 1983.4.26, 82누92.

V. 法   源

육상운송에 관하여는 상법 제2편 제9장의 규정 외에 철도사업법, 도시철도법, 한국철도공사법, 자동차손해배상보장법, 여객자동차터미널 구조 및 설비 기준에 관한 규칙 등 많은 특별법이 있으며, 보통거래약관이 이용된다. 해상운송에 관하여는 상법 제5편 제2장의 규정 외에 해운법 등의 특별법이 있고, 그 밖에 많은 국제조약과 상관습법이 있으며, 국제보통거래약관도 이용된다. 항공운송에 관하여는 상법 제6편 외에 항공법, 항공운송사업진흥법 등의 특별법령과 국제조약이 있으며 국제보통거래약관도 이용된다.

제2관 物件運送

I. 총   설

물건운송에서는 처음에는 운송계약의 당사자인 송하인과 운송인만이 관여하지만 후에 운송물이 목적지에 도착하면 이를 수령할 수하인이 추가된다. 수하인이 송하인과 다른 경우에는 운송계약은 제3자를 위한 계약에 유사한 성질을 띠게 된다. 이 세 사람 가운데 송하인과 운송인 사이에는 운송계약, 송하인과 수하인 사이에는 매매계약 등의 계약관계가 있으나, 운송인과 수하인 사이에는 아무런 법률관계가 없다.

II. 운송인의 의무

1. 서

운송계약이 체결되면 운송인은 운송계약의 본지에 따라 계약상의 운송의무를 이행하여 운송물을 목적지까지 운송하여야 한다. 운송 중에는 운송물을 선량한 관리자의 주의로 보관하여야 한다. 그러므로 운송 중 손해방지의무가 있고, 운송물의 포장 등이 불완전할 때에는 송하인에게 이를 통지하여 필요한 조치를 할 수 있게 하여야 한다. 운송의 실행은 가장 안전하고 비용이 덜 드는 방법으로 하여야 한다. 운송인의 의무와 책임에 관한 규정은 임의규정이므로 특약에 의하여 이를 제한 또는 배제할 수 있다.

2. 貨物相換證交付義務

운송인은 송하인의 청구에 의하여 화물상환증을 교부하여야 한다(128①). 이 의무는 송하인의 재산적 이익을 위하여 인정된 의무이며, 운송인의 부수적 의무이다. 화물상환증에 의하여 송하인은 운송 중인 운송물의 교환가치를 활용할 수 있게 된다.

3. 運送物의 保管義務

운송인은 선량한 관리자의 주의로써 물건의 운송을 하여야 하므로 적당한 시기에 운송을 개시하고 종료하여야 한다. 운송의 성질상 운송물을 수령한 때로부터 이를 인도할 때까지 그 운송물을 적절하게 보관할 의무를 부담한다(135).

4. 運送物의 處分義務

(1) 의   의

운송인은 송하인 또는 화물상환증 소지인이 운송의 중지, 운송물의 반환 기타의 처분을 청구한 때에는 이에 따라야 한다(139①1문). 이 경우 송하인 등의 권리를 처분권 또는 지시권, 운송인의 의무를 처분의무라고 한다. 도급계약상 도급인은 수급인이 일을 완성하기 전에 손해를 배상하고 계약을 해제할 수 있다(민 673). 처분권의 행사는 운송의 완료 전에 하는 것이므로 도급의 법리에 의하면 운송계약의 해제로 볼 수 있다. 그러나 처분권은 상법이 특칙으로 인정한 권리이다. 이를 행사하더라도 운송계약이 해제되는 것은 아니고 송하인 등의 손해배상책임도 발생하지 않는다. 상법이 특칙을 둔 것은 송하인이 수하인 간의 매매계약이 해제·취소되어 운송이 필요 없게 되었다든가 또는 다른 장소에서 유리한 거래가 성립되었다든가 하는 등의 거래의 상황변화가 있을 경우에 신속히 대응하여 손해방지 또는 이익도모를 할 수 있도록 한 것이다.

(2) 처분권의 성질

이 처분권 또는 지시권은 계약을 해제하거나 손해를 배상하지 않고도 행사할 수 있는 형성권이며, 운송의 특수성을 감안하여 민법의 도급에 대한 특칙으로서 상법이 송하인 등에게 특별히 인정한 권리이다. 성질에 관하여 법의 규정에 의하여 특히 인정된 권리의무라고 보는 法定說(다수설)과 운송계약의 성질이 도급이므로 당연히 인정되는 권리라고 보는 契約性說이 있다.

(3) 處分權者

처분권자는 화물상환증이 발행된 경우에는 그 정당한 소지인이, 그것이 발행되지 아니한 때에는 송하인이 운송물처분권을 가진다.

(4) 處分義務의 內容

처분의무의 내용은 운송의 중지, 운송물의 반환 기타의 처분의 지시에 따를 의무이다. 운송의 중지는 운송을 휴지하는 것을 말하고, 운송물의 반환은 운송물의 현재지에서 송하인 또는 증권소지인에게 인도하는 것을 뜻한다. 기타의 처분은 그것이 일방적으로 운송인의 계약상의 의무를 가중하거나 그 의무를 본질적으로 변경하는 것은 인정되지 않는다(통설). 그리하여 수하인의 변경, 운송로의 변경, 적하방법의 변경 등 운송인에게 부담을 주지 않는 범위 내에서 운송에 관한 처분을 하는 것을 말한다. 운송노선의 연장, 발송지로의 반환, 추가운송, 포장의 변경 등은 포함하지 않는다. 이러한 행위는 새로운 합의를 요한다.

(5) 處分義務履行의 效果

운송인이 이 의무를 이행하여 처분을 한 때에는 운송인은 이미 운송한 비율에 따른 운임(비율운임), 체당금과 처분으로 인한 비용의 지급을 청구할 수 있다(139①후). 처분으로 인한 비용이란 보관비, 환적비 등을 가리킨다.

(6) 處分權의 消滅

과거에는 송하인의 처분권은 운송물이 도착지에 도착한 후 수하인이 그 인도를 청구한 때에는 소멸한다(139②)고 규정하였으나, 수하인이 인도청구를 한 후에(송하인의 권리는 소멸) 인도받은 물건에 문제가 있어서 이를 운송인에게 반송하는 경우에는 그 운송물의 귀속주체가 존재하지 않게 되어 문제가 되었다.

그리하여 1995년 개정 상법은 송하인의 권리소멸을 규정한 위의 조항을 삭제하고, 제140조에 제2항을 신설하여 문제를 해결하였다. 즉 운송물이 도착지에 도착한 후 수하인이 그 인도를 청구한 때에는 수하인의 권리가 송하인의 권리에 우선한다.

5. 運送物引渡義務

(1) 貨物相換證이 發行되지 않은 경우

운송물이 목적지에 도착한 때에는 수하인이 운송계약상의 송하인과 동일한 권리를 취득한다(140①). 그러므로 운송인은 수하인에게 운송물을 인도하여야 한다.

수하인이 운송물의 인도를 청구한 때에는 수하인의 권리가 송하인의 권리보다 우선한다(140②).

(2) **貨物相換證이 發行되어 있는 경우**

1) **證券과의 相換** 화물상환증이 발행되어 있는 경우에는 운송인은 화물상환증과 상환으로 이를 소지한 자에게 운송물을 인도하여야 한다(129). 따라서 만일 운송인이 화물상환증과 상환하지 않고 운송물을 인도한 경우에는 뒤에 화물상환증의 정당한 소지인이 나타나서 운송물의 인도를 청구하는 때에는 채무불이행 또는 불법행위로 인한 손해배상책임을 지게 된다.

2) **保證渡·假渡** 실무계에서는 보증도나 가도의 경우와 같이 화물상환증과 상환하지 않고 운송물을 인도하는 경우가 있다. 假(引)渡 또는 空渡라 함은 운송인이 화물상환증과 상환하지 않고 운송물을 인도하는 것을 말한다. 그리고 保證(引)渡라 함은 운송인이 가도를 함에 있어서 수하인으로부터 증권과 상환하지 않고 그 대신 보증장(letter of guarantee, L/G)을 받는 경우를 말한다. 보증장은 수하인의 거래은행이 발행하는 경우가 많다. 화물상환증이 운송물보다 늦게 도착하는 경우에 운송물의 변질과 보관비용의 증가를 방지하고, 수하인에게는 운송물을 조속히 처분할 수 있는 기회를 주는 동시에 운송인에게는 빨리 운임을 회수할 수 있도록 하는 방법으로 생겨난 것으로서 많이 이용되고 있다. 그러나 오늘날 항공기의 발달과 항공노선의 다양화로 운송증권이 신속하게 도착되고 있으며, 나아가서 전자운송증권의 출현 등으로 보증도의 효용은 과거에 비해 감소되고 있다.

보증도의 수하인은 운송물에 대한 점유권만이 있기 때문에 후에 화물상환증의 소지인은 수하인에 대하여 운송물의 반환을 청구할 수 있으나, 운송물이 제3자에 의하여 선의취득된 경우에는 그 목적을 달성할 수 없게 된다. 그리하여 운송인은 운송물의 인도가 불가능하므로 증권소지인에게 채무불이행으로 인한 책임을 지고, 운송인은 수하인이나 그 보증인에 대하여 구상권을 행사할 수 있다. 또한 증권소지인의 권리가 침해되었으므로 불법행위가 성립하고 채무불이행으로 인한 손해배상청구권과 불법행위로 인한 손해배상청구권이 경합하게 된다(청구권경합설).

(3) **受荷人의 地位**

1) **의 의** 수하인은 물건운송계약에 있어서 도착지에서 자기의 명의로 목적물의 인도를 받을 자를 말한다. 수하인은 운송계약에 따라 송하인에 의하여 지정된다. 화물상환증이 발행된 경우에는 운송물인도청구권이 그 증권에 체화하므로 증

권의 소지인만이 증권과 상환하여 운송물의 인도를 청구할 수 있고 운송물의 처분권을 가진다. 따라서 운송물의 처분·지시를 할 수 있는 송하인의 지위와 운송물을 수령할 수 있는 수하인의 지위가 모두 그 소지인에게 흡수되어 버린다. 그러므로 이 경우에는 수하인의 지위가 따로 문제되지 않는다.

2) 受荷人의 地位의 發展   수하인은 운송계약의 당사자는 아니지만 운송물의 장소적 진행의 정도에 따라 그 지위가 점차 발전·강화된다. 運送物의 到着前에는 수하인은 운송물에 대하여 아무런 권리의무를 가지지 못하고, 송하인만이 운송계약상의 권리의무를 가진다(139①). 運送物의 到着後에는 수하인은 송하인과 동일한 권리를 취득한다(140①). 즉 수하인은 운송인에 대하여 운송물의 인도청구나 처분지시를 할 수 있고, 이와 관련된 손해배상청구권을 취득한다.

운송물이 도착지에 도착한 후 수하인이 그 인도를 청구한 때에는 수하인의 권리가 송하인의 권리에 우선한다(140②). 그러나 수하인이 그 권리를 포기한 때에는 송하인이 그 권리를 행사할 수 있고 또 수하인이 운송물의 수령을 거부하거나 수령할 수 없는 때에는 송하인의 처분지시를 받아야 하므로, 이 단계에서는 아직 송하인의 권리가 완전히 소멸하지는 않는 것이다. 수하인이 운송물을 수령한 때에는 운송인에 대하여 운임 기타 운송에 관한 비용과 체당금을 지급할 의무를 부담한다(141). 그러나 송하인의 운임 등의 지급의무가 소멸하는 것은 아니고, 어느 한편에서 이행할 때까지 양자의 의무는 병존한다.

3) 受荷人의 地位의 性質   운송계약의 당사자도 아닌 수하인이 위와 같은 지위를 취득하는 근거에 관하여 송하인대리설, 사무관리설, 권리이전설, 제3자를 위한 계약설 등 여러 견해가 주장되었으나 어느 것도 만족스럽지 못하다. 결국 운송계약의 특수성을 고려하여 법률이 특별히 인정한 지위(권리의무)라고 보아야 할 것이다(특별규정설).

6. 損害賠償責任

(1) 서   설

운송인이 운송계약상의 의무를 위반한 경우에는 민법의 일반원칙에 따라서 채무불이행으로 인한 손해배상책임을 진다. 상법이 이에 관한 약간의 특별규정을 두고 있으므로, 이 규정 이외에는 민법의 일반원칙이 적용된다.

(2) 責任發生原因

상법은 운송인은 자기 또는 운송주선인이나 사용인 기타 운송을 위하여 사용한

자가 운송물의 수령·인도·보관과 운송에 관하여 주의를 해태하지 아니하였음을 증명하지 아니하면 운송물의 멸실·훼손 또는 연착으로 인한 손해를 배상할 책임을 면하지 못한다고 규정한다(135).

1) 손해의 발생　　운송인이 책임을 지는 손해는 운송물의 멸실·훼손 또는 연착으로 인하여 운송물에 발생한 손해에 한한다. 멸실이란 물리적 멸실 외에 도난, 유실, 몰수, 무권리자에 대한 인도 등 운송물의 회수가 불가능하여 운송인이 수하인 또는 증권소지자에게 운송물을 인도할 수 없는 일체의 경우를 포함한다. 훼손은 운송물의 가격을 감소시키는 경우, 예컨대 물질적인 손괴 등을 말하며, 연착은 운송물이 약정된 일시 또는 통상 도착할 일시에 도착하지 않는 것이다. 운송물의 멸실·훼손 또는 연착 이외의 사유로 손해가 발생한 경우에는 손해배상책임이 인정되지 않는다.

2) 注意義務違反(過失責任主義)　　상법은 운송인의 이 손해배상책임에 대하여 과실책임주의의 입장을 취하고 있다. 전통적으로는 운송인을 감독하는 것이 기술적으로 불가능하였기 때문에 운송인의 책임에 관하여 로마법상의 레셉툼책임(Receptumhaftung) (결과책임주의 또는 무과실책임주의)에 가까운 입장을 취한 국가가 많았다. 오늘날에는 통신수단의 발달과 과학적 장비의 출현으로 운송인의 감독이 가능하고, 손해보험제도가 발달하여 운송인은 운송물을 보험에 붙일 수 있으므로 굳이 결과책임을 인정할 필요가 없기 때문에 과실책임주의로 전환한 것이다.

3) 立證責任　　과실의 유무에 대한 입증책임은 운송인 즉 채무자가 부담한다. 따라서 운송인이 손해배상책임을 면하려면 자기 자신과 이행보조자에게 과실이 없었음을 입증하여야 한다. 민법과 차이가 없다.

4) 사용자(履行補助者)의 고의·과실에 대한 無過失責任　　이행보조자란 운송주선인이나 사용인 기타 운송을 위하여 사용한 자를 말한다(135). 이들의 고의·과실에 대하여는 운송인이 책임을 진다. 운송인이 운송주선인이나 사용인 기타 운송을 위하여 사용한 자가 운송물의 수령·보관·운송 및 인도에 관하여 주의를 해태하지 아니하였음을 증명하지 아니하면 책임을 면하지 못한다. 이행보조자의 선임·감독에 과실이 없었음을 증명하는 것만으로는 책임을 면하지 못한다. 운송인의 책임발생요건에 관한 상법 제135조는 민법에 대한 특칙이라고 할 수 없다고 본다. 민법상으로도 채무불이행의 경우에 채무자는 이행보조자의 과실에 대하여 책임을 지고, 채무자 측에서 무과실의 증명책임을 지기 때문이다(민 391).

(3) 責任範圍
상법은 운송기업의 보호와 법률관계의 획일적인 처리를 위하여 일반적인 손해를 기준으로 그 배상액을 정형화하고 있다(定額賠償主義, 137). 이것은 채무불이행의 경우에 채무자가 상당인과관계에 있는 모든 손해를 배상할 책임을 지는 일반원칙(민 393①②)과 다른 것이다. 입법취지는 저렴한 운임으로 법률관계를 획일적으로 처리하기 위한 것이라고 할 수 있을 것이다. 운송물의 멸실·훼손 또는 연착이 운송인의 故意나 重大한 過失로 인한 때에는 운송인은 모든 손해를 배상하여야 한다(137③). 여기의 운송인에는 이행보조자가 포함된다. 운송인에게 고의 또는 중대한 과실이 있다는 사실은 청구인이 증명하여야 한다.

(4) 高價物에 대한 特則

1) 의　　의　　화폐·유가증권 기타의 고가물에 대하여는 송하인이 운송을 위탁할 때에 그 종류와 가액을 명시한 경우에 한하여 운송인이 손해를 배상할 책임이 있다(136). 고가물은 멸실·훼손될 위험성이 많고 손해의 규모도 크므로 고가물임을 명시한다면 운송인은 특별운임을 받고 특별한 주의로 운송하여 사고를 미연에 방지할 수 있다. 그러므로 운송인을 보호하기 위하여 특칙을 법정한 것이다. 고가물이란 그 부피·무게에 비하여 현저하게 값이 비싼 물건을 말한다. 고가물에 관하여 송하인이 명시할 사항은 그 종류와 가액이다. 종류는 고가물임을 식별할 정도로 밝혀야 하며, 가액은 진정한 가액을 말하여야 한다. 명시할 시기는 운송인에게 운송물을 인도할 때까지 명시하면 좋다고 본다. 명시의 방법에는 제한이 없다.

2) 明示의 效果　　송하인이 고가물로서 그 종류와 가액을 명시한 경우에는 운송인은 고가물에 대한 손해배상책임을 진다. 즉, 송하인 등의 운송인에 대한 손해배상청구를 보전시키는 효력이 있다. 그러나 명시는 송하인의 일방적 고지이므로 손해액을 확정하는 효력은 없다. 따라서 실제가격이 명시가격보다 낮을 때에는 실제가격을 배상하면 된다.

3) 明示義務違反의 效果

㈎ 原　則　　고가물의 명시를 하지 아니한 경우에는 운송인은 손해배상책임을 지지 않는다. 이 경우에는 고가물로서의 책임을 지지 않을 뿐만 아니라 보통의 운송물로서의 책임도 지지 않는다. 왜냐하면 귀금속 등은 보통물로 볼 수 없을 뿐만 아니라, 그림과 같이 보통물로 볼 수 있는 것도 그 가액이 천차만별이어서 어느 정도를 보통물로 할지 결정할 수 없기 때문이다.

㈏ 知　得　　고가물의 명시를 하지 아니하였으나 운송인이나 그 사용인이 우

연히 고가물임을 안 경우에 관하여 i) 운송인이 보통물로서의 주의의무를 부담하게 되며, 이를 해태한 경우에는 고가물로서의 책임을 진다는 견해(다수설), ii) 운송인은 고가물로서의 주의의무가 있고, 이를 해태한 경우에는 고가물로서의 책임을 진다고 하는 견해(소수설) 그리고 iii) 운송인은 면책된다고 하는 견해(소수설)가 있다. 고가물에 상응하는 보수청구의 문제는 별론으로 하고 고가물임을 안 이상 그에 상응하는 주의를 요한다고 보는 것이 타당할 것이며, 고가물로서의 손해배상책임을 면할 수 없다고 보아야 할 것이다.

㈐ 不知에 대한 운송인의 중과실　　고가물의 명시를 하지 아니하였는데, 운송인이 중대한 과실로 고가물임을 알지 못한 경우는 고가물임을 알지 못한 경우에 해당하므로, 운송인은 아무런 책임이 없다고 본다.

㈑ 故意의 멸실·훼손　　고가물에 관한 명시가 없고, 운송인 또는 그 사용인이 고가물임을 알지 못한 경우에도 이들이 故意로 운송물을 멸실 또는 훼손시킨 때에는(불법행위) 운송인은 고가물로서의 일체의 손해배상책임을 면하지 못한다고 본다. 제136조는 채무불이행에 관한 책임을 규정한 것이기 때문이다.

4) 명시에 관한 입증책임　　고가물의 명시가 없었다는 사실은 운송인이 입증하여야 한다.

5) 고가물의 연착　　고가물에 관한 특칙은 멸실훼손의 경우에만 적용되므로 연착한 경우에 대하여는 고가물의 명시 유무와 무관하게 민법의 일반원칙이 적용된다.

(5) 責任의 消滅

1) 特別消滅事由　　운송물수령권자가 운송인으로부터 유보 없이 운송물을 수령하고 운임 기타 비용을 지급한 때에는 원칙적으로 운송인의 손해배상책임은 소멸한다(146①). 운임 기타 비용을 사전에 지급한 때에는 운송물의 유보 없는 수령만으로 같은 효과가 발생한다. 이 소멸사유는 운송물의 수령이 있어야 하므로 운송물이 전부 멸실된 경우에는 적용될 수 없다. 운임 등의 지급과 운송물의 인도가 교환될 때에는 운송계약의 이행을 승인한 것으로 의제한 것이다. 유보란 이와 상반되는 뜻을 통지하는 것이다. 운송물에 즉시 발견할 수 없는 훼손 또는 일부 멸실이 있을 경우에 운송물을 수령한 날로부터 2주간 내에 운송인에게 그 통지를 발송한 때에는 운송인의 책임이 소멸하지 아니한다(146①단). 또 운송인 또는 그 사용인이 惡意인 경

우에는 운송물 수령권자의 유보 여부에 불구하고 운송인의 책임은 소멸하지 아니한다(146②). 악의라 함은 운송물이 멸실·훼손된 사실을 알고 인도한 경우를 뜻한다.

2) 短期消滅時效   운송인의 손해배상책임은 수하인 또는 화물상환증 소지인이 운송물을 수령한 날로부터 1년을 경과하면 소멸시효가 완성한다(147, 121①). 이 기간은 운송물이 전부멸실한 경우에는 그 운송물을 인도할 날로부터 기산한다. 단기소멸시효의 규정은 운송인이 惡意인 경우에는 적용하지 아니한다(147, 121②③). 이 경우에는 일반상사시효와 같이 5년이 될 것이다(64본). 또한 운송인의 주된 의무인 운송의무와 관련된 운송물의 멸실·훼손 또는 연착 이외의 사유로 인한 운송인의 손해배상책임에는 본조의 적용이 없다.

(6) 不法行爲責任과의 關係

운송인은 자기 또는 그 이행보조자의 귀책사유로 인하여 운송물이 멸실·훼손된 경우에 운송계약상의 채무불이행으로 인한 손해배상책임을 진다. 그런데 운송물의 멸실·훼손이 동시에 운송물의 소유권에 대한 침해로서 불법행위가 성립하는 경우에 불법행위책임(민 750)도 지는가의 문제가 있다. 請求權競合說은 채무불이행책임과 불법행위책임은 요건과 효과를 달리하므로 양 책임은 경합하여 성립하고, 피해자인 채권자는 그 어느 것이든 마음대로 선택하여 행사할 수 있다고 본다. 法條競合說은 운송인의 채무불이행으로 인한 책임은 운송계약의 존재라는 특별한 관계에서 생기는 청구권으로서 일반적으로 위법성을 조각하기 때문에 불법행위에 의한 청구권은 발생하지 않는다고 한다. 즉 양자에 관한 규정은 특별법과 일반법의 관계에 있기 때문에 일반법에 해당하는 불법행위로 인한 청구권은 배제된다는 것이다. 생각건대 법조경합설은 피해자의 보호를 소홀히 하므로 찬성하기 어렵고, 피해자의 구제에 철저한 청구권경합설이 타당한 것으로 본다. 판례도 같은 입장이다.[8]

(7) 免責約款

운송인의 책임에 관한 규정은 임의법규이므로 당사자 간의 특약으로 운송인의 책임을 경감 또는 면제할 수 있다. 운송인의 손해배상책임을 면제 또는 감경하는 특약조항을 면책약관이라고 한다. 면책약관은 선량한 풍속 기타 사회질서, 신의성실의 원칙 등 민법의 일반규정이나 약관의 규제에 관한 법률 등 강행법규에 저촉되지 않는 한 효력이 인정된다. 청구권경합설을 따르는 경우 운송인의 계약책임에 관한

---

8) 대판 1983.3.22, 82다카1533.

면책약관이 운송인의 불법행위책임에도 영향을 미치는가의 문제가 있다. 통설은 운송인의 채무불이행으로 인한 손해배상책임을 감면하는 당사자 간의 특약 내지 면책약관이 불법행위책임을 추궁하는 경우에도 적용되는가에 관하여는 부정하는 입장을 취한다. 그리하여 불법행위책임을 묻는 경우에는 위 면책특약 내지 면책약관은 적용되지 아니하므로 피해자는 손해 전액의 배상을 청구할 수 있게 된다.

법원은 처음에는 청구권경합설을 고수하여 왔으나 1983.3.22.의 전원합의체 판결을 통하여 견해를 바꾸어서 화물상환증에 면책약관이 기재된 경우에는 면책약관의 효력은 운송인의 불법행위책임에도 미친다고 한다. 다만 운송인의 고의 또는 중대한 과실로 인한 불법행위의 경우에는 면책약관이 적용되지 않는다고 한다.[9)

III. 運送人의 權利

1. 運送物引渡請求權

운송계약은 낙성계약이기 때문에 물건의 인도 없이 운송계약부터 체결할 수 있다. 이 경우 운송인이 운송계약에 따라 운송을 실행하기 위하여는 운송물을 인도받아야 하므로, 운송인은 송하인에 대하여 운송물의 인도를 청구할 권리를 가진다. 송하인이 지체 없이 운송물을 인도하지 아니하면 채권자 지체의 책임을 진다(민 400-403).

2. 화물명세서 교부청구권

운송인은 송하인에 대하여 화물명세서를 작성·교부하여 줄 것을 청구할 수 있다(126①). 화물명세서(invoice)는 운송에 관한 중요사항을 기재하고 송하인이 발행하는 서면이다. 화물명세서는 계약서가 아니고, 유가증권도 아니며, 운송계약의 증거로 되는 단순한 증거증권이다. 화물명세서에는 운송물의 종류·중량 또는 용적, 포장의 종별, 개수와 기호, 도착지, 수하인과 운송인의 성명 또는 상호, 영업소 또는 주소, 운임과 그 선급 또는 착급의 구별, 화물명세서의 작성지와 작성연월일을 기재하고 송하인이 기명날인 또는 서명하여야 한다(126②). 송하인이 화물명세서에 허위 또는 부정확한 기재를 한 때에는 故意 또는 過失이 없어도 운송인에 대하여 이로 인한 손해를 배상할 책임이 있다(127). 이것은 송하인의 無過失責任이다(다수설). 그러나 운송인이 악의인 경우에는 그러하지 아니하다. 부실기재로 인한 송하인의 손

---

9) 대판 1983.3.22, 82다카1533.

해배상책임은 무과실책임으로서 일종의 손해담보책임으로 본다(다수설).

3. 運賃 및 費用請求權

(1) 運賃請求權

운임은 운송의 대가로서 운송인에게 주어지는 보수이다. 이는 운송계약에서 정하는 것이 보통인데 이를 정하지 아니한 경우에도 도착지에서 운송물을 인도한 때에는 운송인은 상인으로서 당연히 운임청구권을 가진다(61). 운임은 그 성질상 특약이 없는 한 着給이 원칙이다. 따라서 운임청구권의 발생시기는 운송을 완료한 때, 즉 도착지에서 운송물을 인도한 때이다(민 665). 운송물의 전부 또는 일부가 멸실된 경우 운송인에게 운임청구권이 있는가의 문제는 운송물의 멸실에 대하여 누구에게 과실이 있는가에 달려 있다. 상법은 특칙을 두고 있다.

운송물의 전부 또는 일부가 송하인의 책임 없는 사유로 인하여 멸실한 때에는 운송인은 그 운임을 청구하지 못한다. 운송인이 운임의 전부 또는 일부를 받은 때에는 이를 반환하여야 한다(134①). 운송물이 훼손되거나 연착한 때에는 운임청구권을 가진다. 송하인의 책임 없는 사유에는 불가항력 등 운송인에게도 책임이 없는 사유와 운송인에게 책임이 있는 사유가 모두 포함된다. 운송물의 전부 또는 일부가 그 성질이나 하자 또는 송하인의 과실로 인하여 멸실한 때에는 운송인은 운임의 전액을 청구할 수 있다(134②). 송하인이 운송물의 처분권을 행사한 때에는 운송인은 이미 운송한 비율에 따른 운임을 청구할 수 있다(139①후).

(2) 費用償還請求權

운송인은 운송에 관련하여 필요한 비용으로서 통관절차비용·창고보관료·보험료 등 운임에 포함되지 않은 것을 지출한 때에는 그 상환을 청구할 수 있다.

4. 留 置 權

운송인은 특수한 상사유치권을 가진다. 이것은 운송과 관련되어 인정되는 것으로서 운송주선인의 특별상사유치권과 같다. 운송인의 유치권의 피담보채권은 운임·비용·체당금 등의 채권에 한한다(147, 120).

5. 運送物의 供託·競賣權

(1) 의　의

운송물이 목적지에 도착하면 수하인 등은 상당한 기간 내에 이를 수령할 의무를 부담한다. 만약 수하인 등이 상당한 기간 내에 이를 수령하지 않으면 수하인 등은 운송인에 대하여 수령지체의 책임을 진다(민 400-403). 이 경우 운송인은 막대한 손해를 보게 되므로 운송인으로 하여금 운송물의 인도를 신속하게 완료하는 동시에 운임의 취득을 확보하게 하기 위하여 이 권리를 규정한 것이다.

(2) 供託權

운송인은 수하인을 알 수 없는 때(수하인 불명)(142①)와 수하인이 운송물의 수령을 거부하거나(수령거부) 수령할 수 없는 때(수령불능)(143①)에 운송물을 공탁할 수 있다. 여기의 수하인에는 화물상환증의 정당한 소지인이 포함된다.

운송인은 공탁을 한 때에는 지체 없이 송하인 또는 화물상환증 소지인에게 통지를 발송하여야 한다(142③, 143①). 민법상의 공탁이나 상인 간의 매매에 있어서 매도인의 공탁의 경우와 같다.

(3) 競賣權

1) 의   의   민법상 경매권이 극히 제한된 경우에만 인정되는 것과는 달리 운송인의 경매권은 공탁권과 함께 선택적으로 행사할 수 있다는 점에서 상사매매에 있어서 매도인의 경매권과 본질적으로 동일하다. 그러나 운송의 경우에는 운송계약의 당사자인 송하인 외에 수하인이 있으므로 경매의 통지와 경매 전의 최고는 수하인이 불명한 때에는 송하인에게 하여야 하고, 그 외에는 수하인과 송하인 양자에게 하여야 하므로 통지·최고에 있어서 약간의 차이가 있다. 운송물을 경매할 수 있는 자는 공탁권의 경우와 같이 동일한 운송인이다. 경매의 절차는 민사집행법 제188조 이하의 규정에 따른다.

2) 요   건   운송인은 다음의 경우에 운송물을 경매할 수 있다.

㈎ 受荷人不明   수하인을 알 수 없는 때에는 송하인에 대하여 상당한 기간을 정하여 운송물의 처분에 대한 지시를 최고하고, 그 기간 내에 송하인이 지시를 하지 아니하여야 한다(142②).

㈏ 受領拒否 등   수하인의 수령거부 또는 수령불능시에는 송하인에 대한 최고를 하기 전에 수하인에 대하여 상당한 기간을 정하여 수령을 최고하여야 한다(143②). 이 점이 수하인 불명의 경우(142②)와 다르다. 송하인·수하인(화물상환증소지인)에 대하여 최고를 할 수 없거나 목적물이 멸실 또는 훼손될 염려가 있는 때에는 최고 없이 경매할 수 있다(145, 67②).

㈐ 送荷人·受荷人의 不明   송하인과 수하인을 모두 알 수 없는 때에는 운

송인은 권리자에 대하여 6월 이상의 기간을 정하여 그 기간 내에 권리를 주장할 것을 공고하고, 그 기간 내에 권리를 주장하는 자가 없어야 경매할 수 있다(144③). 위 공고는 관보나 일간신문에 2회 이상 하여야 한다(144②).

3) 통　　지　　경매한 경우에는 지체 없이 수하인을 알 수 없는 때에는 송하인에게, 수하인이 운송물의 수령을 거부하거나 수령할 수 없는 때에는 송하인에게, 목적물이 멸실 또는 훼손될 염려가 있는 때에는 수하인에게 경매의 통지를 발송하여야 한다(143①, 142③).

4) 公示催告와 競賣　　송하인 · 화물상환증소지인 · 수하인 모두를 알 수 없는 경우에는 공시최고를 하고 경매할 수 있다(144).

5) 費用充當 · 供託　　경매한 후에는 대금 중 경매비용을 공제한 잔액을 공탁하여야 한다. 그러나 그 전부나 일부를 운임 등 운송인의 채권의 변제에 충당할 수 있다(145, 67③).

6. 運送人의 債權의 時效

운송인의 송하인 · 수하인 또는 화물상환증소지인에 대한 운임 등 기타 채권은 1년간 행사하지 아니하면 소멸시효가 완성한다(147, 122).

IV. 順次運送

1. 의　　의

순차운송(successive carriage)이라 함은 수인의 운송인이 동일한 운송물을 동일한 조건에 따라서 순차적으로 운송하는 것을 말한다.

2. 順次運送의 형태

부분운송이란 수인의 운송인이 각각 독립하여 특정구간의 운송을 인수하는 것이다. 이 경우에는 각 운송구간마다 별개의 운송계약이 체결되고, 각 운송인 사이에 아무런 관계가 없다. 下受運送이란 제1의 운송인이 전 구간의 운송을 인수하고, 그 전부 또는 일부에 관하여 제2 이하의 운송인을 이용하는 것이다. 최초의 운송인은 전 구간의 운송에 대하여 송하인에게 책임을 진다.

同一運送이란 수인의 운송인이 송하인에 대하여 공동하여 전 구간의 운송을 인수하지만, 내부관계에서는 각 운송인이 특정 구간만 운송을 하는 것이다. 連帶運送(공동운송)이란 제1의 운송인이 전 구간의 운송을 인수하지만, 그는 일부구간의 운송만을 실행하고, 나머지 구간의 운송은 자기의 명의로 송하인의 계산으로 제2 이하의 운송인에게 위임하는 것이다.

3. 商法上의 順次運送

상법 제138조에서 수인이 순차로 운송할 경우라고 규정한 것은 좁은 의미로 위 네 가지 형태 중 연대운송의 경우만을 가리키는 것으로 본다(통설).

1) 수인이 순차로 운송할 경우에는 각 운송인은 운송물의 멸실 · 훼손 또는 연착으로 인한 손해를 연대하여 배상할 책임이 있다(138①). 손해발생장소를 증명하는 것이 어려운 사정을 고려하여 그 증명책임을 면제하여 준 것이다. 순차운송인 중의 1인이 위 규정에 의하여 손해를 배상한 때에는 그 손해의 원인이 된 행위를 한 운송인에 대하여 구상권이 있다(138②). 손해의 원인이 된 행위를 한 운송인을 알 수 없는 때에는 각 운송인은 운임의 비율로 손해를 분담한다. 그러나 그 손해가 자기의 운송구간 내에서 발생하지 아니하였음을 증명한 때에는 손해분담의 책임이 없다(138③).

2) 수인이 순차로 운송을 하는 경우에는 후자는 전자에 갈음하여 그 권리를 행사할 의무를 부담하고, 후자가 전자에게 변제할 때에는 전자의 권리를 취득한다(147, 117). 여기의 권리는 유치권 · 질권 · 보수청구권 등을 가리킨다. 순차운송인의 대위에 관한 규정은 위의 네 가지 형태 모두에 적용된다(다수설). 순차운송인의 대위는 앞의 운송인이 운송물의 점유를 잃고 운송인이 이를 점유하고 있다는 사실을 고려하여 인정된 것이기 때문이다.

V. 貨物相換證

1. 意 義

화물상환증(bill of lading)은 운송인에 대한 운송물인도청구권을 표창하는 유가증권이다. 화물상환증은 유가증권이므로 증권이 표상하는 권리의 행사와 이전에는 증권의 소지를 요한다. 그러나 화물상환증의 발행은 운송계약의 성립에 필요한 요건은 아니다. 유가증권의 분류기준에 따르면, 채권적 · 비설권적 · 요인증권이고 법률상 당연한 지시증권이지만 기명증권으로 할 수 있다. 또 요식증권 · 상환증권 · 문언증권 · 처분증권 · 인도증권이다.

2. 발 행

송하인의 청구에 의해 운송인이 발행한다(128①). 발행을 청구하는 것은 송하인의 임의이나 송하인이 발행을 청구하면 운송인은 반드시 발행해야 하며, 이를 게을리하면 손해배상책임이 발생한다. 발행 시기에 대해서는 명문의 규정이 없다. 운송계약 이후에 발행할 수 있음은 명백하고, 화물상환증은 운송물의 수령도 증명하므로 운송인이 운송물을 수령한 후에 발행해야 한다고 보는 것이 일반적이다.

3. 형   식

화물상환증의 필수적 기재사항은 ① 운송물의 종류·중량 또는 용적, 포장의 종별, 개수와 기호, ② 도착지, ③ 수하인과 운송인의 성명 또는 상호, 영업소 또는 주소, ④ 송하인의 성명 또는 상호, 영업소 또는 주소, ⑤ 운임 기타 운송물에 관한 비용과 그 선급 또는 착급의 구별, ⑥ 화물상환증의 작성지와 작성연월일, ⑦ 운송인의 기명날인 또는 서명 등이다(128②). 법정기재사항의 일부를 기재하지 않더라도 그것이 본질적인 사항이 아닌 경우에는 증권이 무효로 되지는 않는다. 화물상환증에는 필수적 기재사항 이외에 그 본질에 반하지 아니한 사항을 기재할 수 있다.

4. 양   도

화물상환증은 당연한 지시증권으로서 기명식으로 발행한 경우에도 背書에 의해 양도할 수 있다(130본). 화물상환증의 양도에 의해 송하인 또는 그 이후의 소지인은 운송물을 환가·처분할 수 있다. 그러나 화물상환증에 배서를 금지하는 뜻을 기재하면 배서에 의해 양도할 수 없고(130단), 일반 指名債權의 양도방법에 따라 양도할 수 있다(민 508). 배서는 무조건으로 하여야 하며, 배서에 붙인 조건은 기재하지 아니한 것으로 본다(65, 어12①). 즉 조건 없는 배서로 본다. 그리고 일부의 배서는 무효로 본다. 배서는 기명날인(또는 서명)을 요건으로 하며, 기타 배서의 방식은 일반 지시채권과 같다(65, 민 510, 511). 화물상환증의 배서는 권리이전적 효력과 자격수여적 효력이 있지만(65, 민 508, 513), 담보적 효력은 없다. 화물상환증은 무기명증권 또는 선택무기명증권으로도 발행할 수 있다. 이 경우에는 단순히 양도합의와 증권의 교부에 의하여 이를 양도할 수 있다(65, 민 525, 523).

5. 효   력

화물상환증은 운송물 인도청구권을 나타내는 유가증권이므로 채권적 유가증권이고, 화물상환증의 교부는 운송물 자체를 인도하는 것과 같은 효력이 있다.

(1) **債權的 效力**

화물상환증의 채권적 효력이라 함은 운송인과 그 소지인 간의 채권적 관계를 정하는 효력을 말한다. 화물상환증은 운송계약에 따라 발행되는 요인증권이므로 그 원인이 되는 운송계약의 내용에 구속된다. 그리하여 운송계약의 내용과 화물상환증의 기재내용이 다른 경우(공권, 운송물 상위)에는 문제가 발생한다.

1) 운송인과 소지인 간의 관계   화물상환증이 발행된 경우에는 운송인과 송하인 사이에서는 증권에 적힌 대로 운송계약이 체결되고 운송물을 수령한 것으로 추정한다(131①). 화물상환증의 문언증권성을 기반으로 추정적 효력을 부여하여 악의의 증권 소지인에 대해서는 추정을 깨뜨릴 수 있게 한 것이다. 이에 따라 운송계약의 내용과 증권의 기재내용이 다른 경우에도 증권은 유효하고, 운송인은 증권에 적힌 대로 운송물을 인도할 의무를 부담한다. 운송물의 수량이 부족한 경우에는 증권 소지인은 이를 수령하고 부족량의 인도를 청구할 수 있다. 운송인이 이를 인도하지 못하는 경우에는 상법상 채무불이행으로 인한 손해배상책임을 진다(135).

이 규정은 추정의 효력을 부여한 것에 불과하기 때문에 운송인은 악의의 화물상환증 소지인에 대해서는 그가 운송계약을 체결하지 않았거나 운송물을 수령하지 않았다는 것(공권), 또는 수령한 운송물이 화물상환증에 기재된 것과 다르다는 점(운송물 상위)을 증명하면, 추정의 효력은 깨진다.

2) 화물상환증의 선의취득자에 대한 관계   화물상환증을 선의로 취득한 소지인에 대해 운송인은 증권에 적힌 대로 운송물을 수령한 것으로 보고 증권에 적힌 바에 따라 운송인으로서 책임을 진다(131②). 이는 문언증권성을 중시하여 증권의 선의취득자에 대한 운송인의 이행책임을 규정한 것이다. 이에 따라 운송인은 운송에 관한 사항 및 운송물의 내용을 포함한 증권의 모든 기재사항에 대해 책임이 있다.

3) 보증도, 가도의 경우   이 경우 후에 증권의 정당한 소지인은 수하인이 운송물을 점유하고 있는 동안에는 수하인에게 운송물의 인도를 청구할 수 있다. 그러나 제3자가 운송물을 선의취득한 경우에는 그 제3자에 대해 운송물의 인도를 청구할 수 없게 된다. 이때에도 운송인은 증권의 선의취득자에 대해 증권에 기재된 대로 운송인으로서의 책임을 부담한다. 운송인이 증권의 선의취득자에게 책임을 이행한 경우에는 수하인에게 구상권을 행사할 수 있다. 운송인이 증권의 선의취득자에게 책임을 이행하지 못하는 경우 손해배상책임을 진다.

(2) 物權的 效力

1) 의　의　화물상환증의 물권적 효력이라 함은 운송물의 인도와 동일한 효력을 가지는 것을 말한다. 화물상환증에 의하여 운송물을 받을 수 있는 자에게 화물상환증을 교부한 때에는 운송물 위에 행사하는 권리의 취득에 관하여 운송물을 인도한 것과 동일한 효력이 있다(133).

2) 요　건

㈎ 운송물의 수령　운송인이 송하인으로부터 실제로 운송물을 수령한 경우라야 한다. 따라서 공권의 경우에는 물권적 효력이 생기지 않는다.

㈏ 운송물의 존재　물권적 효력이 생기기 위하여는 화물상환증의 교부시에 운송물이 존재하여야 한다. 따라서 운송 중에 운송물이 멸실된 경우에는 물권적 효력이 인정되지 않는다. 운송물이 제3자에 의하여 선의취득된 경우에는 운송물이 멸실된 경우와 같이 물권적 효력이 생길 여지가 없다(다수설).

㈐ 正當한 受領權者에 대한 증권의 인도　화물상환증에 의하여 운송물을 받을 수 있는 자에게 화물상환증이 교부되었어야 한다. 화물상환증에 의하여 운송물을 받을 수 있는 자란 원칙적으로 형식적 자격자, 즉 증권의 적법한 소지인을 의미한다. 다만 상속·합병 등에 의하여 실질적으로 권리를 이전받은 자는 형식적 자격이 없더라도 예외적으로 이에 포함된다. 화물상환증의 선의취득자(상 65, 민 514)에게는 물권적 효력이 발생한다. 이 경우 운송물의 선의취득자가 있는 경우에는(민 249 이하) 운송물의 선의취득자가 우선한다.

3) 범　위

㈎ 목적물 인도　운송물을 인도한 것과 동일한 효력이 있다는 뜻은 소유권·질권 등의 권리를 취득함에 있어서 운송물 자체의 점유를 이전하는 것과 같은 효력이 있다는 뜻이다. 즉 운송물의 소유권을 취득하려면 물권변동의 효력발생요건으로서 운송물의 인도를 받아야 하는데, 증권을 인도하면 마치 운송물 자체를 인도한 것과 같은 효력이 있어서 운송물의 소유권을 취득한다는 것이다.

㈏ 소유권 등의 취득　운송물 위에 행사하는 권리는 소유권·질권·유치권 외에 위탁매매인의 처분권도 포함된다. 물권적 효력은 위 권리의 취득에 관하여만 인정된다. 즉 권리취득의 효력발생요건 내지 대항요건에 관하여 인정된다.

㈐ 선의취득　화물상환증의 물권적 효력은 증권이 정상적으로 양도된 경우는 물론, 선의취득한 경우에도 인정된다. 화물상환증의 선의취득자도 운송물을 받

을 수 있는 자이기 때문에 증권의 인도를 받으면 운송물의 점유를 인도받는 효력이 있다. 통설은 화물상환증의 양수 없이 운송물 자체를 양수하는 경우에도 운송물의 선의취득이 인정된다고 보고, 화물상환증의 선의취득자와 운송물 자체의 선의취득 자가 대립하는 때에는 운송물의 선의취득자가 우선한다고 본다.

　　4) 학　　설　　　물권적 효력의 이론 구성을 둘러싸고 다툼이 있다. 민법 제190 조는 제3자가 점유하고 있는 동산의 점유이전방식으로서 목적물반환청구권의 양도 를 규정하고 있는데, 이것은 청구권, 즉 채권의 양도이므로 민법 제450조에 따른 대 항요건을 갖추어야 한다. 그런데 운송물의 양도는 제3자인 운송인이 점유하고 있는 동산의 양도이므로, 민법 제190조와 상법 제133조는 어떠한 관계에 있는가가 쟁점 이다.

　　　㈎ 절 대 설　　　증권의 인도(133)를 민법이 정하는 점유이전의 원칙(민 190) 이 외에 인정되는 특수한 점유이전원인으로 본다. 그리하여 운송인이 당해 운송물을 점유하고 있는가 여부에 관계없이(민 450에 의한 대항요건 불요) 증권의 인도로써 점 유가 이전한다고 본다.

　　　㈏ 상 대 설　　　증권소지인은 증권의 취득에 수반하여 운송물을 直接占有하 는 운송인에 대하여 운송물인도청구권을 가지기 때문에 운송물에 대한 間接占有를 취득한다고 보는 견해이다. 엄정상대설은 증권에 의하여 점유이전의 효력을 취득하 기 위하여는 증권의 이전(133)과는 별도로 민법이 정하는 점유이전의 대항요건(민 450)을 갖추어야 한다고 본다. 이에 대하여 대표설은 상법 제133조는 민법 제190조 를 강화한 특칙이라고 본다. 그리하여 화물상환증의 교부를 민법 제190조에 따른 운송물에 대한 반환청구권의 양도로 보지만, 화물상환증이 운송물을 대표하는 것으 로 보기 때문에 이 경우에 한하여 민법 제450조에 의한 대항요건은 필요 없다고 한 다. 즉 증권은 운송인의 直接占有下에 있는 운송물을 대표하고, 그러한 한에 있어 서 민법의 점유에 관한 일반이론을 수정하는 것이다(통설).

　　　㈐ 物權的 效力 부인설　　　물권적 효력의 개념의 존재 자체를 부정한다. 물권 적 효력은 화물상환증의 양도로 인하여 발생하는 채권적 효력이 동산물권변동의 한 방법인 목적물반환청구권의 양도방법으로 이용된 결과에 지나지 않는다고 하는 견 해이다.

　　　㈑ 절충설(유가증권적 효력설)　　　제133조는 민법 제190조의 목적물반환청구 권의 양도는 아니고 그와 달리 화물상환증에 체화한 운송물인도청구권을 유가증권 법과 물권법의 원리에 따라 양도하는 특별한 방식을 규정한 것이며, 증권의 교부를

운송물의 인도로 보는 인도의 대용물을 규정하고 있다고 본다.

5) 효   과   화물상환증에는 물권적 효력이 있으므로 화물상환증이 발행된 경우에는 운송물에 관한 처분은 화물상환증을 가지고 하여야 하며(132), 화물상환증에 의하지 않고는 운송물의 인도를 청구할 수 없으며(129), 화물상환증을 소지하지 않고는 운송인에 대한 처분권을 행사할 수 없다(139). 그러나 운송물이 운송인의 점유를 이탈하거나 운송인의 횡령에 의해 이전되다가 제3자에 의해 선의취득되는 경우에는 화물상환증의 물권적 효력은 무의미해지고, 소지인은 화물상환증의 채권적 효력에 의해 운송인에게 손해배상을 청구할 수밖에 없을 것이다.

제3관 旅客運送

I. 총   설

여객운송(carriage of passenger)계약이라 함은 여객, 즉 자연인의 운송을 목적으로 하는 계약을 말한다. 여객운송에 관한 규정은 물건운송의 경우에 비하여 간단하다. 그 밖에 철도사업법·자동차손해배상보장법 등 많은 특별법령과 민·상법의 일반규정 및 보통거래약관 등에 의하여 규율된다.

II. 旅客運送契約의 체결

1. 계약의 당사자

여객운송계약의 당사자는 운송을 인수하는 운송인과 운송의 위탁자이며, 운송의 위탁자는 여객 자신인 경우가 보통이지만 그렇지 아니한 경우도 있다. 유상이 원칙이지만 무상인 경우도 있다.

2. 계약의 체결방식

여객운송계약은 불요식의 낙성계약이다. 실제로 여객으로부터 운임을 받고 승차권을 발행하여 주고 이 승차권에 의하여 운송이 처리되고 있지만, 승차권의 발행이 계약의 성립요건은 아니다. 승차 전에 승차권이 발매되는 보통의 경우에는 승차권 구입시에 계약이 성립하고, 승차 후에 승차권을 구입하는 경우에는 승차시에 계약이 성립한다고 볼 수 있다.

3. 승차권의 법적 성질

승차권에는 여러 형태가 있어서 그 법적 성질과 효력을 일률적으로 말하기 어려우나 대체로 운송청구권이라는 사법상의 권리를 체화하고 있는 유가증권이라고 말할 수 있다. 가장 일반적인 형태인 승차 전에 무기명식으로 발행되는 보통승차권은 운송청구권을 체화하고 있고, 승차하려면 이를 제시하여야 하므로 유가증권이라고 본다. 그러나 통용기간과 통용구간을 정하여 특정인에게 발행되는 기명식의 정기승차권이나 무기명식의 회수승차권에 관하여는 다툼이 있다.

III. 旅客運送契約의 효력

운송인은 선량한 관리자의 주의로써 여객을 안전하게 목적지에 운송할 의무를 부담한다. 운송에 대한 보수로 운임청구권을 가진다. 상법은 운송계약상의 채무불이행에 대한 손해배상책임에 관하여 특칙을 규정한다.

1. 여객운송인의 손해배상책임

(1) 旅客의 損害에 대한 責任

여객운송인의 여객의 손해에 대한 책임과 여객의 수하물에 대한 책임은 모두 운송계약상의 채무불이행에 대한 책임이다. 그러므로 이 규정들은 불법행위에 대하여는 적용이 없다.

1) 책임 원인   운송인은 자기 또는 사용인이 운송에 관한 주의의무를 해태하지 아니하였음을 증명하지 아니하면 여객이 운송으로 인하여 받은 손해를 배상할 책임을 면하지 못한다(148①). 이것은 손해배상책임에 관하여 과실책임주의를 취하고, 사용인의 과실에 대하여 운송인의 무과실책임을 인정하며, 운송인 측에서 고의·과실이 없음을 증명하도록 입증책임을 전환한 것이다.

2) 손해의 범위   손해의 범위에는 운송채무불이행으로 인한 모든 손해가 포함된다(통설). 즉 여객의 생명·신체에 발생한 손해, 의복 기타 신변물 등에 발생한 손해 이외에 연착으로 인한 손해 등이 포함되고(통설), 재산적 손해는 적극적 손해뿐만 아니라 소극적 손해도 포함한다. 정신적 손해도 포함된다고 본다(통설).

3) 배상액의 산정   손해배상의 액을 정함에는 법원은 피해자와 그 가족의 정상을 참작하여야 한다(148②). 이것은 배상액의 산정에 있어서 피해자와 그 가족의 구체적 사정을 고려하게 함으로써 손해배상액의 個性化를 인정하는 한편, 운송인이 알 수 없었던 특별손해까지 배상을 명함으로써 손해배상의 범위를 확대한 것이다.

4) 책임의 소멸시효   여객의 손해에 대한 운송인의 책임은 상사시효의 일반원칙에 따라 5년으로써 소멸시효가 완성한다. 물건운송인의 경우와는 달리 특칙이 없다.

(2) 手荷物에 관한 責任

1) 託送手荷物   운송인이 여객으로부터 인도를 받은 수하물에 관하여는 운임을 받지 아니한 경우에도 물건운송인과 동일한 책임이 있다(149①). 즉 여객운송인 측에서 무과실의 증명책임을 지고, 정액화된 손해배상액을 지급하면 된다. 고가물에 관한 특칙도 적용된다. 수하물이 도착지에 도착한 날로부터 10일 내에 여객이 그 인도를 청구하지 아니한 때에는 운송인은 상사매매에서의 매도인과 같이 그 수하물의 공탁권과 경매권을 가진다(149②본).

2) 携帶手荷物   운송인은 여객으로부터 인도를 받지 아니한 수하물의 멸실 또는 훼손에 대하여는 자기 또는 사용인의 과실이 없으면 손해를 배상할 책임이 없다(150). 과실의 증명책임이 여객에게 있다. 손해배상액에 관하여는 특별한 규정이 없으나, 탁송수하물의 경우와 같이 정액책임을 진다.

2. 旅客運送人의 權利

여객운송인은 여객에 대하여 운임청구권이 있다(61). 운임의 청구시기는 여객운송이 도급의 일종이므로 운송이 종료된 뒤가 되겠지만(민 665) 실제는 약관 또는 상관습에 의하여 승차권 구입시 또는 승차 후 운송 종료 전에 보통 승차권과 상환으로 운임을 지급한다. 탁송수하물이 있는 경우에 그 수하물의 운임 또는 여객의 운임에 관하여 운송인은 유치권을 가진다고 본다(147, 120의 유추적용)(다수설).

제6절 公衆接客業

I. 총   설

극장·여관·음식점 그 밖의 공중이 이용하는 시설을 제공·이용시키는 영업은 접객업·유흥업·유기장업 등과 같은 서비스업으로서 국민의 사교·레크리에이션·건강관리 등을 위하여 중요한 기능을 영위하고 있으며, 삶의 질의 향상에 대하여 일반 국민들의 관심이 커져가는 시대가 도래함에 따라 그 중요성은 더욱 증대되어 간다고 할 것이다.

II. 公衆接客業者의 의의

공중접객업자라 함은 극장·여관·음식점 그 밖의 공중이 이용하는 시설에 의한 거래를 영업으로 하는 자를 말한다(151).

1. 공중이 이용하는 시설에 의한 거래

상법은 공중이 이용하는 시설로서 극장·여관·음식점을 예시하고 있으나, 목욕탕·다방·과자점·콘도·볼링장·당구장·골프장·이발소·미용실 등 그 업종은 매우 다양하다. 공중접객업자는 이러한 시설에 대한 소유 여부를 불문하고, 이러한 시설에 의한 거래를 영업으로 하는 자로서 영업을 경영하는 기업의 주체이다. 이렇듯 고객의 設備利用이라는 면을 중시하는 것이 통설적 견해이나, 고객의 수요에 응하는 영업주의 행위의 면을 중시하는 견해도 있다.

2. 商人性

공중이 이용하는 시설에 의한 거래는 기본적 상행위의 하나이므로(46ix), 이 거래를 영업으로 하는 공중접객업자는 당연상인이 된다. 위 거래에 제공되는 시설의 소유자가 공중접객업자가 되는 것은 아니다.

3. 去來行爲의 내용

공중접객업에 있어서의 거래행위의 내용은 일정하지 않다. 공중접객업은 상행위편의 다른 상행위와는 달리 거래행위 자체의 특성에 따라 정의되어 있지 않고, 그 거래가 행하여지는 상황에 착안하여 정의되어 있기 때문이다. 따라서 공중접객업에 있어서의 거래행위의 성질은 영업의 종류에 따라 다르다. 공중접객업자는 불특정다수인과 그가 제공한 시설에 의하여 거래를 하는 자이므로 공안상 또는 위생상의 목적에 따라 행정규제에 관한 각종 특별법에 의하여 국가에 의하여 엄격한 감독을 받는다.

III. 公衆接客業者의 책임

1. 任置를 받은 물건에 대한 책임

(1) 의 의

공중접객업자는 고객으로부터 임치를 받은 물건의 보관에 관하여 주의를 게을리하지 아니하였음을 증명하지 아니하면 물건의 멸실 또는 훼손으로 인한 손해를 배상할 책임이 있다(152①). 과거의 상법은 공중접객업자의 책임에 관하여 로마법상의 레셉툼(receptum) 책임(엄격책임: 불가항력으로 인한 멸실·훼손임을 입증해야만 면책)을 이어받아 '물건을 수령하였다는 사실만으로' 그 물건에 발생한 손해에 대하여 법률상 당연히 배상책임을 지웠지만, 2010년 5월 개정상법은 이를 과실책임으로 변경하여 책임을 완화한 것이다.

(2) 요 건

1) 任 置   공중접객업자가 물건의 임치를 받았어야 한다. 임치란 당사자 일방이 상대방에 대하여 물건의 보관을 위탁하고 상대방이 이를 승낙함으로써 성립하는 계약이다(민 693).

2) 손해배상청구권자   공중접객업자에 대하여 손해배상의 책임을 물을 수 있는 자는 고객이다. 즉 고객으로부터 임치를 받아야 한다. 고객은 공중접객업자와 시설이용계약을 체결하여 그 시설의 이용권을 취득한 자를 가리키지만 사실상 고객으로 대우받고 있는 자도 포함된다. 음식점에서 빈 좌석을 기다리다가 그냥 나왔어도 고객이라 할 수 있으며, 그가 기다리는 동안 주인에게 맡긴 물건이 분실되었다면 공중접객업자의 책임이 발생한다. 고객의 동반자인 가족이나 수행원도 이에 포함된다.

3) 물건의 멸실 또는 훼손   발생된 손해는 물건의 멸실 또는 훼손으로 인한 것이어야 한다. 고객의 신체의 사상은 해당하지 않는다.

(3) 자동차와 임치

여관·호텔 등에 주차한 자동차의 도난사고와 관련하여 공중접객업자에게 책임이 있는가가 문제되는 경우가 발생한다. 이 경우 주차장에 세워둔 객의 자동차에 대한 임치 여부가 쟁점이 된다. 법원은 임치가 성립하려면 목적물 보관의 채무를 부담하기로 하는 명시적 또는 묵시적 합의가 있음을 필요로 한다고 본다.[10]

2. 임치를 받지 아니한 물건에 대한 책임

(1) 의 의

공중접객업자는 고객으로부터 임치를 받지 아니한 경우에도 그 시설 내에 휴대한 물건이 자기 또는 그 사용인의 과실로 인하여 멸실 또는 훼손된 때에는 그 손해를 배상할 책임이 있다(152②). 고객이 그 물건에 대한 감독을 할 수 있으므로 공중접객

---

10) 대판 1998.12.8, 97다37507; 대판 1992.1.11, 91다21800.

업자의 책임을 경감하여, 과실책임주의를 취한 것이다. 다만 영업주 또는 사용인의 부주의에 대한 입증책임을 고객에게 부담시킴으로써 영업주의 책임을 경감하였다.

(2) 요 건

1) 고객이 그 시설 내에 携帶한 물건이어야 한다.

2) 自己 또는 使用人의 過失로 인한 사고이어야 한다(과실책임). 여기의 과실은 선량한 관리자의 주의의무를 다하지 못한 것이며, 증명책임은 고객에게 있다.

3) 사용인이란 법률상의 고용관계의 유무와는 무관하고, 사실상 사용된 자이면 족하다.

4) 물건이 멸실 또는 훼손되어 손해가 발생하여야 한다.

3. 免責의 特約과 揭示

공중접객업자의 책임에 관한 규정은 강행규정이 아니므로 당사자 간의 특약에 의하여 감면할 수 있다. 공중접객업자가 영업장에 고객의 휴대품에 대하여 책임지지 아니한다는 뜻을 게시하는 일이 있는데, 내용에 따라서는 당사자 간의 면책약관으로 보아 유효하게 보아야 할 경우도 있다. 그러나 공중접객업자가 고객의 휴대품에 대해 전혀 책임지지 아니한다는 특약은 사회질서(민 103)에 반하는 것으로 볼 수 있으므로 상법은 이러한 게시를 하였다 하더라도 책임을 면하지 못한다고 규정하고 있다(152③).

4. 高價物에 대한 책임

화폐·유가증권 기타의 고가물에 대하여는 고객이 그 종류와 가액을 명시하여 임치하지 아니하면 공중접객업자는 그 물건의 멸실 또는 훼손으로 인한 손해를 배상할 책임이 없다(153). 그 취지는 운송물이 고가물인 경우의 운송인의 책임을 규정한 제136조와 대체로 같다. 결혼예물로 교환된 시계·다이아반지·다이아목걸이 등은 고가물이다.[11] 그러나 승용차는 고가물이 아니라고 본다. 고가물을 영업주에게 임치해야만 책임을 물을 수 있고, 단지 고가물임을 명시하고 고객이 계속 점유한다면 영업주의 책임을 물을 수 없다.

---

11) 대판 1977.2.8, 75다1732.

5. 소멸시효

공중접객업자의 책임은 수치한 물건에 관하여는 임치물을 고객에게 반환한 후, 수치하지 아니한 물건에 대하여는 고객이 휴대물을 가져간 후 6월을 경과하면 소멸시효가 완성한다(154①). 위 기간은 물건이 전부 멸실한 경우에는 객이 그 시설을 퇴거한 날로부터 기산한다(154②). 공중접객업자나 그 사용인이 악의인 경우에는 위 단기소멸시효의 규정은 적용되지 아니한다(154③). 따라서 상사소멸시효의 일반원칙에 따라 5년의 시효기간이 적용된다.

6. 不法行爲責任과의 관계

공중접객업자나 그 사용인이 객으로부터 임치를 받거나 받지 아니한 물건을 고의 또는 과실로 멸실 또는 훼손시킨 경우에는 제152조 내지 제153조에 의한 손해배상책임 외에 불법행위로 인한 손해배상책임도 성립한다.

제7절 倉 庫 業

I. 총   설

창고업은 운송업과 함께 매우 중요한 보조상이다. 창고업은 초기에는 운송업과 함께 매매업의 보조상으로 출발하여 차츰 독립된 상인으로 발전하였다. 상품이 대량으로 거래되는 경우에는 일정한 기간 그 상품을 보관할 필요가 생기는데 그것은 시간의 경과에 의한 가치의 증대, 통관 등을 위한 대기, 상품의 안전한 유지, 직접 보관에 수반하는 비용과 시간의 절약, 창고증권에 의한 금융의 편의 등 여러 경제적 기능을 수행한다.

II. 倉庫業者의 의의

창고업자(warehouseman)라 함은 타인을 위하여 창고에 물건을 보관함을 영업으로 하는 자를 말한다(155).

1. 목 적 물

창고업자는 타인을 위하여 물건의 보관을 하여야 하는 것이다. 자기 물건을 창고에 보관하는 것은 창고업이 아니다. 물건을 보관하여야 한다. 물건은 동산을 가리키고, 부동산은 제외된다. 화폐·유가증권 등은 일정량의 물체로서 보관할 때에는 창고업의 대상이 되지만, 일정한 가치의 표상물로 보관할 때에는 은행의 수신업무에 속하게 된다.

2. 보 관

창고업은 보관업이다. 보관이라 함은 물건의 점유를 넘겨받아, 그 멸실·훼손을 방지하고 현상을 유지하는 것의 두 가지를 요한다. 따라서 창고의 전부 또는 일부의 임대만을 영업으로 하는 것은 창고업이 아니다. 창고업자의 보관은 목적물의 소유권 또는 처분권을 취득하지 않고 하는 보관만을 뜻한다.

3. 보관장소: 창고

창고업자는 창고에 보관을 하여야 한다. 창고라 함은 물건의 보관에 이용 또는 제공되는 설비를 말하며, 반드시 지붕이 있는 건물이어야 하는 것은 아니고, 목재·석재를 보관하기 위한 공지나 저수장과 같은 수면도 창고에 해당한다. 창고의 소유권이 창고업자에 속하는가 여부는 상관이 없다. 따라서 타인의 창고에 보관할 수도 있다.

4. 商人性: 영업

창고업자는 물건의 임치를 인수하는 것을 영업으로 하는 자이다(4, 46xiv). 임치의 인수를 함으로써 당연상인이 된다. 비영리적인 농업창고를 경영하는 것은 영업으로 하는 것이 아니므로 창고업이 아니다.

III. 倉庫任置契約의 성질

창고업자가 물건을 창고에 장치·보존할 것을 인수하는 계약을 창고임치계약이라 한다. 이 계약은 임치인과 창고업자 사이에서 체결된다. 이 계약은 보관료를 받고 하는 경우에는 유상계약이고, 물건의 인도를 요하지 아니하므로 낙성계약이며(통설), 특별한 방식을 요하지 아니하므로 불요식계약이다. 임치물의 인도나 창고증권의 발행은 임치계약의 성립요건이 아니다.

IV. 倉庫任置契約의 효력

1. 창고업자의 의무

(1) 任置物保管義務

창고업자는 임치계약이 유상이든 무상이든 불문하고 선량한 관리자의 주의로써 임치물을 보관하여야 한다(62). 창고업자는 물건의 보관을 전문으로 하는 자이므로 민법상의 임치인보다 높은 수준의 주의의무를 진다고 보아야 한다. 임치물의 종류 · 성격에 따라 적합한 방법을 택해 임치물의 멸실 · 훼손을 방지하여야 하며, 천재지변이나 도난 등 외부에서 예상되는 손해의 방어를 위한 조치도 강구해야 한다. 이러한 보관의무를 게을리할 경우 손해배상책임을 진다.

(2) 倉庫證券交付義務

창고업자는 임치물을 수령한 후에 임치인의 청구에 의하여 창고증권을 교부하여야 한다(156).

(3) 任置物의 檢査 · 見品摘取 · 保管處分에 따른 의무

창고업자는 임치인 또는 창고증권소지인의 요구가 있는 때에는 영업시간 내에는 언제든지 임치물의 검사, 견품의 적취 또는 그 보존에 필요한 처분에 응하여야 할 의무가 있다(161). 창고업자는 이러한 행위를 인용할 뿐만 아니라, 상당한 협력의 의무도 있다. 이 의무는 특약에 의하여 제한할 수 있으나, 전면적으로 배제할 수는 없다.

(4) 任置物의 瑕疵 · 毁損 등의 通知義務

창고업자가 임치물을 인도받은 후에 그 물건의 훼손 또는 하자를 발견하거나 그 물건이 부패할 염려가 있는 때에는 지체 없이 임치인에게 그 통지를 발송하여야 한다. 이 경우에 임치인의 지시를 받을 수 없거나 그 지시가 지연되는 때에는 창고업자는 임치인의 이익을 위하여 적당한 처분을 할 수 있다(168, 108). 창고업자가 통지의무를 해태한 때에는 손해배상책임이 있다.

(5) 任置物返還義務

창고업자는 임치인의 청구가 있는 때에는 보관기간의 약정의 유무에 불구하고 임치물을 반환하여야 한다(163). 임치물에 관하여 창고증권이 발행되어 있는 경우에는 그 소지인의 청구에 의하여 또 그 소지인에 대하여만 임치물을 반환할 의무를 부담하며, 그 증권과 상환하지 아니하면 임치물을 반환할 필요가 없다(157, 129).

(6) 損害賠償責任

1) **책임원인**　창고업자는 자기 또는 사용인이 임치물의 보관에 관하여 주의를 해태하지 아니하였음을 증명하지 아니하면 임치물의 멸실 또는 훼손에 대하여 손해를 배상할 책임을 면하지 못한다(160). 창고업자에 관하여 과실책임주의를 채택하면서 그 입증책임을 전환하고 있고, 사용인의 선임·감독에 대한 무과실책임주의를 취하고 있다. 운송인 및 운송주선인의 손해배상책임의 경우와 같다(115, 135, 148①).

2) **손해배상청구권자**　손해배상을 청구할 수 있는 자는 임치인 또는 창고증권 소지인이다.

3) **손해배상액**　상법에 특칙이 없으므로 민법의 일반원칙에 따라야 한다(통설).

4) **책임의 소멸**

⑺ 특별소멸원인　운송인의 특별한 책임소멸사유(146)는 창고업자에게 준용된다. 그러므로 창고업자의 책임은 임치인 또는 창고증권 소지인이 유보 없이 임치물을 수령하고 보관료 기타의 비용을 지급한 때에는 소멸한다. 그러나 임치물에 즉시 발견할 수 없는 훼손 또는 일부멸실이 있는 경우에 임치인 또는 창고증권 소지인이 임치물을 수령한 날로부터 2주간 내에 창고업자에게 그 통지를 발송한 때에는 그러하지 아니하다(168, 146①). 창고업자 또는 그 사용인이 악의인 경우에는 위 특별소멸사유에 관한 규정을 적용하지 아니한다(168, 146②).

⑷ 단기시효　특별소멸사유 이외에 창고업자의 책임은 1년의 단기시효가 적용된다(166①). 운송인의 책임의 시효와 같다. 위 기간은 임치물이 전부 멸실한 경우에는 임치인과 알고 있는 창고증권 소지인에게 그 멸실의 통지를 발송한 날로부터 기산한다(166②). 위 단기소멸시효에 관한 규정은 창고업자 또는 그 사용인이 악의인 경우에는 적용하지 아니한다(166③). 창고업자 등의 악의는 원칙적으로 상대방이 입증해야 하지만, 정당한 권리가 없는 자에게 임치물을 반환한 경우에는 창고업자가 악의가 아님을 입증하여야 한다(판례).

5) **면책특약**　창고업자의 책임에 관한 규정은 강행규정이 아니므로, 당사자 간의 특약에 의하여 신의성실의 원칙에 반하지 않는 범위 내에서 이를 면제 또는 감경할 수 있다.

6) **불법행위책임과의 관계**　임치물의 멸실 또는 훼손이 동시에 임치물에 대

한 소유권의 침해로서 불법행위를 구성할 때에는 채무불이행으로 인한 손해배상책임과 불법행위로 인한 손해배상책임이 경합한다.

2. 倉庫業者의 권리

창고임치계약은 낙성계약이며, 계약이 성립하면 창고업자는 이에 대하여 임치물의 인도를 청구할 권리를 가진다. 임치인이 임치물을 지체 없이 인도하지 아니하면 채무이행의 지체가 되고 손해배상을 청구할 수도 있다. 창고업자는 무상으로 임치를 인수한 경우 외에는 약정한 보수 또는 상당한 보수를 청구할 수 있다(61). 이 보수가 보관료이다. 보관료는 특약 또는 관습이 없는 한 임치물을 출고할 때에 비로소 청구할 수 있으나 보관기간이 경과한 후에는 출고 전이라도 이를 청구할 수 있다(162①).

창고업자가 임치물에 관하여 비용과 체당금을 지출한 때에는 임치물을 출고할 때에 그 상환을 청구할 수 있다(162). 일부출고의 경우에는 창고업자는 그 비율에 따라 비용과 체당금의 지급을 청구할 수 있는 것이 원칙이지만 그 비용 또는 체당금이 그 출고하는 임치물 자체에 관한 것이면 그 전액을 청구할 수 있다. 창고업자에게는 특별상사유치권이 인정되지 않는다. 그러나 임치물 위에 민사유치권을 행사할 수 있고(민 320), 임치인이 상인인 경우에는 일반상사유치권도 행사할 수 있다(58). 임치인 또는 창고증권의 소지인이 임치물의 수령을 거부하거나 이를 수령할 수 없는 때에는 상사매매에 있어서의 매도인의 공탁·경매권에 관한 규정이 준용된다(165, 67①②). 창고업자는 임치물의 성질 또는 하자로 인하여 생긴 손해가 있는 때에는 이를 알고 있었던 경우를 제외하고는 임치인에 대하여 그 배상을 청구할 수 있다(민 697). 창고업자의 임치인 또는 창고증권 소지인에 대한 채권은 그 물건을 출고한 날로부터 1년간 행사하지 아니하면 소멸시효가 완성한다(167).

V. 창고증권

창고증권이라 함은 창고업자에 대한 임치물반환청구권을 표창하고 있는 유가증권이다. 상법은 창고업자가 그 발행을 거절할 수 없게 한다. 우리나라는 한 장의 창고증권에 의하여 임치물의 양도와 입질 등의 처분을 모두 할 수 있게 하는 단권주의를 취하고 있다. 창고증권은 화물상환증과 동일한 성질을 가진다. 화물상환증에 관한 규정이 준용되고 있다.

제8절 금융리스업

I. 총 설

리스 거래는 1950년대에 비로소 미국에서 생겨난 비교적 새로운 금융기법이다. 우리나라에서는 고도의 산업발전기로 이행한 1970년대 이후, 주로 선진국의 기계·시설 등을 리스에 의해 도입함으로써 최신의 기계·시설을 취득할 수 있는 계기가 마련되었다. 또한 리스 회사가 국내 이용자들이 필요로 하는 리스 물건을 해외의 공급자 또는 리스 회사로부터 리스하거나, 외화를 차입하여 대금을 지급함으로써, 산업발전을 위해 무한한 외화수요를 느꼈던 시기에 외화조달의 창구 기능도 해왔다. 그리하여 리스 산업은 산업시설의 상당 부분을 공급하는 성장산업으로 주목되고 있다. 리스거래에 관한 법적 규율은 미비한 상태에 있다. 리스 관련 실정법으로서는 1973년 「시설대여산업육성법」이 제정되었다가, 「시설대여업법」으로 개칭된 데 이어, 1997년 다른 특수 금융업종과 더불어 「여신전문금융업법」으로 통합되어 현재에 이르고 있으나, 동법은 리스업에 대한 행정규제적 목적에서 입법된 것이므로 전반적인 해결수단이 되지는 못한다. 2010년 5월 개정상법은 금융리스의 법률관계를 규율하기 위해 제2편 상행위에 금융리스업을 신설했다.

현재 리스 계약은 일반적으로 리스 회사가 일방적으로 정한 약관에 의해서 체결되고, 분쟁이 발생한 경우 그 약관의 해석이 쟁점이 되고 있는 상황이다.

II. 리스계약의 의의

리스계약의 인수행위를 상법은 기계·시설 기타 재산의 금융리스에 관한 행위라고 정의한다(46xix). 이것은 실무상 통용되는 리스계약의 요소를 압축하여 표현한 정의 규정이다. 리스(lease)는 크게 나누어 금융리스와 운용리스로 구분된다.

(1) 금융리스

금융리스라 함은 통상 리스이용자(대여시설이용자, leasee)가 공급자, 리스 물건, 구매 조건 등을 결정하고 이같이 선정된 특정의 물건을 리스업자(시설대여자, leasor)가 매수하거나 대여받아 그 물건에 대한 직접적인 유지·관리의 책임을 지지 아니하면서 리스 이용자에게 일정 기간 사용하게 하고 그 대여기간 중 지급받는 대가(금융리스료)에 의하여 대여시설에 대한 취득 자금과 그 이자, 기타 비용을 회수하는 거래관계를 말한다(대판 1997.11.28, 97다26098). 따라서 금융리스란 대여자가 정기적인 대가를 받기로 하고 이용자로 하여금 동 물건을 이용하게 하는 거래이고, 대체로 컴퓨터, 자동차, 복사기 등 범용성이 있는 물건에 대해 이루어진다.

(2) 운용리스

금융리스가 아닌 것을 통틀어 운용리스로 분류한다. 운용리스도 거래의 실질적 배경에 금융적 동기가 있기는 하나, 전형적인 임대차와 본질적인 차이점을 찾기 어려우므로 임대차로 파악하는 데 별 이론이 없다.

(3) 비   교

금융리스는 리스업자가 목적물의 소유권을 취득하거나 사용·수익권을 취득하여 리스이용자로 하여금 사용·수익케 한다는 점에서 임대차의 성격을 지닌 반면(형식적 측면), 목적물의 취득에 필요한 원공급자와의 거래는 이용자선에서 이루어지고 단지 취득대가를 리스업자가 지급하고 그 회수를 담보하기 위해 리스업자가 소유권 또는 원사용·수익권을 취득한 것뿐이라는 점에서는 금융거래적 성격이 강하다(실질적 측면). 그리하여 판례는 금융리스의 그 본질적 기능은 리스 이용자에게 리스물건의 취득 자금에 대한 금융편의를 제공하는 데에 있다고 보고 있다. 그러므로 이러한 형식적 및 실질적 측면 중 어느 쪽을 중시하느냐에 따라 금융리스의 본질을 파악하는 시각이 달라진다. 운용리스는 임대차와 구별할 필요가 없는 것으로 이해된다.

금융리스는 리스이용자에게 물건을 구입한 것과 같은 효과를 가져오므로 리스이용자는 재무구조를 개선하고 구입비용을 다른 사업자금으로 활용할 수 있게 된다. 금융리스료는 실질적으로 금융리스 물건의 구입대금이지만 형식적으로는 금융리스 물건의 사용대가이므로 리스이용자는 세제상 일부 금액을 손비로 처리할 수 있어 절세 효과를 가져온다(법인 23 I, V). 리스이용자는 금융리스물건의 소유에 따르는 관리부담을 덜 수 있고 기계의 노후화 등에 따른 위험을 피할 수 있다.

III. 리스거래의 구조

리스거래에 관해서는 종래 리스의 법적 성질의 문제가 중심적인 문제가 되었는데, 이를 위해서는 먼저 리스의 거래구조의 특성을 파악해야 한다. 리스계약의 체결과 이행은 다음과 같은 과정으로 이루어지고 있다. 리스 이용자는 자신이 필요로 하는 기계·설비 등의 제조자 기타 공급자와 상담을 벌여, 목적물·가격·인도시기 등에 관해 실질적인 합의를 한다. 이용자는 합의한 내용을 토대로 리스 회사와 리스 계약을 체결한다. 여기서 리스 기간, 리스료, 유지·관리책임 등이 모두 약관에 따라 결정된다. 리스 계약의 이행으로서 리스 회사는 공급자와 합의한 내용대로 매매 계약을 체결하는데 예외 없이 공급자는 이용자에게 직접 이행하기로 합의한다. 정한 바에 따라 공급자는 이용자에게 리스 물건을 인도하고, 리스 회사는 공급자에게 대금을 지급한다. 이 과정에서 리스 물건이 수입물품이냐 국내에서 조달한 물건이냐에 따라 구체적인 절차에 차이가 있으나 리스 계약의 본질과는 무관하다.

IV. 금융리스업자의 의의

금융리스이용자는 "금융리스이용자가 선정한 기계, 시설, 그 밖의 재산(이하 '금융리스물건')을 제3자(이하 '공급자')로부터 취득하거나, 대여받아 금융리스이용자에게 이용하게 하는 것을 영업으로 하는 자"이다(168의2).

1. 금융리스 물건

금융리스의 목적물을 금융리스물건이라고 한다. 상법은 금융리스물건으로서 기계·시설을 예로 들고 있으나, 그 밖에 차량·선박·항공기 등과 같은 재산도 포함된다. 금융리스물건은 금융리스이용자가 제3자인 공급자와 직접 상담하여 선정하고 금융리스업자가 공급자로부터 취득하거나 대여받는다. 금융리스업자는 금융리스계약의 이행으로 공급자와 매매계약을 체결하고, 금융리스물건의 대금을 공급자에게 지급하며, 공급자는 매매계약에 정한 바에 따라 금융리스이용자에게 인도한다.

2. 금융리스 물건의 이용

금융리스업자는 금융리스물건을 공급자로부터 취득하거나 대여받아 금융리스이용자에게 이용하게 하여야 한다. 여기에서 이용은 금융리스물건을 용도에 따라 사용하는 것을 뜻한다. 금융리스이용자는 리스물건의 이용에 대한 대가로서 금융리스업자에게 일정한 금융리스료를 지급한다.

3. 상 인 성

금융리스업자는 기계, 시설, 그 밖의 재산의 금융리스거래의 인수를 영업으로 하므로 상인이다(4, 46xix). 금융리스업자가 영업으로 하는 것은 금융리스거래의 인수이다.

V. 법적 성질

리스 계약은 예외 없이 리스 회사가 작성한 리스 약관에 의해 체결되고 있는데, 리스 약관에는 한결같이 리스 물건의 인도가 지연되거나 물건의 규격·사양·성능·기능 등에 있어서의 부적합, 불완전, 기타의 하자가 있을 때에도 리스 회사는 리스 이용자에 대하여 책임을 지지 아니한다는 면책조항이 있다. 리스 약관에는 담보책임의 면책조항 외에도 종래의 임대차 법리에서 크게 벗어남으로 인해 유효성이 문제되는 약정을 다수 담고 있다. 이러한 면책약관의 효력에 대해서는 금융리스계약의 법적 성질을 어떻게 보느냐에 따라 달리 이해될 수 있다.

1. 특수임대차설

금융리스계약을 임대차로 파악하되 금융거래적 성격을 어느 정도 인정하여 임대차 법리의 적용이 부적합한 부분에 대해서는 임대차 관계의 강행규정(민 652)에 반하지 않는 범위에서 약관의 효력을 인정한다.

2. 특수소비대차설

금융리스는 이용자가 공급자로부터 물건을 공급받고 금융리스업자가 그 물건의 소유권을 담보로 하여 자금을 대여하는 거래라고 본다.

3. 비전형계약설

금융리스계약이 자신의 소유보다는 자본의 효율적 이용에, 그리고 사용가치의 회수보다는 교환가치의 회수에 더 중점을 두는 거래라는 것 등 금융거래적 성격을 중시하여 금융리스는 민법의 임대차와는 다른 특수한 비전형계약이라고 본다.

4. 판 례

대법원은 금융리스계약의 성질에 관하여 비전형계약설을 취하는데, 리스거래의 금융거래적 성격에 착안하여 이른바 물적 금융이라는 용어로 부르며, 하자담보책임 배제의 특약을 인정하는 등 임대차 관련규정의 적용을 배제하고 있다(대판 1986.8.19, 84다카503·504).

5. 사 견

운용리스는 임대차의 성질을 가지고 있으나, 금융리스는 임대인의 의무인 하자

담보책임, 위험부담 등이 배제되어 있으며, 리스이용자에 의한 중도해지가 불가능하고, 리스이용자가 유지보수의 책임을 지는 등 임대차와 다르다. 나아가서 금융거래적 성질이 강하므로 민법상 임대차와는 다르다. 리스회사는 리스기간 중 리스물건의 소유자이고, 리스이용자는 리스기간 종료 후 리스물건과 동종, 동질의 물건으로 반환하는 것이 아니라. 리스물건을 그 상태대로 반환하는 것이므로, 소비대차로 볼 수도 없다. 결국 임대차, 위임, 금융거래 등의 요소가 결합된 특수한 비전형계약으로 보는 수밖에 없는 것으로 보인다.

VI. 금융리스거래의 법률관계

1. 금융리스이용자의 권리·의무

(1) 금융리스이용자의 권리

금융리스이용자는 금융리스계약에 따라 금융리스물건을 선정하고, 리스업자와 공급자 사이에 체결된 매매계약에 따라 공급자에 대하여 계약에서 정한 시기에 금융리스물건의 인도를 청구할 수 있다(168의3① 참조). 금융리스이용자는 리스기간 내에는 금융리스물건을 사용·수익할 권리를 가진다. 또 리스기간이 만료된 후에는 금융리스계약을 갱신하거나 금융리스물건을 염가로 구매할 권리를 가진다.

(2) 금융리스이용자의 의무

금융리스이용자는 공급자로부터 리스물건을 수령한 때에는 이를 검수하고 수령증을 금융리스회사에 발급·교부해야 하며, 이 수령증을 발급한 경우에는 당사자 사이에 금융리스계약에 적합한 금융리스물건을 수령한 것으로 추정한다(168의3③). 금융리스이용자는 금융리스물건의 수령과 동시에 금융리스물건의 이용의 대가로서 금융리스료를 지급할 의무를 부담하며(168의3②), 금융리스물건을 수령한 이후에는 선량한 관리자의 주의로 금융리스물건을 유지·관리하여야 한다(168의3④). 이에 관하여 여신전문금융업법은 "다른 법령에 의하여 특정물건의 소유자에게 부과되는 검사 등 그 물건의 유지·관리에 관한 각종 의무는 대여시설이용자가 그 당사자가 되어 이를 이행하여야 하고, 이러한 의무가 시설대여업자에게 부과된 경우에는 지체 없이 이를 대여시설이용자에게 알려야 한다"고 규정한다(여전 34).

2. 금융리스업자의 권리·의무

(1) 금융리스업자의 권리

금융리스업자는 보통 금융리스료 지급청구권, 기간 만료시의 금융리스물건 반환청구권, 금융리스물건의 보관·사용상태 등의 입회조사권 등을 가진다.

(2) 금융리스업자의 의무

금융리스업자는 금융리스계약에 따라 리스이용자가 선정한 금융리스물건에 대하여 공급자와 매매계약을 체결하고, 금융리스물건에 대하여 보험에 가입할 의무와 공급자에게 매매대금을 지급할 의무가 있다. 또한 금융리스업자는 금융리스이용자가 금융리스계약에서 정한 시기에 금융리스계약에 적합한 금융리스물건을 수령할 수 있도록 하여야 한다(168의3①). 금융리스업자에게 '금융리스계약에 적합한 금융리스물건'을 금융리스이용자가 수령할 수 있도록 의무를 지운 것은 금융리스업자에게 금융리스물건에 대한 담보책임을 부과한 것으로 볼 수 있다.

3. 공급자의 권리·의무

(1) 공급자의 권리

공급자는 금융리스계약의 당사자는 아니지만, 금융리스 물건의 매매계약의 당사자로서 금융리스업자로부터 금융리스물건의 매매대금을 지급받을 권리가 있다.

(2) 공급자의 의무

금융리스물건의 공급자는 매도인으로서 공급계약에서 정한 시기에 그 물건을 금융리스이용자에게 인도해야 한다(168의4①). 금융리스 물건이 공급계약에서 정한 시기와 내용에 따라 공급되지 아니한 경우 금융리스이용자는 공급자에게 직접 손해배상을 청구하거나 공급계약의 내용에 적합한 금융리스 물건의 인도를 청구할 수 있다(168의4②). 금융리스업자는 금융리스 이용자가 그러한 권리를 행사하는 데 필요한 협력을 해야 한다(168의4③). 판례는 이용자의 리스회사에 대한 물품수령증 발급의무와 리스회사의 공급자에 대한 물품대금 지급의무는 특단의 사정이 없는 한 동시이행의 관계에 있다고 한다. 또 리스이용자가 공급자에 대해 정당한 이유 없이 리스목적물의 인수를 거절하고 물건수령증을 발급하지 않는 경우 리스 회사는 리스물건 공급자에 대해 리스물건의 발주계약을 해제할 수 없다고 한다(대법원 2001.11. 27, 99다61736).

VII. 금융리스계약의 종료

금융리스계약은 리스기간의 종료, 리스계약의 해지 등의 사유로 종료한다. 상법은 특히 금융리스계약의 해지에 관해 규정한다.

1. 금융리스업자의 해지

금융리스이용자의 책임 있는 사유로 금융리스계약을 해지하는 경우에는 금융리스업자는 잔존 금융리스료 상당액의 일시 지급 또는 금융리스물건의 반환을 청구할 수 있다(168의5①). 이는 금융리스이용자에 대한 손해배상청구에 영향을 미치지 아니한다(168의5②). 금융리스이용자의 책임있는 사유란 금융리스이용자가 금융리스료를 지급하지 않는 등 채무불이행이 있는 경우이다.

2. 금융리스이용자의 해지

금융리스 이용자는 중대한 사정변경으로 인하여 금융리스물건을 계속 사용할 수 없는 경우에는 3개월 전에 예고하고 금융리스계약을 해지할 수 있다. 이 경우 금융리스이용자는 계약해지로 인하여 금융리스업자에게 발생한 손해를 배상해야 한다(168의5③). 그동안 금융리스약관이나 금융리스계약에서는 금융리스이용자의 계약해지권이 인정되지 않았다. 그러나 이 규정으로 인하여 금융리스이용자는 엄격한 요건하에 금융리스계약을 해지할 수 있게 된 것이다. 그러므로 이 규정은 강행규정으로 보아야 할 것이다.

제9절 가 맹 업

I. 총   설

프랜차이즈(가맹업)는 선진국에서는 상품이나 서비스의 유통수단으로서 가장 중요한 위치를 점하고 있고 우리나라에서도 이러한 추세는 동일하다. 또한 국제거래의 형태로 국경을 넘어서 확대되고 있다. 프랜차이즈가 관심을 끌고 있는 이유는 기존의 유통거래에 비하여 장점을 가지고 있기 때문이다. 국제프랜차이즈는 현지인이 점포의 운영을 맡으므로 언어나 문화의 장벽을 극복할 수 있고, 거리 사정으로 지점이나 지사를 세밀히 감독할 수 없는 난점을 극복할 수 있으며, 해당 국가의 법

제도에 정통하지 않아도 되고 그러한 법이 해외자본의 직접투자를 제한하는 경우에
도 이를 우회할 수 있을 뿐 아니라 외자동결과 같은 정치적 결단을 피할 수 있는 등
여러 가지의 특수한 이점이 있기 때문이다. 프랜차이즈의 발전은 유통업계의 내부
의 변혁에 그치지 않고 프랜차이즈 관련 전담부서를 두는 은행이 등장하는 등 보
험·금융과 같은 관련 산업에까지 그 영향이 파급되고 있으며, 나아가 창업촉진과
고용창출 및 실업해소라는 국민경제적 기능을 통하여 국가경제의 발전에도 영향을
미치고 있다. 반면에 그 발전과정에서 경제사회적으로 부작용도 만만치 않았다. 가
맹희망자들을 상대로 기망이나 착취 내지 불공정거래의 대상으로 악용하기도 한 것
이다. 그리하여 각국은 순기능을 유지하면서도 역기능을 최소화하려는 경제법적 시
도를 도모하고 있다. 우리나라에서도 공정한 가맹거래를 위해 「가맹사업거래의 공
정화에 관한 법률」을 제정했고, 가맹업의 진흥을 위해 「가맹사업 진흥에 관한 법률」
을 제정했다. 2010년 5월 개정상법은 가맹거래 및 가맹업의 법률관계를 규율하기
위하여 제2편 「상행위」에 가맹업을 신설하였다. 가맹계약은 보통 가맹업자가 작성
한 보통거래약관에 의하여 규율된다. 따라서 보통거래약관의 사용에 따르는 가맹상
보호의 문제가 생기며, 약관의 합리적인 해석의 문제가 중요하다.

II. 가맹계약의 의의

상법 제46조 제20호에서는 상호·상표 등의 사용허락에 의한 영업에 관한 행위를
기본적 상행위의 일종으로 열거하고 있는데, 이는 소위 가맹계약(franchise)을 말한다.
가맹업은 가맹상이 가맹업자로부터 상호·상표 등의 영업표지를 사용할 것을 허락받
아 가맹업자가 지정하는 품질기준이나 영업방식에 따라 하는 영업이다(168의6 참조).

가맹사업거래의 공정화에 관한 법률은 가맹거래를 "가맹본부(가맹업자)가 가맹
점사업자(가맹상)로 하여금 자기의 상호·상표 등의 영업표지를 사용하여 일정한 품
질기준이나 영업방식에 따라 상품 또는 용역을 판매하도록 함과 아울러 이에 따른
경영 및 영업활동 등에 대한 지원·교육과 통제를 하며, 가맹상은 영업표지의 사용
과 경영 및 영업활동 등에 대한 지원·교육의 대가로 가맹업자에게 가맹금을 지급
하는 계속적 거래"라고 규정한다(가맹 2i).

가맹계약은 가맹업자가 가맹상에게 원재료를 공급하는 경우에는 매매이고, 가
맹업자가 가맹상에게 경영지원을 하고 교육 등의 서비스를 제공하는 측면에서는 도
급·위임 또는 노무공급 등의 성질을 가지므로, 이러한 여러 가지 요소가 혼합된 비
전형계약이다. 가맹계약은 유상의 쌍무계약으로서 계속적 채권관계의 성질을 가진

다. 또 가맹계약은 가맹상이 가맹업자의 상호 등의 영업표지를 사용하는 것이 기본적인 요건이므로 명의대여(24)가 수반된다.

III. 가맹상의 의의

가맹상은 자신의 상호·상표 등을 제공하는 것을 영업으로 하는 자(가맹업자)로부터 그의 상호 등을 사용할 것을 허락받아 가맹업자가 지정하는 품질기준이나 영업방식에 따라 영업을 하는 자이다(168의6).

1. 상호 등의 영업표지의 사용

가맹상은 가맹업자의 상호 등의 영업표지를 사용할 것을 허락받아 자기의 영업에 사용한다. 따라서 가맹업에서는 상법이 규정하는 명의대여가 수반된다(24). 가맹상은 가맹업자의 영업표지를 사용한 대가로서 일정한 사용료를 지급한다.

2. 영업활동의 지원

가맹상은 가맹계약에 따라 가맹업자로부터 경영지원을 받고, 영업활동에 필요한 교육 등의 지원을 받으며, 원재료의 공급을 받는다. 가맹업자는 가맹상의 영업에 관하여 지시나 통제를 하며 가맹상은 가맹업자의 지시나 통제에 따라야 한다.

3. 상 인 성

가맹상은 가맹업자의 상호 등의 사용허락에 위한 가맹거래의 인수를 영업으로 하는 자이므로 상인이다(4, 46 xx). 가맹상은 이러한 가맹거래의 인수에 따른 이행행위로서 가맹업자의 상호 등을 사용하여 영업활동을 한다.

IV. 가맹계약의 법적 성질 및 구조

(1) 가맹계약이란 일종의 채권계약이며, 보통 가맹업자가 작성한 약관에 의해 체결된다. 가맹계약은 독립된 상인 간에 일방(가맹상: franchisee)이 타방(가맹업자: franchisor)의 상호나 상표 기타 영업에 관한 표지를 이용하며 아울러 자신의 영업에 관한 타방의 지휘·감독을 받기로 하고 그에 대한 대가를 지급하기로 하는 계약이다. 가맹계약은 유상의 쌍무계약이며, 가맹업자와 가맹상의 관계는 성질상 장기간 계속되므로 계속적 채권관계의 성질을 가진다. 이 계약의 내용은 매매·임대차·도

급·위임 등의 전부 또는 일부가 혼합되어 이루어진 비전형계약이다.

(2) 가맹계약의 내용은 당사자들이 자유롭게 정할 사항이나 거의 예외 없이 가맹업자가 제시하는 약관에 의해 정해진다. 그러므로 그 내용은 가맹업자가 어떠한 영업정책을 취하느냐에 따라 다양하다. 그러나 가맹계약에 불가결한 기본적인 내용은 가맹업자의 상호·상표 기타 영업상의 표지를 가맹상이 사용한다는 점이다. 일반 소비자에게 가맹업자의 영업으로 오인시키는 것이 본 계약의 목적이기 때문이다. 그리고 대개는 가맹상에게 영업방법을 전수하기 위하여 교육을 의무화하기도 하고, 점포의 장식을 가맹업자가 요구하는 대로 꾸미게도 한다. 그리고 많은 경우 가맹상이 취급하는 상품의 원료나 완제품은 가맹업자가 독점공급하기로 약정한다. 가맹상은 이에 대한 대가를 가맹업자에게 지급하는데, 일시불로 하는 경우도 생각할 수 있으나 가맹상의 영업이익 또는 매출액을 기준으로 일정비율을 대가로 지급하는 것이 보통이다.

V. 가맹거래의 법률관계

가맹거래의 법률관계는 가맹업자와 가맹상과의 관계(내부관계)와 가맹업자와 제3자와의 관계(외부관계), 그리고 가맹상과 제3자와의 관계가 있다. 그런데 가맹상과 제3자와의 관계는 일반 상인과 고객과의 관계로 가맹거래에 고유한 관계가 아니므로 여기에서는 내부관계와 외부관계에 대해서만 검토한다.

1. 가맹거래의 내부관계

가맹업자와 가맹상의 내부관계는 가맹계약으로 정해지는데, 이 계약은 보통 가맹업자가 작성한 약관에 의하여 체결된다. 따라서 내부관계에서 중요한 것은 당사자의 이해관계를 어떻게 조정하는가라는 문제이다. 가맹사업공정화법은 가맹거래의 기본원칙으로서 가맹사업 당사자에게 신의성실의 원칙을 규정하고 있다(가맹 4).

(1) 가맹상의 권리의무

1) 가맹상의 권리   가맹상은 가맹계약에 따라 가맹업자의 상호·상표 등의 영업표지를 사용하여 영업을 할 수 있다. 또 가맹계약에 따라 원재료의 공급을 청구할 수 있고, 가맹업자에게 경영 및 영업활동에 대한 지원과 필요한 교육을 받을 권리가 있다.

2) 가맹상의 의무   가맹상은 가맹업자의 영업표지의 사용과 경영 및 영업활

동 등에 대한 지원·교육의 대가로 가맹계약에서 정한 가맹금을 지급할 의무가 있다. 가맹상은 가맹업자의 영업에 관한 권리가 침해되지 않도록 하여야 한다(168의8①). 가맹사업공정화법은 가맹점 사업자(가맹상)에 대하여 가맹사업의 통일성 및 가맹본부(가맹업자)의 명성을 유지하기 위한 노력, 가맹본부의 공급계획과 소비자의 수요충족에 필요한 적정한 재고유지 및 상품진열, 가맹본부가 상품 또는 용역에 대하여 제시하는 적절한 품질기준의 준수, 가맹계약기간 중 가맹본부와 동일한 업종을 영위하는 행위의 금지, 가맹본부의 영업기술이나 영업비밀의 누설 금지 등을 규정하고 있다(가맹 6). 가맹상은 가맹계약이 끝나면 지체 없이 가맹업자의 상호 등의 사용을 중단하고 그 표시를 제거하여야 한다. 또한 가맹상은 계약기간이 끝난 후에도 가맹계약과 관련하여 알게 된 가맹업자의 영업상의 비밀을 준수하여야 한다(168의8②).

(2) 가맹업자의 권리의무

1) 가맹업자의 권리 가맹업자는 가맹계약에 따라 가맹상의 경영 및 영업활동에 대한 통제를 할 수 있다. 가맹업자는 가맹상의 영업표지의 사용과 경영 및 영업활동 등에 대한 지원·교육의 대가로 가맹금의 지급을 청구할 수 있다.

2) 가맹업자의 의무 가맹업자는 가맹상의 영업을 위하여 필요한 지원을 하여야 한다(168의7①). 가맹업자는 가맹계약에 따라 가맹상이 가맹업자의 상호·상표 등의 영업표지를 사용하여 독자적으로 영업을 할 수 있는 권리를 부여하여야 한다. 또한 가맹업자는 가맹상이 독립한 상인으로서 자신의 점포를 독자적으로 운영할 수 있도록 각종 서비스를 제공할 의무가 있다. 이러한 서비스에는 연수교육, 원료나 제품의 공급, 각종 정보 및 새로운 노하우의 전수 등이 포함된다. 가맹업자는 다른 약정이 없으면 가맹상의 영업지역 내에서 동일 또는 유사한 업종의 영업을 하거나, 동일 또는 유사한 업종의 가맹계약을 체결할 수 없다(168의7②). 가맹사업의 기본관계로서 경업금지 및 신의칙에 따른 의무를 규정한 것이다.

(3) 가맹상의 영업양도

가맹상은 가맹업자의 동의를 받아 그 영업을 양도할 수 있다(168의9 ①). 가맹업자는 특별한 사유가 없으면 가맹상의 영업양도에 동의하여야 한다(168의9 ②). 가맹계약관계는 고도의 신뢰를 기초로 하는 계속적 계약관계이고 가맹상은 가맹업자의 영업을 독자적으로 수행할 수 있는 능력이 있어야 하므로 그 영업양도에는 가맹업자의 동의를 받도록 한 것이다. 가맹상의 투자금 회수를 보장하기 위해 특별한 사유가 없는 한 동의를 하게 한 것이다.

(4) 가맹계약의 종료

가맹계약은 계약기간의 종료, 계약의 해지 등에 의하여 종료한다. 가맹계약상 존속기간에 대한 약정의 유무와 관계없이 부득이한 사정이 있으면 각 당사자는 상당한 기간을 정하여 예고한 후 가맹계약을 해지할 수 있다(168의10). 존속기간에 대한 약정 유무와 관계없이 부득이한 사정이 있는 때 각 당사자는 계약을 해지할 수 있게 했는데 이는 익명조합계약 및 대리상계약과 같다(83②, 92②).

2. 가맹거래의 외부관계

(1) 원 칙

가맹상은 가맹업자와는 독립한 상인이므로 제3자와 거래를 하거나 제3자에게 불법행위를 한 경우에 가맹업자는 원칙적으로 책임을 지지 아니하는 것이 원칙이다.

(2) 예 외

그러나 가맹상은 가맹업자의 상호 등 영업표지를 사용하는데, 상호를 사용할 경우에는 명의대여자의 책임에 관한 규정(24)에 따라 가맹업자가 가맹상의 영업상의 채무에 대하여 연대책임을 진다. 그 밖의 영업표지를 이용하는 경우에도 소비자 등의 거래상대방은 가맹상의 영업을 가맹업자의 영업으로 오인할 수 있고, 이러한 경우 가맹업자는 표현대리 규정(민 125)에 따라 책임을 지게 될 것이다. 가맹업자가 상품의 제조자인 때에는 제조물책임의 법리에 의하여 제3자에게 책임을 지는 경우가 있다.

VI. 가맹사업공정화법

가맹사업공정화법은 가맹본부(가맹업자)의 우월적 지위를 이용한 불공정거래를 방지하고 가맹본부와 가맹점사업자(가맹상)가 대등한 지위에서 상호보완적으로 균형 있게 발전할 수 있도록 하기 위한 규정을 두고 있다. 구체적으로 가맹본부의 정보공개서의 등록·제공의무(가맹 6의2, 6의7). 가맹금 예치의무(가맹 6의5) 및 피해보상보험계약 등의 체결(가맹 15의2), 허위·과장된 정보제공 등의 금지(가맹 9), 가맹금 반환의무(가맹 10), 가맹계약서의 기재사항(가맹 11), 불공정거래행위의 금지(가맹 12), 가맹계약의 갱신·해지(가맹 13, 14), 자율규약(가맹 15) 등이 그것이다.

가맹상은 가맹업자가 가맹계약기간 만료 전 180일부터 90일까지 사이에 가맹계약의 갱신을 요구하는 경우 정당한 사유 없이 이를 거절하지 못 한다(가맹 13본). 다만, 가맹상이 가맹계약상의 가맹금 등의 지급의무를 지키지 아니한 경우, 다른 가맹상에게 통상적으로 적용되는 계약조건이나 영업방침을 수락하지 아니한 경우 등 일정한 사유에 해당하는 경우에는 가맹계약의 갱신을 거절할 수 있다(가맹 13①단).

제10절 채권매입업

I. 총 설

신용사회가 정착됨에 따라 차츰 외상거래가 많아지고, 외상채권이 고액화함에 따라 채권의 회수도 전문적인 기술을 요하게 되었다. 여기서 상인이 외상채권을 직접 회수해야 한다면 채권회수를 위한 별도의 조직을 운영해야 하고 이를 위한 관리비용도 지출해야 할 것이다. 그러나 외상채권의 회수만을 전문으로 하는 자에게 채권을 양도하여 회수하게 한다면 판매상인은 저렴한 비용(수수료)으로 채권을 회수할 수 있으므로 자신의 본업인 판매에만 전념할 수 있다. 또 판매상인은 외상채권이 회수될 때까지 자금의 회전·운용에 정체를 겪게 되는데, 채권의 양도와 결부시켜 금융을 얻을 수 있다면, 채권을 조기에 회수하는 효과를 누릴 수 있다. 현재와 같은 양식의 채권매입업(팩터링)은 20세기 초에 미국에서 형성·발달되었고 위와 같은 유용성 때문에 오늘날은 선진제국에서 가계소비거래에 매우 활발하게 이용되고 있다. 채권매입업은 판매상인이 소정의 수수료를 부담하고 행해지므로 외상채권의 규모가 어느 정도 고액이어야 경제성이 있다. 우리나라에서는 과거 가계소비지출의 단위가 영세했을 뿐 아니라, 가계의 신용도가 낮았으므로 채권매입업이 발달할 여지가 없었다. 그러나 최근에는 자동차·컴퓨터 등과 같은 고가의 상품거래가 늘고 신용도도 높아졌으므로 채권매입거래가 제법 활발한 모습을 보인다.

II. 채권매입거래의 의의

상법 제46조 제21호는 영업상 채권의 매입·회수 등에 관한 행위를 기본적 상행위의 하나로 열거하는데 이는 소위 채권매입을 뜻한다. 채권매입이라 함은 물건을 판매하는 상인이 외상판매채권을 전문적인 채권매입업자에게 양도하여, 관리·회수하게 하는 것을 내용으로 하는 거래이다. 채권매입업자는 「타인이 물건·유가증권의 판매, 용역의 제공 등에 의하여 취득하였거나 취득할 영업상의 채권(이하 "영업채권")을 매입하여 회수하는 것을 영업으로 하는 자」이다(168의11). 채권매입업자는 영업채권의 매입 · 회수 등에 의한 채권매입거래의 인수를 영업으로 하는 자이므로 상인이다(4, 46xxi).

채권매입 거래에서는 물건판매상인이 그의 고객(customer: 소비자)에게 외상으로 물건을 판매한다. 다음에는 판매상인(client)이 자신의 외상매출채권을 채권매입업자(factor: 신용카드업자 · 종합금융회사 · 은행 등)에게 양도한다. 그러면 채권매입업자는 만기에 가서 소비자로부터 채권을 변제받아 판매상인에게 지급해 준다. 판매상인은 채권매입업자에게 매출채권을 담보(채권질)로 제공하여 금융(전도금융)을 얻는 것이 보통이다. 이 경우에는 채권매입업자가 소비자로부터 변제받아서 이를 가지고 판매상인에 대한 채권과 상계한다. 이를 채권매입 금융이라 하는데 채권매입 거래에서 실제로는 가장 중요한 기능을 한다.

그런데 소비자의 무자력, 물건매매계약의 무효 · 취소 · 해제 등으로 인해 채권매입업자가 소비자로부터 채권을 변제받지 못하는 경우도 있다. 이 같은 채권의 회수불능으로 인한 위험부담을 판매상인과 채권매입업자 중 누가 부담하느냐는 문제가 있다. 채권매입업자가 부담하는 팩터링을 진정팩터링, 판매상인이 부담하는 팩터링을 부진정팩터링이라고 한다. 누가 부담하느냐에 따라 채권매입금융의 법적 의미를 달리 보아야 한다. 이는 당사자의 약정으로 정할 문제이나 보통은 판매상인이 부담하고 있다.

III. 채권매입업자의 의의

채권매입업자란 '타인이 물건, 유가증권의 판매, 용역의 제공 등에 의해 취득하였거나 취득할 영업상 채권(영업채권)을 매입하여 회수하는 것을 영업으로 하는 자'를 말한다(168의11). 종합금융회사, 신용카드업자, 은행 등이 여기에 해당한다.

1. 영업채권의 매입, 회수

채권매입업자는 거래기업의 영업채권 즉 고객(제3채무자)에 대한 외상매출채권을 매입하여 회수하는 것을 영업으로 한다. 채권매입업자는 거래기업에 갈음하여 매출채권의 관리, 장부작성 등의 행위를 하고 제3채무자로부터 채권을 추심하며, 그 대가로 수수료를 받는다.

2. 신용공여 등

채권매입업자가 매입한 매출채권의 변제기 전에 그 대가를 선급하여 금융을 제공하는 경우에는 신용공여기능을 하며, 거래기업에게 상환청구를 하지 않는 조건으로 매출채권을 매입하는 경우에는 신용보증기능을 한다. 또한 채권매입업자는 거래기업의 영업채권에 관하여 회수, 관리, 정보제공 등을 하므로 서비스 제공 기능을 한다.

3. 상 인 성

채권매입업자는 영업채권의 매입, 회수 등에 의한 채권매입거래의 인수를 영업으로 하는 자이므로 상인이다(4, 46xxi).

IV. 채권매입거래의 법적 성질

개개의 채권매입거래는 불특정 다수의 상인과 채권매입업자 간에 일회적으로 행해지는 것이 아니라, 특정의 판매상인과 특정의 채권매입업자 간의 기본계약(채권매입계약)에 기초해서 행해진다. 판매상인과 채권회수업자는 사전에 일정 기간 발생하는 외상채권에 관해 채권매입을 하기로 하는 계약을 체결하고, 이 계약에서 앞으로 행할 매입거래의 일반적인 사항(수수료·이율·위험부담 등)을 정한다. 기본계약에 기초하여 판매상인이 외상판매를 할 때마다 그 채권을 추심하기 위한 채권매입행위가 행해지는데, 채권매입행위에서 가장 두드러지게 나타나는 것은 외상채권의 양도이지만, 채권매입행위 자체가 바로 채권의 양도는 아니다. 채권매입행위는 채권회수업자에게 채권을 양도함과 동시에 동 채권의 포괄적인 관리를 위탁하며, 경우에 따라서는 전도금융의 수수도 내용으로 하는 채권계약이다. 따라서 이 계약은 소비대차·위임 등이 혼합된 무명계약이다.

V. 채권매입거래의 법률관계

1. 채권매입업자와 판매상인의 관계

(1) 채권매입행위

채권매입계약서에서는 채권매입을 위하여 판매상인이 매출채권을 양도하는 방법을 정한다. 채권양도의 방법으로는 포괄적 일괄양도와 개별적 양도가 있다. 장래의 채권이라도 확정가능하면 그 양도성이 인정되므로 포괄적 일괄양도도 유효하다고 본다. 채권양도방법에 관하여 당사자의 의사가 명백하지 않을 때에는 포괄적 일괄양도로 보는 것이 다수설이다. 판매상인이 고객(제3채무자)에게 외상으로 물품을 판매할 때마다 개별적 채권매입이 행하여진다.

(2) 채권의 추심 및 정산

채권매입업자는 매출채권의 만기에 이르러 제3채무자로부터 채권을 변제받아 판매상인에게 지급한다. 채권매입업자가 매입한 매출채권의 변제기 전에 그 대가를 선급할 때에는 매출채권액에서 그 변제기까지의 이자를 공제한 잔액을 지급한다.

(3) 채권매입업자의 상환청구권

채권매입거래에서 매출채권이 회수불능인 경우 위험부담자는 당사자 사이의 약정으로 정할 문제이나, 보통은 판매상인이 부담한다(부진정팩터링). 영업채권의 채무자 즉 제3채무자가 그 채무를 이행하지 아니하는 경우 채권매입업자는 채권매입계약의 채무자(판매상인)에게 그 영업채권액의 상환을 청구할 수 있다(168의12본). 외국에서는 진정팩터링이 원칙이나 우리나라에서는 거래계의 현실인 부진정팩터링을 원칙으로 함으로써, 판매상인으로부터 매출채권을 취득한 채권매입업자가 제3채무자로부터 변제를 받지 못하는 경우에 판매상인에 대하여 그 매출채권액의 상환을 청구할 수 있게 한 것이다. 그러나 채권매입계약에서 다르게 정한 경우에는 그러하지 아니하다(168의12단). 그리하여 당사자 사이에서 다른 약정으로 상환청구권이 없는 채권매입거래(진정팩터링)도 할 수 있다.

2. 채권매입업자와 제3채무자의 관계

채권매입업자는 판매상인으로부터 매출채권을 매입함으로써 제3채무자에 대한 채권을 취득한다. 판매상인이 매출채권을 채권매입업자에게 양도하려면 지명채권의 양도방법에 따라 제3채무자에게 통지하거나 그의 승낙을 받아야 하는데(민 450), 보통 외상판매계약에서 판매약관 등에 의하여 제3채무자로부터 확정일자 있는 증서로 이의를 보류하지 않는 승낙을 얻는 것이 보통이다. 채권매입업자는 판매상인의 제3채무자에 대한 매출채권을 양도받아 그 채권을 관리하고 추심한다. 채권매입업자는 채권의 변제기에 이르러 제3채무자로부터 변제받아 판매상인에게 지급해 준다. 채권매입업자가 판매상인에게 전도금융을 제공한 경우에는 판매상인에게 선급한 금액과 변제받은 금액을 상계한다.

판매상인의 영업상 채무자(제3채무자)는 판매상인에 대하여 가지고 있는 채권으로써 채권매입업자의 채권추심에 대하여 대항할 수 있는가?

제3채무자의 판매상인에 대한 채권(자동채권)이 외상매출채권의 양도 전에 성립한 경우에 민법의 원칙에 의하면 제3채무자는 채권양도의 통지를 받은 때까지 판매상인에 대하여 생긴 사유로써 채권매입업자에게 대항할 수 있으나(민 451②), 제3채무자는 외상판매계약에서 이의를 보류하지 않는 승낙을 하는 것이 보통이므로 판매상인에 대한 채권으로써 채권매입업자에게 상계로 대항할 수 없다(민 451①본). 또한 제3채무자의 판매상인에 대한 채권(자동채권)이 매출채권의 양도 후에 성립한 경우에는 제3채무자는 판매상인에 대한 채권으로써 채권매입업자에게 상계로 대항할 수 없는 것은 당연하다(민 451② 반대해석). 판매상인은 채권매입업자에게 매출채권을 양도함에 있어서 그 채권이 유효하게 성립하였다는 것과 상품위험이 없다는 것을 담보하므로, 채권매입업자는 이러한 점에 대하여 제3채무자로부터 항변의 대항을 받지 아니한다.

3. 판매상인과 제3채무자의 관계

제3채무자는 판매상인의 고객인데, 양자 사이에는 외상판매계약, 즉 물품 또는 용역의 외상판매를 내용으로 하는 매매계약 또는 용역공급계약이 체결된다. 판매상인이 채권매입업자에게 매출채권을 양도할 때에는 판매약관 등에 따라 제3채무자로부터 확정일자 있는 증서로 이의를 보류하지 않는 승낙을 얻는 것이 보통이다. 이 경우에 제3채무자는 판매상인에게 대항할 수 있는 사유로써 채권매입업자에게 대항하지 못한다(민 451①본). 그러나 제3채무자가 채무를 소멸하게 하기 위하여 판매상인에게 급여한 것이 있으면 이를 회수할 수 있고 판매상인에 대하여 부담한 채무가 있으면 그 성립되지 아니함을 주장할 수 있다(민 451①단). 제3채무자가 양도된 매출채권의 변제기에 채권매입업자에게 변제하면 채권매입업자는 판매상인에게 지급하게 되는데, 결과적으로 판매상인에 대한 외상채무도 소멸하게 된다.

제3편 會社法

제1장 | 會社法 總論

제1절 會社의 經濟的 機能과 法的 規制

I. 會社制度의 機能

1. 個人企業과 共同企業

출자자가 1인이고 단독으로 경영하는 기업을 개인기업, 출자자가 여러 명이고 경영에 공동으로 참여하는 기업을 공동기업이라고 하는데, 회사는 공동기업형태이다. 개인기업은 외부의 간섭 없이 경영상 능력을 충분히 발휘할 수 있고, 기업환경의 변화에 대한 신속한 대응 및 영업 이익의 독점 등 장점이 있는 한편, 대규모의 자본과 노동력의 확보에 어려움이 있고, 사업상의 손실과 위험을 기업주 혼자 부담해야 한다는 단점을 갖는다. 회사는 여러 사람이 영리를 목적으로 출자한 공동기업형태로서 위와 같은 개인기업의 단점들을 극복하려는 것이다.

2. 會社制度의 長點과 短點

(1) 長　點

(i) 회사제도는 여러 사람들의 공동출자를 통하여 대규모 자본을 집중시킬 수 있고 또 다수인의 노력을 결합할 수 있으므로 기업규모를 확대하고 경영의 효율성을 높일 수 있다(자본집중 · 노력결합). 인적회사는 노력의 결합에, 주식회사는 자본의 결합에 유리하다. 또한 (ii) 회사의 출자자는 기업의 소유자이므로 이익이 발생하지 않으면 분배를 받지 않고, 손실도 분담하게 되므로 기업위험이 분산된다(위험의 분산). 위험 분산(경감)기능은 주주가 많고 유한책임을 지는 주식회사에서 현저하며, 출자자의 모집을 용이하게 한다. 개인기업의 경우에는 기업주 개인의 부담으로 차입금의 이자와 고용의 대가인 보수를 지급하여야 하므로 위험이 분산되지 않는다.

(iii) 또한 회사는 개인적 사정(예, 출자자의 사망 등)에 의하여 영향을 적게 받으므로 기업유지라는 면에서도 유리하다(기업의 지속성).

(2) 短　　點

회사는 구성원 개인의 이익을 목적으로 설립하는 단체로서 회사 내의 소수파나 채권자를 희생시켜 자기의 이익을 도모하거나, 회사에 의한 경제력 집중 및 독점 등의 폐해 등이 단점으로 지적된다. 특히 사원이 유한책임을 지고 규모가 크며 사원 간에 인적 신뢰관계가 없는 주식회사에서는 이러한 이해의 대립 및 폐해의 우려가 크다.

(3) 회사제도는 위와 같은 단점을 가지지만 그 장점이 매우 크므로 현재 자본주의의 대표적인 기업형태로 자리매김하고 있다. 이 단점들에는 회사의 공공성의 강조 및 사회적 책임, 감사기능의 강화, 지배구조의 개선 등을 통하여 대처하도록 하여야 할 것이다.

II. 會社의 法的 規制

1. 會社法의 特性

(i) 회사법은 단체법에 속하며 개인법 내지 거래법의 경우와는 다른 원리에 의하여 지배된다. 그리고 (ii) 회사는 영리단체이므로 공익법인과 다른 규제를 필요로 한다. 또한 (iii) 회사기업은 공공성을 지니기 때문에 대부분의 회사법 규정은 강행법적 성질을 가지고 간섭주의·엄격주의를 취하고 있다.

2. 會社法의 法源(존재형식)

(1) 회사는 그 설립에서 운영·해산·청산에 이르기는 여러 단계에 있어서 법적규제를 필요로 하며 이와 같이 회사에 관한 법률관계를 규율하는 법을 실질적 의의의 회사법이라 한다. 여기에는 私法 및 公法 규정이 포함된다. 한편 형식적 의의의 회사법은 상법 제3편 「회사」의 규정을 가리킨다.

(2) 회사법의 法源으로서 가장 중요한 것은 상법 제3편 회사의 규정이며, 그 밖에 회사에 관한 특별법으로 은행법, 보험업법, 신탁업법, 담보부사채신탁법, 자산재평가법, 자본시장과 금융투자업에 관한 법률(자본시장법), 주식회사의 외부감사에 관한 법률(외감법) 등이 있다. 상관습법도 회사법의 법원이 되며, 정관도 법원으로

인정된다(통설).

제2절 會社의 槪念

회사(company, business corporation)는 상행위나 그 밖의 영리를 목적으로 하여
설립한 법인을 말한다(169). 따라서 회사는 법인성, 영리성 등의 요소를 갖춰야 한다.

I. 法 人 性

1. 法人의 意義 및 機能

(1) 우리 상법상 모든 회사는 법인으로 되어 있다(169). 法人이란 단체에 대하
여 법률상 권리의무의 주체로 될 수 있는 지위를 인정한 것이며, 따라서 회사는 회
사 자신의 이름으로 권리를 갖고 의무를 부담할 수 있게 되므로 권리의무관계의 처
리가 간명하게 된다.

(2) 합명회사와 합자회사의 사원에 대해서는 회사채무에 대한 사원의 책임을 인
정하고 있는데(212), 이것은 회사와 사원이 별개의 인격이라는 점에서 법인성과 모순
된다. 이 경우의 사원의 책임은 원래 그 실질이 組合인 인적회사의 조합성을 반영한
것이다.

2. 法人格否認論

(1) 意　　義

법인격부인의 법리(disregard of the corporate entity)란, 회사의 법인격을 인정하
여 형식적 독립성을 관철하는 것이 법인격을 인정한 法의 취지 및 정의·형평에 반
하는 경우에는, 그 회사의 법인으로서의 존재는 인정하되 문제로 되는 특정의 법률
관계에 한하여 법인격의 기능을 부정하여, 회사와 그 배후자인 주주(사원)를 동일시
하여 회사에 대한 법률관계를 그 배후자에게도 귀속시키는 법리를 말한다. 이 법리
는 미국 회사법상 판례를 통하여 인정되어 온 것인데, 독일의 책임실체파악이론
(Durchgriffslehre), 일본의 최고재판소 판결 등으로 정립 또는 수용되어 왔다.

(2) 判　　例

하급심으로서 법인격부인의 법리를 처음으로 적용한 것은 서울고등법원의

1974년 5월 8일 판결(72나2582)이 있으나, 대법원은 그 후 1988년 11월 22일자 판결 (1988.11.22, 87다카1671) 이래로 법인격부인이론을 인정하고 있다. 대법원은 "회사가 외형상으로는 법인의 형식을 갖추고 있으나 이는 법인의 형태를 빌리고 있는 것에 지나지 아니하고 그 실질에 있어서는 완전히 그 법인격의 배후에 있는 타인의 개인기업에 불과하거나 그것이 배후자에 대한 법률적용을 회피하기 위한 수단으로 함부로 쓰여지는 경우에는, 비록 외견상으로는 회사의 행위라 할지라도 회사와 그 배후자가 별개의 인격체임을 내세워 회사에게만 그로 인한 법적 효과가 귀속됨을 주장하면서 배후자의 책임을 부정하는 것은 신의성실의 원칙에 위반되는 법인격의 남용으로서 심히 정의와 형평에 반하여 허용될 수 없고, 따라서 회사는 물론 그 배후자인 타인에 대하여도 회사의 행위에 관한 책임을 물을 수 있다고 보아야 한다(대판 2001.1.19, 97다21604)"고 판시하고 있다.

(3) 法理的 根據

법인격부인의 법리의 근거에 관하여는, ① 권리남용의 금지의 법리(민법 2②)에서 근거를 구하려는 견해, ② 신의성실의 원칙(민법 2①)에서 근거를 구하려는 견해 등이 있는데, ③ 회사에 법인격을 부여한 상법 제169조의 입법취지와 권리남용 금지에 관한 민법 제2조 제2항에서 근거를 찾을 수 있을 것이다.

(4) 適用要件

(ⅰ) 이 법리가 적용되는 경우로서 우리나라의 판결은 ① 회사법인격이 형해에 불과한 경우와, ② 회사의 법형식(법인격)이 남용되는 경우를 들고 있다. 전자는 회사가 명목상으로만 법인이고 실질적으로는 출자자의 개인기업에 지나지 않는 경우이고, 후자는 회사의 배후에서 사실상 지배하는 자가 위법 또는 부당한 목적을 위하여 회사의 법인격을 악용하는 경우이다.

(ⅱ) 여러 나라의 판례나 입법에 있어서 법인격부인제도의 적용요건이 반드시 일정하지는 아니하나, 대체로 ① 주주(사원)에 의한 완전한 지배(지배성), ② 회사와 주주 간의 재산이나 사무의 상호혼융(혼융성), ③ 회사의 규모와 성격에 비추어 현저히 부족한 자본액(저자본화)의 세 가지 요건이 공통되는 것으로 본다.

(5) 效 果

법인격부인의 법리가 적용되는 경우에는 회사의 법인으로서의 존재 자체에는 영향이 없으나, 당해 특정 사안에 관한 법률관계에 한해서는 회사의 법인격이 없는

것과 같이 취급되어 회사와 배후의 사원을 동일시하게 된다. 그러므로 회사의 거래
상대방은 회사의 배후에 있는 개인에 대하여 책임을 물을 수 있게 된다.

II. 營 利 性

회사는 상행위 기타 영리를 목적으로 하는 법인, 즉 영리법인인 점에서 비영리
법인과 구별된다(민법 32). 여기서 영리를 목적으로 한다는 것은 사원에게 그 이익을
분배하는 것을 가리키며, 이익분배의 방법은 이익배당이든 잔여재산분배이든 관계
가 없다.

III. 商 人 性

회사는 영리를 목적으로 하는 법인이기 때문에 상인이다(4, 5②). 회사는 자연인
과는 달리 성립시(172)부터 상인이 되며, 상인자격은 법인격과 동시에 취득하고 법
인격의 상실과 함께 소멸한다.

IV. 準 則 性

회사는 상법 제3편(회사)의 규정에 따라서 설립되어야 한다. 주무관청의 허가나
면허 등을 요하지 않으며, 허가를 얻어야 하는 민법상 비영리법인의 설립의 경우와
다르다(민법 32).

V. 社 團 性

1. 사단성 폐지

2011년 개정 이전의 상법 제169조는 모든 회사는 사단(社團)임을 규정하고 있
었으나, 2011년 개정상법에서는 '사단'이란 말을 삭제하였다. 사단은 복수인이 특정
한 공동목적을 달성하기 위하여 결합한 단체를 말한다. 이 사단성은 인적회사의 내
부관계에 조합(組合)에 관한 민법의 규정이 준용되는 점, 물적회사에 1인회사가 인
정되는 점과 관련해서 문제가 제기되어 왔다.

2. 一人會社

(1) 意 義

일인회사는 사원이 1인뿐인 회사를 가리킨다. 사단을 단체로 해석하는 한, 구성원이 1인인 사단을 인정하는 것은 개념적인 모순이다. 상법은 합명회사, 합자회사의 경우에는 2인 이상의 사원의 존재가 회사의 성립요건인 동시에 존속요건임을 조문상 명백히 규정하고 있다(178, 227iii, 268, 269). 그러나 주식회사 · 유한회사 · 유한책임회사에서는 一人會社가 인정되고 있다(288, 543①, 287의2, 517ⅰ, 609①, 287의38ⅱ).

(2) 一人會社의 法律關係

일인회사는 주주(또는 사원)가 1인이라는 특수성으로 인하여 회사법 규정의 적용상 약간의 수정이 필요한 경우가 있다. 일반적으로 대외적으로 회사채권자의 이해에 관한 규정은 엄격히 적용되어야 하지만, 회사 내부에서의 주주의 이익보호에 관한 규정은 적용을 간소화할 수 있는 것으로 본다.

1) 주주총회(사원총회)의 소집 및 결의   일인회사에 대하여는 총회의 소집절차와 결의방법에 관한 상법의 규정(363 이하, 571 이하)은 적용되지 않는다(학설 · 판례). 다만, 채권자 보호와 관련하여 의사록의 작성은 필요하다.

2) 주식양도의 제한   정관의 규정으로 주식양도는 이사회의 승인을 받도록 할 수 있으나(335①단서), 1인의 주주가 그 보유주식 전부를 양도하는 경우에는 이사회의 승인이 필요치 않은 것으로 본다. 이사가 1인인 경우에도 같다(383④, 335①단서).

3) 영업양도 등의 경우의 특별결의   1인 주주이며 대표이사인 자가 회사의 영업양도 등을 하는 경우에는 주주(사원) 보호를 위한 총회의 특별결의(374①, 375, 576)는 요하지 않는다고 본다(대판 1964.9.22, 63다743).

4) 理事의 自己去來와 理事會의 승인의 要否   이사가 회사와 거래를 하는 경우에는 이사회의 승인을 요한다(398). 일인회사의 1인주주인 이사가 자기거래를 하는 경우에는 ① 회사의 이익과 1인 주주의 이익이 일치하므로 이 승인을 요하지 않는다고 하는 설(부정설)이 있이 있으나, ② 회사재산은 회사채권자에 대한 담보가 되는 것이므로 1인 주주라 하더라도 회사와 이해관계가 일치한다고 할 수 없고 또 주식양도에 의하여 1인 주주가 언제든지 복수인의 株主로 될 수 있는 점을 고려할 때 이사회의 승인을 필요로 한다고 보아야 할 것이다(긍정설).

5) 업무상배임죄의 성립여부   1인 주주인 회사의 대표이사가 임무위반의 행

위로 회사에 손해를 입힌 경우 과거의 판례는 배임죄가 성립되지 않는다고 하였으나, 회사와 1인 주주를 동시(同視)할 정당한 이유가 없는 경우에는 별개의 인격으로 보아 背任罪가 성립한다고 본다(대판 1983.12.13, 82도2330; 대판 1996.8.23, 96도1525).

6) 法人格否認의 法理와의 관계   일인회사의 경우에도 회사와 주주는 별개의 인격이며, 주주의 유한책임에는 변함이 없다. 다만 1인 주주가 지배하는 一人會社의 성질상 복수주주인 회사에 비하여 법인격부인의 법리가 적용되는 경우가 많을 것이다.

제3절 會社의 種類

I. 商法典上의 分類

상법은 회사의 조직형태, 특히 사원의 책임을 기준으로 합명회사·합자회사·유한책임회사·주식회사·유한회사의 다섯 가지 회사를 인정하고 있다.

1. 合名會社

합명회사는 2인 이상의 무한책임사원으로 조직되는 회사이다. 무한책임사원은 회사재산으로 회사채무를 완제하지 못하는 경우에 회사채권자에 대하여 직접·연대·무한책임을 지는 대신, 원칙적으로 회사대표권과 업무집행권을 가진다(소유와 경영의 일치). 따라서 사원의 인적 개성이 중시되고, 상호간에 신뢰할 수 있는 비교적 소수의 사람들로 구성되어 사원의 지위의 양도가 까다롭다. 그 내부관계에는 組合에 관한 규정이 준용된다(195).

2. 合資會社

합자회사는 합명회사 사원과 책임이 동일한 무한책임사원과 출자의 가액을 한도로 회사채권자에 대하여 책임을 지는 유한책임사원으로 구성되는 회사이다(268). 회사의 업무집행이나 회사대표는 무한책임사원만이 할 수 있다(278). 유한책임사원은 직접·연대책임을 지므로 무한책임사원의 업무집행에 관하여 강력한 감시권을 갖는다(277). 사원 상호간의 신뢰관계가 전제로 되고 사원의 개성이 강한 내부관계가 조합적 성질을 갖는 점, 사원이 비교적 적은 수인 점 등은 모두 합명회사와 같다. 합자회사에 대하여는 다른 규정이 없으면 합명회사에 관한 규정을 준용한다(269).

3. 有限責任會社

유한책임회사(Limited Liability Company)는 출자금액을 한도로 유한책임을 부담하는 유한책임사원으로 구성된다. 유한책임회사는 유한책임과 함께 내부적으로는 조합과 같이 사적자치가 인정되는 장점을 갖는다. 업무집행권 및 회사대표권은 업무집행자에게 있으며, 사원이 아닌 제3자도 정관이 정하는 바에 따라 업무집행자가 될 수 있다(287의12, 287의19). 사원의 지분양도는 원칙적으로 다른 사원의 동의를 요하나, 정관에서 지분양도에 관하여 달리 정할 수 있으므로 지분양도가 자유로울 수 있다(287의8). 한편, 정관에 다른 규정이 없는 경우 사원은 6월 전에 예고하고 영업년도 말에 퇴사함으로써 지분의 환급을 받아 투자자금을 회수할 수 있다(287의24, 217①, 287의28).

4. 株式會社

주주는 자기가 인수한 주식의 가액을 한도로 출자의무를 질 뿐, 회사채무에 관하여 회사채권자에 대하여는 아무런 책임도 지지 않는다. 즉 회사채권자를 위해서는 회사재산만이 유일한 담보가 된다. 株主는 주주총회에서의 의결권을 통해서 회사의 기본적 사항의 결정에 참여한다. 업무집행과 회사대표에 관하여는, 주주총회에서 이사를 선임하고 이사로 이사회가 구성되며, 대표이사를 선임하고 대표이사가 업무를 집행하고 회사를 대표한다(소유와 경영의 분리). 따라서 주주의 인적 개성은 문제로 되지 않는다. 주주는 출자에 대하여 유가증권인 株券의 교부를 받으며 주식을 양도함에 의하여 그 지위를 자유롭게 이전하고 투하자본을 회수할 수 있다. 주식회사는 사회에 분산되어 있는 군소 資本들을 광범위하게 흡수할 수 있어서 많은 수의 주주를 가지는 대규모의 기업을 조직하기에 적합한 회사형태이며, 현재 가장 많이 이용되고 있는 기업조직이다.

5. 有限會社

유한회사의 사원은 회사에 대하여 일정한 한도에서 출자할 의무를 질 뿐 원칙적으로 회사채권자에 대하여 직접적인 책임이 없다(유한책임). 그러나 예외적으로 일정한 전보책임(塡補責任)을 지는 점(550, 593)이 주주와 다르다. 기관의 구성은 주식회사보다 간략하며, 소유와 경영은 분리된다. 폐쇄적·비공개적이므로 사원 이외의 자에 대한 지분양도에는 사원총회의 특별결의가 필요하다(556, 585). 주식회사와 같은 엄격한 법적 규제에서 자유롭고, 폐쇄적으로 운영하면서도 유한책임의 이익을 누릴 수 있는 기업형태이며, 중소기업에 적합한 회사이다.

II. 人的 會社 · 物的 會社

1. 意 義

일반적으로 인적 회사는 사원의 개성이 중시되며 사원의 인적 신용이 회사신용의 기초가 되는 회사를 말하며, 물적 회사라 함은 사원의 개성이 중시되지 않고 회사재산이 회사신용의 기초가 되는 회사를 말한다.

2. 特 色

(1) 인적 회사의 전형인 合名會社에서는 사원은 회사채권자에 대하여 무한책임을 지는 동시에 회사경영에 참가하므로 그 개성이 중시되고, 따라서 서로 신뢰관계가 있는 적은 수의 사원으로 이루어지며, 그 지위인 지분의 양도도 어렵다. 그리고 회사재산의 중요도는 비교적 적다. 물적 회사의 전형인 株式會社의 사원(주주)은 회사채권자에 대하여 유한책임을 지며, 직접 회사경영에 참가하지 않으므로 그 개성은 문제되지 않고, 사원의 수가 많고, 사원의 지위인 주식의 양도가 용이하다. 따라서 회사재산의 중요도는 매우 크다.

(2) 합자회사는 인적 회사에 가깝고 유한회사는 물적 회사에 가까우며, 유한책임회사는 인적 회사와 물적 회사의 중간형태로 볼 수 있다.

III. 母會社 · 子會社(支配會社 · 從屬會社)

1. 意 義

어느 회사가 다른 회사를 지배하고 있는 경우에 지배하는 회사를 지배회사, 지배받는 회사를 종속회사라 한다. 지배하는 방법으로는 계약 · 자본참가(주식 또는 지분의 보유) · 임원파견 등이 있다. 상법상 모회사 · 자회사는 지배회사 · 종속회사의 한 형태이다.

2. 商法의 규정

(1) 상법은 다른 회사의 발행주식총수의 100분의 50을 초과하는 주식을 가진 회사를 母회사로 하고, 그 다른 회사를 子회사로 규정하고 있다(342의2①). 또 다른 회사의 발행주식의 총수의 100분의 50을 초과하는 주식을 母회사 및 子회사 또는 子회사가 가지고 있는 경우 그 다른 회사는 이 법의 적용에 있어 그 母회사의 子회사로 본다(342의2③). 어느 회사의 주식의 전부를 소유하는 회사를 완전모회사라 하

고, 이 경우의 자회사는 완전자회사라고 한다(360의2 이하).

(2) 子회사는 일정한 경우를 제외하고 母회사의 주식을 취득하지 못하며, 예외로 취득한 모회사의 주식은 6월 이내에 처분하여야 한다(342의2①②).

IV. 上場會社 · 非上場會社

'상장회사(법인)'는 증권시장에 상장된 증권(상장증권)을 발행한 회사(법인)이며, '비상장회사(법인)'는 상장법인을 제외한 회사(법인)이다(자본시장법 9⑮ⅰ·ⅱ). 그리고 증권시장에 상장된 주권을 발행한 회사(법인) 또는 주권과 관련된 증권예탁증권이 증권시장에 상장된 경우에는 그 주권을 발행한 회사(법인)를 '주권상장회사(법인)', 주권상장법인을 제외한 법인을 '주권비상장회사(법인)'라 한다(자본시장법 9⑮ⅲ·ⅳ). 여기서 말하는 '증권시장'이란 증권의 매매를 위하여 거래소가 개설하는 시장으로서 '유가증권시장'과 '코스닥시장'을 말한다(자본시장법 9⑬ⅰ·ⅱ).

상법은 상장회사에 대하여 여러 가지 특례를 규정하고 있다(542조의2 이하).

V. 持株會社 · 系列會社

이것은 「독점규제 및 공정거래에 관한 법률」(독금법)상의 개념이다. 지주회사는 주식(지분)의 소유를 통하여 국내회사의 사업내용을 지배하는 것을 주된 사업으로 하는 회사로서 회사자산 총액이 대통령령이 정하는 금액 이상인 회사를 말하며(동법 2조ⅰ의2), 계열회사는 2 이상의 회사가 동일한 기업집단에 속하는 경우에 이들 회사를 서로 상대방 회사의 계열회사라 한다(동법 2ⅲ).

VI. 기타의 분류

회사는 상법의 일반적 규정만을 적용받는가 그 밖에 특별법의 적용을 받는가에 따라 일반법상의 회사(상법상의 회사)·특별법상의 회사로, 한국법에 의하여 설립된 회사인지 여부에 따라 내국회사·외국회사로, 기업의 소유와 경영의 일치 여부에 따라 개인주의적 회사·단체주의적 회사로 분류한다.

제4절 會社의 能力

I. 會社의 權利能力

상법상 회사는 法人이므로 자연인과 마찬가지로 권리의무의 주체로 될 수 있는 자격, 즉 일반적 권리능력을 가진다. 그러나 법인인 회사는 자연인과 다른 여러 가지 특성으로 인하여 구체적 권리능력에는 제한이 있다.

1. 性質上의 制限

(1) 회사는 법인이므로 자연인에 특유한 생명·신체에 관한 권리나 친족법상의 권리는 갖지 못하며, 신체적 활동을 전제로 하는 상업사용인이 될 수 없다. 그러나 회사는 상호권, 명예권 등의 인격권이 인정되며, 다른 회사의 주주·유한책임사원 또는 발기인이 될 수 있다.

(2) 회사가 다른 회사의 이사나 감사가 될 수 있는가에 관하여는 긍정설과 부정설이 대립하나, 이사나 감사는 회사의 기관으로서 직무상 신체적 활동이 필요하므로 자연인에 한한다고 본다.

2. 法令上의 制限

(1) 회사에 법인격을 부여한 것은 법이므로 회사의 권리능력의 범위가 법에 의해서 제한될 수 있는 것은 당연하다. 상법상 ① 회사는 다른 회사의 무한책임사원이 되지 못하고(173), ② 해산한 회사와 파산선고를 받은 회사는 청산·파산의 목적의 범위 내에서만 권리능력이 있다[245, 269, 542①, 613①, 채무자 회생 및 파산에 관한 법률(회파법) 328]. ③ 특별법상으로도 다른 사업 겸영금지 등의 제한이 있다(은행법 28, 보험업법 10·11 등).

(2) 이러한 특별법에 의한 영업의 제한에 관하여는 이를 모두 단속법규로 보기보다는(단속법규설), 그 법의 제한의 목적과 일반 공중의 이익을 고려하여 효력규정으로 볼 것인지를 여부를 결정하고 효력규정으로 해석되는 경우에는 권리능력의 제한으로 보아야 할 것이다(권리능력제한설)(대판 1995.9.15, 94다54856).

3. 目的上의 制限

(1) 서 설

회사의 목적은 定款의 절대적 기재사항인 동시에 등기사항으로 되어 있고, 또 민법에서는 법인의 권리능력을 정관상의 목적의 범위로 제한하고 있다(민법 34). 이와 관련하여 회사의 권리능력이 정관에 기재된 목적에 의하여 제한되느냐 하는 것이 문제로 되고, 학설도 대립한다.

(2) 學 說

1) 제한(긍정)설   회사의 권리능력은 정관에 기재된 목적에 의하여 제한된다는 학설이다. 이 학설의 주요 논거는, ① 민법 제34조는 모든 법인에 공통된 일반원칙이며, ② 회사의 목적은 등기사항이므로 거래 상대방은 이 등기에 의하여 보호될 수 있고, ③ 출자한 재산이 정관상의 회사 목적을 위하여 사용될 것이라고 믿고 투자한 사원의 신뢰를 보호할 필요가 있다는 점 등을 들고 있다 제한설을 취하는 경우에도 거래안전의 보호를 위하여 회사의 목적범위를 그 목적 자체인 행위뿐 아니라 그 목적수행에 필요 또는 유익한 행위로 넓게 해석하는 경우가 많다.

2) 제한부정설(무제한설)   회사의 권리능력은 정관에 기재된 목적에 의하여 제한되지 않는다는 학설이다. 이 학설의 주요 논거는, ① 민법 제34조의 준용규정이 없고, ② 민법의 제한규정은 비영리법인에 관한 것이므로, 활동범위가 넓은 영리법인인 회사에 대하여는 타당하지 않고, ③ 거래 때마다 회사의 목적을 조사하는 것은 번거롭고 또 그 목적범위에 관한 해석도 애매할 수 있고, ④ 제한을 인정할 때에는 불성실한 회사에게 책임을 회피하는 구실을 주게 되어서 거래의 안전을 해할 염려도 있다는 점 등이다.

3) 判 例   대법원의 판례는 제한설을 취하고 있으나 목적범위를 넓게 해석하여 거래안전을 보호하고 있다. 즉, 회사의 권리능력은 회사의 설립근거가 된 법률과 회사의 정관상의 목적에 의하여 제한되나 그 목적범위 내의 행위라 함은 정관에 명시된 목적 자체에 국한되는 것이 아니고 그 목적을 수행하는 데 있어 직접 또는 간접으로 필요한 행위는 모두 포함되며 목적수행에 필요한지 여부도 행위의 객관적 성질에 따라 추상적으로 판단할 것이지 행위자의 주관적, 구체적 의사에 따라 판단할 것은 아니다(대판 1987.9.8, 86다카1349).

4) 私 見   제한긍정설은 주주와 채권자의 보호에 유리하나 거래 상대방에게 불리하다. 회사는 대외적 활동이 많고 거래안전의 보호가 특히 요청되므로 회사의 권리능력은, 해산과 파산의 경우를 제외하고는, 정관상의 목적에 의한 제한을 인

정하지 않는 일반적 권리능력을 가지는 것으로 보는 제한부정설이 타당하다고 본다.

(3) 목적범위를 넘는 행위의 효력

제한긍정설에 의하면 목적범위 외의 행위는 효력이 없다. 그러나 제한부정설에 의하면 그 행위는 회사의 행위로서 유효하다. 다만 회사는 악의의 상대방에 대하여는 대항할 수 있다고 본다(209②, 269, 389③, 567, 민법 2). 정관에 정한 목적은 회사 내부에 있어서 이사 등 회사기관의 행위에 대한 제한으로 볼 수 있으므로, 이사 등이 이에 위반하여 행위를 한 경우에는 제명, 손해배상책임 등의 원인이 된다(205, 216, 220, 269, 399, 402, 403, 567).

(4) 회사의 權利能力과 기부행위

영업과 관련이 없는 각종 기부행위(예: 재해구호금, 학술연구나 사회사업기금 등)가 회사의 권리능력범위에 속하는지가 문제로 되는데, 합리적인 범위에서 허용되는 것으로 본다. 정치자금의 기부도 일반기부행위와 같이 인정된다고 본다.

II. 意思能力 · 行爲能力 · 不法行爲能力 · 公法上能力

1. 意思能力 · 行爲能力

회사는 법인이므로 그 의사표시나 행위는 기관의 지위에 있는 자연인을 통해서 나타난다. 그러므로 법률상 그 기관에 의하여 결정되고 표시된 의사는 곧 회사의 의사요, 기관의 행위는 법인(회사) 자체의 행위가 되므로(법인실재설) 회사는 의사능력과 행위능력을 갖는다.

2. 不法行爲能力

기관의 행위는 법률상 법인의 행위로 인정되므로(법인실재설) 대표기관이 직무집행에 있어서 타인에게 손해를 가한 때에는 그 행위는 회사 자신의 불법행위를 구성하여 회사는 손해배상책임을 지게 된다(210, 269, 389③, 567). 회사의 기관구성원이 아닌 사용인의 직무상의 불법행위에 대하여는 회사는 사용자로서 책임을 진다(민법 756).

3. 公法上의 能力

회사는 소송법상 당사자능력과 소송능력을 가지며(민사소송법 51, 형사소송법 27), 행정소송법상의 원고가 될 수 있고(동법 12), 납세의무도 부담한다. 회사는 형법상 범죄능력은 없다(통설).

제5절 會社의 設立

I. 總　說

1. 개　관

　　회사의 설립은 회사라는 단체를 형성하여 그것이 법률상의 인격을 취득하는 일
련의 절차를 말하며, 정관의 작성에서 시작하여 사원의 확정, 출자의 이행, 기관구
성 등 실체를 형성하고 설립등기를 함으로써 끝난다. 人的會社의 경우에는 정관의
작성에 의하여 사원과 출자가 확정되고 또 사원이 당연히 기관이 되므로 설립절차
가 비교적 간단하지만, 物的會社에서는 정관작성 외에 출자의무의 확정 및 이행 기
타 복잡한 절차를 거친다. 특히 주식회사의 모집설립의 경우에는 정관작성에서 시
작하여 주주의 모집·주식의 청약·배정·주금납입·창립총회를 거쳐서 설립등기
에 이르는 복잡한 절차가 요구된다.

2. 設立行爲

　　회사의 설립절차 가운데 법률행위로써 이루어지는 주요부분인 정관작성·주식
인수 등 설립행위의 법적 성질에 관하여는 합동행위라고 본다(통설). 다만, 주식회
사, 유한회사, 유한책임회사의 1인 발기인·사원에 의한 설립행위(287의2, 288, 543
①)는 단독행위로 보아야 할 것이다.

II. 設立에 관한 立法主義

　　회사가 설립되면 대내외적으로 복잡한 법률관계가 형성되고 국민경제나 공익
에 미치는 영향이 크므로 그 설립에 대하여 국가가 관여를 해 왔고, 관여 형식으로
는 자유설립주의·특허주의·면허주의 또는 허가주의·준칙주의 등이 있다 ① 自
由設立主義는 불건전한 회사의 남설을 야기하여 폐해를 야기하고, ② 特許主義는
군주의 특허나 국가의 특별입법이 있어야 한다는 주의이나, 이것은 통제가 지나쳐
서 불편하므로 특수회사의 경우에서나 찾아볼 수 있다(예, 특별법상의 회사의 설립).
한편 ③ 免許主義 또는 허가주의는 회사에 관한 일반법규를 두고 이것에 따라서 법

인마다 행정처분에 의하여 설립을 인가하는 주의인데, 관료적 심사의 전문성 부족, 지체, 절차의 복잡성 등으로 인하여 경제계의 요구를 충족할 수 없으므로, 신탁·보험 등 특수한 회사를 제외하고는 취하기 어렵다. 그리고 ④ 準則主義는 법률로써 일정한 요건을 정하고 그 요건을 구비하면 등기에 의하여 법인격을 취득하도록 하는 주의이다. 이 가운데 단순준칙주의는 자유설립주의와 같은 폐단이 있으므로, 그 요건을 다소 엄격하게 하고 발기인 등의 책임을 가중한 엄격준칙주의를 많은 국가가 채용하고 있으며, 우리 상법도 이 주의를 취하고 있다.

III. 設立登記

1. 의　의

회사는 설립등기를 함으로써 성립한다. 준칙주의에 의하여 법정요건을 구비하면 회사가 성립하여야 할 것이지만, 국가가 그 법정요건의 구비 여부를 조사하도록 하고, 또 회사설립의 사실과 그 조직을 공시하여 일반대중을 보호하기 위하여 등기를 하게 하는 것이다.

2. 등기사항·등기기간

(1) 등기할 사항은 회사 종류에 따라 다르게 법정되어 있으며(180, 269, 271, 287의5, 317, 549), 본점 소재지에서 등기한다(172).

(2) 등기기간에 관하여 합명회사 및 유한책임회사의 경우에는 규정이 없으며 정관 작성시로부터 상당한 기간 내에 하여야 할 것으로 본다. 주식회사와 유한회사의 경우에는 2주간 내에 설립등기를 하도록 되어 있다(317①, 549①). 그리고 등기할 사항으로서 관청의 허가 또는 인가를 요하는 것에 관하여는 그 서류가 도달한 날로부터 등기기간을 기산한다(177).

3. 설립등기의 효력(회사의 성립)

회사는 본점 소재지에서 설립등기를 함으로써 성립하며(172), 법인격을 취득하고 권리능력을 가지게 된다(169). 그리고 상업등기의 일반적 효력의 예외로서 제3자의 정당한 사유나 선의·악의에 관계없이 모든 제3자에 대하여 회사의 성립의 효력이 인정된다.

<h1 align="center">제6절 會社의 解散</h1>

I. 해산의 의의

회사의 해산이라 함은 회사의 법인격(권리능력)의 소멸원인이 되는 법률요건을 말한다. 회사는 해산된 후에도 청산의 목적범위 내에서는 법인격이 존속하며(245, 269, 287의45, 542①, 613①), 청산절차에 따라 대내·외의 법률관계의 정리가 끝날 때에 법인격이 소멸하게 된다. 회사가 해산으로 인하여 곧 법인격이 소멸한다면 많은 이해관계인이 피해를 입게 될 우려가 있으므로 회사의 권리의무관계를 정리할 수 있도록 청산절차를 둔 것이다.

II. 해산사유

회사의 해산사유는 회사의 종류마다 다소 다르다(227, 285①, 287의38, 517, 609). 여기서는 각종의 회사에 공통되는 해산사유 가운데 법원에 의한 해산명령과 해산판결에 관하여 설명하기로 한다.

III. 解散命令

1. 意 義

해산명령은 공익상 회사의 존속을 허용할 수 없다고 인정되는 경우에 법원이 이해관계인이나 검사의 청구에 의하여 또는 직권으로 회사의 해산을 명할 수 있는 제도이다(176). 회사제도 남용의 폐단을 방지하려는 제도이며, 법인격을 박탈하므로 법인격이 유지되는 법인격부인론과 다르다.

2. 解散命令事由

(1) 회사의 設立目的이 不法한 것인 때(176① i)

정관에 정하여져 있는 회사의 목적이 불법인 경우는 물론, 정관의 목적은 적법하지만 실질적인 의도가 불법인 경우를 포함한다(예컨대, 정관의 목적은 무역업이지만 밀수출입을 하는 경우).

(2) 회사가 정당한 사유 없이 설립 후 1년 내에 營業을 開始하지 아니하거나 1년 이상 營業을 休止하는 때(176①ⅱ)

정당한 사유라는 것은 예컨대 건설이자의 배당이 인정되는 경우(463)처럼 영업의 성질이나 규모로 보아 1년 내에 영업개시가 어려운 경우를 가리킨다. 영업의 개시는 회사의 목적인 영리사업 자체를 개시하는 것을 뜻하고 그 준비행위는 포함하지 아니한다.

(3) 이사 또는 회사의 업무를 집행하는 사원이 法令 또는 定款에 위반하여 회사의 존속을 허용할 수 없는 행위를 한 때(176①ⅲ)

이사 또는 업무집행사원이 회사 목적인 사업을 집행함에 있어서 법령 또는 정관의 규정에 위반한 행위를 하여 공익을 해하고, 그 정도가 회사의 존속을 허용할 수 없을 정도에 이른 경우를 가리킨다.

3. 解散命令의 節次

(1) 법원은 이해관계인이나 검사의 청구에 의하여 또는 직권으로 회사의 해산을 명할 수 있다(176①). 해산명령에 관한 일반적 절차는 비송사건절차법(90 이하)의 규정에 따른다.

(2) 해산명령청구가 있는 때에는 법원은 해산을 명하기 전일지라도, 이해관계인이나 검사의 청구에 의하여 또는 직권으로, 관리인의 선임 기타 회사재산의 보전에 필요한 처분을 할 수 있다(176②). 해산명령을 한 후에도 청산인이 취임할 때까지는 보전처분을 할 수 있다고 본다.

(3) 이해관계인이 해산명령청구를 한 때에는 법원은 회사의 청구에 의하여 상당한 담보를 제공할 것을 명할 수 있다(176③). 이것은 청구의 남용을 막기 위한 것인데, 상법은 회사가 이 청구를 함에 있어서는 이해관계인의 청구가 악의임을 소명하도록 규정하고 있다(176④). 악의란 회사를 해할 의도를 말한다.

4. 解散命令의 效果

해산명령의 재판이 확정되면 회사는 해산한다(227ⅵ, 269, 287의38, 517①, 609①). 해산명령에 대하여 회사, 이해관계인과 검사는 즉시항고를 할 수 있다(비송사건절차법 91).

IV. 解散判決

1. 意 義

(1) 회사의 해산판결은, 회사영업상태의 회복가능성도 없고 해산결의도 어려운 경우에, 사원(주주)의 청구에 의하여 법원이 사원(주주)의 정당한 이익을 보호하기 위하여 판결로써 회사를 해산시키는 제도이다. 해산판결의 청구의 소는 형성의 소이다.

(2) 解散命令이 공익유지를 목적으로 하고, 비송사건절차에 의하며, 이해관계인이나 검사의 청구 또는 법원의 직권에 의하는 데 반하여, 解散判決은 사원(주주)의 이익 보호가 목적이고, 소송절차에 의하며, 사원(주주)의 청구에 의한다는 점 등이 다르다.

2. 解散判決의 事由

(1) 合名會社·合資會社·有限責任會社

인적회사의 각 사원은 부득이한 사유가 있는 때에는 회사의 해산을 법원에 청구할 수 있다(241①, 269, 287의42). 부득이한 사유가 있는 때에는, 회사의 목적을 달성할 수 없거나 더 이상 회사의 존속을 기대할 수 없는 경우를 말하며, 예컨대 사원 간의 심한 반목으로 원만한 사업수행이 어렵고, 총사원의 동의에 의한 회사해산(227 ⅱ)을 기대할 수 없는 경우 등이다.

(2) 株式會社·有限會社

주식회사·유한회사에서는 다음의 두 가지의 경우에 부득이한 사유가 있는 때를 해산판결의 사유로서 규정하고 있다.

1) 회사의 업무가 현저한 정돈상태를 계속하여 회복할 수 없는 손해가 생긴 때 또는 생길 염려가 있는 때(520① ⅰ). 예컨대, 임원 사이에 극심한 분쟁으로 업무가 추진될 수 없고 임원진의 개편도 기대하기 어려운 경우 등이다.

2) 회사재산의 관리 또는 처분의 현저한 실당(失當)으로 인하여 회사의 존립을 위태롭게 한 때(520① ⅱ). 예컨대, 임원들의 부당한 회사재산 유용으로 회사가 파산의 우려가 있는 경우 등이다.

3. 解散判決의 節次

(1) 합명회사, 합자회사, 유한책임회사에 있어서 해산판결의 청구권자는 각 사

원이다(241①, 269, 287의42). 그리고 주식회사의 경우에는 발행주식총수의 100분의 10 이상에 해당하는 주식을 가진 주주(520①), 유한회사의 경우에는 자본의 100분의 10 이상에 해당하는 출자좌수를 가진 사원이 해산판결청구의 소를 제기할 수 있다 (520①, 613①). 주식회사의 경우, 의결권 없는 주식을 포함하며, 자기주식은 발행주식총수에서 제외된다.

　(2) 회사해산판결청구의 소는 본점 소재지의 지방법원의 관할에 전속한다(241 ①, 186, 269, 287의42, 520②, 613①). 이 경우 해산청구의 상대방(피고)은 회사이다.

4. 解散判決의 效果

(1) 原告勝訴의 경우

　법원의 해산판결은 형성판결이며, 원고승소의 판결이 확정되면 회사는 당연히 해산하여 청산절차에 들어가게 된다.

(2) 原告敗訴의 경우

　원고 패소의 경우 해산의 청구가 기각된 경우에는 다른 이유로써 다시 해산판결청구의 소를 제기할 수 있다. 원고가 패소한 경우에 악의 또는 중대한 과실이 있는 때에는 회사에 대하여 연대하여 손해를 배상할 책임이 있다(241②, 191, 269, 287의 42, 520②, 613①).

V. 淸算中의 會社

1. 意　　義

　해산한 회사는 청산을 하여야 하는데, 청산절차 중에 있는 회사를 청산중의 회사(또는 청산회사)라 한다. 청산중의 회사는 해산 전의 회사와 동일한 회사이며(동일회사설), 다만 그 권리능력이 청산의 목적 범위 내로 한정될 뿐이다(통설).

2. 淸算中의 會社의 能力

　(1) 회사는 해산된 후에도 청산의 목적의 범위 내에서 청산중의 회사로서 존속한다(245, 269, 287의45, 542①, 613①). 해산 전의 회사와 동일한 회사이므로 청산을 종결할 때까지 상인 자격, 상호 등에 변동이 없고 정관도 청산의 목적범위 내에서 효력이 있다.

　(2) 그러나 청산중의 회사는 영업을 전제로 하는 제도는 인정되지 않는다. 따라

서 대표사원 또는 대표이사의 회사대표권과 업무집행기관의 업무집행권, 경업피지
의무 등이 없어지고, 지배인도 당연히 종임이 되며, 신주발행, 사채모집, 이익배당
청구권도 인정되지 않는다.

3. 淸算終結登記 후의 會社

청산중의 회사는 청산절차가 종료한 때에 회사로서 소멸한다. 청산종결등기가
있은 후에도 아직 사실상 청산이 종결되지 않은 동안에는 회사의 법인격은 소멸하
지 않는다(통설·판례). 청산종결등기에는 공신력이 없다.

제2장 | 合名會社

제1절 總 說

I. 意 義

(1) 합명회사는 2인 이상의 무한책임사원만으로 조직되는 회사이다. 사원 전원은 회사채권자에 대하여 직접·연대·무한책임을 지는 한편, 원칙적으로 각 사원이 회사의 업무집행권과 대표권을 가진다(자기기관. 소유와 경영의 일치). 또한 인적회사로서 사원의 개성이 중시되므로 사원의 지위의 취득·상실이 자유롭지 못하다. 자연인만이 사원이 될 수 있고(173 참조) 미성년자 등 무능력자도 무방하다.

(2) 합명회사는 실질적으로는 조합의 성질을 가지며 조합에 관한 민법의 규정이 준용된다(195).

(3) 합명회사라는 용어는 사원 전원의 이름을 상호 중에 쓰는 것을 인정한 1807년 프랑스상법전에서 유래한다. 합명회사는 중세 이탈리아 및 독일의 상업도시의 공동상속에 기원이 있다는 것이 다수설이다.

II. 機 能

합명회사는 전형적인 인적회사이고 소유와 경영이 일치하는 기업형태이다. 그러므로 자본의 결합보다 노력의 보충에 중점이 있고 개인기업의 공동경영과 같은 색채가 강하므로, 인적 신뢰가 깊은 사람들 간의 동업에 적합한 기업형태이다. 또한 합명회사에 대해서는 법의 간섭이 많지 않으므로 자유로운 경영이 가능하며, 각자가 직무를 수행할 수 있으므로 업무집행을 신속히 할 수 있고, 연대무한책임은 공동체의식과 책임감을 높이게 되는 등의 장점이 있다.

제2절 設 立

I. 序 說

합명회사의 설립은 2인 이상의 사원이 공동으로 정관을 작성하고 설립등기를 함으로써 완성한다. 합명회사 설립에서는, 정관의 작성에 의하여 사원이 확정되고 그 사원이 기관이 되므로 기관구성의 절차가 필요하지 않으며, 또한 출자의무의 이행은 회사성립의 요건이 아니고, 무한책임을 지므로 회사 채권자보호절차의 필요성도 작다. 그러므로 주식회사의 경우와 같은 복잡한 설립절차를 필요로 하지 않는다.

II. 定款의 作成

합명회사의 설립에는 정관의 작성을 요하며(178), 일정한 기재사항을 기재하고 총사원이 기명날인 또는 서명하여야 한다(179). 합명회사의 정관은 공증인의 인증을 요하지 아니한다(292 참조).

1. 絶對的 記載事項

(1) 정관에 반드시 기재하여야 하는 사항이며 ① 목적, ② 상호, ③ 사원의 성명·주민등록번호 및 주소, ④ 사원의 출자의 목적과 그 가격 또는 평가의 표준, ⑤ 본점의 소재지, ⑥ 정관의 작성연월일 등이다. 그 중 하나라도 누락된 때에는 그 정관은 무효가 되고 회사의 설립도 무효가 된다(179).

(2) 상호에는 합명회사라는 문자를 사용하여야 한다. 출자의 목적은 금전·현물·노무·신용출자를 구별하고 그 구체적 내용을 기재하여야 하며, 가격 또는 평가의 표준은 출자를 금전으로 평가한 가격산출의 방법을 기재하여야 한다.

2. 相對的 記載事項

정관에 반드시 기재하여야 하는 것은 아니나, 기재하지 않으면 법률상의 효력이 생기지 않는 사항이다. 사원의 업무집행권의 제한(200①), 대표사원의 결정(207), 공동대표의 결정(208), 회사의 존립기간(217, 227 i), 퇴사의 사유(218 i), 퇴사원의 지분환급의 제한(222), 해산의 사유(227 i), 임의청산(247) 등이 있다.

3. 任意的 記載事項

정관에는 합명회사의 본질과 강행법규에 반하지 않는 한, 절대적 및 상대적 기재사항 이외에 어느 사항이라도 기재하여 그 명확성을 기할 수 있다.

III. 設立登記

1. 設立登記

합명회사는 본점 소재지에서 설립등기를 함으로써 성립한다(172). 설립등기의 등기사항은, (i) 목적, 상호, 사원의 성명·주민등록번호·주소, 본점의 소재지, (ii) 사원의 출자의 목적, 재산출자에는 그 가격과 이행한 부분, (iii) 회사의 존립기간 기타 해산사유를 정한 때에는 그 기간 또는 사유, (iv) 대표사원을 정한 때에는 그 성명, (v) 공동대표를 정한 때에는 그 규정 등이다(180).

2. 支店設置의 登記

회사의 설립과 동시에 지점을 설치하는 경우에는 설립등기를 한 후 2주간 내에 지점 소재지에서 위의 설립등기사항(180)을 등기하여야 한다. 다만 다른 지점 소재지를 제외한다(181).

3. 登記期間의 起算點

회사편의 규정에 의하여 등기할 사항으로서 관청의 허가 또는 인가를 요하는 것에 관하여는 그 서류가 도달한 날부터 등기기간을 기산한다(177). 예컨대 보험회사의 해산등기·합병등기의 등기기간은 금융감독위원회의 인가(보험업법 139)에 관한 서류가 도달한 날부터 기산한다.

IV. 設立의 無效와 取消

1. 總 說

합명회사의 설립이 무효가 되거나 취소되는 경우에 일반원칙에 따른다면 상당한 혼란이 있을 것이므로 상법은 법률관계를 획일적으로 확정하는 동시에 그 효과를 소급시키지 않기 위하여 설립의 무효·취소의 소 제도를 규정하고 있다. 합명회사는 인적회사이고 개개 사원의 개성이 중요시되므로 ① 설립무효원인에는 객관적 하자 외에 주관적 하자도 포함된다는 점, ② 개별 사원의 설립행위의 취소원인이 그

대로 회사 자체의 설립취소원인으로 되므로 설립무효의 소 이외에 설립취소의 소 제도를 인정하고 있는 점이 주식회사와 다르다.

2. 設立無效·取消의 原因

(1) 設立無效의 原因

설립무효원인은 ① 객관적 무효원인(예컨대, 정관의 절대적 기재사항이 빠져 있거나 또는 기재되어도 그것이 무효인 경우, 설립등기가 무효인 경우 등)과 ② 주관적 무효원인(예컨대, 설립에 참여한 개별 사원의 의사무능력이나 의사에 흠결이 있는 경우 등)을 포함한다.

(2) 設立取消의 原因

금치산자의 설립행위(민법 13), 미성년자 또는 한정치산자가 법정대리인의 동의 없이 설립행위에 참가한 경우(민법 5, 10), 의사표시의 하자(민법 109, 110) 등 개별 사원의 주관적 사유가 설립취소원인이 된다.

또한 사원이 그 채권자를 해할 것을 알고 회사를 설립한 때에는 채권자는 그 사원과 회사에 대한 소로 회사의 설립취소를 청구할 수 있다(185).

3. 設立無效의 訴·設立取消의 訴

(1) 회사설립의 무효는 그 사원에 한하여, 설립의 취소는 그 취소권 있는 자에 한하여 회사성립의 날로부터 2년 내에 소만으로 이를 주장할 수 있다(184①).

(2) 설립취소의 소의 原告인 취소권자는 무능력자·하자 있는 의사표시를 한 자·그 대리인 또는 그 승계인이며(184②, 민법 140), 채권자사해행위에 의한 경우에는 그 채권자이다(185). 被告는 일반적으로 회사이지만, 사해행위에 의한 경우에는 당해 사원과 회사를 공동피고로 한다(185).

(3) 설립의 무효와 취소의 소는 본점 소재지의 지방법원의 관할에 전속하며 (186), 소가 제기된 때에는 회사는 지체 없이 공고하여야 한다(187). 여러 개의 소가 제기된 때에는 법원은 이를 병합심리 하여야 한다(188). 訴가 그 심리 중에 원인인 하자가 보완되고, 회사의 현황과 제반사정을 참작하여 설립을 무효로 하거나 또는 취소하는 것이 부적당하다고 인정한 때에는 법원은 그 청구를 기각할 수 있다(189).

4. 判決의 效力

(1) 原告勝訴의 경우

1) **對世的 效力·不遡及效** 설립무효의 판결 또는 설립취소의 판결은 소송당사자뿐만 아니라 제3자에 대하여도 그 효력이 있으나(대세적 효력), 이 효력은 판결확정 전에 생긴 회사와 사원 및 제3자 간의 권리의무에는 영향을 미치지 아니한다(불소급효)(190). 이것은 법률관계의 획일적인 확정과 법률관계의 안정을 위한 것이다.

2) **登記·淸算** 설립무효 또는 설립취소의 판결이 확정된 때에는 등기를 하고(192), 해산의 경우에 준하여 청산을 하여야 한다(193).

(2) 原告敗訴의 경우

원고가 패소한 경우에는 그 판결의 효력은 소의 당사자에게만 미치며, 다른 제소권자는 다시 설립의 무효 또는 취소의 소를 제기할 수 있다. 원고패소의 경우에 원고에게 악의 또는 중대한 과실이 있는 때에는 회사에 대하여 연대하여 손해를 배상할 책임이 있다(191).

5. 會社의 繼續

(1) 설립무효의 판결 또는 설립취소의 판결이 확정된 경우에, 그 무효나 취소의 원인이 특정한 사원에 한한 것인 때에는, 다른 사원 전원의 동의로써 회사를 계속할 수 있으며, 이 경우에는 그 무효 또는 취소의 원인이 있는 사원은 퇴사한 것으로 본다(194①②). 그 결과 사원이 1인으로 된 때에는 새로 사원을 가입시켜서 회사를 계속할 수 있다(194③, 229②).

(2) 이미 회사의 해산등기를 한 회사가 회사를 계속하는 경우에는 회사의 계속등기를 하여야 한다(194③, 229③).

제3절 內部關係

I. 總　說

1. 內部關係와 外部關係

합명회사의 법률관계 중 내부관계는 ① 회사와 사원과의 관계, ② 사원과 사원과의 관계를 말하며, 외부관계는 ① 회사와 제3자와의 관계와 ② 사원과 제3자 간의 관계를 말한다. 이 가운데 사원과 사원 사이 및 사원과 제3자 사이의 직접적인 관계는 합명회사의 조합적 성질의 반영이며 사단법인성의 예외이다.

2. 內部關係 및 外部關係에 관한 규정의 性質

내부관계의 법률규정은 보충적 성질을 가지는 임의규정임에 반하여, 외부관계에 관한 규정은 제3자의 이해에 관련되므로 대체로 강행규정이다. 그러므로 내부관계는 사원의 자치에 일임되어 상법규정은 정관에 규정이 없는 경우에만 그 효력을 가지지만, 외부관계에 관한 규정은 정관으로써도 변경할 수 없다. 합명회사의 내부관계에 관하여는 정관 또는 상법에 다른 규정이 없으면 조합에 관한 민법의 규정을 준용한다(195).

II. 出   資

1. 出資의 개념

출자는 사원이 회사사업의 수행을 위하여 사원의 자격에서 회사에 대하여 급여를 하는 것을 말한다. 사원은 반드시 출자의무를 가지며, 정관으로도 이를 면제할 수 없다(179④, 195, 민법 703). 출자의무는 사원자격의 취득(설립 또는 입사)과 동시에 발생하는데 이것은 추상적인 의무이며 강제집행의 대상이 되지 않는다. 구체적인 급여의무는 최고를 한 때 또는 기한이 도래한 때 생기며 양도·압류 또는 전부의 대상이 된다. 사원의무인 출자의무는 그 이행 또는 사원자격의 소멸로 인하여 소멸한다. 그러나 이미 구체화한 출자액청구권은 보통의 채권이 되므로 소멸되지 않는다. 상법상 합명회사에서 '자본금'이라는 용어가 사용되지 않으나 이것에 해당하는 것은 재산출자의 총액이며, 노무출자나 신용출자는 여기에 포함되지 않는다.

2. 出資의 종류

출자의 목적은 재산·신용 및 노무의 어느 것이라도 무방하다. 사원이 무한책임을 지기 때문에 회사재산이 유일한 담보가 아니므로 노무 및 신용출자도 인정하는 것이다. 사원의 출자의 목적과 가격 또는 평가의 표준은 정관의 절대적 기재사항이다(179ⅳ).

(1) 財産出資

금전 기타의 재산을 목적으로 하는 출자이다. 금전출자가 보통이지만 현물출자

(동산·부동산·유가증권·채권·영업상의 비결 등)도 할 수 있으며, 영업을 일괄하여 출자할 수도 있다. 금전 이외의 재산의 출자는, 그 재산을 회사에 이전하는 이전출자, 회사로 하여금 재산의 사용·수익만을 하게 하는 사용출자가 있다.

(2) 勞務出資

사원이 회사를 위하여 경제적인 노무(예, 특정한 기술상의 노무 제공, 기사로서 근무하는 경우)를 제공하는 것이다. 노무는 정신적인 것이든 육체적인 것이든 또 일시적인 것이든 영속적인 것이든 무방하다.

(3) 信用出資

사원이 회사로 하여금 자기의 신용을 이용하게 함으로써 하는 출자이다. 예컨대, 회사를 위하여 보증인이 되거나 물적 담보를 제공하는 것, 회사가 발행한 어음을 인수 또는 배서하는 것, 신용이 있는 자가 사원으로 가입하여 무한책임을 지는 경우 등이다.

3. 出資義務의 履行

(1) 출자의무에 의한 출자의 이행으로서 금전납입(금전출자), 노무의 제공(노무출자), 신용의 제공(신용출자), 목적인 재산의 이전(현물출자) 등이 이루어진다.

(2) 출자의 시기와 정도는 정관에 규정되어 있으면 그것에 따르고, 특별한 정함이 없는 경우에는 보통의 업무집행방법에 의하여 이를 정한다. 출자의무의 불이행의 효과·위험부담·담보책임 등에 관하여는 민법의 조합에 관한 규정에 따른다(195). 출자의 청구에 관하여는 사원평등의 원칙에 따라야 한다.

(3) 출자의무의 불이행은 채무불이행의 일반적 효과를 발생시키며, 사원의 제명, 업무집행권 또는 대표권 상실의 원인이 된다(220①, 205①, 216). 채권을 출자의 목적으로 한 사원은 그 채권이 변제기에 변제되지 아니한 때에는 그 채권액을 변제할 책임을 지며, 이 경우에는 이자를 지급하는 외에 이로 인하여 생긴 손해도 배상해야 한다(196).

III. 持　分

1. 持分의 意義

합명회사의 지분은, 첫째로 지분은 사원이 사원의 자격에서 회사에 대하여 가지는 권리의무의 총체인 사원권을 뜻하며, 둘째로 지분은 회사에 대한 자기의 몫을 나타내는 계산상의 수액(즉, 회사의 해산 또는 퇴사시 회사에 대하여 청구하거나 지급해야 하는 금전적 액수)을 뜻한다. 사원은 사원권에 근거하여 이익배당청구권·잔여재산의 분배청구권 등의 자익권과 업무집행권·대표권·의결권 등의 공익권을 가지며, 출자의무·업무집행의무 등의 의무를 갖는다.

2. 持分의 讓渡

(1) 意 義

지분의 양도라 함은 사원이 사원권을 양도하는 것을 말한다(사원권양도설·통설). 지분은 계약에 의하여 양도되지만, 그 양도에는 사원의 개성이 수반하는 것이고 다른 사원의 이해관계에 큰 영향을 미치는 것이어서 양도가 자유롭지 못하다.

(2) 讓渡의 要件

다른 사원 전원의 동의가 지분양도의 효력발생요건이며, 사원은 다른 사원의 동의가 없으면 그 지분의 전부 또는 일부를 타인에게 양도하지 못한다(197). 이 규정은 임의규정이므로 정관으로 이와 달리 정할 수 있다.

(3) 全部의 양도와 一部의 양도

지분의 전부를 양도한 경우에는 양도인은 사원자격을 상실하게 된다. 이 경우에 양수인이 다른 사원인 때에는 그의 지분이 증가하고, 사원 아닌 경우에는 그 양수인이 사원자격을 취득하여 사원이 된다. 지분 일부의 양도는 지분을 그 계산상의 금액으로 분할하여 그 일부를 양도하는 것을 가리킨다. 이 경우에는 양도인은 그 지분이 감소한다. 양수인이 사원이면 그의 지분이 증가하고, 사원 아닌 자인 때에는 새로 사원자격을 취득하게 된다. 사원 아닌 자가 지분을 양수한 때에는 새로 사원이 되어 정관사항의 변경이 생기지만, 지분양도를 위한 총사원의 동의가 있었으므로 정관변경을 위한 총사원의 동의는 따로 요하지 아니한다고 본다.

(4) 讓渡의 對抗要件

사원의 성명·주민등록번호 및 주소는 등기사항이므로(180ⅰ, 179ⅲ) 지분양도로 사원의 변경이 생긴 때에는 그 양도를 제3자에게 대항하기 위하여 변경등기를 하여야 한다(183, 37, 40).

3. 持分의 入質

지분의 입질에 관하여는 상법에 규정이 없으나, 지분은 재산적 가치를 가지고 있는 것이므로 입질을 할 수 있다(통설, 판례). 지분의 입질의 경우에 다른 사원의 동의를 필요로 하지 않는다고 하는 설이 있으나, 지분양도의 경우(197)를 유추하여 다른 사원 전원의 동의를 요하는 것으로 본다. 질권은 장차 구체화될 이익배당과 지분환급청구권에 대하여서 그 효력이 미치는 것으로 본다(민법 342, 323).

4. 持分의 押留

지분의 압류는 사원이 장래이익의 배당과 지분의 환급을 청구하는 권리에 대하여도 그 효력이 미치는 것으로 하고 있다(223). 사원의 지분을 압류한 채권자가 그 사원을 퇴사시킬 수 있게 하여(224①), 지분환급청구권의 행사에 의하여 채권의 만족을 얻을 수 있도록 하였다. 이때에 압류채권자는 6월 전에 예고하여야 하는데(224①), 사원이 변제를 하거나 담보를 제공한 때에는 채권자의 예고는 그 효력을 상실하게 된다(224②).

5. 持分의 相續

합명회사에서는 사원의 사망은 퇴사원인이 되며(218②), 상속인은 지분환급청구권을 갖는다. 상속인이 당연히 그 지위를 승계하지 못하게 한 것은 합명회사에서는 사원의 개성과 상호간의 신뢰관계가 중요시되기 때문이다. 그러나 定款으로 상속인이 그 지위를 승계하도록 정하는 것은 무방하다. 이 경우에는 상속인은 상속의 개시를 안 날로부터 3월내에 회사에 대하여 승계 또는 포기의 통지를 발송하여야 하며(219①), 이 통지를 하지 아니하고 3월을 경과한 때에는 사원이 될 권리를 포기한 것으로 본다(219②).

IV. 業務執行

1. 意 義

업무집행은 회사사업에 관한 업무를 집행하기 위하여 하는 활동으로서, 법률행위(예: 계약의 체결) 또는 사실행위(예: 장부기재, 상품정리)를 포함한다. 그러나 정관변경·합병·회사해산 등의 회사의 기초에 관한 행위는 이에 포함되지 아니한다. 상법은 업무집행은 내부관계에서, 회사대표는 외부관계에 규정하고 있는데, 대외적인 업무집행이 회사대표로 나타나므로 이 구별은 같은 사무에 대한 관점상의 구별로 볼 수 있다. 상법은 업무집행사원만이 회사를 대표할 수 있는 것으로 하고 있다 (207). 그러나 업무집행행위 모두가 회사대표행위인 것은 아니다.

2. 業務執行機關

(1) 自己機關

각 사원은 정관에 다른 규정이 없는 때에는 회사의 업무를 집행할 권리와 의무가 있다(200). 이와 같이 합명회사에서는 기관자격과 사원자격이 일치하여 기업의 소유와 경영이 일치한다는 점에서 주식회사와 다르다.

(2) 業務執行權의 박탈

정관으로 사원의 1人 또는 수인을 업무집행사원으로 정할 수 있으며, 이 경우에는 그 사원만이 업무집행의 권리와 의무가 있고, 다른 사원의 업무집행권은 박탈된다(201①). 그러나 합명회사의 성질상 정관으로 총사원의 업무집행권을 박탈할 수는 없으며, 업무집행의 권리의무를 사원 아닌 자에게 인정하는 것도 허용되지 않는다(통설).

(3) 業務執行社員과 會社와의 관계

업무집행사원과 회사와의 관계에는 위임에 관한 민법의 규정(681~688조)이 준용된다(195, 민법 707). 그러므로 업무집행사원은 선량한 관리자의 주의로써 회사의 업무를 집행하여야 한다(민법 681).

(4) 업무집행사원의 辭任·解任·除名·權限喪失宣告

업무집행사원은 정당한 사유 없이 사임하지 못하며 다른 조합원의 일치가 아니면 해임하지 못한다(195, 민법 708). 사원이 업무를 집행함에 현저하게 부적임하거나 중대한 의무에 위반한 행위가 있는 때에는 본점 소재지의 지방법원은 사원의 청구에 의하여 업무집행권한의 상실을 선고할 수 있다(205①). 여기서 사원의 청구는 문제된 사원을 제외한 모든 사원을 말한다. 이 판결이 확정된 때에는 등기하여야 한다 (205②). 사원이 권한 없이 업무를 집행하거나 회사를 대표한 때나 회사의 업무집행 또는 대표에 관하여 부정한 행위가 있는 때에는 회사는 다른 사원 과반수의 결의에 의하여 그 사원의 제명의 선고를 법원에 청구할 수 있다(220①ⅲ).

3. 業務執行의 方法

(1) 業務執行의 意思決定 및 執行

1) 업무집행은 원칙적으로 총사원의 과반수로 정하고 따로 업무집행사원을 정한 때에는 업무집행사원의 과반수로써 한다(195, 민법 706②). 업무집행에 관한 의사결정은, 정관에 특별한 정함이 없는 한, 회의의 방식, 서면결의, 개별적 동의로 할 수있다. 그리고 과반수는 社員의 수에 따른 계산이며(두수주의) 출자의 가액에 의한 과반수가 아니다. 그러나 정관에 의하여 출자의 가액의 과반수를 정하는 것은 무방하다고 본다.

2) 결정된 의사의 집행은 원칙적으로 각 사원이 단독으로 할 수 있으나(200①, 단독집행주의), 그 업무집행에 관한 행위에 대하여 다른 사원의 이의가 있는 때에는 그 행위를 中止하고 총사원 과반수의 결의에 의하여야 한다(200②, 이의권). 정관으로 업무집행사원으로 정한 때에는 그 업무집행 사원 각자가 회사의 업무를 집행할 권리와 의무가 있으나(201①), 다른 업무집행사원의 이의가 있는 때에는 곧 행위를 중지하고 업무집행사원 과반수의 결의에 의하여야 한다(201②).

(2) 支配人의 選任과 解任

지배인의 선임과 해임은 정관에 다른 정함이 없으면 업무집행사원이 있는 경우에도 총사원 과반수의 결의에 의하여야 한다(203).

(3) 共同業務執行社員

정관으로 수인의 사원을 공동업무집행사원으로 정한 때에는, 그 전원의 동의가 없으면 업무집행에 관한 행위를 하지 못한다(202). 그러나 지체할 염려가 있는 때에는 그러하지 아니하다(202단서). 지체할 염려가 있는 때라는 것은 지체하면 회사에 중대한 손해를 끼칠 염려가 있는 경우 등이다.

4. 社員의 業務監視權

업무집행권이 없는 사원은 언제든지 회사의 업무와 재산상태를 검사할 수 있으며(195, 민법 710), 이것을 사원의 업무감시권이라 하며, 정관으로도 박탈할 수 없다(통설). 업무집행권이 없는 社員도 무한책임을 지며, 업무집행사원의 업무집행에 중대한 이해관계가 있기 때문이다.

5. 業務執行停止假處分·職務代行者

(1) 사원의 업무집행을 정지하거나 직무대행자를 선임하는 가처분을 하거나, 그 가처분을 변경·취소하는 경우에는 이를 등기하여야 한다(183의2).

(2) 위의 직무대행자는, 가처분명령에 다른 정함이 있는 경우 외에는, 회사의 통상업무에 속하지 아니하는 행위를 하지 못한다. 다만 법원의 허가를 얻은 경우에는 예외가 인정된다(200의2①). 직무대행자가 위의 규정에 위반한 행위를 한 경우에도 회사는 선의의 제3자에 대하여는 책임을 진다(200의2②).

V. 社員의 競業避止義務와 自己去來의 制限

합명회사의 사원은 광범한 권리를 가지고 회사의 기밀에 정통한 위치에 있으므로, 회사의 이익과 충돌하는 행위를 방지하기 위하여 경업피지의무를 부과하고 자기거래를 제한하고 있다.

1. 競業避止義務

(1) 의무의 내용

사원은 다른 사원 전원의 동의가 없으면, 자기 또는 제3자의 계산으로, 회사의 영업부류에 속하는 거래를 하지 못하며, 동종 영업을 목적으로 하는 다른 회사의 무한책임사원 또는 이사가 되지 못한다(198①. 397 참조). 이 경업피지의무에 관한 규정은(198) 회사의 내부관계에 관한 규정이고 임의규정이므로 정관으로 배제·강화하는 등의 다른 정함을 할 수 있다(통설).

(2) 의무위반의 효과

경업피지의무에 위반한 경우에도 그 행위의 효력에는 영향이 없다. 그러나 사원이 이 규정에 위반하여 거래를 한 경우에, 그 거래가 자기의 계산으로 한 것인 때에는 회사는 이를 회사의 계산으로 한 것으로 볼 수 있고, 제3자의 계산으로 한 것인 때에는 그 사원에 대하여 회사는 이로 인한 이득의 양도를 청구할 수 있다(198②④)(개입권 또는 탈취권). 또한 개입권 행사와는 별도로, 회사는 손해가 있으면 그 사원에 대하여 손해배상의 청구를 할 수 있다(198③). 그리고 다른 사원 과반수의 결의에 의하여 법원에 그 사원의 제명선고(220①ⅱ)를 청구할 수 있고, 다른 사원은 업무집행권한의 상실의 선고를 청구할 수 있다(216, 205①).

2. 社員의 自己去來의 制限

사원이 자기 또는 제3자의 계산으로 회사와 거래를 하려면 다른 사원 과반수의 결의를 요한다(199전단). 이 경우에는 자기계약·쌍방대리 금지에 관한 민법 제124조의 규정을 적용하지 아니한다(199후단). 주식회사의 이사의 자기거래제한과 같은 취지이다(389 참조).

VI. 損益의 分配

1. 손익의 의의

합명회사는 영리법인이므로 영업에서 생긴 이익을 사원에게 분배하여야 한다. 보통 대차대조표에 표시되어 있는 회사의 순재산액과 회사의 자본(재산출자의 총액)을 비교하여 순재산액이 자본보다 많으면 이익, 적으면 손실이라 한다. 합명회사에서는 각 사원이 무한의 책임을 부담하므로(212), 손익의 분배를 회사의 자치에 맡기고 있으며, 이익이 없는 경우에도 재산을 분배할 수 있다.

2. 손익분배의 표준

손익분배의 표준에 관하여는 상법에 규정이 없고, 정관 또는 총사원의 동의로 정할 수 있다. 이러한 정함이 없는 때에는 조합에 관한 민법의 규정에 의한다(195). 즉, 각 사원의 출자의 가액에 비례하여 분배 비율을 정하며, 이익 또는 손실에 관하여 분배의 비율을 정한 때에는 그 비율은 이익과 손실에 공통된 것으로 추정한다(민법 711②).

3. 손익분배의 시기·방법

손익분배의 시기는 정관의 규정에 따르고, 정관에 규정이 없는 때에는 결산기에(30②) 하여야 할 것이다. 이익의 분배는 정관에 의하여 이익의 전부 또는 일부를 현실로 배당하지 않고 회사에 유보하여 퇴사 또는 해산의 경우에 사원이 청구할 수 있는 금액을 증가시킬 수 있다. 손실의 분담은 사원으로부터 추가출자를 받는 것이 아니고, 계산상 지분의 감소를 뜻하지만, 퇴사 또는 해산의 경우에는 현실적인 권리의무가 된다.

제4절 外部關係

I. 總　說

합명회사의 외부관계는 ① 회사와 제3자와의 관계 및 ② 사원과 제3자와의 관계이다. 전자는 회사가 법인이므로 생기는 관계로서 회사대표의 문제가 되고, 후자는 사원의 개성이 중시되는 조합성의 결과이며 사원의 책임의 문제가 된다. 외부관계에 관한 규정은 제3자의 이해에 관련되므로 대체로 강행규정이며, 정관으로도 이에 반하여 정할 수 없다.

II. 會社代表

1. 意　義

회사는 대외적으로는 사단법인이므로 거래상대방과의 관계는 그 기관에 의하여 이루어진다. 회사대표라 함은 회사의 기관을 구성하는 자의 행위가 회사의 행위로 되는 법적 관계를 말한다.

2. 代表機關

(1) 회사의 代表

정관으로 업무집행사원을 정하지 아니한 때에는 각 사원은 회사를 대표하고, 수인의 업무집행사원을 정한 경우에는 각 업무집행사원이 회사를 대표한다(207). 그러나 정관 또는 총사원의 동의로 업무집행사원 중 특히 회사를 대표할 자(대표사원)를 정할 수 있으며(207단서), 이때에는 그 자가 대표기관이 된다.

(2) 共同代表

회사는 정관 또는 총사원의 동의로 수인의 사원이 공동으로 회사를 대표할 것을 정할 수 있다(208①). 그러나 이 경우에도 제3자의 회사에 대한 의사표시(수동대표)는 공동대표의 권한 있는 사원의 1인에 대하여 하면 그 효력이 생긴다(208②).

(3) 대표권한의 喪失宣告

대표사원이 업무를 집행함에 현저하게 부적임하거나 중대한 의무에 위반한 행위가 있는 때에는 법원은 사원의 청구에 의하여 대표권한의 상실을 선고할 수 있다(216, 205①).

(4) 會社와 社員間의 訴에 관한 회사대표

회사가 사원에 대하여 또는 사원이 회사에 대하여 소를 제기하는 경우에 회사를 대표할 사원이 없을 때에는 다른 사원 과반수의 결의로 그 訴에 관하여 회사를 대표할 자를 선정하여야 한다(211).

(5) 登 記

대표사원을 정한 때에는 그 성명을, 공동대표를 정한 때에는 그 규정을 등기하여야 한다(180ⅳ·ⅴ). 또한 대표사원의 권한상실선고의 경우에도 이를 등기하여야 한다(216, 205②).

3. 代表機關의 權限

회사를 대표하는 사원은 회사의 영업에 관하여 재판상 또는 재판외의 모든 행위를 할 권한이 있다(209①). 이 권한은 정관 또는 총사원의 동의로 제한할 수 있으나 그 제한은 선의의 제3자에게는 대항하지 못한다(209②). 거래의 안전을 보호하기 위한 것이다.

4. 代表社員의 損害賠償責任

대표사원이 그 업무집행으로 인하여 타인에게 손해를 가한 때에는, 회사는 그 대표사원과 연대하여 배상할 책임을 진다(210).

III. 社員의 責任

1. 意義·性質

(1) 합명회사 사원의 직접·무한·연대책임(212①)은 회사채권자 대한 대외적인 부담이라는 점에서, 대내적으로 회사에 대하여 부담하는 출자의무와 다르다. 사원의 이 책임은 대외적으로 제한하거나 면제할 수 없다고 본다.

(2) 사원의 책임은 회사채무의 존재를 전제로 하며 회사의 채무에 종속한다(종속성). 그러므로 변제의 청구를 받은 때에는, 회사가 주장할 수 있는 항변(예컨대 변제, 시효소멸 등)으로 그 채권자에게 대항할 수 있고(214①), 또 회사가 채권자에 대하

여 상계·취소 또는 해제할 권리가 있는 경우에는 사원은 그 권리를 원용하여 변제를 거부할 수 있다(214②). 또한 사원은 회사재산으로 회사 채무를 완제할 수 없거나 회사재산에 대한 강제집행이 주효하지 못한 때에만 책임을 지는 보충적 책임이다(보충성).

(3) 사원은 자기의 전재산으로써 회사채무를 변제할 책임을 지며(무한책임), 또 회사채권자는 회사를 통하지 아니하고 직접 사원에 대하여 청구할 수 있다(직접책임). 합명회사는 법인이지만 그 조합적 성질에 비추어 사원의 직접책임을 규정하고 있다. 그러나 사원에 대하여 강제집행을 하기 위하여는 사원에 대한 집행력 있는 채무명의가 있어야 한다. 사원은 다른 사원과 연대하여 책임을 지며(연대책임), 사원과 회사 사이에는 연대관계가 존재하지 않는다.

2. 責任의 負擔者

사원은 업무집행권·회사대표권의 유무에 관계없이 모두 이 책임을 진다. 新入社員은 가입 전에 생긴 회사채무에 대하여 다른 사원과 동일한 책임을 진다(213). 退社員은 퇴사등기를 하기 전에 생긴 회사채무에 대하여 등기 후 2년 내에는 다른 사원과 동일한 책임이 있고(225①), 지분을 양도한 사원도 같은 책임을 진다(225②). 자기를 사원이라고 오인시키는 행위를 한 자칭 사원은 오인으로 인하여 회사와 거래한 자에 대하여 사원과 동일한 책임을 진다(215). 상법이 금반언의 원칙을 인정한 한 경우이다.

3. 責任履行의 條件

사원의 책임은 회사가 채무를 부담한 때 발생하지만, 보충적 책임이므로 회사의 재산으로 회사의 채무를 완제할 수 없는 때(채무초과), 또는 회사재산에 대한 강제집행이 주효하지 못한 때임을 이행조건으로 한다(212①②). 채무초과나 강제집행이 부주효의 입증책임은 채권자가 부담한다(통설). 다만 이 경우 사원이 회사에 변제의 자력이 있으며, 집행이 용이한 것을 증명한 때에는 변제의 책임을 부담하지 아니한다(212③). 강제집행의 부주효는 당해 채권자가 강제집행을 하여 주효하지 못한 경우만이 아니라, 제3자의 강제집행이 주효하지 못한 경우를 포함한다.

4. 責任의 範圍

사원이 책임을 부담하여 변제할 금액은 회사채무의 전액이며, 회사재산으로써 변제받지 못한 잔액만이 아니다. 공법상·사법상의 모든 채무를 포함하며, 그 발생원인이 계약이든 불법행위 또는 부당이득이든 묻지 않는다. 회사채무의 내용이 회사 자체의 작위 또는 부작위와 같은 대체성이 없는 급부를 목적으로 하는 경우에는 금전배상의 책임을 부담하는 것으로 보아야 할 것이다(통설). 회사가 사원에 대하여 부담하는 채무에 대하여도 채권자인 사원을 포함하여 전사원이 책임지게 해야 한다는 견해도 있으나(소수설), 다수설은 사원은 제212조에 의한 책임이 없다고 본다.

5. 責任履行의 效果

사원이 회사의 채무를 변제하면 회사채무는 소멸한다. 변제한 사원은 회사채권자에 대위하여(민법 481) 회사에 대하여 구상권을 취득하며, 다른 사원에 대하여서도 연대채무의 규정에 따라 그 부담부분에 대하여 구상권을 가진다(민법 425). 다른 사원에 대하여 구상권을 행사하는 경우 그 다른 사원은 회사에 자력이 있다는 이유로 항변을 하지 못한다(다수설).

6. 責任의 消滅

사원의 책임은 본점 소재지에서 해산등기를 한 후 5년이 지나면 소멸하며(267), 퇴사한 사원 및 지분을 양도한 사원은 퇴사등기 후 2년이 지나면 책임을 면한다(225 ①②). 이 기간은 제척기간이다.

제5절 入社와 退社

I. 入 社

1. 入社의 意義

입사라 함은 회사성립 후에 원시적으로 사원자격을 취득하는 것을 말한다. 입사는 입사를 하려는 자와 회사 사이의 합의에 의한 입사계약에 의하여 이루어지며, 그 결과 사원권이 생기므로 그것은 단체법상의 특수한 사원권계약이다.

2. 入社의 節次

사원의 성명·주민등록번호 및 주소는 정관의 절대적 기재사항이므로(179ⅲ) 입사는 정관변경을 가져오며 따라서 총사원의 동의를 요한다(204).

3. 登　記

사원의 입사는 등기사항(180 i)의 변경이 되므로 등기를 요한다(183).

II. 退　　社

1. 意　　義

(1) 사원자격의 상실

퇴사는 회사 존속 중에 특정 사원이 사원자격을 절대적으로 상실하는 것을 말한다. 절대적인 상실이므로 지분 전부를 양도하고 양수인이 승계하는 상대적 상실과 다르고, 회사존속 중에 특정사원의 자격상실이므로 회사의 소멸로 인한 총사원의 사원자격 상실과도 다르다.

(2) 퇴사제도를 인정하는 이유

사원의 개인적인 사유를 회사의 해산사유로 하지 않고 퇴사사유로 함으로써 기업을 유지하고, 사원이 무거운 무한책임으로부터 탈퇴할 수 있는 길을 열어두고, 또 자금회수를 가능하게 하려는 것이다.

(3) 회사해산 후의 퇴사

회사해산 후 청산종결 전의 퇴사는 인정되지 아니한다. 회사해산으로 전부에 대한 청산이 이루어지므로, 퇴사에 의한 일부청산이 필요하지 않기 때문이다.

2. 退社原因

(1) 任意退社

정관으로 회사의 존립기간을 정하지 아니하거나 어느 사원의 종신까지 존속할 것을 정한 때에는, 사원은 6월 전에 예고하고, 영업연도 말에 한하여 퇴사할 수 있다(217①). 또 부득이한 사유가 있을 때에는 각 사원은 언제든지 퇴사할 수 있다(217②).

(2) 持分押留債權者에 의한 退社

사원의 지분을 압류한 채권자는, 회사와 그 사원에 대하여 6월 전에 예고하고, 영업연도 말에 그 사원을 퇴사시킬 수 있다(224①). 다만 이 경우의 예고는 사원이 변제를 하거나 상당한 담보를 제공한 때에는 그 효력을 상실한다(224②). 이 퇴사청구권은 정관으로도 배제하지 못한다.

(3) 當然退社

사원은 ① 정관에 정한 사유의 발생(정년 등), ② 총사원의 동의, ③ 사망[다만, 정관으로 그 상속인이 승계하여 사원이 될 수 있음을 정할 수 있다(219①)], ④ 성년후견개시, ⑤ 파산, ⑥ 제명 등의 사유로 인하여 퇴사한다(218).

(4) 除 名

1) 意義·事由 제명은 특정 사원의 의사에 반하여 그 사원의 자격을 박탈하는 것을 말한다. 상법이 규정한 제명사유는 ① 사원이 출자의 의무를 이행하지 아니한 때, ② 경업피지의무(198①)에 위반한 행위를 한 때, ③ 회사의 업무집행 또는 대표에 관하여 부정한 행위가 있는 때, 권한 없이 업무를 집행하거나 회사를 대표한 때, ④ 기타 중요한 사유가 있는 때 등이다(220①). 정관으로 제명사유를 추가 또는 제외할 수 있다고 보는 견해도 있으나, 정관으로 제명사유를 추가 또는 제외할 수 없다고 본다.

2) 節 次 제명사유(220①)가 있는 때에는 회사는 다른 사원 과반수의 결의에 의하여 사원의 제명 선고를 법원에 청구할 수 있다(220①). 사원이 2인인 경우에는, 1인을 제명하면 회사가 해산사유가 될 것이므로, 제명이 허용되지 않는 것으로 본다. 피제명자가 여러 명인 경우에는, 나머지 사원들의 결의로 수인의 피제명자를 일괄하여 제명할 수 있다고 하는 견해도 있으나, 제명은 개별 사원마다 신중히 결정되어야 하며 일괄제명은 인정될 수 없다고 본다(다수설·판례).

3) 效 果 법원의 제명선고에 의하여 제명의 효력이 생기며, 사원은 퇴사하게 된다. 판결이 확정되면 본점과 지점의 소재지에서 등기하여야 한다(220②, 205②).

(5) 기타의 퇴사원인

회사가 해산사유의 발생으로 해산하고 사원의 동의로 회사를 계속하는 경우에(229①) 이 회사계속에 동의하지 아니한 사원은 퇴사한 것으로 본다(229①단서). 또한 회사설립의 무효 또는 취소의 판결이 확정된 경우에 그 무효 또는 취소의 원인이 있는 사원은 퇴사한 것으로 본다(194②).

3. 退社節次와 登記

퇴사는 정관기재사항의 변경이지만 따로 정관변경을 위한 총사원의 동의를 요하지 않는다. 퇴사에 의하여 등기사항이 변경되므로 변경등기를 하여야 한다(183). 제명의 경우에는 제명의 등기를 하면 되며(220②, 205②), 따로 퇴사등기는 필요치 않다.

4. 退社의 效果

(1) 意 義

사원이 퇴사를 하면 사원자격이 상실된다. 퇴사는 연대·무한책임을 지는 사원의 수의 감소를 의미하므로 회사채권자의 보호를 고려하여야 하며, 또한 퇴사원과 회사 사이에 재산상 관계 등의 정리가 필요하게 된다.

(2) 會社債權者에 대한 책임

퇴사한 사원은 본점 소재지에서 퇴사등기를 하기 전에 생긴 회사채무에 대하여 등기 후 2년 내에는 다른 사원과 동일한 책임을 진다(225①).

(3) 會社에 대한 관계

1) 지분의 계산   지분의 계산은 원칙적으로 퇴사 당시의 회사재산상태에 따라서 하게 된다(195, 민법 719①). 퇴사 당시에 아직 완결되지 아니한 사항에 대하여는 완결 후에 계산할 수 있다(195, 민법 719③). 제명된 사원과 회사와의 계산은 제명의 소를 제기한 때의 회사재산의 상태에 따라서 하며, 그때로부터 법정이자를 붙여야 한다(221). 재판의 확정까지 시일을 요하기 때문이다.

2) 환급방법   사원은 지분계산의 결과 적극지분의 경우에는 환급(還給)을 받고, 소극지분의 경우에는 회사에 대하여 지급을 하게 된다. 환급은 출자의 종류에 관계없이 금전으로 받게 된다(195, 민법 719②). 정관에 다른 규정이 없는 한, 노무 또는 신용으로 출자의 목적으로 한 경우에도 그 지분의 환급을 받을 수 있다(222). 퇴사원의 지분환급청구권은 사원자격을 상실한 제3자의 권리이므로 다른 사원은 제212조에 의한 무한·연대책임을 진다.

3) 상호변경청구   퇴사원의 성명이 회사의 상호 중에 사용된 경우에는 그 사원은 회사에 대하여 그 사용의 폐지를 청구할 수 있다(226). 이것은 자칭사원의 책임(215)을 지게 될 염려가 있기 때문이다.

제6절 定款의 變更

I. 定款變更의 意義

정관변경은 정관의 규정의 실질적 변경을 의미한다. 정관은 사회질서·합명회사의 본질·강행규정에 반하지 않는 한 자유롭게 변경할 수 있다.

II. 節 次

정관을 변경함에는 총사원의 동의가 있어야 한다(204). 총사원의 동의에 의하여 효력이 발생하며 서면인 정관의 수정은 효력과는 무관하다. 사원의 동의는 구두에 의하든 서면에 의하든 상관없다. 정관의 변경은 회사의 내부에 관한 사항이므로 정관에 의하여 그 요건을 완화할 수 있다(통설). 사실의 변경(예: 주소지명의 변경, 사원의 사망 등)으로 인한 정관의 변경은 총사원의 동의를 요하지 아니한다.

III. 登 記

등기사항인 정관기재사항을 변경한 때에는 그 등기를 하여야 하나(183), 이 경우의 등기는 대항요건에 불과하다(37 참조).

제7절 解 散

I. 解散事由

합명회사의 해산원인은 ① 존립기간의 만료 기타 정관으로 정한 사유의 발생, ② 총사원의 동의, ③ 사원이 1인으로 된 때, ④ 합병, ⑤ 파산, ⑥ 법원의 해산명령 또는 해산판결 등이다(227).

II. 解散登記

회사가 해산한 때에는, 합병과 파산의 경우를 제외하고는, 그 해산사유가 있는 날로부터 본점 소재지에서는 2주간 내, 지점 소재지에서는 3주간 내에 해산등기를 하여야 한다(228).

III. 解散의 效果

(1) 회사는 해산된 후에도 청산의 목적범위 내에서 존속하는 것으로 본다(245).

(2) 합명회사가 존립기간의 만료 기타 정관으로 정한 사유의 발생 및 총사원의 동의에 의하여 해산하는 경우에는(227 i · ii), 사원의 전부 또는 일부의 동의로 회사를 계속할 수 있으며, 이 경우에 동의하지 아니한 사원은 퇴사한 것으로 본다(229①). 사원이 1인으로 된 때에는 새로 사원을 가입시켜서 회사를 계속할 수 있다(229②).

(3) 이미 회사의 해산등기를 하였을 때에도 회사를 계속할 수 있으며, 이 경우에는 본점 소재지에서는 2주간 내, 지점 소재지에서는 3주간 내에 회사의 계속등기를 하여야 한다(229③).

제8절 淸　算

I. 總　說

1. 意　義

(1) 청산이라 함은 해산한 회사의 법률관계를 정리하고 잔존재산을 처분하는 절차를 말하며, 합병이나 파산으로 해산한 경우가 아니면, 해산한 회사는 청산을 하여야 한다. 합명회사의 청산은 총사원의 퇴사로 인한 지분계산을 하는 것으로 볼 수 있다.

(2) 청산은 회사재산이 회사채무를 완제하고 잔여재산이 있는 경우에 하게 된다. 청산중의 회사의 재산이 채무를 완제하기에 부족한 것이 분명하게 된 때에는 청산인은 지체 없이 파산선고를 신청하고 이를 공고하여야 한다(254④, 민법 93).

(3) 회사는 해산된 후에도 청산의 목적의 범위 내에서 청산중의 회사로서 존속한다(245).

2. 淸算의 방법

합명회사의 청산에는 임의청산과 법정청산의 두 가지가 인정된다. 任意淸算은 정관 또는 총사원의 동의로써 정한 방법에 따라서 하는 청산이고, 法定淸算은 법이 정한 절차에 따라서 하는 청산이다. 법정청산만 인정되는 주식회사와 달리 합명회사에 임의의 청산이 인정되는 것은 해산등기 후에도 사원이 무한책임을 지기 때문에(267) 회사채권자의 이익이 보호될 수 있기 때문이다.

II. 任意淸算

1. 總　　說

(1) 임의청산은 해산된 회사의 재산처분방법을 정관 또는 총사원의 동의로 정하여 청산을 하는 것을 말한다(247①). 이 재산의 처분방법은, 예컨대 회사재산의 현물 분배, 영업을 양도한 후 그 대금의 분배 등 임의로 정할 수 있다.

(2) 임의청산은 존립기간의 만료 기타 정관으로 정한 사유의 발생, 또는 총사원의 동의로 인하여 해산한 경우(227 i · ii)에 할 수 있다. 그러나 사원이 1인으로 된 때와 법원의 명령 또는 판결에 의하여 해산한 경우에는 청산의 공정을 기하기 위하여 법정청산에 의하게 되어 있다(247②).

2. 會社債權者 保護節次

(1) 채권자에 대한 催告

임의청산의 경우에는 해산사유가 있는 날로부터 2주간 내에 재산목록과 대차대조표를 작성하여야 한다(247①후단). 회사는 그 기간 내에 회사채권자에 대하여 異議가 있으면 2월 이상의 일정기간 내에 이를 제출할 것을 공고하고 알고 있는 채권자에 대하여는 각별로 이를 최고하여야 한다(247③, 232①). 채권자가 위의 기간 내에 이의를 제출하지 않으면 임의청산의 재산처분 방법을 승인한 것으로 보고, 이의를 제출한 채권자가 있는 때에는 회사는 그 채권자에 대하여 변제 또는 상당한 담보를 제공하거나 이를 목적으로 하여 상당한 재산을 신탁회사에 신탁하여야 한다(247③, 232②③).

(2) 財産處分의 取消

회사가 채권자의 이의절차(247③, 232)에 위반하여 그 재산을 처분함으로써 회사채권자를 해한 때에는 회사채권자는 그 처분의 취소를 본점 소재지의 지방법원에 청구할 수 있다(248①②, 186). 그러나 수익자 또는 전득자가 선의인 때에는 취소의 청구를 하지 못한다(248②, 민법 406①단서). 이 소는 채권자가 취소의 원인을 안 날로부터 1년, 처분행위가 있은 날로부터 5년 내에 제기하여야 하며(248②, 민법 406②), 취소판결은 모든 채권자의 이익을 위하여 효력이 있다(248②, 민법 407).

(3) 持分押留債權者의 보호

임의청산의 경우에 사원의 지분을 압류한 채권자가 있는 때에는 그 동의를 얻어야 한다(247④). 이에 위반하여 그 재산을 처분한 때에는 지분압류채권자는 회사에 대하여 그 지분에 상당하는 금액의 지급을 청구할 수 있으며, 회사채권자로서 재산처분행위 취소의 소를 제기할 수 있다(249, 248).

3. 帳簿·書類의 보존

회사의 장부와 영업 및 청산에 관한 중요서류는 본점 소재지에서 청산종결의 등기를 한 후 10년간 이를 보존하여야 한다. 다만, 전표 또는 이와 유사한 서류는 5년간 이를 보존하여야 한다(266①). 보존인과 보존방법은 총사원 과반수의 결의로 정하여야 한다(266②).

4. 淸算의 終結과 登記

회사는 그 재산의 처분을 완료한 날부터 본점 소재지에서는 2주간 내에, 지점 소재지에서는 3주간 내에 청산종결의 등기를 하여야 한다(247⑤). 이 등기는 선언적 효력이 있을 뿐이며, 청산종결등기가 있은 후에도 사실상 청산이 종료하지 않은 때에는 회사는 소멸한 것으로 보지 않는다.

III. 法定淸算

1. 意 義

법정청산은 청산인이 법률이 정한 절차(251~265)에 따라서 하는 청산을 말한다. 합명회사가 해산한 경우 임의청산을 하지 않는 때에는, 합병과 파산의 경우를 제외하고, 법정청산 절차에 의하여 청산을 하여야 한다(250). 또한 사원이 1인으로 된 때와 법원의 명령 또는 판결에 의하여 해산한 경우에는 청산의 공정을 기하기 위하여 법정청산에 의하도록 하고 있다(247②).

2. 清算人

청산인은 청산중의 회사의 청산사무집행기관이며 대표기관이다.

(1) 選任과 終任

1) 선   임   (i) 청산인에는 사원이 선임한 청산인, 법정청산인, 법원이 선임한 청산인의 세 가지가 있다. 즉 회사가 해산한 때에는 총사원 과반수의 결의로 청산인을 선임하여야 하며(251①), 만약 청산인의 선임이 없는 때에는 업무집행사원이 청산인이 된다(251②). 그리고 사원이 1인으로 된 때, 또는 법원의 명령 또는 판결에 의하여 회사를 해산한 경우에는 법원은 사원 기타의 이해관계인이나 검사의 청구에 의하여 또는 직권으로 청산인을 선임한다(252).

(ii) 청산인이 선임된 때에는 그 선임된 날로부터, 업무집행사원이 청산인으로 된 때에는 해산된 날로부터 본점 소재지에서는 2주간 내, 지점 소재지에서는 3주간 내에, ① 청산인의 성명, 주민등록번호 및 주소(다만, 회사를 대표할 청산인을 정한 때에는 그 외의 청산인의 주소를 제외한다), ② 대표청산인을 정한 때에는 그 성명, ③ 공동대표를 정한 때에는 그 규정 등을 등기하여야 한다(253①).

2) 종   임   사원이 선임한 청산인은 총사원 과반수의 결의로 해임할 수 있다(261). 또 청산인이 그 직무를 집행함에 현저하게 부적임하거나 중대한 임무에 위반한 행위가 있는 때에는 법원은 사원 기타의 이해관계인의 청구에 의하여 청산인을 해임할 수 있다(262). 또한 청산인과 회사와의 관계에는 위임에 관한 규정이 준용되므로(265, 382②) 위임관계의 종료사유로 인하여 청산인은 종임이 된다(민법 689, 690). 청산인의 해임 또는 사임의 경우에는 변경등기를 하여야 한다(253②, 183).

(2) 淸算人의 義務·責任

청산인과 회사와의 관계에는 위임의 규정이 준용되므로(265, 382②), 청산인은 선량한 관리자의 주의의무(민법 681)를 부담하며, 자기거래에 제한을 받는다(265, 199). 그러나 경업피지의무는 없다. 청산인이 법령 또는 정관에 위반한 행위를 하거나 그 임무를 해태한 때에는 회사에 대하여 연대하여 손해를 배상할 책임이 있고(265, 399①), 청산인이 악의 또는 중대한 과실로 인하여 그 임무를 해태한 때에는 제3자에 대하여 연대하여 손해를 배상할 책임이 있다(265, 401).

3. 淸算事務

청산의 직무에 관한 행위는 청산인이 수인 있는 경우에는 그 과반수의 결의에 의하여 한다(254②).

(1) 淸算開始時의 事務

청산인은 취임한 후 지체 없이 회사의 재산상태를 조사하고 재산목록과 대차대조표를 작성하여 각 사원에게 교부하여야 한다(256①). 또 청산인은 사원의 청구가 있으면 언제든지 청산의 상황을 보고하여야 한다(256②).

(2) 淸算事務의 內容

상법은 청산인의 직무권한으로, 현존사무의 종결, 채권의 추심과 채무의 변제, 재산의 환가처분, 잔여재산의 분배를 규정하고 있으나(254①), 이 밖에도 청산의 목적범위에 속하는 모든 행위를 할 수 있다(통설).

1) 現存事務의 終結　해산 전부터 계속되어 아직 종결되지 아니한 사무의 종결을 뜻하며, 그 종결을 위하여 새로운 법률행위를 할 수도 있다. 예컨대 해산 전에 성립한 매매계약의 이행을 위하여 목적물을 매수할 수 있다.

2) 債權의 推尋과 債務의 辨濟　청산인은 변제기에 이르지 아니한 회사채무에 대하여도 이를 변제할 수 있다(259①). 이 경우에 이자 없는 채권에 관하여는 변제기에 이르기까지의 법정이자를 가산하여 그 채권액에 달할 금액을 변제하여야 하며(259②), 이자 있는 채권으로서 그 이율이 법정이율에 달하지 못한 것에 대하여서도 동일하다(259③). 청산인이 변제기가 도래하지 않은 회사채무를 변제하는 경우에는 조건부 채권·존속기간이 불확정한 채권 기타 가액이 불확정한 채권에 대하여는 법원이 선임한 감정인의 평가에 의하여 변제하여야 한다(259).

3) 出資請求　회사의 현존재산이 그 채무를 변제함에 부족한 때에는 청산인은 변제기에 불구하고 각 사원에 대하여 그 지분의 비율에 따른 出資를 청구할 수 있으며, 그 출자액은 각 사원의 출자의 비율로 이를 정한다(258).

4) 財産의 換價處分　회사재산의 환가의 방법의 하나로서 영업의 전부 또는 일부의 양도를 할 수 있으나, 이 경우에는 총사원 과반수의 결의가 있어야 한다(257).

5) 殘餘財産의 分配　사원들에 대한 회사재산의 분배는 회사채무를 완제한 후가 아니면 하지 못한다. 그러나 다툼이 있는 채무에 대하여는 그 변제에 필요한 재산을 보류하고 잔여재산을 분배할 수 있다(260).

(3) 淸算終結時의 事務

1) 계산서의 작성 및 승인　청산인은 그 임무가 종료한 때에는 지체 없이 계

산서를 작성하여 각 사원에게 교부하고 그 승인을 얻어야 한다. 사원이 계산서를 받고 1월 내에 이의를 하지 않으면, 청산인에게 부정행위가 있는 경우를 제외하고 그 계산서를 승인한 것으로 본다(263).

2) 청산종결의 등기   청산이 종결한 때에는 청산인은, 위의 계산서에 대한 총사원의 승인이 있은 날로부터 본점 소재지에서 2주간 내, 지점 소재지에서는 3주간 내에, 청산종결의 등기를 하여야 한다(264).

3) 장부·서류의 보존   회사의 장부와 영업 및 청산에 관한 중요서류는 청산종결의 등기를 한 후 10년간 이를 보존하여야 하며, 전표 또는 이와 유사한 서류는 5년간 이를 보존하여야 한다(266①). 이 경우에는 총사원 과반수의 결의로 보존인과 보존방법을 정하여야 한다(266②).

(4) 淸算事務執行停止·職務代行者選任 假處分

청산인의 청산사무집행을 정지하거나 직무대행자를 선임하는 가처분을 하거나 그 가처분을 변경·취소하는 경우에는, 본점 및 지점이 있는 곳의 등기소에 등기하여야 한다(265, 183의2). 사원의 업무집행정지가처분의 경우와 동일하다. 이 경우의 직무대행자의 권한 및 직무대행자의 행위에 대한 회사의 책임도 업무집행정지가처분의 경우와 동일하다(265, 200의2).

제3장 | 合資會社

제1절 總 說

I. 合資會社의 槪念

합자회사는 무한책임사원과 유한책임사원으로 구성되는 2원적 조직의 회사이다(268). 그러므로 사원 중에 적어도 1인의 무한책임사원과 1인의 유한책임사원이 있어야 한다. 無限責任社員은 합명회사의 사원과 같이 회사채권자에 대하여 직접·연대·무한책임을 지며 회사의 업무집행권과 회사대표권을 갖는다. 반면에 有限責任社員은 업무집행권과 회사대표권이 없고 일정한 감시권을 갖는다. 유한책임사원은 자연인임을 요하지 않으며 회사 기타 법인도 그 유한책임사원이 될 수 있는 점에서, 무한책임사원과 다르다(173 참조). 합자회사는 10세기경부터 지중해 연안의 해상무역에서 널리 이용되던 기업가와 자본가의 조합인 코멘다(commenda) 계약에서 유래된 것으로 익명조합과 그 기원이 같다.

II. 合名會社에 관한 규정의 準用

합자회사는 실질적으로는 조합적 성질을 가지며 人的會社라는 점에서 합명회사와 같다. 합자회사는 유한책임사원이 있다는 점을 제외하면 합명회사와 거의 차이가 없으며 유한책임사원도 책임의 유한성 이외에는 무한책임사원과 그 지위와 거의 같다. 그러므로 상법은 합자회사에 관하여는 주로 유한책임사원과 관련된 규정만을 두고, 다른 법률관계는 合名會社에 관한 규정을 준용하여 같이 규율하고 있다(269).

제2절 設 立

I. 序 說

합자회사는 무한책임사원과 유한책임사원으로 될 자 각각 1인 이상이 정관을 작성하고 설립등기를 함으로써 성립한다. 설립절차는 합명회사의 경우와 같으나, 합명회사에 없는 유한책임사원이 있으므로 정관의 절대적 기재사항과 등기사항에 약간의 차이가 있다.

II. 定款의 絶對的 記載事項

합자회사의 정관에는 합명회사의 정관기재사항(179) 외에 각 사원의 무한책임 또는 유한책임인 것을 기재하여야 한다(270). 상호에는 합자회사의 문자를 사용하여야 한다(19).

III. 設立登記

합자회사의 설립등기에서는 합명회사의 설립등기사항(180) 외에 각 사원의 무한책임 또는 유한책임인 것을 등기하여야 한다(271).

제3절 內部關係

I. 總 說

합자회사의 내부관계에 관한 규정도 임의규정임을 원칙으로 하므로, 정관으로 다르게 규정할 수 있으며, 정관 또는 상법에 규정이 없으면 민법의 組合에 관한 규정이 준용되는 것은 합명회사의 경우와 같다(269, 195).

II. 出　　資

무한책임사원은 금전 기타의 재산 이외에 노무 또는 신용도 출자의 목적으로 할 수 있음은 합명회사 같다(269). 유한책임사원의 출자의 목적은 금전 기타의 재산으로 제한되며 신용 또는 노무를 출자의 목적으로 하지 못한다(272).

III. 業務執行

1. 業務執行機關

(1) 정관에 다른 규정이 없으면 무한책임사원은 각자가 회사의 업무를 집행할 권리와 의무가 있다(273). 그러나 정관으로 1인 또는 수인을 업무집행사원으로 정한 때에는 그 사원이 회사의 업무를 집행할 권리와 의무가 있다(269, 201).

(2) 유한책임사원은 업무집행의 권리가 없다(278전단). 그러나 업무집행은 인적회사의 내부관계에 속하는 사항으로서 이 규정은 임의규정으로 보아야 하며, 정관으로 유한책임사원의 업무집행권을 인정할 수 있다고 본다.

(3) 사원(유한책임사원도 포함)은 업무집행권한이 있는 사원에 대한 권한상실선고를 법원에 청구할 수 있다(269, 205). 무한책임사원이 1인뿐인 경우에는 권한상실선고를 청구할 수 없다(대판 1977.4.26, 75다1341)(다른 견해 있음).

2. 業務執行의 方法

업무집행에 관한 의사결정방법에 관하여는 합명회사의 규정이 준용된다(269, 195, 민법 706②). 결정된 의사의 집행은 단독집행을 원칙으로 한다. 지배인의 선임과 해임은 업무집행사원이 있는 경우에도 무한책임사원 과반수의 결의에 의하여야 한다(274).

IV. 有限責任社員의 監視權

업무집행권이 없는 유한책임사원도 일정한 감시권이 인정된다. 유한책임사원은 영업연도 말에 있어서, 영업시간 내에 한하여, 회사의 회계장부·대차대조표 기타의 서류를 열람할 수 있고, 회사의 업무와 재산상태를 검사할 수 있다(277①). 중요한 사유가 있는 때에는 유한책임사원은 언제든지 법원의 허가를 얻어 위의 열람과 검사를 할 수 있다(277②).

V. 競業避止義務 · 自己去來制限

1. 競業避止義務

(1) 무한책임사원은 경업피지의무를 부담한다(269, 198).

(2) 유한책임사원은 경업의 자유가 인정된다. 즉, 유한책임사원은 다른 사원의 동의 없이 자기 또는 제3자의 계산으로 회사의 영업부류에 속하는 거래를 할 수 있고, 동종영업을 목적으로 하는 다른 회사의 무한책임사원 또는 이사가 될 수 있다(275). 그러나 정관으로 유한책임사원의 경업을 금지할 수는 있으며, 업무집행에 참여한 유한책임사원은 경업피지의무를 진다고 본다.

2. 自己去來制限

합자회사의 사원은, 합명회사의 사원과 동일하게, 자기거래에 대한 제한을 받는다(269, 199). 유한책임사원의 경우 경업의 자유는 인정되면서 자기거래는 제한하고 있는 것은 입법상의 과오라고 본다.

VI. 損益의 分配

손익의 분배에 관하여는 대체로 합명회사의 경우와 같다. 다만 유한책임사원이 그 출자액을 초과하여 손실을 분담하는가 하는 문제가 있다. 정관에 다른 정함이 없으면, 유한책임사원은 외부관계에서 출자의 가액을 한도로 책임을 지는 동시에, 내부관계에서도 출자가액을 넘어서는 손실을 부담하지 않는 것으로 본다. 그러나 손실분담은 내부관계이므로 정관으로 이와는 달리 정할 수 있다.

VII. 持分의 讓渡

(1) 무한책임사원이 지분양도는 다른 사원 전원의 동의를 요하나(269, 197), 유한책임사원의 지분의 양도는 무한책임사원 전원의 동의가 있으면 충분하고 다른 유한책임사원의 동의는 필요하지 않다.

(2) 유한책임사원의 지분의 양도에 따른 정관변경의 경우에도 무한책임사원의 동의가 있으면 충분하며(276 2문), 따로 총사원의 동의를 요하지 아니한다.

VIII. 定款의 變更

정관변경에 관하여는 합명회사에 관한 규정이 준용되어, 총사원, 즉 무한책임사원 및 유한책임사원 전원의 동의를 요한다(269, 204). 다만 이것은 임의규정이므로(통설) 정관으로 이것과 다르게 정할 수 있으나, 이 경우에도 유한책임사원의 동의권을 전적으로 배제할 수는 없다.

제4절 外部關係

I. 會社代表

합자회사에서는 무한책임사원만이 회사의 대표권을 가진다(269, 207). 유한책임사원은 회사대표권을 갖지 못하며(278), 정관의 규정 또는 총사원의 동의로써도 대표권을 인정하지 못한다(통설·판례). 유한책임사원의 회사대표행위를 금지한 제278조 후단은 회사의 대외관계사항에 관한 규정으로 강행규정에 속한다.

II. 社員의 責任

1. 無限責任社員의 責任

합자회사의 무한책임사원의 책임은 합명회사의 사원의 그것과 동일하다. 유한책임사원도 유한책임을 제외한 다른 성질은 합명회사와 같다.

2. 有限責任社員의 責任

(1) 유한책임사원의 책임도 직접·연대·보충적·종속적 책임임은 무한책임사원의 그것과 같으나, 유한책임사원의 책임은 출자의 가액을 한도로 하는 점에서 무한책임사원과 다르다.

(2) 유한책임사원은 그 출자의 가액을 한도로 하여 회사의 채무를 변제할 책임을 진다. 다만, 유한책임사원이 이미 그 출자의무의 전부 또는 일부를 이행한 경우에는 그만큼 책임의 한도가 감소되며, 이 한도에서는 회사채권자에 대한 책임을 면할 수 있다(279①). 회사에 이익이 없음에도 불구하고 배당을 받은 금액은 변제책임을 정함에 있어서 이를 가산한다(②).

(3) 유한책임사원은 그 출자를 감소한 후에도 본점 소재지에서 등기를 하기 전에 생긴 회사채무에 대하여는 등기 후 2년 내에는 종전의 책임을 면하지 못한다(280).

3. 責任을 變更한 社員의 責任

정관변경에 의하여 (i) 유한책임사원을 무한책임사원으로 한 경우에는 신입사원의 책임에 관한 제213조를, 반대로 (ii) 무한책임사원을 유한책임사원으로 한 경우에는 퇴사원의 책임에 관한 제225조의 규정을 각각 준용한다(282). 즉, (i) 정관의 변경에 의하여 무한책임으로 된 자는 그 전에 생긴 채무에 대하여도 무한책임을 지며, (ii) 정관의 변경에 의하여 유한책임사원으로 된 자는 그 이전에 생긴 회사채무에 대하여 2년간 무한책임을 지게 된다.

4. 自稱無限責任社員의 責任

유한책임사원이 타인에게 자기를 무한책임사원이라고 오인시키는 행위를 한 때에는 오인으로 인하여 회사와 거래한 자에 대하여 무한책임사원과 동일한 책임이 있다. 유한책임사원이 그 책임의 한도를 오인시키는 행위를 한 경우에도 동일한 책임이 있다(281). 이것은 선의의 제3자를 보호하기 위하여 금반언의 원칙을 인정한 것이다.

제5절 入社와 退社

(1) 사원의 입사와 퇴사에 관하여는 대체로 합명회사의 경우와 같다. 다만 유한책임사원에 관하여 특별규정을 두어, 유한책임사원은 사망이나 성년후견개시 심판에 의하여 퇴사하지 않는다(284). 다만 이것은 임의규정이므로 정관으로 다른 정함을 할 수 있다.

(2) 유한책임사원이 사망한 경우에는 그 상속인이 사망한 사원의 지분을 승계하는데, 이 경우에 상속인이 수인인 때에는 사원의 권리를 행사할 자 1인을 정하여야 하며, 이를 정하지 아니한 때에는 회사의 통지 또는 최고는 그 중의 1인에 대하여 하면 전원에 대하여 그 효력이 있다(283②).

제6절 解散과 清算

I. 解　散

　　(1) 합자회사의 해산은 대체로 합명회사의 경우와 같으나, 합자회사는 무한책임사원과 유한책임사원으로 구성되는 회사이므로 어느 한쪽 사원의 전원이 퇴사한 때에는 해산된다(285①).

　　(2) 이 경우에 잔존한 무한책임사원 또는 유한책임사원은 전원의 동의로 새로 유한책임 사원 또는 무한책임사원을 가입시켜서 회사를 계속할 수 있다(285②). 이 경우의 회사계속은 해산등기를 한 후에도 할 수 있으며, 이때에는 회사의 계속등기를 하여야 한다(285②③, 229③). 이 경우 새로 가입한 사원은 그 가입 전에 생긴 회사채무에 대하여 다른 사원과 동일한 책임을 진다(285③, 213).

　　(3) 유한책임사원전원이 퇴사한 경우에도 무한책임사원은 그 전원의 동의로 합명회사로 변경하여 계속할 수 있다(286②).

II. 清　算

　　합자회사의 청산에도 임의청산과 법정청산의 두 가지 방법이 있고, 기타 청산 일반에 관하여도 합명회사에서와 같다.

제4장 | 有限責任會社

제1절 總　說

I. 意　義

유한책임회사는 회사 내부적으로는 조합과 같은 사적 자치를 인정하면서, 외부적으로는 유한책임만을 인정하는 회사이다. 합명회사의 자율성이 무한책임사원제도를 전제로 하는 점과 다르고, 유한책임사원(주주)이 회사의 대표나 업무집행권에서 분리되어 있는 주식회사나 유한회사와 달리, 경영의 유연성과 유한책임이 결합된 회사형태라고 할 수 있다. 유한책임회사법에서는 이러한 장점과 균형을 이루는 의무 및 책임체계와 거래 당사자 보호를 위한 고려가 관심사가 되지 않을 수 없다. 유한책임회사는 미국에서 매우 널리 이용되고 있는 Limited Liability Company (LLC)와 일본이 이를 모델로 하여 만든 合同會社를 참고하여 우리 법에 도입한 제도이다.

II. 機　能

최근 첨단기술, 컨설팅, 전문서비스 업종 등 지식기반형 산업구조 아래에서는 인적 자산의 중요성이 높아지고 있는데, 그 인적 자원을 활용하여 창의적 능력을 발휘하게 하기 위한 기업형태가 요구된다. 이러한 기업형태로서 경영의 자율성을 존중하면서도 외부적으로 책임의 유한성이 인정되는 기업에 대한 수요가 증가하고, 유한책임회사는 이에 대한 대안이라고 할 수 있다.

제2절 設 立

I. 序 說

유한책임회사의 설립절차는 정관을 작성하고, 출자를 이행한 후 설립등기를 함으로써 완료된다. 사원은 신용·노무출자를 출자의 목적에서 제외하고, 설립등기전에 전부 이행하도록 요구하는 점에서 책임재산 확보를 위한 물적회사적 요소를 볼 수 있다.

II. 定款의 作成

유한책임회사를 설립할 때에는 사원이 정관을 작성하고, 각 사원이 기명날인하거나 서명하여야 한다(287의2, 287의3). 사원의 수는 1인 이상이면 되며, 사원의 자격은 자연인이든 법인이든 제한이 없다. 정관에 대한 공증인의 인증은 요구되지 않는다.

1. 절대적 기재사항

정관에는 ① 목적, 상호, 사원의 성명 주민등록번호 및 주소, 본점의 소재지, 정관의 작성 연월일(287의3 i , 179 i ~iii · v · vi), ② 사원의 출자의 목적 및 가액(287의3 ii), ③ 자본금의 액(287의3iii, 287의35), ④ 업무집행자의 성명(법인인 경우에는 명칭) 및 주소(287의3iv)를 적고, 각 사원이 기명날인하거나 서명하여야 한다(287의3). 회사의 상호에는 '유한책임회사'의 문자를 사용하여야한다(19). 자본금의 액은 사원이 출자한 금전이나 그 밖의 재산의 가액이다(287의35).

2. 상대적 기재사항

상대적 기재사항에는 지분의 양도방법(287의8③), 정관의 변경요건의 완화(287의16), 대표업무집행자·공동업무집행자의 결정(287의19②③), 사원의 퇴사사유 결정(287의25, 218 i), 퇴사원의 지분환급 방법(287의28③) 등이 있다.

3. 임의적 기재사항

정관에는 유한책임회사의 본질, 강행법규 또는 선량한 풍속 기타 사회질서에 반하지 않는 한, 기타 기재사항을 적을 수 있다.

III. 出資의 履行

1. 출자의 종류

출자는 재산출자(금전출자·현물출자)에 한하고, 신용이나 노무를 출자의 목적으로 하지 못한다(287의4①). 사원이 유한책임만을 지므로 책임재산을 확보하려는 것이며, 주식회사와 비슷하다.

2. 출자의 이행

사원은 정관의 작성 후 설립등기를 하는 때까지 금전이나 그 밖의 재산의 출자를 전부 이행하여야 한다(287의4②). 현물출자를 하는 사원은 납입기일에 지체없이 유한책임회사에 출자의 목적인 재산을 인도하고 등기, 등록, 그 밖의 권리의 설정 또는 이전이 필요한 경우에는 이에 관한 서류를 모두 갖추어 교부하여야 한다(287의4③). 사원이 될 자는 누구나 현물출자를 할 수 있으나, 검사인에 의한 검사나 법원의 변경처분제도는 없다. 출자의 납입을 해태하더라도 통상의 강제집행을 할 수 있을 뿐, 실권절차는 인정되지 아니한다.

IV. 設立登記

1. 유한책임회사는 본점의 소재지에서 다음 각 호의 사항을 등기함으로써 성립한다(287의5①). 설립등기사항은, ① 목적, 상호, 본점소재지, 지점을 둔 때에는 그 소재지, ② 존립기간 기타 해산사유를 정한 때는 그 기간 및 사유, ③ 자본금의 액, ④ 업무집행자의 성명, 주소 및 주민등록번호(법인인 경우에는 명칭, 주소 및 법인등록번호). 다만, 유한책임회사를 대표할 업무집행자를 정한 경우에는 그 외의 업무집행자의 주소는 제외한다. ⑤ 유한책임회사를 대표할 자를 정한 경우에는 그 성명 또는 명칭과 주소, ⑥ 정관으로 공고방법을 정한 경우에는 그 공고방법, ⑦ 둘 이상의 업무집행자가 공동으로 회사를 대표할 것을 정한 경우에는 그 규정이다.

2. 설립등기사항에 변경이 있는 때에는 본점소재지에서는 2주 내, 지점소재지에서는 3주 내에 변경등기를 하여야 한다(287의5④). 또한 지점을 설치하는 경우(287의5②, 181), 본점이나 지점을 이전하는 경우(287의5③, 182)에는 등기하여야 한다. 업무집행을 정지하거나 직무대행자를 선임하는 가처분을 하거나 그 가처분을 변경 또는 취소하는 경우에는 본점 및 지점이 있는 곳의 등기소에서 등기하여야 한다(287의5⑤).

V. 設立의 無效와 取消

유한책임회사 설립의 무효와 취소에 관하여는 합명회사의 설립의 무효와 취소에 관한 규정(184~194)을 준용한다(287의6 1문). 이 경우 설립 무효의 소의 제소권자는 사원만 아니고 업무집행자도 포함된다(287의6 2문).

제3절 內部關係

I. 總　說

유한책임회사의 실질은 합명회사와 같으며, 상법은 유한책임회사의 내부관계에 관하여는 정관이나 이 법에 다른 규정이 없으면 합명회사에 관한 규정을 준용한다(287의18)는 규정을 두고 있다. 그러므로 유한책임회사의 내부관계에서는 폭넓은 정관자치, 사적 자치가 허용된다. 그러나 사원이 무한책임을 지는 합명회사와 달리 대외적 책임과 관련하여 정관자치, 사적 자치가 제한된다.

II. 持　分

1. 持分의 意義

유한책임회사의 지분은, 사원이 회사에 대하여 가지는 권리·의무의 총체인 사원권을 뜻하며, 또한 사원이 회사재산에 대한 자기의 몫을 나타내는 계산상의 수액을 뜻하기도 한다. 유한책임회사는 폐쇄적으로 운영되고 사원 사이의 인적 신뢰관계가 중시되는 회사이므로, 지분의 양도가 엄격하게 규율된다.

2. 持分의 讓渡

사원은, 정관에 달리 정한 바가 없으면, 다른 사원의 동의를 받지 아니하면 그 지분의 전부 또는 일부를 타인에게 양도하지 못한다(287의8①③). 업무를 집행하지 아니한 사원은, 정관에 달리 정한 바가 없으면, 업무를 집행하는 사원 전원의 동의가 있으면 지분의 전부 또는 일부를 타인에게 양도할 수 있다. 다만, 업무를 집행하는 사원이 없는 경우에는 사원 전원의 동의를 받아야 한다(287의8②③).

3. 自己持分의 取得(양수) 禁止

유한책임회사는 그 지분의 전부 또는 일부를 양수할 수 없다(287의9①). 유한책임회사가 지분을 취득하는 경우에 그 지분은 취득한 때에 소멸한다(287의9②).

4. 持分의 相續

유한책임회사의 사원의 사망은 퇴사원인이므로, 원칙적으로 지분의 상속은 허용되지 않고, 지분은 환급된다(287의25, 218ⅲ). 다만 정관으로 상속이 가능하도록 정할 수 있으며, 이 경우에는 상속인은 상속의 개시를 안 날로부터 3월 내에 회사에 대하여 승계 또는 포기의 통지를 발송하여야 한다(287의26, 219①).

III. 業務執行

1. 業務執行者

유한책임회사에서 업무집행권을 갖는 자(287의12②)인 업무집행자는 정관에서 정해진다. 사원 또는 사원 아닌 자 모두 업무집행자가 될 수 있고(287의12) 법인도 업무집행자가 될 수 있다(287의15). 둘 이상의 업무집행자를 둘 수 있으며(287의12②), 둘 이상을 공동업무집행자로 정할 수도 있다(287의12③). 법인이 업무집행자인 경우에는 그 법인은 해당 업무집행자의 직무를 행할 자를 선임하고, 그 자의 성명과 주소를 다른 사원에게 통지하여야 한다(287의15①). 업무집행자와 회사와의 관계는 위임관계이며, 업무집행자는 회사에 대하여 선관의무를 진다(287의18, 195, 민법 707 · 681).

2. 業務執行의 方法

1명 또는 둘 이상의 업무집행자를 정한 경우에는 업무집행자 각자가 회사의 업무를 집행할 권리와 의무가 있다(단독집행의 원칙)(287의12②1문). 둘 이상의 업무집행자가 있는 경우에 그 각 업무집행자의 업무집행에 관한 행위에 대하여 다른 업무집행자의 이의가 있는 때에는 곧 행위를 중지하고 업무집행자 과반수의 결의에 의하여야 한다(287의12②2문, 201②). 정관에서 둘 이상을 공동업무집행자로 정한 경우에는 그 전원의 동의가 없으면 업무집행에 관한 행위를 하지 못한다(287의12③). 합명회사의 경우 지체할 염려가 있는 때에는 전원의 동의가 없이 업무집행에 관한 행위를 할 수 있으나(202단서), 유한책임회사의 경우에는 이러한 예외 규정이 없다. 법인인 업무집행자의 직무수행자에 대하여는 자연인인 업무집행자의 업무집행에 관한 규정(287의12)을 준용한다(287의15②).

3. 競業避止義務·自己去來制限

(1) 경업피지의무

유한책임회사의 업무집행자는 사원 전원의 동의를 받지 아니하고는 자기 또는 제3자의 계산으로 회사의 영업부류에 속한 거래를 하지 못하며(경업금지), 같은 종류의 영업을 목적으로 하는 다른 회사의 업무집행자·이사 또는 집행임원이 되지 못한다(겸직금지)(287의10①). 이 경업피지의무 규정은 회사내부관계에 관한 규정이고 임의규정이므로 정관으로 배제·강화 등 달리 정할 수 있다고 본다. 업무집행자가 경업피지의무에 위반하여 거래를 한 경우에는, 회사는 개입권과 손해배상청구권을 행사할 수 있다(287의10②, 198②~④).

(2) 자기거래제한

업무집행자는 다른 사원 과반수의 결의가 있는 경우에만, 자기 또는 제3자의 계산으로 회사와 거래를 할 수 있다. 이 경우에는 민법 제124조를 적용하지 아니한다(287의11). 법인이 업무집행자인 경우의 직무수행자에 대하여도, 업무집행자와 회사 간의 거래에 관한 위의 규정을 준용한다(287의15②).

4. 社員의 監視權

업무집행자가 아닌 사원은 합자회사의 유한책임사원과 비슷한 입장이 되므로, 상법은 합자회사의 유한책임 사원의 감시권(대차대조표 기타의 서류 열람권, 업무와 재산상태 검사권)에 관한 내용을 준용하고 있다(287의14, 277).

5. 業務執行者의 權限喪失宣告

업무집행자가 업무를 집행함에 현저하게 부적임하거나 중대한 의무에 위반한 행위가 있는 때에는 법원은 사원의 청구에 의하여 업무집행권한의 상실을 선고할 수 있다(287의17①, 205). 이 소(訴)는 본점소재지의 지방법원의 관할에 전속하며(287의17②), 판결이 확정된 때에는 본점과 지점의 소재지에서 등기하여야 한다(205②).

6. 業務執行停止·職務代行者 選任

법원이 유한책임회사의 업무집행자의 업무집행을 정지하거나 직무대행자를 선임하는 가처분을 하는 경우(287의5⑤) 그 가처분에 의한 직무대행자는, 가처분명령에 다른 정함이 있는 경우와 법원의 허가를 얻은 경우 외에는, 법인의 통상업무에 속하지 아니한 행위를 하지 못한다(287의13, 200의2①). 직무대행자가 위의 규정에 위반한 행위를 한 경우에도 회사는 선의의 제3자에 대하여 책임을 진다(200의2②).
위의 가처분이나 그 가처분을 변경 또는 취소하는 경우에는, 본점 및 지점이 있는
곳의 등기소에서 등기하여야 한다(287의5⑤).

제4절 外部關係

I. 會社代表

1. 代表機關

(1) 유한책임회사의 업무집행자는 회사를 대표한다(287의19①). 업무집행자가
둘 이상인 경우에도 원칙적으로 각자가 회사를 대표한다.

(2) 업무집행자가 둘 이상인 경우, 정관 또는 총사원의 동의로, 유한책임회사를
대표할 업무집행자를 정할 수 있다(287의19②).

(3) 유한책임회사는 정관 또는 총사원의 동의로, 둘 이상의 업무집행자가 공동
으로 회사를 대표할 것을 정할 수 있다(공동대표)(287의19③). 이 경우에 제3자의 유
한책임회사에 대한 의사표시는 공동대표의 권한이 있는 자 1인에 대하여 함으로써
그 효력이 생긴다(287의19④).

2. 代表權의 範圍

(1) 회사를 대표하는 업무집행자는, 회사의 영업에 관하여, 재판상 또는 재판
외의 모든 행위를 할 권한이 있다. 이 권한에 대한 제한은 선의의 제3자에게 대항하
지 못한다(287의19⑤, 209①②).

(2) 유한책임회사가 사원(사원이 아닌 업무집행자를 포함)에 대하여 또는 사원이
유한책임회사에 대하여 소를 제기하는 경우에, 유한책임회사를 대표할 사원이 없을
때에는 다른 사원 과반수의 결의로 대표할 사원을 선정하여야 한다(287의21).

3. 代表機關의 不法行爲

유한책임회사를 대표하는 업무집행자가 그 업무집행으로 타인에게 손해를 입
힌 경우에는, 회사는 그 업무집행자와 연대하여 배상할 책임이 있다(287의20).

II. 社員의 責任

유한책임회사의 사원은, 상법에 다른 규정이 있는 경우 외에는, 그 출자금액을 한도로 하여 책임을 진다(287의7). 이 책임은 간접책임인 점에서 회사채권자에게 직접책임을 지는 합자회사의 유한책임사원의 책임과 다르고, 유한회사의 사원과 달리 부족재산가격 전보책임(550, 593)이나 출자미필액 전보책임(551, 593)을 지지 아니한다. 다만 주식회사로의 조직변경시에는 업무집행자와 사원은 연대하여 순재산액전보책임을 진다(287의44, 607④).

III. 代表訴訟

사원은 회사에 대하여 업무집행자의 책임을 추궁하는 소의 제기를 청구할 수 있다(287의22①). 이 소에 관하여는 주주의 대표소송에 관한 규정(403②~④, ⑥·⑦, 404~406)을 준용한다(287의22②). 유한책임회사에서 대표소송제기권은, 주식회사와 유한회사와 달리, 소수주주(사원)권이 아니고, 1인의 사원도 대표소송을 제기할 수 있다.

제5절 社員의 加入 및 脫退

I. 社員의 加入

유한책임회사는 정관을 변경함으로써 새로운 사원을 가입시킬 수 있다(287의23①). 이에 따른 사원의 가입은 정관을 변경한 때에 효력이 발생한다(287의23②본문). 다만, 정관을 변경한 때에 해당 사원이 출자에 관한 납입 또는 재산의 전부 또는 일부의 출자를 이행하지 아니한 경우에는 그 납입 또는 이행을 마친 때에 사원이 된다(287의23②단서). 현물출자를 하는 사원은 납입기일에 지체 없이 유한책임회사에 출자의 목적인 재산을 인도하고 등기, 등록, 그 밖의 권리의 설정 또는 이전이 필요한 경우에는 이에 관한 서류를 모두 갖추어 교부하여야 한다(287의23③, 287의4③).

II. 社員의 退社

1. 退社事由

(1) 사원의 임의퇴사

정관으로 회사의 존립기간을 정하지 아니하거나 어느 사원의 종신까지 존속할 것을 정한 때에는 사원은 영업연도 말에 한하여 퇴사할 수 있다. 그러나 6월 전에 이를 예고하여야 한다(287의24, 217①).

(2) 법률상 당연한 퇴사

사원은 정관에 정한 사유의 발생, 총사원의 동의, 사망, 금치산, 파산, 제명에 의하여 퇴사한다(287의25, 218). 사원이 사망한 경우에 정관으로 상속이 가능하도록 정할 수 있고, 그 경우 권리승계절차는 합명회사의 경우를 준용한다(287의26, 219). 사원의 제명에 관하여도 그에 관한 합명회사의 규정을 준용한다(287의27, 220). 다만, 사원의 제명에 필요한 결의는 정관에서 달리 정할 수 있다(287의27단서).

(3) 지분압류권자에 의한 퇴사

사원의 지분을 압류한 채권자는, 6개월 전에 예고하고, 영업연도 말에 그 사원을 퇴사시킬 수 있는데, 그 예고는 변제·상당한 담보를 제공한 때에는 효력을 잃는다(287의29, 224).

2. 持分의 還給

(1) 지분환급청구

퇴사 사원은 그 지분의 환급(還給)을 금전으로 받을 수 있다(287의28①). 퇴사사원에 대한 환급금액은 퇴사시의 회사의 재산 상황에 따라 정한다(287의28②). 퇴사사원의 지분환급에 대하여는 정관에서 달리 정할 수 있다(287의28③).

(2) 채권자의 이의

유한책임회사의 채권자는 퇴사하는 사원에게 환급하는 금액이 대차대조표상의 순자산액으로부터 자본금의 액을 뺀 액(287의37)을 초과한 경우에는, 그 환급에 대하여 회사에 이의(異議)를 제기할 수 있다(287의30①). 이와 같은 이의 제기에 관하여 회사는 그 채권자에 대하여, 변제 또는 상당한 담보를 제공하거나 이를 목적으로 하여 상당한 재산을 신탁회사에 신탁하여야 한다(287의30②, 232). 다만, 지분을 환급하

더라도 채권자에게 손해를 끼칠 우려가 없는 경우에는 그러하지 아니하다(287의30②
단서, 232③).

(3) 상호변경청구권

퇴사한 사원의 성명이 유한책임회사의 상호 중에 사용된 경우에는, 그 사원은
유한책임회사에 대하여 그 사용의 폐지를 청구할 수 있다(287의31).

제6절 定款의 變更

유한책임회사의 정관을 변경하려면, 정관에 다른 규정이 없는 경우, 총사원의
동의가 있어야 한다(287의16). 그러므로 정관에 달리 규정하면, 총사원의 동의라는
결의요건을 완화할 수 있다. 지분의 양도에 의한 사원의 변경은 정관사항(287의3ⅰ)
의 변경이지만, 지분양도에 총사원이 동의한 결의(287의8)는 정관변경의 결의를 포
함하는 것으로 본다.

제7절 會社의 會計

I. 會計原則

유한책임회사의 사원은 인적회사의 실질을 가지면서도 유한책임만을 지므로,
상법은 회사채권자를 보호하기 위한 규정들을 두고 있다. 유한책임회사의 회계는
상법과 대통령령으로 규정한 것 외에는 일반적으로 공정하고 타당한 회계관행에 따
라야 한다(287의32).

II. 資 本 金

1. 意 義

유한책임회사의 자본금은 사원이 출자한 금전이나 그 밖의 재산의 가액을 합한
금액이다(287의35). 유한책임회사의 '자본금의 액'은 정관의 절대적 기재사항이다
(287의3ⅲ).

2. 資本의 增減

유한책임회사는 정관 변경의 방법으로 자본금을 감소할 수 있다(287의36①). 유한책임회사에서 자본감소를 하는 경우에는 채권자 보호절차를 밟아야 한다. 채권자에 대한 이의제출의 공고·최고, 이의를 제출한 채권자에 대한 변제, 담보제공, 재산신탁 등에 관하여 합명회사에 관한 규정(232)이 준용된다(287의36②). 다만, 감소 후의 자본금의 액이 순자산액 이상인 경우에는 그러하지 아니하다(287의36②단서). 사원의 추가출자 등 자본증가의 경우에도, 정관변경을 위한 총사원의 동의가 있어야 한다(287의16).

III. 財務諸表의 작성 및 보존

1. 재무제표의 작성

업무집행자는 결산기마다 대차대조표, 손익계산서, 그 밖에 유한책임회사의 재무상태와 경영성과를 표시하는 것으로서 대통령령으로 정하는 서류를 작성하여야 한다(287의33).

2. 재무제표의 비치·공시

업무집행자는 위의 서류를 본점에 5년간 갖추어 두어야 하고, 그 등본을 지점에 3년간 갖추어 두어야 한다(287의34①). 사원과 유한책임회사의 채권자는 회사의 영업시간 내에는 언제든지 위 재무제표의 열람과 등사를 청구할 수 있다(287의34②).

IV. 剩餘金의 분배

1. 분배가능잉여금·분배기준

유한책임회사는 대차대조표상의 순자산액으로부터 자본금의 액을 뺀 액(잉여금)을 한도로 하여 잉여금을 분배할 수 있다(287의37①).

2. 잉여금의 분배

잉여금은, 정관에 다른 규정이 없으면, 각 사원이 출자한 가액에 비례하여 분배한다(287의37④). 잉여금의 분배를 청구하는 방법이나 그 밖에 잉여금의 분배에 관한 사항은 정관으로 정할 수 있다(287의37⑤). 사원의 지분의 압류는 잉여금의 배당을 청구하는 권리에 대하여도 그 효력이 있다(287의37⑥).

3. 위법분배(잉여금반환청구)

분배 가능한 잉여금(287의37①)이 없음에도 잉여금을 분배한 경우에는 유한책임회사의 채권자는 그 잉여금을 분배받은 자에 대하여 회사에 반환할 것을 청구할 수 있다(287의37②). 이 청구에 관한 소는 본점소재지의 지방법원의 관할에 전속한다(287의37③).

제8절 解 散 · 淸 算

I. 解 散

1. 해산원인

유한책임회사는, 존립기간의 만료 기타 정관으로 정한 사유의 발생, 총사원의 동의, 회사의 합병, 회사의 파산, 법원의 해산명령 또는 해산판결, 사원이 없게 된 경우에 해산한다(287의38). 사원이 부득이한 사유로 회사의 해산을 법원에 청구하는 경우에는, 합명회사의 설립무효·취소의 소에 관한 전속관할(186)과 패소원고의 책임(191)에 관한 규정을 준용한다(287의42, 241).

2. 해산등기

유한책임회사가 해산된 경우에는, 합병과 파산의 경우 외에는, 그 해산사유가 있었던 날부터 본점소재지에서는 2주 내에 해산등기를 하고, 지점소재지에서는 3주 내에 해산등기를 하여야 한다(287의39).

3. 해산의 효과

유한책임회사는 해산에 의하여 청산절차가 개시된다. 유한책임회사가 존립기간의 만료 기타 정관으로 정한 사유의 발생 및 총사원의 동의로 해산한 경우에는, 사원의 전부 또는 일부의 동의로 회사를 계속할 수 있다. 그러나 동의를 하지 아니한 사원은 퇴사한 것으로 본다(287의40, 229①).

II. 淸 算

유한책임회사가 해산한 경우에는 합병과 파산으로 인한 경우를 제외하고는 청산절차에 들어간다. 청산절차는 합명회사와 거의 같다(287의45, 245, 246, 251~257, 259~267). 청산은 임의청산이 인정되지 않고 법정청산에 의하는 점, 사원은 유한책임을 부담하고 출자는 이미 전부 이행되어 있으므로, 회사의 현존재산이 채무변제에 부족해도 추가출자를 요구할 수 없다는 점 등이 합명회사와 다르다.

제1절 總 說

I. 株式會社의 概念

주식회사는 사원(주주)의 출자로 구성되는 자본금을 가지고, 자본금은 주식으로 균일하게 분할되며, 사원인 주주는 그가 가진 주식의 인수가액을 한도로 회사에 대하여 출자의무를 부담할 뿐이며 회사채권자에 대하여는 아무런 책임을 지지 아니하는 회사이다. 그러므로 주식회사의 기본적 개념요소는 資本金, 株式 및 株主의 有限責任의 세 가지이다.

1. 資 本 金

(1) 의의 및 기능

주식회사의 자본금은 회사가 액면주식을 발행하는 경우에는 발행주식의 액면총액으로 하고(451①), 회사가 무액면주식을 발행하는 경우에는 주식 발행가액의 2분의 1 이상의 금액으로서 이사회(제416조 단서에서 정한 주식발행의 경우에는 주주총회)에서 자본금으로 계상하기로 한 금액의 총액으로 한다(451②). 상법상 주식회사의 최저자본금 제한은 없다. 주식회사의 주주는 회사에 대하여 인수한 주금액을 한도로 출자의무만을 부담할 뿐이므로, 회사재산만이 회사의 재산적 기초가 되고 회사채권자에 대한 유일한 담보가 된다. 그러므로 회사재산을 확보하기 위한 기준을 정하고 회사재산을 그 기준 이상으로 유지하도록 하고 있는데, 이 기준으로 되는 일정한 금액을 資本金이라 한다. 회사재산은 영업성적이나 물가의 등락에 따라 항상 변동하지만, 資本金은 신주발행이나 자본감소 등의 법정사유에 의하여 변동하지 않는 한 일정하다.

(2) 授權資本金制

자본금에 관한 입법례로는 ① 정관에 자본총액을 기재하고, 그에 해당하는 주식의 총수를 회사설립시에 인수하도록 하는 총액인수제도(확정자본금주의)와, ② 정관에는 자본액을 기재하지 않고 회사가 발행할 주식의 총수(수권주식총수)만을 기재하고, 설립시에는 그 일부 또는 정관에서 정한 최소한의 주식만을 발행하고 나머지 부분(미발행주식)에 대하여는 설립 후에 이사회의 결의에 의하여 신주발행을 하도록 하는 수권자본금제도(창립주의)가 있다. 總額引受制度는 설립시에 자본적 기초를 튼튼히 한다는 장점이 있고, 授權資本金制度는 회사설립을 용이하게 하고 설립 후 기동성이 있는 자금조달이 가능하다는 것이 그 장점이다. 상법은 정관에 회사가 발행할 주식의 총수를 기재하도록 하고(289①iii), 신주발행권을 이사회에 주고 있으므로(416) 수권자본금제도를 채택하고 있다. 그러나 상법은 회사의 설립시에 발행하는 주식의 총수를 정관에 기재하게 하고(289①v) 그 전부에 대한 인수 및 납입이 있어야 하므로(295, 305), 그 한도 내에서는 확정자본금주의가 병존한다고 볼 수 있다.

(3) 資本金에 관한 原則

자본금에 관하여는 회사재산의 확보 또는 설립 및 증자의 건전화를 위하여 몇 가지 자본금원칙이 인정되고 있다.

1) 資本金維持(充實·拘束)의 原則   자본금액에 상당하는 재산이 실제로 출자되고, 그 재산을 실질적으로 보유하여야 한다는 원칙이다. 가장 근본적인 원칙으로서 실질적인 재산보유에 의하여 채권자를 보호하려는 것이다. 상법은 자본금유지(충실)를 위한 여러 제도를 규정하고 있다. ① 자본금에 상당하는 출자의 이행을 확보하기 위한 설립경과(특히 현물출자 등)의 조사(299①, 300, 310, 314 등), 인수가액의 전납주의(295, 305, 421, 425), 액면미달발행의 제한(330), 주금납입에 있어서의 상계금지(421②), 발기인의 인수·납입담보책임(321, 428), 가설인의 명의로 주식을 인수한 자의 책임(332) 등이 규정되어 있고, 또 ② 출자재산을 계속하여 유지하기 위한 제도로서, 자기주식취득의 제한(341), 주식의 상호보유의 금지와 제한(342의2, 369③), 법정준비금제도(458, 459), 이익배당의 제한(462) 등을 규정하고 있다.

2) 資本金不變의 原則(자본감소제한의 원칙)   일단 확정된 자본금의 액을 임의로 변경(특히 감소)하지 못한다는 원칙이다. 자본금을 자유롭게 감소할 수 있게 하면 그에 따라 회사재산도 감소하게 되므로 자본금유지의 원칙이 무의미하게 된다.

자본금유지의 원칙이 실질상으로 자본금의 충실을 도모함에 대하여, 자본금불변의 원칙은 형식상으로 그 기준을 확보하려는 것이다. 상법상 신주발행에 의한 자본금증가는 이사회의 결의만으로 할 수 있게 하였으므로(416), 이 원칙은 자본금감소의 경우에 의미가 크다. 자본금감소의 경우에는 주주총회의 특별결의·채권자 보호절차 등 엄격한 절차를 요한다(438, 439).

3) **資本金確定의 原則**　회사설립 또는 자본금증가를 함에 있어서는 정관에서 자본금액을 확정하고, 그 총액이 인수되어 출자자도 확정하여야 한다는 원칙이다. 상법은 이른바 수권자본금제를 채택함으로써 자본금액을 정관으로 정할 필요가 없게 되었고 이 원칙은 상대적 의미를 갖게 되었다. 현행 상법은 회사설립시에 발행하는 주식의 총수를 정관의 절대적 기재사항으로 하고 있고(289① v), 또 이렇게 발행된 주식은 전부 인수와 납입이 요구되므로(295, 305), 이 한도 내에서는 자본금확정의 원칙이 유지되고 있다고 할 수 있다. 그러나 회사설립 후 신주발행에 의한 자본금증가의 경우에는 발행주식 수를 정관에 정할 필요가 없고, 인수·납입된 부분에 대하여서만 신주발행의 효력이 생기므로 이 원칙은 유지되지 않는다.

2. 株　式

(1) 주식은 두 가지 의미를 갖는다. 첫째로, 주식은 주주의 지위, 즉 주주가 회사에 대하여 가지는 권리·의무의 총체를 가리킨다. 이 권리·의무는 그가 가지는 주식의 수에 따라 결정된다. 둘째로, 주식은 자본의 구성단위를 의미한다. 주식에는 액면주식과 무액면주식이 인정된다. 액면주식의 금액은 균일하여야 하며 1주의 금액은 100원 이상으로 하여야 한다(329②③).

(2) 이 분할된 단위의 주식(주주의 지위)에 대해서는 株券이라는 유가증권을 발행하고 또 주식양도를 자유롭게 함으로써, 소액으로도 투자에 참여할 수 있고 또 쉽게 투하자본을 회수할 수 있도록 하여 널리 대중자본을 흡수할 수 있게 하고 있다.

3. 株主의 有限責任

(1) 주주는 그가 가진 주식의 인수가액을 한도로 회사에 대하여 책임을 지며(331), 이것을 유한책임의 원칙이라고 한다. 이 경우의 유한책임은 주식 인수인으로서 부담하는 출자의무를 말하며, 출자의무를 이행하여 주주가 된 자는 회사에 대해서나 채권자에 대하여 아무런 책임도 지지 않는다. 합자회사의 유한책임사원의 유한책임은 회사채권자에 대한 직접책임인 점에서 주식 인수인의 출자의무와는 성질

이 다르다.

(2) 주주의 유한책임은 1807년 프랑스상법 이래 주식회사의 기본적 특색이며, 정관의 규정이나 주주총회의 다수결에 의해서도 이 책임을 가중할 수 없다.

(3) 법인격부인론이 적용되는 경우에는 유한책임의 예외가 인정된다.

II. 株式會社의 經濟的 機能

(1) 주식회사는 유한책임, 투하자본 회수의 간편함 등을 통하여 투자의욕을 유도하고, 자본을 소액 단위로 분할한 주식제도로서 널리 영세자본을 흡수하여 대자본을 형성할 수 있게 하며, 소유와 경영을 분리함으로써 유능한 경영인에 의한 효율적인 경영을 도모하고, 주주를 초월한 기업의 영속성을 가능하게 한다. 그리하여 주식회사는 '자본과 노력의 결합'과 '위험의 분산'이라는 공동기업의 장점을 가장 잘 살리고 있으며, 단순히 회사의 이해관계자에게 뿐만 아니라 국민경제적으로도 매우 중요한 기업형태로서 자본주의 경제의 발달에 큰 공헌을 하고 있다.

(2) 그러나 주식회사는 구성원 사이에 인적 신뢰관계가 없고 또 소유와 경영이 분리되므로 경영자(이사)나 대주주의 횡포, 소수파주주나 회사채권자의 이익침해, 유가증권인 주식거래에 의한 과도한 투기심의 조장, 회사의 남설에서 오는 폐해 등이 지적된다. 그러므로 주식회사에 대한 법의 규제는 공공성 · 사회성을 갖는 주식회사제도가 경제적 기능을 충분히 발휘할 수 있도록 하는 동시에 관련된 경제주체들의 이해관계를 조정하고 그 폐해를 방지하기 위한 것이다.

제2절 設　立

제1관 總　說

I. 設立節次의 特色

1. 의　의

주식회사의 설립은 주식회사라는 단체를 형성하고 그 단체가 법인격을 취득하여 법률상의 인격자가 되는 것이며, 그 절차는 정관작성에서 시작하여 설립등기로 끝나는 것은 다른 회사와 같다. 그러나 주식회사는 다수의 주주가 참여하는 자본단체이므로 그 설립에는 인적·물적 기초의 정비를 위한 복잡한 절차가 요구되고 이해관계인 보호를 위한 절차적 규제도 필요하므로, 이들 절차는 원칙적으로 강행법규로 되어 있다.

2. 설립절차의 특색

① 인적회사의 경우에는 사원이 정관에서 확정되지만, 주식회사의 주주는 별도의 주식인수절차에 의하여 확정된다. ② 인적회사에서는 정관에서 확정된 사원이 자기기관이 되지만, 주식회사에서는 별도의 이사·감사 등의 선임절차가 요구된다. ③ 인적회사에서는 사원의 인적 신용이 중시되지만, 회사재산만이 회사신용의 기초인 주식회사에서는 회사성립 전에 인수주식의 출자이행이 완료될 수 있도록 엄격한 절차가 규정되어 있다.

II. 設立方法(發起設立·募集設立)

(1) 發起設立

발기설립은 발기인이 회사설립시에 발행하는 주식의 총수를 인수하여 설립하는 경우이다(동시설립 또는 단순설립).

(2) 募集設立

모집설립은 발기인이 회사설립시 발행하는 주식총수의 일부만을 인수하고 잔여주식에 대하여는 따로 주식인수인을 모집하는 경우(점차설립 또는 복잡설립)이다. 일반적으로 발기인만으로 자금조달이 어려운 대규모 회사를 설립함에는 모집설립이 적당하다고 볼 수 있지만, 주주모집이나 창립총회 등 발기설립에 없는 절차가 필요하므로 복잡하다.

III. 發起人·發起人組合·設立中의 會社

1. 發 起 人

(1) 주식회사의 설립절차는 정관작성에서 시작하여 설립등기를 함으로써 종료하는데, 설립을 기획하고 절차를 진행하는 것은 1인 또는 복수의 발기인이다. 그러므로 발기인은 설립 중의 회사의 구성원이며 그 집행기관이다. 발기인은 회사설립의 기획자로서 정관에 기명날인 또는 서명한 자를 말하며(289①), 회사설립의 기획

에 참여한 자라도 정관에 기명날인 또는 서명하지 않으면 유사발기인으로서의 책임
질 뿐이다(327). 발기인은 1주 이상의 주식을 인수하여야 한다(293, 302②ⅳ).

(2) 발기인의 자격에는 제한이 없고, 행위무능력자, 법인, 외국인도 발기인이
될 수 있다(다수설).

(3) 발기인의 권한범위에 관하여는 ① 회사설립 그 자체를 직접 목적으로 하는
행위(정관작성·주식인수 및 납입·창립총회의 소집 등)만을 할 수 있다는 견해, ② ①의
행위 이외에 회사설립을 위하여 법률상·경제상 필요한 행위(설립사무소의 임차·사무
원의 고용·주식청약서 등 필요서류의 인쇄의 위탁·주식모집광고의 위탁 등)를 포함하지
만 개업준비행위는 제외된다는 견해, ③위의 ①② 이외에 개업준비행위도 포함된다는
견해, ④ 모든 행위가 다 포함된다는 견해 등이 있다. 생각컨대, ①과 같이 좁게 해석하
면 원활한 설립사무에 지장이 되기 쉽고, ③④는 발기인의 권한을 지나치게 확대하는
경우 남용의 폐단이 우려된다. 이런 점들을 고려할 때 ②설이 타당하다고 본다.

2. 發起人組合

(1) 意 義

발기인이 2인 이상인 경우에는 발기인들 사이에 회사설립을 목적으로 하는 발
기인조합계약이 체결되고, 이 조합계약의 이행으로서 정관의 작성 기타 설립에 필
요한 절차를 집행하게 된다. 이 발기인의 계약관계를 발기인조합이라고 하며, 그 법
적 성질은 민법상 조합이며, 조합에 관한 민법상 규정이 적용된다(통설). 발기인조합
계약에서 설립할 회사의 내용·각 발기인이 인수할 주식의 수·설립절차를 집행할
자·설립비용을 부담할 자 또는 그 비율 등을 정하게 된다. 발기인이 1인인 경우에
는 발기인조합이 구성될 여지가 없다.

(2) 加入·脫退

가입 및 탈퇴는 민법의 조합규정에 따른다(민법 716, 717). 그러나 주식청약서의
작성교부 후 또는 주식 인수인과의 관계가 생긴 후에는 주식 인수인 전원의 동의가
있어야 탈퇴할 수 있다고 본다. 주식 인수인의 신뢰를 보호해야 하기 때문이다.

(3) 解 散

발기인조합은 회사가 성립하거나 회사성립이 불가능하게 된 때 소멸한다.

3. 設立中의 會社

(1) 意 義

회사는 정관의 작성에서 시작하여 설립등기에 의하여 성립하게 되는데 설립등기를 하기 전에는 미완성의 회사인 설립중의 회사(회사의 태아)로서 존재한다. 이 설립 중의 회사는 상법 규정에 명시된 개념이 아니고 발기인이 회사의 설립을 위하여 필요한 행위로 인하여 취득 또는 부담하였던 권리의무가 회사의 설립과 동시에 그 설립된 회사에 귀속되는 관계를 설명하기 위한 강학상의 개념이다(대판 1994.1.28, 93다50215).

설립 중의 회사의 성립시기에 관하여는 ① 발기인이 정관을 작성하고 1주 이상의 주식을 인수한 때(다수설·대판 1994.1.28, 93다50215), ② 정관이 작성된 때, ③ 설립시의 발행주식총수가 인수된 때 등 견해가 대립한다. 설립 중의 회사를 사단으로 본다면 사단의 인적·물적 기초의 일부가 확정되는 것이 필요하므로, 발기인이 정관을 작성하고 1주 이상의 주식을 인수한 때를 성립시기로 보는 것이 타당하다고 본다. 설립 중의 회사의 法的 性質은 권리능력 없는 사단이며(통설), 발기인은 그 기관이 된다. 이에 대하여 설립 중의 회사는 법인도 아니고 법인 아닌 사단도 아닌 특수한 성질의 단체라는 소수설이 있다.

(2) 設立中의 會社의 法律關係

1) **內部關係**   업무집행기관은 發起人이다. 발기인은 권한범위 내에서 회사설립에 필요한 모든 행위를 할 권리와 의무가 있다. 발기인의 업무집행은 원칙적으로 발기인의 과반수로 결정하지만(민법 706②), 주식의 종류와 수·액면 이상의 주식을 발행하는 때에는 그 수와 금액은 발기인 전원의 동의로 정하고(291), 기본구조의 변경(예 : 정관변경, 발기인변경 등)은 발기인 전원의 동의에 의한다(통설). 창립총회(모집설립의 경우)는 정관변경, 설립폐지의 결의를 포함하여(316) 설립에 관한 모든 사항을 결의할 수 있다(308, 309 참조). 감사기관은 이사·감사이며, 이사와 감사는 설립에 관한 사항을 조사하여 발기인(298①), 또는 창립총회(313①)에 보고하여야 한다.

2) **外部關係**   대표기관은 발기인이다. 발기인이 여러 사람일 때에는 특정한 발기인을 대표발기인으로 선임할 수 있으며, 그 대표권의 제한은 선의의 제3자에게 대항할 수 없다(209② 유추). 권리능력은 인정되지 않지만 민사소송법상 당사자능력(52)과 부동산등기법상 등기능력(30)이 인정된다. 그 밖에 회사설립의 목적범위 내에서 제한적 능력(예: 예금거래능력, 어음능력 등)이 인정된다고 본다. 또한 불법행위

능력도 인정된다(대판 2000.1.28, 99다35737). 설립 중의 회사의 채무에 대하여는 발기인이 연대·무한책임을 부담해야 한다고 본다. 이에 관하여는 규정이 없으나, 회사불성립의 경우의 발기인의 연대책임(326)을 규정한 사업의 취지를 유추하는 것이 타당하다. 회사가 성립한 경우의 발기인의 책임에 대하여는 따로 규정이 있다(321, 322).

(3) 設立中의 會社와 成立後의 會社와의 관계

1) 意　義　설립중의 회사와 성립 후의 회사는 실질적으로 동일한 존재이므로(동일성설), 발기인이 회사설립을 위하여 취득하고 부담한 권리·의무는 특별한 이전이나 승계행위 없이 당연히 성립 후의 회사에 귀속한다. 이 경우 설립 중의 회사의 명의로 취득한 권리 의무는 권리능력 없는 사단의 소유형태인 총유(總有)의 형식으로 귀속하였다가(민법 275, 278) 성립 후의 회사에 귀속하게 된다. 또한 주식인수인은 주주가 되고, 선임된 이사·감사는 회사의 기관으로 된다.

2) 權利義務 移轉의 要件

㈎ 이전의 요건　설립중의 회사의 발기인의 행위는 성립 후의 회사에 당연히 귀속하게 되는데(동일성설), 발기인의 권한남용 등으로 인한 불필요한 채무부담 등이 우려된다. 그러므로 발기인의 행위가 성립 후의 회사에 당연히 귀속하기 위한 요건으로 ① 발기인이 설립 중의 회사의 기관으로서 그 권한범위 내에서 한 행위여야 하고(실질적인 면), ② 발기인이 설립 중의 회사의 명의로 행위를 한 경우여야 할 것(형식적인 면)이 요구된다.

㈏ 추　인　발기인이 권한 밖의 행위를 한 경우에 성립 후의 회사가 이를 추인할 수 있는지에 관하여는 긍정설과 부정설이 대립한다. 추인긍정설은 발기인의 권한범위 외의 행위는 무권대리행위로서 민법 제130조 이하의 규정에 의하여 추인할 수 있다고 보며, 추인을 하면 상대방이 추인 전에 무효를 주장하지 않는 한 그 효과가 회사에 귀속한다고 한다. 그러나 추인부정설은 발기인의 권한범위 외의 행위는 무효이며 추인할 수 없다고 한다. 추인을 인정하는 명문의 규정이 없고 추인을 인정하면 변태설립사항을 규정한 상법 제290조의 탈법행위를 인정하는 결과가 되므로 추인부정설이 타당하다고 본다(다수설).

4. 設立中의 會社와 發起人組合과의 관계

설립 중의 회사와 발기인조합은 별개의 존재이며, 발기인조합은 설립중의 회사가 성립한 후에도 병존한다(통설). 발기인은 발기인조합의 조합원인 지위와 설립 중

회사의 기관인 지위를 함께 가지며, 발기인의 정관의 작성, 주식의 인수, 설립사무의 집행 등은 발기인조합의 조합계약의 이행행위로서의 의미와 설립 중의 회사의 기관의 활동으로서의 의미를 갖는다.

제2관 設立節次

I. 定款의 作成

1. 定款의 意義 및 認證

(1) 주식회사 설립의 첫 단계는 발기인에 의한 정관의 작성이다. 정관이란 실질적 의의로는 회사의 조직·활동 및 사원의 지위를 정하는 근본규칙을 가리키고, 형식적 의의에서는 이 근본규칙을 기재한 서면을 가리킨다. 설립시의 정관을 원시정관이라 하여 그 후의 변경정관과 구별한다. 정관은 발기인이 작성하며(288), 각 발기인은 정관에 기명날인 또는 서명을 하여야 한다(289).

(2) 정관은 공증인의 認證을 받음으로써 효력이 생긴다(292본문). 공증인의 인증을 효력발생요건으로 한 것은, 정관의 내용을 명확히 함으로써 분쟁이나 부정을 방지하려고 하는 취지이다. 다만, 자본금 총액이 10억원 미만인 회사를 발기설립하는 경우에는 제289조 제1항에 따라 각 발기인이 정관에 기명날인 또는 서명함으로써 효력이 생긴다(292단서).

2. 定款의 記載事項

(1) 絕對的 記載事項

정관에 반드시 기재하여야 하는 사항이며, 그 기재가 없으면 정관 자체가 무효가 되며, 설립무효의 원인이 된다. 상법 제289조 제1항에 열거된 다음의 사항들이다.

① 목적 : 회사의 목적인 사업을 구체적으로 기재하여야 한다.

② 상호 : 반드시 주식회사라는 문자를 사용하여야 한다(19). 그 사업목적이 신탁·보험·은행업의 경우에는 상호 중에 이를 표시하여야 한다.

③ 회사가 발행할 주식의 총수(발행예정주식총수, 수권주식총수)

④ 액면주식을 발행하는 경우 1주의 금액 : 100원 이상이어야 하며, 균일하여야 한다(329③).

⑤ 회사의 설립시에 발행하는 주식의 총수 : 회사설립시의 자본금이 된다(451).

⑥ 본점의 소재지: 최소행정구역을 기재한다. 회사의 주소가 된다.

⑦ 회사가 공고를 하는 방법: 관보 또는 일간신문 중에서 특정하여 기재하여야 한다(289③본문). 다만, 회사는 그 공고를 정관으로 정하는 바에 따라 전자적 방법으로 할 수 있다(289③단서).

⑧ 발기인의 성명, 주민등록번호 및 주소

(2) 相對的 記載事項

정관에 기재하지 아니하여도 정관 자체는 유효하지만, 정관에 기재를 하지 아니하면 그 사항의 효력이 인정되지 않는 것이다. 상법 여러 곳에 개별적으로 규정되어 있지만, 특히 제290조에 이른바 변태설립사항을 규정하고 있다.

1) **變態設立事項**　제290조에 열거된 사항들은 발기인에 의한 남용의 위험성이 크며 회사의 재산적 기초를 위태롭게 하여 주주 및 채권자를 해할 염려가 있기 때문에 특별한 절차가 요구되고 있는데, 이를 변태설립사항(위험한 약속)이라고 한다. 상법은 이들 사항을 정관 및 주식청약서에 기재하도록 하고(302②ⅱ), 법원에 의하여 선임된 검사인의 조사를 받게 하며(299, 301), 정관의 규정이 부당하다고 인정된 때에는 법원 또는 창립총회가 이를 변경할 수 있도록 하는 등(300, 314)의 규제를 하고 있다.

(가) 發起人이 받을 特別利益과 이를 받을 자의 姓名(290ⅰ)　특별이익은 회사설립을 위한 공로에 대하여 회사가 발기인에게 주는 이익이며, 발기인의 보수와는 다르다. 이익배당이나 신주인수권에 관한 우선권·회사시설의 이용권 등이 이에 해당한다. 그러나 무상주나 공로주의 교부 등은 인정되지 않는다.

(나) 現物出資를 하는 者의 姓名과 그 目的인 財産의 종류·수량·가격과 이에 대하여 부여할 株式의 종류와 수(290ⅱ)　현물출자는 금전 이외의 재산(동산·부동산·채권·유가증권·특허권 등)을 출자의 목적으로 하는 출자를 말하며, 예외적인 출자이다. 상법은 자금조달이라는 경제적 필요에 따라 현물출자를 인정하는 동시에, 현물출자의 과대평가에서 오는 자본금충실의 폐해를 방지하기 위한 규제를 하고 있다.

(다) 會社成立 후에 양수할 것을 약정한 財産의 종류·수량·가격과 그 양도인의 姓名(290ⅲ)　발기인이 회사를 위하여 회사의 성립을 조건으로 하여 제3자로부터 일정한 재산을 양수할 것을 약속하는 계약을 財産引受라 하는데, 개업준비를 위하여 이루어진다. 재산인수는 목적재산을 과대평가하여 실질적인 회사재산의 기초를 약화시킬 염려가 있는 점에서 현물출자와 공통되며, 현물출자의 탈법행위로 쓰

일 염려도 있다. 상법은 실제상의 필요에서 재산인수를 허용하고 있으나, 변태설립
사항으로 규정하여 정관에 기재하게 하고, 엄격한 조사를 받도록 요구하고 있다.
정관에 기재하지 아니한 재산인수는 무효이지만, 이것을 회사가 추인할 수 있는가
에 관하여 추인 긍정설도 있으나, 재산인수를 엄격히 규제하는 취지에 비추어 볼 때
추인부정설이 타당하다고 본다(다수설).

　　㈜ 會社가 부담할 設立費用과 發起人이 받을 報酬額(290ⅳ)　　설립비용은
발기인이 설립중의 회사의 기관으로서 회사설립을 위하여 지출한 비용을 말한다.
정관작성비·광고비·주식청약서의 인쇄비·사무소의 임차료 등이 이에 해당한다.
설립비용은 본래 회사가 부담해야 할 것이지만 이를 무제한으로 인정하면 회사의
재산적 기초를 해칠 우려가 있으므로, 이와 같이 정관에 기재하고 법원선임 검사인
의 조사를 받게 하는 것이다. 정관에 기재되지 않거나 검사에 통과되지 않으면 발기
인 자신이 부담하여야 한다.

　　발기인의 보수는 발기인이 설립중의 회사의 기관으로서 회사설립을 위하여
노력한 공로에 대한 보수이며, 발기인이 받을 특별이익(290ⅰ)과 달리 일시적으로
지급된다. 설립비용과 발기인의 보수는 설립등기시에 지출한 세액과 더불어 대차대
조표의 자산의 부에 계상할 수 있으며, 이 금액은 회사성립 후 5년 내의 매 결산기에
균등액 이상의 상각을 하여야 한다(453).

　　2) 個別的 相對的 記載事項　　변태설립사항 이외에 상대적 기재사항으로서
주식의 양도제한(335), 수종의 주식발행(344②), 집중투표제의 배제(382의2), 주권불
소지제의 불채택(358의2), 해산사유(517ⅰ), 서면에 의한 의결권의 행사(368의3), 이
사회의 화상(영상)회의의 배제(391②), 이사회 내의 위원회의 설치(393의2), 감사위원
회의 설치(415의2), 기타 여러 사항이 규정되어 있다.

　(3) 任意的 記載車項
　　절대적 및 상대적 기재사항 이외에도 法의 강행규정이나 주식회사의 본질에 반
하지 않는 것은 임의로 定款에 기재할 수 있으며, 이것을 임의적 기재사항이라 한
다. 예컨대 株券의 종류·명의개서의 절차·정기총회소집의 시기·이사나 감사의
수·회사의 영업연도 등이다.

II. 事後設立

1. 의 의

사후설립은 회사가 그 성립 전부터 존재하는 재산을 회사성립 후 단기간 내에 인수하는 계약을 말한다. 상법은 회사설립단계에서 현물출자 또는 재산인수에 대한 엄격한 규제를 회피하기 위하여 회사성립 후 단기간 내에 그 재산을 취득하는 행위를 방지하기 위하여 사후설립에 대한 규정을 두고 있다.

2. 규 제

주식회사가 성립 후 2년 내에 성립 전부터 존재하는 재산으로서 영업을 위하여 계속하여 사용할 것을, 자본금의 100분의 5 이상에 해당하는 대가로 취득하는 계약을 하는 경우에는 주주총회의 특별결의가 있어야 한다(375, 374). 유한회사의 설립과 자본금증가의 경우에도 이와 같은 규제가 규정되어 있다(576②, 596).

III. 株式發行事項의 決定

1. 總 說

(1) 회사설립 당시의 주식발행에 관한 사항 가운데, '회사가 발행할 주식의 총수'(발행예정주식총수), '액면주식을 발행하는 경우 1주의 금액', '회사의 설립시에 발행하는 주식의 총수'는 반드시 정관에 기재하여야 하지만(289), 그 밖에 ① 주식의 종류(이익배당·잔여재산분배에 관한 종류주식, 의결권의 배제·제한주식, 주식의 상환에 관한 종류주식, 주식의 전환에 관한 종류주식)와 수, ② 액면주식의 경우에 액면 이상의 주식을 발행할 때에는 그 수와 금액, ③ 무액면주식을 발행하는 경우에는 주식의 발행가액과 주식의 발행가액 중 자본금으로 계상하는 금액에 관하여 정관에 달리 정하지 아니한 때에는, 발기인 全員의 동의로 이를 정한다(291). 이것은 중요한 사항이므로 발기인 전원의 동의를 요하게 한 것인데, 정관의 작성·인증 후의 사정변화에 대처할 수 있는 가능성을 배려한 것이다.

(2) 그 밖의 사항(예컨대 납입취급은행, 납입기일 등)은 발기인 과반수의 다수결로 결정할 수 있다(민법 706②)(통설).

(3) 한편 회사성립 후의 신주발행사항은 이사회가 다수결에 의하여 정한다(416, 391①).

2. 同意의 方法 및 時期

발기인의 동의의 방법에는 제한이 없고, 명시 또는 묵시의 어느 것이든 무방하다. 동의의 시기는 정관작성 후 발기인에 의한 주식인수 이전이어야 하지만, 주식인수 후에 동의한 경우에도 회사설립이 무효로 되는 것은 아니다(통설).

IV. 發起設立과 募集設立의 實體形成

정관작성과 인증, 주식발행사항의 결정 등은 발기설립과 모집설립 모두에 공통된 절차이지만, 이후의 절차에는 차이가 있다.

1. 株式의 引受

(1) 發起設立

발기설립의 경우에는 회사설립시에 발행하는 주식의 총수를 발기인이 모두 인수하여야 한다. 주식인수의 법적 성질은 정관에서 정하여진 회사의 설립에 참가하려는 발기인의 일방적 의사표시의 합치에 의하여 그 효력이 생기는 합동행위이다(통설). 인수의 방법은 서면에 의하여야 하며(293), 구두에 의한 인수는 무효이다. 그 서면은 주식청약서(302)와 같은 형식을 요하는 것은 아니다. 인수시기는 정관작성과 동시일 필요는 없으며, 그 전이나 그 후에라도 무방하다.

(2) 募集設立

1) 發起人의 株式引受   각 발기인이 설립시에 발행하는 주식 총수의 일부를 인수한다. 주식인수의 방법과 시기 등은 발기설립의 경우와 유사하다(293조 참조).

2) 株主의 募集   발기인이 인수한 나머지 주식에 대하여는 주주모집을 한다(301). 모집에 응하여 청약을 하고 이에 대하여 배정이 이루어지면 인수가 확정된다. 모집의 방법은 공모이든 사모(연고모집)이든 무방하다.

3) 株式의 請約

㈎ 주식청약서주의   발기인은 회사의 개요와 청약의 조건 등 일정한 사항을 기재한 주식청약서를 반드시 작성하여야 하며, 주식인수의 청약을 하고자 하는 자는 주식청약서 2통에 인수할 주식의 종류 및 수와 주소를 기재하고 기명날인 또는 서명하여야 한다(302①②). 청약과 동시에 청약증거금을 납입하는 것이 보통인데, 이것은 주식의 배정을 받으면 인수주금액의 납입에 충당되고, 주식배정을 받지 못하거나 회사불성립의 경우에는 반환된다.

㈏ **주식인수의 無效·取消의 제한** 주식의 청약에 관하여는 법적 안정을 확보하기 위하여 그 무효·취소에 관한 특칙을 두고 있다. 즉, ① 주식청약서의 기재요건의 흠결을 이유로 하여 주식인수의 무효를 주장하거나 사기·강박 또는 착오를 이유로 하여 그 인수를 취소할 수는 있으나, 이것도 일정한 시기 후(회사의 성립 후, 또는 성립 전이라도 창립총회에 출석하여 권리를 행사한 때)에는 이를 하지 못한다(320). 주식인수가 발기인과 통정한 허위의 의사표시에 의한 경우(민법 108)에도 무효가 되지 않는다. ② 청약이 청약자의 진의 아닌 의사표시이고 발기인이 이를 알았거나 알수 있었을 경우(악의)에도 청약의 성립에는 영향이 없다(302③, 민법 107①단서).

㈐ **가설인 또는 타인의 명의에 의한 주식인수** 가설인(假設人)의 명의로 주식인수를 청약하거나 타인의 승낙 없이 그 명의로 청약한 자는 주식배정이 있는 때에는 주식 인수인으로서 납입의무를 진다(332①). 타인의 승낙을 얻어 그 타인 명의로 주식을 청약한 경우에는 그 타인과 연대하여 납입할 책임이 있다(332②). 이 경우에 누가 株主가 되는가에 대하여, 주식청약의 집단적 처리를 고려하여 명의대여자가 주주로된다고 하는 설(형식설)이 있으나, 실제로 법률행위를 하고 주금을 납입한 명의차용자가 주주로 된다고 하는 설(실질설)(다수설·대판 1975.7.8, 75다410)이 타당하다고 본다.

㈑ **주식의 配定과 引受** 모집주식의 주식의 청약이 있으면 발기인은 주식의 배정을 하고 그 결과 당연히 주식의 인수가 확정된다. 모집광고나 사업계획서에서 미리 배정방법을 정함이 없는 경우에는 원칙적으로 발기인은 자유롭게 주식을 배정할 수 있다(배정자유의 원칙).

㈒ **株式引受의 성질** 주식인수는 주식청약인과 설립중의 회사의 기관으로서의 발기인과의 계약이며, 청약인이 설립중의 회사에 입사할 것을 목적으로 하는 단체법상의 특유한 계약이다(입사계약설)(통설).

2. 出資의 履行

(1) 發起設立

발기인이 설립시에 발행하는 주식의 총수를 인수한 때에는, 지체 없이 각 주식에 대하여 그 인수가액의 전액을 납입하여야 한다(전액납입주의)(295①). 그리고 액면초과발행의 경우에는 각 주식의 주금액 이외에 액면초과액도 납입하여야 한다. 인수가액의 납입은 발기인이 납입장소로 지정한 은행 기타 금융기관에 하여야 한다(295①후단). 설립등기 신청시 첨부서류에 이 금융기관이 교부하는 납입금보관에 관한 서류가 포함된다(상업등기법 80 xi). 현물출자를 하는 발기인은 납입기일에 지체없이 출자의 목적인 재산을 인도하고, 등기·등록 기타 권리의 설정 또는 이전을 요할 경우에는 이에 관한 서류를 완비하여 교부하여야 한다(295②). 발기인이 출자를 이행하지 아니하는 경우에는, 채무불이행의 일반원칙에 따라 그 이행을 강제하여야 하며, 그렇지 않으면 회사의 불성립으로 될 것이다.

(2) 募集設立

1) 全額納入主義·現物出資

설립시 발행주식총수가 인수된 때에는, 발기인은 지체 없이 주식인수인에 대하여 각 주식에 대한 인수가액의 전액을 납입시켜야 한다(305①). 주금납입은 현실로 하여야 하며 어음·수표로 출자한 경우에는 현실적으로 지급된 때 납입된 것으로 본다. 현물출자의 경우에는, 발기설립의 경우와 같이, 납입기일까지 그 목적재산의 전부를 인도시키고, 등기·등록 기타 권리의 설정·이전을 요할 경우에는 이에 관한 서류를 완비하여 교부하도록 하여야 한다(305③, 295②).

2) 納入場所와 納入金保管者의 責任

㈎ 납입장소　금전출자의 경우 납입은 주식청약서에 기재된 납입을 맡을 은행 기타 금융기관과 납입장소에서 하고 있다(305②, 302②ix). 이것은 발기인의 부정행위를 방지하고 책임 소재를 확실하게 하기 위한 것이다. 납입취급 금융기관이나 그 장소를 변경하려면, 법원의 허가를 얻어야 한다(306).

㈏ 납입금보관자의 증명과 책임　은행 등의 납입취급 금융기관은 발기인 또는 이사의 청구가 있는 때에는, 납입금의 보관금액에 관하여 증명서를 교부하여야 하며(318①), 이와 같이 증명한 보관금액에 대하여는 납입의 부실 또는 그 금액의 반환에 관한 제한이 있음을 이유로 하여 회사에 대항하지 못한다(318②). 이것은 납입가장에 의한 폐해를 방지하기 위한 것이다. 설립등기의 신청서에는 납입금의 보관금액에 관한 증명서의 첨부가 요구되고 있다(상업등기법 80 xi). 다만, 자본금 총액이 10억원 미만인 회사를 발기설립하는 경우에는 위의 증명서를 은행이나 그 밖의 금융기관의 잔고증명서로 대체할 수 있다(318③).

3) 納入假裝

㈎ 預 合　예합은 발기인이 납입금보관 금융기관과 통모하여, 그 금융기관으로부터 차입한 금전을 주식납입금으로 가장하여 예금을 하고 이 차입금을 변제하기까지는 그 예금을 찾아가지 않기로 약속을 하는 것을 말한다. 이와 같이 예합은 장부상으로만 납입이 있었던 것과 같은 외관이 조작되고 실제로는 납입이 없었음으

로 회사의 자본금충실의 원칙에 반하여 납입으로서의 효력이 없다(무효설·통설). 상법은 이를 방지하기 위하여, 납입은 은행 기타 금융기관에서 하도록 하고(295①후단, 305②, 302②ix), 은행 등의 납입취급 금융기관은 교부한 납입금보관증명서에서 증명한 보관금액에 대하여는 납입의 부실 또는 그 금액의 반환에 관한 제한이 있음을 이유로 하여 회사에 대항하지 못하도록(318①②) 하는 한편, 관계자들에게 형사제재를 규정하고 있다(628, 납입가장죄).

(내) 見 金   견금은 발기인이 납입금보관 금융기관 이외의 타인으로부터 차입한 금전을 주식납입금으로 예금을 하고 설립등기를 마친 후 인출하여 변제하는 경우이다. 형식상으로는 금전납입이 있는 점에서 예합과 다르지만, 전체적으로 볼 때 자본충실의 원칙에 반하는 점에서 예합과 다르지 않으며 미리부터 계획된 가장납입으로서 이러한 납입은 효력이 없다고 본다(무효설, 통설). 판례는 유효설을 취하고 있다(대판 1997.5.23, 95다5790).

4) 納入不履行―失權節次

주식 인수인이 정해진 기일까지 주금납입을 하지 않을 때에는, 발기인은 일정한 기일을 정하여 그 기일 내에 납입을 하지 아니하면 그 권리를 잃는다는 뜻을 기일의 2주간 전에 그 주식 인수인에게 통지하여야 하며(307①, 실권예고부최고), 이 통지를 받은 주식인수인이 그 기일 내에 납입의 이행을 하지 아니한 때에는 그 권리를 잃게 된다(307②). 이 경우에는 발기인은 다시 그 주식에 대하여 주주를 모집할 수 있으며(307②), 손해가 있으면 그 주식 인수인에 대하여 손해배상청구도 할 수 있다(307③). 이 점은 회사성립 후의 신주발행의 경우와 다르다(423②).

5) 現物出資의 불이행

주식 인수인이 현물출자를 이행하지 않는 경우에는 실권절차의 규정이 적용되지 않으므로, 강제집행을 하거나, 정관을 변경하여 다시 설립절차를 진행할 수 있고, 또 회사의 불성립이 될 수 있다.

3. 理事·監事의 選任

(1) 發起設立

발기인의 인수주금 전액의 납입과 현물출자의 이행이 끝나면, 發起人은 지체없이 의결권의 과반수로, 이사와 감사 또는 감사위원회의 위원을 선임하여야 한다(296, 415의2⑦). 발기인의 의결권은 그 인수주식의 1주에 대하여 1개로 한다(296②).

발기인은 의사록을 작성하여 의사의 경과와 그 결과를 기재하고 기명날인 또는 서명하여야 한다(297).

(2) 募集設立

인수된 주금전액의 납입과 현물출자의 이행이 끝나면 발기인은 지체 없이 창립총회를 소집하여야 하며(308), 이 창립총회에서 이사와 감사 또는 감사위원회의 위원을 선임하여야 한다(312, 415의2⑦).

【참고】 창립총회

1. 의 의   주식회사의 모집설립의 경우에 주식인수인으로 구성되는 설립 중의 회사의 의사결정기관이며 성립 후의 회사의 주주총회에 해당한다. 創立總會에는 주주총회에 관한 여러 규정이 준용된다(308②).

2. 소집 및 결의방법   인수된 주금액의 납입과 현물출자의 이행을 완료한 때에는 발기인은 지체 없이 창립총회를 소집하여야 한다(308조①). 창립총회의 결의는 출석한 주식인수인의 의결권의 3분의 2 이상이며 인수된 주식의 총수의 과반수에 해당하는 다수로 하여야 한다(309).

3. 권 한   그 권한은 회사설립에 관한 모든 사항에 미친다. (i) 발기인은 창립에 관한 사항을 서면으로 창립총회에 보고 하여야 하며(311), (ii) 이사와 감사(또는 감사위원회위원)을 선임하며(312), (iii) 이사와 감사는 취임 후 지체 없이 회사의 설립에 관한 모든 사항이 법령 또는 정관의 규정에 위반되지 아니하는지의 여부를 조사하여 창립총회에 보고하여야 하며(313①), (iv) 창립총회에서는 변태설립사항(290)이 부당하다고 인정한 때에는 이를 변경할 수 있으며(314①), 또한 (v) 정관변경 또는 회사설립폐지의 결의도 할 수 있다(316①). 회사의 新設合倂의 경우에도 창립총회가 소집되며 많은 부분에서 설립의 경우와 같다(527③).

4. 設立經過의 調査

(1) 發起設立

1) 一般的 設立事項의 調査·報告

㈎ 이사·감사의 조사 및 발기인에 대한 보고   이사와 감사 또는 감사위원회의 위원은 취임 후 회사의 설립에 관한 모든 사항이 법령 또는 정관의 규정에 위반되지 아니하는지의 여부를 조사하여 발기인에게 보고하여야 한다(298①). 그러나 이사와 감사 중 발기인이었던 자, 현물출자자 또는 회사성립 후 양수할 재산의 계약

당사자인 자는 위의 조사·보고에 참가하지 못한다(298②).

㈏ 공증인에 의한 조사·보고   이사와 감사(또는 감사위원회의 위원)의 전원이 위의 제298조 제2항에 해당하는 경우에는 이사는 공증인으로 하여금 위 제298조 제1항의 조사보고를 하게 하여야 한다(298③).

2) 變態設立事項의 調査 및 法院에 대한 報告

변태설립사항(290)에 관하여는 자본충실을 위한 엄격한 조사가 필요하며 원칙적으로 법원이 선임한 검사인이 조사를 하고 보고도 법원에 하게 되어 있다. 이 검사인의 조사는 공증인의 조사·보고, 감정인의 감정으로 갈음할 수 있다.

㈎ 검사인의 조사·보고   정관으로 변태설립사항(290)을 정한 때에는 이사는 이에 관한 조사를 하게 하기 위하여 법원에 검사인의 선임을 청구하여야 한다(298④). 검사인은 제290조의 변태설립사항 및 제295조 규정에 의한 현물출자 이행사항을 조사하여, 법원에 이를 보고하여야 한다(299①). 검사인의 조사보고의무는, ① 현물출자와 재산인수의 재산총액이 자본금의 5분의 1을 초과하지 아니하고 대통령령으로 정한 금액을 초과하지 아니하는 경우, ② 현물출자와 재산인수 대상인 재산이 거래소에서 시세가 있는 유가증권인 경우로서 정관에 적힌 가격이 대통령령으로 정한 방법으로 산정된 시세를 초과하지 아니하는 경우, ③ 그 밖에 제1호 및 제2호에 준하는 경우로서 대통령령으로 정하는 경우에는 적용하지 아니한다(299②).

㈏ 공증인·감정인의 조사·보고   제290조의 변태설립사항 중, 발기인의 특별이익(1호)과 회사의 설립비용 및 발기인의 보수(4호)에 관하여는 공증인의 조사·보고로, 또 현물출자(2호) 및 재산인수(3호)에 관하여는 공인된 감정인의 감정으로 위의 검사인의 조사·보고에 갈음할 수 있다(299의2). 이들 사항들은 그 성질상 사실의 확인이나 조사에 전문성을 요하는 경우가 많으므로 전문가의 조사·보고로 갈음할 수 있게 한 것이다.

㈐ 발기인의 설명서 제출   검사인(또는 공증인·감정인)이 법원에 위의 조사보고를 하는 경우에는 그 조사보고서의 등본을 각 발기인에게 교부하여야 한다(299③). 조사보고서의 교부를 받은 발기인은 사실과 상위한 사항이 있다고 인정되는 경우에는 그에 대한 설명서를 법원에 제출할 수 있다(299④).

3) 法院의 變態設立事項의 變更通告

법원은 검사인 또는 공증인의 조사보고서 또는 감정인의 감정결과와 발기인의 설명서를 심사하여, 변태설립사항을 부당하다고 인정한 때에는 이를 변경하여 각 발기인에게 통고할 수 있다(300①). 법원의 이 변경에 불복하는 발기인이 있으면 그는 주식의 인수를 취소할 수 있으나, 이 경우에는 정관을 변경하여 설립에 관한 절차를 속행할 수 있다(300②). 그러나 法院의 변경통고가 있은 후 2주간 내에 주식의 인수를 취소한 발기인이 없는 때에는 정관은 통고에 따라서 변경된 것으로 본다(300③).

(2) 募集設立

1) 理事·監事에 의한 調査

이사와 감사는 취임 후 지체 없이 회사의 설립에 관한 모든 사항의 법령 또는 정관의 규정에 위반되지 아니하는지의 여부를 조사하여 창립총회에 보고하여야 한다(313①). 이사와 감사 중 발기인이었던 자, 현물출자자 또는 회사성립 후 양수할 재산의 계약당사자인 자는 위의 조사보고에 참가하지 못하며, 이사와 감사의 전원이 이에 해당한 때에는 이사는 공증인으로 하여금 위의 조사·보고를 하게 하여야 한다(313②, 298②③).

2) 變態設立事項의 調査

정관에 기재된 변태설립사항에 대해서는 검사인에 의한 조사보고제도와 함께 공증인 및 감정인에 의한 조사보고제도가 규정되어 있다. 어느 방법을 취할 것인가는 발기인의 임의에 속한다.

(가) 검사인에 의한 조사·보고   정관에 기재된 변태설립사항을 조사하게 하기 위하여 발기인은 법원에 검사인의 선임을 청구하고, 그 검사인이 변태설립사항을 조사하여 창립총회에 보고서를 제출한다(310①②).

(나) 공증인·감정인에 의한 조사·보고   제290조의 변태설립사항 중 발기인이 받을 특별이익(1호)과 회사가 부담할 설립비용 및 발기인의 보수(4호)에 관하여는 공증인이 조사하여 이를 창립총회에 보고하고, 현물출자(2호) 및 재산인수(3호)에 관하여는 감정인이 감정하여 창립총회에 감정서를 제출함으로써 위의 검사인에 의한 조사보고에 갈음할 수 있다(310③, 298④단서, 299의2).

3) 創立總會에 의한 變態設立事項의 變更決議

창립총회에서는 변태설립사항(290)이 부당하다고 인정한 때에는 이를 변경할 수 있으며, 이 변경에 불복하는 자가 있는 경우와 변경결의의 통고의 효력 등은 발기설립에서의 법원에 의한 변경처분의 경우(300②③)와 같다(314②). 이 경우에는 발기인에 대하여 손해배상 청구를 할 수 있다(315).

V. 設立登記

회사는 설립등기를 함으로써 성립한다(172). 발기설립의 경우이든 모집설립의 경우이든 같다.

1. 登記節次 및 制裁

(1) 등기절차

설립등기는 발기설립의 경우에는 설립경과의 조사가 완료한 날로부터 2주간 내에, 모집설립의 경우에는 창립총회가 종결한 날 또는 변태설립사항의 변경절차(314)가 종료한 날로부터 2주간 내에 하여야 한다(317①). 설립등기는 본점 소재지에서 대표자가 신청한다(비송사건절차법 203).

(2) 등기사항

제317조 제2항에 규정된 사항을 등기하여야 한다. 지점의 설치(181), 본점·지점의 이전(182), 등기사항의 변경(183) 등의 경우에도 각각 일정기간 내에 등기를 하여야 한다(317③④).

(3) 제 재

설립등기를 게을리한 때에는 과태료의 제재를 받게 된다(635① i).

또한 설립등기를 위하여 법원 등에 부실보고나 사실은폐를 한 때에는 형벌의 제재를 받게 된다(625 i).

2. 設立登記의 效力

(1) 본래의 효력

설립등기를 함으로써 회사의 실체에 법인격이 부여되어 회사가 성립한다(172). 회사가 성립함과 동시에 발기인이 회사설립을 위하여 취득한 권리나 부담한 의무는 이후 회사에 귀속하게 되고, 주식인수인은 주주가 되며, 이사·감사는 성립 후의 회사의 기관이 된다.

(2) 특수한 효력

설립등기를 하면 이 밖에도 몇 가지 특수한 효력이 인정된다. 주식인수인은 주식 청약서의 요건의 흠결을 이유로 한 인수의 무효나 사기·강박 또는 착오를 이유로 한 인수의 취소를 주장하지 못하게 된다(320①). 권리주양도의 제한이 해제되고 (319), 주권발행이 허용된다(355①②). 발기인이 자본충실의 책임을 부담하게 된다 (321). 설립절차에 하자가 있는 경우에 일정기간 내에 설립무효의 소(328)만으로 이를 주장할 수 있다.

제3관 設立에 관한 責任

I. 序　言

　　주식회사의 설립절차는 복잡하여 그 절차에 관여하는 자의 부정행위나 과오의 발생 및 이해관계인(주식 인수인이나 채권자 등)의 이익침해가 우려된다. 상법은 설립에 관한 위법행위나 부정행위에 엄격한 벌칙(622, 627, 628, 629, 630, 635)을 규정하는 한편, 설립에 참여하는 발기인·이사·감사 또는 감사위원회의 위원·검사인 등에 대하여 민사책임을 부담시키고 있다. 특히 설립절차상 가장 중심적인 역할을 하는 발기인에게 무거운 책임을 인정한다.

II. 發起人의 責任

1. 會社가 成立한 경우

(1) 會社에 대한 責任

1) 資本金充實의 責任

　　㈎ 引受擔保責任　　회사설립시에 발행하는 주식으로서 회사성립 후에 (사무상의 과실 등으로) 아직 인수되지 아니한 주식이 있거나 (행위무능력 등의 이유로) 주식 인수의 청약이 취소된 때에는, 발기인이 이를 共同으로 引受한 것으로 본다(321①). 이리하여 발기인은 그 미인수주식이나 인수가 취소된 주식에 대하여 공동으로 주주가 되며, 연대하여 주금납입의무를 지게 된다(333①). 이 책임은 무과실책임이다.

　　㈏ 納入擔保責任　　금전출자의 경우에 회사성립 후 인수가액의 전액의 납입을 완료하지 아니한 주식이 있는 때에는, 발기인은 연대하여 그 납입을 하여야 한다 (321②). 이 책임은 무과실책임이다.

　　㈐ 設立無效와의 관계　　발기인의 자본충실의 책임이 인정되는 것은 인수 또는 납입의 흠결이 비교적 경미하여 발기인의 책임이행으로 치유될 수 있는 경우이며, 만일 자본의 흠결이 너무 커서 회사의 존속과 사업수행이 곤란할 정도인 경우

에는 회사설립무효의 원인(328)이 된다(통설).

　　㈃ 現物出資의 경우　　현물출자의 불이행의 경우에도 발기인의 자본충실책임이 인정되는가에 대하여 (i) 긍정설(소수설)도 있으나, (ii) 현물출자는 개성이 강한 것이므로 담보책임으로 보완하기에는 적합하지 않고, 또한 상법은 주금납입과 현물출자이행을 구분하고 있으므로 부정설이 타당하다고 본다(다수설). 따라서 현물출자의 경우에는 정관을 변경하여 설립절차를 다시 밟지 않는 한 회사의 설립은 무효가 된다.

2) 損害賠償責任

　　㈎ 발기인이 회사설립에 관하여 그 임무를 해태(게을리)한 때에는 회사에 대하여 연대하여 손해배상의 책임이 있다(322①). 발기인은 설립 중의 회사의 기관으로서 선량한 관리자로서의 주의의무를 부담하기 때문이다. 이사 또는 감사가 설립경과조사를 해태하여 책임을 지는 경우에 발기인도 책임을 지는 때에는 이들은 연대하여 손해배상책임을 진다(323). 이 경우 연대하여 손해배상의 책임을 지는 것은 임무를 해태한 발기인에 한하며, 자본금충실책임의 경우처럼 발기인 전원이 책임지는 것은 아니다(과실책임).

　　㈏ 발기인의 이 손해배상의 책임은 회사가 성립한 경우에만 발생하며, 회사성립 후 설립무효 판결이 확정되더라도 일단 발생한 책임은 소멸하지 않는다. 이 책임의 소멸시효기간은 회사가 성립한 때로부터 10년으로 본다.

　　㈐ 발기인의 자본금충실의 책임(321①②)이 회사에 대한 손해배상책임을 면제하는 것은 아니므로, 자본금충실의 책임(인수·납입담보책임)의 이행에 임무를 해태하여 회사에 손해가 발생하면 손해배상책임도 부담하게 된다(321③).

3) 責任의 實現 및 免除

　　㈎ 발기인의 자본금충실의 책임과 손해배상책임에 대하여는 대표이사가 이행청구를 할 수 있고, 발행주식총수의 100분의 1 이상에 해당하는 주식을 가진 주주(소수주주)는 대표소송에 의하여 발기인의 책임을 추궁하는 소를 제기할 수 있다(324, 403~406).

　　㈏ 발기인의 자본금충실의 책임은 총주주의 동의로도 면제하지 못하며(통설), 손해배상책임은 총주주의 동의로 면제할 수 있다(324, 400).

(2) 第3者에 대한 責任

1) 발기인이 악의 또는 중대한 과실로 인하여 그 임무를 해태한 때에는 그 발기인은 제3자에 대하여서도 연대하여 손해배상의 책임을 진다(322②). 여기서 악의라 함은 당해 행위가 발기인의 임무에 위반함을 알고 있는 경우를 말하며, 제3자에 대한 가해에 관하여 존재할 필요는 없다. 발기인의 악의·중과실은 제3자가 입증하여야 한다. 여기서 제3자라 함은 회사 이외의 자를 가리키며, 주식 인수인 또는 주주를 포함한다(통설).

2) 이 責任의 性質에 관하여는 이를 ⓐ 특수한 불법행위책임으로 보는 소수설(불법행위책임설)이 있으나, ⓑ 통설은 회사설립과 관련된 제3자 보호를 위하여 상법이 인정한 특별한 책임으로 본다(법정책임설). 따라서 발기인들의 그러한 행위가 불법행위의 요건을 갖추면 청구권의 경합이 생긴다.

3) 이사 또는 감사(또는 감사위원회의 위원)가 설립경과조사를 해태하여 책임을 지는 경우에 발기인도 책임을 지는 때에는, 이들은 연대하여 손해배상책임을 진다(323).

2. 會社不成立의 경우

(1) 意　義

회사가 성립하지 못한 경우에는 발기인은 그 설립에 관한 행위에 대하여 연대하여 책임을 지며(326①), 설립에 관하여 지급한 비용을 부담한다(326②). 발기인의 이 책임은 무과실책임이다(통설). 회사가 성립하지 못한 경우라 함은 설립절차가 설립등기에 이르기 전에 좌절되어 회사가 법률상으로나 사실상으로나 존재하지 않게 된 경우를 말한다. 여기에는 설립절차의 중지, 창립총회에서의 설립폐지의 결의 등의 경우를 포함한다. 이에 대하여 설립무효는 무효원인을 갖는 회사가 설립등기에 의하여 일단 존재한 경우인 점에서 다르다.

(2) 責任의 性質(입법취지)

회사가 성립하지 못한 경우의 발기인의 책임의 성질에 관하여는 ① 회사가 성립하지 못한 경우에는 설립 중의 회사는 처음부터 그 존재가 없었던 것으로 되므로, 설립행위에 의하여 발생한 권리와 의무는 형식적으로나 실질적으로나 발기인에게 귀속하는 것이 당연하다는 당연책임설(소수설)이 있으나, ② 회사가 성립하지 못한 경우에는 설립 중의 회사가 그 목적을 달성할 수 없어 해산하여 청산절차에 들어간 것으로 보고, 구성원인 주식 인수인에게는 잔여재산을 분배하면 되는 것이지만 상법은 주식 인수인에게 손해를 주지 않기 위해 발기인에게 전책임을 인정한 것이라는 법정책임설(다수설)이 타당하다고 본다.

(3) 責任의 內容

1) 회사불성립의 경우에 발기인이 책임을 질 설립에 관한 행위의 범위는, 설립행위 자체에 관한 행위(주식의 모집, 주금납입의 수령 등) 및 설립에 필요한 행위(사무소의 임차 등)로서 법률행위에 한정된다. 그러므로 발기인의 책임의 내용은 주식납입금, 청약증거금, 현물출자재산 등의 반환의무, 회사채권자에 대하여 회사설립과 관련하여 발생한 채무를 이행할 의무 등이다.

2) 회사의 설립에 관하여 지급한 費用은 정관 기재의 유무에 관계없이 발기인이 전액 부담하여야 한다(326②).

III. 理事·監事·監査委員會委員의 責任

(1) 이사와 감사(또는 감사위원회의 위원)는 설립 중의 회사의 감사기관으로서 설립경과를 조사하여 발기인 또는 창립총회에 보고할 임무가 있는데(298①, 313①), 이 임무를 해태하여 회사 또는 제3자에게 손해를 입힌 때에는 연대하여 損害賠償의 책임을 진다(323). 이 책임은 과실책임이다.

(2) 이 경우에 발기인도 책임을 지는 때에는 이들은 연대하여 손해배상책임을 진다(323).

(3) 이사 또는 감사(또는 감사위원회의 위원)의 회사에 대한 손해배상책임을 면제함에는, 발기인의 경우와 같이, 총주주의 동의를 요한다(324, 400 유추).

IV. 公證人·鑑定人의 責任

법원선임 검사인의 조사·보고에 갈음하여 변태설립사항을 조사·감정하여 보고하는 공증인이나 감정인의 책임에 대해서는 이사·감사의 경우와 같이 보아야 할 것이다(323 유추적용).

V. 檢查人의 責任

(1) 법원이 선임한 검사인은 변태설립사항을 조사하여 발기설립의 경우에는 법원에 보고하고(298②, 299), 모집설립의 경우에는 창립총회에 보고서를 제출하여야

한다(310). 검사인이 악의 또는 중대한 과실로 인하여 그 임무를 해태한 때에는 회사
또는 제3자에 대하여 손해배상의 책임을 진다(325).

(2) 회사에 대한 책임의 경우에도 「악의 또는 중대한 과실」을 요구하는 점에서
발기인·이사·감사의 회사에 대한 책임의 경우와 다르다.

VI. 類似發起人의 責任

(1) 주식청약서 기타 주식모집에 관한 서면에 성명과 회사설립에 찬조하는 뜻
을 기재할 것을 승낙한 자를 유사발기인이라 하며, 발기인과 동일한 책임을 진다
(327). 발기인과 같은 외관을 신뢰한 일반 공중을 보호하기 위한 것이다.

(2) 그러나 유사발기인은 발기인의 직무권한을 갖는 것이 아니므로 임무해태로
인한 손해배상책임(322, 315)은 지지 않으며, 자본금충실책임(321)과 회사불성립의
경우의 책임(326)만을 부담한다(통설).

제4관 設立의 無效

I. 總 說

(1) 회사설립등기를 하고 회사가 성립된 경우라도, 회사의 설립절차에 하자가
발견된 때에는 회사설립은 무효가 된다. 그러나 이미 성립하여 영업활동을 개시하
면 대내외적으로 많은 사람들과 복잡한 법률관계가 이루어지는데, 회사설립의 무효
를 민법의 일반원칙에 따라 어느 때나, 누구라도, 또 어떤 방법으로라도 주장할 수
있게 한다면, 거래의 안전을 해치고 법률관계의 혼란을 초래하게 된다. 그러므로 상
법은 설립무효의 소 제도를 두어 설립무효의 주장에 일정한 제한을 두고 있으며, 법
률관계의 획일적 확정 및 법률관계의 안정을 도모하고 있다.

(2) 주식회사에서는 합명회사·합자회사·유한책임회사·유한회사에서와는 달
리 설립취소의 소는 인정되지 않는다(184, 269, 287의6, 552). 주식회사는 설립절차가
복잡하고 또 주주의 개성이 중요시되지 않으므로 개인적인 사유에 의한 회사설립취
소를 인정하기 어렵기 때문이다.

II. 設立無效의 原因

1. 客觀的 瑕疵

상법에는 설립무효원인에 관한 직접적인 규정이 없다. 일반적으로 무효원인에는 주관적 무효원인과 객관적 무효원인이 있으나, 주식회사에서는 설립절차에 관한 객관적인 하자만이 무효원인이 된다.

2. 無效原因

무효원인은 일반적으로 설립이 공익에 반하거나 강행법규에 위반하는 경우 또는 주식회사의 본질에 반하는 경우이며, 예컨대 정관을 작성하지 않았거나 또는 절대적 기재사항이 빠져 있는 경우, 정관에 공증인의 인증이 없는 경우(289), 주식의 인수 또는 납입의 현저한 흠결(321), 창립총회의 소집이 없는 경우(308), 설립등기에 무효원인이 있는 경우(317) 등을 들 수 있다.

III. 設立無效의 訴

1. 當事者·提訴期間

(1) 설립무효의 주장방법은 소만으로 제한되어 있고, 또한 소제기권자와 제소기간에 제한이 있다. 즉, 회사설립의 무효는 주주·이사 또는 감사에 한하여, 회사성립일로부터 2년 내에, 소만으로 그 무효를 주장할 수 있다(328). 피고는 회사이다.

(2) 이 경우 주주·이사 또는 감사의 자격은 제소시로부터 구술변론 종결시까지 계속되어야 한다.

2. 訴訟節次

(1) 설립무효의 소는 회사 본점 소재지의 지방법원의 관할에 전속하며, 여러 개의 소가 제기된 경우에는 법원은 이를 병합심리하여야 한다. 이는 판결의 획일적 확정을 위한 것이다.

(2) 설립무효의 소가 그 심리 중에 원인이 된 하자가 보완되고 회사의 현황과 제반사정을 참작하여 설립을 무효로 하는 것이 부적당하다고 인정한 때에는 법원은 그 청구를 기각할 수 있다(328②, 186, 188, 189).

IV. 判決의 效力

1. 原告가 勝訴한 경우

(1) 判決의 對世的 效力 및 不遡及效

1) 원고가 승소하여 설립무효의 판결이 확정된 때에는, 그 판결은 당사자뿐만 아니라 제3자에게도 그 효력이 미치게 되는 대세적 효력을 갖는다(328②, 190본문). 이것은 여러 이해당사자 간의 법률관계를 획일적으로 확정할 필요가 있기 때문에, 판결의 기판력이 당사자에게만 미친다는 원칙(민사소송법 218 참조)에 대한 예외를 인정한 것이다.

2) 그러나 확정판결 전에 생긴 회사와 주주 및 제3자 간의 권리의무에는 영향을 미치지 아니한다(328②, 190단서). 설립무효판결의 효력을 소급적으로 인정한다면 기존의 법률관계에 큰 혼란을 초래할 것이므로 소급효를 인정하지 않고 장래에 대하여서만 효력을 인정하는 것이다. 이 경우에는 무효인 회사이지만 그 사실상의 존재를 존중하여 기왕의 관계에 있어서는 유효한 회사와 같은 취급을 하는 것인데, 이러한 회사를 사실상의 회사(de facto corporation)라고 한다.

(2) 準 解 散

설립무효판결이 확정된 때에는 회사가 해산의 경우에 준하여 청산하여야 하며, 이 경우에는 법원은 주주·이사 기타의 이해관계인의 청구에 의하여 청산인을 선임할 수 있다(328②, 193).

2. 原告가 敗訴한 경우

원고가 패소한 경우에 그 판결의 효력은 소송당사자에게만 미친다. 따라서 제소기간 내에는 다른 제소권자가 무효의 소를 제기할 수 있다. 그리고 패소한 당사자에게 악의 또는 중대한 과실이 있는 때에는 회사에 대하여 연대하여 손해를 배상할 책임이 있다(328②, 191).

3. 設立無效의 등기

설립무효의 판결이 확정된 때에는 회사의 본점과 지점의 소재지에서 등기하여야 한다(328②, 192).

제3절 株式과 株主

제1관 株　式

I. 株式의 意義

주식은 자본금의 구성단위를 뜻하는 동시에, 주주의 회사에 대한 지위인 주주권을 뜻한다.

1. 資本金의 構成單位

액면주식은 1주의 금액을 100원 이상으로 하되 그 금액은 균일하여야 하고(329②③), 주식회사의 자본금은 발행주식의 액면총액이 된다(451①). 그러므로 주식은 자본금의 구성단위가 된다. 회사는 정관으로 정한 경우에는 주식의 전부를 무액면주식으로 발행할 수 있다(329①). 이 경우 회사의 자본금은 주식 발행가액의 2분의 1 이상의 금액으로서 이사회(이사회가 구성되지 아니한 경우에는 주주총회)에서 자본금으로 계상하기로 한 금액의 총액이다(451②). 이 경우에 주식은 자본금의 균등한 단위는 아니지만, 자본금의 구성단위가 된다.

(1) 株式不可分의 原則

주식은 주주의 지위를 가리키는 단위이므로 그것을 다시 세분화하는 것은 특히 법이 인정한 경우를 제외하고 허용되지 아니한다. 예컨대 1개의 주식을 둘로 나누어 그 2분의 1을 양도하지 못한다. 이 원칙에 대한 예외로는, 주식분할(392의2)과 주식병합 및 주식분할의 경우의 단주(443, 329의2③)가 있다.

(2) 株式의 共有

한 개 또는 여러 개의 주식을 공유하는 것은 인정된다. 다만 이 경우에는 권리의 공동행사의 편의상 주주의 권리를 행사할 자 1인을 정할 것이 요구된다(333②). 이와 같이 대표자가 정하여져 있는 경우에는 회사의 통지 또는 최고는 이 대표자에 대하여 하여야 하며, 주주의 권리를 행사할 자가 없는 경우에는 회사가 임의로 선택한 그 중의 1인에 대하여 하면 된다(333③). 대표자는 의결권·이익배당청구권 등, 공유주식에 속하는 권리를 단독으로 행사할 수 있으나, 공유주식을 처분할 권한은 없다. 수인이 공동으로 주식을 인수한 자는 연대하여 납입할 책임이 있다(333①).

2. 株主權(社員의 地位)

(1) 주식은 주주의 회사에 대한 법률상의 지위, 즉 주주권으로서의 의미를 갖는다. 주주권의 내용은 주주의 자격에서 회사에 대하여 가지는 권리의무의 바탕이 되는 주주와 회사 간의 법률관계를 말한다.

(2) 주주권은 주식을 단위로 하여 인정되는 것으로서, 주주는 이와 같이 단위화된 복수의 주식 수만큼 사원의 지위를 갖는 것으로 보게 되는데 이를 지분복수주의라 하며, 합명회사의 지분단일주의와 구별된다.

II. 株式의 法的 性質

주식의 법적 성질에 관하여는 (i) 사원권부인설, (ii) 주식채권설, (iii) 주식회사재단설 등이 있으나, (iv) 통설로 되어 있는 사원권설에 의하면 주식을 주식회사의 구성원(사원)인 주주의 지위인 사원권(주주권)으로 본다. 그리고 주주권은 주주의 지위에서 인정되는 단일한 권리로 보며, 주식이 양도되면 자익권과 공익권 모두가 이전되는 것으로 본다.

III. 株式의 分類

1. 槪 說

주주평등의 원칙 하에서 각 주식의 권리의 내용이 동일함을 원칙으로 하지만, 상법은 형식이나 권리내용을 달리하는 여러 유형의 주식을 인정하고 있다. 이것은 투자가들의 다양한 필요에 따름으로써 자본조달을 용이하게 하려는 것이다.

2. 額面株式 · 無額面株式

(1) 액면주식은 정관에 1주의 금액이 정해져 있고, 주권에 권면액이 기재되어 있는 주식이며, 무액면주식(비례주)는 주권에 권면액이 기재되지 않고 자본금에 대한 비율(주식 수)만이 기재되어 있는 주식을 말한다. 본래 株式의 유통가격은 그 회사의 경영상태나 경제사정 등에 따라서 정해지고 권면액에 의해 결정되는 것이 아니며, 또한 주식은 지분의 단위를 의미하므로 발행 후에 액면이란 사실상 큰 의미가 없다.

(2) 우리 상법은 2011년 개정상법에서 무액면주식제도를 도입하였으며, 무액면주식을 발행하는 경우에는 액면주식을 발행할 수 없다(329①). 회사는 정관으로 정하는 바에 따라 발행된 액면주식을 무액면주식으로 전환하거나 무액면주식을 액면주식으로 전환할 수 있다(329④).

3. 記名株式・無記名株式

기명주식은 주주의 성명이 주권과 주주명부에 기재된 주식이며, 무기명주식은 주주의 성명이 주권에 기재되지 않고 주권의 소지인을 주주로 대우하는 주식을 말한다. 무기명주식은 2014년 상법개정에서 폐지되었다.

4. 種類株式

(1) 意 義

종류주식은 "이익의 배당, 잔여재산의 분배, 주주총회에서의 의결권의 행사, 상환 및 전환 등에 관하여 내용이 다른 종류의 주식"을 말한다(344①). 상법이 이와 같이 권리 내용이 다른 종류주식의 발행을 인정한 것은 자금조달의 편의를 위한 것이다.

(2) 發行節次

종류주식을 발행하는 경우에는 정관으로 각종의 주식의 내용과 수를 정하여야 하며(344②), 주식청약서(302②)・신주인수권증서(420의2②ⅲ)・신주인수권증권(516의5②ⅲ)・주주명부(352①ⅱ,③)・주권(356ⅵ·ⅷ)에도 각각 기재하고 등기하여야 한다(317②ⅲ·ⅶ).

(3) 特 則

1) 회사가 종류주식을 발행하는 때에는 정관에 다른 정함이 없는 경우에도 주식의 종류에 따라 신주의 인수, 주식의 병합・분할・소각 또는 회사의 합병・분할로 인한 주식의 배정에 관하여 특수하게 정할 수 있다(344③). 주식의 내용과 경제적 가치가 같지 않으므로 회사의 실정을 고려하여 특별한 결정을 할 수 있게 한 것이다.

2) 정관을 변경함으로써 어느 종류주식의 주주에게 손해를 미치게 될 때에는 주주총회의 결의 외에 그 종류주식의 주주의 총회의 결의를 거치도록 함으로써 그 종류의 주주들의 이익을 보호하고 있다(344④, 435, 436).

(4) 種　　類

1) 利益配當 · 殘餘財産分配에 관한 종류주식(344의2)

㈎ 의　의　　이익배당 또는 잔여재산의 분배에 관하여 내용이 다른 종류주식을 말한다(344의2①②). 회사는 이익배당 · 잔여재산의 분배에 있어서 표준이 되는 주식(보통주), 다른 종류의 주식에 비하여 특히 우선적 지위가 인정된 주식(우선주), 보통주에 비하여 특히 불리한 조건이 인정되는 주식(후배주), 어떤 점에서는 우선적이나 다른 점에서는 불리한 주식(혼합주) 등을 발행할 수 있다. 우선주의 우선적 지위가 고율의 배당을 의미하는 것은 아니며, 다른 주식에 앞서 배당이나 잔여재산분배를 받을 수 있다는 것을 의미한다. 우선주는 참가적 우선주 · 비참가적 우선주, 누적적 우선주 · 비누적적 우선주로 나눈다.

㈏ 발　행　　회사가 이익의 배당에 관하여 내용이 다른 종류주식을 발행하는 경우에는, 정관에 그 종류주식의 주주에게 교부하는 배당재산의 종류, 배당재산의 가액의 결정방법, 이익을 배당하는 조건 등 이익배당에 관한 내용을 정하여야 한다(344의2①). 또 회사가 잔여재산의 분배에 관하여 내용이 다른 종류주식을 발행하는 경우에는 정관에 잔여재산의 종류, 잔여재산의 가액의 결정방법, 그 밖에 잔여재산분배에 관한 내용을 정하여야 한다(344의2②).

2) 議決權의 排除 · 制限에 관한 종류주식

㈎ 의　의　　의결권이 없거나 의결권이 제한되는 종류주식을 말한다(344의3). 이 주식은 회사의 경영에 관하여는 관심이 없는 주주들에게 의결권을 포기 또는 제한하는 대신에 재산적 권리에 관한 우선적 지위를 줌으로써 자금조달을 용이하게 하고 지배주주는 지배권을 그대로 유지할 수 있다는 점에서, 투자가에게나 지배주주에게나 이점이 있다.

㈏ 발　행　　회사가 의결권배제 · 제한주식을 발행하는 경우에는, 정관에 의결권을 행사할 수 없는 사항과, 의결권행사 또는 부활의 조건을 정한 경우에는 그 조건 등을 정하여야 한다(344의3①). 의결권배제 · 제한주식의 총수는 발행주식총수의 4분의 1을 초과하지 못한다. 이 경우 의결권이 없거나 제한되는 종류주식이 발행주식총수의 4분의 1을 초과하여 발행된 경우에는 회사는 지체 없이 그 제한을 초과하지 아니하도록 하기 위하여 필요한 조치를 하여야 한다(344의3②). 이 종류의 주식을 제한 없이 발행하게 하면 소수의 주식의 소유만으로 회사를 지배하게 할 우려가 있기 때문에 이를 제한한 것이다.

㈐ 의결권행사의 허용　　주식회사를 유한회사 또는 유한책임회사로 조직 변

경하는 경우(604, 287의43①), 이사·감사의 책임면제의 경우(400, 415)(통설), 정관변경·회사합병·주식교환·주식이전 등으로 인하여 의결권배제·제한주식의 주주에게 손해를 미치게 될 때 소집되는 종류주주총회의 결의(435, 436), 창립총회의 결의(308②) 등에서는 의결권배제·제한주식에 대하여도 의결권이 인정된다.

3) 株式의 償還에 관한 종류주식(상환주식)

⑦ 의 의   정관으로 정하는 바에 따라 회사의 이익으로써 소각할 수 있는 종류주식(회사상환주식, 상환조항부주식) 또는 주주가 회사에 대하여 상환을 청구할 수 있는 종류주식(주주상환주식, 상환청구권부주식)을 말한다(345①③). 이와 같은 주식을 인정한 것은, 회사가 일시적인 자금조달을 위하여 재정상 부담이 되는 주식을 발행하는 경우에 일정기간 후에 소각하여 그 재정부담을 경감할 수 있도록 하려는 것이다.

⑭ 발 행   상환에 관한 종류주식은 종류주식(상환과 전환에 관한 것은 제외)에 한정하여 발행할 수 있다(345⑤). 회사상환주식을 발행하는 경우에 회사는 정관에 상환가액, 상환기간, 상환의 방법과 상환할 주식의 수를 정하여야 한다(345①). 또한 주주상환주식을 발행하는 경우에 회사는 정관에 주주가 회사에 대하여 상환을 청구할 수 있다는 뜻, 상환가액, 상환청구기간, 상환의 방법을 정하여야 한다(345③). 이 주식을 발행하는 경우 그 내용을 주식청약서에 기재하고(302②vii, 420ii), 등기하여 공시하여야 한다(317②vi).

⑮ 상환절차   회사상환주식의 경우 회사는 정관에 정한 바에 따라 회사의 이익으로 주식을 소각할 수 있으며(345①), 회사는 상환대상인 주식의 취득일부터 2주 전에 그 사실을 그 주식의 주주 및 주주명부에 적힌 권리자에게 따로 통지하여야 한다. 다만, 통지는 공고로 갈음할 수 있다(345②). 주주상환주식의 경우에는 정관에 정한 바에 따라 상환청구를 할 수 있다(345③). 이익으로 소각하는 경우 만일 회사에 이익이 없는 때에는 상환을 하지 못한다.

⑯ 상환의 효과   상환에 관한 종류주식이 상환(소각)된 경우에는 자본감소의 절차에 따른 것이 아니므로 자본액은 감소하지 아니하는 것으로 본다(통설). 상환에 관한 종류주식을 상환한 경우에 회사는 그 수만큼의 주식을 재발행(再發行)할 수 있는가에 대하여는, 상환에 관한 종류주식에 관한 사항은 정관 등에 공시되고 또 이미 주식발행권한이 행사된 것이므로 재발행할 수 없다고 본다(통설).

4) **株式의 轉換에 관한 종류주식(전환주식)**

(개) **의 의** 회사가 종류주식을 발행하는 경우에는 정관으로 정하는 바에 따라 주주가 청구하여(주주전환주식) 또는 정관에 일정한 사유가 발생할 때 회사가(회사전환주식) 주주의 인수 주식을 다른 종류주식으로 전환할 수 있도록 한 경우에 그 주식을 말한다(346①②). 유리한 종류의 주식으로 전환할 수 있도록 함으로써 투자를 유인하여 회사는 주주모집이 용이하게 된다.

(내) **발행절차** 주주전환주식을 발행하는 경우에 회사는 전환의 조건, 전환의 청구기간, 전환으로 인하여 발행할 주식의 수와 내용을 정하여야 한다(346①). 또 회사전환주식을 발행하는 경우에는 회사는 전환의 사유, 전환의 조건, 전환의 기간, 전환으로 인하여 발행할 주식의 수와 내용을 정하여야 한다(346②). 전환주식을 발행하는 경우에는 그 내용을 주식청약서 또는 신주인수권증서에 적어야 하고(347) 이 사항들을 등기하여야 한다(317②vii). 전환주식을 발행하는 경우에는 정관에 정한 종류주식의 수 중 새로 발행할 주식의 수는 전환청구기간 또는 전환의 기간 내에는 그 발행을 유보(留保)하여야 한다(346④).

(대) **전환절차** 주식의 전환을 청구하는 자는 청구서 2통에 주권을 첨부하여 회사에 제출하여야 하며, 그 청구서에는 전환하고자 하는 주식의 종류, 수와 청구년월일을 기재하고 기명날인 또는 서명하여야 한다(349①②). 회사전환주식의 경우 그 주식의 주주 및 주주명부에 적힌 권리자는 이사회의 통지 또는 공고에 따라 일정한 기간 내에 그 주권을 회사에 제출하여야 한다(346③).

(라) **전환의 효과**

(i) **전환의 효력발생** 주식의 전환은 주주가 전환을 청구한 경우에는 그 청구한 때에, 회사가 전환을 한 경우에는 주권제출기간이 끝난 때에 그 효력이 발생한다(350①). 이로써 구주식이 소멸하고 신주발행의 효력이 생기게 된다. 전환권은 형성권이다. 그러나 이익배당에 있어서 각 주에 대하여 일일이 계산하는 것은 번잡하므로, 전환에 의하여 발행된 주식의 이익배당에 관하여는 주주가 전환을 청구한 때 또는 주권제출기간(346③ii)의 기간이 끝난 때가 속하는 영업연도 말에 전환된 것으로 본다(350③전단). 이 경우 신주에 대한 이익배당에 관하여는 정관으로 정하는 바에 따라 그 청구를 한 때 또는 주권제출기간이 끝난 때가 속하는 영업연도의 직전 영업연도 말에 전환된 것으로 할 수 있다(350③후단). 주주명부 폐쇄기간(354①) 중에 전환된 주식의 주주는 그 기간 중의 총회의 결의에 관하여는 의결권을 행사할 수 없다(350②).

(ii) **전환과 資本金의 변동** 전환으로 인하여 신주를 발행하는 경우에는,

전환 전의 주식의 발행가액을 신주식의 발행가액으로 한다(348). 여기서 발행가액이라 함은 발행가액총액을 말하며, 자본금충실을 위한 것이다. 상법은 전환 후의 신주식의 수에는 제한을 두고 있지 않으므로, 주식수의 변동에 따라 자본금변동이 있게된다. 즉, 전환 전의 구주식의 수와 전환 후의 신주식의 수가 같은 경우에는 자본금의 변동이 없으나, 전환 후의 신주식의 수가 많은 경우에는 자본금증가를 가져온다. 전환 후의 신주의 수를 감소함으로써 자본금의 감소를 가져오게 하는 방법은 자본금감소의 절차를 따르지 않은 것이므로 허용되지 않는다.

　　　(iii) 소멸주식과 수권자본금　　전환으로 인하여 소멸하는 주식의 수만큼 그 종류의 미발행주식으로서 부활하여 재발행할 수 있는 것으로 본다(다수설). 재발행을 할 수 없다는 소수설이 있다.

　　㈐ 전환등기　　주식의 전환이 있으면 일정기간 내에 전환에 의한 변경등기를 하여야 한다(351).

제2관 株　主

I. 株主의 意義

1. 주주의 概念·資格·數

　　주주(shareholder)는 주주권으로서의 주식의 귀속자이며, 주식회사의 사원이다. 주주의 자격에는 원칙적으로 제한이 없으며, 자연인·법인, 내국인·외국인, 행위능력의 유무를 불문한다. 다만, 상법 및 특별법에 의하여 주식취득 및 보유가 제한되는 경우가 있다(341, 자본시장법 168·174, 독점규제 및 공정거래에 관한 법률 7①).

　　주주의 수는 제한이 없으며, 1인 주주도 인정된다.

2. 주주의 分類

　　주주는, 경제적 동기에 따라 투자주주, 투기주주, 기업자주주로 분류하며, 주주명부에 명의가 등재되어 있는지 아닌지에 따라 명의주주와 실질주주로 분류한다. 실질주주는 실질적인 주식의 소유자이지만 주주명부에 기재되지 않은 자를 말하며, 보통 예탁한 유가증권에 대하여 공유지분을 가지는 고객을 가리킨다(후술).

II. 株主平等의 原則

1. 意 義

(1) 의 의

주주평등의 원칙이란, 주주는 주주의 자격에 따른 법률관계에 있어서는 그가 가진 주식의 수에 따라 平等하게 대우를 받아야 한다는 원칙을 말한다. 이것은 각 주주가 모두 동일한 대우를 받는 것이 아니라. 그가 가지고 있는 주식 수에 따라 차이를 인정하는 것이므로 주식평등의 원칙이라 할 수 있다.

(2) 기 능

이 원칙은 주주와 회사와의 관계나 주주 상호간의 법률관계가 합리적으로 처리되도록 하고, 다수결의 남용이나 이사의 권한 남용으로부터 일반주주를 보호하는 기능을 한다.

2. 根 據

이 원칙은 단체구성원은 평등한 대우를 받아야 한다는 정의·형평의 이념이 주식회사에서 나타난 것으로서(이론상 근거), 상법의 의결권(369), 이익배당의 기준(464), 잔여재산의 분배(538), 수종의 주식(344), 의결권 없는 주식(344의3) 등에 관한 규정은 모두 이 원칙을 전제로 한 것으로 볼 수 있다(실정법상 근거).

3. 原則의 內容

이 원칙은 주주가 받을 이익이나 권리행사에 있어서 균등하게 기회를 주는 기회의 평등, 주주가 가지는 주식의 수에 비례하여 주주권이 인정되는 비례적 평등, 주식의 종류별로 인정되는 종류적 평등 등을 내용으로 한다.

4. 原則의 例外

주주평등의 원칙에 대하여 상법은 몇 가지 예외를 규정하고 있다. 즉 수종의 주식의 발행(344), 수종의 주식의 종류에 따른 신주의 인수·주식의 병합·분할·소각 등에 관한 특수한 정함(344③), 의결권 없는 주식의 발행(344의3), 감사선임에 있어서 발행주식총수의 100분의 3을 초과하는 주식을 가진 주주에 대한 의결권 행사제한(409), 소수주주권의 행사 인정(402, 403 등), 단주처리에 관한 특별규정(443, 461②, 530③, 329의2③) 등이 그 예외이다.

5. 違反의 效果

이 원칙은 강행법적인 성질을 갖는다. 이에 위반한 정관규정 또는 주주총회의 결의나 업무집행행위는 회사 측의 선의·악의를 묻지 않고 그 효력이 없다(통설). 다만 상법이 인정하는 예외의 경우나 불평등한 취급을 받는 주주가 동의한 경우에는 효력이 인정된다.

III. 株主의 權利義務

1. 株主의 權利

(1) 의   의

주주는 주식회사의 사원(구성원)으로서 회사와의 관계에서 여러 가지 권리의무를 갖는다. 주주의 권리는 주식이 나타내는(표상하는) 권리를 주주의 입장에서 본 것이므로 주식의 내용과 같다. 주주의 권리는 법률의 규정에 의한 것이 대부분이지만, 정관의 규정에 의한 것도 있다.

(2) 권리의 分類

주주의 권리는 그 내용, 목적, 성질 등에 의하여 여러 가지로 분류되는데, 보통 다음과 같이 분류된다.

1) **自益權·共益權**   이것은 권리행사의 목적 및 내용에 의한 분류이다.

㈎ 자익권은 주주가 자기이익을 위하여 행사하는 권리이며, 회사로부터 경제적 이익을 받는 것을 목적으로 하는 권리이다. 자익권으로는 이익배당청구권(462, 464)·잔여재산분배청구권(538)·신주인수권(416, 418)·이자배당청구권(463, 464)·주식전환청구권(350, 346)·주권교부청구권(355) 등이 있다.

㈏ 공익권은 주주가 자기이익과 함께 회사이익을 위하여 행사하는 권리이며, 회사경영에 참여함을 목적으로 하는 권리이다. 공익권으로는 ① 총회에서의 의결권(369)·주주총회결의취소의 소권(376)·신주발행무효의 소권(429)·회사설립무효의 소권(328) 등과, ② 소수주주권인 대표소송제기권(403)·이사의 위법행위에 대한 유지청구권(402)·임시주주총회소집권(366)·주주제안권(363의2)·이사 및 감사의 해임청구권(385②, 415)·청산인해임청구권(539②)·검사인선임청구권(467)·해산청구권(520) 등이 있다.

2) **固有權·非固有權**   정관의 규정이나 주주총회의 결의에 의하여 주주로부터 박탈할 수가 없는 권리를 고유권(의결권, 이익배당청구권), 박탈할 수 있는 권리를

비고유권이라 한다. 고유권은 다수결원리에 한계를 두려는 목적에서 논의되지만, 상법상 주주의 권리는 법규정에 의하여 해결되므로 이 구분은 실제상 큰 의미가 없다.

    3) **單獨株主權·少數株主權**   (가) 단독주주권은 1주만의 주식을 가진 주주라도 행사할 수 있는 권리이며, 소수주주권은 발행주식총수의 일정한 비율 이상의 주식을 가진 주주만이 행사할 수 있는 권리이다. 상법은 소수주주의 이익을 보호하기 위하여 소수주주권을 인정하면서, 그 남용을 방지하기 위하여 일정비율(예컨대, 100분의 3 또는 100분의 1)의 주식의 보유를 요건으로 하고 있다. 이 비율은 여러 사람이 보유하는 주식을 합하여 충족되어도 된다. 자익권은 모두 단독주주권이며, 공익권 중 일부가 소수주주권으로 되어 있다.

    (나) 상법의 소수주주권 가운데, 발행주식총수의 (i) 100분의 1 이상의 주식보유를 요구하는 것으로는 이사위법행위유지청구권(402)·대표소송제기권(403)이 있고, (ii) 100분의 3 이상의 주식보유를 요구하는 것으로는 주주총회소집청구권(366)·이사해임청구권(385②)·감사해임청구권(415, 385)·회계장부열람권(466①)·업무와 재산상태검사청구권(467①)·청산인해임청구권(539②)·주주제안권(363의2)·집중투표청구권(382의2)이 있으며, (iii) 100분의 10 이상을 요구하는 것으로는 해산판결청구권(520①)이 있다.

    (다) 상장회사에 있어서는 소수주주권의 요건을 완화하고, 소수주주권행사를 위하여는 일정기간 동안 일정 비율의 주식을 계속하여 보유할 것을 요구하는 등의 특칙을 두고 있다(542의6).

2. 株主의 義務

(1) 出資義務

주주는 그가 인수한 주식의 인수가액을 한도로 하는 출자의무가 있을 뿐이며 (331), 다른 재산적 의무는 없다(주주유한책임의 원칙). 이 출자의무는 회사성립 전 또는 신주발행의 효력발생 전에 그 전부의 이행하여야 하므로(전액납입주의)(295, 305, 421, 423), 형식적으로 볼 때 이 의무는 주식인수인으로서의 의무이며 주주가 의무를 지는 것은 아니다. 주주의 출자는 재산출자로 이행하여야 하며, 신용출자나 노무출자는 인정되지 않는다.

(2) 義務의 履行

납입의무의 면제나 납입금의 반환은 인정되지 않는다. 또한 납입은 현금으로써 현실로 하여야 하며, 대물변제는 인정되지 아니한다. 회사의 동의가 있으면 납입채무와 회사에 대한 채권을 상계할 수 있다(421②).

3. 株主의 예외적 出資義務

(1) 회사 설립시에 발기인의 인수 및 납입담보책임을 지는 경우(321)와 신주발행시 이사가 인수담보책임을 지는 경우에(428①), 그 미납주주(주식인수인인 주주)도 납입의무를 진다.

(2) 이사와 통모하여 현저하게 불공정한 발행가액으로 주식을 인수한 자는 회사에 대하여 공정한 발행가액과의 차액에 상당한 금액을 지급할 의무가 있는데(424의2①) 이것도 실질적으로는 자본금충실을 위한 추가출자의 성질을 갖는다.

제3관 株券과 株主名簿

I. 株 券

1. 意義와 性質

(1) 意 義

주권(share certificate)은 주주의 지위(주주권), 주식을 표창하는 유가증권이다. 주권을 발행함으로써 주주의 회사에 대한 권리관계를 명확히 하고, 주식에 유통성을 부여하여 투하자본회수 및 투자를 위한 주식양도를 용이하게 하려는 것이다. 사원권적 유가증권이며, 주식의 양도에는 주권의 교부가 요구된다(336).

(2) 性 質

주권은 이미 성립한 주주의 지위를 주권에 표창한 것이고 증권작성에 의해 권리가 발생하는 설권증권이 아니다. 또 기재사항은 법정되어 있는(356) 요식증권이지만, 이 요식성은 어음과 같이 엄격한 것은 아니며, 본질적인 사항이 기재되어 있으면 무효로 되지 아니한다. 또한 사실과 다른 기재는 기재대로의 효력이 발생하는 것이 아니므로 문언증권도 아니다. 또한 주주가 권리를 행사할 때에는 주주명부의 기재에 의하여 주주임이 인정되어(337) 따로 주권의 제시를 요하지 아니하므로 비제시증권이고, 주주권의 행사에 주권을 상환하지 아니하므로 비상환증권이다.

2. 種   類

(1) 記名株券 · 無記名株券

기명주권은 株主의 姓名이 기재되어 있는 주권이며, 무기명주권은 그것이 기재되지 않는 주권이다. 상법상 무기명주권은 인정되지 않는다(2014년 폐지).

(2) 額面株券 · 無額面株券

액면주권은 주권에 주금액이 기재된 주권이고, 무액면주권은 주권에 주금액이 기재되지 않고, 자본금에 대한 비율만 기재된 주권이다.

(3) 單一株券 · 倂合株券

단일주권은 1개의 주식에 대하여 1매의 주권이 발행되는 것이며, 병합주권은 10주권 · 50주권 · 100주권과 같이 여러 개의 주식에 대하여 1매의 주권을 발행한 것이다.

3. 株券의 記載事項

(1) 주권에는 다음과 같은 일정한 사항과 번호를 기재하고 대표이사가 기명날인 또는 서명하여야 한다(356). 기재할 사항은 ① 회사의 상호, ② 회사의 성립연월일, ③ 회사가 발행할 주식의 총수, ④ 액면주식을 발행하는 경우 1주의 금액, ⑤ 회사의 성립 후 발행된 주식에 관하여는 그 발행연월일, ⑥ 종류주식이 있는 경우에는 그 주식의 종류와 내용, ⑦ 주식양도에 관하여 이사회의 승인을 얻도록 정한 때에는 그 규정이다. 이 밖에 주주의 성명(법인은 그 명칭)을 기재하여야 한다.

(2) 주권은 기재사항이 법정되어 있으므로 요식증권에 속하지만, 그 기재사항 중 본질적인 내용(예컨대, 대표이사의 기명날인, 회사와 주주의 동일성과 출자의 정도를 인정할 수 있는 표시 등)이 흠결되지 아니하는 한 무효로 되지 아니한다.

(3) 기재할 사항을 기재하지 않거나 또는 부실한 기재를 한 이사에 대하여는 과태료의 제재가 있고(635①vi), 손해배상책임을 진다(399①).

4. 發   行

(1) 株券發行義務

주권의 발행은 회사가 법정기재사항(356)을 기재한 증권을 작성하여 주주에게 교부하는 것을 말한다. 주식회사는 성립 후 또는 신주의 납입기일 후 지체 없이 주권을 발행하여야 한다(355①). 주주는 회사에 대하여 주권의 발행 및 교부청구권을 갖는다. 상법은 주식양도성을 규정하고 양도의 방법으로 주권의 교부를 요하므로 (335①본문, 336) 주권의 발행이 지연되든가 발행되지 아니하면 제대로 주식양도를 할 수 없으므로 이를 강제하는 규정을 둔 것이다. 이에 위반하여 주권발행을 해태한 이사는 과태료의 제재를 받는다(635①xix).

(2) 發行時期의 制限

1) 회사의 성립 전 또는 신주납입기일 전에는 주권의 발행이 금지된다(355②). 이때는 아직 주주권이 발생되지 아니한 상태이며, 또 이를 허용한다면 권리주(319)의 유가증권화와 그 양도를 통한 투기의 위험이 있기 때문에 이를 금지한 것이다.

2) 이에 위반하여 발행된 주권은 무효이다(355③본문). 이러한 발행행위는 강행법규위반이며 (투기행위방지를 위해서) 회사의 성립 또는 신주납입기일의 경과와 더불어 유효로 되지 않으며, 회사가 그 주권의 효력을 인정할 수도 없다. 이러한 주권을 발행한 발기인·이사 등은 손해를 입은 주권취득자에 대하여 손해배상의 책임을 지며(355③단서), 과태료의 제재를 받는다(635①xix).

(3) 株券의 效力發生時期

1) 주권의 효력발생시기에 관하여는, ① 회사가 주권을 작성한 때로 보는 작성시설(창조설), ② 회사가 작성한 주권을 그 의사에 따라 누군가에게 교부한 때로 보는 발행시설(대판 1965.8.24, 65다968), ③ 회사가 주권을 작성하여 주주에게 교부한 때(주주에게 도달한 때)로 보는 교부시설(교부계약설)(다수설·판례) 등이 있다.

2) 이 문제는 예컨대 주권이 작성되어 주주에게 교부되기 전에 도난 분실된 경우에 이것에 주권으로서의 효력을 인정할 수 있는가 하는 문제와 관련된다. 作成時說 및 發行時說에 따르면 주권이 주주에게 교부되기 전이라도 선의취득이 인정되는데, 자기의 과실이 없는 주주가 주주권을 잃게 되어 주주보호에 소홀하다. 주권은 어음수표와 달리 요인증권이며 사단적 법리가 지배하므로 거래안전보다는 진정한 권리자(주주)의 보호가 더 필요하므로 交付契約說이 타당하다고 생각한다(대판 1977.4.12, 76다2766).

5. 株券不所持制度

(1) 意義 및 趣旨

1) 주권불소지제도라 함은 주주가 주권의 소지를 하지 아니하겠다는 뜻을 회사에 신고할 수 있고, 이에 따라 회사가 그 신고된 주권을 발행하지 아니하는 제도를

말한다.

2) 주주가 권리행사를 함에는 주주명부에 명의개서가 되어 있으면 충분하므로 (337) 주식을 양도하는 경우가 아니면 주권을 소지할 필요성은 크지 않다. 오히려 주권을 소지함으로써 도난이나 분실시 제3자의 선의취득으로 인하여 권리를 상실할 위험이 있고, 또한 폐쇄회사의 주주들의 경우 주식양도가 빈번치 않으므로 주권의 소지가 의미가 적다. 상법은 이와 같은 주주의 요구에 응하여 주권불소지제도를 두고 있다.

(2) 定款에 의한 排除

회사는 사무의 번거로움 등을 고려하여, 정관에 주권불소지제도를 배제 또는 제한하는 규정을 둘 수 있다(358의2①). 그러나 주주평등의 원칙에 반하는 배제나 제한은 무효라고 본다.

(3) 不所持申告의 節次

1) 불소지의 申告   신고권자(불소지신고를 할 수 있는 자)는 주주명부상의 명의주주 또는 주식 인수인이다. 신고는 회사에 대하여 하지만, 명의개서대리인(337②)에 대하여도 할 수 있다. 신고할 수 있는 시기는 주권발행의 전후를 불문하며, 주주명부폐쇄기간 중에도 신고할 수 있다. 신고의 방식에는 특별한 제한이 없으므로 구두 또는 서면으로 할 수 있다. 주주는 소유주식의 일부에 대하여만 불소지신고를 할 수 있다.

2) 株券의 제출   주권이 이미 발행된 후에 불소지신고를 하는 경우에는 그 주권을 회사에 제출하여야 한다(358의2③). 주권의 제출은 주권불소지신고의 효력발생요건이다. 그러나 주권이 이미 제출되어 있는 경우(명의개서, 주식병합절차 등)에는 오로지 신고만으로 족하며, 주권을 상실한 경우에는 제권판결을 받아 그 등본을 제출하면 된다.

(4) 會社의 措置·申告의 效力

1) 주권발행 전의 申告   주주의 주권불소지신고가 있는 때에는 회사는 지체 없이 주권을 발행하지 아니한다는 뜻을 주주명부와 그 복본에 기재하고, 그 사실을 주주에게 통지하여야 한다(358의2②). 회사가 주주명부에 주권불소지신고의 기재를 한 때에는 그 주권의 발행을 할 수 없다(358의2②후단). 만약 발행하더라도 그 주권은 효력이 없으며 선의취득이 불가능하다.

2) 주권발행 후의 申告   이미 주권이 발행된 경우, 회사에 제출된 주권은 무

효로 하거나 명의개서대리인에게 임치하여야 한다(358의2③). 이 경우에 무효로 할 것인가 임치할 것인가는 회사가 선택할 수 있는데, 임치는 주주가 재발행을 청구하는 경우에 발행비용을 줄이기 위한 것이다. 회사에 제출된 주권을 무효로 하는 때에는 제출된 주권을 폐기처분하고 주주명부에 주권불발행의 기재를 하고 그 사실을 주주에게 통지하여야 한다. 회사에 제출된 주권을 명의개서대리인에게 임치하는 경우에는 주권은 여전히 유효하므로 주주명부에 주권불발행의 기재를 할 수 없으며, 임치된 주권이 유출된 경우 선의취득의 대상이 된다. 임치비용은 회사가 부담한다.

(5) 株券의 발행 또는 返還請求

주권불소지신고를 한 경우에도 주식의 양도·입질 등 필요할 때에는 불소지신고를 한 주주는 언제든지(예컨대, 주주명부폐쇄기간 중에도) 회사에 대하여 주권의 발행 또는 반환을 청구할 수 있다(358의2④). 주권의 발행 또는 반환의 청구가 있는 때에는 회사는 지체 없이 주권을 발행 또는 반환하여야 한다. 정관으로도 이 청구를 일반적으로 금지하거나 제한할 수 없다.

6. 株券의 喪失과 再發行

(1) 意 義

유실·도난 등으로 인하여 주권을 상실한 경우에는 주주는 민사소송법에 규정된(민사소송법 475 이하) 공시최고의 절차를 거쳐 제권판결을 얻음으로써, 상실한 주권을 무효로 하고, 주권을 재발행 받을 수 있도록 하였다(360). 주권을 분실한 것만으로 주식(주주권)이 소멸하는 것은 아니지만 주식양도나 입질 등 권리행사가 어렵게 될 뿐 아니라, 제3자가 선의취득을 하면 주주의 지위를 상실하게 되므로, 이러한 제도를 둔 것이다.

(2) 公示催告

1) 공시최고의 절차　　㈎ 공시최고절차의 신청권자는 주권의 최종소지인이며, 주식이 입질된 경우에는 질권자도 신청할 수 있다(민사소송법 493). 공시최고절차의 관할법원은 주권을 발행한 회사의 본점 소재지의 지방법원이다(민사소송법 476).

㈏ 공시최고의 신청에는 그 신청의 이유와 제권판결을 청구하는 취지를 밝혀야 한다(민사소송법 477①). 이와 동시에 신청의 증거로서 주권의 등본을 제출하거나 주권의 내용을 개시하고, 신청의 이유가 되는 사실 등을 소명하여야 한다(민사소송법 494).

㈐ 공시최고의 허가여부에 대한 재판은 결정으로 하며(민사소송법 478①), 공시

최고의 신청을 허가한 때에는 법원은 공시최고를 하여야 한다. 공시최고에는 공시최고기일까지 권리 또는 청구의 신고를 하고 그 증서를 제출하도록 최고하고, 이를 게을리 하면 권리를 잃게 되어 증서의 무효가 선고된다는 것을 경고하여야 한다(민사소송법 495). 공시최고의 기간은 공고가 끝난 날부터 3월 뒤로 정하여야 한다(민사소송법 481). 신청이유로 내세운 권리 또는 청구를 다투는 신고가 있는 때에는 법원은 그 권리에 대한 재판이 확정될 때까지 공시최고절차를 중지하거나, 신고한 권리를 유보하고 제권판결을 하여야 한다(민사소송법 485).

2) 공시최고의 효과   공시최고공고가 있어도 제권판결이 있을 때까지는 권리의 신고의 유무에 불구하고 주권은 유효하므로 공시최고 중에도 주권의 선의취득은 가능하다. 그러므로 회사는 주권을 제시하여 명의개서를 청구하는 자에 대하여 이를 거절할 수 없다.

(3) 除權判決의 效力

1) **積極的 效力・消極的 效力**   法院은 제권판결신청에 정당한 이유가 없다고 인정할 때에는 결정으로 신청을 각하하여야 하며, 이유가 있다고 인정할 때에는 제권판결을 선고하여야 한다(민사소송법 487①). 제권판결에는 두 가지 효력이 있다. 첫째는, 제권판결에 의하여 주식과 그 권리를 표창하는 주권과의 관계가 절단되어, 그 주권이 효력을 상실하게 되는 소극적 효력이다(민사소송법 496). 둘째는 제권판결에 의하여 신청인이 주권을 소지하고 있는 것과 같은 지위를 회복하여 권리행사의 자격을 얻게 되는 적극적 효력이다(민사소송법 497). 제권판결은 판결 이후에만 그 주권이 효력을 잃는 것이고 공시최고신청시에 소급하여 그 주권을 무효로 하는 소급효가 생기는 것은 아니며, 신청인에게 주권을 소지하는 것과 동일한 지위를 회복하도록 하지만 실질적 주주임을 확인하는 것은 아니다.

2) **株券의 再發行**   주권을 상실한 자가 제권판결을 얻으면 회사에 대하여 주권의 재발행을 청구할 수 있다(360②). 제권판결신청인이 주주명부상의 주주인 경우에는, 회사는 신청인명의의 주권을 작성하여 신청인에게 교부하면 된다. 제권판결이 있기 전에 이미 제3자의 명의개서가 있는 경우에는, 회사는 제권판결신청인이 자기가 실질상의 권리자임을 증명하지 아니하면 그 청구에 응할 수 없다고 본다. 제권판결은 신청인의 실질상의 권리를 확인하는 것은 아니기 때문이다.

(4) 除權判決과 善意取得

공시최고기간 중에 주권을 선의취득한 자는 명의개서를 하고 주주로서 권리를 행사할 수 있다. 그 선의취득자가 권리신고를 하지 않은 상황에서 제권판결이 선고된 경우에, 그 선의취득의 효력이 소멸한다는 견해(제권판결우선설)와 소멸하지 않는다는 견해(선의취득우선설)가 대립한다. 생각건대 현재의 공시최고제도의 공지성이 충분하다고 보기 어렵고, 주권의 유통성 보호를 고려하여야 하며, 또한 제권판결에 권리를 확인해주는 효력이 있는 것도 아니므로, 선의취득자 우선설이 타당하다고 본다(다수설).

II. 株主名簿

1. 意 義

(1) 주주명부는 주주와 주권에 관한 사항을 명백히 하기 위하여 상법의 규정에 의하여 작성·비치하는 장부이다. 주식의 양도가 용이한 주식회사에서는 주주의 변동이 잦아 특정시점의 주주를 확정할 필요가 있고 또 주주가 권리행사 때마다 주권을 제시하는 것은 번거로운 일이므로 주주명부를 통하여 이에 대처하려는 것이다. 주주명부는 회사의 영업이나 재산상태를 밝히기 위한 것이 아니므로 상업장부(29 이하)가 아니다. 회사는 정관으로 정하는 바에 따라 전자문서로 주주명부(이하 "전자주주명부"라 한다)를 작성할 수 있다(352의2①).

(2) 주주명부의 복본은 주주명부와 같은 효력을 가진다(337②). 회사가 명의개서대리인을 둔 때에는 주주명부나 그 복본을 명의개서대리인의 영업소에 비치할 수 있다(396①후문).

2. 備置·閱覽

이사는 주주명부를 작성하여 회사의 본점에 비치하여야 하며, 명의개서대리인을 둔 때에는 명의개서대리인의 영업소에 비치할 수 있다(396①). 주주와 회사채권자는 영업시간 내에는 언제든지 그 열람 또는 등사를 청구할 수 있다(396②).

3. 記載事項

주주명부의 기재사항은 상법에 규정되어 있으며(352), 이러한 법정기재사항의 불기재 또는 부실기재에 대하여는 벌칙이 있다(635①ix).

(1) 주식을 발행한 때에는, ① 주주의 성명과 주소, ② 각 주주가 가진 주식의 종류와 그 수, ③ 각 주주가 가진 주식의 주권을 발행한 때에는 그 주권의 번호, ④ 각 주식의 취득연월일을 기재하여야 한다(352①).

(2) 전환주식을 발행한 때에는 위의 기재사항과 함께, 주식을 다른 종류의 주식으로 전환할 수 있다는 뜻, 전환의 조건, 전환으로 인하여 발행할 주식의 내용, 전환을 청구할 수 있는 기간을 기재하여야 한다(352②, 347).

4. 株主名簿의 效力

(1) 株式移轉의 對抗要件

주식의 이전은 취득자의 성명과 주소를 주주명부에 기재하지 아니하면 회사에 대항하지 못한다(337①). 적법하게 주식을 취득하여 주권을 소지한 자가 그 취득한 사실을 입증한 경우에도 주주명부에 명의개서를 하기 전에는, 회사에 대하여 주주로서 권리를 행사할 수 없다.

(2) 資格授與的 效力(추정력)

주주명부에 주주로 기재되면 주주의 자격이 추정되어서, 자기의 실질적 권리를 입증하지 않아도 주주로서의 권리를 행사할 수 있다. 그러나 이 같은 효력은 추정에 불과하므로 회사는 반증을 들어서 주주자격을 부인할 수 있다.

(3) 免責的 效力

회사가 주주명부상의 주주를 주주로 취급하여 주주의 권리(의결권, 신주인수권 등)를 인정하면, 회사는 면책되어 책임이 없다(353). 다만 명의주주가 무권리자임을 알았거나 이를 쉽게 증명할 수 있었음에도 주주권행사를 허용한 경우에는 회사는 책임을 면하지 못한다. 그러므로 주주 또는 질권자에 대한 회사의 통지 또는 최고는 주주명부에 기재된 주소 또는 그 자로부터 회사에 통지한 주소로 하면 된다(353①).

5. 株主名簿의 閉鎖 및 基準日

(1) 總 說

의결권행사나 배당청구, 기타 주주 또는 질권자로서 권리행사를 할 주주는 그 시점에 주주명부상의 주주이다. 그러나 주주가 많고 명의개서가 번잡하게 이루어지는 경우에는 어느 시점의 명부상의 주주에게 권리행사를 하도록 할 것인지가 문제가 될 수 있다. 예컨대 이익배당은 결산기 현재의 주주에게 배당을 하여야 하는데, 결산기로부터 정기총회 사이에 주주가 변동하여 名義改書가 있게 되면 이익배당을 받을 자와 결의하는 자가 다르게 된다. 이러한 경우에 대비하여 일정 시점의 주주에게 권리행사를 인정하기 위한 제도가 주주명부의 폐쇄 및 기준일 제도이다.

(2) 株主名簿閉鎖 및 基準日 제도의 意義

1) 주주명부의 폐쇄(또는 명의개서의 정지)라 함은 회사가 권리행사를 할 주주 또는 질권자를 확정하기 위하여 일정기간 주주명부의 기재의 변경을 정지하는 것을 말한다(354). 회사가 이를 폐쇄함으로써 폐쇄당시 주주명부에 기재된 주주 또는 질권자는 소정의 권리를 행사할 수 있는 자로 확정된다.

2) 기준일제도는 회사가 일정한 날을 기준일로 정하여 그 날짜에 주주명부에 기재된 주주 또는 질권자를 권리를 행사할 자로 보는 제도이다. 등록일이라고도 한다. 기준일을 정한 때에는, 주식의 명의개서가 이루어져 주주명부상의 주주의 변경이 있어도 기준일의 현재의 주주명부상의 주주나 질권자를 권리행사를 할 자로 보는 것이다.

3) 주주명부폐쇄와 기준일은 병용할 수 있다. 주주명부폐쇄기간 중에 신주의 납입기일이 도래하는 경우에 신주주에 대하여 전년도 업적에 따른 이익을 배당하는 것은 적절한지 의문인데, 이 경우에 배당금은 결산기 현재의 주주에게 지급한다는 뜻으로 기준일 정하여 두면 문제가 해결될 것이다. 실제로 우리나라에서는 주주명부폐쇄제도와 기준일 제도를 병용하는 경우가 많다.

(3) 公　　告

주주명부의 폐쇄기간 또는 기준일을 정한 때에는 회사는 그 기간 또는 날의 2주간 전에 이를 공고하여야 한다(354④). 이것은 갑작스런 폐쇄로 인하여 주식취득자나 질권자가 명의개서나 등록의 기회를 잃게 될 염려가 있기 때문이다. 다만 정관에 미리 폐쇄기간 또는 기준일을 지정한 경우에는 공고할 필요가 없다(354④단서).

(4) 閉鎖期間과 基準日에 관한 制限

1) 폐쇄기간의 제한　　주주명부의 폐쇄기간은 3월을 초과하지 못한다(354②). 폐쇄기간이 너무 길면 주식의 자유로운 유통에 지장을 주기 때문이다. 그러므로 3개월이 넘도록 폐쇄기간을 정하거나 공고하여 주주명부를 폐쇄한 경우에는 그 3개월을 넘는 부분은 무효가 된다(통설).

2) 기준일의 제한　　기준일을 설정하는 경우에는 그 기준일과 권리를 행사할 날과의 간격은 3개월을 넘지 않아야 한다(354②). 따라서 이 3개월을 초과하여 기준일을 정한 경우에는 그 기준일의 설정은 무효가 된다.

(5) 閉鎖期間中의 名義改書의 效力

주주명부폐쇄기간 중에는 회사는 명의개서를 받아 주어야 할 의무가 없는 동시에 명의개서를 허용해서도 안 된다(통설). 만약 폐쇄기간 중에 명의개서가 이루어진 경우에 그 명의개서의 효력에 관하여는 유효설과 무효설이 대립하는데, 그것은 주주평등의 원칙에 반하고 회사의 권리남용의 여지가 있으므로 무효로 보아야 할 것이다(다수설).

III. 株式의 電子登錄

1. 意 義

주식의 전자등록은, 회사가 주권을 발행하는 대신 정관으로 정하는 바에 따라 전자등록기관(유가증권 등의 전자등록 업무를 취급하는 것으로 지정된 기관을 말함)의 전자등록부에 주식을 등록하는 것을 말한다(356의2①). 2011년 개정상법이 도입한 제도로서, 실물증권(주권)을 발행하지 아니하고 전자등록부에의 등록만으로 권리자 및 권리의 내용을 인정하고, 전자등록부를 통하여 그 권리의 이전·담보설정 및 행사를 가능하게 한 것이다.

2. 節 次

회사는 주권을 발행하는 대신 정관으로 정하는 바에 따라 전자등록기관의 전자등록부에 등록할 수 있다(356의2①). 전자등록의 절차·방법 및 효과, 전자등록기관의 지정·감독 등 주식의 전자등록 등에 관하여 필요한 사항은 대통령령으로 정한다(356의2④).

3. 效 力

(1) 전자등록부에 등록된 주식의 양도나 입질(入質)은 전자등록부에 등록하여야 효력이 발생한다(356의2②). 즉 주식양수인은 전자등록부상의 대체기재에 의하여 권리를 취득하고 질권설정 기재에 의해 질권이 설정된다.

(2) 전자등록부에 주식을 등록한 자는 그 등록된 주식에 대한 권리를 적법하게 보유한 것으로 추정한다(356의2③전단).

(3) 전자등록부를 선의로, 그리고 중대한 과실 없이 신뢰하고 전자등록부의 등록에 따라 권리를 취득한 자는 그 권리를 적법하게 취득한다(356의2③후단).

제4관 株式의 讓渡와 擔保

I. 株式讓渡의 意義

주식의 양도는 법률행위에 의하여 주식(주주의 지위)을 이전하는 것을 말한다. 주식양도는 준물권행위이며, 보통 매매·증여·교환 등의 채권계약이 그 원인행위가 된다. 주식의 양도에 의하여 주주의 자익권 및 공익권 모두가 포괄적으로 이전된다. 상법은 주권을 발행하도록 하고 주식양도를 주권의 교부만으로 가능하게 하며(336①), 주권의 점유자를 적법한 소지인으로 추정하고(336②), 주권에 수표와 같은 선의취득제도를 인정하였으므로(359) 주식의 양도가 쉽게 이루어질 수 있게 되어 있다. 그러나 주권예탁제도, 주권불소지제도 등의 영향으로 주권의 이용이 급격히 줄어들고 있다.

II. 株式讓渡自由의 原則과 그 制限

1. 株式讓渡自由의 原則

주식은 원칙적으로 자유롭게 양도할 수 있다(335①본문). 주식회사에서는 인적회사의 경우와 같은 퇴사 및 지분환급이 인정되지 아니하므로 주식양도가 유일한 투하자본 회수방법이라고 할 수 있다. 그리고 주식회사의 주주는 개성이 중시되지 않으므로 주식의 자유로운 양도를 인정해도 경영상 큰 문제가 없다. 주식양도자유의 원칙은 주주유한책임의 원칙과 함께 주식회사의 중요한 특성이다.

2. 制限의 필요성

주식양도의 절대적 자유를 인정할 경우에는 회사기밀의 누출, 외부자본의 유입으로 인한 회사지배권에 대한 위협 등의 부작용이 있고 또한 우리나라의 주식회사의 대다수가 폐쇄적인 회사인 상황을 고려할 때 주식양도를 제한할 필요성이 인정된다. 상법은 주식양도의 자유를 원칙으로 하면서 예외로 이사회의 승인을 얻도록 정관에 규정하여 이를 제한할 수 있도록 하고 있다(335).

III. 株式讓渡의 制限

1. 定款에 의한 株式讓渡의 制限

(1) 意 義

우리나라의 주식회사의 대다수가 소규모의 폐쇄회사인 것이 현실이므로 주주 간의 인적 신뢰관계를 보호하고 회사경영의 안정을 도모할 필요성이 크다. 그러므로 상법은 이러한 회사가 정관에 의하여 주식양도를 제한할 수 있도록 규정하고 있다.

(2) 讓渡制限의 要件

1) 定款의 規定 　상법은 정관의 규정에 의하여 주식양도를 제한할 수 있도록 하고 있는데, 이 경우에는 이사회의 승인을 얻도록 하는 방법만이 인정된다(335①단서). 양도제한의 규정은 원시정관에는 물론 정관을 변경하여 둘 수도 있다. 그러나 정관으로 주식양도를 전면적으로 금지하는 것은 투하자본회수의 길을 막는 것이 되어 허용되지 아니한다(대판 2000.9.26, 99다48429).

2) 理事會의 承認 　주식의 양도에 이사회의 승인을 얻도록 한 정관규정에 위반하여 이사회의 승인을 얻지 아니한 주식의 양도는 회사에 대하여 효력이 없다(335②). 우리 상법은 주식을 양수한 자도 회사에 대하여 승인청구를 할 수 있게 하고 있으므로(335의7) 이사회의 승인이 없는 주식의 양도도 당사자간에서는 유효한 것으로 본다. 주주총회나 대표이사의 승인을 얻어 주식양도를 할 수 있도록 하는 정관규정도 그 효력이 없다. 이사회를 승인기관으로 정한 입법취지에 반하기 때문이다.

3) 制限의 範圍 　㈎ 정관에 의한 양도제한은 그 회사가 발행하는 모든 주식에 적용된다. 그러나 회사가 종류주식을 발행한 경우에 특정한 종류의 주식의 양도에 대하여서만 제한규정을 두는 것도 가능하다고 본다. 실제로 주식의 종류에 따른 양도제한이 필요한 경우가 있을 것이다.

㈏ 주식수에 의한 제한(예컨대, 1만 주 이상 또는 1만 주 미만 등)이나, 특정주주의 주식의 양도에 대하여서만 이사회의 승인을 요하도록 하는 것은 주주평등의 원칙에 반하므로 허용되지 않는다고 본다. 그러나 양수인의 범위를 제한하는 규정(예컨대 주주 이외의 자, 외국인, 종업원 이외의 자)은 원치 않는 주주의 유입을 제한하려는 입법취지에서 볼 때 허용된다고 본다(335의2④ 참조).

㈐ 양도제한규정은 상속이나 회사합병과 같은 포괄승계에는 적용되지 않으며, 주식의 입질이나 양도담보의 경우에도 이사회의 승인은 요하지 않는다고 본다.

4) 讓渡制限의 公示 　정관으로 주식의 양도에 관하여 이사회의 승인을 얻도

록 제한한 때에는 주식의 유통성에 큰 장애가 되므로 그 규정내용을 미리 등기(317 ②ⅲ의2)를 하여 공시하고, 주식청약서(302②ⅴ의2), 주권(356ⅵ의2), 전환사채와 신주인수권부사채의 청약서, 채권, 사채원부(514조①ⅴ, 516의4ⅳ), 신주인수권증권(516의5②ⅴ)에 기재하여야 한다. 따라서 총회에서 양도를 제한하는 정관변경을 한 때에는 이미 발행된 주권을 회사에 제출하게 하여 이를 기재하여야 한다. 주식양도의 제한이 정관에 기재되었더라도 등기되지 아니한 경우에는 선의의 제3자에 대하여는 대항하지 못한다(37).

(3) 株主(讓渡人)에 의한 承認請求

1) 會社에 대한 讓渡承認請求

㈎ 승인청구의 방법　　주식의 양도에 관하여 이사회의 승인을 얻어야 하는 경우에, 주식을 양도하고자 하는 주주(양도인)는, 회사에 대하여, 양도의 상대방 및 양도하고자 하는 주식의 종류와 수를 기재한 서면으로, 양도의 승인을 청구하여야 한다(335의2①).

㈏ 승인여부의 通知義務　　회사는 위의 주주의 승인청구가 있는 때에는, 1월 이내에, 그 주주에게 승인의 여부를 서면으로 통지하여야 한다(335의2②). 회사가 이 기간 내에 주주에게 거절의 통지를 하지 아니한 때에는 주식의 양도에 관하여 이사회의 승인이 있는 것으로 본다(335의2③). 이사회가 주식의 일부에 대하여 양도를 승인하고 일부는 거절하거나, 일부에 대하여 양도를 승인하고 나머지에 대해서 양수인을 지정하는 것은 허용되지 않는다. 이사회의 승인은, 정관에 다른 정함이 없는 한, 이사 과반수의 출석과 출석이사의 과반수로 결의하여야 한다(391①). 이사회의 결의 없이 대표이사가 승인통지를 한 경우에는 효력이 없으나, 양도인과 양수인이 선의인 경우에 회사는 그 무효를 주장할 수 없다 할 것이다.

㈐ 승인거부에 대한 구제　　주주가 회사로부터 양도승인의 거부의 통지를 받은 때에는, 회사에 대하여 양도의 상대방을 지정하거나, 또는 회사가 주식을 매수할 것을 청구할 수 있다(335의2④).

2) 讓渡相對方의 指定請求

㈎ 지정청구　　주주가 회사로부터 양도승인의 거절의 통지를 받은 때에는, 회사에 대하여, 양도의 상대방을 지정할 것을 청구할 수 있다. 이 청구는 승인거부의 통지를 받은 날로부터 20일 내에 하여야 한다(335의2④).

㈏ 지정 및 통지　　주주가 이 청구를 한 때에는 이사회는 이를 지정하고, 청

구일로부터 2주간 내에, 서면으로 주주 및 지정된 상대방에게 통지하여야 한다(335의3①). 회사가 위의 기간 내에 주주에게 상대방 지정의 통지를 하지 아니한 때에는, 주식의 양도에 관하여 이사회의 승인이 있는 것으로 본다(335의3②).

　　(대) 被指定者(指定된 者)의 賣渡請求權(先買權)　　이사회가 양도상대방을 지정·통지한 때에는(335의3①) 그 상대방으로 지정된 자는 지정청구를 한 주주에 대하여 그 주식을 자기에게 매도할 것을 청구할 수 있으며, 이 청구는 지정통지를 받은 날로부터 10일 내에 서면으로 하여야 한다(335의4①). 지정된 買受人이 지정통지를 받은 날로부터 10일 내에 매도의 청구를 하지 아니한 때에는 주식양도에 관하여 이사회의 승인이 있는 것으로 본다(335의4②).

　　(라) 매도가액의 결정　　지정통지를 받은 자가 주주에 대하여 매도청구를 하여 주식의 매매계약이 성립한 때, 그 주식의 매도가액은, 먼저 주주와 매도청구인 간의 협의로 정한다(335의5①). 만일 30일 내에 협의가 이루어지지 아니한 경우에는 양 당사자는 法院에 대하여 매수가액의 결정을 청구할 수 있다(335의5②, 374의2④). 법원이 주식의 매수가액을 결정하는 경우에는 회사의 재산상태 그 밖의 사정을 참작하여 공정한 가액으로 산정하여야 한다(335의5②, 374의2⑤).

3) 會社에 대한 株式買受請求

　　(가) 매수청구　　주주가 회사로부터 양도승인의 거부의 통지를 받은 때에는 회사에 대하여 그 주식의 매수를 청구할 수 있다(335의2④).

　　(나) 절　차　　주주의 매수청구는 승인거부의 통지를 받은 날로부터 20일 내에 하여야 하며(335의2④), 회사는 이 매수청구를 받은 날로부터 2월 이내에 그 주식을 매수하여야 한다(374의2②, 335의6).

　　(다) 주식의 매수가액의 결정　　그 株式의 매수가액은, 먼저 회사와 매수청구인 간의 협의에 의하여 결정하고, 만일 30일 내에 협의가 이루어지지 아니한 경우에는 양 당사자는 법원에 대하여 매수가액의 결정을 청구할 수 있다(335의6, 374의2③④⑤).

(4) 株式讓受人에 의한 承認請求

1) 株式取得承認請求

　　(가) 승인청구　　정관에 의하여 주식의 양도에 관하여 이사회의 승인을 요하는 경우에, 주식을 취득한 자는, 회사에 대하여, 그 주식의 종류와 수를 기재한 서면으로 그 취득의 승인을 청구할 수 있다(335의7①). 회사는 1월 이내에 승인 여부를 서면

으로 통지하여야 하며, 이 기간 내에 통지를 하지 아니한 때에는 승인이 있는 것으로 본다(335의2②③, 335의7②).

(내) 승인거부에 대한 구제　　주주가 회사로부터 양도승인의 거부의 통지를 받은 때에는 회사에 대하여 양도의 상대방을 지정하거나 또는 회사가 주식을 매수할 것을 청구할 수 있다(335의2④, 335의7②).

2) 讓渡相對方 指定請求

(개) 지정청구 및 지정통지　　주주가 회사로부터 양도승인의 거절의 통지를 받은 때에는, 회사에 대하여, 양도의 상대방을 지정할 것을 청구할 수 있으며, 이 청구는 승인거부의 통지를 받은 날로부터 20일 내에 하여야 한다(335의2④, 335의7②). 주주가 이 청구를 한 때에는 이사회는 이를 지정하고, 청구가 있은 날로부터 2주간 내에 서면으로 주주 및 지정된 상대방에게 통지하여야 한다. 회사가 위의 기간 내에 주주에게 상대방 지정의 통지를 하지 아니한 때에는 주식의 양도에 관하여 이사회의 승인이 있는 것으로 본다(335의3, 335의7②).

(내) 被指定者(指定된 者)의 매도청구권·매도가액의 결정　　회사에 의하여 지정된 양도상대방의 주식매도청구권(335의4) 및 주식매도가액의 결정방법(335의5) 등은 모두 주주가 양도승인거부의 통지를 받은 경우와 같다(335의7②). 즉, 양도상대방으로 지정된 자는, 지정청구를 한 주주에 대하여, 그 주식을 자기에게 매도할 것을 청구할 수 있으며, 이 지정된 매수인이 지정통지를 받은 날로부터 10일 내에 매도의 청구를 하지 아니한 때에는 주식양도에 관하여 이사회의 승인이 있는 것으로 본다(335의4①②, 335의7②). 그리고 지정통지를 받은 자가 매도청구를 한 경우에 주식의 매도가액은, 먼저 주주와 매도청구인 간의 협의로 정하며(335의5①), 만일 30일 내에 협의가 이루어지지 아니한 경우에는 양 당사자는 법원에 대하여 매수가액의 결정을 청구할 수 있고(335의5②, 374의2④), 이때에 법원은 회사의 재산상태 그 밖의 사정을 참작하여 공정한 가액으로 산정하여야 한다(335의5②, 374의2⑤).

3) 會社에 대한 株式買受請求

(개) 매수청구 및 매수　　주주가 회사로부터 양도승인의 거부의 통지를 받은 때에는 회사에 대하여 그 주식의 매수를 청구할 수 있으며, 이 매수청구는 승인거부의 통지를 받은 날로부터 20일 내에 하여야 한다(335의2④, 335의7②). 회사는 이 매수청구를 받은 날로부터 2월 이내에 그 주식을 매수하여야 한다(374의2②, 335의6).

(내) 주식의 매수가액의 결정　　그 주식의 매수가액은, 먼저 회사와 매수청구

인 간의 협의에 의하여 결정하고, 만일 30일 내에 협의가 이루어지지 아니한 경우에는 양 당사자는 법원에 대하여 매수가액의 결정을 청구할 수 있다(335의6, 374의2③④⑤).

2. 商法에 의한 讓渡의 制限

(1) 權利株讓渡의 制限

1) 양도의 제한　회사가 성립(172)하기 전 또는 신주의 효력발생(423①) 전에 주식인수인으로서 갖는 지위를 권리주라 한다. 상법은 "주식의 인수로 인한 권리의 양도는 회사에 대하여 효력이 없다(319, 425①)"고 규정하여 권리주의 양도를 제한하고 있다.

2) 입법취지　권리주의 양도를 제한하는 이유는, 투기에 남용되는 것을 방지하고, 주식발행 사무처리의 번잡을 피하기 위한 것이다. 또한 주권의 교부에 의하여 주식을 양도하도록 한 상법의 양도방법을 취할 수 없다는 것도 실질적 이유이다.

3) 양도의 효력　권리주를 양도한 경우에는 당사자 간에는 효력이 있으나 회사에 대하여는 효력이 없다(319). 그러므로 회사에 대한 관계에서는 당사자가 그 효력을 주장할 수 없음은 물론 회사가 그 효력을 인정할 수도 없다(다수설. 대판 1965. 12.7, 65다206). 이에 대하여는 회사가 자발적으로 권리주의 양도를 인정하는 것은 무방하다는 견해가 있으나, 주주가 되기까지는 기간이 길지 않고 또 투기방지나 법률관계의 명확한 처리 등을 고려할 때 회사도 이를 인정할 수 없다고 본다.

(2) 株券發行前의 株式讓渡의 制限

1) 양도의 제한　주권발행 전에 한 주식의 양도는 회사에 대하여 효력이 없다(335③본문). 여기서 주권발행 전의 주식양도라 함은 회사설립등기일 또는 신주발행의 효력발생일(납입기일 다음 날)로부터 주권을 발행할 때까지 이루어진 주식양도를 말한다. 그러나 상법은 회사성립 후 또는 신주의 납입기일 후 6월이 경과하면 주권발행이 없어도 주식을 양도할 수 있도록 규정하고 있다(335③단서). 만일 회사가 부당하게 주권의 발행을 지연시키면서 주권의 미발행을 이유로 하여 주식양도의 효력을 부인하게 되면, 사실상 주식의 양도성을 박탈하는 결과가 되고 투하자본 회수의 길을 막게 되기 때문이다. 이에 대하여는 「자본시장과 금융투자업에 관한 법률」에 예외가 있다 즉, 주권 발행 전에 증권시장에서의 매매거래를 투자자계좌부 또는 예탁자계좌부상 계좌 간 대체의 방법으로 결제하는 경우에는 상법 제335조 제3항에 불구하고 발행인에 대하여 그 효력이 있다(동법 311④).

2) 입법취지   상법은 주식의 양도에 주권을 교부하도록 하여(336①) 양도를 용이하게 하고 법률관계를 간명하게 처리하려는 것인데 주권발행 전의 주식양도는 이에 어긋난다. 또 회사로서는 주주명부가 정비되기 전에 주주지위의 변동이 있는 것은 사무처리를 복잡하게 할 염려가 있다. 상법은 이런 이유에서 주권발행 전의 주식양도를 제한하고 있다.

3) 讓渡의 效力

㈎ 6월 경과 전의 주식양도   회사성립 후 또는 신주의 납입기일 후 6월이 경과하기 이전의 주권발행 전의 주식의 양도는, 당사자 사이에서는 유효하지만, 회사에 대하여는 효력이 없다(335③본문). 그러므로 회사가 승인하여 주주명부에 명의개서를 한 경우에도 회사에 대하여는 효력이 없으며, 후일 주권이 발행되어도 양도의 효력이 생기지 않는다(대판 1987.5.26, 86다카982·983).

㈏ 6월 경과 전의 주식양도의 6월 후의 효력   회사성립 후 또는 신주의 납입기일 후 6월이 경과하기 전에 이루어진 주식양도는, 6월이 경과한 후에는 하자가 치유되어 회사에 대하여 유효한 주식양도가 된다고 본다(다수설; 대판 2002.3.15, 200두1850). 번거롭게 양도절차를 반복시키는 것이 불필요하고 관련분쟁을 예방할 수 있게 하기 위한 것이다. 이에 대하여는 주권 없는 주식의 양도가 조장될 우려가 있는 것 등이 이유로 하자가 치유되는 것이 아니라고 하는 소수설이 있다.

㈐ 6월 경과 후의 주식양도   회사성립 후 또는 신주의 납입기일 후 6월이 경과한 때에는, 주권이 발행되지 아니한 상태에서 한 주식의 양도도 회사에 대하여 효력이 있다(335③단서). 이 경우의 주식양도의 방법은 민법상 지명채권의 일반원칙에 따라 당사자 간의 의사표시에 의하여 할 수 있으며(통설·판례), 주금납입영수증 또는 양도증서 등이 있으면 그 교부에 의하여 할 수 있다. 주식양수인은 주권이 없으므로 적당한 입증방법으로 주식양수의 사실을 증명하여 회사에 대하여 명의개서를 청구할 수 있으며, 회사는 이를 거절하지 못한다(대판 1988.10.11, 87누481; 대판 1995.3.24, 94다47728).

(3) 自己株式의 取得禁止

1) 取得禁止의 理由   2011년 개정 전 상법은 주식회사가 원칙적으로 자기회사의 주식을 취득하는 것을 금지했는데, 그 이유는 자기주식의 취득을 인정한다면, 실질적으로 주주에게 출자를 반환한 것과 같아서 자본금충실원칙에 반하며, 회사업적이 악화할 때 주식가치 하락에 의한 손해도 입게 되어 회사의 재산적인 기초를 위태롭게 하며, 회사 사정에 밝은 내부자에 의하여 투기에 이용될 우려가 있으며,

회사 경영자의 지배권 보전을 위하여 이용될 우려가 있고, 취득의 방법과 가격에 따라서는 주주 간의 불평등을 초래할 우려가 있다는 것 등이다. 그러나 자기주식 취득은 적대적 M&A 방어, 주가관리 등 유용한 용도로 이용될 수 있다는 점을 고려하면, 위와 같은 폐해가 없는 경우나 해결될 수 있는 경우에는 자기주식취득을 금지할 이유가 없다. 그러므로 2011년 개정상법에서는 자기주식취득금지를 완화하여, 배당가능이익에 의한 자기주식취득(341)과 특정목적에 의한 자기주식의 취득(341의2)을 인정하고 있다.

2) 配當可能利益에 의한 자기주식취득

⑺ 意義·取得方法   회사는 법에 정한 방법에 따라 자기의 명의와 계산으로 배당가능이익의 한도내에서 자기의 주식을 취득할 수 있다. '자기(회사)의 명의와 계산'으로 자기주식을 취득할 수 있으므로(341①본문) 배당가능이익에 의한 자기주식취득인 경우에도 타인명의로는 취득할 수 없는 것으로 보아야 한다. 거래소에서 시세(時勢)가 있는 주식의 경우에는 거래소에서 취득하는 방법(341①i) 또는 주식의 상환에 관한 종류주식의 경우 외에 각 주주가 가진 주식 수에 따라 균등한 조건으로 취득하는 것으로서 대통령령으로 정하는 방법(341①ii)에 따라야 한다(주주평등의 원칙).

⑷ 財 源   회사는 직전 결산기의 대차대조표상의 순자산액에서 제462조 제1항 각 호의 금액(자본금의 액, 그 결산기까지 적립된 자본준비금과 이익준비금의 합계액, 그 결산기에 적립하여야 할 이익준비금의 액, 대통령령으로 정하는 미실현이익)을 뺀 금액을 한도로 자기주식을 취득할 수 있다(341①단). 회사는 해당 영업연도의 결산기에 대차대조표상의 순자산액이 제462조 제1항 각 호의 금액의 합계액에 미치지 못할 우려가 있는 경우에는 제1항에 따른 주식의 취득을 하여서는 아니 된다(341③).

⑷ 株主總會 결의   제1항에 따라 자기주식을 취득하려는 회사는 미리 주주총회의 결의로, 취득할 수 있는 주식의 종류 및 수, 취득가액의 총액의 한도, 1년을 초과하지 아니하는 범위에서 자기주식을 취득할 수 있는 기간을 결정하여야 한다. 다만, 이사회의 결의로 이익배당을 할 수 있다고 정관으로 정하고 있는 경우에는 이사회의 결의로써 주주총회의 결의를 갈음할 수 있다(341②).

⑷ 理事의 책임   해당 영업연도의 결산기에 대차대조표상의 순자산액이 제462조 제1항 각 호의 금액의 합계액에 미치지 못함에도 불구하고 회사가 제1항에 따라 주식을 취득한 경우 이사는 회사에 대하여 연대하여 그 미치지 못한 금액을 배상할 책임이 있다(341④본문). 다만, 이사가 제3항의 우려가 없다고 판단하는 때에

주의를 게을리하지 아니하였음을 증명한 경우에는 그러하지 아니하다(341④단서). 이 경우 이사의 차액배상책임의 범위에 대하여는 제341조 제4항의 문언상으로는 결손금 전부에 대하여 책임을 지는 것으로 되어 있으나, 중간배당에 따른 차액배상책임의 경우와 마찬가지로(462의3④), 자기주식취득의 가액을 한도로 하여 결손금에 관하여 책임을 지는 것으로 본다.

3) **特定目的에 의한 자기주식의 취득**　　특정목적에 의한 자기주식취득은 회사의 특정한 목적을 위하여 자기주식을 취득하는 것을 허용한 것이다. 이 경우에는 배당가능이익한도의 제한을 받지 않는다.

(개) 회사의 합병 또는 다른 회사의 영업전부의 양수로 인한 경우(341의2ⅰ). 예컨대, 흡수합병의 경우에 소멸회사의 재산 중에 존속회사의 주식이 포함되어 있는 때, 영업양도의 경우에 양도재산 중에 양수회사의 주식이 포함되어 있는 때에는, 존속회사 또는 양수회사가 자기주식을 취득하게 된다.

(내) 회사의 권리를 실행함에 있어 그 목적을 달성하기 위하여 필요한 경우(341의2ⅱ). 예컨대, 회사가 채권의 실행을 위하여 강제집행·소송상 화해를 함에 있어서, 채무자가 회사의 주식 이외에는 재산이 없을 때, 회사가 자기주식을 대물변제로 받거나 경락받는 경우이다.

(대) 단주의 처리를 위하여 필요한 경우(341의2ⅲ). 이 규정은 단주처리 방법이 규정되어 있지 않은 경우(예컨대, 통상의 신주발행)에 적용되며, 단주의 처리방법이 법정되어 있는 경우(예컨대, 자본금감소)에는 적용되지 않는다.

(래) 주주가 주식매수청구권을 행사한 경우(341의2ⅳ)

4) **그 밖의 자기주식 취득의 허용**

(개) **解釋上 취득허용**　　자기주식의 취득을 인정하여도 폐해가 없는 것이 명백한 경우에는, 명문규정은 없으나 해석상 예외적으로 취득이 인정된다. 예컨대, 무상취득으로 취득하는 경우, 위탁매매인인 회사가 주선행위로서 자기주식을 취득하는 경우, 신탁회사가 자기주식을 수탁받는 경우, 채무이행의 담보로서 회사가 자기주식을 점유하는 경우 등이다(통설).

(내) **特別法上 자기주식 취득의 허용**　　자본시장법은 상장법인이 배당가능이익한도 내에서 자기주식을 취득하는 것을 허용하고 있다(자본시장법 165의2①②).

(대) **자기주식의 질취(質取)**　　회사는 발행주식총수의 20분의 1의 범위 내에서는 자기의 주식을 질권의 목적으로 받을 수 있다. 다만, 회사의 합병 또는 다른 회

사의 영업전부의 양수로 인한 경우(341의2 i) 및 회사의 권리를 실행함에 있어 그 목적을 달성하기 위하여 필요한 경우(341의2 ii)에는 그 한도를 초과하여 질권의 목적으로 할 수 있다(341의3).

5) 自己株式의 地位   회사가 자기주식을 취득하여 보유하고 있는 경우, 그 자기주식에 대하여는 의결권이 인정되지 않는다(369②). 명문규정은 없지만 의결권 이외의 공익권도 인정되지 않으며, 이익배당청구권, 잔여재산분배청구권 등 일체의 자익권도 인정되지 않는다(전면적 휴지설)(통설).

6) 自己株式의 處分   회사가 보유하는 자기의 주식을 처분하는 경우에, 처분할 주식의 종류와 수, 처분할 주식의 처분가액과 납입기일, 주식을 처분할 상대방 및 처분방법에 관하여 정관에 규정이 없는 것은 이사회가 결정한다(342). 이사회가 경영상의 제반 상황을 고려하여 처분에 관한 결정을 할 수 있도록 한 것이다.

7) 取得禁止違反의 效果
(개) 私法上의 效果   2011년 개정상법에서는 개정전 제341조(개정상법 제341의2) 외에 배당가능이익에 의한 자기주식취득제도를 신설했으므로 배당가능이익이 없거나, 주주총회의 결의 없이 자기주식을 취득하는 등 자기주식취득금지위반의 유형이 다양해졌다. 자기주식취득에 관한 규정에 위반하여 회사가 자기주식을 취득한 경우 그 취득행위의 효력에 관하여는 종래 학설이 대립한다. ① 상법 제341조(개정상법 제341의2)를 명령규정으로 보고, 이에 위반한 행위도 유효하고 회사의 손해는 이사 등의 책임을 추궁함에 의하여 해결하면 된다고 하는 유효설과 ② 상법 제341조(개정상법 제341의2)에 위반한 취득행위는 원칙적으로 무효이지만, 거래의 안전을 고려하여 일정한 경우(예컨대, 타인의 명의로 회사의 계산으로 취득하는 경우에 양도인에게 악의가 없을 때)에는 유효로 보아야 한다는 상대적 무효설이 있으나, ③ 자기주식취득행위는 주식회사의 기본적 요청인 자본금충실원칙에 반하고 또 이를 금지한 상법 제341조(개정상법 제341의2)는 강행규정으로 보아야 하므로, 이에 위반한 행위를 무효로 보는 무효설(다수설; 대판 2003.5.16, 2001다44109)이 타당하다고 본다.
(내) 理事 등의 責任   이사가 제341조에 위반하여 회사의 자기주식의 취득행위를 한 때에는 회사에 대하여 연대하여 손해배상의 책임이 있으며(399), 이사가 악의 또는 중과실로 그러한 위반행위를 한 때에는 주주나 회사채권자 등의 제3자에 대하여서도 연대책임을 진다(401).

(다) 刑事制裁   이사 등의 임원이 누구의 명의로 하거나를 불문하고 회사의 계산으로 부정하게 그 주식을 취득하거나 질권의 목적으로 받은 때에는 형벌의 제재를 받는다(625 ii , 625의2).

(4) 子會社에 의한 母會社株式 取得의 제한

1) 意   義   (가) 주식의 상호보유는 기업 간의 결합을 강화하여 기술제휴, 정보교환, 시장 확대 등에 유리한 장점이 있으나, ① 자기주식취득의 경우처럼 출자 환급의 결과를 가져오고 실질적인 투자 없이 상호 주주가 되어 자본의 공동화를 가져오기 때문에 회사의 자본충실을 저해하고, ② 경영자(이사)들에 의하여 주주총회 운영이 왜곡되고, ③ 투기에 악용되며, ④ 회사지배권의 부당한 유지수단으로 악용되는 등 여러 가지 폐단이 있다.

(나) 상법은 주식의 상호보유의 폐단을 막기 위하여, ① 子회사에 의한 母회사주식의 취득은 자기주식취득의 경우에 준하여 원칙적으로 금지하고(342의2), ② 모자관계(지배종속관계) 아닌 회사 간에는 주식의 취득은 허용하되 의결권을 제한하고 있다. 즉 회사, 母회사 및 子회사 또는 子회사가 다른 회사의 발행주식총수의 10분의 1을 초과하는 주식을 가지고 있는 경우, 그 다른 회사가 가지고 있는 회사 또는 母회사의 주식은 의결권이 없다(369③). 회사가 다른 회사의 발행주식총수의 10분의 1을 초과하여 취득한 때에는 그 다른 회사에 대하여 지체 없이 이를 통지하여야 한다(342의3). (뒤의 주주총회 의결권 부분에서 설명함).

2) 規制의 內容
(가) 子會社에 의한 母會社株式取得의 制限   A. 모회사와 자회사 : 상법은 모회사·자회사관계를 실질적인 지배관계가 아니라 형식적인 주식소유비율에 따라 정하고 있다. 즉 상법은 ① 어느 회사(X)가 다른 회사(Y) 발행주식총수의 100분의 50을 초과하는 주식을 가진 회사(X)를 모회사라 하고 그 다른 회사(Y)를 자회사로 정의한다(342의2①). 또한 ② X회사와 그 자회사인 Y회사가 Z회사의 발행주식총수의 100분의 50을 초과하는 주식을 가지고 있는 경우에는 Z회사를 X회사의 자회사로 보고 있다(342의2③). 그리고 ③ X회사의 자회사인 Y회사가 Z회사의 발행주식총수의 100분의 50을 초과하는 주식을 가지는 경우에는 Z회사를 X회사의 자회사로 본다(의제자회사)(342의2③). 자회사에 의한 취득이 금지되는 모회사주식에는 회사지배와 무관한 무의결권주는 제외하여야 한다는 견해가 있으나, 무의결권주를 취득하는 경우에도 자본금의 공동화를 가져오므로 무의결권주도 포함된다고 본다.

B. 취득금지 : 자회사는 모회사의 주식을 취득할 수 없다(342의2①). 이 경우 모회사의 소유주식은 명의개서의 유무에 관계없이 실질적으로 소유하면 된다고 본다.

(내) 例 外   자회사는 모회사의 주식을 취득할 수 없으나, ① 주식의 포괄적 교환, 주식의 포괄적 이전, 회사의 합병 또는 다른 회사의 합병 또는 다른 회사의 영업 전부의 양수로 인한 때와, ② 회사의 권리를 실행함에 있어 그 목적을 달성하기 위하여 필요한 때에는, 예외적으로 모회사주식의 취득을 인정한다(342의2① ⅰ·ⅱ). 이와 같이 예외적으로 모회사주식을 취득한 경우, 자회사는 그 취득일로부터 6月 이내에 그 모회사의 주식을 처분하여야 한다(342의2②). 자회사가 예외적으로 모회사주식을 취득하여 보유하고 있는 경우에도, 일체의 권리행사가 인정되지 않는 것은 자기주식의 경우와 같다(전면적 휴지설)(통설).

3) 取得禁止의 違反의 效果

자회사가 모회사주식취득금지에 위반하여 모회사주식을 위법 취득한 경우의 사법상의 효과에 관하여는, 자기주식금지위반의 경우와 마찬가지로, 유효설, 상대적 무효설이 있으나, 절대적 무효설이 타당하다고 본다. 또 이사가 제342조의 2의 규정에 위반하여 모회사주식을 취득한 경우에는 회사 또는 제3자에 대하여 손해배상책임을 지는 수가 있고(399, 401), 벌칙이 적용된다(625의2).

3. 特別法에 의한 株式取得의 제한

각종 특별법에도 주식취득(양도)을 제한하는 규정이 있다.

(ⅰ) 자본시장법은 내부자의 주식거래의 제한(동법 174), 외국인의 유가증권취득의 제한(동법 168) 등을 규정하고 있고, (ⅱ) 독점규제 및 공정거래에 관한 법률은, 회사가 특수관계인을 통하여 다른 회사의 주식의 취득 또는 소유함으로써 일정한 거래분야에서 경쟁을 실질적으로 제한하는 행위를 하지 못하도록 규정하고 있다(동법 7① ⅰ). 또한 (ⅲ) 은행법은 금융기관은 다른 회사의 의결권 있는 발행주식의 100분의 15를 초과하는 주식을 소유할 수 없도록 하고 있으며(동법 37①), 동일인이 금융기관의 의결권 있는 발행주식총수의 100분의 10을 초과하여 금융기관의 주식을 보유하는 것을 금지하고 있다(동법 15①).

IV. 株式讓渡의 方法

1. 株券發行 전의 讓渡方法

주권발행 전에 한 주식의 양도는 당사자 간에는 유효하지만 회사에 대하여는 효력이 없다(335③본문). 그러나 상법은 회사성립 후 또는 신주의 납입기일 후 6월이 경과하면 주권발행이 없어도 주식을 양도할 수 있도록 규정하고 있다(335③단서). 이 경우 주식의 양도는 지명채권의 양도에 관한 일반원칙에 따라 당사자의 의사표시만으로 효력이 발생하는 것이고, 주주명부상의 명의개서가 없어도 회사에 대하여 주주권자임을 주장할 수 있다. 주권발행 전 주식을 양수한 사람은 자신이 주식을 양수한 사실을 증명함으로써 회사에 대하여 그 명의개서를 청구할 수 있으며, 이 경우 회사는 이를 거절하지 못한다.

2. 株券發行 후의 讓渡方法

(1) 양도의 合意와 주권의 交付

주권발행 후의 주식양도는 주식양도의 합의와 주권의 교부에 의하여 효력이 발생한다. 주식의 교부는 권리 이전의 성립요건이며 단순한 대항요건이 아니다. 주권의 점유자는 적법한 소지인으로 추정되므로(336②), 권리를 다투는 자가 주권의 점유자의 권리 없음을 입증하여야 한다.

(2) 주권의 교부 없이 주식이 이전되는 경우

1) 상속(민법 1005), 회사합병(235) 또는 회사분할(530의5①, 530의6①)에 의한 포괄승계의 경우에는 법률의 규정에 의하여 주식이 이전되며 주권의 교부가 필요하지 않다.

2) 자본시장법에 의하여 증권예탁원에 유가증권을 예탁한 경우에는(유가증권대체결제제도), 고객계좌부와 예탁자계좌부에 기재된 자는 각각 그 유가증권을 점유하는 것으로 보며, 고객계좌부와 예탁자계좌부에 유가증권의 양도를 목적으로 대체의 기재를 하는 경우에는 유가증권의 교부가 있었던 것과 동일한 효력이 인정되므로(동법 311), 이 경우에는 주권의 교부가 없이 주식이 양도된다.

V. 株式讓渡의 對抗要件

1. 名義改書의 意義

주식은 주권의 교부에 의하여 양도되고 양수인은 그로써 주주가 되지만, 양수인이 주주가 되었음을 회사에 대항하기 위하여는 주주명부에 양수인의 성명과 주소를 기재하도록 하여야 하며, 이것을 명의개서라 한다(337①). 주식양도의 경우에만 아니라 상속, 회사합병 등의 경우에도 명의개서를 하여야 한다. 회사가 정당한 사유 없이 주권의 명의개서를 거절한 경우에는 손해배상책임을 지고, 또 이사 등은 과태료의 제재를 받는다(635①vii).

2. 名義改書의 節次

주식을 양수하고 주권을 교부를 받아 점유하는 자는 주권의 적법한 소지인으로 추정되므로(336②) 진정한 권리자임을 증명하지 않아도 명의개서를 청구할 수 있다. 회사는 그 청구자가 진정한 권리자가 아님을 증명하지 않는 한 명의개서를 거부할 수 없고, 또 진정한 권리자가 아니라 할지라도 회사는 악의 또는 중대한 과실이 없는 한 책임을 지지 않는다(대판 1974.5.28, 73다1320).

3. 名義改書의 效力

명의개서를 하면 주식양수인 등 취득자는 적법한 권리자로 추정되어(추정력) 회사에 대하여 주주로서의 권리를 행사할 수 있고(337①), 회사는 주주명부상의 명의 주주를 주주로서 취급하면 설령 그 자가 실질상의 권리자가 아닌 경우에도 책임을 면한다(면책력). 그러나 주주명부상의 주주가 실질상의 권리자가 아니라는 것이 명백한 때에는 회사는 권리의 행사를 거절하여야 한다. 또한 주주명부상의 주주가 아니라도 실질상의 권리자인 것을 증명한 때에는 권리를 행사하게 하여야 한다. 입증 책임은 주주명부에 주주로 등재된 자의 주주권을 부인하는 측에 있다(대판 1985.3.26, 84다카2082).

4. 名義改書 未畢株主의 지위(失期株)

(1) 회사가 명의개서를 하지 않은 취득자(실질주주)를 주주로 인정하여 권리의 행사를 허용할 수 있는가에 대하여는 긍정설(다수설, 판례)과 부정설이 대립한다. 상법 제337조 제1항은 주식양수인의 회사에 대한 대항요건을 규정한 것일 뿐이므로, 회사 스스로 주주인 것을 인정하는 것은 무방하다고 본다.

(2) 좁은 의미의 실기주는 신주발행의 경우에 구주의 양수인이 배정일(418③)까지 명의개서를 하지 않은 결과 주주명부상의 주주인 주식양도인에게 배정된 신주를 말한다. 회사는 주주명부상의 주주에게 신주를 배정하면 면책이 되지만, 신구주주 사이에는 그 신주가 누구에게 귀속하는지 문제로 된다. 우리나라에서는 주

식양도 당사자 간에는 신주가 양수인에게 귀속한다는 것이 다수설이다(신주발행절차 참조).

5. 名義改書代理人

(1) 意義 및 機能

회사는 정관이 정하는 바에 의하여 명의개서대리인을 둘 수 있다(337②). 명의개서대리인은 회사를 위하여 주식의 명의개서사무를 대행하는 자를 말한다. 株式을 취득한 자가 대항요건을 갖추기 위해서는 주주명부에 명의개서를 하여야 하는데(337①) 회사는 이것을 명의개서대리인에게 위임하여 처리함으로써 사무처리의 부담을 덜 수 있고, 주주는 편리한 곳의 명의개서대리인의 영업소에서 명의개서를 하면 회사 본점에서의 명의개서와 같은 효력이 인정됨으로써 반드시 본점에 가야 하는 불편을 덜 수 있게 된다.

(2) 名義改書代理人의 選任·公示

1) 選任　　　회사가 명의개서대리인을 두려면 정관에 근거 규정이 있어야 하며(337②), 구체적인 선임과 위임은 이사회가 결정할 수 있다. 명의개서대리인을 둘 것인지 여부는 회사의 자유이다. 명의개서대리인의 자격은 자본시장법에 따라 한국예탁결제원(동법 294①) 및 금융위원회에 등록한 주식회사(동법 365①)이다(상법시행령 4). 명의개서대리인의 수에는 제한이 없으므로 필요한 곳에 각각 설치할 수가 있다.

2) 公示　　　회사가 명의개서대리인을 둔 경우에는 명의개서대리인의 상호 및 본점 소재지를 등기하여야 하고(317②xi), 주식청약서, 사채청약서 등에도 기재하여야 한다(302②x, 474②xv).

(3) 名義改書代理人의 權限 및 名義改書代行의 效力

1) 명의개서대리인은 명의개서사무의 위탁을 목적으로 하는 회사와의 계약에 따라서 회사를 위하여 명의개서에 관한 사무를 수행할 권한을 가진다. 명의개서대리인을 둔 때에는 그 영업소에 주주명부나 사채원부 또는 그 복본을 비치할 수 있으며(396①후단), 명의개서대리인이 주식의 취득자의 성명과 주소를 주주명부의 복본에 기재한 때에는 회사의 주주명부에 명의개서를 한 것과 같은 효력이 있다(337②후단).

2) 명의개서대리인은 명의개서의 대리업무 외에 주식의 질권의 등록(340), 기명

사채에 대한 사채원부에의 명의개서(479②)도 할 수 있다고 본다. 또 주주총회소집통지·배당금지급·신주배정 등 주주명부에 따라서 처리하는 사무도 계약에 의하여 명의개서대리인에게 위탁할 수 있으며, 증권거래법상 유가증권의 배당·이자 및 상환금의 지급을 대행하는 업무와 유가증권의 발행을 대행하는 업무를 영위할 수 있다(동법 180②).

⑷ 名義改書代理人의 責任

명의개서대리인이 정당한 사유 없이 명의개서를 거절하거나, 주주명부 또는 그 복본에 기재하여야 할 사항의 불기재 또는 부실기재를 한 때에는 과태료에 의한 제재를 받게 된다(635①ix). 이 밖에 명의개서대리인은 위탁계약에 따른 사법상의 책임이 있다.

⑸ 記名社債의 이전의 경우에 준용

기명사채의 이전의 경우에 그 대항요건으로서 사채원부에 취득자의 성명과 주소를 기재하도록 되어 있으며(479①), 이 경우에는 주식의 이전의 경우의 명의개서대리인 제도가 준용되고 있다(479②).

VI. 株券의 善意取得

1. 意 義

상법은 주권의 점유자를 적법한 소지인으로 추정하며(336②) 주식양도는 주권의 교부만으로 이루어지도록 하는(336①) 동시에, 강도의 유통성이 보호되는 수표의 선의취득에 관한 규정을 준용함으로써(359, 수표법 21) 수표와 같은 정도로 선의의 주식양수인을 보호하고 유통성을 보호하고 있다. 즉, 사유의 여하를 불문하고 주권의 점유를 잃은 자가 있는 경우에 그 주권의 소지인은 악의 또는 중대한 과실로 인하여 그 주권을 취득한 때가 아니면, 그 주권을 반환할 의무가 없으며, 원시적으로 그 주식을 취득한다.

2. 善意取得의 要件

⑴ 株券의 有效한 存在

주권의 선의취득이 인정되기 위하여는 그 주권이 유효하게 발행된 것이라야 한다. 따라서 위조된 주권이나 실효된 주권 등에는 선의취득이 인정되지 않는다. 회사가 주권을 작성한 후 주주에게 교부되기 전에 잃은 경우에도 선의취득이 인정되지 아니한다(교부시설, 통설).

(2) 無權利者로부터의 取得

1) 양도인이 무권리자이어야 한다. 주권의 선의취득에 준용되는 수표법 제21조에 의하면, '사유의 여하를 불문하고 수표의 점유를 잃은 자가 있는 경우에' 선의취득이 인정되므로, 주권이 도취자나 습득자로부터 양수된 경우에도 선의취득이 인정된다.

2) 학설에 따라서는 양도인이 무권리자인 경우 이외에, ① 무권대리 및 양도행위에 관하여 의사표시에 하자가 있는 경우까지 선의취득을 인정하는 견해, ② 무권대리 및 무능력인 경우와 양도행위에 관하여 의사표시에 하자가 있어 취소한 경우까지 넓게 선의취득을 인정하는 견해가 있으나, 선의취득의 본래의 취지에 따라 ③ 양도인이 무권리자인 경우에만 선의취득이 인정된다고 본다(다수설).

(3) 讓渡에 의한 取得

주권의 선의취득은 주식양도계약에 의하여 주권의 점유를 취득한 경우에 인정된다. 그러므로 회사의 합병이나 상속으로 주권의 점유를 승계취득한 경우에는 선의취득은 인정되지 아니한다.

(4) 取得者의 善意·無重過失

주권의 선의취득은 양수인이 취득당시에 자기에게 양도한 양도인이 무권리자임을 알지 못하고(선의), 그 알지 못한 것에 중대한 과실이 없어야 한다. 중과실은 거래에서 필요한 주의의무가 크게 결여된 경우를 말한다. 양수인의 악의·중과실은 주권의 반환을 청구하는 자가 입증하여야 한다.

3. 善意取得의 效果

선의취득이 되면 그 주권의 소지인은 그것을 반환할 의무가 없으며(359, 수표법 21), 주주로서의 권리를 취득한다. 주식에 대한 질권 기타 주식을 담보로 하는 권리도 상법 제359조에 따라서 선의취득을 할 수 있다.

VII. 株式의 入質

1. 序　說

주식은 재산적 가치를 가지며 자유로 양도할 수 있는 것으로서 질권설정이나 기타의 방법으로 담보화할 수 있다. 다만 양도가 제한되는 권리주나 주권발행 전의 주식에 대하여는 담보를 설정해도 회사에 대항할 수 없으며, 회사가 자기주식을 질권의 목적으로 받는 것도 일정한 제한을 두고 있다(341의3). 주식의 입질은 주식의 재산적 가치를 대상으로 하는 것이고 주주권을 양도하는 것은 아니므로, 주주는 입질 후에도 여전히 의결권 등의 공익권은 이를 행사할 수 있다.

2. 自己株式質取의 制限

(1) 內　容

자기주식의 질취는 자기주식취득금지(341)를 담보취득이란 형태로 회피하는 탈법적 수단으로 악용될 우려가 있으므로, 상법은 회사는 발행주식총수의 20분의 1을 초과하지 아니하는 범위 내에서 자기주식을 질권의 목적으로 받을 수 있도록 하고 있다(341의3본문). 그러나 이러한 우려가 없는 경우나 피담보채권이 정당하게 성립된 경우에는 예외를 인정한다. 즉, 회사는 ① 회사의 합병 또는 다른 회사의 영업 전부의 양수로 인한 때와, ② 회사의 권리를 실행함에 있어 그 목적을 달성하기 위하여 필요한 때에는 위의 한도를 초과하여 자기주식을 질권의 목적으로 할 수 있다(341의3단서).

(2) 質取制限 違反의 效果

1) 회사가 제한규정에 위반하여 위법하게 자기주식을 질권의 목적으로 취득한 경우의 효력에 관하여는 무효설, 유효설, 상대적 무효설이 나뉜다. 상법이 자기주식취득의 경우와 달리 질취의 제한을 완화한 점, 자기주식에라도 담보권을 갖는 것이 회사로서는 유리하다는 점 등을 고려할 때 유효설이 타당하다고 본다.

2) 회사의 이사가 제한을 초과하여 위법하게 자기주식을 질권의 목적으로 받은 때에는 형사처벌을 받게 되고(625ⅱ), 회사 또는 제3자에 대하여 손해배상책임을 지는 경우도 있게 된다(399, 401).

3. 株式의 入質

(1) 入質方法 및 對抗要件

1) **略 式 質**　약식질은 질권설정의 합의가 있고, 주권을 질권자에게 교부함으로써 성립한다(338①). 질권자가 그 질권으로 제3자에게 대항하기 위하여는 계속하여 주권을 점유하여야 한다(338②).

2) **登 錄 質**　등록질은 위의 약식질의 요건(질권설정의 합의·주권의 교부)을 갖추고, 회사가 질권설정자의 청구에 따라 그 성명과 주소를 주주명부에 덧붙여 쓰고 그 성명을 주권(株券)에 적은 경우에는 질권자는 회사로부터 이익배당, 잔여재산의 분배 또는 제339조에 따른 금전의 지급을 받아 다른 채권자에 우선하여 자기채권의 변제에 충당할 수 있다(340①). 주식의 등록질의 경우에는 회사에 대한 대항요건으로서 주주명부에 질권자의 등록이 필요하며, 제3자에 대한 대항요건으로서는 주권의 계속점유가 필요하다(338②).

(2) 質權의 效力

1) **略式質의 경우**　㈎ 주식의 약식질권자도 주권에 관하여 우선변제권(민법 355, 329), 물상대위권(민법 355, 342) 등 권리질권자와 같은 권리를 가진다.

㈏ 상법은 물상대위에 대한 특례를 두어 주식의 소각·병합·분할 또는 전환이 있는 경우에는 그로 인하여 종전의 주주가 받을 금전이나 주식에 대하여도 종전의 주식을 목적으로 한 질권을 행사할 수 있게 하고 있다(339). 이러한 질권의 物上代位는 합병으로 인하여 소멸하는 회사의 주식을 목적으로 하는 질권의 경우에 준용되며(530④), 신주발행의 무효가 확정되어 회사로부터 신주의 주주에게 반환되는 납입금(432③), 잔여재산분배청구권(538) 및 주식매수청구권을 행사하여 받은 주식매수대금(335의6, 374의2, 522의3)에 대하여도 질권의 효력이 미친다.

㈐ 물상대위권을 행사함에는 약식질권자는 일반원칙에 따라(민법 342) 그 목적물의 지급 또는 인도전에 압류하여야 한다(통설).

㈑ 약식질의 효력이 이익(또는 이자)배당청구권에 미치는가에 대하여 학설은 나뉘지만, 질권의 설정이 회사와 무관하게 이루어지는 점 등을 고려할 때 미치지 않는다고 본다.

2) **登錄質의 경우**　㈎ 등록질권자에게도 위의 약식질에서와 같은 권리가 인정된다. 그러나 약식질의 경우와는 달리 물상대위권을 행사함에 있어서 지급 또는 인도 전의 압류(민법 342후단)는 필요치 않다. 질권자는 그 주식에 관하여 회사로부

터 직접 이익이나 이자의 배당·주식배당(462의2)·잔여재산의 분배 또는 질권의 물상대위에 관한 제339조의 규정에 의한 금전의 지급을 받아 이것을 다른 채권자에 우선하여 자기채권의 변제에 충당할 수 있다(340①).

(내) 질권자의 채권의 변제기가 도래하지 아니한 때에는 질권자는 회사에 대하여 그 금액의 공탁을 청구할 수 있으며, 이 경우에는 질권은 그 공탁금에 존재한다(340②, 민법 353③).

(대) 등록질권자는 물상대위의 목적물이 주식인 경우에는 미리 압류를 할 필요가 없이 회사에 대하여 그 주식에 대한 주권의 교부를 청구할 수 있다(340③).

(래) 주식에 질권이 설정되어 있는 경우 그 질권이 주주의 신주인수권에도 미치는지에 관하여는, 긍정설도 있으나, 질권자의 의사에 의해 주주의 신주인수를 강요 또는 포기한 것과 같은 결과가 되어 부당하므로 부정설이 타당하다고 본다.

4. 株式의 讓渡擔保

(1) 意   義

당사자 간에 채권담보의 목적으로 주식양도의 합의를 하고 주권을 담보권자에게 교부하되, 채무의 변제가 없는 경우에는 채권자가 그 주식을 처분할 수 있음을 약정하는 경우가 있다. 이러한 주식의 양도담보는 관습법상 인정되는 제도로서 실행방법이 간편하여 실제로 입질보다 많이 이용되고 있다.

(2) 方   式

株式에 대한 양도담보의 방법으로는 당사자 간의 합의 이외에 ① 주권의 교부만으로 이루어지는 약식양도담보와, ② 주주명부에 양도담보권자의 명의로 개서하는 등록양도담보가 있다.

(3) 株式의 入質과의 구별

주식의 약식질과 약식양도담보는 모두 주권의 교부로 이루어지므로 외형상 구별이 쉽지 않다. 결국 당사자의 의사에 따라서 정하게 되겠으나, 당사자의 의사가 명확하지 않은 경우에는 담보권자에 유리한 양도담보의 설정으로 추정하는 것이 옳다고 본다(다수설).

(4) 讓渡擔保의 效力

주식의 양도담보의 권리는 주식의 질권자의 권리와 같다. 양도담보권자는 유치권(민법 335, 355), 우선변제권(민법 355, 329), 질권의 경우와 같은 물상대위권(339) 등을 가진다. 등록양도담보권자는 대외적으로는 주식의 소유권자라는 지위를 인정받는다. 명의개서를 한 양도담보권자는 모든 주주권을 행사할 수 있게 된다(대판 1992.5.26, 92다84). 이에 대하여는 의결권을 비롯한 공익권을 행사할 수 없다는 견해도 있다.

VIII. 株券(有價證券)預託決濟制度

1. 意 義

주권(유가증권)예탁결제제도는 주권(유가증권)을 집중적으로 예탁받아 계좌를 개설할 자 상호간에 그 유가증권의 수수에 갈음하여 계좌간의 대체로 결제하는 제도이다(자본시장법 311). 상법상 주식양도는 주권의 교부를 요하지만(336), 이 경우에는 대체의 기재를 하면 유가증권의 交付와 같은 효력이 인정되어 주권을 현실적으로 교부하지 않고 주식양도(입질)가 간편하게 처리되는 것이다.

2. 節 次

(1) 투자자로부터 예탁받은 증권등을 예탁결제원에 다시 예탁하는 예탁자는 일정사항(투자자의 성명 및 주소, 예탁증권 등의 종류 및 수와 그 발행인의 명칭, 그 밖에 총리령으로 정하는 사항)을 기재하여 투자자계좌부를 작성·비치하고, 해당 증권등이 투자자 예탁분이라는 것을 밝혀 지체 없이 예탁결제원에 예탁하여야 한다(자본시장법 310①②). 예탁결제원은 일정 사항(예탁자의 명칭 및 주소, 예탁받은 증권 등의 종류 및 수와 그 발행인의 명칭, 그 밖에 총리령으로 정하는 사항)을 기재하여 예탁자계좌부를 작성·비치하되, 예탁자의 자기소유분과 투자자 예탁분이 구분될 수 있도록 하여야 한다(자본시장법 309③).

(2) 예탁결제원은 예탁유가증권을 종류·종목별로 혼합하여 보관한다(혼장임치)(자본시장법 309④). 증권의 양도는 각 계좌부에의 이체에 의하여 이루어지고, 이체의 기재는 증권을 교부한 것과 동일한 효력이 있다(자본시장법 311②).

3. 計座簿記載의 效力

투자자계좌부와 예탁자계좌부에 기재된 자는 각각 그 증권등을 점유하는 것으로 본다. 투자자계좌부 또는 예탁자계좌부에 증권 등의 양도를 목적으로 계좌 간 대체의 기재를 하거나 질권설정을 목적으로 질물(質物)인 뜻과 질권자를 기재한 경우에는 증권등의 교부가 있었던 것으로 본다(자본시장법 309①②). 주권 발행 전에 증권시장에서의 매매거래를 투자자계좌부 또는 예탁자계좌부상 계좌 간 대체의 방법으로 결제하는 경우에는 상법 제335조제3항에 불구하고 발행인에 대하여 그 효력이 있다(자본시장법 309④). 예탁자의 투자자와 예탁자는 각각 투자자계좌부와 예탁자계좌부에 기재된 증권등의 종류·종목 및 수량에 따라 예탁증권등에 대한 공유지분을 가지는 것으로 추정한다(자본시장법 312①).

4. 實質株主의 權利行使

(1) 실질주주는 예탁한 유가증권에 대하여 공유지분을 가지는 고객을 가리킨다. 예탁원에 예탁된 주권의 주식에 관한 실질주주명부에의 기재는 주주명부에의 기재와 동일한 효력을 가진다(자본시장법 316②). 실질주주는 주주로서의 권리행사에 있어서는 각각 공유지분에 상당하는 주식을 가지는 것으로 본다(자본시장법 315①). 실질주주의의 신청에 의하여 증권예탁원이 예탁유가증권에 관한 권리를 행사하는 것도 인정된다(자본시장법 314①).

(2) 실질주주는 주권불소지신고(358의2)는 하지 못한다(자본시장법 315②).

제5관 株式의 分割·併合·消却

I. 株式의 分割

1. 意　義

(1) 주식의 분할이라 함은 회사자본금을 증가시키지 않으면서 발행주식을 세분하여 종전보다 많은 수의 주식으로 늘리는 것을 말한다. 예컨대 1주를 2주로 또는 5주로 분할하는 경우이며, 주식의 병합(併合)과는 반대의 개념으로 볼 수 있다. 주식분할이 되면 각 주주의 보유주식 수는 지주 수에 비례하여 증가하게 된다.

(2) 자본액의 변동 없이 발행주식의 수를 증가시키는 것이므로 주식을 분할하는 경우에는 주식의 권면액이 인하되게 된다. 이 경우 분할 후의 1주의 금액은 100원 이상이어야 한다(329의2②, 329④). 수종의 주식이 발행되어 있는 경우에는 각 종류의 주식에 따라 동일한 종류의 주식을 발행하여야 할 것이다.

(3) 주식분할은 회사합병의 준비단계에서 합병비율을 조정하기 위하여 이용되거나, 주가가 지나치게 높을 때에 유통에 적합한 가격으로 주가를 인하하기 위하여 이용된다.

2. 株式分割의 節次

(1) 주주총회의 특별결의

주식의 분할은 정관의 필요적 기재사항인 1주의 금액을 인하하는 것이므로 정관을 변경하여야 하며, 주주총회의 특별결의를 한다(329의2①). 주식분할을 하면 주식 수가 증가하게 되므로 정관상의 발행예정주식의 총수 중 미발행주식의 수가 부족한 경우에는 이를 증가하기 위한 정관변경도 함께 해야 한다.

(2) 株主 및 質權者에 대한 공고·통지

주식분할에 대하여는 주식병합절차가 준용된다(329의2③, 440~444). 주식분할을 하는 경우에는 회사는 1월 이상의 기간을 정하여 주식분할의 뜻과 그 기간 내에 주권을 회사에 제출할 것을 공고하고 주주명부에 기재된 주주와 질권자에 대하여는 각별로 그 통지를 하여야 한다(440, 329의2).

(3) 株券의 제출과 新株券의 교부

주식분할시에는 구주권을 제출받고 신주권을 교부하게 되는데, 구주권을 회사에 제출할 수 없는 자가 있는 경우에는 그 자의 청구에 의하여 3월 이상의 기간을 정하고 이해관계인에 대하여 그 주권에 대한 이의가 있으면 그 기간 내에 제출할 뜻을 公告하고 그 기간이 경과한 후에 신주권을 청구자에게 교부할 수 있다(442①, 329의2). 이 경우의 공고비용은 청구자의 부담으로 한다(442②).

(4) 端株의 처리

분할에 적합하지 않은 단주는 그 부분에 대하여 발행한 신주를 경매하여 각 주식수에 따라 그 대금을 종전의 주주에게 지급하여야 한다. 그러나 거래소의 시세 있는 주식은 거래소를 통하여 매각하고, 거래소의 시세 없는 주식은 법원의 허가를 받아 경매 외의 방법으로 매각할 수 있다(443①, 329의2③).

3. 效力發生

주식분할의 결과로 회사의 발행주식총수 및 각 주주의 소유주식 수는 증가하나 회사자본액과 재산에는 변동이 없다. 또 분할 전의 주식에 대한 질권은 분할 후의 신주에 대하여도 그 효력이 미친다(339). 주식분할의 효력은 총회의 결의에서 정하여져 있는 경우 또는 조건이 붙어 있는 경우가 아니면 주권제출기간 만료시에 발생하는 것으로 본다(다수설).

4. 登 記

주식분할의 결과 1주의 금액 및 발행주식총수가 변경되므로 변경등기를 하여야 한다(317② i · iii).

II. 株式의 倂合

주식의 병합은 여러 개의 주식을 합하여 보다 적은 수의 주식으로 하는 것이다. 예컨대 2주를 합하여 1주로 하거나 10주를 8주로 하는 것을 말한다. 주식병합은 자본금감소(440)와 합병(530③)의 경우에 이용된다. 주식병합의 절차에 관하여는 자본금감소에 관한 상법 제440조 이하에 규정하고 있으며, 그 부분에서 설명한다.

III. 株式의 消却

1. 意 義

주식의 소각은 회사의 존속 중에 특정한 주식을 절대적으로 소멸시키는 회사의 행위이다. 이것은 특정한 주식이 아닌 전부의 주식을 소멸시키는 회사의 해산과 다르고, 주식을 절대적이 아니고 상대적으로 소멸시키는 실권처분(307)과 다르며, 또 주권의 제권판결(360)과도 다르다.

2. 種類 및 方法

(1) 종 류

주식의 소각에는 자본금감소의 규정에 의하여 하는 경우(343①본문), 주식의 상환에 관한 종류주식의 소각(345), 이사회결의에 의한 자기주식의 소각(341, 343①단서)이 있다. 상환주식에 관하여는 앞에서 설명하였고, 자본금감소의 방법으로 하는 소각은 자본금감소부분에서 설명될 것이므로, 여기서는 이사회결의에 의한 자기주식의 소각(341, 343①단서)을 설명하기로 한다.

(2) 方 法

주식소각의 방법에는, ① 주주의 동의를 얻어서 회사가 자기주식을 취득하여 소각하는 任意消却과 주주의 동의 없이 안분비례 추첨 등에 의하여 주식을 소각하는 强制消却이 있고, 또 ② 소각의 대가가 주주에게 지급되는 有償消却과 대가의 지급 없이 소각하는 無償消却이 있다.

3. 自己株式의 消却

(1) 이사회의 결의

회사는 이사회의 결의에 의하여 회사가 보유하는 자기주식을 소각할 수 있다 (343①단서). 이 경우에는 자본금감소에 관한 규정을 따르지 않으므로, 주주총회의 특별결의나 채권자보호절차를 거치지 않고 이사회 결의만으로 소각이 가능하다.

(2) 소각의 효과

소각의 효력이 발생하면 발행주식수는 감소하지만, 자본금감소절차를 거치지 아니하였으므로 자본금은 감소하지 아니한다. 또 주식의 소각에 의하여 소각된 주식 수만큼 미발행주식수가 회복되는 것은 아니므로, 소각된 주식 수만큼의 주식을 다시 발행할 수는 없다(통설).

제6관 株式買受選擇權

I. 意義 · 立法趣旨

주식매수선택권(stock option)이라 함은 회사의 이사 등 특정한 자가 일정한 수량의 신주 또는 자기주식을 일정한 기간 내에 미리 정한 유리한 가액으로 회사로부터 취득할 수 있는 권리이다. 권리의 성질은 형성권이다. 주식매수선택권은 이것을 부여받은 이사 · 집행임원 · 감사 또는 피용자로서는 주가가 오르면 스톡옵션의 행사에 의하여 얻는 이익이 커지므로 영업실적향상을 위해 노력할 동기가 되고, 회사로서는 우수한 인재를 확보하는 수단이 된다.

II. 附與의 對象

1. 株式買受選擇權을 부여받을 수 있는 자

주식매수선택권을 부여받을 수 있는 자는 회사의 설립 · 경영과 기술혁신 등에 기여하였거나 기여할 수 있는 당해 회사의 이사 · 집행임원 · 감사 또는 피용자에 한하며(340의2①), 그 자격요건은 정관으로 정한다(340의3①iii). 구체적으로 누구에게 부여할 것인가는 주주총회의 결의에서 그 성명을 정한다(340의3② i).

2. 株式買受選擇權을 부여받을 수 없는 자

① 의결권 없는 주식을 제외한 발행주식총수의 100분의 10 이상의 주식을 소유한 주주, ② 이사·집행임원·감사의 선임과 해임 등 회사의 주요경영사항에 대하여 사실상 영향력을 행사하는 자, ③ 위의 ① 및 ②에 규정된 자의 배우자와 직계 존비속은 주식매수선택권을 부여받을 수 없다(340의2②). 이것은 대주주들에 의한 이 제도의 자의적 운용을 방지하기 위한 것이며, 상장회사의 경우에도 최대주주 등 대통령령으로 정하는 자에게는 주식매수선택권을 부여할 수 없다(542의3①단서).

III. 附與의 方法(類型)

상법은 주식매수선택권을 부여하는 방법으로 세 가지 유형을 규정하고 있다(340의2①). 회사는 주주총회의 특별결의에 의하여 어느 유형을 이용할 것인가를 정한다(340의3② ii).

1. 新株發行交付의 방법

회사가 주식매수선택권의 행사가격으로 신주를 발행하여 교부하는 방법이다(340의2①). 주식의 시가가 매수선택권의 행사가액보다 높을 때 선택권자가 특히 유리하게 신주를 인수할 수 있는 방법이다.

2. 自己株式交付의 방법

정관의 규정에 의하여 회사가 주식매수선택권의 행사가격으로 자기주식을 교부하는 방법이다(340의2①). 이 경우에 대비하여 회사는 자기주식을 취득할 수 있다(341의2iv).

3. 株價差額交付의 방법

주식매수선택권의 행사가격과 주식의 실질가액과의 차액(행사가격이 시가보다 낮은 경우의 차액을 말한다)을 현금 또는 자기주식으로 교부하는 방법이다(340의2①단서). 여기의 주식의 실질가격은 주식매수선택권의 행사일을 기준으로 하여 평가한다(340의2①후문).

IV. 附與의 要件 · 節次

1. 定款의 規定

(1) 정관에 주식매수선택권을 부여할 수 있는 규정을 두어야 하며, 정관에는 일정한 경우 주식매수선택권을 부여할 수 있다는 뜻, 주식매수선택권의 행사로 발행하거나 양도할 주식의 종류와 수, 주식매수선택권을 부여받을 자의 자격요건, 주식매수선택권의 행사기간, 일정한 경우 이사회의 결의로 주식매수선택권의 부여를 취소할 수 있다는 뜻을 기재하여야 한다(340의2①, 340의3①).

(2) 주식매수선택권의 행사에 의하여 발행할 신주 또는 양도할 자기의 주식은 회사의 발행주식 총수의 100분의 10을 초과할 수 없다(340의2③).

(3) 이사회의 결의로 주식매수선택권을 취소할 수 있는 경우로는, 예컨대 주식매수선택권을 부여받은 자가 자의로 사임 또는 사직하거나 고의 또는 과실로 회사에 중대한 손해를 입힌 경우 등이다(상법시행령 9⑥).

2. 株主總會의 特別決議

주주총회의 특별결의를 요하며(340의2①), 총회에서는 주식매수선택권을 부여받을 자의 성명, 주식매수선택권의 부여방법, 주식매수선택권의 행사가액과 그 조정에 관한 사항, 주식매수선택권의 행사기간, 주식매수선택권을 부여받을 자 각각에 대하여 주식매수선택권의 행사로 발행하거나 양도할 주식의 종류와 수를 결의하여야 한다(340의3②).

3. 附與契約 및 契約書 公示

회사는 주주총회의 결의에 의하여 주식매수선택권을 부여받은 자와 계약을 체결하고 상당한 기간 내에 그에 관한 계약서를 작성하여야 한다(340의3③). 그리고 회사는 그 계약서를 주식매수선택권의 행사기간이 종료할 때까지 회사의 본점에 비치하고 주주로 하여금 영업시간 내에 이를 열람할 수 있도록 하여야 한다(340의3④).

V. 讓渡의 禁止

주식매수선택권은 양도하지 못한다. 다만, 주식매수선택권을 행사할 수 있는 자가 사망한 경우에는 그 상속인이 이를 행사할 수 있다(340의4②).

VI. 行使의 要件·節次

1. 행사요건·시기

주식매수선택권은 주주총회의 결의일로부터 2년 이상 재임 또는 재직하여야 행사할 수 있다(340의4①). 업적의 평가를 위한 기간을 고려한 것이다.

2. 행사가액

(1) 주식매수선택권 행사가액은 주주총회의 결의에서 정한다(340의3②iii).

(2) 주식매수선택권의 행사가액은, ① 신주를 발행하는 경우에는 주식매수선택권의 부여일을 기준으로 한 주식의 실질가액(시가)과 주식의 권면액 중 높은 금액(이 경우 무액면주식을 발행한 경우에는 자본으로 계상되는 금액 중 1주에 해당하는 금액을 권면액으로 본다.), 그리고 ② 회사의 자기주식을 양도하는 경우에는 주식매수선택권의 부여일을 기준으로 한 주식의 실질가액(시가)의 이상이어야 한다(340의2④). 주식매수선택권의 행사가액을 조정하는 경우에도 같다.

3. 행사절차

주식매수선택권은 형성권이므로 일방적 의사표시로 행사한다. 신주를 발행받는 방법인 경우에는 청구권자는 청구서 2통을 회사에 제출하고 신주의 발행가액의 전액을 소정의 은행 기타 금융기관에 납입하여야 한다. 주식매수선택권자가 신주인수권을 행사하는 절차는 신주인수권부사채권자의 신주인수권행사의 경우와 동일하다 (340의5, 516의8).

VII. 行使의 效果

(1) 주식매수선택권의 적법한 행사가 있으면, 회사는 주식매수선택권의 부여의 유형(방법)에 따라, 신주를 발행하여 교부하거나, 자기주식을 교부하거나, 실질가액과의 차액을 현금 또는 자기주식으로 교부하여야 한다.

(2) 주주가 되는 시기는, 선택권의 부여의 유형(방법)이 신주발행교부인 때에는 행사가액을 납입한 때이고(340의5, 516의10), 자기주식교부의 방법인 때에는 행사가액을 납입하고 주식을 교부받은 때이며(336①), 주가차액교부의 방법 중 자기주식으로 교부하는 경우에는 주식을 교부받은 때(340의2①단서)로 본다. 단, 신주에 대한 이익이나 이자의 배당에 관하여는, 정관이 정하는 바에 따라서, 신주를 발행한 때가 속

하는 영업연도의 직전 영업연도 말에 발행한 것으로 할 수 있다(340의5, 350③후단).

Ⅷ. 變更登記

주식매수선택권의 행사로 인한 변경등기는 납입이 있은 날이 속하는 달의 말일부터 2주간 내에 본점 소재지에서 이를 하여야 한다(340의5, 350②).

제4절 會社의 機關

제1관 總　說

Ⅰ. 法人과 機關

1. 機關의 의의

상법상 모든 회사는 법인이므로(169) 권리의무의 주체가 되어 의사결정을 하고 행위를 하게 된다. 그러나 법인은 육체나 마음을 가지고 있지 않으므로 실제로는 일정한 자연인 또는 회의체의 의사결정이나 일정한 자연인의 행위를 회사의 의사나 행위로 취급하게 된다. 이때에 그 자연인이나 회의체를 회사의 기관이라 한다.

2. 所有와 經營의 관계

합명회사와 같은 인적회사에서는 원칙적으로 각 사원이 업무집행을 하고 회사를 대표하는(200, 207) 이른바 자기기관으로서 소유와 경영이 일치한다. 그러나 다수의 비전문가 주주를 상정하는 주식회사에서는 기관의 기동성이나 경영업무의 전문성에 비추어 주주들이 직접 경영에 관여하는 것은 적절하지 않으므로 제3자기관이 필요하며, 경영상 기민하고 전문성을 요하는 사항에 대하여는 경영전문가인 이사들의 판단에 맡기도록 하고 있다(소유와 경영의 분리).

Ⅱ. 株式會社에서의 機關의 分化

주식회사는 그 기관이 고도로 분화되어 있고 그 사이에 권한 분장이 이루어져 있다. 주식회사의 기관에는 회사의 기본적 사항에 관하여 회사의 의사를 결정하는 의사결정기관으로서 주주총회가 있고, 회사를 대표하며 업무를 집행하는 업무집행기관으로서 대표이사(또는 집행임원)와 이사회가 있으며, 또 회사의 감독기관으로서 감사 또는 감사위원회가 있다. 이 밖에 임시적 감사기관으로서 필요에 따라 선임되는 검사인이 있다.

제2관 株主總會

I. 總 說

1. 의 의

주주총회는 주주의 총의에 의하여 회사의 기본적 사항에 관한 의사를 결정하는 주식회사의 최고의 필요기관이다. 주주총회는 상설기관이 아니라고 하는 설이 있으나(비상설기관설), 필요적 기관으로서 존재한다는 의미에서 상설기관으로 볼 수 있으며 다만 활동형식인 회의체로서의 주주총회는 일정한 자의 소집에 의하여 구성된다(상설기관설).

2. 지 위

상법은 주주총회의 결의사항을 본법이나 정관에 정하는 경우에만 국한시켰으므로(361) 모든 것을 결의하는 만능의 기관은 아니다. 그러나 주주총회는 이사·감사를 선임·해임할 수 있고(282, 385, 409, 415), 정관을 변경할 수 있는 권한(433①)을 가지고 있으므로, 회사의 최고기관으로서의 법률상의 지위를 갖는다. 그러나 이 최고기관성은 형식상으로만 존재하고 현실적으로는 대주주와 경영자의 주도 속에 형해화되고 있는 것이 현실이다.

II. 權 限

1. 權限의 範圍

주주총회는 회사의 의사를 결정하는 권한을 가지며, 상법은 총회의 결의사항의 범위를 상법 또는 정관에 정한 사항에 한정하고 있다(361).

2. 商法에 의한 權限

주주총회가 결의할 수 있는 권한을 가진 사항을 결의요건에 따라 보통결의사항, 특별결의사항, 특수결의사항으로 나누어 보면 다음과 같다. 상법이 규정한 이들 사항 중 일반적인 것은 보통결의에 의하고 특히 중요한 것은 특별결의에 의하도록 하고 있다.

(1) 普通決議事項

이사・감사・청산인의 선임 및 보수의 결정(382, 409①, 531①, 388, 415, 542②), 검사인의 선임(366③, 367, 542②), 재무제표의 승인 및 이익・이자의 배당과 배당금지급시기의 결정(447, 449①, 464의2), 준비금의 자본전입(464①단서), 이사・감사・청산인의 책임해제의 유보(450, 542②), 주식배당의 결정(462의2①), 전환사채발행사항의 결정(513②단서), 신주인수권부사채의 발행사항의 결정(516의2②단서), 청산인의 선・해임(531①, 539①), 청산의 승인(540) 등이 보통결의사항이다. 이 중에는 정관으로 총회의 권한사항으로 정하게 되어 있는 것도 있다.

(2) 特別決議事項

회사의 구성, 기관의 구성, 업무의 운영 등 회사업무의 기본적인 것이 이에 속한다. 즉 회사의 기본구성에 관한 것으로서, 정관의 변경(434), 회사의 해산(518), 회사의 계속(519), 합병(522), 주식의 포괄적 교환 및 이전(360의3, 360의16), 자본의 충실에 관한 것으로서는, 자본감소(438), 액면미달주식의 발행(417), 전환사채의 발행(정관으로 주주총회결의사항으로 한 경우. 513②단서), 사후설립(375), 이사・감사의 해임(385, 415), 合倂의 경우에, 신설합병의 설립위원의 선임(175), 주식매수선택권의 부여(340의2①), 영업의 전부 또는 중요한 일부의 양도 등(374)이 특별결의사항에 속한다.

(3) 特殊決議事項

총주주 동의를 요하는 사항으로서 발기인・이사・감사의 책임면제(400, 415, 324), 주식회사의 유한회사 또는 유한책임회사로의 조직변경(604①) 등이 이에 속한다.

3. 定款에 의한 權限

상법에서 규정하는 사항 이외에도 정관으로 총회의 결의사항으로 정한 것은 총회의 권한에 속하게 된다(361). 그러므로 주식회사의 본질이나 강행규정에 반하지 아니하는 한, 정관으로써 전술한 바 있는 총회의 결의사항의 범위를 확장할 수 있다. 그러므로 정관으로 정할 때에 상법상 이사회의 권한에 속한 사항이라도 총회의 권한으로 할 수 있다고 해석한다(다수설). 이와 같은 총회의 권한 사항의 확장은 소규모·폐쇄적인 주식회사가 많은 우리나라의 현실에서 회사의 실제적인 운영을 위하여 편리한 경우가 있을 것으로 보지만, 定款에 의하여 순수한 업무집행사항(393①)을 제한 없이 주주총회의 결의사항으로 함으로써 이사회의 필요기관성까지 무시하여서는 아니 될 것으로 본다.

4. 特別法에 의한 권한

청산중이거나 파산선고를 받은 회사인 채무자가 회생절차개시의 신청을 하는 때에 주주총회의 특별결의를 요하는 경우(채무자 회생 및 파산에 관한 법률 35) 등, 특별법에 주주총회의 권한 사항으로 규정된 경우가 있다(보험업법 138 등).

III. 召 集

1. 召集權者

(1) 原 則

주주총회는 원칙적으로 이사회가 개최의 일시·장소·의제 등을 결정하고 대표이사가 구체적인 소집절차를 밟는다(362). 청산중의 회사에서는 청산인회가 소집사항을 정하고 대표청산인이 이를 집행한다(542②, 362). 자본금총액이 10억원 미만으로서 이사가 1명 또는 2명인 경우에는 이사가 결정하여 소집한다(383⑥).

(2) 例 外

1) 少數株主   발행주식총수의 100분의 3 이상에 해당하는 주식을 가진 주주는 이사회에 대하여 임시총회의 소집을 청구할 수 있으며, 소집청구를 받은 이사회가 지체 없이 소집절차를 밟지 않은 때에는 청구한 소수주주는 법원의 허가를 얻어 총회를 소집할 수 있다(366). 이것은 지배주주와 이사의 전단에 대한 군소주주의 자위적 감독권을 인정한 것이라 할 수 있다.

2) 監事·監査委員會   감사 또는 감사위원회는 이사회에 제출하여 임시총회의 소집을 청구할 수 있으며(412의3①, 415의2⑥), 소집청구를 받은 이사회가 지체 없이 소집절차를 밟지 아니한 때에는 소집청구를 한 감사 또는 감사위원회는 법원의 허가를 얻어 총회를 소집할 수 있다(412의3②, 336②, 415의2⑥).

3) 法 院   회사의 업무와 재산의 조사를 위하여 법원이 소수주주의 청구에 의하여 검사인을 선임하는 경우에(467①), 법원은 필요한 때에는 대표이사에게 명하

여 주주총회를 소집하는 수가 있다(467②③). 이 경우에는 이사회의 결의를 요하지 않는다(통설).

4) 淸算人會　　청산중의 회사에 있어서는 청산인회가 총회소집에 관하여 결정하고(542②, 362), 대표청산인이 이를 집행한다.

2. 召集時期

주주총회에는 소집시기에 따라 정기총회와 임시총회로 구분되는데, 이 두 가지는 소집절차와 권한은 차이가 없다.

(1) 定期總會

정기총회는 매년 1회 일정한 시기(매결산기)에 소집한다(365①). 연 2회의 결산기를 정한 회사는 매기에 총회를 소집하여야 한다(365②). 정기총회에서는 재무제표의 승인 및 이익처분이 주요 의제이지만(499①, 447), 이 밖에 이사선임·정관변경 등 기타 사항을 결의해도 무방하다.

(2) 臨時總會

임시총회는 필요가 있는 경우에 수시로 소집한다(365③). 법원에 의하여 그 소집이 강제되는 경우도 있다(467).

3. 召集地·召集場所

(1) 총회소집지는 정관에 다른 규정이 없으면 본점 소재지 또는 이에 인접한 地이어야 한다(364). 인접한 지라 함은 인접한 최소 독립행정구획(시·군, 특별시·광역시의 구)을 말한다.

(2) 소집장소는 회의 소집 및 진행에 적합한 장소이어야 하며, 소집통지 또는 공고에 소집지와 아울러 기재하여야 한다. 인접지를 벗어난 원격지나 회의를 개최하기에 매우 부적당한 장소에 총회를 소집하여 주주의 출석을 곤란하게 하면 소집절차상 하자가 인정될 수 있다.

4. 召集節次

(1) 通　知

1) 총회를 소집함에는 회일을 정하여 주주에 대하여는 2주간 전에 서면 또는 전자문서로 통지를 발송하여야 한다(363①). 이 통지서에는 총회의 일시·장소 및 회

의의 목적사항을 기재하여야 한다(363②). 총회에서는 이 통지에 기재된 의안 이외에 새로운 의안을 추가할 수 없다(대판 1969.2.4, 68다2284).

2) 통지방법은 서면 또는 전자문서로 하여야 하며, 구두나 전화 등에 의한 통지는 적법한 통지가 아니며 결의취소의 원인이 된다.

(2) 通知·公告의 省略

1) 소집통지가 주주명부상의 주주의 주소에 계속 3년간 도달하지 아니한 때에는 회사는 그 주주에게 총회의 소집을 통지하지 않을 수 있다(363①단서). 이 규정은 불필요한 부담을 덜어주고 분쟁의 소지를 없애기 위한 것이다.

한편 자본금총액이 10억원 미만인 회사가 주주총회를 소집하는 경우에는 총회일의 10일 전에 각 주주에게 서면으로 통지를 발송하거나 각 주주의 동의를 받아 전자문서로 통지를 발송할 수 있다.

2) 의결권이 없는 주주에게는 통지가 필요치 아니하다. 그러므로 자회사가 가지고 있는 모회사의 주식이나(342의2①), 회사(A)가 다른 회사(B)의 발행주식총수의 10분의 1을 초과하는 주식을 가지고 있을 때 B회사가 가진 A회사의 주식에는(369③) 의결권이 없으므로 소집통지를 할 필요가 없다. 다만 소집통지서에 적은 회의의 목적사항에 반대주주의 주식매수청구권이 인정되는 사항이 포함된 경우에는 그러하지 아니하다(363⑦).

3) 상장회사 주주총회를 소집하는 경우에는 일정한 수 이하의 주식을 소유하는 주주에 대하여는 정관이 정하는 바에 따라 일간신문에 2회 이상 公告하거나 전자적 방법으로 공고함으로써 소집통지에 갈음할 수 있다(542의4①).

(3) 全員出席總會 및 一人會社의 總會

1) 전원출석총회는 법정의 소집절차 없이 주주 전원이 집합하여 일정한 결의를 하는 경우이다. 소집절차는 주주에게 총회에 출석 및 준비의 기회를 주려는 것이므로 모든 주주가 그 이익을 포기하고 총회를 열기로 동의한 경우에는 유효한 총회로 인정된다(통설; 대판 2002.7.23, 2002다15733). 전원출석총회는 주주로부터 의결권을 적법하게 수임한 주주의 代理人이 출석한 경우에도 인정된다(대판 1993.2.26, 92다48727).

1인회사의 총회는 법정의 소집절차가 없어도 유효하다(통설·판례). 1인회사의 경우에는 1인 주주가 출석하면 전원출석총회가 성립하므로 따로 총회소집절차가 필요 없고, 또 실제로 총회를 개최한 사실이 없더라도 1인 주주에 의하여 의결이 있었던 것으로 주주총회 의사록이 작성되었다면 유효한 주주총회의 성립이 인정된다

(대판 1993.6.11, 93다8702).

2) 자본금 총액이 10억원 미만인 회사는 주주 전원의 동의가 있을 경우에는 소집절차 없이 주주총회를 개최할 수 있고, 서면에 의한 결의로써 주주총회의 결의를 갈음할 수 있다. 결의의 목적사항에 대하여 주주 전원이 서면으로 동의를 한 때에는 서면에 의한 결의가 있는 것으로 본다(363④). 서면에 의한 결의는 주주총회의 결의와 같은 효력이 있다(363⑤). 유한회사의 경우에도 총사원의 동의가 있을 때에는 소집절차 없이 총회를 열 수 있도록 규정하고 있다(573).

5. 延期·續行

총회에서는 의사에 들어간 후 회의의 속행을 결의하거나 의사에 들어가지 않고 연기의 결의를 할 수 있으며(372①), 이 경우에는 위의 통지·공고가 필요하지 아니하다(372②).

IV. 株主提案權

1. 意 義

주주제안권이라 함은 소수주주가 일정한 사항을 주주총회의 목적사항으로 할 것을 제안할 수 있는 권리이다(363의2①). 이 제도는 주주의 의사를 총회에 반영하고 의사형성에 능동적으로 관여할 수 있게 하며 주주들에게 정보제공수단으로서의 기능도 한다. 상법 제542조의6②은 상장회사의 주주제안제도에 관하여 규정한다. 자본시장법 제29조 6항도 주권상장법인의 주주제안제도에 관한 규정을 두고 있다.

2. 提案權者

주주제안권을 행사할 수 있는 자는 발행주식총수의 100분의 3 이상에 해당하는 주식을 가진 주주이다(363의2①). 이 경우의 발행주식총수를 산정함에 있어서 의결권 없는 주식과 자기주식은 제외된다.

3. 提案權의 內容

(1) 주주제안권은, ① 일정한 사항을 주주총회의 목적사항(의제)으로 할 것을 청구할 수 있는 의제제안권(1항)과 ② 총회의 의제에 관하여 의안의 요령을 제출할 수 있는 의안제안권(2항)을 내용으로 한다.

(2) 예컨대 이익처분안을 다루는 결산총회에서 '이사해임의 건'을 주주총회의 목적

사항(의제)으로 추가할 것을 요구하는 경우가 의제제안권이며, '이사선임의 건'이라는 의제에 관하여 'A를 이사후보자로 한다'고 하는 구체적인 안을 제안하는 경우가 의안제안권이다. 제안의 내용에 따라서는 의제제안과 의안제안을 포함할 경우도 있다.

4. 提案權行使의 節次

주주제안권을 행사하려는 소수주주는 이사에 대하여 회일의 6주 전에 서면 또는 전자문서로 일정한 사항을 주주총회의 목적사항으로 할 것을 제안하여야 한다 (363①). 또한 회일의 6주 전에 서면 또는 전자문서로 회의의 목적으로 할 사항에 추가하여 당해주주가 제출하는 의안의 요령을 주주총회소집통지와 공고에 기재할 것을 청구할 수 있다(363②). 이 기간이 6주간에 미달하는 경우에 회사는 그 제안을 채택할 의무는 없지만 합리적인 이유가 있을 때 회사가 이를 채택하는 것은 무방하다고 본다. 이 기간은 총회 준비를 위하여 회사에게 인정된 것이기 때문이다.

5. 提案權行使의 效果

(1) 이사는 주주제안이 있는 경우에 이를 이사회에 보고하고, 이사회는 주주제안의 내용이 법령 또는 정관에 위반되는 경우와 그 밖에 대통령령으로 정하는 경우를 제외하고는 이를 주주총회의 목적사항으로 하여야 한다(363의2③1문). 또한 제안한 주주의 요청이 있는 경우에는 주주총회에서 당해 의안을 설명할 수 있는 기회를 주어야 한다(363의2③2문).

(2) 회사가 적법한 주주제안을 무시하고 한 총회결의는 결의취소의 소(376)의 원인이 된다. 또한 이사는 주주에 대하여 손해배상 책임을 지고, 주주제안을 회사가 정당한 사유 없이 총회의 목적사항으로 하지 아니한 때에는 과태료의 제재를 받는다(635①xxi). 이 경우에도 제안한 의제 외의 다른 결의는 유효하다.

V. 株主의 議決權

1. 議決權의 意義

의결권은 주주가 총회에 출석하여 결의에 참가할 수 있는 권리이며, 주주는 의결권을 통하여 회사의 경영에 참여할 수 있게 된다. 의결권은 이익배당청구권과 더불어 가장 중요한 내용의 주주권으로서 공익권이다. 또한 법률의 규정에 의하지 않는 한 정관이나 주주총회의 결의로도 박탈할 수 없는 고유권이다.

2. 議決權의 數

(1) 一株一議決權의 原則

의결권은 1주마다 1개로 하며(369①), 이것을 1주 1의결권의 원칙이라 한다. 이것은 자본단체인 주식회사의 특성상 인적회사(195, 269, 민법 706, 73①)와 달리 주식마다 의결권을 인정한 것이다(368, 369).

(2) 例   外

1) 의결권의 배제·제한주식   회사가 의결권이 없는 종류주식은 주주총회의 모든 결의사항에 대하여 의결권이 없고, 의결권이 제한되는 종류주식은 특정한 사항에 한하여 의결권이 없다(344조3①). 이러한 의결권 없는 주식의 수는 총회 결의시 발행주식총수에 산입하지 아니한다(371①). 의결권배제·제한주식도 총주주의 동의를 요하는 유한책임회사로 조직 변경(604, 287의43①), 이사·감사의 책임면제(400, 415)(통설), 종류주주총회의 결의(435, 436) 등에서는 의결권이 인정된다.

2) 會社의 自己株式   회사가 가진 자기주식은 의결권이 없다(369②). 이사 등에 의하여 회사 지배의 수단으로 이용될 우려가 있기 때문이다.

3) 相互保有株式

㈎ 議決權 制限   (i) 상법은 주식의 상호보유를 규제하기 위한 방법으로서 의결권을 제한하는 제도를 규정하고 있다. ① A회사가 C회사의 발행주식총수의 10분의 1을 초과하는 주식을 가지고 있는 경우에는 C회사가 가지는 A회사의 주식은 의결권이 없다. ② 母회사(A)와 子회사(B)가 합하여 C회사의 발행주식총수의 10분의 1을 초과하는 주식을 가지고 있는 경우에는 C회사가 가지는 甲회사의 주식은 의결권이 없다. ③ A회사의 子회사(B)가 C회사의 발행주식총수의 10분의 1을 초과하는 주식을 가지고 있는 경우에는 C회사가 가지는 A회사의 주식은 의결권이 없다(369③).

(ii) 子회사가 예외적으로 모회사주식을 취득한 경우에도(342의2) 그 母회사 주식은 제369조 제3항이 적용되므로 당연히 의결권이 없다.

㈏ 株式取得의 통지   회사(A)가 다른 회사(B)의 발행주식총수의 10분의 1을 초과하여 취득한 때에는 그 다른 회사(B)에 대하여 이를 지체 없이 통지하여야 한다(342의3). 이 경우에는 주식을 취득하여도 의결권이 없기 때문에 초과취득의 사실을 알릴 필요가 있기 때문이다.

4) 特別利害關係人   ㈎ 총회의 결의에 관하여 특별한 이해관계가 있는 주주는 의결권의 행사를 인정하지 아니한다(368③). 공정한 의결권의 행사를 바랄 수 없

기 때문이다. 여기의 특별한 이해관계라 함은 ① 특정한 주주만의 이해에 관련된 때
라는 견해(특별이해관계설)가 있으나, ② 특정한 주주가 주주의 입장을 떠나서 갖는
회사와의 개인적 이해관계라고 본다(개인법설).

　　(내) 특별이해관계인은 대리인에 의하여 의결권을 행사하거나 타인의 대리인으
로서 행사할 수도 없다. 특별이해관계인이 행사할 수 없는 의결권의 수는 출석한 주
주의 의결권의 수에 산입하지 아니하며(371②), 특별이해관계인이 총회의 결의에 참
가한 경우에는 결의취소의 원인이 된다(376). 주주가 특별이해관계인으로서 의결권
을 행사할 수 없었던 경우에 총회의 결의가 현저하게 부당하고 그 주주가 의결권을
행사하였더라면 이를 저지할 수 있었을 때에는, 그 주주는 그 결의일로부터 2월 내
에 결의의 취소 또는 변경의 소를 제기할 수 있다(381).

　　5) 監事選任에서의 議決權의 제한　　감사의 선임결의에 있어서 발행주식총수
의 100분의 3을 초과하는 주식을 가진 주주는 그 초과하는 주식에 관하여 의결권이
없다(409②).

　　6) 株主名簿폐쇄기간 중의 轉換株式의 전환에 의한 株式　　주주명부폐쇄기간
중에 전환된 주식의 주주는 그 기간 중의 총회의 결의에 관하여는 의결권을 행사할
수 없다(350②).

3. 議決權의 行使方法

의결권은 주주가 총회에 출석하여 자유로이 통일적인 의사를 의결로써 표시함
으로써 행사한다. 이에 관련하여 상법은 의결권의 대리행사, 불통일행사, 서면에 의
한 의결권행사 등을 규정하고 있다. 의결권을 행사하기 위하여는 주주명부에 명의
개서가 되어 있어야 한다(337).

(1) 代理行使

1) 대리인에 의한 의결권행사　　주주는 대리인으로 하여금 의결권을 행사하게
할 수 있다(368② 1문). 이 경우에는 그 대리인은 대리권을 증명하는 서면을 총회에
제출하여야 한다(368②후단). 의결권의 대리행사를 인정하는 것은 주주의 권리행사
를 용이하게 하려는 것이지만, 또한 총회의 정족수를 확보하기 위하여 더욱 필요하
며, 또한 주주의 개성이 희박한 것도 대리행사를 인정하는 이유가 된다.

2) 대리인의 資格 및 數　　대리인의 자격에 대하여는 제한이 없으며, 무능력
자나 법인도 대리행사를 할 수 있다. 복수의 대리인을 인정하면 의사의 혼란을 초래
할 우려가 있으므로, 대리인의 수는 주주 1인당 1인에 한하는 것으로 보며, 회사로

서는 2인 이상의 대리인의 의결권의 행사를 거절할 수 있다(대판 2001.9.7, 2001도 2917). 대리인의 자격을 주주로 제한하는 정관규정의 효력에 관하여는 무효설이 있지만, 정관의 이러한 규정은 총회가 주주 이외의 자에 의하여 교란되는 것을 방지하기 위한 합리적 이유에 의한 것으로서 유효설이 타당하다고 본다.

3) **代理權의 행사방법 및 包括的 委任**　　대리인에 의하여 의결권을 행사할 때에는 그 대리인은 대리관계를 분명하게 하기 위하여 대리권을 증명하는 서면(위임장)을 총회에 제출하여야 한다(368②후단). 대리권을 증명하는 서면(위임장)은 총회 때마다 제출하여야 하는가에 관하여는 견해가 나뉜다. ① 경영자지배의 도구로 악용될 우려 등을 고려하여 적어도 총회별로 대리권을 수여하여야 한다고 하는 포괄적 위임 불능설이 있지만, ② 주주가 장기간 해외에 체재하는 경우 등 주주의 편의를 고려하여 일정한 기간에 걸쳐서 포괄적으로 대리권을 수여하는 것을 인정할 필요가 있다고 본다(포괄적 위임 가능설).

4) **代理權行使의 권유**　　자본시장법은 일정한 요건 하에 상장주식의 의결권 대리행사의 권유를 규정하고 있다(동법 152). 의결권에 무관심한 많은 일반주주들에게 위임장의 제출을 의뢰함으로써 정족수를 확보하고, 아무것도 기재하지 않고 반송된 백지위임장을 이용하여 의안의 원활한 통과를 도모하는 등의 이유에서이다.

(2) **不統一行使**

1) **의　의**　　의결권불통일행사라 함은 주주가 둘 이상의 의결권을 가지는 경우에 이를 통일하지 않고 행사하는 것을 말한다(368의2). 즉, 어떤 사안에 대하여 의결권을 행사함에 있어서 일부 의결권으로는 찬성을 하고 나머지 의결권으로는 반대하는 경우이다.

2) **불통일행사의 節次**　　㈎ 주주는 의결권을 통일하지 아니하고 행사할 수 있으나, 이 경우에는 회일의 3일 전에 회사에 대하여 서면 또는 전자문서로 그 뜻과 이유를 통지하여야 한다(368의2①). 이 통지는 총회회일의 3일 전에 회사에 도달하여야 한다(통설). 이 통지는 총회 때마다 하는 것이 원칙이지만, 포괄적으로 할 수도 있다(통설. 이에 대하여는 부정설이 있음). 주주로부터 이 사전통지가 없으면 회사는 불통일행사를 거부하여야 한다.

㈏ 동일한 총회에 여러 개의 의안이 제출된 경우에는 각 의안마다 불통일행사를 할 수 있으며, 또 어떠한 의안에 대하여는 통일적으로 행사할 수도 있다.

3) **불통일행사의 拒否**　　회사는 불통일행사를 거부할 수 있고 그 거부는 당해 의결권의 행사가 있기 전에 하면 된다. 그러나 주주가 주식의 신탁을 인수하였거나

기타 타인을 위하여 주식을 가지고 있는 경우외에는 회사는 주주의 의결권의 불통
일행사를 거부할 수 있다(368의2②). 여기서 타인을 위하여 주식을 가지고 있는 경우
라 함은 실질상의 주주와 주주명부상의 주주가 같지 않은 경우이며, 증권예탁원 예
탁의 경우와 주식양도 후 명의개서가 없는 경우 등이 이에 해당한다.

(3) 書面에 의한 의결권행사

1) 의   의   주주는 정관이 정하는 바에 따라 총회에 출석하지 않고 서면에
의하여 의결권을 행사할 수 있다(368의3). 이 서면투표를 한 주주의 의결권은 출석
주주의 의결권의 수(368①)에 산입한다. 이 제도는 총회에 출석이 어려운 주주의 의
견을 직접 확실하게 모을 수 있다는 장점이 있으나, 의견교환이나 토론을 통한 지혜
의 결집이 불가능하여 주주총회의 형해화에 기여할 위험도 있다.

2) 節   次   서면에 의한 의결권행사를 하려면, 정관에 이를 허용하는 규정
이 있어야 하고, 회사가 총회의 소집통지서에 주주가 서면에 의한 의결권행사에 필
요한 서면과 참고자료를 첨부하여야 한다(368의3②). 총회의 소집 없이 주주의 전원
이 서면투표만으로 결의하는 것은 허용되지 않으며, 이 점에서 유한회사의 사원총
회의 서면결의(577)가 사원총회 자체를 열지 않고 사원이 서면으로 결의를 하는 것
과 다르다.

(4) 電子的 方法에 의한 의결권행사

1) 意   義   회사는 이사회의 결의로 주주가 총회에 출석하지 아니하고 전자
적 방법으로 의결권을 행사할 수 있음을 정할 수 있다(368의4①). 회사는 소집통지나
공고를 할 때에는 주주가 제1항에 따른 방법으로 의결권을 행사할 수 있다는 내용을
통지하거나 공고하여야 한다(368의4②). 주주는 동일한 주식에 관하여 전자적 방법
또는 서면투표에 의하여 의결권을 행사하는 경우 그 중 어느 하나의 방법을 선택하
여야 한다(368의4④).

2) 節次 등   주주 확인절차 등 전자적 방법에 의한 의결권행사의 절차와 그
밖에 필요한 사항은 대통령령으로 정한다(368의4⑥). 회사가 전자적 방법에 의한 의
결권행사를 정한 경우에 주주는 주주 확인절차 등 대통령령으로 정하는 바에 따라
의결권을 행사하여야 한다. 이 경우 회사는 의결권행사에 필요한 양식과 참고자료
를 주주에게 전자적 방법으로 제공하여야 한다(368의4③).

3) 기록의 비치·열람   회사는 의결권행사에 관한 전자적 기록을 총회가 끝
난 날부터 3개월간 본점에 갖추어 두어 열람하게 하고 총회가 끝난 날부터 5년간 보

존하여야 한다(368의4⑤).

4. 議決權行使와 利益供與의 禁止

회사는 누구에게든지 주주의 권리행사와 관련하여 재산상의 이익을 공여할 수 없다(467의2①). 이 경우의 권리행사는 의결권행사를 포함하여 다른 공익권도 해당된다(후술).

5. 特別決議反對株主의 株式買受請求權

(1) 意義 및 性質

1) 상법은 회사의 영업 전부의 양도 등 제374조에서 규정하고 있는 총회특별결의사항에 반대하는 주주(의결권이 없거나 제한되는 주주를 포함한다)가 회사에 대하여 자기가 소유하는 주식의 매수를 청구할 수 있는 권리를 인정하고 있다(374의2). 주주가 매수청구를 하면 회사는 매수청구기간이 종료하는 날부터 2개월 이내에 그 주식을 매수하여야 하며(374의2②), 매수청구를 한 때 그 주식의 매수계약이 성립한 것과 같은 효력이 생기므로, 주식매수청구권은 형성권의 일종이다.

2) 주식매수청구권은 다수결원칙에 의한 다수주주의 횡포로부터 소수주주의 권익을 보호하기 위한 것으로서, 주주의 이해관계에 중대한 영향을 미치는 사안에 관한 특별결의를 함에 있어서 이에 반대하는 주주가 출자금을 회수하고 탈퇴할 수 있는 길을 열어 준 것이다.

3) 주식매수청구권은 이 밖에도, 주주가 회사로부터 주식양도승인거부의 통지를 받은 때(335의2④), 회사합병 또는 회사분할합병에 반대하는 경우(522의3, 530의11②), 주식의 포괄적 교환 및 주식의 포괄적 이전(360의5, 360의22)의 경우에도 인정된다.

(2) 株式買受請求權의 행사요건 및 절차

1) 事前反對通知 및 買受請求   주식매수청구권을 행사하기 위해서는 제374조의 규정에 의한 결의사항에 반대하는 주주는 총회 전에 사전반대의 통지를 하고 총회 후에 매수청구를 하여야 한다. 즉 주주총회 전에 회사에 대하여 서면으로 그 결의에 반대하는 의사를 통지하여야 하며, 그 총회의 결의일부터 20일 내에 주식의 종류와 수를 기재한 서면으로 회사에 대하여 자기가 소유하고 있는 주식의 매수를 청구하여야 한다(374의2).

2) 株式買受請求權을 가지는 株主   주식매수청구권을 가지는 주주는 회사의 영업의 전부 또는 중요한 일부의 양도의 경우에는 양도회사의 주주이고(374①ⅰ), 다

른 회사 영업 전부의 양수 또는 양수회사의 영업에 중대한 영향을 미치는 영업 일부의 양수의 경우에는 양수회사의 주주이다(374① i · iii).

    3) **買受請求의 對象이 되는 株式**   같은 주주가 반대의사의 통지 및 매수청구를 한 때에 그 주주가 소유하는 주식이며, 주주는 자기가 소유하는 주식의 일부만의 매수청구도 할 수 있다.

    (3) **株式買受請求權 行使의 效果**

    1) **회사의 買受義務**   주주의 매수청구가 있는 때에는 회사는 그 청구기간이 종료하는 날로부터 2개월 이내에 그 주식을 매수하여야 한다(374의2②).

    2) **買受價格의 결정**   주식의 매수가액은, 주주와 회사 간의 協議에 의하여 결정한다(374의2③). 그러나 만일 회사가 매수청구기간이 종료하는 날로부터 30일 이내에 협의가 이루어지지 아니한 경우에는, 회사 또는 주식의 매수를 청구한 주주는 法院에 대하여 매수가액의 결정을 청구할 수 있다(374의2④). 이 경우에 법원은 주식의 매수가액을 결정함에 있어서 회사의 재산상태, 그 밖의 사정을 참작하여 공정한 가액으로 이를 산정하여야 한다(374의2⑤).

    (4) **買受한 株式의 處分**

    주식매수청구에 의하여 취득한 자기주식 처분에 관하여는 정관에 규정이 없는 것은 이사회가 결정한다(342).

VI. 議事와 決議

1. 議 事

    (1) 節 次

    총회는 주주총회소집통지서에 기재된 일시 · 장소에 주주와 이사 · 감사가 출석하고, 출석주주가 가진 주식수가 결의의 성립에 필요한 수를 충족했는지를 확인하고, 의장이 개회를 선언하고 의사에 들어가게 된다. 총회의 의사방법에 관하여는 회사법 또는 정관규정이 없는 경우에는 총회에 관한 관습에 따르고, 관습도 없으면 회의체의 일반원칙에 따른다. 의제는 소집의 통지 · 공고에 기재된 것에 한한다(363의2 참조). 총회의 의사에는 의사록을 작성하여 의사의 경과요령과 그 결과를 기재하고 의장과 출석이사가 기명날인 또는 서명하여야 한다(373).

(2) 總會 議長의 選任과 秩序維持

총회의 의장은 정관에서 정하고, 정관에 정함이 없는 경우에는 총회에서 선임한다(366의2①). 총회의 의장은 총회의 질서를 유지하고 의사를 정리한다(366의2②). 총회의 의장은 고의로 의사진행을 방해하기 위한 발언·행동을 하는 등 현저히 질서를 문란하게 하는 자에 대하여 그 발언의 정지 또는 퇴장을 명할 수 있다(366의2③).

2. 決議方法

(1) 普通決議

주주총회의 결의는, 상법 또는 정관에 다른 정함이 있는 경우를 제외하고는, 출석한 주주의 의결권의 과반수와 발행주식총수의 4분의 1 이상의 수로써 하여야 한다(368①). 그러므로 정관의 규정으로 이 요건을 달리 정할 수 있다. 이 경우에도 의결권 없는 주식의 수는 발행주식총수에 산입하지 않으며(371①), 특별이해관계가 있는 주주(368③)의 의결권의 수 등 행사할 수 없는 주식의 의결권의 수는 출석주주의 의결권의 수에 산입하지 않는다(371②). 결의결과가 가부동수인 때에는 부결된 것으로 본다(통설).

(2) 特別決議

특별결의는 출석한 주주의 의결권의 3분의 2 이상의 수와 발행주식총수의 3분의 1 이상의 수로써 하는 결의이다(434). 정관변경(434), 회사합병(522) 등 특정한 중요사항에 대한 결의를 보통결의의 경우보다 신중하게 하려는 것이다.

(3) 特殊決議

의결권 없는 주식을 포함하여 총주주의 동의를 요하는 결의이다. 발기인·이사·감사의 회사에 대한 책임을 면제하는 경우에는 총주주의 동의를 요하며(324, 400, 415, 542②), 주식회사를 유한회사로 조직변경을 하는 경우에는 총주주의 일치에 의한 총회의 결의를 요한다(604). 상장회사에서는 현실성이 없는 결의요건이라 할 수 있다.

VII. 種類株主總會

1. 意 義

회사가 종류주식을 발행한 경우에, 정관을 변경함으로써 어느 종류의 주주에게 손해를 미치게 될 때에는, 주주총회의 결의 외에 그 종류의 주주의 총회의 결의가 있어야 하는데(435①), 이것을 종류주주총회라 한다. 이것은 여러 종류의 주식을 발행한 경우에 다수에 의하여 소수인 종류주식의 이익이 침해되는 것을 막기 위한 제도이다. 종류주주총회는 특정한 주주총회 결의의 효력 발생을 위하여 요구되는 부가적인 제도이며, 그 자체가 기관인 것은 아니다.

2. 種類株主總會의 決議를 요하는 경우

(1) 定款變更의 경우

회사가 수종의 주식을 발행한 경우에 정관을 변경함으로써 어느 종류의 주주에게 손해를 미치게 될 때에는 그 종류의 주주의 총회의 결의를 요한다. 예컨대 우선주의 배당률을 낮추는 정관변경을 하는 경우에는 주주총회의 결의 외에 우선주 주주들의 종류주주총회의 결의를 요한다.

(2) 定款變更 이외의 경우

회사가 수종의 주식을 발행하는 때에는, 정관에 다른 정함이 없는 경우에도, 주식의 종류에 따라 신주의 인수, 주식의 병합·분할·소각 또는 회사의 합병·분할로 인한 주식의 배정에 관하여 특수한 정함을 할 수 있는데, 이 경우에 어느 종류의 주주에게 손해를 미치게 될 때에는 그 종류의 주주의 총회의 결의가 요구된다(436, 344③). 또한 주식교환, 주식이전 및 회사의 합병으로 인하여 어느 종류의 주주에게 손해를 미치게 될 경우에도 그 종류의 주주의 총회의 결의가 있어야 한다(436).

3. 決議要件 및 節次

(1) 결의의 요건

종류주주총회의 결의는 출석한 주주의 의결권의 3분의 2 이상의 수와 그 종류의 발행주식총수의 3분의 1 이상의 수로써 하여야 한다(435②). 이 결의요건은 가중하거나 경감하지 못하는 것으로 본다(통설).

(2) 株主總會에 관한 규정의 準用

종류주주총회의 소집이나 의사운영에 대하여는 의결권 없는 종류의 주식에 관한 것을 제외하고 주주총회에 관한 규정을 준용한다(435③).

4. 決議의 效果

종류주주총회를 요하는 경우에는 그 종류주주총회의 결의가 있어야 정관변경의 효력이 생긴다. 그러므로 종류주주총회의 결의가 무효이거나 취소판결이 확정된 때에는 정관변경은 당연히 무효가 된다.

5. 創立總會에의 準用

종류주주총회에 관한 제435조의 규정은 창립총회에도 준용되고 있다(308).

VIII. 株主總會決議의 瑕疵

1. 總　說

총회의 결의가 외형상 아예 존재하지 않는 경우는 물론, 총회의 결의가 외형상 성립한 경우라도 그 절차나 내용에 하자가 있는 때에는 효력을 인정할 수 없다. 그러나 이러한 결의와 관련하여 다수의 이해관계인의 새롭게 형성된 법률관계를 고려하면 하자의 주장을 제한할 필요가 있다. 그러므로 상법은 법률관계의 안정성과 획일적 확정을 고려하고 하자의 원인과 정도를 감안하여, 총회결의취소의 소, 결의무효확인의 소, 결의부존재확인의 소, 부당결의취소·변경의 소의 제도를 규정하고 있다.

2. 決議取消의 訴

(1) 取消의 原因

① 총회의 소집절차 또는 결의방법이 법령 또는 정관에 위반한 때, ② 소집절차 또는 결의방법이 위법한 것은 아니지만, 현저하게 불공정한 때, 또는 ③ 결의의 내용이 정관에 위반한 때에, 결의취소의 소를 제기할 수 있다(376①).

여기서 총회의 '소집절차가 법령 또는 정관에 위반한 때'로는 소집권한 없는 자의 총회소집, 일부주주에 대한 소집통지의 누락, 법정기간(2주간)이 부족한 경우 등이 이에 해당하며, '결의방법이 법령 또는 정관에 위반한 때'로는 주주나 그 대리인 아닌 자 등의 결의 참가, 정족수를 무시한 결의 등이 있다. '현저하게 불공정한 때'로는 정당한 사유 없이 출석하기 곤란한 시간이나 장소에 소집한 경우나 주주나 대리인의 입장을 막고 자파의 주주만으로 결의를 하는 경우 등이 이에 해당한다. 또한 '결의의 내용이 정관에 위반한 때'라 함은, 예컨대 정관이 정한 이사의 수를 초과하여 선임결의를 한 경우 등이 이에 해당한다. 이 경우 결의의 내용이 정관에 위반하는 동시에 법령에도 위반하는 경우에는 결의무효확인의 訴의 원인(380)이 된다.

⑵ 訴의 性質

결의취소의 소는 형성의 소이다(통설·대판). 그러므로 그 결의는 판결에 의하여 취소되기 전까지는 유효하다.

⑶ 訴의 當事者

주주·이사 또는 감사에 한하여 결의취소의 소의 原告가 될 수 있다(376①). 이 경우의 주주는 단독주주도 가능하며, 결의 당시의 주주가 아니고 제소 당시의 주주이면 된다. 주주는 판결이 확정될 때까지 주주자격을 유지하여야 한다. 의결권 없는 주주도 이 소를 제기할 수 있다(다른 견해 있음). 被告는 회사이며 대표이사가 소에 관하여 회사를 대표한다(389①단서, 394 참조).

⑷ 訴의 節次

1) 제소기간   결의취소의 訴는 그 결의의 날로부터 2월 내에 제기할 수 있다(376①). 그러므로 이 기간이 경과하면 결의취소원인인 하자를 다툴 수 없다.

2) 관할법원 및 병합심리   결의취소의 소는 회사 본점 소재지의 지방법원의 전속관할에 속하며(186), 訴가 제기되면 회사는 지체 없이 이를 공고하여야 한다. 수 개의 訴가 제기된 때에는 법원은 이를 병합심리하여야 한다(188).

3) 담보제공   주주가 결의취소의 소를 제기한 때에는 법원은 회사의 청구에 의하여 상당한 담보를 제공할 것을 명할 수 있으며(377①), 회사가 이 청구를 함에는 제소주주의 악의를 소명하여야 한다(377②, 176④). 남소를 방지하기 위한 규정이다. 주주가 이사 또는 감사인 때에는 이 담보제공의무가 없다(377①).

4) 청구기각   총회결의취소의 소가 제기된 때에도 결의의 내용, 회사의 현황과 제반사정을 참작하여 그 취소가 부적당하다고 인정한 때에는 법원은 그 청구를 기각(棄却)할 수 있다(379). 이것은 하자가 경미한 내부적 사안 등의 경우에 법적 안정성의 배려할 여지를 둔 것이다.

⑸ 判決의 效力

1) 原告勝訴의 경우

⑺ 對世的 效力   총회결의취소의 판결이 확정되면 그 효력은 소송당사자뿐만 아니라 제3자에게도 미친다(376②, 190본문). 법률관계의 획일적 확정을 위하여 판결의 대세적 효력을 인정한 것이다.

⑷ 遡及效에 관한 문제   1995년 개정에 의하여 개정 전에 존재하던 결의취

소판결의 불소급효에 관한 규정을 삭제하여(376조에서 190조 단서의 준용을 삭제) 소급효를 인정하였다. 그러나 이에 대하여는 결의사항의 내용 등 여러 사정을 고려하여 소급효의 유무를 결정함으로써 법률관계의 안정을 도모하는 것이 바람직하다는 견해가 있다.

2) 原告敗訴의 경우　　원고가 패소한 경우에는 판결의 효력은 당사자 사이에만 미치고 대세적 효력은 없다. 그러므로 다른 제소권자는 다시 결의취소의 訴를 제기할 수 있다. 만약 패소한 원고에게 악의 또는 중대한 과실이 있는 때에는 회사에 대하여 연대하여 손해배상의 책임을 진다(376②, 191).

3. 決議無效確認의 訴

(1) 결의무효의 원인

총회결의의 내용이 법령에 위반한 경우가 결의무효의 원인이 된다(380). 여기서 법령에 위반하는 경우로는 주주평등의 원칙에 반하는 경우, 주주유한책임의 원칙에 위반한 결의, 제361조에 규정된 총회의 권한사항 이외의 결의, 제462조에 위반한 이익배당의 결의 등을 그 예로 들 수 있다.

(2) 訴의 性質 및 無效確認의 주장방법

무효확인의 소의 성질에 관하여는, ① 결의무효는 반드시 訴로써만 주장할 수 있다고 하는 형성소송설과 ② 결의내용의 실질적 하자는 당연히 무효이므로 주장방법에 제한을 두지 않는다고 보는 확인소송설이 나뉜다. 무효확인의 소는 총회결의가 당연히 무효인 것의 확인을 청구하는 소이고, 상법이 제소 방법이나 제소기간에 제한을 두지 않고 있는 점을 볼 때 그 성질은 확인의 소로 본다. 제380조에 의한 확인판결은 획일적 확정을 위한 대세적 효력이 필요한 경우에 의미를 가진다.

(3) 訴의 當事者 및 提訴期間

제소권자와 제소기간에 관하여 제한이 없으므로 무효 확인의 이익이 있는 한 누구나 언제든지 소를 제기할 수 있다. 그러므로 제3자도 이 소를 제기할 수 있다. 소의 피고는 회사이다(통설·판례).

(4) 訴의 節次 및 擔保提供義務 등

전속관할(196), 소의 병합심리(188조), 패소원고의 책임(191), 제소자의 담보제공(377) 등에 관하여는 모두 결의취소의 소의 경우와 동일하다(380). 단, 무효확인의 소에 관하여는 재량기각(379)은 적용될 여지가 없다(380).

(5) 判決의 效力

결의무효확인의 소의 판결은 대세적 효력이 있으며 소급효가 인정된다(380, 190 본문).

4. 決議不存在確認의 訴

(1) 訴의 原因

총회의 소집절차 또는 결의방법에 총회의 결의가 존재한다고 볼 수 없을 정도의 중대한 하자가 결의부존재의 확인의 소의 원인이 된다(380). 예컨대 총회를 개최한 사실이 없거나 결의가 없었음에도 결의가 적법하게 성립된 것처럼 의사록을 작성한 경우, 대다수의 주주에게 소집통지를 하지 아니하여 주주총회의 결의로 인정할 수 없는 경우, 대부분 주주 아닌 자들로 이루어진 결의, 유효하게 총회가 종료한 후에 일부 주주가 모여서 결의를 한 경우 등을 들 수 있다.

(2) 訴의 節次·判決의 效力 등

소의 성질, 소의 당사자 및 제소기간, 소의 절차, 판결의 효력 등은 결의무효확인의 소의 경우와 동일하다

5. 不當決議의 取消·變更의 訴

(1) 訴의 原因

주주총회의 결의에 관하여 특별한 이해관계가 있기 때문에 의결권을 행사하지 못한 주주는(368③), 다른 주주에 의한 결의의 내용이 현저하게 부당하고 그 주주가 의결권을 행사하였더라면 이를 저지할 수 있었을 경우에, 결의취소의 소 또는 변경의 소를 제기할 수 있다(381). 특별한 이해관계로 인하여 다수파 주주가 의결권을 행사하지 못하게 된 경우에 소수파 주주가 이를 악용하여 현저하게 부당한 내용의 결의를 하는 것으로부터 다수파 주주의 구제를 위한 제도이다.

(2) 訴의 성질

부당결의의 취소·변경의 소는 형성의 소이다.

(3) 訴의 당사자 및 제소기간

주주총회의 결의에 관하여 특별한 이해관계가 있기 때문에 의결권을 행사할 수 없었던 주주(368③)가 소를 제기할 수 있다(381①). 소의 피고는 회사이다.

(4) 訴의 절차 및 담보제공의무 등

전속관할(196)・소제기의 공고(187)・소의 병합심리(188)・패소원고의 책임 (191)・제소자의 담보제공(377) 등에 관하여는 모두 결의취소의 소의 경우와 동일하다(381②). 그러나 법원의 재량기각(379) 규정은 준용되지 않는다(381②).

(5) 判決의 效力

판결은 대세적 효력이 있으며 소급효가 인정된다(381②, 190본문).

제3관 理事・理事會・代表理事

I. 業務執行機關의 構成

1. 理事・代表理事

주주총회가 업무집행기능을 수행하도록 하는 것은 기동성, 효율성과 주주들의 전문성 등에서 문제가 될 수 있다. 그러므로 상법은 이사의 업무집행에 관한 의사결정을 이사 전원으로써 구성되는 이사회에서 하도록 하고, 이사회에서 결의된 바를 대내적으로 실행하고 대외적으로 회사를 대표하는 기관으로서 대표이사를 이사 중에서 선임하도록 하고 있다. 이와 같이 주식회사의 업무집행기관은 이사회와 대표이사의 둘로 나누어지며 이사회의 구성원인 개별 이사는 기관이 아니다.

2. 小規模會社

자본금의 총액이 10억원 미만인 회사는 이사를 1인 또는 2인으로 할 수 있는데 (383①), 이 경우에는 이사회에 관한 법적용에 몇 가지 특례를 인정하고 있다.

II. 理 事

1. 意 義

(1) 委任關係

이사는 이사회의 구성원으로서 이사회를 통하여 업무집행에 관한 의사결정을 하고 대표이사 등의 업무집행을 감독하는 권한을 갖는 자이다. 이사는 주주총회에서 선임하며(382①), 이사와 회사와의 관계는 위임관계로서 민법의 위임에 관한 규정을 준용한다(382②). 이사회의 구성원인 개별 이사는 기관은 아니다(다수설).

(2) 理事의 資格·數·任期 등

1) 이사의 자격　　㈎ 이사의 자격에는 상법상 특별한 제한이 없다. 다만 정관으로 이사가 가질 주식(자격주)의 수를 정할 수 있고, 이 경우에는 이사 자격을 주주로 제한하는 것이 된다. 이 자격주는 감사에게 공탁하여야 한다(387). 그리고 감사는 그 회사 및 자회사의 이사를 겸할 수 없으며(411), 상업사용인, 대리상, 무한책임사원, 이사 등이 다른 회사의 이사가 되기 위해서 영업주, 본인, 다른 사원, 총회 등의 동의나 허락을 얻도록 하는 제한이 있다(17①, 89, 198①, 269, 397①, 567).

한편 사외이사의 자격에는 제한을 두고 있다(382③, 542의8②). 정관으로 이사자격을 제한하는 것은 그것이 사회질서나 주식회사의 본질에 반하거나 널리 유능한 인재를 선택할 기회를 제한하지 않는 내용인 한 허용된다. 특히 문제가 되는 것은, 법인, 파산자 및 행위무능력자의 이사자격이다.

㈏ 法人의 이사자격에 대해서는 긍정설과 부정설이 대립한다. 그러나 이사는 회합을 통해서 개인의 능력과 전문성을 발휘하여 의사결정을 하고 업무집행에 대한 감독기능을 수행하여야 하는 존재이므로 法人은 이사가 될 수 없다고 본다.

㈐ 이사 자격에 관하여 행위능력 유무는 묻지 않으나, 피성년후견인(금치산자)이나 파산선고를 받은 자는 이사가 될 수 없다고 본다. 이사는 회사의 수임인이며(382②) 파산이나 성년후견개시로 위임이 종료한다(민법 690). 미성년자, 피성년후견인, 피한정후견인 및 파산자는 상장회사의 사외이사가 될 수 없다(542의8②).

2) 이사의 數·任期　　이사의 수는 3인 이상이어야 하지만, 자본금 총액이 10억원 미만인 소규모회사의 경우에는 1인 또는 2인으로 할 수 있다(383①). 이사의 임기는 3년을 초과하지 못하는 것이 원칙이지만, 정관으로 그 임기 중의 최종의 결산기에 관한 정기주주총회의 종결에 이르기까지 연장할 수 있다(383②③).

2. 選 任

(1) 選任機關

이사는 주주총회에서 선임한다(382①). 이사선임은 중요한 사항이므로 회사의 최고기관인 주주총회에 전속하며 총회 이외의 자에게 위임할 수 없다. 다만 회사설립시의 이사는 발기설립시에는 발기인이, 모집설립시에는 창립총회가 선임한다(296①, 312).

(2) 選任方法

주주총회의 이사 선임은 보통결의에 의하므로 정관에 다른 정함이 없는 한 출석한 주주의 의결권의 과반수와 발행주식총수의 4분의 1 이상의 수로써 선임한다(368①). 정관에 의하여 결의요건을 달리 정하는 경우에는 그 요건을 완화할 수는 없으나 가중할 수는 있다고 본다. 총회의 선임결의가 있으면 이 결의에 따라서 회사대표자와 선임된 자 사이에 임용계약이 체결되고 위임관계가 생긴다. 이사선임절차를 해태한 때에는 과태료의 제재가 있다(635①ⅷ).

(3) 集中投票

1) 意 義   집중투표라 함은 2인 이상의 이사를 선임하는 경우에 주주에게 1주마다 선임할 이사의 수와 동일한 수의 의결권을 부여하고, 주주는 부여받은 복수의 의결권을 특정 이사후보에게 집중적으로 투표할 수 있는 제도를 말한다. 예컨대 3인의 이사를 선임하는 경우에 주주는 주식 1주마다 3개의 의결권을 갖게 되고 소수주주는 그 모두를 1인의 이사후보에게 집중적으로 투표할 수 있으므로 그가 지지하는 후보를 이사로 선출할 수 있는 가능성을 열어주는 것이다. 상법은 제382조의2에 이 제도를 규정하고 있다. 이 제도는 소수파에 의한 다수파 견제라는 장점과 함께, 이사회 내부의 대립으로 업무집행의 효율성을 저해할 수 있다는 단점도 지적된다.

2) 要 件
(개) 정관에 배제규정이 없을 것   상법은 "정관에서 달리 정하는 경우를 제외하고는" 집중투표의 방법에 의한 이사의 선임을 청구할 수 있도록 하고 있다(382의2①).
(내) 2인 이상의 이사를 선임하는 경우일 것(382의2①).

3) 節 次
(개) 少數株主의 請求   집중투표를 청구할 수 있는 자는 발행주식총수의 100분의 3 이상에 해당하는 주식을 가진 주주이다(382의2①). 청구는 회일의 7일 전까지

하여야 하며(382의2②), 서면 또는 전자문서로 청구하여야 한다(382의2②). 집중투표를 청구하는 서면은 총회가 종결될 때까지 회사의 본점에 비치하고 주주가 영업시간 내에 열람할 수 있도록 하여야 한다(382의2⑥).

(ᄂ) 投票方法 및 選任   집중투표의 청구가 있은 때에는 총회의 의장은 의결에 앞서 그러한 청구가 있었다는 취지를 알려야 한다(382의2⑤). 주주는 1주마다 선임할 이사의 수와 같은 수의 의결권을 가지며, 그 의결권을 1인의 이사후보에게 집중적으로 투표할 수도 있고 2인 이상의 후보에게 분산하여 투표할 수도 있다(382의2③). 이 경우에는 투표의 최다수를 얻은 자로부터 순차적으로 이사에 선임되는 것으로 한다(382의2④).

(4) 選任登記

이사를 선임한 때에는 사내이사, 사외이사, 그 밖에 상무에 종사하지 아니하는 이사의 구별과 그 성명과 주민등록번호를 등기하여야 한다(317②viii · ④, 183).

(5) 選任의 瑕疵

1) 이사선임결의의 무효나 취소 또는 이사해임의 소가 제기된 경우에는 법원은 당사자의 신청에 의하여 가처분으로써 이사의 직무집행을 정지할 수 있고, 또는 직무대행자를 선임할 수 있으며, 급박한 사정이 있는 때에는 본안소송의 제기 전에도 그 처분을 할 수 있다(407①). 법원은 당사자의 신청에 의하여 위의 가처분을 변경 또는 취소할 수 있다(407②). 법원에 의한 가처분 또는 변경이나 취소의 처분이 있는 때에는 본점과 지점의 소재지에서 그 등기를 하여야 한다(407③).

2) 직무대행자는 가처분명령에 다른 정함이 없으면, 원칙적으로 회사의 상무에 속하는 행위만을 할 수 있다(407, 408).

3. 權   限

(1) 개별 이사는 이사회의 구성원으로서 업무집행에 관한 의사의 결정 및 다른 이사의 업무집행의 감독에 참여할 권한을 갖지만 직접 업무집행이나 회사대표권을 갖는 것은 아니다. 상법상 개별 이사의 권한으로 규정되어 있는 것으로는, 이사회소집권(390①), 각종의 소권(328, 376①, 429, 529), 검사인선임청구권(298), 주주총회의 사록기명날인(서명)권(373②) 등이 있다.

(2) 자본금 총액이 10억원 미만인 회사로서 이사가 1명 또는 2명인 경우에는, 각 이사(정관에 따라 대표이사를 정한 경우에는 그 대표이사)가 회사를 대표한다. 또한

각 이사가 여러 가지 업무(343①단서, 346③, 362, 363의2③, 366①, 368의4①, 393①, 412의3①, 462의3①)에 따른 이사회의 기능을 담당한다.

4. 終 任

(1) 終任事由

1) 이사는 회사에 대하여 위임관계에 있으므로(382②) 위임의 종료사유에 의하여 종임된다. 그러므로 이사는 언제든지 사임할 수 있고(민법 689), 이사의 사망·파산·금치산 또는 회사의 파산으로 인하여 종임이 된다(민법 690). 이 밖에 임기의 만료·정관 소정의 자격의 상실 또는 회사의 해산에 의해서도 종임이 된다.

2) 회사는 주주총회의 특별결의에 의하여 언제든지 이사를 해임할 수 있으나, 정당한 이유 없이 임기만료 전에 해임한 경우에는, 그 이사는 회사에 대하여 해임으로 인한 손해의 배상청구를 할 수 있다(385①).

3) 그 이사에게 직무에 관한 부정행위 또는 법령이나 정관에 위반한 중대한 사실이 있음에도 불구하고 주주총회에서 그 해임을 부결한 때에는, 발행주식총수의 100분의 3(상장회사는 1만분의 50) 이상에 해당하는 주식을 가진 주주는 총회의 결의가 있은 날로부터 1월 내에 그 이사의 해임을 본점 소재지의 지방법원에 청구할 수 있다(385①③, 542의6③). 이 경우에는 필요하면 법원에 대하여 이사의 직무집행정지 또는 직무대행자선임의 가처분을 신청할 수 있다(407, 408).

(2) 理事缺員의 경우

법률 또는 정관에 정한 이사의 원수를 결한 경우에는, 임기의 만료 또는 사임으로 인하여 퇴임한 이사는 새로 선임된 이사가 취임할 때까지 이사의 권리·의무를 가진다(386①). 이 경우에 필요하다고 인정할 때에는 법원은 이사·감사 기타의 이해관계인의 청구에 의하여 일시 이사의 직무를 행할 자(임시이사·假理事)를 선임할 수 있으며, 이 경우에는 본점의 소재지에서 그 등기를 하여야 한다(386②).

5. 社外理事

(1) 意 義

1) 사외이사(社外理事)는 해당 회사의 상무(常務)에 종사하지 아니하는 이사로서(382③) 경영자로부터 독립적인 입장에서 의사결정에만 관여하는 이사를 말한다. 상법은 이사를 사내이사, 사외이사, 그 밖에 상무에 종사하지 아니하는 이사로 나누고 있다(317②viii). 사외이사제도는 독립적이고 객관적인 입장에서 회사경영진을 감

독하고, 경영진의 전문성을 보완하기 위한 제도이다.

2) 상장회사는 (자산 규모 등을 고려하여 대통령령으로 정하는 경우를 제외하고는) 이사 총수의 4분의 1 이상을 사외이사로 하여야 한다(542의8①본문, 상법시행령 13①). 다만, 최근 사업연도 말 현재의 자산총액이 2조원 이상인 상장회사의 경우에는 사외이사는 3명 이상으로 하되 이사 총수의 과반수가 되도록 하여야 한다(542의8①단서, 상법시행령 34②).

(2) 社外理事의 資格

1) 상법은 사외이사가 될 수 없는 결격사유를 규정하고, 사외이사가 재임 중 그 어느 하나에 해당하는 경우에는 그 직을 상실하는 것으로 하였다(382③). 상장회사 사외이사에 대하여는 추가적인 결격사유를 규정하고 있다(542의8②). 이와 같은 결격사유들은 사외이사의 경영진으로부터 독립성을 확보하기 위한 것이다.

2) 사외이사의 缺格事由에 해당하는 경우는, ① 회사의 상무에 종사하는 이사·집행임원 및 피용자 또는 최근 2년 이내에 회사의 상무에 종사한 이사·감사·집행임원 및 피용자, ② 최대주주가 자연인인 경우 본인과 그 배우자 및 직계 존속·비속, ③ 최대주주가 법인인 경우 그 법인의 이사·감사·집행임원 및 피용자, ④ 이사·감사·집행임원의 배우자 및 직계 존속·비속, ⑤ 회사의 모회사 또는 자회사의 이사·감사·집행임원 및 피용자, ⑥ 회사와 거래관계 등 중요한 이해관계에 있는 법인의 이사·감사·집행임원 및 피용자, ⑦ 회사의 이사·집행임원 및 피용자가 이사·집행임원으로 있는 다른 회사의 이사·감사·집행임원 및 피용자이다(382③). 한편 上場會社의 사외이사의 경우에는 위에 열거된 결격사유 외에, 미성년자, 금치산자 또는 한정치산자, 파산선고를 받고 복권되지 아니한 자, 최대주주 및 그의 특수관계인 등, 추가적인 결격사유가 규정되어 있다(542의8②).

(3) 선 임

최근 사업연도 말 현재의 자산총액이 2조원 이상인 상장회사의 경우에는, 사외이사 후보를 추천하기 위하여, 총위원의 과반수가 사외이사로 구성되는 '사외이사후보추천위원회'를 설치하여야 한다(542의8④). 또 이러한 상장회사의 의결권 없는 주식을 제외한 발행주식총수의 100분의 1 이상에 해당하는 주식을 보유한 자는 집중투표의 방법으로 이사를 선임할 것을 청구할 수 있다(542의7②).

(4) 社外理事의 權限·義務·責任

1) 사외이사도 보통의 이사들과 같은 權限을 가진다. 그러나 주식 또는 사채청약서의 작성(420, 474②), 재무제표의 작성(447) 등은 통상업무의 집행으로서 사외이사의 직무권한에 속하지 않는다고 본다.

2) 한편 사외이사도 보통의 이사들과 같은 선관의무, 충실의무 및 경업피지의무, 자기거래제한에 따를 의무, 보고의무 등 義務를 부담한다(382②, 382의3, 397, 398, 412의2). 또한 회사에 대한 책임, 제3자에 대한 책임도 부담한다(399, 401).

III. 理 事 會

1. 意　義

이사회는 이사 전원으로 구성되는 회의체이며, 회사의 업무집행에 관한 의사결정 및 업무의 감독을 그 권한으로 하는 주식회사의 필요적 상설기관이다. 기관으로서의 이사회는 이사회가 그 임무수행을 위하여 개최하는 이사회 회의와는 구별된다. 상법은 자본의 총액이 10억원 미만인 소규모 주식회사에서 1인의 이사를 인정하고 있으므로 이 경우에는 이사회에 관한 상법 규정은 적용될 여지가 없다.

2. 權　限

(1) 業務執行의 決議權

1) 회사의 업무집행에 관한 의사결정은 법령이나 정관으로 주주총회의 권한으로 정한 사항을 제외하고 모두 이사회의 권한에 속한다(393, 361). 이사회의 권한사항은 원칙적으로 대표이사 등 다른 기관에게 위임하지 못한다.

2) 상법이 개별적으로 규정하고 있는 이사회의 權限事項으로는, 주주총회의 소집(362), 중요한 자산의 처분 및 양도·대규모 자산의 차입·지배인의 선임 해임과 지점의 설치 이전 또는 폐지 등 회사의 업무집행(393), 대표이사의 선정과 공동대표의 결정(389), 이사의 경업행위의 승인 및 개입권의 행사(397), 이사와 회사 간의 거래의 승인(398), 신주발행(416), 재무제표와 영업보고서의 승인(447, 447의2), 준비금의 자본전입(461), 중간배당(462의3①), 사채발행(469), 주주에 대한 전환사채의 발행(513), 주주에 대한 신주인수권부사채의 발행(516의2), 간이합병의 승인(527의2①), 소규모합병의 승인(527의3①) 등이 있다.

(2) 職務執行의 監督權

1) 이사회는 이사의 직무의 집행을 감독한다(393②). 이사회는 스스로 업무집행에 관한 의사를 결정하고 그 집행을 맡게 되는 대표이사의 선임도 이사회가 하게 되므로(389) 이사회는 대표이사 등의 업무집행을 감독하는 지위에 있다고 보는 것은 당연하다. 이 감독권의 행사방법은 이사회의 회의의 의결로써 한다.

2) 감사에 의한 이사의 직무집행의 감사(412①)는 주로 대등관계에서 적법성의 감사를 하는 것이지만, 이사회의 감독권은 상하관계에서 적법성의 감사 이외의 타당성의 감사에도 미친다(통설).

3. 會議의 召集

(1) 召集權者

이사회는 원칙적으로 각 이사가 소집할 수 있으나, 이사회의 결의로 특정이사(대표이사, 이사회의장 등)를 소집권자로 정할 수도 있다(390①). 소집권자 아닌 이사는 소집권자인 이사에게 이사회의 소집을 요구할 수 있으며, 소집권자인 이사가 정당한 이유 없이 이사회 소집을 거절하는 경우에는 다른 이사가 이사회를 소집할 수 있다(390②).

(2) 召集通知 및 생략

1) 이사회를 소집함에는 회일을 정하고 그 1주간 전에 각 이사 및 감사에 대하여 통지를 발송하여야 한다(390③본문). 감사에게 통지를 발송하도록 한 것은 감사에게 이사회출석 및 의견진술권이 있기 때문이다(391의2). 통지방법은 서면에 한하지 않고 구두라도 무방하며, 회의의 목적사항이 표시되지 않아도 위법이라고 할 수 없다고 본다.

2) 이사회 소집통지의 기간은 정관으로 단축할 수 있고(390③단서), 이사 및 감사 전원의 동의가 있는 때에는 위의 절차 없이 회의할 수 있다(390④). 이것은 이사회소집의 기동성을 확보하여 회사의 긴급사태에 대비하기 위함이다. 그러나 아무리 긴급하여도 통지를 전혀 하지 아니하든가, 또는 통지를 했다 하여도 도저히 그 기간 내에 출석이 기대되기 어려운 정도이면 그 소집통지는 무효라고 본다.

4. 會議 및 決議

(1) 決議要件

이사회의 결의는 원칙적으로 이사 과반수의 출석과 출석이사의 과반수로써 하여야 한다(391①). 이 결의 요건은 정관으로 그 비율을 높게 정할 수 있으나, 완화할 수는 없다(391단서). 이사과반수의 출석은 개회시뿐 아니라 회의의 전 과정을 통하여 유지되어야 한다. 이사회에서 가부동수인 경우에 특정인에게 결정권을 주는 것은 결의요건을 완화하는 것이 되어 허용되지 않는다고 본다(반대설 있음).

(2) 決議方法

1) 이사회의에는 각 이사의 전문성과 판단을 제시하고 토론해야 하는 경우가 많으므로 이사 자신이 출석하여 결의에 참가하여야 하며, 대리인에 의한 결의는 인정하지 아니한다. 따라서 전화, 서면 또는 회람에 의한 결의도 인정되지 아니한다. 그리고 이사회는 이사가 직접 출석하지 아니하고 모든 이사가 음성을 동시에 송·수신하는 원격통신수단에 의하여 결의에 참가하는 것을 허용할 수 있는데, 이 경우 당해 이사는 이사회에 직접 출석한 것으로 본다(391②). 이러한 회의를 하려면, 정관에서 배제하는 규정이 없어야 하며(391②), 서로 대화가 가능하여야 한다.

2) 이사회결의에 관하여 특별한 이해관계가 있는 이사는 의결권을 행사하지 못한다(391③, 368③). 이사와 회사 간의 거래의 승인(398)에 있어서 거래 당사자인 이사 또는 대표이사의 해임의 경우 등의 당해 이사 등이 특별한 이해관계가 있는 이사이다. 특별이해관계인인 이사의 의결권의 수는 출석이사의 의결권 수에 산입하지 아니한다(391③, 371②).

(3) 監事의 출석 및 의견진술권·보고의무

감사는 이사회에 출석하여 의견을 진술할 수 있고, 이사가 법령 또는 정관에 위반한 행위를 하거나 할 염려가 있다고 인정한 때에는 이사회에 보고하여야 한다(391의2). 그러나 결의에는 참가하지 못한다.

(4) 理事의 報告要求權 및 報告義務

이사는 대표이사로 하여금 다른 이사 또는 피용자의 업무에 관하여 이사회에 보고할 것을 요구할 수 있다(393③). 이사는 3월에 1회 이상 업무의 집행사항을 이사회에 보고하여야 한다(393④). 이것은 모든 이사 특히 이사회에 출석하는 사외이사의 회사업무에 관한 정보의 필요성을 고려한 규정이다.

(5) 회의의 延期 또는 續行

이사회는 회의의 속행 또는 연기의 결의를 할 수 있으며, 이때에는 새로운 소집절차를 요하지 아니한다(392, 372).

(6) 議事錄

1) 作成　이사회의 의사에 관하여는 의사록을 작성하여야 한다(391의3①). 의사록은 후일 이사의 책임 등과 관련하여 매우 중요하므로, 의사록에는 의사의 안건, 경과요령, 그 결과, 반대하는 자와 그 반대이유를 기재하고 출석한 이사 및 감사가 기명날인 또는 서명하여야 한다(391의3②).

2) 열람 및 등사　주주는 영업시간 내에 이사회의사록의 열람 또는 등사를 청구할 수 있다(391의3③). 회사는 이 청구에 대하여 이유를 붙여 이를 거절할 수 있다. 이 경우 주주는 법원의 허가를 얻어 이사회의사록을 열람 또는 등사할 수 있다(391의3④).

(7) 決議의 瑕疵

1) 이사회의 결의에도 이사회의 소집절차나 결의방법이 법령이나 정관에 위반하였거나 결의내용이 법령이나 정관 또는 주주총회의 결의에 위반한 경우 등 하자가 있을 수 있지만, 이 경우에는 주주총회의 결의의 하자의 경우와 같은 특별한 규정이 없다. 그러므로 민법의 일반무효이론에 따르게 되며, 이해관계인은 시기나 방법에 아무런 제한이 없이 무효를 주장할 수 있고, 필요한 때에는 결의무효확인의 소를 제기할 수 있다.

2) 하자 있는 이사회의 결의에 의하여 집행된 행위의 효력은 거래안전의 보호를 고려하여, 회사의 내부사항(예: 지배인의 선임, 이사의 자기거래 승인)이면 무효로 보고, 대외적 사항(예: 신주발행, 사채발행)이면 유효로 볼 것이다(통설·판례).

5. 小規模會社의 理事會

(1) 理事가 1인 또는 2인인 會社

자본금 총액이 10억원 미만인 주식회사의 이사의 수는 1인 또는 2인으로 할 수 있는데(383①단서), 이러한 경우에는 이사회를 구성할 수 없거나 2인으로 구성한다고 해도 실제로 제 기능을 하기 어렵다. 그러므로 상법은 이런 경우에 이사회의 법정권한을 이사 단독으로 또는 株主總會가 행사하고, 회사의 대표는 그 1인의 이사가 하도록 하는 등의 특별규정을 두고 있다(383④⑥). 그리고 일정 사항은 그 적용을 배제하고 있다(383⑤).

(2) 총회의 소집결정, 지배인의 선임과 해임 및 지점의 설치·이전 또는 폐지 등

의 업무집행은 1인의 이사가 단독으로 결정하고(383⑥), 소수주주에 의한 임시총회의 소집청구 및 감사에 의한 임시총회의 소집청구는 1인의 이사에 대하여 하게 된다(386⑥). 그리고 재무제표(447)와 영업보고서(447의2)는 이사회의 승인 없이 바로 총회에 승인을 위하여 제출하게 된다(449).

(3) 이사회의 권한사항 중에서 예컨대 주식양도의 승인, 이사의 경업행위의 승인 및 개입권의 행사, 이사와 회사 간의 거래의 승인, 신주발행사항의 결정, 사채의 모집 등은 주주총회에서 승인 또는 결의하게 된다(383④).

IV. 理事會內 委員會

1. 제도의 취지

이사회는 정관에 정하는 바에 따라 위원회를 설치할 수 있다(393의2①). 이사회 내에, 예컨대 감사위원회, 이사후보추천위원회, 업무집행위원회, 보수위원회 등을 둘 수 있다. 이사회내의 위원회는 소규모의 위원회에 이사회에서 위임한 업무를 처리하도록 함으로써 회사운영의 효율성과 전문성을 높이기 위한 제도이다. 위원회는 2인 이상의 이사로 구성되므로 자본액 10억원 미만의 소규모회사(383①단서)는 이사회내의 위원회를 설치할 수 없다.

2. 構　成

위원회는 2인 이상의 이사로써 구성한다(393의2③). 특정위원회에 특정이사를 위원으로 선임 또는 해임하는 결의는 이사회에서 한다. 그리고 법률 또는 정관으로 정한 위원의 수에 부족이 생긴 경우에는 임기의 만료 또는 사임으로 인하여 퇴임한 위원은 새로 선임된 위원이 취임할 때까지 위원의 권리의무가 있다(393의2⑤, 386①).

3. 委員會의 權限

위원회는 이사회로부터 위임받은 업무범위에서 권한을 갖는다. 그러나 이사회는 ① 주주총회의 승인을 요하는 사항의 제안, ② 대표이사의 선임과 해임, ③ 위원회의 설치와 그 위원의 선임 및 해임, ④ 정관에서 정하는 사항은 위임하지 못한다(393의2③).

4. 委員會의 운영

위원회의 소집과 결의방법, 의사록 작성 등에 관하여는 이사회와 같다(393의2 ⑤, 390, 391). 의사록 작성, 기재내용 및 의사록의 열람 또는 등사청구에 관한 사항 등은 이사회의 의사록과 동일하다(393의2⑤, 391의3). 위원회에서는 회의의 연기와 속행의 결의를 할 수 있다(393의2⑤, 392). 위원회는 결의된 사항을 각 이사에게 통지 하여야 한다. 이를 통지받은 각 이사는 이사회의 소집을 요구할 수 있으며, 이사회 는 위원회가 결의한 사항에 대하여 다시 결의할 수 있다(393의2④).

V. 代表理事

1. 意　義

대표이사는 대외적으로 회사를 대표하고 대내적으로 업무집행을 담당하는 이 사로서 회사의 필요적 상설기관이다. 대표이사는 이사회의 하부기관이며 이사회의 결의·감독에 따라야 한다. 대표이사의 명칭으로서는 사장·부사장·전무·상무 등을 사용하는 경우가 있으나, 이런 명칭을 사용한다고 해서 반드시 대표권이 있는 것은 아니다. 자본금 총액이 10억원 미만인 주식회사로서 이사가 1인 또는 2인인 경 우에는 각 이사(정관에 따라 대표이사를 정한 경우에는 그 대표이사)가 회사를 대표한다 (383①단서·⑥).

2. 選　任

(1) 대표이사는 이사 중에서 이사회의 결의로 선임하는 것이 원칙이지만, 정관 에 의하여 주주총회에서 선임하게 할 수도 있다(389). 대표이사에 선임된 이사가 대 표이사로 되기 위해서는 그의 승낙을 요한다.

(2) 대표이사의 원수에는 제한이 없다. 이사전원을 대표이사로 선임하는 것을 금지하는 명문규정은 없으나, 이사회 중의 1인 또는 수인을 대표이사로서 선정하고 이사회가 대표이사의 행위를 감독하도록 한 이사회제도의 취지에 맞지 않다고 본 다. 대표이사가 여러 명일 경우에는 각자가 단독으로 업무집행 및 회사대표행위를 할 수 있으나(단독대표), 그 수인이 공동으로 회사를 대표할 것을 정할 수 있다(389②).

(3) 대표이사를 선임한 때에는 등기를 하여야 한다(317②ix).

3. 終　任

(1) 대표이사는 이사의 자격을 전제로 하므로, 이사의 임기만료·사임·해임 등

이사의 종임사유로 인하여 대표이사도 당연히 종임된다. 그러나 대표이사의 종임으로 인하여 이사의 지위까지 당연히 상실하는 것은 아니다. 대표이사는 언제든지 辭任할 수 있으나, 부득이한 사유 없이 회사의 불리한 시기에 사임한 때에는 그로 인하여 생긴 회사의 손해를 배상하여야 한다(민법 689). 이사회는 그 결의에 의하여 언제든지 대표이사를 解任할 수 있으나(382②, 민법 689), 회사가 정당한 이유 없이 그 임기만료 전에 이를 해임한 때에는 이로 인하여 생긴 손해를 배상하여야 한다(385① 유추).

(2) 缺員에 대한 조처

법률이나 정관으로 정한 대표이사의 수에 결원이 있는 경우에는, 임기만료 또는 사임으로 퇴임한 대표이사는 새로 선임된 대표이사가 취임할 때까지 대표이사의 권리의무가 있다(389③, 386①). 그리고 이 경우 필요하다고 인정할 때에는 법원은 이사 · 감사 기타의 이해관계인의 청구에 의하여 임시대표이사(일시 대표이사의 직무를 행할 자)를 선임할 수 있다. 이 경우에는 그 등기를 하여야 한다(389③, 386②). 법원이 선임한 임시대표이사의 권한은 본래의 대표이사와 다름이 없다.

4. 權　限

(1) 業務執行權

1) 대표이사는 이사회가 결의한 바에 따라 대내적으로 업무를 집행하고, 이 밖에 이사회에서 위임된 일상 업무도 결정하고 집행한다. 상법이 대표이사의 권한사항으로 규정한 것은 물론이고(356, 478②), 일반 이사의 직무권한으로 규정하고 있는 것들도 실질적으로는 대표이사의 직무에 속하는 것들이 대부분이다. 예컨대, 주식 또는 사채의 청약서의 작성(420, 474②) · 정관 등의 비치(396①) · 신주인수권증서 및 신주인수권증권의 기명날인 또는 서명(420의2②, 516의5②), 재무제표와 영업보고서의 작성 · 제출 · 비치(447, 447의3, 448, 449) 등 집행적인 성질의 것들이다.

2) 대표이사 아닌 일반의 이사에게 업무집행의 권한의 일부를 부여할 수 있는데 이를 업무담당이사라 한다.

(2) 代　表　權

1) 대표권의 範圍

대표이사는 회사를 대표하며, 그 대표권의 범위는 회사의 영업에 관한 재판상 또는 재판 외의 모든 행위를 포함하고(포괄적 대표권), 이 권한을 제한하여도 선의의 제3자에게 대항하지 못한다(389③, 209). 그러나 이 포괄적 대표권은 정관의 규정이나 상위기관인 주주총회나 이사회의 결의에 구속된다.

2) 대표권의 制限

대표이사의 대표권은 법률, 정관, 이사회규칙 등에 의하여 제한할 수 있다.

㈎ 법률상 제한   이사와 회사간의 소에 관하여는 대표이사는 대표권이 없고 감사가 그 소에 관하여 회사를 대표한다(394). 대표이사는 영업양도(374), 신주발행(416), 사채모집(469) 등의 결의사항에 관해서는 주주총회 또는 이사회의 결의가 있는 때에만 회사를 대표할 수 있다.

㈏ 내부적 제한   대표이사의 대표권은 정관, 이사회규칙 등에 의하여 제한할 수 있다. 그러나 이와 같은 제한에 위반한 대표행위가 있는 경우에, 회사는 이러한 제한이 있었다는 사실로써 선의의 제3자에 대항할 수 없다(389③, 209).

3) 違法한 代表行爲

㈎ 이사회나 총회의 결의를 요하는 사항인데 대표이사가 그 결의가 없이 또는 그 결의에 위반하여 대표행위를 한 경우 그 효력이 문제가 된다. 이 경우에도 전술한 이사회의 결의의 하자의 경우와 같이, 회사의 이익과 거래안전의 조정을 고려하여 결정할 문제이다. 이사회의 결의 없이 한 대표이사의 행위 가운데, 거래안전 보호가 중요시되는 외부적인 행위(신주발행, 사채발행 등)는 선의의 제3자에 대하여 무효를 주장할 수 없고, 이에 대하여 내부적인 행위(총회소집, 회사와 이사 간의 거래, 준비금의 자본전입 등)는 무효라고 할 것이다.

㈏ 대표이사의 업무집행의 권한 밖의 행위, 예컨대 정관변경, 회사합병 등 회사의 조직 기타 기초에 관한 행위는 당연히 무효이다.

4) 代表權 濫用行爲

대표이사의 행위가 객관적으로는 그 권한 내의 행위라 하더라도, 주관적 의도가 자기 또는 제3자의 개인적 이익을 위한 것인 때에는 대표권남용이 된다. 대표권남용행위는 객관적으로 대표권한의 범위 내의 행위이므로 행위 자체는 유효하다고 해석된다. 그러나 그 사실을 알고 있는 악의의 상대방에 대하여는 신의칙위반 또는 권리남용의 법리에 따라서 회사는 그 권리행사를 거부할 수 있다고 보아야 할 것이다(권리남용설).

5) 代表理事의 不法行爲

대표이사가 그 업무집행으로 인하여 타인에게 손해를 가한 때에는 회사는 그 대표이사와 연대하여 배상할 책임이 있다(210, 389③).

(3) 共同代表

1) 意　義　대표이사가 여러 명일 경우에도 각자가 단독으로 업무집행 및 회사대표행위를 할 수 있으나(단독대표), 단독대표권의 남용을 막기 위하여 그 수인이 공동으로 회사를 대표할 것을 정할 수 있다(389②). 공동대표이사를 선임한 때에는 그 등기를 하여야 한다(317②x).

2) 代表行爲　공동대표를 정한 때에는 대표행위는 공동으로 하여야 하며, 각자가 단독으로 하는 대표행위는 그 효력이 없다.

3) 委　任　공동대표는 대표권행사의 남용을 막기 위함이므로, 어느 공동대표이사가 다른 공동대표이사에 대하여 자기의 공동대표권의 행사를 일반적·포괄적으로 위임할 수는 없다. 그러나 특정행위의 개별적 위임은 사전의 승낙이나 사후의 추인에 의하여 할 수 있는 것으로 본다(대판 1989.5.23, 89다카3677).

4) 受動代表　공동대표이사 1인에 대하여 한 제3자의 의사표시는 회사에 대하여 효력이 있다(389③, 208②).

5. 表見代表理事

(1) 意　義

사장·부사장·전무·상무 기타 대표권을 가진 것으로 인정될 만한 명칭을 가진 이사의 행위에 대하여는, 설령 그 자에게 회사대표권이 없는 경우에도, 회사는 선의의 제3자에 대하여는 책임을 지게 된다(395). 이와 같은 이사를 표현대표이사라 하며, 거래의 안전을 보호하기 위하여 외관을 신뢰한 제3자를 보호하려는 취지의 제도이다.

(2) 商業登記(제37조)와의 관계

대표이사의 성명은 등기사항이므로 그 등기를 열람하면 이사의 대표권의 유무를 알 수 있다. 한편 상법 제37조에 의하면 등기사항을 등기한 후에는 제3자가 정당한 사유로 인하여 이를 알지 못한 때가 아니면 악의가 의제된다(37②). 그러므로 표현대표이사제도는 상업등기에 의하여 인정되는 대항력과 모순된다. 이에 대하여는 제395조는 제37조와는 다른 차원에서 회사의 책임을 인정한 것이라거나(異次元說), 명칭으로 인한 신뢰를 제37조 제2항의 정당한 사유로 인한 선의에 해당한다고 보는 견해(정당사유설)가 있지만, 제395조는 제37조의 예외규정이므로 등기를 확인하지 아니한 제3자도 보호된다고 본다(예외규정설).

(3) 適用의 要件

1) 외관의 존재　　이사가 회사를 대표하는 권한을 가진 것으로 인식할 만한 명칭을 사용하여 대표이사와 같은 외관이 존재하여야 한다. 사장·부사장·전무·상무 외에 총재·이사장·이사회장·회장 등도 이 명칭에 해당된다.

2) 회사의 歸責性(외관의 부여)　　회사가 이사에게 표현대표이사의 명칭을 부여하거나 명칭사용을 허용한 경우(묵인을 포함)라야 한다. 따라서 이사가 임의로 표현대표이사의 명칭을 사용한 경우는 제외된다.

3) 외관의 신뢰　　제3자가 선의이며 선의에 관하여 중과실이 없는 경우라야 한다.

(4) 적용범위

1) 제395조는 거래안전을 보호하기 위한 것이므로, 거래와 관계없는 불법행위나 소송행위에 대하여는 적용되지 않는다. 불법행위는 회사의 불법행위책임의 규정(389③, 210)에 의하여 처리된다.

2) 이사가 아닌 회사의 사용인에게 표현대표이사의 명칭을 사용하여 행위를 하도록 한 경우에도 제395조가 유추적용된다(대판 1985.6.11, 84다카963). (반대설이 있음)

(5) 적용의 효과

표현대표이사의 행위에 대하여는 회사가 그 상대방, 즉 선의의 제3자에 대하여 그 책임을 진다. 적법하게 선임된 대표이사의 행위에 대하여 회사가 지게 되는 책임과 같은 책임을 진다는 것이다. 회사가 책임을 지는 결과 손해가 생긴 때에는 당해 표현대표이사에 대하여 배상청구를 할 수 있다.

VI. 理事와 會社와의 관계

1. 理事의 一般的 義務

(1) 善管注意義務와 忠實義務

1) 회사와 이사와의 관계에는 委任에 관한 규정을 준용한다(382②). 따라서 이사는 회사에 대하여 수임인으로서 위임의 본지에 따라 선량한 관리자의 주의로써 업무를 집행할 의무인 선관주의의무를 부담한다(민법 681). 또한 상법 제382조의 3은 「이사는 법령과 정관의 규정에 따라 회사를 위하여 그 직무를 충실하게 수행하여

야 한다」고 하여 이사의 충실의무를 규정하고 있다

2) 이 선관주의의무와 충실의무의 관계에 관하여는, 충실의무는 선관주의의무와 동질적인 것이며 선관의무를 구체적·주의적으로 규정한 것이라고 하는 견해 同質說과 충실의무와 선관주의의무는 성질상 다른 의무라고 보는 異質說이 대립한다.

생각건대 충실의무는 회사의 이익을 희생하여 이사가 자기 또는 제3자의 이익을 도모해서는 안 된다고 하는 의무로서 이사가 직무를 수행함에 있어서 준수하여야 할 주의의 정도에 관한 규정인 선관의무와는 다르다. 또한 영미법상의 이사회제도 도입으로 강화된 이사회 권한에 맞추어 영미법상 이사의 의무인 충실의무를 도입한 것으로 보는 것이 타당하다고 본다(이질설).

(2) 理事의 報告義務

이사는 회사에 현저하게 손해를 미칠 염려가 있는 사실을 발견한 때에는 즉시 감사에게 이를 보고하여야 한다(412의2).

(3) 理事의 秘密維持義務

이사는 재임 중뿐만 아니라 퇴임 후에도 직무상 알게 된 회사의 영업상 비밀을 누설하여서는 아니 된다(382의4).

(4) 監視義務

감시의무는 이사가 다른 이사 또는 상업사용인의 직무집행의 위법·부정행위를 방지하기 위하여 그 사람들의 직무행위를 감시해야 할 의무를 말한다. 이사회가 그 감독기능을 충분히 수행하기 위해서는 각 이사가 회사의 업무 및 재산상황을 감시하고 이사회를 통하여 업무집행이 적정하게 이루어지도록 하는 것이 반드시 필요하므로, 학설과 판례는 실정법상 규정은 없으나 이러한 이사의 감시의무를 법적 의무로 이해하고 있다. 상법 제393조 제3항의 이사의 보고요구권은 이를 이사의 감시의무의 근거규정으로 볼 수 있을 것이다.

2. 會社와 理事間의 利益衝突의 防止

(1) 理事의 競業避止 義務

1) 이사는 이사회의 승인이 없으면 자기 또는 제3자의 계산으로 회사의 영업부류에 속하는 거래를 하거나(경업금지) 동종영업을 목적으로 하는 다른 회사의 무한책임사원이나 이사가 되지 못한다(겸직금지)(397①).

2) 이사가 이 의무에 위반하여 거래를 한 경우에는 회사는 이사회의 결의로 그 이사의 거래가 자기의 계산으로 한 것인 때에는 이를 회사의 계산으로 한 것으로 볼 수 있고, 제3자의 계산으로 한 것인 때에는 그 이사에 대하여 이로 인한 이득의 양도를 청구할 수 있으며(397②), 이러한 회사의 개입권(介入權)은 거래일로부터 1년이 경과하면 소멸한다(397③).

3) 이사가 1인인 회사에는 이사의 경업행위의 승인 및 개입권의 행사는 주주총회가 결정한다(383④).

(2) 會社機會의 流用禁止 義務

1) 意 義 이사는 이사회의 승인 없이 현재 또는 장래에 회사의 이익이 될 수 있는 회사의 사업기회를 자기 또는 제3자의 이익을 위하여 이용하여서는 아니 된다(397의2①). 이 의무는 영미법상 충실의무의 한 내용을 도입한 것으로 볼 수 있다.

2) 會社의 사업기회 이사가 유용해서는 안 되는 회사의 사업기회는 '현재 또는 장래에 회사의 이익이 될 수 있는 회사의 사업기회(397의2①1문)'인데, 상법은 그 기준으로서, '직무를 수행하는 과정에서 알게 되거나 회사의 정보를 이용한 사업기회(397의2①i)'와 '회사가 수행하고 있거나 수행할 사업과 밀접한 관계가 있는 사업기회(397의2①ii)'의 두 가지를 규정하고 있다.

3) 理事會의 承認 회사기회 유용금지 대상인 사업도 이사 3분의 2 이상의 수에 의한 이사회의 승인이 있으면 허용된다(397의2①2문). 사후승인, 포괄적 승인은 허용되지 않는다고 본다.

4) 禁止違反의 效果 이사가 회사의 사업기회를 유용하여 한 행위도 이사회의 승인여부에 관계 없이 유효하다. 그러나 위반행위로 인하여 회사에 손해를 발생시킨 이사 및 승인한 이사는 연대하여 손해를 배상할 책임이 있으며, 이로 인하여 이사 또는 제3자가 얻은 이익은 회사의 손해로 추정한다(397의2②).

(3) 自己去來의 制限

1) 意 義 ㈎ 이사·주요주주 등이 자기 또는 제3자의 계산으로 회사와 거래를 하기 위하여는 미리 이사회에서 해당 거래에 관한 중요사실을 밝히고 이사회의 승인을 받아야 한다(398). 이러한 자기거래는 이사·주요주주 등이 자기의 이익을 우선하여 회사의 이익을 해칠 우려가 크기 때문에 이사회의 승인을 얻도록 제한하는 것이다.

㈏ 자기거래의 제한을 받는 자는, ① 이사 또는 주요주주(542의8②vi), ② ①의

자의 배우자 및 직계존비속, ③ ①의 자의 배우자의 직계존비속, ④ ①부터 ③까지의 자가 단독 또는 공동으로 의결권 있는 발행주식 총수의 100분의 50 이상을 가진 회사 및 그 자회사, ⑤ ①부터 ③까지의 자가 제4호의 회사와 합하여 의결권 있는 발행주식총수의 100분의 50 이상을 가진 회사이다.

2) **制限을 받는 去來** 이사회의 승인을 요하는 거래는 회사에 불이익이 될 염려가 있는 거래행위에 한하며, 성질상 그런 우려가 없는 행위(예; 채무이행, 보통거래약관에 의한 운송계약 등)는 포함되지 않는다. 이사와 회사 간의 직접(直接)거래뿐만 아니라 회사가 이사의 채무를 보증하는 등 실질적으로 이익충돌의 우려가 있는 간접(間接)거래에도 이사회의 승인을 얻어야 한다. 어음행위는 수단적 행위로서 이익충돌의 염려가 없으므로 이사회 승인을 요하지 않는다는 견해도 있으나, 어음행위는 무인행위이고 인적 항변의 절단 등에 의하여 원인관계상의 채무보다도 더 엄격하고 불리하므로 이사회 승인을 요하는 거래에 포함된다고 본다(통설).

3) **理事會의 承認 및 승인 없는 去來行爲의 效力** ㈎ 이사회의 승인은 이사 3분의 2 이상의 수로써 하여야 하고, 그 거래의 내용과 절차는 공정하여야 한다(398 2문). 이사회의 승인은 개개의 거래마다 개별적으로 하여야 하며, 사전에 하여야 한다. 자본금총액이 10억 미만인 소규모 회사에는 이사회가 구성되지 않으므로 이사와 회사 간의 거래에 대한 승인은 주주총회의 보통 결의로 하게 된다(383④).

㈏ 이사회의 승인 없이 자기거래를 한 경우의 효력에 관하여는, 유효설, 무효설, 상대적 무효설이 있다. 상대적 무효설은 이사회의 승인 없이 한 자기거래는 무효이지만, 선의의 제3자에 대한 관계에서는 유효라고 하는 견해로서, 거래의 안전과 회사의 이익보호의 조화라는 점에서 볼 때 가장 타당하다고 본다(통설·대판 1973.10.31, 73다 954).

4) **理事의 責任** 이사회의 승인 없이 자기거래를 한 이사는 법령에 위반한 행위를 한 것이므로 회사에 대하여 손해배상책임이 있다(399).

(4) 主要株主 등 利害關係者와의 거래

1) **意 義** 상법은 주요주주 등의 영향력 행사에 의한 회사이익 침해를 방지하기 위하여, 상장회사에 있어서 주요주주 등에 대한 신용공여를 금지하고, 일정규모 이상의 상장회사가 최대주주 등과 일정규모의 거래를 할 때에는 이사회의 승인을 얻도록 규정하고 있다.

2) **信用供與의 禁止**

㈎ 내 용 상장회사는, 주요주주 및 그의 특수관계인, 이사(업무집행지시자

등 포함) 및 집행임원, 감사를 상대방으로 하거나 그를 위하여 신용공여를 하여서는 아니 된다(542의9①). 이에 위반한 행위는 사법상 효력이 없다고 보며, 신용공여를 한 자는 5년 이하의 징역 또는 2억원 이하의 벌금에 처한다(624의2). 여기에서 신용공여라 함은 금전 등 경제적 가치가 있는 재산의 대여, 채무이행의 보증, 자금 지원적 성격의 증권 매입, 그 밖에 거래상의 신용위험이 따르는 직접적·간접적 거래로서 대통령령으로 정하는 거래를 말한다(542의9①, 상법시행령 14①. 또한 자본시장법 34·35 참조).

(내) 예 외   원칙적으로 신용공여가 금지 되지만, 복리후생을 위한 이사·집행임원 또는 감사에 대한 금전대여 등으로서 대통령령으로 정하는 신용공여(상법시행령 14②), 다른 법령에서 허용하는 신용공여, 그 밖에 상장회사의 경영건전성을 해칠 우려가 없는 금전대여 등으로서 대통령령으로 정하는 신용공여(상법시행령 14③)는 예외적으로 허용된다(542의9②).

3) 理事會의 承認을 받아야 하는 거래

(개) 내 용   자산 규모 등을 고려하여 대통령령으로 정하는 상장회사는, 최대주주, 그의 특수관계인 및 그 상장회사의 특수관계인으로서 대통령령으로 정하는 자를 상대방으로 하거나 그를 위하여, ① 단일 거래규모가 대통령령으로 정하는 규모 이상인 거래, ② 해당 사업연도 중에 특정인과의 해당 거래를 포함한 거래총액이 대통령령으로 정하는 규모 이상이 되는 경우의 해당 거래를 하려는 경우에는 이사회의 승인을 받아야 한다(542의9③). 이에 위반하여 이사회의 승인 없이 거래한 경우 과태료(5000만원 이하) 제재가 있다. 위반행위의 사법상 효력은 제398조의 경우와 같다고 본다. 제3항의 경우 상장회사는 이사회의 승인 결의 후 처음으로 소집되는 정기주주총회에 해당 거래의 목적, 상대방, 그 밖에 대통령령으로 정하는 사항을 보고하여야 한다(542의9④, 상법시행령 14③). 그러나 이사회에서 승인한 거래총액의 범위 안에서 이행하는 거래는 그 거래내용을 주주총회에 보고하지 아니할 수 있다(542의9⑤).

(내) 예 외   상장회사가 경영하는 업종에 따른 일상적인 거래로서, ① 약관에 따라 정형화된 거래로서 대통령령으로 정하는 거래와 ② 이사회에서 승인한 거래총액의 범위 안에서 이행하는 거래는 이사회의 승인을 받지 아니하고 할 수 있다(542의9⑤).

(5) 理事와 會社間의 訴

회사가 이사에 대하여 또는 이사가 회사에 대하여 소를 제기하는 경우에는, 감사가 회사를 대표한다(394). 소수주주가 이사의 책임 추궁을 위한 대표소송제기의 청구를 한 경우에도 마찬가지로 감사가 회사를 대표한다(403①, 394후단). 회사에 감사위원회가 설치되어 있는 경우에는 이사와 회사 간의 소에 관한 대표는 감사위원회의 대표가 하게 된다(415의2④⑥). 감사위원회의 위원이 소의 당사자인 경우에는 감사위원회 또는 이사는 법원에 회사를 대표할 자를 선임하여 줄 것을 신청하여야 한다(394②).

(6) 理事의 보수

이사의 보수라 함은, 이사의 직무집행에 대한 대가로서 지급되는 것으로, 봉급, 수당, 급여, 연봉 등 그 명칭을 불문한다. 회사와 이사와의 관계는 위임관계이지만, 통상의 수임자가 무상(민법 686①)인 것과 달리, 이사는 보수를 받는 것이 보통이다. 이사의 보수는 정관에 그 액을 정할 수 있으며, 그 정함이 없는 경우에는 주주총회의 결의로 정한다(388). 주주총회에서 정하는 경우에는 이사 전원에 대한 보수의 총액 또는 최고한도액만을 정하고, 각 이사에 대한 구체적인 지급액의 결정은 이사회에 위임할 수도 있다. 상법이 이사의 보수의 결정을 정관이나 주주총회의 권한으로 한 것은, 이사의 보수의 결정이 회사의 이익과 이사의 개인적 이익이 대립하는 사안이므로, 과다책정 등의 폐해로부터 회사이익을 보호하기 위한 정책적인 배려인 것으로 보는 것이 보통이다(정책규정설).

VII. 理事의 責任

1. 序　說

이사의 직무집행은 회사와 제3자의 이해관계에 중요한 영향을 미친다. 상법은 이사의 직무권한의 중요성에 비추어 민법상의 일반적 책임과 별도로 특히 무거운 책임을 규정하고 있다(399, 401).

2. 會社에 대한 責任

(1) 損害賠償責任

이사가 고의 또는 과실로 법령 또는 정관에 위반한 행위를 하거나 그 임무를 게을리한 경우에는 그 이사는 회사에 대하여 연대하여 손해를 배상할 책임이 있다(399①).

1) 責任原因 및 性質

㈎ 법령 또는 정관에 위반한 행위　　법령이나 정관의 구체적인 규정을 직접 위반한 경우로서, 자기주식취득금지(341), 자기거래금지(398), 법정준비금적립(462

①) 또는 위법배당(462②) 등에 관한 규정 및 정관에 정한 규정을 위반한 경우이다. 이 경우에 이사의 책임의 성질에 관하여는 과실책임설, 무과실책임설, 절충설 등이 있었으나, 2011년 개정상법에서는 '고의 또는 과실로'라는 명문을 두어 과실책임으로 규정하였다. 법령에 위반한 행위를 한 때에는 경영판단의 원칙이 적용되지 않는다(대판 2008.4.10, 2004다68519).

(내 임무를 게을리한 때   이사가 위임계약에 따른 선량한 관리자로서의 주의의무를 게을리함으로써 회사에 손해를 발생케 한 경우이다. 책임의 성질은 과실책임이다.

2) 責任을 지는 理事의 範圍   이사의 위법행위 등이 이사회의 결의에 근거한 것인 때에는 그 결의에 찬성한 이사도 동일한 책임을 지게 되며, 이의를 제기한 사실을 의사록에 기재하지 않는 한 그 결의에 찬성한 것을 추정한다(399②③). 한편, 감사도 책임을 지는 경우에는 그 감사와 이사가 연대책임을 지게 된다(399①, 414③).

3) 責任의 減免·解除·消滅   (개 이사의 회사에 대한 책임은 주주 전원의 동의로 면제할 수 있다(400①). 이 경우에는 의결권 없는 주주의 동의도 있어야 하며, 동의는 반드시 주주총회의 결의로 하여야 하는 것은 아니며 개별적인 동의로도 가능하다. 또한 회사는 정관으로 정하는 바에 따라 제399조에 따른 이사의 책임을 이사가 그 행위를 한 날 이전 최근 1년간의 보수액(상여금과 주식매수선택권의 행사로 인한 이익 등을 포함)의 6배(사외이사의 경우는 3배)를 초과하는 금액에 대하여 면제할 수 있다(400②본문). 다만, 이사가 고의 또는 중대한 과실로 손해를 발생시킨 경우와 제397조 제397조의2 및 제398조에 해당하는 경우에는 그러하지 아니하다(400②단서).

(내 이사의 책임은 정기총회에서 재무제표의 승인이 있은 후, 2년 내에 다른 결의가 없으면 부정행위의 경우를 제외하고 당연히 解除된 것으로 본다(450). 이사의 책임은 채권의 일반시효의 원칙(민법 162①)에 따라 10년이 도과함으로써 소멸시효가 완성한다.

4) 代表訴訟에 의한 추궁   이사의 회사에 대한 이 책임의 실현을 위하여는 소수주주에 의한 대표소송제도가 인정되고 있다.

5) 경영판단과 理事의 責任(經營判斷의 原則)   이사가 자신의 권한 내에서, 그 상황에서 적절하다고 믿을 수 있는 합리적인 정보에 근거하여, 회사에 이익이 된다는 믿음 아래 판단을 내리고, 이 판단에 따라 성실하고 합리적인 행위를 하였다면, 사후에 그 판단이 잘못으로 밝혀지고 결과적으로 회사에 손해가 생길지라도 이사에게 손해배상책임을 물을 수는 없다고 본다(대판 2002.6.14, 2001다52407).

【참고】 미국법률협회(American Law Institute)가 1993년에 채택한 "회사지배의 원칙 : 분석과 권고(Principles of Corporate Governance: Analysis and Recommendation)" §4.01(c)은 경영판단의 원칙(Business Judgement Rule)과 이사의 주의의무에 관하여, "성실하게 경영판단을 한 이사나 임원은, (i) 경영판단의 대상과 관련하여 이해관계가 없고, (ii) 경영판단의 대상에 관하여 그 상황에서 적절하다고 합리적으로 믿을 만한 정보를 가지고, (iii) 그 경영판단이 회사의 최선의 이익이 된다고 합리적으로 믿었다면, 본조의 주의의무를 이행한 것으로 본다"고 규정하고 있다.

(2) 資本金充實의 責任

신주발행으로 인한 변경등기가 있은 후에, 아직 인수하지 아니한 주식이 있거나 주식인수의 청약이 취소된 때에는, 이사가 이를 공동으로 인수한 것으로 본다(428①). 이리하여 인수가 의제된 주식에 대하여는 이사가 납입책임을 지게 된다. 이 책임은 무과실책임이며, 총주주의 동의로도 면제하지 못한다. 인수담보책임을 지는 경우에도 이사는 별도의 손해배상책임을 지는 수가 있다(428②).

3. 第3者에 대한 責任

(1) 總　　說

이사가 고의 또는 중대한 과실로 인하여 그 임무를 게을리한 때에는 그 이사는 제3자에 대하여 연대하여 손해배상의 책임을 진다(401①). 이사는 회사에 대하여는 수임자로서 책임을 지지만 제3자와는 특별한 법적 관계가 없고 당연히 책임을 지는 것은 아니다. 그런데 상법은 이사가 악의 또는 중대한 과실로 인하여 임무를 해태한 경우에 이사 개인의 제3자에 대한 책임을 규정하고 있다. 여기서 악의란 임무해태임을 아는 것이고, 중과실은 알 수 있었음에도 불구하고 현저한 부주의로 알지 못한 것을 말한다.

(2) 責任의 性質

이 책임의 성질에 관하여, 이사의 제3자에 대한 책임을 본질상 불법행위책임이지만 다만 그 요건을 달리하는 특수한 불법행위책임이라고 보는 견해도 있지만(특수불법행위책임설), 사회적 영향력이 큰 이사들이 직무행위에 관하여 제3자에게 손해를 준 경우에는 민법의 불법행위요건과 관계없이 고의 또는 중대한 과실을 요건으로 하는 특별한 책임을 부과함으로써 제3자를 보호하기 위한 법정책임이라고 본다(법정책임설).

(3) 損害의 範圍

이사가 배상할 책임을 지는 손해의 범위는, 이사의 고의·중과실로 인한 임무해태와 제3자에게 발생한 손해 사이에 상당한 인과관계가 있는 모든 손해이며, 직접손해와 간접손해를 포함한다. 直接損害는 고의·중과실로 인한 이사의 임무해태로 제3자가 직접으로 입은 손해를 말하고(예컨대, 이사가 도산이 예측되는 상황을 감추고 계약을 체결하는 경우 제3자가 입은 손해), 間接損害는 고의·중과실로 인한 이사의 임무해태로 회사가 손해를 입고 그 결과 제3자가 간접적으로 입은 손해(예컨대, 방만한 경영으로 인하여 회사가 도산하고 그 결과 회사채권자가 입은 손해)를 말한다.

(4) 第3者의 範圍 및 責任負擔者

1) 제3자   이사의 책임을 추궁할 수 있는 제3자에는 회사채권자뿐만 아니라 주주 및 주식인수인도 포함된다. 이에 대하여 주주의 간접손해의 경우에는 주주가 포함되지 않는다는 견해가 있다.

2) 책임부담자   고의 또는 중대한 과실로 인하여 그 임무를 해태하여 제3자에 대하여 손해를 입힌 이사는 배상의 책임을 진다(401①). 또한 이사의 책임행위가 이사회의 결의를 근거로 한 것인 때에는 그 결의에 찬성한 이사도 동일한 책임을 지게 되며, 이의를 제기한 사실을 의사록에 기재하지 않는 한 그 결의에 찬성한 것을 추정한다(401②, 399②③).

(5) 不法行爲責任과의 관계

제401조에 의한 이사의 임무해태가 동시에 불법행위의 요건을 갖춘 것이 되는 경우에는 제3자는 민법 제750조에 의하여서도 그 책임을 추궁할 수 있다.

(6) 責任의 소멸시효기간

이사의 제3자에 대한 책임의 소멸시효기간은 10년이다(민법 162①). 그러나 그 기간을 3년으로 보는 견해도 있다(특수불법행위설).

4. 業務執行指示者 등의 責任(事實上의 理事의 責任)

(1) 입법취지

상법은 주식회사의 이사가 아니면서 영향력을 행사하여 업무집행을 지시·관여하는 업무집행지시자 등에 대하여 이사와 같은 책임을 인정하는 규정을 두고 있다(401의2). 이것은 사실상 이사와 같은 기능을 하거나 업무집행에 영향력을 미치면서도 법률상의 이사가 부담하는 책임은 회피하는 불합리를 방지하고 경영책임을 분명히 하려는 것이다. 입법례로서는 독일주식법 제117조(영향력행사자)나 1985년 영국회사법 제741조 제2항(배후이사) 등이 유사하다.

(2) 責任主體

1) 상법 규정   상법 제401조의 2 제1항은 책임의 주체의 유형으로, (i) 회사에 대한 자신의 영향력을 이용하여 이사에게 업무집행을 지시한 자(1호), (ii) 이사의 이름으로 직접 회사의 업무를 집행한 자(2호), (iii) 이사가 아니면서 명예회장, 회장, 사장, 부사장, 전무, 상무 기타 회사의 업무를 집행할 권한이 있는 것으로 인정할 만한 명칭을 사용하여 회사의 업무를 집행한 자(3호)를 규정하고 있다. 앞의 (i)(ii)는 회사 내에 아무런 직함도 없으면서 배후에서 이사에게 영향력을 행사하여 사실상 이사의 기능을 하는 경우이고(배후이사), 마지막 (iii)은 명예회장 등 권한이 있는 것으로 인정할 만한 명칭(직함)을 가지고 업무집행행위를 하는 경우(표현이사)이다.

2) 背後理事의 要件   회사의 법률상 이사가 아니면서, 회사에 대한 자신의 영향력을 이용하여 이사에게 업무집행을 지시하거나, 이사의 이름으로 직접 회사의 업무를 집행하여야 한다. 여기서 '회사에 대한 자신의 영향력'이라 함은, 예컨대 지배주주나 1인 주주가 이사에게 지시하는 경우처럼 의사결정을 강요할 수 있는 사실상의 힘이라고 할 수 있다.

(가) 業務執行의 指示   이사에게 업무집행을 지시하는 방법에는 제한이 없고 묵시적으로도 할 수 있으며, 지시의 내용은 법률행위뿐 아니라 사실행위를 포함하며, 지시의 상대방은 법문상 이사로 되어 있으나 이사에 한하지 않고 부장·과장 등의 상업사용인에 대한 지시도 포함하는 것으로 본다. 그리고 형식상 권고·조언이라도 실제에 있어서 강제성을 가진 경우에는 지시와 같이 보아야 할 것이다.

(나) 理事名義의 직접 業務執行   이사의 이름으로 직접 회사의 업무를 집행한다는 것은, 예컨대 지배주주 등이 이사에게 경영상의 실권을 주지 않고 이사의 도장을 사용하여 그 이사 이름으로 업무집행행위를 직접 하는 경우이다.

3) 表見理事의 要件

(가) 要 件   이사가 아니면서 명예회장, 회장, 사장, 부사장, 전무, 상무 기타 회사의 업무를 집행할 권한이 있는 것으로 인정할 만한 명칭을 사용하는 자가, 회사의 업무를 집행하여야 한다. 이것은 배후이사와는 달리 어떠한 명칭(직함)을 가진 자의 행위이며 지시하는 것이 아니고 직접 업무집행행위를 하는 경우이다. 열거된 명칭은 예시이다.

(나) 표현대표이사(395)와 표현이사의 차이   ① 입법취지: 전자는 회사대표의 외관신뢰자 보호, 후자는 책임면탈방지이고, ② 책임주체: 전자는 회사, 후자는 사실상 이사이며, ③ 명칭사용허락 요부: 전자는 요하나 후자는 문제되지 않고, ④ 이사 요건: 전자는 요하나, 후자는 이사가 아닌 자이며, ⑤ 제3자의 외관신뢰 요부: 전자는 요하나, 후자는 문제 되지 않고, ⑥ 책임추궁방법으로서 대표소송: 전자에는 적용이 없고 후자에는 인정된다는 점 등 차이가 있다.

(3) 責任의 內容

배후이사와 표현이사는 그 지시하거나 집행한 업무에 관하여 이사의 책임에 관한 제399조, 제401조 및 제403조의 적용에 있어서 이를 이사로 본다(401의2①). 따라서 배후이사와 표현이사가 그 지시하거나 집행한 업무에 관하여 부담하는 회사에 대한 책임(399), 제3자에 대한 책임(401), 책임추궁을 위한 주주의 대표소송(403)은 이사의 책임의 경우와 같다.

(4) 責任의 연대성

배후이사 및 표현이사가 책임을 지는 경우에(401의2①) 회사 또는 제3자에 대하여 손해를 배상할 책임이 있는 이사는 그 배후이사 및 표현이사와 함께 연대하여 그 책임을 진다(401의2②).

VIII. 理事에 대한 株主의 監督

1. 總 說

이사에 대한 업무감독은 이사회의 중요한 권한이지만 주주 또한 총회를 통한 이사의 선임·해임, 재무제표의 승인 등을 통하여 업무감독 및 책임추궁을 하고 있다. 그러나 이 제도들에 의한 감독기능은 간접적인 것이고 또 주주총회 결의라는 번거로운 절차를 거쳐야 하므로, 강화된 이사회 및 이사의 권한을 감독하기에 충분치 못하다. 그러므로 상법은 株主에게 직접 이사의 업무를 감독할 수 있는 강력한 제도로서, 이사의 위법행위를 사전에 예방하기 위한 위법행위유지청구권과 사후에 책임추궁을 위한 대표소송제도를 규정하고 있다.

2. 違法行爲留止請求權

(1) 意 義

이사가 법령 또는 정관에 위반한 행위를 하여 이로 인하여 회사에 회복할 수 없는 손해가 생길 염려가 있는 경우에는 감사(또는 감사위원회) 또는 소수주주(발행주식총수의 100분의 1 이상에 해당하는 주식을 가진 주주)는 회사를 위하여 이사에 대하여 그 행위를 유지(留止)할 것을 청구할 수 있는데(402), 주주 또는 감사의 이러한 권리를 유지청구권이라 한다. 유지청구권은 이사의 위법행위를 사전에 예방하려는 제도이며, 사후적 구제제도인 대표소송과 다르다.

(2) 留止請求의 要件

㈎ 이사가 법령 또는 정관에 위반한 행위를 하여야 한다(402). 여기에는 선관의무위반 등 일반적 규정의 위반도 포함되며, 위반행위의 유효·무효를 불문한다.

㈏ 이로 인하여 회사에 회복할 수 없는 손해가 생길 염려가 있는 경우여야 한다(402). 손해회복이 절대로 불능한 경우뿐만 아니라, 비용이나 노력으로 보아 상당히 곤란한 경우도 이를 포함한다.

(3) 留止請求의 當事者

㈎ 유지청구권자는 발행주식총수의 100분의 1 이상에 해당하는 주식을 가진 주주(상장회사의 경우에는 6개월 전부터 계속하여 발행주식총수의 10만분의 50 또는 10만분의 25를 보유한 주주. 542의6⑤) 또는 감사이다. 여기에는 의결권 없는 주주도 포함된다. 소수주주로 제한한 것은 청구의 남용을 방지하려는 것이다.

㈏ 유지청구의 상대방은 회사가 아니고, 법령 또는 정관에 위반한 행위를 하려는 그 이사이다.

(4) 留止請求의 方法

그 청구의 방법에는 제한이 없으며, 반드시 소에 의할 필요는 없으며 재판외(구두, 서면)에서 청구할 수 있다. 그러나 주주는 회사를 위하여 유지청구의 소를 제기할 수 있고 또 가처분으로 그 행위를 중지시킬 수 있다(민사집행법 300). 유지청구의 소는 회사를 위하여 제기한 것이므로, 그 판결의 효력은 당연히 회사에도 미친다(218③). 이 소송의 성질은 일종의 대표소송이므로 소의 관할, 패소주주의 책임 등 기타의 점에 관하여는 명문규정은 없으나 대표소송에 관한 규정을 유추적용하여야 할 것이다(통설).

(5) 留止請求의 效果

1) 유지청구를 한 경우에는 이사는 그 행위를 유지(留止)할 것인지 여부를 선량한 관리자의 주의로써 판단하여야 하고, 만일 유지청구에 응하지 않고 행위를 한 경우에는 법령 또는 정관에 위반인 것이 확정되면 제399조 또는 제401조의 책임을 지게 된다.

2) 이사가 유지청구를 무시하고 법령·정관위반행위를 한 경우에, 그 위반행위가 본래부터 無效인 때에는 유지청구와 관계없이 무효일 뿐이므로 문제가 없다. 이에 대하여 그 위반행위가 有效인 때에는 보통 ⓐ 단체법적 행위(신주·사채발행)는 그 행위가 법령·정관에 반하는 경우이라도 상대방이 유지청구의 사실을 알거나 모르거나 유효하고, ⓑ 보통의 개별적 거래에 대하여는 거래의 상대방이 유지청구의 사실을 아는 경우에 한하여 그 거래의 무효를 주장할 수 있다고 설명된다. 그러나 거래의 안전보호를 위해서 유지청구의 유무나 상대방의 선의·악의에 관계없이 효력에 영향이 없다고 보아야 할 것이다.

3) 이와 같이 유지청구권행사의 실효는 크게 기대하기 어렵다. 이사가 위법행위유지청구를 받고도 그 행위를 중지하지 않을 때에는, 주주는 그 이사를 피고로 하여 訴를 제기하고, 가처분으로써 그 행위를 留止시킬 수 있다(민사집행법 300). 또 소수주주는 처음부터 소에 의한 유지청구를 할 수 있음은 물론이다.

(6) 準用規定 및 罰則

이사의 위법행위에 대한 제402조의 유지청구제도는 주식회사의 청산인(542②)과 유한회사의 이사(567) 및 청산인(613②)에 준용된다. 유지청구권의 행사에 관하여 부정한 청탁을 받고 재산상의 이익을 수수·요구 또는 약속한 자와 이익을 약속·공여 또는 공여의 의사를 표시한 자에 대하여는 형벌의 제재가 있다(631).

3. 代表訴訟(代位訴訟)

(1) 代表訴訟의 意義 및 性質

1) 대표소송이라 함은 소수주주가 회사에 갈음하여 이사의 회사에 대한 책임을 추궁하는 제도를 말한다. 이사의 책임은 원래 회사가 추궁하여야 하지만, 동료 이사 간의 특수한 관계로 인하여 책임추궁의 회피 혹은 지연으로 실효성을 기대하기 어려운 면이 있다. 그러므로 상법은 미국회사법을 참작하여 대표소송제도를 입법한 것이다. 이 대표소송제도는 사후적인 구제를 목적으로 하고 그 자체가 소의 제도라는 점에서 유지청구제도와 다르다.

2) 대표소송은 주주가 회사를 대표하는 기관의 지위에서 수행하는 것이지만, 형식상으로는 타인이 회사의 이익을 위하여 소송을 수행하는 것이므로「제3자의 소송담당」의 한 경우이다. 소수주주의 대표소송제기권은 共益權이다.

(2) 訴訟當事者

1) 대표소송을 제기할 수 있는 자(원고)는 발행주식총수의 100분의 1 이상에 해당하는 주식을 가친 주주이며(403①), 의결권 없는 주주도 무방하다(통설). 이처럼 소수주주로 제한한 것은 남소를 방지하기 위한 것이다. 그리고 대표소송을 제기한 후에는 발행주식총수의 100분의 1 미만으로 감소한 경우에도 제소의 효력에는 영향이 없지만, 발행주식을 보유하지 아니하게 된 경우는 제외된다(403⑤). 상장법인의 경우 6개월 전부터 계속하여 발행주식총수의 1만분의 1 이상에 해당하는 주식을 보유한 자는 대표소송을 제기할 수 있다(542의6⑥).

2) 상대방(피고)은 책임의 추궁을 받을 이사 또는 이사이었던 자이다.

(3) 代表訴訟의 대상인 理事責任의 범위

1) 소수주주가 대표소송에 의하여 추궁할 수 있는 이사의 책임의 범위에 관하여는, 제399조에 의한 법령·정관위반과 임무해태에 대한 책임(399) 및 제428조에 의한 신주발행시의 인수담보책임(자본금충실책임)에 한정된다고 하는 설이 있으나(제한설), 이사가 회사에 대하여 부담하는 모든 책임이 대표소송의 적용대상이 된다고 본다(통설). 이 제도는 동료 이사들의 책임추궁의 해태로부터 회사와 주주의 이익보호를 위한 것이므로 추궁할 수 있는 책임의 범위를 제한하는 것은 타당하지 않다고 본다.

2) 대표소송에 의하여 추궁할 수 있는 이사의 채무는, 이사의 지위에 있는 동안에 부담한 모든 채무이며, 일단 발생한 이상은 退任한 후에도 대표소송의 대상이 된다(통설).

(4) 代表訴訟의 節次

1) 訴提起의 요건(주주의 청구와 회사의 해태)   (i) 소수주주는 회사에 대하여 그 이유를 기재한 서면으로 이사의 책임을 추궁할 소의 제기를 청구하여야 하고, 회사가 이 청구를 받은 날로부터 30일 내에 소를 제기하지 아니한 때에는 위의 청구를 한 소수주주는 즉시 회사를 위하여 소를 제기할 수 있다(403①②③). (ii) 만일 위의 기간의 경과로 인하여 회사에 회복할 수 없는 손해가 생길 염려가 있는 경우에는

그 기간을 기다리지 아니하고, 그 소수주주는 즉시 소를 제기할 수 있다(403④).

2) 管　轄　회사 본점 소재지의 지방법원의 전속관할에 속한다(403⑦, 186).

3) 擔保提供義務　이사가 대표소송을 제기한 주주의 악의를 소명하여 청구를 한 때에는 法院은 소를 제기하는 주주에 대하여 상당한 담보의 제공을 명할 수 있다(403⑦, 176③④). 악의는 제소 주주가 피고인 이사를 해한다는 것을 아는 것을 말한다.

4) 소송참가와 소송고지　주주가 대표소송을 제기한 경우에 회사는 그 소송에 참가할 수 있다(404①). 소송참가의 성질은 공동소송참가(민사소송법 83)이다(통설). 또 회사가 소송참가를 할 수 있는 기회를 갖도록 하기 위하여 대표소송을 제기한 株主는 제소 후 지체 없이 회사에 대하여 그 소송의 고지를 하여야 한다(404②). 이 고지를 게을리 하면 회사에 대하여 손해배상의 책임을 지게 된다.

5) 訴의 取下·청구의 抛棄·和解 등의 제한　회사가 소수주주의 청구에 따라 訴를 제기하거나 주주가 소를 제기한 경우에 당사자는 법원의 허가 없이 소의 취하·청구의 포기·인낙·화해를 하지 못한다(403⑥). 또 주주가 대표소송을 제기한 때에는 회사는 재판외에서 이사에 대한 회사의 권리의 면제·포기·화해 등의 처분을 하지 못한다고 본다.

(5) 判決의 效果

판결이 선고되면 그 효력은 당연히 회사에 미친다(민사소송법 218③). 대표소송을 제기한 주주가 勝訴한 때에는, 그 주주는 회사에 대하여 소송비용 그 밖의 소송으로 인하여 지출한 비용 중 상당한 금액의 지급을 청구할 수 있다. 이 경우 소송비용을 지급한 회사는 이사에 대하여 구상권을 행사할 수가 있다(405①). 대표소송을 제기한 주주가 敗訴한 때에는, 악의인 경우 이외에는 회사에 대하여 손해배상책임을 지지 아니한다(405②).

(6) 再　審

1) 대표소송이 제기된 경우에, 원고와 피고가 공모하고 그로 인하여 소송의 목적인 회사의 권리를 사해(詐害)할 목적으로서 판결을 하게 한 때에는, 회사 또는 주주는, 확정된 종국판결에 대하여 재심의 소를 제기할 수 있다(406①).

2) 주주나 회사가 소송참가를 하지 못하거나 하지 않은 경우에, 공모한 타인간의 소송에 대한 판결에 의하여 침해된 회사의 권리를 회복할 수 있는 길을 열어 주기 위한 제도이다.

3) 재심의 소에서 승소 또는 패소한 제소주주의 권리의무(비용청구, 손해배상책임 등)는 대표소송을 제기한 주주의 경우와 같다(406②, 405).

(7) 대표소송제도의 준용 및 벌칙

1) 제403조 이하의 대표소송의 제도는 발기인(324)·감사(415)·청산인(542②)·이익공여를 받은 자의 반환의무(467의2)·불공정한 가액으로 주식을 인수한 자의 차액지급의무(424의2) 등의 경우의 회사에 대한 책임에도 준용된다.

2) 대표소송에 관하여 부정한 청탁을 받고 재산상의 이익을 수수, 요구 또는 약속한 자 또는 이러한 이익을 약속, 공여 또는 공여의 의사를 표시한 자는 형벌의 제재가 있다(631①ⅱ·②).

제4관 執行任員

I. 意 義

집행임원은 정관 또는 이사회의 결의에 의하여 위임받은 회사업무를 집행하는 기관을 말한다(408의2①, 408의4). 상법상 이사회는 업무집행과 업무감독 기능을 동시에 수행하여 자기감시의 모순 및 한계를 가지고 있는데, 집행임원에게 업무집행권을 부여하고 이사회는 감독권한을 갖게 함으로써 효율적인 업무집행과 실효성 있는 업무감독이 이루어지도록 하려는 것이다. 또한 전문성이 있는 집행임원에게 업무집행에 관한 의사결정을 위임하는 경우 의사결정의 신속성과 효율성을 기대할 수 있다. 미국에서는 일반적으로 업무감독기관인 이사회와 업무집행기관인 집행임원(officer)을 분리하여 경영의 투명성과 효율성을 제고하고 있으며, 일본에서는 기존 이사회 이외에 별도의 3개위원회(감사·지명·보수위원회)를 설치한 회사에 집행임원이 설치되어 있다.

II. 地 位

1. 임의기관·대표집행임원

회사는 집행임원을 둘 수 있다(408의2①1문). 집행임원을 둔 회사(집행임원 설치회사)는 대표이사를 두지 못하며(408의2①2문) 대표집행임원이 대표이사의 기능을 대체하게 된다(408의5②). 집행임원이 1명인 경우에는 그 집행임원이 대표집행임원이 되며, 2명 이상의 집행임원이 선임된 경우에는 이사회 결의로 집행임원 설치회사를 대표할 대표집행임원을 선임하여야 한다(408의5①). 집행임원 설치회사는 이사회의 회의를 주관하기 위하여 이사회 의장을 두어야 하는데, 이사회 의장은 정관의 규정이 없으면 이사회의 결의로 선임한다(408의2④. 408의7 참조).

2. 위임관계

집행임원 설치회사와 집행임원의 관계는 민법 중 위임에 관한 규정을 준용한다(408의2②).

III. 選　任

집행임원 및 대표집행임원은 理事會의 결의로 선임한다(408의2③i). 집행임원이 될 수 있는 資格에는 제한이 없다. 이사도 집행임원을 겸할 수 있다. 다만, 집행임원은 실제로 회사의 업무를 집행함에 무리가 있는 법인이나, 금치산자 또는 파산자는 집행임원이 될 수 없다고 본다. 집행임원의 數는 제한이 없다(408의5①). 집행임원의 任期는 정관에 다른 규정이 없으면 2년을 초과하지 못한다(408의3①). 다만, 집행임원의 임기는 정관에 그 임기 중의 최종 결산기에 관한 정기주주총회가 종결한 후 가장 먼저 소집하는 이사회의 종결시까지로 정할 수 있다(408의3②). 집행임원의 선임 및 종임은 登記하여야 한다(317②viii · ④, 183).

IV. 權　限

1. 업무집행권

상법은 집행임원의 권한으로, (i) 집행임원 설치회사의 업무집행과 (ii) 정관이나 이사회의 결의에 의하여 위임받은 업무집행에 관한 의사결정의 두 가지를 규정하고 있다(408의4). 집행임원은 집행임원 설치회사의 업무집행(408의4ⅰ)을 할 수 있다. 여기서 말하는 업무는 정관이나 이사회결의로 위임받은 사항이다. 또한 집행임원은 정관이나 이사회의 결의에 의하여 위임받은 업무집행에 관한 의사결정(408의4ⅱ)을 할 수 있다. 이사회는, 상법에서 이사회 권한사항으로 유보한 사항들을 제외하고는, 집행임원에게 업무집행에 관한 의사결정을 위임할 수 있다(408의2③ⅳ).

2. 회사대표권

대표집행임원은 집행임원 설치회사의 업무를 집행하고 대외적으로 회사를 대표하는 필요상설기관이다. 집행임원이 1명인 경우에는 그 집행임원이 대표집행임원이 되고, 집행임원이 2명 이상 선임된 경우에는 이사회 결의로 집행임원 설치회사를 대표할 대표집행임원을 선임하여야 한다(408의5①). 여러 명의 대표집행임원을 선임할 수 있고, 이 경우에는 각자가 회사를 대표한다. 대표집행임원에 관하여는, 상법에 다른 규정이 없으면, 주식회사의 대표이사에 관한 규정을 준용하므로(408의5②) 대표이사의 권한(389③), 공동대표(389②) 등에 관한 규정이 대표집행임원에게도 적용된다. 또한 집행임원 설치회사에 대하여는 표현대표이사에 관한 제395조를 준용한다(408의5③, 395)(표현대표집행임원).

3. 이사회소집청구권

집행임원은 필요하면 회의의 목적사항과 소집이유를 적은 서면을 이사(소집권자가 있는 경우에는 소집권자)에게 제출하여 이사회 소집을 청구할 수 있다(408의7①). 집행임원이 소집청구를 한 후 이사가 지체 없이 이사회 소집의 절차를 밟지 아니하면 소집을 청구한 집행임원은 법원의 허가를 받아 이사회를 소집할 수 있다. 이 경우 이사회 의장은 법원이 이해관계자의 청구에 의하여 또는 직권으로 선임할 수 있다(408의7②).

V. 義 務

1. 善管義務

집행임원 설치회사와 집행임원의 관계는 위임관계이므로(408의2②), 집행임원은 선량한 관리자의 주의로써 위임받은 업무를 처리하여야 한다(민법681). 또한 상법은 선관의무의 파생적 형태인 보고의무와 비밀유지의무 등을 규정하고 있다. 즉, 집행임원은 3개월에 1회 이상 업무의 집행상황을 이사회에 보고하여야 하며(408의6①), 이사회의 요구가 있으면 언제든지 이사회에 출석하여 요구한 사항을 보고하여야 한다(408의6②). 이사는 대표집행임원으로 하여금 다른 집행임원 또는 피용자의 업무에 관하여 이사회에 보고할 것을 요구할 수 있다(408의6③). 한편, 집행임원은 재임 중 뿐만 아니라 퇴임 후에도 직무상 알게 된 집행임원 설치회사의 영업상 비밀을 누설하여서는 아니 된다(408의9, 382의4).

2. 忠實義務

집행임원은, 법령과 정관의 규정에 따라, 집행임원 설치회사를 위하여 그 직무를 충실하게 수행하여야 한다(408의9, 382의3). 상법은 집행임원에 대하여 이사에게 요구되는 경업금지의무(397), 회사기회 및 자산의 유용 금지의무(397의2), 자기거래의 제한(398)에 관한 규정을 준용하여 의무를 부과하고 있다(408의9).

VI. 責　任

1. 회사 및 제3자에 대한 손해배상책임

집행임원이 고의 또는 과실로 법령이나 정관을 위반한 행위를 하거나 그 임무를 게을리한 경우에는 그 집행임원은 집행임원 설치회사에 손해를 배상할 책임이 있다(408의8①). 집행임원이 고의 또는 중대한 과실로 그 임무를 게을리한 경우에는 그 집행임원은 제3자에게 손해를 배상할 책임이 있다(408의8②). 이 경우에 다른 집행임원·이사 또는 감사도 그 책임이 있으면 다른 집행임원·이사 또는 감사와 연대하여 배상할 책임이 있다(408의8③).

2. 업무집행지시자 등의 책임

집행임원에게 업무집행을 지시한 업무집행지시자 등도 그 지시하거나 집행한 업무에 관하여 집행임원과 동일한 책임을 진다(408의9, 401의2).

3. 책임의 감면

집행임원의 책임은 주주 전원의 동의로 면제할 수 있고(408의9, 400①), 정관으로 정하는 바에 따라 그 책임을 감경할 수 있다(408의9, 400②본문). 다만, 집행임원이 고의 또는 중대한 과실로 손해를 발생시킨 경우와 경업금지의무 및 자기거래 제한에 위반한 경우에는 집행임원의 책임을 감경할 수 없다(408의9, 400②단서).

4. 대표소송·유지청구권

집행임원의 책임 추궁을 위하여 소수주주에게 대표소송제기권(403)이 인정되며, 유지청구권(402)이 인정된다(408의9).

VII. 理事會·監事의 監督權

(1) 이사회는 집행임원의 업무집행을 감독할 권한을 갖는다(408의2③ii). 이사회는 집행임원이 여러 명인 경우 집행임원의 직무 분담 및 지휘·명령관계, 그 밖에 집행임원의 상호관계에 관한 사항의 결정권을 갖는다(408의2③v). 이사는 집행임원의 업무집행에 관하여 회사에 현저하게 손해를 미칠 염려가 있는 사실을 발견한 때에는 즉시 감사(또는 감사위원회)에게 이를 보고하여야 한다(408의9, 412의2).

(2) 감사는 집행임원의 직무집행을 감사한다(408의9, 412①). 감사는 언제든지 집행임원에 대하여 영업에 관한 보고를 요구하거나 회사의 업무와 재산상태를 조사할 수 있다(408의9, 412①).

제5관 監査機關

I. 株式會社의 監査制度

1. 株式會社의 特性

주식회사는 다른 종류의 회사에 비하여 엄격한 감사제도를 가지고 있다. 왜냐하면 소유와 경영이 분리된 주식회사에서는 그 경영 기능의 고도화·전문화로 인하여 사실상 소유의 통제를 벗어난 경영으로부터 株主의 이익을 보호할 필요가 크고, 주주의 유한책임으로 인해 회사재산만이 채권자의 유일한 담보가 되므로 채권자의 이익을 보호할 필요성 또한 매우 크므로, 엄격한 감사제도가 요구되는 것이다. 그러므로 주식회사는 사원이 직접 경영을 하고, 회사재산 이외에 개인의 재산으로 무한책임을 지는 인적회사나 인적회사적 요소를 함께 가지고 있는 유한회사와 다르다. 더구나 오늘날 대규모 주식회사는 주주나 채권자뿐만 아니고 소비자, 종업원 및 사회에 끼치는 영향이 크므로 감사기관의 감사기능이 크게 요청된다.

2. 監査機關

상법은 주식회사의 감사기관으로는 감사를 본래의 직무권한으로 하는 감사와 감사위원회, 임시적 감사기관인 검사인을 규정하고 있고, 주식회사 등의 외부감사에 관한 법률(1980.12.31 법률 제3297호)에 의한 외부감사인이 있다. 그러나 이 밖에도 이사의 직무집행을 감독하는 이사회(393②), 이사의 선임·해임, 재무제표의 승인 등을 통하여 간접적인 업무감사 기능을 하는 주주총회, 재무제표열람(448), 회계장부열람권(466), 회사의 업무와 재산상태검사권(467) 등으로 감사 작용을 하는 주주 등이 내용은 차이가 있으나 감사기능을 수행하고 있다.

II. 監　　事

1. 意　　義

(1) 감사는 회사의 監査를 임무로 하는 주식회사의 필요적·상설적 기관이다. 감사는 필요적 기관이라는 점에서 임의적 기관인 유한회사의 감사와 다르고, 상설기관이라는 점에서 임시적 감사기관인 검사인과 다르다. 또 감사가 여러 명인 경우에도 개별적으로 독립하여 그 권한을 행사하는 점에서 이사회라는 회의체의 구성원으로서 권한을 행사하는 이사와 다르다. 자본금의 총액이 10억원 미만인 회사의 경우에는 감사를 선임하지 아니할 수 있다(409④).

(2) 감사와 회사와는 위임관계이며 감사는 회사에 대하여 그 직무권한의 행사에 있어서 선관자의 주의의무를 가진다(415, 382②, 민법 681). 그러나 이사와는 달리 경업피지의무나 자기거래의 제한 같은 것은 없다.

2. 選任과 終任

(1) 選任機關과 選任方法

1) 감사는 주주총회에서 보통결의로 선임한다(409①). 감사선임의 결의에 있어서는 무의결권주를 제외한 발행주식총수의 100분의 3을 초과하는 수의 주식을 가진 주주는, 그 초과하는 주식에 대하여는 의결권을 행사하지 못한다(409①). 이것은 감사지위의 독립성과 중립성을 확보하기 위하여 감사 선임에 있어서의 대주주의 영향력을 견제하려는 것이다. 그리고 회사는 정관으로 이 100분의 3보다 낮은 비율을 정할 수 있으나(409③) 높은 비율을 정할 수는 없다.

2) 상장회사의 경우에는, 의결권 있는 발행주식총수의 100분의 3을 초과하여 소유하는 경우 그 초과하는 주식에 관하여 의결권을 행사하지 못하도록 규정하고 있으나, 이 경우의 100분의 3은 최대주주와 그 특수관계인 등이 소유하는 주식을 합산하여 계산하고 있다(542의12③).

(2) 被選資格

1) 감사의 자격에는 제한이 없으나, 회사 및 자회사의 이사 또는 지배인 기타의 사용인의 직무를 겸하지 못한다(411). 그러나 모회사의 감사가 자회사의 감사를 겸

하는 것은 금지되지 않으며, 모회사의 이사나 사용인이 자회사의 감사의 직무를 겸하는 것은 허용이 된다. 감사는 직무의 성질상 자연인에 한한다고 본다.

2) 대통령령으로 정하는 상장회사는, 감사위원회를 설치한 경우가 아니면, 1人 이상의 상근감사를 두어야 하는데(542의10①), 이 경우 그 상근감사의 자격에는 제한이 있다(542의10②).

(3) 감사의 數와 任期

감사의 수에 관하여는 규정이 없으므로 1인도 좋고 그 이상도 무방하다. 감사의 임기는 취임 후 3년 내의 최종의 결산기에 관한 정기총회의 종결시까지이다(410). 이것은 정관으로 변경하지 못한다.

(4) 감사의 職務執行停止와 職務代行者의 선임

감사선임결의의 무효나 취소의 소 또는 감사해임의 소(415, 385②)가 제기된 경우에는 법원은 당사자의 신청에 의하여 가처분으로써 감사의 직무집행을 정지할 수 있고 또는 직무대행자를 선임할 수 있다. 또 급박한 사정이 있는 경우에는 본안소송의 제기 전에도 그 처분을 할 수 있다. 법원은 당사자의 신청에 의하여 위의 가처분을 변경 또는 취소할 수 있다(415, 407①②). 이상의 처분이 있는 때에는 본점과 지점의 소재지에서 그 登記를 하여야 한다(415, 407③).

(5) 終　　任

1) 종임사유　　감사는 회사에 대한 위임관계의 종료사유로 인하여 종임이 되며(민법 690, 689), 주주총회의 특별결의에 의한 해임(415, 386), 주주총회가 해임을 부결한 때 소수주주에 의한 해임청구의 소(415, 385②) 등은 이사의 종임의 경우와 같다. 그러나 이사의 경우와는 달리 회사의 해산은 감사의 종임사유가 되지 아니한다.

2) 해임에 관한 의견진술권　　감사는 주주총회에서 감사의 해임에 관하여 의견을 진술할 수 있다(409의2). 부당한 해임에 대비하고 지위의 안전을 위한 조치이다. 2인 이상의 감사 중 1인의 감사를 해임 결의할 때는 해임대상자 아닌 다른 감사도 의견을 진술할 수 있다.

3) 감사결원　　법률 또는 정관소정의 원수를 결한 때에는 임기만료 또는 사임으로 인하여 퇴임한 감사는 새로 선임된 감사가 취임할 때까지 감사의 권리의무가 있다(415, 386①). 이 경우에 필요하다고 인정할 때에는 법원은 이사, 감사 기타 이해관계인의 청구에 의하여 일시 감사의 직무를 행할 자(임시감사)를 선임할 수도 있다

(415, 386②).

(6) 登　記

감사의 선임 또는 종임은 이를 등기하여야 한다(317②viii). 또한 임시감사 및 직무대행자 선임이 있는 때에도 그 등기를 하여야 한다(415, 386②, 407③).

3. 監事의 職務·權限

(1) 監事의 權限

1) 業務·會計監査權　　(가) 감사는 이사의 직무집행을 감사한다(412①). 여기서 직무집행의 감사는 회계감사를 포함하여 업무전반에 미치며, 이사의 직무에 속하는 모든 사항을 감사의 대상으로 함을 뜻한다. 이 경우에 감사는 회사의 비용으로 전문가의 도움을 구할 수 있다(412③).

(나) 업무감사는 원칙적으로 이사의 재량적 경영판단에 개입 또는 간섭하려는 것은 아니므로, 適法性의 감사가 주가 되며, 妥當性의 감사는 상법에 규정된 경우에 한한다고 본다(多數說). 이에 대하여는 감사의 업무감사의 범위는 일반적으로 타당성 감사에 미친다는 少數說이 있다. 상법상 타당성 감사가 규정된 경우로는, 총회에 제출할 의안·서류에 현저하게 부당한 사항이 있는지 총회에 그 의견을 진술하도록 한 규정(413), 감사보고서에 대차대조표 또는 손익계산서의 작성에 관한 회계방침의 변경이 타당한지의 여부와 그 이유(447의4②v) 및 이익잉여금처분계산서 또는 결손금처리계산서가 회사재산의 상태 기타의 사정에 비추어 현저하게 부당한 경우에는 그 뜻(447의4②viii)을 기재하도록 한 규정 등이 있다.

2) 營業報告要求權·業務財産調査權　　감사는 언제든지 이사에 대하여 영업에 관한 보고를 요구하거나 회사의 업무와 재산상태를 조사할 수 있다(412②). 서면 또는 구두로 할 수 있다. 이 보고요구권에는 그 관련 자료제공의 요구권이 포함된다. 한편 이사는 회사에 현저하게 손해를 미칠 염려가 있는 사실을 발견한 때에는, 감사의 요구가 없어도, 즉시 감사에게 이를 보고하여야 한다(412의2).

3) 子會社의 調査權　　모회사의 감사는 그 직무를 수행하기 위하여 필요한 때에는 子회사에 대하여 영업의 보고를 요구할 수 있다(412의4①). 여기서 모회사 개념은 제342조의 2 제1항의 정한 바에 의한다. 모회사의 감사는 위의 경우에 자회사가 지체 없이 보고를 하지 아니할 때 또는 그 보고의 내용을 확인할 필요가 있는 때에는 자회사의 업무와 재산상태를 조사할 수 있다(412의4②). 자회사는 정당한 사유가 없는 한 위의 보고 또는 조사를 거부하지 못한다(412의4③).

4) 理事會召集請求權 감사는 필요하면 회의의 목적사항과 소집이유를 서면에 적어 이사(소집권자가 있는 경우에는 소집권자)에게 제출하여 이사회 소집을 청구할 수 있다(412의4①). 이 청구를 하였는데도 이사가 지체 없이 이사회를 소집하지 아니하면 그 청구한 감사가 이사회를 소집할 수 있다(412의4②).

5) 理事會出席·意見陳述權 감사는 이사회에 출석하여 의견을 진술할 수 있으며(391의2), 그에 관련하여 이사회의 소집통지는 감사에게도 발송되어야 한다(390②).

6) 理事會議事錄의 記名捺印(서명)權 이사회에 출석한 감사는 의사록에 기명날인 또는 서명하여야 한다(391의3②). 의사록의 정확성과 신뢰성을 위한 것이다.

7) 理事와 會社間의 訴에 관한 會社代表權 회사가 이사에 대하여 또는 이사가 회사에 대하여 訴를 제기하는 경우에는 감사가 그 소에 관하여 회사를 대표한다(394①). 또 소수주주의 청구에 의하여 이사의 책임을 추궁하는 소를 제기하는 경우에도 감사가 회사를 대표한다(394① 2문). 자본금총액이 10억원 미만의 회사로 감사를 선임하지 아니한 회사의 경우에는 회사, 이사 또는 이해관계인은 법원에 회사를 대표할 자를 선임하여 줄 것을 신청하여야 한다(409⑤).

8) 理事의 違法行爲留止請求權 이사가 법령 또는 정관에 위반한 행위를 하여 그로 인하여 회사에 회복할 수 없는 손해가 생길 염려가 있는 경우에는 소수주주와 더불어 감사도 회사를 위하여 당해 이사에 대하여 그 행위를 유지할 것을 청구할 수 있다(402).

9) 株主總會召集請求權 감사는 회의의 목적사항과 소집이유를 기재한 서면을 이사회에 제출하여 임시주주총회의 소집을 청구할 수 있다(412의3①). 이 청구가 있은 후 이사회가 지체 없이 총회소집의 절차를 밟지 아니한 때에는 청구한 주주는 법원의 허가를 얻어 총회를 소집할 수 있다(412의3②, 366②). 감사의 직무수행과 관련하여 꼭 필요한 때만 총회를 소집할 수 있다고 본다.

10) 各種의 訴權 감사는 회사설립무효의 소(328)·주주총회결의취소의 소(376)·신주발행무효의 소(429)·감자무효의 소(445)·회사합병무효의 소(529)·회사분할합병무효의 소(530의11①, 529①)·주식교환무효의 소(360의14) 및 주식이전무효의 소(360의23) 등을 제기할 수 있다.

(2) 監事의 義務

1) 理事의 違法行爲의 報告義務 감사는 이사가 법령 또는 정관에 위반한 행위를 하거나 그 행위를 할 염려가 있다고 인정한 때에는 이사회에 이를 보고하여야

한다(391의2②).

2) 總會에 제출할 議案·書類의 조사보고의무   감사는 이사가 주주총회에 제출할 의안 및 서류를 조사하여 법령 또는 정관에 위반하거나 현저하게 부당한 사항이 있는지의 여부에 관하여 주주총회에 그 의견을 진술하여야 한다(413). 즉 주주총회에 제출할 모든 의안과 서류가 조사·보고의 대상이 되는 것이다.

3) 監査錄의 作成義務   감사는 감사에 관하여 감사록을 작성하여야 하며, 감사록에는 감사의 실시요령과 그 결과를 기재하고, 감사를 실시한 감사가 기명날인 또는 서명하여야 한다(413의2①②).

4) 監査報告書의 提出義務   감사는 매결산기에 이사로부터 제출받은 재무제표와 영업보고서를 감사하여 일정기간 내에 이사에게 감사보고서를 제출하여야 한다(447의4).

5) 秘密維持義務   감사는 재임중뿐만 아니라 퇴임 후에도 직무상 알게 된 회사의 영업상 비밀을 누설하여서는 아니 된다(415, 382의4).

4. 監事의 責任

(1) 회사에 대한 책임

감사가 그 임무를 해태한 때에는 회사에 대하여 연대하여 손해배상의 책임을 진다(414①). 이 책임의 면제에는 이사의 책임면제의 경우와 같이 총주주의 동의가 있어야 한다(415, 400). 소수주주는 대표소송에 의하여 책임을 추궁할 수 있다(415, 403).

(2) 제3자에 대한 책임

감사가 악의 또는 중대한 과실로 인하여 그 임무를 해태한 때에는 제3자에 대하여 연대하여 손해배상의 책임을 진다(414②).

(3) 감사·이사의 연대책임

감사가 회사 또는 제3자에 대하여 손해배상책임을 지는 경우에 이사도 그 책임이 있는 때에는 그 감사와 이사의 책임은 연대책임이 된다(414②③).

III. 監査委員會

1. 意　義

감사위원회는 정관이 정한 바에 따라 감사에 갈음하여 설치하는 이사회내의 위원회(393의2)로서 주식회사의 감사를 고유의 직무권한으로 하는 합의체의 의결기관이다. 감사위원회를 설치한 경우에는 감사를 둘 수 없다(415의2①). 이 제도는 미국 회사법의 감사위원회(audit committee)의 제도를 참고로 하여 입법한 것이지만, 우리의 기업풍토에서 이사회내의 위원회인 감사위원회가 모태인 이사회의 견제역할을 제대로 할 수 있을지 의문이다.

2. 감사위원회의 設置와 廢止

감사위원회의 설치는 이사회 내의 위원회의 설치에 관한 규정에 따른다(415의2①, 393의2). 그러므로 정관에 규정이 있어야 하며, 설치는 이사회의 통상의 결의(391①)로 한다. 감사위원회의 폐지에 관하여는 상법에 규정이 없으나 동일한 절차에 따르는 것으로 본다. 자산 규모 등을 고려하여 대통령령으로 정하는 상장회사는 감사위원회를 설치하여야 한다(542의11①).

3. 감사위원회의 構成 및 委員

(1) 構成 및 委員의 資格

감사위원회는 3인 이상의 이사로써 구성하며, 사외이사가 위원의 3분의 2 이상이어야 한다(415의2②). 감사위원회를 의무적으로 설치하여야 하는 상장회사의 경우에는 위의 요건 외에, 위원 중 1명 이상은 대통령령으로 정하는 회계 또는 재무 전문가이어야 하고, 감사위원회의 대표는 사외이사일 것을 요한다(542의11②).

(2) 選任과 解任

1) 감사위원회는 3인 이상의 이사로 구성되므로(415의2②) 이사회가 이사회의 통상의 결의에 따라서 이사 중에서 특정 이사를 감사위원회위원으로 선임한다(393의2②ⅲ). 감사위원회위원의 해임에 관한 이사회의 결의는 이사 총수의 3분의 2 이상의 결의가 있어야 한다(415의2③). 감사위원회위원이 해임되더라도 이사의 지위에는 영향이 없다.

2) 감사위원회를 의무적으로 설치하여야 하는 상장회사(542의11①)의 경우에는 감사위원회위원의 선임 및 해임권은 주주총회에 있고, 주주총회에서 이사를 선임한 후 선임된 이사 중에서 감사위원회위원을 선임하여야 한다(542의12①②).

(3) 任　　期

감사위원회위원의 임기는 정관에서나 이사회가 정할 수 있으나 이사의 임기를 넘어서 정할 수는 없다. 아무런 정함도 없는 경우에는 선임된 시점에 임기가 개시되고 당해 이사가 이사의 지위를 떠남과 동시에 위원의 임기도 종료된다. 해임된 때에는 이사의 임기 전에 감사위원회위원의 임기가 종료된다.

4. 監査委員會의 權限 및 義務

(1) 權限·義務

감사위원회의 직무권한 및 의무는 監事의 그것과 같다(415의2⑦, 412①). 즉 감사의 이사의 직무집행감사권(412), 임시총회의 소집청구권(412의3), 자회사의 조사권(412의4), 이사위법행위의 유지청구권(402), 이사의 보고를 받을 권리(412의2) 등과, 감사의 이사의 위법행위 등에 관한 보고의무(391의2②), 주주총회에 제출할 의안 및 서류의 조사·보고의무(413), 감사록의 작성의무(413의2), 감사보고서제출의무(447의4) 및 이사의 재무제표의 제출(447의3), 자격주의 공탁(387) 등에 관한 규정들이 감사위원회에 모두 준용된다(415의2⑥).

(2) 訴의 代表

감사위원회는 회사가 이사에 대하여 또는 이사가 회사에 대하여 訴를 제기하는 경우에 그 소에 관하여 회사를 대표한다(394①, 415의2⑥). 감사위원회의 위원이 소의 당사자인 경우에는 감사위원회 또는 이사는 법원에 회사를 대표할 자를 선임하여 줄 것을 신청하여야 한다(394②).

5. 監査委員會의 運營

(1) 감사위원회는 회의체이므로 감사업무는 감사위원회에서 결의하고 그 집행은 대표자가 하게 된다. 감사위원회는 그 결의로 위원회를 대표할 자를 선정하여야 하며, 이 경우 수인의 위원이 공동으로 위원회를 대표할 것을 정할 수 있다(415의2④).

(2) 감사위원회는 이사회내의 한 위원회이므로, 위원회의 소집과 결의방법, 의사록의 작성 및 출석한 위원이 기명날인 또는 서명, 회의의 연기 및 속행 등은 모두 이사회의 그것과 동일하다(393의2⑤, 390, 391, 391의3, 392).

(3) 감사위원회는 회사의 비용으로 전문가의 조력을 구할 수 있다(415의2⑤).

6. 監査委員會委員의 責任

감사위원회위원의 책임에 관하여는 감사의 책임에 관한 제414조의 규정이 준용된다(415의2⑦). 회사에 대한 책임을 면제하기 위해서는 주주전원의 동의가 있어야 한다(415의2⑦, 400). 정기총회에서 재무제표 등의 승인 후 2년 내에 다른 결의가 없으면 그 책임을 해제한 것으로 본다(415의2⑦, 450). 감사위원회위원의 책임의 추궁을 위하여 소수주주에 의한 대표소송이 인정되어 있다(415의2⑥, 403~406).

IV. 外部監査 · 監査人

1. 外部監査의 趣旨 및 對象

(1) 주식회사 등의 외부감사에 관한 법률(외감법)에 의하면 일정 규모의 대회사는 감사(감사위원회)에 의한 회사내부의 감사 외에 독립한 외부의 감사인에 의한 감사를 받도록 하고 있다(외감법 2). 이와 같은 감사를 외부감사라 하고, 외부감사를 담당하는 회계전문가를 감사인(외부감사인 · 회계감사인)이라 한다.

(2) 외부감사의 대상은 직전 사업연도말의 자산총액이 대통령령이 정하는 기준액(500억원) 이상인 주식회사 등이 포함된다(외감법 2, 동 시행령 2①).

2. 監査人의 選任 및 解任

(1) 외부감사인의 자격은 會計法人과 監査班으로 제한된다(외감법 3①).

(2) 외감법의 적용대상인 회사는 매 사업연도 개시일부터 4월 이내에 감사인을 선임하여야 하며(외감법 4①②), 선임한 후 최초로 소집되는 정기주주총회에 그 사실을 보고하여야 한다(외감법 4③). 주권상장법인은 연속하는 매 3개 사업연도의 감사인으로 같은 감사인을 선임하여야 한다(외감법 4의2①). 소정의 기간 내에 감사인을 선임하지 아니하는 등 소정의 사유에 해당하는 회사에 대하여는 증권선물위원회가 지명하는 자를 감사인으로 변경선임하거나 선정할 것을 요구할 수 있다(외감법 4의3①).

(3) 주권상장법인은 감사인이 직무상 의무를 위반하는 등 대통령령이 정하는 사유에 해당하는 경우에는 연속하는 3개 사업연도 중이라도 매 사업연도 종료 후 3月 이내에 감사인선임위원회의 승인을 얻어 감사인을 해임할 수 있다(4의2②).

3. 監査人의 權限

(1) 회사는 그 사업연도의 재무제표(연결재무제표 또는 결합재무제표)를 작성하여 감사인에게 제출하여야 하며(외감법 7), 감사인은 일반적으로 공정 · 타당하다고 인정되는 회계감사기준에 따라 감사를 실시하여야 한다(외감법 5①).

(2) 감사인은 언제든지 회사(관계회사와 계열회사)의 회계에 관한 장부와 서류를 열람 또는 등사할 수 있고(회계장부 등 열람 · 등사권) 회계에 관한 자료의 제출을 요

구할 수 있으며(자료제출요구권), 그 직무의 수행을 위하여 특히 필요한 때에는 업무와 재산상태를 조사할 수 있다(업무·재산상태조사권)(외감법 6①).

(3) 감사인은 그 직무의 수행을 위하여 필요한 때에는 회사·관계회사 또는 계열회사의 감사인에 대하여 감사관련자료의 제출 등 필요한 협조를 요청할 수 있다(외감법 6②).

4. 監査人의 義務

감사인은 감사보고서의 제출의무(외감법 8①), 비밀엄수 의무(외감법 9조), 부정행위 등의 보고의무(외감법 10①②), 주주총회에의 출석 및 답변의무(외감법 11) 등의 의무를 부담한다.

5. 監査人의 責任

(1) 會社에 대한 책임

감사인이 그 임무를 게을리 하여 회사에 대하여 손해를 발생하게 한 때에는 그 손해를 배상할 책임이 있으며, 이 경우 감사반인 감사인의 경우에는 당해 회사에 대한 감사에 참여한 공인회계사가 연대하여 손해를 배상할 책임을 진다(외감법 17①).

(2) 第3者에 대한 책임

감사인이 중요한 사항에 관하여 감사보고서에 기재하지 아니하거나 허위의 기재를 함으로써 이를 믿고 이용한 제3자에게 손해를 발생하게 한 경우에는, 그 감사인은 제3자에 대하여 그 손해를 배상할 책임이 있다(외감법 17②). 이 경우 감사반인 감사인의 경우에는 감사에 참여한 공인회계사가 연대하여 손해를 배상할 책임을 진다(외감법 17②).

(3) 理事·監事의 연대책임

감사인이 회사 또는 제3자에 대하여 손해를 배상할 책임이 있는 경우에 이사 또는 감사도 그 책임이 있는 때에는 그 감사인과 이사 및 감사는 연대하여 손해를 배상할 책임이 있다(외감법 17④).

(4) 責任의 消滅

감사인 또는 이사·감사의 손해배상책임은 그 청구권자가 당해 사실을 안 날로부터 1년 이내 또는 감사보고서를 제출한 날로부터 3년 이내에 청구권을 행사하지 아니한 때에는 소멸한다. 다만, 감사인의 선임계약에서 그 기간을 연장할 수 있다(외감법 17⑦).

V. 檢 査 人

1. 意義 및 地位

(1) 검사인은 회사의 설립절차 또는 회사업무와 재산상태의 조사를 임무로 하는 주식회사의 임시적 감사기관이다. 감사기관인 점에서 감사와 비슷하지만 일시적으로 선임되는 데 불과하며, 직무권한의 범위도 개별사항에 그친다.

(2) 회사와 검사인과의 관계는 총회선임의 경우는 위임관계이므로 검사인은 수임자로서 선량한 관리자의 주의의무가 있다. 법원선임의 경우에는 위임계약관계는 없으나 그 관계가 유사하므로 위임에 관한 규정을 유추적용해도 무방할 것이다.

2. 資格・員數・任期

자격에는 제한이 없으나, 직무의 성질상 이사・감사 또는 지배인 등의 使用人은 검사인이 될 수 없다. 임기는 보통 그 직무의 종료로써 종임이 된다. 원수에도 제한이 없으며, 수인이 선임된 경우에는 각자 단독으로 그 직무권한을 행하게 된다. 검사인의 자격도 감사에 준하여 자연인에 한한다고 본다.

3. 選任機關과 職務權限

검사인은 법원이 선임하는 경우와 주주총회에서 선임하는 경우가 있으며, 검사인의 직무권한은 선임되는 경우에 따라 다르다.

(1) 法院이 選任하는 경우

① 발기설립의 경우 제290조의 변태설립사항의 조사(298④), ② 모집설립의 경우 변태설립사항(290)의 조사(310①), ③ 주식의 액면미달발행의 경우 회사재산상태 기타 필요한 사항의 조사(417), ④ 신주발행의 경우의 현물출자사항의 조사(422), ⑤ 소수주주의 청구에 의한 회사의 업무 및 재산상태의 조사(467) 등을 위하여 법원이 선임한다.

(2) 株主總會가 선임하는 경우

① 소수주주에 의하여 소집된 임시주주총회에서의 회사 업무 및 재산상태의 조사

(366③), ② 이사가 제출한 서류와 감사의 보고서의 조사(367), ③ 청산인이 제출한 서류와 감사의 보고서의 조사(542②, 367) 등을 위하여 주주총회(창립총회)가 선임한다.

4. 報 酬

법원이 검사인을 선임한 경우에는 회사로 하여금 이에 보수를 지급하게 할 수 있다. 이 경우 그 보수액은 이사와 감사의 의견을 들어 법원이 정한다(비송사건절차법 77).

5. 責任·罰則

(1) 총회에 의하여 선임된 검사인은 회사에 대하여 위임관계에 있으므로 그 직무를 수행함에 있어 선량한 관리자의 주의를 다하지 못한 경우에 손해배상책임이 있다(민법 681, 390).

(2) 법원에 의하여 선임된 검사인이 악의 또는 중대한 과실로 인하여 그 임무를 해태함으로써 회사 또는 제3자에 손해를 생기게 한 때에는 이를 배상할 책임이 있다(325).

(3) 검사인은 이 밖에 민법원칙에 따라 회사 또는 제3자에 대하여 불법행위에 따른 책임을 지는 수가 있다.

(4) 일정한 경우에 형벌(625, 630) 또는 과태료(635)의 제재를 받는 수도 있다.

6. 終 任

검사인은 임기가 없고 직무의 종료로써 종임이 된다. 그러나 그 전에라도 선임기관인 법원 또는 총회가 해임할 수 있다. 그리고 회사와 위임관계에 있는 총회가 선임한 검사인은 위임의 종료사유(민법 689, 690)로서 종임이 된다.

VI. 遵法支援人

1. 意 義

준법지원인은 상장회사에서 준법통제기준의 준수에 관한 업무를 담당하는 사람이다(542의13②). 자산 규모 등을 고려하여 대통령령으로 정하는 상장회사는 법령을 준수하고 회사경영을 적정하게 하기 위하여 임직원이 그 직무를 수행할 때 따라야 할 준법통제에 관한 기준 및 절차(준법통제기준)를 마련하여야 하고(542의13①), 준법지원인을 1명 이상 두어야 한다(542의13②).

2. 選任·資格·任期

준법지원인을 임면하려면 이사회의 결의를 거쳐야 한다(542의13④). 준법지원인은 변호사 자격을 가진 사람, 고등교육법 제2조에 따른 학교에서 법률학을 가르치는 조교수 이상의 직에 5년 이상 근무한 사람, 그 밖에 법률적 지식과 경험이 풍부한 사람으로서 대통령령으로 정하는 사람 중에서 임명하여야한다(542의13⑤). 준법지원인의 임기는 3년으로 하고 상근으로 한다(542의13⑥). 다만, 다른 법률의 규정이 준법지원인의 임기를 상법이 규정한 3년보다 단기로 정하고 있는 경우에는 상법의 규정을 다른 법률에 우선하여 적용한다(542의13⑪).

3. 職　　務

(1) 직무내용

준법지원인의 직무는 준법통제기준의 준수여부를 점검하고, 그 결과를 이사회에 보고하여야 한다(542의13③).

(2) 선관의무

준법지원인은 선량한 관리자의 주의로 그 직무를 수행하여야 하며(542의13⑦), 재임 중뿐만 아니라 퇴임 후에도 직무상 알게 된 회사의 영업상 비밀을 누설하여서는 아니 된다(542의13⑧).

(3) 회사의 협력의무

해당 상장회사는 준법지원인이 그 직무를 독립적으로 수행할 수 있도록 하여야 하고, 그 상장회사의 임직원은 준법지원인이 그 직무를 수행할 때 자료나 정보의 제출을 요구하는 경우 이에 성실하게 응하여야 한다(542의13⑨).

4. 身分保障

상장회사는 준법지원인이었던 사람에 대하여 그 직무수행과 관련된 사유로 부당한 인사상의 불이익을 주어서는 아니 된다(542의13⑩).

5. 적용법령

준법지원인에 관하여 다른 법률에 특별한 규정이 있는 경우를 제외하고는 상법에서 정하는 바에 따른다(542의13⑪). 그 밖의 준법통제기준 및 준법지원인에 관하여 필요한 사항은 대통령령으로 정한다(542의13⑫).

제5절 新株의 發行

제1관 總 說

I. 會社의 資金調達

주식회사의 설립시에는 주식을 발행하여 형성된 재산으로 사업이 시작되지만, 설립 후에는 내부자금(준비금 등)을 이용하거나 외부자금을 조달하여 자금수요에 대처하게 된다. 외부자금의 조달방법으로 은행 등 금융기관으로부터 차입하는 방법이 널리 이용되고 있으나, 상법은 직접 자본시장으로부터 자금을 조달하는 방법으로 주식과 사채의 발행을 규정하고 있다. 新株의 발행과 社債發行은 널리 대중으로부터 대규모의 자금을 조달할 수 있는 방법으로 대기업에서 주로 쓰이며, 그 중 어떤 방법을 선택할 것인가는 사채와 주식의 성질상의 차이와 제반사정을 고려하여 결정하게 된다. 商法은 자금공급자들의 보호 및 그들 간의 이해관계를 조정할 필요와 유가증권을 발행하는 주식과 사채의 유통 및 권리실현 등에 관하여 규정을 두고 있다.

II. 新株發行의 分類

신주발행은 주식을 새로 발행하여 발행주식총수가 증가하는 모든 경우를 총칭하는 말이다. 상법은 자금조달을 목적으로 하는 通常의 신주발행과 자금조달의 목적이 아니고 그 밖의 이유(예컨대 준비금의 자본금전입, 주식배당 등)로 신주를 발행하는 特殊한 신주발행이 있다. 통상의 신주발행이 자본과 재산의 증가를 수반함에 반하여, 특수한 신주발행의 경우에는 반드시 그런 것은 아니다.

제2관 通常의 新株發行

I. 意 義

신주발행은 회사성립 후에 자금조달의 목적으로 발행예정주식총수(289①iii)의 범위 내에서 미발행주식을 발행하는 것을 말한다. 이때 액면주식의 경우, 발행한 신주의 액면가의 합계만큼 자본금이 증가하고 신주의 대가가 납입되므로 회사재산이 증가한다. 무액면주식의 경우에도 재산은 증가하나 재산증가가 자본금 증가와 반드시 일치하지는 않는다(451②). 신주발행은, 설립시의 주식발행과는 달리, 이사회가 결정한 발행주식수의 전부에 대한 인수·납입이 없어도 인수·납입이 된 것만으로써 신주발행의 효력이 생기며(423①), 따라서 실권절차(307)도 없다. 또한 기존 주주의 이익을 침해하지 않도록 하는 배려가 필요하므로 주주의 신주인수권(418, 419)이나 주식의 불공정발행에 대한 주주의 유지청구권(424) 등을 규정하고 있다.

II. 新株發行事項의 決定

1. 決定機關

통상의 신주발행을 하는 경우에 발행사항은 원칙적으로 이사회가 결정한다(416본문). 다만 정관으로 주주총회에서 결정하기로 정할 수 있다(416단서). 이사회의 발행사항의 결정은 대표이사나 기타 다른 자에게 위임하지 못한다(통설). 그리고 신주발행사항이 정관에 규정되어 있는 경우에는 이사회는 이에 따라야 한다. 이사회가 없는 이사가 1인인 소규모회사의 경우에는 주주총회가 신주발행사항을 결정한다(383④).

2. 決定할 新株發行事項

1) 신주의 종류와 수(416 i)　　신주의 종류와 수는 정관에 규정된 범위 내이어야 한다.

2) 신주의 발행가액과 납입기일(416 ii)　　액면주식의 경우 발행가액은 액면 이상이어야 하며, 액면미달발행에는 엄격한 요건이 있다(417). 또 발행가액은 기존 주주의 이익을 해하지 않도록 공정하여야 하며, 불공정한 발행가액을 정한 때에는 제재가 있다(424, 399, 424의2).

3) 무액면주식의 경우에는 신주의 발행가액 중 자본금으로 계상하는 금액(416 ii의 ii)

4) 신주의 인수방법(416iii)　　주식의 청약단위·단주 또는 실권주의 처리방법·주식납입금을 취급할 금융기관 등을 정하며, 이 밖에 공모의 여부 및 그 절차와 정관에 규정이 있는 경우 제3자에게 인수권을 주는 방법 등을 정한다.

5) 현물출자에 관한 사항(416iv)　　출자자의 성명과 그 목적인 재산의 종류·수량·가액과 이에 대하여 부여할 주식의 종류와 수를 결정한다. 현물출자는 검사인의 조사를 받아야 한다(422).

6) 주주가 가지는 신주인수권을 양도할 수 있는 것에 관한 사항(416 v)   이사회가 이 결정을 하지 아니한 때에는 신주인수권은 양도하지 못하는지 여부에 관해서 학설이 대립한다.

7) 주주의 청구가 있는 때에만 신주인수권증서를 발행한다는 것과 그 청구기간(416vi)

8) 신주배정일   이 배정일 현재의 주주명부상의 명의주주에게 신주인수권을 주는 것이며, 명의개서 등 절차에 대비할 기회를 주게 된다(418 참조).

III. 額面未達發行 및 時價發行

1. 額面未達發行(割引發行)

(1) 意　義

주식을 액면가에 미달하는 금액으로 발행하는 것을 말한다. 원래 주식회사에 있어서는 자본금충실의 원칙에 의하여 주식의 액면미달발행이 금지되어 있다(330). 그러나 이 원칙을 고수한다면 주식의 시가가 액면가에 미달할 때에는 액면으로는 주식을 인수하는 자가 없을 것이므로 회사가 경영상 필요한 자금을 조달하기 어렵게 된다. 그러므로 상법은 엄격한 요건 하에 액면미달발행을 허용하고 있다.

(2) 要　件

1) 회사성립일로부터 2년을 경과하여야 한다(417①).

2) 주주총회의 특별결의가 있어야 한다(417①). 할인발행을 할 때에는 기존 주주의 이익을 보호하기 위하여 주주총회의 특별결의를 요하게 한 것이다.

3) 法院의 인가를 얻어야 한다(417①).

4) 법원의 인가를 얻은 날로부터 1개월 내에 발행하여야 한다. 法院은 이 기간을 연장하여 인가할 수 있다(417④).

(3) 最低發行價額의 決定

주주총회가 액면미달발행의 결의를 할 때에는 주식의 최저발행가액도 정하여야 하며(417②), 법원은 회사의 현황과 제반사정을 참작하여 이 최저발행가액을 변경하여 인가할 수도 있다(417③). 발행가액을 이사회에서 결정하게 한다면 경우에 따라서는 지나치게 낮은 가액으로 발행하여 자본금충실을 해할 우려가 있으므로 최저발행가액에 대한 주주총회의 결의와 법원의 변경인가권을 인정한 것이다. 이 경우에 법원은 회사의 재산상태 기타 필요한 사항을 조사하게 하기 위하여 검사인을 선임할 수 있다(417③).

(4) 會社債權者의 보호조치(미달액의 償却·公示)

액면미달금액은 이를 주식발행 후 3년 내의 매결산기에 균등액 이상의 상각을 하여야 한다(455②). 또한 미상각액은 공시의 필요에서 신주발행으로 인한 변경등기에 登記하여야 하며(426), 또 신주발행의 경우의 주식청약서 및 신주인수권증서에도 이 상각액과 할인발행의 조건을 기재하여야 한다(420ⅳ, 420의2②ⅱ). 액면미달금액의 총액은 대차대조표 자산의 부에 계상할 수 있다(455①).

2. 時價發行

(1) 신주를 발행할 때 액면금액에 구애받지 않고 이미 발행한 주식의 현재 시가를 기준으로 발행가격을 결정하는 발행방법이다. 시가발행은 액면초과발행에 한하며, 시장가가 형성되어 있는 상장주식을 대상으로 하게 된다.

(2) 시가발행은 시가와 발행가의 괴리가 없어 주가가 안정되며, 액면을 초과하는 순재산이 유입되어 자기자본금의 충실을 기할 수 있고, 적은 주식 수로 같은 자금을 조달할 수 있으므로 그 후의 배당부담이 적게 되는 이점이 있다. 그러나 시가발행은 주가조작, 투자자의 부담 증대, 구주주의 기득권 침해 등의 우려도 있다.

(3) 상장법인의 시가발행은 금융감독원의 「유가증권의 발행 및 공시 등에 관한 규정(2000.12.19 제정)」에 의해 규율되고 있다(동 규정 57).

IV. 新株引受權

1. 意 義

(1) 신주인수권은 회사가 신주를 발행하는 경우에 다른 자보다 우선하여 신주를 인수할 수 있는 권리를 말한다. 이 권리는 인수할 주식의 가액이나 인수조건에 있어서 다른 자보다 유리한 취급을 받는 권리는 아니다.

(2) 주주에게 신주인수권을 인정하지 않는다면 주주로서는 보유주식의 비율(의결권의 비율)의 하락에 따른 지배권의 약화 및 통상 시가보다 낮은 가격으로 발행함에 따른 주가하락이라는 불이익을 입게 된다(418①). 그러나 주주의 신주인수권을 당연한 것으로 하면 자금조달의 기동성을 해치게 되어 신주발행의 목적을 달성하기 어렵게 된다. 그러므로 주주의 보호와 자금조달의 기동성 확보라는 두 가지 요청을

조화할 것이 요구되는데, 상법은 기존 주주의 신주인수권을 인정하면서 정관에 의하여 주주 이외의 제3자에게 신주인수권을 부여할 수 있도록 하고 있다(418).

(3) 상법 또는 정관에 의한 주주의 신주인수권 및 제3자의 신주인수권은 이른바 추상적 신주인수권이며, 이사회의 신주발행사항이 결의되고 신주배정이 구체적으로 확정된 때 구체적 신주인수권이 된다.

2. 株主의 新株引受權

(1) 意義·性質·對象

1) 주주는 그가 가진 주식 수에 따라 신주의 배정을 받을 권리가 있다(418①). 이 추상적 신주인수권은 주주권의 일부이므로 주식과 분리하여 양도 또는 처분하지 못한다.

2) 이 추상적 인수권을 기초로 이사회의 결의에 의하여 생기는 구체적 신주인수권은 양도할 수 있는 권리이고, 청약과 배정이라는 절차를 거쳐서 신주인수의 효과가 발생하므로 형성권이 아닌 채권적 권리이다(통설). 주주의 구체적 신주인수권은 주주총회 또는 이사회의 결의로써 변경하거나 박탈하지 못한다.

3) 주주의 신주인수권은 회사가 장래 발행할 모든 주식에 미친다. 그러나 신주를 받을 자가 미리 정해져 있는 특수한 신주발행의 경우에는 신주인수권이 문제되지 않는다.

(2) 株主의 新株引受權의 制限

1) **定款에 의한 제한**　　회사는 정관에 정하는 바에 따라 주주 이외의 자에게 신주를 배정할 수 있다(418②본문). 다만 신기술의 도입, 재무구조의 개선 등 회사의 경영상 목적을 달성하기 위하여 필요한 경우에 한한다(418②단서). 정관규정에 의하여 주주의 신주인수권을 완전히 박탈하는 것도 가능하지만(통설), 위의 목적달성을 위한 경우에 한하며 최소한에 그쳐야 한다고 본다.

2) **法律에 의한 제한**　　주권상장법인 또는 주식을 신규로 상장하고자 하는 법인이 모집 또는 매출하는 주식 총수의 100分의 20 범위 안에서 우리사주조합원에 대하여 우선배정하는 경우(자본시장법 165의7), 주권상장법인 또는 코스닥상장법인이 정관이 정하는 바에 따라 이사회의 결의로써 일반공모증자방식에 의하여 신주를 발행하는 경우(자본시장법 165의6) 등, 법률에 의하여 주주의 신주인수권이 제한 또는 박탈되는 경우가 있다.

(3) 新株引受權과 株主平等의 原則

주주는 원칙적으로 그가 가진 주식 수에 따라서 평등하게 신주의 배정을 받을 권리가 있다(418①). 이에 반하는 정관의 규정이나 총회 또는 이사회의 결의는 효력이 없다. 그러나 이에 대하여는 몇 가지 예외가 인정된다. 즉, ① 수종의 주식을 발행하는 때에는, 정관에 다른 정함이 없는 경우에도, 주식의 종류에 따라 신주의 인수로 인한 주식의 배정에 관하여 특수한 정함을 할 수 있고(344③), ② 자기주식이나 자회사가 가진 모회사주식에는 신주인수권이 없다고 본다(341, 342의2 참조). ③ 신주 1주에 달하지 못하는 단주가 생긴 경우에 관하여는, 이사회가 그 처분을 결정할 수 있다고 보는 견해가 있으나, 이를 공정한 방법으로 처분하여 그 대금을 단주의 신주인수권을 갖는 주주에게 분배하는 견해가 옳다고 본다.

3. 第3者의 新株引受權

(1) 意義 및 性質

주주 이외의 제3자가 신주를 우선하여 인수할 수 있는 권리이다. 일정한 요건 아래 주주 이외의 제3자에게도 신주인수권을 줄 수 있게 함으로써 자금조달의 통로를 다변화하여 자금조달의 편의 내지 기동성을 확보하려는 것이다. 제3자의 신주인수권은 정관에 정한 것만으로 당연히 인수권을 취득하는 것이 아니고 회사와의 구체적인 계약에 의하여 취득하게 되는 계약상의 권리이다(통설).

(2) 要 件

회사는 정관에 정하는 바에 따라 주주 외의 자에게 신주를 배정할 수 있다(418②본문). 이 경우에 제3자에게 신수인수권을 부여하는 요건은 신기술의 도입, 재무구조의 개선 등 회사의 경영상 목적을 달성하기 위하여 필요한 경우이며(418②단서), 정관의 제3자 배정의 내용이 이 요건을 충족해야 한다. 주주 외의 자에게 신주를 배정하는 경우 회사는 신주의 종류와 수, 발행가액과 납입기일, 인수방법, 무액면주식의 경우 자본금으로 계상하는 금액, 현물출자에 관한 사항(416ⅰ~ⅳ)을 그 납입기일의 2주 전까지 주주에게 통지하거나 공고하여야 한다(418④).

(3) 第3者의 範圍·特定

주주가 주주로서의 자격을 떠나서 추가로 신주인수권을 부여받는 경우도 제3자에 해당한다. 제3자에게 신주인수권을 주는 경우에는 정관에 「제3자」가 어느 정도 특정되어야 하며(418) 주식청약서에도 기재하여야 한다(420ⅴ).

4. 新株引受權의 讓渡

(1) 讓渡性

1) 주주의 구체적 신주인수권은 이론상 양도가 가능한 채권적 권리이다. 상법은 주주가 가지는 신주인수권 양도에 관한 사항을, ① 정관에서 정하거나, ② 정관에 정함이 없으면 理事會가 정하도록 하고, ③ 다만 정관으로 株主總會에서 정할 것을 규정한 경우에는 그에 따르도록 하고 있다(416ⅴ).

2) 상법이 신주인수권의 양도에 관한 사항을 정관 또는 이사회 등에서 정하도록 하여 회사의 결정에 맡긴 것은 회사의 사무처리상의 부담을 고려한 것이다. 신주인수권의 양도를 인정함으로써 주주는 신주인수권을 행사하지 않을 경우 잃게 될 증자 후의 주가와 신주발행가액과의 차액을 확보할 수 있는 기회를 갖게 된다.

(2) 讓渡의 要件

주주의 신주인수권 양도에 관한 사항은 정관 또는 이사회의 결의로 정한다(416ⅴ). 정관이나 이사회의 신주인수권의 양도에 관한 정함이 없는 경우의 신주인수권 양도에 관하여는, ① 양도할 수 있으며, 양도는 신주인수권증서가 없으므로 지명채권양도의 방법과 효력으로 양도할 수 있다고 하는 견해(소수설·대판 1995.5.23, 94다 36421)가 있으나, ② 이러한 경우에 주주가 임의로 양도할 수 있다고 하면, 제416조 제5호의 규정과 제420조의 3의 규정이 무의미한 것이 되므로, 이러한 양도는 회사에 대하여 효력이 없다고 본다(다수설).

(3) 讓渡의 方法

신주인수권의 양도는 신주인수권증서의 교부에 의하여서만 할 수 있다(420의3 ①). 그러므로 정관 또는 이사회의 결의로 주주의 신주인수권의 양도성을 인정하는 경우에는(416ⅴ) 주주의 청구가 있는 때에만 신주인수권증서를 발행한다는 것과 그 청구기간을 정하여야 한다(416ⅵ). 그리고 회사는 일정기간 내에 소정사항을 기재한 신주인수권증서를 발행하여야 한다(420, 420의2).

(4) 第3者의 新株引受權의 讓渡

주주 이외의 제3자의 신주인수권은 회사와의 특별한 관계가 전제가 된 것이므로 그 이외의 타인에게 양도하는 것은 인정되지 않는 것으로 본다. 이에 대하여는 제한 없이 양도할 수 있다고 하는 견해, 회사가 인정하는 경우에는 이를 양도할 수 있다고 하는 견해 등의 다른 견해가 있다.

5. 新株引受權證書

(1) 意 義

신주인수권증서는 주주의 신주인수권을 표상하는 유가증권이다. 신주인수권증서 점유자는 정당한 소지인으로 추정되고 인수권의 양도는 증서의 교부만으로 이루어지므로 무기명증권에 속한다.

(2) 發 行

1) 신주인수권증서는 정관의 규정 또는 이사회의 결의에 의하여 주주의 신주인수권의 양도를 인정한 경우에 한하여 발행한다.

2) 정관의 규정 또는 이사회의 결의로 주주의 청구가 있는 때에만 신주인수권증서를 발행한다는 것과 그 청구기간을 정한 경우에는 그 정함에 따르고, 그 정함이 없는 때에는 신주의 청약기일(419①)의 2주간 전에 발행하여야 한다(420의2①). 회사는 신주인수권증서를 발행하는 대신 정관으로 정하는 바에 따라 전자등록기관의 전자등록부에 신주인수권을 등록할 수 있다. 이 경우 주식의 전자등록에 관한 규정을 준용한다(420의4).

3) 신주인수권증서의 요건의 흠결이 있어도 신주발행의 변경등기 후 1년이 경과하면 그 인수의 무효를 주장하지 못한다(427).

(3) 記載事項

신주인수권증서는 요식증권으로서 그 기재사항은, ① 신주인수권증서라는 뜻의 표시, ② 주식청약서의 모든 기재사항(420), ③ 신주인수권의 목적인 주식의 종류와 수, ④ 일정기일까지 주식의 청약을 하지 아니한 때에는 그 권리를 잃는다는 뜻, ⑤ 번호를 기재하고, 이사가 기명날인 또는 서명하여야 한다(420의2②).

(4) 벌 칙

신주인수권증서를 작성하지 아니하거나 기재할 사항을 기재하지 아니하거나 부실한 기재를 한 때에 과태료의 제재가 있다(635①16).

(5) 新株引受權證書의 效力

신주인수권의 양도는 신주인수권증서의 교부에 의하여서만 이루어진다(420의3①). 신주인수권증서가 발행된 경우에는 주식의 청약은 신주인수권증서로 하여야 한다(420의4①). 신주인수권증서의 점유자를 적법한 소지인으로 추정하며, 선의취득이 인정된다(420의3②, 336②, 수표법 21).

6. 新株引受權을 무시한 新株發行의 효과

(1) 주주의 신주인수권을 무시하고 이사회가 신주발행을 한 경우에는 주주는 이사에 대하여 손해배상의 청구를 할 수 있고(401), 사전에는 신주발행의 유지청구 (424)를 할 수 있다. 한편 이것은 신주발행무효의 소의 원인이 된다.

(2) 제3자의 신주인수권을 무시하고 신주발행을 한 경우에는, 회사의 채무불이 행의 책임이 생기는 데 그치며, 신주발행이 무효로 되지는 않는다.

V. 新株發行의 節次

신주발행의 절차는 모집설립의 경우와 비슷한 점이 많으며, 모집설립에 관한 여러 규정이 준용된다(425 참조).

1. 新株配定日의 指定·公告와 新株引受權者의 確定

(1) 理事會의 결의·新株配定日의 지정·공고

신주발행을 함에는 원칙적으로 이사회가 신주발행사항을 결정하고(416), 신주 인수권자를 확정하기 위하여 신주배정일을 정하여야 하며, 그 날에 주주명부에 기 재된 주주가 신주인수권을 가진다는 뜻과 주주의 신주인수권을 양도할 수 있을 경 우에는 그 뜻을, 그 날의 2주간 전에 공고하여야 한다. 이 신주배정일이 주주명부폐 쇄기간 중인 때에는 그 기간의 초일의 2주간 전에 위의 공고를 하여야 한다(418③). 배정일은 기준일(354①)의 일종이 된다.

(2) 失期株의 처리

1) 신주배정일이 지정·공고되면 배정일 현재의 주주명부상의 명의주주가 신 주인수권자로 확정되므로, 주식을 양수한 자가 이 배정일까지 명의개서를 하지 아 니하면 이른바 失期株(失念株)가 발생한다.

2) 명부상의 주주(양도인)와 실기주주(양수인) 사이에 실기주의 귀속이 문제로 되는데, 그 권리는 양수인에게 귀속된다고 본다. 그 근거에 관한 학설로는, ① 신주 의 인수에 의하여 얻은 이익을 부당이득으로 반환하여야 한다고 하는 부당이득설, ② 양도인은 사무관리를 한 것이므로 인수한 신주나 주식의 매득금을 양수인에게 인도하여야 한다는 사무관리설이 있으나, ③ 양도인에게 관리의사가 있는 경우가

아니므로 사무관리에 관한 규정을 유추적용하여야 한다는 준사무관리설이 타당할 것으로 본다.

2. 新株引受權者에 대한 催告·公告

(1) 회사는 신주의 인수권을 가진 자에 대하여 그 인수권을 가지는 주식의 종류 및 수와, 일정한 기일(청약기일)까지 주식인수의 청약을 하지 아니하면 그 권리를 잃는다는 뜻을 통지하여야 한다(419①1 문). 또한 주주의 신주인수권을 양도할 수 있다는 것과 주주의 청구에 따라 신주인수권증서를 발행할 것과 그 청구기간을 정한 때에는 그 내용도 함께 통지하여야 한다(419① 2문).

(2) 이상의 통지는 청약기일의 2주간 전에 하여야 한다(419②).

(3) 이 통지 또는 공고가 있음에도 불구하고 그 기일까지 신주인수의 청약을 하지 않으면, 신주인수권자는 신주인수권을 상실하고(419③), 실권주(失權株)가 생기게 된다.

3. 株式의 請約

(1) 주식인수의 청약을 하고자 하는 자는 회사가 법정사항을 기재하여 작성한 주식청약서 2통에 인수할 주식의 종류와 수 및 주소를 기재하여 기명날인 또는 서명함으로써 한다(425①, 302①)(주식청약서주의). 상장법인에 대하여는 투자설명서주의가 채택되고 있다(자본시장법 123).

(2) 이 경우의 주식청약에 있어서는 진의 아닌 의사표시(민법107①)의 경우에 이사가 악의인 때에도 무효가 되지 않는 것은(425①, 302④) 모집설립의 경우와 같다.

(3) 회사가 주주의 청구에 따라 신주인수권증서를 발행한 경우에는 그 신주인수권증서에 인수할 주식의 종류 및 수와 주소를 기재하고 기명날인 또는 서명함으로써 주식의 청약을 한다(420의4①). 다만 신주인수권증서를 상실한 때에는 주식청약서에 의하여 주식을 청약할 수 있지만, 이때에도 신주인수권증서에 의한 청약이 있으면 주식청약서에 의한 청약은 그 효력이 없다(420의4②).

4. 新株의 配定과 引受

신주인수의 청약이 있으면 대표이사는 신주의 배정을 하고, 주식인수의 청약인은 배정된 주식에 대하여 신주인수인이 된다. 회사는 신주인수권을 가진 자의 청약에 대하여는 배정할 의무가 있다. 신주인수의 법적 성질은 주식인수의 청약과 배정에 의하여 성립하는 입사계약이다.

5. 出資의 履行

신주인수인은 배정된 주식의 수에 따라 소정의 납입기일에 그 인수한 각 주에 대한 인수가액의 全額을 납입하여야 하며(421①), 신주의 인수인은 회사의 동의 없이 제1항의 납입채무와 주식회사에 대한 채권을 상계할 수 없다(421②).현물출자자는 현물출자의 목적재산 전부의 급부를 하고 등기·등록 기타 권리의 설정 또는 이전을 요할 경우에는 이에 관한 서류를 완비하여 교부하여야 한다(425①, 305③, 295②). 주금액의 納入은 주식청약서 또는 신주인수권증서에 기재된 납입장소에서 한다(305②, 425②). 납입금의 보관자 또는 납입장소를 변경할 때에는 법원의 허가를 얻어야 하며(425①, 306), 납입금보관금융기관의 보관금액에 관한 증명서 교부 및 증명한 보관금액에 대한 책임(425①, 318) 등은 모집설립의 경우와 같다.

6. 現物出資의 檢査

(1) 현물출자자가 있는 경우에는 이사는 이사회에서 결정된 현물출자사항을 조사시키기 위하여 법원에 檢査人의 선임을 청구하여야 하며(422①전단), 현물출자사항에 관한 위의 검사인의 조사는 공인된 鑑定人의 감정으로 갈음할 수 있다(422①전단). 회사설립의 경우(31)와 같다. 그러나, ① 현물출자의 목적인 재산의 가액이 자본금의 5분의 1을 초과하지 아니하고 대통령령으로 정한 금액(5000만원)을 초과하지 아니하는 경우, ② 현물출자의 목적인 재산이 거래소의 시세 있는 유가증권인 경우 제416조 본문에 따라 결정된 가격이 대통령령으로 정한 방법으로 산정된 시세(시행령 14②)를 초과하지 아니하는 경우, ③ 변제기가 돌아온 회사에 대한 금전채권을 출자의 목적으로 하는 경우로서 그 가액이 회사장부에 적혀 있는 가액을 초과하지 아니하는 경우, ④ 그 밖에 ①부터 ③까지의 규정에 준하는 경우로서 대통령령으로 정하는 경우에 해당할 경우에는, 검사인의 조사 보고가 면제된다(422②, 시행령 14).

(2) 법원은 검사인의 조사보고서를 심사하여 현물출자사항을 부당하다고 인정한 때에는 이를 변경하여 이사와 현물출자를 한 자에게 통고할 수 있다(422③). 현물출자자가 법원이 한 이 변경에 不服이 있으면, 그 주식의 인수를 취소할 수 있으나, 법원의 통고 후 2주간 내에 주식인수를 취소한 자가 없으면 이사회에서 정한 현물출자사항은 법원의 통고에 따라 변경된 것으로 보게 된다(422④⑤).

(3) 판례는 현물출자의 경우에 이사가 직무를 태만히 하여 소정의 절차를 밟지 않아 부당평가가 이루어진 경우에 관하여 당연히 무효인 것은 아니라고 하며, 다만 당해 이사가 회사에 대하여 손해배상책임(399)을 지고 한편 상법 제424조의 유지청구의 대상이 될 뿐이라 한다(대판 1980.2.12, 79다509).

7. 新株發行의 效力發生

(1) 신주인수인이 납입 또는 현물출자의 이행을 한 때에는 납입기일의 다음 날로부터 주주가 되고 신주발행의 효력이 생긴다(423①).

(2) 이사회가 결의한 주식수의 전부에 대한 인수·납입이 이루어지지 않았더라도 납입기일까지 인수·납입이 된 신주의 발행은 효력이 있다. 신주발행은 자금조달이 목적이므로 회사설립시에 주식의 총수의 인수·납입이 없으면 설립이 무효가 되는 것과 다르다.

(3) 신주에 대한 이익이나 이자의 배당에 관하여는 정관이 정하는 바에 따라 그 청구를 한 때가 속하는 영업연도의 직전 영업연도 말에 신주를 발행한 것으로 볼 수 있다(423①, 350③후단).

8. 失權株의 處理

(1) 신주인수권을 가진 주주 또는 신주인수권증서를 취득한 자가 청약기일까지 주식을 청약하지 아니하면 신주인수권을 잃게 되고, 신주인수인이 납입기일에 납입 또는 현물출자를 이행하지 아니한 때에는 당연히 실권하고 모집설립의 경우와 같은 실권절차(307)를 다시 취할 필요가 없다(423②). 실권주가 확정되는 것은 납입기일이다.

(2) 이와 같이 신주발행결의에서 정한 신주의 수 가운데 납입기일까지 인수되지 아니하거나 또는 인수가 되어도 납입이 되지 않음으로써 실권주가 생긴 경우에는, 회사설립의 경우와는 달리 실권주를 미발행상태로 유보하여도 관계없고 또 다시 주주를 모집할 수도 있으며, 이사가 인수담보책임을 지는 것은 아니다.

(3) 그리고 실권한 신주인수인은 회사에 대하여 손해배상의 책임을 진다(423③).

9. 登 記

신주발행의 효력이 발생하면, 회사의 발행주식총수 및 자본금의 총액이 증가하는데, 이것은 등기사항의 변경이므로 일정한 기일 내에 본점과 지점의 소재지에서 각각 변경등기를 하여야 한다(317④, 183). 이 변경등기는 신주의 발행과 이에 따른 자본금의 증가를 공시하는 것에 불과하며 효력발생요건인 것은 아니다.

10. 引受의 無效 主張·取消의 制限

신주발행으로 인한 변경등기가 있으면 그 날부터 1년을 경과한 후에는, 신주를 인수한 자는 주식청약서 또는 신주인수권증서의 요건의 흠결을 이유로 하여 그 인수의 무효를 주장하거나, 사기·강박 또는 착오를 이유로 하여 그 인수를 취소하지 못하며, 그 주식에 대하여 주주의 권리를 행사한 때에도 같다(427).

VI. 理事의 資本金充實의 責任

1. 意義·內容

(1) 신주발행으로 인한 변경등기가 있은 후에, 아직 인수되지 아니한 株式이 있거나 주식인수의 청약이 취소된 때에는, 이사가 共同으로 이를 引受한 것으로 본다(428①)(신주인수의 의제). 따라서 각 이사는 연대하여 납입책임을 지게 된다(333). 이 자본금충실책임은 무과실책임이다. 회사설립의 경우에 발기인은 납입을 완료하지 않은 주식에 대한 납입담보책임을 지게 되지만(321②), 신주발행의 경우의 이사는 이러한 납입담보책임만을 지는 일이 없다(423② 참조).

(2) 원래 납입기일까지 인수·납입이 되지 아니한 주식, 주식인수의 청약이 취소된 주식은 신주발행의 효력이 생기지 않지만, 이미 유효한 발행이 있는 것 같이 등기된 바에 따라 자본금충실을 기하는 것이 타당하다고 보아 이사에게 책임을 부담시킨 것이다.

2. 損害賠償責任

이사가 자본금충실의 책임을 지는 경우에 이로 인하여 회사에 손해가 발생한 때에는 그 손해를 배상할 책임이 있다(428②). 이것은 과실책임이다.

VII. 不公正한 新株發行에 대한 조치

1. 序   說

신주발행이 절차 등에 법령·정관의 위반이나 불공정한 경우에 상법은 (i) 주주에게 신주발행유지청구권을 인정하고(424), (ii) 불공정한 가액으로 주식을 인수한 자의 책임(424의2)을 규정하고 있다. 수권자본제도하의 신주발행은 원칙적으로 이사회의 결의에 의하므로, 결정에 관여할 수 없는 주주의 이익을 보호하는 사전적·사후적 구제조치를 인정한 것이다.

2. 新株發行留止請求權

(1) 의 의

신주발행유지청구권은, 회사가 법령 또는 정관에 위반하거나 현저하게 불공정한 방법에 의하여 주식을 발행함으로써 주주가 불이익을 받을 염려가 있는 경우에, 그 주주가 회사에 대하여 그 발행을 留止할 것을 청구할 수 있는 권리이다(424).

(2) 이사의 위법행위유지청구권과의 관계

이사의 위법행위유지청구권은 會社의 이익보호를 위한 것으로 소수주주권이고(402), 신주발행유지청구권은 불이익을 입을 株主의 이익보호를 위한 제도로서 단독주주권이다. 경우에 따라서는 주주는 이 두 가지 유지청구권을 병행하여 행사할 수도 있다.

(3) 發行留止請求의 要件

1) 회사가 법령 또는 정관에 위반하거나 현저하게 불공정한 방법에 의하여 주식을 발행하여야 하고, 그로 인하여 주주가 불이익을 받을 염려가 있는 경우라야 한다(424).

2) '법령에 위반'한 신주발행 예로는, 이사회의 결의가 없는 신주발행, 소정의 절차를 무시한 액면미달발행, 신주인수권자의 인수권을 무시한 신주발행 등이 있고, '정관에 위반'한 경우로는 정관 소정의 수권주식수를 초과한 신주발행 등이 있다. 또한 '현저하게 불공정한 방법'에 의하여 발행하는 경우로는, 이사가 지배권 유지를 위하여 자기 또는 그 연고자에게 부당하게 많은 주식을 배정하는 경우, 또는 현물출자를 과대하게 평가한 경우 등을 들 수 있다. '현저하게' 불공정한 방법에 의할 것을 요건으로 하므로 경미한 정도의 불공정은 신주발행유지청구의 대상이 되지 않는다.

(4) 請求權者와 相對方

법령·정관에 위반하거나 현저하게 불공정한 방법에 의하여 신주를 발행함으로써 불이익을 입을 염려가 있는 주주가 청구하며, 상대방은 회사이다. 소수주주권이 아니므로 단독주주도 가능하다.

(5) 留止請求의 方法·時期

1) 유지청구의 방법에는 제한이 없다. 재판외에서 할 수 있으며, 필요에 따라 신주발행유지청구의 소를 제기할 수 있고, 또 가처분으로 신주발행을 유지할 수도 있다.

2) 유지청구제도는 신주발행 자체를 사전에 중지시키려는 것이므로, 신주발행

의 효력이 발생하기 전, 즉 납입기일까지(423①) 청구권을 행사하여야 한다.

(6) 留止請求를 무시한 新株發行의 效果

주주의 신주발행유지청구가 재판 외에서 이루어진 경우에 이를 무시한 신주발행은 당연히 무효로 되는 것이 아니며 이사의 책임문제가 남게 된다(401)(통설). 그러나 법원의 유지판결이나 가처분이 있음에도 불구하고 이에 반하여 신주발행을 한 경우에는 신주발행무효의 소(429)의 원인이 된다.

3. 通謀引受人의 責任

(1) 意 義

이사와 통모하여 현저하게 불공정한 발행가액으로 주식을 인수한 자는, 회사에 대하여, 공정한 발행가액과의 차액에 상당한 금액을 지급할 의무가 있다(424의2①). 주주가 인수인에 대하여 직접 책임을 추궁할 수 있도록 한 것이다.

(2) 責任發生要件

1) 이사와 인수인 간에 통모(通謀)가 있어야 한다. 발행가액이 현저하게 불공정함을 인수인이 알고 있는 것만으로는 이 책임은 발생하지 아니한다.

2) 발행가액이 현저하게 不公正하여야 한다. 현저하게 불공정한 발행가액이라 함은 이사회가 결정한 발행가액(416ⅱ)이 아니고 실제의 인수가액(421)이 구주의 시가를 기준으로 하는 공정한 가액보다 현저하게 낮은 경우를 뜻한다. 이사회가 결정한 발행가액과 실제 인수한 발행가액이 모두 현저하게 불공정하고 낮은 때에는 통모한 인수인은 책임을 지게 된다. 한편 이사회가 결정한 발행가액은 공정한데 실제의 발행가액이 현저하게 불공정한 경우의 인수인의 책임에 관하여는, 이사회가 정한 발행가액의 전액납입이 없었기 때문에 인수인이 실권하게 되고 통모인수인의 책임은 생기지 않는다는 부정설이 있으나, 이사회가 결정한 발행가액보다 낮아도 액면가액 미달이 아니면 그 인수를 무효로 보기 어렵고, 또 납입기일에 실제 발행가액의 전액을 납입한 것이므로 인수인이 실권한 것으로도 볼 수도 없으므로, 통모한 인수인은 책임을 지는 것으로 보아야 할 것이다(긍정설).

(3) 責任의 內容과 性質

1) **責任의 內容** 이사와 통모한 인수인은 회사에 대하여 공정한 발행가액과 실제 인수한 발행가액과의 차액에 상당한 금액을 지급할 의무가 있다. 이 책임은 인

수인 자신에게 귀속되는 것이므로 주식을 양도하여도 당연히 양수인에게 이전되는 것은 아니다(통설).

2) **責任의 性質** 통모인수인의 책임은 법률상 회사에 대한 일종의 불법행위를 이유로 하는 손해배상책임으로 볼 수도 있으나, 그 책임의 내용으로 볼 때 실질적으로는 자본금충실을 위한 추가출자의 성질을 갖는 것이며, 주주유한책임의 원칙의 예외가 된다(통설). 그러므로 회사는 이 지급의무를 면제하거나 지급금액을 반환하지 못하며, 引受人은 회사의 동의 없이 회사에 대한 채권을 상계할 수 없다(421②).

(4) 差額의 處理

통모인수인이 회사에 대하여 지급한 차액은 자본준비금(459① i 참조)으로 적립하여야 한다(통설).

(5) 責任追窮(代表訴訟)

이사와 통모한 인수인에 대한 책임의 추궁을 이사에게 기대하는 것은 어려우므로, 소수주주에 의한 대표소송을 인정하고 있다(424의2②, 403~406).

(6) 理事의 責任

통모인수인이 위의 책임(424의2①②)을 지는 경우에도, 이사의 회사 또는 주주에 대한 손해배상의 책임에는 영향을 미치지 아니한다(424의2③). 현저하게 불공정한 발행가액으로 신주를 발행한 이사의 회사에 대한 손해배상책임과(399) 통모인수인의 책임은 부진정연대채무의 관계에 있다(다른 견해 있음).

VIII. 新株發行의 無效

1. 總 說

(1) 신주의 발행의 절차나 내용에 중대한 법률적 하자가 있어서 그 효력을 인정할 수 없는 경우가 있는데, 이런 경우에 민법이나 민사소송법의 일반원칙에 맡기는 것은 주식회사에서의 법률관계의 획일적 확정의 필요 및 거래의 안전보호의 요청에 반하여 적당하지 않다. 그러므로 상법은 신주발행무효의 訴의 제도를 두어 무효의 주장방법을 제한하고, 무효로 되는 경우에도 그 效力을 획일적으로 확정하며, 그 소급효를 부정하는 등의 규율을 하고 있다.

(2) 신주발행의 無效는 외형상 신주발행의 실체와 형식이 존재하지만, 그 하자

가 중대하므로 법률상 무효로 보는 것임에 대하여, 만약 신주발행의 절차나 내용이라고 할 것이 존재하지 아니함에도 신주발행에 의한 변경등기가 되어 있는 것과 같은 때에는 신주발행의 不存在가 되며, 이 경우에는 누구라도 언제든지, 또 어떠한 방법으로도 그 부존재를 주장할 수 있다.

2. 無效의 原因

(1) 신주발행의 무효원인에 관하여 상법상 규정이 없으므로, 당해 법령 및 정관의 규정의 해석에 의하여 결정된다. 신주가 발행되면 유효성을 전제로 회사활동이 이루어지고 신주가 유통되어 많은 이해관계인(회사·구주주·신주인수인·신주양수인·채권자 등)이 생기게 된다. 따라서 신주발행을 무효로 함에는 거래안전의 보호를 위하여 무효원인을 되도록 제한적으로 인정하는 것이 바람직하다고 본다(학설, 판례).

(2) 신주발행 無效原因으로는, 정관에 정한 발행예정주식의 총수를 초과하여 신주를 발행한 경우, 정관에 정함이 없는 종류의 주식을 발행한 경우, 정관에 인정된 신주인수권을 일반적으로 무시하고 주식을 발행한 경우, 소정의 절차를 밟지 아니한 액면미달발행, 신주발행유지의 가처분이나 판결을 무시한 발행 등을 들 수 있다.

그러나 이사회의 결의 없이 대표이사가 신주발행을 한 경우의 효력에 관하여는 무효설, 유효설, 절충설의 대립이 있으나, 대표이사의 대표권을 신뢰한 상대방의 보호 및 법률관계의 획일적인 처리를 위하여 유효로 보는 것이 적절하다고 본다.

3. 新株發行無效의 訴

신주발행의 무효는 訴에 의해서만 주장하도록 되어 있다(429). 신주발행에 관한 법률관계의 획일적 확정의 필요가 있기 때문이다. 소의 성질은 형성의 소이다.

(1) 訴의 當事者

소를 제기할 수 있는 자(원고)는 주주·이사·감사로 제한되고, 피고는 회사가 된다. 제소권자를 주주·이사·감사로 제한한 것은 신주발행의 효력을 가급적 유지하고 남소를 방지하기 위한 것이다. 소의 제기권자인 주주는 신주의 주주이든 구주의 주주이든 무방하다.

(2) 提訴期間

신주발행무효의 소의 제기기간은 신주발행일로부터 6월 내로 제한된다(429).

(3) 訴의 節次

소의 관할(186)·소제기의 공고(187)·소의 병합심리(188)·하자의 보완 등과 청구의 기각(189)·패소원고의 책임(191)·무효판결의 등기(192)에 관하여는 설립무효의 소에 관한 규정이 준용되며, 또 제소주주의 담보제공의무(377)는 주주총회결의 취소의 소의 경우가 준용된다(430).

(4) 無效判決의 效力

1) 旣判力의 범위·不遡及效

㈎ 對世的 效力　신주발행무효판결은 당사자 이외의 제3자에 대하여도 그 효력이 미친다(430, 190본문). 법률관계의 획일적 확정을 위한 것이다.

㈏ 不遡及效　신주발행무효판결은 장래에 대하여서만 효력이 있으며, 발행한 주식은 장래에 대하여서만 그 효력을 잃는다(431①). 그러므로 판결시까지 이루어진 신주의 양도·신주주에 대한 이익배당 등 모든 법률관계는 유효하다.

2) 公告·通知 및 新株券의 회수　신주발행무효판결이 확정되면 회사는 지체 없이 신주가 실효된 것과 일정기간(3개월 이상) 내에 신주의 주권을 회사에 제출할 것을 공고하고, 주주명부에 기재된 주주와 질권자에 대하여는 각별로 통지하여야 한다(431②).

3) 納入金의 반환 및 金額의 增減　회사는 신주의 주주에 대하여 납입한 주금액을 반환하여야 한다(432①). 그러나 신주주도 그때까지는 주주로서 이익배당 등 회사의 손익에 참여할 수 있었으므로, 그 금액이 무효판결확정시의 회사의 재산상태에 비추어 현저하게 부당한 때에는 법원은 회사 또는 주주의 청구에 의하여 그 금액의 증감을 명할 수 있다(432②).

4) 質權의 物上代位　회사가 신주의 주주에 대하여 납입금을 반환하는 경우에는 주식에 대한 질권의 효력은 당연히 주주가 취득하는 금전에 미친다(432③, 339, 340①②).

5) 登記의 更正　무효판결에 의하여 신주는 그 효력을 상실하므로 회사의 발행주식총수와 자본액이 감소하게 되므로 등기의 경정이 필요하다(317②ⅱ·ⅲ).

제3관 特殊한 新株發行

I. 意 義

통상의 신주발행 이외의 신주발행을 말하며 자금조달 이외의 목적으로 신주발행을 하는 경우이다. 특수한 신주발행도 정관 소정의 회사가 발행할 주식의 총수의 범위 내에서 발행하여야 하며, 특정의 주식을 발행하는 경우에는 정관 소정의 내용과 수의 범위 내에서 발행하여야 하는 점은 통상의 신주발행의 경우와 같다.

II. 特 徵

특수한 신주발행은, 새롭게 주주를 모집하여 출자를 이행시키는 것이 아니므로, 청약과 배정 등의 절차규정이 필요치 않고, 많은 경우(흡수합병, 회사분할, 주식교환 등을 제외)에 신주가 기존 주주에게 발행되므로, 기존주주의 보호가 크게 문제되지 않으며, 또한 대부분의 경우에 새로운 금전출자가 없고 따라서 회사재산의 증가가 없는 등이 통상의 신주발행과 다르다.

III. 特殊한 新株發行을 하는 경우

특수한 신주발행을 하는 경우로는, ① 준비금의 자본전입으로 인한 신주발행(461), ② 주식배당에 의한 신주발행(462의2), ③ 전환주식의 전환으로 인한 신주발행(346), ④ 전환사채의 전환으로 인한 신주발행(513), ⑤ 신주인수권부사채에 부여된 신주인수권의 행사로 인한 신주발행(516의8), ⑥ 흡수합병으로 인한 신주발행(523 i), ⑦ 회사분할·분할합병으로 인한 신주발행(530의2①②), ⑧ 주식의 포괄적 교환 및 이전의 경우의 신주발행(360의2, 360의15), ⑨ 주식병합·분할로 인한 신주발행(442 이하, 329의2), ⑩ 주식매수선택권 행사로 인한 신주발행(340의2 이하) 등이 있다(자세한 설명은 해당 부분 참조).

제6절 定款의 變更

I. 總　說

1. 意　義

정관변경(amendment of articles)이라 함은 회사의 기본적 규칙인 정관(실질적 의의의 정관)을 변경하는 것을 말하며, 정관인 서면(형식적 의의의 정관)의 변경이 아니다. 정관의 변경은 정관규정의 변경 삭제 및 새로운 규정의 추가 등을 포함한다. 정관을 변경하여도 회사의 동일성에는 영향이 없다.

2. 기초관계인 事實 및 法令의 變更

정관의 기초가 된 사실관계의 변경(본점 소재지의 지명변경)이나 법령의 개정·폐지가 있을 때에는, 정관도 당연히 변경되며 총회의 결의를 요하지 않는다.

II. 定款變更의 自由·範圍

자치법규인 정관의 변경은 원칙적으로 자유이며, 목적·상호 등을 포함하여 어느 사항이라도 변경할 수 있다. 따라서 변경의 내용이 주식회사의 본질이나 강행법규에 반하거나 주주의 고유권 침해의 경우가 아닌 한 변경의 범위에 제한이 없다. 원시정관에서 그 정관은 변경하지 않는다고 하는 규정을 둔 경우, 이러한 정관규정은 주식회사의 본질에 반하므로 무효규정으로 보아야 한다. 따라서 이러한 규정이 있더라도 정관변경을 할 수 있다. 이에 대하여 그러한 규정은 정관의 한 조항에 불과하므로 일반 정관변경절차에 의하여 변경할 수 있다는 견해가 있다.

III. 定款變更의 節次

1. 株主總會의 特別決議

(1) 정관변경은 주주총회의 특별결의에 의하여야 한다(433①, 434). 그러므로 출석한 주주의 의결권의 3분의 2 이상의 수와 발행주식총수의 3분의 1 이상의 수로써 결의하여야 한다. 정관변경을 위한 주주총회의 소집에서는 그 통지와 공고에 의안의 요령을 기재하여야 한다(433②).

(2) 정관변경은 주주총회의 전속사항이므로 다른 기관에 이를 위임하지 못한다.

2. 種類株主總會의 決議

(1) 회사가 종류주식을 발행한 경우에 정관을 변경함으로써 어느 종류주식의 주주에게 손해를 미치게 될 때에는 주주총회의 결의 외에 그 종류주식의 주주의 총회의 결의가 있어야 한다(435①). 이 종류주주총회의 결의는 출석한 주주의 의결권의 3분의 2 이상의 수와 그 종류의 발행주식의 총수의 3분의 1 이상의 수로써 하여야 한다(435②). 또 종류주식을 발행하는 경우에 주식의 종류에 따라 특수하게 정하는 경우와 회사의 분할 또는 분할합병, 주식교환, 주식이전 및 회사의 합병으로 인하여 어느 종류의 주주에게 손해를 미치게 될 경우에는 종류주주총회의 결의를 요한다(436).

(2) 이 경우에 종류주주총회의 결의가 없으면 정관변경의 효력이 생기지 아니한다.

IV. 定款變更의 效力發生

(1) 정관변경은 주주총회의 특별결의에 의하여 즉시 효력이 생긴다. 서면인 정관의 변경이나 또 등기사항인 정관 규정의 변경등기는 정관변경의 효력발생요건이 아니다. 또한 원시정관과 달리 정관의 변경에 공증인의 인증은 필요치 않다.

(2) 정관변경의 효력발생을 조건부 또는 기한부로 한 경우에는 그 조건의 성취 또는 기한의 도래에 의하여 변경결의의 효력이 생긴다.

(3) 정관변경에 소급효를 인정하는 것은 기본규칙에 대한 신뢰한 이해관계자들의 이익을 해하므로 허용되지 않는다.

V. 관련 사항

1. 發行豫定株式總數의 증감

(1) 회사가 발행할 주식의 총수는 정관의 절대적 기재사항이므로(289①iii), 이것을 변경하려면 정관변경절차를 밟아야 한다. 이 경우 증가시킬 수 있는 발행예정주식의 총수에는 제한이 없다.

(2) 발행예정주식의 총수를 減少하는 것에 관하여는 규정이 없으나, 정관변경에 의하여 감소할 수 있다고 본다. 다만 이 경우에는 이미 발행한 주식 총수 미만으

로 하거나, 전환주식·전환사채의 전환권의 전환기간, 신주인수권부사채의 신주인수권의 행사기간 동안은 발행예정주식으로서 유보해 두어야 한다.

2. 株金額(액면가)의 변경

1주의 금액은 정관의 기재사항이므로(289①iv), 이것을 인상 또는 인하하려면 정관변경이 필요하다.

(1) 株金額의 引上

1) 주금액의 인상을 위하여 주주에게 추가출자의무를 부과하는 것은 주주유한책임의 원칙에 반하므로 주주 전원의 동의가 있어야 한다.

2) 주식을 병합하여 1주의 금액을 인상하는 경우에도 병합으로 인하여 단주가 생기면 주주평등원칙에 반하므로 총주주의 동의를 요한다(다수설).

3) 주주에게 추가출자의무를 과하거나 단주가 발생하지 아니하는 주금액 인상은 총회의 특별결의에 의한 정관변경의 절차에 따라서 할 수 있다.

(2) 株金額의 引下

주식분할에 의한 주금액 인하는 주주총회의 정관변경결의에 의하여 할 수 있으나, 자본금감소를 수반하는 주금액의 인하는 자본금감소절차를 별도로 밟아야 한다.

제7절 資本金의 減少

I. 意 義

자본금감소라 함은 회사의 자본금의 액을 감소하는 것을 말한다. 자본금은 회사가 보유할 재산의 최저기준이 되는 금액으로서 회사신용의 기초가 되고 또 손익계산의 기준이 된다. 그러므로 자본금의 감소는 회사채권자를 위한 담보의 감소이며 주주권의 감소 또는 소멸을 초래하므로 상법은 이들을 보호하기 위하여 엄격한 절차를 밟게 하고 있다(자본금감소제한의 원칙). 자본금은 定款의 절대적 기재사항은 아니므로 자본금 감소는 정관변경절차는 아니다.

II. 資本金 減少의 種類

1. 實質上의 자본금감소

회사사업이 처음에 예상하던 만큼 자금을 필요로 하지 않거나, 과잉재산을 주주에게 반환하여 이윤율을 높이기 위한 경우 등에 이용되며, 이 경우에는 자본금이 감소하는 동시에 회사재산도 현실적으로 감소하게 된다.

2. 名義上(計算上)의 자본금감소

자본금에 결손이 생긴 경우에 이익배당을 할 수 없으므로 이미 감소되어 있는 회사재산과 자본액을 일치시켜 대차대조표상의 결손을 없애고 그 후에는 이익배당을 가능하게 하기 위한 경우 등에 이용된다. 이 경우에는 자본액만 계산상(명의상) 감소할 뿐 회사재산은 감소하지 않는다. 실제에 있어서 자본금의 감소는 이 경우가 보통이다.

III. 資本金 減少의 方法

자본금감소의 방법에는 한 주의 주금액(액면가)을 감소하는 방법, 발행주식의 수를 감소하는 방법, 그리고 이 양자를 병용하는 방법이 있다. 어느 방법에 의하든 주주평등의 원칙에 따라야 한다. 다만 종류가 다른 주식을 발행한 경우에는 주식의 종류에 따라 특수한 정함을 할 수 있으며(344③), 이 경우에는 해당 종류주주총회의 승인결의가 요구된다(436).

1. 株金額의 減少

(1) 주금액의 감소에는 두 가지 방법이 있다. ① 주금액을 감소하여 그 감소액에 해당하는 부분을 주주에게 반환하는 방법이며(환급) 실질상의 자본금감소의 경우에 이용된다. ② 납입된 주금액의 일부를 주주의 손실에서 삭제하여 주금액을 감소하는 방법으로(삭감) 명의상의 자본금감소의 경우에 이용된다.

(2) 어느 경우에도 자본금감소의 결의와 더불어 정관변경결의가 있어야 하며(289①iv), 감소한 1주의 금액은 법정최저액 100원 미만으로 하지 못한다(329④).

2. 株式數의 減少

주식수의 감소에 의하는 방법으로는 주식을 소각하는 방법과 주식을 병합하는 방법이 있다.

(1) 株式의 消却
주식의 소각은 회사가 특정한 주식을 소멸시키는 행위이다.

1) 소각의 방법으로는 회사가 추첨·안분비례 등 주주의 의사와는 관계없이 특정주식을 소멸시키는 强制消却과 회사와 주주 사이에 매매, 증여 등 계약에 의하여 회사가 주식을 취득하여 이것을 소멸시키는 任意消却이 있다. 또한 주주에게 대가가 제공되고 따라서 실질상의 감자가 되는 有償消却과 이에 대하여 대가가 제공되지 아니하고, 따라서 계산상의 감자가 되는 無償消却이 있다. 임의·유상의 소각이 일반적인 소각의 방법이 될 것이다.

2) 강제소각의 경우에는 물론, 임의소각의 경우에도 주주평등의 원칙에 따라야 한다.

(2) 株式의 併合
1) 意　　義　　주식의 병합은 1인의 주주에게 속하는 수개의 주식을 합하여 주식의 수를 줄이는 회사의 행위이다. 예컨대 2주를 1주로 하거나 10주를 8주로 하는 것이다.

2) 節次 및 效力發生　　주식을 병합할 경우에는 회사는 1개월 이상의 기간을 정하여 주식병합을 한다는 것과 그 기간 내에 주권을 회사에 제출할 것을 공고하고 주주명부에 기재된 주주와 질권자에 대하여는 각별로 그 통지를 하여야 한다(440). 주식의 병합은 원칙적으로 위의 기간이 만료한 때에 그 효력이 생기지만, 이 기간 내에 채권자 보호절차(232)가 끝나지 아니한 경우에는 그 절차가 종료한 때에 효력이 생긴다(441).

3) 新株券의 交付　　주식의 병합을 한 경우에는 회사는 구주권을 회수하고 신주권을 교부한다. 구주권을 회사에 제출할 수 없는 자가 있는 때에는, 회사는 그 자의 청구에 의하여 3개월 이상의 기간을 정하여, 이해관계인에 대하여 그 주권에 대한 이의가 있으면 그 기간 내에 제출할 뜻을 공고하고, 그 기간이 경과한 후에 신주권을 청구자에게 교부할 수 있다. 이 경우의 공고의 비용은 청구자가 부담한다(442).

4) 端株의 처리　　병합에 적합하지 아니한 수의 주식(단주)이 있는 때에는, 그 병합에 적당하지 아니한 부분에 대하여 발행한 신주를 경매하여 각 주수에 따라 그 대금을 종전의 주주에게 지급하도록 하고 있다. 거래소의 시세 있는 주식은 거래소를 통하여 매각하고, 거래소의 시세 없는 주식은 법원의 허가를 받아 경매 외의 방

법으로 매각할 수 있도록 규정하고 있다(443).

IV. 資本金 減少의 節次

1. 株主總會의 特別決議

(1) 자본금감소는 주주에게 중대한 이해관계가 있는 사항이므로, 주주총회의 특별결의가 있어야 한다(438①). 그러나 결손의 보전(補塡)을 위한 자본금의 감소는 제368조 제1항의 결의(보통결의)에 의한다(438②). 자본금 감소에 관한 의안의 주요 내용은 총회소집의 통지와 공고에 적어야 한다(438③).

(2) 자본금 감소의 결의에서는 동시에 그 감소의 방법을 정하여야 한다(439①). 또 그 방법의 결정을 이사회에 일임하는 것도 허용되지 않는다. 자본금 감소의 방법도 주주에게 중대한 이해관계가 있기 때문이다.

(3) 주금액의 감소에 의한 방법으로 자본금감소를 하는 때에는 정관변경의 결의도 하여야 하나, 자본금 감소결의로서 갈음할 수 있다고 본다.

2. 債權者保護의 節次

(1) 자본금 감소는 회사채권자의 담보인 회사재산의 확보기준이 감소되는 것을 의미하므로 채권자 보호를 위한 절차가 필요하며, 이에 대하여 상법은 회사합병의 경우의 채권자 보호절차(232)에 관한 규정을 준용하고 있다(439②본문). 다만, 결손의 보전을 위하여 자본금을 감소하는 경우에는 그러하지 아니하다(439②단서).

(2) 회사가 자본금 감소의 결의를 한 때에는, 그 결의일로부터 2주간 내에, 회사채권자에 대하여, 감자에 이의가 있으면 1개월 이상의 일정한 기간 내에 이를 제출할 것을 공고하고, 알고 있는 채권자에 대하여는 각별로 이를 최고하여야 한다(232①).

(3) 채권자가 위의 기간 내에 이의를 제출하지 아니하면 감자를 승인한 것으로 본다(232②). 이의를 제출한 채권자가 있으면, 회사는 그 채권자에 대하여 변제를 하거나 또는 상당한 담보를 제공하고 또는 이를 목적으로 하여 상당한 재산을 신탁회사에 신탁하여야 한다(232③). 사채권자가 이의를 함에는 사채권자집회의 결의가 있어야 하며, 이 경우에는 법원은 이해관계인의 청구에 의하여 사채권자를 위해서 이의제기 기간을 연장할 수 있다(439③).

3. 資本金 減少의 實行

자본금 감소의 실행절차는 감자의 방법에 따라서 같지 않다. 상법에는 주식의 소각과 병합에 관하여는 특칙이 있으나, 그 밖의 경우에는 정함이 없다.

(1) 株金額 減少의 경우

회사가 그 뜻을 주주에게 통지하고, 구주권을 회사에 제출하게 하여야 하고, 신주권을 교부한다.

(2) 株式數 減少의 경우

1) 임의소각의 경우에는 회사가 주주와의 합의에 의하여 자기주식을 실효처분하면 된다(341ⅰ, 342). 강제소각의 경우에는 주식병합의 경우와 같은 방법으로 1월 이상의 기간을 정하여 그 기간 내에 주권을 회사에 제출할 것을 공고·통지하여 주권을 회사에 제출시켜야 한다(343②, 440, 441).

2) 주식병합의 경우에는 앞서 설명한 바와 같이 1월 이상의 기간을 정하여 그 기간 내에 주권을 회사에 제출할 것을 공고·통지하여야 하며, 병합은 원칙적으로 이 기간이 만료한 때 효력이 발생한다(440, 441). 구주권을 제출할 수 없는 자를 위하여는 청구에 의하여 일정기간의 공고를 하는 등의 절차를 밟아야 한다(442). 병합에 적합하지 아니한 수의 주식(단주)이 있는 때에는 그 부분에 대하여 발행한 신주를 경매하여 각 주수에 따라 그 대금을 종전의 주주에게 지급한다(443).

V. 資本金 減少의 效力

1. 效力發生時期

자본금 감소의 효력은 주주총회의 결의, 채권자 보호의 절차, 자본금 감소의 실행절차 등이 모두 종료한 때 발생한다. 주식의 병합과 강제소각의 경우에는 주권제출기간의 만료로 효력이 발생한다.

2. 登　記

자본금 감소는 등기사항의 변경이므로, 감자의 효력이 발생하면 그 변경등기를 하여야 한다(317②ⅱ, 183). 이 등기는 공시를 위한 것이며 자본금 감소의 효력발생요건은 아니다.

3. 授權株式數 및 未發行株式數

자본금 감소에 의하여 발행주식총수가 감소하여도 회사가 발행할 주식의 총수는 감소하는 것이 아니며, 또 발행주식총수가 감소한 만큼 미발행주식의 수가 부활 증가하는 것도 아니다(통설).

4. 減資差益의 처리

자본금 감소에 의한 감소액이 주식의 소각 株金의 반환에 지출한 금액과 결손의 전보에 충당한 금액을 초과하는 경우에 그 초과액(감자차익)은 자본준비금으로 적립하여야 한다(459①).

VI. 資本金 減少의 無效

1. 序   說

자본금감소의 절차나 내용에 하자가 있는 경우에도 자본금감소의 무효가 문제로 되지만, 무효의 일반원칙에 따르게 할 때에는 법률관계의 불안정을 초래할 우려가 있다. 그러므로 자본금감소의 무효는 소로써만 이를 주장할 수 있게 하고 있다.

2. 無效原因

무효원인으로는 감자결의에 무효 또는 취소, 채권자 보호절차를 불이행, 감자방법의 주주평등의 원칙위반 등을 들 수 있다.

3. 減資無效의 訴

(1) 訴의 要件과 節次

1) 자본금감소의 무효는 법률관계의 획일적 확정의 필요에서 訴만으로 주장할 수 있다(445). 제소기간은 감자로 인한 변경등기가 있은 날로부터 6월 내이며, 제소권자는 주주·이사·감사·청산인·파산관재인 또는 자본금감소를 승인하지 아니한 채권자이고(445), 피고는 물론 회사이다.

2) 소의 절차에 관하여 소의 관할·소제기의 공고·소의 병합심리·하자의 보완 등과 청구의 기각·패소원고의 책임·무효판결의 등기에 관하여는 설립무효의 訴의 경우와 같고, 총회결의 취소의 訴의 경우의 제소주주의 담보제공의무(377)가 준용된다(446).

(2) 判決의 效果

1) 자본금 감소를 무효로 하는 판결이 확정되면, 회사의 자본금의 감소는 무효가 된다. 이 무효판결의 효력은 제3자에 대하여도 미치며(대세적 효력), 소급효가 인정된다(446, 190본문).

2) 원고가 패소한 경우에 악의 또는 중대한 과실이 있는 때에는 회사에 대하여 연대하여 손해를 배상할 책임이 있다(446, 191).

(3) 總會決議取消의 訴 등과의 관계

주주총회에서의 자본금 감소의 결의의 하자를 다투는 총회결의취소의 訴 등과 자본금감소무효의 소와의 관계가 문제된다. 자본금 감소의 효력이 발생하기 전에는 자본금 감소 결의의 취소·무효확인·부존재확인의 소를 제기할 수 있으나, 자본금 감소의 효력이 발생한 후에는 감자무효의 소만을 제기할 수 있다고 하는 것이 통설이다(흡수설).

제8절 會社의 會計

I. 總　說

1. 意　義

회사(기업)의 합리적이고 효율적인 경영을 위해서는 정확한 계산 및 회계처리를 통해서 회사의 재무상황과 경영의 성과를 정확하게 파악해 두는 것은 꼭 필요한 일이다. 한편 회사의 이해관계자(주주·채권자·투자자·거래당사자)들도 자신들의 이해관계의 조정이나 경영자에 대한 감독 및 책임추궁을 위해서 회사의 경영성과 및 재산상황에 대한 중대한 관심을 갖는다. 商法은 회계관련 규정들을 두어 회계관계를 명확하게 함과 동시에 영업성적과 재정상태를 공개하는 절차를 규정함으로써, 재정운용의 건실화, 정확한 정보 제공 및 배당규제 등을 통한 이해관계 조정을 도모하고 있다.

2. 회계의 원칙

회사의 회계는 상법과 대통령령으로 규정한 것을 제외하고는 일반적으로 공정하고 타당한 회계관행에 따른다(446의2). 여기에 대통령령으로 규정한 것이란, ① 주식회사의 외부감사에 관한 법률 제2조에 따른 외부감사 대상 회사는, 같은 법 제13조 제1항에 따른 회계처리기준, ② 공공기관의 운영에 관한 법률 제2조에 따른 공공기관은, 같은 법에 따른 공기업·준정부기관의 회계 원칙, ③ 앞의 ①과 ②에 해당하는 회사 외의 회사 등은, 회사의 종류 및 규모 등을 고려하여 법무부장관이 금융위원회 및 중소기업청장과 협의하여 고시한 회계기준을 말한다(상법시행령 15).

3. 다른 規定과의 관계

상법총칙의 상업장부에 관한 규정(29~33)은 소상인을 제외한 모든 상인에게 적용되므로 주식회사에도 당연히 적용되지만, 주식회사에 있어서는 제446조의2 이하의 회계에 관한 규정이 우선적으로 적용된다. 상법에 규정되지 아니한 사항에 대해서는 한국채택국제회계기준(K-IFRS)·일반기업회계기준 등이 '일반적으로 공정·타당한 회계관행'으로서 상법상의 회사에도 적용된다(29②).

II. 決算節次

1. 개   요

결산절차의 개요는 다음 표와 같다.

이사(대표이사): 재무제표 및 영업보고서를 작성, 이사회의 승인을 얻음(447, 447의2)

⇒ 이사(대표이사): 재무제표 및 영업보고서를 감사 또는 감사위원회에게 제출(447의3, 415의2⑦)

⇒ 감사(또는 감사위원회): 監査를 실시하고 감사보고서를 작성하여 이사(대표이사)에게 제출(447의4, 415의2⑦)

⇒ 이사(대표이사): 재무제표 및 영업보고서와 감사보고서를 비치·공시(448)

⇒ 정기총회의 재무제표 등의 승인(449①②)

⇒ 대차대조표 공고(449③)

---

2. 財務諸表 등의 作成 및 理事會承認

(1) 개   관

1) 주식회사는 상인이므로 영업상의 재산 및 손익의 상황을 명백히 하기 위하여 회계장부 및 대차대조표를 작성하여야 한다(29①). 주식회사 이사는 매결산기에 대차대조표, 손익계산서, 그 밖에 회사의 재무상태와 경영성과를 표시하는 것으로서 대통령령으로 정하는 서류와 그 부속명세서를 작성하여, 이사회의 승인을 얻어

야 한다(447①). 여기서 '대통령령으로 정하는 서류'란, ① 자본변동표, ② 이익잉여금 처분계산서 또는 결손금 처리계산서의 어느 하나에 해당하는 서류를 말한다. 다만, 주식회사의 외부감사에 관한 법률 제2조에 따른 외부감사 대상 회사의 경우에는 앞의 ①, ②, 현금흐름표 및 주석(註釋)을 말한다(상법시행령 16①). 또한 대통령령으로 정하는 회사의 이사는 연결재무제표를 작성하여 이사회의 승인을 받아야 한다(447 ②). 여기에서 '대통령령으로 정하는 회사'란 주식회사의 외부감사에 관한 법률 제2조에 따른 외부감사의 대상이 되는 회사 중 같은 법 제1조의2 제2호에 규정된 지배회사를 말한다(상법시행령 16②).

2) 이사는 매결산기에 영업보고서를 작성하여 이사회의 승인을 얻어야 하는데(447의2①), 이 영업보고서는 재무제표가 아니다.

(2) 財務諸表 및 그 附屬明細書

1) **貸借對照表**　　대차대조표(기업회계기준에서는 '재무상태표')는 기업의 재무상태를 명확히 하기 위하여 일정한 시점의 모든 자산·부채 및 자본을 일정한 형식에 따라서 총괄적으로 표시하는 서류이다. 기간손익의 계산, 경영평가, 투자판단 등의 자료로 활용되므로 상법은 대차대조표를 공고하도록 하고 있다(449③).

2) **損益計算書**　　㈎ 손익계산서는 기업의 경영성과를 명확히 하기 위하여 그 회계기간에 속하는 모든 수익과 이에 대응하는 모든 비용을 적정하게 표시하여, 손익과 그 발생원인을 일람표시하는 서류이다. 이익 또는 손실의 발생원인과 내용을 알 수 있는 점에서는 대차대조표보다 유용하다.

㈏ 기업의 기간손익측정방법으로는 재산목록법을 택하지 않고 유도법(또는 손익법)을 택하고 있고(452, 30② 참조), 유도법에 따르게 되면 1영업연도 내에 발생하는 개개의 거래 중 손익거래에 속하는 항목을 집계하여 총익금에서 총손금을 공제한 액으로 손익을 정하게 되는데, 이 총익금과 총손금의 액은 회계장부의 기재에서 유도된다.

3) **現金흐름표·자본변동표**　　현금흐름표란 기업의 현금의 흐름을 나타내는 표로서 현금의 변동내용을 명확하게 보고하기 위하여 당해 회계기간에 속하는 현금의 유입과 유출내용을 적정하게 표시한 것이다(기준 2.58). 여기서 현금이란 현금 및 현금성 자산을 말한다(기준 2.59). 자본변동표는 자본의 크기와 그 변동에 관한 정보를 제공하는 재무보고서이다(기준 2.74).

4) **財務諸表附屬明細書**　　재무제표부속명세서는 주로 대차대조표와 손익계산서의 중요한 항목에 관하여 회계연도 중에 발생한 변동관계를 자세하게 보고하는

보조적 명세서이며, 재무제표의 내용을 보충하여 이해관계자에 대하여 보다 충분한
회계정보를 명료하게 전달하기 위한 것이다.

(3) 營業報告書

영업보고서는 당해 영업연도의 영업의 경과 및 성과, 회사의 과제 등 영업에 관
한 주요사항의 개요를 문장으로 기재한 보고서이다. 영업보고서는 기업회계상 재무
제표체계에는 들어가지 아니한다. 이사는 매결산기에 영업보고서를 작성하여 이사회
의 승인을 얻고, 정기총회에 제출하여 그 내용을 보고하여야 한다(447조의2①, 449②).
영업보고서의 기재사항은 대통령령으로 정하며(447의2②), 상법시행령(2012.4.15, 대
통령령 제23720호) 제17조는 11가지를 규정하고 있다.

(4) 連結財務諸表

연결재무제표란 주식회사와 다른 회사(조합 등 법인격이 없는 기업을 포함한다)가
대통령령으로 정하는 지배·종속의 관계에 있는 경우 지배하는 회사(주식회사만)가
작성하는 서류로서, 연결재무상태표, 연결손익계산서 또는 연결포괄손익계산서, 그
밖에 대통령령으로 정하는 서류(연결자본변동표, 연결현금흐름표, 주석)를 말한다(외감
법 1의2ii, 동 시행령 1의2②).

3. 監事에 의한 監査

(1) 財務諸表등의 提出 및 監査

이사(대표이사)는 재무제표와 영업보고서를 작성하여 이사회의 승인을 얻은 후
정기총회회일의 6주간 전에 감사(감사위원회)에게 제출하여야 하며(447의3, 415의2
⑦), 감사(또는 감사위원회는)는 재무제표 및 영업보고서를 받은 날로부터 4주간 내에
감사를 실시하고 감사보고서를 이사에게 제출하여야 한다(447의4①).

(2) 監査報告書에 記載할 事項

감사보고서에 기재해야 할 사항은 재무제표의 정확 및 적정성, 이사의 부정 및
위법행위 등 회계 및 업무감사에 관한 내용이며 10가지가 법정되어 있다[① 감사방법
의 개요, ② 회계장부에 기재할 사항의 기재가 없거나 부실기재된 경우 또는 대차대조표나
손익계산서의 기재가 회계장부의 기재와 합치되지 아니하는 경우에는 그 뜻, ③ 대차대조표
및 손익계산서가 법령 및 정관에 따라 회사의 재산 및 손익상태를 정확하게 표시하고 있는
경우에는 그 뜻, ④ 대차대조표 또는 손익계산서가 法令 또는 정관에 위반하여 회사의 재산

및 손익상태가 정확하게 표시되지 아니하는 경우에는 그 뜻과 사유, ⑤ 대차대조표 또는 손익계산서의 작성에 관한 회계방침의 변경이 타당한지의 여부와 그 이유, ⑥ 영업보고서가 법령 및 정관에 따라 회사의 상황을 정확하게 표시하고 있는지의 여부, ⑦ 이익잉여금처분계산서 또는 결손금처리계산서가 법령 및 정관에 적합한지의 여부, ⑧ 이익잉여금처분계산서 또는 결손금처리계산서가 회사재산의 상태 기타의 사정에 비추어 현저하게 부당한 경우에는 그 뜻, ⑨ 제447조의 부속명세서에 기재할 사항의 기재가 없거나 부실기재된 경우 또는 회계장부·대차대조표·손익계산서나 영업보고서의 기재와 합치되지 아니하는 기재가 있는 경우에는 그 뜻, ⑩ 이사의 직무수행에 관하여 부정한 행위 또는 법령이나 정관의 규정에 위반하는 중대한 사실이 있는 경우에는 그 사실(447의4②)]. 그리고 감사가 감사를 하기 위하여 필요한 조사를 할 수 없었던 경우에는 감사보고서에 그 뜻과 이유를 기재하여야 한다(447의4③).

(3) 外部監査

주식회사의 외부감사에 관한 법률(외감법)에 의하여 외부감사를 받는 회사는, 그 사업연도의 재무제표 또는 연결재무제표를 작성하여, 일정한 기간 내에 감사인에게 제출하여야 한다(외감법 7, 동 시행령 6). 그 제출기한은 (i) 재무제표의 경우에는 정기총회 6주일 전(회생절차가 진행 중인 회사의 경우에는 사업연도 종료 후 45일 이내), (ii) 연결재무제표의 경우에는, 한국채택국제회계기준을 적용하는 회사는 정기총회 4주일 전(회생절차가 진행 중인 회사의 경우에는 사업연도 종료 후 60일 이내), 한국채택국제회계기준을 적용하지 아니하는 회사는 사업연도 종료 후 90일 이내(「자본시장과 금융투자업에 관한 법률」 제159조제1항에 따른 사업보고서 제출대상법인 중 직전사업연도 말 현재 자산총액이 2조원 이상인 법인의 경우에는 사업연도 종료 후 70일 이내)이다. 감사인은 감사보고서를 대통령령이 정하는 기간 내에 회사(감사 또는 감사위원회를 포함)·증권선물위원회 및 한국공인회계사회에 제출하여야 한다(8①).

4. 備置 및 公示

(1) 이사는 정기총회회일의 1주간 전부터 재무제표 및 영업보고서와 감사보고서를, 본점에 5년간, 그 등본을 지점에 3년간, 비치하여야 한다(448①). 주주와 회사채권자는 영업시간 내에 언제든지 위의 비치서류를 열람할 수 있으며, 회사가 정한 비용을 지급하고 그 서류의 등본이나 초본의 교부를 청구할 수 있다(448②).

(2) 주식회사의 외부감사에 관한 법률에 의하여 외부감사를 받는 회사는 외부감사인의 감사보고서를 함께 비치·공시하여야 한다(동법 14①).

5. 財務諸表 등의 承認 및 公告

(1) 定期總會에서의 承認 및 貸借對照表의 公告

1) 주주총회의 승인   ㈎ 이사는 재무제표·연결재무제표·부속명세서를 정기총회에 제출하여 그 승인을 요구하여야 하며, 영업보고서를 정기총회에 제출하여 그 내용을 보고하여야 한다(449). 재무제표의 승인은 보통결의에 의하며, 총회는 그 내용을 수정하여 결의할 수도 있다. 주주총회의 승인에 의하여 회사의 재무제표 등이 확정되고 그에 따라 이익배당과 준비금의 적립 등이 이루어진다.

㈏ 총회는 이사가 제출한 서류와 감사의 보고서를 조사하게 하기 위하여 검사인을 선임할 수 있다(367). 감사는 이사가 주주총회에 제출할 재무제표 및 영업보고서를 조사하여 법령 또는 정관에 위반하거나 현저하게 부당한 사항이 있는지의 여부에 관하여 주주총회에 그 의견을 진술하여야 한다(413).

2) 理事會의 承認(특칙)   회사는 정관으로 정하는 바에 따라, ① 제447조의 각 서류(재무제표·연결재무제표·부속명세서)가 법령 및 정관에 따라 회사의 재무상태 및 경영성과를 적정하게 표시하고 있다는 외부감사인의 의견이 있고, ② 감사(감사위원회 설치회사의 경우에는 감사위원) 전원의 동의가 있는 경우에는 제447조의 각 서류를 이사회의 결의로 승인할 수 있다(449의2①). 이와 같이 이사회가 승인한 경우에는 이사는 제447조의 각 서류의 내용을 주주총회에 보고하여야 한다(449의2②).

3) 貸借對照表의 公告   재무제표에 대한 총회의 승인이 있으면 이사는 지체 없이 대차대조표를 公告하여야 한다(449③). 외부감사 대상인 회사가 상법 규정에 의하여 대차대조표를 공고하는 때에는 감사인의 명칭과 감사의견을 병기하여야 한다(외감법 14②).

(2) 理事와 監事(또는 감사위원회위원)의 責任解除

1) 정기총회의 재무제표 승인 후 2년 내 다른 결의가 없으면 이사와 감사의 책임은 해제한 것으로 본다(450본문). 그러나 不正行爲로 인한 경우는 제외한다(450단서). 이 책임해제를 규정한 것은 상법상 이사와 감사의 책임이 엄격하므로 단기간의 책임소멸사유를 인정하는 것이 형평에 맞고, 소신 있는 경영을 할 수 있게 하기 위함이다. 이 책임해제의 법적성질에 관하여는, 승인결의의 부수적인 법적 효과라고 보는 견해(승인결의효과설)가 있으나, 제척기간의 경과에 의하여 발생하는 효과라고 본다(제척기간설·통설).

2) 책임이 해제되는 범위는, 재무제표에 기재되었거나 그것으로부터 알 수 있는 사항에 한정한다고 본다(통설·판례).

3) 책임해제의 입증책임은 면제받는 이사와 감사에게 있다(대판 1969.1.28, 68다 305).

III. 準備金

1. 총 설

(1) 의의 및 기능

준비금(reserve)은 순자산액이 자본금액을 초과하는 경우 그 금액을 모두 이익 배당 등으로 처분하지 않고 그 중 일정액을 일정한 목적을 위하여 회사에 유보하는 계산상의 금액이며, 적립금이라고도 한다. 준비금은 자본금과 같이 계산상의 수액 일 뿐이며 특정한 형태나 방법으로 보관되거나 관리되는 것은 아니다. 그러므로 준 비금의 적립이나 사용도 단지 대차대조표상의 준비금의 액의 증가 또는 감소로 나 타날 뿐이다. 그러나 관념적 수액이지만 이것이 일단 준비금으로 계상되면 순자산 의 유보한도가 확대되므로 채권자의 담보범위가 확대되어 자산에 준하는 성질을 갖 는다. 준비금은 자본금과 함께 대차대조표상 자본의 부에 기재되고, 배당가능이익 을 산정함에 있어 순자산액으로부터 공제하는 항목이므로(462① ii iii) 준비금이 적립 되면 회사에 유보하는 순자산이 증가하게 되어 회사의 재정적 기초를 공고하게 하 고 채권자 보호에 기여하는 장점이 있지만, 한편 준비금의 적립은 배당가능이익을 축소시키는 결과가 되어 이것을 무제한 허용하는 경우에는 주주의 이익을 해치게 되므로 그 적립 및 사용에 제한을 두고 있다.

(2) 준비금의 種類

1) 준비금에는 법률의 규정에 의하여 적립이 강제되는 法定準備金과 회사가 정 관의 규정 또는 주주총회의 결의에 의하여 적립하는 任意準備金이 있다. 그리고 법 정준비금에는 이익준비금과 자본준비금이 있다.

2) 의사(擬似)준비금(부진정준비금)은 대차대조표에는 준비금 또는 적립금의 명 목으로 계상되지만 실질상으로는 준비금의 성질을 갖는 것은 아니며 감가상각적립 금에서와 같이 다만 광정항목에 불과한 것을 가리킨다. 한편 秘密準備金(숨은 준비 금)은 대차대조표에는 준비금의 명목으로는 계상되어 있지 않으나, 실질상으로는 준 비금의 성질을 가지는 것이다(예, 자산의 실가 이하의 평가 또는 부채의 실가 이상의 평가 시의 차액). 비밀준비금은 회계의 진실의 원칙에 어긋나고, 주주의 이익을 해하며, 탈 법수단으로 악용될 염려가 있으므로 허용되지 않는 것이 적절하다고 본다(다수설).

2. 法定準備金

법정준비금은 법률의 규정에 의하여 적립이 강제되는 준비금이다. 그 재원에 따라 이익준비금과 자본준비금으로 나뉜다.

(1) 利益準備金

매결산기의 이익의 일부를 적립하는 준비금이다. 회사는 그 자본금의 2분의 1이 될 때까지 매 결산기 이익배당액의 10분의 1 이상을 이익준비금으로 적립하여야 한다. 다만, 주식배당의 경우에는 그러하지 아니하다(458). 후일 영업성적의 부진이나 경영상황의 악화 등에 의한 손실에 대비하기 위한 것이다. 정관의 규정에 의하여 자본액의 2분의 1을 초과하여 적립한 그 초과액은 임의준비금의 성질을 갖는다.

(2) 資本準備金

1) 意　　義　　자본준비금은 기업회계상의 자본거래의 결과 발생한 자본잉여금을 원천으로 하는 법정준비금이다. 이것은 영업에 의한 이익이 아니며 오히려 자본에 가까운 것으로서 원래 주주에게 배당할 수 없는 성질의 것이며, 따라서 그 전액의 적립이 요구되며 적립의 한도도 없다.

2) 財　　源　　회사는 자본거래에서 발생한 잉여금을 대통령령으로 정하는 회계기준(시행령 15)에 따라 자본준비금으로 적립하여야 한다(459①, 시행령 18). 합병이나 제530조의2에 따른 분할 또는 분할합병의 경우 소멸 또는 분할되는 회사의 이익준비금이나 그 밖의 법정준비금은 합병·분할·분할합병 후 존속되거나 새로 설립되는 회사가 승계할 수 있다(459②).

(3) 法定準備金의 使用

1) 缺損의 補塡　　법정준비금은 자본금의 결손 보전에 충당하는 경우 외에는 처분하지 못한다(460). 결손이라 함은 회사의 순자산이 자본금과 법정준비금의 합계액보다 적은 것을 말한다.

2) 준비금의 資本轉入　　법정준비금은 예외적으로 자본금전입에 사용된다(뒤에 설명함).

3) 준비금의 減少　　회사는 적립된 자본준비금 및 이익준비금의 총액이 자본금의 1.5배를 초과하는 경우에, 주주총회의 결의에 따라, 그 초과한 금액 범위에서 자본준비금과 이익준비금을 감액할 수 있다(461의2). 과다하게 적립된 준비금을 주주에게 분배하는 등 준비금 운용의 유연성을 인정한 것이다.

3. 任意準備金

임의준비금은 회사가 정관 또는 주주총회의 결의에 의하여 적립되는 준비금이다. 법정준비금을 공제한 잔여이익을 재원으로 하여 적립된다. 적립에는 한도가 없다. 임의준비금에는 사용목적이 미리 정하여져 있는 것과, 그러하지 아니한 것(일반적립금)이 있다. 使用目的이 미리 정하여져 있는 임의준비금으로는 사업확장적립금 · 감채적립금 · 배당평균적립금 · 결손보전적립금 등이 있다. 임의준비금의 사용은 정관 또는 주주총회의 결의의 내용에 따르며, 정관변경 또는 총회의 결의에 의하여 폐지 · 변경할 수 있다.

4. 準備金의 資本金轉入

(1) 總   說

준비금의 자본금전입은 법정준비금의 일부 또는 전부를 자본금에 전입하여 무상으로 신주를 교부하는 절차이다. 회사의 자본금은 증가하지만, 회사재산에는 변동이 없다. 자본금이 증가하는 점에서 자본금증가 없이 주식수가 증가하는 주식분할과 다르다. 전입대상은 法定準備金(이익준비금 · 자본준비금)에 한한다. 이에 대하여 임의준비금도 자본금으로 전입할 수 있다는 소수설이 있다. 준비금의 자본금전입은, 자본금에 비해 준비금이 지나치게 많은 경우 그 균형을 맞추거나, 주식의 시가가 너무 높은 경우 주가를 인하하여 유통성을 증가시키며, 회사재산의 확실한 사내유보로 회사채권자를 보호할 수 있는 등의 기능을 한다.

(2) 節   次

1) 준비금의 자본금 전입은 理事會의 결의에 의한다(461①). 그러나 정관으로 주주총회에서 결정하기로 정할 수 있다(461①단서). 이사회(또는 주주총회)는 언제든지 준비금의 전부 또는 일부를 자본금에 전입할 것을 결의할 수 있다. 이사가 1인인 소규모회사에는 이사회가 없으므로 주주총회가 결정한다(383④).

2) 이사회의 결의에 있어서는 전입할 준비금의 종류(이익준비금 또는 자본준비금) 및 전입액을 구체적으로 정하여야 한다.

3) 이사회의 자본금전입결의가 있은 때에는 회사는 일정한 날(배정일)을 정하여 그 날에 주주명부에 기재된 주주가 신주의 주주가 된다는 뜻을 그 날의 2주간 전에 공고하여야 하며, 다만 그 배정일이 주주명부폐쇄기간 중인 때에는 그 기간의 초일의 2주간 전에 공고하여야 한다(461③).

(3) 效力發生

1) 자본금전입의 효력발생일은 이사회가 결의한 때에는 신주배정일이 되고(461③) 주주총회가 결의한 때에는 그 결의가 있은 때가 된다(461④). 결의에 조건 또는 기한을 붙인 때에는 조건의 성취 또는 기한의 도래에 의하여 효력이 생긴다.

2) 신주배정일 또는 주주총회 결의일 현재의 주주명부상의 주주가 자본금전입으로 발행하는 신주의 주주가 된다(461③④). 이와 같이 신주의 주주가 확정되면, 이사는 신주를 받을 주주와 주주명부에 기재된 질권자에 대하여 지체 없이 그 주주가 받을 주식의 종류와 수를 통지하여야 한다(461⑤).

3) 신주에 대한 이익이나 이자의 배당에 관하여는 정관의 정하는 바에 따라서 자본금전입결의에 따라 발행한 신주가 직전 영업연도 말에 발행된 것으로 할 수 있다(461⑥, 350③후단).

(4) 新株發行

1) 회사는 준비금의 자본금전입에 의한 전입액에 대하여 신주를 발행하여 주주에게 무상으로 교부하게 되며, 이 경우에는 주주평등의 원칙에 의하여 각 주주가 가진 주식의 수에 따라서 주식을 발행해 주어야 한다(461②). 그리고 1주가 되지 못하는 단주가 생긴 경우에는 이것을 모아서 매각하여 그 대금을 가진 주식수에 따라서 지급하면 되는데, 거래소의 시세 있는 주식은 거래소를 통하여 매각하고, 거래소의 시세 없는 주식은 법원의 허가를 받아 경매 이외의 방법으로 매각할 수 있다(461②, 443①).

2) 발행되는 주식의 수는 정관에 정한 발행예정주식총수를 한도로 하며, 주식의 종류도 정관에 규정되어 있는 것과 그 수의 범위에 한정된다.

3) 신주의 발행가액은 액면가액으로 하며, 자본금전입액과 발행되는 주식의 액면총액이 같다.

4) 신주발행의 유지청구(424) · 신주발행무효의 소(429)의 규정은 이 경우에도 유추적용된다(통설).

(5) 質權의 物上代位

준비금의 자본금전입으로 인하여 발행된 신주에 대하여는 질권의 물상대위가 인정되어, 종전의 주식의 질권자는 신주 또는 단주의 처분에 의한 금전에 대하여도 질권을 갖는다(461⑦, 339).

(6) 登　記

신주발행의 효력이 발생하면 등기사항인 자본금액과 발행주식 총수가 증가하므로 변경등기를 하여야 한다(317④, 183).

IV. 利益의 分配

1. 概　說

(1) 회사가 그 영업활동에 의한 이익을 출자한 주주에게 분배하는 것은 영리성의 본질적 요청이라 할 수 있고, 주주가 회사에 출자하는 목적도 이익배당을 받는 데 있다. 이익의 분배는 회사가 해산할 때 잔여재산분배의 방법으로 할 수도 있지만, 회사는 보통 영속적인 영업을 전제로 하므로 정기적인 결산을 통하여 주주에게 이익을 배당하는 것을 인정할 필요가 있다. 주주의 이익배당청구권은 주주의 가장 중요한 권리이며 고유권으로서 주주의 동의 없이 박탈하거나 부당하게 제한하지 못한다.

(2) 상법은 이익배당의 方法으로 지급하는 금전배당(현금배당), 주식배당, 현물배당을 규정하고 있다. 또한 영업연도 중의 중간배당(462의3)이 인정된다.

(3) 商法은 회사자산의 부당한 유출을 방지하기 위하여 배당할 수 있는 이익의 범위(배당가능이익)를 정하여 규제하고, 회사채권자와 주주 간의 이해의 조정을 도모하고 있다.

2. 利益配當(現金配當)

(1) 意　義

이익배당은 회사가 그 영업활동에 의한 이익을 출자한 주주에게 배당하는 것을 말한다. 이익배당은 금전배당으로 함이 일반적이며, 이익배당이라고 하면 보통 금전배당을 말한다. 상법은 일정한 한도 범위 안에서 이익배당을 하도록 규정하고 엄격한 절차를 규정하여 자본금충실 및 채권자 보호를 도모하고 있다.

(2) 利益配當의 要件

1) 配當可能利益의 존재　　㈎ 회사가 주주에게 배당할 수 있는 배당가능이익은 대차대조표상의 순자산액으로부터 ① 자본금의 액, ② 그 결산기까지 적립된 자본준비금과 이익준비금의 합계액, ③ 결산기에 적립하여야 할 이익준비금의 액, ④ 대통령령으로 정하는 미실현이익(상법시행령 19)을 공제한 액이다(462①). 이와 같이

이익 전부를 배당하지 않고 유보하는 것은 자본금충실의 원칙에 입각한 것이며 회사채권자를 보호하려는 것이다.

　　⒩ 상법 제462조는 규정하고 있지 않으나, 정관이나 주주총회결의로 정한 임의준비금도 같이 공제하여야 할 것이다. 이러한 임의준비금을 이익배당에 사용하려면 각각 정관변경 및 총회결의가 있어야 한다. 또 자산재평가법에 의한 재평가적립금도 그 성질이 자본준비금에 준하는 것이므로 공제하여야 한다(동법 28).

　　2) 株主總會의 決議　　이익배당은 주주총회의 결의로 정한다(462②). 다만, 재무제표를 이사회가 승인하는 경우(449의2①)에는 이사회의 결의로 정한다. 총회에 앞서 이사회는 매결산기에 이익잉여금처분계산서 등 재무제표를 작성하여 이사회의 승인과 감사(또는 감사위원회)의 감사를 받은 후 정기주주총회에 제출하며(447, 447의4, 415의2⑦, 447), 이것은 총회의 승인결의에 의하여 확정된다. 주주총회는 이사회가 작성·제출한 이익배당안을 수정·변경할 수도 있다.

(3) 配當의 標準

1) 株主平等의 原則과 그 例外　　이익배당은 주주평등의 원칙에 의하여 각 주주가 가진 주식의 수에 따라서 지급한다(464본문). 다만 이익배당에 관하여 내용이 다른 종류의 주식을 발행한 경우에는 정관의 정함에 따라 차등배당을 할 수 있다(344①, 464단서). 대주주들이 스스로 소액주주보다 저율의 배당을 받기로 결의한 경우와 같은 차등배당은 인정되지만, 소액주주에게 불리한 차등배당은 주주평등의 원칙에 반하여 인정되지 않는 것으로 본다.

2) 日割配當·同額配當　　영업연도의 중간에 신주가 발행된 경우에 그 신주의 주주에게 신주의 발행일로부터 결산기까지의 일수에 따라서 계산한 금액을 배당하는 것을 일할(日割)배당이라고 하는데, 이러한 일할배당은 주주의 실질적 평등에 부합하며 적법하다고 본다. 한편 상법은 신주발행, 준비금의 자본전입, 주식배당으로 인하여 신주가 발행된 경우에 그 신주에 대한 이익이나 이자의 배당에 관하여는 그 직전 영업연도 말에 발행된 것으로 할 수 있도록 규정하고 있는데(423①, 461⑥, 462의2④, 350③후단) 이것은 동액배당을 허용하는 것이다. 그러므로 영업연도의 중간에 신주가 발행된 경우에 형식적 평등을 위하여 동액배당을 할 것인지 일할배당을 할 것인가 하는 것은 회사의 임의에 속한다고 본다.

(4) 配當金의 支給

1) 配當金支給請求權　　주주는 정기주주총회에서 이익잉여금처분계산서상의

이익배당의 의안이 승인되면(449①, 447) 구체적 배당금지급청구권을 취득한다. 이 지급청구권은 독립하여 양도·입질·압류·전부명령 등의 대상이 된다. 이 구체적인 배당금지급청구권은 총회에서 확정된 때로부터 5년간 이를 행사하지 아니하면 소멸시효가 완성한다(464의2②).

2) **配當金支給時期**　회사는 이익배당을 주주총회나 이사회의 결의(462②, 462의3①)를 한 날부터 1개월 내에 하여야 한다(464의2①). 다만, 주주총회 또는 이사회에서 배당금의 지급시기를 따로 정한 경우에는 그러하지 아니하다(464의2①단서). 이 기간 내에 배당금을 지급하지 아니한 때에는 이사 등이 과태료의 제재를 받게 된다(635①xxvii).

(5) 違法配當의 效果

1) **違法配當의 意義**　위법배당은 이익배당의 요건(462①)에 위반하여 이익배당을 하는 것을 말한다. 배당가능이익이 없거나 이를 초과하여 배당하거나, 분식결산에 의하여 가공의 이익금을 산출함으로써 배당하는 경우 등이며, 이러한 배당은 무효이다.

2) **會社·會社債權者의 반환청구권**　㈎ 위법한 배당은 당연히 무효이며 會社는 주주에 대하여 부당이득인 위법배당액의 반환을 청구할 수 있다(민법 741). 주주의 선의·악의를 묻지 않는다(통설). 또한 회사채권자는 이를 회사에 반환할 것을 청구할 수 있다(462③).

㈏ 위법배당 자체가 위법하고 무효인 것이므로 위법배당의 주장방법에는 제한이 없다고 본다. 따라서 위법배당금의 반환청구를 하기 위해서 위법배당을 결정한 주주총회결의의 무효확인의 소를 제기할 필요는 없다. 회사채권자의 반환청구는 반드시 소에 의하여야 하는 것은 아니지만, 訴에 의하는 경우에는 반환청구소송은 회사의 본점 소재지의 지방법원에 제기하여야 한다(462④, 186).

3) **理事의 責任**　이사회가 위법배당을 결의한 때에 그 결의에 찬성한 이사와 그 위법배당액을 기재한 이익잉여금처분계산서를 총회에 제출한 대표이사는 회사에 대하여 연대하여 손해배상의 책임을 지며(399), 악의 또는 중대한 과실로 인한 때에는 회사채권자 등 제3자에 대하여도 책임을 진다(401).

4) **罰　則**　이사 등이 위법배당을 한 때에는 회사재산을 위태롭게 하는 죄로서 형벌에 의한 제재를 받게 된다(625iii).

3. 中間配當

(1) 中間配當의 意義

상법상 중간배당이라 함은 연 1회의 결산기를 정한 회사가, 정관이 정하는 바에 따라, 영업연도 중 1회에 한하여, 이사회의 결의로 일정한 날을 정하여, 그 날의 주주에게 금전으로 이익을 배당하는 것을 말한다(462의3①). 이 제도는 이익배당을 목적으로 하는 주주의 투자의 의욕을 고취하고 회사의 자금압박의 완화 등 재무정책을 지원하기 위한 것이다.

(2) 性 質

중간배당은 영업연도 말의 결산절차를 밟지 않고 주주총회의 승인이 없이 이루어지므로 법률적인 의미의 이익배당이라고 할 수는 없다. 중간배당의 법적성질 에 대하여는 제462조의3 제2항을 이유로 전기에 발생한 이익의 후급으로 보는 견해가 있으나, 실질적으로는 당기 결산기의 이익을 예상한 先給(가지급)의 성질을 가진다고 본다. 商法은 중간배당에 관하여 이익배당에 관한 여러 규정을 준용하여 이익배당의 경우와 같은 취급을 하고 있다(462의3⑤).

(3) 要 件

1) 연 1회의 결산기를 정한 회사에만 인정된다(462의3①).

2) 정관에 허용 규정이 있고, 이사회의 결의가 있어야 한다(462의3①).

3) 영업연도 중 1회에 한하여 금전 또는 현물로 배당을 하여야 한다.

4) 중간배당은 직전 결산기의 대차대조표상의 순자산액에서 ① 직전 결산기의 자본금의 액, ② 직전 결산기까지 적립된 자본준비금과 이익준비금의 합계액, ③ 직전결산기의 정기총회에서 이익으로 배당하거나 지급하기로 정한 금액 및 ④ 중간배당에 따라 당해 결산기에 적립하여야 할 이익준비금을 공제한 액을 한도로 한다(462의3②).

5) 당해 결산기의 대차대조표상의 순자산액이 상법 제462조 제1항(이익배당의 실질적 요건) 각 호의 금액의 합계액에 미치지 못할 우려가 있는 경우에는 중간배당을 하여서는 아니 된다(462의3③).

(4) 中間配當의 결의 및 配當金 지급시기

1) 중간배당은 정관의 규정에 따라서 이사회의 결의에 의하여 하게 된다(462의3①). 이사가 1인인 소규모회사의 중간배당의 결정은 주주총회가 하게 된다(383④).

2) 중간배당금은 이사회 결의가 있은 날로부터 1월 이내에 지급하여야 한다. 다

만 이사회에서 지급시기를 따로 정한 경우에는 예외로 한다(464의2①).

(5) 違法中間配當의 효력

1) 違法中間配當額의 반환　　소정의 한도액을 초과한 중간배당은 위법배당으로서 무효이며, 따라서 회사채권자는 회사에 반환할 것을 청구할 수 있다(462의3⑥, 462③④). 한편 중간배당금을 받은 株主는 부당이득을 한 것이 되므로 회사에 대하여 이를 반환하여야 한다(민법 741).

2) 理事의 責任　　㈎ 당해 결산기의 대차대조표상의 순자산액이 상법 제462조 제1항 각 호의 금액의 합계액에 미치지 못함에도 불구하고 중간배당을 한 경우에는 理事는 당해 회사에 대하여 연대하여 그 차액(배당액이 그 차액보다 적을 경우에는 배당액)을 배상할 책임이 있다(462의3④본문). 다만, 그 이사가 제462조의3 제4항의 우려(즉, 순자산액이 상법 제462조의 1항 각 호의 금액의 합계액에 미치지 못할 우려)가 없다고 판단함에 있어서 주의를 게을리 하지 하였음을 증명한 때에는 위의 배상책임이 없다(462의3④단서).

㈏ 이사회의 중간배당결의에 찬성한 이사는 위의 책임을 지는데, 이사회의 중간배당결의에 참가한 이사로서 이의를 한 기재가 의사록에 없는 자는 그 결의에 찬성한 것으로 추정한다(462의3⑥, 399②③).

㈐ 이사의 위의 책임을 면제하기 위해서는 총주주의 동의를 요한다(462의3⑥, 400).

4. 株式配當

(1) 意義·效用

주주에 대한 이익배당은 금전으로 하는 것이 원칙이지만 새로 발행하는 株式으로 할 수도 있는데 이것을 주식배당이라 한다(462의2). 주식배당제도는 주주에게 배당할 현금이 부족한 경우의 배당대책으로서 이용되며 회사자금을 사내에 유보하는 효과를 가져온다. 자본금을 증가하여 會社의 대외적인 신용을 높이고, 주식 수 증가를 통하여 주가를 조절하는 기능을 하기도 한다. 주가가 액면보다 높은 경우에 주주로서는 금전배당보다 주식배당이 유리하다.

(2) 性　質

주식배당의 성질에 관하여, 株式分割說은, 주식배당은 회사자산의 변동이 없이 배당가능이익을 자본으로 전입하여 그에 해당하는 신주를 무상교부하는 것이므로 성질상 주식분할로 보아야 한다고 한다. 그러나 주식배당은 정기총회에서 이익배당결의에 의하여 결정되고, 배당가능이익의 존재를 전제로 하며, 유출될 자산이 사내에 유보되어 있다는 점 및 주식배당에 관한 규정(462의2)의 위치 등에서 볼 때 利益配當說이 타당하다고 본다(다수설).

(3) 株式配當의 要件

1) 주식배당은 이익배당총액의 2분의 1에 상당하는 금액을 초과하지 못한다(462의2①단서). 금전배당을 기대하고 투자한 株主의 이익의 보호를 고려한 것이다. 한편 상장회사는, 해당 주식의 시가가 액면가 이상이면, 이익배당 총액의 전부를 주식으로 배당하는 것이 인정된다(자본시장법 165의13①).

2) 주식배당을 하기 위하여는 배당가능이익이 있어야 한다. 여기서 이익은 당기이익뿐 아니라 이월이익을 포함한다(통설).

3) 주식배당은 발행예정주식총수 범위 내에서 신주발행을 하는 것이므로 미발행의 수권주식이 남아 있어야 한다.

(4) 節 次

1) 株主總會의 決議   주식배당을 하기 위해서는 주주총회의 결의가 있어야 한다(462의2①). 이 경우 총회에서는 주식배당을 한다는 것, 신주의 종류와 수 및 발행가액 등을 정하여야 한다.

2) 發行價額   발행가액은 주식의 권면액으로 한다(462의2②). 그러므로 액면가에 미달하거나 또는 액면가를 초과하는 발행가액을 정할 수 없다고 본다.

3) 會社의 自己株式   회사의 자기주식에 대하여 주식배당을 할 것인가에 관하여, 주식분할설에서는 자기주식에 대하여도 주식배당이 가능하다고 한다. 그러나 이익배당설을 취하면서 회사의 자기주식에 대하여는 이익배당 등 자익권이 휴지된다고 보는 다수설에 따르면(전면적 휴지설) 주식배당은 할 수 없게 된다.

4) 種類株式이 발행된 경우   ㈎ 종류주식이 발행되어 있는 경우에, 주식분할설에서는 주주가 가진 종전의 주식과 동일한 종류의 주식을 배당하여야 한다고 한다. 그러나 이익배당설에서는 주식배당도 성질상 이익배당이므로 주주가 가지는 주식의 종류에 관계없이 일률적으로 동일한 종류의 주식을 배당할 수 있다고 본다.

㈏ 상법은 회사가 종류주식을 발행한 때에는 각각 그와 같은 종류의 주식으로 배당할 수 있다고 규정하고 있으므로(462의2②후단), 株主가 가지는 주식과 같은 종류의 주식을 배당할 수 있는 동시에 지주와 다른 종류의 株式도 배당할 수 있게 된다.

5) **端株處理**　주식으로 배당할 이익의 금액 중 주식의 권면액에 미달하는 단주가 있는 때에는 그 단주를 경매하며 각 주수에 따라 그 대금을 주주에게 지급하되, 거래소의 시세 있는 주식은 거래소를 통하여 매각하고, 거래소의 시세 없는 주식은 法院의 허가를 받아 경매 외의 방법으로 매각할 수 있다(462의2③).

6) **株式配當의 通知·公告**　주주총회가 주식배당을 결의한 때에는 이사는 지체 없이 배당을 받을 주주와 주주명부에 기재된 질권자에게 그 주주가 받을 주식의 종류와 수를 통지하여야 한다(462의2⑤).

(5) 新株發行의 效力發生時期

주식배당을 받은 주주는 주식배당결의가 있은 주주총회가 종결한 때로부터 신주의 주주가 된다(462의2④). 주식배당으로 발행되는 신주에 대한 利益이나 利子의 배당에 관하여는 정관이 정하는 바에 따라 총회에서의 그 배당결의가 있은 때가 속하는 영업연도의 직전 영업연도 말에 신주발행의 효력이 있는 것으로 할 수가 있다(462의2④후단).

(6) 質權者의 物上代位

등록질권자는 주식배당에 의하여 주주가 받을 신주에 대하여 질권을 가지며, 회사에 대하여 신주의 주권의 교부를 청구할 수 있다(462의2⑥).

(7) 登　記

주식배당에 의하여 신주가 발행되면 회사의 발행주식총수와 자본금의 총액이 증가하여 등기사항에 변동이 생기게 된다. 그러므로 소정의 기간 내에 본점과 지점의 소재지에서 변경등기를 하여야 한다(317④, 183).

(8) 違法한 株式配當의 效果

1) **形式的 要件에 위반한 경우**　정관에 정함이 없는 종류의 주식을 발행하였거나, 정관에 정한 수권주식수를 초과하여 주식을 발행한 경우, 또는 총회의 결의에 하자가 있는 경우 등이다. 이 경우에는 신주발행무효의 소(429)의 대상이 된다. 주식배당이 있기 전이면 신주발행유지청구의 소(424)에 관한 규정을 유추적용할 수 있다고 본다. 이사는 법령위반으로 인한 손해배상책임이 있다(399). 이 경우에는 회사로부터 금전의 지급이 없으므로 주주의 회사에 대한 반환의무는 없다고 본다.

2) **利益配當의 要件에 違反한 경우**　㈎ 배당가능이익이 없거나 그 한도를 넘

어서 주식배당을 한 경우에도 위의 경우와 마찬가지로 신주발행무효의 원인이 된다 (다수설). 그러나 이 경우에는 주금의 납입이 없으므로 납입금반환(432)의 문제는 없으며, 회사가 주주에게 금전지급을 한 일이 없고 회사자산이 유출된 것이 아니므로 채권자의 반환청구권은 인정되지 아니한다고 본다.

　　(나) 이사 · 감사(또는 감사위원회 위원)는 손해배상책임을 진다(399, 401, 414, 415 의2⑦). 또한 벌칙규정이 적용된다(625iii).

5. 現物配當

(1) 意　　義

현물배당은 금전 외의 재산으로 이익배당을 하는 것을 말한다(462의4). 현물배당은 정기배당은 물론 중간배당에서도 할 수 있다. 현물배당이 허용되면 회사가 선택할 수 있는 배당의 대상의 폭이 넓어져 배당정책 운용 폭이 커지게 된다. 여기서 말하는 현물은 주식, 사채, 유가증권, 상품, 동산 등 금전이 아닌 재산이며 별다른 제한이 없다.

(2) 定款 規定 · 株主總會(理事會)의 決議

정관에 현물배당(금전 외의 재산으로 배당)을 할 수 있음을 규정하여야 한다(462 의4①). 이익배당을 결의하는 주주총회(462②본문)나 이사회(462②단서)에서 현물배당을 결의하여야 한다(462②).

(3) 例外的인 金錢配當

회사가 현물배당을 결정한 경우에 다음 사항을 정할 수 있다(462의4②).

1) 회사는 주주가 배당되는 회사에 대하여 현물배당 대신에 금전의 지급을 회사에 청구할 수 있도록 할 수 있고, 그 경우에는 그 금액 및 청구할 수 있는 기간을 정할 수 있다(462의4②ⅰ).

2) 회사가 일정 수 미만의 주식을 보유한 주주에게 현물배당 대신에 금전을 지급하기로 할 수 있고, 그 경우에는 그 일정 수 및 금액을 정할 수 있다(462의4②ⅱ).

V. 株主의 經理檢査權

1. 總　　說

주주는 총회에서 기본적인 사항의 결정에 참여할 수 있을 뿐이며 회사경영에 관한 거의 모든 사항이 이사회의 권한에 속하여 있으므로 상법은 대표소송제기권(403), 이사의 위법행위유지청구권(402) 또는 이사해임청구권 등 이사의 업무집행에 관한 株主의 감독시정권을 인정하고 있다. 이러한 株主의 권리를 유효적절하게 행사하기 위하여는 會社의 업무와 재산의 상태에 관하여 상세하고 정확한 정보, 특히 회사의 경리에 관한 정보가 필요하다. 그러므로 상법은 株主에게 다음과 같은 경리검사권을 인정하고 있다.

2. 財務諸表 등 閱覽權(단독주주권)

이사는 정기총회회일의 1주간 전부터 재무제표(재무제표부속명세서도 포함) 및 영업보고서와 감사보고서를 본점에 비치하고, 그 등본을 지점에 비치하여야 하며, 주주와 채권자는 영업시간 내에 언제든지 이를 열람하고, 그 등본이나 초본의 교부를 청구할 수 있다(448).

3. 會計帳簿閱覽權(소수주주권)

(1) 序 說

주주의 재무제표 등 열람권(448)의 대상인 서류는 원시기록이 아니므로 그 기재의 정확성과 좀더 자세한 내용을 알기 위해서는 그 작성의 기초가 된 기록 자체를 열람할 필요가 있다. 그러므로 상법은 미국회사법의 제도인 株主의 회계장부열람권을 규정하고 있다(466).

(2) 閱覽權者

열람권자는 발행주식의 총수의 100분의 3 이상에 해당하는 주식을 가진 주주(소수주주)이며(466①), 무의결권주식을 포함한다. 이 권리를 소수주주권으로 한 것은 단독주주권으로 인정할 경우에 남용의 우려가 있기 때문이다. 소수주주가 그 청구를 함에는 이유를 붙인 서면으로 하여야 한다(466①).

(3) 權利의 內容

소수주주는 회계의 장부와 서류의 열람 또는 등사를 청구할 수 있다(466①). 회계의 장부는 재무제표나 그 부속명세서의 작성의 기초가 되는 장부 및 서류 등을 가리키며, 회계의 서류는 회계장부의 기초가 되는 서류나 그것을 실질적으로 보충하는 서류(서신·계약서·납품서·영수증 등)를 말한다. 열람 또는 등사에 있어서는 보조자(공인회계사·변호사·세무사·속기사 등)를 사용하여도 무방하다.

(4) 閱覽의 拒否

회사는 소수주주의 청구가 부당함을 증명하지 아니하면 이를 거부하지 못한다 (466②). 회사가 정당한 사유 없이 주주의 열람 또는 등사의 청구를 거부한 때에는 소수주주는 열람청구의 訴를 제기할 수 있으며, 또 회계의 장부와 서류의 보전의 가처분을 신청할 수 있다. 또 이사는 과태료에 의한 제재를 받는다(635①iv).

4. 業務·財産調査權(소수주주권)

(1) 意 義

소수주주권으로 인정되어 있는 회계장부·서류의 열람·등사청구권은 그 범위가 회계에 관한 기록에 제한되며, 직접적으로 업무나 재산의 상태를 조사할 수가 없다. 상법은 직접 회사의 업무나 재산의 상태를 조사할 필요가 있는 경우를 위하여 소수주주가 검사인의 선임을 청구하고 그 검사인이 업무 및 재산상태를 조사할 수 있도록 하고 있다(467).

(2) 要 件

1) 인정사유   회사의 업무집행에 관하여 부정행위 또는 法令이나 정관에 위반한 중대한 사실이 있음을 의심할 만한 사유가 있는 경우여야 하며(467①), 주주는 이러한 사실을 적시하고 증명을 하여야 한다.

2) 檢査人의 선임청구   조사를 위하여 발행주식의 총수의 100분의 3 이상에 해당하는 주식을 가진 주주(소수주주)는 법원에 검사인의 선임을 청구하여야 한다(467①).

(3) 檢査結果 보고 및 株主總會

1) 검사인은 회사의 업무와 재산상태를 조사하여 그 결과를 法院에 보고하여야 하며(467②), 법원은 이 보고에 의하여 필요하다고 인정하면 대표이사에게 주주총회의 소집을 명할 수 있다(467③).

2) 주주총회가 소집되면 검사인은 그 조사에 대한 보고서를 주주총회에 제출하여야 하며(467③후단, 310②), 이사와 감사는 지체 없이 그 검사인의 보고서의 정확여부를 조사하여 총회에 보고하여야 한다(467④). 주주총회에서는 그 결과에 따라 적절한 처분을 할 수 있게 된다.

VI. 株主의 權利行使에 관한 利益供與의 禁止

1. 입법취지

상법은 會社가 누구에게든지 주주의 권리행사와 관련하여 재산상의 이익을 공여하는 것을 금지하고 있다(467의2). 이 규정의 취지는 직접적으로는 이른바 총회꾼에 대하여 회사가 재산상의 이익을 공여하는 것을 원천적으로 봉쇄하려는 것이지만, 총회꾼이 아니라도 주주의 권리행사와 관련하여 회사가 재산상의 이익을 공여하는 것은 건전한 회사운영을 저해하는 것이므로 이를 방지하기 위한 것이다.

2. 利益供與의 要件

(1) 權利行使와 관련

회사는 주주의 권리행사와 관련한 재산상의 이익공여를 할 수 없는데, 「주주의 권리행사에 관련하여」라고 하는 것은 주주의 권리의 행사에 영향을 미치는 것을 뜻하며, 주주권의 행사·불행사 및 행사방법 등에 관한 것이 모두 포함된다. 이익공여가 관련되는 「주주의 권리행사」는 주주총회에서의 의결권의 행사에 한정되는 것이 아니며, 총회 밖에서 하는 주주권행사를 포함한다.

(2) 財産上의 利益

공여되는 재산상의 이익에는 제한이 없으며, 금전의 지급, 물품의 교부, 이권, 부동산, 또는 무형의 서비스 등도 재산상의 이익이 될 수 있다. 그러나 기념품 등 사회통념상 허용되는 것은 여기에 해당되지 아니한다.

(3) 對價의 有無

이익은 회사의 계산에서 공여된 것이라야 하지만, 대가의 유무는 관계가 없으며, 대가가 합리적이라도 총회꾼에게 우선적으로 발주하는 행위 등은 여기에 해당할 수 있다. 회사에 손해가 발생하는 것은 요건이 아니다.

(4) 利益供與를 받는 상대방

이익공여의 상대방은 제한이 없으며 株主에 한하지 아니한다. 주주 아닌 제3자가 이익을 받고 株主의 권리행사에 영향력을 미치는 경우도 금지의 대상이 된다.

3. 利益供與의 推定

회사가 특정의 주주에 대하여 無償으로 재산상의 이익을 공여한 경우에는 주주의 권리행사와 관련하여 이를 공여한 것으로 추정한다. 회사가 특정의 주주에 대하여 有償으로 재산상의 이익을 공여한 경우에 있어서 회사가 얻은 이익이 공여한 이익에 비하여 현저하게 적은 때에도 또한 같다(467의2②). 이 규정은 會社의 이익공여가 주주권의 행사와 관련된 것이라는 사실의 立證이 매우 어려움을 감안하여 무상공여 및 공여한 이익에 비하여 얻은 이익이 현저하게 적은 때에는 주주권의 행사와의 관련된 공여로 추정하는 것이다.

4. 本條違反의 效果

(1) 財産上의 利益의 返還

1) 회사가 주주권의 행사와 관련하여 재산상의 이익을 공여한 때에는 그 이익을 공여받은 자는 이를 회사에 반환하여야 한다. 이 경우 회사에 대하여 대가를 지급한 것이 있는 때에는 그 반환을 받을 수 있다(467의2③). 이 이익반환의무는 하나의 부당이득의 특칙으로 볼 수 있으며(통설), 회사가 받은 대가의 반환과는 동시이행의 관계가 있다.

2) 회사의 반환청구권의 행사는 대표이사가 하지만, 소수주주에 의한 대표소송이 인정되어 있다(467의2④, 403~406).

(2) 理事·監事의 責任

理事가 제467조의 2 제1항에 위반하여 회사의 계산에서 재산상의 이익을 공여함으로써 회사가 손해를 입게 된 때에는 이를 배상할 책임이 있으며(399) 이익을 공여받은 자의 반환의무와 부진정연대관계에 서게 된다. 監事가 임무해태로 인하여 회사의 이익공여를 간과한 때에는 회사에 대하여 그로 인한 손해를 배상할 책임이 있다(414).

(3) 理事 등의 刑事責任

이사·감사·이사직무대행자·지배인 기타 사용인이 주주의 권리의 행사와 관련하여 회사의 계산으로 재산상의 이익을 공여한 때에는 형벌의 제재를 받게 되며(634의2①), 위의 이익을 수수하거나 제3자에게 이를 공여하게 한 자도 동일한 형사책임을 지게 된다(634의2②).

VII. 使用人의 優先辨濟權

1. 意 義

회사와 사용인 간에는 고용관계로 인하여 여러 가지 채권(급료·퇴직금·신원보증금)이 자주 발생하며 회사는 이에 대비하여 임의준비금 등을 적립하기도 하지만, 임의준비금은 결손 전보를 위하여 사용될 수 있으므로 사용인보호에 충분치 못하다. 그러므로 法은 사용인보호의 사회정책적 견지에서 이 특별규정을 둔 것이다.

2. 內 容

신원보증금의 반환을 받을 채권 기타 회사와 사용인 간의 고용관계로 인한 채권이 있는 자는 회사의 총재산에 대하여 우선변제를 받을 권리가 있다(468본문). 이 우선변제권은 법정담보권이므로 회사의 일반재산에 대한 사용인의 경매청구권이 인정된다(통설). 그러나 질권·저당권이나 「동산·채권 등의 담보에 관한 법률」에 따른 담보권에 우선하지 못한다(468단서).

3. 適用範圍

회사사용인의 우선변제권에 관한 규정은 有限會社의 경우에도 준용된다(583②, 468). 그리고 채무자 회생 및 파산에 관한 법률은 근로자의 임금·퇴직금 등을 공익채권으로 규정하고(동법 179xxi), 이를 회생채권과 회생담보권에 우선하여 회생절차에 의하지 아니하고 수시로 변제하게 함으로써 특별한 보호를 하고 있다(동법 180).

제9절 社 債

I. 總 說

1. 社債의 意義

(1) 槪 念

사채라 함은 회사가 불특정 다수인으로부터 자금을 모집할 목적으로 집단적·대량적으로 부담하는 채무이며, 이에 대하여 債券(유가증권)이 발행되는 것을 말한다. 사채의 발행은 신주의 발행과 더불어 회사에 필요한 자금조달을 위한 것이다. 일반적으로 사채는 국가나 지방공공단체가 기채하여 발행하는 公債와 구별된다.

(2) 效 用

회사가 새로 자금을 조달하는 경우에, 借入金에 의하는 방법은 큰 액수의 자금을 장기에 걸쳐 안정적으로 이용하기에는 적합하지 않고, 新株發行의 방법은 지배관계에 영향을 미치고 새로운 이익배당의 부담이 발생한다. 이에 대하여 사채는 배당률보다 저렴한 이율로 비교적 용이하게 큰 금액을 조달하여 장기간에 걸쳐 이용할 수 있고 또 상환하여 부담에서 벗어날 수 있는 등 이점이 있는 제도이다.

(3) 상법의 規制

사채는 다른 금전채권의 경우와 달리, 일반 공중을 대상으로 대량적 · 집단적으로 기채하기 위한 기술적 처리의 필요성, 장기의 채권을 갖는 다수의 사채권자의 보호 및 사채권자들의 단체적 취급의 필요성, 사채를 유가증권화에 함에 따른 규제의 필요성 등의 특징을 갖는다. 그러므로 상법은 사채에 관하여 여러 가지 특별규정을 두고 있다.

(4) 發行할 수 있는 會社

사채발행에 관한 규정은 주식회사의 경우에만 있다. 인적회사(합명회사 · 합자회사)에도 금지규정은 없으나 발행한 예가 찾기 힘들다. 그러나 유한회사와 유한책임회사의 경우에는 그 비공개성과 제600조 제2항, 제604조 제1항, 제287조의44 등의 취지에서 볼 때 사채를 발행할 수 없는 것으로 해석된다(통설).

2. 社債契約의 性質

사채의 본질은 債權이며, 사채성립의 원인인 사채계약의 성질에 관하여는 ① 채권매매설(다수설), ② 소비대차설, ③ 소비대차에 유사한 무명계약으로 보는 설이 있으나, ④ 매출발행의 경우는 채권의 매매이고, 그 밖의 경우에는 소비대차에 유사한 무명계약으로 보는 설(다수설)에 찬동한다.

3. 社債와 株式의 비교

(1) 共 通 點

사채와 주식은 ① 회사가 자금을 조달하기 위하여 발행하며, ② 유통성을 높이기 위하여 유가증권(주권 또는 채권)화하고 있고, ③ 균등한 비례적 단위로 나뉘며 단위당 최저액이 법정되어 있고(329④, 472①), ④ 이사회가 그 발행을 결정하며(469, 416), ⑤ 引受에 있어서 일정한 형식(주식청약서, 사채청약서)에 따라야 하고(420,

474), ⑥ 주식과 기명사채의 이전에는 각각 대항요건을 구비할 것이 요구된다(337, 479).

(2) 差 異 點

株主는 회사내부의 지분권자(구성원)이지만 社債權者는 회사의 외부에 있는 채권자이며, 株式은 회사의 자기자본을, 社債는 타인자본을 구성한다. 이와 같은 근본적인 차이에서 다음과 같은 차이가 나타난다.

① 株式에는 의결권 등의 공익권이 인정되어 회사경영에 참여할 권리가 인정되나, 社債에는 회사경영에 참여할 권리가 없다. ② 株式에 대하여는 불확정한 이익배당을 하지만, 社債에 대하여는 이익의 유무에 관계없이 확정액의 이자가 지급된다. ③ 株式에 대하여는 회사존속 중에 주금액의 반환이라는 것이 없지만, 社債는 상환기한이 되면 상환금액을 지급하게 된다(상환주식은 예외). ④ 회사해산의 경우에도 社債는 株式에 우선하며, 회사는 먼저 사채에 대한 채무를 이행한 후가 아니면 주식에 대한 잔여재산의 분배를 하지 못한다(542①, 260). ⑤ 社債에는 분할납입이 인정되지만(476①), 株式은 전액납입이 요구되고(476①, 295, 305), ⑥ 株式에는 현물출자가 인정되지만(295②, 305③, 422), 社債에는 금전납입만이 인정된다(476). ⑦ 株金納入에 있어서 회사의 동의 없이 相計로써 회사에 대항하지 못하지만(421②), 社債의 납입에는 이러한 제한이 없다. 그리고 ⑧ 회사가 自己株式을 취득함에는 일정한 제한이 있으나(341), 自己社債의 취득에는 제한이 없고, ⑨ 株式의 入質에 관하여는 특별규정(338~340)이 있으나, 社債의 入質에 관하여는 이러한 특별규정이 없다.

(3) 社債와 株式의 接近

사채와 주식은 이와 같이 여러 가지 법률상 차이가 있으나, 기업의 자금조달이라는 목적과 그 방법에서 대단히 가깝다. 보통 주주는 회사의 경영에 관심이 없는 경우가 많고, 또 임의준비금의 적립 등에 의하여 회사의 이익배당도 평균화를 기하는 경우가 많다는 점에서 보면 주식은 사채와 유사하며, 이러한 株式의 社債化의 현상은 법률상의 제도로 나타나고 있다. 우리 법제상 사채의 성질을 가진 株式으로는, 상환주식·무의결권주가 있고(주식의 사채화), 주식의 성질을 가진 社債로서 전환사채, 신주인수권부사채, 이익참가부사채 같은 것이 있다(사채의 주식화).

4. 社債의 種類

(1) 記名社債와 無記名社債

기명사채는 債券에 사채권자의 성명이 기재되어 있는 사채이고, 무기명사채는 채권에 사채권자의 성명이 기재되어 있지 아니한 사채이다. 양자 사이에는 상호 전환이 인정되며(480), 그 이전과 입질의 대항요건을 달리한다.

(2) 一般(보통)社債와 特殊社債

특수사채는 사채에 특수한 권리가 부여된 사채이며, 일반사채는 그렇지 아니한 사채이다. 특수사채로는 전환사채와 신주인수권부사채, 이익참가부사채, 교환사채, 담보부사채가 있다.

(3) 無擔保社債와 擔保附社債

담보부사채는 담보권이 설정되어 있는 사채이고, 그러하지 아니한 것이 무담보사채이다. 상법이 규정하고 있는 것은 무담보사채이며, 담보부사채는 담보부사채신탁법에 규정되어 있다.

(4) 現物社債와 登錄社債

현물사채는 등록기관에 등록하지 않고 채권이 발행된 사채이고, 등록사채는 채권(債券)을 발행하는 대신 정관으로 정하는 바에 따라 전자등록기관의 전자등록부에 채권(債權)을 등록한 사채(478③1문), 공사채등록법에 의해 등록기관에 등록한 사채이다(동법 4).

II. 社債의 發行(募集)

1. 社債發行의 方法

상법상 사채의 발행에는 총액인수(475)와 공모발행(474)의 두 가지 방법이 있다.

(1) 總額引受

특정인이 사채발행회사와의 인수계약에 의하여 사채총액을 포괄적으로 인수하는 방법이다(475). 사채발행회사로서는 즉시 필요한 자금을 입수할 수 있고, 인수인은 그 사채를 대중에게 매출하여 차익을 얻게 된다.

(2) 公募發行

사채발행회사가 직접 공중으로부터 사채를 모집하는 방법인데(474), 그 방법으로 직접모집, 위탁모집, 도급모집이 있다.

1) 直接募集은 사채발행회사가 직접 일반 공중으로부터 사채를 모집하는 경우이다.

2) 委託募集은 사채발행회사가 다른 회사에 사채모집을 위탁하는 경우인데, 이 경우에 사채모집의 위탁을 받은 회사는 자기명의로 사채발행회사를 위하여 사채모집에 필요한 행위를 하고(476②) 보수를 받는다.

3) 都給募集은 사채모집의 위탁을 받은 회사가 그 모집액이 총액에 달하지 못한 경우에 그 잔액을 인수할 의무를 부담하는 경우이다(474②xiv).

4) 賣出發行은 이미 완성된 채권을 개별적으로 공중에 대하여 매출하여 사채금을 취득하는 방법이다(한국산업은행법 25, 한국산업은행법시행령 21의2②).

2. 社債發行의 節次

(1) 發行의 決定

1) 결정기관　　사채의 발행은 理事會의 결의에 의한다(469①). 총회의 결의를 요구하지 않은 것은 신주발행의 경우와 같이 자금조달의 기동성을 주기 위한 것이다. 이사회는, 정관으로 정하는 바에 따라, 代表理事에게 사채의 금액 및 종류를 정하여 1년을 초과하지 아니하는 기간 내에 사채를 발행할 것을 委任할 수 있다(469④). 이사가 1명 또는 2명인 소규모회사에는 사채발행사항을 株主總會가 결정한다(383④).

代表理事가 이사회의 결의가 없이 또는 위법한 결의에 의하여 사채를 발행한 경우에도 기 발행은 유효하고(통설) 다만 이사의 책임문제(399)가 발생한다고 본다. 거래의 안전과 채권의 유통성 보호가 필요하기 때문이다.

2) 결의사항　　사채발행 결의에서는 사채의 총액·각 사채의 금액·이율·발행가액·상환방법과 기한 등 주요 내용을 정하여야 한다(474②참조).

3) 발행할 수 있는 사채　　이사회 결의로 발행할 수 있는 사채에는, ① 이익배당에 참가할 수 있는 사채, ② 주식이나 그 밖의 다른 유가증권으로 교환 또는 상환할 수 있는 사채, ③ 유가증권이나 통화 또는 그 밖에 대통령령으로 정하는 자산이나 지표 등의 변동과 연계하여 미리 정하여진 방법에 따라 상환 또는 지급금액이 결정되는 사채를 포함한다(469②, 시행령 20, 자본시장법4⑩). 사채의 내용 및 발행 방법 등 발행에 필요한 구체적인 사항은 대통령령으로 정한다(469③).

(2) 社債契約의 成立

1) 請約·配定   공모발행의 경우에는 사채모집에 응하고자 하는 자는 법정사항(474②)을 기재한 사채청약서에 의하여 청약을 하여야 한다(474①). 사채청약서는 사채의 내용을 널리 알려 응모자를 보호하기 위한 것이며, 사채청약서에 의하지 않는 청약은 효력이 없다고 본다. 이와 같은 청약에 대하여 사채발행회사나 사채관리회사가 배정을 하면 사채계약이 성립하며 引受가 확정된다.

2) 社債請約書가 필요하지 않은 경우   총액인수(475), 도급모집(475), 매출발행의 경우에는 사채청약서에 의한 청약을 요하지 않는다. 총액인수를 한 자나 위탁회사는 전문지식을 가지고 있으므로 일반대중의 보호를 위한 사채청약서가 필요하지 않기 때문이다.

3) 請約이 社債의 總額에 未達하는 경우   사채모집에 응모한 총액이 모집하려고 하는 사채의 총액(474②iv)에 미달하는 경우에는, 사채계약의 통일적 일체성을 중시하여 그 사채모집이 전체적으로 無效라는 견해가 있다. 그러나 사채도 자금조달을 위한 차입금에 불과하므로, 신주발행의 경우에 인수·납입된 부분에 대하여서만 신주발행의 효력이 발생하는 것(423①②) 처럼, 응모된 총액의 범위 내에서 사채발행이 有效하다고 본다(통설).

(3) 社債金額의 納入

사채의 모집이 완료되면 이사 또는 사채관리회사는 지체 없이 인수인으로 하여금 사채금액을 납입시켜야 하는데, 납입은 전액납입이나 분할납입의 어느 쪽이라도 무방하다(476①②). 또 相計가 금지되지 않고, 실권절차(307)가 필요하지 않으며, 납입장소의 제한(302②ix)도 없다.

(4) 社債登記의 不必要

일반사채의 경우에는 사채의 등기를 요하지 않는다. 그러나 전환사채 및 신주인수권부사채 등 특수사채는 등기를 요한다(514의2, 516의7②).

III. 社債의 流通

1. 序 說

상법은 사채의 유통성을 강화하기 위하여 유가증권인 채권(사채권)의 발행을 인정하고 그 양도나 입질을 통하여 투하자본을 회수하거나 경제적 가치를 활용할 수 있도록 하는 한편, 사채원부를 두어 사채와 사채권자에 대한 사항을 관리하고 있다.

2. 債券과 社債原簿

(1) 債 券

1) 意義・種類　채권은 사채계약상의 권리를 표상하는 유가증권으로서, 채권증권・문언증권・요식증권이며, 요인증권(다수설)이다. 채권에는 법정기재사항을 적고 대표이사가 기명날인 또는 서명하여야 한다(478②). 채권에는 記名債券과 無記名債券이 있으며, 어느 한쪽에 한할 것을 정한 경우가 아니면, 사채권자는 언제든지 기명식의 채권을 무기명식으로, 또 무기명식의 채권을 기명식으로 할 것을 회사에 청구할 수 있다(480).

2) 發行時期　채권은 사채전액의 납입이 완료한 후가 아니면 발행하지 못한다(478①). 사채전액의 납입이 완료하기 전에 발행된 채권의 효력에 관하여는 견해의 대립이 있으나, 회사 스스로 채권을 발행하는 것은 유효하다고 본다. 그러나 이사 등은 과태료의 제재를 받는다(635①xxiv).

3) 채권의 불발행(사채등록)　회사는 채권(債券)을 발행하는 대신 정관으로 정하는 바에 따라 전자등록기관의 전자등록부에 채권(債權)을 등록할 수 있다(478③). 또한 공사채등록법에 의하여 등록기관에 비치한 공사채등록부(동법 9)에 등록한 사채에 대하여는, 채권이 발행되지 않고 이미 발행된 경우에는 회수하여야 한다(동법 5).

(2) 社債原簿

사채원부는 사채와 사채권자에 관한 사항을 명백하게 하기 위한 회사의 장부이다. 회사는 법정사항을 기재한 사채원부를 작성하여(488) 본점 또는 명의개서대리인의 영업소에 비치하고 주주나 채권자가 열람할 수 있도록 하여야 한다(396). 사채원부는 기명사채이전의 명의개서(479), 사채권자에 대한 통지・최고(489①, 353)의 경우에 법률상의 의의를 갖는다.

3. 社債의 讓渡와 入質

사채의 양도와 입질은 자유이며, 주식의 경우와는 달리 自己社債의 취득 또는 입질도 허용된다.

(1) 記名社債

1) 讓 渡　㈎ 기명사채의 양도방법에 관하여 상법은 특별한 규정을 두지

않았으며, 법률상 당연한 지시증권성을 인정하지도 않고 있다. 그러므로 그 양도는 의사표시만으로 할 수 있으나, 채권이 발행되어 있는 경우에는 채권의 교부가 양도의 효력발생요건이 되는 것으로 본다(통설). 그러나 기명사채도 지시식으로 발행할 수 없는 것은 아니며(반대설 있음), 이 경우에는 배서에 의하여 양도할 수가 있다.

(나) 상법은 기명사채의 이전의 대항요건에 관하여, 취득자의 성명과 주소를 사채원부에 기재하고(명의개서) 그 성명을 채권에 기재함으로써 회사 기타의 제3자에게 대항할 수 있는 것으로 규정하고 있다(479①). 그리고 회사가 명의개서대리인을 둔 경우에는 그 영업소에 비치된 사채원부 또는 그 복본에 명의개서를 하여도 같은 효력이 있다(479①②).

2) 入 質 (가) 기명사채의 입질은 당사자 간의 의사표시에 의하며(민법 346), 채권이 발행되어 있으면 채권의 교부가 효력발생요건이다(민법 347).

(나) 입질의 대항요건에 관하여는, 기명사채 이전의 대항요건(479) 유추적용설, 기명주식의 입질(338) 및 등록질(340)의 유추적용설이 있으나, 발행회사에 대한 질권 설정 사실의 통지 또는 회사의 승낙으로써(민법 349) 대항요건이 갖추어진다고 본다(다수설). 채권이 발행된 경우에는 질권자가 이를 계속하여 소지함으로써 제3자에게 대항할 수 있는 것으로 본다.

(2) 無記名社債

무기명사채의 양도는 무기명채권의 양도방식(민법 523)에 따라서 債券을 양수인에게 交付함으로써 양도의 효력이 생긴다. 또한 무기명사채의 입질은 채권을 질권자에게 교부함으로써 효력이 생기며(민법 351), 질권자는 채권을 계속 점유함으로써 제3자에게 대항할 수 있다.

(3) 善意取得

채권은 금전의 지급을 목적으로 하는 유가증권이므로(65) 선의취득에 관한 규정(514)이 적용되며, 무기명채권의 경우에는 선의취득을 인정하는 것이 통설이다. 그러나 기명채권의 경우에는 점유자에게 권리자로서의 형식적 자격이 없으므로(민법 513) 선의취득이 인정되지 않는다.

(4) 登錄社債의 讓渡·入質

전자등록부에 등록된 채권의 양도나 입질은 전자등록부에 등록하여야 효력이 발생한다(356의2②). 전자등록부에 주식을 등록한 자는 그 등록된 주식에 대한 권리를 적법하게 보유한 것으로 추정하며, 이러한 전자등록부를 선의로, 그리고 중대한 과실 없이 신뢰하고 제2항의 등록에 따라 권리를 취득한 자는 그 권리를 적법하게 취득한다(478③, 356의2②③). 공사채등록법상 등록한 사채의 양도와 입질은 의사표시로 할 수 있으며, 기명식 사채의 경우에는 그 사실의 등록 및 사채원부에의 기재가 대항요건이고, 무기명식 공사채의 경우에는 그 사실의 등록이 대항요건이다(동법 6①②).

IV. 社債의 管理

1. 序 說

사채는 많은 대중으로부터 자금을 차입하는 집단적·장기적인 채권이므로 다수의 사채권자의 보호가 중요한 문제로 된다. 상법은 사채권자들의 공동 이익을 보호하고 단체적으로 사채를 관리할 수 있도록 하기 위하여 사채관리회사와 사채권자집회제도를 두고 있다.

2. 社債管理會社

(1) 意義 및 資格

사채관리회사는 사채발행회사로부터 사채모집의 위탁을 받은 회사이며, 이 양자는 위임관계에 있다. 사채관리회사는 사채권자에 대하여는 직접 아무런 계약관계가 없지만, 상법은 사채관리회사에 대하여 사채권자의 이익보호를 위한 임무를 부과하고 또 그에 필요한 직무권한을 인정하고 있다. 사채관리회사의 資格은 은행·신탁회사, 그 밖에 대통령령으로 정하는 자이다(480의3①). 사채의 인수인은 그 사채의 사채관리회사가 될 수 없고(408의3②), 사채를 발행한 회사와 특수한 이해관계가 있는 자로서 대통령령으로 정하는 자는 사채관리회사가 될 수 없다(408의3③).

(2) 職務權限

사채관리회사는 사채청약서를 작성하고 사채금액을 납입시키는 등 사채발행에 필요한 행위를 할 직무권한을 가진다(476②). 나아가 상법은 사채권자의 이익 보호를 위하여 여러 가지 권한을 부여하고 있다. 사채관리회사가 2 이상 있는 경우에는 그 권한에 속하는 행위는 공동으로 하여야 한다(485①).

1) 辨濟受領權 등 ① 사채관리회사는 사채에 관한 채권을 변제받거나 채권의 실현을 보전하기 위하여 필요한 재판상 또는 재판 외의 모든 행위를 할 수 있다

(484①). 변제를 받으면 지체 없이 그 뜻을 공고하고, 알고 있는 사채권자에게 통지하여야 하고(484②), 이 경우에 사채권자는 사채관리회사에 사채 상환액 및 이자 지급을 청구할 수 있다(484③). ② 사채관리회사는 사채권자집회의 소집권을 가지며(491①), 사채권자집회에 그 대표자를 출석하게 하거나 또는 서면으로 의견을 제출할 수 있으며(493①), 사채를 발행한 회사의 대표자의 출석을 청구할 수 있고(494), 사채권자집회의 결의를 집행한다(501). ③ 사채관리회사는 사채 관리 행위를 위하여 필요하면 법원의 허가를 받아 사채를 발행한 회사의 업무와 재산상태를 조사할 수 있다(484⑦). ④ 사채관리회사는 회사가 어느 사채권자에 대하여 현저하게 불공정한 변제, 화해 기타의 행위를 한 때에는 그 行爲의 取消의 소를 제기할 수 있다(511①). 이 취소판결의 효력은 모든 채권자를 위하여 그 효력이 있다(511③, 민법 407).

2) 社債權者集會의 決議를 요하는 사항   사채관리회사가, 해당 사채 전부에 대한 지급의 유예, 그 채무의 불이행으로 발생한 책임의 면제 또는 화해(484④ⅰ)나, 해당 사채 전부에 관한 소송행위 또는 채무자회생 및 파산에 관한 절차에 속하는 행위(484④ⅱ)를 하는 경우에는, 사채권자집회의 결의에 의하여야 한다(484④). 다만, 사채에 관한 채권을 변제받거나 채권의 실현을 보전하기 위한 행위는 제외한다(484④본문). 또한 사채발행회사는 사채관리회사가 사채권자집회결의에 의하지 아니하고 위 두 번째 행위(484④ⅱ)를 할 수 있음을 정할 수 있으며(484④단서), 이와 같이 사채권자집회의 결의에 의하지 아니하고 그 행위를 한 때에는 지체 없이 그 뜻을 공고하고, 알고 있는 사채권자에게는 따로 통지하여야 한다(484⑤⑥).

(3) 義務 및 責任

사채관리회사는 사채권자에 대하여 선량한 관리자의 주의로 사채를 관리하여야 하며(484의2②), 사채권자를 위하여 공평하고 성실하게 사채를 관리하여야 한다(484의2①). 사채관리회사가 상법이나 사채권자집회결의를 위반한 행위를 한 때에는, 사채권자에 대하여 연대하여 이로 인하여 발생한 손해를 배상할 책임이 있다(484의2③). 사채관리회사가 둘 이상 있는 경우에는 그 권한에 속하는 행위는 공동으로 하여야 하며(485①), 변제를 받은 때에는 사채권자에 대하여 각 회사가 연대하여 변제액을 지급할 의무를 진다(485②).

(4) 就任·辭任·解任

1) 사채관리회사는 사채발행회사와의 委任契約에 의하여 취임하고, 그 계약의 종료로 인하여 퇴임한다. 그러나 사채관리회사는 직무의 중요성으로 인하여 사임에

제약이 있는데, 사채발행회사와 사채권자집회의 동의를 얻은 때나, 또는 부득이한 사유가 있어 법원의 허가를 얻은 경우에는 사임할 수가 있다(481).

2) 사채발행회사도 사채관리회사를 임의로 해임하지 못하며, 사채관리회사가 그 사무를 처리하기에 적임이 아니거나 그 밖에 정당한 사유가 있을 때에는, 법원은 사채발행회사 또는 사채권자집회의 청구에 의하여 사채관리회사를 해임할 수 있다(482).

3) 사채관리회사의 사임 또는 해임으로 인하여 사채관리회사가 없게 된 때에는, 사채발행회사는 사채관리회사를 정하여 사채관리를 위탁하고, 지체없이 사채권자집회의 동의를 얻어야 한다(483①). 부득이한 사유가 있는 때에는 이해관계인은 사무승계자의 선임을 法院에 청구할 수 있다(483②).

(5) 報酬・費用

사채관리회사의 보수와 그 사무처리를 위한 비용은 사채발행회사와의 약정에 따르고, 약정이 없으면 法院의 허가를 얻어 사채발행회사로 하여금 이를 부담하게 할 수 있다(507①). 사채관리회사는 상환을 받은 금액에서 사채권자에 우선하여 위의 보수와 비용의 변제를 받을 수 있다(507②).

3. 社債權者集會

(1) 意　　義

사채권자집회는 사채권자의 이해에 중대한 관계를 갖는 사항에 관하여 사채권자의 총의를 결정하는 임시적 회의체 기관이며, 사채의 종류마다 구성된다. 공통의 이해관계에 있는 같은 종류의 사채권자들이 단체적으로 스스로의 권익을 보호할 수 있게 하고, 회사로서도 사채권자들을 개별 접촉하는 불편을 덜게 하기 위한 제도이다.

(2) 權　　限

사채권자집회가 의결할 수 있는 사항은 상법에 규정되어 있으나, 그 밖에도 사채권자의 이해관계가 있는 사항에 관하여 결의할 수 있다(490). 상법에 규정된 사채권자집회의 권한으로는, 사채권자집회의 대표자 및 결의집행자의 선임・해임과 위임사항의 변경(500, 501단서, 504), 사채관리회사의 사임의 동의(481)・해임의 청구(482)・사채관리회사의 사무승계자의 선임(483①), 사채발행회사의 대표자의 출석의 청구(494), 사채발행회사가 어느 사채권자에 대하여 한 불공정한 행위에 대한 취소의 소를 제기하게 하는 결의(512, 511①), 사채발행회사의 자본감소 및 합병에 대하여 이의를 하는 결의(439②③, 530②) 등을 규정하고 있다.

(3) 召 集

1) **召集權者** 사채권자집회의 소집권자는, 사채발행회사·사채관리회사(491①) 또는 사채총액의 10분의 1 이상에 해당하는 사채권자(491②)이다. 소수사채권자가 소집 청구를 하는 경우에는 회의의 목적인 사항과 소집의 이유를 기재한 서면을 회사에 제출하여야 하고(491②), 이와 같은 소집청구에도 불구하고 지체 없이 소집절차를 밟지 않을 경우에는 소집청구를 한 사채권자가 法院의 허가를 얻어 소집할 수 있다(491③, 366②). 無記名債券을 가진 사채권자가 사채권자집회의 소집청구를 하거나 법원의 허가를 얻어 소집을 하려면 그 사채권을 공탁하여야 한다(491④).

2) **召集의 通知와 公告** 사채권자집회의 소집 통지와 공고 등 절차는 주주총회에 준한다(491의2①, 363①②). 회사가 무기명식의 채권을 발행한 경우에는 주주총회일의 3주(자본금 총액이 10억원 미만인 회사는 2주) 전에 사채권자집회를 소집하는 뜻과 회의의 목적사항을 공고하여야 한다(491의2②). 사채발행회사와 사채관리회사에도 소집통지를 하여야 한다(493②③).

(4) 起債會社 또는 受託會社의 代表者의 出席

사채발행회사 또는 사채관리회사는 그 대표자를 사채권자집회에 출석하게 하거나 서면으로 의견을 제출할 수 있으며(493①), 사채권자집회나 그 소집자는 필요에 따라 사채발행회사에 대하여 그 대표자의 출석을 청구할 수 있다(494).

(5) 決 議

1) **議 決 權** 각 사채권자는 그가 가지는 해당 종류의 사채 금액의 합계액(상환받은 액은 제외)에 따라 의결권을 가진다(492①). 무기명식 채권을 가진 자는 회일로부터 1주간 전에 채권을 공탁하여야 의결권을 행사할 수 있다(492②). 그 밖에 의결권의 대리행사(368②)·특별이해관계인의 의결권의 제한(368③)·자기사채의 의결권의 휴지(369②)·정족수 및 의결권수의 계산(371) 등은 주주총회와 같다(510①).

2) **決議要件** 사채권자집회의 결의는 원칙적으로 주주총회의 특별결의의 경우와 같이(434, 495①) 출석한 사채권자 의결권의 3분의 2 이상의 수와 그 종류 사채권자 의결권의 3분의 1 이상의 수로써 하여야 한다. 그러나 예외로 비교적 경미한 사항인 사채관리회사의 해임청구(482), 사임의 동의(481), 사채관리회사의 사무승계자의 결정(483①), 사채발행회사 대표자의 출석청구(494) 등의 경우에는 출석한 사채

권자 의결권의 과반수로 결정할 수 있다(495②).

3) **決議의 效力發生(法院의 認可)** ㈎ 사채권자집회의 결의는 법원의 인가를 얻음으로써 그 효력이 발생한다(498①본문). 法院의 인가를 요하게 한 것은 대중인 사채권자의 보호를 위한 것이다. 다만, 그 종류의 사채권자 전원이 동의한 결의는 법원의 인가가 필요하지 아니하다(498①단서). 법원의 인가가 있으면 결의의 효력은 결석자나 반대자를 포함한 총사채권자에 대하여 미친다(498②). 법원의 인가를 얻게 하였으므로 따로 결의의 하자를 다투는 訴의 제도는 법정되어 있지 않다.

㈏ 사채권자집회의 소집자는 결의한 날로부터 1주간 내에 결의의 인가를 법원에 청구하여야 한다(496). 상법은 법원이 결의를 認可하지 못하는 事由(불인가사유)로서, ① 소집의 절차 또는 그 결의방법이 법령이나 사채모집의 계획서의 기재에 위반한 때, ② 결의가 부당한 방법에 의하여 성립한 때, ③ 결의가 현저하게 불공정한 때, ④ 결의가 사채권자의 일반의 이익에 반하는 때를 규정하고 있는데(497①), 法院은 ①과 ②의 경우에는 결의의 내용 기타 모든 사정을 참작하여 결의를 인가할 수 있다(497②).

4) **決議의 執行** 사채권자집회의 결의는 사채관리회사가 집행하고, 사채관리회사가 없는 때에는 사채권자집회의 대표자가 집행한다. 다만, 사채권자집회의 결의로써 따로 집행자를 정한 때에는 그러하지 아니하다(501). 그리고 대표자나 집행자에 의한 집행의 경우의 권한 등은 사채관리회사의 그것과 동일하다(502, 503).

5) **認可·不認可의 公告** 결의에 대하여 인가 또는 불인가의 결정이 있은 때에는 사채발행회사는 지체 없이 그 뜻을 공고하여야 한다(499).

6) **延期·續行의 결의** 사채권자집회가 소집된 경우에도 회의를 연기하거나 또는 속행의 결의를 할 수 있음은 주주총회의 경우와 같다(510①, 372).

7) **議事錄** 사채권자집회에 있어서는 주주총회의 경우와 같이 의사록을 작성하여야 하며, 그것에 의사의 경과요령과 그 결과를 기재한다(510①, 373). 사채발행회사는 이 의사록을 본점에 비치하고, 사채관리회사와 사채권자로 하여금 열람할 수 있게 하여야 한다(510②③).

⑹ 代表者

사채권자집회는 해당 종류의 사채 총액(상환받은 금액은 제외)의 500분의 1 이상을 가진 사채권자 중에서, 1명 또는 여러 명의 대표자를 선임하여, 그 결의할 사항의 결정을 위임할 수 있다(500①). 대표자가 수인인 경우에는 위임사항의 결정은 그 과반수로 한다(500②). 사채권자집회는 언제든지 대표자를 해임할 수 있고 또 그 위임사항을 변경할 수 있다(504). 대표자의 보수와 사무처리에 요할 비용은 사채관리회사의 경우와 같다(507).

(7) 費用의 부담

사채권자집회에 관한 비용은 사채를 발행한 회사가 부담한다(508①). 법원에 대한 결의인가 청구(496)에 관한 비용도 원칙적으로 사채발행회사의 부담이 되지만, 法院은 이해관계인의 신청에 의하거나 또는 직권으로 그 전부 또는 일부에 관하여 따로 부담자를 정할 수 있다(508②).

V. 社債의 利子支給 및 償還

1. 利子의 支給

(1) 支給의 方法·期限

1) 사채의 利子에 대하여는 그 이율·이자지급의 방법과 시기 등이 사채발행조건에서 정하여지며, 그 내용은 사채청약서·채권·사채원부에 기재되어 공시되므로(474②, 478②, 488), 여기에 따라서 이자의 지급을 하게 된다.

2) 기명사채의 경우에는 사채원부에 기재된 사채권자에 대하여 지급하고, 무기명사채의 경우에는 일정 기간마다 이권(利券)의 소지인에게 이권과 상환하여 지급하게 된다. 利券은 각 이자지급시기에 있어서 이자지급청구권을 표창하는 무기명식 유가증권이며, 채권과는 별도로 유통의 대상이 된다. 상법은 이권소지인의 이익을 보호하기 위하여, 회사가 이권이 있는 무기명식의 사채를 상환하는 경우에 이권이 흠결된 때에는 그 이권에 상당한 이자금액을 상환액으로부터 공제하여 두어야 하고, 이권소지인은 언제든지 그 이권과 상환하여 공제액의 지급을 청구할 수 있게 하고 있다(486).

(2) 利子支給請求權의 消滅時效

사채의 이자와 이권소지인의 공제액(486②)의 지급청구권의 소멸시효기간은 5년이다(487③).

2. 社債의 償還

(1) 意 義

사채발행회사가 사채권자에 대하여 그 채무를 변제하는 것을 사채의 상환이라 한다. 사채권자는 기한이 도래하면 상환을 받고 또 그때까지의 이자의 지급을 받을 권리가 있다. 상환의 기한·방법·금액, 이자지급의 시기·방법·이율 등은 사채발행의 결의(469)에서 정하여지며, 사채 청약서·채권·사채원부 등에 기재하여야 한다(474②, 478②, 488).

(2) 償還金額

권면액으로 상환하는 것이 원칙이지만, 권면액 이상 또는 그 이하로 상환할 것을 약정할 수도 있다.

(3) 償還方法과 期限

상환방법과 기한에 관하여는, 만기에 일괄하여 상환하거나, 사채발행 후 일정한 거치기간을 경과한 후에 수시 또는 정기적으로 일정액 또는 그 이상의 금액을 일정기일까지 상환하는 것으로 할 수 있다. 주식의 경우와는 달리 자기사채의 취득은 법률상 금지되어 있지 않으므로, 회사는 언제든지 자기사채를 매입하여 소각할 수 있다(매입소각). 사채의 시가가 하락되어 있는 경우에 회사는 매입소각에 의하여 유리하게 사채상환의 목적을 달성할 수 있다.

(4) 受託會社 및 社債權者集會의 代表者·執行者의 권한

사채관리회사는 사채의 관리에 대한 권한을 가질 뿐만 아니라, 사채의 상환을 받음에 있어서도 중요한 권한과 의무를 갖는다(484, 485). 또한 사채권자집회의 대표자나 집행자는 사채상환에 관한 결의를 집행함에 있어서 사채관리회사와 동일한 권한을 가진다(503).

(5) 不公正行爲의 取消請求의 訴

회사가 어느 사채권자에 대하여 한 변제, 화해 기타의 행위가 현저하게 불공정한 때에는, 사채관리회사, 사채권자집회의 대표자 또는 집행자는, 일정한 기간 내에 그 행위의 취소를 청구하는 소를 제기할 수 있다(511①②, 512).

(6) 時　效

사채의 상환청구권 및 상환을 받은 사채관리회사에 대하여 갖는 사채권자의 상환액 지급청구권의 소멸시효기간은 10년이다(487①②). 상사채권의 소멸시효기간보다 기간이 긴 것은 사채의 공중성 및 계속성을 고려한 것이다.

제10절 特殊社債

I. 轉換社債

1. 意義·機能

전환사채라 함은 주식으로 전환할 수 있는 권리(전환권)가 인정된 사채를 말한다(513). 전환사채는 사채인 동시에 잠재적 주식의 성질을 가지므로 투자자는 社債의 안정성과 株式의 투기성을 임의로 선택할 수 있어서 유리하며, 회사는 유리한 조건으로 사채를 모집하기 쉽고 증자의 편리한 방법으로 이용된다.

2. 發行節次

(1) 發行事項의 決定

1) 決定機關 및 發行事項　　전환사채의 발행에는 주주에 대한 발행과 제3자(주주 이외의 자)에 대한 발행의 두 가지 경우가 있다. 어느 경우에나 발행사항은 원칙적으로 理事會가 결정하며, 다만 定款에 규정이 있거나 정관으로 株主總會에서 결정하기로 정한 경우에는 그에 따른다(513②). 결정할 발행사항(513② i ~vi) 가운데, 주주에 대한 발행과 주주 이외의 자(제3자)에 대한 발행의 두 경우에 공통되는 사항은, ① 전환사채의 총액, ② 전환의 조건, ③ 전환으로 인하여 발행할 주식의 내용, ④ 전환을 청구할 수 있는 기간 등이다.

2) 株主에 대하여 발행하는 경우　　주주에 대하여 발행하는 경우에는, 株主에게 전환사채의 인수권을 준다는 뜻과 인수권의 목적인 전환사채의 액에 관하여 결정하여야 한다(513②v).

3) 第3者(株主 외의 者)에 대하여 발행하는 경우　　제3자에 대하여 발행하는 경우에는 위의 공통사항 외에, 주주 외의 자에게 전환사채를 발행하는 것과 이에 대하여 발행할 전환사채의 액을 결정해야 한다(513②vi). 또한 주주 외의 者에 대하여 전환사채를 발행하는 경우에는, 정관의 규정에 없으면 株主總會의 특별결의로, 그 발행할 수 있는 전환사채의 액·전환의 조건·전환으로 인하여 발행할 주식의 내용과 전환청구기간에 관하여 정하여야 한다(513③). 이러한 결의를 위한 주주총회의 소집 通知에는 전환사채의 발행에 관한 의안의 요령을 기재하여야 한다(513④). 상법은 전환사채를 제3자에게 발행할 수 있는 경우를, 신기술의 도입, 재무구조의 개선 등 회사의 경영상 목적을 달성하기 위하여 필요한 경우로 제한하고 있다(513③,

418②단서).

(2) 株主의 引受權과 配定日의 指定·公告

전환사채의 인수권을 가진 주주는 그가 가진 株式의 수에 따라서 전환사채의 배정을 받을 권리가 있다. 그러나 각 전환사채의 금액 중 최저액에 미달하는 단수에 대하여는 인수권이 없다(513의2①). 회사는 일정한 날(배정일)을 정하여 그 날에 주주명부에 기재된 株主가 인수권을 가진다는 뜻을 그 배정일의 2주간 전에 공고하여야 한다. 그 배정일이 주주명부폐쇄기간 중인 때에는 그 기간의 초일의 2주간 전에 공고하여야 한다(513의2②, 418③).

(3) 引受權을 가진 株主에 대한 失權豫告附 請約의 催告

1) 주주가 전환사채의 인수권을 가진 경우에는 회사는 각 株主에 대하여, 그 인수권을 가지는 전환사채의 액·발행가액·전환의 조건·전환으로 인하여 발행할 株式의 내용, 전환청구기간과 일정한 기일까지 청약이 없으면 그 권리를 잃는다는 뜻을 통지하여야 한다(513의3①). 위의 통지는 청약기일의 2주간 전에 하여야 한다(513의3②, 419②).

2) 이 통지에도 불구하고 그 기일(청약기일)까지 전환사채의 청약을 하지 아니한 때에는 그 주주는 인수권을 잃는다(513의3②, 419③).

(4) 社債請約書 등에 記載

전환사채에 관하여는 사채청약서, 채권과 사채원부에, ① 사채를 주식으로 전환할 수 있다는 뜻, ② 전환의 조건, ③ 전환으로 인하여 발행할 주식의 내용, ④ 전환을 청구할 수 있는 기간, ⑤ 주식의 양도에 관하여 이사회의 승인을 얻도록 정한 때에는 그 규정 등을 기재하여야 한다(514①).

(5) 不公正한 發行의 경우의 조치

1) **發行留止請求**　회사가 법령 또는 정관에 위반하거나 현저하게 불공정한 방법에 의하여 전환사채를 발행함으로써 株主가 불이익을 받을 염려가 있는 경우에는 그 주주는 회사에 대하여 그 발행을 유지할 것을 청구할 수 있다(516①, 424).

2) **差額支給義務**　전환사채를 인수한 자가 이사와 통모하여 현저하게 불공정한 발행가액으로 인수한 때에는 會社에 대하여 공정한 발행가액과의 차액에 상당한 금액을 지급할 의무가 있다(516①, 424의2①). 이 경우의 차액지급의무에 대하여

는 소수주주에 의한 대표소송으로써 그 이행을 청구할 수 있다(516①, 424의2②). 인수인의 이 차액지급의무와 대표소송의 제기는 理事의 회사 또는 주주에 대한 손해배상책임에 영향이 없다(516①, 424의2③).

(6) 轉換社債發行의 登記

전환사채를 발행한 때에는 납입을 완료한 날로부터 일정기간 내에 소정의 사항을 본점 소재지에서 등기하여야 한다(514의2).

3. 轉換의 請求

(1) 轉換權의 性質

전환사채는 사채권자의 일방적 의사표시에 의한 적법한 전환청구가 있으면 주식으로 전환되므로, 전환권은 일종의 형성권이다.

(2) 請求의 方式

전환청구를 함에는 전환사채권자가 청구서 2통에 채권을 첨부하여 회사에 제출하여야 하며, 청구서에는 전환하고자 하는 사채와 청구의 연월일을 기재하고 기명날인 또는 서명하여야 한다(515).

(3) 株主名簿 閉鎖期間中의 전환과 議決權의 배제

전환청구는 언제든지 할 수 있으며, 주주명부 폐쇄기간 중(354①)에도 할 수 있다. 다만 이 기간 중에 전환된 株式의 주주는 그 기간 중의 총회의 결의에 관하여는 의결권을 행사할 수 없다(516②, 350②). 의결권을 행사할 株主를 정하기 위한 기준일(354①)의 이후에 전환청구함으로써 주주가 된 자의 경우에도 주주명부 폐쇄기간 중에 전환한 주식의 주주에 관한 제350조 제2항을 유추 적용하여야 할 것이다.

4. 轉換의 效力

(1) 效力發生時期

1) 전환사채의 전환은 전환청구시에 그 효력이 발생하며(516②, 350①) 사채권자는 그 지위를 상실하고 주주의 지위를 취득한다.

2) 전환권을 행사한 사채의 이자의 지급에 있어서는 그 청구를 한 때가 속하는 영업연도 말에 전환된 것으로 본다(516②, 350③ 1문). 이 경우 신주에 대한 利益이나

利子의 배당에 관하여는 정관이 정하는 바에 따라 그 청구를 한 때가 속하는 영업연도의 직전 영업연도 말에 전환된 것으로 할 수 있다(516②, 350③ 2문).

(2) 新株의 發行

전환사채의 전환에 의한 신주의 발행은 회사의 발행예정주식총수의 범위 내에서 이루어지므로, 회사는 전환을 청구할 수 있는 기간 내에는 장차 전환으로 인하여 발행할 주식의 수를 미발행주식으로 남겨두어야 한다(516①, 346④). 전환으로 인하여 신주를 발행함에 있어서 전환 전의 전환사채의 발행가액을 주식의 발행가액으로 한다(516②, 348).

5. 質權의 物上代位

전환사채를 목적으로 하는 질권은 전환으로 인하여 사채권자가 받을 주식에 존재하게 된다(516②, 339).

6. 轉換의 登記

전환의 효력이 생긴 때에는 그만큼 회사의 전환사채가 감소하고 발행주식의 총수와 자본금이 증가하여 등기사항에 변경이 있으므로, 소정의 기간 내에 본점 소재지에서 그 등기를 하여야 한다(516②, 351).

II. 新株引受權附社債

1. 總 說

(1) 意義와 效用

신주인수권부사채는 사채권자에게 사채발행회사의 신주인수권이 부여된 사채이다. 즉 신주의 발행을 청구할 수 있는 권리가 부여된 사채이며 사채권자 등이 이 신주인수권을 행사하면 회사는 당연히 신주를 발행하여야 할 의무를 지게 되는 것이다. 전환사채와 마찬가지로 사채의 안정성과 주식의 투기성을 함께 가지고 있어서 투자자에게 편리하며, 회사는 유리한 조건으로 사채를 모집하는 방법으로 이용된다.

(2) 形 態

신주인수권부사채는 비분리형과 분리형의 두 가지 형태가 있다. 非分離型은 하나의 채권에 사채권과 신주인수권이 함께 표창되어, 이 두 가지 권리를 각각 따로 양도할 수 없게 되어 있는 것을 말하고, 分離型은 사채권을 표창하는 채권과 별도로 신주인수권을 표창하는 신주인수권증권을 발행하여, 각각 독립하여 양도할 수 있게 한 것을 말한다. 상법은 비분리형을 원칙으로 하고 예외로 분리형의 발행도 인정하는 입장을 취하고 있다(516의2②iv).

(3) 轉換社債와의 비교

1) 共 通 點   신주인수권부사채는 원칙적으로 理事會의 결의로 발행되며 사채권자에게 신주를 취득할 수 있는 권리를 부여하여 투자를 유인함으로써 회사가 유리한 조건으로 자금조달을 하려는 제도인 점에서 전환사채와 공통된다.

2) 差 異 點   ① 전환사채는 전환권의 행사에 의하여 사채가 소멸하게 되지만, 신주인수권부사채의 경우는 신주인수권이 행사되어도 사채는 그대로 존속하며, 신주가 별도로 발행되어 병존한다는 점, ② 전환사채의 경우에는 채권과 전환권이 하나의 증권에 표창되어 있으나, 신주인수권부사채를 분리형으로 발행할 때에는 사채권과 신주인수권증권의 두 종류의 증권이 존재하게 된다는 점, ③ 전환사채의 경우에는 전환으로 인하여 신주를 발행하여도 현실적인 자금조달이 없으나, 신주인수권부사채의 경우에는 신주발행가액이 납입되므로 현실적인 자금조달이 있게 된다는 점, ④ 전환사채의 경우에는 전환으로 인한 신주의 발행가액 합계액이 사채의 발행가액과 같아야 하나(516②, 348), 신주인수권부사채의 경우에는 신주의 인수권의 행사로 인하여 발행할 주식의 발행가액의 합계액은 각 신주인수권부사채의 금액을 초과하지 않는 범위 내에서 자유롭게 정할 수 있다는 점 등이 차이점이다.

2. 發行節次

(1) 發行事項의 決定

1) 決定機關 및 發行事項   ㈎ 신주인수권부사채의 발행에는 株主에 대한 발행과 제3자(주주 이외의 자)에 대한 발행의 두 가지 경우가 있다. 어느 경우에나 발행사항은 원칙적으로 理事會가 결정하며, 다만 定款에 규정이 있거나 정관으로 株主總會에서 결정하기로 정한 경우에는 그에 따른다(516의2②).

㈏ 결정할 발행사항(516② i ~viii) 가운데, 주주에 대한 발행과 제3자(주주 외의 자)에 대한 발행의 두 경우에 共通的인 것은, ① 신주인수권부사채의 총액, ② 각 신주인수권부사채에 부여된 신주인수권의 내용, ③ 신주인수권을 행사할 수 있는 기간, ④ 신주인수권만을 양도할 수 있는 것에 관한 사항, ⑤ 신주인수권을 행사하려는

자의 청구가 있는 때에는 신주인수권부사채의 상환에 갈음하여 그 발행가액으로 제516조의 8 제1항의 납입이 있는 것으로 본다는 뜻 등이다.

2) 株主에 대하여 발행하는 경우   주주에 대하여 발행하는 경우에는 위의 공통사항 외에, 주주에게 신주인수권부사채의 인수권을 준다는 뜻과 인수권의 목적인 신주인수권부사채의 액에 관하여 결정하여야 한다(516②vii).

3) 株主 외의 者(第3者)에 대하여 발행하는 경우   ㈎ 제3자에 대한 발행하는 경우에는 위의 공통사항 외에, 株主 외의 者에게 신주인수권부사채를 발행하는 것과 이에 대하여 발행할 신주인수권부사채의 액에 관하여 결정해야 한다(516②viii).

㈏ 또한 주주 외의 자에 대하여 신주인수권부사채를 발행하는 경우에는 정관의 규정에 없으면 株主總會의 특별결의로, 그 발행할 수 있는 신주인수권부사채의 액, 신주인수권의 내용과 신주인수권을 행사할 수 있는 기간에 관하여 정하여야 한다(516의2④ 1문). 이러한 결의를 위한 주주총회의 소집 통지에는 신주인수권부사채의 발행에 관한 의안의 요령을 기재하여야 한다(516의2⑤, 513④). 商法은 신주인수권부사채를 제3자에게 발행할 수 있는 경우를, 신기술의 도입, 재무구조의 개선 등 회사의 경영상 목적을 달성하기 위하여 필요한 경우로 제한하고 있다(516의2④ 2문, 418②단서).

(2) 發行에 관한 制限

신주인수권의 행사로 인하여 발행할 주식의 발행가액의 합계액은 각 신주인수권부사채의 금액을 초과할 수 없다(516의2③). 사채금액보다 지나치게 많은 신주인수권을 부여하지 못하게 함으로써 주주의 이익을 보호하려는 것이다.

(3) 株主의 인수권과 配定日의 指定·公告(株主에게 발행하는 경우)

1) 주주에게 발행하는 경우에는 株主는 그가 가진 주식의 수에 따라서 신주인수권부사채의 배정을 받을 권리가 있다. 그러나 각 신주인수권부사채의 금액 중 최저액에 미달하는 단수에 대하여는 그러하지 아니하다(516의11, 513의2①).

2) 회사는 일정한 날(배정일)을 정하여 그 날에 주주명부에 기재된 주주가 신주인수권부사채의 인수권을 가진다는 뜻과 신주인수권을 양도할 수 있을 경우에는 그 뜻을, 그 날의 2주간 전에 公告하여야 한다. 그러나 그 날이 주주명부폐쇄기간(354①) 중인 때에는 그 기간의 초일의 2주간 전에 公告하여야 한다(516의11, 513의2②, 418③).

(4) 失權豫告附 請約의 催告 · 公告

1) 株主가 신주인수권부사채의 인수권을 가진 경우에는 회사는 각 주주에 대하여, 인수권을 가지는 신주인수권부사채의 액, 발행가액, 신주인수권의 내용, 신주인수권을 행사할 수 있는 기간과 일정한 기일(청약기일)까지 신주인수권부사채의 청약을 하지 아니하면 그 권리를 잃는다는 뜻을 통지하여야 한다(실권예고부최고). 이 경우 신주인수권만을 양도할 수 있음을 정한 때 또는 대용납입의 정함이 있는 경우에는 이러한 것도 통지하여야 한다(516의3①②, 419②).

2) 이 통지 또는 공고에도 불구하고 그 기일(청약기일)까지 청약을 하지 아니한 때에는 그 주주는 인수권을 잃는다(516의3②, 419③).

3) 주주총회의 특별결의로 株主 이외의 者에게 신주인수권부사채를 발행하기로 한 때에는 회사는 위의 사항을 그 인수권자에게 통지하여야 한다.

(5) 請約 · 配定 및 納入

인수권을 가진 자는 신주인수권부사채 청약서(516의4)에 의하여 청약기일까지 청약을 하여야 하며, 청약을 하지 아니하면 인수권을 잃는다(516의3②, 419③). 사채청약에 대하여 회사는 배정을 하여 사채계약이 성립되면 회사는 인수인에 대하여 지체 없이 납입을 시켜야 한다(476).

(6) 社債請約書 · 債券 · 社債原簿의 기재사항

사채청약서 · 채권 및 사채원부에는, ① 신주인수권부사채라는 뜻, ② 부여된 신주인수권의 내용, ③ 신주인수권 행사기간, ④ 신주인수권만을 양도할 수 있는 것에 관한 사항, ⑤ 대용납입에 관한 사항, ⑥ 납입을 맡을 은행 기타 금융기관과 납입장소, ⑦ 주식 양도에 관하여 이사회의 승인을 얻도록 정한 때에는 그 규정을 기재하여야 한다(516의4본문). 그러나 신주인수권증권을 발행할 때에는 위의 내용이 기재되므로 채권에는 이를 기재하지 아니한다(516의4단서).

(7) 不公正한 發行의 경우의 조치

1) 發行留止請求　　회사가 법령 또는 정관에 위반하거나 현저하게 불공정한 방법에 의하여 신주인수권부사채를 발행함으로써 株主가 불이익을 받을 염려가 있는 경우에는 그 주주는 회사에 대하여 그 발행을 유지할 것을 청구할 수 있다(516의11, 516①, 424).

2) 差額支給義務　　신주인수권부사채를 인수한 자가 이사와 통모하여 현저하

게 불공정한 발행가액으로 인수한 때에는 회사에 대하여 공정한 발행가액과의 차액에 상당한 금액을 지급할 의무가 있으며(516의11, 516①, 424의2①), 소수주주는 대표소송으로서 그 이행을 청구할 수 있다(516의11, 516①, 424의2②). 인수인의 이 차액지급의무와 대표소송의 제기는 이사의 회사 또는 주주에 대한 손해배상책임에 영향이 없다(516의11, 516①, 424의2③).

(8) 新株發行의 登記

신주인수권부사채를 발행한 때에는 납입을 완료한 날로부터 일정기간 내에, 소정의 사항을 등기하여야 한다(516의8).

3. 新株引受權의 讓渡

(1) 非分離型인 경우

비분리형의 신주인수권부사채의 경우에는 채권 자체에 사채권과 신주인수권이 모두 표상되어 있으므로, 신주인수권은 이 債券을 交付하면 함께 양도된다. 이 채권에는 신주인수권부사채라는 뜻, 사채에 부여된 신주의 인수권의 내용, 신주인수권의 행사기간 등의 소정사항(516의4)이 기재된다.

(2) 分離型인 경우

신주인수권부사채가 분리형으로 발행된 경우에는 채권과는 별도의 신주인수권증권이 발행되며, 이 경우에 신주인수권의 양도는 신주인수권증권의 交付에 의하여서만 하게 된다(516의6①).

(3) 新株引受權證券

1) 意 義 ㈎ 신주인수권증권은 신주인수권부사채를 분리형으로 발행하는 경우에 신주인수권을 표창하는 유가증권이다. 신주인수권증권에는 일정한 사항과 번호를 기재하고 이사가 기명날인 또는 서명하여야 한다(516의5). 신주인수권증권의 점유자는 적법한 소지인으로 추정한다(516의6②, 336②). 이 신주인수권증권에는 수표와 같이 善意取得이 인정된다(516의6②, 수표법 21). 이 증권을 상실한 자는 공시최고의 절차에 의한 제권판결을 받아서 재발행을 청구할 수 있다(516의6②, 360).

㈏ 회사는 신주인수권증권을 발행하는 대신, 정관으로 정하는 바에 따라, 전자등록기관의 전자등록부에 신주인수권을 등록할 수 있다. 이 경우 주식의 전자등록에 관한 규정(제356조의2 제2항부터 제4항까지의 규정)을 준용한다(516의7).

2) **新株引受權證書와의 비교**　　신주인수권증서는 주주의 신주인수권을 표창하는 유가증권이고(420의2), 인수권증권은 신주인수권부사채를 분리형으로 발행한 경우의 사채권자의 신주인수권을 표창하는 유가증권이다(516의5).

(개) **共 通 點**　　양자는, ① 신주인수권을 표상하는 유가증권이며, ② 신주인수권의 양도는 증권의 교부에 의하며, ③ 증권의 점유자는 적법한 소지인으로 추정되고, ④ 수표와 동일한 선의취득이 인정되고, ⑤ 신주인수권의 행사에 증권을 요한다는 점 등에서 공통된다.

(내) **差 異 點**　　① 신주인수권증서는 주주에 대하여 발행하고, 신주인수권증권은 사채권자에 대하여 發行되고, ② 신주인수권증서는 주주의 청구가 있는 때에만 발행되지만(416vi), 신주인수권증권은 신주인수권부사채를 분리형으로 발행하는 경우에는 의무적으로 발행하여야 하고(516의5①), ③ 신주인수권을 행사할 때에는 직접 신주인수권증서에 의하여 주식청약을 하지만(420의4①), 신주인수권증권은 신주발행청구서에 첨부되어 제출되며(516의8②), ④ 상실하였을 때, 신주인수권증서는 이용기간이 2주간 정도로 짧아서 공시최고·제권판결제도의 이용의 실익이 없으나(420의4②), 신주인수권증권은 신주인수권행사기간 종료시까지 장기간 이용되므로 제권판결을 받아 재발행을 받을 실익이 있다(516의6②, 360).

4. 新株引受權의 行使

(1) 行使權者

신주인수권은, 비분리형인 경우에는 신주인수권부사채의 사채권자가 행사할 수 있고, 분리형인 경우에는 신주인수권증권의 소지인이 행사할 수 있다.

(2) 行使方法 및 行使時期

1) 신주인수권을 행사하려는 자는 청구서 2통을 회사에 제출하고 신주의 발행가액의 전액을 납입하여야 한다(516의9①). 이 청구서에는 인수할 주식의 종류 및 수와 주소를 기재하고 인수권을 행사하는 자가 기명날인 또는 서명하여야 한다(516의9④, 302①). 그리고 이 청구서를 제출하는 경우에, 분리형인 때에는 신주인수권증권을 첨부하고, 비분리형인 때에는 채권을 제시하여야 한다(516의9②). 제시된 채권은 신주인수권의 행사가 있었음을 표시하여 청구자에게 반환하고, 첨부된 신주인수권증권은 회사가 회수하게 된다.

2) 채권(債券)이나 신주인수권증권을 발행하는 대신 전자등록기관의 전자등록부에 채권(債權)이나 신주인수권을 등록한 경우에는, 그 채권이나 신주인수권을 증

명할 수 있는 자료를 첨부하여 회사에 제출하여야 한다(516의9②단서).

3) 신주인수권의 행사는 행사기간 중 언제든지 할 수 있으며, 주주명부 폐쇄기간 중에도 할 수 있다. 그러나 주주명부 폐쇄기간 중에 신주인수권을 행사한 신주는 그 기간 중의 총회의 결의에 관하여는 의결권이 없다(516의10, 350②).

(3) 納　入

1) 全額納入・代用納入　　신주의 인수권을 행사하려는 자는 신주의 발행가액의 전액을 납입하여야 한다(516의9①). 정관 또는 신주인수권부사채의 발행의 결의에서 대용납입을 정한 경우에는, 신주인수권자의 청구에 따라 신주인수권부사채의 상환에 갈음하여 그 발행가액으로 신주의 발행가액의 납입이 있는 것으로 본다(516의2②v). 代用納入의 성질에 관하여는 대물변제설이 있으나, 사채권자의 회사에 대한 사채상환청구권과 신주의 발행가액납입의무가 서로 상계로 보는 相計說이 타당하다고 본다(다수설).

2) 新株의 納入取扱機關　　신주의 발행가액의 납입은 채권 또는 신주인수권증권에 기재된 은행 기타 금융기관의 납입장소에서 하여야 하며(516의9③), 이것을 변경함에는 法院의 허가를 얻어야 한다(516의9④, 306). 납입금을 보관한 은행 기타의 금융기관은 이사의 청구가 있는 때에는 납입금보관증명서를 교부하여야 하며, 그 증명한 보관금액에 대하여는 납입의 부실 또는 그 금액의 반환에 관한 제한이 있음을 이유로 하여 회사에 대항하지 못한다(516의9④306).

(4) 行使의 效力(신주발행)

1) 신주인수권을 행사한 자는 신주의 발행가액의 전액을 납입한 때 신주발행의 효력이 생겨 주주가 된다(516의10 1문). 그러나 이익이나 이자의 배당에 관하여는 신주인수권을 행사한 때가 속하는 영업연도 말에 신주발행이 있는 것으로 본다(516의10 2문, 350③ 1문). 이것은 배당의 분할계산의 번잡을 피하기 위한 조치인데, 정관이 정하는 바에 따라 신주인수권을 행사한 때가 속하는 영업연도의 직전 영업연도 말에 신주가 발행된 것으로 할 수 있다(516의10단서, 350③ 2문).

2) 대용납입의 경우에는 신주인수권 행사를 위한 청구서에 신주인수권증권이나 채권을 첨부하여 회사에 제출한 때에 주주로 된다.

3) 회사는 신주인수권을 행사할 수 있는 기간 중에는 그 행사로 인하여 발행될 주식의 종류와 수를 정관에서 정하여진 동종의 주식의 수 가운데 유보하여야 한다(516의11, 516①, 346②).

(5) 變更登記

신주인수권의 행사가 있으면, 등기사항인 발행주식총수 및 자본금의 총액 등이 증가하므로 그 뜻의 변경등기를 하여야 한다(516의8②, 514의2③). 이 변경등기는 발행가액의 전액을 납입한 날(신주효력발생일)이 속하는 달의 말일부터 2주간 내에 본점 소재지에서 이를 하여야 한다(516의11, 351).

III. 利益參加附社債

1. 意 義

이익참가부사채는 사채권자가 사채의 이율에 따른 利子를 받는 외에 이익배당에도 참가할 수 있는 사채를 말한다(469②ⅰ, 상법시행령 21①). 따라서 이것은 사채와 주식의 두 가지 성격을 가진 것으로, 자금조달의 편의를 위하여 인정된 것이다.

2. 發行事項의 결정

(1) 株主에게 발행하는 경우

이익참가부사채의 발행사항은, 정관에 규정이 없는 것은 이사회가 이를 결정하며, 정관으로 주주총회에서 이를 결정하도록 정한 경우에는 총회가 결정한다. 결정할 사항은, ① 이익참가부사채의 총액, ② 이익배당참가의 조건 및 내용, ③ 주주에게 이익참가부사채의 인수권을 준다는 뜻과 인수권의 목적인 이익참가부사채의 금액이다(상법시행령 21①).

(2) 株主 외의 者에게 발행하는 경우

주주 외의 자에게 이익참가부사채를 발행하는 경우에 그 발행할 수 있는 이익참가부사채의 가액과 이익배당참가의 내용에 관하여 정관에 규정이 없으면 주주총회의 특별결의(상법 434)로써 이를 정하여야 한다(상법시행령 21②). 이 결의에 있어서 이익참가부사채의 발행에 관한 의안의 요령은 주주총회 소집통지와 공고에 기재하여야 한다(363, 상법시행령 21③).

3. 發行節次

(1) 社債請約書 등의 기재

이익참가부사채에 관하여는 사채청약서·채권 및 사채원부에, 이익참가부사채의 총액, 이익배당 참가의 조건 및 내용, 주주에게 이익참가부사채의 인수권을 준다는 뜻과 인수권의 목적인 이익참가부사채의 금액을 기재하여야 한다(상법시행령 25i).

(2) 配定日의 지정·공고와 失權豫告附催告

이익참가부사채의 인수권을 가진 주주는 그가 가진 주식의 수에 따라서 이익참가부사채의 배정을 받을 권리가 있으며(상법시행령 21④), 회사는 배정일을 지정·공고하여야 한다(상법시행령 21⑤. 354①). 인수권을 가진 각 주주에게 그 이익참가부사채의 액, 발행가액, 이익참가의 조건과 일정한 기일까지 인수의 청약을 하지 아니하면 그 권리를 잃는다는 뜻(실권예고부최고)을 통지하여야 한다(상법시행령 21⑥⑨).

4. 社債登記

이익참가부사채를 발행한 때에는 「상법」 제476조의 규정에 의한 납입이 완료된 날부터 2주간 내에 본점 소재지에서, ① 이익참가부사채의 총액, ② 각 이익참가부사채의 금액, ③ 각 이익참가부사채의 납입금액, ④ 이익배당에 참가할 수 있다는 뜻과 이익배당 참가의 조건 및 내용을 등기하여야 한다(상법시행령 21⑩⑪). 외국에서 이익참가부사채를 모집한 경우에 등기할 사항이 외국에서 생겼을 때에는 그 등기기간은 그 통지가 도달한 날부터 기산(起算)한다(상법시행령 21⑫).

IV. 交換社債

1. 意 義

교환사채는 사채권자가 회사 소유의 주식이나 그 밖의 다른 유가증권으로 교환할 수 있는 사채를 말한다(469②ⅱ, 상법시행령 22①).

2. 發行의 절차

(1) 이사회의 결의

교환사채는 이사회의 결의에 의하여 발행할 수 있다(469①, 상법시행령 22①). 이사회는, 교환할 주식이나 유가증권의 종류 및 내용, 교환의 조건, 교환을 청구할 수 있는 기간을 결정해야 한다(상법시행령 22① ⅰ~ⅲ). 주주 외의 자(제3자)에게 발행회사의 자기주식으로 교환할 수 있는 사채를 발행하는 경우에, 사채를 발행할 상대방에 관하여 정관에 규정이 없으면 이사회가 이를 결정한다(상법시행령 22②).

(2) 사채청약서 등의 기재사항

교환사채를 발행하는 경우, 사채청약서·채권 및 사채원부에, 교환할 주식이나 유가증권의 종류 및 내용, 교환의 조건, 교환을 청구할 수 있는 기간을 기재하여야 한다(상법시행령 25ⅱ).

3. 交換에 필요한 有價證券의 預託義務

교환사채를 발행하는 회사는, 사채권자가 교환청구를 하는 때 또는 그 사채의 교환청구기간이 끝나는 때까지, 교환에 필요한 주식 또는 유가증권을 한국예탁결제원에 예탁하여야 한다(상법시행령 22③1문). 이 경우 한국예탁결제원은 그 주식 또는 유가증권을 신탁재산임을 표시하여 관리하여야 한다(상법시행령 22③2문).

4. 交換請求

사채의 교환을 청구하는 자는, 청구서 2통에 사채권을 첨부하여 회사에 제출하여야 한다(상법시행령 22④). 청구서에는 교환하려는 주식이나 유가증권의 종류 및 내용, 수와 청구 연월일을 적고 기명날인 또는 서명하여야 한다(상법시행령 22⑤). 이 교환청구에 의해 교환대상 증권을 사채권자에게 인도해 줄 의무가 생긴다.

V. 償還社債

1. 意　義

상환사채는 회사가 그 소유의 주식이나 그 밖의 다른 유가증권으로 상환할 수 있는 사채를 말한다(469②ⅱ, 상법시행령 23①).

2. 發行의 절차

(1) 이사회의 결의

상환사채는 이사회의 결의에 의하여 발행할 수 있다(469①, 상법시행령 32①). 이사회는, 상환할 주식이나 유가증권의 종류 및 내용, 상환의 조건, 회사의 선택 또는 일정한 조건의 성취나 기한의 도래에 따라 주식이나 그 밖의 다른 유가증권으로 상환한다는 뜻을 결정해야 한다(상법시행령 23① ⅰ~ⅲ). 주주 외의 자에게 발행회사의 자기주식으로 상환할 수 있는 사채를 발행하는 경우에, 사채를 발행할 상대방에 관하여 정관에 규정이 없으면 이사회가 이를 결정한다(상법시행령 23②).

(2) 사채청약서 등의 기재사항

상환사채를 발행하는 경우, 사채청약서·채권 및 사채원부에, 상환할 주식이나 유가증권의 종류 및 내용, 상환의 조건, 회사의 선택 또는 일정한 조건의 성취나 기한의 도래에 따라 주식이나 그 밖의 다른 유가증권으로 상환한다는 뜻을 기재하여야 한다(상법시행령 25ⅲ).

3. 償還에 필요한 有價證券의 預託義務

일정한 조건의 성취나 기한의 도래에 따라 상환할 수 있는 경우에는 상환사채를 발행하는 회사는 조건이 성취되는 때 또는 기한이 도래하는 때까지 상환에 필요한 주식 또는 유가증권을 한국예탁결제원에 예탁하여야 한다(상법시행령 23③1문). 이 경우 한국예탁결제원은 그 주식 또는 유가증권을 신탁재산임을 표시하여 관리하여야 한다(상법시행령 23③2문).

VI. 派生結合社債

1. 意 義

파생결합사채는 유가증권이나 통화 또는 그 밖에 대통령령으로 정하는 자산이나 지표 등의 변동과 연계하여 미리 정하여진 방법에 따라 상환 또는 지급금액이 결정되는 사채를 말한다(469②ⅲ). 여기에서 '대통령령으로 정하는 자산이나 지표'란 자본시장법 제4조 제10항에 따른 기초자산의 가격·이자율·지표·단위 또는 이를 기초로 하는 지수를 말한다(상법시행령 20).

2. 理事會決議

파생결합사채는 이사회의 결의에 의하여 발행할 수 있다(469①, 상법시행령 24). 이사회는, 상환 또는 지급 금액을 결정하는 데 연계할 유가증권이나 통화 또는 그 밖의 자산이나 지표, 그러한 자산이나 지표와 연계하여 상환 또는 지급 금액을 결정하는 방법을 결정한다(상법시행령 24).

3. 사채청약서 등의 기재사항

파생결합사채를 발행하는 경우, 사채청약서·채권 및 사채원부에, 상환 또는 지급 금액을 결정하는 데 연계할 유가증권이나 통화 또는 그 밖의 자산이나 지표, 그러한 자산이나 지표와 연계하여 상환 또는 지급 금액을 결정하는 방법을 기재하여야 한다(상법시행령 25iv).

제11절 解散과 淸算

I. 解 散

1. 解散事由

주식회사의 해산사유(517)로는, ① 회사의 존립기간의 만료 기타 정관으로 정한 사유의 발생, ② 합병, ③ 회사의 분할 또는 분할합병, ④ 파산, ⑤ 법원의 해산명령 또는 해산판결(176, 520), ⑥ 주주총회의 특별결의(518)에 의한 해산결의(518)가 규정되어 있다. 그러나 인적회사의 경우와 달리 주주가 1인으로 된 경우는 해산사유가 아니며 1인회사로 존속한다. 이들 해산사유 가운데 破産은 회사채권자의 이익을 위하여 인정된 것이다. 법원에 의한 해산명령은 공익적인 이유에서, 또 해산판결은 회사가 자치적 능력을 상실하게 된 때 내려진다(전술).

2. 解散의 公示

회사는 해산한 때에는, 파산의 경우를 제외하고는, 이사는 지체 없이 주주에 대하여 통지를 하여야 한다(521). 그리고 해산사유가 있은 날로부터 본점 소재지에서는 2주간 내에, 지점 소재지에서는 3주간 내에 해산등기를 하여야 한다(521의2, 228).

3. 會社의 繼續

(1) 회사의 계속이라고 함은, 해산한 회사가 청산이 종료되기 전에 해산 전의 상태로 돌아가는 것을 말한다. 상법은 기업유지의 정신에서 이것을 인정하고 있다.

(2) 주식회사는 (i) 존립기간의 만료 기타 정관에 정한 사유의 발생, 또는 주주총회의 결의에 의하여 해산한 경우에, 주주총회의 특별결의로(434) 회사를 계속할 수 있다(519). 즉 회사의 의사에 의하여 해산한 경우에 한하며, 법원의 해산명령 또는 해산판결에 의하여 해산된 경우에는 회사계속이 인정되지 않는다. 또한 (ii) 해산이 의제된 휴면회사는(520의2①) 의제 후 3년 이내에는 주주총회의 특별결의에 의하여 회사를 계속할 수 있다(520의2③).

(3) 파산으로 인하여 해산한 회사는 강제화의의 가결 또는 파산폐지의 경우에는 회사의 계속을 할 수 있다(회파법 540).

(4) 회사가 이미 해산등기를 한 후에도 회사계속의 결의를 할 수 있으며, 이 경우에는 본점 소재지에서는 2주간 내, 지점 소재지에서는 3주간 내에 회사계속의 등기를 하여야 한다(229③).

(5) 회사계속의 효력은 등기 전이라도 주주총회의 회사계속의 결의가 있을 때 발생한다.

4. 休眠會社의 解散·淸算

(1) 休眠會社의 意義 및 立法理由

휴면회사라 함은 실질적으로는 영업을 폐지하였음에도 불구하고 해산등기를 하지 아니하여 등기부상으로만 존재하는 회사를 말한다. 휴면회사를 방치하면 타인의 상호선정의 자유를 제한하게 되고, 범죄에 악용될 우려가 있으며, 등기와 실체의 불일치 등 등기업무에 지장을 초래하는 등의 폐단이 있으므로, 상법은 휴면회사를 정리하는 제도를 두게 된 것이다.

(2) 休眠會社의 解散擬制

법원행정처장이, 최후의 등기 후 5년을 경과한 회사는 본점의 소재지를 관할하는 법원에 아직 영업을 폐지하지 아니하였다는 뜻의 申告를 할 것을 관보에 의하여 公告한 경우에, 공고한 날에 이미 최후의 등기 후 5년을 경과한 회사는 그 공고일로부터 2월 이내에 대통령령이 정하는 바에 의하여 신고를 하여야 하며, 그 기간에 신고하지 아니한 때에는 그 신고기간이 만료한 때에 解散한 것으로 본다(520의2①). 그러나 신고기간 내에 신고를 하지 아니한 회사라도 이 기간 내에 登記를 하면 해산이 의제되지 아니한다. 이 공고가 있는 때에는 법원은 해당 회사에 대하여 그 공고가 있었다는 뜻의 通知를 발송하여야 한다(520의2②).

(3) 休眠會社의 繼續

휴면회사가 해산이 의제된 후 3년 이내에는, 주주총회의 특별결의에 의하여 회사를 계속할 수 있다(520의2③). 기업유지의 정신에 따른 것이다.

(4) 休眠會社의 淸算擬制

휴면회사가 해산이 의제된 후 3년 이내에 주주총회의 회사계속결의에 의하여 회사를 계속하지 아니한 경우에는, 그 회사는 해산의제 후 3년이 경과한 때에 그 淸算이 종결된 것으로 본다(520의2④).

II. 清 算

1. 意 義

청산이라 함은 해산한 회사의 법률관계를 정리하고 잔존재산을 처분하는 절차를 말하며, 합병이나 파산으로 해산한 경우가 아니면 해산한 회사는 청산을 하여야 한다. 청산의 방법에는 任意淸算과 法定淸算이 있는데, 인적회사의 경우에는 법정청산과 임의청산이 인정됨에 대하여, 주식회사의 경우에는 법정절차에 따라서 하는 강행규정인 법정청산의 제도만 인정된다. 이것은 주식회사에서는 자본단체이어서 회사채권자의 보호의 필요가 크기 때문이다.

2. 淸算中의 會社

회사는 해산된 후에도 청산의 목적의 범위 내에서 청산중의 회사(또는 청산회사)로서 존속한다(245, 269, 542①, 613①). 청산중의 회사는 해산에 의하여 청산절차가 개시된 때로부터 청산절차가 종료된 때까지 존속한다. 청산중의 회사는 해산 전의 회사와 동일한 회사이며(동일회사설), 다만 그 권리능력이 청산의 목적 범위 내로 제한될 뿐이다. 청산의 목적의 범위 내에서만 권리능력을 가지므로, 영업을 전제로 하는 제도는 인정되지 않는다.

3. 淸算會社의 기관

(1) 序 說

청산회사는 그 권리능력이 청산의 목적 범위 내로 제한되므로 영업과 경영을 담당하는 자인 이사는 그 지위를 잃고 이에 대신하여 청산인이 청산사무를 집행한다. 청산인은 청산인회를 구성하고 그 중의 대표청산인이 회사대표의 권한을 가지게 된다.

(2) 淸 算 人

1) 員數·任期·資格 청산인의 인원수에 관하여는 규정이 없으나, 청산인회의 제도를 인정하므로 적어도 2인 이상은 있어야 하는 것으로 본다. 그러나 이에 대하여는 상법이 이사의 원수에 관한 규정을 준용에서 제외하고 있는 점(542②)을 볼 때 청산인은 1인이라도 상관이 없다고 하는 주장도 있다. 청산인의 자격에는 상법상 제한이 없다. 임기에 관하여도 규정이 없으나, 청산을 종결할 때까지 계속된다고 본다.

2) 選任과 終任

㈎ 선 임   회사가 해산한 때에는, 합병·분할·분할합병 또는 파산의 경우 외에는 원칙적으로 이사가 당연히 청산인이 된다(법정청산인). 다만 정관으로 다른 자를 지정할 수도 있고(정관상의 청산인), 주주총회의 결의에 의하여 선임(총회선임의 청산인)할 수도 있다(531①). 이상의 청산인이 없는 때에는 法院이 이해관계인의 청구에 의하여 선임한다(법원의 선임에 의한 청산인)(531②). 휴면회사의 해산의 경우 (520의2)에도 같다.

㈏ 종 임   청산인의 회사에 대한 관계에는 위임에 관한 규정이 준용되므로 (542②, 382②) 청산인의 사망·파산·금치산 등의 위임관계의 종료사유로 인하여 종임이 되며(민법 690), 청산인은 언제든지 사임할 수 있다(민법 689). 또 법원선임의 청산인을 제외하고는 언제든지 주주총회의 결의에 의하여 해임할 수 있다(539①). 이밖에 청산인이 그 업무를 집행함에 현저하게 부적임하거나 중대한 임무에 위반한 행위가 있는 때에는 소수주주권자(즉, 발행주식의 층수의 100분의 3 이상에 해당하는 주식을 가진 주주)는 본점 소재지의 지방법원에 그 청산인의 해임을 청구할 수 있다(539②).

㈐ 선임·해임의 등기   청산인의 선임과 해임에 있어서는 일정기간 내에 본점과 지점의 소재지에서 등기하여야 한다(542①).

3) 淸算人과 會社와의 관계   청산인은 회사에 대하여 위임관계에 있으며(542②, 382②), 청산사무의 집행에 있어서는 선량한 관리자의 주의의무가 요구된다(민법 681). 청산인과 회사와의 거래에 대하여는 청산인회의 승인을 요하며(398), 청산인과 회사와의 訴에 관하여는 監事가 회사를 대표하도록 한다(542②, 394). 이 밖에 청산인의 회사와 제3자에 대한 責任에 대하여도 이사에 관한 규정이 준용되고 있으며, 청산인의 위법행위유지청구권, 청산인의 책임추궁을 위한 소수주주의 대표소송의 제도 등에 대하여 이사에 관한 규정을 준용하고 있다(542②, 399~403). 한편 청산회사는 영업행위를 할 수 없으므로 청산인의 경업피지의무(397)는 문제되지 않는다.

(3) 淸算人會

청산인회는 청산인 전원으로 구성되고 청산사무에 관한 의사결정을 하는 회의체이다. 청산인회에서 결의된 것은 청산인회에서 선임된 대표청산인이 집행하게 된다. 이사회와 대표이사에 관하여 규정한, 회의의 소집·결의방법·회의의 연기와 속행 및 의사록·대표이사 등의 여러 규정이 청산인에 준용된다(542②).

(4) 代表淸算人

종전의 이사가 청산인으로 되는 경우에는 해산 전의 대표이사가 대표청산인이 되고, 법원이 청산인을 선임하는 경우에는 법원이 대표청산인을 정한다(542①, 255). 기타의 경우에는 청산인회의 결의에 의하여 선임한다(542②, 389①). 대표청산인은 청산사무의 집행에 관하여 재판상 또는 재판 외의 모든 행위를 할 권한이 있다. 그리고 그 권한에 대한 제한으로 선의의 제3자에게 대항하지 못한다(542②, 389③, 209).

4. 淸算事務

(1) 主要한 淸算事務

상법은 청산인의 직무권한으로서 다음의 네 가지를 열거하고 있으나(542①, 254①), 이것은 예시에 불과하며 청산인은 청산의 목적에 필요한 모든 행위를 할 수 있다.

1) **現存事務의 종결** 해산 이전에 시작되어 아직 미결인 사무를 처리하는 것이며, 계약의 이행을 위하여 상품을 구입하는 등 새로운 거래를 포함한다.

2) **債權의 推尋과 債務의 辨濟** ㈎ 채권의 추심은 변제의 수령, 담보권의 실행 등뿐만 아니라, 대물변제의 수령, 상계, 화해 등도 포함한다.

㈏ 청산인은 변제기에 이르지 아니한 회사채무도 변제할 수 있으며, 그 무이자 채권과 이자 있는 채권으로서 그 이율이 법정이율에 달하지 못한 것은 중간이자를 공제한 액을 변제하고, 조건부채권·존속기간이 불확정한 채권 기타 가액이 불확정한 채권에 대하여는 법원이 선임한 감정인의 평가에 의하여 결정한다(542①, 259).

㈐ 주식회사는 물적·유한책임의 회사이기 때문에 債權者 보호를 위하여 일정한 절차가 요구된다.

① 청산인은 취임한 날로부터 2개월 내에 회사채권자에 대하여 일정기간(2개월 이상) 안에 그 채권을 申告할 것과, 그 기간 내에 신고가 없으면 청산에서 제외된다는 것을 2회 이상 공고로써 催告하여야 하며(535①), 알고 있는 채권자에 대하여는 각별로 그 채권의 신고를 최고하되 그 채권자가 신고하지 않는 경우에도 이를 청산에서 제외하지 못한다(535②).

② 淸算人은 위의 신고기간 내에는 채권자에 대하여 변제를 하지 못한다. 그러나 회사는 그 변제의 지체로 인한 손해배상의 책임은 져야 한다(536①). 다만 소액채권·담보가 있는 채권 기타 변제로 인하여 다른 채권자를 해할 염려가 없는 채권은 法院의 허가를 얻어 변제할 수 있다(536②).

③ 기간 내에 신고를 하지 않아 청산에서 제외된 채권자는 분배되지 아니한 잔여

재산에 대하여서만 변제를 청구할 수 있다. 그리고 일부의 株主에 대하여 재산분배를 한 경우에는 그와 동일한 비율로 다른 주주에게 분배할 재산은 위의 잔여재산에서 공제한다 (537). 회사가 알고 있는 채권자는 신고하지 않아도 청산에서 제외하지 못한다(535②).

3) **財産의 換價處分** 회사의 채무를 변제하거나 잔여재산의 분배를 하기 위하여는 회사재산의 환가가 필요하다. 청산인은 회사재산을 매각처분할 수가 있고, 주주총회의 특별결의에 의하여 영업의 전부 또는 중요한 일부를 양도할 수도 있다 (374①).

4) **殘餘財産의 分配** 잔여재산의 분배는 회사의 채무를 완제한 후에 하여야 하며(542①, 260), 분배의 비율은 각 주주가 가진 株式 수에 따른다(538). 그러나 우선 주 등의 수종의 株式이 발행된 경우에는 달리 취급할 수 있다(538단서).

(2) 附隨的 淸算事務

1) **法院에 대한 申告** 청산인은 취임한 날로부터 2주간 내에, 해산의 사유와 그 연월일 및 청산인의 성명과 주민등록번호 및 주소를 법원에 신고하여야 한다 (532).

2) **會社財産의 調査報告** 청산인은 취임한 후 지체 없이 회사의 재산상태를 조사하여 재산목록과 대차대조표를 작성하고 이를 주주총회에 제출하여 그 승인을 얻어야 하며, 승인을 얻은 후에는 지체 없이 재산목록과 대차대조표를 법원에 제출 하여야 한다(533).

3) **定期總會의 承認·監査·公示** ㈎ 청산인은 대차대조표 및 사무보고서를 정기총회에 제출하여 그 承認을 요구하여야 한다(534⑤).

㈏ 청산인은 대차대조표 및 사무보고서와 그 부속명세서를 작성하며 총회회 일로부터 4주간 전에 감사에게 제출하여야 하고(534①), 감사는 정기총회의 회일로 부터 1주간 전에 위의 서류에 관한 감사보고서를 청산인에게 제출하여야 한다(534 ②). 청산인은 정기총회 회일의 1주간 전부터 위의 서류와 감사보고서를 본점에 비 치하여야 하며(534③), 주주와 회사채권자는 이 비치서류를 열람할 수 있다(534④, 448②).

㈐ 청산인은 정기총회의 승인을 얻은 때에는 지체 없이 대차대조표를 공고하 여야 한다(542②, 449③).

5. 淸算의 終結과 登記

(1) 淸算의 終結

채무의 완제 및 잔여재산의 분배가 끝나고 청산사무가 종결하면 청산인은 곧 결산보고서를 작성하고 이를 주주총회에 제출하여 승인을 얻어야 한다(540①). 총회의 승인이 있으면, 청산인의 부정행위가 아닌 한, 청산인의 책임은 해제한 것으로 본다(540②).

(2) 淸算終結의 登記

청산이 종결되면 청산인은 총회의 결산보고서의 승인이 있은 후, 본점 소재지에서는 2주간 내, 지점 소재지에서는 3주간 내에 청산종결의 등기를 하여야 한다(542①, 264). 그러나 청산종결등기가 있은 때에도 청산사무가 남아 있는 때에는 청산이 종료한 것이 아니므로 회사는 소멸하지 않으며, 그 한도에서 청산법인은 당사자능력이 있다(대판 1968.6.18, 67다2528; 대판 1997.4.22, 97다3408). 그러나 청산종결등기가 있은 때에는 청산사무의 종결에 의하여 회사가 일단 소멸한 것으로 추정할 수가 있다.

(3) 書類의 保存

회사의 장부 기타 영업과 청산에 관한 중요한 서류는 본점 소재지에서 청산종결의 등기를 한 후 10년간 이를 보존하여야 하며, 다만 전표 또는 이와 유사한 서류는 5년간 이를 보존하여야 한다(541①). 이 보존에 관하여는 청산인 기타의 이해관계인의 청구에 의하여 법원이 보존인과 보존방법을 정한다(541②).

제6장 │ 有限會社

제1절 總 說

I. 有限會社의 意義

(1) 유한회사는 자본이 균등액 단위로 세분되고, 사원은 持分을 가지며, 출자의 무로 한정된 有限責任을 지는 소규모 · 비공개적인 물적회사의 하나이다. 유한회사는 물적회사에 속하지만 폐쇄적인 회사이며 인적회사와 유사한 면도 있어서, 소수의 사람들이 비공개적으로 중소기업을 경영하기에 적합한 회사 형태이다. 이같이 자본단체로서 유한책임성을 가지면서도 소규모 · 비공개적인 운영이 가능한 점이 유한회사가 갖는 장점이다.

(2) 입법례로는 1892년 독일의 유한책임회사법(Gesetz betreffend die G.m.b.H.), 영국의 1907년 사회사(Private company)에 관한 입법, 1925년 프랑스유한회사법 등이 있다. 미국에서도 유한회사와 비슷한 폐쇄회사(close corporation)에 관한 규정들이 입법되어 있다.

II. 有限會社의 特性

1. 資本團體性

유한회사는 물적회사(자본단체)라는 점에서 주식회사와 같으며 자본금의 3원칙이 적용된다. 자본금이 정관의 절대적 기재사항이며(자본금확정의 원칙), 자본금의 증감은 정관변경절차에 의하여야 하며 수권자본금 제도 등이 인정되지 않는 점(자본금불변의 원칙) 등에서는 주식회사보다도 자본금원칙이 엄격하게 준수된다고 할 것이다.

2. 有限責任性

유한회사의 사원은 출자금액을 한도로 하여 회사에 대하여 간접유한책임을 지는 것은(553) 주식회사의 株主와 같다(331). 그러나 유한회사의 사원은 전보책임을 지는 경우가 있으며(550, 551 등) 이 경우에는 주주의 유한책임과 다르다.

3. 小規模性・非公開性(폐쇄성)

유한회사는 소규모적이고 폐쇄적이라는 점에서 주식회사와 다르고, 人的會社와 유사하다.

제2절 設 立

I. 總 說

유한회사는 설립절차도 정관작성에서 시작하여 설립등기로 끝나지만, 주식회사에 비하여 간단하며 다음과 같은 특색이 있다.

① 설립방법은 발기설립에 해당하는 방법만 인정되며, 모집설립의 방법이 인정되지 않는다. ② 발기인이 따로 없고, 사원이 될 자 전원이 정관을 작성하면 되고, 출자의 인수도 이것으로 확정되며 별도의 절차가 필요하지 않다(543②). ③ 사원 및 자본에 관한 사항이 정관의 절대적 기재사항이다(543②). ④ 설립경과의 조사절차가 요구되지 않고 사원의 전보책임(塡補責任)이 인정된다(550, 551). ⑤ 설립무효의 소 외에 설립취소의 소(552)가 인정된다.

II. 定款의 作成

1. 定款의 作成

유한회사를 설립함에는 사원이 정관을 작성하고, 각 사원이 기명날인 또는 서명하여야 한다(543①②). 정관은 공증인의 인증을 받음으로써 효력이 생긴다. 다만, 자본금 총액이 10억원 미만인 회사를 설립하는 경우에는 각 사원이 정관에 기명날인 또는 서명함으로써 효력이 생긴다(543③, 292).

2. 絕對的 記載事項

절대적 기재사항으로 ① 목적·상호·사원의 성명·주민등록번호 및 주소, ② 자본금의 총액, ③ 출자 1좌의 금액, ④ 각 사원의 출자좌수, ⑤ 본점의 소재지(543②)를 기재하여야 한다. 출자 1좌의 금액은 100원 이상으로 균일하게 하여야 한다(546).

3. 相對的 記載事項

절대적 기재사항은 아니지만 기재하지 않으면 효력이 생기지 않는 사항이며, 변태설립사항이 이에 속한다. 변태설립사항은, 현물출자자의 성명과 목적재산의 종류·수량·가격과 이에 대하여 부여하는 출자좌수, 회사성립 후에 양수할 것을 약정한 재산의 종류·수량·가격과 그 양도인의 성명, 회사가 부담할 설립비용 등이다(544). 변태설립사항 이외에도, 지분양도의 제한(556단서), 감사의 설치(568①) 등여러 가지가 있다.

III. 理事·監事의 選任

1. 理事의 選任

정관으로 직접 초대이사를 정할 수도 있으나, 정관으로 이사를 정하지 아니한때에는 회사성립 전에 사원총회를 열어 이를 선임하여야 한다(547①). 이 사원총회는 각 사원이 소집할 수 있다(547②).

2. 監事의 選任

감사는 임의적 기관이며, 정관에 의하여 1인 또는 수인의 감사를 둘 수 있다(568①). 정관으로 이사를 정하지 아니한 때에는 회사성립 전에 사원총회를 열어 이를 선임하여야 한다(568②, 547).

IV. 出資의 履行

이사는 사원으로 하여금 출자전액의 납입 또는 현물출자의 목적인 재산 전부의급여를 시켜야 한다(548①). 현물출자를 하는 경우에는 출자의 목적인 재산을 인도하고 등기, 등록 기타 권리의 설정 또는 이전을 요할 경우에는 이에 관한 서류를 완비하여 교부하여야 한다(548②, 295②).

V. 設立登記

설립등기는 출자의 납입과 현물출자의 이행이 있은 날로부터 2주간 내에 소정 사항을 기재하여 등기하여야 하며(549①), 설립등기를 함으로써 유한회사는 성립한다(172). 설립의 등기사항은 법정되어 있다(549②).

VI. 設立에 관한 責任

1. 서 설

설립에 관한 책임은 회사에 대한 자본금충실의 책임뿐이며, 회사 또는 제3자에 대한 손해배상의 책임은 규정하지 않고 있다. 유한회사는 설립절차가 간단하고 설립경과의 조사 등의 엄격한 감독이 없는 대신에 사원 및 이사에게 엄격한 책임을 부담시키고 있다.

2. 現物出資·財産引受에 관한 회사성립시의 社員의 責任

현물출자 또는 재산인수의 목적인 재산의 회사성립 당시의 실가가 정관에 정한 가격에 현저하게 부족한 때에는, 회사성립 당시의 社員은 회사에 대하여 그 부족액을 연대하여 지급할 책임이 있다(550①). 社員의 이 책임은 면제하지 못한다(550②). 이 책임은 발기인과 같은 지위에 있던 자에게 부담시키는 책임이며, 무과실책임이다(통설).

3. 出資未畢額에 대한 회사성립시의 社員 등의 責任

회사성립 후에 출자금액의 납입 또는 현물출자의 이행이 완료되지 아니 하였음이 발견된 때에는, 회사성립 당시의 社員, 理事와 監事는 회사에 대하여 그 납입되지 아니한 금액 또는 이행되지 아니한 현물의 가액을 연대하여 지급할 책임이 있다(551①). 사원의 이 책임은 주식회사의 발기인의 책임에 해당하는 일종의 무과실책임이다. 이 경우 사원의 책임은 면제하지 못하고, 이사와 감사의 책임은 총사원의 동의가 있으면 면제할 수 있다(551②③).

VII. 設立의 無效와 取消

유한회사에 있어서 설립무효의 제도 외에 설립취소의 제도가 인정된 것은 그 폐쇄성·소규모성으로 인해 인적 신뢰관계와 사원의 개성이 중시되기 때문이다.

1. 設立無效의 訴·設立取消의 訴

회사의 설립의 無效는 그 사원, 이사와 감사에 한하여, 회사성립의 날로부터 2년 내에, 소만으로 이를 주장할 수 있다(552①).

또 회사의 설립의 取消는 그 취소권 있는 자에 한하여 회사성립의 날로부터 2년 내에 소만으로 이를 주장할 수 있다(552①).

2. 準用規定

취소권자(184②)·채권자에 의한 설립취소의 訴(185)·전속관할(186)·소제기의 공고(187)·訴의 병합심리(188)·하자의 보완 등과 청구의 기각(189)·판결의 효력(190)·패소원고의 책임(191)·설립무효 취소의 등기(192)·판결의 효과(준해산)(193) 등에 관하여는 합명회사에 관한 규정이 준용되며(552②), 이것은 주식회사의 경우도 같다.

제3절 社 員

I. 社員의 資格과 數

社員의 資格에는 법률상 제한이 없다. 자연인은 물론 법인도 사원이 될 수 있다. 社員의 數에는 제한이 없으며 1인 이상이면 된다.

II. 社員名簿

이사는 사원명부를 본점에 비치하여야 하며(566①), 사원명부에는 사원의 성명, 주소와 그 출자좌수를 기재하여야 한다(566②). 사원과 회사채권자는 영업시간 내에 언제든지 사원명부의 열람 또는 등사를 청구할 수 있다(566③). 지분의 양도와 입질은 사원명부에 명의개서를 함으로써 대항요건을 갖추게 된다(557, 559②, 601②). 그리고 회사의 통지 또는 최고는 사원명부에 기재한 주소 또는 그 자로부터 회사에 통지한 주소로 하면 된다(560②, 353). 주식회사의 주주명부에 해당한다.

III. 社員의 權利·義務

1. 社員의 權利

(1) 共 益 權

공익권 중 (i) 단독사원권으로는, 의결권(575), 정관 기타 서류열람청구권(566)·설립무효 및 취소의 소권(552)·증자무효의 소권(595)·사원총회결의 취소 또는 무효주장의 소권(578, 376 이하, 380) 등이 있고, (ii) 소수사원권으로는, 대표소송제기권(565)·이사의 위법행위유지청구권(564의2)·사원총회소집 청구권(572)·회계장부열람권(581)·업무재산상태검사청구권(582)·이사해임청구권(567, 385②)·청산인해임청구권(613②, 539) 등이 있다. 자본총액의 100분의 3 이상에 해당하는 출자좌수를 가진 사원은 소수사원권을 행사할 수 있다.

(2) 自 益 權

이익배당청구권(580)·잔여재산분배 청구권(612)·증자의 경우의 출자인수권(588) 등이 있다.

2. 社員의 義務

(1) 사원은 출자인수한 가액에 대한 재산의 출자의무를 지며, 사원의 책임은 그 출자금액을 한도로 하는 유한책임이다(553). 사원은 출자의무를 질 뿐 회사채권자에 대하여는 아무런 책임도 지지 아니한다(간접책임). 출자의무는 회사의 성립 전 또는 자본증가의 효력발생 전에 전부 이행하여야 한다(548①, 596). 출자는 금전출자가 원칙이고 현물출자가 예외로 인정되며(544 i, 586 i) 노무출자나 신용출자는 인정되지 않는다.

(2) 사원은 출자의무만을 지는 것이 원칙(유한책임)이지만, 상법은 자본금의 충실을 도모하기 위하여 예외로 전보책임을 부담하는 경우가 있다. 즉, 회사성립 당시의 사원의 자본금전보책임(550, 551), 자본금증가시의 동의한 사원의 전보책임(593), 조직변경 결의 당시의 사원 등의 전보책임(605①, 607④) 등이다.

IV. 持 分

1. 意義·複數持分主義

지분은 사원이 회사에 대하여 가지는 법률상의 지위(사원권)를 가리킨다. 사원은 그 출자좌수에 따라 지분을 가지며(554), 출자의 1좌(座)는 지분의 기준이 되는 동시에 자본의 부분이 되기도 한다. 유한회사의 지분은 인적회사의 지분과 달리 단일지분주의에 의하지 아니하고 출자좌수에 따른 복수지분주의를 취한다(통설).

2. 證券發行의 금지

유한회사에서는 그 폐쇄성·비공개성으로 인하여 지분의 유가증권화를 금지하며, 지분에 관하여 지시식 또는 무기명식의 증권을 발행하지 못하도록 하고 있다(555).

3. 持分의 讓渡

(1) 양도의 자유 및 제한

사원은 그 지분의 전부 또는 일부를 양도하거나 상속할 수 있다(556본문). 다만, 정관으로 지분의 양도를 제한할 수 있다(556단서).

(2) 지분이전의 對抗要件

지분의 이전을 회사와 제3자에게 대항하기 위하여는, 취득자의 성명·주소와 그 목적이 되는 출자좌수를 사원명부에 기재하여야 한다(557).

4. 持分의 入質

(1) 사원의 지분은 질권의 목적으로 할 수 있다(559①). 이 경우에도 지분의 양도의 경우와 같이 사원총회의 특별결의 및 입질의 대항요건으로서의 명의개서 등이 요구된다(559②, 556, 557).

(2) 질권의 효력은 기명주식의 등록질의 경우와 같다. 지분을 질권의 목적으로 한 경우에 질권자의 성명과 주소를 사원명부에 기재한 때에는, 질권자는 회사로부터 이익배당을 받을 수 있고, 잔여재산의 분배를 받을 수 있다(560①, 340①②). 또한 질권의 물상대위도 인정된다(560①, 339).

5. 自己持分의 取得·質取

자기지분을 취득하거나 질권의 목적으로 받는 경우에 관하여는 주식회사의 자기주식의 경우와 같은 제한이 있다(560, 341, 341의2).

제4절 會社의 機關

I. 總 說

유한회사에도 理事·社員總會·監事와 檢査人의 네 기관이 있음은 주식회사와 비슷하나, 감사가 임의기관이고 이사가 여러 명인 경우에도 이사회와 대표이사로 분화되어 있지 않다. 이는 소규모 폐쇄회사이므로 기관도 간소화하여 탄력적인 운영을 할 수 있도록 하려는 것이라 할 수 있다.

II. 社員總會

1. 意 義

사원총회는 회사의 의사를 결정하는 최고기관이며 필요적 기관이다. 소규모 회사의 의사결정기관이므로 주주총회에 비하여 그 운영이 훨씬 간소화되어 있다. 사원총회는 법령이나 정관에 위반하지 않는 한 모든 사항에 관한 회사의 의사를 결정할 수 있다.

2. 召 集

(1) 召集權者

1) 사원총회는 정기총회와 임시총회의 어느 경우이든 원칙적으로 理事가 소집한다(571①). 이사가 여러 사람인 경우에는 과반수의 결의가 필요하다는 견해도 있으나, 이사 각자가 단독으로 소집할 수 있다고 본다(다수설).

2) 임시총회는 監事가 소집할 수도 있다(571①). 청산중의 회사에서는 淸算人이 소집한다(613②, 571①). 또한 자본금총액의 100분의 3 이상에 해당하는 출자좌수를 가진 少數社員은 회의의 목적사항과 소집의 이유를 기재한 서면을 이사에 제출하여 총회소집을 청구할 수 있으며(572①), 이 경우에 이사가 지체 없이 소집절차를 밟지 않으면, 그 사원은 법원의 허가를 얻어 직접 총회소집을 할 수 있다(572③, 366②). 다만, 이 소수사원에 의한 총회소집청구에 관하여는 정관으로 다른 정함을 할 수 있다(572②).

(2) 召集節次

총회를 소집할 때는 먼저 회일을 정하고 그 1주 전에 각 사원에게 서면으로 통지서를 발송하거나, 각 사원의 동의를 받아 전자문서로 통지서를 발송하여야 한다(571②). 통지서에는 회의의 목적사항을 기재하여야 한다(571③, 363②). 총사원의 동의가 있으면 소집절차 없이 총회를 열 수 있다(573).

3. 議事와 決議

(1) 議 決 權

1) 각 사원은 출자 1좌마다 1개의 의결권을 가진다. 그러나 정관으로 의결권의 수에 관하여 다른 정함을 할 수 있다(575). 다른 정함이란 예컨대, 출자좌수에 의하지 않고 사람마다 똑같이 하나의 의결권을 인정하거나(두수주의) 또는 일정한 좌수 이상에 대한 의결권을 제한하는 정함 등이다. 모두 소규모이고 인적회사적인 성격에서 인정되는 것이다.

2) 주식회사의 의결권대리행사(368②), 특별이해관계가 있는 자의 의결권제한 및 의결권수에 불산입(368③, 371②), 자기지분의 의결권 휴지(369②) 등은 유한회사에 준용된다(578).

(2) 決議方式

1) **普通決議** 총사원의 의결권의 과반수를 가지는 사원이 출석하고, 그 의결권의 과반수로써 하는 결의이며, 유한회사의 총회는 정관에 달리 정함이 없는 한 원칙적으로 이 결의에 의한다(574). 이사·감사의 선임(574, 570, 382②), 재무제표의 승인(583①, 449①) 등이 있다.

2) **特別決議** ㈎ 특별결의는 총사원의 반수 이상이며 총사원의 의결권의 4분의 3 이상을 가지는 자의 동의로 하는 결의를 말하며(585①), 이 경우에 의결권을 행사할 수 없는 사원은 이를 총사원의 수에, 그 행사할 수 없는 의결권은 이를 의결권의 수에 산입하지 아니한다(585②). 총사원의 반수 이상을 요구하는 것은 사원의 개성을 중시하기 때문이다.

㈏ 특별결의를 요하는 사항으로는, 정관변경(585①), 영업의 양도·임대 또는 경영위임·이익공통계약(576①, 374ⅰ~ⅲ), 사후설립(576②), 자본금증가의 경우의 현물출자·재산인수·특정한 자에 대한 출자인수권의 부여(586, 587), 사원의 법정출자인수권의 제한(588단서)·사후증자(596, 576②), 合倂(598), 해산(609), 회사의 계속(610) 등이 있다.

3) **特殊決議**　　유한회사를 주식회사로 조직변경을 함에는 총사원의 일치에 의한 총회의 결의가 있어야 한다(607①본문). 반드시 총회의 결의에 의할 필요는 없으나 이사와 감사의 책임면제의 경우도 같다(551③).

(3) 議決權의 代理行使 · 議事錄 · 총회의 延期 및 續行

사원은 의결권을 대리행사 시킬 수 있고(368②), 의사록을 작성하여야 하며(373), 사원총회에서는 회의의 속행 또는 연기를 결의할 수 있는데(372), 이는 주주총회의 경우와 동일하다(578).

(4) 總會決議의 瑕疵

총회의 결의에 취소 · 무효 · 부존재 및 부당결의취소 · 변경 등의 원인이 있는 경우에는 주주총회결의에 하자가 있는 경우에 관한 결의취소의 소, 결의무효확인의 소 및 부존재확인의 소, 부당결의의 취소 · 변경의 소의 제도가 준용된다(578, 376~381).

(5) 書面決議

유한회사에서는 그 조직의 소규모성 및 인적회사적 성격을 감안하여 총회의 결의에 갈음하는 간편한 방법으로 서면에 의한 결의를 인정하고 있다(577). 서면에 의한 결의는 총회의 결의와 동일한 효력이 있으며, 총회에 관한 규정은 서면에 의한 결의에 준용한다(577③④). 서면에 의한 결의는 두 경우에 인정된다. (i) 총회의 결의를 하여야 할 경우에 총사원의 동의가 있는 때에는 서면에 의한 결의를 할 수 있으며(577①), (ii) 결의의 목적사항에 대하여 총사원이 서면으로 동의를 한 때에는 서면에 의한 결의가 있은 것으로 본다(577②).

III. 理　　事

1. 意　　義

유한회사의 이사는 회사의 업무를 집행하고 회사를 대표하는 필요적 상설기관이다. 이사는 정원이 없으므로 1인 또는 수인으로 할 수 있으며(561), 임기에 관한 제한도 없다. 업무집행기관이 이사회와 대표이사로 분화되어 있지 않은 점이 주식회사와 다르다.

2. 理事의 選任·解任

(1) 이사는 회사성립 후에는 社員總會에서 선임한다(567, 382①). 그러나 초대이사는 정관으로 정할 수 있으며(547①), 이는 인적회사적 성질의 반영이다.

(2) 이사는 언제든지 사원총회의 특별결의에 의하여 解任할 수 있다. 그러나 이사의 임기를 정한 경우에, 정당한 이유 없이 그 임기만료 전에 이를 해임한 때에는, 그 이사는 회사에 대하여 해임으로 인한 손해의 배상을 청구할 수 있다(567, 385①).

(3) 이사가 그 직무에 관하여 부정행위 또는 법령이나 정관에 위반한 중대한 사실이 있음에도 불구하고 총회에서 그 해임을 부결한 때에는, 소수주주는 총회의 결의가 있은 날부터 1월내에 그 이사의 해임을 법원에 청구할 수 있다(567, 385②).

(4) 회사와의 위임관계 종료로 인한 종임(570, 382②, 민법 689, 690), 결원의 경우의 조치, 보수 등은 주식회사의 경우와 같다(567, 386, 388).

3. 職務 및 權限

(1) 業務執行權

이사는 업무집행기관이며, 이사가 수인인 때에는, 정관에 다른 정함이 없으면, 업무집행의 결정은 그 과반수에 의한다(564①). 결정되는 업무집행사항은 회사의 업무집행 전반을 비롯하여, 지배인의 선임 또는 해임과 지점의 설치·이전 또는 폐지(564①), 사원총회의 소집(571①) 등이다. 다만, 사원총회가 우선적으로 지배인의 선임 또는 해임을 할 수 있는 예외가 인정된다(564②).

(2) 會社代表權

회사대표권은 각 이사가 가지나(562①), 이사가 수인인 경우에 정관에 다른 정함이 없으면 사원총회에서 대표이사를 선정하여야 한다(562②). 정관 또는 사원총회는 공동대표이사를 정할 수 있다(562③). 이사와 회사간의 소에 관하여는 특히 사원총회가 회사를 대표할 자를 선정하여야 한다(563).

(3) 義　　務

이사는 회사에 대하여 위임관계에 있으므로 일반적 의무로서 선량한 관리자의 주의의무를 부담하며(567·382②, 민법 681), 상법에도 몇 가지 의무가 규정되어 있다.

1) 自己去來禁止義務　　이사는 감사가 있는 때에는 그 승인이, 감사가 없는 때에는 사원총회의 승인이 있는 때에 한하여 자기 또는 제3자의 계산으로 회사와 거래를 할 수 있다. 이 경우에는 민법 제124조의 규정을 적용하지 아니한다(564③, 398 참조).

2) 競業避止義務   유한회사의 이사는 주식회사의 이사와 같은 경업피지의무를 부담한다(567, 397). 다만 경업의 승인 및 개입권의 행사는 사원총회의 결의로 한다(567후단).

3) 書類의 備置義務   이사는 정관·사원총회의사록 및 사원명부를 본점 또는 지점에 비치하고, 사원과 채권자가 열람 또는 등사할 수 있게 하여야 한다(566).

4. 責 任

(1) 損害賠償責任

이사의 회사에 대한 책임 및 면제(399, 400)·제3자에 대한 책임(401)·표현대표이사의 행위와 회사의 책임(395) 등에 관하여는 주식회사 이사의 책임의 경우와 동일하다(567).

(2) 資本金充實責任

이사는, 회사성립 후에 출자금액의 납입 또는 현물출자의 이행이 완료되지 아니하였음이 발견된 때(551①), 자본금증가 후에 아직 인수되지 아니한 출자가 있는 때(594①), 자본금증가 후에 아직 출자전액의 납입 또는 현물출자의 목적인 재산의 급여가 미필된 출자가 있는 때(594②), 조직변경의 경우에 회사에 현존하는 순재산액이 조직변경시에 발행하는 주식의 발행가액의 총액에 부족한 때(607④)에 자본금충실의 책임을 부담한다. 이 책임은 총사원의 동의가 없으면 면제하지 못한다(551③, 594③, 607④).

5. 違法行爲의 留止請求·代表訴訟·준용규정

(1) 違法行爲의 留止請求權

이사가 법령 또는 정관에 위반한 행위를 하여 이로 인하여 회사에 회복할 수 없는 손해가 생길 염려가 있는 경우에는, 監事 또는 자본금 총액의 100분의 3 이상에 해당하는 출자좌수를 가진 少數社員은, 회사를 위하여 이사에 대하여 그 행위를 유지할 것을 청구할 수 있다(564의2).

(2) 代表訴訟

1) 자본금 총액의 100分의 3 이상에 해당하는 출자좌수를 가진 사원은 회사에 대하여 이사의 책임을 추궁할 소의 제기를 청구할 수 있다(565①). 회사가 이 청구를 받은 날로부터 30일 내에 소를 제기하지 아니한 때에는 社員은 즉시 회사를 위하여

소를 제기할 수 있고(565②, 403③), 이 기간의 경과로 인하여 회사에 회복할 수 없는 손해가 생길 염려가 있는 경우에는 사원은 위의 절차에 불구하고 즉시 소를 제기할 수 있다(565②, 403④).

2) 담보제공, 소송절차 등 株主의 대표소송에 관한 여러 사항이 유한회사에 준용된다(565②, 403②~⑦, 404~406).

(3) 準用規定

유한회사의 이사에 대하여는, 합명회사의 대표사원의 권한과 손해배상책임(209, 210) 등이 준용되고, 주식회사에 있어서 이사가 결원된 경우의 조치(386), 이사의 보수(388), 직무집행정지 또는 직무대행자의 선임 및 권한(407, 408) 등이 준용된다(567).

IV. 監 事

1. 選任·解任

(1) 감사는 임의적 기관이며, 정관에서 1인 또는 수인을 둘 수 있다(568①). 감사를 두는 경우에도 임기에 대하여는 제한이 없다. 감사의 선임은 회사성립 후에는 사원총회가 하나, 초대감사에 한하여 정관으로 정할 수 있다(568②, 547).

(2) 감사의 해임은 사원총회의 특별결의에 의하여 언제든지 할 수 있다(570, 385①). 그러나 소수사원에 의한 감사해임청구는 인정되지 않는다(385② 참조).

2. 職務·權限

감사는 언제든지 회사의 업무와 재산상태를 조사할 수 있고, 이사에 대하여 영업에 관한 보고를 요구할 수 있다(569). 또한 임시총회소집청구권(571①), 설립무효의 소 및 증자무효의 소권(552, 595), 이사와 회사 간의 거래 승인에 관한 권한(564③) 등이 있다.

3. 義務와 責任

이 밖에 감사의 총회에서의 조사보고의무(413)·회사 및 제3자에 대한 책임(414)·회사에 대한 책임의 면제(400)·직무집행정지 또는 직무대행자의 선임(407) 등은 모두 주식회사의 이사 또는 감사의 경우와 같다(570).

그리고 감사의 회사에 대한 책임의 추궁을 위해서 이사의 경우와 같이 소수사원에 의한 대표소송이 인정되어 있다(570, 565).

V. 檢査人

(1) 검사인은 회사의 업무와 재산상태를 조사하는 임시적 · 임의적 기관이다.

(2) 검사인은 사원총회에서 선임되는 경우와 법원에 의하여 선임되는 경우가 있다. 社員總會는 이사가 제출한 서류와 감사의 보고서를 조사시키기 위하여 검사인을 선임할 수 있다(578, 367). 그리고 회사의 업무집행에 관하여 부정행위 또는 법령이나 정관에 위반한 중대한 사유가 있는 때에는, 자본금총액의 100분의 3 이상에 해당하는 출자좌수를 가진 사원은, 회사의 업무와 재산상태를 조사시키기 위하여 法院에 검사인의 선임을 청구할 수 있다(582).

제5절 會社의 會計

I. 序   說

유한회사도 자본단체이므로 회사재산만이 대외적인 신용의 기초가 되므로 그 계산에 있어서도 주식회사와 비슷한 법적 규제를 하고 있다. 그러나 소규모성 · 비공개성으로 인하여 대차대조표의 공고, 사채발행에 관련된 규정 등이 없는 점이 주식회사와 다르다.

II. 財務諸表 · 營業報告書

1. 作成 · 承認

理事는 매결산기에 대차대조표 · 손익계산서 · 그 밖에 회사의 재무상태와 경영성과를 표시하는 것으로서 제447조 제1항 제3호에 따른 서류와 그 부속명세서 및 영업보고서를 작성하여야 한다(579①, 579의2②). 監事가 있는 때에는 정기총회 회일로부터 4주간 전에 이들 서류를 감사에게 제출하고, 감사는 이 서류들을 받은 날로부터 3주간 내에 감사보고서를 이사에게 제출하여야 하며(579②③), 이사는 감사보고서를 제출 받은 후 재무제표를 총회에 제출하여 승인을 얻어야 한다(583①, 449①). 그리고 감사가 없는 경우에는 재무제표를 직접 총회에 제출하여 승인을 얻어야 한다(583①, 449①). 또한 이사는 營業報告書를 총회에 제출하여 그 내용을 보고하여야 한다(583①, 449②).

2. 財務諸表 등의 備置·公示

이사는 총회회일의 1주간 전부터 5년간 재무제표와 그 부속명세서 및 영업보고서와 감사보고서를 본점에 비치하여야 한다(579의3①). 사원과 회사채권자는 영업시간 내에 언제든지 이 비치서류를 열람할 수 있으며 회사가 정한 비용을 지급하고 그 서류의 등본이나 초본의 교부를 청구할 수 있다(579의3②, 448②).

3. 責任解除

총회에서 재무제표의 승인을 한 후 2년 내에 다른 결의가 없으면 회사는 이사와 감사의 책임을 해제한 것으로 본다. 그러나 이사 또는 감사의 不正行爲에 대하여는 그러하지 아니하다(583①, 450).

III. 利益配當

이익배당의 요건이나 위법배당의 효과 등은 주식회사의 경우와 같다(583①, 462). 이익의 배당은 각 사원의 출자좌수에 따라 하는 것을 원칙으로 하지만, 정관으로 달리 정할 수 있다(580).

IV. 社員의 經理檢査權

1. 財務諸表 등 閱覽權

사원과 회사채권자는 영업시간 내에 언제든지 재무제표 등 서류를 열람할 수 있으며 그 서류의 등본이나 초본의 교부를 청구할 수 있다(579의3②, 448②).

2. 會計帳簿閱覽權

소수사원(자본금의 100分의 3 이상에 해당하는 출자좌수를 가진 사원)에게 회계장부열람권이 인정되어 회계의 장부와 서류의 열람 또는 등사를 청구할 수 있다(581①). 이 소수사원의 회계장부열람권은 정관에 의하여 각 사원의 단독사원권으로 바꿀 수 있으며, 이 경우에는 재무제표의 부속명세서는 이를 작성하지 아니한다(581②).

3. 業務와 財産狀態의 檢査權

회사의 업무집행에 관하여 부정행위 또는 법령이나 정관에 위반한 중대한 사유가 있는 때에는, 자본금총액의 100분의 3 이상에 해당하는 출자좌수를 가진 사원은 회사의 업무와 재산상태를 조사하게 하기 위하여 법원에 검사인의 선임을 청구할 수 있다(582①). 檢査人은 그 조사의 결과를 서면으로 법원에 보고하여야 하며(582②), 法院이 위 보고서에 의하여 필요하다고 인정한 경우에는 감사가 있는 때에는 감사에게, 감사가 없는 때에는 이사에게 사원총회의 소집을 명할 수 있다. 이 경우 검사인의 보고서는 사원총회에 제출하여야 한다(582③, 310②).

V. 準用規定

이 밖에 법정준비금(458, 460) · 이익배당의 방법(462) · 사용인의 우선변제권(468) 등에 관하여는 주식회사의 경우와 같다(583).

제6절 定款의 變更

I. 總　說

(i) 정관변경의 의의 등 일반적인 내용은 주식회사와 같으나, 수권자본금제를 택하여 자본금액이 정관의 절대적 기재사항이 아닌 주식회사와 달리, 유한회사에 있어서는 자본금의 총액이 정관의 절대적 기재사항이므로(543②ⅱ) 증자와 감자를 정관변경의 절에서 다루게 된다.

(ii) 정관을 변경함에는 사원총회의 특별결의가 있어야 하며(584), 이 결의는 총사원의 반수 이상이며, 총사원의 의결권의 4분의 3 이상을 가지는 자의 동의로 한다(585①). 이 경우에 의결권을 행사할 수 없는 사원은 이를 총사원의 수에, 그 행사할 수 없는 의결권은 이를 의결권의 수에 산입하지 아니한다(585②).

II. 資本金增加

1. 意義 및 方法

유한회사에서는 사채발행에 의한 자금조달이 인정되지 아니하므로 자기자본금을 증가하는 증자의 방법이 더욱 중시되게 된다. 증자의 방법으로는, ① 출자좌수의 증가, ② 출자 1좌의 금액의 증가, ③ 양자의 병용 등 세 가지 방법이 있다. 이 가운데 주로 이용되는 방법은 출자좌수를 증가하는 방법이며, 출자 1좌의 금액을 증가하는 방법은 유한책임원칙에 어그러지므로 총사원의 동의를 요한다.

2. 資本金增加의 節次

(1) 社員總會의 增資決議

자본금증가는 정관변경사항이 되므로 사원총회의 특별결의를 요한다. 이 결의에서는 정관에 다른 정함이 없어도 ① 현물출자사항, ② 증자 후에 양수할 재산에 관한 사항, ③ 출자의 인수권을 부여할 자의 성명과 그 권리의 내용에 관하여 정할 수 있다(586).

(2) 出資의 引受

1) **出資引受權** 사원은 증가할 자본금에 대하여 그 지분에 따라 출자를 인수할 권리(법정인수권)를 가진다(588본문). 이것은 社員의 권리이며 의무는 아니다. 사원의 출자인수권이 제한되는 경우로는, ① 정관 또는 증자결의에 의하여 특정인에게 인수권을 부여하는 경우(586ⅲ)와 ② 사원총회의 특별결의에 의하여 특정인에게 장래 증자할 경우에 출자인수권을 부여할 것을 약속하는 경우(587)의 두 가지가 있다(588단서).

2) **引受의 公募禁止·引受의 方式** 유한회사는 광고 기타의 방법에 의하여 인수인을 공모하지 못한다(589②). 그 비공개성 때문이다. 출자인수를 하고자 하는 자는 인수를 증명하는 서면에 인수할 출자의 좌수와 주소를 기재하고 기명날인 또는 서명하여야 한다(589①).

3) **出資의 履行** 인수가 끝나면 이사는 인수인으로 하여금 출자금액의 납입 또는 현물출자의 목적재산 전부의 급여를 시켜야 한다(596, 548).

(3) 資本金增加의 登記(效力發生要件)

자본금증가로 인한 출자의 이행이 끝나면, 일정기간 내에 증자로 인한 변경등기를 하여야 하며, 본점 소재지에서 이 등기가 있음으로써 증자의 효력이 생긴다(591, 592). 그러나 출자자는 출자이행기일로부터 이익배당에 관하여 사원과 동일한 권리를 가진다(590).

3. 資本金增加에 관한 責任(資本金充實의 責任)

(1) 不足額塡補責任

현물출자(586i)와 재산인수(586ii)의 목적인 재산의 자본금증가 당시의 실가가 증자결의에 의하여 정한 가격에 현저하게 부족한 때에는, 그 결의에 동의한 社員은 회사에 대하여 그 부족액을 연대하여 지급할 책임을 진다(593①). 이 경우의 사원의 책임은 면제하지 못한다(593②, 550②, 551②).

(2) 納入塡補責任

자본금증가 후에 아직 인수되지 아니한 출자가 있으면 이사와 감사가 공동으로 引受한 것으로 보며, 또 자본금증가 후에 아직 출자전액의 납입 또는 현물출자의 목적재산의 급여가 미필된 것이 있으면 이사와 감사는 연대하여 그 납입 또는 급여미필재산의 가액을 지급할 책임이 있다(594②). 이 경우의 이사 · 감사의 책임은 총사원의 동의가 없으면 면제할 수 없다(594③, 551③).

4. 事後增資

회사가 자본금증가 후 2년 내에 증자 전부터 존재하는 재산으로서 영업을 위하여 계속하여 사용할 것을, 증가자본금의 20분의 1 이상에 상당한 대가로 취득하는 계약을 체결하는 경우에는 사원총회의 특별결의를 요한다(596, 576②).

5. 資本金增加의 無效

자본금증가의 무효는 사원 · 이사 또는 감사에 한하여 증자등기 후 6월내에 소만으로 이를 주장할 수 있다(595①). 이 경우에는 신주발행무효의 소에 관한 규정(431)이 준용된다(595②, 430~432, 186~192, 377).

III. 資本金減少

1. 資本金減少의 方法

감자의 방법은 세 가지 방법(출자좌수의 감소, 출자 1좌의 금액의 감소, 이 양자의 병용)이 있다. 출자좌수를 감소하는 방법에는 지분의 소각과 지분의 병합의 두 가지가 있다. 출자 1좌의 금액을 감소하는 경우에는 1좌 금액은 100원 이상이어야 한다(546②).

2. 資本金減少의 節次

자본금감소의 절차는 주식회사의 경우와 거의 같다(597). 즉 사원총회의 특별결의(584, 585①, 597, 439①), 채권자의 보호절차(597 · 439②), 감자의 실행(597), 감자에 의한 변경등기(549④, 183) 등의 절차를 거친다.

3. 資本金減少의 登記

자본금감소는 등기사항의 변경이므로 변경등기를 하여야 한다(549④, 183). 그러나 이것은 감자의 효력발생요건이 아니며, 감자의 효력은 채권자 보호절차 기타 감자에 필요한 절차가 끝났을 때 생긴다.

4. 資本金減少無效의 訴

자본금감소의 무효는 사원 · 이사 · 감사 · 청산인 · 파산관재인 또는 감자를 승인하지 아니한 채권자에 한하여 감자등기일로부터 6월내에 소만으로 주장할 수 있으며, 이 밖에는 주식회사의 경우와 동일하다(597, 445, 446).

제7절 解散과 淸算

I. 解　散

1. 解散事由

유한회사의 해산사유는, 존립기간의 만료 기타 정관으로 정한 사유의 발생, 합병, 파산, 법원의 해산명령(176) 또는 해산판결(613①, 520), 사원총회의 해산결의(609②) 등이다(609①②).

2. 會社의 繼續

회사가 위의 해산사유 가운데 존립기간의 만료 기타 정관으로 정한 사유의 발생(227i) 및 사원총회의 결의(609① ii)에 의하여 해산한 경우에는, 사원총회의 特別決議에 의하여 회사를 계속할 수 있다(610①). 이미 해산등기를 한 후에 위와 같이 회사의 계속을 하는 경우에는 일정기간 내에 회사의 계속등기를 하여야 한다(611, 229③).

3. 解散登記

회사가 해산하면 합병과 파산의 경우를 제외하고는 해산등기를 하여야 한다 (613①, 228).

II. 淸 算

1. 序 說

유한회사는 자본단체에 속하므로 주식회사의 경우와 같이 법정청산만이 인정되고 임의청산은 인정되지 않는다. 청산절차에 있어서도 주식회사에 관한 규정이 많이 준용되고 있다.

2. 淸 算 人

유한회사에서는 청산인회의 제도는 없고 각 청산인이 청산중의 회사의 업무집행 및 회사대표의 기관이 된다.

(1) 청산인은 주식회사의 경우와 같이 이사가 청산인이 되는 법정청산인이 원칙이며, 그 밖에 정관상의 청산인, 총회선임의 청산인, 법원의 선임에 의한 청산인이 있다(613①, 531①②) 해임에 관하여는 대체로 주식회사와 같다(613②, 539).

(2) 청산인의 직무권한은 주식회사에서의 그것과 같으며(254), 현존사무의 종결, 채권의 추심과 채무의 변제, 재산의 환가처분, 잔여재산의 분배 등의 청산사무를 수행한다(613①, 254①). 잔여재산의 분배는 회사의 채무를 완제한 후에 하여야 하며(613①, 260), 분배의 비율은 각 사원의 출자좌수에 따른다(612).

3. 淸算終結의 登記

청산인은 총회에서의 결산보고서의 승인이 있은 후, 일정기간 내에 청산종결의 등기를 하여야 한다(613①, 264).

4. 準用規定

유한회사의 청산에는 합명회사 및 주식회사의 청산에 관한 많은 규정이 준용되고 있고, 유한회사의 청산인에 관하여는 합명회사의 대표사원, 주식회사의 이사, 유한회사의 이사 등에 관한 여러 규정이 준용되고 있다(613①②).

제7장 | 組織의 再編

제1절 組織變更

I. 意　義

회사의 조직변경이라 함은 회사가 그 법인격의 同一性을 유지하면서 법률상의 조직을 변경하여 다른 종류의 회사로 되는 것을 말한다. 법인격의 동일성이 유지되고 권리의무의 승계문제가 생기지 않는 점에서 合倂과 다르다.

II. 經濟的 效用

어떤 회사가 내외의 사정의 변화에 의하여 다른 종류의 회사로 그 조직을 변경하려고 할 때, 기존 회사를 해산하고 다른 종류의 회사를 신설하는 것은 번거롭고 비경제적이며, 또한 기업형태가 적합하지 않아서 해산하려는 회사를 조직변경을 통하여 존속시킬 수 있으므로 회사의 기업유지의 정신에도 맞는다. 이런 이유로 상법은 회사의 조직변경제도를 두고 있다.

III. 節　次

1. 許容範圍

조직변경을 제한 없이 인정한다면 사원책임의 변경 등으로 인하여 혼란이 우려되고 채권자에게 손해를 입힐 수 있다. 그러므로 상법은 채권자의 보호, 사원의 의사의 존중 등을 고려하는 가운데, 인적회사 상호간, 물적회사 상호간에만 조직변경을 인정한다. 또한 일반에 공시하기 위하여 등기를 요한다.

2. 合名會社에서 合資會社로의 組織變更

(1) 총사원의 同意

총사원의 동의로, 사원의 일부를 유한책임사원으로 변경하든지, 새로 유한책임사원을 가입시켜 조직변경을 할 수 있다(242①). 합명회사가 그 사원이 1인으로 되어 해산하는 경우에는 새로 사원을 가입시켜 합자회사로 회사를 계속하는 경우에는 합자회사로 조직변경을 할 수 있다(242②).

(2) 債權者의 보호

조직변경에 의하여 일부사원을 유한책임사원으로 변경한 경우에는, 유한책임사원으로 변한 자도 변경 전의 회사채무에 대해서는 등기 후 2년 내에는 무한책임을 진다(244). 사원의 책임이 경감되었으므로 회사채권자를 보호하기 위한 것이다.

3. 合資會社에서 合名會社로의 組織變更

(1) 총사원의 同意

합자회사는 사원 전원의 동의로 그 조직을 합명회사로 변경하여 계속할 수 있다(286①). 그리고 유한책임사원 전원이 퇴사한 때에는 무한책임사원 전원의 동의를 요한다(286②).

(2) 債權者의 보호

이 경우에는 유한책임사원도 무한책임사원이 되어 사원의 책임이 가중되었기 때문에 채권자의 보호가 필요치 않다.

4. 株式會社에서 有限會社로의 組織變更

(1) 總株主의 일치에 의한 決議 및 社債償還

주식회사가 유한회사로 조직을 변경하려면 총주주 일치에 의한 주주총회의 결의가 있어야 하며(604①), 이 결의에 있어서는 정관 기타 조직변경에 필요한 사항을 정하여야 한다(604③). 그러나 사채의 상환을 완료하지 아니한 경우에는 조직변경을 할 수 없는데(604①단서), 이것은 유한회사는 사채를 발행할 수 없기 때문이다.

(2) 債權者의 보호

주식회사가 유한회사로 조직을 변경하려면 채권자보호의 절차를 거쳐야 한다(608, 232). 또한 종전의 주식을 목적으로 하는 질권은 새로운 지분 또는 금전 위에 존재한다(604④, 601).

(3) 資本金充實의 原則

주식회사를 유한회사로 조직변경하는 경우에는 회사에 현존하는 순재산액보다 많은 금액을 자본금의 총액으로 하지 못한다(604②). 만일 회사에 현존하는 순재산액이 자본금의 총액에 不足할 때에는 조직변경의 결의당시의 이사와 주주는 회사에 대하여 연대하여 그 부족액을 지급할 책임(순재산액전보책임)이 있다(605①). 이 경우에 이사의 책임은 총사원의 동의로 免除할 수 있으나, 주주의 책임은 면제할 수 없다(605②, 550②, 551②③).

5. 有限會社에서 株式會社로의 組織變更

(1) 總社員의 일치에 의한 決議 및 法院의 認可

1) 유한회사가 주식회사로 조직변경하려면 총사원의 일치에 의한 총회의 결의가 있어야 한다(607①). 다만, 회사는 그 결의를 정관으로 정하는 바에 따라 사원총회의 특별결의(585)로 할 수 있다(607①단서). 이 총회의 결의에 있어서는 정관 기타 조직변경에 필요한 사항을 정하여야 한다(607⑤, 604③).

2) 이 조직변경은 법원의 인가를 얻지 아니하면 그 효력이 없다(607③). 이는 주식회사의 엄격한 설립절차에 대한 탈법수단으로 유한회사를 설립한 후 조직변경을 하는 것을 막기 위함이다.

(2) 債權者의 보호

유한회사가 주식회사로 조직을 변경하려면 채권자 보호의 절차를 거쳐야 한다(608, 232). 종전 유한회사의 지분상의 질권자는 주식회사가 발행하는 주식 또는 사원이 받을 금전상에 물상대위권을 행사할 수 있다(607⑤, 601①). 유한회사의 질권자는 회사에 대하여 주권의 교부를 청구할 수 있다(607⑤, 340③).

(3) 資本金充實의 原則

조직변경시에 발행하는 주식의 발행가액의 총액은 회사에 현존하는 순재산액을 초과하지 못한다(607②). 만일 회사에 현존하는 순재산액이 조직변경시에 발행하는 주식의 발행가액의 총액에 부족할 때에는 조직변경의 결의 당시의 이사, 감사와 사원은 회사에 대하여 연대하여 그 부족액을 지급할 책임이 있다(순재산액전보책임). 이 경우에 이사, 감사의 책임은 총사원의 동의로 면제할 수 있으나, 사원의 책임은 면제할 수 없다(607④, 550②, 551②③).

6. 株式會社에서 有限責任會社로 또는 有限責任會社에서 株式會社로의 組織變更

주식회사는 총회에서 총주의 동의로 결의한 경우에는 그 조직을 변경하여 유한책임회사로 할 수 있고(287의43①), 유한책임회사는 총사원의 동의에 의하여 주식회사로 변경할 수 있다(287의43②). 유한책임회사의 조직의 변경에 관하여는, 채권자보호절차(232) 및 주식회사와 유한회사 사이의 조직변경에 관한 규정(604~607)을 준용한다(287의44).

IV. 登　記

상법은 조직변경의 경우에 편의상 조직변경 전의 회사에 있어서는 해산등기를, 변경된 후의 회사에 있어서는 설립등기를 하도록 하고 있으나(243, 286③, 606), 이것은 조직변경에 의하여 회사가 해산하고 설립이 된다는 것은 아니다. 그러므로 회사가 소유하는 부동산에 대하여는 이전등기가 아니라 변경등기를 하여야 한다.

V. 效力發生時期

회사의 조직변경의 효력발생시기에 관하여는, 조직변경의 등기(해산등기와 설립등기)를 한 때에 효력이 생긴다고 하는 견해(등기시설)과 등기를 한 때가 아니고 현실로 조직이 변경되었을 때에 그 효력이 발생한다고 보는 견해(실체설)이 있다. 법률관계를 간명하게 하고 책임성립시기를 명백하게 할 필요가 있으므로 登記를 한 때에 효력이 발생하는 것으로 본다(다수설).

VI. 組織變更의 瑕疵

상법에는 규정이 없으나, 통설은 조직변경의 무효에 관하여는 새로 설립되는 회사의 설립무효에 관한 규정에 따라서 처리하여야 한다고 하는 입장을 취하고 있다. 조직변경의 효력발생시기를 설립등기시로 보고 이 등기에 의하여 효력이 발생한다고 볼 때 설립무효에 관한 규정을 유추적용하여야 할 것으로 본다.

제2절 會社의 合併

I. 總　說

1. 合併의 槪念 및 經濟的 效用

(1) 회사의 합병(merger, consolidation)이라 함은 상법의 규정에 따라서 둘 이상의 회사가 합하여 새 회사를 설립하거나(신설합병) 또는 한 회사가 다른 회사를 흡수하여(흡수합병) 하나의 회사가 되는 이들 회사간의 계약이며, 당사자인 회사의 전부 또는 일부가 해산하되 해산회사(소멸회사)의 권리의무가 포괄적으로 신설회사 또는 존속회사에 이전하는 효과를 가져오는 것을 말한다.

(2) 회사의 합병은 둘 이상의 회사가 경제적·법률적으로 하나가 되는 가장 완전한 기업결합의 한 형태이며, 경영의 합리화·기업규모의 확장·경쟁의 회피·시장독점·경영이 부진한 회사의 정리 등의 여러 가지 경제상의 목적을 달성하기 위하여 이용된다. 청산절차를 거치지 않고 재산을 포괄적으로 이전하여 기업의 해체에서 생기는 불편과 경제적인 불이익을 피할 수 있게 하므로 기업의 유지에 기여하는 제도이다.

2. 法的 性質

합병에 의하여 회사의 해산, 권리의무의 포괄승계, 사원의 수용, 신회사의 성립 등이 이루어지는 것을 법률적으로 설명하기 위한 학설로 종래 인격합일설, 현물출자설, 재산합일설 등이 있다.

(1) 人格合一說(다수설)

1) 합병은 둘 이상의 회사가 결합하여 하나의 회사가 되는 조직법상의 특수한 계약이며, 합병되는 것은 법인인 회사 자체이고 재산의 이전은 그 결과에 불과하다고 한다. 이 설에 따르면 결손회사의 합병도 가능하게 되며, 재산의 포괄승계의 설명이 자연스럽게 된다.

2) 그러나 인격합일설이 합병은 복수의 회사가 결합하여 하나의 회사가 되게 하는 조직법상의 계약이라는 것은 당연한 내용이며 그것으로는 합병의 법적성질이 분명히 설명되지 못한다는 비판을 받는다.

(2) 現物出資說

합병은 해산회사의 영업 전부를 현물출자하여 이루어지는 존속회사의 자본금 증가(흡수합병) 또는 신회사의 설립(신설합병)으로 보는 것이다. 그러나 현물출자설은 적극재산만을 출자의 대상으로 하므로 채무초과회사를 해산회사로 하는 합병의 경우를 설명할 수 없고, 현물출자는 해산회사 자체가 하는데 존속회사·신설회사의 사원이 되는 것은 해산회사 사원인 점에 설명이 불충분하며, 또한 소멸회사가 청산을 하지 않고 당연히 소멸하는 것을 설명하기 어렵다는 비판을 받는다.

(3) 財産合一說

1) 합병에 있어서 사원의 합일은 최소한도로 요구되지만 재산의 합일은 완전히 이루어져야 한다고 보고, 합병의 본질은 재산의 합일에 있다고 본다. 이 설에서는 재산에 소극재산인 채무를 포함시키므로 채무초과회사와의 합병이 가능하게 되지만, 재산(현물)출자자가 아닌 해산회사 사원이 존속회사·신설회사의 사원으로 되는 것은 설명하기 어렵다.

2) 그러나 재산합일설은 재산의 합일을 합병의 본질로 보고 여기에 부수하여 사원의 합일이 있다고 하는 것은 논리적으로 맞지 않는다는 비판을 받으며, 또한 재산(현물)출자자가 아닌 해산회사 사원이 존속회사·신설회사의 사원으로 되는 것은 설명하기 어렵다는 비판을 받는다.

(4) 생각건대, 합병은 회사의 해산, 권리의무의 포괄승계, 사원의 수용, 신회사의 성립 등이 당연히 생기는 제도로서 사단법적 계기와 재산법적 계기를 모두 갖고 있다. 그러나 합병이 둘 이상의 회사가 합하여 하나의 회사가 되는 회사간의 계약으로 본다면, 합병은 법인격으로서의 회사가 합체하는 것이고 재산의 포괄적 승계는 법인격합체의 당연한 결과 보는 것이 타당하다고 본다(인격합일설).

II. 合併의 方法

1. 吸收合併과 新設合併

흡수합병(merger)은 합병으로 인하여 당사회사 중의 한 회사가 존속하고 다른 회사가 해산하여 존속한 회사에 흡수되는 경우이다. 신설합병(consolidation)은 당사회사 모두가 해산하고 새로운 하나의 회사가 설립되는 경우이다. 실제에 있어서는 신설합병에 비해 법률관계가 덜 복잡하고 비용도 적게 드는 흡수합병이 많이 이용되고 있다.

2. 簡易合倂과 小規模合倂

주식회사가 합병하는 경우에는 합병 당사회사 주주총회의 특별결의를 요하는데(522③, 434), 상법은 합병 당사회사의 어느 일방에서는 주주총회결의 없이 理事會의 결의만으로 합병할 수 있는 제도로서 간이합병과 소규모합병제도를 두고 있다. 합병의 편의와 신속성을 위한 제도이며 주식회사에서만 인정된다.

(1) 簡易合倂

1) 간이합병(short form merger)은, 흡수합병을 하는 경우에, 소멸회사의 총주주의 동의가 있거나 존속회사가 소멸회사의 발행주식총수의 100분의 90 이상을 소유하고 있는 때에, 소멸회사의 理事會의 승인결의로 주주총회의 승인에 갈음하여 하는 합병이다(527의2①). 총회를 여는 것도 소멸회사의 임의이지만 이와 같은 경우에는 주주총회결의의 결과가 자명한 것이므로 생략할 수 있게 한 것이다. 물론 존속회사의 합병승인총회에는 영향이 없다.

2) 공고하거나 주주에게 통지하여야 한다(527의2②). 총주주의 동의가 있는 때가 아닌 한, 소멸회사는 주주총회의 승인을 얻지 아니하고 합병을 한다는 뜻을 공고하거나 주주에게 통지하여야 한다.

3) 주식매수청구권이 인정된다(522의3②, 527의2②). 즉 간이합병의 경우에는 제527조의 2 제2항의 공고 또는 통지가 있는 날을 기산일로 하여 2주간 내에 회사에 대하여 서면으로 합병반대의 의사를 통지하고 그 2주간이 경과한 날로부터 20일 내에 주식의 종류와 수를 기재한 서면으로 회사에 대하여 매수청구를 할 수 있다.

(2) 小規模合倂

1) 소규모합병(small scale merger)은, 흡수합병의 경우에 합병대상인 소멸회사의 규모가 작아서 존속회사에 대한 합병의 영향이 크지 않을 경우에 존속회사의 주주총회를 생략하고 이사회결의만으로 합병을 할 수 있도록 하는 것이다.

즉 흡수합병 시 존속회사가 합병으로 인하여 발행하는 신주 및 이전하는 자기주식의 총수가 그 회사의 발행주식총수의 100분의 10을 초과하지 아니하는 경우에는 그 존속하는 회사의 주주총회의 승인은 이를 이사회의 승인으로 갈음할 수 있다(527의3①). 다만 존속회사가 합병으로 인하여 소멸하는 회사의 주주에게 지급할 금전(합병교부금)이나 그 밖의 재산을 정한 경우에 그 금액 및 그 밖의 재산의 가액이 존속회사의 최종 대차대조표상으로 현존하는 순자산액의 100분의 5를 초과하지 않는 때에는 그러하지 아니하다.

2) 존속하는 회사의 합병계약서에는 주주총회의 승인을 얻지 아니하고 합병을 한다는 뜻을 기재하여야 한다(527의3②). 또한 존속회사는 합병계약서를 작성한 날부터 2주 내에 소멸회사의 상호 및 본점의 소재지, 합병을 할 날, 주주총회의 승인을 얻지 아니하고 합병을 한다는 뜻을 공고하거나 주주에게 통지하여야 한다(527의3③).

3) 합병 후 존속하는 회사의 발행주식총수의 100분의 20 이상에 해당하는 주식을 소유한 주주가 소규모합병에 반대하는 의사를 통지한 때에는 주주총회의 승인결의를 얻어야 한다(527의3④).

4) 주식매수청구권은 인정되지 아니한다(527의3⑤, 522의3).

III. 合併의 自由와 制限

1. 合併의 自由

회사는 자유롭게 합병을 할 수 있다(174①). 그러므로 같은 종류의 회사끼리는 물론, 다른 종류의 회사와도 합병을 할 수 있으므로, 인적회사와 물적회사와의 합병도 인정된다. 그러나 폐쇄성이 강한 인적회사는 합병에 적합하지 않고 또한 인적회사와 물적회사와의 합병은 법률관계의 처리가 복잡하므로, 실제에 있어서 합병은 동종의 회사 특히 주식회사 사이에서 행해지는 경우가 대부분이다.

2. 合併의 制限

(1) 商法上의 制限

상법은 널리 합병을 인정함에 따라 복잡한 법률관계가 생길 것을 염려하여 다소의 제약을 가하고 있다.

1) 합병을 하는 회사의 일방 또는 쌍방이 주식회사, 유한회사 또는 유한책임회사인 경우에는, 합병 후 존속하는 회사나 합병으로 설립되는 회사는 주식회사, 유한회사 또는 유한책임회사이어야 한다(174②). 이것은 만일 합병 후에 존속회사 또는 신설회사가 합명회사나 합자회사인 경우에는 사원의 유한책임을 가중하여 인적회사의 사원의 책임으로 전환하기 위한 절차가 복잡하기 때문이다.

2) 유한회사와 주식회사가 합병하는 경우에 합병 후의 존속회사 또는 신설회사가 주식회사인 때에는 법원의 인가를 얻지 아니하면 합병의 효력이 없다(600①).

3) 유한회사와 주식회사가 합병하는 경우에 합병 후의 존속회사 또는 신설회사를 유한회사로 하려면 주식회사의 사채의 상환을 완료하여야 한다(600②).

4) 해산 후의 회사도 합병할 수 있으나, 존립중의 회사를 존속회사로 하는 경

우에만 합병을 할 수 있다(174③). 기업유지에 필요한 범위 내에서 합병을 인정한 것이다.

(2) 特別法上의 制約

1) 독점규제 및 공정거래에 관한 법률에서는, 일정한 거래분야에서 경쟁을 실질적으로 제한하는 합병이 금지된다(동법 7①ⅲ).

2) 자본시장법에 의하면, 주권상장법인이 다른 법인과의 합병을 하려면 대통령령으로 정하는 요건·방법 등의 기준에 따라야 한다(165의4i).

3) 은행·신탁회사·보험회사 등이 합병을 하는 경우에는 주무관청의 허가를 얻어야 한다(은행법 55①, 신탁업법 8①, 보험업법 139).

IV. 合併의 節次

1. 合併契約 및 合併契約書

(1) 合併契約

회사가 합병을 하는 경우에는 먼저 합병하려는 회사의 대표기관 사이에 합병계약을 체결하고 합병계약서를 작성하는 것이 보통이다. 합병계약은 조직법상의 특수한 채권계약이며, 합병비율 등 합병의 조건, 합병의 기일, 존속회사 또는 신설회사의 정관의 내용 같은 것을 정한다. 또한 합병계약은 총사원의 동의 또는 총회의 합병결의를 정지조건으로 하는 합병의 예약(가계약) 또는 합병본계약으로 볼 수 있다(이에 대하여 합병결의와는 독립된 계약으로 보는 견해 있음).

(2) 合併契約書

1) 序　說　　주식회사와 유한회사가 합병계약을 하는 경우에는, 주주의 보호를 위하여, 일정한 법정사항을 기재한 합병계약서를 작성하여 주주총회 또는 사원총회의 승인을 얻어야 한다(522①, 603). 합병계약서에는 법정기재사항 이외에도 합병의 본질 또는 강행법규에 반하지 않는 한 필요한 사항을 기재할 수 있으며, 보통 합병계약을 체결한 후의 회사재산의 선관의무, 임원의 대우, 종업원의 승계, 합병조건의 변경 등이 정하여진다. 합병계약서의 법정기재사항은 흡수합병과 신설합병의 경우가 각각 다르다.

2) 吸收合併의 경우　　흡수합병의 합병계약서에는 법정사항(① 존속회사가 합병으로 인하여 그 발행할 주식의 총수를 증가하는 때에는 그 증가할 주식의 총수·종류와

수, ② 존속회사의 증가할 자본금과 준비금에 관한 사항, ③ 존속하는 회사가 합병 당시에 발행하는 신주 또는 이전하는 자기주식의 총수·종류와 수 및 합병으로 인하여 소멸하는 회사의 주주에 대한 신주의 배정 또는 자기주식의 이전에 관한 사항, ④ 존속하는 회사가 합병으로 소멸하는 회사의 주주에게 ③(523ⅲ)에도 불구하고 그 대가의 전부 또는 일부로서 금전이나 그 밖의 재산을 제공하는 경우에는 그 내용 및 배정에 관한 사항, ⑤ 회사에서 합병의 승인결의를 할 사원 또는 주주의 총회의 기일, ⑥ 합병을 할 날, ⑦ 존속하는 회사가 합병으로 인하여 정관을 변경하기로 정한 때에는 그 규정, ⑧ 각 회사가 합병으로 이익배당을 할 때에는 그 한도액, ⑨ 합병으로 인하여 존속하는 회사에 취임할 이사와 감사 또는 감사위원회의 위원을 정한 때에는 그 성명 및 주민등록번호)을 기재하여야 한다(523).

　　3) 新設合倂의 경우　　신설합병의 합병계약서에는 법이 정한 사항(① 설립되는 회사에 대하여 목적·상호·발행예정주식의 총수·1주의 금액 및 종류주식을 발행할 때에는 그 종류·수와 본점 소재지, ② 신설회사가 합병 당시에 발행하는 주식의 총수와 종류·수 및 각 회사의 주주에 대한 주식의 배정에 관한 사항, ③ 신설회사의 자본금과 준비금의 총액, ④ 각 회사의 주주에게 지급할 금전(합병교부금)이나 그 밖의 재산을 제공하는 경우 그 내용 및 배정에 관한 사항, ⑤ 각 회사에서 합병승인결의를 할 사원총회 또는 주주총회의 기일 및 합병시기, ⑥ 합병으로 인하여 설립되는 회사의 이사와 감사 또는 감사위원회의 위원을 정한 때에는 그 성명 및 주민등록번호)을 기재하여야 한다(524).

　　4) 合名會社·合資會社의 合倂契約書　　합명회사 또는 합자회사가 합병하는 경우에는 합병계약서를 작성할 필요가 없다. 그러나 합병 당사회사의 일방 또는 쌍방이 합명회사 또는 합자회사라도 합병 후의 존속회사 또는 신설회사가 주식회사인 경우에는, 총사원의 동의를 얻어 합병계약서를 작성하여야 한다(525①). 이 경우에는 물적회사의 합병계약서의 기재사항을 기재하여야 한다(525②, 523, 524).

　　5) 合倂契約書의 瑕疵　　요구되는 합병계약서를 작성하지 않거나 법정기재사항의 기재가 누락되거나 또는 그 기재가 위법한 것인 때에는 합병이 無效이며 합병무효의 소의 원인으로 된다.

2. 合倂決議

(1) 總會의 召集

　　1) 합병은 사원(주주)의 이해관계에 큰 영향을 미치므로 사원총회(주주총회)를 소집하여 합병계약서의 승인을 받는 합병결의를 하여야 한다. 회사가 수종의 주식을 발행한 경우에 합병으로 인하여 어느 종류의 주주에게 손해를 미치게 될 때에는 주주총회의 결의 외에 그 종류주주총회의 승인결의가 있어야 한다(436, 435①).

2) 합병승인결의를 위한 사원총회(주주총회)의 소집의 通知에는 합병계약의 요령을 기재하여야 하고(363②, 522②, 603), 주식매수권의 내용 및 행사방법을 명시하여야 한다(530②, 374②).

(2) 決議要件

합명회사와 합자회사에서는 총사원의 동의를 요하고(230, 269) 주식회사와 유한회사의 경우에는 주주총회 또는 사원총회의 특별결의에 의한 승인을 요한다(522③, 598).

(3) 決議의 效果

합병계약은 당사회사 총회의 합병승인결의를 정지조건으로 하여 성립한다. 사원(주주)은 합병계약의 구속을 받지 않고 이를 부결 또는 변경할 수 있으며 변경한 때에는 다시 합병계약을 하여야 한다. 합병당사회사 가운데 어느 회사에서 합병결의가 성립하지 못하면 합병계약은 효력이 없어지고 다른 회사에서 성립한 합병결의도 당연히 무효가 된다.

(4) 決議의 省略

간이합병(527의2)과 소규모합병(527의3)의 경우에는 합병에 관한 총회의 승인절차를 생략할 수 있다.

3. 合併에 관한 書類의 公示

(1) 事前公示

합병당사회사가 주식회사 또는 유한회사인 경우에는, 이사는 합병승인총회 회일의 2주간 전부터 합병을 한 날 이후 6월이 경과하는 날까지, ① 합병계약서, ② 소멸회사의 주주에게 발행하는 신주의 배정 또는 자기주식의 이전에 관하여 그 이유를 기재한 서면, ③ 각 회사의 최종의 대차대조표와 손익계산서를 본점에 비치하여야 하며, 주주 또는 사원 및 회사채권자는 영업시간 내에는 언제든지 이 합병계약서 등의 열람을 청구하거나, 회사가 정한 비용을 지급하고 그 등본 또는 초본의 교부를 청구할 수 있다(522의2, 603). 이것은 회사채권자의 이의제출 여부 및 주주의 합병승인 여부의 판단을 위한 자료를 제공하기 위한 것이다. 이 비치의무의 위반에 대하여는 과태료의 제재가 있다(635①ⅳ).

(2) 事後公示

주식회사의 경우에 이사는 채권자 보호절차(527의5)의 경과, 합병을 한 날, 소멸회사로부터 승계한 재산의 가액과 채무액 기타 합병에 관한 사항을 기재한 서면을 합병을 한 날로부터 6월간 본점에 비치하여야 한다(527의6①). 주주 및 회사채권자는 영업시간 내에는 언제든지 이 서류의 열람을 청구하거나 그 등본 또는 초본의 교부를 청구할 수 있다(522의2②).

4. 債權者保護節次

(1) 意 義

회사의 合併은 회사의 재산상태의 변경을 가져와서 회사채권자의 채권회수가 곤란하게 될 위험이 있으므로, 상법은 회사채권자를 보호하기 위한 대외적 절차를 규정하고 있다. 이 절차를 밟지 않을 때에는 合併無效의 소의 원인이 되며, 과태료에 의한 제재를 받게 된다(635①xiv).

(2) 異議提出의 公告·催告

1) 회사는 합병승인결의를 한 날로부터 2주간 내에 회사채권자에 대하여 합병에 이의가 있으면 1월 이상의 일정기간 내에 이를 제출할 것을 공고하고, 알고 있는 채권자에 대하여는 따로 따로 이를 최고하여야 한다(232①, 269, 527의5①, 603).

2) 간이합병 및 소규모합병의 경우에 승인총회를 열지 않고 이사회의 승인결의로 갈음하는 경우에는 그 이사회의 결의일을 위의 2주간의 기산일로 한다(527의5②).

(3) 異議의 效果

1) 채권자가 소정의 이의제출기간 안에 이의를 제출하지 아니한 때에는 합병을 승인한 것으로 본다(232②, 269, 527의5③, 603).

2) 이의를 제출한 채권자가 있는 때에는 회사는 그 채권자에 대하여 변제 또는 상당한 담보를 제공하거나 이를 목적으로 하여 상당한 재산을 신탁회사에 신탁하여야 한다(232③, 269, 527의5③, 603).

3) 사채권자가 이의를 제출함에는 사채권자집회의 결의가 있어야 한다(530②, 439③).

5. 合併反對株主의 株式買受請求權

(1) 意義 및 性質

1) 회사합병에 반대하는 주주는 회사에 대하여 주식의 매수를 청구할 수 있는 권리를 가진다(522의3①). 주식매수청구권은 주주총회에서 주주의 이해관계에 중대한 영향이 있는 사항의 결의에 반대하는 주주가, 회사에 대하여 자기가 갖는 주식을 공정한 가격으로 매수할 것을 청구하는 권리이다. 소수파 주주는 투하자본을 회수하여 자기이익을 보호할 수 있고, 다수파 주주는 중요한 경영상 계획을 추진할 수 있으므로 양자 모두에게 유용한 제도이다.

2) 주주의 주식매수청구권은 일종의 形成權으로서 주주가 회사에 대하여 매수청구의 의사를 표시하면 회사의 승낙을 요하지 아니하고 주식의 매매계약이 성립한다. 또한 소수주주의 보호를 위하여 법률이 특히 인정한 권리로서 정관으로도 박탈하지 못한다.

3) 상법은 회사합병의 경우 이외에도, 주주가 회사로부터 주식양도승인거부의 통지를 받은 경우(335의2④, 335의6, 374의2②~⑤), 회사의 영업 전부의 양도 기타 일정한 총회 특별결의사항의 결의에 반대하는 경우(374의2), 회사분할합병에 반대하는 경우(530의11②, 522의3), 주식의 포괄적 교환 및 이전에 반대하는 경우(360의5, 360의22)에도 주식매수청구권을 인정하고 있다(소규모합병·단순분할의 경우에는 인정되지 않음).

(2) 買受請求權 行使의 節次

1) 합병에 관한 결의사항에 관하여 이사회의 결의가 있는 때에(522①) 그 결의에 반대하는 주주(의결권이 없거나 제한되는 주주를 포함한다)는, ① 주주총회 전에 회사에 대하여 서면으로 그 결의에 반대하는 의사를 통지하여야 하고, ② 그 총회의 결의일부터 20일 이내에 주식의 종류와 수를 기재한 서면으로 회사에 대하여 자기가 소유하고 있는 주식의 매수를 청구할 수 있다(522의3①).

2) 간이합병의 경우에는 소멸회사의 주주총회의 승인을 얻지 아니하고 합병을 한다는 뜻을 공고하거나 주주에게 통지하여야 하는데(527의2①②), 합병에 반대하는 주주는, ① 이 공고 또는 통지를 한 날로부터 2주간 내에 회사에 대하여 서면으로 합병에 반대하는 의사를 통지하여야 하며, ② 그 기간(2주)이 경과한 날로부터 20일 이내에 주식의 종류와 수를 기재한 서면으로 회사에 대하여 자기가 소유하는 주식의 매수를 청구하여야 한다(522의3②).

3) 매수청구의 대상이 되는 주식은, 같은 주주가 반대의사의 통지 및 매수청구를 한 때에 그 주주가 소유하는 주식이며, 주주는 자기가 소유하는 주식의 일부만의

매수청구를 할 수도 있다.

　　4) 소규모합병의 경우에는 주식매수청구권이 인정되지 않는다(527의3⑤).

(3) 株式買受請求의 效果

　　1) 會社의 買受義務 및 買受價格의 決定　　회사의 매수의무 및 매수가격의 결정은, 회사의 영업 전부의 양도 등의 총회 특별결의사항에 반대하는 주주의 주식 매수청구의 경우(374의2②~⑤)와 동일하다(530②). 주주가 매수청구를 하면 회사는 그 청구를 받은 날로부터 2월 이내에 株式을 매수하여야 한다(형성권)(374의2②, 530②). 주식의 매수가액은, 주주와 회사 간의 協議에 의하며(374의2③), 소정기간 내에 협의가 이루어지지 아니한 경우에는 法院에 대하여 매수가액의 결정을 청구할 수 있고(동조 ④), 이 경우에 법원은 공정한 가액으로 이를 산정하여야 한다(동조 ⑤).

　　2) 買受價額의 支給　　매수가액의 지급시기에 관하여 규정은 없으나, 당사자 간의 협의나 법원의 결정이 확정된 때에는 회사는 지체 없이 지급하여야 할 것으로 보며, 이 매수가액의 지급시에 주식은 회사로 이전된다.

(4) 會社의 自己株式의 처분

　　회사가 취득한 자기주식의 처분에 관하여는 정관에 규정이 없는 것은 이사회가 결정한다(342).

6. 그 밖의 節次

(1) 設立委員의 選任

　　신설합병을 하는 경우에는 정관의 작성 기타 설립에 관한 행위는 각 회사에서 선임한 설립위원이 공동으로 하여야 한다(175①). 설립위원의 선임은 인적회사에서는 총사원의 동의에 의하고(175②, 230, 269), 물적회사에서는 주주총회·사원총회의 특별결의에 의한다(175②, 434, 585).

(2) 株式의 併合·分割

　　1) 주식병합·분할절차가 필요한 경우　　해산회사의 주식 1주에 대하여 존속 회사 또는 신설회사의 주식 1주가 배정되는 1대 1의 이른바 대등합병의 경우가 아니면, 해산회사는 같은 수의 주식의 배정을 가능하게 하기 위하여 미리 주식병합을 하거나 주식분할을 하여야 한다.

　　2) 株式併合節次　　주식의 병합·분할은 자본금감소의 경우의 주식의 병합절

차에 따른다(530③, 440~443, 530②, 329의2). 주식을 병합·분할할 경우에는 1개월 이상의 기간을 정하여 그 뜻과 그 기간 내에 주권을 회사에 제출할 것을 공고하고 주주명부에 기재된 주주와 질권자에 대하여는 각별로 그 통지를 하여야 한다(530②③, 440). 주식의 병합·분할은 원칙적으로 주권제출의 기간이 만료한 때에 그 효력이 생기지만, 채권자 보호절차(232)가 종료하지 아니한 때에는 그것이 종료한 때에 효력이 생긴다(441). 그러나 이 효력은 합병등기에 의한 합병의 효력발생을 조건으로 한 것이다(234).

3) **端株의 處理**　　소멸회사가 주식을 병합·분할하는 경우에 단주가 생긴 때에는, 존속회사·신설회사는 경매 또는 기타의 방법으로 매각하여 그 대금을 해산회사의 주주에게 지급하여야 한다(530③, 443, 526①, 527①).

(3) 合倂期日에 있어서의 합병의 실행

합병계약서에 정하여진 합병을 할 날(523ⅵ, 524ⅴ)에 해산회사의 재산과 주주관계의 서류는 존속회사 또는 신설회사의 설립위원에 인도되고, 해산회사의 주주에 대하여 존속회사 또는 신설회사의 株式이 소정의 비율(523ⅲ, 524ⅱ)에 따라 배정된다. 이렇게 합병당사회사는 합병기일에 실질적으로 합체하게 되지만, 합병의 登記가 있는 때에 확정적으로 효력이 생기는 것이므로, 합병기일에 있어서의 합체는 합병등기에 의한 합병의 효력발생을 정지조건으로 하는 것이다.

7. 報告總會·創立總會

(1) 序　說

합병 후 존속회사 또는 신설회사가 주식회사 또는 유한회사인 경우에는 각각 흡수합병의 경우에는 보고총회를, 신설합병의 경우에는 창립총회를 소집하여야 한다(526, 527, 603). 그러나 주식회사에 있어서 흡수합병의 경우에는 보고총회를 소집하지 않고 이사회가 공고로써 주주총회에 대한 보고에 갈음할 수 있고(526③), 신설합병의 경우의 창립총회에 대한 보고는 이사회의 공고로써 갈음할 수 있다(527④). 이 공고는 유한회사의 경우에는 준용되지 않으므로 유한회사에서는 사원총회를 열어야 한다(603).

(2) 報告總會

1) **報告總會의 소집**　　흡수합병의 경우에는 존속회사의 이사는 채권자 보호절차(527의5)가 끝난 후, 합병으로 인한 주식의 병합 또는 분할이 있은 때에는 그 효

력이 생긴 후, 또 단주가 생긴 때에는 그에 대한 처분(443)을 한 후, 소규모합병의 경우에는 그 공고 또는 통지와 반대통지(527의3③④)를 한 후, 지체 없이 주주총회를 소집하여 합병에 관한 사항을 보고하여야 한다(526①). 보고총회에서는 합병 당시에 발행하는 신주인수인(해산회사의 주주나 단주에 대한 신주취득자)도 주주와 동일한 권리를 가진다(526②). 합병보고총회에서는 합병폐지의 결의를 할 수 없다.

2) **報告總會의 省略**   주식회사에 있어서 흡수합병의 경우에는 보고총회를 소집하지 않고 이사회가 공고로서 주주총회에 대한 보고에 갈음할 수 있고(526③), 신설합병의 경우의 창립총회에 대한 보고는 이사회의 공고로써 갈음할 수 있다(527④). 이 이사회의 공고에 의하여 총회를 갈음하는 규정은 유한회사의 경우에는 준용되지 않으므로 유한회사에서는 사원총회를 열어야 한다(603).

3) **理事·監事의 退任**   합병을 하는 회사의 일방이 합병 후 존속하는 경우에 존속하는 회사의 이사 및 감사로서 합병 전에 취임한 자는, 합병계약서에 다른 정함이 있는 경우를 제외하고는, 합병 후 최초로 도래하는 결산기의 정기총회가 종료하는 때에 퇴임한다(527의4①).

(3) 創立總會

1) 신설합병의 경우에는 설립위원은, 채권자 보호절차(527의5)의 종료 후, 합병으로 인한 주식의 병합이 있을 때에는 그 효력이 생긴 후, 병합에 적당하지 아니한 주식이 있을 때에는 단주의 처분(443)을 한 후에 지체 없이 창립총회를 소집하여야 한다(527①). 창립총회에서는 합병의 보고, 이사·감사의 선임, 합병계약의 취지에 위반하지 않는 범위 내에서의 정관변경 등의 결의를 할 수 있으나(527③), 합병의 폐지를 결의할 수 없다. 창립총회에 대한 보고는 이사회의 공고로써 갈음할 수 있다(527④). 이사와 감사 또는 감사위원회의 위원을 정하여 그 성명이 합병계약서에 기재되어 있을 때에는(524vi) 그 계약서의 승인 총회의 결의가 있었으므로 다시 선임할 필요가 없을 것이다.

2) 신설합병의 창립총회의 소집절차, 의사 등에 대해서는 회사 설립시의 창립총회에 관한 여러 규정이 준용된다(527③, 308②, 309, 316②, 603).

8. 合併登記

합병의 최종절차로서, 존속회사에 있어서는 변경등기·소멸회사에 있어서는 해산등기·신설회사에 있어서는 설립등기를 각각 하여야 한다(233, 269, 528, 602). 이들 등기는, 주식회사와 유한회사의 경우에는 합병보고총회가 종결한 날 또는 창립총회가 종결한 날(총회를 생략한 경우에는 그 보고에 갈음하는 공고일)로부터, 합명회사와 합자회사의 경우에는 채권자 보호절차가 종료된 날로부터, 본점 소재지에서는 2주간 내에, 지점 소재지에서는 3주간 내에 하여야 한다. 합병은 존속회사의 변경등기 또는 신설회사의 설립등기에 의하여 효력을 발생한다(234, 269, 530②, 603).

9. 合倂의 效果

(1) 當事會社의 解散·新會社의 設立·定款變更

합병의 효과로서 흡수합병의 경우에는 존속회사 이외의 회사는 해산하고, 신설합병의 경우에는 당사회사의 전부가 해산한다. 또한 신설합병의 결과 새 회사가 성립하고, 흡수합병의 경우에는 존속회사의 정관변경이 생긴다. 상법은 합병을 회사의 해산사유로 규정하고 있으나(227iv, 269, 517i, 609①i), 합병의 경우에는 소멸회사에서 청산절차를 요하지 아니한다.

(2) 權利義務의 包括承繼

합병에 의하여 존속회사 또는 신설회사는 소멸회사의 모든 권리의무를 포괄적으로 승계한다(235, 269, 530②, 603). 따라서 개개의 권리의무에 대한 개별적인 이전절차를 요하지 않는다. 다만 권리의 이전에 관하여 대항요건을 필요로 하는 것은 소정의 대항요건을 갖추어야 한다. 예컨대 선박이전등기(743), 기명주식의 명의개서(337) 등이 요구된다. 합병에 의하여 이전되는 권리에는 공법상의 권리도 포함된다.

(3) 社員의 受容

합병에 의하여 소멸되는 회사의 사원은 존속회사 또는 신설회사의 사원이 된다. 그러므로 소멸회사의 사원(주주)은 합병에 의하여 1주 미만의 단주만을 취득하게 된 경우나 합병에 반대하여 주식매수청구권을 행사하는 경우 등과 같은 특별한 경우를 제외하고는, 원칙적으로 합병계약상의 합병비율과 배정방식에 따라 존속회사 또는 신설회사의 사원권(주주권)을 취득하여 존속회사 또는 신설회사의 사원(주주)이 된다(대판 2003.2.11, 2001다14351).

(4) 합병 대가가 모회사 주식인 경우의 특칙

합병 시 존속회사는 소멸회사의 주주에게 제공하는 재산이 모회사의 주식을 포함하는 경우에는 그 지급을 위하여 모회사의 주식을 취득할 수 있으며, 이때 취득한 주식은 합병의 효력발생일로부터 6개월 이내에 처분해야 한다(523의2).

10. 合倂의 無效

(1) 序   說

합병에 절차상 하자가 있거나 법정요건을 갖추지 못한 때에는 합병의 무효가 문제로 된다. 그런데 외관상 유효하게 성립되어 복잡한 법률관계가 형성된 상황에서 그 합병을 처음부터 무효로 하고 그 법적 해결을 민법의 일반원칙에 맡기는 것은 법률관계의 혼란을 가져오게 된다. 따라서 商法은 합병무효의 소를 규정하여 무효의 주장방법을 제한하고 법률관계의 획일적으로 처리하는 한편 기존 법률관계를 존중하여 소급효를 부정하고 있다.

(2) 無效의 原因

합병무효의 원인에 관하여는 직접적인 규정이 없으나, 합병계약 자체에 일반사법상의 하자(사기·강박 등)가 있는 경우, 합병계약서의 법정요건이 갖추어지지 않은 경우, 합병절차에 있어서 채권자 보호절차 불이행 등 상법 규정에 따르지 아니한 경우, 합병승인결의에 무효·취소원인이 있는 경우, 합병에 있어서의 존속회사 또는 신설회사에 관한 상법상의 적격성(174②③, 600②)이 결여된 경우 등을 들 수가 있다.

(3) 合倂無效의 訴

합병무효의 주장은 합병무효의 訴만으로 할 수 있다(236, 269, 529, 603). 이것은 형성의 소에 속한다.

1) **訴의 當事者**   합병무효의 소를 제기할 수 있는 자(제소권자)는, 합명회사와 합자회사에 있어서는 각 회사의 사원, 청산인, 파산관재인 또는 합병을 승인하지 아니한 회사채권자에 한하고(236, 269), 주식회사와 유한회사에 있어서는 각 회사의 주주(사원), 이사, 감사, 청산인, 파산관재인 또는 합병을 승인하지 아니한 채권자이다(529, 603). 여기서 각 회사라 함은 존속회사와 신설회사를 말한다는 견해도 있으나, 합병계약의 당사회사 및 신설회사를 가리킨다고 본다. 피고는 존속회사 또는 신설회사이다.

2) **제소기간 및 訴의 관할**   합병등기를 한 날로부터 6월 내에 제기하여야 한다(236②, 269, 529②, 603). 합병무효의 소는 본점 소재지의 지방법원의 전속관할에 속한다(240, 186, 269, 530②, 603).

3) **회사채권자의 擔保提供**   회사채권자가 합병무효의 소를 제기한 때에는 법

원은 회사의 청구에 의하여 상당한 담보를 제공할 것을 명할 수 있으며, 회사가 이 청구를 함에는 그 채권자가 악의임을 소명하여야 한다(237, 176③, 269, 530②, 603).

4) 회사의 公告·併合審理　합병무효의 訴가 제기된 때에는 회사는 지체 없이 공고하여야 하며, 수 개의 소가 제기된 때에는 법원은 이를 병합심리하여야 한다(240, 187, 188, 269, 530②, 603).

5) 법원에 의한 請求의 棄却　합병무효의 소가 심리 중에 원인이 된 하자가 보완되고 회사의 현황과 제반사정을 참작하여 합병을 무효로 하는 것이 부적당하다고 인정한 때에는 법원은 그 청구를 기각할 수 있다(240, 189, 269, 530②, 603).

(4) 合併無效判決의 效力

1) 對世的 效力　합병무효의 판결은 제3자에 대하여도 효력이 생긴다(240, 190본문, 269, 530②, 603). 이것은 법률관계를 획일적으로 확정하기 위한 것이다.

2) 不遡及效　합병무효판결은 합병 후 판결확정 전에 생긴 회사와 사원 및 제3자 사이의 권리의무에는 영향을 미치지 아니한다(240, 190단서, 269, 530②, 603). 무효판결에 소급효를 인정하여 존속회사 또는 신설회사가 합병 후에 한 모든 행위를 무효로 할 때에는 법률관계의 혼란이 초래될 것이므로 이를 인정하지 않는 것이다.

3) 無效判決 후의 법률관계정리　㈎ 합병무효판결이 확정된 때에는 소멸회사는 부활하고 신설회사는 소멸하게 된다. 이 경우 합병 전부터 있는 적극·소극 재산은 당연히 각 당사회사에 귀속된다. 합병 후에 존속회사 또는 신설회사가 부담한 채무는 합병당사회사의 연대채무가 되고, 취득한 재산은 합병당사회사의 공유로 된다(239①②, 269, 530②, 603). 이들 경우에 합병당사회사 부담부분 또는 지분은 각 회사의 협의로 정할 것이지만, 협의가 이루어지지 못한 때에는 그 청구에 의하여 법원이 합병 당시의 각 회사의 재산상태 기타의 사정을 참작하여 이를 정한다(239③, 269, 530②, 603).

㈏ 합병무효 판결로 인하여 해산하였던 회사가 부활한 경우에는, 이사결원의 경우에 관한 제386조 제1항을 유추하여, 부활한 소멸회사의 이사·감사가 새로 선임될 때까지는 합병무효판결이 확정한 때의 존속회사 또는 신설회사의 이사·감사가 해산회사의 이사·감사의 권리·의무를 가지는 것으로 본다.

4) 原告敗訴의 경우　합병무효의 소를 제기한 자가 패소한 경우에 악의 또는 중대한 과실이 있는 때에는 회사에 대하여 손해배상의 연대책임을 진다(240, 191, 269, 530②, 603). 이것은 남소를 방지하기 위한 것이다.

5) 변경등기·회복등기·해산등기　합병무효의 판결이 확정된 때에는 본점과

지점의 소재지에서, 존속회사의 변경등기, 소멸회사의 회복등기, 신설회사의 해산 등기를 하여야 한다(238, 269, 530②, 603).

제3절 會社의 分割

I. 總　說

1. 意義 및 法的 性質

(1) 意　義

1) 회사분할이라 함은 일반적으로 하나의 회사를 둘 이상의 회사로 나누는 것을 말한다. 회사의 합병과는 반대되는 제도이지만 기업의 재편(restructuring)의 방법이라는 점에서 공통된다. 우리 상법은 1998년 개정에서, 프랑스회사법, 독일의 사업재편법(UmwG) 등의 입법례를 참고하여 이 제도를 도입하였다.

2) 상법에서 규정한 회사분할은, 하나의 회사(피분할회사)가 분할에 의하여 1개 또는 수 개의 회사를 설립하거나(단순분할) 분할하여 1개 또는 수 개의 존립 중의 회사와 합병(분할합병)하면서, 피분할회사의 분할된 재산이 신설회사 또는 존립 중의 회사에 포괄승계되고 그 대가로 신설된 회사 또는 존립 중인 회사의 주식이 분할된 회사(피분할회사)의 출자자(주주)에게 귀속하되, 해산하는 회사는 청산을 요하지 아니하는 회사법상의 절차를 말한다(530의2①②, 530의10).

(2) 性　質

회사분할의 성질에 관하여는 인격분할설, 현물출자설, 특별제도설이 나뉜다. 회사분할이 물적 분할로 끝나는 경우에는 현물출자로 볼 수가 있으나, 분할의 결과 피분할회사의 주주에게 신설회사 등의 주식이 직접 귀속되는 경우에는 현물출자만으로는 설명하기 어렵다. 기업의 재편을 위하여 인정된 상법상의 특별한 제도로 보는 설이 타당하지 않을까 한다.

(3) 制　限

상법상의 회사분할제도는 株式會社의 경우에만 인정되며, 분할되는 회사(피분할회사), 신설회사 및 분할합병의 경우의 합병상대방 회사는 모두 주식회사여야 한다. 解散 후의 회사는 존립중의 회사를 존속하는 회사로 하거나 새로 회사를 설립하는 경우에 한하여 분할 또는 분할합병할 수 있다(530의2④).

2. 經濟的 效用

(1) 회사분할은, 규모가 비대한 회사가 영법부문별 또는 지역별로 분할하여 경영규모를 적절하게 조절하려는 경우, 채산이 부진한 사업부문을 분리 독립시켜 경영효율을 도모하려는 경우, 신규사업을 개시하는 경우의 위험을 분산시키려는 경우, 특정영업부문의 타 기업과의 제휴를 위한 경우 등 다양한 목적으로 이용된다.

(2) 또한 회사분할제도는, 합병의 경우와 같이, 한 단계의 절차에 의하여 존속분할 또는 소멸분할 내지 분할합병의 절차를 마칠 수 있도록 하여, 피분할회사의 자본금감소 내지 해산, 신회사의 설립 등의 여러 개의 단계별 절차를 거치지 않고 소기의 목적을 달성할 수 있게 하는 기능을 한다.

3. 分割의 類型

(1) 商法上의 分割類型

상법의 회사분할의 유형으로서, ① 완전분할은 피분할회사가 분할 후 해산(소멸)하는 유형이고, 불완전분할은 분할 후에도 존속하는 유형이며, ② 신설분할은 회사가 분할되어 분할된 부분이 독립된 회사를 신설하는 유형이고, 흡수분할은 분할된 부분이 기존회사에 출자되는 유형이며, ③ 단순분할은 피분할회사가 분할하여 독자적으로 새 회사를 설립하는 유형이고, 분할합병은 분할된 부분이 다른 회사와 합병하는 유형이다. 또한, ④ 인적 분할은 분할 후의 신설회사나 기존회사의 발행주식이 피분할회사의 주주에게 주어지는 유형이고, 물적 분할은 분할부분에 해당하는 주식의 총수를 피분할회사 자신이 교부받아 자회사를 설립하는 형태의 분할이다. 상법은 인적 분할에 관하여 규정하고 있으며, 물적 분할에 관하여는 인적 분할에 관한 규정을 준용하고 있다(530의12).

(2) 完全分割(消滅分割)

피분할회사의 분할된 영업재산을 받는 회사가 신설회사인지 기존회사인지에 따라 다음과 같이 나누어진다.

1) **單純分割(소멸신설분할)**   피분할회사가 해산하고 그 분할재산에 의하여 둘 이상의 신설회사를 설립하는 경우(신설분할)이다. 해산하는 피분할회사는 청산절차 없이 소멸한다.

2) 分割合倂

㈎ 消滅吸收分割(소멸분할합병) 피분할회사(A)가 해산하고 그 분할된 재산을 존속중인 둘 이상의 기존의 회사(B, C)에 출자하는 경우이다. 이 경우에 피분할회사의 분할된 재산의 출자를 받는 기존의 회사들은 그만큼 자본금이 증가하며 이 경우의 신주는 A회사의 주주에게 배정된다.

㈏ 消滅混合分割 피분할회사(A)가 해산하고 그 분할된 일부 재산을 존속중인 기존회사(B)에 출자하고 나머지 재산으로 C회사를 신설하는 방법이다(530의 2). 이 경우 기존회사가 피분할회사로부터 출자를 받은 만큼의 자본금증가를 함에 따라 발행되는 신주 및 신설되는 회사의 발행주식은 피분할회사(A)의 주주들에게 지분비율대로 배정된다.

(3) 不完全分割(存續分割)

피분할회사가 분할 후에도 존속하는 유형으로 존속분할(또는 일부분할)이라고도 한다.

1) 單純分割(존속신설분할) 피분할회사(A)가 존속하면서 그 재산의 일부를 분할출자하여 신회사(B)를 설립하는 경우이다. 이 경우에는 피분할회사(A)는 출자하는 금액만큼의 자본금감소를 하게 되고, 설립된 회사(B)의 주식은 피분할회사(A)의 주주에게 귀속한다.

2) 分割合倂

㈎ 吸收분할합병(존속분할합병) 피분할회사(A)가 존속하면서 그 재산의 일부를 분할하여 존속중인 기존회사(B)에 출자하는 경우이다. 피분할회사(A)는 출자액만큼 자본금감소를 하고 출자를 받은 기존회사(B)는 자본금증가를 하게 되며 그로 인해 발행하는 신주는 피분할회사(A)의 주주들에게 배정하게 된다.

㈏ 新設분할합병 ① 피분할회사(A)의 영업재산의 일부와 기존회사(B)가 합병하여 신회사(C)를 설립하고 기존회사(B)는 해산하는 경우와, ② 피분할회사(A)의 일부와 기존회사(B)의 일부가 합하여 신회사(C)를 설립하는 경우의 두 가지 형태가 있다.

㈐ 存續混合分割 피분할회사(A)가 존속하면서, 그 재산의 일부를 출자하여 새로 회사(B)를 설립하고, 또 재산의 일부를 존속 중의 기존회사(C)에 양도(분할합병)하는 경우이다. 피분할회사(A)는 자본금감소를 하고, 기존회사(C)는 자본금증가를 하며, 이때 신설회사 및 기존회사가 발행한 신주는 피분할회사(A)의 주주에게 주어진다.

(4) 物的 分割(財産分割)

1) 의   의   물적 분할은 분할로 인한 신설회사 또는 출자를 받은 존속회사의 발행주식을 모두 피분할회사에 교부하는 경우를 말한다. 분할의 효과가 株主에게는 미치지 않는 경우로서 인적 분할에 대립하는 개념이다. 상법은 인적 분할에 관하여 규정하고 있으며, 물적 분할에 관하여는 인적 분할에 관한 규정을 준용하고 있다(530의12).

2) 물적 분할의 類型   물적 분할의 형태는 단순분할과 분할합병이 모두 인정되지만, 분할 후의 신설회사 또는 존속회사의 주식이 피분할회사에 귀속되므로 불완전분할의 경우에만 가능하다. 따라서 피분할회사가 소멸하는 완전분할은 인정되지 않는다.

3) 分割節次 및 주주·채권자 보호   분할계획서 또는 분할합병계약서의 작성 및 주주총회의 승인결의, 반대 주주의 주식매수청구(522의3), 신설회사 또는 존속회사의 연대책임, 피분할회사의 채권자가 이의제출권(527의5③) 등은 모두 인적 분할의 경우와 같다(530의12, 530의11).

II. 分割의 節次

1. 概   要

회사분할은 회사합병의 경우와 마찬 가지로 주주와 회사채권자로서는 당사회사의 자산상태나 분할조건 등과 관련하여 중대한 이해관계가 있으므로, 상법은 분할계획서 또는 분할합병계약서를 작성하여 株主總會의 승인을 받게 하고 債權者 보호를 위한 이의절차 및 특별규정을 두고 있다.

2. 分割計劃書 또는 分割合倂契約書의 作成

(1) 概   說

단순분할의 경우에는 피분할회사(분할되는 회사)가 분할계획서를 작성하고, 분할합병의 경우에는 분할합병당사회사가 분할합병계약서를 작성하여 주주총회의 승인을 얻어야 한다(530의3①).

(2) 分割計劃書의 기재사항(單純分割의 경우)

1) 기재내용   피분할회사가 해산하고 둘 이상의 신회사를 설립하게 되는 경우(완전분할)에는 신회사의 설립에 관한 사항이 분할계획서의 내용이 되고(530의5

①), 피분할회사가 존속하면서 하나 또는 수 개의 신회사를 설립하는 경우(불완전분할)에는 존속하는 피분할회사의 변동사항(자본금감소)이 분할계획서의 내용이 된다(530의5②).

2) **分割에 의하여 會社를 設立하는 경우**　분할에 의하여 회사를 설립하는 경우에는 분할계획서에 법정사항(① 설립되는 회사(신회사)의 상호, 목적, 본점의 소재지 및 공고의 방법, ② 설립되는 회사가 발행할 주식의 총수 및 액면주식·무액면주식의 구분, ③ 설립되는 회사가 분할 당시에 발행하는 주식의 총수, 종류 및 종류주식의 수, 액면주식·무액면주식의 구분, ④ 분할되는 회사의 주주에 대한 신회사의 주식의 배정에 관한 사항 및 배정에 따른 주식의 병합 또는 분할을 하는 경우에는 그에 관한 사항, ⑤ 분할되는 회사의 주주에게 지급할 금전(분할교부금)이나 그 밖의 재산을 제공하는 경우에는 그 내용 및 배정에 관한 사항, ⑥ 신회사의 자본금과 준비금에 관한 사항, ⑦ 설립되는 회사에 이전될 재산과 그 가액, ⑧ 제530조의9 제2항의 정함이 있는 경우(피분할회사채무의 승계)에는 그 내용, ⑨ 신회사의 이사와 감사를 정한 때에는 그 성명과 주민등록번호, ⑩ 신회사의 정관에 기재할 그 밖의 사항, ⑪ 분할을 할 날]을 기재하여야 한다(530의5①).

3) **分割後 會社가 存續하는 경우**　분할 후 회사가 존속하는 경우에는 존속하는 회사(피분할회사)에 관하여 분할계획서에 법정사항(① 감소할 자본금과 준비금의 액, ② 자본금감소의 방법, ③ 분할로 인하여 이전할 재산과 그 가액, ④ 분할 후의 발행주식총수, ⑤ 회사가 발행할 주식의 총수를 감소하는 경우에는 그 감소할 주식의 총수, 종류 및 종류별 주식의 수, ⑥ 정관변경을 가져오게 하는 그 밖의 사항)을 기재하여야 한다(530의5②).

(3) 分割合倂契約書의 기재사항(分割合倂의 경우)

1) **吸收分割合倂(존속분할합병)**　분할되는 회사의 일부가 다른 회사와 합병하여 그 다른 회사(분할합병의 상대방 회사)가 존속하는 경우에는, 분할합병계약서에 법이 정한 사항(① 분할합병의 상대방 회사가 분할합병으로 인하여 발행할 주식의 총수를 증가하는 경우에는 증가할 주식의 총수, 종류 및 종류별 주식의 수, ② 분할승계회사가 분할합병을 함에 있어서 발행하는 신주 또는 이전하는 자기주식의 총수, 종류 및 종류별 주식의 수, ③ 분할승계회사가 합병하면서 신주를 발행하거나 자기주식을 이전하는 경우 분할회사의 주주에 대한 분할승계회사의 신주의 배정 또는 자기주식의 이전에 관한 사항 및 배정에 따른 주식의 병합 또는 분할을 하는 경우에는 그에 관한 사항, ④ 분할승계회사가 분할회사의 주주에 대하여 그 대가의 전부 또는 일부로서 금전(분할교부금)이나 그 밖의 재산을 제공하는 경우에는 그 내용 및 배정에 관한 사항, ⑤ 분할승계회사의 자본금 또는 준비금이 증가

하는 경우에는 증가할 자본금 또는 준비금에 관한 사항, ⑥ 분할회사가 분할승계회사에 이전할 재산과 그 가액, ⑦ 피분할회사채무의 한정적 승계(530의9③)의 정함이 있는 경우에는 그 내용, ⑧ 각 회사에서 분할승인결의(530의3②)를 할 주주총회의 기일, ⑨ 분할합병을 할 날, ⑩ 분할승계회사의 이사와 감사를 정한 때에는 그 성명과 주민등록번호, ⑪ 분할합병의 상대방 회사의 정관변경을 가져오게 하는 그 밖의 사항]을 기재하여야 한다(530의6①).

2) **新設分割合併**   분할되는 회사의 일부가 다른 회사 또는 다른 회사의 일부와 분할합병을 하여 회사를 설립하는 경우에는, 분할합병계약서에 법이 정한 사항[① 설립되는 회사의 상호, 목적, 본점의 소재지 및 공고의 방법, 설립되는 회사가 발행할 주식의 총수 및 1주의 금액, 설립되는 회사의 자본금과 준비금에 관한 사항, 설립되는 회사에 이전될 재산과 그 가액, 피분할회사의 채무의 한정적 승계의 정함이 있는 경우(530의9②)에는 그 내용, 설립되는 회사의 이사와 감사를 정한 경우에는 그 성명과 주민등록번호, 설립되는 회사의 정관에 기재할 그 밖의 사항, ② 설립되는 회사가 분할합병을 함에 있어서 발행하는 주식의 총수, 종류 및 종류별 주식의 수, ③ 각 회사의 주주에 대한 주식의 배정에 관한 사항과 배정에 따른 주식의 병합 또는 분할을 하는 경우에는 그 규정, ④ 각 회사가 분할합병신설회사에 이전할 재산과 그 가액, ⑤ 각 회사의 주주에게 지급할 금액을 정한 때에는 그 규정, ⑥ 각 회사에서 분할합병승인결의(530의3②)를 할 주주총회의 기일, ⑦ 분할합병을 할 날]을 기재하여야 한다(530의6②).

3) **被分割會社에 관한 사항**   불완전분할의 경우, 피분할회사에 분할합병을 하지 아니한 부분(잔여부분)의 기재에 관하여는 상법 제530조의 5 제1항과 제2항의 분할계획서의 기재사항을 준용한다(530의6③, 530의5①②).

3. 分割關係書類의 公示

분할관계서류의 공시는 주주나 채권자가 분할조건의 공정성 등을 검토하여 분할승인 여부 및 이의제출 여부를 판단할 수 있도록 자료를 제공하려는 것이다.

(1) **被分割會社의 公示義務**

1) 분할되는 회사의 이사는, 분할계획서·분할합병계약서의 승인을 위한 주주총회(530의3①)의 회일의 2주간 전부터, ① 분할계획서 또는 분할합병계약서, ② 분할되는 부분의 대차대조표, ③ 분할합병의 경우의 합병상대방 회사(출자를 받는 회사)의 대차대조표, ④ 분할되는 회사의 주주에게 발행할 주식의 배정에 관하여 그 이유를 기재한 서면 등의 서류를, 본점에 비치하여야 한다(530의7①).

2) 공시의 기간은 분할계획서·분할합병계약서의 승인을 위한 주주총회(530의3①)의 회일의 2주간 전부터 분할의 등기를 한 날 또는 분할합병을 한 날 이후 6월간

이다(530의7①).

(2) 分割合倂의 相對方會社의 公示義務

1) 분할합병의 상대방 회사(530의6①)의 이사는 분할합병을 승인하는 주주총회의 회일의 2주 전부터, ① 분할합병계약서, ② 분할되는 회사의 분할되는 부분의 대차대조표, ③ 분할되는 회사의 주주에게 발행할 주식의 배정에 관하여 그 이유를 기재한 서면 등의 서류를 본점에 비치하여야 한다(530의7②).

2) 공시의 기간은 분할합병을 승인하는 주주총회의 회일의 2주 전부터 분할합병의 등기를 한 후 6월간이다(530의7②).

(3) 열람청구 등

주주와 회사채권자는 영업시간 내에는 언제든지 위의 서류의 열람을 청구하거나 소정의 비용을 지급하고 그 등본 또는 초본의 교부를 청구할 수 있다(530의7③, 522의2②).

(4) 公示義務違反의 效果

위의 공시의무위반의 경우에는 회사분할무효의 소의 원인이 되며(530의11①, 529), 또 과태료의 제재를 받는다(635①ⅹⅹⅳ, 530의7).

4. 分割·分割合倂의 承認決議

(1) 株主總會의 召集

회사가 분할 또는 분할합병을 하는 때에는, 분할계획서 또는 분할합병계약서를 작성하여 주주총회의 승인을 얻어야 한다(530의3①). 이 승인결의를 위한 총회의 소집통지 및 공고에는 분할계획 또는 분할합병계약의 요령을 기재하여야 한다(530의3④).

(2) 株主總會의 決議

1) 특별결의   분할 또는 분할합병의 승인결의는 특별결의에 의하여야 한다(530의3②). 이 승인결의에서는 의결권배제주식(344의3①)의 주주도 의결권을 갖는다(530의3③).

2) 주주의 부담이 가중되는 결의   회사의 분할 또는 분할합병으로 인하여 분할 또는 분할합병에 관련되는 각 회사의 주주의 부담이 가중되는 경우에는 위의 승인특별결의 및 종류주주총회의 결의 외에 그 주주 전원의 동의가 있어야 한다(530의3⑥).

(3) 分割合併과 簡易合併·小規模合併

1) **意 義** 상법은 간이합병(527의2), 소규모합병(527의3)에 관한 규정을 분할합병의 경우에 준용한다(530의11②). 그러므로 분할합병의 당사회사가 간이합병 또는 소규모합병의 요건에 해당하는 경우에는 각각 피분할회사(527의2) 또는 존속회사(527의3)의 주주총회의 승인결의를 생략하고 이사회의 승인으로 갈음할 수 있다. 이것은 분할합병 등의 절차를 간소화하여 기업구조재편의 편의를 위한 것이다.

2) **簡易分割合併의 경우** 피분할회사의 총주주의 동의가 있거나 상대방 회사가 피분할회사의 발행주식총수의 100분의 90 이상을 소유하고 있는 때에는, 피분할회사의 주주총회의 분할합병승인결의를 얻지 않고 理事會의 승인으로 갈음할 수 있다(530의11②, 527의2①). 이 경우에 피분할회사는 분할합병계약서를 작성한 날부터 2주 내에, 주주총회의 승인을 얻지 아니하고 분할합병을 한다는 뜻을 공고하거나 주주에게 통지하여야 한다. 다만 총주주의 동의가 있는 때에는 그러하지 아니하다(530의11②, 527의2②).

3) **小規模分割合併의 경우** (가) 분할합병의 상대방 회사가 합병으로 인하여 발행하는 신주의 총수가 그 회사의 발행주식총수의 100분의 10을 초과하지 아니하는 때에는, 그 상대방 회사의 주주총회의 분할합병 승인결의를 얻지 않고 理事會의 승인으로 갈음할 수 있다. 다만, 피분할회사의 주주에게 지급할 금액을 정한 경우에 그 교부금액이 상대방 회사의 최종 대차대조표상으로 현존하는 순자산액의 100분의 5 를 초과하는 때에는 그러하지 아니하다(527의3①).

(나) 상대방 회사의 발행주식총수의 100분의 20 이상에 해당하는 주식을 소유한 주주가 소정기간 내에 서면으로 반대의사를 통지한 때에는 소규모 분할합병을 할 수 없다(527의3④).

(다) 소규모 분할합병의 경우에 상대방 회사는 합병계약서를 작성한 날부터 2주 내에 피분할회사의 상호 및 본점 소재지, 분할합병을 할 날, 주주총회의 승인을 얻지 아니하고 분할합병을 한다는 뜻을 공고하거나 주주에게 통지하여야 한다(527의3③).

(4) 分割反對株主의 株式買受請求權

1) **單純分割의 경우**에는, 피분할회사의 주주들에게 그 지분비율에 따라서 신설회사 주식이 배정되어 실질적인 권리는 변함이 없으므로 주식매수청구권이 인정되지 않고, 分割合併의 경우에만 분할반대주주의 주식매수청구권이 인정된다.

2) 회사분할합병에 반대하는 주주의 주식매수청구에 대하여는 회사합병에 반대하는 주주의 주식매수청구권(522의3)을 준용한다(530의11②).

3) 간이합병으로 주주총회의 승인을 얻지 아니하고 분할합병을 한다는 뜻을 공고 또는 통지한 날부터 2주 내에, 회사에 대하여 분할합병에 반대하는 의사를 서면으로 통지한 주주는, 그 기간(2주간)이 경과한 날부터 20일 이내에 주식의 종류와 수를 기재한 서면으로 회사에 대하여 자기가 소유하고 있는 주식의 매수를 청구할 수 있다(530의11②, 522의3, 527의2②).

4) 주식매수청구를 할 수 있는 주주에는 의결권 없는 주식을 가진 주주도 포함된다(부정설 있음). 상법은 분할결의에는 의결권 없는 주식의 주주도 의결권이 있음을 명문으로 규정하고 있다(530의3③).

5. 債權者保護

(1) 債權者 보호와 連帶責任의 원칙

피분할회사의 분할 전의 채권자의 보호에 관한 제도로서 상법은, 분할관계서류의 공시(530의7), 이의제출권(530의9ⅳ), 분할당사회사의 연대책임(530의9ⅱ), 분할무효소송(530의11①) 등을 규정하고 있다. 분할 또는 분할합병으로 인하여 설립되는 회사 또는 존속하는 회사는 분할 또는 분할합병 전의 회사채무에 관하여 연대하여 변제할 책임이 있다(530의9①).

(2) 單純分割의 경우

1) 連帶責任　　피분할회사(A)가 분할해산하고 여러 개 회사(B·C)를 신설하는 경우에는(소멸신설분할) B·C가, 또 피분할회사(A)가 존속하면서 회사(B)를 신설하는 경우(존속신설분할)에는 A·B 양 회사가, 분할 전의 갑회사의 채무에 대하여 원칙적으로 연대책임을 진다(530의9①). 이 경우에는 채권자에게 손해의 염려가 없기 때문에 분할에 대한 채권자의 이의제출권이 인정되지 않는다.

2) 連帶責任의 예외와 異議提出權　　㈎ 피분할회사가 분할승인총회의 결의로 분할에 의하여 회사를 설립하는 경우에는, 설립되는 회사의 채무를 분할되는 회사의 채무 중에서 출자한 재산에 관한 채무만으로 한정할 것을 정할 수 있다(530의9② 1문). 예컨대, X회사의 영업 중 A부문의 사업은 계속하면서 영업의 특정한 부문(B)만을 분할하여 Y회사에 이전하는 경우에 B부문에 속하는 재산과 채무만을 Y회사에 이전할 수 있는데(채무의 한정적 승계), 이 경우에는 연대책임의 원칙에 대한 예외가 되는 것이다. 이 경우에 피분할회사가 분할 후에 존속하는 때에는 분할로 인하여 설립되는 회사가 부담하지 아니하는 A부문의 채무만을 부담한다(530의9② 2문).

㈏ 이상과 같이 분할 후 설립되는 회사 또는 존속하는 회사가 연대책임을 지지

않는 경우에는 담보의 감소로 인한 불이익이 예상되므로 분할 전의 채권자의 이의 제출권이 인정된다(530의9④, 527의5).

(3) 分割合倂의 경우

1) **連帶責任 및 異議提出權** 분할합병으로 인하여 설립되는 회사 또는 존속하는 회사는 분할 또는 분할합병 전의 회사채무에 관하여 연대하여 변제할 책임이 있다(530의9①). 이와 같이 연대책임을 지는 경우에도 피분할회사의 채권자는 이의를 제출할 수가 있다(530의11②, 527의5). 합병 상대방 회사의 재무상태에 따라서 분할합병 전보다 불리한 결과가 되는 수가 있기 때문이다.

2) **連帶責任의 예외** 분할합병의 경우에 피분할회사(A)는 분할합병에 관한 승인결의로, 분할합병에 따른 출자를 받는 존립 중의 회사(B)가 피분할회사(A)의 채무 중에서 출자한 재산에 관한 채무만을 부담할 것을 정할 수 있다. 이 경우에는 A 회사는 B회사가 부담하지 아니하는 채무만을 부담한다(530의9③). 이 경우에는 당연히 A회사의 채권자는 이의를 제출할 수 있다(530의11②, 527의5). 채권자의 이의제기권은 단순분할의 경우에는 예외로 피분할회사의 채권자에게 주어지는 것이지만, 분할합병의 경우에는 상대방 회사의 채권자에게도 주어지는 것이다. 양쪽의 채권자를 보호할 필요가 있기 때문이다.

(4) 異議提出權의 행사

1) 피분할회사는 제530조의 3 제2항의 분할 또는 분할합병의 승인결의가 있은 날로부터 2주간 내에, 채권자에 대하여, 분할에 이의가 있으면 1월 이상의 기간 내에 이를 제출할 것을 공고하고 또 알고 있는 채권자에 대하여는 따로따로 이를 최고하여야 한다(530의9④, 530의11②, 527의5①). 회사채권자가 이 기간 내에 이의를 제출하지 아니한 때에는 분할 또는 분할합병을 승인한 것으로 보며, 이의를 제출한 채권자가 있는 때에는 회사는 그 채권자에 대하여 변제 또는 상당한 담보를 제공하거나 상당한 재산을 신탁회사에 신탁하여야 한다(530의9④, 530의11②, 527의5③, 232③).

2) 사채권자가 이의를 함에는 사채권자집회의 결의가 있어야 하며, 이 경우에는 법원은 청구에 의하여 이의의 기간을 연장할 수 있다(530의9④, 530의11②, 439③).

6. 기타의 節次

(1) 株式倂合·株式分割

피분할회사의 주주에게 분할 후의 신설회사 또는 존속회사의 주식을 배정하는 경우에는 회사합병의 경우와 같이 주식의 병합 또는 분할이 필요하게 된다. 상법은 주식병합은 자본금감소의 경우의 절차를, 또 주식분할은 제329조의 2의 규정에 의한 절차를 준용한다(530의11①, 329의2, 440~443).

(2) 創立總會 · 報告總會

1) 창립총회   단순분할의 경우에 회사(A)가 분할하여 B회사를 신설하는 때에는 B회사의 창립총회를, 분할합병의 경우에 회사(A)가 분할하여 그 일부를 기존회사(B) 또는 기존회사(B)의 일부와의 합병에 의하여 C회사를 신설하는 경우에는 창립총회를 열어야 한다(530의11①, 527). 이 경우에 창립총회는 이사회의 공고로써 보고에 갈음할 수 있다(527④).

2) 보고총회   분할합병의 경우의 합병상대방 회사, 예컨대 회사(A)가 분할되어 존속하면서 그 일부를 기존회사(B)와 합병하는 경우에는 B회사는 흡수합병의 경우처럼 보고총회를 하여야 한다(530의11①, 526). 이 경우의 총회의 보고는 이사회의 공고로써 갈음할 수 있다(530의11①, 526③).

(3) 登   記

분할당사회사의 등기는 회사합병등기(528)의 경우가 준용된다(530의11①). 회사가 분할을 한 때에는 신설회사의 창립총회(527①) 또는 분할합병의 경우의 보고총회(526①)가 종결한 날로부터 본점 소재지에서는 2주간 내에, 지점 소재지에서는 3주간 내에, 분할 후 존속하는 회사에 있어서는 변경의 등기, 분할로 인하여 소멸하는 회사에 있어서는 해산의 등기, 분할로 인하여 설립된 회사에 있어서는 제317조에 정하는 설립등기를 하여야 한다. 창립총회 또는 보고총회를 열지 않고 이사회의 공고로 갈음하는 경우에는 위의 등기기간의 기산점은 이사회의 공고를 한 날이 된다.

III. 分割의 效果

1. 서   설

회사분할 또는 분할합병은 분할로 인하여 설립된 회사 또는 존속하는 회사의 본점 소재지에서 설립등기 또는 변경등기를 함으로써 그 효력이 생긴다(530의11①, 234). 분할 또는 분할합병의 효력의 내용은 분할계획서 또는 분할합병계약서에서 정하여진 바에 따라서 정하여진다.

2. 權利義務의 包括的 承繼

(1) 분할 또는 분할합병으로 인하여 설립되는 회사 또는 존속하는 회사는 분할하는 회사의 권리와 의무를 분할계획서 또는 분할합병계약서가 정하는 바에 따라서 승계한다(530의10). 포괄승계이므로 개별적인 재산의 이전절차 등은 필요가 없다. 또한 분할 또는 분할합병으로 인하여 신설되는 회사 또는 존속하는 회사는 분할출자한 회사(피분할회사 또는 분할합병의 상대방 회사)의 채무를 분할계획서 또는 분할합병계약서에서 정하는 바에 따라서 승계하며(530의10), 개별적인 채권자의 승낙 등의 절차는 요구되지 않는다고 본다.

(2) 분할 또는 분할합병으로 인하여 설립되는 회사 또는 존속하는 회사는 분할 또는 분할합병 전의 회사채무에 관하여 연대하여 변제할 책임이 있다(530의9①). 그러나 분할승인총회의 결의로 이 책임을 제한할 수가 있다(530의9②③).

3. 株式의 配定

분할 또는 분할합병으로 인하여 신설된 회사 또는 분할출자를 받은 기존회사의 주식은 피분할회사(분할되는 회사)의 주주에게 직접 귀속되고 이들이 신설회사 또는 존속회사의 주주가 된다. 그러나 피분할회사가 신설회사 또는 분할출자를 받은 기존회사의 주식의 총수를 배정 받은 경우(530의12)에는 피분할회사가 모회사가 된다.

4. 分割과 營業權

분할 또는 분할합병으로 인하여 신설된 회사 또는 출자를 받은 기존회사가 영업권을 취득한 경우에는 그 취득가액을 대차대조표의 자산의 부에 계상할 수 있으며 이 경우에는 분할 또는 분할합병의 등기를 한 후 5번 내의 매결산기에 균등액 이상을 상각하여야 한다(530의8).

IV. 分割의 無效

1. 會社分割 또는 分割合併無效의 訴

회사분할 또는 분할합병에 무효원인이 있을 때에는 회사분할 또는 분할합병무효의 소만으로 다툴 수 있다. 회사분할의 무효의 原因에는, 분할계약 자체에 관한 일반 사법상의 하자가 있는 경우, 분할의 방식 또는 절차가 적법하지 아니한 경우, 분할 또는 분할합병의 당사회사의 형태가 적법성을 결한 경우, 채권자 보호절차를 거치지 않은 경우 등이 있다.

2. 無效의 訴

회사분할 또는 분할합병의 무효는 소만으로 할 수 있으며(530의11①, 529①), 이 소는 형성의 소에 속한다. 소를 제기할 수 있는 자는 각 회사의 주주·이사·감사· 파산관재인·분할을 승인하지 아니한 채권자(530의11①, 529①)이며, 피고는 존속회 사 또는 신설회사이다. 제소기간은 분할 또는 분할합병의 등기가 있은 날로부터 6 월내에 제기하여야 한다(530의11①, 529②). 소가 제기된 경우의 회사의 공고, 병합심 리, 회사채권자의 담보제공, 법원의 청구기각, 등은 합병무효의 소와 같다(530②).

3. 分割無效判決

(1) 原告勝訴의 경우

분할 또는 분할합병무효판결의 효력은 당사자 간 이외에 제3자에 대하여서도 효력이 있다(대세적 효력). 분할무효의 판결이 확정하기 전에 생긴 회사와 주주 및 제3자 사이의 권리의무에는 영향을 미치지 아니함(불소급효)은 합병의 경우와 같다 (530의11①, 240, 190①본문, 190단서). 회사의 권리의무의 귀속(239①), 분할 또는 분할 합병 후 존속한 회사 또는 신설된 회사가 취득한 재산의 공유(239②), 부담부분의 결 정(239③) 등에 관하여는 합명회사의 합병무효의 판결에 관한 규정이 준용된다(530 의11①).

(2) 原告敗訴의 경우

원고패소의 경우에는, 무효판결의 효력은 당사자 간에서만 효력이 있다(민사소 송법 204①). 원고패소의 판결이 있는 경우에 원고에게 악의 또는 중대한 과실이 있 는 때에는 회사에 대하여 손해배상의 연대책임을 진다(530의11①, 240, 191).

제4절 株式交換과 株式移轉

I. 總　說

(1) 주식의 포괄적 교환 및 이전은 기존의 주식회사를 완전자회사로 하는 完全 母會社를 만들어 완전모자관계를 형성하는 회사의 행위이다. 이때에 완전모회사로 되는 회사가 기존의 회사이면 주식의 교환(交換)이고, 신설회사이면 주식의 이전(移 轉)이 된다. 2001년 개정상법이 이 제도를 도입하게 된 것은 지주회사의 용이한 설

립방법을 회사법에서 규정하여 기업의 사업재편을 원활하게 하기 위한 것이다. 외국의 입법례로는 일본상법(352~372) 및 미국의 개정모범사업회사법(RMBCA §11.02)에 그 예를 볼 수 있다.

(2) 주식교환과 주식이전의 경우에는, 완전자회사가 되는 회사는 그대로 존속하며, 주식의 취득만 있을 뿐이므로 권리의무의 포괄적 승계는 생기지 않는다는 점에서 合倂의 경우와 다르다.

II. 株式의 包括的 交換

1. 意 義

(1) 주식의 포괄적 교환은 기존 주식회사(A)가 다른 주식회사(B)의 주식의 전부를 포괄적으로 취득하여 완전모회사가 되고, 완전자회사로 되는 B회사의 주주들은 그 대가로서 A회사의 신주 또는 자기주식을 교부받아 그 회사의 주주가 됨으로써, 완전모자회사관계가 형성되는 회사의 행위이다(360의2①).

(2) 주식의 포괄적 교환은 강제성을 지니는 제도로서, 당사회사의 주주총회의 특별결의로 주식교환계약서의 승인이 있으면 이에 반대하는 주주는 주식교환에 응하든지 주식매수청구권을 행사하는 수밖에 없다.

2. 法的 性質

주식의 포괄적 교환의 법적 성질에 관하여는, ① 현물출자로 보는 견해가 있으나, 현물출자가 당사자 간의 합의에 의함에 대하여 주식교환은 강제성이 있고 현물출자에서와 같은 검사절차가 없다는 점이 다르며, ② 흡수합병에 유사한 조직법적 행위로 보는 견해가 있으나, 주식교환의 경우에는 완전자회사가 되는 회사는 해산하지 않고 존속하며 권리의무의 포괄적 승계가 없다는 점에서 합병과는 다르다. 주식교환의 법적 성질은 ③ 완전모자회사관계를 형성하는 조직법 내지 단체법상의 행위라고 본다.

3. 株式의 包括的 交換의 節次

(1) 株式交換契約의 체결

주식의 포괄적 교환을 하려는 회사 이사회의 결의로 주식교환계약을 체결하고, 법정기재사항을 기재한 주식교환계약서를 작성·비치하여야 하며, 총회에서의 승인을 받아야 한다. 계약의 당사자는 주주가 아니고 회사가 된다.

(2) **株式交換契約書의 기재사항(360의3③)**

1) 완전모회사가 되는 회사의 **定款變更**에 관한 사항(360의3③i) 주식교환으로 인하여 정관을 변경하는 경우에는 그 규정을 기재한다.

2) **新株의 配定** 및 자기주식의 이전에 관한 사항(360의3③ⅱ) 완전모회사가 되는 회사가 주식교환을 위해 발행하는 신주 및 이전하는 자기주식의 총수·종류와 종류별 주식의 수 및 완전자회사가 되는 회사의 주주에 대한 신주의 배정 또는 자기주식의 이전에 관한 사항을 기재하여야 한다. 여기서 「신주의 배정 또는 자기주식의 이전에 관한 사항」은 자회사 주식과 모회사 주식의 교환비율(배정비율)을 가리키며, 신주의 배정 또는 자기주식의 이전에 관하여 그 이유를 기재한 서면을 주주총회의 회일의 2주 전부터 본점에 비치하도록 되어 있다(360의4①).

3) 완전모회사가 되는 회사의 **資本金增加額** 및 **資本準備金**에 관한 사항(360의3③ⅲ) ⑺ 상법은 자본금충실의 원칙에 따라 완전모회사의 **資本** 증가의 한도액을 규정하고 있다. 즉, 완전모회사가 완전자회사의 주식을 소유하지 아니하는 경우에, 모회사의 자본액은, 자회사의 순자산액에서 완전자회사의 주주에게 지급할 금전(주식교환교부금)이나 그 밖의 재산의 가액과 완전자회사의 주주에게 이전하는 완전모회사의 자기주식의 회계장부가액의 합계액을 공제한 금액을 초과하여 증가하지 못한다(360의7①). 또한 완전모회사가 완전자회사의 주식을 이미 소유하고 있는 경우에는, 완전모회사가 되는 회사의 자본금은, 주식교환의 날에 완전자회사가 되는 회사에 현존하는 순자산액에 그 회사의 발행주식총수에 대한 주식교환으로 인하여 완전모회사가 되는 회사에 이전하는 주식의 수의 비율을 곱한 금액에서, 위의 완전자회사의 주주이게 제공할 금전(주식교환교부금)이나 그 밖의 재산 가액과 완전자회사의 주주에게 이전하는 자기주식의 회계장부가액의 합계액을 공제한 금액을 한도를 초과하여 이를 증가시킬 수 없다(360의7②).

⑷ 채무초과회사를 완전자회사로 하는 주식교환은 허용되지 않는다. 왜냐하면 주식교환에 의하여 모회사의 증가할 자본금액은 교환의 날의 자회사의 순자산액을 초과하지 못하게 되어 있기 때문이다(360의7).

⒟ 모회사가 되는 회사가 주식교환을 위하여 발행하는 신주의 액면총액(자본금증가액)이 위의 자본금증가의 한도액(360의7)보다 낮은 경우에는 그 차액은 자본준비금으로서 적립하게 된다(459①i의2).

4) **株式交換交付金(360의3③ⅳ)** 완전자회사가 되는 회사의 주주에게 지급할 금액을 정한 때에는 그 금액을 기재하여야 한다. (예컨대 주식 1주 가격을 B회사 5,100원, A회사 5,000원으로 평가하고 교환비율을 1:1로 하는 때에는, B회사의 주주에게 1주당

100원을 주식교환교부금으로 지급하여 이를 조정하게 된다.)

5) 理事·監事의 任期에 관한 사항(360의3③ix)　완전모회사가 되는 회사에 취임할 이사와 감사 또는 감사위원회의 위원을 정한 때에는 그 성명 및 주민등록번호를 기재하여야 한다.

6) 承認決議를 할 株主總會의 期日(360의3③v)

7) 株式交換을 할 날(360의3③vi)　주식교환의 效力이 발생하는 날이다. 구체적으로는 주권실효절차(360의8②, 442)에서의 주권제출기간이 만료한 날의 다음날이 된다.

8) 주식교환을 할 날까지 利益配當을 할 때에는 그 한도액(360의3③vii)

(3) 事前情報의 公示

1) 이사는 주식교환 승인을 위한 주주총회의 회일의 2주 전부터 주식교환의 날 이후 6월이 경과하는 날까지, 주식교환계약서, 완전모회사가 되는 회사가 주식교환을 위하여 신주를 발행하거나 자기주식을 이전하는 경우에는 완전자회사가 되는 회사의 주주에 대한 신주의 배정 또는 자기주식의 이전에 관하여 그 이유를 기재한 서면, 승인을 위한 주주총회의 회일(제360조의9의 규정에 의한 간이주식교환의 경우에는 동조 제2항의 규정에 의하여 공고 또는 통지를 한 날) 전 6월 이내의 날에 작성한 주식교환을 하는 각 회사의 최종 대차대조표 및 손익계산서 등의 서류를 본점에 비치하여야 한다(360의4①).

2) 株主는 영업시간 내에 그 서류의 열람 또는 등사를 청구할 수 있다(360의4②, 391의3③). 회사채권자는 열람·등사청구권이 없다. 모회사 및 자회사가 되는 회사가 주식교환 이후에도 그대로 존속하므로 채권자 보호를 위한 별도의 절차가 필요하지 않기 때문이다.

(4) 완전모회사가 되는 회사의 모회사주식의 취득 및 처분

상법 제342조의2 제1항에도 불구하고 완전자회사가 되는 회사의 주주에게 제공하는 재산이 완전모회사가 되는 회사의 모회사 주식을 포함하는 경우에는 완전모회사가 되는 회사는 그 지급을 위하여 그 모회사의 주식을 취득할 수 있으며, 그 취득한 주식을 주식교환 후에도 계속 보유하고 있는 경우 주식교환의 효력이 발생하는 날부터 6개월 이내에 처분하여야 한다(360의3⑥⑦).

(5) 株主總會의 承認決議

1) 주식교환을 하고자 하는 회사는, 주식교환계약서를 작성하여 주주총회의 특별결의에 의한 승인을 얻어야 한다(360의3①②). 주식교환으로 인하여 주식교환에 관련되는 각 회사의 주주의 부담이 가중되는 경우에는, 주식교환 승인을 위한 주주총회 및 종류주주총회의 결의 외에, 그 주주 전원의 동의가 있어야 한다(360의3⑤, 436). 간이주식교환과 소규모주식교환의 경우에는, 주주총회의 결의를 이사회결의로 갈음할 수 있다(360의9, 360의10).

2) 교환계약서의 승인총회의 소집의 통지와 공고에는, 주식교환계약서의 주요내용, 주식교환에 반대하는 주주의 주식매수청구권의 내용과 행사방법, 한 쪽 회사의 정관에 주식의 양도에 관하여 이사회의 승인을 요한다는 뜻의 규정이 있고 다른 회사의 정관에 그 규정이 없는 경우에는 그 뜻을 기재하여야 한다(360의3④).

(6) 反對株主의 株式買受請求權

1) **反對意思의 통지·買受請求** 주식교환에 관한 주주총회의 승인사항에 관하여 이사회의 결의가 있는 때에, 그 결의에 반대하는 주주(의결권이 없거나 제한되는 주주를 포함한다)는 주주총회 전에 회사에 대하여 서면으로 그 결의에 반대하는 의사를 通知한 경우에는, 그 총회의 결의일부터 20일 이내에 주식의 종류와 수를 기재한 서면으로 회사에 대하여 자기가 소유하는 주식의 매수를 청구할 수 있다(360의5①).

2) **簡易株式交換의 경우** 주식교환에 반대하는 주주는, 주주총회의 승인을 얻지 아니하고 주식교환을 한다는 뜻의 공고 또는 통지(360의9②)를 한 날부터 2주 내에 회사에 대하여 서면으로 주식교환에 반대하는 의사를 通知하고, 그 기간이 경과한 날부터 20일 이내에 주식의 종류와 수를 기재한 서면으로 회사에 대하여 자기 소유 주식의 매수를 請求할 수 있다(360의5②).

3) **節次·買受價格의 결정** 회사는 청구를 받은 날부터 2월 이내에 그 주식을 매수하여야 한다(374의2②). 주식의 매수가액은, 주주와 회사 간의 協議에 의하여 결정하며, 30일 이내에 이 협의가 이루어지지 아니한 경우에는 회사 또는 주주는 法院에 대하여 매수가액의 결정을 청구할 수 있다(374의2③④⑤).

(7) 端株處理

주식교환비율에 따라서는 단주처리의 절차가 필요하게 된다(예컨대 B회사의 주식 3주에 대하여 A회사의 株式 1주를 배정하는 경우에 B회사 주식 10주를 가진 주주는 A회사 주식 3주와 3분의 1주를 받게 된다). 이 단주에 대하여는 株式을 경매하여 그 대금을 지급하여야 하며, 거래소의 시세 있는 株式은 거래소를 통하여 매각하고 거래소의 시세 없는 株式은 법원의 허가를 받아 경매 이외의 방법으로 매각할 수 있다(360의 11, 443).

(8) 完全母會社의 理事 · 監事의 任期

주식교환에 의하여 완전모회사가 되는 회사의 이사 및 감사로서 주식교환 전에 취임한 자는, 주식교환계약서에 다른 정함이 있는 경우를 제외하고는, 주식교환 후 최초로 도래하는 결산기에 관한 정기총회가 종료하는 때에 퇴임한다(360의13). 다만, 주식교환계약서에 완전모회사가 되는 회사의 이사와 감사 또는 감사위원회의 위원을 정하여 기재하고 총회의 승인결의를 얻는 경우를 인정하여(360의3③ix) 계약단계에서 완전모회사의 새로운 株主가 되는 완전자회사의 株主들의 의사를 반영시킬 수 있게 하였다.

(9) 株券의 失效節次

1) 公告 · 通知　　주식교환에 의하여 완전자회사가 되는 회사는, 주주총회에서 주식교환서의 승인결의를 한 때에는, ① 승인결의가 있었다는 뜻, ② 주식교환의 날의 전날까지 주권을 회사에 제출하여야 한다는 뜻, ③ 주식교환의 날에 주권이 무효가 된다는 뜻을, 주식교환의 날 1월 전에 公告하고, 주주명부에 기재된 주주와 질권자에 대하여 따로 따로 그 通知를 하여야 한다(360의8①). 이것은 완전자회사로 되는 회사가 주식교환 이전의 주주들에게 교부한 주권의 유통을 막을 필요가 있기 때문이며, 이 경우 제출되지 않은 株券도 주식교환의 날에 모두 무효가 된다. 제출되지 아니한 주권의 법적 성질은 자회사의 신주권교부청구권을 표창하는 유가증권으로 본다.

2) 舊株券을 제출할 수 없는 경우　　구주권을 회사에 제출할 수 없는 자가 있는 때에는, 회사는 그 자의 청구에 의하여 3월 이상의 기간을 정하고 이해관계인에 대하여 그 주권에 대한 이의가 있으면 그 기간 내에 제출할 뜻을 公告하고, 그 기간이 경과한 후에 신주권을 청구자에게 교부할 수 있다(360의8②, 442).

(10) 事後情報의 公示

이사는, ① 주식교환의 날, ② 주식교환의 날에 완전자회사가 되는 회사에 현존하는 순자산액, ③ 주식교환으로 인하여 완전모회사에 이전한 완전자회사의 주식의 수, ④ 그 밖의 주식교환에 관한 사항을 기재한 서면을, 주식교환의 날부터 6월간 본점에 비치하여야 한다(360의12①). 주주는 영업시간 내에 위의 서면의 열람 또는 등사를 청구할 수 있다(360의12②, 391의3③). 채권자에게는 이 권리가 인정되지 않는다.

4. 簡易株式交換

(1) 상법은 주식교환절차의 간소화를 위하여, 완전자회사의 주주총회의 주식교환승인결의를 생략하고 이사회의 결의로 갈음할 수 있는 간이주식교환의 제도를 규정하고 있다. 간이합병에 관한 규정(527의2)과 같은 취지의 제도이다.

(2) 완전자회사가 되는 회사의 총주주의 동의가 있거나, 그 회사의 발행주식총수의 100분의 90 이상을 완전모회사가 되는 회사가 소유하고 있는 때에는, 완전자회사가 되는 회사의 주주총회의 승인은 이를 理事會의 승인으로 갈음할 수 있다(360의9①).

(3) 제1항의 경우에 완전자회사가 되는 회사는, 주식교환계약서를 작성한 날부터 2주 내에, 주주총회의 승인을 얻지 아니하고 주식교환을 한다는 뜻을 公告하거나 주주에게 通知하여야 한다. 다만, 총주주의 동의가 있는 때에는 그러하지 아니하다(360의9②).

(4) 반대주주의 주식매수청구권이 인정된다(360의5②)(앞에 설명함).

5. 小規模株式交換

(1) 주주총회의 생략

상법은 일정한 요건이 갖추어진 경우에는 주식교환절차의 간소화를 위하여 완전모회사의 주주총회의 주식교환승인결의를 생략하고 이사회의 결의로 갈음할 수 있는 소규모주식교환의 제도를 규정하고 있다. 소규모합병에 관한 규정(527의2)과 같은 취지의 제도이다.

(2) 要 件

1) 완전모회사가 되는 회사가 주식교환을 위하여 발행하는 신주 및 이전하는 자기주식의 총수가 그 회사의 발행주식총수의 100분의 10을 초과하지 아니하는 경우에는 그 회사에서의 주주총회의 승인은 이를 이사회의 승인으로 갈음할 수 있다(360의10①본문). 다만 완전자회사가 되는 회사의 주주에게 제공할 금전이나 그 밖의 재산을 정한 경우에 그 금액 및 그 밖의 재산의 가액이 제360조의4 제1항 제3호에서 규정한 최종 대차대조표에 의하여 완전모회사가 되는 회사에 현존하는 순자산액의 100분의 5를 초과하는 때에는 그러하지 아니하다(360의10①단서).

2) 완전모회사가 되는 회사의 발행주식총수의 100분의 20 이상에 해당하는 주식을 가지는 주주가, 소규모 주식교환의 공고 또는 통지를 한 날부터 2주 내에 회사에 대하여 서면으로, 소규모 주식교환에 반대하는 의사를 통지한 경우에는 소규모 주식교환을 할 수 없다(360의10⑤).

(3) 節　次

1) 주식교환계약서의 기재　　완전모회사가 되는 회사의 주주총회의 승인결의 없이 주식교환을 할 수 있는 뜻을 주식교환계약서에 기재하여야 하며, 다만 정관변경에 관한 사항(360의3③i)은 주식교환계약서에 기재하지 못한다(360의10③). 이사회의 결의에 의하여 정관을 변경하는 결과가 되기 때문이다.

2) 公告·通知　　완전모회사가 되는 회사는 주식교환계약서를 작성한 날부터 2주 내에 완전자회사가 되는 회사의 상호와 본점, 주식교환의 날 및 주주총회의 승인을 얻지 않고 주식교환을 한다는 뜻을 공고하거나 주주에게 통지하여야 한다(360의10④).

(4) 效　果

소규모 주식교환의 요건이 갖추어지고 소정의 절차를 이행한 때에는, 완전모회사가 되는 회사의 주주총회의 승인결의를 생략하고 그 회사의 理事會의 승인으로 이에 갈음할 수 있다(360의10①).

6. 株式交換의 無效

상법은 주식교환무효의 訴를 규정하여 법률관계의 획일적 확정 및 법적 안정성을 도모하고 있다.

(1) 無效原因

주식교환무효원인으로서는 주식교환계약서를 작성하지 않거나 기재사항의 흠결·승인결의 부존재·사후공시의무 등 절차의 불이행 등이 있다.

(2) 訴의 提起

주식교환의 무효는 각 회사의 주주, 이사, 감사나 감사위원회의 위원 또는 청산인에 한하여 주식교환의 날부터 6월 내에 소만으로 주장할 수 있다(360의14①). 피고는 완전모회사가 된 회사 및 완전자회사가 된 회사이다.

(3) 訴의 節次

주식교환의 무효의 소는 완전모회사가 되는 회사의 본점 소재지의 지방법원의 관할에 전속한다(360의14②). 소제기의 공고(187), 병합심리(188), 법원의 재량기각(189) 등에 관한 회사설립무효의 소의 규정과 제소주주의 담보제공의무에 관한 총회결의 무효의 소의 규정이 준용된다.

(4) 判決의 效力

1) 原告勝訴의 경우

㈎ 대세적 효력　　주식교환무효의 판결이 확정된 때에는 제3자에게도 그 효력이 미친다(360의14④, 190본문). 주식교환무효의 판결이 확정된 때에는 본점과 지점의 소재지에서 登記하여야 한다(360조의14④, 192).

㈏ 불소급효　　주식교환무효판결이 확정되면 장래에 대하여 그 효력을 잃는다(360의14④, 431①). 이 경우에는 회사는 지체 없이 일정한 기간(3월) 내에 신주의 주권을 회사에 제출할 것을 公告하고 주주명부상의 주주와 질권자에게 각별로 그 通知를 하여야 한다(360의13④, 431②).

㈐ 株式의 이전·質權의 효력　　주식교환을 무효로 하는 판결이 확정된 때에는 완전모회사가 된 회사는 주식교환을 위하여 발행한 신주 또는 이전한 자기주식의 주주에 대하여 그가 소유하였던 완전자회사가 된 회사의 주식을 이전하여야 한다(360의14③). 이 경우에 질권의 효력은 이전된 주식에 미치며, 질권자는 완전자회사에 대하여 주권의 교부를 청구할 수 있다(360의14④, 339, 340③).

2) 原告敗訴의 경우　　원고가 패소한 경우에 판결의 효력은 당사자 사이에만 미치며(민사소송법 218), 이때 원고에게 악의 또는 중대한 과실이 있는 때에는 회사에 대하여 연대하여 손해배상책임을 진다(360의14④, 191).

III. 株式의 包括的 移轉

1. 意　　義

(1) 주식의 포괄적 이전(이하 "주식이전"이라 한다)은 기존 주식회사(B)가 주식의 포괄적 이전에 의하여 완전모회사(A)를 설립하고, 스스로는 그 회사의 완전자회사(B)가 되는 제도이다(360의15①). 즉, 기존 주식회사(B)가 완전모회사를 설립하기 위하여 주식의 전부를 신설하는 완전모회사(A)에 포괄적으로 이전하고, 그 완전모회사(A)의 설립시에 발행하는 주식을 기존회사(B)의 주주에게 교부함에 의하여 완전

모자회사관계를 창설하는 행위를 말한다(360의15②).

(2) 주식의 포괄적 교환과 주식의 포괄적 이전은 완전모자회사 관계를 창설하는 점에서 같으나, 株式交換의 경우에는 완전모자회사로 되는 회사가 기존의 주식회사임에 대하여, 株式移轉의 경우에는 완전모자회사로 되는 회사가 신설하는 회사인 점에서 다르다. 그리고 주식이전은 완전모회사를 신설하는 제도이므로, 간이주식교환이나 소규모주식교환과 같이 기존의 모회사의 존재를 전제로 하는 제도는 없다.

(3) 주식이전의 法的 性質은 주식의 포괄적 이전에 의하여 완전모자회사 관계를 형성하는 조직법적 행위라고 할 수 있다.

(4) 완전모회사의 자본금의 한도액

설립하는 완전모회사의 자본금은 주식이전의 날에 완전자회사가 되는 회사에 현존하는 순자산액에서 그 회사의 주주에게 제공할 금전 및 그 밖의 재산의 가액을 뺀 액을 초과하지 못한다(360의18).

2. 節　次

주식이전을 하고자 하는 회사는, 이사회에서 주식이전에 관하여 결의하고, 주식이전계획서 등을 작성하여 관련 정보를 공시하고, 주주총회의 승인을 얻어야 한다.

(1) 株式移轉計劃書의 作成

주식이전계획서에는 다음 사항을 적어야 한다(360의16①).

1) 설립하는 완전모회사의 정관의 규정(360의16①i)

2) 설립하는 완전모회사가 주식이전에 있어서 발행하는 株式의 종류와 수 및 완전자회사가 되는 회사의 주주에 대한 주식 배정에 관한 사항(360의16①ii)

3) 설립하는 완전모회사의 資本金의 액 및 자본준비금에 관한 사항(360의16①iii). 상법은 자본금충실의 원칙상 완전모회사의 자본금의 한도액을 규정하고 있다. 즉, 설립하는 완전모회사의 자본금은 주식이전의 날에 완전자회사가 되는 회사에 현존하는 순자산액에서 그 회사의 주주에게 지급할 금액을 공제한 액을 초과하지 못한다(360의18iv).

4) 완전자회사가 되는 회사의 주주에 대하여 지급할 금전(주식이전교부금)이나 그 밖의 재산을 정한 때에는 그 규정(360의16①v). 둘 이상의 회사가 공동으로 주식이전에 의하여 모회사를 설립하는 경우에 이들 회사 간의 주식의 이전비율의 조정

을 위한 주식이전교부금 등이 있을 것이다.

5) 주식이전을 할 시기(360의16①vi). 구체적으로 '주식의 이전을 할 시기'는 주권실효절차(360의19)에서 주권제출기간이 만료한 날(360의19②, 442)이 된다. 주식이전을 한 때에는 설립한 완전모회사의 본점의 소재지와 지점의 소재지에서 주식이전등기를 하여야 하고(360의20), 주식이전은 설립한 완전모회사가 그 본점 소재지에서 이 등기를 함으로써 그 효력이 발생한다(360의21).

6) 완전자회사가 되는 회사가 주식이전의 날까지 이익배당을 할 때에는 그 한도액(360의16①vii).

7) 설립하는 완전모회사의 이사와 감사 또는 감사위원회의 위원의 성명 및 주민등록번호(360의16①). 주식교환의 경우의 완전모회사의 임원과 달리, 주식이전의 경우의 임원은 필요적 승인사항이다.

8) 회사가 공동으로 주식이전에 의하여 완전모회사를 설립하는 때에는 그 뜻(360의16①viii).

(2) 株式移轉計劃書의 承認決議

1) 주식이전을 하고자 하는 회사는 소정의 사항을 기재한 주식이전계획서를 작성하여 주주총회의 승인을 얻어야 한다(360의16①). 株式交換의 경우에는 기존의 당사회사들 사이에 주식교환계약이 성립하고 양 회사의 주주총회에서 그 주식교환계약서를 승인하지만, 株式移轉의 경우에는 완전자회사가 될 회사만 존재하므로 주식이전계약이라는 것이 없고 완전자회사가 될 회사의 주주총회에서의 주식이전계획서를 승인받게 된다.

2) 주식이전계획서 승인을 위한 주주총회의 소집통지와 공고에는, 주식이전계약서의 주요 내용, 반대주주의 주식매수청구권의 내용 및 행사방법, 일방회사의 정관에 주식의 양도에 관하여 이사회의 승인을 요한다는 뜻의 규정이 있고 다른 회사의 정관에 그 규정이 없는 경우 그 뜻을 기재하여야 한다(360의16③, 360의3④).

3) 주식의 포괄적 이전의 승인은 주주총회의 특별결의를 요한다(360의16②).

4) 반대주주에 대하여는, 주식교환에 반대하는 주주와 동일한 주식매수청구권이 인정된다(360의22, 360의5).

(3) 情報의 事前公示

1) 이사는 주식이전계획서 승인을 위한 주주총회의 회일의 2주 전부터 주식이전의 날 이후 6월을 경과하는 날까지, 주식이전계획서, 완전자회사가 되는 회사의

주주에 대한 주식의 배정에 관하여 그 이유를 기재한 서면, 위의 승인 주주총회의 회일 전 6월 이내의 날에 작성한 완전자회사가 되는 회사의 최종 대차대조표 및 손익계산서를 본점에 비치하여야 한다(360의17①).

2) 株主는 영업시간 내에 위의 서류를 열람 또는 등사를 청구할 수 있다(360의17②, 391의3③).

(4) 株券의 失效節次

1) 주식이전에 의하여 완전자회사가 되는 회사는, 주주총회가 주식이전계획서의 승인결의를 한 때에는, ① 주주총회가 주식이전계획서의 승인결의를 한 뜻, ② 1월을 초과하여 정한 기간 내에 주권을 회사에 제출하여야 한다는 뜻, ③ 주식이전의 날에 주권이 무효가 된다는 뜻을 公告하고, 주주명부에 기재된 주주와 질권자에 대하여 따로 따로 그 通知를 하여야 한다(360의19①).

2) 구주권을 회사에 제출할 수 없는 자가 있는 때에는 회사는 그 자의 청구에 의하여 3월 이상의 기간을 정하고 이해관계인에 대하여 그 주권에 대한 이의가 있으면 그 기간 내에 제출할 뜻을 公告하고 그 기간이 경과한 후에 新株券을 청구자에게 교부할 수 있다. 이 공고의 비용은 청구자의 부담으로 한다(360의19②, 442).

(5) 株式移轉의 登記·效力發生

주식이전을 한 때에는 설립한 완전모회사의 본점의 소재지에서는 2주 내에, 지점의 소재지에서는 3주 내에 주식이전의 등기(317②)를 하여야 한다(360의20). 주식이전은 이로 인하여 설립한 완전모회사가 그 본점 소재지에서 주식이전의 등기를 함으로써 그 효력이 발생한다(360의21).

(6) 情報의 事後公示

이사는, 주식교환의 날, 주식교환의 날에 완전자회사가 되는 회사에 현존하는 순자산액, 주식교환으로 인하여 완전모회사에 이전한 완전자회사의 주식의 수, 그 밖의 주식교환에 관한 사항을 기재한 서면을, 주식교환의 날부터 6월간 본점에 비치하여야 한다(360의22, 360의12①). 株主는 영업시간 내에 위 서면의 열람 또는 등사를 청구할 수 있다(360의22, 360의12②).

3. 株式移轉의 無效

(1) 주식의 포괄적 이전에 무효원인이 있는 경우에는, 각 회사의 주주·이사·

감사·감사위원회의 위원 또는 청산인에 한하여, 주식이전의 날부터 6월내에, 訴만으로 이를 주장할 수 있다(360의23①). 이 訴는 완전모회사가 되는 회사의 본점 소재지의 지방법원의 관할에 전속한다(360의23②).

(2) 주식이전을 無效로 하는 판결이 확정된 때에는, 완전모회사가 된 회사는 주식이전을 위하여 발행한 주식의 주주에 대하여 그가 소유하였던 완전자회사가 된 회사의 주식을 이전하여야 한다(360의23③).

(3) 그 밖에 무효판결의 對世的 效力(190본문), 遡及效의 배제(190단서), 소제기의 공고(187), 소의 병합심리(188), 하자의 보완 등과 청구의 기각(189), 패소원고의 책임(191), 이전무효의 등기(192), 제소주주의 담보제공의무(377), 질권의 물상대위(339), 질권자의 주권교부청구권(340③) 등의 규정이 준용된다(360의23④). 무효판결의 효과로서 불소급효에 관하여, (i) 주식교환무효판결의 경우에는 신주발행무효판결의 효력에 관한 규정(431)이 준용되고(360의14④), (ii) 주식이전무효판결의 경우에는 설립무효판결의 불소급효에 관한 규정(190단서)이 준용되는 점(360의23④)이 다르다.

(4) 주식이전무효판결이 확정된 때에는 완전모회사는 소멸되므로 설립무효의 경우와 같이 해산에 준하여 淸算을 하여야 한다(360의23④, 193).

제5절 株式의 强制賣渡·買受請求

I. 序 說

2011년 4월의 개정상법은 일정한 요건 아래 지배주주가 소수주주의 주식을 강제로 매입할 수 있도록 하는 매도청구권과, 소수주주가 지배주주에 대하여 그 보유주식의 매수를 청구할 수 있도록 하는 규정을 신설하였다(360의24, 360의25). 특정주주가 주식의 대부분을 보유하는 경우, 회사로서는 주주총회 운영 등과 관련하여 관리비용이 들고, 소수주주로서는 정상적인 출자회수의 길이 막히게 될 우려가 크다. 그러므로 대주주가 소수주주의 주식을 매입함으로써 그 동업관계를 해소할 수 있도록 허용할 필요가 있다. 이와 같은 소수주식의 강제매수제도를 통하여 회사의 주주관리비용이 절감되고 경영의 효율성이 향상될 것으로 기대하고 있다[상법 일부개정법률안 제안이유 및 주요내용 참조].

II. 支配株主의 賣渡請求權

1. 意 義

지배주주의 매도청구권은, 회사의 지배주주가 회사의 경영상 목적을 달성하기 위하여 필요한 경우에, 회사의 소수주주에게 그 보유하는 주식의 매도를 청구할 수 있는 권리이다(360의24①). 소수주주의 주식을 강제 매수할 수 있도록 함으로써 회사의 주주 관리비용을 절감하고 신속한 의사결정 등 경영의 효율성을 도모할 수 있도록 하려는 것이다. 지배주주의 매도청구권은 형성권으로 본다.

2. 賣渡請求의 要件

(1) 지배주주의 청구

매도청구권자는 회사의 발행주식총수의 100분의 95 이상을 자기의 계산으로 보유하고 있는 주주(지배주주)이다(360의24①). 제1항의 보유주식의 수를 산정할 때에는 모회사와 자회사가 보유한 주식을 합산한다. 이 경우 회사가 아닌 주주가 발행주식총수의 100분의 50을 초과하는 주식을 가진 회사가 보유하는 주식도 그 주주가 보유하는 주식과 합산한다(360의24②). 지배주주는 자기의 계산으로 보유하면 되고 자기 명의임을 요하지 않는다.

(2) 경영상 목적

지배주주가 소수주주에게 주식의 매도를 청구하기 위해서는 회사의 경영상 목적을 달성하기 위하여 필요한 경우여야 한다(360의24①).

(3) 주주총회의 결의

지배주주가 매도청구를 할 때에는 미리 주주총회의 승인을 받아야 한다(360의24③). 주주총회의 소집을 통지할 때에는, ① 지배주주의 회사 주식의 보유 현황, ② 매도청구의 목적, ③ 매매가액의 산정 근거와 적정성에 관한 공인된 감정인의 평가, ④ 매매가액의 지급보증에 관한 사항을 적어야 하고, 매도를 청구하는 지배주주는 주주총회에서 그 내용을 설명하여야 한다(360의24④).

(4) 사전 公告·通知

지배주주는 매도청구의 날 1개월 전까지, ① 소수주주는 매매가액의 수령과 동시에 주권을 지배주주에게 교부하여야 한다는 뜻, ② 교부하지 아니할 경우 매매가액을 수령하거나 지배주주가 매매가액을 공탁(供託)한 날에 주권은 무효가 된다는 뜻을 공고하고, 주주명부에 적힌 주주와 질권자에게 따로 그 통지를 하여야 한다 (360의24⑤).

3. 少數株主의 賣渡義務

매도청구를 받은 소수주주는 매도청구를 받은 날부터 2개월 내에 지배주주에 게 그 주식을 매도하여야 한다(360의24⑥).

4. 賣買價額의 決定

주식의 매매가액은 매도청구를 받은 소수주주와 매도를 청구한 지배주주 간의 협의로 결정한다(360의24⑦). 매도청구를 받은 날부터 30일 내에 매매가액에 대한 협의가 이루어지지 아니한 경우에는 매도청구를 받은 소수주주 또는 매도청구를 한 지배주주는 법원에 매매가액의 결정을 청구할 수 있다(360의24⑧). 법원이 주식의 매매가액을 결정하는 경우에는 회사의 재산상태와 그 밖의 사정을 고려하여 공정한 가액으로 산정하여야 한다(360의24⑨).

5. 株式의 移轉時期

지배주주가 소수주주에게 주식의 매도를 청구한 경우, 주식을 취득하는 지배주 주가 매매가액을 소수주주에게 지급한 때에 주식이 이전된 것으로 본다(360의26①). 매매가액을 지급할 소수주주를 알 수 없거나 소수주주가 수령을 거부할 경우에는 지배주주는 그 가액을 공탁할 수 있다. 이 경우 주식은 공탁한 날에 지배주주에게 이전된 것으로 본다(360의26②).

III. 少數株主의 買受請求權

1. 意 義

소수주주의 매수청구권은, 지배주주가 있는 회사의 소수주주가 언제든지 지배 주주에게 그 보유주식의 매수를 청구할 수 있는 권리이다(360의25①). 소수주주의 매수청구권의 법적 성질은 형성권이다.

2. 支配株主의 買受義務

제1항의 매수청구를 받은 지배주주는 매수를 청구한 날을 기준으로 2개월 내에

매수를 청구한 주주로부터 그 주식을 매수하여야 한다(360의25②).

3. 賣買價額의 決定

매매가액은 매수를 청구한 주주와 매수청구를 받은 지배주주 간의 협의로 결정한다(360의25③). 매수청구를 받은 날부터 30일 내에 제3항의 매매가액에 대한 협의가 이루어지지 아니한 경우에는, 매수청구를 받은 지배주주 또는 매수청구를 한 소수주주는 법원에 대하여 매매가액의 결정을 청구할 수 있다(360의25④). 법원이 주식의 매매가액을 결정하는 경우에는 회사의 재산상태와 그 밖의 사정을 고려하여 공정한 가액으로 산정하여야 한다(360의25⑤).

4. 株式의 移轉時期

소수주주가 지배주주에게 주식의 매수를 청구한 경우, 주식을 취득하는 지배주주가 매매가액을 소수주주에게 지급한 때에 주식이 이전된 것으로 본다(360의26①). 매매가액을 지급할 소수주주를 알 수 없거나 소수주주가 수령을 거부할 경우에는, 지배주주는 그 가액을 공탁할 수 있다. 이 경우 주식은 공탁한 날에 지배주주에게 이전된 것으로 본다(360의26②).

제6절 營業의 讓渡·讓受

I. 營業의 讓渡

1. 營業讓渡의 의미와 株主總會의 特別決議

(1) 意 義

영업의 전부 또는 중요한 일부의 양도는 양도회사의 사업의 재편을 의미하고 주주에게 중대한 이해관계가 있는 문제이므로, 주주총회의 특별결의를 요한다(374①i). 그런데 상법 제374조 제1항의 영업양도가 상법총칙 제41조 이하에 규정한 영업양도와 의미가 같은 것인지 여부가 주주총회의 특별결의의 요부와 관련하여 문제로 된다. 즉, 그 의미가 같은 것으로 보아 회사의 단순한 重要財産의 양도나 營業用財産의 양도는 주주총회의 특별결의를 요하지 않는 것으로 보는 견해와 의미가 다른 것으로 보고 회사의 중요재산의 양도나 영업용재산의 양도도 주주총회의 특별결의를 요한다고 보는 견해가 대립한다.

(2) 學　說

1) 決議不要說(形式說)　　이 설에서는 제374조 제1항과 제41조 이하의 영업양도를 동일한 것으로 본다. 營業讓渡는 단순한 영업용 재산의 양도가 아니라, '일정한 영업목적을 위하여 조직화된 유기적 일체로서 기능하는 재산의 전부 또는 중요한 일부의 양도'를 뜻하므로(다수설·판례), 회사의 단순한 중요재산의 양도나 영업용재산의 양도는 주주총회의 특별결의를 요하지 않는다고 한다. 이 설에 의하면 제374조 제1항 및 제41조 이하 법해석의 통일성을 기할 수 있고, 또 영업활동의 승계유무에 따라서 주주총회의 특별결의의 필요성의 판단이 명확하게 되므로 거래의 안전을 기할 수 있게 된다고 한다.

2) 決議必要說(實質說)　　이 설에서는, 제374조 제1항의 영업양도와 상법총칙(41조 이하)의 영업양도를 동일하게 해석할 필요는 없으며 입법목적에 따라서 서로 다른 해석을 할 수 있다고 본다. 회사의 영업양도는 오히려 예외적 사례이므로 거래안전보다도 양도회사 자체의 이익을 고려할 필요가 있으며, 회사의 단순한 중요재산의 양도, 영업용재산의 양도의 경우에도 주주총회의 특별결의를 요한다고 한다.

3) 折衷說　　주주보호와 거래상대방의 보호를 함께 고려하여, 회사의 영업에 중대한 영향을 미칠 만한 영업재산의 양도에 해당하는 때에는 주주총회의 특별결의를 요하지만, 이러한 사정을 양수인이 알지 못하고 또 알지 못한 것에 중대한 과실이 없는 때에는, 양도회사는 주주총회의 결의가 없었다는 것을 이유로 그 양도의 무효를 주장할 수 없다고 하는 주장 등 거래안전과 주주보호를 조화시키려는 견해이다.

(3) 학설·판례의 검토

形式說에 대하여는 영업활동의 승계가 없는 한 회사의 전 재산을 대표이사가 임의로 처분할 수 있게 되는데 이것은 株主의 보호를 위하여 부당하며, 회사의 영업양도는 예외적인 경우이므로 거래의 안전보다는 양도회사의 이익을 고려할 필요가 있다는 비판이 있고, 實質說은 중요한 영업재산을 양도하여 양도회사의 영업에 중대찬 영향을 미치는 경우에는 주주총회의 특별결의를 요한다고 하는데, 이에 해당하는 영업재산의 양도인지 여부의 판단이 양도회사의 내부사정에 의하여 좌우되어 거래의 안전을 해치게 된다는 비판을 받는다. 折衷說에 대하여서는 양수인의 악의 입증이 어려운 문제라는 지적 등이 있으나, 양도회사의 株主의 이익과 상대방의 이익보호의 균형을 기할 수 있는 점에서 절충설이 적절하다고 본다.

大法院은, 회사법상의 영업양도(374①)를 상법총칙의 영업양도(41 이하)와 같은 의미로 보며, 이에는 양도회사의 영업적 활동의 전부 또는 중요한 일부가 양수회사에 승계가 되어야 하므로 단순한 영업용 재산의 양도는 이에 해당하지 않으나(형식설), 영업용 재산의 처분으로 말미암아 회사영업의 전부 또는 일부를 양도하거나 폐지하는 것과 같은 결과를 가져오는 경우에는 주주총회의 특별결의가 필요하다(실질설)고 판시하여(대판 1997.7.25, 97다15371) 절충설적 입장을 취하고 있다(다른 견해 있음).

2. 株主總會의 特別決議가 없는 營業讓渡의 효과

주주총회의 특별결의가 없는 영업양도계약은 당연히 무효가 되며, 누구라도 언제나 주장할 수 있다(절대적 무효설). 이에 대하여는 원칙적으로는 무효지만 善意·無過失의 상대방에 대하여는 무효를 주장할 수 없다고 하는 설(상대적 무효설)이 있다.

II. 營業全部의 賃貸·經營委任·損益共通契約 등

1. 序 言

(1) 주식회사 또는 유한회사가 '영업 전부의 임대 또는 경영위임, 타인과 영업의 손익전부를 같이 하는 계약 기타 이에 준할 계약의 체결, 변경 또는 해약'을 하는 경우에는 주주총회 또는 사원총회의 特別決議를 요한다(374①ii, 576①). 이 제도들이 이용되는 경우에 주주 또는 사원에게 미치는 영향이 크므로 총회의 특별결의를 요구하는 것이다.

(2) 독점규제 및 공정거래에 관한 법률은, 대규모회사가 다른 회사의 영업의 전부 또는 주요부분의 양수·임차 또는 경영의 수임 등의 행위를 하여 일정한 거래분야에서 경쟁을 실질적으로 제한하는 것을 금지하고 있다(7①iv).

2. 營業의 賃貸借

영업 전부의 임대차는 회사가 그 영업, 즉 유기적 일체로서의 기능적 재산의 전부를 타인에게 임대하는 계약을 말하며, 단순한 영업용 재산의 임대와는 구별된다. 이 계약에 의하여, 임대차기간 중 임차인은 자기의 이름과 계산으로 영업 전부를 사용·수익할 수 있고, 임대회사는 임료를 받게 된다.

3. 營業의 經營委任

(1) 영업 전부의 경영위임은 회사가 그 영업의 경영을 다른 회사에 위탁하는 계약이다. 경영을 위탁회사의 명의로 하는 점에서 영업의 임대차와 다르다.

(2) 경영위임은 영업상의 손익이 누구에게 귀속하는가에 따라서, 손익의 귀속의 주체가 수임자(사채관리회사)인 협의의 경영위임계약과 위탁회사의 이름과 계산으로 영업이 이루어지는 경영관리계약이 있다.

전자의 경우는 영업의 임대와 비슷하며, 위탁회사는 일정한 경영위임료(보수)를 청구할 수 있고, 후자의 경우에는 위탁회사가 사채관리회사를 지휘하고 수임인(사채관리회사)은 일정액의 보수액을 청구할 수 있다.

4. 損益共通契約

타인과 영업의 손익 전부를 같이하는 계약(손익공통계약)은 2 이상의 기업이 법률상의 독립성을 유지하면서 계약에 의하여 그 손익의 전부를 합산하고 그것을 미리 합의된 방법으로 분배하는 뜻의 계약이며, 일종의 조합계약이다.

5. 기타 이에 준할 계약

'기타 이에 준할 계약'의 의미를 이익공통계약에 준하는 계약으로 보는 견해가 있으나, 제374조 제1항에서 열거된 여러 계약과 같은 정도로 회사경영의 기초를 변경하는 계약을 모두 포함하는 뜻으로 본다. 예로는 이 두 가지 입장이 다 같이 판매카르텔을 들고 있다.

III. 營業全部 또는 一部의 양수

회사가 회사의 영업에 중대한 영향을 미치는 다른 회사의 영업 전부 또는 일부를 양수(374①iii)하는 경우에는 주주총회의 특별결의가 있어야 한다(374①). 영업 전부의 양수를 하는 경우에는 사안에 따라서는 소규모 합병(527의3)의 경우처럼 주주총회의 승인 대신에 이사회의 승인으로 갈음할 수 있도록 할 필요가 있다고 본다.

IV. 營業用財産의 擔保提供

(1) 일반적으로 영업용재산을 담보로 제공하는 것은 주주총회의 특별결의 사항이라고 할 수 없으나, 회사의 영업재산의 전부를 매도담보(賣渡擔保)에 의하여 양도

하는 행위는 회사영업의 전부 또는 그 중요한 일부를 양도 내지 폐지하는 것과 동일한 결과를 초래하므로 주주총회의 특별결의를 요한다고 본다(대판 1987.4.28, 86다카553).

(2) 주식회사의 중요한 재산이라도 그 위에 근저당권(根抵當權)설정계약을 함에 있어서는 주주총회의 특별결의를 요하는 것이 아니라는 것이 대법원의 판결의 견해이다(대판 1971.4.30, 71다392). 이 경우에는 회사의 영업을 폐지하거나 양도하는 것과 같은 결과를 초래하는 것이 아니라는 점을 근거로 한 것으로 보인다.

V. 간이영업양도·양수·임대 등

회사가 영업의 전부 또는 중요한 일부의 양도, 영업전부의 임대 또는 경영위임, 타인과 영업의 손익 전부를 같이하는 계약, 그 밖에 이에 준하는 계약의 체결·변경 또는 해약, 회사의 영업에 중대한 영향을 미치는 다른 회사의 영업 전부 또는 일부의 양수를 위하여 총주주의 동의를 득하거나 그 회사의 발행주식총수의 100분의 90 이상을 해당 행위의 상대방이 소유하고 있는 경우에는 그 회사의 주주총회의 승인은 이를 이사회의 승인으로 갈음할 수 있다(374의3①). 이 경우 회사는 총주주의 동의가 있는 경우를 제외하고는 영업양도, 양수, 임대 등의 계약서 작성일로부터 2주 이내에 주주총회의 승인을 받지 아니하고 영업양도, 양수, 임대 등을 한다는 뜻을 공고하거나 주주에게 통지하여야 한다(374의3②).

이와 같은 공고 또는 통지를 한 날부터 2주 이내에 회사에 대하여 서면으로 영업양도, 양수, 임대 등에 반대하는 의사를 통지한 주주는 그 기간이 경과한 날부터 20일 이내에 주식의 종류와 수를 기재한 서면으로 회사에 대하여 자기가 소유하고 있는 주식의 매수를 청구할 수 있다(374의3③).

제8장 | 外國會社

I. 外國會社의 意義

1. 立法主義

내국회사와 외국회사의 구별에 관한 학설 중 유력한 것은 ① 설립준거법주의와 ② 본점소재지주의이다. 설립준거법주의에 의하면, 外國會社라 함은 외국법에 준거하여 설립된 회사를 말하며, 한국법에 의하여 설립된 회사를 內國會社라 한다. 이에 대하여 본점소재지주의에 의하면 본점 소재지에 따라서 내국회사와 외국회사를 구별한다. 상법 제617조에서 '외국에서 설립된 회사'라고 하는 표현은 설립준거법주의를 택한 것으로 해석된다.

2. 內國會社에 준한 규율

(1) 외국에서 설립된 회사라도 대한민국에 그 본점을 설치하거나 대한민국에서 영업할 것을 주된 목적으로 하는 때에는 대한민국에서 설립된 회사와 같은 규정에 따라야 한다(유사외국회사)(617). 이것은 국내법의 회사설립 규정을 회피하기 위하여 외국법에 준거한 회사를 설립할 염려가 있기 때문이다.

(2) 외국회사에 관한 규정은 국내회사와 그 실체가 동일한 외국의 기업을 내국회사에 준하여 규율하기 위한 것이다. 그러므로 독일법상의 합명회사·합자회사 또는 영미법상의 partnership, limited partnership 같은 것도 상법상 외국회사로 본다.

II. 外國會社의 地位

외국회사는 다른 법률의 적용에 있어서는 법률에 다른 규정이 있는 경우 외에는 국내에서 성립된 동종 또는 가장 유사한 회사로 본다(621). 이것은 외국회사에 대하여 국내회사와 동일한 지위를 인정하려는 것이다.

III. 外國會社의 商法上 規律

1. 代表者 및 영업소의 설정과 등기

(1) 외국회사가 대한민국에서 영업을 하려면 대한민국에서의 대표자를 정하고 대한민국 내에 영업소를 설치하거나 대표자 중 1명 이상이 대한민국에 그 주소를 두어야 한다(614①). 이 경우에는 국내에서 설립되는 동종 또는 가장 유사한 회사의 지점과 같은 등기를 하여야 하고(614②) 이 등기에서는 회사설립의 준거법과 대한민국에서의 대표자의 성명과 그 주소를 등기하여야 한다(614③).

(2) 이 경우의 대표자는 회사의 영업에 관하여 재판상 또는 재판외의 모든 행위를 할 권한이 있으며(614④, 209), 업무집행으로 인하여 타인에게 손해를 가한 때에는 그 회사와 연대하여 손해배상의 책임을 진다(614④, 210).

2. 繼續去來의 要件

외국회사는 그 영업소의 소재지에서 대표자와 영업소의 설정과 등기를 하기 전에는 계속하여 거래를 하지 못한다(616①). 이 규정에 위반하여 거래를 한 자는 그 거래에 대하여 회사와 연대하여 책임을 진다(616②).

3. 貸借對照表 또는 이에 상당하는 것의 公告

외국회사로서 이 법에 따라 등기를 한 외국회사(대한민국에서의 같은 종류의 회사 또는 가장 비슷한 회사가 주식회사인 것만 해당한다)는 제449조에 따른 승인과 같은 종류의 절차 또는 이와 비슷한 절차가 종결된 후 지체 없이 대차대조표 또는 이에 상당하는 것으로서 대통령령으로 정하는 것을 대한민국에서 공고하여야 한다(616의2①). 제1항의 공고에 대하여는 제289조 제3항부터 제6항까지의 규정을 준용한다(616의2②).

4. 株券·債券의 발행과 流通

외국회사의 주권이나 채권이 국내에서 유통되는 경우에는 행위지의 거래안전을 위하여 국내법 규정에 따르게 할 필요가 있다. 그러므로 그 발행·이전·입질 등에 관하여는 모두 국내법이 준용된다(618①). 이 경우에는 국내에 설치된 영업소를 본점으로 본다(618②).

5. 營業所의 閉鎖와 淸算

(1) 폐쇄명령

외국회사가 국내에 영업소를 설치한 경우에 (i) 영업소의 설치목적이 불법한 설치인 때, (ii) 영업소의 설치등기 후 정당한 사유 없이 1년 내에 영업을 개시하지 않거나 1년 이상 영업을 휴지한 때 또는 정당한 사유 없이 지급을 정지한 때, (iii) 회사의 대표자 기타 업무를 집행하는 자가 법영 또는 선량한 풍속 기타 사회질서에 위반한 행위를 한 때에는, 법원은 이해관계인 또는 검사의 청구에 의하여 그 영업소의 폐쇄를 명할 수 있다(619①). 이 경우는 내국회사의 해산명령에 대응하는 규정이다(176).

(2) 會社財産의 淸算

영업소의 폐쇄명령을 한 경우에는 법원은 이해관계인의 신청에 의하여 또는 직권으로 국내에 있는 그 회사채산의 전부에 대한 청산의 개시를 명할 수 있으며, 이 경우에는 법원은 청산인을 선임하여야 한다(620①). 청산절차에 관하여는 주식회사의 청산에 관한 규정(535~537, 542)을 그 성질이 허용하는 한 준용한다(620②).

제9장 | 罰　則

I. 總　說

회사제도는 경제사회의 발전에 크게 기여하는 중요한 제도이지만 그것의 남용 및 규정위반에서 초래되는 폐단 또한 심각하다. 특히 회사범죄에 대해서는 일반적인 사법적 제재만으로는 규제의 실을 거둘 수 없으므로, 특별한 공법적 제재로서 엄격한 형벌 또는 행정벌을 규정하고 있다.

II. 商法의 制裁

(1) 상법에는 위법행위에 대하여 刑罰인 징역 · 벌금 및 몰수와 行政罰인 과태료 등의 제재를 규정하고 있다. 형벌은 형사소송법의 규정에 의하여, 행정벌은 비송사건절차법의 규정에 의하여 과하여진다. 상법의 벌칙은 주식회사를 대상으로 규정하고 있고, 유한회사의 경우에는 그 가벌행위의 종류가 적으며, 인적회사에는 행정벌이 규정되어 있다.

(2) 制裁의 內容

1) 회사범죄에 대한 형벌은 자유형인 징역과 재산형으로서 벌금과 부가형인 몰수 및 추징으로 나누어진다. 또 대부분의 범죄에 대하여는 징역과 벌금을 병과할 수 있다(632).

2) 행정벌인 과태료의 최고한은 500만원이 원칙으로 되어 있으나(635①), 1천만원 또는 5천만원인 경우도 있고(635③④), 등록세의 배액으로 하는 경우도 있다(636). 행위에 대하여 刑을 과할 때에는 과태료를 병과하지 못한다(635①단서).

III. 可罰行爲

1. 刑罰을 과하는 경우

(1) 발기인, 이사 기타의 임원 등의 특별배임죄(622~624)

(2) 주요주주 등 이해관계자와의 거래 위반의 죄(624의2)

(3) 회사재산을 위태롭게 하는 죄(625)

(4) 주식 취득제한 등에 위반한 죄(625의2)

(5) 부실보고죄(626)

(6) 부실문서행사죄(627②)

(7) 납입가장죄 등(628)

(8) 주식의 초과발행죄(629)

(9) 수뢰 및 증뢰(630, 631, 632, 633); 발기인·이사 기타의 임원의 독직행위와 권리행사방해 등에 관한 증수뢰죄

(10) 납입책임 면탈의 죄(634)

(11) 주주의 권리행사에 관한 이익공여죄(634의2)

2. 過怠料에 처하는 경우

(1) 發起人 기타 任員 등의 可罰行爲

상법이 과태료에 처할 행위로 제635조 제1항 제1호 내지 제32호에 열거한 행위들은 대체로 채권자 내지 주주(사원)의 이익을 보호하기 위한 기술적 법규를 지키지 않은 비교적 경미한 행위들이다. 회사의 발기인, 설립위원, 업무집행사원, 업무집행자, 이사, 집행임원, 감사, 감사위원회 위원, 외국회사의 대표자, 검사인, 제298조 제3항·제299조의2·제310조 제3항 또는 제313조 제2항의 공증인, 제299조의2·제310조 제3항 또는 제422조 제1항의 감정인, 지배인, 청산인, 명의개서대리인, 사채모집을 위탁받은 회사와 그 사무승계자 또는 제386조 제2항·제407조 제1항·제415조·제542조 제2항 또는 제567조의 직무대행자가 제635조 각 호의 어느 하나에 해당하는 행위를 한 경우에는 500만원 이하의 과태료를 부과한다. 다만, 그 행위에 대하여 형(刑)을 과(科)할 때에는 그러하지 아니하다(635①).

(2) 登記前의 會社名義의 營業

회사의 성립 전에 회사의 명의로 영업을 한 자는 회사설립의 등록세의 배액에 상당한 과태료에 의한 제재를 받는다(636①).

(3) **外國會社의 登記 전의 계속영업**

외국회사가 그 영업소의 소재지에서 제614조의 규정에 의한 등기를 하기 전에 계속하여 거래를 한 때에도 회사설립의 등록세의 배액에 상당한 과태료에 의한 제재를 받는다(636②).

3. 法人에 대한 罰則의 적용

벌칙의 적용을 받는 자(제622조, 제623조, 제625조, 제627조, 제628조 또는 제630조 제1항에 규정된 자)가 법인인 경우에는, 이 장의 벌칙은 그 행위를 한 이사, 집행임원, 감사, 그 밖에 업무를 집행한 사원 또는 지배인에게 적용한다(637).

4. 兩罰 規定

회사의 대표자나 대리인, 사용인, 그 밖의 종업원이 그 회사의 업무에 관하여 제624조의2(주요주주 등 이해관계자와의 거래)의 위반행위를 하면 그 행위자를 벌하는 외에 그 회사에도 해당 조문의 벌금형을 과(科)한다. 다만, 회사가 제542조의13(준법통제기준 및 준법지원인 규정)에 따른 의무를 성실히 이행한 경우 등 회사가 그 위반행위를 방지하기 위하여 해당 업무에 관하여 상당한 주의와 감독을 게을리하지 아니한 경우에는 그러하지 아니하다(634의3).

제4편 어음法・手票法

제1장 | 어음 · 手票法 一般論

제1절 序　說

Ⅰ. 總　說

1. 現代生活과 有價證券

현대사회에서 어음과 수표는 기업뿐만 아니라 가계에서도 필수불가결한 지급수단으로 이용된다. 보통 기업은 대금을 지급하고자 할 때 현금 대신 수표를 이용하거나 약속어음을 발행하는 경우가 많다. 기업은 자금을 차입 때 어음을 자금융통의 수단으로 이용하기도 하며, 자신이 발행한 어음을 담보로 제공하고 대출을 받거나 발행한 어음을 할인하는 방법을 사용하기도 한다.

또한 기업이나 가계의 경우 여유자금이 있을 경우 주식회사가 발행하는 주식이나 사채에 투자하여 주권이나 사채권을 취득하고, 물품을 수출하는 사업자(송하인)는 해상운송업자로부터 선하증권을 발행받고, 물품을 창고에 보관하는 자는 창고업자로부터 창고증권을 발행받는다.

이와 같이 현대인의 경제생활에서는 권리나 재화를 증권화하는 현상이 현저하고, 그 결과 유가증권은 지급수단, 신용수단, 자금조달 · 투자수단, 재화유통수단으로서 매우 중요한 기능을 하고 있으며, 유가증권을 떠나서는 생각할 수 없다고 해도 과언이 아니다.

2. 證券의 權利化

유가증권이란 일반적으로 경제적 가치를 지니는 증권을 말한다. 유가증권에는 권리가 결합되어 있어 그 권리가 경제적 가치를 가지기 때문이다. 이와 같이 권리를 증권과 결합시켜 이를 물화(物化)함으로써 권리의 유통성을 높인 점은 유가증권의 기능 중 가장 중요한 것이라고 할 것이다. 이는 권리를 증권화하지 않을 경우에 수반하는 많은 위험과 불안 요소를 제거한다는 점에서 그 의의가 크다고 할 수 있다. 즉 권리를 증권화하지 않을 경우에는 채무의 이행이나 채권의 행사 및 양도에 있어서 위험과 불편이 따를 뿐만 아니라, 제3자에게는 권리의 양도에 있어서 안전성이 확보되지 않을 위험이 있다. 이와 같이 권리와 증권의 결합은 거래의 안전을 보호하고 증권에 결합된 권리의 유통성을 제고하는 데 이바지하게 된다.

3. 脫證券化 現狀

이와 같은 유가증권의 기능은 자본시장증권(주권과 사채권)에 중대한 변화를 초래하였으며, 오늘날에는 권리의 증권화의 의미가 유명무실해지는 단계에 이르렀다고 해도 과언이 아니다. 즉 자본시장증권에서 시작된 탈증권화의 현상은 컴퓨터기술과 정보통신기술의 발달·보급과 함께 자본시장증권 이외의 증권에도 파급되었고, 이러한 추세는 유가증권제도 전체에 상당한 영향을 미치고 있다.

(1) 資本市場證券의 탈증권화 유형

1) 證券의 混藏任置와 預託決濟   권리의 증권화와 증권의 대량 발행·유통이 진전되면서 증권의 안전한 보관을 위한 전문보관기관의 보관기법이 발달하게 되었으며, 증권을 예탁 받은 전문보관기관은 동종의 증권이라면 이를 각 권리자별로 분리하지 않고 종류별·종목별로 혼합보관하는 혼장임치를 한다.

2) 包括證券의 發行   탈증권화 현상의 초기단계에서는 개별증권 대신 다수의 개별적 권리를 담고 있는 유가증권(포괄증권)을 발행하였는데, 이는 수백만의 개별증권을 인쇄·보관하는 비용을 절약하는 한편 권리의 증권화라는 외형은 원칙적으로 유지할 수 있었다. 그러나 포괄증권의 경우 개별증권의 교부를 청구할 수 없고 개별 권리자는 장부상의 대체거래를 통하여서만 권리의 처분이 가능하므로, 결국 실제로는 이를 이용하여 증권 없이 권리를 양도할 수 있게 되었다고 할 수 있다.

3) 登錄證券(價値權)의 誕生―本格的인 脫證券化   탈증권화 현상의 활성화단계에서는 증권을 작성하지 않고 장부상의 기재(등록)만으로 권리를 처분·행사할 수 있게 되었는데, 이와 같이 증권과 결합하지 아니한 주식·사채 등「장부상의 증권」을「등록증권」,「전자증권」또는「가치권」이라 칭한다. 이러한 현상은「증권 없는 사회」의 전주곡이며,「유가증권으로부터 가치권으로」의 발전이라고도 할 수 있다. 이에 관하여「전자어음의 발행 및 유통에 관한 법률」(제7197호)(이하, '전자어음법'이라 한다.)에 의하여 발행되는「전자어음」을 가치권으로 이해하는 입장이 유력하게

주장되고 있다.

(2) 金錢市場증권 및 財貨流通證券

컴퓨터기술과 정보통신기술의 발달에 따라 탈증권화 현상은 재화유통증권과 금전시장증권에서도 일부 나타나고 있다.

1) **財貨流通證券** 재화유통시장에서는 서류제작비용의 절감, 화물수령의 신속(실제로 선하증권이 화물보다 늦게 도착하는 사례가 많다) 및 서류의 위조·변조에 의한 사기를 방지하기 위하여 정식의 선하증권을 이용하는 경우는 줄어들고, 그 대신 약식선하증권이나 목적지 선하증권을 이용하거나 선하증권을 발행하지 않고 해상운송장만을 발행하는 경우가 증가하고 있다. 그리고 서류를 작성하지 않고 전자문서교환제도를 응용하여 송하인·수하인·운송인 등이 통신센터를 통하여 전자장치에 의하여 운송정보를 교환하고 운송물을 인도받을 날이 다가오고 있다.

2) **金錢市場證券** 금전시장에서는 신용카드, 선불카드, 직불카드, 체크카드 및 전자자금이체 등이 수표의 지급기능을 대신함으로써 수표의 이용률이 감소되고 있음을 알 수 있다. 이러한 현상은 유가증권의 전통적인 기능을 크게 침해하고 있는 것이다.

(3) 우리나라

우리나라의 경우 공사채등록제도를 비롯하여 유가증권대체결제, 주권불소지 및 등록사채 등의 제도가 인정되고 있으며, 전자자금이체제도도 널리 이용되고 있다. 그리고 전자어음법이 지난 2005년 1월부터 시행됨에 따라 유가증권의 탈증권화는 가속화되고 있다. 한편 2007년 5월에는 어음과 수표의 교환업무에 소요되는 물류비용의 절감과 그 업무처리의 효율화를 위하여「어음·수표 정보의 전자적 송·수신」에 대한 어음법과 수표법상의 근거 규정을 마련하였다. 즉 어음·수표 정보의 전자적 송·수신에 대하여 어음법 및 수표법에 따른 지급제시의 효력을 부여하고(어38③, 수31② 신설), 금융기관 사이의 조사업무의 위임에 관한 규정(어40④, 수35② 신설)을 두어 어음·수표 교환업무의 전자화를 위한 법적 근거를 마련하였다.

2007년 어음·수표법의 개정은 특히 어음교환소에서의 어음·수표의 지급제시 요건을 실물의 어음·수표의 제시 대신, 소지인으로부터 어음·수표의 추심을 위임받은 금융기관이 그 어음·수표의 기재사항을 정보처리시스템에 의하여 전자적 정보의 형태로 작성한 후 그 정보를 어음교환소에 송신하여 그 어음교환소의 정보처리시스템에의 입력을 또 하나의 요건으로 인정함으로써 탈증권화의 또 다른 모습을 보여주고 있다.

4. 미래 전망

이상 유가증권에 관한 한 증권의 혼장임치 및 예탁결제와 탈증권화 등을 통하여 유가증권의 기능이 크게 상실되기에 이르렀음을 살펴보았다. 이와 같은 현상은 유가증권 및 유가증권법에 대하여는 중대한 위협임에 틀림없다. 그러나 어음과 수표는 현재 세계 각국에서 매우 많이 이용되고 있고, 앞으로도 지속적으로 활용되리라고 전망되므로, 유가증권에 대한 법규제와 이에 관한 이해는 여전히 중요한 과제라고 할 수 있다.

II. 法的 規律

현행법상 유가증권 전체를 포괄적으로 규율하는 것은 없고 유가증권 가운데 중요한 것을 개별적으로 규율하는 특별규정이 있을 뿐이다. 즉 어음과 수표에 관하여는 어음법과 수표법이 있고, 전자어음의 발행·유통에 관하여는 전자어음법이 있으며, 자본시장증권인 주권과 사채권, 재화유통증권인 화물상환증·선하증권 및 창고증권에 관하여는 상법이 규정하고 있으며, 무기명증권과 지시증권에 관하여는 민법이 규정한다.

이와 같이 유가증권에 관한 법규가 여러 법규에 산재되어 있고, 또 다소 불완전하지만 유가증권의 성립, 권리의 행사 및 양도에 관한 일정한 원칙을 포함한 독립의 법 영역으로서의 유가증권법이 존재하며, 유가증권의 일반이론은 어음법·수표법을 이해하는 데 기초가 된다.

III. 有價證券의 意義

「유가증권(securities)」이란 재산적 가치가 있는 사권을 체화한 증권으로서, 그 권리를 주장하기 위해서는 증권의 소지를 필요로 하는 것을 말한다.

1. 私權을 體化하는 證券

유가증권은 재산적 가치가 있는 사권을 체화한 증권이므로 현실적으로 증권을 작성하지 않는 가치권(등록증권)은 유가증권이 아니며, 권리를 체화하여야 하기 때문에 단순히 사실을 증명하는 증서(예컨대 차용증서, 운송장)는 아무리 가치가 있다고 하더라도 유가증권이 아니다. 그리고 유가증권은 사법의 영역에 속하는 권리(사권)를 체화한 증권이므로 공법상의 지위를 나타내는 증서(가령 국적증서, 여권, 영업허가장, 공물에 대한 특별이용권을 체화하는 증권, 임명장 등)는 유가증권이 아니다. 여기에서 사권을 「체화한다(담고 있다)」는 의미는 권리를 증권화·유체화하여 권리와 증권이 융합되어 있는 상태를 말한다.

2. 證券의 所持

유가증권은 증권상의 권리를 주장하기 위하여 증권을 소지해야 한다는 점에 관하여는 학설상 다툼이 있다. 즉 사권이 증권화되었다고 하더라도 모두 유가증권이라고 할 수 없으며(가령 차용증서는 소비대차의 법률관계를 증명하지만 유가증권은 아니다), 여기에는 「사권과 증권의 융합」이 있어야 하는데, 이 융합의 정도에 따라서 다음과 같이 학설이 대립한다.

(i) 유가증권이란 「권리의 발생·이전·행사의 全部 또는 一部」의 경우에 증권의 소지를 필요로 하는 것이라는 견해[통설, 손주찬, 상법(하), 2005, 8면; 정찬형, 어음·수표법강의, 4면],

(ii) 유가증권이란 「권리의 이전 및 행사」에 증권의 소지를 필요로 하는 것이라는 견해[이범찬, 상법강의, 1984, 249; 강위두·임재호, 상법강의(하), 2004, 7],

(iii) 유가증권이란 「권리의 이전(처분)」에 증권의 소지를 필요로 하는 것이라는 견해(소수설, 최기원, 어음·수표법, 2001, 16),

(iv) 유가증권이란 「권리의 행사(주장)」에 증권을 필요로 하면 족하다는 견해(우리나라의 유력설이면서, 독일의 통설, 이기수·최병규, 어음·수표법, 2007, 4)

「권리의 행사」, 즉 「권리의 주장」에 증권의 소지를 필요로 하는 것이 유가증권이라고 정의하는 제4설이 권리가 증권에 화체된 유가증권의 본질이라는 점에서 가장 타당하다고 생각된다(다만 제권판결을 받은 경우에는 예외적으로 증권의 소지 없이 권리를 행사할 수 있다). 이 견해에 따르면, 무기명증권과 지시증권은 물론 기명증권도 유가증권의 개념에 속하므로, 이를 「넓은 의미의 유가증권」의 개념, 즉 「모든 유가증권에 공통된 개념」이라고 할 수 있다.

3. 私 見

유가증권의 개념을 「사권을 체화하고 있는 증권으로서, 그 권리의 행사를 위하여 증권의 소지를 필요로 하는 것」으로 파악할 경우, 「권리의 발생(성립)」이나 「권리의 이전(양도)」을 위해서는 증권의 소지가 꼭 필요한 것은 아니라고 할 수 있다. 예컨대 주권은 주주권을 체화하고 있는 유가증권이지만, 주주권은 주권을 작성하기 전에도 이미 존재하고 있으며, 일부의 기명증권은 증권의 양도 없이 단순한 합의로도 양도될 수 있다. 또한 「권리의 소멸」도 증권의 운명과 필연적인 관련을 가지고 있지는 않다. 그리고 앞에서 말한 바와 같이 탈증권화 현상의 가속화는 쉼 없이 진행될 것이고 이에 따라 기존의 유가증권의 개념도 함께 변질된다고 본다.

IV. 區別해야 하는 槪念

1. 證據證券(證據書類)

「증거증권」(금전차용증, 영수증, 운송장, 유한회사사원의 지분증권, 매매계약서, 인보험증권 등)은 일정한 법률관계의 존부 또는 내용에 관한 증거자료로서의 효력만 인정되는 증권(단순히 사권의 증명에만 기여하는 서류)로서, 그 자체에 재산권이 체화되어 있지 않으며 권리의 행사시에도 증권을 필요로 하지 않기 때문에, 증권 이외의 다른 방법으로 권리를 입증할 경우에도 그 권리의 행사가 가능하다. 모든 유가증권은 일정한 법률관계를 증명하는 데 기여한다는 의미에서 증거증권의 성질도 지니고 있으나 모든 증거증권이 유가증권인 것은 아니다.

2. 免責證券(자격증권)

「면책증권」(예금통장·휴대품보관증·신발표, 철도수하물상환증 등)은 채무자가 惡意 또는 重過失 없이 그 증권의 소지인에게 채무를 이행하면, 그 소지인이 정당한 권리자가 아니더라도 채무자가 면책이 되는 증권이다. 이는 재산권을 체화한 것이 아니라 채무자의 변제정리를 위하여 작성된 것이므로, 증권의 양도에 의하여 권리를 양도할 수 없으며, 증권을 상실하더라도 권리를 입증할 수 있는 한 권리행사가 가능하다.

3. 金額券(金券)

「금액권」(지폐·우표·수입인지)은 법률의 규정에 따라 특정한 목적을 위하여 금전에 갈음하여 사용되는 증권으로서 재산권을 체화한 증권이 아니다. 이는 증권 자체가 특정한 금전적 가치를 지니며, 발행자에 대한 청구권을 체화하는 것이 아니므로 유가증권이 아니다. 금액권을 상실한 경우에는 제권판결절차에 의한 권리행사의 가능성을 회복할 수 없다.

4. 乘車券·乘船券

「승차권」은 다양한 형태가 존재하므로 그 법적 성질과 효력을 일률적으로 설명하기 곤란하지만, 일반적으로 운송청구권이라는 사법상의 권리를 체화하고 있는 유가증권이라고 할 수 있다. 「보통승차권」은 가장 일반적인 형태로서 승차 전에 무기명식으로 발행되는 운송청구권을 체화하고 있으며, 승차하기 위해서는 이를 제시(소지)하여야 하므로 유가증권이다(통설). 「정기승차권」은 통용되는 기간과 구간을 정하여 특정인에게 발행되는 기명식 승차권으로서 양도성이 없다는 이유로 유가증권이 아니라는 견해가 있으나, 이는 통용구간과 기간을 지정한 포괄적인 운송청구권을 체화하고 있고 승하차시에 이를 제시하여야 하므로 유가증권이라고 본다.

「회수승차권」은 일정한 횟수를 반복하여 승차할 수 있는 무기명식의 승차권으로서, 보통 승차구간, 통용기간, 금액, 승차등급 등이 지정되어 있다. 회수승차권은 운임의 선급을 증명하는 단순한 표권이라고 보는 것이 다수설이지만, 이것도 승객이 희망하는 각 노선에서 승차권 금액에 해당하는 횟수와 구간의 범위 내의 포괄적 운송청구권을 체화하고 있으며, 승하차시에 이를 제시하여야 하므로, 역시 유가증권이라고 본다. 지하철 정액승차권과 같은 무기명식의 정액승차권도 이와 마찬가지로 본다.

5. 商 品 券

「상품권」은 그 발행인이 소지인에 대하여 일정한 가액에 상당하는 물품을 인도하거나 용역을 제공할 것을 약속하고 발행하는 일람출급의 무기명 유가증권으로서 상품권법의 규율을 받는다. 이는 발행인이 경영하는 시설에서 상품의 구입 또는 노무의 제공을 받는 권리를 체화하고 있으므로 유가증권이며 이를 발행한 상인이 이용하는 사적인 금전대용증권이다.

6. 讓渡性預金證書

「양도성예금증서(certificate of deposit)」는 은행이 일정한 금액을 예수하였음을 증명하고 만기에 위 금액을 반환하기로 약속하는 증권(지급약속증권)이다. 이는 증서의 최저발행금액이 정하여져 있고, 무기명 할인식으로 발행되며(연이율 10%, 1년 만기의 양도성예금 상품에 가입할 경우 만기 원금 1,000만원의 양도성예금상품 금액인 9백만원을 은행에 예치하고 1000만원짜리 CD를 발행받는다), 만기는 30일 이상 270일 이내(통상적으로 90~180일)이고 만기 이전에는 중도에 해지할 수 없다. 양도가 자유롭다는 점에서 통상의 정기예금채권과 다르고, 증서의 교부에 의하여 양도 하며 만기에 증서와 상환하여 지급받는다. 만기에 양도성예금증서를 은행에 제시하면 누구나 예금을 인출할 수 있기 때문에 돈세탁 등으로 악용되는 경우도 있다. 이는 예금채권을 체화하고 있고, 그 권리행사를 위하여 증권을 소지해야 하므로 유가증권이다.

7. 海上運送狀

「해상운송장」은 해상운송사업자가 운송물의 수령을 증명하고 운송조건을 표시하기 위하여 송하인에게 발행하는 서면으로서, 발행인인 운송인은 해상운송장에 명기된 수하인에게 직접 운송물을 인도한다. 이는 매매계약과 상관없이 물품을 해상운송하거나 운송물이 선하증권보다 먼저 양륙항에 도착하는 경우 등에 널리 이용된다. 이것은 운송물인도청구권을 체화하고 있지는 않으며, 또한 이 증권을 소지하지 않아도 수하인은 운송물을 수령할 수 있으므로 이것은 광의의 유가증권이 아니고 또한 양도성이 없으므로 협의의 유가증권도 아니며, 단순한 증거증권에 불과하다 (서울지판 1990.12.18, 89가합65253).

8. 保險證券

「보험증권」은 보험계약의 성립과 그 내용을 증명하기 위하여 보험자가 일정한 사항을 기재하고 기명날인 또는 서명하여 보험계약자에게 교부한다. 이는 인보험증권과 손해보험증권을 불문하고 증권을 소지하지 않아도 보험금을 청구할 수 있다는 점에서 유가증권이 아니고, 단순한 증거증권·면책증권 및 요식증권이다(대판 2006. 11.23, 2004다45356).

제2절 有價證券의 種類

I. 經濟的 目的에 따른 分類

1. 金錢市場의 有價證券

금전시장의 유가증권(어음, 수표)이란 지급 및 신용의 목적에 기여하는 유가증권으로서 「지급 및 신용거래의 유가증권」 또는 「금전증권」이라고도 한다. 어음과 수표는 신용기능과 지급기능을 지니는 대표적인 유가증권이고 가장 완전하고 철저한 유가증권이며, 개별적으로 발행되므로 「개별증권」이라고도 한다.

2. 資本市場의 有價證券

자본시장의 유가증권(주권, 사채권)은 발행자에게는 자금조달의 목적에 기여하고, 취득자에게는 투자의 목적에 기여하며, 이를 「투자증권」이라고도 한다. 이들은 보통 법적으로 특히 규율되는 시장(한국거래소 등)을 통하여 거래되며, 소지인에게는 일정한 수익을 얻게 함으로써 재산과 소득분배의 수단이 된다.

3. 財貨流通의 有價證券

재화유통의 유가증권(선하증권, 창고증권)은 증서상의 재화의 처분을 용이하게 하기 위한 유가증권으로서 「물품증권」이라고도 한다. 이들은 증권의 교부가 재화의 인도와 동일한 물권적 효력을 나타내므로 「인도증권」에 해당한다.

II. 證券에 體化된 權利의 種類에 따른 區分

1. 債權的 有價證券

채권적 유가증권(어음, 수표, 債券, 화물상환증, 창고증권, 선하증권)은 債權을 체화하는 증권으로서 「채권증권」이라 칭하며 가장 많이 사용된다. 논자 중에는 수표와 인수되지 않은 환어음처럼 지급인에 대한 청구권이 없는 증권을 「권한증권」이라 하여 보통의 채권증권과 구별하나, 이들은 지급인에 대한 권리를 체화하지는 않지만 발행인 또는 배서인에 대한 상환청구권(소구권)을 체화하므로 채권증권이며, 이를 따로 구별할 필요는 없다(통설). 채권증권에는 금전채권을 체화하는 「금전증권」과 물품인도채권을 체화하는 「물품증권」이 있다.

2. 物權的 有價證券

물권적 유가증권(독일의 저당증권, 토지채무증권, 정기토지채무증권)은 물권을 체화하는 증권으로서 「물권증권」이라고 한다. 우리나라에는 사례가 없으며, 이는 물품증권(채권증권의 하나)과 구별하여야 한다.

3. 社員權的 有價證券

사원권적 유가증권(주권)은 사단에서의 사원인 지위인 사원권을 체화하는 증권으로서 「사원권증권」이라고 한다.

III. 證券上의 權利者의 指定方法에 따른 分類

1. 記名證券

기명증권(기명사채권, 배서금지의 어음·수표, 배서금지 화물상환증·창고증권·선하증권)은 증권상에 특정인을 권리자로 기재한 증권으로서 「지명증권」이라고도 한다. 이는 증권상에 기재된 특정인 및 그로부터 보통의 지명채권양도의 방법으로 이를 양수한 자가 권리를 행사할 수 있으며 배서양도는 인정되지 않는다. 기명증권은 유통성이 적으나 권리의 행사시에는 증권을 소지해야 하며 그 결과 원칙상 권리의 이전에는 증권을 인도하여야 하는 점(대판 1989.10.24, 88다카20774)에서 유가증권이다.

2. 指示證券

지시증권은 증권상에 기재된 자 또는 그가 지시하는 자를 권리자로 하는 증권으로서, 지시는 배서에 의한다는 점에서 「배서증권」이라 칭한다. 지시증권과 기명증권은 특정인을 권리자로 기재하는 점에서는 같으나, 지시증권은 배서에 의하여 이전된다는 점에서 기명증권과 구별된다. 지시증권상에는 원칙적으로 당사자의 지시문언(아무개 또는 그 지시인에게)이 기재되어야 하지만(선택적 지시증권;민508지시채권증서), 그러한 기재가 없더라도 법률상 당연히 배서에 의하여 양도할 수 있는 것(법률상 당연한 지시증권 또는 태생적 지시증권; 어음·수표, 화물상환증·선하증권·창고증권 등)도 있다(어11, 77①i, 수14, 상130, 157, 820). 배서에는 선의취득, 항변의 절단, 담보적 효력 등 특별한 효력이 인정되므로 지시증권은 법에서 인정한 경우만 허용된다(지시증권법정주의).

3. 無記名證券

무기명증권(무기명식의 수표·사채권, 화물상환증·선하증권·창고증권 등)은 증권상에 특정인을 권리자로 지정하지 아니하고, 증권의 정당한 소지인을 권리자로 인정하며 「소지인출급식증권」이라고도 한다(수5③i, 상65, 357, 480, 민523). 주권(무기명주권, 기명주권)은 그 점유자가 권리자로 추정되므로 무기명증권이나(336), 환어음과 약속어음은 이 방식이 인정되지 아니한다.

4. 選擇無記名證券

선택무기명증권(수표;수5ⅱ, 화물상환증·선하증권·창고증권;민525, 상65)은 증권상에 특정인을 권리자로 지정함과 동시에 증권의 정당한 소지인도 정당한 권리자로 인정하는 증권으로서(「갑 또는 이 증권의 소지인에게」라고 기재된다) 「지명소지인출급식증권」이라 부르며 무기명증권과 동일한 효력이 있다.

IV. 증권상의 權利발생에 있어서 證券發行의 요부에 따른 區分

1. 設權證券

설권증권(어음·수표)은 권리의 발생에 증권의 발행을 필요로 하는 증권으로서, 증권의 발행에 의하여 비로소 권리가 발생한다(대판 1959.9.10, 4291민상835).

2. 宣言證券

선언증권(주권, 어음·수표 이외의 증권)은 기 발생한 권리를 증권화한 것으로서 「비설권증권」이라 한다. 설권증권과 선언증권의 구별은 유가증권과 증거증권의 구별과는 무관하며, 증거증권도 이들 성격이 모두 있다(가령 차용증서는 선언증권이나 유언장은 설권증권이다).

V. 證券上의 權利와 原因行爲의 關聯에 따른 分類

1. 有因證券

유인증권(어음·수표 이외의 유가증권; 화물상환증·선하증권·주권 등)은 증권상의 권리가 그 원인이 되는 법률관계와 관련을 가지는 증권(법률상 유효한 원인이 존재해야만 증권상의 권리가 발생)이며 「요인증권」이라 한다. 이들은 실질적 관계에 따라 제약을 받는다(운송물을 수령하지 않고 발행한 화물상환증, 주식이 없이 발행된 주권은 무효; 空券, 다만 선의의 제3취득자에 대하여는 외관에 따른 책임 부담).

2. 無因證券

무인증권(어음, 수표)은 증권상의 권리가 그 원인이 되는 법률관계와 관련이 없는 증권(증권상의 권리 발생이 그 원인을 요건으로 하지 않음)이며 「불요인증권」 또는 「추상증권」이라 한다. 어음·수표행위는 매매나 소비대차 등의 원인관계에 기초하여 이루어지나, 이와는 별개의 독자적·증권적 행위이므로, 원인관계에 관하여 무효·취소·부존재 등의 사유가 있는 경우에도 이를 기초로 하는 어음·수표행위와 어음·수표상의 권리에 전혀 영향을 미치지 않는다.

다만 원인관계에 관하여 위의 사정이 있을 때에는 어음·수표행위의 직접적인 당사자 사이에서는 채무자가 인적 항변으로서 이를 주장하여 지급거절할 수 있다.

VI. 善意者 保護의 程度에 따른 分類

1. 文言證券

문언증권(어음, 수표, 화물상환증·선하증권·창고증권 등)은 증권에 체화된 권리의 내용이 증권상의 기재된 문언에 따라 결정되므로 선의의 제3자는 증권의 기재내용을 무조건 신뢰할 수 있는 증권(증권상의 법률관계의 내용이 증권에 기재된 문언만으로 정하여지는 증권)이다. 이는 「공신의 증권」이라고도 하며, 무기명증권과 지시증권은 문언증권이다.

2. 非文言證券

비문언증권(주권)은 증권상의 권리의 내용이 항상 실질적 관계에 의하여 결정되고 증권상의 기재문언이 실질과 다른 때에도 이에 의하여 권리의 내용이 좌우되지 아니한다.

3. 文言證券과 無因證券과의 關係

문언증권은 순전히 증권상의 권리관계의 범위 내의 문제이며, 무인증권은 증권상의 권리관계와 증권 외의 원인관계와의 관련성 여부에 관한 문제로서 이들 양자는 별개의 개념이고 이론상 서로 관련이 없다(화물상환증과 어음은 모두 문언증권이나, 전자는 유인증권이고 후자는 무인증권인 점은 이를 입증한다).

그러나 본래 무인증권은 증권의 작성에 의하여 발생한 추상적 권리를 체화하는 것이므로, 그 권리의 내용은 당연히 증권상의 기재문언에 따라 결정되므로 무인증권은 당연히 문언증권이다.

제3절 有價證券의 屬性

모든 유가증권에 공통된 표지는 아니나(따라서 유가증권의 개념정의에 포함시킬 수 없다) 다수의 유가증권에 인정되는 속성은 다음과 같다.

I. 要式證券性

유가증권에는 거래의 안전을 위하여 법률상 그 방식과 기재사항이 정하여져 있어, 최소한도의 일정한 사항이 기재되어야 한다(다만 요식성의 정도는 유가증권의 종류에 따라 다르다). 요식성이 가장 엄격한 어음·수표 이외의 유가증권은 한두 가지의 기재사항이 빠지더라도 그것이 본질적인 것이 아닌 한 증권이 무효가 되지는 않는다. 어음·수표 이외의 유가증권은 법정기재사항 이외의 사항을 자유로 기재할 수 있으나, 어음·수표는 법정사항 이외의 사항을 기재하게 되면, 법이 특히 허용한 경우에만 그 효력이 인정될 뿐, 그 외의 기재사항은 법률상의 효력이 발생하지 아니하며, 일정한 기재는 어음·수표 자체를 무효로 하기도 한다.

II. 提示證券性

「제시증권」은 증권의 제시가 없으면 채무자가 변제할 필요 없기 때문에 이행지체의 책임을 지지 않는 증권이다. 어음·수표는 물론 그 밖의 지시식 또는 무기명식의 유가증권(화물상환증·창고증권·선하증권)은 보통 이 성질을 가진다(記名株券은 예외)(대판 2001.6.1, 99다60948).

III. 相換證券性

「상환증권」(어음·수표, 화물상환증·창고증권·선하증권)은 증권과 교환으로 채무를 변제하는 증권으로서 「환수증권」이라고도 한다(상129·157·820, 어39①, 수34①). 화물상환증·창고증권·선하증권의 경우 기본적으로 상환증권성이 있으나 상관습에 의하여 담보를 제공하게 하거나(보증도) 또는 무담보로(가도) 증권과 상환하지 않고 화물 등을 인도하는 경우가 있다. 보통 제시증권은 상환증권이나 양자는 개념상 불가분은 아니며, 株券은 상환증권이 아니다(상358).

IV. 文言證券性

「문언증권」(어음·수표, 화물상환증·창고증권·선하증권)은 권리의 내용이 증권상의 기재된 문언만에 의하여 정하여지며, 당사자는 증권 이외의 증거방법으로 그 문언의 의의를 변경하거나 또는 보충할 수 없다(상131, 157, 820). 주권은 문언증권성을 가지지 않는다. 권리의 내용이 증권상에 기재된 문언만에 의하여 정하여진다는 것은 증권상의 의무자는 그 취득자에 대하여 그 문언으로부터는 알 수 없는 사항(증권에 기재되지 아니한 사항)을 가지고 대항할 수 없다는 것을 의미한다(항변의 배제).

V. 免責證券性

「면책증권」은 채무자가 증권의 소지인에게 변제시 악의 또는 중대한 과실이 없는 한 그 소지인이 무권리자라도 책임을 면하는 증권이다. 유가증권 중 다수는 면책증권이나 기명증권 중 일부는 면책적 효력이 인정되지 아니한다.

VI. 資格授與的 效力

「자격수여적 효력」은 증권의 소지인이 권리자의 자격을 인정받는 것을 말하며, 이는 채권자의 지위를 강화하여 주는 역할을 한다. 유가증권 중 무기명증권이나 배서의 연속이 있는 지시증권의 소지인에게는 이 효력이 인정되지만, 기명증권은 증권을 소지하고 있어도 자격수여적 효력이 인정되지 않는다.

VII. 善意取得者의 保護

유가증권에서는 거래의 안전과 유통성의 확보를 위하여 선의취득자의 보호가 요청된다. 민법은 무기명증권과 지시증권에 대하여(민514, 524), 어음법·수표법은 어음·수표에 대하여 선의취득을 통한 거래의 안전보호를 꾀하고 있다. 기명증권은 원칙적으로 위와 같은 보호가 인정되지 않는다.

제2장 | 어음·手票法 序論

제1절 어음·手票의 概念

I. 어음 · 手票의 意義

어음 · 手票는 일정한 금액의 지급을 목적으로 하는 유가증권이다. 어음法에는 환어음과 약속어음의 두 종류의 어음이, 手票法에는 수표가 규정되어 있다. 환어음과 수표는 지급위탁증권이고, 약속어음은 지급약속증권이다. 手票는 지급위탁증권이라는 점에서 환어음과 같은 형식을 취하고 있지만, 어음과 수표의 경제적 기능은 매우 다르다. 약속어음은 발행인(發行人) 자신이 수취인(受取人)에 대하여 일정금액의 지급을 약속하는 지급약속증권이다. 이 경우 발행인은 어음의 주(主)된 채무자가 되고 수취인이 어음 채권자가 된다. 우리나라의 국내거래에서 이용되는 어음은 거의 약속어음이다.

환어음은 發行人이 지급인(支給人)에 대하여 일정금액을 수취인(受取人)에게 지급할 것을 위탁하는 지급위탁증권이다. 환어음의 지급인으로 기재된 자는 수취인(또는 소지인)의 인수제시에 응하여 인수를 함으로써 인수인(引受人)이 되어 최종적인 어음책임을 지게 된다. 인수가 거절되면 만기 전에도 소구가 가능하다. 어음발행에 직접 관여하지 않은 지급인에게 지급을 위탁하는 이유는 증권 밖의 실질관계로 설명된다.

수표는 發行人이 支給人에 대하여 일정금액을 受取人 기타 그 증권의 정당한 소지인에게 지급할 것을 위탁하는 지급위탁증권이다. 지급인의 자격은 은행(금융기관)에 한정된다. 어음과 달리 신용작용이 없고 지급수단(또는 현금대용물)으로만 쓰이며, 일람출급증권으로서 만기가 없다.

II. 어음 · 手票의 經濟的 機能

1. 支給手段으로서의 機能

어음 · 수표는 금전지급의 도구로 이용되며, 현금지급에 따른 여러 가지 불편과 위험을 피할 수 있게 한다. 특히 手票는 본질적 기능이 支給의 수단(지급증권)인 점에서, 어음이 만기까지의 신용을 이용하기 위한 信用의 수단(신용증권)이고 지급기능은 부차적인 것과 다르다. 어음은 배서양도를 함으로써 반복적으로 지급을 위해 이용할 수 있고, 배서가 증가함에 따라서 그 신용의 정도가 높아지므로 지급기능이 촉진된다.

2. 信用手段으로서의 機能

어음에 있어서 신용기능은 매우 중요하다. 예컨대, 상품매매가 성립하여 매수인이 그 대금을 즉시 지급하지 않는 대신, 매매대금을 어음금액으로 하고 대급지급기일을 만기로 하는 약속어음을 발행하여 매도인에게 교부한 때에는(상업어음) 매수인은 만기까지 자기의 신용을 이용할 수 있게 된다. 한편 매도인은 그 어음으로 만기에 어음금을 지급받거나, 그 어음에 배서하여 자기의 채무 변제에 충당할 수 있고, 그 어음을 은행 등에서 할인받음으로써 현금매매와 동일한 경제적 효과를 얻을 수도 있다(어음할인).

이와 같이 어음의 신용기능에 의하여 금전지급에서 시간적 간격이 극복된다. 신용의 도구로 많이 이용되는 것은 약속어음이지만, 환어음도 신용의 도구로 이용되기도 한다(가령 채무자가 채권담보를 위하여 채권자가 발행한 어음을 인수한 경우). 手票의 신용증권화는 엄격히 금지되어 있으나(수4 · 7 · 15 · 25 · 28 · 29 · 51), 선일자수표는 사실상 신용기능을 한다.

3. 擔保手段으로서의 機能

금전소비대차에 있어서 貸主(빌려준 이)가 借主(빌려쓴 이)로 하여금 차용증서 대신에 또는 차용증서와 함께 約束어음을 발행하게 하는 경우(대부어음), 장래에 발생할 수 있는 채무의 담보를 위하여 어음을 받는 경우(담보어음) 등에 있어서는 어음이 담보적 기능을 하게 된다.

4. 推尋手段으로서의 機能

어음은 채권추심을 위하여 이용된다. 예컨대, 서울의 매도인 B(채권자)는 뉴욕의 매수인 A(채무자)를 지급인으로 하는 換어음을 발행하고 그 어음을 서울의 은행 (C)에서 할인 지급을 받음으로써 대금을 추심한 것과 같은 결과를 얻을 수 있고, C은 행은 뉴욕의 은행 D(C의 지점 또는 거래지 은행)에 그 환어음을 송부하고, D 은행이 A(지급인)에게 지급제시를 함으로써 어음할인의 대가를 회수할 수 있게 된다. 화환 (貨換)어음은 대금추심에 이용되는 전형적인 예인데, 환어음에 운송증권(화물상환 증·선하증권)의 물적 담보를 결부시킨 것이다. 국내거래에서는 約束어음이 추심의 기능을 담당하는 수가 있다. 예컨대, 매매대금의 지급을 위하여 매수인(채무자)이 발 행한 약속어음을 교부받은 매도인(채권자)이 자기의 거래은행으로부터 그 어음을 할 인 받음으로써 매매대금 추심의 목적을 달성할 수 있다.

5. 送金手段으로서의 機能

어음·수표는 송금수단으로 이용되며 이에 의하여 현금수송에 따르는 비용과 위험을 줄일 수 있다. 역사적으로도 換어음은 송금의 도구로서 생긴 것이다. 국내에 서의 송금은 지로·자금이체·우편환·수표 등 많이 이용되지만, 국제적인 송금(무 역대금의 지급)에서는 換어음이 주요한 송금수단으로 이용된다. 예를 들면, 서울의 A(매수인)가 뉴욕의 B(매도인)에게 매매대금의 지급을 위하여 송금을 할 필요가 있 는 경우에, A는 서울의 C은행에 송금상당액을 제공하고, C은행으로부터 B를 수취 인, 뉴욕에 있는 C의 지점(또는 거래은행 D)을 지급인으로 하는 환어음을 받는다. 이 환어음을 받은 A가 그것을 B에게 보내고, B가 이 환어음을 C의 지점(또는 거래은행 D)에 제시하여 지급을 받으면 송금의 목적은 달성된다.

III. 어음·手票제도의 濫用

어음·수표는 현대 경제 사회에 있어서 중요한 역할을 감당하는 유용한 제도이 지만, 그 반면에 이것이 오용·남용되는 폐해도 적지 않다.

1. 無因性의 濫用

어음·수표는 원인이 된 법률관계가 무효·취소되어도 그 효력에는 영향을 미 치지 않는다는 점(무인성)을 악용하여, 도박채권이나 폭리행위로 인한 채권과 같이 사회질서에 반하거나 법의 금지에 반하는 행위에 의한 채권을 은폐하는 경우가 있 다. 또한 이러한 경우에 어음·수표가 배서에 의하여 양도되면 인적 항변이 절단되므 로(어 17, 수 22), 그 어음·수표를 선의의 제3자에게 배서양도하여 악용하기도 한다.

2. 要式性의 濫用

어음·수표가 엄격한 요식증권이므로 법이 정한 방식(어1, 75, 수1)을 갖추지 못한 어음·수표는 원칙적으로 무효로 되는 점(어2, 76, 수2)을 악용하여, 채무자가 일부러 요건이 흠결된 어음·수표를 발행하여 놓고 후일에 지급의 청구를 받을 때에 요건흠결을 이유로 지급을 거절하는 경우가 있다.

3. 信用機能의 濫用

가공의 인물을 발행인 또는 지급인으로 하는 어음(허무어음, 지하실어음)을 발행하거나, 資力이 없는 자가 서로 상대방을 지급인으로 하는 어음을 발행하여 이것에 인수 또는 배서를 하여(교환어음, 기승어음) 할인을 받거나 유통시킴으로서 부당하게 신용을 남용하는 경우가 있다.

4. 남용에 대한 대책 및 어음·手票制度의 전망

어음·수표의 남용의 폐단에 대하여는 어음·수표제도에 대하여 윤리적 또는 계급적 입장에서 오는 비판도 있고 폐지를 주장하는 견해도 있다. 그러나 오늘날 경제 사회에서 어음·수표는 매우 유용한 제도라는 점과 어떤 유용한 제도라도 다소의 폐해를 수반하는 것은 불가피하다는 점을 고려할 때, 폐지하기 보다는 사회적, 법기술적인 측면에서 그 폐해의 방지책을 강구하는 동시에 개선을 위한 노력이 필요하다고 본다.

IV. 어음과 수표의 共通點과 差異點

1. 共通點

어음·수표는 모두 일정한 금액의 지급을 목적으로 하는 유가증권이고(금전유가증권), 화폐제도로써 달성할 수 없는 경제적 기능을 수행하는 기술적 제도라는 점에서 공통된다. 이들은 제시증권성, 상환증권성, 면책증권성, 문언증권성, 법률상 당연한 지시증권성 등 유가증권의 일반적 속성을 공통으로 하는 동시에 타 유가증권과는 달리 설권증권성, 무인증권성, 절대적 요식증권성을 가진다.

2. 差異點

(1) 經濟的 側面에서의 차이점

어음·수표를 경제적 측면에서 보면, 어음은 주로 신용기능을 하는 반면 수표는 신용기능은 없고 주로 지급수단으로서 이용된다.

(2) 法的 側面에서의 차이점

1) 基本當事者   환어음과 수표의 당사자는 발행인·수취인·지급인인데 반하여, 약속어음의 당사자는 발행인과 수취인뿐이다. 수표는 지급증권으로서의 신용을 확보하기 위하여 지급인을 은행으로 제한하는 점이(수3) 환어음과 다르다.

2) 主債務者   환어음과 수표는 지급위탁증권으로서 발행에 의하여 지급인이 당연히 지급채무를 부담하는 것이 아니므로, 발행 단계에서는 주채무자가 없으나, 환어음의 경우에는 지급인이 인수한 때에 최종적인 지급의무를 부담하는 주채무자가 되고(어28①), 수표의 경우에는 지급인은 지급보증을 하여도 지급제시기간 내에 지급제시가 있을 때에 한하여 지급채무를 부담할 뿐 그 이외의 경우에는 최종적인 지급채무를 부담하지 않으므로 주채무자가 되지 않는다. 이에 반하여 약속어음은 지급약속증권으로서 발행인 자신이 그 발행에 의하여 당연히 최종적인 지급채무를 부담하는 주채무자이다(어78①, 28①).

3) 資金關係   환어음과 수표는 지급위탁증권으로서 발행인 아닌 지급인이 지급을 하므로 발행인과 지급인 사이에 자금관계가 필요하고, 또 지급인에게는 지급청구할 수 있는 권리가 없으므로 수취인의 지위를 안정시키기 위하여 환어음에는 인수, 수표에는 지급보증제도가 있다. 그러나 약속어음은 지급약속증권으로서 자금관계가 불필요하고 발행인 스스로가 지급을 약속하므로 인수·지급보증 제도도 필요 없다.

4) 其   他   복본제도는 환어음과 수표에서 인정되며(어64-66, 수48, 49), 등본제도는 그 유통을 조장하기 위하여 환어음과 약속어음에서 인정된다(어67, 68, 77①vi). 약속어음에는 복본제도가 없으며, 수표에는 등본제도가 없다.

V. 어음·手票의 法的 性質

1. 要式證券性

어음·수표는 반드시 기재하여야 할 사항을 법정하고 있어서 그 어느 하나라도 흠결하면 특별한 규정에 의하여 구제되지 않는 한 어음·수표로서의 효력이 발생하지 않는다는 점(어1, 75, 수1)에서 가장 엄격한 요식증권이다.

2. 文言證券性

어음·수표는 증권상의 권리의 내용이 그 기재된 문언에 따라 결정되고 어음·수표 외의 사유로써 이를 변경할 수 없다. 그러므로 문언을 신뢰하여 어음·수표를 선의로 취득한 자는 증권에 기재되지 아니한 사항으로써 상대방(의무자)로부터 대항을 받지 아니한다(항변의 배제).

3. 無因證券性

어음·수표상의 권리는 그 원인이 되는 법률관계와는 무관하고, 원인관계의 흠결이나 하자는 어음·수표상의 권리의 존부에 영향을 미치지 아니한다. 그러나 최근 일본에서는 어음·수표행위의 무인성에 대하여 수정을 가하여 일부 어음·수표행위는 유인행위라는 주장이 제기되고 있다(2단계설).

4. 指示證券性

어음·수표는 지시식으로 발행된 것은 물론 기명식의 지시문구가 없는 때에도 배서에 의하여 양도할 수 있다(법률상 당연한 지시증권). 만일 어음·수표의 발행인이 배서양도를 원하지 아니할 때에는 특히 지시금지의 취지를 어음·수표상에 명기해야 한다(어11②, 77, 수14②). 다만 수표는 무기명식이나 선택무기명식으로도 발행할 수 있어(수5) 이때에는 단순한 인도만으로 양도할 수 있다.

5. 設權證券性

어음·수표상의 권리는 증권상에 어음·수표행위를 함으로써 비로소 발생한다는 점에서 기존의 권리를 표창하는 데 불과한 여타의 유가증권과 다르다.

6. 金錢債權證券性

어음·수표는 일정한 금전의 지급을 목적으로 하며 상품의 급여를 목적으로 할 수 없다. 따라서 어음·수표상에는 일정한 금액을 기재하여야 한다.

7. 其   他

그 밖에도 유가증권이 일반적으로 가지는 제시증권성(어음·수표상의 청구는 실제로 어음·수표를 제시하여야 한다), 상환(환수)증권성(어음·수표의 지급은 어음·수표와의 상환으로만 하여야 한다), 면책증권성(어음·수표의 정당한 소지인에게 고의 또는 중대한 과실 없이 지급하면 채무자는 책임을 면한다)을 가진다.

VI. 어음·手票의 經濟的 分類

1. 어음의 經濟的 分類

(1) 어음 발행의 원인인 상거래의 존부에 따른 분류

1) 진성어음과 融通어음   진성어음은 상거래가 원인이 되어 발행되는 어음으로서 「진정어음」, 「상업어음」, 「실어음」 또는 「상품어음」이라고도 부르며, 비교적 지급이 확실하다. 반면 융통어음은 당사자 간에 매매·도급 등 현실적인 상거래 없이 오로지 자금융통을 위하여 발행된 어음으로서 「빈어음」·「대어음」·「차어음」이라고 부른다. 그 중 친구·친척 등에 의하여 호의적으로 발행된 것을 「호의어음」이라고 한다. 어음남용의 한 예로서 자금을 필요로 하는 당사자 쌍방이 서로 교환적으로 융통어음을 발행하여 교부하는 것을 「기승어음」 또는 「교환어음」이라 하고 이러한 현상을 어음기승이라 한다. 융통어음은 보통 약속어음이 이용되지만 발행인이 인수한 환어음이 이용되기도 한다. 「기업어음」은 융통어음이다.

2) 融通어음의 效力 및 性質

㈎ 原 則   a. 융통어음(특히 호의어음)은 발행인(약속어음의 경우) 또는 인수인(환어음의 경우)이 수취인에 대하여 금전을 지급할 원인채무 없이 발행된 것이므로 「당사자 간」에는 이러한 사유를 항변으로 대항할 수 있다.

b. 그러나 융통어음이 「제3자에게 배서 양도된 경우」에는 제3자가 융통어음임을 모르고 취득한 경우(선의)는 물론, 그러한 사실을 알고 취득한 경우(악의)에도 발행인은 융통어음이라는 이유로 어음금의 지급을 거절할 수 없다. 본래 융통어음은 그 발행인이 수취인으로 하여금 이것을 이용하여(어음할인 등) 자금융통을 받을 수 있도록 허용한 것이며, 타인에게 이전되는 것을 당연한 것으로 하고 있으므로, 융통어음의 발행인은 그 어음을 양수한 제3자에 대하여는 그가 융통어음이라는 사실을 알고 양수한 경우(악의)라도 융통어음이라는 항변에 대항하여 지급을 거절할 수 없기 때문이다(대판 2001.12.11, 2000다38596).

㈏ 例 外   a. 융통어음은 원칙상 그 직접의 당사자 사이에서는 지급의무가 없지만, 서로 상대방으로부터 융통어음을 발행받은 경우(교환어음), 수취한 융통어음이 상대방에 의하여 지급된 때에는, 직접의 상대방에 대하여도 자기가 발행한 융통어음의 어음금을 지급해야 하며, 이 경우에는 융통어음의 항변을 할 수 없다(일최판 54.4.2, 민집 8.4.782).

b. 융통어음은 일단 제3자에게 이전되면 원칙상 그 지급을 거절할 수 없지만, 만일 상대방이 그 발행된 융통어음의 어음금을 지급하지 아니한 경우에는, 상대

방이 발행한 융통어음의 부도사실을 알면서 자기가 발행한 융통어음을 취득한 제3
자에 대하여는 어음금의 지급을 거절할 수 있다(대판 1990.4.25, 89다카20740; 1994.
1.25, 93다50543; 1994.5.10, 93다58721; 2001.4.24, 2001다5272).

      c. 융통어음이 재차 이용된 경우에는 발행인은 이를 인적 항변으로 대항할
수 있다(일최판 65.12.21.민집 19.9.2300).

    ㈐ 抗辯의 성질   종래 융통어음의 항변은 인적 항변의 일종으로 보아 왔으
나, 이는 인적 항변과는 다른 별개의 항변의 유형으로 보는 것이 옳다고 본다.

(2) 은행거래와 관련하여 어음수수의 목적에 따른 분류

「貸付어음」은 금전소비대차에서 지급확보와 차용증서로 대용하기 위하여 차주
가 대주에게 교부하는 어음이다. 「割引어음」은 은행 또는 사채업자로부터 할인받은
어음이고, 어음할인이란 만기 도래 전의 어음소지인이 만기까지의 이자를 어음금액
에서 공제한 금액을 지급받고 그 권리를 양도하는 거래이며, 재할인이란 일단 할인
한 어음을 다시 할인하는 것을 말한다. 「擔保어음」은 현재의 채무 또는 장래 발생할
지도 모르는 채무의 이행을 담보하기 위하여 발행되는 어음이며 「공탁어음」이라고
도 한다. 보통 배서금지의 기재를 하고 수취인에게 교부하며, 어음금의 지급을 위하
여 물적 담보가 있는 「담보부어음」과 구별하여야 한다.

(3) 기업의 영업에 따른 분류

1) 企業어음   기업어음은 우량적격업체가 자금융통의 목적으로 발행한 어
음을 단기금융회사 또는 종합금융회사가 매입하여 다시 일반투자자에게 매출하는
것 중 일정한 내용을 가진 어음을 말하며 보통 약속어음으로 발행된다. 그러므로
기업어음(commercial paper)은 법률적으로는 약속어음이고 경제적으로는 융통어음
의 범주에 속한다. 어음금액, 만기까지의 기간(30일 이상 270일 이내), 중도환매와 보
증의 가능성 등의 차이에 따라 「고정금리 기업어음」과 「자유금리 기업어음」으로
나뉘며 종래 이를 「신종기업어음」이라 하였다. 기업어음을 둘러싼 법률관계 중 특
히 문제가 되는 것은 기업어음이 부도처리 된 경우 일반투자자인 어음소지인과 이
를 매출한 종금사 등과의 관계이다. 종금사는 무담보배서로 일반투자자에게 이를
매출하므로 어음소지인이 종금사에 대하여 어음상의 책임을 물을 수 없다. 그 외에
일반투자자가 종금사에 대하여 원인관계상의 책임(매도인의 하자담보책임, 발행회사
의 신용도에 대한 조사에 있어서의 과실 또는 그 신용도에 관한 진실에 반한 설명 등을 원인
으로 한 불법행위책임, 기업어음의 매매가 소비대차의 성질도 있다고 보아 차주로서의 변제

책임 등)을 물을 수 있는가의 문제가 있다. 종래 판례는 이 가운데 불법행위로 인한 손해배상책임의 발생가능성만을 제한된 범위 내에서 인정하고 있을 뿐이다(대판 1984.11.15, 84다카1227).

2) **仲介어음**　중개어음은 우량적격업체가 발행한 어음을 종금사의 중개로 고객이 직접 매입하는 어음이다. 기업어음은 우량적격업체가 발행한 어음을 종금사가 일단 매입하였다가 이를 다시 고객에게 매출하는데 반하여, 중개어음은 종금사가 이를 매입·매출하지 않고 발행인인 우량적격업체와 수취인인 고객 사이의 매매의 중개할 뿐이다. 발행금액이 1000만원 이상이고 만기는 30일 이상 180일 이내에서 정하여지며, 중도해약할 수 없고 재중개에 의해서만 처분할 수 있다.

3) **表紙팩토링어음**　표지팩토링어음은 「표지어음(cover note)」의 일종으로서 종금사 등이 자신이 보유하는 원어음인 팩토링어음을 기초로 발행하여 고객에게 매출하는 어음이다. 발행금액은 500만원 이상이고 만기는 발행일로부터 180일 이내이다. 이는 종금사가 직접 발행하는 어음이므로 안전성이 있고 중도해약이 가능하므로 환금성도 구비하고 있다. 원어음인 팩토링어음은 종래의 상업어음을 할인으로 종금사가 취득한 것(종금사가 팩토링의 수단으로 할인·취득한 상업어음)이며 이것은 금액과 만기가 일정하지 않으며 직접 고객에게 매출하기 어려우므로 이를 근거로 고객의 수요에 따를 수 있는 표지팩토링어음을 발행하는 것이다.

4) **貿易어음**　무역어음은 해외금융기관(수입상의 거래은행)이 개설한 취소 불가능한 화환신용장 또는 이에 근거한 내국신용장을 받은 수출업체가 소요자금을 조달하기 위하여 수출상품의 선적 전에 수출대금인 신용장상의 금액의 범위 내에서 인수기관을 지급인으로 하여 발행한 자기지시환어음을 말한다. 발행인 겸 수취인인 수출업자는 인수기관으로부터 인수받은 후 이를 중개기관에 양도하여 할인의 방법으로 자금을 확보한다. 수출업체는 선적 종료 후 즉시 신용장조건에 따라 환어음을 발행하여 선적서류와 함께 이를 무역어음인수기관에 인도하고, 인수기관은 이 서류를 가지고 신용장개설은행 또는 타 금융기관으로부터 수출대금을 받아 무역어음의 만기결제자금을 상환하고 나머지는 수출업체에 지급한다. 무역어음은 상거래가 원인이 되어 발행되는 상업어음으로서 그 형식이 환어음이라는 점에서 기업어음과 구별되고, 발행금액은 500만원 이상 10만원 단위로 발행되며 만기는 발행일로부터 180일 이내이다.

(4) 기타의 **分類**

1) **委託어음**과 **滿期어음(新어음)** 및 **뵈는 어음**　위탁어음은 발행인이 타인의

계산으로 발행한 어음을 말하며, 만기어음이란 이미 발행된 어음의 만기가 도래하였을 때 당사자가 합의하여 그 지급을 연기하기 위하여 발행된 어음으로서 「개서어음」이라고도 한다.

뵈는 어음이란 발행인이 어음채무를 부담할 의사 없이 또 어음이 유통될 것을 예상하지 않고 단지 수취인의 대외적 신용도를 높이거나 결산상 장부를 맞추는 등 제3자에게 보이기 위하여 발행하는 어음을 말하며 「보이기 어음」이라고도 한다. 이는 어음을 작성하여도 어음상의 권리는 발생하지 아니하므로 그것이 약속에 반하여 제3자에게 양도하더라도 제3자가 악의인 때에는 발행인은 어음상의 책임을 지지 않는다. 그러나 제3자가 뵈는 어음이라는 사실을 모르고 취득한 경우(선의)에는 발행인은 유효하게 어음상의 권리가 발생한 듯한 외관을 발생시켰으므로 어음상의 책임을 면하지 못한다(일최판 50.2.10.민집 4.2.23).

2) 單名어음과 複名어음   「단명어음」은 어음상 채무자의 수가 1명인 어음이며 담보 없이 자금을 융통하는 수단으로 이용된다. 약속어음의 경우는 발행인 한 사람이 어음채무자이고 수취인은 은행이며 배서가 없는 것을 가리키고, 환어음의 경우는 발행인인 동시에 지급인이면서 인수인인 어음으로서 은행을 수취인으로 한 것을 발한다. 이에 반하여 「복명어음」은 어음채무자가 다수인 어음이며 어음할인의 경우에 많이 이용된다.

3) 不渡어음과 預金어음   부도어음은 환어음의 지급인 · 인수인 또는 약속어음의 발행인이 무자력 등을 이유로 지급기일에 지급을 거절한 어음이다. 예금어음은 은행에서 예금을 찾아 다른 사람에게 교부하고자 하는 자가 이에 따르는 위험과 번잡을 피하기 위하여 그에 해당하는 금액의 증권을 수취하는 경우를 말하며 이는 법률상의 어음이 아니다.

2. 手票의 經濟的 分類

(1) 사업경영 여부에 따른 분류

當座手票는 사업을 경영하는 개인 또는 법인이 은행과 당좌거래계약을 체결하고 발행하는 수표이다. 家計手票는 사업을 경영하지 않는 개인이 은행과 가계종합예금거래계약을 체결하고 발행하는 수표를 말하고 이는 외국의 「개인수표(personal check)」에 해당하며, 수표의 금액에 일정한 제한이 있으나. 법률적 성질은 보통의 수표와 같다.

(2) 保證手票와 쿠퐁

보증수표는 「자기앞수표」를 말하며 발행인이 지급인을 겸하는 수표이다. 쿠퐁 (coupon)은 소액의 정액 자기앞수표를 여러 장 묶은 수표철을 말한다.

(3) 旅行者手票

여행자수표는 여행지에서 그 곳의 화폐로 현금화할 수 있는 유가증권을 말하며 해외여행자들이 현금의 휴대에 따르는 위험을 피하기 위하여 이용한다.

(4) 郵便手票와 國庫手票

우편수표는 체신관서의 우편대체계좌에 가입한 자가 체신관서를 지급인으로 하여 발행하거나 우편대체관서가 자기를 지급인으로 하여 발행한다. 국고수표는 정부의 각 중앙관서의 장이 임명한 지출관이 국고금을 지출하기 위하여 한국은행을 지급인으로 하여 발행하며(예비회계법58, 59), 원칙적으로 채권자를 수취인으로 하는 경우 이외에는 발행할 수 없다(동법64). 지출관이 발행하는 수표는 소지인출급식으로 하되 필요한 경우에는 기명식으로 할 수 있다(동법시행령48①). 발행권한이 있는 지출관이 발행한 국고수표라도 예산회계법의 규정에 위반된 경우에는 지출원인이 없는 무효인 수표가 된다.

(5) 先日字手票와 後日字手票

선일자수표는 실제 발행된 일자보다 후의 일자를 발행일자로 기재한 수표이며 「연수표」라고도 한다. 이에 반하여 후일자수표는 실제 발행된 일자보다 앞의 일자를 발행일자로 기재한 수표이다.

(6) 其他의 分類

위탁수표는 발행인이 타인의 계산으로 발행한 수표이고, 송금수표는 은행이 그 본·지점 간 또는 거래은행을 상대로 송금의 목적으로 발행한 수표이다.

VII. 어음·手票制度의 흐름

우리나라에서는 고려 말 경부터 고유한 어음제도가 이용된 것으로 보이지만 그 정확한 내용은 알려져 있지 않다. 조선 후기부터는 전통적인 어음(魚驗·音票)이 주로 객주(客主)를 통하여 본격적으로 발행되어 통용되었고 일제강점기 이후 1960년

대까지 유통되었을 것으로 본다. 이 전통적 어음제도는 우리의 현행 어음제도에 반영되지 못하였고, 현행 어음법·手票法은 유럽의 제도를 도입한 것이다. 어음의 기원에 관하여 유럽에서는, 12세기경 이탈리아 및 중부유럽의 도시에서 환전상이 환전 및 송금의 목적으로 발행한 증서인 일종의 타지출급의 약속어음을 그 기원으로 보는 견해가 통설로 되어 있다. 환어음은 약속어음발행인이 지급지의 지급을 할 자에게 약속어음과 함께 교부한 지급위탁서가 후에는 독립적 효력을 갖는 것으로 변하여 이루어진 것이다. 수표(check, cheque, Scheck)의 어원은 13세기경으로 부터 북유럽과 영국에서 국왕 등이 필요로 하는 금전의 지급을 위하여 재무청(Exchequer)에 대하여 발행한 '지급명령서(chequer)'에서 유래한 것으로 알려져 있다. 그러나 일반관청이나 개인이 은행에 대하여 지급지시서를 발행한 것은 14·15세기의 이탈리아의 여러 도시에서 비롯된다. 근대적 수표제도는 네덜란드를 거쳐 17세기경 영국에 들어가 발달한 것이다. 18세기 말에는 어음교환소가 설립되고 이렇게 발달한 수표제도가 다시 유럽대륙 여러 나라에도 보급되었다.

제2절 어음法·手票法

I. 어음法·手票法의 意義

형식적 의의의 어음법·수표법은, '어음법', '수표법'이라는 명칭을 가진 성문의 제정법을 가리키며, 우리나라에서는 1961년 1월 20일 공포된 어음법(법률 제1001호)과 수표법(법률 제1002호)을 가리킨다. 실질적 의의의 어음법·수표법은, 어음·수표거래에 관한 私法的 규정을 말하며, 위의 어음법·수표법 이외에도 어음·수표의 법률관계에 적용되는 일반 민법·상법규정(민사어음법·민사수표법)을 포함한다. 그러나 견해에 따라서는 더 넓게 보아, 사법적 규정 이외에 어음·수표에 관한 형법규정(위조·변조)·민사소송법규정(강제집행·공시최고)·채무자 회생 및 파산에 관한 법률 등 공법의 규정과 국제사법(51~59조)의 규정도 포함시켜 실질적 의의의 어음법·수표법으로 보기도 한다.

II. 어음法·手票法의 흐름

어음은 처음에는 관습법의 규율에 맡겨져 있다가, 근대적 통일국가의 성립과 더불어 각국에서 입법이 이루어졌다. 1673년의 프랑스의 상사조례(제5장·제6장)가 어음에 관하여 규정한 것이 처음이며 이것은 1807년 프랑스상법전에 수용되었다. 또한 1865년에는 프랑스수표법이 제정되었다. 獨逸에서는 17세기 이래 지방마다 다른 수십 종의 어음법이 존재하여 불편을 겪다가, 1847년에 보통독일어음조례 (Allgemeine Deutsche Wechselordnung)가 성립되었다. 이 조례는 1871년 독일제국법이 되었다가 1934년 현행 독일어음법에 의하여 대체되었다.

英國에서는 1882년에 오랫동안의 관습법·특별법·판례 등을 수집하여 법전화한 어음법(Bills of Exchange Act)을 제정하였다. 수표는 환어음의 일종으로 이 가운데 규정되어 있다. 한편 美國에서는 1896년 통일유통증권법(Uniform Negotiable Instruments Law)을 제정하여 각주가 채택함으로써 어음법·수표법의 통일이 거의 실현되었고, 그 후 그 내용이 약간 수정되어 1951년 통일상법전(Uniform Commercial Code)에 통합되었는데, 현재 통일상법전 제3편에 '유통증권(Negotiable Instruments)'이 규정되어 있다. 이들 프랑스, 독일 및 영미의 각 어음법은 다른 여러 나라들이 어음법을 제정함에 있어서 모범이 되었고, 세계의 어음법은 대체로 프랑스법계, 독일법계 및 영미법계로 나누어져 있었다.

한편 국제간의 거래가 활발해 지는 가운데 어음·수표법의 국제적 통일을 위한 움직임 속에서 1880년대에는 국제법협회, 국제법학회 등에 의하여 통일어음법안들이 발표되었다. 또 1910년과 1912년에는 헤이그에서 네덜란드정부 주최로 어음법 통일을 위한 국제회의가 개최되어「환어음 및 약속어음통일규칙」과「어음법통일에 관한 조약」이 의결되었고, 1912년 회의에서는 수표법통일규칙의 초안도 가결하였으나 1914년 제1차 세계대전이 일어나서 그 실시를 보지 못하였다.

그 후 국제연맹을 중심으로 통일화 작업이 이루어져서 1930년 어음법통일회의 및 1931년 수표법통일회의가 제네바에서 개최되어 統一條約이 성립되었고, 각국의 비준을 거쳐 1934년 1월 1일부터 효력을 발생하였다. 조약에 서명한 각국은 통일조약에 따라 어음법·수표법을 제정 또는 개정하였고, 우리나라도 통일조약에 따른 어음법과 수표법을 제정하였다. 그러나 영국, 미국 등 영미법계의 나라들은 처음부터 통일조약에 참가하지 않았으므로, 현재 세계의 어음법·수표법은 제네바통일조약을 따르는 統一法系와 英美法系의 두 법계로 나누어져 있다. 통일어음법은 독일법계와 프랑스법계 등 대륙법계를 통일한 것이지만 독일법과 프랑스법 사이의 근본적 상이점들은 유보사항으로 처리되어 아직도 차이가 남아 있다.

국제연합국제상거래법위원회(UNCITRAL)가 국제거래의 결제수단으로서 국제환어음·국제약속어음·국제수표에 관하여 심의해 온 결과로서 1988년 12월 9일

UN총회에서 「국제환어음·약속어음에 관한 유엔협약」(United Nations Convention on International Bills of Exchange and International Promissory Notes)이 채택되었다. 이 협약은 각국의 어음법 자체를 통일하려고 하는 것이 아니고, 국제간 거래에 사용되는 어음에 적용되는 규정의 통일을 위한 것이다.

III. 어음法·手票法의 理念과 特色

1. 어음法·手票法의 理念

어음·수표는 금전지급 및 신용의 수단이므로 어음법·수표법은 어음·수표의 이러한 기능이 잘 수행될 수 있도록 규율함을 목적으로 한다. 따라서 어음法·수표법은 어음·수표의 유가증권으로서 流通性의 확보와 支給의 확실성 보장을 기본적 이념으로 하고 있다. 유통성을 확보하기 위해서는 지급의 확실성이 보장되어야 하므로 이 두 가지 이념은 표리의 관계에 있다고 볼 수 있다.

2. 어음法·手票法의 特色

(1) 어음법·수표법의 이념적 특색

1) 强行法的 성질   어음·수표는 불특정의 많은 사람 사이에 유통성을 확보하기 위하여 사적자치가 제한되고 그 법률관계가 강행규정으로 규율되고 있다.

2) 技術的 성질   어음·수표는 금전의 지급이나 신용의 이용을 위한 수단으로 만들어진 법기술적 제도이므로 이에 관한 법규도 극히 기술적이고 윤리적 색채가 없다.

3) 形式的 성질   어음·수표의 법률관계는 그 증권을 중심으로 형식적으로 해결될 것이 요구되고, 이것을 규율하는 어음법·수표법은 형식적인 성질을 가진다.

4) 統一的 성질   어음·수표는 기술적이고 형식적이며 윤리적 색채가 없는 제도이고 또 그 유통이 국제적이므로 어음법·수표법은 세계통일적인 경향을 지니고 있다. 앞의 제네바 어음법통일조약(1930), 수표법통일조약(1931), 국제환어음·약속어음에 관한 유엔협약(1988) 등은 통일적 성질의 결과이다.

(2) 유통성확보 및 지급의 확실성 보장

어음법·수표법의 기본이념인 유통성의 확보와 지급의 확실성 보장을 위하여 어음법·수표법상 다양한 제도가 인정되어 있다. 예건대, ① 어음·수표의 無因性,

② 어음·수표의 文言性, ③ 어음·수표행위독립의 원칙, ④ 선의취득, ⑤ 인적 항변의 절단, ⑥ 背書의 자격수여적 효력, ⑦ 복본·등본제도 등이 있다. 그 밖에 ⑧ 支給의 보장을 위한 제도로서 (i) 어음·수표보증 (ii) 어음참가, (iii) 수표의 지급보증 (iv) 환어음의 참가인수 (v) 소구제도 (vi) 지급인의 조사의무 경감 등이 있다. 어음법·수표법의 기본이념은 유가증권법으로서 유통성의 확보라고 할 수 있다. 그런데 어음·수표의 유통성을 확보하기 위해서는 지급의 확실성이 보장되어야 한다. 유통성의 확보와 지급의 확실성이라는 두 가지 요청을 조화 있게 실현하는 것은 어음법과 수표법의 과제이며 임무이다.

제3장 | 어음·手票法 總論

제1절 어음·手票行爲

I. 어음·手票行爲의 槪念

어음·수표행위라 함은 어음·수표상의 법률관계의 발생 또는 변동의 원인이 되는 法律行爲이며(실질적 요건), 어음·수표상에 그 의사표시의 내용을 기재하고 이에 기명날인 또는 서명을 함으로써 하는 要式의 서면행위로서(형식적 요건)(양면정의설) 민법상의 법률행위나 상행위에 비하여 특수성이 있다. 이 밖에 기명날인 또는 서명을 요건으로 하는 요식의 서면행위라고 하는 形式說, 어음·수표행위의 실질적 내용에 착안하여 어음·수표채무의 발생원인이 되는 법률행위라고 하는 實質說 등이 주장되고 있다. 어음·수표行爲는 법전상의 용어가 아니고 강학상 쓰이는 용어이다.

II. 어음·手票行爲의 種類

어음·수표행위는 (i) 환어음에 있어서는 발행·인수·배서·참가인수·보증의 다섯 가지가 있고, (ii) 約束어음에 있어서는 발행·배서·보증의 세 가지가 있으며, (iii) 手票에 있어서는 발행·배서·보증·지급보증의 네 가지가 있다. 이 가운데 발행은 어음·수표를 창출하는 행위이며, 다른 어음·수표행위의 기초가 되므로 이것을 특히 '기본적어음·수표행위'라고 하고, 그 이외의 어음·수표행위는 '부속적 어음·수표행위'라 한다. 기본적 어음·수표행위가 그 요건의 흠결로 인하여 무효가 될 때에는 부속적 어음·수표행위도 무효가 된다.

III. 어음·手票行爲의 成立要件

1. 形式的 要件

(1) 法定記載事項의 記載

어음·수표행위는 요식의 書面行爲이기 때문에, 어음·수표행위자는 증권 상에 일정한 법정사항을 기재한 후 행위자가 기명날인 또는 서명하여야 한다. 이러한 어음·수표행위는 어음·수표 증권 자체에 하지만 배서 또는 어음·수표의 보증과 같이 어음·수표에 결합한 보충지(補箋)에 하거나, 배서 및 어음보증의 경우처럼 어음 등본에 하기도 한다(어67③).

(2) 記名捺印 또는 署名

1) **個人의 記名捺印 또는 署名**　　어음·수표행위는 각각 고유한 방식에 따라야 하는데 記名捺印 또는 署名은 모든 어음·수표행위에 공통되는 방식이다. 기명날인은 어음·수표행위자가 자기의 명칭을 기재하고 그 인장을 눌러 찍는 것이고, 서명(署名)은 어음·수표행위자가 자기의 명칭을 자필로 기재하는 것을 말한다. 명칭은 행위자를 식별(識別)할 수 있는 것이면 아호나 예명 등 본명이 아니라도 무방하며, 행위자의 성명과 어음에 사용된 인장의 문자가 일치하지 아니하여도 무방하다(통설)(대판 1978.2.28, 77다2489). 記名만 있고 날인이 없는 것은 어음·수표행위로서 효력이 없다(통설). 捺印만 있고 기명이 없는 경우에는 대법원은 처음에는 무효로 보았으나(대판 1962.1.31, 4294민상200), 후에는 유효로 판시한 것이 있다(대판 1980.3.11, 79다1999). 이 경우에는 행위자 이름의 기재를 상대방에게 대필(代筆)시킬 의사를 가진 것으로 추정할 수 있을 것이다(대판 1994.2.8, 93다54927). 기명날인을 요구하는 이유는 어음·수표행위자가 자기의 어음·수표상의 책임을 자각하도록 하고(주관적 이유), 어음·수표행위자가 누구인지를 확실히 알 수 있도록 하려는 것이다(객관적 이유).

2) **記名拇印의 效力**　　기명무인(엄지손가락의 지문을 찍는 지장)의 유효성에 관하여는 (i) 위조할 수 없는 정확한 것으로서 유효하다고 하는 견해가 있으나, (ii) 무인은 육안으로 그 감별이 곤란하므로 거래상 유통을 목적으로 하는 어음의 기명날인으로서는 적절치 않아서 무효로 본다(다수설)(대판 1962.11.1, 62다604; 대판 1956.4.26, 4288민상424). 현행법상으로는 기명날인은 물론 서명도 유효하기 때문에 무인이 문제되는 경우가 거의 없을 것이다.

3) **會社나 그 밖의 法人의 어음·手票行爲**　　회사 기타 法人이 어음·수표행

위를 하는 경우에는 그 대표기관이 法人의 명칭을 기재하고 대표관계를 표시하여 代表者 자신의 기명날인 또는 서명을 하는 방식으로 한다(통설)(대판 1974.6.25, 73다 1412; 대판 1964.10.31, 63다1168). 따라서 대표기관이 법인명을 기재하고 법인 인장을 날인한 경우에는 법인의 기명날인으로 볼 수 없다(통설)(대판 1964.10.31, 63다1168). 代表資格의 표시는 법인의 대표자가 법인을 위하여 하는 것임을 인식할 수 있는 정도이면 되고(대판 1978.12.13, 78다1567), 법인의 대표권한이 있는 지위나 직명을 표시하면 된다. 법인의 명칭만 기재하고 대표관계의 표시가 없이 자연인의 기명날인만 있는 경우는 법인의 기명날인으로 인정할 수 없다(대판 1959.8.27, 4291민상287).

　　4) 組合이나 法人格이 없는 社團의 어음·手票行爲　　조합은 법인격(권리능력)이 없으므로 모든 조합원이 기명날인 또는 서명을 하는 것이 원칙이나, 대표조합원이 그 대표자격을 표시하고 조합원 전원을 代理하여 기명날인 또는 서명함으로써 할 수도 있다(대판 1970.8.31, 70다1360). 예컨대 '甲조합 대표자 乙'이라는 방식으로 하면 된다. 권리능력 없는 사단의 어음행위의 방식도 마찬가지로 代表者가 그 대표자격을 표시하고 기명날인 또는 서명함으로써 할 수 있다(통설).

2. 實質的 要件

어음·수표행위의 실질적 요건으로서는 어음·수표행위를 하는 자가 (i) 어음·수표능력(권리능력·행위능력)을 가지고 있고, (ii) 어음·수표행위에 관한 의사와 표시가 일치하고 의사표시에 하자(瑕疵)가 없을 것이 요구된다.

(1) 어음·手票能力

어음·수표행위가 유효하기 위해서는 어음·수표행위자가 어음·수표능력을 가지고 있어야 한다. 어음·수표능력에는 어음·수표권리능력과 어음·수표행위능력이 있다.

1) 어음·手票權利能力

　　㈎ 의　의　　어음·수표권리능력은 어음·수표상의 권리·의무의 주체가 될 수 있는 능력을 말하며 민법의 일반 원칙에 따라 권리능력을 갖는 자는 당연히 어음·수표권리능력을 갖는다. 자연인은 물론 법인도 어음·수표권리능력을 갖는다. 法人의 권리능력은 定款으로 정한 목적의 범위에 의한 제한을 받지만(민법 34), 어음·수표행위는 모두 법인의 목적범위 내의 행위로 본다(통설). 법인체에서 금융거래는 꼭 필요한 일이고 어음·수표행위는 그 수단으로서 필요하기 때문이다. 會社의 권리능력이 정관상 目的에 의한 제한을 받는지(민34 참조)에 관하여 학설 대립이

있지만, 어느 설에 의하여도 회사의 어음·수표권리능력은 인정된다.

(내) 權利能力 없는 社團   권리능력 없는 사단(법인격 없는 사단)이 어음·수표권리능력을 가지느냐에 관하여, (i) 부정설은 어음·수표권리능력이 없다고 보지만, (ii) 법인격이 없는 사단도 소송상 당사자능력(민소 52)이나 부동산 등기능력(부등 30①)이 인정되는 것처럼 어음상 권리능력을 인정하는 것이 거래 현실에 맞고 또 법률관계처리도 간명하게 할 수 있으므로 긍정설이 타당하다고 본다(다수설). 권리능력 없는 사단의 대표자가 사단의 명칭과 대표관계를 표시하여 어음행위를 한 경우에 누가 책임을 부담하는지에 관하여, 대표자책임설, 구성원공동책임설이 있으나, 사단의 재산만으로 책임을 진다고 하는 사단책임설이 타당하다고 본다(대판 1992.7.10, 92다2431).

(대) 組 合   민법상 조합은 권리능력이 없고 사단과 같은 실체도 갖추지 않아 단체성도 약하므로 어음·수표권리능력이 없다(통설). 조합은 법인격이 없으므로 조합원 전원이 기명날인 또는 서명을 하는 것이 원칙이나, 대표조합원이 그 대표자격을 표시하고 조합원 전원을 代理하여 기명날인 또는 서명함으로써 할 수도 있다. 이러한 방식의 어음행위에 대하여는 조합원 전원이 合同하여 어음상의 책임을 지게 된다(조합원합동책임설)(대판 1970.8.31, 70다1360). 이에 대하여는 일차적으로 조합재산으로 책임을 지고 그것으로 부족한 때에는 각 조합원이 분담부분의 범위 내에서 책임을 진다고 하는 설(조합 및 조합원책임설)이 있다.

2) 어음·手票行爲能力   어음·수표행위능력은 자기의 행위에 의하여 유효한 어음·수표행위를 할 수 있는 능력을 말하며, 이에 대하여는 어음·수표법에 규정이 없으므로 민법의 일반원칙이 적용된다.

(가) 意思無能力者   의사능력이 없는 자(유아·만취자·백치·광인 등)는 어음·수표행위능력도 없으며, 그가 한 어음·수표행위는 당연히 무효가 된다. 의사무능력자의 어음·수표행위는 법정대리인이 대리하는 수밖에 없다.

(내) 未成年者   미성년자가 법정대리인의 동의 없이 어음·수표행위를 한 때에는 이를 취소할 수 있다(민 5). 그러나 법정대리인으로부터 영업의 許諾을 받은 경우에는 그 영업에 관하여(민 8), 회사의 무한책임사원이 될 것을 허락 받은 경우에는 그 사원자격으로 인한 행위에 관하여(상 7), 또 재산처분을 허락 받은 때에는 허락된 범위 내에서(민 6), 완전한 어음·수표행위를 할 수가 있다.

(대) 제한능력자(피한정후견인, 피성년후견인)   피한정후견인(한정치산자) 및 피성년후견인(금치산자)이 한정후견인 및 성년후견인의 동의가 필요한 어음·수표행위를 동의 없이 한 때에는 이를 취소할 수 있다(민13·10).

(대) 어음·手票行爲能力의 存在時期와 立證責任   어음·수표행위능력은 그 어음·수표행위를 하는 때에만 있으면 되고, 그 후에 어음·수표행위능력을 상실하여도 그 어음·수표행위의 효력에는 영향이 없다. 어음·수표행위를 하는 때에 관하여는 어음·수표이론에 따라 차이가 있으나 어음·수표가 상대방에 交付될 때를 말한다. 어음·수표능력의 입증책임은 그 어음·수표능력이 없음을 주장하는 자가 부담한다.

(라) 어음·手票行爲의 無效·取消의 效力   무능력자의 어음·수표행위는 取消할 수 있으며(민5②·10·13), 취소권자는 무능력자, 그 대리인 또는 승계인 등이다(민 140). 또한 이 취소할 수 있는 어음·수표행위는 취소권자가 追認할 수 있다(민143①). 취소·추인의 상대방의 범위에 관하여는 학설이 나뉘지만 직접의 상대방뿐 아니라, 현재의 소지인 및 중간취득자도 포함된다고 본다. 어음·수표행위가 取消된 경우에는 처음부터 무효가 되어(민141) 그 무능력자는 누구에 대하여도 어음·수표상의 채무를 지지 않는다. 그러나 취소할 수 있는 어음·수표행위를 追認한 때에는 취소하지 못하며 유효한 어음·수표행위로 확정된다(취소권의 포기).

(2) 意思表示의 欠缺 또는 瑕疵

1) 어음·手票行爲와 意思表示에 관한 一般原則   어음·수표행위도 의사표시를 요소로 하는 법률행위이므로, 의사표시에 欠缺·瑕疵가 있는 경우에는 民法의 의사표시에 관한 일반원칙이 적용된다(민107 이하). 다만 불특정의 많은 사람들 사이에 유통되어 거래안전의 보호가 크게 요구되는 어음·수표의 특성을 고려하여 일반원칙의 수정이 인정된다.

2) 非眞意表示(心裏留保)에 의한 어음·수표행위   어음·수표행위자가 진의 아님을 알고 행한 어음·수표행위는 유효하지만 만일 상대방이 그 행위가 진의 아님을 알았거나 알 수 있었을 경우에는 무효가 된다. 그러나 이 무효는 선의의 제3자에게는 대항하지 못한다(민107).

3) 虛僞表示에 의한 어음·수표행위   어음·수표행위자가 상대방과 통정하여 허위의 의사표시로 행하여진 경우 그 행위는 무효이지만, 이 무효도 선의의 제3자에게는 대항하지 못한다(민108)(대판 2005.4.15, 2004다70024).

4) 錯誤로 인한 어음·手票行爲   어음·수표행위의 내용의 중요 부분에 착오가 있는 때에는 그 행위는 원칙적으로 취소할 수 있지만, 이 취소는 제3자에게는 대항하지 못한다. 또 그 착오가 어음·수표행위자의 중대한 과실로 인한 때에는 취소하지 못한다(민109).

5) 詐欺 또는 强迫에 의한 어음·手票行爲   사기나 강박에 의한 어음·수표행위는 취소할 수 있지만, 이 취소는 선의의 제3자에게 대항하지 못한다(민110).

6) 어음·手票行爲와 反社會秩序行爲   어음·수표행위는 무인행위이며 추상적이고 정형적인 행위이므로, 民法의 선량한 풍속 기타 사회질서에 반하는 법률행위를 무효로 하는 민법 제103조, 현저하게 불공정한 법률행위를 무효로 하는 민법 제104조의 규정은 어음·수표행위에 적용되지 않는다(통설). 그러므로 그에 해당하는 어음·수표행위가 있더라도 그 자체는 무효가 되지 않으며 인적 항변(어17)의 사유가 될 뿐이다.

3. 어음·手票의 交付

(1) 어음·手票證券의 交付 問題와 어음·手票理論(어음·手票學說)

어음·수표행위는 어음·수표요건 등 일정한 사항을 기재한 증권에 기명날인 또는 서명하는 행위(작성행위)와 그 어음·수표를 상대방(수취인)에게 교부하는 행위(교부행위)로 성립하는 것이 보통이다. 어음·수표상의 권리의무가 作成行爲만으로 발생하는지 交付行爲까지 필요한지에 관하여 법리구성상 견해 차이가 있는데 이에 관한 논의는 결국 어음·수표행위의 본질론이며 이에 관한 이론적 설명을 어음·수표이론(어음·수표학설)이라 한다. 이것은 교부흠결(交付欠缺)의 경우에, 예컨대, 발행인이 어음을 작성하여 수취인에게 교부하지 않고 보관하고 있는 동안에 도난당한 경우에, 이 어음을 선의취득한 자가 어음금 지급을 청구하면 발행인은 그 어음상의 채무를 부담해야 하는지 여부의 문제로 된다.

(2) 어음·手票理論(어음·手票學說)

1) 交付契約說(契約說)   어음·수표행위는 계약이며 어음·수표를 作成하여 그것을 상대방에게 交付함으로써 당사자 간에 어음·수표채무부담에 관한 어음·수표계약이 성립한다고 한다. 이 설에 따르면 어음·수표증권의 交付가 어음·수표행위의 요건이 된다. 이 계약설은 어음·수표를 주고받은 직접당사자(예컨대 발행인과 수취인) 사이의 법률관계의 설명에는 적절하지만, 직접상대방 뒤의 취득자와의 어음·수표관계를 설명하기 어렵다.

2) 創造說(單獨行爲說)   어음·수표채무는 어음·수표행위자의 일방적인 채무부담의 의사표시에 의하여 성립하는 單獨行爲이며, 어음·수표가 작성되면 증권이 교부되지 않아도 어음·수표에 기명날인한 자의 어음·수표채무가 발생한다. 이 설에서는, 제3자가 알기 어려운 交付欠缺의 경우에 법률행위가 아직 성립

하지 않는 것으로 보는 계약설·발행설은 거래의 안전을 해칠 우려가 있다고 비판한다. 이 설에 의하면 어음·수표행위자의 의사에 반하여 유통된 경우에도 취득자의 권리가 인정되므로, 어음·수표행위자를 지나치게 불리하게 취급한다는 지적이 있다.

3) 折衷說

㈎ 權利外觀理論   이 이론에 의하면 어음·수표행위의 성립에는 증권의 교부계약을 필요로 하지만, 이 계약이 성립하지 않는다고 하더라도 어음·수표를 작성한 자는 작성행위에 의하여 이미 어음·수표채무를 부담한 것과 같은 외관을 만들어내고 제3자가 이를 신뢰하게 된 때에는 어음·수표상의 책임을 진다고 한다.

㈏ 修正外觀理論   우리나라의 학설은 수정외관이론이 다수견해이며, 세부적으로는 계약설과 권리외관설을 결합하거나[정(희), 양(승), 박(길), 정(동)], 계약설을 권리외관이론에 의하여 수정 내지는 보충하는 이론[최(기), 이(기)], 발행설을 권리외관설에 의하여 보충하는 이론이 있다[서(돈)].

㈐ 發行說   발행설은 어음·수표에 기명날인 또는 서명한 자가 그 의사에 기초하여 어음·수표의 점유를 이전함으로써 어음·수표에 기명날인 또는 서명한 자의 어음·수표상의 채무가 발생한다고 보는 이론이다. 이 이론에 의하면 어음·수표행위를 단독행위로 보고, 어음·수표 증권을 발행인의 의사에 따라서 상대방에게 교부함으로써 어음·수표에 권리가 화체된다고 한다[이(범), 강(위)] 발행설은 어음·수표를 타인이 보관하던 중 작성자의 의사에 반하여 이를 제3자에게 양도한 경우에는 선의취득자의 보호라는 면에서 문제가 될 수 있다.

4) 學說의 檢討   어음·수표의 수령능력이 없는 자는 어음·수표상의 권리를 단독으로 취득할 수 없게 되는 교부설은 민법의 일반원칙(민5①단서, 10)에도 반하는 결과를 가져온다. 또 어음·수표채권자가 정하여지지도 않은 상태에서 어음·수표의 작성만으로 어음·수표채무가 성립한다고 하는 창조설도 무리한 견해로 생각된다. 결국 어음·수표의 작성자가 그의 의사에 따라서 유통상태에 둔 경우(교부가 있는 경우)에 어음·수표채무를 진다고 하는 의미에서 발행설이 원칙적으로 가장 적절하다고 생각된다. 그러나 교부흠결(교부 전 분실·도난) 등의 경우에 선의의 제3자를 보호하기 위하여 권리외관설에 의하여 보충되어야 할 필요가 있다(대판 1999.11.26, 99다34307).

IV. 어음·手票行爲의 特性

어음·수표행위는 법률행위의 일종이나 어음·수표의 피지급성과 유통성의 확보라는 면에서, 민법의 법률행위에 관한 일반원칙과 다른 특성이 있다.

1. 無因性(抽象性)

어음·수표행위는 상품의 매매·소비대차계약 등 어음·수표행위의 기초가 된 실질관계(원인관계)가 무효가 되거나 취소가 된 경우에도 영향을 받지 않고 그 효력이 유지되는 무인성을 특성으로 한다. 그러므로 이 무인성에 의해 어음·수표취득자가 보호되고 증권의 유통성이 확보된다(대판 2003.1.10, 2002다46508). 무인성의 근거로는 어음·수표의 지급위탁·지급약속의 무조건성, 인수·배서의 무조건성, 이득상환청구권 등을 들 수 있다.

2. 要 式 性

어음·수표행위는 법률이 정한 일정한 방식(어음·수표요건)을 갖추어야 하며, 각각의 어음·수표행위에 법정되어 있는 기재사항을 기재하지 않으면 원칙적으로 효력이 없다. 이 요식성은 어음·수표상의 법률관계를 명백히 하고 증권의 유통성을 확보하기 위하여 그 방식을 정형화 한 것이다.

3. 文 言 性

어음·수표행위의 내용이 되는 법률관계는 전적으로 그 증권에 기재된 바에 따라서 정하여지며, 그 기재의 내용이 실질관계와 일치하지 아니하는 경우에도 문언이 결정적 의미를 갖는다. 기재문언을 어음·수표행위의 내용을 해석하는 기준으로 함으로써 불특정 다수인 사이에서 어음·수표의 유통성을 확보하려는 것이다.

4. 書面性과 設權性

어음·수표행위는 어음·수표라는 서면에 기재하는 의사표시이고(서면성), 어음·수표상의 권리는 이 서면행위에 의하여 비로소 발생한다(설권성). 위에 설명한 무인성이나 문언성은 이 서면성을 바탕으로 하는 속성이다.

5. 協 同 性

어음·수표행위는 일정한 금액(어음금 및 수표금)의 지급과 유통성의 확보라는 공동의 목적을 달성하기 위한 것으로서 수단성과 협동성이라는 특징을 가지고 있다. 어음·수표채무의 협동성이나 어음·수표에 있어서의 당사자 자격의 겸병은 모두 이 협동성의 표현이라고 할 수 있다.

6. 獨 立 性

어느 어음·수표행위는 다른 어음·수표행위가 무효가 되는 경우에도 그 효력에 영향을 받지 아니한다(어7, 수10). 이것을 어음·수표행위의 독립성(어음·수표행위독립의 원칙)이라고 하며, 어음·수표의 유통을 위하여 필요한 특성이다.

(1) 어음·手票行爲獨立의 原則의 意義

어음·수표행위독립의 원칙이란 동일한 어음·수표상에 이루어진 여러 가지의 어음·수표행위는 각각 獨立的으로 그 효력의 유무가 결정되며, 다른 어음·수표행위의 실질적 효력에 의하여 영향을 받지 않는다는 것을 말한다. 어음·수표행위가 어음·수표채무부담과 관련한 행위라는 측면에서 보면, 각 어음·수표행위의 채무부담 관계가 각각 독립한 것을 뜻하므로 이를 '어음·수표채무독립의 원칙'이라고도 할 수 있다.

(2) 어음·手票行爲獨立의 原則의 成文法上의 根據

어음·수표채무의 독립성을 규정한 어음법 제7조와 수표법 제10조는 이 원칙을 밝힌 것이며, 보증인의 책임에 관한 어음법 제32조 제2항과 수표법 제27조 제2항의 규정도 같은 취지이다. 또 변조어음의 기명날인자 또는 서명자의 책임에 관한 어음법 제69조와 수표법 제50조에도 동일한 취지가 나타나 있다.

(3) 어음·手票行爲獨立의 原則의 立法理由

이 원칙의 입법이유로는 (i) 어음·수표행위는, 다른 어음·수표행위와 관계없이, 기재된 내용에 따라 채무를 부담하는 文言的 행위라는 점에서 생기는 당연한 결과라는 견해(문언성설·당연설)가 있으나, (ii) 어음·수표은 알지 못하는 다수인 사이에 전전 유통되는 유통증권으로서 거래의 안전을 보호할 필요성이 크기 때문에, 선행행위가 무효이면 후속행위도 무효로 된다는 일반원칙에 대하여 법이 정책적으로 예외를 인정한 것이라는 견해(정책설)(다수설)가 타당하다고 본다.

(4) 어음·手票行爲獨立의 原則의 適用範圍에 관한 問題

1) 要式性과의 關係   이 원칙은 形式上 완전한 어음·수표에 어음·수표행위를 한 경우에 다른 어음·수표행위의 무효·취소 등의 영향을 받지 않고 독립하여 그 효력이 정하여지는 것을 뜻하므로, 그 전제로 되는 어음·수표행위가 형식상 불완전한 경우에는 그 어음·수표에 어음·수표행위를 한 자는 어음상의 책임이 없다.

2) **善意取得과의 關係(어음·手票取得者의 範圍)**　　어음·수표행위독립의 원칙은 단지 선의취득자의 보호만을 위한 것이 아니라, 어음·수표의 신용도를 높이며 유통증권성을 강화하기 위한 것이기 때문에, 이 원칙이 어음·수표의 선의취득자에 대하여서만 적용된다고 하는 일부 주장은 받아들이기 어렵다(다수설).

3) **發行·引受에 대한 適用의 排除**　　發行은 다른 어음·수표행위를 전제로 하지 않는 어음·수표행위이므로 어음·수표행위독립의 원칙이 적용되지 않는다. 또한 이 원칙이 保證·參加引受·지급보증의 경우에 적용된다는 데 이설이 없다. 다만 인수와 배서의 경우에 이 원칙의 적용 여부가 문제로 된다. 인수는 원래 다른 어음행위를 전제로 하지 않는 어음행위이기 때문에 어음행위독립의 원칙이 적용되지 않는다는 견해(부정설)와 이 원칙은 引受에도 적용된다고 하는 견해(긍정설)가 있다. 부정설에서는 인수는 주채무자로서 어음채무를 부담하는 것이므로 채무부담에 있어서 다른 어음행위를 전제로 하는 것이 아니라고 본다(손주찬 75). 그러나 유효한 발행이 있을 때까지는 인수가 완전한 효력을 발생하지 못하고 인수에 의하여 부담하는 채무의 내용은 발행에 의하여 특정되므로, 발행은 인수의 전제를 이루는 행위로 보는 것(정찬형 78, 이철송 63)이 타당하다고 본다(긍정설).

4) **背書에의 適用에 관한 問題**　　배서는 권리이전행위이므로 이 원칙은 적용되지 않고 선의취득자는 어음법 제16조 2항에 의하여 보호하여야 한다는 견해(부정설)도 있었으나, 배서에도 이 원칙이 적용된다고 본다(통설)(대판 1977.12.13, 77다1753). 이 원칙은 어음·수표행위에 의한 채무부담관계의 독립성을 법이 정책적으로 인정한 것으로서 배서에도 적용되며(담보적 효력), 유통성 보호를 위해서도 背書에 대한 적용이 필요하다고 본다.

(5) 어음·手票行爲 獨立의 原則과 어음·手票善意取得과의 關係

1) **개　관**　　어음·수표행위독립의 원칙(어7, 수10)과 어음·수표의 선의취득(어16②, 수21)은 어음·수표를 취득한 자를 보호하기 위한 제도라는 점에서 공통된다. 그러나 어음·수표행위독립의 원칙은 어음·수표채무의 부담에 관한 제도이지만 어음·수표의 선의취득은 어음·수표상의 권리의 이전에 관한 제도이다.

2) **取得者가 惡意인 경우**　　이 원칙은 어음·수표의 선의취득자에 대하여서만 적용된다고 하는 견해가 있으나 이 원칙은 단지 선의취득자의 보호 뿐 아니라, 어음·수표의 신용 및 유통성의 강화를 위한 제도이므로, 선의취득자에 대하여서만 적용되는 것은 아니라는 견해(다수설)가 타당하다. 가령 A가 B(수취인)에게 발행한 어음·수표를 C가 盜取하여 B와 C사이의 배서를 위조하고, 이를 D에게 배서양도

하였으나 D는 C가 그 어음·수표를 도취한 사실을 알고(惡意) 취득한 경우를 생각할 수 있다. 먼저 어음·수표행위독립의 원칙에서 보면 B의 배서가 위조이므로 무효이지만 C의 배서는 그 영향을 받지 않고 유효하게 인정되며 그 결과 C는 어음·수표채무(소구의무)를 부담하게 된다(어음·수표채무의 독립성). 이것은 D가 악의로 취득한 것이라 하여 달라지는 것은 아니다. 한편 D는 악의로 어음·수표를 취득한 것이므로 선의취득이 인정되지 않는다. 이 경우 D는 C에 대하여 어음·수표금 청구(상환청구)를 할 수 있을까.

어음·수표행위독립의 원칙은 취득자의 선의·악의에 관계없이 적용된다고 하는 다수설의 입장에서 보면, D의 권리를 인정할 수 있을 것 같기도 하다. 그러나 D의 C에 대한 권리의 유무는 C, D간의 권리의 이전에 관한 문제이므로 어디까지나 선의취득의 요건에 따라서 판단할 문제이지, 어음채무의 독립성에 관련된 문제가 아니므로 취득자 D의 선의·악의에 관계없이 D의 권리를 인정할 수 있는 것은 아니다. 다만 어음·수표행위독립의 원칙에 따라서 C의 배서의 효력이 인정되고 그 결과 C가 부담하게 되는 어음·수표채무에 상응하는 권리는 누가 취득하느냐 하는 문제가 남게 된다. 그러나 이것은 권리의 이전에 관한 문제이므로 어음·수표행위독립의 원칙과는 무관한 것이다. 결국 위의 사례에서 D는 선의취득의 요건에 해당하지 않으므로 어음·수표상의 권리자가 아니며, 따라서 C에 대하여 청구할 권리가 없는 것으로 보아야 한다. 만일 E가 D로부터 그 어음·수표를 선의취득한 경우에는 C에 대하여 청구할 수 있다.

V. 어음·手票行爲의 解釋

어음·수표행위도 법률행위이므로 법률행위의 해석에 관한 일반원칙이 적용되지만, 어음·수표행위는 요식의 서면행위라는 특성에 비추어 일반적인 법률행위와는 다른 해석원칙이 존재한다.

1. 어음·手票外觀解釋의 原則(어음·手票客觀解釋의 原則)

어음·수표행위는 어음·수표상의 기재를 의사표시의 내용으로 하는 법률행위이고 기재된 문언에 따라 형식적으로 그 효력이 발생하므로, 어음·수표행위는 어음·수표에 기재된 문언에 의해서 객관적으로 해석되어야 한다는 원칙이다. 그러므로 어음·수표면의 기재가 객관적 사실과 모순 저촉되는 경우에도, 어음·수표행위의 내용은 어디까지나 어음·수표상의 기재에 의하여 객관적으로 해석하여야 하는 것이지, 어음·수표 외의 사정에 의하여 어음·수표상의 기재를 변경하는 방식으로 해석하여서는 안 된다(대판 1961.8.10, 4293민상714; 대판 2000.12.8, 2000다33737). 어음·수표는 서로 모르는 많은 사람들 사이에 유통되기 때문에, 일반적인 법률행위에서처럼 모든 사정을 종합하여 당사자의 진의를 확인하고 어음·수표행위를 해석하는 것이 적절치 않다.

2. 어음·手票 有效解釋의 原則

어음·수표의 기재 문언은 신의성실의 원칙 등 일반이론에 따라 해석하여야 하며, 어음·수표제도의 이념인 지급의 확실성 보장과 유통성 확보를 고려하여 경미한 형식적 하자가 있더라도 이를 有效로 해석하고 일부러 엄격하게 해석해서는 안 된다는 원칙이다. 이 원칙은 당사자의 합리적인 의사에 합치하며, 또한 어음·수표의 요식성을 악용하여 자신이 한 어음·수표행위의 효력을 부인하려는 어음·수표채무자를 규제하기 위해서도 필요하다. 다만 어음·수표의 요식성을 본질적으로 파괴하지 않는 범위에서 인정되어야 할 것이다.

어음법·수표법은 기재된 문언의 뜻이 불분명한 경우에 有效로 해석하는 규정들을 두고 있다. 예컨대, 어음에 만기가 적혀있지 아니한 경우에는 이를 일람출급어음으로 보고(어 2②·76②), 어음·수표금액을 글자와 숫자로 적은 경우에 그 금액에 차이가 있으면 글자로 적은 금액을 어음·수표금액으로 하고(어 6①·77②, 수 9①), 어음·수표금액을 글자 또는 숫자로 중복하여 기재한 경우에 그 금액에 차이가 있으면 최소금액을 어음·수표금액으로 하며(어 6②·77②, 수 9②), 보증이 누구를 위하여 한 것임을 표시하지 않은 경우에는 발행인을 위하여 보증한 것으로 본다(어 31④·77③, 수 26④).

3. 其 他

그 밖에도 어음·수표상의 기재가 다의적일 경우 어음·수표소지인은 자기에게 유리한 해석을 하여 어음·수표채무자의 책임을 묻는 해석원칙, 어음·수표의 피지급성 보장과 유통성의 강화라는 어음·수표법의 이념에 좇은 해석원칙, 어음·수표가 수수될 때 당사자의 의사는 사회관념 내지 거래관념에 의하여 해석되어야 한다는 원칙 등이 주장되기도 한다.

제2절 어음 · 手票行爲의 代理(代表)

I. 序 說

재산법적 법률행위인 어음 · 수표행위는 대리에 적합하므로 대리인에 의하여 할 수 있다. 어음 · 수표행위의 대리에 관하여 어음법 · 수표법은 무권대리인의 책임(어 8 · 77②, 수 11)과 추심위임배서(어 18 · 77①i, 수 23)에 관하여 규정하고 있을 뿐이므로, 그 방식 · 효력 등에 관하여는 民法의 대리에 관한 일반원칙이 적용된다. 어음 · 수표행위의 代理는 그 대리인이 대리의 方式(형식적 요건) 갖추어, 代理權을 갖고 그 범위 내에서 대리행위를 하여야 한다(실질적 요건). 대리에 친숙한 법률행위로서 실제로도 대리인에 의하여 빈번하게 이루어지고 있다. 어음법과 수표법상 대리에 관한 규정은 무권대리인에 관한 규정뿐이므로 대리에 관한 그 밖의 사항은 민법 또는 상법의 대리에 관한 일반원칙에 따라 해결한다. 다만 어음 · 수표행위의 문언성으로 인하여 약간의 수정적용이 필요하다.

타인에 의한 어음 · 수표행위가 유효하게 성립하기 위해서는, 기명날인 서명 등 形式的 要件과 타인에게 권한이 존재하는 등 實質的 要件이 충족되어야 한다. 他人에 의한 어음 · 수표행위는 그 형식에 따라 어음 · 수표행위의 代理와 어음(수표)행위의 代行(기관방식)이 구별된다. 전자는 대리인이 어음 · 수표상에 본인을 위한 것임을 기재하고(대리문구) 代理人의 기명날인 또는 서명을 하는 방식이고, 실질적 요건(대리권)을 갖추지 못한 경우 無權代理가 된다. 후자는 대행자가 직접 本人의 기명날인 또는 서명을 하는 방식이고, 권한 없이 이 방식을 취한 경우에는 어음 · 수표僞造가 된다.

회사 기타의 法人의 어음 · 수표행위는 대표기관이 법인의 명칭 및 대표관계를 표시하고 대표기관 자신의 기명날인 또는 서명을 하는 방식으로 하는데, 이것은 법인의 代表이며 이론상 代理의 경우와 구별하지만 실제상 동일하게 취급된다. 법인격 없는 조합의 代表組合員이 그 대표자격을 표시하고 기명날인 또는 서명하는 경우는 조합원 전원을 代理하여 어음 · 수표행위를 하는 것이 된다. 명의대여자의 어음 · 수표행위의 방식은 代行의 경우와 같으나, 명의대여자가 그 어음 · 수표행위의 당사자가 될 의사를 가진 것은 아니라는 점이 다르다.

II. 形式的 要件

어음·수표행위의 대리로서 효력이 발생하기 위한 형식적 요건은 본인의 표시, 대리관계의 표시(代理人) 및 대리인의 기명날인 또는 서명이다.

1. 本人의 表示

어음·수표행위를 대리할 때에는 반드시 본인을 표시하여야 한다. 본인의 표시는 성명·상호·통칭·아호·필명 등 본인임을 알 수 있는 명칭이면 된다. 만일 대리인이 어음·수표행위를 하는데 본인을 표시하지 아니한 경우에는 본인에게는 그 행위의 효과가 귀속하지 않고 대리인 자신만이 어음·수표행위자로서 책임을 진다(민115본문, 顯名主義).

2. 代理關係의 表示

대리관계의 표시방법에는 제한이 없으며 본인을 위하여 대리인의 자격으로 어음·수표행위를 하는 것임을 알 수 있는 정도이면 된다(대판 1973.12.13, 78다1567). 따라서 대리인·지배인·영업소장·친권자·후견인·이사 등의 기재가 있으면 대리관계의 표시로 볼 수 있다. 復代理人은 직접 본인을 대리하는 것이므로 자신의 대리자격을 표시하면 되고, 자기에게 대리권을 수여한 대리인을 표시할 필요는 없다. 民法에 의하면 대리인이 本人을 위한 것임을 표시하지 아니한 때에도, 相對方이 대리인으로서 한 것임을 알았거나 알 수 있었을 때에는 직접 本人에 대하여 효력이 있지만(민115단서), 어음·수표행위의 경우에는 이 규정이 적용되지 않는다(통설). 그러나 民法 제 115조 단서는 원인관계에는 적용되므로 代理人은 상대방에 대하여 그것을 인적 항변으로 주장하여 책임을 면할 수는 있다(통설).

3. 代理人의 記名捺印 또는 署名

대리인 자신의 기명날인 또는 서명이 요구된다. 대리인이 직접 자기의 기명날인 또는 서명을 하지 않고 본인의 기명날인 또는 서명을 한 때에는 앞서 설명한 기명날인의 代行이 된다. 법인은 스스로가 어음·수표행위를 할 수 없기 때문에 대표기관인 자연인이 어음·수표행위를 하여야 한다. 그러므로 법인의 어음·수표행위에는 대표기관(대리인)인 자연인의 기명날인 또는 서명이 반드시 있어야 한다. 대표기관인 자연인의 기명날인 또는 서명을 하지 않고 법인의 명칭만 기재하고 법인의 직인만을 찍은 어음·수표행위는 무효이다(대판 1999.10.8, 99다30367; 1999.3.9, 97다7745).

III. 實質的 要件

대리에 의한 어음・수표행위가 유효하게 성립하기 위해서는 전술한 형식적 요건 외에도, 대리인은 실질적으로 대리권이 있어야 한다. 대리인에게 대리권이 존재하는 경우에도 일정한 경우에는 본인의 이익을 위하여 그 행위에 대하여 대리권이 제한되는 경우가 있다.

1. 代理權의 存在

어음・수표행위에 관하여 대리권이 존재하는지의 여부는 대리권 일반에 관한 법리에 따른다. 임의대리권의 경우 어음・수표행위의 수권행위의 방식에 관하여도 현행법에는 규정이 없다. 그러므로 어음・수표행위의 수권행위는 어음・수표면에 기재하거나 또는 서면양식으로 할 필요가 없으며, 구두 또는 묵시적으로도 할 수 있다. 대리권이 없는 대리행위는 무권대리행위가 된다.

2. 代理權의 制限

본인과 대리인, 회사와 이사(사원)간의 이해의 충돌로 인한 폐단을 막기 위하여 규정한 민법 제124조(쌍방대리의 금지), 상법 제398조와 제199조(자기거래의 제한)가 어음・수표행위에도 적용되는가에 대하여는 견해가 나뉜다.

(1) 自己契約・雙方代理와 어음・수표행위

민법 제124조는 대리인의 자기계약・쌍방대리가 본인에게 불이익을 초래할 우려가 있으므로 금지하고 있는데, 이 규정이 어음・수표행위에도 적용되는가에 대하여는 학설이 대립한다. (i) 否定說은 어음・수표행위는 수단적・무색(無色)적 성질을 가지므로 본인과 대리인 사이에 새로운 이해의 충돌을 가져올 우려가 없고, 따라서 민법 제124조는 어음・수표행위에 적용되지 않는다고 한다. 그러나 (ii) 어음・수표행위는 원인관계상의 채무보다 더 엄격한 채무를 발생시키는 행위로서, 그 채무는 항변의 절단, 입증책임의 전환, 부도처분의 제재 등의 위험이 따르므로 민법 제124조가 적용되는 것으로 보아야 할 것이다(肯定說). 이 규정을 違反한 거래의 효력에 관하여 긍정설은 무권대리행위로서 무효이지만 선의의 제3자에 대하여는 무효를 주장할 수 없다고 보는 相對的 無效說이 타당하다고 본다(다수설・판례). 그러므로 제3취득자의 악의를 주장・입증하지 않으면 본인은 그 어음・수표행위의 무효를 주장할 수 없다.

(2) 理事·社員의 自己去來와 어음행위(상398·199)

상법 제398조(이사와 회사 간의 거래)와 제199조(사원의 자기거래)의 규정이 어음·수표행위에도 적용되는지(예컨대, X주식회사가 이사 A에 대하여 약속어음을 발행하는 경우, 이사회의 승인을 얻어야 하는지) 여부에 관하여는 학설이 나뉜다. 適用否定說에 의하면, 어음·수표행위는 기존의 법률관계의 바탕위에서 이루어지는 수단적 행위이므로 새로운 이해의 충돌의 우려가 없고, 따라서 상법 제398조·제199조 규정은 어음·수표행위에는 적용되지 않는다고 본다. 여기서 말하는 자기거래의 承認은 원인관계에 관한 것이므로 그 승인이 없어서 무효가 되면 그 무효를 인적 항변으로 주장할 수 있다고 한다. 이에 대하여 適用肯定說에 의하면, 어음·수표행위는 실질적 거래의 결제수단일 뿐 아니라 신용수단으로도 행해지며, 또 그것에 의하여 원인관계와 별개인 새로운 채무를 부담하고, 그 채무는 거증책임의 가중, 항변의 절단, 부도처분의 위험 등을 수반함으로써 원인관계상의 채무보다 더 엄격한 지급의무이므로 이해관계가 충돌할 우려가 크고, 따라서 상법 제398조의 규정이 어음행위에도 적용된다고 본다(다수설)(대판 1978.11.14, 78다513). 적용긍정설이 타당하다.

자기거래의 제한 규정을 違反한 거래의 효력에 관하여 적용긍정설은 유효설·무효설·상대적 무효설이 나뉜다. 원칙적으로 회사와 이사(사원)간에는 이 거래가 무효이지만, 어음·수표거래의 안전을 위하여 선의의 제3자에 대하여는 무효를 주장할 수 없다는 相對的 無效說이 타당하다고 본다(다수설)(대판 1965.6.22, 65다734; 대판 1994.10.11, 94다24626). 그러므로 제3취득자에 대하여는 그 자의 악의와 이사회 승인이 없었다는 사실을 주장·입증하지 않으면 그 어음행위의 무효를 주장할 수 없다(대판 2004.3.25, 2003다64688).

자기거래의 제한 규정은 회사의 이익을 위한 규정이므로 이사회의 승인을 요하는 어음·수표행위는 회사가 어음·수표채무를 부담하는 경우(예, 회사가 이사에 대하여 어음을 발행, 배서하는 경우)에 한하며, 회사가 어음·수표상의 권리자가 되는 경우(예, 이사가 회사에 대하여 어음을 발행, 보증하는 경우)에는 승인을 요하지 않는다고 본다(손주찬 95).

IV. 無權代理

민법상의 무권대리의 경우와 같이 어음·수표행위의 무권대리에도 표현대리와 협의의 무권대리가 있다. 어음·수표행위의 대리는 그 대리인이 代理의 方式(형식적 요건)을 갖추어, 代理權을 가지고 그 범위 내에서 대리행위를 하여야 하는데(실질적 요건), 이 실질적 요건이 결여된 경우에는 無權代理가 된다. 어음법·수표법은 협의의 무권대리와 월권대리(초권대리)에 관한 규정을 두고 있고(어 8·수 11), 表見代理에 관하여는 규정이 없으므로 민법(125·126·129) 및 상법(14·39·395)의 규정에 따른다. 본인은 무권대리행위를 追認할 수 있으며 추인을 한 경우에는 처음부터 대리권이 있었던 것과 같은 책임을 지게 된다(민133). 표현대리가 성립하는 경우에도 본인의 表見責任이 인정된다.

1. 表見代理

(1) 民法上의 表見代理

민법상 대리권수여의 표시에 의한 표현대리(민125), 권한을 넘은 표현대리(민126), 대리권소멸 후의 표현대리(민129)가 성립하는 경우에는 本人이 表見責任을 지게 된다. 무권대리인의 어음·수표행위가 표현대리로 되는 경우에도 본인이 책임을 지게 된다. (ii) 민법의 표현대리의 경우에는 제3자의 善意·無過失을 요건으로 하지만, 어음·수표의 경우에는 거래의 특질상 이를 수정하여 善意이고 重過失이 없으면 충분하다고 본다. 어음·수표행위의 표현대리에 있어서 보호되는 제3자의 범위에 관해서는, 직접의 상대방에 한한다는 견해(직접상대방한정설)가 있으나(소수설)(대판 1997.11.28, 96다21751), 고도의 유통성을 갖는 어음·수표에서는 거래의 안전을 보호할 필요가 크므로 어음·수표행위의 직접상대방뿐만 아니라 제3취득자도 포함된다고 보는 통설이 타당하다고 본다(제3취득자포함설). 직접상대방한정설에서는 선의의 제3취득자는 표현적 제도의 기초인 외관이론에 의해 보호될 수 있다고 한다(강위두·임재호 95).

(2) 商法上의 表見代理(代表)

1) 表見支配人이 어음·手票行爲를 한 경우　　상법은 표현대리 및 표현대표에 관하여 표현지배인·표현대표이사·부실등기된 지배인·대표이사 등을 규정하고, 명칭·지위·등기의 외관을 신뢰한 경우를 보호하고 있다. 본점 또는 지점의 영업주임 기타 유사한 명칭을 가진 사용인은 본점 또는 지점의 支配人과 동일한 권한이 있는 것으로 본다. 그러므로 이러한 표현지배인이 어음·수표행위를 한 경우에는 선의의 상대방에 대하여 영업주(본인)가 책임을 지게 된다(상14).

2) 表見代表理事가 어음·手票行爲를 한 경우　　사장·부사장·전무·상무 기타 회사를 대표할 권한이 있는 것으로 인정될 만한 명칭을 사용한 理事(표현대표이사)의 행위에 대하여는 그 이사가 회사를 대표할 권한이 없는 경우에도 會社는 선

의의 제3자에 대하여 그 책임을 진다(상395). 그러므로 이러한 표현대표이사가 어음·수표행위를 한 경우에는 회사는 선의의 어음·수표취득자에 대하여 책임을 지게 된다.

3) **不實登記된 支配人·代表理事 등이 어음·手票行爲를 한 경우** 지배인·대표이사로 선임되지 아니한 자를 고의 또는 과실로 선임등기한 때에는, 그 부실등기된 자가 어음·수표행위를 한 경우에 영업주·회사는 善意의 어음·수표취득자에 대하여 어음·수표상의 책임을 지게 된다(상39).

4) **權限이 制限된 支配人·代表理事 等이 어음·手票行爲를 한 경우** 지배인의 대리권은 상법에 명시되어 있으며, 이를 제한하여도 그 제한은 선의의 제3자에게 대항하지 못한다(상11①③). 인적 회사의 대표사원(상209②, 269) 및 물적 회사의 대표이사(상389③, 567)의 권한도 동일하다. 이들 회사대표(대리) 기관자가 제한된 권한을 넘어서 어음·수표행위를 한 경우에는 회사는 선의의 어음·수표 취득자에 대하여 어음·수표당사자로서의 책임을 진다.

2. 狹義의 無權代理

(1) 無權代理人의 責任

대리권 없이 타인의 대리인으로서 어음·수표를 기명날인 또는 서명한 자는 그 어음·수표상의 책임을 진다(어8, 수11). 본래 무권대리인은 타인을 위하는 의사로써 한 것이므로 어음·수표상의 채무를 부담할 것은 아니지만, 선의로 어음·수표를 취득한 자는 그 대리인에 의한 어음·수표 행위의 효과가 발생할 것을 기대하고 그 어음·수표를 취득하며, 또 타인의 대리인으로서 기명날인 또는 서명한 자는 자기가 대리권을 가지고 있음을 표시한 자이므로, 그 진실에 대하여 책임을 져야 하기 때문이다. 이와 같이 법의 의도는 선의의 어음·수표취득자를 보호함으로써 어음·수표의 신용을 높이고 유통을 원활하게 하려는 것이므로, 상대방이나 어음·수표취득자가 무권대리임을 알고 있는 경우에는 보호할 필요가 없고 어음법 제8조(수11)는 적용의 여지가 없다.

(2) 無權代理人의 責任의 性質과 範圍

1) **狹義의 無權代理人의 경우** 무권대리인은 그가 대리권을 가졌더라면 本人이 부담하였을 책임과 같은 내용의 책임을 진다(어 8·77②, 수 11). 무권대리인은 유권대리의 경우라면 본인이 주장할 수 있었을 抗辯으로 대항할 수 있다. 또한 무권대리인 자신이 어음·수표의 소지인에 대하여 갖는 모든 항변을 주장할 수 있다.

2) 권한을 넘은 **代理의 경우**   대리인이 권한을 초과하여 어음·수표행위를 한 경우에는 그 어음·수표에 의하여 의무를 부담한다(어 8조3문·수 11조3문). 이 경우 그는 어음·수표금액 전액에 대한 이행책임을 지며 본인은 이와 병행하여 그 권한을 수여한 범위 내에서 책임을 진다(전액책임설·책임병행설·중첩책임설; 통설; 이에 대하여는 책임분담설이 있다).

(3) 無權代理行爲의 追認 등

본인은 무권대리행위를 追認할 수 있으며 추인의 상대방은 직접의 상대방 뿐만 아니라 소지인을 포함한다. 어음·수표행위는 추인에 의하여 무권대리 행위시에 소급(遡及)하여 완전한 효력을 발생한다(민133). 무권대리인은 추인을 얻지 못하면 책임을 져야 한다. 무권대리인의 責任發生時期에 관하여는 추인이 거절되면 무권대리인의 책임이 발생한다고 보는 설[정지조건설]이 있으나 무권대리인의 책임은 무권대리행위에 의해 먼저 발생하고 이 추인이 있으면 소멸하는 것으로 본다(해제조건설). 추인거절에 의하여 무권대리인의 책임이 발생한다고 보고 所持人이 본인의 추인거절의 사실을 입증하면 되고 대리권흠결의 사실을 입증할 필요는 없다는 견해가 있으나(다수설), 자칭(自稱)대리인이 그 책임을 면하기 위해서는 대리권의 존재를 입증하여야 할 것이다.

(4) 어음·수표上의 義務를 履行한 無權代理人의 權利

무권대리인이 어음·수표금액을 지급한 경우에는 本人과 같은 권리를 가진다(어 8조2문·77②, 수 11조2문). 그러므로 무권대리인은 본인이 그 전자에 대하여 가질 상환청구권을 행사할 수 있고, 주(主)채무자(약속어음의 발행인이나 환어음의 인수인)에 대한 권리도 갖게 된다. 어음·수표채무자는 그 어음·수표관계와 직접 관련하여 본인 및 무권대리인에 대하여 가지고 있는 모든 抗辯을 주장할 수 있다.

V. 名義貸與에 의한 어음·手票行爲

1. 商法 제24조와 名義貸與者의 어음·手票의 責任

상법 제24조에 의하면 타인에게 자기의 성명 또는 상호를 사용하여 영업을 할 것을 허락 한 자는 자기를 영업주로 오인하여 거래한 제3자에 대하여 그 타인과 연대하여 변제할 책임이 있다. 이 규정은 외관을 신뢰한 제3자를 보호하기 위하여 명의대여자의 연대책임을 인정한 것이다. 이 규정이 어음·수표행위에도 적용되는지 여부에 관하여는 두 가지 경우로 나누어 논의된다.

2. 어음·手票行爲에 관한 名義貸與와 代理와의 差異

명의대여에 의한 어음·수표행위는 단지 타인이 자기의 성명을 사용하여 어음·수표행위를 할 것을 허락한 것에 불과하고, 어음·수표행위의 대리(또는 代行)의 경우와 같이 본인 자신(명의대여자)이 그 어음·수표행위의 당사자가 될 의사를 가진 것은 아니라는 점에서 이 양자는 다르다.

3. 名義貸與의 두 가지 경우

명의사용이 허락된 영업과 관련하여 어음·수표행위를 한 경우에는, 명의대여자가 상법 제24조에 의하여 어음·수표상의 책임을 진다(통설)(대판 1969.3.31, 68다2270; 대판 1970.9.28, 70다1703)(반대설: 이철송 113). 어음·수표행위에 관해서만 명의사용이 허락된 경우에 명의대여자의 책임에 관해서는 학설이 대립한다. (i) 책임을 否定하는 설에서는, 상법 제24조는 명의사용인이 영업을 할 것을 허락한 경우를 위한 규정이므로 어음·수표행위만을 위해 명의대여한 경우에 적용할 것이 아니라 하고, 이 경우에 명의대여자의 책임은 표현대리, 권리외관이론 또는 서명대리의 문제로 해결하여야 할 것으로 본다(최기원 176, 정동윤 93, 이철송 113). 그러나 (ii) 제3자의 외관신뢰를 보호하기 위하여 어음·수표행위에 관해서만 명의사용을 허락한 경우에도 상법 제24조를 유추적용하여 명의대여자의 어음·수표상의 책임을 인정하는 설이 타당하다고 본다.

제3절 어음·手票의 僞造와 變造

I. 序　說

어음·수표의 위조와 변조는, 권한이 없이 타인 명의로 어음·수표행위를 하거나(위조) 또는 어음·수표의 기재 내용을 변경하는(변조) 사실행위로서, 이로 인해 타인에게 책임이 귀속되거나 책임의 내용이 변경되게 하는 행위이다. 어음·수표의 요식성과 문언성을 존중하여 어음·수표 유통의 안전을 확보하여야 한다는 외관(外觀)존중의 요구와 진실(眞實)은 존중되어야 한다는 요구의 조화가 문제로 된다.

II. 僞 造

1. 意 義

어음·수표의 위조(forgery)는 권한이 없는 자가 타인의 記名捺印 또는 署名을 위작(僞作)하여 어음·수표행위를 하는 것을 말한다. 위조의 대상인 어음·수표행위에는 발행뿐만 아니라 배서·인수·보증 등을 포함하며, 피위조자는 사망한 자나 가설인이라도 관계없다. 위조는 도취 또는 위조한 인장이나 자기가 맡고 있는 인장을 사용하거나, 타인의 기명날인 또는 서명이 있는 종이를 권한 없이 이용하는 등의 방법으로 이루어진다. 위조자의 故意 또는 過失은 요하지 않는다(통설).

(1) 變造와의 差異

변조는 권한 없이 기명날인 또는 서명 이외의 기재사항을 변경하여 어음·수표채무의 內容을 변경하는 것이고, 위조는 기명날인 또는 서명을 위작하여 어음·수표채무의 귀속 주체(主體)를 사실과 다르게 만들어 내는 것이다.

(2) 無權代理와의 차이

위조의 경우에는 피위조자의 기명날인 또는 서명만 있고 위조행위자의 기명날인 또는 서명은 나타나지 않으나, 무권대리의 경우에는 어음·수표에 무권대리행위를 한 자의 기명날인 또는 서명이 나타난다. 또한 위조는 권한이 없는 자가 代行방식으로 어음·수표행위를 하는 경우이고, 무권대리는 代理방식으로 어음·수표행위를 하는 경우이다.

2. 效 果

(1) 被僞造者의 責任

1) 개   관   피위조자는 누구에 대하여도 책임을 지지 않는 것이 원칙이다. 자신이 어음·수표행위를 한 바도 없고 또 타인에게 대행시킨 것도 아니기 때문이다. 이것은 피위조자에게 중과실이 있거나 위조 상대방이 선의인 경우에도 같다(대판 1965.10.19, 65다1726). 위조의 항변은 물적 항변이다(통설)(대판 1992.7.28, 92다18535). 위조된 어음·수표의 경우에도 피위조자가 소급효를 인정하는 추인을 할 수 있는지에 관하여는 학설의 대립이 있다. 肯定說은 위조의 경우에도 무권대리에 관한 규정(민130)을 유추적용하여 추인을 인정해야 한다고 한다. 그 이유로서 위조와 무권대리는 외형적으로 대리의 방식과 대행방식의 차이가 있을 뿐 실질적인 차이가

없고, 윤리성에서도 별 차이가 없으며, 추인에 의하여 어음·수표거래의 안전을 도모할 수 있다는 등을 제시한다. 그러나, 위조의 경우에는 위조자나 피위조자의 어음·수표행위가 존재하지 않고, 위조된 기명날인 또는 서명은 절대적으로 무효이므로, 추인에 의하여 本人에게 효력을 생기게 할 수 없다고 본다(否定說). 다만 本人이 무효임을 알고 추인을 한 경우에는 새로운 어음·수표행위를 한 것으로 인정되고 (민139 단서) 소급효는 인정되지 않는다.

위조자에게 그러한 어음·수표행위를 할 수 있는 권한이 있다고 제3자가 믿을 만한 사유가 있고, 그 제3자의 신뢰에 대하여 피위조자의 책임이 인정되는 경우에는, 거래의 안전을 위하여 표현대리에 있어서와 같이 피위조자에게 책임이 인정된다고 본다(통설)(대판 2000.3.23, 99다50385). 이 경우의 제3자는 직접상대방에 한한다 (대판 1997.11.28, 96다21751). 위조자가 피위조자의 사용인(피용자)이고, 위조가 사무집행에 관하여 이루어진 경우에는, 그로 인하여 제3자가 입은 손해에 대하여 피위조자는 사용자로서 손해배상책임을 진다(민756)(통설)(대판 1992.6.12, 91다40146). 사용자와 피용자의 관계는 반드시 고용계약관계가 아니더라도 사실상의 지휘·감독의 관계이면 된다. 이 경우 제3자는 선의·무중과실일 것을 요한다. 악의 또는 중과실에 대한 입증책임은 사용자가 진다.

2) **信義則上의 責任**　　피위조자가 위조의 항변을 주장하는 것이 신의칙에 반하는 경우에는 피위조자는 어음·수표상의 책임을 져야 한다. 가령 동일한 위조자의 위조 어음·수표에 대한 支給을 반복함으로써 어음·수표의 위조를 계속하도록 한 경우에는 책임을 져야할 것이다. 이 책임은 독일의 판례·학설에서 인정되고 영미에서는 금반언 법리에 의하여 인정되고 있다.

3) **被僞造者에 의한 어음·手票金의 支給**

⑺ **僞造임을 알면서 支給한 경우**　　피위조자가 위조어음·수표임을 알면서 어음·수표금을 지급한 경우에는(악의의 지급), 민법 제139조 단서(무효행위의 추인)를 유추하여 유효한 지급으로 보아야 할 것이다(대판 1969.10.14, 69다1237; 1969.10.14, 69다1237).

⑻ **僞造임을 모르고 支給한 경우**　　피위조자가 위조 어음·수표임을 모르고 지급한 경우에는(선의의 지급) 반환을 청구할 수 있으나, 지급이 있었기 때문에 어음·수표상의 권리의 보전절차를 밟지 않고 이로 인하여 어음·수표상의 권리를 잃은 자에 대하여는, 착오에 의한 지급임을 이유로 어음·수표금의 반환을 청구할 수 없다(민744, 745, 통설)(대판 1994.11.22, 94다20709).

(2) 僞造者의 責任

1) 어음・手票上의 責任   어음・수표가 위조된 경우에 위조자가 민・형사상의 책임을 지는 외에 어음・수표상의 책임을 지느냐에 관하여는 상반된 주장이 있다.

(가) 僞造者責任否定說   어음・수표위조의 경우에는 어음・수표증권면에 위조자명의의 기명날인 또는 서명이 없으므로 위조자에게 어음・수표상의 채무를 부담시킬 근거가 없고 또 제3자가 위조자를 신뢰할 우려도 없다. 그러므로 어음・수표의 文言性에 따라 위조자는 어음・수표상의 책임이 없다(종래의 통설).

(나) 僞造者責任肯定說   위조를 한 자가 어음・수표상의 책임을 진다고 하는 견해로서 그 근거에 관하여 두 가지 다른 입장이 있다.

① 무권대리행위(어 8・77②, 수 11) 유추적용설   무권대리인의 책임은 本人이 어음・수표상의 책임을 지는 것처럼 표시한 것에 대한 특수 담보책임인데, 위조자는 한층 더 직접적인 형식으로 피위조자가 책임을 지는 것처럼 표시하였으므로 無權代理人에 준하여 어음・수표상의 책임을 인정하여야 한다.

② 위조자행위설   위조자는 자기명의이던 타인명의이던 간에 어음상에 기명날인 또는 서명을 하였으므로 채무부담의 의사가 있는 것으로 보아야 하며 거래의 안전을 위하여 어음・수표상의 책임을 져야 한다(최기원 199).

(다) 검 토   위조의 경우에는 어음・수표상에 위조자의 기명날인 또는 서명이 나타나 있지 아니한 경우로서 無權代理와는 그 방식에 있어서 다르므로 무권대리행위의 유추적용은 적절치 않다. 또 僞造者行爲說이 위조자가 채무부담의 의사를 가지고 피위조자의 명의를 사용한다고 보는 것은 의사표시의 해석상 지나친 의제라 생각된다. 그러므로 위조자에게 불법행위책임이나 형사상 책임은 있을 수 있으나, 어음・수표상의 책임은 없다고 본다(부정설). 실제로도 위조자에게 불법행위책임 이외에 별도로 어음・수표상의 책임을 물을 실익이 있는지 의문이다(이철송 136).

2) 민사상 및 형사상의 責任   위조자는 위조행위로 인하여 손해를 입은 소지인에 대하여 민법상 불법행위에 의한 손해배상책임을 부담한다(민 750). 이 경우의 손해액은 취득자가 대가를 지급하였을 때에는 그 대가를 기준으로 한다(대판 1992. 5.23, 91다43848). 또한 위조자는 형법상 유가증권위조죄로서 제재를 받게 된다(형 214 이하).

(3) 僞造 어음・手票에 記名捺印 또는 署名한 자의 責任

위조 어음・수표에 다른 어음・수표행위가 있는 경우에는 그 어음・수표행위자는 어음·수표행위독립의 원칙에 의하여 어음·수표상의 책임을 진다(어 7·77②, 수 10). 이 경우에 위조의 사실에 대한 선의·악의를 불문한다.

3. 어음·手票僞造의 立證責任

어음위조의 입증책임에 관하여는 학설이 나뉜다. 被僞造者立證說에서는 어음법 제16조 1항의 권리추정력 인정, 소지인에게 입증책임을 지울 경우의 유통성 저해, 주장하는 자가 입증책임을 져야 한다는 일반원칙 등을 이유로 든다. 그러나 어음법 제16조 1항의 권리추정은 어음이 진정한 것임을 전제로 하는 것이며, 또 아무런 귀책사유가 없는 피위조자에게 입증책임을 부담시키는 것은 가혹하므로 所持人立證說이 타당하다고 본다. 대법원도 종래의 피위조자입증설의 입장(대판 1987.7.7, 86다카2154)을 변경하여, 소지인입증설을 취하고 있다(대판 1993.8.24, 93다4151; 1998.2.10, 97다31113).

III. 變 造

1. 意 義

(1) 意 義

어음·수표의 변조라 함은 권한 없이 기명날인 또는 서명 이외의 기존 문구를 변경하는 것을 말한다. 변조의 대상이 되는 문구는 어음·수표상의 효력을 갖는 것이어야 하며, 어음·수표요건은 물론 유익적 기재사항 및 무익적 기재사항을 포함한다. 그리고 변조자에게 故意 또는 過失이 있음을 요하지 않는다. 또한 모든 어음·수표관계자 전원의 동의를 얻어 어음·수표의 내용을 변경한 경우에는 변조가 아니다(대판 1996.10.11, 94다55163). 變造의 方法으로는 기존의 기재사항을 변경 또는 말소하거나, 새로운 문구를 추가하는 등 제한이 없다. 변조로 인하여 형식상의 어음·수표요건이 흠결되거나 유해적 기재사항이 추가된 때에는 변조가 아니고 어음·수표의 훼멸(毁滅)이 된다.

(2) 記名捺印 또는 署名의 變更

記名捺印 또는 서명의 변경은 ⓐ 위조로 보는 설(서돈각·정완용, 88)이 있으나, ⓑ 기존의 진정한 기명날인 또는 서명의 면에서 보면 변조가 되고, 권한 없이 변경된 새로운 기명날인 또는 서명의 면에서는 위조가 되는 것으로 본다(다수설).

(3) 白紙어음·手票의 補充權의 濫用과 變造

백지어음·수표의 보충권을 남용하여 미리 합의한 바와 다른 보충을 하는 것(어10, 77②, 수13)은 변조가 아니다. 왜냐하면 이 경우는 미완성어음·수표에 있어서의 不當補充이지, 기존의 완성 어음·수표의 내용을 변경하는 것이 아니기 때문이다. 백지어음·수표의 보충권을 남용하여 미리 합의한 바와 다른 보충을 하는 것은, 이미 존재하는 기존문언을 변조 대상으로 하는 변조와는 다르다. 그러나 白地어음·수표 중의 기존의 유효한 기재사항을 권한 없이 변경하는 경우에는 변조가 된다(통설)(대판 1996.10.11, 94다55163 참조).

2. 效 果

(1) 變造 前에 記名捺印 또는 署名한 者의 責任

1) 원文言에 따른 責任   변조 전에 어음·수표에 기명날인 또는 서명을 한 자는 원래 문구(즉 기명날인 또는 서명 당시의 문구)에 따라 책임을 진다(어 69·77①vii, 수 50). 이것은 변조 전에 기명날인 또는 서명한 자는 원래 문구를 전제로 하여 어음·수표행위를 한 것이고, 원래 문구에 따라 이미 발생한 책임이 변조에 의하여 소멸될 것도 아니기 때문이다. 변조 전에 어음·수표에 기명날인 또는 서명한 자는, 변조 전의 문구가 인식할 수 있는 정도의 흔적을 남기고 있지 않은 경우나 변조의 결과 어음·수표의 요건이 결여된 경우에도 원래 문구에 따라 책임을 지게 된다.

2) 어음·手票要件이 缺如된 경우   변조의 결과 요건이 결여된 경우에도 원문언에 따라 책임을 부담하나, 다만 이러한 경우에 어음·수표소지인은 그 요건이 결여된 어음·수표를 가지고 변조 전의 기명날인자 또는 서명자의 책임을 물을 수 있는가 또는 어음·수표는 멸실한 것으로 하고 제권판결을 얻어서 청구할 수 있는가 하는 것이 문제되겠으나, 전자와 같이 이해하는 것이 옳을 것이다. 즉 변조 전의 문언을 증명하고 그 어음·수표를 가지고 변조 전의 기명날인자 또는 서명자의 책임을 물을 수 있다.

3) 원文言의 責任이 더 무거운 경우   변조 전의 기명날인자 또는 서명자의 이 책임은 원문언에 의한 책임이 변조 후의 문언에 의한 책임보다 무거운 경우에도 역시 변조 전의 문언에 따라 책임을 지게 된다. 그러나 변조 전의 기명날인 또는 서명자도 변조된 문언의 내용에 동의한 경우에는 변조 후의 문언에 따라서 책임을 진다.

4) 變造와 權利外觀論   변조 전의 기명날인자 또는 서명자가 부주의로 변조하기 쉽도록 한 경우에는 권리외관법리에 따라 선의의 취득자에 대하여 변조 후의 문언에 의한 책임을 진다고 하는 견해가 있는데 기명날인자 또는 서명자의 과실에

대한 책임에 권리외관론을 적용하는 이론으로서 긍정적으로 이해할 수 있다.

(2) 變造者의 責任과 權利

어음·수표문언을 단순히 변경하는 데 그치고 어음·수표행위를 하지 않은 자는 어음·수표상의 책임은 지지 않는다(통설). 이에 대하여는 기명날인 또는 서명을 아니한 변조자도 무권대리에 관한 어음법 제8조(수11)의 유추적용에 의하여 변조 후의 문언에 따라 책임을 진다고 하는 견해가 있으나, 무권대리인의 기명날인 또는 서명은 어음·수표면에 나타나지만 변조자의 그것은 어음·수표에 나타나지 않으므로 제8조(수11)의 유추적용에는 무리가 있다. 변조자가 변조와 동시에 어음·수표행위를 한 경우에는 변조 후의 기명날인자 또는 서명자로서 그 어음·수표의 문언에 따라서 책임을 진다. 어음·수표소지인이 변조를 한 경우에도 자기의 전자인 변조 전의 기명날인자 또는 서명자에 대하여는 변조 전의 문언에 따른 권리를 행사할 수가 있다(통설). 변조자가 변조로 인하여 제3자에게 손해를 발생시킨 경우에는 민법 제750조에 의하여 불법행위에 기한 손해배상책임을 진다. 변조자가 행사할 목적으로 어음·수표를 변조한 경우에는 형법 제214조에 의한 유가증권변조죄의 책임을 지기도 하고, 어음·수표를 변조하여 재물의 교부를 받거나 재산상의 이익을 취득한 경우에는 형법 제347조에 의한 사기죄의 책임을 지기도 한다.

(3) 變造 後에 記名捺印(또는 署名)한 자의 責任

변조 후에 기명날인 또는 서명을 한 자는 변조된 문구에 따라 책임을 진다(어 69·77①, 수 50). 어음·수표행위를 할 당시에 변조된 문구를 자기의 의사표시의 내용으로 하였으므로 당연한 결과이다. 어음·수표행위독립의 원칙의 한 표현이다. 그러나 변조로 인하여 어음·수표요건이 결여되어 어음·수표가 形式的으로 無效로 된 후에 기명날인(또는 서명)을 한 자는 어음·수표상의 책임이 없다. 기명날인 또는 서명을 한 자는 변조의 사실에 대하여 선의이던 악의이던 관계없이 책임을 진다.

(4) 變造 어음·手票의 支給人의 責任

지급인이 변조 전의 기명날인자 또는 서명자와 지급인 간의 계약으로 변조 전의 기명날인자 또는 서명자의 계산으로 변조 어음·수표를 지급한 경우, 지급인은 변조 전의 기명날인자 또는 서명자에게 어떠한 책임을 부과하여야 할 것인가? 특히 어음·수표금액이 변조로 인하여 증액된 경우에 증액된 부분에 대하여 그 손실을 지급인이 부담할 것인가 아니면 변조 전의 기명날인자 또는 서명자가 부담할 것인가의 문제가 있다. 이에 대하여도 위조 어음·수표의 지급인의 경우와 같이 어음법 제40조 3항(수35)이 아니라, 특별법규·면책약관 또는 상관습에 근거하여 지급인에게 고의·과실이 없으면 지급인은 면책된다. 이 경우 지급인에게 과실이 있으면 변조 전의 기명날인자 또는 서명자는 지급인에 대하여 변조로 인하여 초과 지급된 부분에 대하여 손해배상청구권을 갖고, 변조 후의 금액을 지급받은 자에 대하여도 부당이득반환청구권을 갖는다(대판 1992.4.28, 92다4802).

(5) 滿期를 變造한 경우의 어음債務者의 責任

어음에 기재된 만기가 변조된 경우에 권리보전을 위한 지급제시나 거절증서작성 등의 기간은, 변조 前에 기명날인 또는 서명한 자는 원래문구를 만기를 기준으로, 변조 後에 기명날인 또는 서명을 한 자는 변조된 만기를 기준으로 한다.

(6) 受取人의 記載를 變造한 경우

어음상의 수취인의 기재가 변조된 경우에도 배서가 형식적으로 연속된 어음의 소지인은 적법한 소지인으로 추정되어 발행인에 대하여 어음청구를 할 수 있다(어16).(대판 1989.10.24, 88다카20774).

3. 變造의 立證責任

변조 여부 및 시기의 입증책임에 관하여 通說은 어음의 외형상 변조가 명백한 경우와 명백하지 아니한 경우를 구별한다(구별설). 즉 변조의 사실이 명백한 경우에는 어음·수표의 所持人이 원래문구, 변조 여부, 기명날인 또는 서명의 시점이 변조 전인지 또는 변조 후인지 등을 입증하여야 하며(대판 1987.3.24, 86다카37), 변조의 사실이 명백하지 아니한 경우에는 어음·수표債務者(변조를 주장하는 자)가 원래문구 및 변조가 있었다는 사실을 입증하여야 한다(대판 1990.2.9, 89다카14165)고 본다.

이에 대하여는 입증책임은 항상 所持人에게 있다고 한다는 소수설이 있다(구별부인설). 어음·수표채무자가 변조가 있음을 주장하는 것은 소송법상 채무부담의 간접부인이므로, 어음·수표채무자가 부담할 채무내용에 관한 입증책임은 항상 소지인에게 있다고 한다(정동윤). 그러나 변조의 사실이 명백한 경우에는 소지인의 변조의 입증이 필요하지 않을 것이고, 또 외형상 명백하지 아니한 경우에도 소지인에게 입증책임을 지우는 것은 지나치다고 본다.

통설은 이상과 같이 어음·수표상 변조가 명백한 경우와 명백하지 아니한 경우를 구별하고 있으나(구별설), 이에 대하여는 이설이 있다. 그에 따르면 이 두 가지 경우를 구별함이 없이 채무자가 부담할 채무의 내용에 관한 입증책임은 항상 소지인에게 있다고 한다(구별부인설).

제4절 白地어음·手票

I. 意 義

백지어음·수표는 어음·수표요건의 전부 또는 일부를 기재하지 않은 채 그대로 기명날인 또는 서명하여 유통상태에 두고 그 기재하지 않은 요건을 보충(補充)할 권한을 소지인에게 부여한 미완성의 어음·수표이다. 보충권수여가 없이 어음요건을 구비하지 않은 불완전어음과 다르다.

II. 要 件

1. 白地어음·手票行爲者의 記名捺印 또는 署名의 存在

적어도 하나의 기명날인 또는 서명은 있어야 한다. 그것은 발행인의 기명날인 또는 서명이 아니어도 무방하며, 인수인·배서인·보증인의 기명날인 또는 서명이 먼저 존재할 수도 있다(통설). 捺印만 있고 기명이 없는 경우에는 소지인에게 보충권을 부여한 것으로 보아 백지어음·수표로 인정하는 것이 타당할 것이다.

2. 어음(手票)要件의 全部 또는 一部의 欠缺

어음·수표요건의 일부 또는 전부의 기재가 없어야 한다. 흠결되는 어음·수표요건에는 제한이 없으며 어음·수표문구, 지급위탁(약속)문구, 발행인 기재의 흠결도 백지어음·수표가 된다.

3. 白地補充權의 存在

어음·수표행위자는 기재되지 않은 어음·수표요건을 所持人으로 하여금 補充하게 할 의사를 가지고 그 어음을 유통상태에 두어야 한다. 보충권의 발생 및 존재 유무에 관하여는 주관설, 객관설, 절충설이 나뉜다.

主觀說에 의하면 보충권은 기명날인 또는 서명자의 意思를 표준으로 판단하여야 하며, 기명날인 또는 서명자와 상대방의 명시적 또는 묵시적 합의(보충권수여계약)에 의하여 발생한다고 본다. 客觀說에 의하면 어음·수표의 外觀上 백지보충이 예정되어 있는 어음·수표는 기명날인 또는 서명자의 주관적 의사에 관계없이, 백지어음·수표로 보아야 한다고 한다. 인쇄된 어음 용지의 요건의 내용부분을 채우지 않으면 백지어음으로 본다.

折衷說에 의하면 보충권의 유무는 원칙적으로 기명날인 또는 서명자의 意思를 표준으로 하지만, 어음·수표의 外觀上 백지부분의 보충이 예정되어 있고 그러한 서면임을 알거나 알 수 있는 사정 아래서 기명날인 또는 서명을 한 이상 보충권의 존재를 인정하여 백지어음이 성립한다고 한다(통설)(대판 1966.10.11, 66다1646).

생각건대 主觀說은 기명날인 또는 서명자의 주관적 의사를 표준으로 보충권 유무를 판단하므로 거래안전을 해칠 우려가 있고, 客觀說은 보충권을 수여하는 기명날인 또는 서명자의 의사를 전혀 무시하게 되어 부당하다. 백지어음·수표행위자의 의사를 존중하고 유통과정에서 선의의 취득자의 보호를 고려할 때 折衷說이 타당하다고 본다. 그러므로 인쇄된 어음·수표용지를 사용하는 경우에 어느 요건의 난을 기재하지 않고 기명날인 또는 서명하여 교부한 경우에는 보충이 예정되어 있는 백지어음·수표로 추정할 수 있을 것이다(대판 1966.10.11, 66다1646). 판례는 백지보충권을 수여할 의사로 발행한 것이 아니라는 것에 관한 입증책임은 발행인에게 있다고 한다(대판 1984.5.22, 83다카1585).

III. 性   質

백지어음·수표의 법적성질에 관하여는 ⓐ 어음·수표의 일종 또는 어음·수표와 유사한 것이라는 설과 ⓑ 특수한 유가증권이라는 설이 있다. 백지어음·수표는 요건 불비의 미완성어음·수표이므로 완전한 어음·수표라고 할 수 없고, 백지부분의 보충권과 보충이 되면 완전한 어음·수표상의 권리를 취득하게 된다는 기대권을 표창하는 특수한 유가증권이라고 본다(특수유가증권설).

IV. 準白地어음·手票

발행인이 어음·수표요건(필요적 기재사항) 이외에 유익적 기재사항(예, 지급장소·이자문구)을 기재하지 않고 후일 소지인이 보충하게 할 의사로써 어음·수표를 교부하는 수도 있다. 이것을 준백지어음·수표라 하며, 그 경우에도 白地어음·수표에 관한 규정(어 10·77②, 수 13)을 유추적용하여야 할 것이다(통설).

V. 白地補充權

1. 補充權의 意義 및 性質

백지어음의 보충권은 백지어음·수표의 소지인이 기재되지 아니한 어음·수표 요건을 보충하여 완전한 어음·수표로 만들 수 있는 권리를 말한다. 보충권은 미완성어음·수표를 완전한 어음·수표로 완성시켜 그 위에 행하여진 어음행위의 효력을 발생케 하는 것이므로 그 性質은 형성권이다(통설).

2. 補充權의 內容

보충권은 그 계약에 의하여 한정된 구체적인 권리로서 어음법 제10조(수13)는 어음·수표거래의 안전을 보호하기 위하여 그러한 제한의 합의는 악의 또는 중과실이 없는 제3자에게 대항할 수 없도록 규정한 것이다(어음外契約說). 보충권은 백지어음·수표행위자의 사망, 무능력, 대리권의 흠결 등에 의하여 영향을 받지 않으며(통설), 이를 일단 부여한 이상 백지어음·수표를 회수하지 않고 보충권만을 철회하거나 제한할 수는 없다.

3. 補充權의 濫用(不當補充)

백지어음·수표가 부당 보충된 경우에는 그 백지어음·수표에 기명날인한 자는, 소지인에게 악의 또는 중대한 과실이 없는 한, 부당하게 보충된 내용에 따라 어음·수표상의 책임을 져야한다. 예컨대 어음·수표금을 100만원으로 보충하여야 할 백지어음·수표에 200만원으로 보충한 경우에는 200만원을 지급할 책임이 있고, 백지어음·수표의 취득자에 대하여 부당보충이라고 항변할 수 없다(어 10·77②, 수 13)(대판 1966.4.6, 66다276). 그 이유는 백지어음·수표행위자의 경우, 자기가 보충권을 부여한 상대방의 신뢰위반으로 인하여 생긴 결과에 대한 책임을 선의인 제3자에게 떠넘기는 것은 부당하기 때문이다.

그러나 소지인이 惡意 또는 重大한 過失로 인하여 부당 보충된 어음·수표를 취득한 때에는 人的抗辯으로 대항할 수 있다(어 10·77②, 수 13). 이 경우의 惡意는 백지어음·수표가 부당하게 보충되었다는 것을 아는 것을 말하며, 어음법 제17조 단서(어77①i, 수22)의 경우처럼 채무자를 해할 것을 알 필요는 없다(다른 견해로는, 대판 1995.6.30, 95다10600). 重大한 過失은 조금만 주의를 기울였어도 부당보충의 사실을 알 수 있었음에도 불구하고 그와 같은 주의조차 게을리 하고 어음을 취득한 것을 말한다. 보충권의 존재나 내용에 관하여 발행인(또는 기명날인자)에게 확인하지 않고 취득한 경우에 중과실을 인정한 대법원판례가 있다(대판 1978.3.14, 77다2020; 대판 1995.8.22, 95다10945). 惡意 또는 중대한 과실의 存在時期는 백지어음·수표의 취득시를 기준으로 한다(통설). 한편 소지인이 惡意·重過失로 취득한 경우라 하더라도, 백지어음·수표에 기명날인 또는 서명한 자는 자신이 보충권을 수여한 범위 내에서는 당연히 책임을 져야 한다(대판 1999.2.9, 98다37736).

백지어음·수표가 부당하게 보충된 後에 선의로 취득한 자는 어음법·수표법에 의하여 보호를 받는데(어 10·77②, 수 13), 백지어음·수표가 보충되기 前에 본래의 보충권의 범위보다 더 넓은 범위의 보충권이 있는 것으로 믿고 취득한 자가 본래의 보충권 범위를 넘어서 보충을 한 경우에도 어음법·수표법(어 10·77②, 수 13)에 의하여 보호되는가에 관하여는 학설이 나뉘어 있다. 否定說은 어음법·수표법의 규정(어 10·77②, 수 13)은 이미 백지가 보충되어 정상적인 외관을 가진 어음·수표를 신뢰하고 취득한 자를 보호하기 위한 규정이라고 본다. 그러나 어음·수표의 유통성 및 선의자 보호의 취지를 고려하여 일정한 범위의 보충권의 존재를 신뢰하고 백지어음·수표를 취득한 자도 보호할 필요가 있고, 조문상으로도 보충이 어음·수표의 취득 전에 이루어질 것을 요구하는 것은 아니므로 肯定說이 타당하다고 본다(대판 1978.3.14, 77다2020). 부당보충을 한 자는 그로 인하여 백지어음·수표행위자가 선의의 취득자에게 책임을 짐으로써 입은 손해에 대하여 배상책임이 있다고 본다.

4. 補充權의 行使期間

백지어음·수표의 보충권행사의 시기는 보충권수여계약에서 정한 바에 따라야 하며, 그 시기를 지나서 보충을 하면 보충권의 남용이 된다. 보충권 행사의 시기를 정하지 않은 때에는 보충권이 時效로 소멸되기 전까지 행사할 수 있다고 볼 것이지만, 또한 어음과 수표 자체가 소멸시효 완성으로 소멸되기 전이어야 한다.

먼저 滿期의 記載가 있는 어음의 경우에는 主된 어음채무자(환어음의 인수인·약속어음의 발행인)에 대한 어음상의 권리는 만기로부터 3년의 소멸시효에 의하여 소멸되므로(어70①·77①viii) 소멸하기 전에 補充하여야 한다. 즉 확정일출급어음·발행일자 후 정기출급어음에 있어서는 만기로부터 3년 내에 보충하면 되고, 또 일람출급어음에 있어서는 1년의 지급제시기간내의 지급제시일로부터 3년 내에, 그리고 일람 후 정기출급어음에 있어서는 환어음은 인수일자 또는 거절증서의 일자(어 35), 약속어음은 일람제시(어 78②)후 일정한 기간이 경과한 때로부터 3년 내에 각각 백지를 보충하여야 한다. (ii) 상환의무자(소구의무자)에 대하여 상환청구권을 행사하기 위해서는 인수(일람)·지급제시기간 내에 제시하고 거절증서를 작성하여야 하므로,

확정일출급·발행일자후정기출급의 어음에서는 지급을 할 날 또는 그날 이후의 2 거래일 내에(어 38·44③·77①iii iv), 일람출급·일람 후 정기출급어음에서는 지급 또는 인수(일람)제시기간 내에(어 34①·77①ii, 23·78②) 보충하지 않으면 상환청구권을 상실한다.

滿期의 기재가 없는(백지) 어음의 경우에는 어음시효는 문제가 되지 않고 보충권 자체의 時效가 문제로 되는데, 그 소멸시효기간에 관하여는 학설이 나뉜다. ⓐ 보충권은 형성권이므로 교부한 때로부터 20년이라는 설(민 162②), ⓑ 민법상 채권으로 보아 10년이라는 설(민 162①), 상사시효에 따라 5년으로 보는 설, ⓒ 원인관계상의 채권이 민사채권인지 상사채권인지에 따라 10년 또는 5년으로 보는 설, ⓓ 어음상의 권리와 같이 보아 3년으로 보는 설, ⓔ 4년설, ⓕ 1년설 등으로 다양하다. 생각건대 보충권은 백지어음의 잠재적 권리와 불가분적인 것으로 볼 수 있고, 또한 백지어음은 그 유통에 있어서 완성된 어음과 같이 취급되므로, 보충권의 소멸시효기간도 통상의 어음의 시효기간에 준하여 3년으로 보는 것이 합리적일 것으로 본다. 다음으로 수표의 경우에는 상환청구권을 행사하기 위해서는 지급제시기간 내에 제시하고 거절증서를 작성하여야 하므로, 發行日로부터 10일 내에 백지를 보충하여 제시하여야 상환청구권이 보전된다. 수표에 발행일이 기재되어 있지 않은 경우에는 백지보충권이 消滅時效에 의하여 소멸되기 전까지 백지를 보충하여야 하며, 백지수표의 보충권의 소멸시효에 관하여서는 20년설과 6개월설이 있다. 백지수표의 보충에 의하여 수표금 채권이 발생하는 불가분의 관계에 있고, 수표발행인에 대한 상환청구권의 소멸시효기간이 6개월인 점 등을 고려하여, 백지수표의 보충권의 소멸시효기간은 백지보충권을 행사할 수 있는 때로부터 6개월로 보는 것이 타당하다(대판 2001.10.23, 99다64018).

5. 補充權의 移轉

백지어음·수표의 보충권을 수여받은 자는 다시 백지어음·수표와 함께 보충권을 타인에게 讓渡할 수도 있다. 보충권만의 移轉은 할 수 없으며 백지어음·수표의 배서 또는 교부에 의하여 보충권도 함께 이전한다. 백지어음·수표를 정당하게 취득한 자는 보충권도 동시에 취득하게 된다(통설)(대판 1960.7.21, 4293민상113).

VI. 補充의 效果

보충권행사에 의하여 흠결된 어음·수표요건이 보충되면 백지어음·수표는 완전한 어음·수표가 되고, 백지어음·수표상의 어음·수표행위(발행·인수·배서·보증 등)는 보충된 문언에 따라서 그 효력이 발생하게 된다. 따라서 어음·수표소지인은 어음·수표상의 권리를 행사할 수 있게 되고, 이 어음·수표에 기명날인 또는 서명한 자는 그 보충된 문언에 따라 어음·수표상의 책임을 지게 된다. 補充의 效力 發生時期에 관하여 보충의 효력은 어음·수표행위시까지 소급하여 발생한다고 하는 견해도 있으나(소급설), 그러나 백지어음·수표는 백지를 보충한 때로부터 효력이 발생하며 그 효력이 소급하지 아니한다는 것이 통설이다(불소급설). 백지어음·수표행위는 정지조건부 어음·수표행위이므로 이에 민법 제147조를 유추적용하여 정지조건이 성취된 때(보충한 때)로부터 장래에 향하여 효력이 발생한다고 보는 것이 타당하다(대판 1976.7.13, 75다1751).

VII. 時效消滅 後의 補充權行使의 效果

1. 序

보충권이 시효로 소멸한 후에 보충한 어음·수표를 善意로 취득한 소지인에 대하여 채무자는 보충권의 시효완성을 주장(항변)할 수 있는가가 문제가 된다. 이는 시효에 의하여 보충권이 소멸한 후에 부당 보충된 완성 어음·수표가 양도되어 제3자가 이를 취득하게 된 경우와 시효로 인하여 보충권이 소멸한 백지어음·수표를 미보충상태에서 제3자가 취득하는 경우가 있을 수 있다. 결국 어음법 제10조(수13)의 적용 여부와 이 경우 보충권 시효소멸의 항변의 성질이 문제가 된다.

2. 補充權의 時效消滅의 抗辯의 性質

(1) 人的 抗辯說(어음법 제10조, 手票法 13조 適用說)

시효로 보충권이 소멸 후에 부당 보충된 완성 어음·수표를 제3자가 취득한 경우에는 백지어음·수표의 거래의 안전과 선의취득자의 보호를 위하여 어음법 제10조(수13)를 유추적용하여야 한다는 견해가 있으며, 이 이론은 시효소멸의 항변을 인적 항변으로 보고 보충 후의 선의의 양수인에 대하여는 시효소멸의 항변을 대항할수 없다고 주장한다. 시효에 의하여 보충권이 소멸한 백지어음·수표를 미보충상태로 제3자가 취득한 경우에는 같은 취지에서 어음법 제10조(수13)를 직접 적용하여 보충 후의 선의의 양수인에 대하여는 대항할 수 없다고 한다.

(2) 物的 抗辯說(어음법 제10조, 手票法 13조 適用排除說)

시효로 보충권이 소멸 후에 부당 보충된 완성 어음·수표를 제3자가 취득한 경우에는 보충권의 소멸 후 부당보충된 완성어음·수표를 선의취득한 자를 보호하기 위하여 예외적인 조치로서 제10조를 유추적용하여야 하므로 보충권의 시효소멸을 인적 항변으로 보더라도 이것은 어디까지나 예외이며 시효소멸을 물적항변이라는 것을 전제로 한 것이라고 한다. 시효에 의하여 보충권이 소멸한 백지어음·수표를 미보충상태로 제3자가 취득한 경우에는 원칙에 따라서 보충권의 시효소멸을 물적 항변으로 보고 어음·수표채무자는 양수인에 대하여 시효소멸의 항변을 주장할 수 있다고 한다.

(3) 補充權의 時效否定說

이는 백지어음·수표의 보충권의 시효를 인정하지 않는 대신 어음·수표상의 권리의 시효, 보충권의 내용에 따르는 책임 및 부당보충의 효과의 문제로서 해결하여야 한다는 주장이다.

3. 검 토

위의 어느 경우이든 선의취득자의 보호에 문제가 있다. 시효의 완성은 물적 항변으로 보는 것이 통설이지만 보충권의 시효완성을 물적 항변으로 보는 경우에는 선의 취득자에 대하여서도 시효소멸의 항변을 주장할 수 있으나 이것은 부당하며, 선의의 취득자의 보호를 기할 수가 없다. 그러므로 위의 모든 경우에 어음법 제10조(수13)의 유추적용에 의하여 善意의 取得者를 보호할 필요가 있으며 보충권의 시효소멸은 人的 抗辯事由로 보아야 한다. 보충권의 시효를 인정하지 않는 입장에서는 백지가 보충된 완성어음·수표를 취득한 소지인에 대하여는 처음부터 완성된 어음·수표로서 인적 항변이 부착된 것을 취득한 소지인과 동일하게 어음법 제17조 단서(수22단서)가 적용되고, 미보충의 백지어음·수표를 취득한 소지인에 대하여는 어음법 제10조 단서(수13 단서)를 적용한다고 한다. 이 설은 위의 각 경우에 따라 적용 법조를 달리하고 있으나 모두 인적 항변으로 보는 점에서 앞의 인적 항변설과 공통된다.

제5절 어음·手票의 實質關係

I. 總　說

　　어음·수표의 실질관계는 어음·수표 외에 존재하는 실질적인 법률관계로서 어음·수표관계와 밀접한 관련을 갖는 것을 말하며, 원인관계, 자금관계, 어음예약 등이 있다. 原因關係(대가관계)는 어음·수표를 주고받는(授受) 당사자 간에 어음·수표 수수의 원인이 되는 관계이며, 資金關係는 환어음과 수표의 지급인과 발행인 간의 지급의 자금에 관한 관계이고, 어음·수표예약은 당사자 간에 어음·수표 수수(授受)를 위한 준비행위를 말한다. 어음·수표의 실질관계는 민사어음·수표법의 문제로서 어음·수표관계와 분리된 추상적인 법률관계이지만, 전자가 후자의 기반이 되고 또 영향을 주는 경우도 있어서 서로 밀접한 관계를 갖는다.

II. 原因關係(對價關係)

1. 意　義

　　원인관계(대가관계)는 어음·수표를 주고받는 당사자 간에 있어서 어음·수표 행위를 하게 되는 原因이 되는 법률관계이다. 그리고 어음·수표를 주고받을 때에는 대개 반대급부(대가)가 있는 것이 보통이므로 원인관계를 대가관계라고도 한다. 원인관계로는 매매계약·증여계약·소비대차계약·채무의 담보·손해배상채무·자금의 융통 등을 들 수 있다.

2. 어음·手票關係와 原因關係와의 關係

(1) 원인관계와 어음·수표관계의 분리(어음·수표관계의 추상성)

　　어음·수표는 실제로는 원인관계를 기초로 하여 주고받지만, 어음·수표관계는 원인관계로부터 분리된다(어음관계의 추상성). 이것은 어음·수표의 유통성 및 거래의 안전성을 높이기 위한 제도로서, 어음·수표상의 권리는 원인관계의 존재·부존재나 유효·무효의 영향을 받지 않게 된다(추상적·무인적 권리). 그러나 어음·수표관계와 원인관계는 경제적으로는 目的과 手段의 관계로서 밀접히 관련되어 있으므로, 원인관계와 어음관계를 분리하는 취지(유통성 및 거래의 안전성 제고)에 반하지 않는 한도에서 양자의 관련이 인정되고 있다.

(2) 原因關係가 어음·手票關係에 미치는 影響

원인관계를 어음·수표관계에 고려한 어음·수표법상의 제도로는 다음과 같은 것이 있다.

1) 인적 항변의 허용   어음·수표 수수의 직접 당사자 사이에서는 원인관계로 인한 항변으로 대항할 수 있다(어 17·77①, 수 22).

2) 상환청구권·보증인의 구상권 등   어음·수표 소지인이 전자에 대하여 가지는 상환청구권(어 43·77①, 수 39)은 원인관계로 인한 담보책임을 어음·수표법이 규정한 것이다. 보증인이나 참가지급인이 어음·수표금액을 지급함으로써 취득하는 권리(어 32③, 수 27③), 발행인의 인수인에 대한 어음·수표상의 권리(어 28②)도 원래는 원인관계상의 권리를 어음·수표법상의 권리로 높인 것이다(손주찬 168).

3) 이득상환청구권(어 79, 수 63)   원인관계(대가관계) 및 자금관계를 고려한 제도이다.

(3) 어음·手票關係가 原因關係에 미치는 影響

어음·수표는 원래 원인관계상의 目的을 달성하기 위한 手段이므로 어음·수표관계는 원인관계에 대하여 어떠한 영향을 미치게 된다. 어음·수표는 매매, 소비대차 등 기존채무의 이행을 목적으로 주고받는 경우가 많은데 이 경우에 어음·수표관계가 원인관계에 미치는 영향이 문제가 된다. 이 문제는 旣存의 채무의 이행과 관련하여 어음·수표가 교부되면 그 원인관계인 기존채무는 소멸하는가 병존하는가의 문제로 논의 된다. 旣存債務의 '支給에 갈음하여'(an Zahlungsstatt) 어음·수표가 授受된 경우에는 어음·수표의 수수와 동시에 기존 채무는 소멸하고 어음·수표채무가 이에 대신하게 된다. 따라서 다른 약정이 없는 한 기존채권에 부착하였던 질권·저당권·보증 등은 그 효력을 상실한다. 이러한 법률관계를 설명하기 위하여 경개설과 대물변제설 등이 있으나, 무인행위인 어음·수표행위를 유인계약인 경개로 보기 어려우므로 대물변제설이 타당하다(통설).

旣存債務의 '支給을 위하여' 또는 '支給의 방법으로'(zahlungshalber) 어음·수표가 授受된 경우에는 기존채무는 소멸하지 않고 어음·수표채무와 병존한다. 채권자는 먼저 어음·수표상 채권을 행사를 하고, 이로써 변제받지 못한 때에 기존채권을 행사한다. 채권자의 어음·수표상 채권의 행사가 거절되어 원인관계상의 채권을 행사하는 경우에는 어음·수표를 반환하여야 한다(동시이행관계). 旣存債務의 '擔保를 위하여'(sicherungshalber) 어음·수표가 授受된 경우에는 기존채권과 어음·수표채권이 함께 존재하게 되며 채권자는 이 가운데 어느 권리를 먼저 행사하든 자유이다.

기존채권(원인채권)을 먼저 행사하는 경우에, 어음을 반환할 필요가 없다고 하는 반환불요설, 어음·수표를 제시·교부하여야 한다는 교부필요설 등이 있지만, 이중지급의 위험을 고려할 때 채무자는 어음·수표와 상환으로 지급하겠다고 하는 항변권을 가진다고 보는 동시이행항변설이 공평하고 타당하다고 본다. 當事者의 意思가 명확하지 아니한 경우에는 기존 채무의 '지급을 위하여'(지급의 방법으로) 수수된 것으로 추정한다(통설)(대판 1996.11.8, 95다25060).

3. 어음改書

(1) 意　義

어음의 개서라 함은 기존어음채무에 갈음하여 새 어음을 발행하는 것을 말한다. 어음금 지급을 연기할 목적으로 만기를 후일로 변경한 신(新)어음을 발행하는 것이 보통이며, 어음의 개서에 의하여 발행한 새 어음을 改書어음 또는 延期어음이라 한다. 어음개서의 方法으로는 발행인이 구(舊)어음을 회수하고 그것과 교환으로 新어음을 교부하는 경우와, 舊어음을 회수하지 않고 新어음을 교부하여 신어음과 구어음을 함께 채권자가 소지하도록 하는 경우가 있다. 舊어음을 회수하고 新어음을 교부하는 어음개서로 인하여 구어음상의 채무가 소멸한다고 보는 경우에 그 법적성질에 관하여는 更改라는 說(경개설)이 있으나, 신어음상의 채무는 새로운 어음행위에 의하여 발생하는 것으로 보아야 하므로 대물변제설(代物辨濟說)이 타당하다(다수설). 또 경개는 유인(有因)행위이므로 어음행위의 무인성에도 반한다. 구어음을 회수하지 않고 신어음과 구어음을 모두 채권자가 소지하는 경우에는 구어음상의 권리가 소멸하지 않고 같이 존재하므로 그 성질이 문제로 되지 아니한다.

(2) 어음改書의 效力

舊어음을 회수(回收)하는 경우에는 구어음상의 채무는 소멸하므로(대물변제설), 新어음이 요건의 흠결 등으로 무효인 경우에 채권자는 신·구 어느 어음에 의해서도 권리를 행사할 수 없게 된다. 구어음을 回收하지 않는 경우에는 신·구어음상의 권리가 병존하며, 먼저 新어음으로 권리를 행사하여야 한다. 이 경우에는 新어음이 요건의 흠결 등으로 효력이 없는 때에도 소지인은 舊어음상의 권리를 행사할 수 있다. 구어음을 회수하는 어음개서의 경우 경개설·대물변제설을 따를 때 舊어음채무와 함께 그 담보도 소멸되어(부종성) 新어음채무를 담보할 수 없다고 볼 수도 있으나, 이들 학설을 취하는 입장에서도 신·구어음의 실질적동일성이론을 취하여 담보권이 소멸하지 않고 新어음채무를 위하여 존속한다(擔保의 승계)고 한다(통설). 舊어음을 회수하든 아니하든 어음改書의 경우에는 舊어음상 인적 항변사유는 新어음에 존속하여 당사자 간에서는 인적 항변을 할 수 있다.

4. 어음割引

(1) 意　義

어음할인(discounting of bill)이라 함은 소지인(할인의뢰인)이 만기가 도래하지 않은 어음을 상대방에게 배서양도하고, 양수인이 어음금액에서 만기일까지의 이자 기타의 비용(할인료)을 공제한 금액을 할인의뢰인에게 지급하는 거래를 말하며(대판 2002.4.12, 2001다55598) 이러한 어음을 割引어음이라 한다. 어음할인은 어음대부(貸付)와 함께 어음에 의한 금융수단으로 이용되며, 은행의 주요한 여신업무로 되어 있다. 할인에 이용되는 어음은 주로 상업어음, 화환어음, 은행인수어음 등 지급이 확실한 것들이며, 융통어음은 할인에 거의 이용되지 않는다.

(2) 法的 性質

賣買說에서는 어음할인은 할인의뢰인을 매도인, 할인은행을 매수인으로 하는 어음상의 권리의 매매라고 본다. 한편 消費貸借說에서는 어음할인은 할인의뢰인을 借主, 할인은행을 貸主로 하는 금전소비대차라고 본다. 할인은행은 소비대차채권과 어음상의 상환청구권을 갖는다고 한다. 생각건대 보통 할인의뢰인의 意思는 어음을 양도하고 할인대금을 받으려는 것이고 또 은행은 어음의 주(主)채무자에게서 대금을 지급받을 것을 기대하고 취득하는 것이므로, 매매설이 타당하다고 본다(통설)(대판 1984.11.15, 84다카1227).

(3) 割引어음과 還買請求權

1) 意　義　　어음의 환매청구권이란 割引어음이 지급거절(부도)되거나 할인의뢰인·어음의 주채무자의 신용이 악화된 경우에, 할인은행이 할인의뢰인에 대하여 그 어음의 환매를 청구할 수 있는 권리를 말한다. 어음의 割引을 받을 경우 채무자의 담보력이 불충분하여 기한의 이익을 상실하게 된 때에는 채무자는 어음에 기재된 금액의 환매채무를 지고 곧 변제하게 되어 있다(은행여신거래기본약관).

2) 法的 性質　　환매청구권의 법적 성질에 관하여 어음할인을 소비대차로 보는 입장에서는 대금반환청구권이라고 보며, 매매로 보는 입장에서도 매매의 해제로 인한 원상회복청구권으로 보는 매매해제설 등 여러 견해가 나뉘지만 매매설의 입장에서 再賣買의 請求로 보는 것이 타당하다고 본다.

5. 어음 貸付

어음대부는 대부를 함에 있어서 借主로부터 차용증서 대신에, 또는 차용증서와 함께 어음을 받고 대부하는 것을 말한다. 어음貸付는 어음을 이용하여 은행으로부터 자금을 얻고, 만기까지의 이자를 공제한 금액을 은행으로부터 대부받는 去來인 점에서 어음割引과 비슷하다. 어음貸付와 어음割引과의 구별에 관하여는 여러 관점에서 설명이 되고 있지만 어음割引이 어음자체의 매매를 위하여 어음이 수수되고 그 대가로서 자금이 교부되는 경우임에 대하여 어음貸付는 소비대차계약에 의하여 자금이 교부되고 그 지급의 확보를 위하여 어음이 수수되는 경우라는 점에서 구별이 된다.

III. 資金關係

1. 意　義

자금관계란 환어음·수표의 지급인과 발행인 기타 자금의무자 사이에 존재하는 실질관계를 말한다. 발행인이 지급의무자인 約束어음에서는 자금관계가 없고, 換어음과 手票에만 있다. 자금관계로는 발행인이 지급인에게 지급을 위한 資金을 미리 제공하여 두는 경우가 보통이지만, 支給人이 먼저 지급을 한 후에 발행인에 대하여 그 보상을 청구하는 경우도 있다(보상관계). 그러므로 자금관계의 性質은 당사자 간의 실질관계에 따라서 위임·사무관리 등으로 다양하다.

2. 資金關係와 어음·手票關係와의 關係

(1) 原則: 資金關係와 어음·手票關係의 分離

자금관계는 어음·수표관계로부터 분리되어, 어음·수표관계는 자금관계에 의하여 영향을 받지 않는 것이 원칙이다. 그러므로 환어음·수표는 자금의 교부 없이 발행되거나 인수되어도 유효하며 발행인이 자금을 지급인에게 제공했다고 하여 발행인으로서 어음·수표상의 의무를 면하는 것은 아니다. 환어음의 支給人도 인수한 이상 자금을 받지 않는 경우에도 어음지급을 거절하지 못하며, 반대로 자금을 받은 후에도 인수를 하여야 할 의무를 지는 것은 아니다.

(2) 例外: 資金關係와 어음·수표關係의 關聯

자금관계와 어음·수표관계는 분리되는 것이 원칙이지만, 예외로 어음·수표관계에 자금관계를 고려한 제도들이 있다. 가령 어음·수표관계의 직접 당사자 사이의 자금관계로 인한 인적 항변(어 17)·발행인의 引受人에 대한 상환청구권(어 28 ②)·이득상환청구권(어 79, 수 63) 등이다.

3. 準資金關係

발행인과 지급인간의 자금관계와 비슷한 관계는 引受人과 지급담당자 사이, 보증인과 피보증인 사이, 참가인수인 또는 참가지급인과 피참가인 사이에도 생기는데 이것을 준자금관계라 한다.

4. 手票의 資金關係

(1) 手票法上의 手票資金과 手票契約

수표법 제3조는 수표의 자금관계에 관하여, '수표는 제시한 때에 발행인이 처분할 수 있는 자금이 있는 은행을 支給人으로 하고'(수표자금), '발행인이 그 자금을 手票에 의하여 처분할 수 있는 명시적 또는 묵시적 계약에 따라서만 발행할 수 있다.'(수표계약)고 명문의 규정을 두고 있다. 이 규정에 위반한 때에도 手票로서의 효력에는 영향이 없으나(수 3단서), 발행인이 과태료의 처벌을 받게 되고(수 67), 경우에 따라서는 부정수표단속법의 제재를 받는다. 보통은 발행인과 지급인 사이에 당좌계정거래계약이 이루어지고 그 계약 안에 수표자금에 관한 당좌예금계약 또는 당좌대월계약, 수표계약, 상호계산계약이 포함된다(단, 상호계산계약은 포함되지 않는다는 견해가 있음).

수표를 발행하기 위해서는 발행인과 지급인(은행) 사이에 手票資金으로 사용하기 위한 예금인 당좌예금계약(當座預金契約)을 맺게 된다. 당좌예금계약의 법적 성질은 소비임치(消費任置)의 일종이다. 또한 특약에 의하여 발행인(예금주)이 당좌예금의 예금잔고를 초과하여 手票를 발행해도 은행은 일정한 한도액까지는 지급을 해 주기로 약정하는 경우가 있는데 이를 당좌대월계약(當座貸越契約)이라 한다. 수표자금은 제시하는 때에 있으면 된다(수3).

(2) 當座預金契約

수표의 발행을 위해서는 수표계약과 더불어 수표자금이 요구되고 있으며, 이에 따라서 발행인(예금주)과 지급인(은행) 사이에 당좌예금계약이 소정의 약관에 의하여 맺어진다. 당좌 예금계약이라 함은 예금주가 은행을 지급인으로 하는 수표를 언제든지 발행하여, 수표자금으로 사용할 수 있는 예금을 가리킨다. 당좌예금계약의 법적 성질은 소비임치(민702)의 일종이다.

(3) 手票契約

수표계약은 예금주가 발행한 수표에 대하여 지급인(은행)이 당좌예금 또는 당좌대월의 한도 내에서 지급할 것을 약속하는 계약이다. 그 법적 성질은 수표지급사무의 처리의 위탁을 목적으로 하는 委任契約이다.

(4) 當座貸越契約

당좌대월계약은 특약으로 맺어지는데 이 계약에서는 예금주가 당좌계정약정에 의하여 은행으로부터 차월할 수 있는 한도금액을 정하게 된다. 이 특약에 따라서 당좌예금주가 당좌예금의 수표지급한도금액(당좌예금잔액)을 초과하여 수표를 발행한 때에는 은행은 그 약정된 한도액까지 수표지급을 하게 되고, 그 초과지급액에 대하여서는 약정된 이율에 따른 이자를 붙여서 일정시기에 변제하도록 되어 있다. 당좌대월계약의 법적 성질도 수표지급사무의 위임을 목적으로 하는 위임계약의 일종이다.

IV. 어음·수표豫約

어음·수표행위를 할 때에는 이에 앞서 당사자 사이에 어음·수표의 종류·금액·지급지·지급인·만기 등에 관하여 미리 合意를 하게 되는데, 이렇게 어음·수표관계의 설정을 준비하는 계약을 어음·수표예약이라 한다. 어음·수표예약의 方式은 자유이며 명시 또는 묵시의 의사표시로 또는 구두로도 할 수 있다. 서면으로 하는 어음·수표예약은 가(假)어음(가수표)이라고 한다. 어음·수표예약은 어음·수표행위를 할 의무를 발생시킬 뿐이며, 어음·수표관계는 어음·수표예약에 관계없이 어음·수표 文言에 따라 발생한다(분리). 어음·수표예약의 위반은 당사자 사이에 인적 항변사유가 된다(관련).

V. 貨換어음(荷換어음)

1. 意   義

화환어음이라 함은 어음상의 권리가 운송중인 물건에 의하여 담보되어 있는 換어음을 말하며, 격지자간의 거래에 있어서 물건의 매도인이 매수인을 지급인으로 하여 환어음을 發行하고 여기에 운송물을 대표하는 運送證券(화물상환증·선하증권)을 환어음에 첨부한 것이다. 화환어음의 法的性質은 보통의 환어음과 같으며 화환어음이라는 명칭의 특수한 어음이 있는 것이 아니다. 화환어음제도는 어음의 원인관계와 자금관계의 전형적인 법률관계이다.

2. 經濟的 機能

賣渡人은 화환어음에 의하여 매매대금을 빠르게 회수할 수 있고 또 買受人이 대금의 지급과 물건의 취득을 동시이행하게 하여 대금 不支給의 위험을 면할 수 있으므로, 격지매매[주로 국제거래]에 있어서 시간적·공간적 장애를 극복하는 수단으로서 기능하게 된다. 실제로 국내에서 환어음의 이용은 주로 화환어음으로서 국제거래에 이용되고 있다.

3. 形　態

화환어음은 매도인과 은행 사이의 화환계약(취결)에 따라서 할인화환(割引貨換)과 추심화환(推尋貨換)의 두 가지로 나누어진다. 예컨대 서울의 A(매도인)가 뉴욕의 B(매수인)에게 상품을 매도하는 경우, 운송인에게 상품의 운송을 위탁하고 운송증권(선하증권)을 교부받는다. 다음에 A는 B를 지급인으로 하는 환어음을 발행하고 여기에 선하증권을 첨부하여 서울에 있는 C은행에 그 환어음의 추심을 의뢰하거나(추심화환), C은행으로부터 할인을 받아 매매대금을 지급받고 선하증권은 담보로 교부하게 된다(할인화환). 이 경우 화환할인의 법적성질에 관하여는 어음매매설과 소비대차설이 있다.

4. 法律關係

(1) 賣渡人과 銀行과의 關係

1) 할인화(하)환의 경우　　賣渡人은 은행을 수취인으로 하여 어음을 발행하거나 자기를 수취인으로 하는 어음(자기지시어음)에 배서하여 거래은행에 교부하고, 은행은 대가를 지급하여 어음을 취득한다. 銀行은 어음상의 권리자가 되어 이것을 지급인인 매수인(또는 신용장발행은행)에게 제시하여 지급을 받으면 운송증권을 교부하고, 만일 지급이 거절되면 매도인인 발행인에 대하여 상환청구권을 행사하게 된다. 할인은행은 담보로서 매도인으로부터 運送證券을 교부받게 되는데, 이 교부가 운송물상에 질권의 설정을 목적으로 하는 것인지 운송물의 신탁적 양도를 목적으로 하는 것인지는 당사자간의 의사와 운송증권의 배서·교부의 형식에 의하여 결정된다. 당사자의 의사가 분명하지 않은 경우에는 신탁적 양도로 보아 거절이 있는 때 은행이 상환청구 없이 바로 운송물을 처분할 수 있도록 하는 것이 타당하다고 본다. 그러나 운송증권에 매수인이 受荷人인 경우에는, 할인은행은 증권상 권리자가 아니

므로 운송증권을 유치하여 어음금지급을 간접적으로 강제할 수 있을 뿐이다.

2) **推尋貨(荷)換의 경우**   추심화환의 경우에는 賣渡人은 은행에 대하여 환어음의 추심을 위임하고 또한 그 어음의 지급 또는 인수가 있을 때 운송증권을 교부할 것을 위임한다. 銀行은 지급을 받으면 그 어음금액을 매도인에게 교부하고, 지급이 거절되면 어음과 운송증권을 매도인에게 반환하게 된다.

(2) 賣渡人과 買受人의 關係

1) **매수인의 代金債務 소멸시기**   매도인이 은행으로부터 어음금 상당의 할인대금을 받은 경우나 어음을 매수인이 인수한 경우에도 매수인의 대금지급채무는 소멸하지 않는다. 매수인의 대금채무는 매수인이 어음금 支給을 한 때에 소멸한다.

2) **목적물의 所有權의 이전시기**   운송물의 소유권은 매수인이 어음금지급과 상환으로 운송증권을 취득한 때에 매수인에게 이전된다. 그 이전에 운송물의 소유권은, 할인은행이 질권의 목적으로 운송증권을 취득한 때에는 매도인에게, 신탁적 양도에 의한 때에는 할인은행에 유보되어 있게 된다.

3) **화환거래와 同時履行**   화환거래의 경우에는 대금의 지급과 운송증권의 인도는 相換하여[맞바꾸어] 이루어지므로 동시이행의 항변권이 인정된다(통설).

(3) 할인은행과 推尋銀行의 關係

할인은행은 추심의뢰서에 환어음·운송증권을 첨부하여 지급지에 있는 추심은행에 송부한다. 추심은행에 송부를 할 때 보통 환어음에는 추심위임배서를 하고, 운송증권에는 추심은행을 피배서인으로 하는 양도배서를 하게 된다. 그 추심의뢰는 추심은행이 할인은행의 본점·지점이면 동일법인 내의 사무처리가 되고, 다른 은행인 때에는 양자 간에 위임관계가 성립하게 된다.

(4) 推尋銀行과 買受人과의 關係

추심은행과 매수인간에는 본래는 아무런 계약관계도 없으나 매도인과 매수인간의 매매계약에 관하여 추심은행은 매도인과의 사이의 위임관계에 따라서 매도인의 이행보조자로서 매수인에 대하여 운송증권을 교부하고 그것과 상환으로 환어음금의 지급을 받게 된다.

제6절 어음·手票上의 權利義務

I. 어음·手票上의 權利義務의 槪念

1. 意 義

'어음·수표상의 권리의무'는 직접 어음·수표의 목적을 달성하기 위하여 어음·수표에 표창된 어음·수표금 지급청구권 및 이에 갈음할 권리의무를 말한다. 어음·수표법에서는 '어음·수표로부터 생기는 모든 권리'(어 14①·18①·19①, 수 17·23), '어음·수표로부터 생기는 권리'(어 32③·63①, 수 27③), '어음·수표상의 청구권'(어 70①) 등으로 표현되어 있다. 어음·수표상의 권리의 발생·이전·행사에는 증권의 所持를 요한다. 어음·수표上의 권리에 대응하는 義務가 어음·수표채무(어 7·77②, 수 10) 또는 어음·수표상의 채무(어 32③·77③·63①, 수 27③)이다.

2. 어음·手票法上의 權利와의 差異

어음·수표관계의 원활한 운용을 위하여 어음·수표상의 권리가 아니면서 어음·수표법에 의하여 인정된 권리들이 있다. 이러한 권리를 '어음·수표法상의 권리'라고 하며, 악의취득자에 대한 어음·수표반환청구권(어 16②·77①, 수 21)·상환청구통지를 게을리 한 자에 대한 손해배상청구권(어 45⑥·77①vi, 수 41⑥)·복본교부청구권(어 64③, 48)·이득상환청구권(어 79, 수 63) 등이 여기에 속한다. 이 권리는 어음·수표상의 권리가 아니므로 그 권리의 행사에는 어음·수표의 所持를 요하지 않는다고 본다.

II. 어음·手票上의 權利의 取得

1. 總 說

어음·수표상의 권리의 취득방법으로는 원시취득과 승계취득이 있다. 원시취득 방법으로는 선의취득(어 16②·77①i, 수 21), 발행에 의한 취득이 있고, 승계취득 방법으로는 배서(어 11①, 수 14①)·지명채권양도의 방법(어 11②, 수 14②, 민법 450)·단순한 어음·수표의 교부(어 14②iii·77①i, 수 17②iii)·어음·수표 보증인의 보증채무의 이행으로 인한 취득(어 33③·77③, 수 27③)·참가지급에 의한 취득(어 63①, 수 77①i) 등 特定承繼에 의한 취득 및 상속·회사합병·회사분할·전부명령 등

包括承繼에 의한 취득이 있다.

2. 어음·手票의 善意取得

(1) 意 義

어음·수표소지인이 어음·수표를 惡意 또는 重大한 過失이 없이 취득하고 背書의 연속에 의하여 형식적 자격을 갖춘 때에는 양도인이 無權利라 하더라도 어음·수표상의 권리를 원시취득하고 어음·수표의 점유를 잃은 자에 대하여 어음·수표의 반환의무를 지지 않는 것을 어음·수표의 선의취득이라 한다(어 16②, 수 21). 어음·수표의 선의취득은 거래의 안전을 보호하고 유통성을 강화하기 위한 제도이다. 양도인이 무권리자이면 양수인이 유효하게 권리를 취득할 수 없는 것이 일반원칙이지만, 양도인이 배서가 연속된 어음을 소지하여 형식적 자격을 갖춘 경우에 그 외관을 신뢰한 자를 보호하여 어음·수표 거래의 안전을 도모하려는 것이다. 민법상 動産의 선의취득의 경우(민249)에는 輕過失로 인한 동산의 점유는 보호받지 못하나, 어음·수표에서는 그 취득자는 악의 또는 重過失이 없는 한 경과실이 있어도 보호된다(어16②). 어음·수표는 유통을 본질로 하며 거래의 안전이 한 층 더 강하게 요구되므로 민법에 비하여 그 要件이 완화되고 있다.

(2) 要 件

1) 積極的 要件

㈎ 어음·수표법적 讓渡方法에 의하여 어음·수표를 取得하였을 것   어음·수표취득자는 배서나 인도 등 어음·수표법이 정하는 어음·수표상의 권리의 양도방법에 의하여 어음·수표를 취득하였어야 한다. 따라서 상속이나 회사합병과 같은 원인에 기인하거나, 또는 지명채권양도 방법이나 전부명령 등에 의하여 어음·수표를 취득한 경우에는 선의취득의 보호를 받지 못한다. 그러나 백지어음·수표는 보충 전에도 완성된 어음·수표와 같이 배서에 의하여 유통되므로 선의취득이 인정된다.

㈏ 어음·수표取得者는 形式的 資格이 있을 것   선의취득은 외관의 신뢰를 보호하기 위한 제도이므로 背書가 連續되어 있거나 또는 최후의 배서가 백지식배서인 어음·수표를 소지하고 있는 등 형식적 자격을 갖춘 자로부터 어음·수표를 취득하여야 하며 취득자 자신도 형식적 자격을 갖추어야 한다. 다만 背書의 연속이 없는 어음·수표의 경우에도 연속이 끊어진 부분의 실질적 연속을 증명한 때에는 선의취득이 인정되는 것으로 본다(반대설 있음).

㈐ 無權利者로부터 取得하였을 것(선의취득의 적용범위)　　선의취득이 인정되는 것은 어음·수표가 무권리자로부터 취득된 경우라야 한다. 즉 이 규정은 진정한 권리자가 분실·도난 등으로 어음·수표의 점유를 상실하고 다른 자가 자기 것처럼 가장하여 그 어음·수표를 양도한 경우에 선의의 양수인을 보호하는 것을 목적으로 하는 것이다(대판 1988.10.25, 86다카2026; 1995.8.22, 95다19980).

2) 消極的 要件

㈎ 取得者에게 惡意 또는 重過失이 없을 것　　취득자는 양도인이 무권리자인 것을 알지 못하였거나 알지 못한 데 대하여 중대한 과실이 없어야 한다. 惡意라 함은 양도인이 무권리자인 것을 알고 있음을 말하며, 重大한 過失은 무권리자임을 모르는 것에 대한 不注意의 정도가 현저한 것을 말한다. 취득자의 악의 또는 중과실의 유무는 어음·수표를 취득할 당시를 기준으로 판단하여야 한다(통설). 악의 또는 중과실의 立證責任은 어음·수표의 반환을 청구하는 자가 부담한다(어 16①, 수 19)(대판 1987.7.7, 86다카2154).

㈏ 取得者가 經濟的 利益을 가질 것　　추심위임(推尋委任)배서는 피배서인에게는 독립된 경제적 이익이 없고 추심의 대리권한만 인정되므로 선의취득이 인정되지 않으며 숨은 추심위임배서의 경우에도 추심위임배서의 실질을 증명하면 선의취득이 인정되지 않는다. 그러나 入質背書에는 질권 취득의 독립된 경제적 이익이 있으므로 선의취득이 인정된다.

(3) 效　果

1) 어음·수표상의 권리의 취득　　위와 같은 요건을 구비한 어음·수표취득자는 어음·수표상의 권리를 원시적으로 취득하며, 누구에게도 어음·수표를 반환할 의무가 없게 된다(어 16②·77①i, 수 21). 그러므로 도난·유실 기타의 사유로 인하여 어음·수표의 占有를 상실한 본래의 어음·수표상의 권리자는 그 권리를 잃게 된다.

2) 人的 抗辯의 切斷과의 관계　　善意取得에 관한 규정(어 16②·77①i, 수 21)은 어음·수표상의 권리의 귀속문제로서 어음·수표채무의 범위에 관련한 문제인 어음·수표抗辯(어 17·19②, 수 22)과는 성질이 다르다. 따라서 항변사유의 존재를 알고 있었지만 양도인이 무권리자임을 알지 못하고 그 어음·수표를 취득한 취득자는 항변권이 붙은 어음·수표상의 권리를 선의취득하게 된다.

3) 善意取得과 除權判決과의 관계

㈎ 어음·수표가 除權判決에 의하여 無效가 된 경우의 善意取得者의 權利　제권판결이 있기 전에 어음·수표상의 권리를 선의취득을 한 자는 제권판결에 의

하여 그가 선의취득한 권리를 상실하게 되는지 문제가 된다. 이에 관하여는 제권판결취득자우선설과 선의취득자우선설이 대립한다.

　　(내) 學說의 對立　　이것은 선의취득자와 공시최고신청인의 어느 편이 우선하느냐 하는 문제가 된다. 이에 관하여는 선의취득자가 우선한다고 하는 설, 반대로 제권판결취득자가 우선한다고 하는 설 등이 있다.

III. 어음・手票上의 權利의 行使

1. 總　　說

소지인이 어음・수표상의 권리를 행사하기 위해서는 반드시 어음・수표를 제시하여 청구하여야 하며(제시증권성), 채무자에게는 권리행사에 대한 어음・수표항변이 인정된다. 어음・수표가 제대로 경제적 역할(주로 금전지급수단)을 하기 위해서는 그 지급의 확실성이 보장되어야 하고 유통성의 확보가 필요하므로 어음・수표상의 의무는 일반채무에 비하여 특히 엄격해야 하고(어음엄정), 어음・수표채무의 추상성(무인성), 어음・수표항변의 제한 등이 인정된다.

2. 어음・手票抗辯論

(1) 意　　義

어음・수표항변이라 함은 어음・수표채무자로서 청구를 받는 자가 그 청구자의 권리행사를 거부하기 위하여 주장할 수 있는 사유를 말한다. 원래 양수인은 양도인이 가졌던 권리를 취득한 것이므로, 어음・수표의 채무자는 양도인에 대하여 주장할 수 있었던 항변사유로 양수인에 대하여도 대항할 수 있는 것이 원칙이다(민 451). 그러나 이 원칙을 어음・수표관계에도 적용한다면 어음・수표의 외관을 신뢰하고 거래하는(문언증권・무인증권) 양수인의 지위가 매우 불안정하게 되어 거래의 안전을 보호할 수 없으므로, 어음법・수표법은 어음・수표항변의 제한에 관한 규정을 두고 있다(어 17, 수 22). 이 항변의 제한은 선의취득(어 16②・77①, 수 21), 선의지급(어 40③・77①, 수 35) 등과 함께 어음・수표거래의 안전과 유통성 확보를 위한 제도이다.

(2) 分　　類

어음・수표항변은 종래 인적 항변(人的抗辯)과 물적 항변(物的抗辯)으로 분류하는 2분법이 일반적이었으나, 1970년대 독일에서 대두한 신(新)항변이론의 분류방법에 영향을 받아, (i) 증권상의 기재에 의한 항변(예, 어음・수표요건의 불비), 비증권적 효력에 관한 항변(예, 위조·변조의 항변), 인적 항변(최기원 558), (ii) 물적 항변, 어음법 제17조(수 22)에 의하여 제한되는 인적 항변, 기타의 규정에 의하여 제한되는 어음·수표채무의 유효성에 관한 항변, 제한불요의 항변(강위두·임재호 149), (iii) 증권상의 항변, 귀책가능성에 관한 항변, 어음·수표채무의 유효성에 관한 항변, 인적 항변, 배제(절단)불요의 항변(정동윤 118) 등으로 분류하는 견해도 있다. 여기서는 인적 항변과 물적 항변으로 분류하는 종래의 2분법에 따라 설명하기로 한다. 인적 항변과 물적 항변의 內容에 관하여 어음·수표법에는 규정이 없으므로 어음·수표채무자의 보호의 필요성과 거래안전의 보호의 필요성을 모두 고려하면서 개별적으로 결정할 수밖에 없다.

(3) 物的 抗辯(切斷不能의 抗辯 또는 絶對的 抗辯, 客觀的 抗辯)

물적 항변이란 어음·수표채무자가 모든 어음·수표소지인에 대하여 대항할 수 있는 항변이다. 물적 항변을 너무 넓게 인정하면 어음·수표의 유통을 저해하므로 엄격하게 제한적으로 인정하여야 한다. 물적 항변은 ⓐ 어음·수표의 記載로부터 생기는 항변, ⓑ 어음·수표행위의 效力에 관한 항변과, ⓒ 어음·수표상의 채무의 消滅에 관한 항변으로 구별된다.

1) 證券上의 抗辯(어음·手票의 記載로부터 發生하는 抗辯)   어음·수표요건의 흠결(어 2①·76①, 수 2①), 만기의 미도래(어 38·77①iii), 무담보배서(어 15①·77①i, 수 18①), 배서금지의 기재(어 11②·15②·77①i, 수 14②·18②), 時效의 완성(어 70·77①viii, 수 51), 어음·수표에 명백히 기재되어 있는 지급·일부지급·면제(어 3③·77①iii, 수 34①), 유해적기재사항의 기재 등의 사유가 여기에 속한다.

2) 非證券上의 抗辯(어음·手票行爲의 效力에 관한 抗辯)   어음·수표의 위조·변조(어69·77①, 수50), 무능력으로 인한 무효·취소, 대리권의 흠결(어8·77②, 수11), 권리보전절차의 흠결 등의 사유가 이에 속하며, 이는 어음·수표상 기재로는 명백하지 않으므로 어음·수표취득자에게 불리하다.

㈎ 交付欠缺의 抗辯   어음·수표의 작성 자체는 적법하나 기명날인 또는 서명자, 즉 작성자의 의사에 반하여 그 어음·수표가 유통되었다고 하는 항변이다. 이것은 어음·수표이론에 따라서 물적 항변이 되기도 하고, 인적 항변이 되기도 한다. 創造說의 입장에서는 어음·수표의 작성(기명날인 또는 서명)만으로 교부 없이 어음·수표행위가 끝나므로 교부흠결의 항변이 성립할 여지가 없다. 修正創造說(이단계창조설)의 입장에서는 어음(수표)의 작성만으로 어음·수표채무가 성립하므로 교부흠결의 항변은 문제되지 않으나, 그 대신 성립한 권리의 이전을 위하여 어

음·수표의 교부행위가 있어야 하므로 이 교부가 없는 경우에는 소지인에 대하여 무권리의 항변을 주장할 수 있다. 契約說과 發行說은 어음·수표의 작성 이외에 교부를 어음·수표행위의 요건으로 보므로 이 교부가 없는 경우에는 어음·수표행위가 성립하지 않는 것이 되어 모든 자에게 대항할 수 있는 물적 항변이 된다. 權利外觀理論에 따르거나, 소지인의 보호라는 차원에서 이 외관론에 의하여 修正된 契約說 또는 發行說을 취하는 경우에는 교부의 흠결을 인적 항변으로 본다.

(내) 法令違反의 抗辯   판례 중에는 상호신용금고법에 위반하여 채무보증을 위한 어음·수표배서를 한 자는 물적 항변으로써 누구에게나 대항할 수 있다고 한 것이 있다(대판 1985.11.25, 85다카122). 그러나 대법원은 구 외환관리법에 위반한 어음(수표)행위에 대하여는 물적 항변으로 본 것이 있는가 하면(대판 1972.1.31, 71다 2399), 그 반대로 이 법을 단속법규로 보고 이에 위반한 어음·수표행위는 유효한 것이라 판시한 것도 있다(대판 1980.11.25, 80다1655).

(4) 人的 抗辯(切斷可能의 抗辯 또는 主觀的·相對的 抗辯)

1) 意   義   어음·수표채무자가 특정된 어음·수표 所持人에 대하여서만 대항할 수 있는 항변이다. 이것은 어음·수표상 권리 자체의 객관적 존재와는 관계가 없고 어음·수표채무자와 특정한 어음·수표소지인 사이의 실질관계(원인관계)에서 생기는 항변이며, 어음법과 수표법은 '인적 관계로 인한 항변'에 관한 규정을 두고 있다(어 17·77①, 수 22).

2) 無權利의 抗辯(모든 어음·수표채무자가 특정 어음·수표소지인에게 대항할 수 있는 항변)   무권리의 항변은 특정 어음·수표소지인의 권리를 부정하는 항변이다. 예컨대 소지인이 어음·수표의 도취자·습득자 또는 그들로부터 취득한 자(선의취득은 제외)라는 항변, 소지인이 그 어음·수표에 기재된 자와 동일한 자가 아니라는 항변 등이다. 이상과 같이 무권리의 항변은 주로 어음·수표상의 권리의 이전에 하자가 있는 경우에 생기는 항변이다. 이러한 무권리자로부터 어음·수표를 선의·무중과실로 취득한자는 어음법 제16조 2항(수21)에 의하여 선의취득이 인정된다. 그 결과 항변이 절단되지만 이것은 어음법 제17조(수22, 인적 항변의 절단)의 인적 항변의 절단과는 구별된다.

3) 特定 어음·手票債務者가 主張할 수 있는 人的 抗辯   특정 어음·수표채무자가 특정 어음·수표소지인에 대하여 대항할 수 있는 항변은 어음·수표가 여러

사람에게 이전되는 경우에도 다시 당해 채무자에게 돌아올 때에는 그 당사자 간에 서는 여전히 그 항변을 주장할 수 있는 것이다.

(가) 原因關係의 不存在·無效·取消 또는 解除의 항변(실질관계의 항변)   원인관계의 무효·취소·부존재 또는 해제의 항변, 불법원인에 의거한 어음행위라는 항변, 양도배서가 추심목적으로 한 것이었다는 항변 등이 여기에 해당한다. 어음법 제17조(수22)의 「인적 관계로 인한 항변」이 이에 해당하며 인적 항변의 전형이다. 예컨대 당사자 간의 원인관계인 매매계약의 취소 또는 해제 등을 비롯하여, 원인관계의 무효, 원인채무의 시효소멸 기타 원인관계의 부존재, 어음·수표채무의 이행, 지급의 유예, 상계 또는 동시이행의 항변, 어음·수표채무의 更改 등의 모두 이에 해당한다.

(나) 意思表示의 瑕疵에 관한 抗辯   의사표시의 하자(예, 심리유보·사기·강박·착오)로 인한 항변(다수설), 백지어음·수표의 부당보충의 항변(다수설), 대리인(대표자)의 권한남용에 관한 항변 등이 여기에 해당한다.

(다) 交付흠결의 抗辯   교부흠결의 항변은 어음·수표의 작성 자체는 적법하게 되었지만 작성자의 의사에 반하여(예, 도난·분실) 그 어음·수표가 유통되었다고 하는 항변이다. 이 항변의 성질은 어음·수표이론에 따라서 달라지게 된다. (i) 계약설과 발행설에서는 어음·수표의 작성 이외에 交付를 요하므로 이 교부가 없는 경우에는 어음·수표채무가 발생하지 않게 되므로 이 항변은 물적 항변이 된다. (ii) 권리외관이론(또는 외관이론에 의하여 수정된 계약설 또는 발행설)을 취하는 경우에는 교부의 흠결을 인적 항변으로 보게 된다. (iii) 창조설의 입장에서는 어음·수표의 작성만으로 교부가 없어도 어음·수표행위가 성립하므로 교부흠결의 항변이 문제되지 않는다.

(라) 白地어음·手票의 補充權 濫用의 抗辯   백지어음·수표행위자는 백지어음(수표)이 부당보충된 경우에는 보충계약의 당사자 간 또는 부당보충에 관하여 악의 또는 중과실로 취득한 소지인에 대하여는 어음·수표행위자는 부당보충의 항변을 주장할 수 있다(물적 항변으로 보는 입장도 있다).

(마) 법령違反의 抗辯   원인관계가 법령위반이라는 항변에 관하여 判例는 물적 항변설을 취한 것(대판 1965.7.20, 65다992 등)과 인적 항변설을 취한 것(대판 1975. 4.22, 72다2161 등)이 있다. 위반되는 법령이 團束規定인 경우에는 이에 위반한 어음·수표행위는 유효하므로 어음·수표항변과는 무관하며, 문제는 效力規定으로서 그 원인행위가 무효가 되는 경우이다. 이 무효를 직접 상대방에만 주장할 수 있으면 인적 항변사유, 모든 사람에게 주장할 수 있으면 물적 항변사유가 된다고 본다

(정찬형 372).

4) 融通어음의 抗辯

　　㈎ 融通者(發行人)의 被融通者에 대한 抗辯　　융통어음이라 함은 타인(피융통자)이 자금을 융통하도록 할 목적으로 발행(또는 배서·인수)한 어음을 말한다. 商業어음과 달리 기초가 되는 상거래가 없으므로 지급이 확실치 않고 부도의 위험성이 높다. 그러나 어음채무자가 신용이 있는 사람이면 어음할인을 받아서 융자수단으로서 기능을 하게 된다. 융통어음의 융통자(발행인)는 피융통자(수취인)가 어음금 청구를 하더라도 이를 거절할 수 있으며, 이 융통어음이라는 항변은 人的 抗辯이 된다(통설)(대판 1994.5.10, 93다58721). 그러나 제3자가 어음을 취득하여 어음금의 지급청구를 하는 경우에는 그 제3자가 융통어음임을 알고 취득한 때라도 융통어음이라는 항변으로 대항하지 못한다(통설)(대판 1979.10.30, 79다479; 대판 1994.5.10, 93다58721).

　　㈏ 融通者의 제3자에 대한 抗辯　　융통어음이라는 항변은 피융통자에 대하여만 할 수 있고, 그 밖의 제3자에 대하여는 그가 악의인 경우에도 항변할 수 없다는 데 특색이 있다. 융통어음의 항변의 性質에 관하여는 인적 항변설, 배제불요항변설, 일반적인 어음항변(물적 항변 또는 인적 항변)이 아니라는 설 등이 나뉜다. 배제(제한)불요항변설은 융통어음의 항변이 제3자의 선의·악의를 불문하고 성질상 항변의 제한이나 배제를 요하지 않는 항변이라고 한다(정동윤 128, 강위두·임재호 167). 通說·判例는 융통어음의 항변을 어음법 제17조에 해당하는 인적 항변으로 보고, 제3자에게 양도된 경우에는 비록 그러한 사실을 알고 있었더라도 '어음채무자를 해할 것을 알고'(어 17단) 취득한 것으로 볼 수 없으므로 그 자에게 대항할 수 없다고 본다.

3. 惡意의 抗辯

(1) 廣義의 「惡意의 두 가지 意味」

　　인적 항변을 제한하는 규정은(어 17·77①i, 수 22본문) 善意의 어음·수표취득자를 보호하고 유통성을 촉진하기 위한 것이므로, 항변사유가 존재하는 것을 알면서 어음·수표를 양수한 惡意의 어음·수표취득자를 보호할 이유가 없다. 그러므로 어음·수표법은 채무자를 해할 것을 알고(惡意·害意) 어음·수표를 취득한 자에 대하여는 인적 항변이 절단되지 않고 전자에 대한 인적 항변으로 대항할 수 있도록 규정하고 있는데(어 17단서·77①i, 수 22단서) 이를 '악의의 항변'이라 한다.

(2) 어음법 제17조(수22)의 「惡意」의 意味

악의의 항변(어 17단서·77①i, 수 22단서)에서 규정한 '악의'는 선의취득이나 백지어음의 경우와는 달리 법문상 '소지인이 채무자를 해(害)할 것을 아는 것'을 뜻하는 것으로 규정되어 있다. 이 '악의의 내용'에 관하여는 가장 엄격하게 해석하여 채무자를 해할 의사로써 양도 당사자가 공모하는 것(사기적 통모)으로 보는 共謀說(영미법의 입장), 가장 넓게 해석하여 양수인이 항변의 존재를 알고 있기만 하면 악의가 된다고 하는 單純認識說, 사기적 공모까지는 필요하지 않지만 단지 양수인이 항변의 존재를 인식한 것만으로는 부족하며 나아가 자기가 어음을 취득함으로써 항변이 절단되고 그 결과 채무자가 해를 입는다는 것을 알면서도 취득하는 것을 뜻한다는 害意說(절충설)이 있다. 절충설이 제네바어음법통일회의에서 채택한 기준이며, 우리 어음·수표법에서도 이 입장을 취하고 있다. 이 학설의 입장에서 이 항변을 '害意의 항변'이라고도 한다.

(3) 惡意의 存在時期

어음을 취득하는 자의 악의의 유무는 취득한 당시를 기준으로 하여 정한다(통설). 그러므로 취득 후에 채무자를 해할 것을 알아도 악의가 되지 않는다.

(4) 惡意의 立證責任

어음·수표취득자가 악의로(채무자를 해할 것을 알고) 취득한 것에 대한 입증책임은 어음·수표債務者가 부담한다.

(5) 惡意의 抗辯이 適用되지 않는 경우

1) 善意者의 지위의 承繼   예컨대 A가 B에게 발행한 어음·수표를 C에게 배서양도하고 다시 D에게 배서양도한 경우에, A와 B 간의 항변사유(예: 원인관계의 무효)를 C는 알지 못하였으나(선의) D는 알고 어음·수표를 취득하였다고 하면(악의) D의 청구에 대하여 어음·수표채무자(A)는 거절할 수 있을까. 선의자 C의 취득에 의하여 A의 인적 항변은 절단되어 항변이 없는 상태의 어음·수표를 D가 취득한 것이므로(선의자 지위의 승계) A는 소지인(D)에 대하여 항변을 주장하지 못하게 된다. 그러나 만일 D가 B와 공모하여 선의자 C를 기재시킴으로써 항변제한의 효과를 노리는 경우에는 신의칙에 반하므로 A의 악의의 항변이 인정된다.

2) 善意者의 地位의 承繼의 例外(還背書의 경우)   A가 B에게 발행한 어음·수표를 선의자 C에게 배서양도하고 그 어음·수표를 다시 B에게 배서(환배서)양도

하여 B가 소지하게 된 경우에는 A는 B의 청구에 대하여는 원인관계의 무효 등의 인적 항변을 주장할 수 없을까. 선의자 C의 취득에 의하여 항변이 절단된 것이므로 항변이 부착되지 않은 어음・수표를 B가 승계한 것같이 생각되기 쉬우나, 이 경우에는 B의 승계를 인정하지 않고 B는 원래의 지위를 되찾은 것으로 보므로 A는 B에 대하여는 이전의 항변을 주장하여 지급청구를 거절할 수 있는 것이다(항변의 재대항).

4. 人的 抗辯의 個別性

(1) 原 則

어음・수표채무자는 자기가 가지고 있는 항변만을 주장할 수 있을 뿐이며, 다른 어음・수표채무자의 항변을 원용(援用)하지 못한다. 이것을 '인적 항변의 개별성'이라 한다. 그런데 경우에 따라서 다른 어음・수표채무자의 항변사유를 원용하여 어음・수표소지인에게 대항할 수 있도록 인정할 것인지가 학설・판례상 논의되는데 이것이 '제3자의 항변'의 문제이다. 제3자의 항변에는 '전자의 항변'과 '후자의 항변', '이중무권의 항변'이 문제로 된다. 가령 A가 B에게 발행한 어음・수표를 C에게 배서양도한 경우에 B가 A・C간의 항변사유로 C에게 대항하는 것이 前者의 항변이며, A가 B・C간의 항변사유로 C에게 대항하는 것이 後者의 항변이다.

(2) 例 外

1) 제3자의 抗辯에 관한 問題

(개) 後者의 抗辯　A가 B에게 발행한 어음・수표를 C에게 배서 양도하였는데, 가령 B・C간의 원인관계가 소멸한 경우에 어음・수표채무자(A)가 B・C간의 항변사유로 소지인(C)에게 대항할 수 있는지가 문제로 되며 이것이 후자의 항변의 문제이다. 후자의 항변에 관하여는, (i) 어음・수표행위의 無因性과 인적 항변의 개별성을 이유로 들어 A는 후자의 항변을 원용할 수 없으며 C의 청구를 거절할 수 없다는 견해(부정설), (ii) 어음・수표행위의 무인성과 인적 항변의 개별성을 전제로 하면서 權利濫用을 이유로 C의 청구를 거절할 수 있다는 견해(권리남용설), (iii) 어음・수표행위를 작성(채무부담행위)과 교부(권리이전행위)의 2단계로 파악하고 작성행위는 무인(無因)행위이지만 교부행위는 유인(有因)행위라고 보는 입장에서 원인관계가 소멸(무효)한 때에는 B의 채무부담행위는 무인행위이므로 영향을 받지 않지만, 유인행위인 B의 C에 대한 권리의 이전행위는 소멸(무효)하게 되어 소지인 C는 무권리자가 되고 따라서 A(어음・수표채무자)는 C에 대하여 무권리의 항변으로 그의 청구를 거절할 수 있다는 견해(권리이전행위유인론) 등이 있다.

생각건대, 어음·수표행위의 무인성과 인적 항변의 개별성은 인정해야 하지만 어음·수표상의 권리를 행사할 실질적 이유가 없는 형식적 권리자에게까지 청구를 거절할 수 없다는 부정설은 찬성하기 어렵고, 권리이전행위만을 유인행위로 보는 설은 그 구성에 무리가 있고 또 배서의 단순성에도 반한다고 본다. B·C간에 원인관계가 소멸하거나 존재하지 않는 경우에, 어음·수표금을 지급받고서도 반환하지 않은 어음·수표를 이용하여 A에게 어음·수표금 지급을 청구하는 것은 權利濫用에 해당하며, A는 권리남용의 항변에 의하여 C의 청구를 거절할 수 있다는 권리남용설이 타당하다고 본다(통설).

(나) 前者의 抗辯　　A가 B에게 발행한 어음·수표를 C에게 배서양도 한 경우에 어음·수표채무자(B)가 자기의 전자(A)의 인적 항변을 원용하여 소지인(C)에게 대항하는 것이 전자의 항변이며 다음의 두 가지 경우가 문제로 된다.

① 償還義務者(소구의무자)의 원용　　어음채무자 B(상환의무자)가 전자인 A의 C(소지인)에 대한 항변사유(예, 지급)를 원용하여 C(소지인)에 대하여 대항할 수 있는가 하는 문제이며, 이에 관하여는 항변원용을 긍정하는 설과 부정하는 설이 있다. 생각건대 지급 등으로 어음·수표채무가 소멸한 경우에는 소구의무도 소멸하므로 B는 자기의 항변(상환청구권의 부존재)을 주장하여 C의 청구를 거절할 수 있으며, 전자(A)의 항변의 원용의 가부를 논할 실익이 없을 것이다.

② 어음·수표保證人의 원용　　어음·수표보증인은 주채무자(피보증인)의 항변을 원용할 수 있느냐 하는 문제가 된다. 가령 A(주채무자)가 B에게 발행한 어음에 C(보증인)가 보증을 한 경우에, A와 B와의 원인관계가 무효가 되었는데 B가 C에 대하여 이행을 청구하였다면, 보증인 C가 A의 항변을 원용하여 거절할 수 있는가 하는 문제가 된다. 이에 관하여는 어음·수표행위의 독립성을 강조하여 보증채무와 주채무는 별개로 독립한 것이므로 어음·수표보증인은 피보증인(주채무자)의 소지인에 대한 항변을 원용할 수 없다는 입장이 있으나(부정설), 원인관계가 무효가 되어 실질적으로 무권리자인 소지인이 형식적 자격을 내세워 권리행사를 하는 것은 권리남용에 해당하며, 이 權利濫用의 항변으로 지급을 거절할 수 있다고 본다(긍정설)(대판 1988.8.9, 86다카1858).

2) 二重無權의 抗辯　　A가 B에게 어음을 발행하고 B가 C에게 배서하여 양도한 경우에, A와 B간의 원인관계가 무효가 되고 또한 B와 C간의 배서의 원인관계도 무효가 된 경우에, 소지인 C의 청구에 대하여 A가 양쪽 원인관계의 부존재를 이유로 이를 거절할 수 있는 것이 '이중무권의 항변'이다. 학설로는 어음·수표행위의 무

인성과 인적 항변의 개별성을 강조하고, 또 C의 청구를 인정해도 B는 C에 대하여, A는 B에 대하여 각각 부당이득반환청구를 함으로써 문제해결이 가능하다고 보고 A의 항변을 인정하지 않는 견해가 있으나(최기원 581), C는 어음금 지급을 청구할 독립적 경제적 이익을 가지지 않으며, 또 부당이득의 반환관계가 순환하는 상황도 바람직하지 않으므로, A의 이중무권의 항변을 인정하는 것이 타당하다고 본다(다수설)(대판 1987.12.22, 86다카2769).

5. 새로운 分類方法

(1) 新抗辯理論

신항변이론은 어음·수표항변을 인적 항변과 물적 항변으로 나누는 종래의 방법을 취하지 않는 입장들 중의 하나이다. 어음·수표항변은 물적 항변, 무권리의 항변, 어음법 제17조(수22)에 의한 항변절단의 효과가 인정되는 인적 항변, 선의·무중과실로 인한 어음·수표취득에 의한 항변절단의 효과가 인정되는 유효성의 항변으로 분류된다(독일, 일본의 유력설). 유효성의 항변이란 추상적 어음·수표채무의 효력에 관한 항변으로서 어음·수표교부흠결의 항변을 비롯하여 어음·수표행위의 의사표시의 하자 등의 항변을 일관하는 개념이며, 어음·수표채무가 유효하게 성립하지 아니하였음을 다투는 항변이다. 행위능력·의사능력착오의 항변, 위조·변조·무권대리의 항변 등이 모두 유효성의 항변에 속하게 된다. 유효성의 항변을 설정하는 입장은 권리외관이론에 바탕을 두고 어음·수표채무자는 악의·중과실 없이 어음·수표를 취득한 자에 대하여 어음·수표상의 책임을 지는 것으로 보며, 어음법 제17조(수22)에 의하여 인적 항변을 제한하는 것이 아니라 어음법 제16조 2항(수21) 또는 제10조(수13)의 유추적용에 의하여 취득자의 주관적 요건을 한정하여 보호한다는 것이다.

(2) 其　他

국내에서의 새로운 어음·수표항변의 분류방법 중의 하나로 제한(절단)이 가능한 어음·수표항변과 제한이 불가능한 항변으로 분류하는 입장이 있다. 여기서 제한이 가능한 항변으로는 인적 항변과 어음·수표채무의 유효성에 관한 항변(어음·수표교부착오의 항변, 의사표시의 하자, 백지어음·수표의 부당보충의 항변 등)의 두 가지가 있고, 제한이 불가능한 항변으로는 내용적 항변 또는 증권상의 항변(증권의 기재로부터 생기는 항변, 즉 어음·수표요건의 흠결, 시효완성, 만기의 미도래, 배서의 불연속 등)과 귀책가능성에 관한 항변(위조, 변조, 무능력, 무권대리 등)이 있다.

또한 어음·수표항변을 증권상의 기재에 관한 항변(어음·수표요건의 불비, 배서의 불연속, 보전절차의 흠결, 만기의 미도래, 무담보배서의 항변, 배서금 지배서의 항변, 시효소멸의 항변 등), 비증권적 효력에 관한 항변 및 인적 항변으로 분류하는 입장이 있다. 비증권적 효력에 관한 항변은 다시 절대적 항변(위조, 무권대리, 협박, 무능력)과 상대적 항변(점유상실, 착오, 사기, 강박의 항변, 폭리의 항변)으로 분류되고 있다. 인적 항변은 원인관계, 융통어음, 지급연기 및 특별한 사정에 의한 항변(원인관계가 선량한 풍속에 위반한 것이라는 항변, 지급·공탁·상계·면제의 항변 등) 등으로 되어 있다.

IV. 어음·수표上의 權利의 消滅

1. 總　說

(1) 一般的 消滅原因

어음·수표상의 권리도 채권이므로 지급·대물변제·상계·경개(更改)·면제 등의 채권일반의 소멸원인 및 공탁(어42, 77①iii)에 의하여 소멸한다. 다만 混同에 의하여서는 소멸하지 않으며 환배서가 인정된다(어11③, 수14③).

(2) 어음·수표에 特有한 消滅原因

어음·수표상의 권리에 특유한 소멸원인으로는 보전절차의 흠결(어53·77①iv, 수39), 일부지급의 거절(어39②·77①iii, 수34), 참가지급의 거절(어61·77①), 거절할 수 있는 참가인수의 승낙(어56③·77①v), 참가지급의 경합이 있는 경우에 자기보다 우선하는 참가지급인이 있는 것을 알면서 한 참가지급(어63·77①v), 소멸시효(어70·77①viii, 수51) 등이 있다.

2. 어음時效

(1) 어음의 時效期間 및 始期

主債務者인 환어음의 인수인 및 약속어음의 발행인에 대한 청구권은 만기의 날로부터 3년간 행사하지 아니하면 소멸시효가 완성한다(어 70①·77①viii·78①). 소지인의 전자(배서인·환어음의 발행인)에 대한 상환청구권(소구권)은, '거절증서작성일'로부터, 또 그 작성이 면제된 경우에는 만기일로부터 1년간 행사하지 아니하면 소멸시효가 완성한다(어70②·77①viii). 상환을 한 배서인·보증인·참가지급인의 전자에 대한 재상환청구권(재소구권)은, 어음의 환수일 또는 제소일로부터 6월간 행사하지 아니하면 소멸시효가 완성한다(어70③·77①viii). 어음·수표보증인(어 32①·77③, 수21①)·참가인수인(어58①)·무권대리인(어8·77②, 수11)에 대한 청구권의 시효기간은 피보증인·피참가인·본인에 대한 청구권의 소멸시효기간과 같다.

手票소지인의 상환의무자(배서인·발행인·기타의 채무자)에 대한 상환청구권은 제시기간경과 후 6월간 행사하지 아니하면 소멸시효가 완성한다(수51①). 상환의무(소구의무)를 이행한 자의 전자에 대한 재상환청구권은 그가 수표를 환수한 날 또는 제소된 날로부터 6월간 행사하지 아니하면 소멸시효가 완성한다(수51②). 수표소지인의 지급보증인에 대한 청구권은 제시기간경과 후 1년간 행사하지 아니하면 소멸시효가 완성한다(수58).

(2) 時效期間의 計算

시효기간의 계산에는 그 첫날을 산입하지 않는다(어73·77①ix, 수61). 기간의 말일이 법정휴일이면 말일 이후의 제1거래일까지 기간이 연장 되고, 기간 중의 휴일은 그 기간에 算入하지 아니한다(어72②, 민161).

(3) 時效中斷

1) 中斷事由   어음법 제80조(수 64)는 訴訟告知로 인한 시효중단만을 규정하고 있으며, 이 밖에는 民法의 규정(민168 이하)에 의한다. 따라서 청구(민168i), 압류·가압류·가처분(민168ii), 승인(민168iii)이 중단사유로 된다. 背書人의 다른 배서인과 발행인에 대한 청구권의 소멸시효는 그 자가 提訴된 경우에는 전자에 대한 소송고지를 함으로 인하여 중단하며 중단된 시효는 재판이 확정된 때로부터 다시 진행된다(어80, 수64). 이것은 제소되어 소송이 진행되는 중에 소구의무자의 전자에 대한 재소구권이 시효로 소멸되는 것을 방지하기 위한 것이다.

2) 效力範圍   시효의 중단은 그 중단사유가 생긴 자에 대해서만 효력이 생기며 그 이외의 자에 대하여는 중단의 효력이 없다(어71, 77①, 수52). 어음·수표행위는 각각 독립하여 존재하기 때문이다.

(4) 時效間의 關係

주채무자(환어음의 인수인, 계속어음의 발행인)에 대한 권리가 시효로 인하여 소멸한 때에는 어음·수표소지인 기타의 후자는 전자에 대한 소구권을 상실한다. 그러나 상환청구권이 먼저 시효로 인하여 소멸하여도 주채무자에 대한 채권에는 영향이 없다.

3. 利得償還請求權

(1) 意 義

이득상환청구권은 어음·수표상의 권리가 권리보전절차의 흠결 또는 시효의 완성으로 인하여 소멸한 경우에, 소지인이 어음·수표상의 채무자에 대하여 권리가 소멸함으로써 받은 이익의 양도를 청구할 수 있는 권리이다(어79, 수63).

어음·수표채무자의 엄격한 책임(무인성·독립성)을 완화하기 위하여, 어음·수표법은 어음·수표상의 권리에 대하여 엄격한 權利保全節次를 요구하고 있고 또 단기의 消滅時效期間을 규정하고 있다. 그런데 이로 인하여 어음·수표의 所持人은 어음·수표상의 권리를 잃기가 쉬운 반면에 債務者는 채무를 면하고 실질관계에서 받은 대가 또는 자금을 그대로 보유하여 이득을 얻게 되어 불공평하다. 그러므로 어음·수표법은 형평(衡平)의 관념에 기초하여 이득상환청구권을 규정하고 있다. 이득상환청구권은 독일법계 어음·수표법에 특유한 제도로서, 자금관계가 어음·수표관계에서 분리되어 있지 않은 프랑스법에서는 인정되지 않으며, 영미법계에서는 일반채권과 달리 취급하고 있지 않다. 어음법·수표법통일조약에서는 유보사항으로 규정하여 각 체약국의 국내입법에 위임하고 있는데, 우리 어음·수표법은 이에 관한 규정을 두고 있다.

(2) 法的 性質

이득상환청구권에 관한 여러 논점들, 가령 그 권리의 행사방법·양도방법·시효기간 등은 그 법적성질의 문제와 밀접한 연관이 있다. 이득상환 청구권의 법적성질에 관하여는 종전에는 민법상의 부당이득상환청구권설, 손해배상청구권설도 있었으나 현재 이설을 취하는 견해는 없다. 현재 주장되는 학설로는 어음·수표상 권리의 잔존물 또는 변형물로 보는 잔존물설(殘存物說)·변형물설(變形物說)이 있으나, 衡平의 견지에서 어음·수표법이 특별히 인정한 특별한 청구권이며, 지명채권(指名債權)의 일종이라고 보는 설이 타당하다(다수설)(대판 1972.5.9, 70다2994). 잔존물설(독일의 통설)은 이득상환청구권이 어음·수표상의 권리의 소멸을 요건으로 하여 발생하므로 어음·수표상권리가 아니라는 점에서 문제가 있다고 보며, 변형물설은 기본적인 내용에서 잔존물설과 유사하며 변형된 실체의 설명이 명확하지 않다.

(3) 當 事 者

1) 權利者 이득상환청구권을 가지는 자는 어음·수표상의 권리가 절차의 흠결 또는 시효로 인하여 소멸한 당시의 정당한 소지인(所持人) 또는 그 권리의 승계

인(承繼人)이다. 여기의 所持人은 최후의 배서에 의하여 어음·수표를 취득한 자, 소구의무를 이행하고 어음·수표를 환수한 자, 상속 등에 의하여 취득한자, 또 기한 후배서에 의하여 어음·수표를 양수한 자 등을 포함한다. 입질배서의 피배서인이나 숨은 추심위임배서의 성질을 신탁양도로 볼 때 그 피배서인도 이득상환청구권이 있다고 본다. 배서의 연속이 없는 어음·수표의 경우에도 실질적 권리자임을 입증하면 이득상환청구권을 취득할 수 있다고 본다(架橋說).

2) 義 務 者 이득상환의무자는 실질관계에서 利得을 얻고 있는 어음의 발행인·인수인·배서인과 手票의 발행인·지급보증인이다. 따라서 지급인·지급담당자·보증인·참가인수인은 상환의무자가 아니다. 背書人은 보통의 경우에는 대가를 제공하고 어음·수표를 취득하므로 이득을 얻는 경우가 드물다. 배서인이 의무자가 되는 경우로는, 융통어음의 수취인(피융통자)이 제3자에게 배서하여 대가를 취득한 경우, 또는 어음채무의 保證을 목적으로 대가를 받고 배서를 한 경우 등을 생각할 수 있다. 背書人이 어음·수표취득을 위하여 제공한 대가와 배서에 의하여 얻은 대가와의 차액은 이득에 해당하지 아니한다.

(4) 發生要件

1) 어음·수표上의 權利가 有效하게 存在하고 있었을 것 청구자가 형식적으로나 실질적으로 완전한 어음상의 권리자로서 시효 또는 절차의 흠결이 없었더라면 유효하게 어음·수표상의 권리를 행사할 수 있었어야 한다.

2) 어음·수표上의 權利가 節次의 欠缺 또는 時效로 인하여 消滅하였을 것 이미 유효하게 존재하고 있던 권리가 절차의 흠결이나 시효로 인하여 소멸하였어야 한다.

3) 어음·수표所持人은 다른 救濟手段을 갖지 아니할 것 어음·수표상의 다른 방법은 물론 민법상의 구제방법도 없어야 한다(대판 1970.3.10, 69다1370; 1993.3. 23, 92다50942).

4) 어음·手票債務者가 利得하였을 것 발행인, 인수인, 배서인, 지급보증인이 어음·수표의 수수와 관련하여 적극적인 이득을 얻었어야 한다. 따라서 단순히 어음·수표상의 의무를 면하는 것만으로는 이득을 얻었다고 할 수 없고 어음·수표 수수의 원인관계에 의하여 물품을 샀거나 돈을 빌렸거나 채무를 면제받았거나 등 적극적인 이득이 있어야 한다(어79, 수63).

(5) 內　容

청구권자는 이득을 한 발행인, 인수인 또는 배서인에 대하여 이득의 상환을 청구할 수 있으며(어79, 수63), 피청구자는 그가 받은 이익의 한도 내에서 이를 반환하여야 한다. 받은 이익이 현존하는가의 여부는 불문하며, 이 점에서 민법상의 부당이득반환과 다르다. 이득상환청구권의 양도는 배서양도의 방법으로는 할 수 없고 오직 지명채권의 양도방법(의사표시로 하며, 선의의 제3자 또는 채무자에게 대항하기 위해서는 사후 통지 또는 사전 승낙을 요한다)에 의해서 지명채권으로서만 양도할 수 있다(대판 1972.5.9, 70다2994).

1) 利得償還請求權을 行使할 수 있는 경우　　㈎ 지급에 갈음하여 어음·수표가 발행된 경우(자기앞수표를 취득할 경우), 가령 물품의 매매대금을 지급할 채무가 있을 때 액면금이 물품대금에 해당하는 어음·수표를 채무변제의 명목으로 발행·교부하고 그 결과 물품대금채무(원인관계상의 채무)를 소멸시키는 경우에는 이득상환청구권이 발생한다.

㈏ 지급을 위하여 지급의 담보조로 발행된 어음·수표상의 권리보다 원인채권이 먼저 소멸한 경우(반대설 있음; 대판 2000.5.26, 2000다10376).

2) 利得償還請求權을 行使할 수 없는 경우　　어음·수표상의 권리가 원인채권보다 먼저 소멸한 경우(대판 1983.9.27, 83다429; 1977.2.22, 77다19)

(6) 讓　渡

이득상환청구권을 지명채권으로 보는 견해(통설, 판례)　　권리의 양도방법도 지명채권의 양도방법(민450)에 의하여야 한다고 한다(통설). 이 설은 이득상환청구권의 양도에 증권의 교부를 요하지 않는다고 본다(불요설). 이득상환청구권을 잔존물로 보는 견해: 권리는 어음·수표의 교부만으로 양도된다고 한다. 이 설은 이득상환청구권의 양도에 증권의 교부(소지)를 반드시 요한다고 보기 때문에 어음·수표가 이미 양도인의 수중을 떠난 경우는 양도인에 대한 채무이행은 있을 수 없다고 한다(대판 1970.3.10, 69다1370).

(7) 行　使

1) 證券所持의 問題　　이득상환청구권의 행사에 어음·수표의 소지가 필요한가에 관하여는 이득상환청구권의 성질을 지명채권으로 보는 입장에서는 어음법 제79조의 소지인은 어음상의 정당한 권리인이면 충분하고 어음·수표를 소지할 필요는 없다고 주장하고(불요설, 다수설), 또 동 권리를 잔존물로 보는 입장에서는 어음상

의 권리가 소멸된 어음 자체는 이득상환청구권을 표시하는 증권이라고 보아서 그 권리 행사에는 어음·수표의 증권을 소지하여야 한다고 한다(필요설, 소수설).

2) **債務의 履行地** 이득상환청구권은 어음·수표상의 권리가 아니므로 어음·수표에 기재된 지급지 또는 지급장소는 그 이행지 또는 이행장소가 아니고, 또한 채무자는 현실적으로 이득상환청구권자를 알기가 어렵다. 그러므로 이득상환의무자의 영업소 또는 주소를 이행장소로 하여야 할 것이다(추심채무).

3) **立證責任** 이득상환청구권자는 권리가 소멸한 당시의 정당한 소지인이었다는 사실, 권리발생의 요건 및 채무자가 받은 이익의 한도를 증명하여야 한다(통설). 그러나 은행이 발행한 자기앞 수표의 경우에는 발행은행이 수표금액만큼 이득이 있는 것으로 추정되므로(대판 1961.7.31, 4293민상841) 수표소지인은 발행은행의 이득을 증명할 필요가 없다.

4) **債務者의 抗辯** 이득상환의무자는 권리가 소멸하기 전에 종전의 어음·수표소지인에 대하여 주장할 수 있었던 모든 항변으로 이득상환청구권자에 대하여 대항할 수 있다(통설). 채무자가 채무소멸 후에 더 불리한 지위에 서게 되는 것은 타당치 않기 때문이다.

(8) 消 滅

利得償還請求權의 消滅時效期間에 관하여 보면, 어음의 경우에는 어음채권과 같이 3년, 手票의 경우에는 최장시효기간인 1년으로 보는 설(잔존물설의 입장), 원인채권이 민사채권인가 상사채권인가에 따라서 10년 또는 5년이 된다고 하는 설 등이 있다. 지명채권설의 입장에서 민법의 일반채권과 같이 10년으로 보는 것이 타당할 것이다(통설·판례). 이득상환청구권의 시효기간의 기산점은 어음·수표상의 권리가 소멸한 때, 즉 이득상환청구권이 발생한 때이다. 어음의 경우 이득상환청구권이 時效의 완성으로 발생한 경우에는 어음의 시효기간이 만료한 날의 다음 날, 節次의 흠결로 인하여 발생한 경우에는 지급제시기간의 다음 날이다. 또 手票의 경우에는 정지조건설을 취하는 경우에는 제시기간경과 후 지급위탁을 취소한 날 또는 지급거절한 날의 다음 날부터 시효기간이 진행한다. 해제조건설의 입장에서는 지급제시기간의 다음 날부터 진행한다.

(9) 提示期間의 經過와 利得償還請求權의 發生

1) **引受 없는 換어음의 提示期間의 經過** 인수가 없는 환어음의 경우는 지급제시기간경과 후에는 지급인은 특약이 없는 한, 지급의 결과를 발행인의 계산으로

귀속시킬 수 없으므로 소지인은 지급제시기간이 도과함으로써 확정적으로 실권하게 되어 그 결과 어음채무자에게 이득이 있는 경우에는 그 상환을 청구할 수가 있다.

2) **手票의 提示期間經過 後의 問題點**

㈎意　義　수표의 경우에는 인수 없는 환어음과는 달리 제시기간경과 후에도 지급위탁의 취소가 없는 한, 지급인은 지급할 수 있으므로(수32②), 소지인은 제시기간 경과 후에도 지급위탁의 취소 또는 지급거절이 있을 때까지 이득상환청구권을 가지는가 하는 것이 문제된다.

㈏學　說　停止條件說은 이득상환청구권은 제시기간경과 후에는 지급위탁의 취소 또는 지급거절에 의하여 지급의 가능성이 소멸되는 것을 정지조건으로 하여 발생한다고 본다. 解除條件說은 제시기간이 경과함으로써 수표상의 권리는 확정적으로 소멸하는 것이므로 이득상환청구권의 발생요건으로서의 이득의 유무는 이 시점을 기준으로 하여 결정하여야 한다는 것이며, 지급위탁의 취소가 없어서 그 후에 지급인에 의한 유효한 지급이 있는 때에는 발행인의 이득은 그 때 소멸하고 일단 발생했던 발행인의 이득상환의무는 소멸한다고 한다.

㈐批　判　지급위탁의 취소가 있기까지는 지급인이 유효한 지급을 할 수 있다고 하는 것은 지급인의 권한이지 의무는 아니며, 소지인이 권리로써 주장할 수 있는 것이 아니므로 수표상의 권리는 제시기간이 경과함으로써 확정적으로 소멸하는 것이니, 이득의 유무는 이 시점을 기준으로 하여 정하여야 할 것이다.

(10) 善意取得

이득상환청구권이 선의취득의 대상이 되느냐 하는 문제는 그 법적 성질을 어떻게 보느냐에 따라서 다르다. 이득상환청구권을 어음·수표상의 권리의 잔존물로 보는 입장에서는 선의취득의 대상이 된다고 보겠으나, 지명채권으로 보는 입장에서는 지명채권양도의 방법으로 양도하게 되므로 선의취득의 대상이 될 수가 없다(대판 1980.5.13, 80다537).

4. 어음·手票의 抹消·毁損·喪失

(1) 어음·수표의 말소

어음·수표의 말소는 어음·수표의 기명날인 또는 서명 기타 기재사항을 도말(塗抹)·첩부(貼付)·삭제 기타의 방법으로 제거하는 것을 말한다. 일단 유효한 어음·수표상의 權利는 권한 없는 자의 말소에 의하여 消滅하지 않으며, 이것은 어음·수표要件을 말소한 경우에도 같다. 말소된 어음·수표의 소지인은 그 말소가 권한 없는 자에 의하여 행해진 사실과 말소된 문언을 입증하여 권리를 행사할 수 있다. 말소의 권한이 없는 자에 의한 말소는 어음·수표의 變造가 되며 변조는 변조 전에 기명날인 또는 서명한 자의 책임에 영향을 미치지 않는다(어69). 권한이 있는 자가 자기 의사로 말소한 경우에는 그 어음·수표상의 권리는 變更 또는 消滅된다 (통설). 말소한 背書는 배서의 연속에 관하여는 이를 기재하지 않는 것으로 보므로 (어16①, 수19) 권한 있는 자에 의한 말소이든 아니든 간에 배서가 없는 것이 된다.

(2) 어음·수표의 毁損

어음·수표의 훼손은 절단·마멸 기타의 방법에 의하여 어음·수표증권의 일부가 물리적 손상을 입는 것을 말한다. 훼손이 어음·수표의 동일성을 해칠 정도에 이르면 어음·수표의 상실(喪失)이 된다. 훼손의 효과는 말소의 경우에 준한다.

(3) 어음·수표의 喪失

1) 意　義　　어음·수표의 상실은 소실(燒失) 등에 의한 물리적 멸실(절대적 멸실), 분실·도난 등으로 인한 어음·수표의 소지의 상실(상대적 멸실) 뿐만 아니라 동일성을 잃을 정도로 말소·훼손된 경우를 포함한다. 어음·수표증권을 상실한 경우에도 어음·수표상 권리가 당연히 상실되는 것은 아니지만 權利行使의 수단을 잃는 것이므로 사실상 어음·수표상의 권리를 행사하기 어렵게 된다. 또 그 어음·수표가 유통되어 善意取得한 자가 있는 때에는 어음·수표상의 권리를 잃게 될 수도 있다. 이와 같이 어음·수표를 상실한 자를 구제하는 방법으로서 민사소송법에 공시최고와 제권판결의 제도(민소 475조 이하)가 규정되어 있다.

2) 公示催告節次

㈎ 公示催告의 申請　　공시최고를 신청할 수 있는 경우는 어음·수표, 주권 등을 도난·분실 또는 멸실한 경우이다(민소 492). 그러므로 증권을 사취·편취 당한 경우 등에는 공시최고 신청을 할 수 없다. 신청권자는 도난·분실 또는 멸실이 없었다면 증권상의 권리를 행사할 수 있었던 자이며, 상실 어음·수표의 경우에는 최종소지인이다(민소 493). 신청은 그 어음·수표의 支給地를 관할하는 지방법원에 그 신청의 이유와 제권판결을 청구하는 취지를 밝혀서 서면으로 하여야 한다(민소 476②·477). 신청인은 증서가 도난·분실되거나 없어진 사실과 그 밖에 공시최고절차를 신청할 수 있는 이유가 되는 사실 등을 소명하여야 한다(민소 494).

㈏ 公示催告의 公告　　공시최고의 허가여부에 대한 재판은 決定으로 하고

(민소 478①) 신청을 허가한 때에는 대법원규칙이 정하는 바에 따라 공고하여야 한다 (민소 479·480). 공시최고의 期間은 공고가 끝난 날부터 3월 뒤로 정하여야 한다(민 소 481).

㈐ 供託·擔保提供 공시최고의 신청을 한 때에는 채무자로 하여금 채무의 목적물을 공탁하게 하거나 또 소지인이 상당한 담보를 제공하여 만기에 변제할 수 있게 하고 있다(민522, 상65).

㈑ 公示催告節次의 中止 법원의 공시최고 후 제권판결 전에 어음·수표의 제출과 함께 권리를 신고한 자가 있으나, 권리신고자도 어음·수표를 상실하여 이 를 제시할 수 없는 경우에는 법원은 직권으로 공시최고절차를 중지하거나 권리유보 부 제권판결을 한다(민소485).

㈒ 申請의 却下·除權判決 법원은 신청인이 진술을 한 뒤에 제권판결신청 에 정당한 이유가 없다고 인정할 때에는 결정으로 신청을 却下하여야 하며, 이유가 있다고 인정할 때에는 제권판결을 선고하여야 한다(민소 487①). 법원은 제권판결의 요지를 대법원규칙이 정하는 바에 따라 公告할 수 있다(민소489).

㈓ 除權判決 要旨의 公告

3) 除權判決의 效力

㈎ 消極的 效力 제권판결이 있으면 증권 또는 증서는 無效가 된다(민소 496). 그러므로 어음·수표 증권에 의한 선의취득이 인정되지 않는다.

㈏ 積極的 效力 제권판결을 받은 신청인은 어음·수표채무자들에게 증권 의 제시 없이 어음·수표상의 권리를 행사할 수 있게 된다(민소497). 제권판결은 신 청인에게 형식적 자격(어음의 소지)을 회복시켜 준 것이고 실질적 권리를 창설해 주 는 것은 아니므로, 어음·수표를 상실할 당시의 실질적 권리자가 권리를 잃는 것은 아니다. 제권판결취득자가 어음·수표의 再交付를 청구할 수 있는지에 관하여는 긍 정설과 부정설이 나뉜다. 株券에 대해서는 이를 인정하는 규정을 두고 있지만(상360 ②), 주권은 사단관계에서 계속적인 권리를 표창하는 증권임에 반하여 어음·수표는 1회적 권리를 표창하는 증권이고 또한 제권판결에 소요되는 기간이 장기임을 감안 할 때 재교부의 이익이 없다고 본다.

㈐ 善意取得者와 除權判決取得者의 權利優先關係 상실된 어음·수표가 제권판결이 있기 전에 제3자에 의하여 선의취득된 경우에, 그 선의취득자가 권리의 신고를 하지 않아서 공시최고신청인이 제권판결을 받았다면, 선의취득자와 신청인 중 누구의 권리가 우선하게 되는지 문제가 된다. 이에 관하여, '제권판결취득자우선

설'은 선의취득자가 권리를 상실하지 않는다고 하면 공시최고에 의한 제권판결의 제도가 무의미해진다고 한다. 그러나 제권판결제도는 제권판결취득자의 형식적 자격을 회복시켜 주는 것에 불과하며 그 실질적 권리자임을 확정하는 것으로 볼 수는 없으므로, '선의취득자우선설'이 타당하다고 본다. 判例는 기본적으로는 선의취득자우선설의 입장을 취하는 것으로 볼 수 있으나, 선의취득자가 권리를 행사하려면 제권판결의 효력을 소급적으로 소멸시키기 위한 불복의 소를 제기하여야 하는데 그 불복의 사유가 한정되어 있어서 제권판결취득자를 우선시 하는 것과 같은 결과가 되어 있다(대판 1965.7.27, 65다1002;1979.3.13, 79다4; 1982.10.26, 82다298; 1993.11.9, 93다32934 등 참조).

　　㈃ 證券의 再發行　　제권판결을 받은 자가 어음·수표발행인에 대하여 어음·수표를 재발행 청구할 수 있는가의 문제에 대하여 긍정설과 부정설이 있다. 어음·수표는 주권과는 달리 계속적인 권리관계를 표창하는 것이 아니고 금전의 지급이라는 일회성의 권리관계를 표창하는 것이며 일반적으로 제권판결을 통하여 어음·수표상실자는 충분히 그러한 목적을 달성할 수 있고, 재발행의 실익도 없으므로 부정설이 타당하다. 백지어음·수표도 공시최고에 의한 제권판결이 인정된다(통설).

　　㈄ 白地어음·수표와 제권판결　　백지어음·수표에 대하여 제권판결이 있을 때, 소극적 효력이 인정된다는 점에는 견해가 일치하지만, 적극적 효력의 인정되는지에 관하여는 견해가 나뉜다. 적극적 효력을 인정하는 경우에는 어떻게 보충을 하여 권리를 행사할 것인지가 문제로 된다. 이에 관하여는 백지어음·수표의 재발행을 청구하여 백지보충을 한 다음에 권리를 행사할 수 있다는 견해가 있지만(정동윤 152, 정찬형 146), 株券의 경우와 같은 규정이 없는 어음·수표에 관하여 재발행을 인정하는 것은 찬성하기 어렵다. 제권판결에 백지 보충의 의사를 기재한 서면을 첨부하여 권리행사를 할 수 있다고 본다(정동윤 152, 강위두·임재호, 317). 대법원 판례는 제권판결을 받은 자가 어음·수표외의 의사표시에 의하여 보충권을 행사하고 어음·수표금지급을 청구할 수 있다고 한다(대판 1998.9.4, 97다57573).

제4장 │ 어음法 各論

제1절 發 行

I. 어음要件

1. 總 說

어음의 發行이라 함은 어음이라는 증권을 作成하여 수취인에게 交付하는 어음행위를 말한다. 발행은 모든 어음관계의 기초가 되므로 '기본적 어음행위'라 한다. 어음의 작성은 발행인이 일정한 사항(어음요건, 필요적 기재사항)을 기재하고 기명날인 또는 서명하면 되며(어 7·76①), 이들 어음요건 중 어느 것을 빠뜨리면 원칙적으로 어음으로서의 효력이 없다(어2①·76①). 다만 어음요건이 흠결된 경우에도 救濟되는 경우가 규정되어 있다(어 2·76). 즉 어음요건 중 ① 만기가 적혀있지 아니한 경우에는 일람출급의 어음으로 보고(환어음·약속어음), ② 지급지가 적혀있지 아니한 경우에는 지급인의 명칭에 부기한 지(地)를 지급지로 보며(환어음), ③ 발행지가 적혀있지 아니한 경우에는 발행인의 명칭에 부기 한 地를 발행지로 본다(환어음·약속어음). 그 밖에 약속어음에 지급지가 적혀있지 아니한 경우에는 발행지를 지급지 및 발행인의 주소지로 보는(어 76ⅱ) 구제 규정이 있다. 그리고 交付가 필요한지 여부는 어음理論에 따라 다르다.

어음증권의 재료나 기재방법 등에 관하여는 법률상 제한이 없다. 금융기관을 지급장소로 하는 경우에는 통일어음용지를 사용해야 한다. 어음요건을 어음과 결합된 보충지(보전)에 기재한 때에는 유효한 發行이 되는지에 관하여 有效說도 있으나, 배서의 경우(어13①·77①)와 같은 규정이 없고 발행이 모든 어음관계의 기초가 되는 점을 고려할 때 無效라고 보는 것이 타당하다.

2. 發行의 法的 性質

환어음의 발행의 법적성질에 관하여는 (i) 발행인이 수취인에게 지급인으로부터 어음금을 수령할 권한을 주는 의사표시라고 보는 설(수령권한수여설)이 있으나, (ii) 발행인이 지급인에 대하여 지급인의 명의와 발행인의 계산으로 어음금액을 지급할 수 있는 권한을 수여하고, 수취인(소지인)에 대하여는 자신의 명의로 발행인의 계산에서 어음금액을 수령할 수 있는 권한을 수여하는 의사표시라고 보는 설(지급지시설)이 타당하다(통설). 약속어음의 발행은 어음금 지급채무부담의 의사표시이다.

3. 어음 發行의 效力

(1) 本質的 效力(의사표시상의 효력)

환어음이 발행되면 그 수취인(소지인)은 자기명의로 지급을 받을 권한을 가지며, 지급인은 발행인의 계산에서 지급을 할 권한을 가지게 된다. 환어음의 발행만으로 지급인이 당연히 지급의무를 부담하는 것은 아니며, 引受를 함으로써 이 의무를 지게 된다. 환어음은 인수를 하기 전에는 확정적인 주채무자가 없다.

(2) 附隨的 效力(擔保責任,법률상의 효력)

환어음의 발행인은 그 어음의 引受와 支給에 대하여 담보책임을 지게 되며(어9 ①), 인수 또는 지급이 없는 때에는 상환의무를 진다. 발행인은 어음에 인수무담보문언을 기재하여 인수담보책임을 면할 수 있으나, 지급담보책임은 면하지 못한다(어 9 ②). 발행인은 복본교부의무(어 64)·이득상환의무(어 79) 등 의무도 부담한다.

(3) 支給指示(委託)의 撤回에 관한 問題

환어음 발행인은 지급인이 지급할 때까지는 지급지시(지급위탁)를 철회 할 수 있는지에 관하여는 수표법과 같이 지급위탁의 취소를 제한하는 특별규정(수 32)이 없고 또 환어음이 신용증권이라는 점에서 볼 때 철회(취소)할 수 없다고 하는 철회부정설이 있다(최기원 276). 그러나 환어음 발행의 법적 성질이 지급지시(지급위탁)이므로 인수 또는 지급 전에는 언제든지 철회할 수 있고, 지급위탁은 실질관계상의 문제이므로 어음 외(外)의 의사표시로 철회할 수 있다고 보는 철회긍정설이 타당하다고 본다(통설). 발행인의 철회에 따라 지급인이 인수 또는 지급을 거절하면 발행인은 상환의무를 부담한다.

II. 必要的 記載事項

1. 換어음 文句

환어음에는 다른 증권과 구별하기 위하여 환어음을 표시하는 문자를 본문 중에 기재해야 한다(어1i). 실무적으로는 환어음이라는 문구가 인쇄된 통일 어음용지를 사용하기 때문에 이와 관련된 문제는 거의 발생하지 않는다.

2. 一定한 金額의 無條件의 支給委託

환어음에는 그 본문 중에 반드시「일정한 금액(어음금액)의 무조건의 지급위탁」을 뜻하는 문구를 기재해야 한다(어1ⅱ).

3. 支給人의 名稱

일반적으로 환어음은 발행인 이외에 제3자를 지급인으로 하기 때문에, 그 본문 중에는 반드시 지급인의 명칭을 기재해야 한다(어1ⅲ). 어음금액을 지급할 사람인 지급인은 자연인이든 법인이든 불문하며, 만일 지급인이 복수인 경우에는 중첩적 또는 순차적으로 작성하면 되며, 단 선택적 기재는 확정성에 반하므로 무효이다(통설).

4. 滿　期

만기는 어음금액의 지급기일로서(어1ⅳ) 어음상에는 일람출급(어33①i), 일람후정기출급(어33①ii), 발행일자후정기출급(어33①iii), 확정일출급(어33①iv)의 4종만을 기재할 수 있다.

5. 支　給　地

지급지는 어음금액이 지급기일에 지급될 일정한 지역을 말하며(어1ⅴ), 단일하고 확정된 최소행정구역을 기재한다.

6. 受　取　人

수취인은 어음금액을 지급받을 자 또는 지급받을 자를 지시할 자(수취인)로서(어1ⅵ), 지급인의 경우와 동일한 방법으로 기재한다. 단 수취인이 복수인 경우에는 이를 순차적 및 중첩적으로 기재할 수 있을 뿐만 아니라 선택적 기재도무방하다(통설).

7. 發行日과 發行地

발행일은 어음이 발행된 날(어1vii), 즉 어음이 발행된 날로 어음에 기재된 일자를 뜻하며, 어음이 실제로 발행된 날을 의미하는 것은 아니다. 따라서 어음상에는 어음이 실제로 발행된 날과 다른 후일자(실제 발행일보다 이전 일자) 또는 선일자(실제 발행일보다 이후 일자)를 발행일로 기재하더라도 유효하다. 발행지는 어음이 발행된 장소로서 어음에 기재된 곳을 말하며(어1vii), 이를 기재하지 아니한 경우에는 발행인의 명칭에 부기한 지를 발행지로 볼 수 있다(어2④). 발행지와 발행인에 부기한 지가 모두 기재되지 아니한 경우라도 그 어음이 한국에서 발행한 것이 분명한 때에는 이를 무효라고 할 것은 아니다.

8. 發行人의 記名捺印 또는 署名

발행인의 기명날인 또는 서명은 필요적 기재사항으로서(어1viii) 환어음상에 하면 되기 때문에 이면에 해도 무방하나, 이를 보전 또는 등본에 한 경우에는 효력이 없다고 본다. 이는 실재하지 않는 자의 것이거나 위조된 것이라도 무방하다.

9. 共同發行과 어음保證

환어음의 발행인이 복수인 경우(공동발행)에는 전원이 공동으로 기명날인 또는 서명을 하거나 또는 대표자만이 이를 할 수 있는데, 만일 발행인 모두가 이를 할 경우에는 중첩적으로 기재하는 것은 상관없으나 선택적 또는 순차적으로 기재하는 것은 확정성 및 상환청구조건의 일정성에 반하여 무효라고 본다.

III. 有益的 記載事項

1. 意 義

유익적 기재사항은 그것을 기재하면 일정한 어음상의 효력이 생기는 사항을 말하며, 그 대부분이 어음법·수표법에 규정되어 있다. 어음법·수표법에 규정되어 있지 않은 사항도 유익적 기재사항으로 인정할 수 있는가에 관하여 부정설이 있으나, 어음·수표관계자의 이익을 해치거나 어음·수표의 유통을 저해하지 않는 경우라면 인정하여도 무방하다고 본다(긍정설).

2. 어음법에 규정이 있는 事項

어음법에 규정된 환어음·약속어음의 유익적 기재사항은 다음과 같다. 지급인의 명칭에 부기한 地(어 2③), 발행인의 명칭에 부기한 地(어 2④ · 76④), 제3자방지급의 기재(어 4 · 27 · 77②), 일람출급 또는 일람 후 정기출급의 환어음에 있어서의 이자문구 · 이율 또는 이자의 기산일의 기재(어 5 · 77②), 인수무담보문구(어 9②), 배서금지문구(어 11② · 77①i), 인수제시의 명령 또는 금지(어 22), 인수제시 기간의 단축 또는 연장(어 23②), 지급제시 기간의 단축 또는 연장(어 34① · 77①ii), 일정기일 전의 지급제시금지문구(어 34② · 77①ii), 준거할 세력의 지정(어 37④ · 77①ii), 외국통화환산율의 지정(어 41② · 77①iii), 외국통화현실지급문구(어 41③ · 77①iii), 거절증서작성면제(어 46 · 77①iv), 역어음 발행금지문구(어 52① · 77①iv), 예비지급인의 지정(어 55① · 77①v), 복본의 번호(어 64②), 복본불발행문구(어 64③).

3. 支給人의 名稱에 附記한 地

어음법은 어음상에 지급지나 발행지를 기재하지 아니한 경우에 이를 보충하는 취지로, 지급인이나 발행인의 명칭에 부기한 지를 지급인의 주소 또는 발행지로 보는 규정을 두고 있다(어2③,④).

4. 支給擔當者 또는 支給場所(第3者方支給文言)

(1) 意 義

환어음의 지급인이나 약속어음의 발행인이 자신의 주소나 영업소 아닌 제3의 장소에서 지급하는 것을 '제3자방지급'이라 한다. 예컨대 약속어음의 발행인이 자기의 거래은행(제3자방)에 어음금 지급사무를 맡겨 지급하도록 하면 확실하고 편리하다. 환어음은 지급인의 주소지에 있거나 다른 地에 있음을 불문하고 제3자방에서 지급하는 것으로 할 수 있으며(어 4 · 77②), 이것은 약속어음의 경우에도 같다(어 77②· 4).

(2) 記載權者

제3자방지급문언의 기재권자는 원칙적으로 발행인인데, 만일 발행인이 아직 그 기재를 하지 않고 있는 경우와 지급인의 주소를 지급장소로 지정하고 있는 경우에 한하여 지급인이 인수를 할 경우에는 이를 기재할 수 있다.

(3) 記載方式

제3자방은 支給地 내에 있어야 하지만 지급인(약속어음발행인)의 주소지가 아닌 다른 지역에 있어도 관계없다(어 4). 지급장소는 지급지내에 있어야 하며, 지급지 외의 장소를 지급장소로 기재한 경우에는 그 기재는 무효가 된다. 일반적으로 「지급장소 ○○은행 ○○지점」 또는 「지급장소 ○○시 ○○동 ○번지 하모택」이라고 하여 특정장소와 특정 제3자를 표시하는 방법으로 기재한다.

(4) 記載의 效力

1) **支給提示의 場所**   제3자방의 기재가 支給擔當者의 기재인 경우에는 지급을 위한 제시는 그 담당자의 주소에서 하여야 하며, 또 지급거절증서도 지급담당자를 거절한 자로 하여 작성하여야 한다. 제3자방의 기재가 단순히 支給場所만을 뜻하는 경우에는, 소지인은 그 장소에서 지급인(약속어음발행인)에 대하여 지급제시를 하여야 하며, 거절증서도 지급인을 거절자로 하여 작성하여야 한다.

2) **支給擔當者의 記載**   지급담당자가 지급한 때에는 그 지급은 어음관계를 소멸하게 하는 효력이 있으나, 어음상의 권리를 취득하는 것은 아니다.

3) **支給擔當者의 地位**   지급담당자는 자기명의로 지급인을 대신하여 지급하거나 이를 거절할 수 있는 법적 지위를 가지며, 만일 지급한 때에는 그 지급은 어음관계를 종국적으로 소멸시키는 효력이 있다.

5. 利子文言

(1) 이자문언 기재가 가능한 만기

이자문구는 어음금액에 대하여 일정한 이율의 이자를 붙인다는 뜻을 기재하는 것이다. 이자문구의 기재가 가능한 어음은 일람출급어음과 일람 후 정기출급어음 뿐이다. 확정일출급어음이나 발행일자 후 정기출급어음의 경우에는 이자의 기재가 인정되지 않는데, 이것은 만기가 확정되어 있으므로 미리 이자를 가산하여 어음금액을 결정할 수 있기 때문이다. 확정일출급어음이나 발행일자 후 정기출급어음에 이자문구를 기재하여도 효력이 없지만(어5① · 77②), 어음 자체의 효력이 없어지는 것은 아니다.

(2) 이율의 기재

어음상에 반드시 이율(利率)을 기재하여야 하며, 그 기재가 없는 때에는 이자의 약정의 기재가 없는 것으로 본다(어5②).

(3) 이자의 기산일과 종기

利子의 기산일에 관하여 특정한 일자를 기재하지 않으면 발행일로부터 기산하며(어5③ · 77②), 종기는 만기이다. 만기의 이후에는 法定利子(어48①ii · 77①iv)가 발생한다.

IV. 無益的 記載事項

1. 어음법에 규정이 있는 事項

무익적 기재사항은 어음에 기재하여도 어음상의 효력을 갖지 못하는 사항을 말한다. 이 경우에는 그 기재사항만 없는 것으로 취급되며 어음 자체의 효력에는 영향이 없다. 발행인 이외의 제3자(위탁자)의 계산으로 발행한다는 뜻을 기재하는 경우이다(예컨대 '김○○의 자금에서 지급하여 주십시오'라는 기재). 이것은 실질관계의 문제이므로 어음상 효력이 없다. 일람출급어음 · 일람 후 정기출급어음에 이율을 적지 않은 채 이자의 약정을 기재하는 것(어 5② · 77②), 확정일출급어음 · 발행일자 후 정기출급어음에 적어 넣은 利子文句(어 5① · 77②)는 효력이 없다.

한편, 換어음발행인의 인수무담보문구는 유익적 기재사항이며(어 9②1문), 약속어음발행인의 지급무담보문구는 유해적 기재사항이다. 어음은 법률상 당연한 지시증권이고 상환증권이므로 지시문구 · 상환문구의 기재가 특별한 효력이 있는 것 아니다. 복본 1통에 대한 지급이 다른 복본을 무효로 한다는 기재이다.

2. 어음법에 규정되지 아니한 事項

대가문구(예, 상품대가 수령함), 자금문구(예, 김아무개의 계산으로 지급해 주십시오), 통지문구(예, 발행인의 통지를 받고 지급해 주십시오), 제시문구 또는 환수문구(예, 이 어음과 상환하여 지급해 주십시오), 어음번호, 위약금문구(어음금의 지급을 지체한 때에는 일정한 비율의 손해금의 지급을 한다는 뜻의 기재), 어음개서의 특약(어음의 만기에 어음을 개서한다는 뜻의 기재), 관할법원의 합의, 담보부문구(예, 화환어음)(다수설) 등이 있다.

3. 委託어음文言

(1) 의   의

어음을 타인의 계산(발행인 이외의 제3자가 지급자금을 제공)으로 발행하는 것을 위탁어음이라 한다. 어음상에 「김모(발행인 이외의 제3자)의 계산으로 지급하여 주십시오」라는 기재를 한다.

(2) 위탁표시방법

위탁어음을 발행하는 경우 타인의 계산으로 발행한다는 취지는 반드시 어음면에 기재하여야 하는 것은 아니고 통지서 등을 이용하여 지급인에게 알려도 상관없다. 이는 대체로 타인의 위탁으로 발행되므로 위탁어음이라고 한다.

(3) 위탁어음관계(위탁어음의 효과)

위탁어음을 발행하는 데 있어서 위탁자와 발행인간의 관계는 어음법상의 문제라기보다는 민법상의 문제이기 때문에 이러한 어음문구는 어음면에 기재하더라도 어음상의 효력은 발생하지 아니한다. 여기서 위탁자인 제3자는 어음상으로는 어떠한 권리의무도 가지지 아니한다.

V. 有害的 記載事項

유해적 기재사항은 이를 어음에 기재하면 어음 자체를 無效로 하는 사항으로서 다음과 같은 것이 있다.

(1) 어음法에 규정이 있는 有害的 記載事項(환어음·약속어음)

어음법이 규정한 네 가지 만기와 다른 만기를 기재하거나, 분할출급 문구를 기재하면 그 어음은 무효이다(어 33①②·77①ii). 또한 지급인이 여러 명인 경우에 각각 다른 만기를 정하면 어음 자체를 무효로 한다(정찬형 230).

(2) 어음法에 규정이 없는 有害的 記載事項

어음의 효력을 원인관계에 관련시키는 기재, 지급에 조건을 붙이는 기재, 지급방법을 한정하는 기재 등은 어음의 단순성·추상성에 반하고 어음의 본질에 반하는 유해적 기재사항이며 그 어음·수표 자체를 무효로 한다(통설·판례). 또한 약속어음의 발행인(주된 어음채무자)의 지급무담보문구의 기재는 약속어음의 본질에 반하므로 그 약속어음 자체가 무효가 된다(통설).

제2절 背 書

I. 總 說

1. 背書의 意義

배서라 함은 어음의 유통을 조장하기 위하여 법이 특히 인정한 어음의 양도방법이며, 어음의 수취인 그 밖의 후자(배서인)가 어음면에 일정한 사항을 기재하고 기명날인 또는 서명하여 타인(피배서인)에게 교부하는 어음·수표행위를 말한다. 일반적으로 배서는 어음상의 권리를 양도하는 뜻을 기재하는 讓渡背書를 뜻하지만, 그 밖에도 特殊背書로서 양도배서에 다른 특별한 내용이 부가되어 있는 특수한 양도배서와 양도가 아닌 다른 목적을 위하여 하는 특수한 배서가 있다.

2. 背書 이외의 方法에 의한 어음상의 權利의 移轉

단순한 교부에 의하여 양도한 경우에는 양도인의 담보책임은 문제되지 않으나 人的抗辯의 절단(대판 1994.11.18, 94다23098), 善意取得 등이 인정된다. 배서가 금지되지 않은 어음을 배서에 의하지 않고 지명채권양도의 방법에 의하여 양도할 수 있는가에 관하여는 견해가 대립한다. (i) 否定說은 민법의 채권양도의 대항요건에 관한 규정(민법 450·508)은 강행규정이므로 지시채권의 양도는 배서를 요하며, 배서에 의하여 권리행사를 간편하게 하려는 법의 취지에도 어긋나고, 지명채권양도의 방법을 택할 실제상의 필요도 없다는 등의 이유를 든다. 그러나 (ii) 민법의 대항요건에 관한 규정을 절대적 강행규정으로 볼 것은 아니며, 背書의 禁止가 어음법상 인정되어 있는 점에서 볼 때 어음의 양도가 반드시 배서 방식에 의하여야 하는 것도 아니다. 또한 어음의 양수인이 스스로 불편한 지명채권양도의 방법을 선택한 이상 그 효력을 부인할 이유가 없다고 본다(肯定說)(다수설).

긍정설의 입장을 취하는 경우에도, 증권의 교부는 필요하다고 본다. 또 민법상 대항요건으로서의 通知(민450)는 청구하고자 하는 상대방에 대한 통지로서 충분하며 모든 어음채무자에게 할 필요는 없다고 본다.

3. 受取人白地의 어음의 引渡에 의한 讓渡

受取人이 白地로 되어 있는 어음은 단순한 交付에 의하여 유효하게 양도될 수 있으며(대판 1994.11.18, 94다23098), 최후의 배서가 白地式背書인 어음의 소지인은 단순한 교부에 의하여 양도할 수 있다(어14②iii·77①i, 수17②iii). 手票는 어음과는 달리 소지인출급식(무기명식)수표와 기명소지인출급식(선택무기명식)수표의 발행이 인정되고 있는데(수5) 이 들은 단순한 交付에 의하여 양도된다. 실제 거래에서는 소지인출급식수표가 일반적으로 이용된다.

4. 背書禁止어음

(1) 意 義

배서(지시)금지어음은 發行人이 어음에 '지시금지'의 문자 또는 이와 동일한 의미가 있는 문구를 기재한 어음이다. 어음은 유통성을 본질로 하므로 배서금지의 필요성은 크지 않으나, 발행인이 수취인에 대한 항변권을 유보하고자할 때나 배서에 의하여 상환금액이 늘어나는 것을 막기 위한 목적 등에 이용된다.

지시금지어음은 배서에 의해 양도할 수 없고 指名債權의 양도에 관한 方式(민 450)에 따라서만 양도할 수 있고, 또 양도의 효력도 지명채권양도의 경우와 동일하다(어11②·77①i, 수14②). 이 경우에도 어음을 交付하여야 하며, 채무자 및 제3자에게 대항하기 위해서는 대항요건(민법 450)(통지·승낙)을 갖추어야 한다. (ii) 배서금지어음도 권리행사에는 어음을 제시하여야 하고(제시증권성), 지급한 때에는 어음을 환수하여야 한다(상환증권성)(대판 1989.10.24, 88다카20774). 배서에 의한 양도의 경우와는 달리, 人的抗辯의 절단이나 善意取得이 인정되지 않는다. 양도인은 배서인과 달리 擔保責任이 없다. 배서금지어음이라도 어음상의 권리를 이전하는 것이 아닌 추심위임배서(어 18·77①i, 수 23)나 입질배서(어 19·77①i)는 할 수 있으나(입질배서에 관해서는 반대견해 있음), 기한후배서는 할 수 없다고 본다(반대 견해 있음). 배서금지어음이 공시최고에 의한 除權判決의 대상이 되는가에 대하여는, 기명증권에 이를 인정하는 규정이 없다 하여 이를 부정하는 설이 있으나(부정설), 배서금지어음도 양수인이 권리를 행사함에는 어음을 소지하여야 하므로 제권판결제도가 적용된다고 본다(긍정설).

(2) 指示禁止文言의 記載方法

1) 記載方式 '지시금지', '배서금지' 등의 글자(문구)를 기재하여야 하며, 인쇄된 어음 용지 중 지시문언을 삭제하였다 하여 배서금지어음에 해당한다고는 볼 수 없다(대판 1962.12.20. 62다668). 어음용지에 부동문자로 인쇄된 指示文句를 말소하지 않고 그 지시문구 다음에 '지시 금함'이라고 기재한 지시금지문구를 병기하였다면 특단의 사정이 없는 한 지시금지문구의 효력이 우선한다(대판 1987.4.28, 86다카

2630). 지시금지문언은 어음·수표면에 명백히 기재되어 있어야 하며, 발행인이 제1 배서란에 단순히 배서금지의 뜻을 기재한 경우에는 背書人에 의한 배서금지기재로 추정해야 할 것이다(손주찬 241).

2) 배서란의 **背書禁止文言** 어음의 뒷면(배서란)에 배서금지문구를 기재하였더라도 그 기재가 발행인에 의한 것이 명백한 경우에는 유효하다고 본다. 이에 관하여 판례는 어음 이면의 배서란 맨 끝부분에 「견질용」이라고 기재한 것만으로는 배서금지어음이라고 볼 수 없다고 한다(대판 1994.10.21, 94다9948).

3) **指示文言과 指示禁止文言이 並存하는 경우** 어음상에 기재되어 있는 지시문언을 삭제하지 않고 지시금지문언을 기재한 경우의 효력에 대하여 다음과 같은 주장이 제기되고 있다. 어음무효설(어음상의 기재에 모순이 있다는 점을 근거로 한다), 지시식어음설(지시문언이 배서금지문언에 우선한다고 주장한다), 배서금지어음설(어음용지에 기재된 지시문구는 무익적 기재사항이지만 지시금지문구는 유익적 기재사항이라는 점을 들어 배서금지문언이 지시문언에 우선한다고 한다), 기명식어음설(지시문언 및 배서금지문언이 모두 무효라고 주장한다). 이에 관하여 어음은 지시증권이기 때문에 기재사항은 본인의 의사에 따라 기재되어야 한다. 그러므로 어음용지에 인쇄되어 있던 지시문언보다는 발행인이 직접 기재한 배서금지문언이 본인의 의사에 따른 기재로 볼 수 있기 때문에 배서금지어음설이 타당하다고 생각한다.

(3) 效 力

1) 지명채권양도의 방법과 효력 어음상에 지시금지문언을 기재함으로써 그 어음은 배서양도를 할 수 없게 된다. 물론 이는 배서에 의한 양도성의 박탈을 의미하는 것으로서 양도성 자체는 그대로 인정되는 것이다. 그러므로 배서금지어음을 양도하기 위해서는 지명채권의 양도방법에 의할 수밖에 없게 된다(어11②전단, 77①i, 수14②전단). 배서금지어음을 지명채권의 양도방법에 의해 양도하게 되면 지명채권양도의 효력만이 발생한다. 이에 관하여 판례는 「배서금지문언을 기재한 약속어음은 양도성 자체까지 없어지는 것이 아니고 지명채권의 양도에 관한 방식에 따라서, 그리고 그 효력으로써 이를 양도할 수 있는 것인데 이 경우에는 민법 제450조의 대항요건(통지 또는 승낙)을 구비하는 외에 약속어음을 인도(교부)하여야 하고 지급을 위하여서는 어음을 제시하여야 하며 또 어음금을 지급할 때에는 이를 환수하게 되는 것이다」고 판시한다(대판 1989.10.24, 88다카20774; 1996.4.26, 94다9764).

2) 배서금지배서와의 구별 배서금지배서는 배서인이 배서란에 새로운 배서를 금지하는 문구를 기재한 것을 말하며(어15②, 77①i, 수18②), 이는 발행인이 어음

상에 배서금지문언을 기재하는 배서금지어음과 다르다. 특히 배서금지어음은 배서
양도는 불가능하지만, 배서금지배서가 있는 어음은 배서양도가 가능하다. 이 경우
배서인의 담보책임이 제한될 뿐이다. 즉 배서인은 자신의 직접피배서인에 대하여만
담보책임을 지고 그 이후의 피배서인에 대하여는 담보책임을 지지 않는다.

II. 背書의 方式

1. 總 說

배서는 어음상에는 물론 이것에 결합한 보충지(보전)(어13①·77①i, 수16①) 또
는 어음의 謄本(어67③·77①vi)에 할 수 있으며, 이것은 유통성 강화를 고려한 것이
다. 배서는 보통 어음의 뒷면(이면)에 하는 것이 보통이나, 표면에 하는 것도 유효하
다. 다만 白地式背書의 경우에는 반드시 뒷면에 하여야 하는데(어13②·77①i, 수16
②), 이것은 어음의 표면에 단순한 기명날인 또는 서명이 있는 경우에는 이를 保證으
로 보기 때문에(어31③·77③, 수26③) 이와 구별하기 위한 것이다. 배서는 보통 제1
배서·제2배서로 순차적으로 병렬하여 기재하지만 반드시 그래야만 하는 것은 아
니다. 배서는 단순함을 요하므로 배서에 붙인 條件은 기재하지 아니한 것으로 본다
(어12①·77①i, 수15①). 또한 어음상 권리는 분할하여 양도할 수 없으므로 一部의 배
서는 무효로 한다(어12②·77①i, 수15②).

2. 記名式背書(完全背書·正式背書)

(1) 意義·背書文句

배서인의 기명날인 또는 서명 외에 被背書人의 성명 또는 상호를 기재하는 배
서이다. 배서한 날자는 기재하지 아니하여도 된다. 배서의 의사를 표시하는 文句에
는 제한이 없으며, 보통 "앞면의 금액을 김○○ 또는 그 지시인에게 지급하여 주십시
오"라고 기재한다.

(2) 被背書人의 명칭

피배서인의 명칭은 피배서인이 누구인지 동일성을 인식할 수 있는 정도로 기재
하면 된다(대판 1973.7.10, 72다2551). 통칭이나 아호(雅號)도 무방하며, 회사가 피배
서인인 경우에는 회사의 상호만 기재하면 되고 그 대표자까지 기재하지 않아도 관
계없다. 피배서인의 중첩적 기재·선택적 기재도 무방하다. 중첩적 기재의 경우에
는 그 전원이 권리자로 되므로 그 중의 1인이 하는 배서는 무효이며, 선택적 기재의

경우에는 교부를 받은 자가 어음상의 권리자로 되고 그 자가 하는 배서는 유효하다.

(3) 背書人의 記名捺印 또는 署名

배서인의 기명날인 또는 서명의 방식은 어음행위의 일반적인 경우와 같다. 그러므로 법인을 피배서인으로 하는 경우에는 법인 명칭의 기재만으로도 유효하지만 그 법인이 다시 배서를 할 때에는 법인명칭뿐 아니라 대표관계를 기재하고 그 대표기관이 기명날인 또는 서명하여야 한다.

3. 白地式背書(略式背書·無記名背書)

(1) 白地式背書의 의의 및 種類

1) 意　義　백지식배서는 被背書人을 지정하지 않은 배서이다. 백지식배서에는 배서문언과 배서인의 기명날인 또는 서명은 있으나 피배서인의 기재가 없는 경우와 배서문언의 기재도 없고 피배서인의 기재도 없고 단지 背書人의 기명날인 또는 서명만 있는 경우(간략백지식배서)가 있다. 간략백지식배서는 어음 또는 어음의 등본(어 67③·77①vi)의 뒷면 또는 보충지에만 기재할 수 있도록 하여(어13②·77①i, 수16②), 약식인수(어25①)·약식보증(어31③·77③, 수26③)과 구별할 수 있게 하였다. 이 백지식배서는 백지어음행위로서 하는 白紙背書와 구별하여야 한다.

2) 經濟的 效用　백지식배서는 피배서인의 기재가 없으므로 단순한 交付만으로 어음을 간편하게 양도할 수 있으므로 유통성이 증대되며, 또한 배서를 하지 않고 단순한 교부만으로 어음을 양도한 경우에는 담보책임을 지지 않으며, 수취인백지의 백지어음과 같이 어음할인을 받기 쉽고, 또한 상환의무자가 적어 상환금액의 증대를 방지할 수 있는 이점이 있다. 한편 최후의 배서가 백지식인 어음을 분실한 경우에는 선의취득이 용이하여 권리를 잃을 위험이 크고 배서인의 증가에 의한 신용증가 기능이 약하다는 단점이 있다.

(2) 白地式背書의 效力

백지식배서의 효력도 기명식배서와 다를 바 없으나, 백지식배서에 의한 어음의 양수인에 대하여 다음과 같은 몇 가지 효력이 인정된다. (i) 自己의 명칭으로 백지를 보충하여 정식배서로 전환할 수 있다(어14②i·77①i, 수17②i). (ii) 他人의 명칭으로 백지를 보충할 수 있다(어14②i·77①i, 수17②i). 이 경우에 어음소지인은 어음상의 책임을 지지 않는다. (iii) 白地式으로 또는 他人을 표시하여 다시 어음에 배서할 수 있다(어14②ii·77①i, 수17②ii). 이 경우에는 배서인으로 표시되므로 상환의무를 진다.

(iv) 백지를 補充하지 아니하고 또 背書도 하지 아니하고 어음을 제3자에게 양도할 수 있다(어14②iii · 77①i, 수17②iii). 이 경우에는 상환의무가 없다.

4. 所持人(持參人)出給式背書

(1) 意   義

소지인출급식배서는 피배서인을 지정하지 아니하고 단순히 소지인(지참인)에게 지급할 것을 기재한 배서이다. 어음의 경우, 배서에 있어서는 소지인출급식이 인정되지만(어12③ · 77①i) 발행에 있어서는 소지인출급식이 인정되지 않는다. 어음에서는 수취인(또는 지시인)이 어음요건으로 되어 있기 때문이다.

(2) 效   力

소지인출급식배서는 소지인출급의 문언이 기재되어 있는 점에서 백지식배서와 다르지만, 피배서인을 특정하지 않는 점에서는 같기 때문에 어음법은 이것에 백지식배서와 동일한 효력을 인정하고 있다(어12③ · 77①i, 수15④).

5. 選擇無記名式背書(指名所持人出給式背書)

선택무기명식배서는 "김○○ 또는 소지인에게 지급하여 주십시오"라는 뜻을 기재한 배서이며, 특정인 또는 소지인에게 지급할 뜻을 기재한 배서이다. 지명소지인출급식배서의 效力에 관하여는 (i) 어음관계를 불명확하게 하므로 背書로서 허용할 수 없다는 견해(무효설)도 있으나, (ii) 이 경우의 특정인은 소지인에 포괄되는 것으로 볼 수 있고 또한 수표법 제5조 제2항의 취지를 감안하여 이를 소지인출급식배서로 보는 통설이 타당하다고 본다(유효설).

III. 背書의 其他 記載事項

1. 有益的 記載事項

유익적 기재사항이란 배서를 할 때에 반드시 기재해야 할 사항 외에 기재를 하면 그 내용에 따라 효력이 발생하는 사항이다. 인수무담보문구(어15①, 77①ⅰ), 지급무담보문구(어15①, 77①ⅰ, 수18①), 배서금지문구(어15②, 77①ⅰ, 수18②), 추심위임문구(어18①, 77①ⅰ, 수23①), 입질문구(어19①, 77①ⅰ), 배서일자(어20②, 77①ⅰ, 수24②), 인수제시요구문구(어22④), 인수제시기간단축문구(어23③,78②), 지급제시기간단축문구(어34①, 77①ⅱ), 배서인의 주소(어45③, 77①ⅳ, 수41③), 거절증서작성면제문구

(어46①, 77①iv, 수42①), 예비지급인기재(어55①, 77①ⅴ), 등본에만 배서하라는 문구(어68③, 77①ⅴ) 등(대판 1992.6.23, 92다886)이 있다.

2. 無益的 記載事項

무익적 기재사항이란 배서에 부가한 조건이나 대가문구 및 지시문구와 같이 배서에 기재해도 기재의 효력이 발생하지 않음은 물론 배서 자체의 효력에도 영향을 주지 않는 사항을 말한다(어12①, 77①ⅰ, 수15①).

3. 有害的 記載事項

유해적 기재사항이란 어음금액 중 일부에 대한 배서와 같이 배서에 기재할 경우 배서 자체를 무효로 하는 사항을 말한다(어12②, 77①ⅰ, 수15②).

IV. 背書의 效力

1. 權利移轉的 效力

배서에 의하여 어음상의 모든 권리가 배서인으로부터 피배서인에게 이전되는데(어 14① · 77①i, 수 17①) 이것을 배서의 권리이전적 효력이라 한다. 배서의 본질적 효력이며 의사표시에 의한 효력이다. 이 효력에 의하여 피배서인은 어음상의 권리자가 된다. 배서에 의하여 어음상 권리가 양도되는 경우에는 인적 항변이 절단된다(어17 · 77①i, 수22). 즉 피배서인이 어음채무자를 해할 것을 알고(해의) 어음을 취득한 경우 외에는, 어음채무자는 배서인에 대한 인적 관계에 기한 항변으로써 善意의 피배서인에게 대항할 수 없게 된다. 그러므로 배서는 보통의 채권양도보다 더 강한 효력을 가지며(단, 민515, 508 참조), 배서에 의하여 어음을 취득한 소지인은 배서인보다 더 강한 어음상의 권리를 갖게 된다.

배서의 권리이전적 효력에 의하여 어음상의 모든 권리가 배서인으로부터 피배서인에게 이전되는데, 어음상 권리에 부수하는 종(從)된 권리인 질권 · 저당권 · 보증채권 · 위약금의 약속 등도 이전되는가에 관하여는 학설의 대립이 있다. (i) 긍정설에서는 從된 권리는 주(主)된 권리의 처분에 따른다(민100②)는 원칙, 배서에 의한 권리의 양도에 대하여 지명채권양도의 방법에 의한 경우 보다 더 약한 효력을 인정할 수 없다는 점, 어음유통의 강화 및 당사자의 의사 등을 이유로 부수하는 종된 권리도 이전 된다고 본다(소수설). 그러나 (ii) 부정설에서는, 배서에 의하여 이전되는 것은 어음상의 권리에 한정되며, 어음상의 권리에 부수된 종된 권리는 실질관계에서 발생한 것으로서 어음상의 권리가 아니므로 從된 권리는 이전되지 않는 것으로 본다(다수설)(대판 1964.10.2, 64다865).

2. 擔保的 效力

背書人은 배서로 인하여 자기의 피배서인과 모든 후자에 대하여 引受 및 支給을 담보할 책임이 있고(어15①·77①i, 수18①), 지급이 거절되거나 환어음의 인수가 거절되는 경우에는 배서인이 상환의무(소구의무)를 지게 되는데, 이것을 배서의 담보적 효력이라 한다. 담보적 효력의 법적성질에 관하여는, 배서인의 意思에 기초한 책임이라는 설도 있으나, 어음의 유통성의 강화를 위하여 法이 대가관계를 고려하면서 정책적으로 인정한 효력이라고 본다(통설). 無擔保背書는 배서인이 담보책임을 지지 않는다는 문구를 기재하여 한 배서이며(어15①·77①i, 수18①) 무담보배서의 배서인은 그 후자 전원에 대하여 담보책임이 없다. 背書禁止背書는 피배서인이 다시 배서하는 것을 금지하는 뜻(배서금지문구)을 기재한 배서이며 이 경우에 그 배서인은 자신의 직접적인 피배서인에 대해서만 책임을 지며 그 후의 취득자들에 대하여는 담보의 책임을 지지 아니한다(어15②·77①i, 수18②). 推尋委任背書는 피배서인에게 어음상의 권리행사의 대리권을 수여할 뿐 대가관계가 있는 것이 아니며 期限後背書는 유통성의 확보를 고려할 필요가 없는 경우이므로 담보적 효력이 인정되지 아니한다.

3. 資格授與的 效力

배서의 자격수여적 효력이란 背書가 연속된 어음의 최후의 피배서인을 適法한 所持人으로 추정하고 실질적 권리자임을 증명할 필요 없이 권리를 행사할 자격을 부여하는 효력이다(어16①·77①i, 수19). 여러 사람들 사이에 유통되는 어음의 경우에 실질적 권리관계를 일일이 조사하고 증명해야 한다면 어음의 원활한 유통을 기대할 수 없으므로, 배서의 연속이라는 형식적 자격에 의한 권리행사를 인정한 것이다. 자격수여적 효력은 양도배서에 한하지 않고 모든 배서에 인정된다. 그러므로 배서가 연속한 어음의 所持人은 실질적인 권리의 존재를 증명하지 않고서도 어음상의 權利를 행사할 수 있고, 또 어음채무자가 이러한 자에게 선의로 支給하면 그 자가 진정한 권리자가 아닌 경우에도 책임을 면한다(어40③·77①iii, 수35). 또 이러한 자로부터 선의로 어음을 취득한 자에게 善意取得이 인정된다(어16②·77①i, 수21).

(1) 배서의 연속

배서의 연속이란 수취인이 제1배서의 배서인이 되고 제1배서의 피배서인이 제2배서의 배서인이 되어 차례로 최후의 배서에 이르기 까지 연속함을 말한다. 그 배서가 形式上 연속되어 있으면 되고 實質上 유효할 것을 요하지 아니한다(대판 1974.9.24, 74다902; 대판 1971.4.30, 71다455). 그러므로 실질상 무효나 취소사유가 있어도 형식상 유효하면 배서의 연속은 인정된다. 배서의 연속이 인정되기 위해서는 어음의 기재에 있어서 바로 앞의 배서의 被背書人(혹은 수취인)과 그에 이은 뒤의 배서의 背書人의 형식상 同一性이 인정되어야 한다. 이 경우의 동일성은 다소 相違함(어긋남)이 있더라도 주요한 점에서 일치하여 사회통념상 동일성이 인정되면 된다(통설). 배서의 순위(順位)는 배서의 장소, 배서의 일자, 배서인과 피배서인의 명칭의 연속 등을 고려하여 결정하여야 할 것이다. 인쇄된 어음용지에서는 배서의 난이 배열된 순서에 따라 배서의 순서를 인정해도 무방할 것이다.

(2) 백지식 배서가 있는 경우

어음법은 백지식배서의 경우에 배서연속과 관련하여 규정을 두고 있다(어16① · 77①i, 수19). 즉 백지식배서가 있고 그 다음에 다른 배서가 있는 때에는 그 배서를 한 자는 백지식배서에 의하여 어음을 취득한 것으로 보며, 그 배서인이 백지식배서의 피배서인으로 보충되어 있지 않은 경우에도 그대로 배서의 연속이 있는 것이 된다. 또 최후의 배서가 백지식인 때에는 그 어음을 소지한 자는 피배서인과 동일한 자격을 갖는 것으로 추정된다.

(3) 배서의 연속의 효과

배서가 연속된 어음의 所持人은 적법한 소지인으로 추정되어(어16① · 77①i, 수19) 실질상의 권리를 증명하지 아니하고도 어음상의 權利를 행사할 수 있다. 소지인이 실질상의 권리자가 아니라는 것은 어음채무자가 立證하여야 한다. 배서가 연속된 어음의 소지인으로부터 악의 또는 중대한 과실 없이 어음을 취득한자는 어음상의 권리를 善意取得한다(어16① · 77①i, 수21). 배서가 연속된 어음의 소지인에게 支給하는 지급인은 사기 또는 중대한 과실이 없으면 그 責任을 면한다(어40③ · 77①iii, 수35).

(4) 배서의 연속의 단절

背書의 연속이 단절된 때에는 단절되기 전의 최후의 배서의 피배서인이 어음상의 권리자로 추정되며, 단절된 후의 피배서인은 어음상의 권리자로 인정되지 않는다. 단절된 부분에 관하여 실질적 권리를 증명하면 권리를 행사할 수 있는지 등이 문제로 된다. 어음소지인이 배서연속이 중단된 부분에 대한 실질적 권리를 증명하여 그 중단부분이 가교(架橋)된 경우에는 권리이전적 효력이 생기고, 선의취득·인적 항변의 제한이 인정된다. 다만 상속·합병 또는 지명채권양도의 방법 등에 의하여 실질적 권리의 이전이 있었던 경우에는 권리이전적 효력은 있으나 선의취득·인적 항변의 제한이 인정되지 아니한다. 어음법적 유통방법에 의한 어음상의 권리취득이 아니기 때문이다.

배서의 연속이 단절된 경우에 그 단절된 부분에 대하여 실질적으로 권리를 승계한 사실을 입증하면 단절 이후의 배서에 대해서도 자격수여적 효력이 인정되고 어음상의 권리를 행사할 수 있다고 본다(다수설)(대판 1969.12.9, 69다995). 입증을 요하는 범위는 단절된 부분만이며, 수취인으로부터 자기까지의 모든 과정이 아니다(다수설). 배서가 단절된 경우에도 그 단절된 부분에 대한 실질적 권리가 증명된 경우, 그 실질적 권리자(예, 상속·합병 또는 지명채권양도의 방법 등에 의한 어음·수표취득자)가 한 배서는 배서로서의 효력이 있고 담보적 효력이 있다. 그러나 불연속 부분에 대한 실질적 권리의 증명이 없어서 단절부분을 가교하지 못한 무권리자(예, 절취 또는 습득하여 소지한 자)의 배서에는 담보적 효력이 없다고 본다(다른 견해 있음). 그러나 순전히 담보목적의 배서(담보배서)를 한 경우에는 이 경우에도 담보적 효력이 인정된다고 본다.

(5) 배서의 말소

1) 배서말소의 효과   말소된 배서는 배서의 연속에 관하여는 背書의 기재가 없는 것으로 본다(어16①3문·77①i, 수19조3문). 이것은 말소가 있으면 適法한 말소로 인정하여 배서의 연속여부에 관한 문제의 소지를 없앤 것이다. 배서의 말소는 실질적 권리관계에 영향을 미치는 것은 아니므로, 所持人은 실질적 권리를 증명하여 그 권리를 행사할 수 있다. 배서인의 기명날인 또는 서명이 말소된 경우에는 전부말소와 같이 보고, 추심(推尋)위임문구만 말소된 경우에는 단순한 기명식배서로 보는 것이 타당하다. 그리고 기명식배서에서 被背書人의 명칭만을 말소한 때에는, 背書 전부의 말소가 있는 것으로 보는 견해(전부말소설), 말소권한이 있는 자가 말소한 경우에는 백지식배서, 권한이 없는 자가 말소한 경우에는 말소의 효력이 없다고 보는 견해(권한유무구별설) 등이 있으나, 이 경우에는 배서인의 기명날인 또는 서명을 말소한 것이 아니므로 배서 전부의 말소로 보기 보다는 말소된 부분(피배서인의 기재)

만의 기재가 없는 것으로 보고, 피배서인의 말소는 백지식배서라고 보는 견해가 타당하다고 본다.

2) 말소의 방법   배서의 말소는 배서의 기재를 제거하는 것이며, 그 방법은 도말·삭제 등 아무런 제한이 없다. 또 배서 전부의 말소이든 그 일부의 말소이든 불문한다. 말소의 유무는 외관에 의해 객관적으로 판단하여야 하며, 말소의 권한의 유무나 고의 또는 과실로 인한 것인지 여부는 상관이 없다(통설).

3) 소지인의 권리   배서의 연속이 없는 경우 배서단절 이후의 배서는 자격수여적 효력이 없어 그 소지인은 적법한 소지인으로 추정받을 수 없다고 해석된다(어16①참조).

4) 피배서인의 기재의 말소   통상 배서의 말소는 배서인의 기명날인 또는 서명의 말소를 의미하는데 피배서인의 성명이나 상호만의 말소는 배서의 연속에서 이를 어떻게 보는가에 관하여는 견해가 나뉘고 있다.

V. 特殊背書

1. 無擔保背書

무담보배서는 배서인이 어음상의 책임을 지지 않는다는 뜻(무담보문구)을 기재한 배서이다(어15①·77①i, 수18①). 담보적 효력은 배서의 본질적 효력이 아니므로 당사자가 이를 배제할 수 있다. 換어음의 배서인은 인수담보책임과 지급담보책임의 전부 혹은 일부를, 約束어음과 手票의 배서인은 지급담보책임을 지지 않음을 어음에 기재할 수 있으며, 또 책임을 어음금액의 일부에만 한정할 수도 있다. 환어음의 배서인이 단순히 '무담보'라고 기재한 경우에는 引受 및 支給의 모든 담보책임을 지지 않는다는 뜻으로 본다. '지급무담보'의 기재를 한 경우에는 인수무담보를 포함한 것으로 보지만, '인수무담보'만 기재한 경우에는 지급담보책임은 부담한다. 배서인이 무담보배서를 한 경우에는 자기의 피배서인과 그 후자의 全員에 대하여 담보책임을 지지 않는다. 이 효력은 무담보배서를 한 배서인에 대하여서만 생기며 다른 배서인이나 발행인에게는 영향을 미치지 않는다. 무담보배서의 경우에도 배서의 권리이전적 효력과 자격수여적 효력은 인정된다.

2. 背書禁止背書

배서금지배서는 背書人이 새로운 배서를 금지하는 뜻[배서금지문구]을 기재한 배서를 말한다(어15②1문·77①i, 수18②1문). 따라서 發行人이 배서금지문구를 기재하여 발행하는 배서금지어음과는 다르다. 또한 배서인이 직접의 피배서인에 대해서 담보책임을 지는 점에서 직접의 피배서인에 대하여서도 책임을 지지 않는 無擔保背書와 다르다. 배서인은 백지식배서를 하는 경우에도 배서금지배서를 할 수 있다.

배서금지배서에도 권리이전적 효력·자격수여적 효력 및 담보적 효력이 인정되며, 다만 담보적 효력이 제한된다. 배서금지배서가 있는 경우에도 背書에 의하여 양도할 수 있다(지시증권성 유지). 이것은 발행인이 배서금지를 기재한 배서금지어음이 배서에 의하여 양도할 수 없고 지명채권양도의 방법에 의하여 또 그 효력으로써만 양도할 수 있는 것과 다르다. 배서금지배서의 배서인은 직접의 被背書人에 대하여서만 담보책임을 지고, 그 이후의 피배서인에 대하여는 어음상의 책임을 지지 않는다(어15②2문·77①i, 수18②2문). 이에 대하여는, 배서금지배서의 배서인도 직접 피배서인 뿐 아니라 그 후의 피배서인에 대하여도 담보책임을 지지만, 직접의 피배서인에 대한 항변으로써 그 후의 피배서인에 대하여 대항할 수 있다고 보는 견해가 있다(서헌제 465, 강위두·임재호 361). 그러나 이렇게 해석하는 것은 조문(어15②)의 문언을 볼 때 무리한 해석이라고 본다(손주찬 257).

3. 還背書

(1) 意義·方式

환배서라 함은 어음상의 채무자(인수인·발행인·배서인·보증인·참가인수인)를 피배서인으로 한 양도배서를 말한다(어11③·77①i, 수14③). 인수하지 아니한 지급인을 피배서인으로 한 배서는 환배서라고 할 수 없으나 편의상 여기에 규정하고 있다. 환배서를 한 경우에는 어음상 채무자가 동시에 권리자로 되므로, 민법상의 混同(민507)의 법리에 의하여 어음채권이 소멸되어야 할 것이다. 그러나 어음의 당사자 자격은 형식적이고 개성이 없고 또 어음 자체가 유가증권으로서 객관적인 재산적 가치를 가지고 유통되므로 混同의 법리가 적용되지 않는다. 어음법 제11조 3항은 혼동의 법리의 적용을 배제하는 특별규정이라는 견해도 있었으나, 어음의 성질에 비추어 당연한 내용을 주의적으로 규정한 것으로 본다(통설). 환배서의 법적성질에 관하여는, 피배서인이 자기가 前에 가지고 있던 지위를 회복하는 것이라고 보는 權利回復說과 피배서인이 어음상의 권리를 재취득하는 것이라고 보는 權利再取得說이 나뉜다. 배서의 성질을 채권양도라고 볼 때 권리재취득설이 타당하다고 본다.

(2) 一般的 效力

환배서도 배서이므로 배서의 일반적 효력이 있으나, 환배서에 의하여 어음상의

제4장 어음法 各論 723

권리자가 된 피배서인은 동시에 자기가 어음채무자인 관계상 어음상의 권리행사에
일정한 제한이 있다.

환어음 발행인이 어음의 환배서를 받은 경우에는 자기의 전자는 발행을 표준으
로 할 때에는 전부 자기의 후자가 되며, 자기에 대한 상환청구권자가 된다. 따라서
발행인인 소지인은 모든 전자에 대하여 어음상의 권리를 행사할 수 없는 것과 같은
결과가 된다. 그 이유는 발행인이 자기의 전자(환배서 기준)에 대하여 상환청구(소구)
권을 행사하면 그 전자는 다시 발행인에 대해 상환청구권을 행사할 수 있게 되어 무
의미한 2중의 절차가 진행되기 때문이다.

배서인이 환배서에 의하여 어음을 취득한 경우에는 중간배서인, 즉 자기가 한
배서를 표준으로 하여 자기의 후자가 되는 어음채권자에 대하여는 반대채권으로써
대항받게 되나, 인수인·발행인 및 기타의 전자(자기의 배서를 표준으로 한)에 대하여
서만은 아무런 반대채권의 대항 없이 상환청구권을 행사할 수가 있다.

(3) 還背書와 人的 抗辯

(가) 인적 항변의 대항을 받는 자에 대한 환배서   배서인이 환배서에 의하여
어음을 취득한 경우에는 인수인·발행인 및 기타의 전자에 대하여는 상환청구권을
행사할 수 있다. 그러나 중간배서인(자기가 한 배서의 후자인 어음채무자)에 대하여는
소구할 수 없는데, 반대채권으로 대항을 받을 것이기 때문이다. A가 B에게 어음을
발행하고 B가 그 어음을 인적 항변사유를 알지 못하는 C에게 배서양도한 경우에 A
는 C에 대하여 인적 항변을 주장할 수 없는데(어17), 그 어음을 다시 환배서에 의하
여 취득한 B에 대하여는 A는 원래 가졌던 그 항변을 주장할 수 있다(인적 항변의 속
인성)(손주찬 259).

(나) 盜取한 자에 대한 환배서와 무권리의 항변   가령 A가 B에게 발행한 어음
을 도취한 C로부터 선의로 취득한 D가 다시 C丙에게 환배서한 경우에는 A는 C의
청구에 대하여 무권리의 항변을 주장할 수 있을까? 선의취득한 D의 권리를 승계취
득한다고 보는 경우에는 A의 항변은 성립하지 못하지만, 이 경우에도 C의 도취로
인한 무권리의 항변은 선의자 D의 개입에 의하여 영향을 받지 않고 C에게 따라다니
는 것이므로 A의 C에 대한 항변은 성립하는 것으로 보아야 한다. 만일 A의 항변을
부정하는 경우에는 C의 도취에 의한 부당한 이득을 인정하는 결과가 된다.

(4) 還背書와 引受人

인수하지 않은 환어음의 지급인은 어음채무자가 아니므로 이러한 지급인에 대

한 배서양도는 환배서가 아니다. 따라서 보통의 어음소지인과 다르지 않다. 한편 手票의 경우에 지급인에 대한 배서는 영수증의 효력만이 있다(어15⑤). 인수인이 환배서에 의하여 어음을 취득한 경우에는 인수인의 자격에서는 모든 어음채무자에 대하여 지급의무를 부담하는 것이므로 항변의 대항을 받게 되어 어음상의 권리를 행사하지 못한다. 다만 일부인수를 한 경우 등 전자에 대하여 어음금액의 지급의무를 부담하지 않은 경우에는 항변의 대항을 받지 않고 소구할 수 있다.

(5) 還背書와 參加引受人・保證人

보증인이나 참가인수인이 환배서를 받은 경우에는 그 피보증인・피참가인이 환배서를 받은 경우와 같이, 주채무자, 피보증인・피참가인의 前者에 대하여 권리를 행사할 수 있다.

4. 期限後背書(後背書・滿期後背書)

기한 후 배서는 어음의 지급거절증서가 작성된 후 또는 그 작성기간이 지난 후의 背書이며(어20①・77①ⅰ), 수표의 경우에는 지급거절증서나 이와 동일한 효력이 있는 선언(지급거절선언)의 작성 후 또는 지급제시기간이 지난 후의 배서를 말한다(수24①ⅰ). 기한 후 배서는 단순한 만기 후의 배서와는 구별된다. 만기 후에 배서를 한 경우에도 지급거절증서작성 전 또는 지급거절증서작성기간이 지나기 전에 배서한 경우에는 만기 전의 배서와 동일한 효력이 인정된다(어20①・77①ⅰ). 그러나 지급거절증서가 작성된 후나 작성기간이 지난 후 또는 手票의 지급거절선언 후에는, 그 어음은 이미 상환청구단계에 들어가 유통기능을 상실한 것으로 볼 수 있으므로 보통의 배서에서와 같이 유통보호를 위한 강력한 효력을 인정할 필요가 없다. 그러므로 어음법은 특별규정을 두어 기한후배서에 지명채권양도의 효력만 인정하고 있다(어20①・77①ⅰ,수24). 기한후배서도 다른 배서와 같이 배서라는 서면행위와 어음의 교부를 요하며 그 방식은 통상의 배서(어13)와 같으나 記名式이든 白地式이든 무방하다.

5. 推尋委任背書

(1) 意 義

추심위임배서는 背書人이 피배서인에게 어음상의 권리를 행사할 대리권을 부여는 뜻(추심위임문구)를 기재하여 하는 배서를 말하며, 이것을 '공연한(고유의) 추심위임배서'라 한다. 추심위임을 목적으로 하면서도 추심위임문구를 기재하지 않고 양도배서의 형식을 취한 것은 '숨은 추심위임배서'라 한다. 보통 추심위임배서라고

할 때에는 공연한 추심위임배서를 말한다.

(2) 公然한 推尋委任背書(固有의 推尋委任背書)

1) 方 式   공연한 추심위임배서는 「회수하기 위하여」, 「추심하기 위하여」, 「대리를 위하여」 기타 단순히 대리권 수여를 표시하는 문언을 부기하는 배서이며 (어18①), 그 이외는 양도배서의 경우와 같다. 기명식으로 또는 백지식으로 할 수 있으며, 보통 추심위임배서라고 하면 공연한(고유의) 추심위임배서를 가리킨다.

2) 效 力

㈎ 外部關係   추심위임배서는 배서의 내용 중에 '회수하기 위하여', '추심하기 위하여', '代理를 위하여', 그 밖에 단순히 대리권을 준다는 내용의 문구(추심위임 문구)를 부기하는 방식으로 한다(어18①전단·77①ⅰ, 수23①전단). 추심위임배서는 記名式 또는 白地式으로 할 수 있으며, 어음상의 권리를 이전하는 것이 아니므로 배서 금지어음에도 할 수 있는 것으로 본다(통설). 추심위임배서의 피배서인은 다시 추심위임배서를 할 수 있다(어18①단서·77①ⅰ, 수23①단서). 추심위임배서에는 권리행사의 대리권을 수여하는 자격수여적 효력만 있으며, 권리이전적 효력과 담보적 효력은 없다.

㈏ 內部關係   피배서인은 배서인의 대리인으로서 어음추심의 代理權을 취득하고, 어음으로부터 생기는 모든 권리를 행사할 수 있으며(어18①본문·77①ⅰ, 수23①본문) 이에 필요한 모든 재판상 또는 재판외의 모든 행위를 할 수 있다. 그러나 피배서인이 어음상의 권리를 취득하는 것은 아니므로, 어음상의 권리의 면제·화해 등 권리의 처분은 하지 못한다(통설).

피배서인은 背書人의 승낙 없이 다시 추심위임배서를 할 수가 있다(어18①단서·77①ⅰ, 수23①단서). 이 경우에는 復代理人을 선임한 것으로 본다(통설). 이 경우 추심위임배서의 피배서인은 재추심위임배서를 한 경우에도 대리권을 잃지 아니하는데 이 점에서 민법상 복대리인 선임의 경우와 같다. 본인(배서인)의 허락없이 피배서인은 어음법 규정에 의해 당연히 복대리인을 선임할 수 있게 된다.

피배서인은 어음상의 권리자는 아니므로 통상의 양도배서는 할 수 없지만 양도배서를 한 경우에도 무효로 볼 것은 아니며 추심위임배서의 효력을 인정하여야 할 것이다(통설).

추심위임배서에는 권리이전적 효력이 없으므로 인적 항변 절단의 효력이 없다. 어음 채무자는 배서인에 대하여 가진 항변으로 피배서인에게 대항할 수 있으나, 피배서인에 대하여 가지는 항변으로 대항할 수는 없다(어18②·17①ⅰ, 수23②).

배서인과 피배서인 간의 법률관계는 그 배서의 기초가 되는 원인행위에 따라서 정하여지는데 보통은 委任이다. 背書人은 추심위임배서를 해도 여전히 어음상의 권리를 보유하므로, 어음을 회수한 때에는 추심위임배서를 말소하지 아니하고 權利를 行使할 수 있다. 또한 추심위임배서를 말소하지 아니하고 양도배서를 한 경우에는 배서의 연속이 인정된다. 피배서인의 代理權은 背書人이 사망하거나 무능력자가 되어도 그로 인하여 소멸하지 않는다(어18③·77① i, 수23③).

(3) 숨은 推尋委任背書

1) 意 義   숨은 추심위임배서라 함은, 實質的으로는 추심위임을 목적으로 하면서 形式的으로는 양도배서를 하는 것을 말한다. 숨은 추심위임배서는 어음법 제18조에서 규정하는 추심위임배서의 방식을 알지 못하거나 알더라도 이러한 그 번잡함을 피하기 위한 경우, 어음소지인이 자기에 대한 항변을 절단하기 위한 경우, 외국인(또는 그 대리인)이 국내에서 받게 될 소송상의 불이익을 회피하기 위한 경우 등에 이용된다. 또한 공연한 추심위임배서가 피배서인에 대한 불신의 표시 같이 생각되어 대신 숨은 추심위임배서를 이용하기도 한다.

2) 法的 性質   숨은 추심위임배서는 형식과 실질이 일치하지 않으므로 법적 성질을 설명함에 있어서 견해가 나뉜다. 주로 세 가지 견해가 논의된다.

(가) 信託讓渡說(신탁배서설)   형식이 양도배서인 점을 중시하여 어음상권리는 피배서인에게 이전하고, 피배서인은 추심을 위해서만 어음상권리를 행사한다는 배서인과 피배서인간의 추심위임의 합의는 당사자 사이에 인적 항변사유가 될 뿐이라고 한다(통설).

(나) 資格授與說(자격배서설)   추심위임이라는 실질적인 면을 중시하는 견해로서, 피배서인에게 어음상의 권리는 이전되지 않고, 피배서인에게 배서인의 권리를 대신 행사할 수 있는 권리(추심권)만을 수여할 뿐이라고 한다.

(다) 意思說   당사자의 의사에 따라서 신탁적 양도인지 자격수여인지를 정하게 되며, 그 의사가 분명하지 않은 경우에는 자격수여를 위한 것으로 본다.

(라) 私 見   어음의 법률관계는 형식과 외관이 중시되고 또 배서인은 형식에 따르는 효과를 예상하고 배서를 한 것으로 볼 수 있을 것이므로 신탁양도설이 타당하다고 본다. 어음은 불특정 다수의 당사자 사이에 유통되어 거래의 안전과 신속한 결제의 요청이 매우 높은 증권이므로, 어음행위는 그 기재에 따라 외형적·형식적으로 해석되어야 할 필요가 크기 때문이다.

3) 效　力

㈎ 權利移轉과 人的 抗辯의 範圍　　자격수여설에 의하면 어음상의 권리는 피배서인에게 이전하지 않고 배서인이 가지고 있으므로 어음채무자는 당연히 추심위임배서의 背書人에 대한 모든 인적 항변사유로 피배서인에게 대항할 수 있고, 被背書人 자신에 대한 인적 항변으로 대항하지 못한다. 이에 대하여 신탁양도설에 의하면 피배서인에게 어음상의 권리가 이전되고 인적 항변이 절단되므로, 被背書人에 대한 인적 항변사유를 주장할 수는 있으나 背書人에 대한 인적 항변사유는 원용할 수 없다. 그러나 피배서인은 추심행위를 할 뿐 독립된 경제적 이익을 갖지 아니하므로, 채무자가 숨은 추심위임배서라는 것을 입증하면 인적 항변이 절단되지 아니하고 배서인에 대해 주장할 수 있는 항변으로써 피배서인에게 대항할 수 있는 것으로 보아야 할 것이다.

㈏ 被背書人이 어음을 背書讓渡한 경우　　피배서인이 그 어음을 타인에게 배서양도한 경우에 자격수여설에 의하면 어음(수표)상의 권리가 이전되지 않으므로 양수인은 무권리자의 背書에 의하여 그 어음을 취득한 것이 되며 악의·중과실이 없으면 善意取得을 하게 된다. 이에 대하여 신탁양도설에 의하면 어음상의 권리가 이전되므로 피배서인은 권리자가 되며 피배서인의 背書에 의하여 양수한 자는 선의·악의에 관계없이 권리를 취득한다.

㈐ 被背書人이 破産한 경우　　피배서인이 파산한 경우에 자격수여설에 의하면 권리가 이전되지 않아서 背書人은 배서 후에도 어음상의 권리자이므로 당연히 환취권(회파법 407) 가지게 된다. 그러나 신탁양도설에 의하면, 배서에 의하여 어음상의 권리가 피배서인에게 이전되므로 그 어음은 파산재단에 귀속되며 따라서 배서인은 환취권이 없다.

㈑ 擔保的 效力　　숨은 추심위임배서에 담보적 효력이 없다는 점에는 학설은 일치한다. 資格授與說에 의하면 숨은 추심위임배서에는 권리이전적 효력이 없으므로, 또 信託讓渡說의 경우에는 배서인과 피배서인간에 추심위임의 합의가 있으므로(인적 항변) 배서인은 피배서인에 대하여 담보책임을 지지 않는다. 그러나 숨은 추심위임배서의 피배서인이 제3자에게 배서양도를 한 경우에는, 信託讓渡說의 입장에서는 숨은 추심위임배서의 배서인은 그 양수인에 대하여 담보책임을 지게 된다. 資格授與說의 입장에서는 숨은 추심위임배서의 배서인은 그 양수인에 대하여 담보책임을 지지 않는다. 그 양수인이 선의취득한 경우에도 권리취득의 문제는 채무부담과 구별되므로 담보책임을 지지 않는다고 본다.

㈒ 자격수여적 효력　　어느 학설을 취하더라도 자격수여적 효력은 인정된다.

6. 入質背書(質權設定背書)

(1) 意 義

입질배서는 어음상의 권리에 質權을 설정할 목적으로 하는 배서이다(어19・77
①i). 입질배서에는 질권을 설정한다는 문구(입질문구)를 부기하여 하는 '공연한 입질
배서'와 입질을 목적으로 하면서도 통상의 양도배서 형식으로 하는 '숨은 입질배서'
가 있다. 보통 입질배서라 하면 공연한 입질배서를 가리키고, 어음법에서는 공연한
입질배서에 관하여서만 규정하고 있으나 실제에 있어서는 숨은 입질배서가 많이 이
용된다. 입질배서는 어음에서만 인정되고 手票에는 인정되지 않는다. 입질배서는
어음에 '담보하기 위하여', '입질하기 위하여', 그 밖에 질권설정을 표시하는 문구를
부기하여 배서를 한다. 입질배서는 기명식, 백지식 모두 무방하다.

(2) 效 力

1) 質權의 取得   입질배서에 의하여 피배서인은 배서인에 속하는 어음상의
권리 위에 質權을 취득하고, 어음상의 권리행사를 위한 모든 재판상 또는 재판외의
행위를 할 수 있다(어19①본문). 추심위임배서의 피배서인이 대리인으로서 권리행사
하는 것과 달리 입질배서의 피배서인은 자기명의로 자기의 이익을 위하여 권리를
행사할 수 있는 점이 다르다.

2) 被背書人의 權利行使   ⑺ 입질배서에는 권리이전적 효력이 없으므로 피배
서인은 어음상의 권리의 포기・면제 기타 처분을 하지 못하며 양도배서 또는 입질
배서를 하지 못한다. 피배서인이 한 양도배서는 추심위임배서의 효력만 인정된다
(어19①단・77① i).

⑷ 민법에 의하면 입질채권의 목적물이 金錢인 경우에는 질권자는 자기채권
(피담보채권)의 한도에서 직접 청구할 수 있고(민353②), 또 입질채권의 변제기가 피
담보채권의 변제기보다 먼저 도래한 때에는 질권자는 제3채무자에 대하여 그 변제
금액의 供託을 청구할 수 있다(민353③). 그러나 어음거래의 간편・신속한 결제의
요청, 어음의 상환증권성이나 상환청구권행사 등을 고려할 때 입질어음상의 권리행
사에 있어서는 이 민법규정이 적용되지 않는다고 보아야 할 것이다. 그러므로 입질
배서의 피배서인은, 피담보책권액과 변제기에 관계없이 어음의 만기에 어음금액의
全部에 대하여 어음상의 권리를 행사할 수 있다(통설). 다만 차액은 배서인(질권설정
자)에게 반환하여야 한다. 또한 어음의 만기가 피담보채권의 변제기보다 먼저 도래
한 경우에는 피배서인은 추심한 금액을 공탁하여야 한다(통설).

3) 抗辯의 切斷   어음채무자는 소지인이 惡意인 경우를 제외하고는 배서인

에 대한 인적 관계로 인한 항변으로써 所持人에게 대항하지 못한다(어19② · 77① i). 입질배서의 피배서인은 자기의 고유한 권리(독립된 경제적 이익)를 근거로 권리를 행사하는 것이기 때문이다.

4) 資格授與的 效力　입질배서에는 자격수여적 효력이 있다. 그러므로 소지인의 권리추정력, 선의지급의 면책력 등이 인정된다(통설). 또한 피배서인은 질권자로서 독립된 경제적 이익을 가지므로 질권의 善意取得이 인정된다.

5) 擔保的 效力　입질배서에 담보적 효력이 있는가에 관하여는 학설이 대립한다. 否定說에서는 배서인의 상환의무는 어음상 권리가 이전하는 것을 전제로 하는 것인데 입질배서에는 권리이전적 효력이 인정되지 않으므로 담보적 효력이 인정될 수 없으며 또 입질배서의 배서인이 어음금의 지급책임을 지는 것은 어음법 제15조 제1항(어77① i)에 의한 것이 아니고 어음상의 권리에 질권을 설정한 결과라고 설명한다(최기원 453). 그러나 입질배서는 피배서인에게 어음상의 모든 권리를 행사할 수 있게 하고 있고(어19①) 피배서인은 만기에 어음금이 확실히 지급되어 우선변제에 충당될 것을 기대하고 있으며, 담보적 효력을 인정하는 것이 배서의 일반적 성질이나 배서인의 의사에 반하지 않는다고 보는 肯定說이 타당하다고 본다(다수설).

(3) 숨은 入質背書

1) 意義 · 性質　숨은 입질배서라 함은 實質的으로는 질권설정을 목적으로 하면서 形式的으로 통상의 양도배서의 방식을 취하는 배서를 말한다. 어음상으로는 보통의 양도배서를 하고, 어음 밖(外)에서 당사자 사이에 질권설정계약을 체결하는 것이며, 양도의 방식에 의한 담보의 설정이다. 법적 성질은 일반적으로 신탁배서로 본다(통설).

2) 效　力

㈎ 一般的 效力　숨은 입질배서의 방식인 통상의 양도배서의 형식에 따라서 讓渡背書의 효력이 생긴다. 피배서인에게는 자기 채권의 담보라는 고유의 이익이 있기 때문에 형식과 실질의 상이에 따른 문제는 없다. 입질의 合意는 당사자간의 인적 항변사유가 되는 데 불과하다. 따라서 權利移轉的 효력, 資格授與的 효력 및 擔保的 효력이 인정된다. 따라서 피배서인은 어음상의 권리자로서 자기명의로 권리를 행사할 수 있으며 소지인의 권리추정력, 선의지급의 면책력 등이 인정되고 선의취득도 인정된다. 선의취득하는 권리는 질권이 아니고 어음상의 권리이다.

㈏ 人的 抗辯의 절단　숨은 入質背書의 경우에는 어음법 제17조에 의한 인적 항변의 절단이 인정되며 어음채무자는 背書人에 대하여 대항할 수 있는 인적 항변으로 피배서인에게 대항하지 못한다. 다만 어음금액이 피담보채권액을 초과하는

때 그 초과부분에 대해서는 항변이 절단되지 아니한다. 한편 채무자는 피배서인 자신에 대한 항변을 주장할 수 있다.

(다) 背書人이 破産한 경우   숨은 入質背書의 권리이전의 효력에 의하여 어음상의 권리는 피배서인(질권자)에게 이전하므로, 背書人이 파산한 경우에는 피배서인에게 파산법상의 별제권(회파법411)이 인정되고, 피배서인이 파산한 경우에는 背書人에게 환취권(회파법407)이 인정되지 않는다.

제3절 引　受

I. 引受의 意義

인수(acceptance, Annahme)는 환어음의 支給人이 어음금의 지급채무를 부담하는 것을 표시하는 어음행위를 말한다. 인수하기 前의 지급인은 발행인과의 내부관계에서 자금관계상의 의무를 부담할 뿐이며 지급인은 이 인수를 함으로써 어음상의 主債務者가 된다. 인수로 인하여 어음소지인은 지급의 불확실성의 불안에서 벗어나고 유통성은 증대되며 지급인은 지급준비를 할 수 있게 된다. 引受는 환어음에만 인정된다. 약속어음에서는 발행인이 주채무자로서 인수인과 같은 지위에 있고, 手票에는 인수가 금지되어 있다(수4). 수표의 지급보증이 인수와 비슷한 기능을 하지만, 그 성질이 다르다.

인수의 법적성질은 어음 채무의 부담을 목적으로 하는 지급인의 單獨行爲이다(다수설). 그러므로 소지인이나 발행인의 무능력이나 대리권의 흠결 등에 관계없이 인수는 유효하다. 인수의 효력은 인수인이 인수제시인에게 어음을 반환하였을 때에 생긴다. 이에 대하여 인수는 引受人의 어음상의 의사표시가 있고 所持人이 승낙할 의사를 가지고 어음을 수령함으로써 효력이 생기는 계약이라는 견해가 있다(契約說)(최기원 364, 정동윤 233, 정찬형 232). 생각건대, 계약설에 의할 때에는 인수인이 인수제시를 한 자 이후의 소지인에 대하여 채무를 부담하는 것을 설명할 수 없고, 소지인이 無能力者인 경우에 인수를 취소할 수 있어 어음유통의 안전을 해할 우려도 있으므로 단독행위설이 타당하다(단독행위설)(다수설). 인수인의 어음채무부담의 효력은 인수인의 의사표시상의 효력이며, 배서의 담보적 효력이 법률의 규정에 의한 것과 다르다.

II. 引受提示

1. 인수제시의 의의 및 필요성

引受제시는 어음소지인이 支給人에게 어음을 제시하여 어음의 引受를 청구하는 행위이다. 지급인에게 지급준비를 하도록 하기 위하여 또는 일람 후 정기출급 환어음에서는 만기의 결정을 위하여 어음소지인의 인수제시가 필요하다.

2. 當事者

인수제시는 어음소지인이 하는 것이 보통이나 어음의 단순한 점유자도 할 수 있다(어21, 引受提示人). 단순한 점유자도 인수제시를 할 수 있도록 한 것은 인수는 어음의 신용과 유통성을 증대시키는 행위이므로 인수 여부가 중요하며 제시자의 중요성이 크지 않기 때문이다. 어음의 단순한 점유자는 지급제시를 할 권한은 없다. 인수제시는 지급인 또는 그 대리인에게 하여야 한다(어21). 지급담당자의 기재가 있는 경우에도 인수제시는 지급인에게 하여야 한다. 수인의 支給人이 지정된 경우에는 그 전원이 피제시자가 된다.

3. 時期

발행시부터 만기까지는 언제라도 인수제시를 할 수 있으나(어21), 제시기간이 법에 정해져 있거나 지정되어 있는 경우에는 그 기간 내에 제시를 하여야 한다(어22·23). 그러나 만기를 경과한 어음도 인수제시를 할 수 있으며 만기 후의 인수도 인수의 효력이 있지만(통설), 이 경우에는 인수거절을 이유로 상환청구를 할 수는 없다(어53①·21).

4. 猶豫期間(熟慮期間·考慮期間)

支給人이 인수의 제시를 받은 때에는, 첫 번째 제시일의 다음 날에 두 번째 제시를 할 것을 청구할 수 있으며(어24①), 이 경우에는 제시자는 두 번째 제시를 하지 않으면 상환청구권을 행사하지 못한다. 유예기간은 支給人이 인수를 할 것인가의 여부를 결정함에 앞서 어음발행사실의 확인, 자금관계의 협의, 기명날인의 진위 확인 등을 위하여 인정된 일정한 고려기간이다. 支給人이 두 번째 제시를 청구한 경우에도 제시자는 유예기간 중 어음을 지급인에게 交付할 필요는 없다(어24②). 지급인이 두 번째 제시를 청구한 때에는 첫 번째 제시에 관하여 引受拒絶證書를 작성하게 하고 이것에 두 번째 제시의 청구를 하였음을 기재시켜야 한다(어24①2문). 다음 날

두 번째 제시에서 引受가 거절된 때에는 다시 두 번째 거절증서를 작성하여야 한다.

5. 場　所

인수제시를 할 장소는 支給人의 주소(어21), 영업소 또는 거소이다. 타지지급어음이나 제3자방지급어음의 경우도 동일하다. 어음에 기재가 없으면 사실상의 주소 또는 영업소에서 해야 한다. 만일 지급인의 주소를 찾아낼 수 없는 경우에는 지급지에서 인수거절증서를 작성하여 상환청구하면 된다(통설).

6. 引受提示의 自由와 그 制限

환어음의 소지인은 만기까지는 언제라도 인수제시를 할 수 있으며(어21), 제시의 여부와 그 시기는 원칙적으로 소지인의 자유이다(引受提示의 自由). 소지인은 인수제시를 하지 않아도 만기에 지급제시를 하여 지급을 받거나 거절되면 소구할 수 있으나, 만기 전에 인수제시를 하여 인수가 거절되면 만기 전에도 상환청구할 수 있게 된다(어43). 이러한 인수제시의 자유에 대한 例外로서 인수제시명령, 인수제시금지 및 일람 후 정기출급환어음의 인수제시기간 등의 제한이 규정되어 있다.

(1) 引受提示를 하여야 하는 경우

인수제시는 본래 어음소지인의 권리이며 의무는 아니지만 환어음의 발행인 또는 배서인은 어떠한 종류의 어음이든 기간을 정하거나 또는 정하지 않고 인수제시를 하여야 할 뜻을 어음에 기재할 수 있으며(어22①④), 이러한 어음을 인수제시명령어음이라 한다. 일람후정기출급어음의 경우에는 만기를 확정하기 위하여 반드시 인수제시를 하여야 한다. 인수제시기간은 원칙적으로 발행일자로부터 1년이다. 발행인은 이 기간을 단축 또는 연장할 수 있고 배서인은 이를 단축만 할 수 있다(어23).

(2) 引受提示가 禁止 또는 制限되는 경우

1) 引受提示의 禁止　　환어음의 발행인은 기일을 정하지 않고 인수제시를 전면적으로 금지하거나(절대적 금지)(어22②) 일정한 기일 전으로 한정하여 인수제시를 금지할 수 있다(기한부금지)(어22③). 이러한 인수제시금지어음의 所持人은 그 소정기간 내에는 인수제시를 하지 못하며, 다만 支給人이 인수를 한 때에는 그 인수는 유효하다. 인수제시의 금지를 인정한 것은 불필요한 인수거절과 그로 인한 만기 전 상환청구를 피하기 위한 실제상의 필요에 의한 것이다. 예컨대 발행인이 지급자금을 공급할 수 있을 때까지 인수제시를 금지하거나, 혹은 매매대금의 추심을 위하여

환어음을 발행하고서 물품이 매수인(지급인)에게 도착할 때까지 인수제시를 금지하는 경우 등에 그 필요가 있을 것이다.

2) 금지할 수 없는 경우   어음법은 절대적 인수제시금지를 할 수 없는 경우로서 제3자방지급어음, 타지지급어음(지급인의 주소지와 지급지가 다른 어음), 일람 후 정기출급어음의 세 가지를 규정하고 있다(어22②단서). 그 理由는 제3자방지급어음은 지급인에게 미리 지급장소를 알려 그 준비를 하게 할 필요가 있고 타지출급어음에 있어서는 지급인에게 제3자방(지급담당자)을 기재할 기회를 줄 필요가 있고, 또 일람 후 정기출급어음에 있어서는 만기를 확정하는데 인수가 필요하기 때문이다. 이와 같은 경우에도 일정한 기간 인수제시를 금지하는 기한부 인수제시금지는 할 수 있다고 보겠으나 그 인수제시의 금지의 기간이 지나치게 長期여서 실질상 절대적 인수제시금지와 같은 경우에는 인수제시의 금지가 허용되지 않는다고 본다.

3) 效   力   인수제시금지문구의 기재가 있는 경우에는 소지인이 인수제시를 하여 거절되어도 모든 상환의무자에 대하여 인수거절로 인한 상환청구권을 행사할 수 없다. 인수제시금지어음이라도 소지인이 인수제시를 하여 지급인이 인수를 한 때에는 그 인수는 유효하다.

III. 引受의 方式

1. 必要的 記載事項(引受要件)

인수는 환어음 자체에(보전이나 등본에는 할 수 없다)「인수」기타 이와 동일한 의의가 있는 문자를 표시하고 지급인이 기명날인 또는 서명함으로써 한다(어25①). 어음의 표면에 지급인의 단순한 기명날인 또는 서명이 있는 때에는 인수로 보며(어25①) 이것을 약식인수라 한다.

2. 有益的 記載事項

(1) 引受日字의 記載

引受日字의 기재는 인수의 요건이 아니므로 인수의 효력과는 무관하다. 그러나 일람 후 정기출급어음(어23)과 인수제시명령어음(어22①)의 경우에는 인수일자의 기재가 있어야 한다(어25②). 인수일자는 일람 후 정기출급어음의 만기의 확정에 필요하고, 인수제시명령어음의 상환청구권 보전을 위하여 필요하기 때문이다. 소지인이 청구한 경우에는 인수일자 대신에 제시일자를 기재하여야 한다(어25②1문·24). 지급인이 인수를 하였으나 인수일자를 기재하지 않은 때에는, 소지인은 배서인과 발행인에 대한 상환청구권을 보전하기 위해서는 적법한 시기에 작성시킨 인수일자 거절증서에 의하여 그 기재가 없었음을 증명하여야 한다(어25②1문·24). 인수일자의 기재가 없고 거절증서도 작성하지 아니한 경우에는 인수인에 대한 관계에서는 인수제시기간의 말일에 인수한 것으로 본다(어35②).

(2) 第3者方支給의 記載

발행인이 제3자방지급문구의 기재(어4)를 하지 않은 경우에는 支給人이 인수를 함에 있어서 그것을 기재할 수 있다(어27). 즉 타지지급어음의 경우에 제3자방에서 지급할 뜻을 기재하지 아니한 때에는 지급인은 인수를 함에 있어 그 제3자를 정할 수 있고, 이를 기재하지 아니한 때에는 인수인은 지급지에서 직접 지급할 의무를 부담한 것으로 보며(어27①), 동지지급어음, 즉 지급인의 주소에서 지급될 것인 때에는 지급인은 인수를 함에 있어 지급지에서의 지급장소를 정할 수 있다(어27②).

(3) 一部引受

일부인수란 지급인이 어음금액 중 일부를 인수하는 것을 말하며 법적으로 유효하다(어27①단서).

(4) 不單純引受

환어음의 인수는 어음행위로서 그 단순성이 요구되는바 어음금액의 일부인수는 이러한 인수의 단순성을 예외적으로 인정한 부단순인수라고 할 수 있다.

3. 無益的 記載事項

인수의 무익적 기재사항에 관하여는 어음법상 규정이 없다. 그러나 지급인이 초과인수를 한 경우에는 어음금액의 한도에서 인수가 있는 것으로 볼 수 있으므로, 초과인수에서의 어음금액을 초과하는 부분의 기재는 무익적 기재사항이 된다고 할 수 있다.

IV. 引受의 效力

지급인은 인수를 함으로써 어음상의 主債務者가 되며, 만기에 어음금액을 지급할 의무를 진다(어28①). 인수인의 이 의무는 제1차적·무조건적·절대적·최종적인 것으로서 보전절차의 흠결 등으로 인하여 소멸하지 않고 3년의 소멸시효가 완성될 때까지는 존속한다. 인수인이 지급할 금액은 만기에 지급하는 경우에는 어음금액과 이자이며 만기에 지급하지 아니한 때에는 상환청구금액(어48·49)과 같은 금액이다(어28②).

제4절 어음保證

I. 總　說

1. 意　義

어음보증은 이미 존재하는 어음상의 채무를 담보할 목적으로 그것과 동일한 내용의 채무를 부담하는 어음행위이다. 그 法的性質은 계약이라는 설(계약설)이 있으나, 단독행위라는 것이 통설·판례의 입장이다(단독행위설)(대판 2002.12.10, 2001다 58443).

2. 民法上의 保證과의 差異

1) 민법상의 보증은 계약이지만 어음보증은 계약이 아니다.

2) 민법상의 보증은 특정된 주채무자가 있어야 하고 이것이 불분명한 때에는 보증은 성립하지 않으나(대인적 관계), 어음보증은 주채무자가 분명하지 않을 때에는 발행인을 위한 보증으로 본다(對어음적 관계)(어31④·77③, 수26④).

3) 민법상의 보증은 方式에 제한이 없으나(불요식행위), 어음보증은 요식행위이다(어31·77③, 수26).

4) 민법상의 보증은 주채무의 성립을 그 성립요건으로 하나(부종성), 어음보증은 주채무가 방식에 하자가 있는 경우를 제외하고 다른 어떠한 사유로 인하여 무효로 된 때에도 유효하게 성립한다(어·수표행위독립의 원칙)(어32②·77③, 수27②).

5) 민법상의 보증인은 특정된 상대방에 대하여서만 보증채무를 부담하지만, 어음보증인은 불특정의 어음소지인(어음채권자)에 대하여 보증채무를 부담한다.

6) 민법상의 보증인은 최고·검색의 항변권을 갖지만(민437), 어음보증의 보증인은 피보증인과 동일한 책임을 지므로(어32①·77③1문, 수27①) 최고·검색의 항변권을 갖지 아니한다.

7) 민법상의 공동보증인은 分別의 이익이 있으나(민439), 공동어음보증인은 분별의 이익이 없고 어음채무 전액에 대하여 합동책임을 부담한다(통설)(어47·77①iv,

수43).

8) 민법상의 보증채무는 소멸시효기간이 10년이지만(민162①), 어음보증채무는 소멸시효기간이 주채무에 따라서 3년, 1년 또는 6월이 된다(어70·77①viii, 수51①②).

3. 숨은 어음保證·共同어음行爲

어음보증 제도는 피보증인인 주채무자의 신용이 불충분한 것을 어음에 표시하는 것이 되기도 하므로 실제로는 숨은 어음보증이나 공동어음행위가 이용되는 경우가 많다. 숨은 어음보증은 실제로는 보증을 목적으로 하지만 형식상으로는 발행·배서·인수 등의 어음행위로써 어음채무자가 됨으로써 보증의 효과를 달성하는 것을 말한다. 이 경우에 각 어음행위자는 어음保證人이 아닌 발행인·배서인·인수인으로서의 책임을 지는 것이므로 숨은 어음보증은 어음보증이 아니다.

공동어음행위는 여러 명의 공동어음행위자가 공동으로 1개의 어음행위를 하는 것이지만, 어음보증의 어음보증인과 주채무자(피보증인)는 어음행위를 공동으로 하는 것이 아닌 점에서 다르다.

II. 當 事 者

1. 保 證 人

어음보증인이 될 수 있는 資格에는 아무런 제한이 없으므로 어음과 관계없는 제3자는 물론이고 어음에 기명날인 또는 서명을 하여 이미 어음상의 채무자가 된 자도 보증인이 될 수 있다(어30②·77③, 수25②). 다만 手票의 지급인은 수표보증인이 될 수 없다(수25②). 일반적으로 주채무자(환어음의 인수인·약속어음 발행인)가 보증인이 되거나 어음관계상 전자가 후자의 보증인이 된다는 것은 무의미하다. 다만 배서인이 주채무자를 위하여 보증한 경우에는 어음소지인은 그 배서인에 대한 상환청구권을 상실한 경우에도 주채무자의 보증인으로서의 책임을 추궁할 수 있는 실익이 있다.

2. 被保證人

피보증인이 될 수 있는 자는 '어음채무자'이며, 발행인·배서인·인수인·참가인수인 등은 피보증인이 될 수 있다. 어음채무자가 아닌 자(인수를 하지 아니한 지급인 또는 지급담당자, 무담보배서의 배서인 등)를 피보증인으로 지정한 경우에는 그 어음보증은 무효이다(통설).

III. 方　式

1. 正式保證 · 略式保證 · 一部保證

어음보증도 다른 어음행위와 같이 要式行爲이므로 어음법에 정하는 바에 따라 필요한 사항을 기재하고 보증인이 기명날인 또는 서명을 하여야 한다.

(1) 正式保證

어음의 정식보증은 어음자체나 보충지 또는 (어음의) 등본에(어31① · 67③ · 77① vi③, 수26①) '보증' 또는 이와 같은 뜻이 있는 문구(보증문구)를 표시하고 보증인이 기명날인 또는 서명하는 방식으로 한다(어31②④ · 77③, 수26②④).

(2) 略式保證

약식보증에는 피보증인을 기재하지 않은 채 보증문구만 기재하고 보증인이 기명날인 또는 서명하는 약식보증(略式保證)과 보증문언도 기재하지 않고 보증인이 단순한 기명날인(또는 서명)만 하는 간략약식보증(簡略略式保證)이 있다. '약식보증'은 어음의 앞면 · 뒷면 또는 보충지나 등본에도 할 수 있으며, 이 때에는 발행인을 위하여 보증한 것으로 본다(어31④2문 · 77③, 수26④2문). '발행인을 위하여 보증한 것으로 본다'는 규정은 추정규정이 아니고 간주규정으로 보아야 하며 어음보증인의 반증에 관계없이 발행인을 위한 보증으로 본다는 뜻이다(정찬형 420, 서헌제 510). '간략약식보증'은 반드시 어음의 앞면에 하여야 한다(어31③ · 77③, 수26③). 이 때에도 발행인을 피보증인으로 본다. 어음의 표면이 아닌 뒷면에 단순한 기명날인 또는 서명을 한 때에는 약식보증이 아니고 간략백지식배서로 된다(어13②2문 · 77①i, 수16②2문).

(3) 一部保證

어음보증은 어음금액의 전부에 대해서 하는 것이 보통이나 그 일부만을 보증할 수도 있다(어30① · 77③, 수25②). 일부보증을 인정하는 것은 이를 유효로 하는 것이 무효로 하는 것 보다 어음소지인에게 이익이 되기 때문이다.

(4) 기타의 기재사항

어음보증인은 거절증서작성면제(어46① · 77①iv, 수42①)와 예비지급인(어55① · 77①v) 등을 기재할 수 있다.

2. 有益的 記載事項

어음의 보증에는 유익적 기재사항으로서 거절증서작성면제문구(어46①), 예비지급인(어55①) 등을 기재할 수 있다.

3. 條件附保證의 效力

조건부의 발행(어1ii·75ii, 수1ii), 조건부배서(어12①·77① i, 수5①), 조건부인수(어26)에 관하여는 법에 규정을 두고 있으나 조건부의 어음보증에 대해서는 규정이 없다. 어음보증에 조건을 붙인 경우의 효력에 관하여 여러 학설이 대립한다. 즉, ⓐ 기재된 조건을 유해적 기재사항으로 보고 보증행위 전부를 무효로 보는 全部無效說, ⓑ 조건을 유익적 기재사항으로 보고 그 조건대로 효력이 생긴다고 하는 조건부보증 有效說, ⓒ 조건을 무익적 기재사항으로 보고 조건이 없는 보증이 된다고 하는 條件만의 無效說이 주장되고 있다. 생각건대, 어음의 지급의 확실성을 높이고 유통성을 강화하기 위하여, 보증의 효력은 인정하면서 그 조건을 무익적 기재사항으로 보아 조건 없는 어음보증으로 보는 條件만의 無效說이 타당하다고 본다. 판례는 조건부보증 有效說을 취하고 있다(대판 1986.3.11, 85다카1600).

IV. 保證의 時期

보증의 시기에 관한 직접적인 규정은 없으나, 어음保證은 피보증행위(주된 어음·수표행위)가 있기 전에도 할 수 있고, 만기 후에도 어음채무가 소멸시효의 완성으로 소멸하기 전이면 할 수 있다(통설). 어음보증인이 장래에 성립할 주채무를 위하여 미리 보증을 하는 경우에는 후에 주채무가 성립한 때 보증의 효력이 생긴다(손주찬 291).

V. 效   力

1. 保證人의 責任

(1) 從 屬 性

어음보증인은 피보증인인 主채무자와 동일한 채무를 부담한다(어32①·77③, 수27①). 즉, 어음보증인의 채무는 피보증인의 채무(주채무)를 전제로 하고 종속성을 가지므로, 피보증인의 채무가 지급·대물변제·면제·상계·시효 등에 의하여 소멸하면 보증채무도 소멸한다. 소지인의 권리보전절차의 해태로 인해 피보증인에 대한 상환청구권이 소멸하면, 그 보증채무도 소멸한다. 배서금지어음의 경우에 피보증인(주채무자)에 대하여 양도의 대항요건(통지 또는 승낙)을 갖춘 경우에는 어음보증인에 대하여 별도의 대항요건을 갖추지 아니하여도 주된 채권양도의 효력이 그 어음보증인에게 미친다(대판 1989.10.24, 88다카20774).

(2) 獨立性

어음保證은 피보증채무가 방식에 흠이 있는 경우 외에는 어떠한 사유로 인하여 무효가 되더라도 유효하며(어32②·77③, 수27②), 어음保證人은 자기의 어음행위(보증)에 의하여 독립하여 어음상의 채무를 부담한다(어음행위독립의 원칙). 즉 어음보증인의 의무는 피보증인의 의무와는 별개로서, 보증인은 피보증인과 함께 소지인에 대하여 합동책임을 진다.

(3) 獨立性의 限界

1) 抗辯의 援用 문제   모순되는 성질을 가진 종속성과 독립성의 관계의 해석과 관련하여, 어음보증인이 피보증인이 주장할 수 있는 인적 항변을 원용(援用)할 수 있는지가 문제로 된다. 가령 A(매수인)가 B(매도인)에게 매매대금지급을 위하여 약속어음을 발행하고 C(어음보증인)가 A의 어음채무를 보증하였는데, B의 채무불이행으로 매매계약이 해제되었다고 할 때, A는 원인관계(매매계약)가 무효라는 항변으로 지급을 거절할 수 있지만, 어음보증인 C가 피보증인 A의 항변을 원용하여 B의 어음금지급청구를 거절할 수 있는지가 문제로 된다.

2) 학 설   어음보증의 獨立性을 중시하는 입장에서는 어음보증인의 채무는 자신의 어음행위에 의하여 부담하게 된 것으로서 독립적인 것이고 유효한 원인채무를 전제로 하는 것이 아니므로 어음보증인은 피보증인(주채무자)이 가지는 인적 항변을 원용할 수 없다고 한다(원용부정설). 이에 대하여 다수설과 판례는, 원인관계가 무효이거나 취소된 경우에는 소지인은 실질적으로 무권리자인데, 그럼에도 불구하고 그 어음을 반환하지 않고 권리를 주장하는 것은 신의칙에 반하며 權利濫用이 된다고 보고, 어음보증인은 피보증인이 소지인에 대하여 갖는 항변을 원용할 수 있다고 한다(대판 1988.8.9, 86다카1858). 원용긍정설이 타당하다고 본다.

(4) 어음保證債務의 合同性

어음保證人은 주채무자 및 기타의 어음채무자와 합동하여 책임을 지므로, 어음所持人은 주채무자와 보증인에 대하여 각각 따로 혹은 공동적으로 청구할 수 있다

(어47①②·77①iv, 수43①②). 여러 명의 어음보증인이 있는 경우에는 각자가 자기의 어음행위에 관하여 어음금 全額에 대하여 합동책임을 지며 민법상의 보증과 달리 최고·검색의 항변권(민437), 보증인 상호간의 분별의 이익(민439)이 인정되지 않는다.

(5) 數人의 保證人이 있는 경우

동일한 주채무자를 위하여 수인의 보증인이 있는 경우에는 각자가 자기의 어음행위를 근거로 하여 어음금 전액에 대하여 책임을 진다(어47①). 즉 각 보증인은 민법상의 보증인과 같은 최고·검색의 항변권(민437)이 없는 동시에, 분별의 이익(민439)을 가지지 못하는 것이다.

(6) 保證人 相互間 및 被保證人間의 關係

보증인이 수인 있는 경우의 그들 상호간 및 보증인과 피보증인 간에는 상사보증의 연대성에 관한 상법 제57조 2항의 규정은 적용되지 아니한다. 따라서 이들 사이에는 연대책임관계가 없다(통설).

2. 어음保證人의 求償權

(1) 被保證債務의 消滅과 求償權

보증인의 채무이행으로 인하여 보증채무는 물론, 주채무(피보증인의 채무)와 그 후자의 채무도 소멸한다.

(2) 보증인의 어음상의 권리 취득

1) 보증인의 권리(구상권)의 성질   보증채무를 이행한 어음보증인은 법률의 규정에 의하여 피보증인과 피보증인의 어음상의 채무자(상환의무자·인수인 등)에 대한 어음상의 권리를 취득한다(어32③·77③, 수27③). 보증인의 구상권의 성질에 관하여는 견해가 대립한다. 승계취득설은 구상권의 취득은 어음소지인이 가졌던 권리를 승계취득하는 것이라고 보는 설이다(손주찬 303, 강위두·임재호 405). 이 설에 따르면 피보증인은 구상권을 행사하는 보증인에 대하여 소지인에 대하여 가졌던 항변을 주장할 수 있게 된다. 이에 대하여 원시취득설(법정취득설)에서는 보증인의 구상권은 보증채무의 이행과 동시에 법률의 규정에 의하여 독립적·원시적으로 취득하는 권리라고 보고, 소지인에 대한 인적 항변이 부착하지 않는 권리를 취득하게 되는 것이라 한다(다수설). 이 설에 따르면 주채무자는 보증인의 구상권의 행사에 대하여, 그 보증인에게 악의가 없는 한(어17단), 소지인에 대하여 주장할 수 있었던 인적 항

변으로 대항할 수 없게 된다. 원시취득설이 타당하다고 본다.

2) 一部保證의 경우   일부보증을 한 보증인은 支給을 해도 소지인으로부터 어음의 인도를 청구하지 못하므로 주채무자가 소지인에게 나머지 어음금액을 지급하고 어음을 돌려받는 것을 기다렸다가 구상할 수 있으며, 또 보증인이 스스로 어음금전액을 지급하고 어음을 환수하여 자기의 채무자에게 구상할 수도 있다(통설). 한편 一部支給이 있었다는 뜻을 어음에 기재시키고 영수증의 교부를 받고(어39③), 어음법 제50조 1항과 제51조를 유추하여 一部保證人은 어음의 증명등본과 거절증서의 교부를 받아 영수증과 함께 이를 근거로 상환청구를 할 수 있다고 하는 견해가 있다(최기원 601, 정동윤 253, 정찬형 429).

3) 共同保證의 경우   공동보증인은 합동책임을 지며 상호간에 분별의 이익이 인정되지 않으므로, 수인의 공동보증인 중 1인이 보증채무를 이행한 때에도, 다른 공동보증인에 대하여 어음상의 구상권을 가질 수는 없다. 그러나 어음 외의 문제로서 민법상 다른 공동보증인에 대한 구상권(민448조② · 425)이 발생할 수 있다.

제5절 支　給

I. 意　義

어음은 소지인이 발행인 등 어음채무자에게 어음채권을 행사하여 지급을 청구하고 이에 대하여 어음채무자가 어음금을 지급을 함으로써 목적을 달성하고 어음상 법률관계는 소멸하게 된다. 이와 같이 支給은 어음관계의 존재의 직접적이고 최종적인 목적이라 할 수 있으므로, 어음법은 지급의 신속과 안전을 위하여 지급에 관한 기본적인 규정을 두고 있다.

한편 어음법은 支給이 拒絶된 경우에 소지인을 구제하는 제도로서 償還請求制度를 규정하여 어음의 지급의 확실성을 담보하고 유통성을 확보하려 하고 있다. 지급이라고 할 때에는 보통 환어음의 인수인 · 支給人, 약속어음의 발행인(수표의 지급인 또는 지급담당자)(좁은 의미의 지급)에 의한 지급만을 가리킨다. 이러한 지급이 있으면 모든 어음관계가 완전하게 소멸된다. 한편 넓은 의미에서 支給은 좁은 의미의 지급 이외에 상환의무자 · 보증인 · 참가인수자 · 예비지급인 또는 제3자 등에 의한 지급을 포함하는데 이들에 의한 지급은 어음관계를 부분적으로만 소멸시킬 뿐이고 아직 구상(求償)을 위하여 존속하게 된다.

II. 支給提示

1. 支給提示의 意義

지급제시는 권리자인 어음소지인이 어음금의 지급을 받기 위하여 환어음의 인수인·지급인, 약속어음 발행인, 수표의 지급인 또는 지급담당자에게 어음을 提示하여 지급을 請求하는 것을 말한다(제시증권성). 어음은 강한 유통성을 가지고 많은 사람 사이에 유통되므로 누가 권리자(소지인)인지를 알기 어려우므로 소지인의 지급제시가 필요하다(추심채무). 상환청구권 보전을 위해서는 반드시 적법한 지급제시가 있어야 한다. 지급인이 지급을 거절할 것이 분명한 경우에도 지급제시를 하여야 한다. 背書禁止어음도 제시증권으로서 어음제시가 없으면 어음채무자는 지체의 책임을 지지 않는다(손주찬 306, 정찬형 257).

2. 支給提示의 當事者

(1) 提示人

支給提示를 할 수 있는 자는 어음소지인 또는 그 대리인이다. 소지인은 배서가 연속된 어음을 소지하여야 하지만, 배서가 연속하지 않은 경우에는 실질적 권리를 입증하면 지급제시를 할 수 있다. 거절증서작성의 위임을 받은 공증인이나 집행관에 의한 지급제시도 효력이 있다. 단순한 어음의 점유자는 지급을 위한 제시를 할 수 없다.

(2) 被提示人

1) 支給提示의 相對方   피제시자(지급제시의 상대방)는 환어음의 지급인·인수인, 약속어음의 발행인, 수표의 지급인·지급보증인, 제3자방어음의 지급담당자이다.

2) 共同引受人에 대한 提示   공동인수인(약속어음의 공동발행인)에 대한 지급제시는 그 전원에 대하여 하여야 한다. 이들의 책임은 각각 독립하여 부담하는 合同責任이므로 한 사람에 대한 이행청구는 다른 사람에게 효력이 없기 때문이다(통설).

3) 어음債務者가 破産한 경우   ㈎ 파산자제시설: 파산자에게 제시하여야 한다는 견해

㈏ 관재인제시설: 파산관재인에게 제시하여야 한다고 하는 견해

3. 支給提示期間

(1) 引受人의 履行遲滯의 要件으로서의 提示期間

인수인과 약속어음 발행인에 대해서는 지급을 할 날 이후 채무가 시효로 인하여 소멸할 때까지 언제든지 지급제시를 할 수 있다.

(2) 상환청구권의 보전을 위한 지급제시기간

1) 확정일출급어음·발행일자 후 정기출급어음·일람 후 정기출급어음   지급을 할 날 또는 그날 이후의 2거래일 내에 지급을 받기 위한 제시를 하여야 한다(어38①·77①iii). 이 기간은 지급거절증서 작성기간과 같다(어44③·77①iv). 여기에서 '지급을 할 날'은 보통 만기와 일치하나 만기가 법정휴일인 경우에는 만기에 이은 제1의 거래일(다음 날)이다. '거래일'은 법정휴일 이외의 날을 말한다.

2) 일람출급어음   일람출급어음은 제시된 때를 만기로 하며, 원칙적으로 발행일자로부터 1년 내에 지급제시를 하여야 한다. 發行人은 이 기간을 단축 또는 연장할 수 있고 背書人은 그 기간을 단축할 수 있다(어34①·77①ii). 발행인은 일정한 기일 전에는 지급을 위한 제시를 금지한다는 내용을 적을 수 있으며, 이 경우 제시기간은 그 기일로부터 시작한다(어34②·77①ii).

4. 支給提示의 場所 및 方法

지급제시는 지급지에 있는 지급인의 영업소·주소·거소에서 하여야 하나, 어음에 기재된 영업소·주소가 실제의 영업소·주소와 다른 경우에는 실제의 영업소·주소에서 지급제시를 하여야 한다(추심채무성). 제3자방(지급장소·지급담당자) 지급문구의 기재가 있는 경우에는 제3자방에서 지급제시를 해야 하지만, 제3자의 영업소·주소가 지급지 밖에 있는 경우에는 그 제3자방지급문구의 기재가 무효이므로, 지급지 안에 있는 지급인의 영업소·주소에서 지급제시를 하여야 한다. 또한 제3자방의 기재는 지급제시기간내의 지급제시를 전제로 한 것이므로 이 기간이 경과한 후에는 효력이 없고 따라서 지급자의 영업소·주소에서 지급제시를 하여야 한다. 어음交換所에서의 제시는 지급제시로서 그 효력이 있다(어38②·77①iii, 수31). 실제로 수표·은행도어음의 경우에는 소지인은 자기의 거래은행에 추심을 위임하는 것이 보통이며, 그 경우 지급제시는 소지인의 거래은행이 추심은행이 되어 어음교환소에서 지급은행에 대하여 제시하는 형식으로 이루어진다. 어음교환소에서의 지급제시는 제3자방지급문구의 기재 유무 또는 어음교환소가 지급지 안에 있는지 여부에 관계없이 유효하다.

완전한 어음을 피제시자의 면전에 현실로 제시하여야 한다. 그러므로 어음의 등본으로는 지급제시를 할 수 없고, 보충되지 않은 백지어음으로 지급제시를 해도 효력이 없다(대판 1970.3.10, 69다2184). 한편 재판상 청구에는 訴狀 또는 支給命令의 송달이 어음의 제시와 같은 효력이 있다(대판 1958.12.26, 4291민상38). 그러나 시효중단을 위해서는 어음의 제시를 요하는 것은 아니다(통설). 그러나 소지인이 제시기간 내에 적법한 장소에서 지급제시를 하기 위하여 적절한 방법을 취했으나 피제시자가 부재하여 현실로 제시를 하지 못한 경우에는 제시를 한 것으로 본다(통설). 또 지급담당자가 소지인인 경우에는 만기가 되면 지급제시가 있는 것으로 보아야 할 것이다.

5. 支給提示의 效力

소지인이 지급거절을 이유로 전자에 대한 상환청구를 하기 위해서는, 지급제시기간 내에 지급제시를 하고 거절증서를 작성하여야 한다(어53①·77①ⅳ, 수39). 주채무자(환어음인수인·약속어음발행인)의 이행지체의 책임은 만기 후에 어음의 지급제시가 있어야 발생한다(민65, 상517).

6. 支給提示가 必要가 없는 경우

(1) 어음이 債務者의 手中에 있는 경우

어음이 이미 채무자의 수중에 있거나 지급담당자인 은행이 소지인인 때에는 지급제시를 요하지 않는다.

(2) 지급제시면제특약이 있는 경우

상환의무자와 소지인 간의 지급제시를 면제하는 특약은 당사자 간에만 효력이 있다(통설). 또한 지급인과 소지인 간의 특약도 당사자 간에는 효력이 있다고 본다. 지급제시의 유예 또는 제시기간을 연장하는 특약도 직접 당사자 간에서는 유효하다(손주찬 311).

(3) 約束어음 發行人에 대한 支給提示

환어음의 인수인이나 약속어음의 발행인 등 어음의 주채무자에 대해서는 적법한 기간 내의 지급제시가 없더라도 어음금액의 지급을 청구할 수 있다. 이에 대하여 대법원은 약속어음의 발행인은 어음금을 절대적으로 지급할 의무를 부담하는 것이므로 어음소지인이 발행인에 대하여 지급을 위한 제시를 하지 아니하였다 해도 발행인에게 어음금액을 청구할 수 있다고 판시한다(대판 1988.8.9, 86다카1858).

(4) 背書禁止어음의 提示證券性

배서금지어음은 어음상에 발행인이 배서금지문구를 기재한 어음으로서 양도성은 물론, 제시증권성 및 상환성이 있다. 이에 관하여 대법원은 이러한 어음도 양도성 자체까지 없어지는 것이 아니고 지명채권의 양도에 관한 방식에 따라서, 그리고 그 효력으로써 이를 양도할 수 있으며, 이 경우에는 민법 제450조의 대항요건(통지 또는 승낙)을 구비하는 외에 약속어음을 인도(교부)하여야 하고, 어음금의 지급을 위하여서는 어음을 제시하여야 하며 또 어음금을 지급할 때에는 이를 환수하게 된다고 판시한다(대판 1989.10.24, 88다카20774).

III. 支給의 時期

1. 滿期前의 支給

어음소지인은 만기 전에 지급청구를 할 수 없고(어38① · 77①iii), 支給人은 만기 전에 지급할 의무가 없다(어40① · 77①iii). 지급인은 소지인과의 합의에 의하여 만기 전에 지급을 할 수 있으나, 이 경우에는 자기의 위험부담으로 지급하여야 하며(어40② · 77①iii), 선의지급의 면책력(어40③ · 77①iii)이 인정되지 않는다. 따라서 지급을 받은 자가 진정한 권리자가 아닌 경우에는 진정한 권리자에게 다시 지급해야 하는(二重支給) 위험을 부담하게 된다.

2. 滿期의 支給

만기지급은 지급제시기간(지급을 할 날 또는 그날 이후의 2거래일 내)에 지급하는 것을 말한다. 만기에는 어음소지인은 지급청구를 할 수 있으며, 어음채무자는 지급의 수령을 요구할 수 있고, 지급제시를 하지 않으면 어음금액을 공탁할 수 있다(어42 · 77①iii). 어음채무자는 제시한 때 지급하여야 하며 기간 중 다른 날에 다시 지급제시할 것을 요구할 수 없다고 본다. 만기에 지급한 지급인은 詐欺 또는 중대한 過失이 없으면 그 책임을 면한다(선의지급의 면책력). 또 어음채무자는 자금의무자에게 보상(補償)청구를 할 수 있다. 지급인은 인수를 하지 아니한 경우에도 제시기간 내에는 지급을 하고 그 결과를 자금의무자에게 귀속시킬 수 있다. 그리고 주채무자(인수인 · 약속어음발행인)는 지급제시기간 경과 후에 지급을 해도 시효로 소멸하기 까지는 만기지급과 같은 효력이 있다.

3. 支給의 猶豫 또는 延期

(1) 當事者의 의사에 의하는 경우

어음관계자 전원의 동의가 있으면 만기를 변경할 수 있고, 또 구(舊)어음을 없애고 그 대신 동일내용의 새 어음을 발행하여 만기를 연기하는 효과를 거두기도 한다(어음개서・연기어음).

(2) 法律에 의하는 경우(어음지급유예령)

전쟁・지진・경제공황 기타 나라 전체 또는 어떤 지방에 사변이 발생한 경우에 법령에 의하여 어음채무의 지급이 유예되는 경우가 있다(어54). 어음법은 이러한 경우에 제시기간과 거절증서작성기간을 연기하고 있다.

IV. 支給의 方法

1. 支給의 目的物

어음지급의 목적물은 일정액의 金錢이다. 특정종류의 통화로 지급할 것인 경우에 지급하는 때에 그 통화가 강제통용력을 잃은 때에는 다른 통화로 지급하여야 한다(민376). 어음금액이 외국(外國)통화로서 표시된 경우에도 內國의 통화로 지급할 수 있고(어41①・77①iii, 수36①), 이 경우에 환산율은 어음에 환산율을 정한 때에는 그것에 따르고 정한 바가 없으면 지급지의 관습에 따라 정한다(어41②・77①iii, 수36②). 만기일(手票의 경우에는 지급하는 날)의 환시세를 원칙으로 하나, 채무자가 지급을 지체한 때에는 소지인은 그 선택에 따라 만기일 또는 지급하는 날(手票의 경우에는 제시한 날이나 지급하는 날)의 환시세에 따라 환산할 것을 청구할 수 있다(어41①2문・77①iii, 수36①2문). 그리고 발행인이 '외국통화 현실지급문구'를 적은 경우에는 그 외국통화로 지급하여야 한다(어41③・77①iii, 수36③).

발행국과 지급국에서 명칭은 같으나 가치가 다른 통화(예, 미국 달러와 캐나다 달러)에 의하여 어음의 금액을 정한 경우에는 支給地의 통화에 의하여 정한 것으로 추정한다(어41④・77①iii, 수36④).

2. 一部支給

(1) 一部支給의 受領義務・方法

지급인은 어음금의 일부지급을 할 수 있고 소지인은 이를 거절하지 못한다(어39②・77①iii, 수34②). 일부지급의 거절은 상환의무자에게 불이익이 되기 때문이다.

일부 지급의 경우에 지급인은 어음의 교부를 청구할 수는 없으나, 소지인에 대하여 그 일부지급 사실을 어음(수표)에 적고 영수증을 교부할 것을 청구할 수 있다(어39③ · 77①iii, 수34③). 물론 어음소지인은 그 잔액에 대하여 상환청구할 수 있다.

(2) 支給提示期間 經過 후의 支給

지급제시기간이 경과한 후에는 상환청구권이 소멸하여 상환의무자의 이익을 고려할 이유가 없으므로 채권자는 일부지급을 받을 의무가 없다.

3. 相換證券性

어음금의 지급과 어음증권의 반환은 동시이행의 관계에 있다. 지급인은 지급을 할 때 소지인에 대하여 어음에 領受를 증명하는 뜻을 적어서 교부할 것을 청구할 수 있다(어39① · 77①iii, 수34①). 보통은 뒷면의 최후의 배서에 이어서 적는다.

V. 支給人의 調査義務

어음채무는 원래 진정한 어음상의 권리자에게 이행하여야 할 것이지만, 어음채무자가 일일이 청구자의 진정한 권리자인가의 여부를 조사하여야 한다고 하면, 어음거래의 원활을 기하기 어려울 것이다. 그러므로 법은 어음지급의 신속과 그 유통의 확보를 위하여 지급인의 조사의무를 경감하고 있다.

1. 形式的 資格의 調査

어음법은 지급인에게 소지인의 실질적 권리의 조사는 요구하지 않고, 형식적 자격의 조사만을 요구하고 있다. 어음법의 규정은 '배서의 연속이 제대로 되어 있는지'라고만 되어 있지만(어40③ · 77①iii, 수35) 그 밖에도 어음의 方式이 적법한지(어음요건의 구비) 背書가 연속되어 있는지, 自己의 기명날인 또는 서명이 있는 경우에는 그것이 진정한 것인지 등 형식적 자격도 조사하여야 한다(통설). 어음의 기재상 권리자와 현실로 청구를 하는 자의 人的 同一性은 조사할 의무가 없다는 것이 다수설이지만, 신분증제시 등의 방법으로 조사해야 한다고 본다. 연속된 배서의 최후의 피배서인, 최후의 배서가 白地式인 때에는 그 소지인, 소지인출급식 수표의 경우에는 단순한 소지인이 각각 형식적 자격을 가지게 된다. 배서의 연속이 흠결된 경우에도 그 흠결된 부분의 연결을 소지인이 입증한 경우에는 지급인은 자기의 위험부담으로 지급할 수 있다(통설).

2. 實質的 資格의 調査

(1) 免責的 調査權

지급인은 제시자가 진정한 권리자인지, 각 배서인의 기명날인 또는 서명 특히 최후의 배서가 위조인지 등 실질적 자격에 대하여서는 조사할 의무가 없다. 지급인에게 실질적 자격을 조사할 의무는 없으나 調査할 權利는 인정되는지에 대해서 견해가 나뉜다. 否定說은 지급인에게 소지인의 실질적 자격에 대한 조사권을 인정하면 그 조사권을 남용하여 지급을 지체할 우려가 있다고 한다. 그러나 지급인은 사기·중과실이 없어야 면책되므로 의심할 만한 상당한 이유가 있는 때에는 자기의 입증책임과 위험부담 하에 소지인의 실질적 자격을 조사할 권리가 있다고 본다(肯定說).

(2) 立證責任

다만 실질적 조사에 필요한 기간은 채무자는 이행지체의 책임을 지지 않으나 위의 입증을 하지 못하는 경우에는 지급제시를 받은 때로부터 이행지체에 대한 책임을 지게 된다.

3. 治癒되는 瑕疵의 範圍

만기에 지급하는 支給人은 사기 또는 중대한 과실이 없으면 그 책임을 면한다(어40③·77①iii). 여기서 詐欺라 함은 제시자에게 지급수령의 권한이 없음을 알고 있을 뿐만 아니라(惡意) 이러한 사실을 용이하게 입증할 수 있는 확실한 證據方法을 가지고 있음에도 불구하고 지급한 경우를 말한다(통설). 그리고 重大한 過失이라는 것은 지급인이 보통의 조사를 하면 어음제시자가 무권리자임을 알고 또 그 무권리자임을 입증할 증거방법을 얻을 수 있었을 것인데 이러한 조사를 하지 않음으로써 무권리자임을 모르고 지급을 한 경우를 말한다(통설). 어음의 지급인이 제시자가 무권리라는 것을 알고 있더라도 확실한 증거방법이 없이 지급을 거부하면 소송에서 패소하고 신용상 손실을 입게 될 것인데 이것은 유통단계에서 어음을 임의로 취득하는 선의취득자와는 달리 지급이 강제되는 수동적 지위에 있는 지급인에게 가혹하다. 그러므로 법은 선의취득(어16②)의 '악의'와 구별하여 '사기'라고 규정하고 선의의 면책요건을 더 완화하고 있는 것이다.

4. 適用範圍

(1) 人的 範圍

어음법 제40조 3항(어77①iii, 수35)의 적용을 받는 지급인에는 환어음의 지급인·인수인, 약속어음의 발행인, 수표의 지급인, 지급담당자 등이 포함된다(통설).

(2) 時間的 範圍

지급면책의 규정은 만기지급에 적용된다. 또한 인수인의 만기 후 지급(거절증서 작성 후 또는 거절증서작성기간 경과 후의 지급)의 경우에도 적용된다(통설). 그러나 인 수를 하지 않은 지급인의 만기 후 지급은 위탁의 취지와 다르므로 같은 효력을 인정 할 수 없다. 만기 전 지급은 지급인의 위험부담으로 지급하므로(어40②) 조사의무의 경감이 인정되지 않는다.

5. 僞造·變造된 어음의 支給人의 責任

위조 발행된 어음의 경우에 支給人(지급담당자)이 사기·중과실 없이 지급한 경 우에도 어음법 제40조 3항(어77①iii, 수35)에 의하여 지급인은 면책이 되고, 발행인이 손실을 부담하게 될 것인지에 관하여, 학설은 支給人負擔說과 發行人(피위조자)負 擔說이 나뉜다. 어음법 제40조 3항은 어음이 유효하게 발행된 경우에 있어서 지급 인의 면책을 규정한 것이므로, 어음이 위조된 경우에는 이 규정이 적용되지 않는다 고 보는 것이 타당하다. 따라서 지급한 자가 그 손실을 부담하게 된다. 국내의 통설 과 대법원의 판례는 대체로 지급인부담설을 취하고 있으나, 발행인(피위조자)부담설 을 취한 판례도 있다. 은행의 거래약관 중에는, 은행은 상당한 주의를 기울여 신고 된 인감과 사용된 인감을 비교 대조하는 등 조사를 하고 수표금을 지급한 때에는 그 수표가 위조·변조된 경우에도 책임을 지지 않는다는 취지의 면책규정이 있으며, 이러한 면책규정의 유효성이 일반적으로 인정되고 있다(대판 1969.1.21, 68다1708). 그 결과 支給人이 면책되고 피위조자(발행인)가 손실을 부담하게 되는 경우가 있을 것이다. 변조된 어음이 지급된 경우, 예컨대 기재된 어음금액이 증액되어 변조되고 또 지급된 경우에는, 변조 전의 금액에 대하여는 발행인이 부담하는 것이 당연하지 만, 증액된 차액에 대하여는 위의 위조의 경우와 같이 원칙적으로 支給人이 손실부 담을 하는 것으로 본다(지급인부담설).

VI. 支給 以外의 어음 債務消滅

어음채무는 지급 이외에 상계·경개·대물변제 등의 일반채무소멸 원인으로 인하여, 또 어음채무의 시효·보전절차의 흠결·어음금액의 공탁(어42)에 의하여서 도 소멸한다. 전자의 경우에는 이중지급의 위험이 있으므로 어음의 교부를 청구하여야 하나, 후자의 경우에는 그러한 위험이 없다.

제6절 상환청구(遡求)

I. 序 說

1. 償還請求(遡求)의 意義

상환청구는 어음의 지급이 거절되거나 지급가능성이 현저하게 감소된 경우에, 어음소지인이 前者에 대하여 어음금액과 기타 비용의 지급을 청구하는 제도이다. 支給은 모든 어음관계의 목적이며, 어음은 지급될 것을 예상하고 유통되는 것이므로, 현실로 支給이 거절되거나 불확실하게 된 사정이 발생한 경우에 다른 어음관계자로 하여금 대상(代償)을 제공하게 하여 支給이 있는 것과 같은 결과를 얻게 하려는 것이 상환청구제도의 취지이다. 어음법은 환어음의 발행인과 배서인, 약속어음의 배서인(수표의 경우에는 발행인과 배서인) 등 주채무자 이외의 어음행위자에게 인수 혹은 지급담보책임을 인정하고 있으므로(어9① · 15① · 77① i , 수12 · 18①), 소지인은 이들에 대하여 담보책임의 이행청구로서 상환청구권을 행사할 수 있게 된다.

2. 立法主義

(1) 二權主義(擔保主義)

상환청구에 관한 입법주의 가운데 二權主義(담보주의)는 인수거절의 경우에는 담보청구권을 인정하고, 지급거절의 경우에는 상환청구권을 인정하는 주의이다(독일구법 · 이탈리아구법 · 일본구법).

(2) 一權主義(滿期前償還主義)

一權主義(만기전상환주의)는 인수거절의 경우에도 지급거절의 경우와 같이 즉시 상환청구권을 인정하는 주의이다(우리 어음법, 英 · 美, 제네바통일조약).

(3) 選擇主義

선택주의는 지급거절의 경우에는 상환청구권을 인정하되, 인수거절의 경우에는 담보청구권과 상환청구권의 양자를 인정하고, 상환청구권자(프랑스구법) 또는 상환의무자(스칸디나비아구법)가 그 하나를 선택할 수 있게 하는 주의이다. 생각건대

이론상으로는 인수거절이 있어도 만기에 지급될 수 있으므로 2권주의가 타당성이 있으나, 실제로 인수거절이 있는 경우에는 담보설정으로는 만회하기 어려운 신용과 유통성의 상실이 생기며 담보제공과 상환 간에는 경제적 부담에 차이가 없고, 담보 제공에 따르는 번거로움도 크므로, 많은 나라가 1권주의를 채택하고 있다.

II. 償還請求(遡求)의 當事者

1. 償還請求權者(遡求權者)

먼저 어음소지인이며 다음으로 상환의무를 이행하여 어음을 환수한 所持人이 며(어47③ · 49 · 77①iv, 수43③), 보증채무를 이행한 보증인과 참가지급인 및 채무를 이행한 무권대리인 등이다.

2. 償還義務者(遡求義務者)

상환의무자는 환어음 · 수표의 발행인 · 배서인과 이들을 위한 보증인 및 참가 인수인, 약속어음의 배서인과 배서인을 위한 보증인이다. 인수인 · 약속어음의 발행 인은 주채무자이며 상환의무자가 아니다.

3. 償還義務者의 合同責任

주채무자와 상환의무자는 어음所持人에 대하여 합동하여 어음금지급의 책임 을 진다(어47① · 77①iv, 수43①). 합동하여(jointly and severally) 책임을 진다는 것은, 상환의무자와 주채무자 각자가 어음금액의 全額에 대하여 책임을 지고, 그 중의 1 인이 지급을 하면 당해 채권자에 대하여는 다른 자도 모두 그 책임을 면하게 되는 것을 말한다. 所持人은 상환의무자 중의 어느 자에 대해서나 각별로 또는 공동으로 청구할 수 있다.

III. 償還請求要件

1. 滿期前의 償還請求

만기 전에 지급가능성이 현저하게 감소되는 사유가 발생하여 만기에 지급거절 이 될 것이 예상되는 경우에는 만기 전의 상환청구가 가능하다. 約束어음에 관하여 는 지급거절로 인한 상환청구만을 규정하고(어77①iv) 만기 전 상환청구에 관한 규정 을 두고 있지 않으나, 발행인의 파산이나 지급정지 기타 그 자력을 불확실하게 하는 사유가 있는 경우에는 만기 전의 상환청구가 가능하다(다수설)(대판 2003.3.14, 2002다62555).

(1) 實質的 要件

1) 引受拒絶(어43 i)　　환어음의 소지인 또는 단순한 점유자가 인수제시기간 내에 인수제시를 하였으나 지급인이 어음금액의 전부 또는 일부에 관하여 인수를 거절한 경우이다. 적극적으로 인수를 거절한 경우뿐만 아니라 어음요건을 변경한 인수(어26), 지급인의 부재나 소재불명, 인수제시의무가 있는 어음에 인수일자의 기재가 거절된 경우를 포함한다(어 25②). 그러나 어음법은 인수에 관하여 유예기간(어24①)이 인정된 경우에는 두 번째 제시를 하지 않으면 상환청구를 할 수 없다. 또한 인수제시의 금지·제한(어 22②③)에 위반하여 인수제시를 하여 거절된 때에도 상환청구를 할 수 없다.

2) 破　　産　　환어음의 인수인이나 지급인(어43 ii 전단), 인수제시금지어음의 발행인(어43 iii) 또는 약속어음의 발행인(어77 iv)이 파산선고를 받은 경우에는 만기 전이라도 상환청구할 수 있다. 인수제시금지의 환어음은 발행인의 자력을 신용하여 유통되므로 그 발행인의 파산을 상환청구원인으로 한 것이다. 여기의 파산은 파산선고의 결정이 있으면 되고 확정을 요하지 않으며, 발행의 전후를 묻지 않는다. 채무자회생절차 등이 개시된 때(회파49)에도 파산의 경우와 같이 상환청구할 수 있다고 본다(통설).

3) 支給停止 또는 强制執行不奏效(어43 ii 후단·77①iv)　　환어음의 인수인·지급인 또는 약속어음의 발행인의 지급정지의 경우와 그 재산에 대한 강제집행이 주효하지 아니한 경우에는 만기 전이라도 상환청구할 수 있다. 여기에서 지급정지의 여부는 파산법상의 지급정지(회파305②)를 표준으로 정하며 또 강제집행이 주효(奏效)하지 않은 경우는 강제집행이 실효를 얻지 못하게 된 사정을 말한다.

(2) 形式的 要件

1) 引受의 提示 및 引受拒絶證書의 작성　　만기 전 상환청구를 하려면 정당한 인수제시를 하고, 인수거절이 있는 경우에는, 거절증서 작성이 면제되지 않는 한, 인수거절증서를 작성하여 거절사실을 증명하여야 한다(어44①). 인수제시는 만기의 전일까지 하고(어21) 인수제시기간이 정해진 경우에는(어22①④)는 그 기간 내에 하여야 한다. 인수제시를 하고 인수거절증서를 작성한 경우에는 만기가 도래하여도 支給提示와 지급거절증서를 작성하지 않고 상환청구를 할 수 있다(어44④).

一部引受의 경우에 인수되지 아니한 잔액은 인수거절된 것이므로 만기 전에 상환청구할 수 있다. 이 상환청구권 행사에 대하여 인수되지 아니한 어음금액을 지급하는 자는 그 지급한 뜻을 어음에 기재할 것과 영수증의 교부를 청구할 수 있다. 소지인은 그 후의 상환청구를 할 수 있게 하기 위하여 어음의 증명등본과 거절증서를 교부하여야 한다(어51).

2) **支給拒絕證書의 작성**　　환어음의 지급인·인수인 또는 약속어음의 발행인의 지급정지 또는 그 재산에 대한 강제집행이 주효하지 않은 경우에는, 소지인은 만기 전이라도 지급인에게 지급제시를 하고 지급거절증서를 작성하여야 만기 전 상환청구를 할 수 있다(어44⑤·77①iv).

3) **破產決定書 등의 제출**　　파산을 이유로 상환청구하는 경우에는 파산결정서(어44⑥)를 제출하면 된다. 또 채무자회생절차의 개시결정이 있는 때에는 채무자회생절차 개시결정서(회파법 49②)를 제출하면 된다(통설).

2. 滿期 後의 償還請求

(1) 實質的 要件(支給拒絕)

어음소지인이 지급제시기간 내에 환어음의 지급인·인수인, 약속어음의 발행인에게 적법한 지급제시를 하고, 그 지급이 거절된 경우라야 한다(어43).

1) **支給提示**　　지급제시는 지급거절증서의 작성이 免除되어 있는 경우에도 하여야 한다(어46②1문). 공동인수·약속어음의 공동발행의 경우에는 그 기명날인 또는 서명자 全員의 지급거절이 있어야 하며, 또 예비지급인이나 참가인수인 등이 있는 경우에는 지급제시기간의 다음 날까지 이들의 全員에게 지급제시를 하여야 한다(어60①). 다만 인수거절증서를 작성한 경우(어44④) 또는 불가항력이 일정기간 계속되는 경우에는 지급제시가 면제된다(어54④⑤·77①iv). 지급제시기간의 연장 또는 면제의 특약은 어음 밖의 관계에서 직접 당사자 간에 인적 항변사유가 될 뿐이다.

2) **支給拒絕**　　지급거절은 적극적으로 어음금의 전부 또는 일부의 지급을 거절하는 경우 외에, 지급자의 부재, 주소불명, 그 상속인의 불명 등 소극적으로 어음금의 지급을 받지 못한 경우를 포함한다.

(2) 形式的 要件

1) **지급거절증서의 작성**　　상환청구를 하기 위해서는 지급거절증서를 작성하여 지급이 거절되었음을 증명하여야 한다(어44①·77①iv). 지급지에 주소가 있는 자가 참가인수를 한 경우 또는 지급지에 주소가 있는 자가 예비지급인으로 기재된 경

우에는, 어음소지인은 그들 모두에게 어음을 제시하여 참가지급을 청구하고, 참가지급거절증서를 작성시켜야 한다(어60).

2) 작성을 요하지 않는 경우   거절증서의 작성이 면제되어 있는 경우(어46), 인수거절증서를 작성한 경우(어44④), 불가항력이 일정기간 계속되는 경우(어54④⑤·77①iv) 등)에는 지급거절증서의 작성이 필요하지 않다.

3. 不可抗力과 權利保全節次

불가항력이 사라지면 소지인은 지체없이 어음을 제시하고 필요한 경우에는 거절증서를 작성시켜야 한다(어54③·77①iv, 수47③). 어음의 경우에는 불가항력이 만기부터 30일을 지나도 계속되는 때에는, 어음의 제시 또는 거절증서의 작성 없이 상환청구권을 행사할 수 있다(어54④·77①iv) 手票의 경우에는 불가항력이 통지를 한 날로부터 15일이 지나도 계속되는 때에는 제시기간이 지나기 전에 그 통지를 한 경우에도 수표의 제시 또는 거절증서나 이와 동일한 효력이 있는 선언을 작성하지 아니하고 상환청구권을 행사할 수 있다(수47②,④). 제시를 해야 만기가 정해지는 일람출급 또는 일람 후 정기출급의 어음에 있어서 30일의 기간은 제시기간이 지나기 전이라도, 소지인이 배서인에게 불가항력이 발생하였다고 통지한 날부터 진행한다. 일람 후 정기출급의 환어음의 경우 30일의 기간에는 어음에 기재한 일람 후의 기간을 가산한다(어54⑤).

4. 拒絕證書

(1) 의   의

거절증서는 상환청구권의 행사 또는 보전에 필요한 행위를 적법하게 하였다는 것과 그 결과를 증명하기 위한 공정증서이다. 어음법은 주로 인수거절증서(어44①②·26②)·지급거절증서(어44①③·54③·77①iv, 수39)에 관하여 규정을 두고 있으나, 작성 등에 관한 사항은 거절증서령(1970.4.15, 대통령령 4919호)에서 정하고 있다(어84, 수70). 그 밖에 어음법이 규정하는 거절증서로는 일자거절증서(어25②2문·78②), 참가인수거절증서(어56②), 참가지급거절증서(어60①·77①v), 복본반환거절증서(어66②), 원본반환거절증서(어68②·77①v) 등이 있다.

(2) 拒絕證書作成

거절증서 작성기관(공증인·집행관·합동법률사무소)은 위임인(상환청구권을 행사할 수 있는 어음·수표소지인 또는 그 대리인)의 위임에 의하여(거령2) 거절의 사실을 직접 경험한 바에 따라 작성하여야 한다. 작성장소는 청구를 한 장소(제시장소)이나, 거절자의 승낙이 있는 경우에는 다른 장소에서 작성할 수 있다(거령8). 작성기간은 각 거절증서에 관하여 어음법에 정하여져 있다(어21 · 22①④ · 44②③ · 77①iv, 수40등).

　作成方法은 어음 또는 이에 결합된 보충지(보전)에 기재하여 작성한다(거령 4). 여러 통의 복본이나 원본 및 등본을 제시한 경우에도 거절증서는 1통의 복본이나 원본 또는 그 보충지에 작성하면 되고, 다만 다른 복본 또는 등본에는 작성자가 그 뜻을 기재하고 기명 날인하여야 한다(거령5). 記載事項은 거절자 및 피거절자의 성명이나 명칭, 거절자에 대하여 청구를 한 뜻 및 거절자가 그 청구에 응하지 아니하였거나 거절자의 면회를 할 수 없었던 것 또는 청구를 할 장소를 알 수 없었던 뜻, 청구를 하였거나 이를 할 수 없었던 장소 및 연월일, 거절증서작성의 장소 및 연월일, 법정장소 이외의 곳에서 거절증서를 작성하는 때에는 거절자가 이를 승낙한 것 등이며, 공증인 또는 집행관이 기명날인 하여야 한다(거령 3).

(3) 免除權者, 免除의 方式 및 效力

　거절증서의 작성을 면제할 수 있는 자는 상환의무자인 換어음의 발행인 · 배서인 · 보증인(어46①)과 참가인수인(통설), 手票의 발행인 · 배서인 · 보증인(수 42①), 約束어음의 배서인 · 보증인(어46 · 77①)이다. 상환의무자가 아닌 引受人과 그를 위한 보증인은 면제하지 못한다. 約束어음의 發行人은 상환의무자가 아니라는 이유에서 거절증서작성을 면제할 수 없다고 하는 설이 있으나, 약속어음의 발행인은 주채무자로서의 자격과 어음작성자로서의 자격을 가지는데, 어음작성자의 자격에서 거절증서의 작성을 요하지 않는 어음으로 발행할 수 있음을 인정할 수 있다고 본다. 환어음의 인수인이나 약속어음의 발행인은 주채무자이므로 거절증서의 작성을 면제할 수 없다고 본다.

　면제권자가 어음에 '무비용상환' · '거절증서불필요'의 문구 또는 이와 같은 뜻을 가진 문구를 기재하고 기명날인 또는 서명함으로써 한다(어46① · 77①iv, 수42①). 구두로나 어음 외 서면에 의한 거절증서작성면제는 당사자 사이에서만 효력이 있다. 단순히 거절증서의 작성면제가 기재되어 있는 경우에는, 引受거절증서와 支給거절증서 모두 작성이 면제된 것으로 본다(통설). 배서란의 거절증서작성면제문구가 인쇄되어 있는 경우에는, 거절증서작성면제문구에 따로 기명날인 또는 서명을 하지 않아도 배서인의 배서의 기명날인 또는 서명이 거절증서작성면제의 기명날인 또는 서명을 겸한다고 보아야 할 것이다(통설)(대판 1962.6.14, 62다171).

　發行人이 거절증서작성면제문구를 적은 경우에는 소지인은 모든 상환의무자에 대하여 거절증서 없이 상환청구권을 행사할 수 있으며, 발행인이 이 문구를 적었음에도 불구하고 소지인이 거절증서를 작성시켰으면 그 비용은 소지인이 부담한다(어46③·77①iv, 수42③). 背書人 또는 保證人이 거절증서작성면제문구를 적은 경우에는 그 배서인 또는 보증인에 대하여서만 효력이 있고, 거절증서를 작성시켰으면 모든 어음채무자에게 그 비용의 상환을 청구할 수 있다(어46③·77①iv, 수42③).

거절증서의 작성면제는 거절증서의 작성의무만을 면제하는 것이며, 그 외에 법정기간 내의 제시와 상환청구통지의무까지 면제하는 것은 아니다(어46②1문·77①iv, 수42②1문). 다만 거절증서작성을 면제한 경우에는 소지인은 법정기간 내에 제시한 것으로 추정되므로, 상환의무자는 소지인이 법정기간을 준수하지 않았음을 증명하지 않는 한 그 책임을 면할 수 없다(어46②2문·77①iv, 수42②2문)(대판 1962.6.14, 62다171).

IV. 償還請求의 通知

1. 意　義

상환청구통지는 상환청구권의 행사에 앞서 상환청구원인(인수거절·지급거절 등)이 발생하였음을 자기의 前者(상환의무자)에게 통지하는 것을 말한다(어45·77①iv, 수41). 상환청구권자는 자기의 전자에 대하여 상환청구원인의 발생을 통지함으로써 상환준비를 할 수 있게 하고 또 상환금액의 증가도 막을 수 있게 된다. 引受拒絶 또는 支給拒絶이 있는 경우에 상환청구의 통지를 해야 한다(어45①·77①iv, 수41①). 또한 지급인의 지급정지·강제집행의 부주효의 경우에도 소지인은 지급제시를 하고 지급거절증서를 작성하여야 하므로(어44⑤·77①iv) 상환청구의 통지를 요한다(통설). 당사자 사이에 상환청구통지면제의 特約은 그 당사자 사이에서는 유효하며 이 통지를 생략할 수 있다(통설). 支給人·引受人 또는 인수제시금지어음의 발행인이 파산한 경우 및 화의개시결정·회사정리절차의 개시가 있는 경우에는 公告가 있으므로 이 통지가 필요 없다(통설).

2. 通知의 當事者

(1) 通知義務者

통지의무자는 어음의 최후의 所持人과 상환청구통지를 받은 背書人이며, 배서인은 자기가 받은 통지를 자기의 직접의 전자인 배서인에게 통지하여, 순차로 환어음과 수표에 있어서는 발행인에게 또 약속어음에 있어서는 수취인에게 이르게 된다

(순차통지주의)(어45① · 77①iv, 수41①). 다만 자기의 배서인이 그 처소를 적지 않았거나 그 기재가 분명하지 않은 경우에는 예외적으로 그 배서인의 직전의 자에게 통지하면 된다(어45③ · 77①iv, 수41③).

(2) 通知의 相對方

상환청구의 통지를 받을 권리자는 상환의무자(환어음 · 수표의 발행인, 배서인 및 그 보증인)이다. 상환청구통지를 받은 배서인은 자기의 전자에 대하여 다시 통지하여야 한다. 환어음과 수표의 소지인은 직접의 전자 외에 發行人에 대하여서도 따로 통지하여야 한다(어45①1문 · 77①iv, 수41①문). 이것은 순차로 발행인에 이르는 동안 필요한 조치를 취할 기회를 놓칠 수 있으므로 발행인에게 직접 통지하여 신속히 조치를 취할 수 있도록 하기 위한 것이다.

3. 通知期間

소지인은 거절증서작성일 이후의 제4거래일 내에, 거절증서작성이 면제된 경우에는 어음제시일 이후의 제4거래일 내에, 자기의 배서인과 발행인에게 인수거절 또는 지급거절이 있었음을 통지하여야 하고(어45①1문 · 77①iv, 수41①1문), 각 배서인은 그 통지를 받은 날 이후 제2거래일 내에 자기의 배서인에게 통지하여 차례로 발행인에게 미치게 하여야 한다(어45①2문 · 77①iv, 수41①2문).

이 통지의 효력발생시기에 관하여 到達主義도 있으나, 실제로 통지를 받은 날 이후 제2거래일 내에 통지가 도달하기 어려운 경우가 많을 것이므로 통지기간 내에 발송만 하면 된다고 보는 發信主義가 타당하다고 본다(다수설). 통지를 하여야 하는 자는 적법한 기간 내에 통지를 하였음을 증명하여야 하며, 이 기간 내에 통지서를 우편으로 송부한 경우에는 그 기간을 준수한 것으로 본다(어45⑤ · 77①iv, 수41⑤).

4. 通知의 方法과 內容

통지의 방법에는 제한이 없으며, 구두 · 서면으로 할 수도 있고, 단순히 어음의 반환에 의해서 할 수도 있다(어45④ · 77①iv, 수41④). 통지의 내용은 引受 또는 支給이 거절된 사실을 알리는 것이면 된다. 그러나 통지를 받은 배서인은 前 통지자 전원의 명칭과 처소를 표시하고 자기가 받은 통지를 자기의 전자에게 통지하여야 한다(어45① · 77①iv, 수41①).

5. 通知 有無의 立證責任

통지의무자는 적법한 기간 내에 통지를 하였음을 증명하여야 하나 이 기간 내에 통지의 서면을 우편으로 부친 때에는 그 기간을 준수한 것으로 본다(어45⑤).

6. 通知義務違反의 效果

통지의무자가 적법한 기간 내에 통지를 하지 아니한 경우에도 상환청구권을 잃는 것은 아니다(어45⑥본문·77①iv, 수41⑥본문). 그러나 통지의무자의 과실로 인하여 손해가 생긴 때에는 어음금액의 한도 내에서 통지의 상대방(상환의무자)에게 배상할 책임을 진다(어45⑥단서·77①iv, 수41⑥단서). 이 경우의 손해의 예로는, 통지가 없어 상환을 못함에 따른 상환청구금액의 증대, 급히 상환청구금액을 마련함에 따른 비용 발생 등이다.

V. 償還請求金額

1. 償還請求金額의 法定

상환청구제도의 본래의 취지에 의하면 만기에 소지인이 引受 또는 支給이 거절됨으로써 생긴 모든 손해를 배상받아야 할 것이므로 개별적으로 상환금액을 정하여야 할 것이다. 그러나 각 경우 마다 달리 개별적으로 상환금액을 정하는 것은 상환청구관계를 복잡하게 하고 원활한 어음거래에 지장을 줄 우려가 있으므로 어음법은 상환청구금액에 관하여 일정한 기준을 정하고 있다.

2. 所持人의 償還請求金額

(1) 만기 후의 상환청구금액

어음소지인은 상환청구권에 의하여 어음금액과 약정이자, 만기(또는 제시일) 이후의 법정이자, 거절증서의 작성비용 등 비용의 지급을 청구할 수 있다(어48①·77①iv, 수44).

1) 引受 또는 支給되지 아니한 어음金額과 이자의 기재가 적혀 있는 경우 그 利子   소지인이 상환청구할 수 있는 금액은 인수거절 또는 지급 거절된 금액이고(어48①i·77①iv, 수44①i), 일부인수·일부지급이 있는 경우에는 지급되지 않은 잔액이다. 일람출급 또는 일람 후 정기출급어음의 경우에 이자약정이 있으면 만기까지의 약정이율에 따른 이자를 포함한다(어5①②·77②). 그러나 手票에는 약정이자가 없으므로, 언제나 지급거절된 금액이 상환청구할 수 있는 금액이다.

2) 年 6퍼센트의 이율로 계산한 滿期(수표는 提示日) 이후의 利子   어음소지인은 어음금액에 대한 연 6퍼센트의 이율로 계산한 만기 이후의 이자를 청구할 수 있으며(어48①ii · 77①iv), 여기에는 만기 당일의 이자도 포함된다(통설). 이 이자는 법정이자이며, 만기 당일에 지급제시를 하지 아니한 경우에도 만기 당일부터 계산한 이자를 청구할 수 있으므로 지연이자가 아니다(手票에는 만기가 없으므로 수표소지인은 수표금액에 대한 제시일 이후에 연 6퍼센트의 이율로 계산한 제시일 이후의 이자를 청구할 수 있다: 수44 ii).

3) 拒絶證書(또는 이와 같은 효력이 있는 선언)의 作成費用, 통지비용 및 그 밖의 費用   발행인이 거절증서의 작성을 면제한 경우에는 소지인은 거절증서작성비용의 지급을 청구할 수 없다(어46③2문 · 77①iv, 수42③2문). 통지비용은 상환청구의 통지, 불가항력의 통지, 참가의 통지 등의 비용이다. 기타의 비용은 거절증서 작성비용과 통지비용 외의 비용으로서 상환청구권의 행사 · 보전에 필요한 비용이다(예, 역어음 발행비용). 그러나 소송비용은 이에 포함되지 않는다.

(2) 滿期前의 償還請求金額

만기 전에 상환청구권을 행사하는 경우에도 인수 또는 지급되지 아니한 어음금액과 이자의 기재가 있으면 그 이자, 거절증서의 비용, 통지의 비용과 기타의 비용을 청구할 수 있으나(어48① · 77①iv), 만기에 지급될 어음금액을 그대로 상환청구할 수 있게 하는 것은 부당하므로, 소지인은 어음금액에서 상환청구한 날부터 만기까지의 중간이자를 공제한 금액을 청구하여야 한다(어48②1문 · 77①iv). 이 경우에 할인율(즉 중간이자의 이율)은 소지인의 주소지에서 상환청구하는 날의 공정할인율(은행율)에 의하여 계산한다(어48②2문 · 77①iv).

3. 再償還請求金額

상환의무를 이행하고 어음을 환수한 자는 그 전자에 대하여, 지급한 총금액, 이 금액에 대한 年 6퍼센트의 이율로 계산한 지급한 날 이후의 利子, 지출한 비용의 지급을 청구할 수 있다(어49 · 77①iv, 수45).

VI. 償還請求方法

상환청구의 방법은 자유로우며, 상환청구권자는 背書의 순서에 구속을 받지 않고 순차적 혹은 도약적으로 상환청구를 할 수 있고, 또 상환의무자 전원에 대하여 청구할 수도 있고 일부를 선택하여 할 수도 있다(어47②・77①iv, 수43②). 또 특정한 자에 대한 청구는 다른 채무자에 대한 청구에 영향을 미치지 아니하므로 다시 다른 자에게 상환청구를 할 수 있다(어47④・77①iv, 수43④).

1. 償　還

상환의무의 이행은 상환청구금액의 현금지급으로 할 수도 있고, 대물변제・상계・면제 기타의 방법에 의하여도 할 수 있다. 일부상환은 일부지급과는 달리 상환청구권자가 이를 거절할 수 있다(통설).

2. 償還方法

(1) 通常의 경우

상환의무자는 支給과 상환으로 거절증서, 영수를 증명하는 계산서와 그 어음의 교부를 청구할 수 있다(어50①・77①iv, 수46①). 계산서는 각 상환청구권자가 상환청구금액을 명확히 하기 위하여 각별로 작성한다. 상환의무를 이행하여 어음을 환수한 자는 어음상 자기의 의무가 소멸되었다는 것을 표시하기 위하여, 자기와 후자의 背書를 말소할 수 있다(어50②・77①iv, 수46②).

(2) 償還義務者의 償還權

상환의무자는 상환청구권자에 의한 상환청구가 있기 전에 자진하여 어음・거절증서・계산서 등과 교환하여 상환을 할 수가 있다(통설). 이것을 상환의무자의 상환권이라 하는데, 상환청구금액 증가를 막기 위해서 또는 상환의무자(전자)의 자력감소에 대비하여 재상환청구를 서두르기 위한 경우 등에 행사하게 된다. 상환의무자가 이 상환을 하고자 하는 경우에는 상환청구권자는 이를 거절할 수 없으며, 여러 명의 상환의무자가 동시에 상환을 희망하는 경우에는 어음법 제63조 3항을 유추하여 가장 많은 상환의무자의 의무를 면하게 하는 자의 상환에 응하여야 한다(통설).

3. 逆 어 음

상환청구권자는 상환의무자를 지급인으로 하는 일람출급의 환어음을 발행하고 그것을 할인을 받음으로써 직접 상환을 받은 것과 같은 결과를 얻을 수 있는데(어52・77①iv) 이 경우의 새 환어음을 역어음이라고 한다. 逆어음은 할인에 의하여 지급을 받음으로써 시간적 장애를 극복하고 환시세에서 생기는 부당한 결과를 방지하려는 것이다. 역어음은 約束어음의 상환의무자에 대해서도 발행할 수 있다.

역어음의 성질은 보통의 어음과 다를 바 없으나 이용 목적상 다음과 같은 요건이 요구된다. 발행이 어음상 금지되어 있지 않아야 한다. 만기는 일람출급이어야 한다. 발행인은 상환청구권자, 지급인은 상환의무자이다. 지급지는 상환의무자의 주소지이며 제3자방으로 하지 못한다. 발행지는 소지인이 발행(소지인상환청구)하는 경우에는 본어음의 지급지이고, 배서인이 발행(재상환청구)하는 경우에는 그 주소지로 하여야 한다. 어음금액은 상환청구금액 외에 그 역어음의 중개료(할인수수료) 및 인지세를 가산한 금액이며, 어음금액은 본어음의 지급지(소지인상환청구의 경우) 또는 상환청구자의 주소지(재상환청구의 경우)에서 상환의무자의 주소지 앞으로 발행하는 일람출급어음의 환시세에 따라서 가감할 수 있다(어52).

역어음을 배서양도하는 경우에는 피배서인은 역어음과 함께 원어음·거절증서와 상환계산서의 교부를 청구할 수 있다. 역어음의 지급인이 소지인에게 지급한 때에는 상환의무를 이행한 것이 된다. 그리고 역어음의 지급 후에 본어음에 의하여 상환청구를 받을 염려가 있으므로, 역어음과 함께 본어음·거절증서와 相換하여 지급하여야 한다.

VII. 再償還請求

1. 意 義

재상환청구라 함은 어음소지인 또는 자기의 후자에 대하여 상환의무를 이행하고 어음을 환수(還受)한 자가 다시 자기의 전자에 대하여 상환청구하는 것을 말한다(어47③·49, 수43③·45). 권리회복설(權利回復說)에서는, 상환의무를 이행하고 어음(수표)을 환수함에 의하여 본래의 권리가 회복된 것으로 본다(서돈각·정완용 244). 즉 배서에 의하여 어음상의 권리는 환수를 해제조건으로 이전하고 어음이 환수되면 해제조건이 성취되어 어음상의 권리가 회복된다고 설명한다. 이 설에 의하면 재상환청구권자는 종전의 배서인 지위를 회복하는 것이므로, 자기의 전자로부터 원래의 인적 항변사유로 대항을 받게 되지만, 후자에 대한 인적 항변사유로는 대항을 받지 않는다. 한편 권리재취득설(權利再取得說)은 배서에 의하여 어음상의 권리는 확정적으로 피배서인에게 이전하는 것으로 보고, 재상환청구권은 상환의무를 이행하고 어음을 환수함으로써 어음상의 권리를 다시 취득한 것이라 한다(다수설). 권리재취득설에 의하면 재상환청구권자는 권리를 다시 취득하는 것이므로 논리적으로는 종전의 채무자로부터 인적 항변의 대항을 받지 않는 것으로 될 것이다.

배서의 법적 성질을 채권양도라고 볼 때, 권리재취득설이 타당하다고 본다. 다만 이 설을 취하는 경우에도, 인적 항변은 어음자체에 부착된 것이 아니고 당사자간의 인적 관계에 따른 것이므로(인적 항변의 속인성) 재상환청구권자는 전자로부터 원래의 인적 항변사유에 의한 대항을 받게 된다고 본다(통설). 그리고 상환에 의한 권리의 재취득은 상환의무의 이행으로서 강제적으로 이루어진 것이므로 후자에 대한 인적 항변사유는 승계되지 않고, 따라서 상환을 한 배서인의 선의·악의를 묻지 않고 대항을 받지 않는다.

2. 要 件

1) **實質的 要件**   재상환청구를 하려면 상환의무자가 상환의무를 이행하고 어음을 환수하여야 한다. 재상환청구권자에는 배서인·보증인·참가지급인 등이 있다. 상환의무가 없는 자(예, 무담보배서인·상환의무가 시효 또는 절차의 흠결로 인하여 소멸한 어음의 소지인)는 상환을 해도 전자에 대하여 재상환청구를 하지 못한다. 판례는 지급거절증서작성을 면제하지 않고 배서한 자가 지급거절증서를 작성하지 않은 어음소지인에게 어음금을 지급하고 어음을 환수한 경우에도, 지급거절증서작성을 면제하고 배서한 자기의 전자에 대하여는 재상환청구권을 취득한다고 한다(대판 1990.10.26, 90다카9435).

2) **形式的 要件**   어음·거절증서(수표의 경우에는 이와 같은 효력이 있는 선언)와 영수를 증명하는 계산서를 교부받아야 한다(어50①·77①iv, 수46①). 이것을 다시 재상환의무자인 자기의 전자에 교부하여 상환청구를 하여야 한다.

3. 償還者의 地位

상환의무를 이행하고 어음을 환수함으로써 자기가 이전에 가졌던 어음상의 권리를 재취득하게 되는 것이며(권리재취득설), 어음을 환수한 배서인은 다시 타인에게 배서양도할 수 있다. 또 배서인이 어음을 환수한 때에는 자기와 후자의 배서를 말소할 수 있다(어50②).

제7절 어음參加

I. 序　說

1. 參加의 意義

參加는 인수거절이나 이에 준하는 경우 또는 지급거절로 인하여 상환청구단계에 들어가게 된 경우에 제3자가 어음관계에 개입(介入)하여 引受 또는 支給을 함으로써 상환청구권의 행사를 저지하는 제도이다. 수표에는 참가제도가 인정되지 않는다. 참가제도는 상환청구절차의 번잡함, 상환금액의 증가, 어음관계자의 신용훼손과 불명예 등 상환청구제도의 불리한 점을 보완하는 이점이 있지만 실제로 거의 이용되지 않는다. 이유는 환어음이 국내거래에서 거의 이용되지 않고 있고 참가가 피참가인과 어음에 대한 신용 저하를 초래하며 참가 대신 자금공급 등 필요한 다른 조치를 신속히 취할 수 있는 상황이기 때문이다.

2. 參加의 種類

참가제도에는 참가인수와 참가지급이 있다. 參加引受는 만기 전의 상환청구를 저지하기 위하여 제3자가 支給人을 대신하여 引受하는 것이고, 參加支給은 만기 전 또는 만기 후의 상환청구를 저지하기 위하여 제3자가 支給人 또는 引受人을 대신하여 지급하는 것이다. 이 책에서는 참가인수는 이곳에서 설명하고, 참가지급에 관하여는 支給과 함께 뒤에 설명하기로 한다. 어음법은 약속어음에 참가지급에 관한 규정을 준용하지만(어77①v) 참가인수에 관한 준용규정이 없다. 이와 같이 명문의 준용규정이 없음을 이유로 약속어음에는 참가인수가 인정되지 않는다는 少數說이 있으나, 참가인수는 인수거절의 경우에는 물론 그 밖에 만기 전 상환청구를 할 수 있는 모든 경우에 할 수 있는 것이므로 약속어음에도 참가인수가 인정된다고 보는 것이 多數說이다. 다만 약속어음의 경우에 피참가인의 표시가 없는 때에는 발행인을 위하여 참가인수를 한 것으로 보지 않고 제1배서인을 위하여 참가인수를 한 것으로 보아야 할 것이다(통설).

3. 參加를 할 수 있는 時期

참가인수는 소구요건이 구비된 후 만기까지의 사이에 할 수 있으며(어56①), 참가지급은 소구요건이 구비된 후 지급거절증서작성기간의 최종일의 익일까지 할 수 있다(어59③).

4. 參加의 當事者

(1) 參 加 人

참가인에는 어음상에 미리 참가가 예정된 자로서 기재된 자인 예비지급인과 그 렇지 않은 협의의 참가인이 있다. 참가인은 제3자, 지급인 또는 어음상의 채무자(환 어음의 발행인·배서인·보증인) 등 그 자격에 제한이 없다. 그러나 어음의 주채무자 (환어음의 인수인과 약속어음발행인)와 그 보증인은 성질상 참가인이 될 수 없다(어55 ③·77①v).

(2) 豫備支給人

환어음의 발행인·배서인 또는 보증인은 예비지급인을 지정할 수 있다(어55①). 그러나 상환의무자가 아닌 인수인·지급인·약속어음의 발행인과 그 보증인 그리 고 무담보배서인은 예비지급인을 지정하지 못한다. 예비지급인이 될 수 있는 자는 어음과 관계없는 제3자, 지급인, 지급담당자, 환어음의 발행인·배서인 등 참가인이 될 수 있는 자 모두이다. 그러나 어음의 주채무자가 참가할 수 없는 것은 협의의 참 가인의 경우와 같다.

(3) 被參加人

상환의무자와 그 보증인은 모두 피참가인이 될 수 있다. 그러나 인수인·지급 인·약속어음발행인·무담보배서인 등은 피참가인이 될 수 없다.

5. 參加의 通知

참가인이 참가를 한 때에는 피참가인에 대하여 참가일로부터 제2거래일 내에 參加通知를 하여야 하며 이 기간을 준수하지 않는 경우에 과실로 인하여 손해가 생 기면 참가인은 어음금액의 한도 내에서 배상할 책임을 진다(어55④).

6. 參加의 通知와 償還請求(遡求)의 通知

참가인이 참가를 한 때에는 피참가인에 대하여 참가일로부터 제2거래일 내에 참가의 통지를 하여야 한다(어55④1문). 통지를 받은 피참가인은 참가인에 대한 상환 준비를 하거나, 참가인의 구상을 피하기 위하여 소지인에게 지급을 하고(어58②) 자 기의 전자에 대하여 상환청구를 할 수 있게 된다. 참가인이 이 기간을 지키지 아니한 경우에 과실로 인하여 손해가 생기면 그 참가인은 어음금액의 한도에서 배상할 책임을 진다(어55④).

II. 參加引受

1. 意 義

참가인수는 만기 전의 상환청구를 저지하기 위하여 支給人 이외의 자가 어음의 지급을 약속하는 어음행위이다. 참가인수의 법적 성질은 상환의무의 인수를 목적으로 하는 어음행위이다(통설). 인수가 주채무를 부담하는 행위임에 대하여 참가인수는 상환의무자의 채무를 인수하는 점에서 다르다.

2. 參加引受의 要件

참가인수는 만기 전에 상환청구권을 행사할 수 있는 모든 경우에 할 수 있다(어 56①). 즉 참가인수를 하기 위하여서는 만기 전 상환청구의 원인이 발생하여야 하고 (실질적 요건) 또 그 사실이 인수거절증서에 의해 확정되어 있어야 한다(형식적 요건). 引受提示禁止어음에 있어서는 인수거절이 있을 수 없으므로 참가인수를 할 수 없다(어56①).

3. 參加引受의 方式

참가인수는 어음 자체에 기재하고 參加人이 기명날인 또는 서명함으로써 한다(어57조1문). 등본이나 보충지(보전)에 할 수 없다는 설도 있으나, 배서인·보증인을 위하여 참가인수 하는 경우도 있으므로 등본이나 보충지에 해도 유효하다고 본다(다수설). 被參加人을 표시하여야 하며, 그 표시가 없는 경우에는 發行人을 위한 것으로 본다(어57조2문·3문). 환어음의 발행인(약속어음에서는 제1배서인)을 피참가인으로 하는 것이 가장 많은 사람의 상환의무를 면하게 하기 때문이다. 그러나 예비지급인이 피참가인을 기재하지 않고 참가인수를 한 경우에는, 그 예비지급인을 지정한 자를 위하여 참가인수한 것으로 보아야 할 것이다(통설). 어음금액의 一部에 대한 참가인수는 인정되지 않는다(통설). 一部引受가 있는 경우에는 그 잔액에 대하여 참가인수를 할 수 있다(통설).

4. 參加引受人의 選擇

(1) 參加引受拒絕의 自由 및 禁止

어음소지인은 원칙적으로 참가 인수를 拒絕할 수 있다(어56③1문). 자력이 없는 제3자의 참가에 의하여 상환청구권을 상실할 우려가 있기 때문이다. 소지인이 참가 인수를 承諾한 때에는 피참가인과 그 후자에 대하여 만기 전에 행사할 수 있는 상환 청구권을 잃는다(어56③2문). 지급지에 있는 예비지급인의 기재가 있는 경우에는 그 자의 참가는 거절하지 못하며 소지인은 먼저 그 자에게 참가인수를 요구하여 그 자 가 거절하였음을 거절증서에 의하여 증명하지 아니하면 예비지급인을 기재한 자와 그 후자에 대하여 만기 전에 상환청구권을 행사하지 못한다(어56②). 예비지급인이 여러 명이 있는 경우에는 그 전원에 대하여 인수제시를 하여야 하며, 만기 전에 제 시하여야 한다.

(2) 參加引受의 競合

1) 豫備支給人이 있는 경우　　참가인수를 할 자가 여러 명 있는 경우에는 지 급지에 있는 예비지급인이 우선하고, 이러한 예비지급인이 여러 명 있는 경우에는 가장 많은 의무자를 면책시키는 자가 우선한다(어56②・63③참조)(손주찬 364). 그리 고 예비지급인과 순전한 제 3자의 참가인수가 경합하는 경우에는 예비지급인이 우 선한다.

2) 俠義의 參加引受人의 경합　　피참가인을 달리하는 협의의 참가인수인이 경합하는 경우에, 소지인이 발행인을 위한 참가인수를 승낙한 때에는 그 후자에 대 한 만기 전의 상환청구권을 상실하게 되므로(어56③) 그 발행인의 후자를 위한 참가 인수를 승낙할 수 없다. 한편 소지인이 최후의 배서인을 위한 참가인수를 승낙한 때 에는 그 배서인의 전자를 위한 참가인수를 승낙할 수 있다.

5. 參加引受의 效力

(1) 參加引受人의 義務

참가인수인은 어음소지인과 피참가인의 후자에 대하여 피참가인과 같은 의무 를 부담한다(어58①). 이 의무는 상환의무와 재상환의무이므로 所持人은 참가인수 인의 의무이행을 청구하기 위해서는 먼저 지급인에게 지급제시를 하고 지급거절증 서를 작성하는 등 상환청구권보전절차(어38・43・44①②③)를 밟아야 한다. 이미 인 수거절증서를 작성하였더라도 참가인수에 의하여 실효되므로, 상환청구권보전절차 가 필요하다. 지급지에 주소가 있는 자가 참가인수를 한 경우 또는 지급지에 주소가 있는 자가 예비지급인으로 기재된 경우에는, 소지인은 지급거절증서를 작성시킬 수 있는 마지막 날의 다음 날까지 그들 모두에게 어음을 제시하고, 필요할 때에는 참가지급거절증서를 작성시켜야 한다. 소지인이 이러한 절차를 해태한 경우에는 피참가인과 그 후자 전원은 상환의무를 면하고, 따라서 이와 동일한 의무를 부담하는 참가인수인도 그 의무를 면한다(어60).

(2) 被參加人과 그 後者의 免責

참가인수가 있으면 어음소지인은 피참가인과 그 후자에 대하여 만기 전에 행사할 수 있는 상환청구권을 잃는다(어56③). 즉 참가인수로 인하여 피참가인과 그 후자는 만기 전에는 소구의무를 면하게 되는 것이다.

(3) 被參加人과 그 前者의 償還權

참가인수가 있어도 피참가인의 전자의 상환의무는 그대로 존속하며 피참가인도 참가인수인이 후에 참가지급을 하면 이에 대하여 상환을 하여야 한다. 그러므로 어음법은 피참가인과 그 전자는 참가인수에도 불구하고 소지인에 대하여 상환금액을 지급하고 어음을 환수할 수 있도록 규정하고 있다(어58②).

6. 一部參加引受

어음금액의 일부의 참가인수에 관하여는 직접적인 규정이 없으나, 참가지급의 경우에 전액의 지급이 요구되어 있는 점으로 미루어(어59②), 참가인수의 경우에도 일부의 참가인수는 할 수 없는 것으로 본다(통설). 일부인수가 있는 경우에는 그 잔액에 대하여 참가인수를 할 수 있다(통설).

III. 參加支給

1. 意 義

참가지급은 만기 또는 만기 전의 상환청구권 행사를 저지하기 위하여 어음채무자 이외의 자가 어음금을 지급하는 것을 말한다. 본래의 지급이 모든 어음관계를 소멸시키는 것과 달리, 참가지급은 다만 피참가인의 후자에 대해서만 의무를 소멸시킬 뿐이다. 참가인수와 달리 참가지급은 기명날인 또는 서명을 요하지 아니하므로 어음행위가 아니고 상환청구권의 행사를 저지하기 위한 변제 또는 변제에 유사한 행위이다(통설).

2. 參加支給의 要件

참가지급은 소지인이 만기 또는 만기 전에 상환청구권을 행사할 수 있는 모든 경우에 이를 할 수 있다(어59①·77①v). 그러므로 참가지급을 하기 위해서는 만기 전 또는 만기 후의 상환청구원인이 발생하여야 하며(실질적 요건), 거절증서의 작성이 면제되어 있는 경우 및 파산(어44⑥)의 경우를 제외하고, 그 사실이 거절증서에 의하여 입증되어야 한다(형식적 요건).

3. 參加支給人과 參加支給의 競合

서로 다른 피참가인을 위하여 여러 명의 참가지급 희망자가 있는 경우에는 가장 많은 수의 어음채무자의 의무를 면하게 하는 자가 우선한다. 이러한 사정을 알고 이 규정에 위반하여 참가지급을 한 자는 의무를 면할 수 있었던 자에 대한 상환청구권을 잃는다(어63③).

4. 參加支給의 方法

참가인수인은 원칙적으로 지급거절증서를 작성시킬 수 있는 마지막 날의 다음 날 까지 참가지급을 하여야 하지만(어60①), 참가인수인은 그에 대한 보전절차가 취해진 때에는 지급거절증서작성기간의 다음 날이 경과하여도 지급의무를 면하는 것이 아니므로(어60②) 피참가인이 지급할 때까지는 참가지급을 할 수 있는 것으로 본다(통설). 예비지급인 기타 제3자는 만기의 전후를 불문하고 참가지급을 할 수 있으나, 지급거절증서작성기간의 다음 날까지는 참가지급을 하여야 한다(어59③·60①). 참가지급의 금액은 피참가인이 지급할 전액이며(어59②) 소지인은 일부참가지급을 거절할 수 있다. 참가지급이 있었으면 어음에 피참가인을 표시하고 그 영수를 증명하는 문구를 적어야 하며(어62①1문) 피참가인 표시가 없을 때에는 발행인을 위하여 지급한 것으로 본다(어62①2문). 소지인은 이 어음을 참가지급인에게 교부하여야 하고 거절증서를 작성시킨 경우에는 거절증서도 함께 교부하여야 한다(어62②).

5. 參加支給의 效力

참가지급으로 인하여 소지인의 어음상의 권리는 모든 어음채무자에 대한 관계에서 소멸한다(본질적 효력). 참가지급으로 피참가인의 후자는 상환의무를 면한다(어63②). 그러나 피참가인은 의무를 면하지 못하고, 참가지급인에 대하여 의무를 진다(어63①·77①v). 참가지급인은 피참가인과 그 前者 및 인수인에 대하여 어음상의 권리를 취득한다(어63①본문·77①v). 이들을 위한 보증인이 있는 경우에는 그 자에 대한 권리도 취득한다(어32 · 77③). 참가지급으로 인한 권리취득은 소지인의 권리를 승계 또는 代位하는 것이 아니고, 항변이 부착되지 않은 독립한 권리를 법정의 효력으로서 원시취득하는 것이고, 마치 어음보증인의 권리취득과 같다(통설). 어음은 이후 구상(求償)을 위해서만 존재하므로 무익한 유통을 금하기 위하여 背書를 금하고 있다(어63①단서). 참가지급인은 어음상의 권리를 취득하는 외에 일반 私法上의 관계(위임 · 사무관리 등)에 의하여 報償請求權을 가지는 경우가 있을 수 있으며, 참가지급인은 이 두 가지 권리를 선택하여 행사할 수 있다(통설).

제8절 複本과 謄本

I. 複 本

1. 意 義

복본은 하나의 어음채권을 표창하기 위하여 발행되는 여러 통의 어음증권을 말한다. 이 여러 통의 증권은 모두 正本이며 그 사이에 正副나 主從의 구별이 없는 점에서 원본 · 등본의 경우와 다르다. 하나의 권리를 표창하므로 그 중 어느 1통에 대하여 배서 · 인수 · 지급을 하면 나머지의 복본에도 효력이 있다. 복본은 換어음과 手票에서만 인정되며, 약속어음에서는 인정되지 않는다. 환어음의 경우 복본은 증권의 喪失에 대비하기 위하여 이용된다. 예컨대 해외(원격지)에 어음을 송부할 때 여러 통의 어음을 각각 따로 송부하면 그 중 어느 어음이 분실되어도 다른 어음으로 권리를 행사할 수 있게 된다. 어음 流通의 편의를 위하여 이용된다. 예컨대 인수를 위하여 1통을 지급인이 있는 해외에 송부한 동안에도 다른 1통은 국내에서 배서양도에 이용할 수 있게 된다(수표의 경우 복본은 발행지와 지급지가 떨어져 있고 국제적으로 이용되는 수표의 경우에 수표의 안전한 송부를 위해서 이용된다).

2. 複本의 發行

환어음의 경우 發行人만이 발행할 수 있다. 발행인은 어음을 발행함에 있어서 여러 통의 복본을 작성하여 교부할 수 있다(어64①). 어음所持人은 자기의 비용으로 복본의 交付를 請求할 수 있다. 그러나 어음에 한 통만을 발행한다는 내용(복본불발행의 뜻)을 적은 경우에는 이 청구를 할 수 없다(어64③1문). 소지인이 복본발행을 청구함에는 자기에게 직접 배서한 배서인에게 그 교부를 청구하고, 그 배서인은 다시 자기의 배서인에게 청구를 함으로써 차례로 발행인에게 이르도록 하여야 한다(어64 ③2문). 發行人이 복본을 작성하면 역순으로 배서인을 통하여 소지인에게 이르도록 하는데, 이 경우 각 배서인은 새 복본에 背書를 다시 하여야 한다(어64③3문). 복본의 수(數), 청구시기에는 제한이 없다. 어음상의 권리가 절차의 흠결 또는 시효로 소멸한 경우에도 이득상환청구권의 행사의 편의를 위하여 필요한 때에는 복본을 청구할 수 있다고 본다(다수설).

3. 複本의 方式

복본은 여러 통의 內容이 같아야 한다(어64①, 수48). 이 경우의 동일성은 일자일구가 모두 동일할 것을 요구하는 것은 아니며, 거래의 통념상 동일성이 인정될 수 있는 정도이면 된다. 그 증권의 본문 중에 번호를 붙여야 하며, 번호를 붙이지 아니한 경우에는 그 여러 통의 복본은 별개의 환어음으로 본다(어64②, 수48조 3문). 여러 통이 그 내용을 달리하는 경우에도 마찬가지이다.

4. 複本의 效力

(1) 複本一體의 原則

복본의 각 통은 동일한 어음채권을 표창하는 독립한 正本이므로, 어음의 제시나 상환청구도 1통으로써 하면 되고, 1통에 대하여 지급 또는 상환을 하면 그 효력은 다른 모든 복본에도 미치게 된다. 이것을 복본일체의 원칙이라 한다.

(2) 例　外(복본의 독립성)

복본일체의 원칙을 강행할 경우에 선의의 제3자(복본소지인)가 손해를 입는 경우에 대비하여 어음법은 몇 가지 예외를 인정하고 있다.

　1) 複本의 全部에 引受를 한 경우　　인수는 1통의 복본에 하면 되는데 만약 지급인이 여러 통의 복본에 인수를 한 경우에는, 지급인은 인수한 각 통의 복본으로서 지급시에 반환을 받지 아니한 복본에 대하여는 책임을 면하지 못한다(어65①단서). 그러나 한 사람이 여러 통의 복본을 가지고 있는 경우나 소지인이 惡意인 경우에는 인수인은 1통에 대한 지급으로 책임을 면한다.

　2) 1통의 複本에만 引受를 한 경우　　지급인이 1통의 복본에만 引受를 한 경우에, 만일 인수되지 아니한 복본에 대하여 지급을 하고 인수된 복본을 환수하여 두지 않으면, 그 인수된 복본에 대하여는 다시 책임을 부담하여야 한다(어65①단서). 그러나 소지인이 惡意인 경우에는 책임을 면한다.

3) 수인에게 각 별로 **複本**을 **讓渡**한 경우　　복본은 원래 하나의 권리를 표창하므로 한 사람에게 양도하여야 하는데, 소지인이 복본을 여러 사람에게 각각 양도한 경우에는 그 배서인과 그 후의 배서인은 그 기명날인 또는 서명한 각통으로서 반환을 받지 아니한 것에 대하여 책임을 져야 한다(어65②, 수49②).

5. 引受를 위한 複本의 送付

인수를 위하여 복본의 한 통(송부복본)을 송부한 자는 다른 각 통(유통복본)에 이 송부 복본을 보유하는 자의 명칭을 적어야 하며(어66①1문), 이러한 기재가 있는 유통복본 소지인은 송부복본의 소지인에 대하여 그 교부를 청구할 수 있다(어66①2문). 만일 송부복본의 소지인이 반환(교부)을 거절하는 때에는, 유통복본 소지인은 복본반환거절증서에 의하여 송부복본을 청구했으나 교부되지 않았다는 것과 유통복본으로 인수 또는 지급을 받을 수 없었다는 것을 증명하여 상환청구권을 행사할 수 있다(어66②). 유통복본에 송부복본을 가지는 자의 기재가 없는 경우에는 송부복본의 반환청구를 할 수 없으므로, 유통복본을 소지하는 자는 그 유통복본에 의하여 引受 또는 支給의 청구를 하고, 이것이 거절되면 거절증서를 작성하고 상환청구권 보전 절차를 취하면, 복본반환거절증서의 작성을 하지 않고 바로 상환청구를 할 수 있다(통설).

II. 謄　本

1. 意　義

등본은 어음의 원본을 등사(謄寫)한 것이다. 등본은 원본이 아니므로 그 자체가 어음의 효력을 갖는 것이 아니며 그 위에 背書·保證을 할 수 있을 뿐이다. 그러므로 등본은 인수 또는 지급에 이용하지 못한다. 등본은 換어음과 約束어음에 인정되는 제도이며 手票에는 이 제도가 없다. 등본은 주로 어음의 流通性을 조장하기 위하여 이용된다. 예컨대 환어음의 인수를 위하여 원격지에 어음을 송부한 경우에 등본에 배서하여 양도하는 것을 가능하게 한다. 또한 원본 喪失의 위험을 피하기 위하여 원본은 잘 보관하고, 등본에 의하여 어음상의 권리를 유통시키기 위한 수단으로 이용될 수 있다.

2. 謄本의 發行

어음의 등본은 所持人이 임의로 작성할 수 있다(어67① · 77①vi). 등본에는 배서 기타 원본에 기재한 모든 사항을 정확히 다시 적고, 끝부분임을 표시하는 기재(경계 문언)를 하여야 한다(어67②·77①vi). 이러한 경계문언('이상 등사' 등으로 기재)이 없 거나 등본임을 표시하는 기재가 없으면 그 증서는 원본이 된다. 등본에는 원본보유 자를 표시하여야 한다(어68①1문·77①vi). 그러나 원본보유자(소지인)의 기재는 등본 의 성립요건은 아니지만(통설), 이 기재가 없으면 원본반환청구나 원본반환거절증서 의 작성에 곤란을 겪을 우려가 있다.

3. 謄本의 效力

등본에는 배서 또는 보증을 할 수 있다. 그 방법과 효력은 원본의 경우와 같다 (어67③·77①vi). 그러나 인수 또는 지급은 항상 원본에 의하여야 한다.

4. 原本返還請求權과 謄本所持人의 遡求權

등본의 소지인이 인수를 받기 위하여 原本을 송부한 경우에는 등본에 그 原本 의 보유자를 기재하여야 하며, 등본의 소지인은 원본보유자에 대하여 원본의 반환 을 청구할 수 있다(어68①2문·77①vi). 만일 원본의 보유자(소지인)가 반환을 拒絶하 면 등본소지인은 원본반환거절증서를 작성시켜서 등본에 배서·보증을 한 자에 대 하여 상환청구권을 행사할 수 있다(어68②·77①vi). 이 경우의 등본에 의한 상환청구 는 등본에 기명날인 또는 서명한 배서인 또는 어음보증인에 대해서만 할 수 있다. 등본에 원본송부처(원본보유자)의 기재가 없는 경우에도 등본소지인은 어음상의 권 리자이므로 원본반환청구권과 상환청구권을 갖는다. 이러한 경우에 만일 原本을 가 진 자를 탐지하여 원본반환거절증서를 작성하게 할 수 있는 경우에는 거절증서를 작성하여 상환청구권을 행사할 수 있을 것이다. 그러나 그것이 불가능한 경우에는 형식적 요건인 거절증서의 작성 없이 상환청구권의 행사를 인정할 수는 없다고 본 다(소구권부정설)(통설).

제9절 拒絶證書

I. 意　義

거절증서는 상환청구권의 행사 또는 보전에 필요한 행위를 적법하게 하였다는 것과 그 결과를 증명하기 위한 공정증서이다. 어음법은 주로 인수거절증서(어44①

②·26②)·지급거절증서(어44①③·54③·77①iv, 수39)에 관하여 규정을 두고 있으나 작성 등에 관한 사항은 거절증서령(1970.4.15, 대통령령 4919호)에서 정하고 있다(어84, 수70). 그 밖에 어음법이 규정하는 거절증서로는, 일자거절증서(어25②2문·78②), 참가인수거절증서(어56②), 참가지급거절증서(어60①·77①v), 복본반환거절증서(어66②), 원본반환거절증서(어68②·77①v) 등이 있다.

II. 作成節次

거절증서의 작성절차는 거절증서령에 상세히 규정되어 있다(어84; 수70).

III. 拒絶證書作成免除

거절증서는 상환의무자로 하여금 引受 또는 支給이 거절된 사실을 알도록 하기 위한 것이므로, 상환의무자가 이것을 생략하고 다른 간편한 증거방법을 택하는 것을 막을 이유가 없다. 또 거절증서의 작성을 면제하면 작성비용이 절약되고 권리행사가 간편하고 거절의 사실이 공개되는 불리함을 피할 수 있는 장점이 있다. 그러므로 어음법·수표법은 거절증서작성의무의 면제를 인정하고 있고(어46·77①iv, 수42), 수표와 은행도어음에는 '거절증서의 작성을 면제함'이라는 문구가 각 배서란에 인쇄되어 작성면제가 일반화되어 있다.

제10절 約束어음

I. 總　說

1. 約束어음의 意義

약속어음은 발행인 자신이 주채무자로서 수취인 기타 증권의 정당한 소지인에게 일정한 금액을 지급할 것을 약속하는 지급약속증권이다.

2. 換어음과의 差異點

1) 어음 당사자　　기본약속어음의 당사자는 발행인과 수취인뿐이지만, 환어음의 당사자로는 이 밖에 지급인이 추가되어야 한다.

2) 자금관계　　환어음의 경우에는 발행인과 지급인 간의 법률관계로서 지급의 위탁이라는 어음관계와 자금관계라는 사실관계가 존재하지만, 약속어음에서는 이러한 법률관계가 없다.

3) 인수제도　　환어음의 경우에는 지급인은 인수를 함으로써 비로소 어음상의 주채무자가 되므로 인수제도가 필요하지만, 약속어음에서는 이러한 인수제도가 없다.

4) 발행인의 의무　　약속어음의 경우에는 발행인이 주채무자가 되지만, 환어음의 발행인은 주채무자가 아니고 어음상의 의무로서는 상환의무(담보책임)를 지는 데 그친다.

5) 인수에 대한 담보책임　　환어음의 경우에는 발행인·배서인은 지급 이외에 인수에 대하여도 담보책임을 부담하지만, 약속어음의 경우에는 인수제도가 없으므로 인수에 대한 담보책임이 문제될 여지가 없다.

6) 복　　본　　약속어음에는 복본이 인정되지 않는다.

7) 경제적 기능　　환어음은 송금기능과 환전의 기능을 가지기 때문에, 국제거래에서는 공간적·시간적인 간격을 극복하기 위하여 결제수단으로서 이용되고 있지만, 약속어음은 주로 국내거래에 이용된다.

3. 換어음과의 共通點

위에서 설명한 양자간의 차이점을 제외하면 환어음이나 약속어음은 모두 신용을 증권화하여 금전지급의 수단으로 이용되는 것이며, 특히 약속어음의 발행인의 지위는 환어음 인수인의 지위에 상당하므로, 약속어음은 인수된 자기앞환어음과 비슷하다. 그러므로 어음법은 약속어음에 관하여는 몇 개 조문의 특별규정(어75~78)을 두는 데 그치고, 그 이외에는 모두 환어음에 관한 규정을 준용하고 있다(어77).

II. 約束어음에 관한 특칙

1. 發　行

(1) 어음要件(必要的 記載事項)(어75)

약속어음의 필요적 기재사항은 환어음과 공통되는 것이 적지 않다.

1) 증권의 본문 중에 그 증권의 작성에 사용하는 국어로 약속어음임을 표시하는 문자

2) 일정한 금액을 지급할 뜻의 무조건의 약속

3) 만기의 표시　　만기에는 4종이 있는 바, 이 4종의 만기의 표시가 없으면 일

람출급으로 보는 것은 모두 환어음의 경우와 같으나, 일람후정기출급어음에 관하여는 특별규정이 있다(어78②). 즉 일람후정기출급약속어음의 소지인은 어음법 제23조에 정한 제시기간 내에 발행인에게 일람을 위하여 제시하여야 하며, 일람 후의 기간은 발행인이 어음에 일람의 뜻을 기재하고 일자를 부기하여 기명날인 또는 서명한 날로부터 진행된다. 발행인이 일람의 뜻과 일자의 기재를 거절한 때에는 거절증서에 의하여 이를 증명하여야 하며, 이 일자로부터 일람 후의 기간을 계산한다(어78②3문·4문). 만약 어음소지인이 이 절차를 해태한 때에는 전자에 대한 권리를 상실하나(어78②, 77①, 53), 주채무자인 발행인에 대한 권리는 잃는 것이 아니며, 제시기간의 말일을 표준으로 하여 만기를 계산한다.

4) 지 급 지   이 기재가 없으면 발행지를 지급지로 본다(어76③).

5) 지급을 받을 자 또는 지급을 받을 자를 지시할 자의 명칭   (ⅰ) 기재의 요건: 어음에는 무기명식 또는 지명소지인출급식은 인정되지 않는다.

(ⅱ) 자기표시약속어음의 허부: 환어음에는 발행인 자신을 지급받을 자(수취인)로 하는 어음, 즉 자기지시어음이 인정되어 있으나(어3①), 약속어음에는 동 규정의 준용이 없으므로, 자기지시약속어음을 인정하지 않는다고 하는 설이 있다(부정설). 그러나 환어음에서의 당사자의 지위의 겸병을 인정하는 것과 같은 이유에서 약속어음에서도 동일인이 양 지위를 겸할 수 있다고 본다(긍정설)(통설).

6) 발행일과 발행지   발행지의 기재가 없으면 발행인의 명칭에 부기한 곳을 발행지로 본다(어76④).

7) 발행인의 기명날인 또는 서명

(2) 어음要件 以外의 記載事項

약속어음에도 어음요건 이외에 유익적 기재사항과 무익적 기재사항 및 유해적 기재사항이 규정되어 있으며, 특히 유익적 기재사항으로서 어음법이 규정하고 있는 것은 거의 환어음의 경우와 동일하다.

2. 發行의 性質과 效力

약속어음의 발행이란 증권을 작성하여 수취인에게 교부함으로써 성립하는 어음행위이며, 발행인은 이로써 비로소 수취인과 어음의 정당한 소지인에 대하여 주채무자로서 만기에 어음금액을 지급할 의무를 지게 된다. 즉 약속어음의 발행은 어음채무의 부담을 목적으로 하는 단독행위이며, 어음의 교부에 의하여 효력이 발생한다. 발행인의 이 의무는 제1차적·절대적인 것이며, 약속어음발행의 본질적인 것이므로 이 책임을 면제하는 문언이 있는 어음은 어음 자체를 무효로 한다.

3. 換어음에 관한 규정의 準用

약속어음에는 환어음에 관한 많은 규정을 준용하고 있으나, 인수, 인수거절의 경우의 상환청구, 참가인수, 복본에 관한 규정은 이를 제외하고 있다(어77).

제5장 | 手票法

제1절 總 說

I. 手票의 意義

수표는 발행인이 지급인(은행)에 대하여 일정한 금액의 지급을 위탁하는 형식의 유가증권이며 그 법률적 성질과 형식에 있어서 환어음과 흡사하다. 수표에 관한 규정 중에는 환어음에 관한 규정과 공통된 점이 많다. 그러나 수표는 어음과는 그 발달의 경로를 전혀 달리하고 있고, 또 그 경제적 기능이 전혀 다르기 때문에, 법률적으로도 환어음과 약간 다른 점이 있다.

II. 手票의 經濟的 機能

수표는 경제적으로는 오직 지급의 용구(수단)로서 현금대용물인 성질을 지닌다. 이것은 오늘날 어음이 주로 신용거래의 수단으로서 이용되는 것과 다른 점이다. 또한 수표에는 송금의 수단으로서의 기능이 있고, 이것은 대외거래에서는 아직도 중요한 기능으로 되어 있다. 이러한 경제적 차이로부터 수표와 환어음에 관한 법적 규율에도 차이가 나타나고 있다. 그리하여 수표법은 지급인중심주의로 되어 있고, 수표가 신용증권화하는 것을 방지하기 위한 조치를 규정하고 있다. 최근에는 신용카드와 전자자금이체 등 수표의 지급기능을 대신하는 새로운 지급수단이 등장하여 점점 많이 이용되고 있다. 이들 새로운 지급수단의 등장으로 인하여 수표의 지급기능은 과거에 비하여 많이 줄어가고 있다.

III. 手票와 換어음의 差異點

1. 支給機能의 强化

수표는 만기의 정함이 없는 일람출급으로 되어 있고(일람출급성)(수28①) 지급인의 자격은 은행 기타 금융기관으로 한정된다. 지급제시기간 내(발행일로부터 10일간, 수29①)에는 지급위탁의 취소를 하여도 그 효력을 인정하지 않으며(수32①), 제시기간 경과 후에도 지급위탁의 취소가 없으면 지급은행은 수표의 지급을 할 수 있도록 하고 있다(수32②). 수표의 발행인이 처분할 수 있는 자금은 지급에 충당할 자금(수표계약상이 자금)이 있어야 하며(자금계약), 수표의 제시 전에 지급에 충당할 자금(수표계약상의 자금)이 있어야 하며(수3. 실무상은 자금계약과 수표계약의 양자를 포함한 당좌거래계약을 체결한다), 이를 위반한 때에는 과태료의 제재가 있다(수67). 수표에는 소지인출급식과 지명소지인출급식이 인정되며(수5), 횡선수표제도를 두어 부정한 소지인에 대한 지급의 위험성을 회피하도록 하였다(수37, 38). 수표는 참가제도와 등본제도를 인정하지 않고 있으며 간편한 지급거절증명방법이 인정되고 있다(수39).

2. 信用機能化의 防止

수표는 지급인에 의한 인수를 금지하고 있고(수4), 또 인수와 동일한 효과를 가져오는 지급인의 배서와 보증을 금지하고 있으며(수15③, 25②), 다만 이에 유사한 지급보증제도가 있을 뿐이다(수53 이하). 지급제시기간과 시효기간을 단축하여 국내수표의 제시기간을 발행일로부터 10일로 제한하고(수29①), 이를 임의로 신축할 수 없도록 하고 있으며, 시효도 제시기간 경과 후 6개월의 단기로 하고 있다(수51). 이자의 약정은 이를 무효로 하고 있다(수7).

제2절 發　行

I. 發行의 意義

수표의 발행이란 발행인이 수표요건을 기재하여 작성한 수표를 최초의 권리자인 수취인에게 교부하는 것을 말한다. 필요적 기재사항을 기재하고 발행인이 기명날인 또는 서명하여 작성한 수표를 기본수표라고 한다.

II. 手票要件

수표는 절대적 요식증권으로서 수표요건(기본요건, 필요적 기재사항)을 기재하고 발행인이 기명날인 또는 서명하여야 한다(수1).

1) 手票文句: 증권의 본문 중에 그 증권의 작성에 사용하는 국어로 수표임을 표시하는 문자

2) 手票金額의 支給委託: 일정한 금액을 지급할 뜻의 무조건의 위탁

3) 支給人의 名稱: 은행이어야 하나, 법령에 의하여 은행과 동시되는 사람 또는 시설을 포함한다(수59).

4) 支給地: 이 기재가 없으면 지급인의 명칭의 부기지가 지급지로 되며, 이것도 없으면 발행지를 지급지로 한다(수2②③).

5) 發行日과 發行地: 수표에 기재할 발행일자는 사실상 발행된 날과 일치하여야 하는 것은 아니며, 발행일보다 장래의 일자를 기재한 수표를 선일자수표라 한다(수38②).

6) 發行人의 記名捺印 또는 書名: 발행인은 지급인에 대하여 처분할 수 있는 자금을 가지고 있는 사람이어야 한다(수3, 67).

III. 要件 以外의 記載事項

1. 有益的 記載事項

(i) 수취인의 기재,

(ii) 지급인의 명칭의 부기지(수2②),

(iii) 발행인의 명칭의 부기지(수2④),

(iv) 제3자방지급의 기재(수8),

(v) 배서금지문언(수5①ii, 14②),

(vi) 환산율의 기재(수36②),

(vii) 외국통화현실지급문언(수36③),

(viii) 거절증서작성면제(수42),

(ix) 횡선(수37),

(x) 복본의 번호(수48) 등이 있다.

2. 無益的 記載事項

(i) 이자문언의 기재(수7),

(ii) 발행인의 지급무담보문언(수12),

(iii) 일람출급 이외의 만기의 표시(수28①),

(iv) 위탁수표문언(수6②) 등이 있다.

IV. 發行의 성질 및 效力

수표발행의 성질은 支給指示(支給委託)이며 그 효력은 환어음의 경우와 같으나 수표에는 인수제도가 없기 때문에 발행인은 인수담보책임을 부담하지 않는다. 즉 수표발행인은 支給擔保責任(상환의무)을 지며 이 책임은 면제하지 못한다(수12). 수표에는 주된 채무자가 없고 그 지급이 불확실하므로 이를 보충하는 제도로서 지급보증이 있다. 수표의 발행 후에 발행인이 사망하거나 능력을 상실하더라도 수표의 효력에는 아무런 영향을 미치지 않는다(수33).

V. 發行의 制限

1. 委託手票

수표는 제3자의 계산으로 발행하는 委託手票를 발행할 수 있으며(수6②), 이는 수표상에 「○○○의 자금에서 지급하여 주십시오」라는 취지를 기재하는 방법으로 발행한다. 발행인은 타인의 위탁으로 타인의 계산에서 발행하지만 수표의 법률상의 성질은 변함없으며, 위탁문언의 기재는 무익적 기재사항으로서 자금관계는 위탁자(제3자)와 지급인 사이에 존재한다.

2. 白地手票

백지수표란 수표요건의 흠결을 의도적으로 작출하고 그 흠결부분을 소지인으로 하여금 후에 보충시키기로 하여 유통상태에 둔 수표를 일컫는다.

3. 手票資金과 手票契約

수표는 소지인이 제시한 시점에 발행인이 처분 가능한 자금이 있는 은행을 지급인으로 하고(手票資金), 발행인은 당해 자금을 수표로 처분할 수 있는 명시 또는 묵시의 계약(手票契約)에 근거하여서만 발행할 수 있다(수3). 수표계약은 수표의 지급사무를 위탁하는 위임계약의 성질을 가지고 있다(통설). 지급인이 될 은행과 발행인이 될 거래선(거래처)과의 사이에서는 실제로 예금계약 또는 당좌대월계약과 수표계약을 체결하고 자금의 범위를 정하며, 거래선은 은행이 교부하는 수표장을 사용하여 당해 은행을 지급인으로 한 수표를 발행한 때에 그 은행은 그 수표의 주채무자인 지급인이 된다. 자금과 수표계약의 요건을 위반하여 발행된 수표도 무효는 아니며(수3단서) 이 경우 발행인은 과태료의 처분을 받는다(수67).

VI. 手票의 預入과 預金의 成立時期

수표가 은행에 예입된 경우에 예금이 성립하는 시기에 관하여는 예입한 때로 보는 入金手票讓渡說과 그 수표가 결제된 때로 보는 推尋委任說의 두 가지 견해가 있다. 예컨대 예입받은 은행이 즉시 예입하는 자에게 자기앞수표를 발행한 후에 예입수표가 부도가 된 경우에 입금수표양도설과 추심위임설의 어느 설을 취하느냐에 따라서 책임의 소재가 달라진다.

1. 入金手票讓渡說

입금수표양도설에 따르면 「자기보통예금구좌에 소지인출급식수표를 예입한 경우에는 그 수표상의 권리를 양도한 것이며, 이때에 예금계약이 성립하고, 만일 예입 받은 수표가 부도가 된 경우에는 은행은 수표상의 권리자로서 수표채무자에게 상환청구를 하거나 또는 즉시 당해 수표를 예금자에게 반환하고 그 대신 금전을 청구할 수 있는 것」이라 한다(대판 1987. 5. 26, 86다카1559).

2. 推尋委任說

추심위임설에 따르면 「은행지점에 보통예금구좌를 가진 고객이 수표를 예금으로 예입한 경우에는 그 수표를 추심하여 줄 것을 위임한 것에 불과하고, 수표상의 권리를 양도한 것은 아니며, 예입받은 은행이 그 수표가 결제되기 전에 예입자에게 수표금 상당액을 지급한 때에는 이것은 예금자의 자력 신용을 감안하여 그 수표가 결제되지 아니하는 경우의 위험을 부담하여 추심 이전에 미리 대부하여 준 것에 불과한 것」이라 한다. 후자의 견해가 당사자의 의사에 합치하며 합리적이라 생각된다.

제3절 支給保證

I. 意　義

1. 지급보증의 의의

수표는 지급위탁증권으로서 일람출급증권이고 제시기간도 극히 단기로 되어 있다. 또 수표는 인수제도는 없으나 지급인으로 하여금 수표상 지급의무를 부담하게 하고 그 유통성을 확보하기 위하여 지급보증제도가 인정되고 있다. 수표법은 지급보증제도를 마련하고 있으나 실제로 이것이 이용되는 일은 드물고, 은행의 자기앞수표에 의하여 동일한 목적을 달성하고 있다. 지급보증은 수표의 지급인이 지급제시기간 내에 수표가 지급제시된 경우에 한하여 지급할 것을 약속하는 수표행위이다.

2. 換어음의 引受와의 差異

1) 支給保證人의 義務　　수표에 지급보증한 지급인은 수표소지인이 지급제시기간이 경과하기 전에 지급제시한 경우에 한하여 수표금액의 지급의무를 부담하는 최종 상환(소구)의무자이지만, 이는 상대적이기 때문에 지급제시기간 내에 수표의 제시 및 거절증서의 작성을 게을리 한 때에는 동 의무는 소멸한다(수55①). 이에 비하여 환어음의 인수인은 어음의 주채무자(절대적 의무자)이므로 동 의무가 시효로 소멸하지 않는 한 계속 존속한다. 지급보증인의 의무는 수표 외의 일반 사법상의 의무가 아니고 수표상의 의무이다. 물론 지급보증인이 수표발행인의 채권자의 요청으로 발행인의 지급채무를 보증할 목적으로 지급보증한 때에는 지급보증인은 수표상의 의무 외에 채권자에 대하여 일반사법상의 보증채무도 부담한다. 이에 대하여 법원은 채무자가 발행한 연수표(선일자수표)를 담보로 하여 금원을 대여하는 사실을 알고 수표의 지급인인 은행이 채권자의 요구에 의하여 그 금원의 지급을 보증한 경우에 은행은 채권자에 대하여 수표법을 떠나서도 민법상 차용금 채무의 이행을 보증한 것이라고도 볼 것이라고 판시한다(대판 1967.3.28, 67다108).

2) 手票所持人의 權利　　수표의 소지인은 지급인에 대하여 지급보증을 청구할 권리는 없고 지급인이 지급보증을 거절하더라도 자신의 전자에 대하여 소구권을 취득하지 못한다. 이에 비하여 환어음의 소지인은 인수를 위하여 어음을 제시할 권리를 가지며 그의 전자는 인수담보책임을 보담하기 때문에 환어음의 인수거절이 있

는 때에는 소지인은 자신의 전자에 대하여 소구권을 취득한다.

　　3) 一部支給保證 및 猶豫期間의 不認定·時效期間　　수표의 경우 일부에 대
한 지급보증은 인정되지 않는다. 이에 비하여 환어음의 경우 일부인수가 인정된다.
수표의 경우 지급보증의 유예기간은 인정되지 않으나, 환어음의 경우 인수의 유예
기간이 인정된다(어24). 지급보증인의 시효기간은 제시기간 경과 후 1년이나(수58),
인수인의 책임의 시효기간은 만기로부터 3년이다(어70).

3. 手票保證과의 差異

　　1) 支給保證人의 義務　　지급보증은 행위자 자신이 수표상의 채무부담을 목
적으로 하는 독립된 수표행위로서 오로지 지급인만이 할 수 있는 데 비하여, 수표보
증은 지급인 이외의 타인(발행인과 배서인)의 수표상의 채무의 담보를 목적으로 하는
종된 수표행위이다.

　　2) 支給保證人의 資格　　지급보증의 경우 오로지 지급인만이 지급보증인이
될 수 있으나(수53), 수표의 지급인은 수표보증인이 될 수 없다. 즉 수표보증은 지급
인을 제외하고 누구든지 할 수 있다(수25②).

　　3) 保證債務의 從屬性　　수표보증은 발행인 또는 배서인이 부담하는 주채무
를 전제로 하지만 지급보증에는 종속성이 없다.

　　4) 保證人의 權利　　지급보증의 경우 지급보증인이 직접 수표의 최종소구의
무자로 되고 수표의 소구의무자가 소구에 응하여 지급한 때에는 지급보증인에 대하
여 최종적으로 구상할 수 있다. 이에 비하여 수표보증에 의한 보증의무는 피보증인
과 동일한 의무, 즉 수표의 지급담보책임이며 보증인이 보증의무를 이행한 때에는
피보증인과 그 자의 수표상의 채무자 전원에 대하여 수표상의 모든 권리를 취득한
다(수27③).

II. 支給保證의 方式과 要件

　　지급보증은 수표 표면에 「지급보증」 기타 지급을 보증한다는 취지의 문구를 기
재하고 일자를 부기하여 지급인이 기명날인 또는 서명하는 방법으로 한다(수53②).
지급보증에서는 無條件이어야 하며, 수표의 기재사항에 가한 變更은 이를 기재하
지 아니한 것으로 본다(수54).

III. 支給保證의 效力

1. 支給保證人의 義務

수표상에 지급보증을 한 지급인은 지급제시기간이 경과하기 전에 수표를 제시한 경우에 한하여 모든 수표소지인에 대하여 수표금액을 지급할 수표상의 의무를 진다. 이 의무는 타인의 수표금액의 부지급을 조건으로 하지 않는 제1차적인 것이지만, 인수인의 의무과 같이 절대적인 것이 아니고 제시기간경과 전에 지급제시가 있는 경우에만 지급할 의무이다(수55①). 지급보증인에 대한 수표상의 청구권의 소멸시효기간은 제시기간경과 후 1년이다(수58).

2. 其他 手票債務者의 債務

지급보증은 지급과 동일한 효과를 가져오는 것이 아니므로 발행인 기타 수표상의 채무자는 그 책임을 면하지 못한다(수56). 이러한 자와 지급보증인은 합동하여 소지인에 대하여 책임을 진다(수43).

제4절 手票保證

I. 意　義

手票保證은 수표상 채무자(발행인, 배서인 등)의 채무의 전부 또는 일부의 담보를 목적으로 하는 수표행위로서, 수표지급인이 하는 지급보증(수53이하)과 도 다르며, 실제로는 별로 행하여지지 않는다. 실무적으로는 수표보증의 목적으로 수표의 공동발행 또는 배서의 방식을 형식적으로 취하는 경우가 있다. 이와 같이 공동발행 또는 배서의 방식을 취하는 경우에는 「숨은 수표보증」이라 불리는 종속성이 있는 공연한 수표보증(수27①)보다 수표행위자의 책임이 더 무거워진다.

II. 當事者

1. 保證人

수표보증의 경우 수표상의 채무자 이외의 제3자는 물론 수표상의 채무자(배서인, 보증인 등)도 수표보증인이 될 수 있으나, 수표의 지급인은 보증인이 될 수 없다

(수25). 이는 지급인은 수표상의 채무자가 될 수 없다는 법의 취지(수4, 15③)를 살리기 위한 것이다. 지급인이 수표채무자가 되는 경우에는 수표가 신용증권으로 변질되므로 이를 막기 위한 것이다.

2. 被保證人

수표보증의 경우 수표채무자(발행인, 배서인 등)가 피보증인이 되며, 지급인은 수표상의 채무자가 아니므로 피보증인 될 수 없다.

III. 方　　式

수표보증은 수표행위의 일종으로서 手票 또는 보충지(補箋)에 하며 「보증」 또는 동일한 취지의 문구를 기재하고 보증인이 기명날인 또는 서명하는 방식으로 한다(수26①). 보충지에도 보증을 할 수 있게 한 것은 배서를 보충지에 한 경우(수16①)이 배서에 보증을 할 것을 예상한 것이다. 수표보증이 이와 같은 방식을 취하지 않고 단지 진술한 데 불과한 경우에는 수표법상의 보증이 아니다. 수표표면(앞면)에 발행인 이외의 자가 작성한 단순한 기명날인 또는 서명은 보증으로 본다(略式保證)(수26②). 그러나 수표이면(뒷면)에 기재된 단순한 기명날인 또는 서명은 수표보증의 의사를 가지고 한 것이라도 수표보증이 될 수 없다.

IV. 效　　力

수표보증인은 피보증인과 동일한 책임을 진다(수표보증의 附從性)(수27①). 그러므로 주채무자가 수표금액을 지급하여 피보증채무가 소멸하거나 또는 주채무가 시효로 인하여 소멸한 때에는 수표보증도 소멸하며, 이는 주채무가 면제된 경우에도 같다. 수표보증은 피담보채무의 방식에 하자가 있는 경우를 제외하고는 어떠한 사유로 인하여 무효가 된 때에도 그 효력이 있다(수표보증의 獨立性)(수27②). 즉 수표보증은 피담보채무가 형식상 유효인 이상 실질적으로 무효라고 하더라도 독립하여 그 효력이 인정된다(수표행위독립의 원칙 또는 수표채무의 독립성). 수표보증에는 보증인의 최고 및 검색의 항변권(민437)이 인정되지 않는다.

V. 保證債務履行의 效果

수표보증의 경우 보증인이 보증채무를 이행하면 보증채무는 물론 主債務도 소멸한다. 보증인이 수표금을 지급한 때에는 피보증인과 그 자의 수표상의 채무자에 대하여 수표상의 권리(求償權)를 취득한다(수27③).

제5절 讓　渡

I. 序　說

1. 讓渡方法

수표는 기명식・지시식 또는 소지인출급식에 따라서 그 유통방법이 다르며, 반드시 배서의 방법으로 한정하지 않는다. 배서금지수표는 지명채권의 양도방식에 의해서만 양도할 수 있으며(수14②), 법률상 당연한 지시증권인 기명식수표와 지시식수표의 경우에는 배서 양도할 수 있고(수14①), 소지인출급식수표는 인도에 의하여 양도한다(수5①ⅲ).

2. 所持人出給式手票의 背書의 效力

所持人出給式手票는 引渡에 의하여 양도되므로 배서양도는 할 필요 없지만, 수표법은 소지인출급식수표에 배서한 배서인도 상환의무를 부담하게 하여 배서의 담보적 효력을 인정하고 있으나(수20본문), 그렇다고 하여 수표는 지시식수표로 변하지는 않는다(동 단서). 그러므로 소지인출급식수표는 배서 후에도 인도에 의하여 양도할 수 있다.

II. 手票의 背書

1. 換어음의 背書와 같은 점

1) 수표는 배서양도 이외의 방법으로 양도될 수 있으나 만일 배서양도하는 경우에는 다음과 같이 어음의 경우와 동일한 점이 많다.

　(i) 기명식수표의 법률상 당연한 지시증권성(수14①; 어11①),

　(ii) 지시금지수표의 양도방법과 효력(수14②; 어11②),

(iii) 환배서의 허용(수14③; 어11③),

(iv) 배서의 무조건·일부배서의 무효(수15①②④; 어12),

(v) 배서의 방식(수16①; 어13①),

(vi) 백지식배서의 허용(수16②; 어13②),

(vii) 백지식배서에 의한 수표소지인의 권리(수17②; 어14②),

(viii) 배서의 권리이전적 효력(수17①; 어14①),

(ix) 배서인의 지급담보의무 및 무담보문언의 기재(수18; 어15),

(x) 배서의 자격수여적 효력(수19; 어16①),

(xi) 수표의 선의취득(수21; 어16②),

(xii) 인적 항변의 절단(수22; 어17),

(xiii) 추심위임배서(수23; 어18),

(xiv) 기한후 배서의 효력(수24 어20).

2) 수표의 善意取得(수21)은 제시기간 경과 후의 수표의 양도에는 적용되지 않으며 이는 은행발행의 자기앞수표의 경우에도 같다.

3) 수표의 취득에 重過失이 있다고 한 판례

(i) 상품대금의 지급조로 받은 수표의 뒷면에 적힌 전화번호에 전화를 걸지 않고 취득한 경우가 있고(대판 1984.11.27, 84다466),

(ii) 발행일자가 「APR. 13. 89.」 및 「1989.5.24.」로 이중 기재된 자기앞수표를 금은방경영자가 주민등록증의 확인 없이 교부받고, 그 수표의 이면에 전화번호와 서명만을 기재하도록 한 경우에도 수표취득에 중과실이 있으며(대판 1990.11.13, 90다카23994),

(iii) 100만원 금액의 자기앞수표를 상품판매대금으로 받으면서 이면에 전화번호를 확인하지 아니한 경우에도 중과실이 인정되고 있다(대판 1984.11.27, 84다876),

(iv) 시계 판매대금조로 100만원 액면의 수표를 받고 그 차액을 주면서 수표이면에 기재된 전화번호에 전화를 확인을 하지 아니한 경우(대판 1980.2.12, 79다2108),

(v) 자기앞수표 2장, 도합 800만원을 첫 수표거래자로부터 교부받음에 있어 그 진정의 여부를 확인하지 아니한 경우(대판 1990.12.21, 90다카28023),

(vi) 은행마감시간이 지난 야간에 양도인의 신분확인 없이 50만원 자기앞수표를 술값(3만원)으로 받고 47만원을 거스름돈으로 내 준 경우(대구지판 1988.2.24, 87나589),

(vii) 면식이 없는 자로부터 자기앞수표를 취득하면서 소지인의 인적 사항을 확인하지 아니한 경우(대판 1981.6.23, 81다1665) 등이 있다.

2. 換어음의 背書와 다른 점

1) 수표에는 등본에 의한 배서가 없다(어67③참조).

2) 수표의 배서인은 인수담보의무가 없다(어15①참조).

3) 수표의 지급인이 한 배서는 무효이다(수15③).

4) 수표의 지급인에 대한 배서는 영수증의 효력만 있다(수15⑤본문). 다만 지급인의 영업소가 수개인 경우에 그 수표가 지급될 곳으로 된 영업소 이외의 영업소에 대한 배서의 경우는 예외가 된다(수15⑤단서).

5) 수표에는 예비지급인을 기재하지 못한다(어55①참조).

6) 수표에는 입질배서가 인정되지 않는다(어19참조).

III. 手票의 提供과 辨濟의 提供

금전채무를 부담하는 자가 그 변제를 위하여 같은 금액의 수표를 제공하는 것은 당사자 간에 수표로 지급하여도 좋다는 특약 또는 관습이 없는 한 채무의 내용에 좇은 변제의 현실제공이 될 수 없다고 본다. 당좌수표나 가계수표 등 보통의 수표는 그것이 지급인에 의하여 반드시 지급된다는 보장이 없기 때문이다. 그러나 은행이 발행한 자기앞수표 또는 은행의 지급보증이 있는 보증수표에 대하여는 이를 현금과 동일시할 수 있다고 하여 현실제공으로 본다.

제6절 提示와 支給

I. 手票의 一覽出給性

수표는 지급위탁증권이므로 그 성질상 당연히 一覽出給式으로 발행되며, 언제든지 지급제시하여 지급청구할 수 있다(수28①). 그러므로 수표는 만기가 인정되지 않는다.

II. 支給提示期間

수표의 지급제시기간은 비교적 단기로서, 가령 국내에서 발행하고 지급할 수표는 발행일자로부터 10일 내에 지급제시를 하여야 하며(수29), 이 기간은 임의로 신축하지 못한다. 수표의 소지인은 지급제시기간 내에 지급제시를 하지 않으면 전자에 대한 상환청구권(遡求權)을 상실하는데(수39), 이는 자기앞수표의 경우와 같으며(대판 1978.6.13, 78다568), 이 때 소지인은 이득상환청구권을 행사할 수 있을 뿐이다(수63). 지급제시기간을 도과한 때에는 지급위탁의 취소의 효력이 생기지만(수32①), 그러나 제시기간이 경과한 뒤에도 지급위탁을 취소하지 않는 한 지급인은 발행인의 계산으로 지급할 수 있다(수32②).

III. 支給提示의 場所 및 支給方法

수표는 원칙적으로 지급인의 영업소(제3자방지급의 경우에는 그 제 3자의 영업소)에서 지급제시를 하여야 하나, 어음교환소에서 한 수표의 제시도 지급제시의 효력이 있다(수31). 수표의 지급인은 수표금액을 지급할 때 수표소지인에 대하여 수표에 영수를 증명하는 기재를 하여 교부할 것을 청구할 수 있고, 수표소지인은 일부지급을 거절하지 못하는(수34②) 등 대체로 환어음의 경우와 동일하다. 그러나 수표에는 공탁에 관한 규정(어42참조)이 없으며, 만기 전의 지급이 없다.

IV. 支給委託의 取消

지급위탁의 취소란 수표의 발행인이 수표를 발행함으로써 지급인에 대하여 한 일정금액의 지급위탁을 철회하는 것으로서, 이는 수표계약의 취소가 아니다. 자기앞수표는 발행인과 지급인이 동일한 은행이기 때문에 수표계약이 없이 발행되다 보니 지급위탁의 취소는 있을 수 없다. 자기앞수표의 발행 의뢰인이 은행에 대하여 발행 후 발행위탁의 취소를 하는 것은 지급위탁을 취소하는 것이 아니며 이는 사고신고의 의미가 있을 뿐이다(통설). 따라서 이 경우에도 은행은 지급할 수 있으며 사기·중과실이 없는 한 면책이 된다. 지급위탁의 취소 방법에는 제한이 없으며(서면 또는 구두), 그 통지가 도달한 때에 효력이 발생한다(민111).

지급위탁의 취소는 지급제시기간이 경과한 뒤에만 할 수 있으며, 이 취소가 없으면 지급인은 제시기간경과 후에도 지급할 수 있다(수32). 지급인은 수표상의 의무자가 아니고 수표금액을 지급할 것인가의 여부는 그의 자유이므로 발행인은 지급제 시기간 내의 무효인 위탁취소에 따라서 소지인에 대한 수표지급을 거절한 경우에도 소지인은 지급인에게 수표의 지급을 강요할 수 없고. 결국 전자에 대하여 상환청구 를 하는 수밖에 없다.

V. 支給人의 調査義務

1. 형식적 자격의 조사

수표의 지급에 있어서는 어음의 지급의 경우와 같이 형식적 자격(배서의 연속) 을 조사할 의무가 있는 데 그치고, 실질적 권리(배서인의 기명날인 또는 서명)의 존부 에 관하여는 조사할 의무가 없다(어40③ 단서).

2. 詐欺·重過失

어음법 제40조 제3항은 어음 지급인의 책임에 관하여 "지급인은 사기 또는 중 대한 과실이 없으면 그 책임을 면한다"라고 규정하고 있으나, 수표지급인의 조사의 무에 관한 수표법 제35조에는 이러한 규정이 없다. 그러나 이 점에 관하여 어음과 수표에 따라서 본질적인 차이가 있는 것이 아니며, 해석상 이와 같은 어음법의 규정 을 수표의 경우에도 유추하여 동일하게 보아야 한다(통설).

3. 調査義務의 範圍

수표의 지급에 있어서 소지인출급식수표의 경우에는 소지만으로써 형식적 자 격을 갖춘 것이 되므로 지급인은 특별한 조사를 할 필요가 없다. 그러나 지시금지수 표의 경우에는 진정한 권리자에 대하여서만 지급하여야 하므로 오로지 이 경우만은 실질적 자격에 관한 조사의무가 있다(통설). 자기앞수표의 도난신고가 있는 경우에 도 지급은행은 책임이 없다는 것이 판례의 입장이다.

4. 發行人의 死亡·能力喪失

수표를 발행한 후 발행인이 사망하거나 무능력자가 되더라도. 그 수표의 효력 에는 영향이 없으므로(수33), 지급인은 수표소지인의 형식적 자격만 심사하면 수표 금을 지급할 수 있다.

VI. 先日字手票

1. 意 義

先日字手票는 延手票라고도 하는데 실제의 발행일보다 후일(장래의 일자)을 발행일자로 기재한 수표를 말한다. 수표법은 선일자수표를 유효한 것으로 취급한다(수28②I). 무효로 한다면 발행일자가 도래한 뒤에 이 수표를 선의로 취득한 사람이 불측의 손해를 입게 되어 수표의 유통성을 크게 해치기 때문이다.

2. 效 力

(1) 一覽出給性

선일자 수표를 발행하는 경우에는 통상적으로 발행인과 수취인 간에 발행일자 이전에는 지급제시를 하지 않는다는 특약이 있으나, 수표소지인은 그 발행일자가 도래하기 전이라도 언제든지 지급제시를 할 수 있으며, 이 경우 지급인은 그 제시일에 이를 지급하여야 한다(수28②). 그러므로 소지인은 발행일자 전에 지급제시하여 지급이 거절된 때에는 보전절차(수39)를 밟고 상환청구권(소구권)을 행사할 수 있다.

(2) 不提示特約의 效力

선일자수표를 발행하면서 발행인과 수취인 간에 맺어진 명시 또는 묵시의 特約을 위반하여 소지인이 발행일 이전에 지급제시함으로써 발행인에게 손해가 발생한 경우에는 발행인·수취인 간의 수표예약의 채무불이행에 대한 책임을 수취인이 부담하는 것으로 본다(통설).

3. 通知後支給手票

수표상에 「통지후지급」의 취지의 문구를 기재한 경우에도 수표법상의 효력은 없으며 이는 무익적 기재사항에 속한다.

제7절 償還請求(遡求)

I. 總 說

수표의 소지인이 지급제시기간 내에 수표를 지급제시하였으나 지급이 거절된 때에는 소지인은 전자에 대하여 상환청구를 할 수 있다. 상환청구의 요건은 (i) 제시기간 내에 지급제시를 할 것, (ii) 거절증서 또는 이에 갈음할 지급인의 선언 또는 어음교환소의 선언에 의하여 지급거절을 증명할 것의 두 가지이다(수39). 보통 수표는 소지인출급식으로 발행되고 여기에 배서가 행하여지는 일은 흔하지 아니하므로 실제에 있어서는 소지인은 수표의 발행인에게 상환청구를 하는 것이 일반적이다.

II. 換어음의 경우와의 差異點

수표의 지급제시기간 내의 제시에 지급이 거절된 경우의 상환청구는 환어음의 경우와 비슷하나 그 상이점은 다음과 같다.

1) 상환청구의 원인으로서 수표에는 인수거절로 인한 상환청구 또는 만기 전의 상환청구가 없다(어43참조).

2) 지급거절을 증명하는 방법으로서 거절증서 이외에 지급인의 선언과 어음교환소의 선언에 의한 간편한 방법이 인정되므로(수39), 사실상 지급거절의 증명방법은 세 가지가 된다.

3) 상환금액에는 이자약정에 기초한 이자는 가산하지 않는다(수44 i · ii; 어48 i 비교).

4) 수표에는 역어음이 없다(어52참조).

5) 수표소지인의 전자에 대한 상환청구권의 시효기간은 6월이다(수51; 어70②③).

이 밖에 수표에는 인수제도가 없으므로 인수거절의 통지(어45참조), 인수거절증서 작성의 면제(어46①참조), 만기전소구의 경우의 상환금액(어48참조), 일부인수의 경우의 소구(어51참조) 등에 관한 어음법의 규정에 해당하는 것이 수표법에는 없다.

제8절 橫線手票

I. 意　義

橫線手票는 수표 표면에 2조의 평행선을 그은 수표로서 은행 또는 지급인의 거래선(거래처)에 대하여서만 지급할 수 있는 수표이다. 수표는 일람출급식이며 대체로 소지인출급식으로 발행되기 때문에, 도난·분실 등의 경우에는 악의의 소지인에게 지급될 우려가 있다. 이와 같은 위험에 대비하기 위한 것이 횡선수표이다.

II. 種類와 方式

횡선수표에는 일반횡선과 특정횡선의 두 가지가 있으며 횡선을 그을 수 있는 것은 발행인과 소지인뿐이다(수37①).

1. 一般橫線手票

일반횡선수표는 수표 표면에 2조의 평행선을 긋고 그 횡선 내에 아무 기재도 하지 않거나 「은행」 또는 이와 동일한 의미가 있는 문구를 기재한 수표를 말한다(수37②③전단).

2. 特定橫線手票

특정횡선수표는 수표 표면에 2조의 평행선을 긋고. 그 횡선 내에 특정은행의 명칭을 기재한 수표이다(수37③후단).

III. 效 力

1. 支給의 制限

1) 一般橫線手票의 지급인은 은행 또는 지급인의 거래처에 대하여서만 지급할 수 있기 때문에(수38①), 은행과의 거래가 없거나 은행을 통할 수 없는 자는 이러한 수표의 지급을 받지 못한다. 이 때 거래처는 지급인과 어느 정도 계속적인 거래관계가 있으면서 신원이 확실한 자 또는 그 은행으로부터 대부를 받은 자 등을 가리키는 것으로 본다(통설).

2) 特定橫線手票의 지급인은 지정된 은행(지정된 은행이 지급인인 때에는 자기의 거래처)에 대하여서만 지급할 수 있다. 그러나 지정된 은행은 다른 은행으로 하여금 추심하게 할 수 있다(수38②). 이러한 수표는 피지정 은행에 대해서만 지급할 수 있기 때문에 일반인은 피지정 은행을 통해서만 지급받을 수 있다.

2. 取得의 制限

은행은 자기의 거래처 또는 타 은행을 통해서만 횡선수표를 취득할 수 있으며, 또한 그 외의 자를 위하여 횡선수표를 추심하지 못한다(어38③). 여러 개의 특정횡선이 있는 수표의 지급인은 부정취득자에 의하여 악용될 염려가 있기 때문에 이를 지급하지 못한다. 그러나 예외로 어음교환소에서의 추심을 위하여 제2의 횡선을 하는 것은 상관없다(수38④).

3. 支給・取得制限違反의 效果

이상의 횡선수표에 관한 규정에 위반한 지급인 또는 은행은 그로 인하여 생긴 손해에 대하여 수표금액을 한도로 배상책임을 진다(수38⑤). 이는 수표거래의 안전을 위하여 수표법상 특히 인정된 무과실 배상책임이며 이는 민법상의 배상책임을 배제하는 것이 아니기 때문에 손해액이 수표금액보다 많은 경우에는 그 초과손해액에 관하여 민법상 배상청구할 수 있다(통설).

IV. 橫線部分이 切除된 手票를 支給한 銀行의 責任

횡선부분이 절단되어 횡선의 상태가 명확하지 못한 수표의 지급제시를 받은 은행이 수표지급을 한 경우의 지급은행의 책임에 관하여는 상반된 판례가 존재한다.

1) 지급은행의 지급의 적법성을 인정한 사례   「피고은행에 제시된 수표에 횡선이 없기 때문에 횡선수표가 아니라는 점, 그리고 당해 수표는 가장자리의 일부분이 마멸되었지만 수표의 요건을 갖춘 유효한 수표이므로 제시받은 은행의 지급담당자로서는 일반수표로 취급하여 수금금을 지급한 것에 과실을 인정할 수 없다」고 하며(대판 1977.8.23, 77다344) 지급은행의 손해배상책임을 부정한다.

2) 지급은행의 중과실을 인정한 사례   「본건 수표는 소지인이 표면에 2조의 평행선을 그어 일반횡선이 된 것으로서 그 횡선부분이 잘려져 있고 그 면적이 상당한 부분(8분의 1 정도)을 차지하고 있는 점과 수표소지인은 수표금액이 고액인 경우 잘려 나간 부분 중상단부에 2조의 횡선을 그어 횡선수표로 은행과 거래를 하고 있다는 실정을 보면 본건 수표도 횡선부분을 고의적으로 잘라 낸 사고수표임을 짐작할 수 있으므로 지급제시를 받은 은행담당행원은 일단 의심, 지급보류, 본건 수표를 횡선수표로 취급, 제시한 자로 하여금 횡선수표의 일반적 지급절차를 밟게 하든가, 신분을 파악한 후에 지급할 의무가 있음에도 불구하고 이를 태만히 하여 일반수표로 취급하여 지급하였다는 것은 중과실이 있다」고 판시한다(서울고판 1977.2.8, 76나1087). 위 양 사례에서 알 수 있듯이 이러한 경우에는 횡선수표의 잘려 나간 부분의 크기, 위치, 방법, 수표금액 등을 참작하여 판단하여야 할 것이다.

V. 橫線의 變更과 抹消

보통의 수표는 일반횡선 또는 특정횡선수표로 할 수 있고, 일반횡선수표는 특정횡선수표로 할 수도 있으나, 그 역변경은 하지 못한다(수37①④). 또 횡선 또는 지정된 은행의 명칭의 말소는 이를 말소하지 아니한 것으로 본다(수37⑤).

제9절 其 他

I. 複 本

수표의 복본은 발행지와 지급지가 타국 간 또는 본국과 해외영토 간의 경우와 같이 멀리 떨어져 있는 경우와 소지인출급식으로 발행하지 아니한 경우를 조건으로 하여 인정된다(수48). 보통 수표는 복본을 작성할 필요가 흔하지 않고, 지급보증을 위하여 멀리 떨어진 타지에 송부하는 경우는 있을 수 있기 때문이다. 복본은 발행인이 작성하되 각 복본에는 그 본문 중에 번호를 붙여야 하며, 이 번호가 없는 때에는 발행된 수통의 복본은 이를 각별의 수표로 본다(수482문·3문). 수표는 환어음의 경우와는 달리 소지인에게 복본의 교부 청구권을 인정하지 않는다(어64③).

II. 수표상 권리의 時效

수표상 권리의 시효는 어음에 비하여 일반적으로 단축되어 있다. 즉 수표소지인의 상환청구권(소구권)의 시효기간은 제시기간 경과 후 6월이며(수51), 지급보증인에 대한 청구권은 제시기간경과 후 1년이다(수58). 소지인의 수표채무자에 대한 소구권의 소멸시효의 기산점은 법정제시기간인 10일이 지난 다음 날부터이다.

III. 利得償還請求權

수표의 이득상환청구권도 어음의 경우와 마찬가지이다. 다만 의무자의 범위가 발행인, 배서인 및 지급보증인의 3자로서 환어음과 비교해보면 인수인이 빠진 대신 지급보증인이 들어간 점이 다르다. 수표에서 생긴 권리가 절차의 흠결로 인하여 소멸한 때나, 그 소멸시효가 완성한 때라도, 소지인은 발행인·배서인 또는 지급보증을 한 지급인에 대하여 그가 받은 이익의 한도 내에서 상환을 청구할 수 있다(수63). 이득상환청구권의 행사에 수표의 소지를 요하는가에 관하여는 다툼이 있다.

IV. 自己앞手票의 利得償還請求權

자기앞수표에 있어서도 지급제시기간 내에 지급제시를 하지 아니하면 수표소지인은 수표상의 권리를 상실하므로, 그 발행인은 은행에 대하여 이득상환청구를 할 수밖에 없다. 다만 지급제시기간이 경과하여도 지급위탁의 취소가 있을 때까지는 지급인이 유효한 지급을 할 수 있으므로(수32②) 발행의뢰인으로부터 도난・분실 등의 신고가 없으면, 제시기간경과 후에도 은행은 자기앞수표를 지급하는 것이 상례로 되어 있다. 그러나 이것은 은행이 임의로 지급하는 것이지, 수표소지인에게 수표상의 권리가 있기 때문이 아니다. 따라서 제시기간 경과 후에 자기앞수표를 취득하는 자는 자기의 위험으로 이를 취득하는 수밖에 없다.

大法院은 제시기간 경과 후의 자기앞수표의 양도는 당연히 이득상환청구권의 양도와 그 양도통지의 권능의 양도를 동반한다고 하고, 자기앞수표의 양수인은 은행에 이를 제시한 때에 양도인을 대위하여 양도의 통지를 하는 것으로 보고 있다(대판 1964.12.15, 64다1030). 그러나 이득상환청구권은 수표상의 권리가 소멸할 당시의 정당한 권리자로부터 양도받아야 한다고 하고 있으므로, 제시기간 경과 시 수표의 소지인이 정당한 권리자였음을 확인하지 않고 이를 취득하면 이득상환청구권을 취득할 수 없게 된다. 그러나 교부에 의하여 전전유통 되는 자기앞수표에 있어서 수표상의 권리소멸 당시의 정당한 소지인이 누구였는가를 확인하는 것은 사실상 불가능하므로, 결국 제시기간경과 후의 자기앞수표는 이를 취득함에 있어서 신중을 기하여야만 한다. 자기앞수표의 경우에는 支給委託의 取消가 인정되지 않는다고 하는 것이 국내의 통설이지만 반대이론도 있다.

V. 其   他

수표의 위조(수10; 어7)・변조(수50; 어69)・거절증서(수70; 어84)・기일・기간(수60~6; 어72~74)・휴일(수66; 어81) 등은 환어음의 경우와 같다.

VI. 罰 則

1. 手票法上의 罰則

수표의 발행인이 제시한 때에 처분할 수 있는 수표자금을 은행에 가지고 있지 않거나, 그 자금을 수표에 의하여 처분할 수 있는 수표계약이 없이 수표를 발행한 때에는 50만 원 이하의 과태료에 처한다.

2. 不正手票團束法(1961.7.3. 법률 제645호)上의 罰則

(1) 부정수표단속법의 처벌대상이 되는 자는 다음과 같다.

1) 부정수표를 발행하거나 작성한 자는 5년 이하의 징역 또는 수표금액의 10배 이하의 벌금에 처한다(동법2①). 여기에서 부정수표라 함은 가설인의 명의로 발행한 수표, 금융기관(우체국을 포함)과의 수표계약 없이 발행하거나 금융기관으로부터 거래정지처분을 받은 후에 발행한 수표, 금융기관에 등록된 것과 상위한 서명 또는 기명날인으로 발행한 수표 등을 가리킨다.

2) 동법은 또한 수표를 발행하거나 작성한 자가 수표를 발행한 후에 예금부족, 거래정지처분이나 수표계약의 해제 또는 해지로 인하여 제시기일에 지급되지 아니한 때에도 위와 동일한 형벌에 처하고 있다(동법2②). 부정수표단속법 제2조 제2항은 위헌이 아니다(헌재 2001.4.26, 99헌가13).

3) 위의 1), 2)가 과실로 인한 경우에는 3년 이하의 금고 또는 수표금액의 5배 이하의 벌금에 처한다(동법2③).

4) 위와 같은 수표의 발행인이 법인 기타의 단체일 때에는 그 수표에 기재된 대표자 또는 작성자를 처벌하며, 그 법인 또는 단체는 위에 말한 벌금에 처한다(동법3①양벌규정). 대리인에 의하여 수표를 발행한 경우에는 본인을 처벌하는 외에 대리인도 처벌한다(동법3②).

5) 수표금액의 지급 또는 거래정지처분을 면할 목적으로 금융기관에 허위신고를 한 자도 10년 이하의 징역 또는 80만 원 이하의 벌금에 처한다.

6) 동법은 또한 형법 제214조에 대한 특칙으로서 수표를 위조 또는 변조한 자는 1년 이상의 유기징역과 수표금액의 10배 이하의 벌금에 처하도록 하고 있다(동법5).

(2) 부정수표단속법의 처벌대상이 되는 수표는 원칙적으로 수표요건을 구비한 완전한 수표이고, 이를 흠결한 경우에는 처벌의 대상이 되지 아니한다.

(3) 동법은 형사소송법상에 대한 특칙을 두어, 동법에 의하여 벌금을 선고하는 경우에는 반드시 가납판결을 하여야 하고, 구속된 피고인에 대하여는 형사소송법 제331조의 규정에도 불구하고 벌금을 가납할 때까지 피고인을 구속하도록 하였다 (동법6).

제6장 | 電子어음法

제1절 序

　　인터넷을 기반으로 하는 정보통신기술의 초고속적인 발달은 민간부문에서의 전자상거래의 활성화를 가져왔고 이는 자연스럽게 지급거래에서도 전자화폐나 전자자금이체 등 다양한 전자적 수단의 개발 · 이용을 촉진하였다. 이러한 추세는 유가증권의 전자화를 가속화시키면서 급기야는 전자정부를 실현하고, 「전자어음의 발행 및 유통에 관한 법률」(이하, '전자어음법'이라 한다)을 제정하기에 이르렀다.

　　상거래에서 기업 간에는 신용의 창조를 겸한 지급수단으로서 주로 어음이 활용되다 보니 기존의 종이어음에서는 어음의 수수와 추심을 위하여 많은 인력과 시간이 소요되고 있다. 그럼에도 불구하고 지금까지는 주로 소규모의 상품 · 용역거래에서 활용할 수 있는 전자적 지급수단이 개발되었을 뿐, 기업 간의 지급거래에 적합한 대규모의 전자적 지급거래수단의 개발은 활발하지 못했다. 사실 전자자금이체의 경우 규모에 관계없이 활용할 수 있는 장점은 있지만 신용창조의 기능은 전혀 수행할 수 없다. 수년 전 거액의 신용창조수단으로 활용 가능한 전자적 지급수단으로서 한국은행이 「전자외상매출채권」을 개발한 바 있었는데, 이는 指名債權에 불과하여 확정일자에 의한 통지나 승낙을 득해야만 양도가 가능하기 때문에 이용이 불편하고, 기업거래에서처럼 여러 단계에 걸친 유통에는 한계가 있었다.

　　이제 전자어음법의 2005년 초 시행 이후, 그 이용률은 미미하지만 동법의 보완을 통하여 장래 신용증권을 겸한 지급증권으로서의 중추적인 역할을 기대한다. 전자어음제도는 금융시장과 자금시장의 효율성과 그 투명성을 제고하기 위하여 도입되었다(전자어음법 제1조 참조).

제2절 電子어음의 槪念

I. 電子어음의 意義

2005년 초부터 전자어음법이 시행됨에 따라 소위 전자어음제도가 도래하게 되었다. 전자어음이란 전자문서로 작성되고 전자어음법 제5조 제1항에 의하여 전자어음을 전자어음관리기관에 등록한 약속어음을 말한다(2ⅱ). 즉 전자어음은 이용자와 은행 및 관리기관(현행법상으로는 금융결제원)을 연결하는 시스템을 구축하여 인터넷상에서 전자문서로 된 어음을 발행하고 유통시키는 새로운 개념의 지급・결제수단이다. 여기서 전자문서란 정보처리시스템에 의하여 전자적 형태로 작성, 송신・수신 또는 저장을 위하여 이용되는 정보처리능력을 가진 전자적 장치 또는 체계를 말한다(전자거래기본법2ⅱ). 일반적으로 전자어음은 전자문서로 작성되어 관리기관에 등록된 약속어음만을 의미한다.

II. 電子어음의 法的 性質

전자어음은 사권인 금전채권을 포함한다. 그러나 전자어음은 증권 자체를 작성하지 않고 전자어음관리기관에 등록하여 관리된다(5①, 16②). 또한 전자어음의 배서와 보증 또는 전자어음상의 권리행사는 전자문서에 의해서만 할 수 있다(5④). 그러므로 전자어음의 법적 성질은 증권의 발행을 전제로 하는 전통적인 유가증권으로는 볼 수 없고, 장부증권이론에서의 장부증권 또는 전자적 권리표장이론에서의 전자적 등록증권이라고 할 수 있다(정찬형, 어음・수표법강의, 2006, 773면). 이에 대하여 전자어음은 유가증권이 아니고 등록증권 내지는 전자증권 또는 가치권에 속한다는 주장이 있다. 전자어음은 사권인 금전채권을 포함하고 있으나 증권을 작성하지 않고 전자어음관리기관에 등록되어 관리되는 점을 근거로 든다(정경영, 전자어음제도의 법률적 문제점, 인터넷법률 제24호, 2004.7, 56면).

전자어음에 대하여도 그 성질이 허용하는 한 종래의 어음・수표법 등 유가증권에 관한 규정이 적용되는 것으로 보아야 한다(4참조). 한편 전자어음은 형법의 적용에 있어서는 유가증권으로 본다(22④).

제3절 電子어음의 發行과 이용

I. 槪　　觀

　　전자어음을 발행하고자 하는 자는 당해 전자어음을 전자어음관리기관에 등록한 후, 어음법 제75조에서 정하는 사항 중 일부와 전자어음법 제6조 1항의 사항(어음법 제75조 제1호 · 제2호 · 제3호 · 제5호 · 제6호)에서 정하는 사항, 전자어음의 지급을 청구할 금융기관, 전자어음의 동일성을 표시하는 정보(사업자고유정보)를 기재하고 전자어음상에 공인전자서명을 하여 송신함으로써 발행하게 되는데(전자문서 및 전자거래 기본법 제6조 제1항), 이때 상대방이 이를 수신한 때(동조 제2항)에 발행한 것으로 본다(5①②, 6④). 전자어음관리기관은 당해 전자어음의 지급을 청구할 금융기관이나 신용조사기관 등의 의견을 참고하여 전자어음의 등록을 거부하거나 전자어음의 연간 총 발행금액 등을 제한할 수 있다. 만기는 발행일로부터 1년을 초과할 수 없으며(6⑤), 백지어음은 전자어음으로는 발행할 수 없다(6⑥).

II. 必要的　記載事項

　　1) 전자어음의 본문 중에 그 어음의 작성에 사용하는 국어로 약속어음임을 표시하는 문자(6① i , 어75 i)

　　2) 일정한 금액을 지급할 뜻의 무조건의 약속(6① i , 어75 ii)

　　3) 만기의 표시(6① i , 어75 iii)

　　전자어음의 만기는 발행일로부터 1년을 초과할 수 없다(6⑤). 이는 만기가 너무 장기화될 경우 정보의 변질이나 보관상의 곤란 등이 예상되어 어음관계를 신속하게 처리하고자 하는 취지로 본다. 만기는 어음법상의 만기가 인정된다고 본다(어33, 77① ii).

　　4) 지급을 받을 자 또는 지급을 받을 자를 지시할 자의 명칭(6① i , 어75 v)

　　5) 발행일 및 발행지(6① i , 어75 vi)

　　6) 전자어음의 지급을 청구할 금융기관(6① ii)

　　전자어음에 특유한 기재사항이다. 전자어음법은 전자어음의 지급을 청구할 금융기관이 소재하는 지역을 지급지로 간주하는 규정을 둔다(6②). 여기서 금융기관이란 은행법에 의한 금융기관 및 이에 준하는 업무를 수행하는 금융기관으로서 은행법 제32조의 규정에 의한 당좌예금을 취급하는 금융기관을 의미한다(2vii, 영2).

7) 전자어음의 동일성을 표시하는 정보(6①iii)

이 항목은 전자어음법에만 존재한다. 여기서 전자어음의 동일성을 표시하는 정보란 어음의 일련번호 등 타 전자어음과 구별하여 특정할 수 있는 정보를 의미한다.

8) 사업자고유정보(6①iv)

전자어음법에만 있는 사항이다. 여기서 사업자고유정보란 전자어음과 관련된 당사자의 상호나 사업자등록번호, 회원번호, 법인등록번호, 주민등록번호 등 사업자를 식별할 수 있는 정보를 뜻한다.

9) 발행인의 공인전자서명

발행인이 전자어음법 제6조 제1항의 전자어음에 공인전자서명을 한 경우에는 어음법 제75조 제7호의 기명날인 또는 서명이 있는 것으로 본다(6③). 여기서 공인전자서명이란 전자서명법 제2조 제3호의 규정에 의한 정보를 의미한다(2iii).

전자어음에는 백지어음이 인정되지 않기 때문에 백지보충에 관한 규정이 없다(6⑥). 그 결과 어음요건의 일부가 누락된 경우에는 이를 백지어음으로 추정하거나 보충규정에 의하여 보충할 수 없고 불완전어음으로서 무효로 처리해야 할 것이다.

III. 電子어음의 交付

발행인이 타인에게 「전자거래기본법」 제6조 제1항의 규정에 따라 전자어음을 송신하고 그 타인이 동법 제6조 제2항의 규정에 따라 수신한 때에 전자어음을 발행한 것으로 본다(6④). 전자문서(전자화문서를 포함한다)는 수신자 또는 그 대리인이 당해 전자문서를 수신할 수 있는 정보처리시스템에 입력된 때에 송신된 것으로 본다. 전자문서는, 수신자가 전자문서를 수신할 정보처리시스템을 지정한 경우에는 지정된 정보처리시스템에 입력된 때(다만 전자문서가 지정된 정보처리시스템이 아닌 정보처리시스템에 입력된 경우에는 수신자가 이를 출력한 때)나 수신자가 전자문서를 수신할 정보처리시스템을 지정하지 아니한 경우에는 수신자가 관리하는 정보처리시스템에 입력된 때에 수신된 것으로 본다(전·기6①②).

IV. 電子어음의 登錄

전자어음을 발행하고자 하는 자는 당해 전자어음을 전자어음관리기관에 등록하여야 한다(5①). 법 제5조 제3항의 규정에 의하여 관리기관에 전자어음을 등록하여 발행하고자 하는 자는 법 제6조 제1항 제2호의 규정에 의한 금융기관(이하 지급금융기관이라 한다)과 당해 지급금융기관을 어음법 제4조의 규정에 의한 제3자방(제삼자방)으로 하기로 하는 계약(이하 당좌예금계약이라 한다)을 체결하여야 한다(영5①).

발행인이 전자어음을 발행할 때에는 전자어음을 수령할 자로 하여금 관리기관에 등록하도록 하여야 하나, 전자어음을 수령할 자가 제5조의 규정에 의한 등록을 한 경우에는 그러하지 아니하다(영6①). 전자어음을 수령할 자에 의한 등록사항은 전자어음을 수령할 자의 명칭, 사업자등록번호 또는 주민등록번호 및 주소로 한다(영6②). 관리기관은 수취인등록을 거부하여서는 아니 되며 수취인등록을 한 자가 관리기관의 정보처리조직을 이용하여 배서를 하거나 전자어음의 지급제시를 할 수 있도록 하여야 한다(영6③).

관리기관은 전자어음의 발행인등록 또는 수취인등록을 한 자 외의 자가 권한 없이 등록한 자의 명의를 이용하여 전자어음행위를 할 수 없도록 등록한 자가 등록의 종류에 따라 전자어음행위를 배타적으로 할 수 있는 장치를 제공하여야 한다(영7①). 관리기관은 이용자가 사용할 전자어음에 관하여 동일한 양식을 정하여야 한다(영8①). 전자어음에는 복본 또는 사본의 제작이 불가능한 장치를 하여야 하며, 발행·배서된 때에는 발행인 또는 배서인의 정보처리조직에는 전자어음이 소멸하거나 전자어음에 이미 발행 또는 배서되었음을 표시하는 문언이 기재되도록 하여야 한다(영8②). 관리기관은 일정한 경우에는 전자어음의 발행을 위한 등록을 거부할 수 있다(영5③).

V. 電子어음의 발행의무 대상

「주식회사의 외부감사에 관한 법률」 제2조에 따른 외부감사대상 주식회사 및 직전 사업연도 말의 자산총액 등이 대통령령으로 정하는 기준에 해당하는 법인사업자는 약속어음을 발행할 경우 반드시 전자어음으로 발행하여야 한다(제6의2). 여기서 외부감사대상 주식회사는, 직전 사업연도 말의 자산총액이 100억원 이상인 주식회사,[1] 주권상장법인 및 해당 사업연도 또는 다음 사업연도 중에 주권상장법인이 되려는 주식회사,[2] 직전 사업연도 말의 부채총액이 70억원 이상이고 자산총액이 70억원 이상인 주식회사,[3] 직전 사업연도 말의 종업원 수가 300명 이상이고 자산총액

---

1) 동 회사가 분할 또는 합병으로 새로운 회사를 설립한 경우에는 설립시의 자산총액이 100억원 이상인 주식회사(동법 시행령 2①ⅰ).

2) 자본시장과 금융투자업에 관한 법률에 따른 주권상장법인(동 ⅱ)

이 70억원 이상인 주식회사4)를 말하며, 직전 사업연도 말의 자산총액 등이 대통령령으로 정하는 기준에 해당하는 법인사업자는 직전 사업연도 말의 자산총액이 10억원 이상인 법인사업자를 말한다(영 8의 2). 이 규정은 전자어음제도의 활성화를 위해 정책적 판단에서 도입된 것으로 본다.

제4절 電子어음의 背書

I. 背書의 方式

전자어음의 배서, 보증 또는 전자어음상의 권리를 행사하기 위해서는 전자어음법의 규정에 의한 전자문서에 의하여서만 할 수 있다. 전자어음에 배서를 하는 경우에는 전자어음에 배서의 뜻을 기재한 전자문서(이하, 배서전자문서라 한다)를 첨부하여야 한다(7①). 이 배서전자문서에는 전자어음의 동일성을 표시하는 정보를 기재하고 배서인이 공인전자서명을 해야 한다(7②⑥). 관리기관은 전자어음법 제7조 제1항・제8조 제1항・제9조 제1항 및 제13조 제1항에 의하여 전자어음에 첨부할 전자문서 및 법 제12조 제1항의 규정에 의한 지급거절 전자문서를 전자어음과 일체가 된 문서로 하고 전자어음과 분리할 수 없도록 하여야 한다(영8④). 피배서인이 다시 배서를 하는 경우에는 전자어음에 이전에 작성된 배서전자문서를 전부 첨부하고 제1항의 규정에 의한 배서를 하여야 한다(7④).

II. 電子어음의 분할배서

현행법상 어음의 일부배서는 무효로 함에도 불구하고(어12②) 전자어음을 발행받아 최초로 배서하는 자에 한하여 총 5회 미만으로 어음금을 분할하여 그 일부에 관하여 각각 배서할 수 있다. 단 전자어음의 발행인이 전자어음면에 분할금지 또는 이와 동일한 뜻의 기재를 한 때에는 적용하지 아니한다(7의2⑥). 이 경우 분할된 각각의 전자어음은 제7조에 따른 배서의 방법을 갖추어야 한다(①).

---

3) 동 회사가 분할 또는 합병으로 새로운 회사를 설립한 경우에는 설립시의 부채총액과 자산총액이 70억원 이상인 주식회사(동 iii).

4) 동 회사가 분할 또는 합병으로 새로운 회사를 설립한 경우에는 설립시의 종업원수와 자산총액이 이와 같은 주식회사(동 iv).

　　전자어음을 분할배서하는 자는 동 어음이 분할 전의 전자어음으로부터 분할된 것임을 표시하여야 하며(②), 분할 후의 전자어음은 그 기재된 금액의 범위에서 분할 전의 전자어음과 동일한 전자어음으로 본다(③).

　　분할된 전자어음에 대한 법률행위의 효과는 분할된 다른 전자어음의 법률관계에 영향을 미치지 아니하며 배서인은 분할 후의 수개의 전자어음이 구별되도록 다른 번호를 붙여야 하는데(④), 이 경우에는 관리기관의 정보처리조직을 이용하여 각각의 전자어음에 분할에 관한 사항을 표시하는 서로 다른 번호를 붙여야 한다(영 8의 3). 분할 후의 어느 전자어음상의 권리가 소멸한 때에는 분할 전의 전자어음은 그 잔액에 관하여 존속하는 것으로 본다(⑤).

III. 背書어음의 交付

　　배서인이 피배서인에게 전자문서 및 전자거래기본법 제6조 제1항에 따라 전자어음과 배서전자문서를 송신하고 피배서인이 동조 제2항의 규정에 따라 수신한 때에는 어음법 제13조 제1항의 규정에 의한 배서 및 교부가 있는 것으로 본다(7③). 피배서인이 다시 배서를 하는 경우에는 전자어음에 이전에 작성된 배서전자문서를 전부 첨부하고 제1항의 규정에 의한 배서를 하여야 한다. 전자어음을 발행 또는 배서한 자가 착오 등을 이유로 전자어음을 반환받고자 하는 때에는 그 소지인으로 하여금 전자어음관리기관에 반환의 뜻을 통지하게 하여야 한다. 통지가 있으면 전자어음은 발행 또는 배서되지 않은 것으로 보며, 전자어음관리기관은 당해 전자어음의 발행 또는 배서에 관한 기록을 말소하여야 한다. 전자어음의 수신자가 전자어음의 수령을 거부하고자 하는 경우에는 그 수신자는 전자어음관리기관에 그 뜻을 통지하여야 한다. 이 통지가 있으면 수신자가 전자어음을 수령하지 않은 것으로 보며, 전자어음관리기관은 수신자의 청구가 있을 경우 그 수신자가 전자어음의 수령을 거부한 사실을 증명하는 문서를 발급하여야 한다(14).

IV. 背書의 回數制限

　　전자어음의 총 배서 횟수는 20회를 초과할 수 없다(7⑤). 전자어음에 배서가 많을 경우 앞선 배서의 진정성 조사 등에 있어서 번거로울 뿐만 아니라 처리시간의 지연 등 어음의 유통성을 저해할 수 있다는 점을 고려한 규정이라고 할 수 있다.

V. 特殊背書

전자어음에 한 특수배서의 효력에 관하여는 동법에 규정하고 있지 않으므로 이는 종이어음의 경우와 동일하게 취급할 수 있다고 본다(4).

제5절 電子어음의 保證

전자어음에 보증하는 자는 전자어음에 보증의 뜻을 기재한 전자문서를 첨부하여야 하며, 제6조 3항·4항 및 제7조 2항의 규정은 전자어음의 보증에 이를 준용한다(8①). 보증전자문서에는 전자어음의 동일성을 표시하는 정보를 기재하고 보증인이 공인전자서명을 해야 한다(8②, 6③,7②). 관리기관은 전자어음에 첨부할 전자문서 및 법 제12조 제1항의 규정에 의한 지급거절 전자문서를 전자어음과 일체가 된 문서로 하고 전자어음과 분리할 수 없도록 하여야 한다(8④).

제6절 電子어음의 支給

I. 支給提示

전자어음의 소지인이 전자어음 및 전자어음의 배서에 관한 전자문서를 첨부하여 지급청구의 뜻이 기재된 전자문서를 제6조 1항 2호의 금융기관에 송신하고 당해 금융기관이 이를 수신한 때에는 어음법 제38조 1항에서 규정한 지급제시가 있는 것으로 본다. 단 관리기관에 대한 전자어음의 제시는 지급을 위한 제시의 효력이 있으며 관리기관이 운영하는 정보처리조직에 의하여 전자어음의 만기일 이전에 자동으로 지급제시가 되도록 할 수 있다(9①).

II. 支　給

지급제시를 받은 금융기관이 어음금을 지급할 때에는 전자어음관리기관에 지급사실을 통지하여야 하는데, 만일 관리기관에서 운영하는 정보처리조직에 의하여 지급이 완료된 경우에는 통지할 필요 없다(9④). 이러한 통지가 있거나 전자어음관리기관의 정보처리조직에 의하여 지급이 완료된 경우에는 어음채무자가 당해 어음을 환수한 것으로 본다(10).

III. 支給拒絶

지급제시를 받은 금융기관이 지급을 거절할 때에는 전자문서(이하, 지급거절 전자문서라 한다)로 하여야 한다. 지급거절 전자문서를 전자어음관리기관에 통보하고 동 기관이 이를 확인한 경우 동 전자문서를 어음법 제44조 제1항의 규정에 의한 공정증서로 본다. 전자어음의 소지인이 제1항의 규정에 의한 전자문서를 수신한 날을 공정증서의 작성일로 본다(12).

IV. 償還請求(遡求)

전자어음의 소지인이 상환청구를 할 때에는 전자어음과 제7조 제1항의 규정에 의한 배서전자문서, 제12조의 규정에 의한 지급거절 전자문서를 첨부하여 상환청구의 뜻을 기재한 전자문서를 상환청구의무자에게 송신하여야 한다. 상환청구의무자가 상환청구금액을 지급한 때에는 전자어음관리기관에 지급사실을 통지하여야 하며, 통지가 있으면 상환청구의무자가 전자어음을 환수한 것으로 본다(13).

제7절 電子어음의 返還과 受領拒否

I. 電子어음의 返還

전자어음을 발행 또는 배서한 자가 착오 등을 이유로 전자어음을 반환받고자 하는 때에는 그 소지인으로 하여금 전자어음관리기관에 반환의 뜻을 통지하게 하여야 하며(14①), 통지가 있으면 전자어음은 발행 또는 배서되지 않은 것으로 보고, 관리기관은 당해 전자어음의 발행 또는 배서에 관한 기록을 말소하여야 한다(14②). 전자어음의 소지인이 법무부령이 정하는 전자어음의 반환 양식을 기입하고 공인전자서명을 하여 관리기관에 통지한 경우 관리기관은 당해 전자어음의 발행 또는 배서에 관한 기록을 말소하여야 한다(영11①).

II. 受領拒否

전자어음의 수신자가 그 수령을 거부하고자 할 경우에는 수신자는 관리기관에 그 취지를 통지해야 한다. 통지가 있는 경우 수신자가 전자어음을 수신자가 전자어음을 수령하지 않은 것으로 보며, 전자어음관리기관은 수신자의 청구가 있을 경우 수신자가 당해 전자어음의 수령을 거부한 사실을 증명하는 문서를 발급해야 한다 (14③). 전자어음의 수신자가 법무부령이 정하는 전자어음의 수령거부 양식을 기입하고 공인전자서명을 하여 관리기관에 통지한 경우 수신자가 전자어음을 수령하지 아니한 것으로 본다. 이 경우 관리기관은 수신자의 신청이 있는 경우 그 수신자가 전자어음 수령을 거부한 사실을 법무부령이 정하는 양식에 따라 발급한다(영11②).

제8절 電子어음管理機關

I. 意 義

전자어음관리기관은 제3조 제1항의 규정에 의하여 법무부장관의 지정을 받은 기관을 말한다(2ⅳ). 전자어음관리기관은 법무부장관이 지정한다(현재는 금융결제원). 또한 전자어음시스템에 대한 특허와 기술력을 보유하고 있는 한국슈터체크주식회사를 기술지원사업자로 지정하여 금융결제원을 기술적으로 지원하도록 하고 있다. 관리기관은 전자어음거래의 안전성을 확보하기 위하여 다음 각 호의 사항을 갖추어야 한다(영12②).

1. 기술능력 : 다음 각 목의 기술인력을 합한 수는 10인 이상일 것

(1) 정보통신기사·정보처리기사 및 전자계산기조직응용기사 이상의 국가기술자격 또는 이와 같은 수준 이상의 자격이 있다고 정보통신부장관이 인정하는 자격을 갖춘 자 1인 이상

(2) 미래창조과학부장관이 정하여 고시하는 정보보호 또는 정보통신운영·관리 분야에서 2년 이상 근무한 경력이 있는 1인 이상

(3) 「정보통신망 이용촉진 및 정보보호 등에 관한 법률」 제52조에 따른 한국정보보호진흥원에서 실시하는 인증업무에 관한 시설 및 장비의 운영·비상복구대책 및 침해사고의 대응 등에 관한 교육과정을 이수한 자 1인 이상

(4) 공인회계사 또는 금융업무나 신용분석업무에 3년 이상 종사한 자 1인 이상

2. 財政能力

100억원 이상의 순자산(총자산에서 부채를 뺀 가액을 말한다)을 보유할 것.

3. 施設 및 裝備 : 다음 각 목의 시설 및 장비를 갖출 것

(1) 이용자가 전자어음의 등록·발행·배서·보증·지급제시·지급·지급거절 및 지급거절증서의 확인 등 권리행사를 할 수 있는 시설 및 장비

(2) 전자어음의 소구(소구)·반환 및 수령거부 등을 할 수 있는 시설 및 장비

(3) 전자어음의 송·수신일시를 확인하고 전자어음거래기록을 생성하고 보존할 수 있는 시설 및 장비

(4) 전자어음의 발행·유통 관련 시설 및 장비를 안전하게 운영하기 위하여 필요한 보호시설 및 장비

(5) 그 밖에 전자어음거래를 원활하고 안전하게 하기 위하여 법무부장관이 필요하다고 인정하여 고시한 시설 및 장비

4. 제3호 각 목에 따른 시설 및 장비의 관리·운영 절차 및 방법을 정한 관리기관의 규정

II. 管理機關의 義務

1. 安全性 確保義務

전자어음관리기관은 전자어음에 관한 거래의 안전을 확보하고 지급의 확실성을 보장할 수 있도록 전자어음거래의 전자적 전송·처리를 위한 인력, 시설, 전자적 장치 등에 관하여 대통령령이 정하는 기준을 준수하여야 한다(15). 지정을 받은 전자어음관리기관은 특정경제범죄 가중처벌 등에 관한 법률 제2조의 규정에 의한 금융기관으로 보며 법무부장관의 감독을 받는다(20, 24).

2. 어음去來記錄의 生成·保存義務

전자어음관리기관은 전자어음의 발행, 배서, 보증 및 권리행사 등이 자신의 전자정보처리조직을 통하여 이루어지도록 하여야 하며, 전자어음별로 발행인과 배서인에 관한 기록, 전자어음 소지인의 변동사항 및 당해 전자어음의 권리행사에 관한

기록을 보존하여야 하고, 전자어음거래를 추적·검색하고 오류가 발생할 경우 이를 확인·정정할 수 있는 기록을 생성하여 보존하여야 한다(16). 법무부장관은 전자어음관리기관이 허위 그 밖의 부정한 방법으로 제3조의 규정에 의한 지정을 받은 때, 정당한 사유 없이 1년 이상 계속하여 영업을 하지 아니한 때, 법인의 합병·파산·영업의 폐지 등으로 사실상 영업을 종료한 때에는 제3조의 규정에 의한 지정을 취소할 수 있다(21).

3. 어음去來의 情報提供義務

전자어음관리기관은 이용자의 신청이 있는 경우에는 대통령령이 정하는 바에 따라 해당 전자어음 관련 발행 상황 및 잔액 등의 결제정보를 제공하여야 한다(17). 관리기관에 정보를 요청할 수 있는 이용자는 전자어음을 소지한 자 또는 발행인의 허락을 얻은 자에 한하며(영14①), 전자어음의 소지인은 일정한 정보의 제공을 요청할 수 있다(영14②). 어음발행인의 허락을 얻은 자가 요청할 수 있는 정보는 어음발행인이 관리기관에 통보한 범위 내의 정보로 한다(영14③).

4. 去來約款明示義務

전자어음관리기관은 전자어음을 등록함에 있어 이용자에게 전자어음거래에 관한 약관을 명시하고, 이용자의 요청이 있는 경우 대통령령이 정하는 바에 따라 당해 약관을 교부하고 그 내용을 설명하여야 한다(18). 관리기관은 이용자가 전자어음 이용을 위한 약정을 체결하기 전에 관리기관의 약관을 확인하고 그 내용을 알 수 있도록 하여야 하며(영16②), 출력 및 복사가 가능하도록 하여야 한다(영15①). 법 제18조 제1항의 규정에 의한 약관의 교부와 설명은 전자문서로 할 수 있다. 다만 이용자가 제5조 및 제6조의 규정에 의하여 등록을 위한 전자문서를 작성함에 있어서 약관의 내용을 알 수 있도록 한 경우에는 약관의 교부와 설명이 있는 것으로 본다(영15②).

5. 紛爭處理業務

전자어음관리기관은 대통령령이 정하는 바에 따라 전자어음거래와 관련하여 이용자가 제기하는 정당한 의견이나 불만을 반영하고, 이용자가 전자어음거래에서 입은 손해를 배상하기 위한 절차를 마련하여야 하며(19①), 이를 심의하기 위하여 전자어음분쟁조정위원회를 설치·운영한다(영16③). 전자어음관리기관은 전자어음 등록 시 위와 같은 절차를 명시하여야 한다(19②). 전자어음분쟁조정위원회는 위원장 1인을 포함한 5인 이상 10인 이내의 위원으로 구성한다(영17①). 위원은 일정한 자격을 갖춘 자 중에서 법무부장관이 임명 또는 위촉한다(영17②).

6. 管理機關의 監督 및 檢査

법무부장관은 전자어음관리기관에 대하여 이 법 또는 이 법에 의한 명령의 준수여부를 감독하기 위하여(20①) 필요한 경우에는 관리기관에 대하여 그 업무에 관한 보고를 하게 하거나(20①), 대통령령이 정하는 바에 따라 전자어음관리기관의 전자어음관리업무에 관한 시설·장비·서류 그 밖의 물건을 검사할 수 있다(20②).

법무부장관은 제20조에 따른 감독·검사업무를 수행할 때 필요하면 미래창조과학부장관, 금융위원회 및 한국은행총재 등에게 협력을 요청할 수 있으며(영19), 관리기관의 지정요건에 대하여 2014년 1월 1일을 기준으로 3년마다 그 타당성을 검토하여 개선 등의 조치를 해야 한다(영20).

법무부장관은 제12조 제2항의 규정에 의한 관리기관의 기술능력·재정능력·시설 및 장비의 안전운영여부 등에 관하여 2년마다 정기검사를 하여야 하고, 법무부령이 정하는 사유가 발생한 경우에는 관리기관의 시설·장비·서류 그 밖의 물건에 대하여 수시검사를 할 수 있다. 이 경우 제12조 제4항의 규정에 의하여 관리기관이 전자어음기술지원사업자와 시설 및 사용계약을 체결한 경우에는 전자어음기술지원사업자를 관리기관으로 본다(영18①). 법무부장관은 필요한 경우 위 검사업무를 금융위원회에 위탁할 수 있다. 이 경우 금융위원회는 금융감독원장으로 하여금 검사하게 할 수 있으며 금융위원회 또는 금융감독원장은 검사계획 및 검사결과를 법무부장관에게 통보하여야 한다(영18②).

제9절 罰則의 强化

제3조의 규정에 의한 지정을 받지 아니하고 전자어음관리업무를 한 자는 5년 이하의 징역 또는 1억원 이하의 벌금에 처한다. 전자어음관리기관에 등록하지 아니하고 전자어음을 발행하거나 제17조 제2항의 규정을 위반하여 전자어음거래 정보를 제공한 자는 3년 이하의 징역 또는 5천만원 이하의 벌금에 처한다. 제20조 제2항의 규정에 의한 검사를 기피하거나 방해한 자는 1년 이하의 징역 또는 3천만원 이하의 벌금에 처한다(22). 제15조의 규정에 의한 안전성 기준을 위반하거나 제20조 제3항의 규정에 의한 자료제출명령에 대하여 정당한 사유 없이 자료를 제출하지 아니하거나 허위의 자료를 제출한 자는 1천만원 이하의 과태료에 처한다(23).

그 밖에 제16조 제1항의 규정에 의한 보존의무를 위반하거나 제17조 제1항의 규정에 의한 신청에 대하여 정당한 사유 없이 결제정보를 제공하지 아니한 자, 제18조의 규정에 의한 약관의 설명의무 또는 보고의무를 위반하거나 제19조 제1항의 규정에 의한 분쟁처리절차를 설치하지 아니한 자는 500만원 이하의 과태료에 처한다(23).

제5편 보험법

제1장 | 보험법 서론

제1절 보험제도

I. 보험의 개념

보험(Insurance, Assurance)이란 동질적인 위험 하에 놓여 있는 다수인이 위험공동체 또는 보험공동체를 구성하여 기금을 마련하고, 일정한 사고가 발생하여 손해를 입은 자에게 일정한 금액을 지급하기로 하는 제도이다. 보험가입자는 위험단체를 구성하게 되며, 보험자는 조성된 기금을 관리하는 관리자의 지위를 가진다. 상조회, 공제회 등도 경제적으로는 보험과 유사하지만 보험제도는 당사자의 권리·의무가 계약에 의해 엄격히 정해지는 점에서 이들과 커다란 차이가 있다.

II. 보험법과 보험계약법

1. 보험공법과 보험사법

(1) 보험공법

보험공법은 보험업, 이해관계인의 조직·규칙·감독 등에 관한 공법적 성질의 법규를 말한다. 여기에는 산재보험, 의료보험 등과 같은 공보험 관련법규와 보험회사의 설립·조직·지휘 및 보험모집인·보험계리인·손해사정인 등의 관련자들에 대한 여러 규정으로 구성되어 있다. 보험공법의 주요 법원으로는 보험업법이 있다. 보험감독법이라 할 수 있는 본법의 주된 목적은 다수의 이해관계인을 가지는 보험자의 파산을 방지하기 위해 지불가능상태를 유지하고, 동시에 보험시장의 합리성을 유지하는 데 있다.

(2) 보험사법

보험사법은 보험계약법 및 보험업법 가운데 사법 관련규정으로 구성된다. 이러한 사법관련 규정으로는 보험회사 설립에 대한 인가, 보험약관과 보험료의 인가, 보험계약에 있어서 보험자에 불리한 해석원칙 등이 있다. 보험법 가운데 대부분을 차지하는 보험계약법은 그의 다양한 성질로 인해 각종 법규가 적용될 수 있다.

2. 보험법의 특성

(1) 기 술 성

보험이란 위험단체를 기초로 하고, 이러한 위험단체의 유지를 위해서는 수지상등의 원칙 등과 같은 기술적 요소가 많이 나타난다. 이를 대수의 법칙이라고도 하는데, 사고발생의 가능성을 확률로 나타낸 것이다.

(2) 단 체 성

보험계약은 보험자와 보험계약자만 놓고 볼 때에는 개별적 계약관계에 불과하지만 계약자 전체를 놓고 볼 때에는 보험자를 매개로 하여 (동일한 위험에 처한) 개별 구성원이 하나의 위험단체를 구성한 것으로 풀이할 수 있다. 이때 구성원은 일정액을 갹출하여 기금을 조성하고, 위험이 발생한 가입자에 대해 보험금이 지급된다.

(3) 사회성과 공공성

보험사업은 일면 보험기업의 영리활동이기도 하지만 동시에 다수 가입자의 이해관계가 내재되어 있기도 하므로 일반적인 계약관계로 보아 당사자에게만 맡겨둘 수 없는 측면도 있다. 이러한 보험관계의 사회성은 보험자와 보험계약자의 경제적 능력, 전문지식의 유무 등을 고려하여 판단되어야 한다. 보험계약법의 사회성에 기초하여 보험자에 대한 규제와 보험계약자에 대한 보호가 이루어지지만 이러한 보호는 약관에 의해 보험계약이 대규모로 체결되는 경우에 전문적 지식이 부족한 일반 계약자를 위한 것이므로 생명보험이나 가계보험 등에서 문제가 된다.

(4) 선 의 성

보험계약에서 보험금의 지급은 우연한 보험사고가 발생한 경우에 인정되는 사행계약의 성질을 가진다. 그러므로 투기나 도박에 악용될 가능성도 매우 높다. 특히 생명보험계약은 도덕적 역선택의 가능성이 높아 계약체결 시 당사자 간에 신의성실의 원칙에 기한 선의성이 강하게 요청된다(대판 2000.2.11, 99다49094).

제2절 보통보험약관

1. 총 설

일반계약에 있어서 그 내용에 대해 법률에 없거나 법률에 있더라도 임의규정인 경우 당사자 사이의 합의에 의해 계약의 내용을 정할 수 있다. 이 점은 보험계약에 있어서도 동일하다. 이를테면 보험사고가 발생한 때 보험가입자 측은 지체 없이 보험사고를 보험자에 통지할 의무를 지도록 하고 있다(657). 이는 보험자가 사후조사를 하는 데 있어 증거인멸의 목적으로 통지를 태만히 하는 것을 방지하기 위한 규정인데, 여기에 대해서는 상법이 지체 없이 통지하도록 하는 의무를 규정할 뿐이고, 그에 대한 위반의 효력에 대해서는 약관으로 보험금청구를 할 수 없도록 하고 있다. 그러나 보험계약은 보험계약자가 다수이므로 1 : 1의 관계에서 보험계약의 내용을 정하기가 매우 어렵다. 따라서 보험계약의 내용은 보험회사가 미리 보통보험약관(insurance policy)으로 정해 놓고, 별도의 합의가 없는 한 이 약관이 당사자를 구속하는 것으로 본다. 이와 관련하여 보통보험약관을 당사자의 의사에 따라 수정할 수 있는 특별보험약관이 있다. 특별보험약관은 해상보험, 재보험 등에서 이용되고 있지만 보험단체의 유지를 해치지 않는 범위 안에서 이용되어야 할 것이다.

2. 보험약관의 필요성

보험계약은 다수의 보험계약자를 대상으로 동일한 계약을 되풀이하여 체결하여야 하므로 보통보험약관에 의해 계약의 내용을 정형화할 필요가 있고, 다수의 계약자를 동일하게 취급할 필요 및 보험제도의 공공성이나 사회성에 기초하여 사회적, 경제적 약자인 계약자를 보호하기 위해 약관을 통해 보험자를 규제할 필요에서 보통보험약관을 이용하고 있다.

3. 보통보험약관의 구속력

보험계약자 측에서는 계약체결 시에 약관의 내용을 제대로 알지 못하거나 약관 조항에 따른다는 의사표시를 하지 아니한 경우에도 약관에 의하여 계약내용이 구속되는 근거가 무엇인가에 대하여는 의사설(법률행위설 또는 계약설), 의사추정설, 법규범설, 자치법설, 상관습법설 등이 있다. 약관규제법은 약관사용자인 사업자에게 고객에 대한 약관의 명시·설명의무를 지우고 있다. 그에 따라 사업자가 약관을 명시·설명하였음에도 불구하고 고객이 이에 대하여 이의를 제기하지 않고 계약을 체결하였다면, 고객이 약관의 적용에 대하여 묵시적 동의를 한 것으로 인정되고 따라서 약관의 고객에 대한 구속력이 발생하는 것으로 보는 것이 타당한 것으로 볼 수 있을 것이다. 그러한 입장에서 의사설에 찬동한다.

4. 약관의 해석

약관의 해석의 원칙으로는 개별약정우선의 원칙, 객관적 해석의 원칙, 작성자 불이익의 원칙, 축소해석의 원칙 등이 있다.

5. 보험약관의 교부·설명의무

(1) 의   의

상법은 보험자에 대하여 보험계약을 체결할 때에 보험계약자에게 보험약관을 교부하고, 약관의 중요한 내용을 설명하도록 하고 있다(638의3①). 보험업법도 보험계약의 체결 또는 모집에 종사하는 자가 보험계약자 또는 피보험자에 대하여 보험계약의 내용을 다르게 알리거나 그 내용의 중요한 사항을 알리지 않는 행위를 금지한다. 그렇게 함으로써 간접적으로 보험약관의 명시·설명의무를 정하고 있다(보험업법 97① i). 그런가 하면 약관규제법도 약관의 명시·설명의무를 규정하고, 특히 고객이 요구하는 경우에는 약관을 교부하도록 하고 있다(약관규제법 3). 약관의 규율에 관하여 약관규제법의 규정과 상법 규정은 일반법과 특별법의 지위에 있다고 보아야 할 것이다. 따라서 상법이 우선적으로 적용된다.

(2) 상법과 약관규제법의 관계

상법은 "보험자는 보험계약을 체결할 때에 보험계약자에게 보험약관을 교부하고 그 약관의 중요한 내용을 설명하여야 한다"(638의3①), "보험자가 제1항을 위반한 경우 보험계약자는 보험계약이 성립한 날부터 3개월 이내에 그 계약을 취소할 수 있다"(동조②)고 규정한다. 그리고 약관규제법은 "사업자가 약관의 명시·설명의무를 위반하여 계약을 체결한 때에는 그 약관을 계약의 내용으로 주장할 수 없다"(동법 3④)고 규정한다. 이 양조의 관계를 어떻게 이해하여야 할 것인가? 이에 관하여 상법적용설과 두 가지 법의 중첩적용설이 대립하고 있다. 상법적용설을 취하는 경우에는 보험계약자 등을 보호하기 위한 규정이 오히려 3개월 이내에 취소권을 행사하지 아니하면 보호를 상실하는 가혹한 규정이 된다. 결과적으로 상법적용설은 계약자 등이 3개월 이내에 보험사고가 발생하지 않는 한 사업자의 책임을 면하게 해주는 면책조항이 되고 말 것이다. 명시·설명의무의 위반을 계약자 측에서 문제 삼는 것은 보험사고가 발생한 경우일 것이기 때문이다. 중첩적용설에 찬동한다.

(3) 의무위반의 효과

보험자가 약관의 교부·설명의무를 위반한 경우에는 보험계약자는 보험계약이 성립한 날부터 3개월 이내에 그 계약을 취소할 수 있다(638의3①②). 3개월 이내에 보험계약자가 보험계약을 취소하지 않았더라도 설명의무 위반의 법적 효과가 소멸되는 것은 아니다. 그러므로 보험계약자는 그 이후에도 설명의무 위반을 주장할 수 있다.

(4) 보험약관의 교부·설명의무 위반과 고지의무위반의 관계

판례는 보험자가 교부·설명의무를 위반한 경우 보험계약자 측에서 고지의무를 위반하였더라도, 보험자 측에서 보험계약을 해지할 수 없다고 한다.

6. 약관에 대한 규제

(1) 입법적 규제(상법과 약관규제법)

상법은 "당사자 간의 특약으로 보험계약자, 피보험자 또는 보험수익자의 불이익으로 변경하지 못한다"는 내용의 불이익변경금지의 원칙을 정하고 있다(663). 이는 법에서 정한 권리의 일부 또는 전부를 배제하는 약관의 규정을 무효로 한다는 취지의 규정으로서, 그의 유효 여부는 약관의 내용, 당사자의 이해관계 등을 고려하여 정할 것이다. 보험자는 보험계약을 체결할 때 보험계약자에게 보험약관을 교부하고, 그 중요내용을 설명해야 한다(638의3①). 이것은 보험계약을 구성하는 약관을 보험자가 작성하므로 보험계약의 상대방인 보험계약자가 그 내용을 알 수 있도록 해야 한다는 취지에서 도입된 의무이다. 아울러 약관규제법도 보험약관을 규율한다.

(2) 행정적 규제(보험업법)

보험약관의 행정규제는 보험사업의 허가시 첨부·제출하는 약관을 금융위원회의 심의를 통해 이루어진다(보험업법 5ⅲ). 이러한 약관에 대한 허가가 없더라도 그 내용이 상법의 강행규정(663)에 반하지 않는 한 사법상 유효하다고 본다.

(3) 사법적 규제

보험약관은 법원이 사후 재판을 통하여 규제할 수 있다. 약관에 관한 규제로 상법이나 약관규제법과 같은 입법에 의해 일차적으로 규제가 이루어지지만 이는 추상적이어서 모든 경우에까지 구체성을 가진다고 하기는 어렵다. 그러므로 약관의 유효 여부는 입법취지, 약관의 내용, 당사자의 이해관계 등을 고려하여 재판관이 최종적으로 판단한다. 그러므로 입법규제는 궁극적으로 사법규제에 의해 완성되는 것이다.

(4) 공정거래위원회에 의한 규제

약관규제법에 따르면 공정거래위원회는 금융위원회의 인가를 받은 보험약관이 약관규제법 제6조 내지 제14조에 위반한 사실이 있다고 인정될 때에는 금융위원회에 그 사실을 통보하고 그 시정에 필요한 조치를 요청할 수 있다(동법 18).

(5) 기   타

약관규제법에 따르면 보험약관의 내용이 이 법에 위반되는 등 소비자에게 불리하게 규정되어 있다고 생각되는 경우에는 한국소비자원, 소비자단체, 보험계약자 등이 공정거래위원회에 그 심사를 신청할 수 있게 되어 있다(동법 19).

제3절 보험계약의 규제

보험계약은 법원과 법률에 의해 주로 규제된다. 그중에서도 법원은 피보험자의 보호를 위해 금지조항이나 모순금지의 원칙(禁反言의 原則)을 개별사례에 적용하고 개선하는 데 선도적 역할을 수행한다고 볼 수 있다. 보험사업은 그의 공공성과 사회성에 기초하여 건전성 확보와 계약내용의 공정성 확보를 중심으로 규제가 이루어지고 있다. 우리나라의 경우도 최근 보험산업의 합리화와 관련하여 감독규정에 의한 행정감독을 효율화하고, 동시에 보험자협회와 시장에 의한 자율감독을 시행하고 있다. 즉, 보험업에 대한 인허가 규제는 금융위원회가, 보험기관에 대한 조사 · 감독은 보험감독원을 흡수한 금융감독원이 각각 분장하여 규제하고 있다. 그러나 보험시장의 진입과 관련하여 사업자규제를 엄격히 하는 것은 세계적인 종합금융화 현상에 역행하는 측면이 없지 않으며, 또한 소비자에 대해서는 충분한 정보를 개시하지 않음으로써 적정가격의 다양한 보험상품선택권을 보장하지 못한다는 비판이 제기되고 있다.

제2장 | 보 험 계 약

제1절 보험계약의 본질

I. 보험계약의 개념

상법은 보험계약은 당사자 일방이 약정한 보험료를 지급하고 상대방이 재산 또는 생명이나 신체에 관하여 불확정한 사고가 발생할 경우에 일정한 보험금 기타의 급여를 지급할 것을 약정하는 일종의 채권계약이라고 규정한다(638). 그러나 손해보험과 생명보험에 공통되는 정의를 내리기는 용이하지 않다. 양자를 공통적으로 설명하기가 어렵다는 것이다. 그리하여 개념정립 무용론까지 나오기도 한다.

II. 보험계약의 성질

1. 불요식의 낙성계약

보험계약은 보험자와 보험계약자의 의사가 합치하면 성립하는 낙성계약이고 (638), 일방의 급여를 필요로 하는 요물계약은 아니다. 이와 관련하여 상법 제656조에서 "보험자는 최초의 보험료를 지급받는 때부터 책임을 진다"는 규정은 보험자의 책임개시시기를 정한 것으로 보아야 할 것이다. 또한 보험계약은 계약을 체결하는데 있어서 별도의 방식이 필요하지 않은 불요식계약이다.

2. 유상·쌍무계약

보험계약에서 보험자의 위험부담의무와 보험계약자의 보험료지급의무는 서로 구속하는 관계에 있으므로 쌍무계약이다. 또한 보험계약에서 보험자가 지급하는 보험금과 보험계약자가 지급하는 보험료는 대가관계에 있으므로 유상계약이다. 즉 보험계약은 보험금과 보험료의 지급이라는 대가적 급부를 기초로 하므로 쌍무계약으로 이해하지만 개별 보험계약자와 보험자와의 관계에서는 보험사고가 발생하지 않아 보험금이 지급되지 않을 수도 있으므로 대가적 급부관계가 존재하지 않아 쌍무계약성을 인정할 것인가에 대해 논란이 있다.

3. 상행위성

상법은 "영업으로 하는 보험의 인수(引受)"를 商行爲의 하나로 보고 있다(46xvii). 즉, 이러한 기본적 상행위를 하는 보험자는 당연상인(4)이므로, 그가 영업으로 보험계약자와 체결하는 보험계약은 상행위가 되며, 여기에 대해서는 상법이 적용될 것이다. 그러나 이러한 보험계약은 그 특수성으로 인해 계약자유의 원칙 등이 그대로 적용되지 않는 측면도 있어 상행위성을 부인하거나 의문시하는 견해도 없지 않다.

4. 사행계약성

보험계약에서 보험자는 우연히 보험사고가 생긴 경우에 한해 보험금을 지급하도록 하고 있으므로 도박과 마찬가지로 사행계약의 성질을 가진다. 이러한 사행계약성은 보험자와 보험계약자를 1:1로 보는 경우에 뚜렷하지만, 대수의 법칙에 의한, 사고발생의 개연성을 기초로 하는, 보험계약자 전체로 구성되는 보험단체를 전제로 할 때에는 희박하다고 보아야 할 것이다.

5. 선의계약성

보험계약은 사행계약성을 갖기 때문에 필연적으로 선의계약성을 갖는다. 상법은 이 점을 반영하여 구체적으로 규정을 두고 있다.

6. 부합계약성

보험계약은 다수의 가입자를 대상으로 하므로 당사자 일방(보험자)이 계약의 내용을 약관형식으로 미리 정하는 경우가 일반적이며, 이때 가입자는 그에 따라 계약체결의 여부만을 결정할 수 있을 뿐이다. 그러나 부당한 내용이 약관에 포함되어 있으면 다수의 부당한 계약이 체결되는 결과를 낳게 되므로 일정한 제한을 할 필요가 있다. 상법의 불이익변경금지의 원칙(663)과 보험약관의 교부, 명시의무(638의3) 및 보험업법상 약관의 제정, 변경에 관한 재정경제부장관의 인가(5, 7) 등이 그 대표적 예이다.

7. 계속계약성

보험계약은 장기적 계약관계인 경우가 일반적이다. 그러므로 보험자는 기본적으로 보험기간동안 계속적으로 위험을 부담하여야 하고, 보험계약자는 정기적으로 보험료를 지급하여야 한다. 이와 함께 협조의무, 신의성실의무가 특히 강조된다.

8. 조건부계약성

보험계약은 계약당사자 상호 간에 대가적 의존관계가 있는 것으로 보는 데 의문이 없지만 계약에서 보험자가 부담하는 의무는 보험사고의 발생이라는 조건이 성취된 때에만 효력을 발생한다. 그러므로 피보험자에게 사고가 발생하지 않아 보상할 손해가 없는 경우에도 보험계약은 유효하다.

제2절 보험계약의 요소

I. 보험계약의 요소

보험계약은 보험계약관계자, 보험의 목적, 보험사고, 보험기간, 보험료, 보험금 등의 여러 요소를 필요로 한다.

II. 보험계약의 관계자

보험계약관계자라 함은 보험계약의 당사자 및 그 보험계약에 관하여 이해관계를 가지는 보험계약 당사자 이외의 자를 말한다. 보험자와 보험계약자는 전자에 속하고, 피보험자와 보험수익자 등은 후자에 속한다. 그러나 일의적인 것은 아니고 피보험자와 보험계약자는 중복할 수 있다.

1. 보험자

보험자는 보험계약의 일방당사자로서 보험사고가 생긴 때 보험금지급책임을 지는 자로써 보험회사라고도 한다. 한편 보험업법을 포함한 보험감독을 내용으로 하고 있는 법령에서는 이러한 보험자를 보험사업자로 표시한다.

2. 보험계약자

보험계약자는 보험계약의 당사자로서 보험자와 보험계약을 체결하고 보험료지급의무를 지는 자이다. 통상 보험계약자는 피보험자와 동일한 의미로 사용되지만 양자는 별개의 개념이다. 타인의 보험계약에서 보험계약자와 피보험자는 서로 다르다.

3. 피보험자

보험계약에서 피보험자는 손해보험과 인보험에서 각각 의미하는 바가 다르다. 우선 손해보험에서 피보험자는 피보험이익의 주체로서 보험사고가 생긴 때 보험자에게 보험금지급청구권을 가지는 자를 말하는 반면, 인보험에서는 자신의 생명이나 신체에 관하여 보험에 붙여진 자이다. 즉, 인보험에서 보험계약자는 언제나 피보험자일 필요는 없다.

4. 보험수익자

손해보험에서는 피보험자가 동시에 보험수익자이기도 하므로 보험수익자란 용어를 사용하지 아니한다. 그러므로 보험수익자란 人保險에만 있는 개념으로, 사고발생 시 보험금의 지급을 청구할 수 있는 자를 말한다.

5. 보험자의 보조자

(1) 보험대리점

보험대리점은 타인(보험사업자)을 위해 상시 보험계약체결을 代理하거나(체약대리점) 仲介하는(중개대리점) 것을 영업으로 하는 독립상인으로서(87), 보험대리점을 운영하고자 하면 금융위원회에 등록하여야 한다(보험업법 87①). 손해보험에서 대리점이라 하면 대개 체약대리점을 말한다. 체약대리점은 계약체결권, 변경권, 해지권, 보험료수령권을 가진다. 그 반면 인보험에서 대리점이라 하면 중개대리점을 의미한다. 보험대리점은 특정상인의 영업을 보조하는 점에서 상법상 대리상에 해당하지만 1997년 4월부터 시행하는 독립대리점은 수인의 상인의 보험상품을 취급할 수 있으므로 상법상 대리상에 해당하지 않는 것으로 볼 수 있으나, 대리상의 자격이 중첩하는 것으로 보아야 할 것이다. 이러한 독립대리점은 특약대리점과 보험중개사의 기능을 동시에 가지는 보험대리점이라고 할 수 있다.

상법은 기왕에 보험대리상 등 보험자의 보조자의 권한에 관한 규정을 두지 않고 있었기 때문에 보험계약자가 이들에게 행사한 청약 등의 의사표시나 이들에게 교부한 보험료와 관련하여 보험자와 보험계약자 간 분쟁의 원인이 되고 있었다. 2014년 상법 개정을 통해 보험대리상에게 보험료 수령권, 보험증권 교부권, 청약·

해지 등 의사표시의 통지권·수령권을 부여하고, 특정한 보험자를 위하여 계속적으로 보험계약의 체결을 중개하는 자에게 보험료 수령권(보험자가 작성한 영수증을 교부하는 경우만 해당)과 보험증권 교부권을 인정하여 보험자 보조자의 권한을 명확히 하는 한편, 보험자와 보험대리상 간의 권한에 관한 내부적 제한을 선의의 보험계약자에게는 대항할 수 없도록 함으로써 보험계약자를 보호하게 되었다(646의2).

(2) 보 험 의

인보험에서 보험자의 의뢰를 받아 피보험자의 신체를 검사하는 의사를 말하며, 진사의라고도 한다. 보험자와 고용계약 또는 위임계약관계에 있는 보험의는 고지수령권은 가지지만 대리권은 없다.

(3) 보험설계사(보험모집인)

보험모집인은 금융위원회에 등록된 자로서 특정보험자를 위하여 보험계약의 체결을 중개하는 기능을 하며, 보험외무원이라고도 한다. 보험모집인은 특정보험회사에 소속하면서 보험증서의 교부권·보험료의 1회 수령권을 보유하는 반면 계약 체결의 대리권이나 통지수령권은 없다. 그러나 다른 한편 보험업법에서는 모집관련 행위로 보험계약자에게 손해가 발생한 때 보험자가 손해배상책임을 부담하고, 다만 보험모집인의 위탁행위에 대해 상당한 주의를 하고, 손해방지에 노력한 때에는 손해배상책임을 면할 수 있도록 함으로써 입법기술적으로 이해를 조정하고 있다(동법 102). 즉, 민법 제756조의 사용자배상책임의 특칙으로 설명하고 있다. 따라서 보험사업자가 자신의 무과실을 증명하지 못한 때에는 손해배상책임을 진다.

(4) 보험중개사

보험중개사는 보험자와 보험계약자 사이에서의 보험계약의 체결을 중개하는 것을 영업으로 하는 개인, 독립상인으로서 법인이 아닌 사단과 재단을 포함한다. 이러한 보험중개사에 대해 보험업법에서는 "독립적으로 보험계약의 체결을 중개하는 자"라고 표현한다(보험업법 2 x ⅰ). 이러한 보험중개사는 전문적 지식과 보험시장에 대한 이해 등이 필요하므로 보험중개사가 되고자 하면 일정한 요건을 갖추어 금융위원회에 등록을 해야 한다(보험업법89). 우리나라에서는 이 제도의 시행을 유보해오다 1997년 손해보험분야, 1998년 생명보험분야에서 각각 시행하고 있다.

III. 보험의 목적

보험의 목적은 보험사고의 객체로서 손해보험에서는 재산 등이고, 인보험에서는 생명이나 신체를 말한다. 손해보험에서도 다시 물건보험에 있어서 보험의 목적은 건물 등의 유체물이지만, 재산보험에서는 채권이나 책임이 된다. 이러한 보험의 목적은 보험자가 보상해야 할 범위를 정하는 데 기준이 된다. 보험의 목적은 피보험이익을 말하는 보험계약의 목적과 구별되어야 한다(후술).

IV. 보험사고

보험사고는 손해보험에서는 화재보험에서의 화재와 같이 보험자의 보상의무를 구체화한 사고를 말하고, 인보험에서는 보험계약에서 보험자의 보험금지급책임을 보험계약에서 구체화한 우연한 사고를 말한다. 그러므로 보험사고의 요건으로는 우연한 것이어야 하고, 발생이 가능한 것이어야 하며, 일정한 보험의 목적에 관한 것으로서 그 범위는 특정되어야 한다고 할 수 있다.

V. 보험기간과 보험료기간

1. 보험기간

보험기간이란 보험자의 책임이 시작하여 종료하는 때까지의 기간으로서 책임기간 또는 위험기간을 말하며, 대개 최초의 보험료를 받은 때로부터 시작한다. 그러나 보험기간을 보험계약 성립 전의 시기까지 확장할 수 있는 소급보험에서는 보험기간이 보험계약기간보다 장기이며(643), 보험계약의 내용이 보험계약체결 시에 확정되지 아니한 예정보험에서는 보험기간이 보험계약기간보다 짧다(704). 일자를 보험기간으로 정하는 경우에 시기(始期)는 시작일의 0시가 되고, 종기(終期)는 마지막 날의 24시가 된다. 그러나 보험기간이 종료하더라도 보험사고가 먼저 발생하고, 종료시점이 보험기간을 도과한 경우에는 보험기간 중에 발생한 것으로 보아 보험자의 책임이 있는 것으로 풀이한다.

2. 보험료기간

계속보험에 있어서 보험료는 일정기간을 1단위로 하여 이 기간 동안의 사고발생률을 기초로 하여 계산된다. 보험료기간은 이와 같이 보험자가 위험을 측정하고 보험료를 산출하기 위한 단위기간을 말한다.

VI. 보 험 료

보험료란 보험자가 보험사고에 대한 책임을 부담하는 데 대한 보수로서, 대수의 법칙에 따라 보험사고의 발생률을 기초로 하여 산정한다. 보험료는 보험료총액과 보험금총액이 균형을 이루도록 계산된다.

VII. 보험금액

보험금액은 보험사고발생 시 보험자가 피보험자나 보험수익자에게 지급하는 금액으로, 손해보험에서는 보험가액의 범위 안에서 보험자가 부담하는 책임의 최고 한도액이며, 인보험에서는 보험계약에서 정한 금액을 말한다. 보험자의 보험금 지급책임은 최초의 보험료를 받은 때로부터 시작된다.

제3절 보험계약의 체결

I. 보험계약의 성립

1. 청 약

청약의 의사표시는 상대방에게 도달한 때 효력이 발생한다. 특히 보험계약에서 청약은 대개 보험계약자가 청약서에 일정사항을 기재함으로써 이루어진다. 보험자의 입장에서 볼 때 이 방법이 보험상의 위험을 종합적으로 파악할 수 있는 가장 효과적인 수단이라 할 수 있으므로 기타 방법으로 청약절차를 정하는 경우는 매우 드물다.

2. 승 낙

보험자는 보험계약자의 청약에 응하여 승낙을 하며, 대개 보험증권의 교부로 이루어진다. 그러나 상법은 다음과 같은 특칙을 인정하고 있다.

(1) 보험자의 낙부통지의무

격지자 간의 거래에 있어서 상당한 기간 안에 승낙의 통지가 없으면 청약은 효력이 없다. 이러한 원칙은 보험계약에서 다소 수정된다. 실제로 보험계약은 보험모집인을 매개로 하여 이루어지므로 일정한 시간적 간격을 두고 보험자의 승낙이 있게 된다. 이때 청약자인 보험계약자는 보험모집인에 대해 직접 보험료를 납부하는 것이 일반적이므로 보험자의 승낙에 시간적인 제한을 가할 필요가 있으며, 현행법에서는 그 기간은 30일로 정하고 있다. 인보험에 있어서 피보험자가 신체검사를 받아야 하는 경우(유진사보험)에 그 기간은 신체검사일로부터 기산한다(638의2①). 이 기간 안에 승낙의 통지를 하지 않으면 승낙을 한 것으로 간주한다(동조②).

(2) 보험자의 승낙거절의 제한(승낙전 사고)

보험계약은 보험계약자의 청약에 대한 보험자의 승낙으로 체결되므로 보험자가 승낙의 의사표시를 하기 전에 보험사고가 발생하면 보험자는 책임이 없다고 보아야 할 것이다. 그러나 실질적인 측면에서 볼 때 보험계약자는 미리 보험료를 납부함으로써 보험자의 위험에 대한 인수가 있는 것으로 보며, 보험자도 위험을 인수하지 않으면서 보험료를 선급받는 불합리한 측면이 있으므로 이를 시정하는 의미에서 보험자는 승낙 이전이라도 보험사고가 발생한 경우에 청약을 거절할 사유가 없는 한 보험금지급책임을 진다(638의2③).

(3) 청약을 거절할 사유(부적격체)

보험계약성립 전의 보험자책임도 보험계약자의 청약을 거절할 사유가 있는 때에는 유보되는 것으로 규정하고 있다. 이를테면 생명보험계약이 체결된 경우라도 피보험자가 위험직종에 해당하는 오토바이 사용자로서 약관에서 정한 적격 피보험자가 아닌 때에는 보험자가 승낙을 거절할 수 있고, 보험자의 책임이 성립하지 않는 것으로 된다.

(4) 부활계약에 준용

이 규정은 계속보험료의 연체를 이유로 보험계약이 해지되었으나 해약환급금이 지급되지 않은 경우의 보험계약의 부활의 경우에도 준용된다(650의2).

II. 고지의무(계약 전 알릴 의무)

1. 의   의

보험계약체결 시 위험관리자의 입장에 있는 보험계약자 또는 피보험자는 보험계약의 청약 단계에서 보험자에 대해 중요한 사실을 고지하고, 부실고지 하지 아니할 의무를 진다(651). 즉, 중요사실을 부실고지를 하지 아니할 단순한 의무에 그치지 않고 적극적으로 알릴 의무를 부담한다는 것이다. 이러한 고지의무는 보험자가 보험계약자 측의 사고발생가능성을 가늠하는 데 있어 중요한 사실을 알리도록 하는 의무로서, 보험계약법상 특유의 의무이다. 사실 보험계약을 체결하는 데 있어 보험자가 스스로의 비용으로 보험계약의 체결 여부, 위험의 경중을 정확하게 판단하는 데에는 많은 어려움이 있으므로 일정사항의 고지를 보험계약법상 보험계약자 측의 의무로 규정함으로써 거래의 신속에 기여하고 있다. 오늘날 이러한 고지의무는 개별적으로 이행되지 아니하고, 질문표 등의 방식으로 정형화하고 있다.

2. 법적 성질

이른바 책무에 해당한다. 계약의 일방당사자인 보험계약자는 각종 의무를 부담하지만 주된 의무가 아닌 종된 의무로서의 책무를 이행하지 않은 경우에 상대방은 손해배상청구권, 이행판결을 구하는 소권 등의 적극적인 권리를 행사할 수 없다. 상법에서는 이때 보험계약의 해지권만을 인정하고 있다. 간접의무나 자기의무라고도 한다.

3. 법적 근거

(1) 위험측정설(기술설)

보험계약에서 중요한 위험률을 측정하는 데 있어서 위험관리자에 해당하는 보험계약자 측에 중요사실의 고지라는 협력의무를 부과할 필요가 있다.

(2) 선 의 설

보험계약의 선의성에 기초하여 보험계약자 측에 요구되는 신의성실의무이다. 관념적인 설명이다. 그러나 고지의무는 어느 입장에 의해서도 설명이 가능하며, 양자를 포함하는 것으로 보는 견해가 일반적이다.

4. 내 용

(1) 당 사 자

고지의무자는 보험계약자, 피보험자 및 그의 대리인이다. 고지수령권자는 보험자, 보험자의 대리인(예: 보험대리점) 및 보험의(대리권은 없지만 고지수령권은 있다)이다. 보험중개사, 보험모집인은 고지수령권이 없다. 그러므로 판례도 보험가입청약서에 기왕의 병력을 기재하지 않고, 외무사원에게 구두로 이야기한 것만으로는 고지의무를 이행했다고 볼 수 없다고 본다. 보험계약자가 수인이 있는 경우에는 각자가 고지의무를 진다.

(2) 시기와 방법

보험계약자는 보험계약의 성립시까지 고지의무를 진다. 고지방식은 일정한 제한이 없지만 대개 질문표에 의한다. 한편 보험계약자가 질문표를 작성하고, 보험자에게 이를 교부한 후 새로이 고지사항을 안 때에는 이를 보험자에게 알려야 할 것이며, 그 방법은 구두로도 가능하다고 볼 것이다.

(3) 고지사항

보험계약자, 피보험자가 보험자에 대해 고지할 사항은 이른바, 중요한 사항이다. 여기에서 중요한 사항이란, 보험자가 위험을 측정하여 위험의 인수여부 및 보험료를 판단하는 데 영향을 미치는 사실로서, 보험자가 그 사실을 안 경우에 계약을 체결하지 않거나 적어도 같은 조건으로는 계약을 체결하지 않았을 경우의 사실을 말한다. 어떤 사실이 이에 해당하는가는 보험의 종류에 따라 달라질 수밖에 없는 사실인정의 문제로서 보험의 기술에 비추어 객관적으로 관찰하여 판단되어야 할 것이다. 그러나 고지의무에 따른 고지는 전문적 지식을 가지는 보험자가 작성한 질문표에 의하며, 이러한 질문표에 의한 질문사항은 중요한 사실로 추정된다(651의2). 이러한 중요사항에 해당하는 것으로는 알코올중독, 고혈압, 당뇨병, 암보험에 있어서 부모의 위암사망사실, 위험직종의 종사사실 등이 있고, 중요사항이 아닌 것으로는 감기, 위경련, 구토, 한약보약의 복용사실, 소화불량으로 2-3일간의 통원치료사실 등이 있다.

(4) 고지의무위반과 보험사고발생과의 인과관계

이러한 인과관계의 입증문제에 있어서는 그의 부존재를 보험계약자 측이, 그의 존재를 보험자 측이 부담할 것이지만 위험을 부담하는 보험자의 입장에 비추어 입증의 부담은 보험계약자가 져야 할 것이므로 인과관계의 부존재를 보험계약자가 입증하여야 한다.

5. 고지의무위반의 요건

(1) 주관적 요건

보험계약자, 피보험자의 고지사항에 대한 고의 또는 중과실이 있어야 한다. 여기에서 고의는 어떤 사실을 알고 있다는 사실을 말한다. 중과실에 있어서 사실의 존

재 자체에 대한 부지는 과실이 될 수 없다고 할 것이다. 그러나 특히 해상보험에서
는 사고의 특수성으로 인해 일반손해보험의 경우보다 엄격한 고지의무를 진다. 그
러므로 피보험자의 사고, 망각, 사소한 부주의 등에 의한 불고지나 부실신고도 고지
의무를 위반한 것이 된다.

(2) 객관적 요건

이 중요사실에 대한 불고지 또는 부실고지가 있어야 한다. 이러한 고지는 보험
가입청약서와 같은 서면에 의하는 것이 일반적이므로 보험회사의 외무사원에게 이
를 말한 것만으로는 고지의무를 이행하였다고 볼 수 없을 것이다.

6. 고지의무위반의 효과

(1) 계약해지권의 발생

이러한 고지의무위반이 있으면 계약은 당연무효는 아니고 보험자가 계약을 해지
할 수 있을 뿐이다. 해지권은 형성권이므로 권리의 행사는 보험자가 고지의무의 위반
사실을 입증하고 고지의무자에게 통지함으로써 가능하다. 이러한 통지는 계약의 상
대방인 보험계약자, 그의 상속인이나 대리인을 대상으로 해야 하고, 보험당사자 이외
의 자에 대한 계약해지의 의사표시는 효력이 없다. 그러나 고지의무 위반사실과 보험
사고 사이에는 상당인과관계가 존재해야 하므로 보험자는 이를 입증하여야 한다. 그
렇지 못할 경우에 보험자는 보험금을 지급하여야 한다(655). 즉 보험계약은 해지하더
라도 보험금은 지급해야 한다(655단서). 보험계약을 해지하면 계약은 장래에 있어서
만 효력이 없을 뿐이므로 경과부분에 대한 보험료는 반환청구를 할 수 없다. 단 생명
보험에 있어서는 보험료적립액을 보험계약자에게 반환하여야 한다(736①).

(2) 해지권의 제한

보험자는 보험계약자 또는 피보험자의 고지의무 위반사실을 안 날로부터 1월
내 계약해지권을 행사하지 않거나, 계약체결일로부터 3년이 경과한 때 해지권은 소
멸한다(651). 보험자가 계약 당시 중요한 사실을 알았거나 중대한 과실로 알지 못한
때에도 해지권을 행사할 수 없다(651단서). 고의, 중과실의 유무를 판단하는 데 있어
보험의가 안 것은 보험자가 안 것으로 되지만, 보험모집인이 안 것은 보험자가 안
것으로 보지 아니한다. 즉 고지의무위반으로 계약을 해지한 경우에는 인과관계가
없음이 입증될 경우에도 계약해지는 인정되며, 계약이 해지되지 않은 상태에서 인
과관계 없음이 입증된 경우에는 계약해지가 제한된다(655).

(3) 보험료증액청구권

보험자는 보험료의 증액을 청구할 수 있다.

(4) 설명의무위반과 해지권의 제한

보험계약체결 시 보험자나 보험모집인은 약관상 상품의 내용, 보험료 등의 중요사항을 자세하게 설명할 의무를 지며, 이를 위반하여 보험계약을 체결한 때에는 약관의 내용으로 정할 수 없고, 보험계약자나 그 대리인이 동 약관상 고지사항을 고지하지 않은 경우에도 보험계약을 해지할 수 없다.

(5) 상법상 고지의무위반과 민법상 사기·착오의 적용 여부

보험계약자의 고지의무위반의 경우 보험자는 민법상 착오(민109)를 주장할 수 있는가? 또한 보험계약자의 고지의무위반이 동시에 사기적 방법으로 이루어진 경우 사기를 이유로 취소권(민 110)을 행사할 수 있는가 하는 점이 의문이다. 이와 관련하여 상법단독적용설과 양 법의 중복적용설, 그리고 이를 절충하여 사기·착오를 구분하는 설이 대립한다. 절충설은 원칙적으로 상법은 민법의 특칙이므로 상법규정이 적용될 것이고, 보험자는 전문적으로 보험사업을 운영하는 자이므로 착오에 관한 민법상 취소권을 보험자에게 적용하는 것은 불합리하다고 볼 것이며, 다만 보험계약자의 사기가 있는 경우에는 의사표시의 하자에 관한 규정(민 110)에 따라 보험자도 민법상 취소권을 가진다고 본다(통설·판례).

제4절 보험계약의 효력

I. 보험자의 의무

1. 보험증권교부의무

법문언의 해석상 보험증권은 보험계약자의 청구가 있는 경우에만 보험자가 작성, 교부하는 것으로 되어 있지만, 실제로는 보험계약의 정형성에 기초하거나 유력한 증거증권으로서의 성질을 가지는 보험증권이 발행되는 경우가 일반적이다. 보험증권의 교부가 보험계약의 성립·효력요건은 아니다.

2. 보험금지급의무(손해보상의무)

보험자는 보험기간 내 보험계약에서 정한 보험사고가 발생한 때 피보험자 또는 보험수익자에게 보험금지급의무를 진다(638). 이 의무는 보험계약자의 보험료지급의무와 대응되는 개념의 의무이다. 이 의무의 발생요건은 (i) 보험기간 내 보험사고가 발생하고, (ii) 피보험자의 재산상의 손실이 있어야 하고, (iii) 보험사고와 손해발생 간에 상당인과관계가 존재해야 한다. 보험계약자 또는 피보험자의 고의·중과실에 의한 보험사고(659), 특약이 없는 경우 전쟁 기타 변란에 의한 보험사고(660), 약관에 의한 면책사유(면책약관), 보험목적의 성질, 하자 또는 자연소모로 인한 손해(678) 등의 경우에는 우연한 사고로 볼 수 없기 때문에 보험자는 책임을 면하게 된다(면책사유).

3. 보험료반환의무

보험자는 보험계약이 무효 또는 취소된 경우에 보험계약자와 피보험자의 고의나 중과실이 없는 때에는 수령한 보험료를 반환하여야 한다(648). 그리고 사고발생 전에 임의로 계약을 해지한 때에는 특약이 없으면 미경과 보험료를 반환하여야 한다(649). 보험계약자의 보험료반환청구권은 3년의 시효로 소멸한다(662).

4. 대출의무

인보험에서 보험자는 보험계약자의 청구가 있는 때 해약환급금의 범위 안에서 금전을 대부할 것을 특약으로 정할 수 있는데, 이를 약관대출이라고도 한다. 이때 대출은 대개 보험증권을 담보로 하며, 후일 보험금액이나 해약환급금을 지급할 때 대출액과 이자를 공제한다.

II. 보험계약자, 피보험자, 보험수익자의 의무

1. 보험료지급의무

보험계약자는 보험자가 위험을 인수한 대가로 보험료납입의무를 진다(638). 보험료지급의무의 부담자는 원칙적으로 보험계약자이다. 그러나 보험계약자가 파산선고를 받거나 보험료지급의무를 게을리한 때에는 권리포기의 의사가 없는 한 피보험자가 이차적으로 보험료 납입의무를 진다(639③). 보험료는 지참채무의 원칙에 의해 보험자의 영업장소에서 지급한다. 보험회사를 대리하여 보험료수령권이 있는 대리점이 보험계약자의 보험료대납(代納)을 약정한 경우에는 실제로 보험대리점이 보험회사에 보험금을 대납하지 않은 경우에도 보험료납부의 효과가 인정된다고 할 것이다. 보험계약자가 계약 성립 후 2월 안에 보험료 전부(일시지급) 또는 1회 보험료 (분할지급)를 지급하지 않은 때에는 다른 약정이 없는 한 계약은 해제된 것으로 본다 (650①). 즉, 이 규정에 의해 보험료지급의 최고나 해약의 절차 없이 2월의 기간의 경과로 계약이 해지되는 것으로 의제된다. 계속보험료가 적기에 지급되지 아니한 경우에 보험자는 상당한 기간을 정하여 지급을 최고하고, 그 기간 안에 지급을 하지 않은 때에는 계약을 해지할 수 있다(650②).

2. 통지의무(계약 후 알릴의무)

(1) 위험변경 · 증가의 통지의무(객관적 위험변경)

보험기간 중 보험사고의 위험이 현저하게 변경 또는 증가한 경우에 이를 안 보험계약자 또는 피보험자는 이를 지체 없이 보험자에게 통지하여야 한다(652①). 여기에서 위험의 현저한 변경 또는 증가라 함은 그 변경 또는 증가된 위험이 보험계약의 체결 당시 존재하고 있었다면 보험자가 보험계약을 체결하지 않았거나 적어도 그 보험료로는 보험을 인수하지 않았을 정도의 것을 말한다.

(2) 보험사고발생의 통지의무

보험계약자 또는 피보험자는 사고발생을 안 때 즉시 보험자에게 이 사실을 알려야 한다(657①). 이때 보험자는 신속히 보험금액을 정하고 이를 10일 내에 지급하여야 한다(658). 위 의무를 태만히 함으로써 손해가 증가된 때 보험자는 증가된 손해에 대해서는 보상책임을 지지 아니한다(657②). 예를 들면 보험회사의 협조 없이 단독으로 합의를 보았는데 합의금이 실제로 지급할 금액보다 많은 경우에 그 차액(초과금액)에 대해서는 보험금을 청구할 수 없다.

3. 위험유지의무(주관적 위험변경)

보험기간 중 보험계약자, 피보험자, 보험수익자가 고의 또는 중과실로 사고발생의 위험을 현저히 변경 또는 증가한 경우에 보험자는 그 사실을 안 날로부터 1월 이내에 보험료의 증액을 청구하거나 임의로 계약을 해지할 수 있다고 규정하고 있다(653). 그러므로 보험계약자 등은 그 위험을 증가 또는 변경하고자 할 때에는 보험자의 동의를 얻어야 한다. 특히 선박보험에서는 선급이 변경(하락)된 경우에 위험이 유지된 것으로 볼 수 없으므로 보험관계가 종료하는 것으로 규정한다(703의2).

제5절 보험계약의 무효·종료·부활

I. 보험계약의 무효

보험계약체결 당시에 보험사고가 이미 발생하였거나 또는 발생할 수 없는 것인 때에는 그 보험계약은 당연히 무효가 된다(644본문). 보험사고의 불확정성은 객관적이어야 하는 것은 아니므로 주관적이어도 무방하다. 그러므로 계약당사자 쌍방과 피보험자가 보험사고의 확정사실을 알지 못한 때에는 보험계약은 유효하게 성립한다(동조 단서). 초과보험 또는 중복보험이 보험계약자의 사기로 인하여 체결된 경우에는 그 계약은 무효이다(669④, 672③). 과거에는 15세 미만자, 심신상실자 또는 심신박약자의 사망을 보험사고로 하는 보험계약을 무효로 했기 때문에 정신장애인은 장애의 정도에 관계없이 생명보험계약 체결이 불가능했었다. 그러나 2014년 개정 시 심신박약자 본인이 직접 보험계약을 체결할 때 또는 단체보험의 피보험자가 될 때에 의사능력이 있다고 인정되면 생명보험계약의 피보험자가 될 수 있도록 했다(732 단). 이로써 경제활동을 통하여 가족을 부양하거나 생계를 보조하는 심신박약자가 생명보험계약에 가입할 수 있게 됨으로써 그 유족의 생활 안정에 이바지할 것으로 기대된다. 보험자가 보험약관의 교부·설명의무를 위반한 경우 보험계약자는 보험계약 성립일부터 3개월 내에 그 계약을 취소할 수 있다. 이와 같이 보험계약이 취소된 경우 그 계약은 처음부터 무효가 된다(민 141). 또한 보험계약자 등의 고지의무위반이 민법상 사기가 되는 경우 보험자는 계약을 취소할 수 있다. 이와 같이 보험계약이 취소된 경우 그 계약은 처음부터 무효가 된다.

그 밖에도 보험료 부지급으로 인하여 보험계약이 해제되는 경우 그 보험계약은 처음부터 무효가 된다. 또한 의사표시의 무효사유 또는 취소사유에 의하여 보험계약의 청약이나 승낙의 의사표시가 무효가 된 경우에도 보험계약은 무효가 된다.

II. 보험계약의 변경

보험기간 중 보험계약자 또는 피보험자가 사고발생의 위험이 현저하게 변경 또는 증가된 사실을 알고 지체 없이 보험자에게 통지한 때에는 보험자는 1월 내에 보험료의 증액을 청구하거나 계약을 해지할 수 있다(652). 보험계약자, 피보험자 또는 보험수익자의 고의 또는 중대한 과실로 인하여 사고발생의 위험이 현저하게 변경 또는 증가된 때에는 보험자는 그 사실을 안 날부터 1월 내에 보험료의 증액을 청구하거나 계약을 해지할 수 있다(653). 보험계약의 당사자가 특별한 위험을 예기하여 보험료의 액을 정한 경우에 보험기간 중 그 예기한 위험이 소멸한 때에는 보험계약자는 그 후의 보험료의 감액을 청구할 수 있다(647).

III. 보험계약의 종료

1. 당연종료

보험기간이 만료되면 계약은 당연히 종료된다. 보험기간 중에 보험사고가 발생하면 보험자는 보험금지급책임을 부담하므로 보험계약은 원칙적으로 종료된다. 보험목적이 보험사고 이외의 원인으로 멸실한 경우에는 위험이 부존재하므로 보험계약은 종료된다. 보험계약자가 보험료를 지급하지 않는 경우에는 그 계약은 해지되는 것으로 의제되고 이로 인하여 그 계약은 종료된다(650①). 보험자가 파산선고를 받으면 보험계약자는 계약을 해지할 수 있으나(654①) 보험자가 해지하지 아니하면 파산선고 후 3월이 경과한 때 보험계약은 당연히 그 효력을 상실한다(동조②).

2. 임의해지

보험계약자는 보험사고의 발생 전에는 언제든지 보험계약의 전부 또는 일부를 해지할 수 있다(649①본문). 또 보험사고의 발생으로 보험자가 보험금을 지급한 때에도 보험금액이 감액되지 아니하는 보험의 경우에는 보험계약자는 그 사고발생 후에도 보험계약을 해지할 수 있다(동조②). 그리고 보험자가 파산선고를 받은 경우 보험계약자는 보험계약을 해지할 수 있다(654①). 보험자도 보험계약을 해지할 수 있다. 보험계약자 등이 고지의무를 위반한 경우나 계속보험료를 지급하지 않고 있는 경우에는 보험자는 그 계약을 해지할 수 있다. 또한 보험기간 중 객관적 위험이나 주관적 위험의 변경·증가가 있는 경우 보험자는 보험계약을 해지할 수 있다. 그 밖에도 보험약관으로 정한 보험계약 해지사유가 강행법규에 위배되지 않는 한 이에 따라 보험계약을 해지할 수 있다.

IV. 보험계약의 부활

보험계약의 부활이란 보험계약자가 계속보험료를 지급하지 아니함으로 인하여 보험계약이 해지되었거나 실효되었음에도 해지환급금이 지급되지 않은 경우 보험계약자가 일정한 기간 내에 연체보험료에 법정이자를 붙여 보험자에게 지급하여 그 계약의 부활을 청구하고, 보험자가 이를 승낙함으로써 종전의 보험계약을 부활시키는 것을 말한다. 보험계약이 부활하기 위하여는 계속보험료를 지급하지 아니함으로써 보험계약이 해지 또는 실효되었어야 한다(650의2, 650②). 또 보험계약자가 이미 지급한 보험료 중 미경과보험료가 있거나 해지환급금을 보험자가 반환하지 않았어야 한다(650의2). 그리고 보험계약자의 부활계약의 청약과 이에 대한 보험자의 승낙이 있어야 한다. 보험계약의 부활로 인하여 해지 또는 실효되었던 보험계약이 회복된다. 보험계약의 부활로 인하여 보험자의 책임은 부활계약의 승낙 시부터 다시 개시된다.

제6절 타인을 위한 보험계약

I. 의 의

타인을 위한 보험계약이란 보험계약자가 특정 또는 불특정의 타인의 이익을 위하여 자기명의로 체결한 보험계약을 말한다(639①본문). 타인을 위한 보험계약은 손해보험에 있어서는 피보험자가 보험계약자와 일치하지 아니하는 경우이고, 생명보험에 있어서는 보험수익자가 보험계약자와 일치하지 아니하는 경우이다. 타인을 위한 보험계약에서 계약당사자가 아닌 제3자가 계약상의 권리를 취득하게 되는 이론적 근거에 대하여는 다툼이 있다. 우리나라의 통설과 판례의 태도는 민법상 제3자를 위한 계약(민 539)의 일종이라고 본다. 다만, 민법상의 제3자를 위한 계약에서는 제3자가 수익의 의사표시를 함으로써 비로소 제3자의 권리가 발생하지만, 타인을 위한 보험계약에서는 수익의 의사표시가 없어도 당연히 보험계약상의 권리를 취득한다는 점에 차이가 있다고 한다.

II. 성립요건

(1) 타인을 위한다는 의사표시의 존재

타인을 위한 보험계약이 성립하려면 타인을 위한다는 의사표시가 있어야 한다. 이 의사표시는 명시적 또는 묵시적으로 이루어질 수 있다. 그러나 타인을 위한다는 의사가 분명치 않은 경우에는 자기를 위한 보험계약으로 추정된다(통설).

(2) 피보험자 또는 보험수익자

타인을 위한 보험계약의 경우 그 타인이 특정되지 않는 경우, 즉 피보험자를 특정되지 않은 자로 하는 것은 화물의 보관·운송 등의 경우에 이용될 수 있다. 타인을 위한 보험계약의 경우 피보험자는 보험계약자가 아니므로 능력의 유무, 의사표시의 하자의 유무 등은 보험계약자의 그것에 따라 정한다.

(3) 타인의 위임 여부

타인을 위한 보험계약은 보험계약자와 보험자의 청약과 승낙에 의하여 성립하며, 그 타인의 위임은 받은 경우도 가능하나 받지 않은 경우도 가능하게 된다(639①본문). 손해보험의 경우 그 타인의 위임이 없는 경우에는 보험계약자는 이를 보험자에게 고지하여야 한다(동조 단서 전단). 이는 사기적 방법으로 보험금을 청구하는 등의 부정행위를 방지함과 동시에 그 타인으로 하여금 통지의무나 손해방지의무를 이행할 기회를 주기 위한 것이다. 이 고지를 하지 아니한 경우 그 타인이 보험계약이 체결된 사실을 알지 못하였다는 이유로 보험자에게 대항하지 못한다(동조 단서 후단). 인보험의 경우 보험수익자를 지정·변경한 경우에는 이를 보험자에게 통지하여야 하며, 이 통지를 하지 아니하면 이로써 보험자에게 대항하지 못한다(733, 734, 739 참조).

III. 타인을 위한 보험계약의 효과

1. 보험자와 보험계약자 간의 관계

(1) 보험계약자의 의무

보험계약자는 보험계약의 당사자로서 보험자에 대하여 가지는 계약상의 모든 의무를 부담한다. 보험료 지급의무를 비롯하여, 고지의무, 위험변경·증가의 통지의무, 보험사고발생의 통지의무, 손해방지의무 등을 부담한다.

(2) 보험계약자의 권리

보험계약자는 보험자에 대하여 보험계약상의 여러 가지 권리를 가진다. 즉, 보험증권교부청구권, 보험사고 발생 전 계약해지권, 보험료감액청구권, 보험료반환청구권, 보험계약해지권 등을 가지는 것이다. 다만, 타인을 위한 보험계약의 성격상 해지권은 수익자의 동의를 얻지 아니하면 행사할 수 없다(649①단서).

2. 보험자와 수익자 간의 관계

(1) 수익자(피보험자 또는 보험수익자)의 의무

보험의 수익자, 즉 피보험자(손보) 또는 보험수익자(생보)는 고지의무, 보험사고 발생통지의무, 객관적 위험변경·증가의 통지의무, 손해방지의무 등을 부담한다. 피보험자 또는 보험수익자는 보험료지급의무가 없는 것이 원칙이지만, 보험계약자가 파산선고를 받거나 보험료지급이 지체된 때에는 보험금지급청구권을 포기하지 않는 한 보험료를 지급할 의무를 지게 된다(639③).

(2) 수익자(피보험자 또는 보험수익자)의 권리

수익자는 수익의 의사표시를 하지 아니하더라도 당연히 보험금지급청구권을 갖는다(639②본문). 보험계약자의 동의 없이도 수익자는 임의로 권리를 행사하고 처분할 수 있다. 손해보험계약의 경우 보험계약자가 피보험자에게 보험사고의 발행으로 인한 손해를 배상한 때에는, 피보험자의 이중이득을 방지하기 위하여 보험계약자로 하여금 피보험자의 권리를 해하지 않는 범위에서 보험자에게 보험금의 지급을 청구할 수 있게 한다(동조 단서).

제3장 │ 손 해 보 험

제1절 손해보험 총론

I. 손해보험계약의 의의

손해보험계약(contract of property insurance)이란 당사자 일방이 우연한 일정한 사고에 의하여 생길 수 있는 피보험자의 재산상 손해를 보상할 것을 약정하고, 상대방이 이에 대하여 보험료를 지급할 것을 약정함으로써 효력이 생기는 보험계약을 말한다(665, 638). 또한 불법행위나 채무불이행 시의 손해배상액은 그 행위와 상당인과관계가 있는 모든 손해지만(민 393, 763), 보험자의 손해보상액은 보험금액의 한도에서 피보험자가 보험사고로 입은 재산상의 손해로 한정된다는 점에 차이가 있다. 손해보험계약은 보험사고로 생길 피보험자의 재산상의 손해를 보상할 것을 목적으로 한다. 소위 손해보상의 원칙(principle of indemnity)이란 손해보험의 보험사고로 인하여 실제로 발생된 손해 이상의 이득을 취할 수 없다고 하는 원칙이다. 보험사고로 인한 이득금지의 원칙이라고도 한다.

II. 손해보험계약의 종류

상법은 손해보험계약의 종류로 화재보험, 운송보험, 해상보험, 책임보험, 자동차보험 및 보증보험을 규정하고 있다. 보험업법은 손해보험계약에 해당하는 것으로 화재보험, 해상보험, 항공보험, 운송보험, 자동차보험, 보증보험, 재보험, 책임보험, 기술보험, 권리보험, 도난보험, 유리보험, 동물보험, 원자력보험, 비용보험 등을 규정하고 있다. 나아가서 현대의 경제생활의 발전과 생활관계의 복잡화에 따라 계속적으로 새로운 종류의 보험이 등장하고 있다. 이러한 각종의 손해보험계약에 대하여 개별적인 보험약관이 있지만, 보험계약법의 통칙규정과 손해보험계약법의 통칙 규정이 적용된다.

III. 被保險利益

1. 의   의

보험사고와 관련하여 피보험자가 가지는 경제적 이해관계를 말하며, 상법에서 는 보험계약의 목적이라고도 한다. 인보험에서는 피보험자와 경제적 이해관계가 없 는 자도 보험수익자가 될 수 있거나, 인보험이 손해발생여부와 관계가 없는 정액보 험이라는 점 등에서 피보험이익의 개념을 인정하지 않는 입장이 우세하다.

2. 요   건

(1) 금전평가가 가능한 경제적 이익이어야 한다.

보험은 보험사고가 발생한 때 사후에 이를 금전적으로 보상하기 어려운 개인의 감정이나 명예 등을 보험계약의 목적으로 할 수 없다.

(2) 확정할 수 있어야 한다.

피보험이익은 보험계약에서 확정되어야 한다. 그러나 보험계약체결 시 반드시 피보험이익이 존재해야 하고, 보험계약에서 이를 특정해야 하는 것은 아니다. 따라 서 손해발생 시에 가서 피보험이익을 특정할 수 있으면 동시에 피보험이익이 확정 된 것으로 본다. 그러므로 이익이 확정되지 않으면 손해도 확정될 수 없고, 그 결과 손해의 보상도 할 수 없다.

(3) 적법한 이익이어야 한다(보험의 사회적 한계)

상법상 보호가능한 이익이어야 한다. 만약 사행계약이나 불법행위로 인한 손해 를 보험에 의해 보상한다면 그러한 행위를 조장하는 결과가 된다.

3. 효   력

(1) 보험자의 책임범위를 결정한다.

보험자의 보험금지급의 최고한도는 피보험이익의 가액을 기준으로 한다.

(2) 보험의 사행계약성을 완화한다.

사행성의 유무는 피보험이익의 유무에만 좌우되는 것은 아니지만, 피보험이익이 없거나 보험금액에 비해 현저하게 적은 때에는 사행계약으로 무효가 된다. 따라서 고의로 보험사고를 유발하는 인위적 위험을 방지하는 효과도 있다.

(3) 초과보험의 방지(이득금지의 원칙)

초과보험에서 피보험이익은 이득금지의 원칙에 따라 계약당사사로 하여금 보험료 및 보험금액의 감액청구를 가능하게 한다.

(4) 보험계약의 동일성을 인식하는 기준이 된다.

동일한 보험의 목적에 대해 수 개의 보험계약이 체결될 수 있으며, 그 기준은 피보험이익에 의해 결정된다. 그러므로 동일한 건물의 화재보험에서 건물의 소유자와 담보물권자는 각각 별도의 화재보험에 가입할 수 있다.

4. 피보험이익의 평가

피보험이익의 평가액을 보험가액이라고 하는데, 이러한 보험가액은 산정시기에 따라 기평가보험과 미평가보험으로 나눈다.

IV. 보험가액과 보험금액

1. 보험가액과 보험금액

(1) 의   의

보험가액은 이상에서 본 피보험이익을 금전적으로 평가한 것을 말한다. 손해보험에서 이러한 보험가액을 보험계약 시에 미리 정하는 것을 기평가보험이라 하고, 보험가액을 미리 정하지 않은 것을 미평가보험이라 한다. 보험가액이란 개념은 특히 손해보험에서 실제로 발생한 손해를 보상함에 있어서 보험자책임의 최고한도액을 의미하므로, 보험금이 그 이상으로 지급될 수 없도록 함으로써 보험계약의 사행성을 완화하여 주는 기능을 한다.

(2) 보험가액과 보험금액의 관계

보험금액이란 보험계약체결 시 보험사고가 발생한 때 보험자가 지급하기로 정한 금액의 최고한도를 말한다. 보험가액을 미리 정한 기평가보험에서는 대개 이러한 보험가액이 보험금액이 된다. 통상 손해보험은 손해발생 당시의 피보험이익을 보상하지만, 당사자 간의 약정이 있는 때에는 예외적으로 신가보험이라 하여 신품가액을 보험가액으로 하여 손해액을 산정할 수 있다(676). 그러므로 보험자가 손해보험의 보상을 함에 있어서 보험계약자 측에 있어서는 우선 보험가액으로 추상적인 손해액의 최고한도를 정하고, 보험자에 있어서는 보험금액으로 구체적인 손해보상액의 최고한도를 정한다. 이때 보험가액과 보험금액이 일치하면 전부보험이 되고, 양자가 일치하지 않으면 일부보험, 초과보험, 중복보험이 된다.

2. 일부보험

일부보험은 보험료 절약이나 주의력의 제고수단으로 이용될 수 있으며, 물가상승 시에도 나타날 수 있다. 일부보험에서도 분손을 자주 유발함으로써 수회의 보험금이 지급될 수 있는 도덕적 위험이 있다. 보험자는 보험금액의 보험가액에 대한 비율에 따라 보상책임을 진다(674). 비례부담의 원칙을 정한 규정은 강행규정이 아니므로 당사자 사이의 특약으로 손해액 전액을 지급할 것을 정할 수 있다(674).

3. 초과보험

피보험이익이 없는 곳에 보험이 있을 수 없으므로 보험금액은 보험가액을 초과할 수 없다. 그러나 시간 여하에 따라 보험가액의 변동이 있을 수 있으므로 보험금액이 보험가액을 넘어서는 초과보험이 발생할 수도 있다. 그러나 실제로 초과보험이라 함은 보험금액이 보험가액을 현저하게 초과하는 보험을 말한다(669①). 보험계약자가 초과보험을 사기로 체결한 때 계약은 무효가 된다(669④). 이때 사기에 관한 입증책임은 보험자가 부담한다. 보험계약자가 선의인 경우에는 초과부분은 무효가 된다. 그러므로 보험자는 초과부분에 해당하는 보험금의 감액을 청구할 수 있다(669①). 즉, 보험사고 발생 전이면 보험가액을 조정하여 전부보험으로 하고, 보험료를 환급받을 수 있다. 한편 선의의 보험계약자도 보험료의 감액을 청구할 수 있다. 즉, 보험료감액은 장래에 대해서만 효력이 있다(669①후단).

4. 중복보험

보험계약자가 동일한 보험목적에 대해 수인의 보험자와 보험계약을 체결함으로써 보험금 총액이 보험가액을 초과하는 것을 말하며, 초과보험의 특수한 형태이다. 상법은 비례주의를 원칙으로 하고 연대주의를 부가하고 있다(672①). 즉, 각 보험자는 자기의 보험계약에서 정한 보험금액을 최고한도로 하여 책임을 지며(비례주의), 피보험자는 어느 보험자에 대해서도 보험금을 청구할 수 있다(연대주의). 피보험자가 특정보험자에 대한 권리를 포기한 경우에도 다른 보험자는 본래의 책임금액에 대해 지급해야 하므로(673), 민법의 경우(419)보다 연대채무자가 좀더 불리하다. 각 보험자는 보험금액의 비율에 따라 책임을 진다. 보험계약자가 사기로 체결한 보험계약은 무효가 된다(672③). 이때 피보험자는 사기로 체결한 보험계약에 대해서는 보상을 받을 수 없다. 그러나 사기보험 이외의 다른 보험계약의 효력에는 영향을 미치지 아니한다. 중복보험의 경우 보험계약자가 고의로 보험사고를 유발하여 부당이득을 취할 수 있으므로 보험계약자는 각 보험자에 대해 보험계약의 내용을 통지하여야 한다(672②).

제2절 손해보험계약의 효과

I. 보험자의 손해보상의무

1. 의   의

손해보험계약에 있어서 보험자의 책임은 당사자 간에 다른 약정이 없으면 최초의 보험료를 수령한 때부터 개시된다(665). 이때 보험자의 손해보상의무는 보험기간 내에 보험목적에 관하여 보험사고가 발생하고 그로 인하여 손해가 생겨야 한다.

2. 요   건

(1) 보험사고의 발생

손해보상의무가 발생하기 위하여는 보험기간 중에 약정된 보험사고가 발생하고, 그로 인하여 보험자가 부담할 손해가 있어야 한다. 보험사고가 보험기간 중에 발행하면 그로 인한 손해는 보험기간 경과 후에 생겨도 보상하여야 한다. 정신적 손해는 포함하지 아니한다.

(2) 보험사고의 발생과 손해의 인과관계

보험자는 보험사고로 인하여 생긴 손해를 보상할 의무를 지므로 보험사고와 손해발생의 사이에는 상당인과관계가 있어야 한다(통설, 판례). 나아가서 보험사고가 발생하여 그로 인하여 보험목적에 관하여 보험자가 부담할 손해가 생긴 이상, 그 후 그 보험목적이 보험자가 부담하지 아니하는 사고의 발생으로 인하여 멸실되어도 보험자는 책임을 면하지 못한다(675).

3. 손해의 보상

(1) 손해액의 산정

보험자가 보상할 손해액은 그 손해가 발생한 때와 곳의 가액에 의하여 산정한다(676①본문). 손해액 산정에 관한 비용은 보험자가 부담한다(동조②). 실제에 있어서는 약관에 의하여 피보험자가 이 비용을 부담하는 경우도 있게 된다.

(2) 손해보상의 방법

손해보상의 방법으로는 대물교부, 현물수신 등으로도 할 수 있으나, 보통은 금전으로 하게 된다. 손해를 보상할 경우 보험료의 지급을 받지 아니한 잔액이 있으면 그 지급기일이 도래하지 아니한 때라도 보상할 금액에서 이를 공제할 수 있다(677).

(3) 손해보상의 범위

손해보상의 범위는 원칙적으로 보험금액의 범위 내에서 피보험자가 보험사고로 입은 실손해액이다. 그러므로 전부보험에 있어서는 전손의 경우에는 협정보험가액 또는 보험금액을 지급하고, 분손의 경우에는 보험가액과 잔존가액과의 차이에 대하여 손실을 보상한다. 일부보험의 경우에는 보험금의 보험가액에 대한 비율로 손해보상액이 정해지게 된다(674). 손해방지비용은 보상액과의 합계액이 보험금액을 초과한 경우에도 보험자가 이를 부담한다(680).

4. 손해보험자의 면책사유

손해보험자는 보험계약자 등의 고의나 중대한 과실로 인한 보험사고이거나(659), 보험사고가 전쟁(660) 등인 경우 면책된다. 그 밖에도 모든 손해보험에 공통되는 면책사유로는 보험의 목적에 관한 사유가 있다. 즉 손해보험의 목적의 성질, 하자 또는 자연소모로 인한 손해에 대하여는 보상할 책임이 없다(678).

5. 보험금의 지급과 잔존책임

보험사고로 인하여 전손이 발생하고 보험금의 전액을 지급한 때에는 보험관계는 종료한다. 분손이 발생한 경우에는 그에 따른 보상이 이루어지고 보험계약은 존속한다. 이 경우 보험금액은 당초의 보험금액에서 보상한 금액을 공제한 잔액을 보험금액으로 하여 계약이 존속되게 할 수 있는가 하면(잔존책임), 당초의 보험금액을 그대로 유지하여 계약이 존속하게 할 수도 있을 것이다(자동복원).

II. 보험계약자 등의 손해방지의무

1. 의   의

보험계약자와 피보험자는 보험사고 발생 시 손해를 방지하거나 경감할 의무를
진다(680). 이는 보험계약의 선의성과 공익적 요구에 기초한 의무로서, 보험사고로
인한 손해를 방지하기 위해 적극적으로 행동하여야 할 작위의무이다.

2. 내   용

이러한 손해방지, 경감의무의 의무자는 보험계약자와 피보험자이다(680본문).
그 밖에 이들의 대리인, 사용인, 지배인, 선장 등도 의무자이다. 손해는 직접적이건
간접적이건 묻지 않고, 손해방지와 경감을 위하여 노력한 이상 그 효과가 반드시 생
겨야 하는 것은 아니며, 의무이행은 본인 스스로 하든지 타인으로 하여금 대행을 하
든 상관 없다. 이 비용과 보상액의 합계액이 보험금액을 초과하는 경우에도 역시 보
험자가 이를 부담하여야 한다(680①단서). 보험자가 보상책임을 지지 아니하는 사고
에 대하여는 손해방지의무가 없으므로 이로 인한 보험자의 비용상환의무도 없으나,
보험자에게 보상책임이 있는 사고인 한 손해방지의무자가 방지행위를 함에 있어 지
출한 모든 종류의 재산적 희생으로서 노력의 제공, 금전과 물건의 희생을 포함한다.
금전의 희생에는 변호사 보수를 포함하여 제3자의 제소에 대한 응소비용도 포함된
다.

3. 법적 성질

이 의무는 계약상의 의무는 아니며, 보험계약이 가진 사행계약적 성질로 인하
여 법이 특별히 규정한 의무라고 본다(통설). 보험계약자가 이 의무를 위반하여 보
험자가 손해를 입은 경우는 보험자는 보험계약자에게 손해배상청구를 하거나 손해
보상액에서 공제할 수 있게 하므로 이 의무는 간접의무라고 할 수는 없다.

4. 법적 효과

(1) 위반의 효과

이 의무는 부수적 의무이므로 이를 위반하더라도 보험자가 손해배상을 요구하
거나 법원에 강제집행을 요구할 수 없으며, 다만 소극적으로 의무를 이행하였으면

저지하였을 손해에 대해 보험자에게 청구할 수 있는 보상액을 청구할 수 없는 불이익이 있을 뿐이다.

(2) 이행의 효과

필요비와 유익비 및 보상액을 청구할 수 있다. 이러한 비용을 지급하지 않는다면 사고 후 손해축소를 위해 노력할 사람은 아무도 없을 것이다. 그러므로 적절한 손해방지비용의 지급은 보험의 도덕적 위험을 축소하거나 방지할 수 있는 하나의 방편이 될 것이다. 이때 청구액은 보험금액을 초과할 수 있다(680).

제3절 보험자대위

I. 의 의

보험자대위란 보험자가 보험금을 지급한 때 피보험자 또는 보험계약자의 보험목적 또는 제3자에 대한 권리를 법률상 당연히 취득하는 것을 말한다(681, 682). 상법은 보험자대위에 대하여 두 가지를 규정하고 있는데, 제3자에 대한 보험자대위가 그 중심을 이루고 있다.

II. 보험자대위의 근거에 관한 학설

보험자대위의 원칙은 본래 형평의 관념에서 나온 것이다. 그 근거를 말하면 첫째, 손해보험계약은 일종의 손해보상계약이므로 단순히 손해의 보상만을 목적으로 하고 보험사고로 인하여 피보험자에게 이중의 이득을 주지 않으려는 데 보험자대위의 근거가 있다는 견해(이득방지설)와 둘째, 피보험자에 의한 보험사고의 유발이나 도박 등의 부정행위에 이용될 위험을 방지하기 위한 수단으로서 보험자대위가 인정된 것이라는 견해가 있다(정책설). 오늘날 손해보험의 성격을 가진 인보험에 있어서도 보험자대위를 금지한다든가(729), 이를 허용하는 것 등으로 미루어 볼 때 보험정책적인 입장도 무시할 수 없고, 보험보상의 원칙도 아울러 고려하여야 하므로 어느 한 입장만을 중심으로 해석할 문제는 아니라고 본다.

III. 보험목적에 대한 보험자대위(잔존물대위)

1. 의   의

보험목적의 전부가 멸실하고, 여기에 대해 보험자가 보험금 전부를 지급한 때 보험자는 그에 대한 피보험자의 권리를 취득한다. 물건보험 가운데 육상보험에서는 잘 이용되지 않고 있다. 손해액 산정에 있어서 실손해액에서 잔존물가액을 공제할 수 있는 선택권을 보험자가 보유하는 약관이 일반적이다.

2. 요   건

(1) 보험목적의 전부멸실

보험의 목적에 전손이 발생하여야 한다. 전손은 그 종래의 용법에 따른 경제적 가치가 전부 상실된 것을 말하며, 따라서 잔존물이 어느 정도의 금전적 가치를 가지고 있다고 하더라도 전손이 인정될 수 있다. 분손의 경우에는 처음부터 잔존한 목적물의 가치를 공제하고 실손해액만을 산정하므로 보험자대위의 문제는 애초부터 발생하지 아니한다.

(2) 보험금액의 전부지급

보험자가 보험금액의 전부를 지급하여야 한다. 즉, 보험자가 보험금액의 일부만을 지급한 경우에는 그 지급부분에 대하여 잔존물에 대한 권리를 취득하는 것이 아니다. 이 점은 제3자에 대한 보험자대위와 구분되는 부분이다. 보험금액의 전부지급에는 보험의 목적에 대한 손해액만이 아니라, 보험자가 지급할 손해방지비용 등도 포함된다(통설).

3. 효   과

(1) 권리의 당연한 이전

이러한 권리의 이전은 법률에 의한 효과에 기초한 것으로 물권변동의 의사표시를 요하지 않는다.

(2) 이전되는 권리의 범위

목적물에 대한 소유권뿐만 아니라 임차권, 저당권 등의 권리도 포함된다.

(3) 일부보험

일부보험에 있어서 보험자는 잔존목적물에 대해 피보험자와 지분비율에 따른 공유권을 가진다(681단서).

4. 대위권의 포기

목적물에 대한 부담비용이 잔존물의 가치를 초과하는 때에는 대위권을 포기할 수 있다(선박의 입항 및 출항 등에 관한 법률 40). 이때 잔존물의 소유권은 다시 피보험자에게 귀속한다. 이 경우에는 특약으로 잔존물의 권리를 포기하거나 비용을 피보험자가 부담하는 방법에 의한다. 다수설은 이를 긍정하고 있지만 이득금지의 원칙에 반한다는 문제가 있다.

IV. 제3자에 대한 보험자대위(청구권대위)

1. 의 의

손해가 제3자의 행위로 인하여 생긴 경우에 보험금액을 지급한 보험자는 지급한 금액의 한도 내에서 피보험자 또는 보험계약자의 권리를 취득한다. 피보험자의 이득금지와 제3자의 면책방지를 입법화한 것이다.

2. 요 건

(1) 제3자에 의한 보험사고의 발생

제3자의 행위라 함은 보험계약의 목적, 즉 피보험이익에 대하여 손해를 일으키는 행위로서 불법행위, 채무불이행은 물론 그 밖의 사법행위도 포함된다. 과거에는 보험자가 대위권을 행사할 수 있는 제3자의 범위가 제한되어 있지 아니하여, 보험사고 발생에 책임이 있는 보험계약자 또는 피보험자의 가족에 대하여도 대위권 행사가 가능하므로, 결과적으로 보험계약자 또는 피보험자가 보험계약에 따른 보호를 받지 못하는 경우가 발생하였다. 2014년 상법 개정을 통해 손해를 야기한 제3자가 보험계약자 또는 피보험자와 생계를 같이하는 가족인 경우에는 그 가족의 고의로 인한 사고인 경우를 제외하고 보험자가 대위권을 행사할 수 없게 하였다(682). 그리하여 생계를 같이하는 가족에 대한 대위권 행사를 금지함으로써 보험수익자를 두텁게 보호할 수 있을 것으로 기대된다.

(2) 보험금의 지급

보험금을 지급하여야 한다. 보험자는 피보험자에게 보험금액을 지급함으로써 법률상 당연히 그의 제3자에 대한 권리를 취득하게 되므로 보험자대위권의 발생시기는 보험금을 지급한 때이다. 또 보험금액의 일부를 지급하여도 그 지급한 범위 안에서 그 대위권을 행사할 수 있다.

(3) 제3자에 대한 피보험자의 권리의 존재

보험자의 대위권은 보험금을 지급함으로써 법률상 당연히 발생하는 것으로서 피보험자의 동의에 기초를 두는 것은 아니나, 그 대위권은 피보험자의 권리에서 나오는 것이므로 보험자는 피보험자가 사고를 일으킨 제3자에 대하여 가지는 것과 같은 권리를 대위하여 취득하게 된다.

3. 효   과

(1) 피보험자의 권리의 이전

보험자가 피보험자에게 보험금을 지급한 때부터 보험계약자 또는 피보험자가 가지는 제3자에 대한 권리는 당연히 보험자에게 이전한다(682). 그러므로 보험금의 지급 전에 제3자에 대한 권리를 행사하거나 처분한 경우에는 보험자대위가 성립할 수 있다. 보험자대위에 있어서는 피보험자의 제3자에 대한 권리가 그대로 보험자에게 이전하는 것이므로 그 제3자는 피보험자에 대한 항변으로 보험자에게 대항할 수 있고, 그 채권의 소멸시효기간도 그 권리의 이전과 함께 새로이 개시되는 것이 아니고 계속하여 진행된다. 그러므로 보험자의 대위권은 조기에 시효로 소멸할 수 있다.

(2) 대위권행사의 제한

제3자에 대한 보험자대위권은 피보험자의 권리에 의해 제한된다. 즉 보험자는 피보험자가 제3자에 대하여 가지는 권리를 법률상 대위하여 취득하는 것이므로 피보험자가 제3자에 대하여 가지는 권리보다 더 큰 권리를 가질 수 없다. 즉, 피보험자의 권리를 제한하지 않는 범위 내에서만 대위권을 행사할 수 있다(682①단서). 제3자에 대한 피보험자의 청구권액이 이보다 더 큰 경우에는 피보험자 등은 여전히 제3자에 대한 권리의 일부를 보유한다. 이때 제3자의 자력이 부족한 경우에 보험자는 피보험자 등의 제3자에 대한 권리행사를 해하지 않는 범위에서 권리를 행사할 수 있다.

(3) 피보험자의 협조의 의무

피보험자는 그 제3자에 대한 권리의 내용, 보전방법 등에 관하여 가장 잘 알고 있으므로 보험금을 지급받은 후에는 보험자로 하여금 그 권리를 행사할 수 있도록 협조할 의무를 진다고 본다.

4. 제 한

보험자가 피보험자에게 보상할 보험금액의 일부를 지급한 때에는 피보험자의 권리를 해하지 않는 범위 내에서만 대위권을 행사할 수 있다(682①단서). 상법은 보험자대위권의 제한에 관하여 보험금액의 일부만을 지급한 경우를 전제로 하고 있으나, 피보험자가 보험자로부터 보험금액의 전액을 지급받아도 그 손해액의 전부가 보상되지 않을 때에는 잔액에 대하여 보험계약자 또는 피보험자는 제3자에 대한 권리를 상실하지 않으므로 그 한도 내에서 보험금액을 전부 지급하여도 대위의 제한을 받는다고 본다.

5. 재보험자의 대위권행사

재보험자는 원(수)보험자에게 보험금을 지급한 재보험금을 한도로 대위권을 가지지만, 권리의 직접적 행사가 어려운 등의 문제가 있을 수 있으므로 대개 대위권을 원수보험자에 위탁하고, 원수보험자는 회수한 금액을 비율에 따라 재보험자에 교부하는 것이 상관습이다.

V. 보험자대위와 보험위부

1. 의 의

추정전손이 발생한 경우에 피보험자는 보험의 목적에 대한 권리를 보험자에게 귀속시키고 보험금액의 전부를 청구할 수 있는바, 이를 위부라 한다.

2. 위부사유(=추정전손의 사유)

다음의 경우에 피보험자는 보험자에게 위부를 하고 보험금 전액을 청구할 수 있다.

- ○ 피보험자가 선박 또는 적하의 점유를 상실하여 이를 회복할 가능성이 없거나 회복하기 위한 비용이 회복 후의 가액을 초과하는 경우
- ○ 선박의 수리비가 수리 후의 선박가액을 초과하는 경우

○ 적하의 수선비와 운송비가 적하의 가액을 초과하는 경우

3. 위부의 통지

피보험자가 위부를 하고자 하는 경우에는 위부사유발생 후 일정한 기간 내에 보험자에게 위부의 통지를 하여야 하며, 위부의 통지를 하지 아니한 경우에 위부권은 소멸되지만 분손 또는 전손으로 손해보상을 청구할 수 있다.

4. 기   타

위부는 무조건적이어야 하며, 조건이나 기한을 붙일 수 없다. 그리고 위부가 성립되면 보험자는 피보험자가 보험의 목적에 가지는 모든 권리인 대위권을 취득하고, 피보험자는 보험금액의 전부를 지급청구할 수 있다.

5. 차   이

대위권은 보험자가 보유하며, 위부권은 피보험자가 가진다. 또한 위부제도는 해상보험에만 국한된다.

제4절 보험목적의 양도와 보험계약의 이전

I. 보험목적 양도의 의의

1. 문제의 제기

손해보험에서 보험의 목적이 되고 있는 물건은 독립한 재화이기 때문에 원칙적으로 보험계약에서 분리하여 양도할 수 있다. 만약 피보험자가 보험의 목적만을 제3자에게 양도하면 양도인이 그 목적에 관하여 소유자로서 가졌던 피보험이익을 상실하게 되므로 보험관계는 소멸되어야 한다. 반면, 양수인은 보험자와 아무런 관계도 없으므로 양도인의 권리를 당연히 승계하는 것으로 보기도 어렵다. 또한 보험계약에서 보험사고의 발생가능성 위험은 보험의 목적이 동일하다고 해도 보험계약자 또는 피보험자의 변경에 따라 변동한다. 그러므로 보험자가 이전에 인수한 위험의 변동을 초래하는 한 보험계약자 또는 피보험자가 일방적으로 보험의 목적과 보험계약상의 지위를 제3자에게 양도할 수 있다고 보는 것은 계약자유의 원칙에 반한다고 할 것이다.

그렇다면 보험의 목적을 양수한 양수인으로서는 장래 발생할 가능성이 있는 손해에 대해 보험자와 새로운 보험계약을 체결하여야 한다. 그러나 이것은 양수인에게 불편할 뿐 아니라, 만약 새로운 보험계약이 체결되기 전에 보험사고가 발생한 때에는 양수대상인 물건은 무담보상태에 있으므로 양수인은 손해의 보상을 받지 못하게 된다. 또한 보험자로서도 양수인과 다시 보험계약을 체결하는 것이 불편할 뿐 아니라 이로 인하여 고객을 잃을 염려도 있으며, 양도인으로서도 이미 지급한 보험료를 낭비하는 결과를 초래한다. 보험계약자 또는 피보험자의 개성이 별로 중요시되지 않는 손해보험에서는 피보험자가 보험의 목적을 새로운 물건으로 교체하여 계속하여 보험계약의 존속을 원하는 한, 보험자의 이익을 해하지 않는 범위에서 보험의 목적과 함께 보험계약상의 지위를 양도할 수 있게 하는 방법이 강구될 필요가 있다.

2. 상법의 규정과 문제점

상법은 양도인, 양수인 및 보험자의 이해관계와 통상의 의사를 고려하여, 피보험자가 보험의 목적을 양도하더라도 보험계약관계가 당연히 소멸하지 않고 그 양수인이 보험계약상의 권리와 의무를 승계한 것으로 추정하고 있다(679①). 이에 따라 양도인과 보험자 사이의 보험계약관계는 당사자가 변경되어 양수인에 대해 그대로 존속하게 된다. 현행 상법은 구 상법과 달리 보험의 목적이 양도되면 양수인이 보험계약상의 권리뿐만 아니라 그 의무까지도 승계한 것으로 추정하고, 이 경우 양도인 또는 양수인에게 보험자에 대한 통지의무를 부과하고 있다(동조②). 그러나 상법의 규정으로서는 적용범위, 타인을 위한 보험의 경우 보험계약자의 지위의 이전, 통지의무의 성질, 보험자의 해지권의 인정 여부, 추정의 요건과 효과 등에 있어서 여러 가지 해석상의 문제점을 남기고 있다.

II. 권리 · 의무 승계추정의 요건

1. 보험계약의 존속

양수인이 보험계약상의 권리와 의무를 승계한 것으로 추정되기 위해서는 보험목적의 양도 시에 양도인과 보험자 사이에 유효한 보험계약이 존속하고 있어야 한다. 이 경우 잔여보험기간의 장단은 문제되지 않는다.

2. 보험목적의 양도

보험목적의 양도에 따른 보험계약상의 권리 · 의무의 이전은 보험의 목적이 물건인 경우에 한하여 인정된다. 보험의 목적이 물건인 한 동산, 부동산, 유가증권뿐 아니라 채권 기타 무체재산권을 포함한다. 보험관계의 이전을 발생시키는 보험목적의 양도란 당사자의 의사에 기한 물권적 이전행위를 말한다. 또한 양도행위는 그 원인의 여하를 불문하고 당사자의 의사표시에 의한 양도, 즉 특정승계를 말한다. 보험목적의 양도에 따른 보험관계의 이전은 추정되는 것에 불과하므로 양도인 또는 양수인의 반대의사가 있으면 보험관계는 이전하지 않는다.

III. 보험목적의 양도의 효과

1. 보험관계의 이전

(1) 승계추정

법률의 규정 또는 명백한 의사표시가 없는 경우에 상법은 피보험자가 보험의 목적을 양도한 때에는 그 양수인이 법률계약상의 권리와 의무를 승계한 것으로 추정하고 있다(679①). 즉 상법은 보험목적의 양도에 의한 보험관계의 이전에 관하여 당연이전주의가 아닌 추정주의를 채택하고 있다. 따라서 반증이 있으면 보험관계는 이전하지 않는 것으로 된다.

(2) 권리와 의무의 동시이전

개정 상법은 권리뿐 아니라 의무도 함께 승계하는 것으로 추정함으로써 입법의 불비를 해결하였다. 양수인은 보험목적의 양도와 동시에 보험계약상의 권리와 의무를 승계하여 피보험자의 지위에 서게 되는 결과, 양수인은 보험사고의 발생을 조건으로 하는 보험금청구권을 취득할 뿐 아니라 위험의 변경·증가의 통지의무(653), 보험사고발생의 통지의무(657), 손해방지의무(680) 등을 부담한다.

2. 보험목적의 양도의 통지의무

보험의 목적을 양도한 때에는 양도인 또는 양수인은 보험자에 대하여 지체 없이 그 사실을 통지하여야 한다(679②). 여기서 통지는 보험목적의 양도 사실에 관한 것일 뿐 보험관계를 이전하였다는 사실에 관한 것은 아니다. 이를 통지하도록 하고 있는 이유는 보험자의 이익을 보호하는 데 있다. 승계의 추정은 양수인이 양도인의 보험계약상의 권리와 의무를 승계하는 데에 대한 것이므로, 양도인과 보험자 사이의 관계가 양수인과 보험자 사이의 관계로 변경되는 데에 대한 것이다. 이 점에서 추정의 효력은 양도 당사자 간에서뿐 아니라 보험자에게도 미친다.

제5절 손해보험계약 각론

I. 화재보험

화재보험계약은 보험자가 화재로 인해 피보험자가 입은 손해의 보상을 목적으로 하는 계약을 말한다(683). 화재보험에 있어서 화재의 개념에 대해서는 상법이나 화재보험약관에 별도의 정함이 없지만, 사회통념상 화재로 정의되고 있는 바에 따라 풀이하면 "관리자의 범위를 벗어난, 우연히 발생한 실질적인 발화가 산소와의 급격한 화합의 결과로 연소작용을 일으켜 재화를 소실함으로써 경제적 손실을 초래한 것"을 말한다. 화재보험계약에서 보험사고는 주로 화재에 한하지만 폭발이나 번개를 보험사고로 할 수 있다. 화재로 인한 폭발로 손해가 발생한 때 당해 손해와 상당인과관계에 있으면 화재로 인한 손해로 풀이하고 있다.

한편 화재 등으로 인한 재산상의 직접손해 외에도 이러한 손해로 야기되는 다양한 형태의 간접적인 손해가 발생할 수도 있다. 예를 들면 전기설비의 소실로 인해 식물원의 식물이 동사하거나 화재로 소실된 건물을 건축법에 따라 제거하는 데 많은 비용이 드는 경우 등이다. 이러한 간접손실은 화재보험보통약관에 특별약관으로 추가함으로써 위험을 담보할 수 있다.

II. 운송보험

운송보험계약은 육상운송 중 운송물에 대한 사고로 발생한 손해의 보상을 목적으로 하는 계약을 말한다(688). 운송보험은 운송이 이루어지는 장소를 기준으로 육상운송보험과 해상운송보험 및 공중운송보험으로 나누지만, 역사적 전통이나 중요성에 비추어 볼 때 해상보험이 운송보험의 주종을 이루고 있으며, 육상보험이 별도로 구분된 것도 1930년대 이후의 일이다. 실제 관행에서는 약관으로 해상보험과 같이 취급하고 있다.

미국이나 유럽에서는 육상운송업이 잘 발달하여 운송보험에는 운송물뿐만 아니라 운송수단이나 시설까지 보험의 목적으로 하고 있지만, 우리나라에서 보험의 목적은 운송물에 한한다. 그러므로 운송수단인 차량은 자동차보험이나 차량보험에서 별도로 위험을 담보하고 있다. 이 밖에도 운송물의 도착으로 얻게 될 희망이익을 보험의 목적으로 할 수 있는데, 이 경우에는 특약으로 정하여야 한다(689②).

운송보험계약에 있어서 보험사고는 운송인의 운송 중에 발생하는 모든 위험이 된다. 그러므로 여기에는 운송에 특유한 충돌이나 전복 등의 위험 외에도 화재, 도난 등의 운송물에 대한 위험을 모두 포함한다. 이를 위험포괄의 원칙이라고도 하는데, 운송보험에서 이와 같이 보험자에게 광범위한 책임을 지도록 하는 이유는, 운송 중에는 운송물이 운송인의 수중에 있으므로 피보험자의 위험관리가 용이하지 않기 때문이다. 그러나 보험자는 계약자유의 원칙에 기해 보험약관을 이용하여 보험사고의 범위를 제한할 수 있다. 운송보험에서 보험계약은 다른 약정이 없으면 운송의 필요에 의하여 일시운송을 중지하거나 운송의 노선 또는 방법을 변경한 경우에도 유효한 것으로 규정하고 있다(691). 이것은 해상보험과 커다란 차이가 있다. 해상보험에서는 발항항과 도착항의 변경(701), 항로이탈(701의2), 무단 발항·항해지연(702), 선박변경(703), 선박양도, 선급변경, 선박관리의 변경(703의2)이 있는 경우 보험계약이 실효하거나 보험자가 면책되도록 하고 있다. 이는 육상운송의 위험이 해상운송의 위험보다 관리가 용이하다는 사실을 전제로 하여 규정한 것으로 풀이된다.

III. 해상보험

현대의 국제무역은 해운, 금융, 보험의 3요소에 의하여 운영되는데 수송은 선박회사가 담당하고, 금융은 은행이 담당하며, 여기에 따르는 우발적 사고에 대해서는 보험회사가 담당한다. 이들 3요소의 제 기능이 종합적으로 되어야 국제무역이 가능하게 된다. 특히 해상운송은 많은 위험이 수반되므로 해상보험에 의해 우발적 사고로 인한 손해를 보상받지 않으면 국제무역은 하나의 모험에 지나지 않는다. 해상보험은 해상사업에 관한 사고로 인하여 발생하는 손해를 보상할 것을 목적으로 하는 손해보험계약이다(693). 오늘날 해상보험에 대해서는 영국의 보험약관이 지배적으로 이용되고 있다. 해상보험의 본래적인 기능은 한 나라의 해운업 내지는 무역업의 안정성과 계획성을 부여하는 데 있다. 또한 국제무역에는 막대한 자금을 필요로 하므로 무역금융의 수단이 없이는 원활한 대외거래를 기대할 수가 없다. 따라서 해상보험은 이러한 금융과도 밀접한 관계가 있다고 할 수 있다.

IV. 책임보험

책임보험계약은 피보험자가 제3자에 대해 사고로 인해 손해배상책임을 지게 되는 경우에 그 손해를 보험자가 보상할 것을 정한 손해보험계약이다(719). 그러므로 책임보험은 피보험자의 손해를 직접 보상하는 것이 아니라 그의 재산출연을 보험사고로 보험자가 보상을 하는 것이므로 일종의 간접손해의 보상제도로 볼 수 있다. 자본주의 발달과 산업재해의 증가로 사용자책임이 강화되고, 사회기구가 복잡화함으로 인해 사회적 위험이 증가하고, 종래 과실책임만으로는 경제정의를 실현하기 어려워 무과실책임을 인정하는 경우가 많아 사용자 등의 배상책임을 완화 내지 제거하고 피해자를 보호할 수 있는 방안이 강구되어야 한다. 책임보험은 가해자의 책임을 보험제도로 완화함과 동시에 피해자를 보호하는 기능을 하므로 이해관계자 모두에 유용한 제도라 할 수 있다. 특히 자동차보험, 제조물책임ㆍ의료과실책임 등의 분야에서 사회보장기능이 더욱 뚜렷해지고 있다.

책임보험은 제3자에 대한 배상책임으로 인해 피보험자가 부담하는 재산상의 손해를 보험자가 대신 보상하는 것이므로 재산보험으로서 손해보험이며, 간접손해의 보상이라는 점에서 소극보험의 일종이기도 하다. 책임보험은 보험가입의 강제성 유무에 따라 강제보험과 임의보험으로 구분할 수 있다. 강제보험의 예로는 자동차손해배상보장법상 자동차손해배상책임보험이, 임의보험의 예로는 전문직배상책임보험이 전형적이다.

V. 재 보 험

재보험계약이란 어떤 보험자가 인수한 보험계약상의 책임의 전부 또는 일부를 다른 보험자에게 인수시키는 보험계약 또는 보험약정으로서 일종의 손해보험에 해당한다. 보험자는 그 보험계약이 손해보험계약인가 아니면 생명보험계약인가에 관계없이 보험사고로 부담할 책임에 대해 다른 보험자와 다시 보험계약을 체결할 수 있다(661). 그러나 포괄적 위험의 재보험은 재보험자에게도 위협적이라 할 수 있으므로 법령으로 재보험자의 부보범위를 제한하는 경우도 있다. 재보험에서 계약의 원인이 된 보험을 원보험 또는 원수보험이라 하며, 재보험은 대개 이를 전문으로 하는 별도의 보험사에 의해 운용되고 있다. 한편 재보험은 이와 같이 중층적 관계의 보험계약을 말하므로 피보험자가 손해담보의 목적으로 수 개의 보험계약을 체결하는 중복보험과 구별하여야 한다. 이러한 재보험은 대형위험이나 손해의 규모를 파악하기 힘든 분야에서 그 유용성이 발휘된다.

VI. 보증보험

기존의 채권관계상의 보험계약자인 채무자가 피보험자인 채권자에게 채무나 의무를 불이행한 경우에 그로 인한 손해의 보상을 목적으로 하는 보험이다. 보증보험은 경기변동에 영향을 크게 받으므로 대수의 법칙의 적용이 힘들다. 그러므로 손해예측을 잘못하여 보증한 기업이 다수 부도가 난 때에는 보증보험회사의 경영이 어려워질 수도 있다. 이러한 위험도는 손해율로 표시되며, 경기의 호조와 구상에 의한 지급보험금의 호전으로 그 비율이 낮아진다. 보증보험은 보험계약자인 채무자가 채무이행을 하지 아니한 때 보험자가 보증한다.

과거에는 보증보험에 관한 규정이 없고, 보증보험이 갖는 보증 및 보험의 양면성으로 인하여 보증보험의 성질에 관한 견해가 대립하는 등 보증보험의 법률관계가 불명확한 점이 있었다. 2014년 상법 개정을 통해 보증보험에 관한 규정을 신설하여 보증보험자의 책임, 보험편 규정 중 보증보험의 성질상 적용이 부적절한 규정의 적용 배제 및 「민법」상 보증 규정의 준용 등에 관한 규정을 두게 되었다(726의5~726의7). 이와 같이 보증보험에 관한 일련의 규정을 이 법에 직접 둠으로써 보증보험에 관한 권리의무관계의 명확성이 제고되었다고 할 것이다.

VII. 자동차보험

자동차보험계약은 피보험자가 자동차를 소유, 사용, 관리하는 동안 발생한 사고손해를 보험자가 보상하기로 하는 계약을 말한다(726의2). 최근 자동차의 급격한 증가로 자동차보험의 비중도 전 종목의 50% 이상을 차지하게 됨에 따라 종래 특종보험에서 제외하여 독립한 보험종목이 되기에 이르렀으며, 상법에서도 이를 반영하여 책임보험의 일부로 설명되어 오던 것을 독립한 보험으로 규정하고 있다. 우리나라의 자동차사고의 담보는 승용차는 보험에 의하고, 화물자동차 등은 공제제도에 의한다. 최근 자동차의 급격한 증가로 그로 인한 사고도 빈발하여 人命이나 재산상의 손해도 비례하여 증가하고 있다. 특히 인명피해에만 국한하더라도 춘천시 인구와 맞먹는 정도의 사고를 보이고 있으므로(1988년 기준) 그 위험을 제도적으로 감소하거나 방지할 수 있는 방안이 모색되어야 할 것이다. 자동차 보험은 바로 이러한 위험을 담보하는 유용한 수단으로서 피해자에게는 적절한 보상을 하고, 보험가입자인 개인이나 기업에 대해서는 안정적인 사회활동이나 경제활동을 가능하게 한다. 이러한 보호기능은 자동차대인배상책임보험에서 특히 두드러진다.

자동차보험은 보험의 성질에 비추어 책임보험, 물건보험, 인보험 분야로 대별할 수 있으며, 또한 손해보험과 정액보험으로 나눌 수 있다. 자동차보험 전체를 일의적으로 손해보험이나 정액보험으로 규정할 수는 없고, 개별적으로 고찰하여야 한다. 따라서 자동차배상책임보험, 차량보험은 손해보험에, 자손사고보험은 본질적으로 정액보험에 해당한다고 풀이할 것이다. 그러나 자손사고보험 가운데 상해보험은 손해보험의 성질을 가진다.

제4장 | 인 보 험

人保險(person insurance)은 보험자가 사람의 생명 또는 신체에 관하여 보험사고가 생길 경우에 계약에서 정한 바에 따라 보험금액 기타의 급여를 할 책임을 지는 보험계약이다(727). 인보험은 보험사고가 사람에 관하여 생긴 것이라는 점에서 손해보험계약과 대응관계에 있다. 인보험계약에는 생명보험계약과 상해보험계약이 있는데, 전자는 보험사고가 발생하면 손해액과 관계없이 일정한 금액을 지급하는 정액보험이고, 후자는 정액보험일 수도 있고 상해의 정도에 따른 부정액보험일 수도 있다.

손해보험에서는 보험사고가 제3자의 행위로 인하여 발생한 경우 보험금액을 지급한 보험자는 피보험자가 그 제3자에 대하여 가졌던 권리를 취득한다(청구권대위)(682). 그러나 인보험의 경우는 보험사고가 제3자의 행위로 인하여 생긴 경우에 보험자가 보험수익자에게 보험금을 지급하여도 가해자인 제3자에 대한 보험계약자 또는 보험수익자의 권리를 취득하지 못한다(729본문). 인보험의 경우 보험자대위가 금지되어 있다. 인보험, 특히 생명보험의 경우 이중이득이 발생할 수 없기 때문이다. 다만, 상해보험의 경우에는 당사자 간에 다른 약정이 있는 때에는 피보험자의 권리를 해하지 아니하는 범위에서 보험자는 그 권리를 대위할 수 있다(729단서). 상해보험의 경우 손해보험과 유사한 성질을 가지고 있으며, 보험자대위를 인정하여도 불합리한 점이 없기 때문에 인정한 것이다.

I. 생명보험

1. 생명보험의 의의

생명보험계약이란 당사자의 일방인 보험자가 상대방 또는 제3자의 생사에 관하여 일정한 금액을 지급할 것을 약정하고 이에 대하여 상대방이 보험료를 지급할 것을 약정하는 보험계약이다(730). 생명보험은 사람의 생명에 관한 보험으로서 인보험이며, 정액보험이란 점에서 손해보험과 다르며 따라서 보험가액과 보험금액의 관계에서 일어나는 초과보험·중복보험·일부보험의 문제가 생기지 않는다.

2. 생명보험의 종류

생명보험은 피보험자의 사망을 보험사고로 하는가 아닌가에 따라 사망보험, 생존보험 및 생사혼합보험으로 나누어진다. 보험 본래의 기능인 각종 위험보장에 중점을 둔 보험으로서 보장성보험과 만기생존시에 보험금이 지급되는 저축기능을 강화한 상품인 저축성보험으로 분류되기도 한다. 피보험자의 수가 1인에 그치는 단생보험, 피보험자의 수가 1인에 그치지 않고 부부, 동업자 등과 같이 2인 또는 그 이상에 해당하는 생명보험인 연생보험, 단체가 규약에 따라 구성원의 전부 또는 일부를 피보험자로 하는 생명보험인 단체보험 등으로 구분되기도 한다.

3. 타인의 생명보험

(1) 의 의

타인의 생명보험이라 함은 보험계약자가 자기 이외의 제3자를 피보험자로 한 생명보험을 의미한다. 이 경우 자기 이외의 제3자의 사망을 보험사고로 한 생명보험을 협의의 타인의 생명보험이라고 한다. 보험계약자가 타인을 피보험자로 할 경우에 보험금의 취득을 목적으로 피보험자의 생명을 위험하게 할 가능성이 있고, 보험이 투기의 대상이 될 우려가 있다. 그러므로 상법에서는 타인의 생존이 보험사고인 생존보험을 제외한 타인의 생명보험에는 피보험자의 서면에 의한 동의를 받도록 하였다(731①).

(2) 피보험자(타인)의 동의

상법은 타인의 사망을 보험사고로 하는 사망보험 또는 혼합보험의 경우(731①), 피보험자의 동의로 성립된 보험계약상의 권리를 보험수익자가 피보험자 이외의 자에게 양도하는 경우(731②)와 보험계약의 체결 후 보험계약자가 보험수익자를 지정 또는 변경하는 경우(734②)에 피보험자의 동의가 있도록 하고 있다. 단체보험은 타인의 생명보험계약임에도 불구하고 과거에는 그 타인의 서면 동의를 받도록 하는 규정의 적용이 배제되어 있어, 단체가 자신을 보험수익자로 지정하는 경우에 피보험자인 구성원의 동의가 필요한지에 관하여 해석상 논란이 있었다. 2014년 상법 개정을 통해 단체보험에서 보험계약자가 피보험자(그 상속인을 포함한다)가 아닌 자를 보험수익자로 지정하는 경우에는 단체의 규약에 명시적으로 정하지 아니하는 한 피보험자 본인의 서면에 의한 동의를 받도록 한 것이다(735의3③). 이와 같이 단체보험에서 단체의 구성원인 피보험자의 서면 동의를 받도록 함으로써 유족의 이익과 더불어 단체구성원의 이익의 보호를 도모하고 있다.

(3) 동의의 효과

동의에 관한 상법의 규정은 강행규정이고, 피보험자의 동의는 보험계약 또는 양도계약의 효력발생요건이며, 계약 성립의 전후를 불문하고 할 수 있다. 그리고 동의를 할 수 있는 능력을 기대할 수 없는 자를 보호하기 위하여 15세 미만자, 심신상실자 또는 심신박약자의 사망을 보험사고로 한 보험계약은 동의의 유무에 관계없이 무효로 한다(732).

4. 타인을 위한 생명보험

(1) 의   의

타인을 위한 생명보험이라 함은 보험계약자가 자기 이외의 제3자를 보험수익자로 한 생명보험계약을 의미한다. 타인을 위한 보험의 일종이다. 보험수익자는 보험사고발생의 통지의무 등을 부담한다.

(2) 수익자 지위의 특수성

이 경우 보험수익자는 보험계약에 의하여 당연히 수익의 의사표시가 없이도 보험금청구권을 취득한다(639②). 보험수익자가 보험계약자가 아닌 경우에는 아무런 의무를 부담하지 않으나, 예외적으로 보험계약자가 파산선고를 받거나 지급을 지체한 때에는 그 권리를 포기하지 않는 한 보험료 지급의무를 지며(639③), 또한 피보험자가 사망한 경우에 보험자에게 그 통지를 발송할 의무가 있다(657①).

(3) 수익자의 지정·변경

생명보험계약은 그 성질상 장기간에 걸치게 되므로 계약 존속 중 사정변경에 의하여 보험수익자를 지정하거나 변경하여야 할 필요성이 생기지만, 이 지정이나 변경은 보험자의 이해관계에 특별한 영향을 미치지 않는다. 그래서 상법은 보험계약자가 보험수익자를 지정하지 아니하여 자기를 위한 보험계약이 체결된 후에도 임의로 보험수익자를 지정할 수 있고, 보험수익자를 지정하지 않고 사망한 때에는 피보험자를 보험수익자로 하고, 변경권을 행사하지 않고 사망한 때에는 보험수익자의 권리가 확정된다(733②본문). 이 경우에 그 승계인이 지정·변경권을 행사할 수 있다는 약정이 있는 때에는 예외이다(733②단서).

　　보험계약자가 보험계약체결 후에 보험수익자를 지정 또는 변경할 때에는 보험자에 대하여 통지를 하지 아니하면 그 지정 또는 변경을 보험자에게 대항하지 못한다(734①). 이것은 보험자의 이중지급을 방지하기 위한 것으로서 보험자를 보호하기 위한 요건이라 할 수 있다. 보험계약자가 지정·변경권을 행사하기 전에 보험사고가 발생한 때에는 보험수익자의 처분가능한 권리가 확정적으로 발생하므로 이 후에는 보험계약자도 보험수익자를 임의로 변경하지 못한다.

5. 생명보험계약의 효과

　　보험자는 보험사고가 발생하면 약정한 보험금을 보험수익자에게 지급할 책임이 있다(730). 사망보험의 경우에 보험사고인 피보험자의 사망이 피보험자의 자살이나 보험수익자 또는 보험계약자의 고의로 인한 때(659①·732의2)에는 보험금지급책임이 없다. 이러한 보험자의 면책규정은 총칙의 제659조 ①항과 생명보험의 제732조의2의 두 규정이 있다.

　　상법 제659조는 "보험사고가 보험계약자, 피보험자 또는 보험수익자의 고의·중과실로 발생한 경우 보험자는 보험금지급책임을 면한다."고 규정하고 있고, 사망보험에 관한 상법 제732조의2①에서는 "보험계약자 측에 중과실이 있더라도 보험자의 보험금지급책임을 면하지 못한다"고 하여 사망을 보험사고로 하는 보험계약에 있어서 피보험자 등의 고의로 인하여 사고가 생긴 경우에 보험자는 보험금을 지급할 책임이 없다고 할 것이다. 또한 과거에는 생명보험에서 둘 이상의 보험수익자 중 일부가 고의로 피보험자를 사망하게 한 경우 다른 보험수익자에 대한 보험자의 책임문제에 관하여는 규정되어 있지 아니하였다. 2014년 상법 개정을 통해서 둘 이상의 보험수익자 중 일부가 고의로 피보험자를 사망하게 한 경우 보험자는 다른 보험수익자에 대하여 책임을 지도록 규정하여 생명보험에 있어서의 보험자의 면책사유를 구체화하였다(732의2②). 그리고 보험자가 보험금액의 지급책임을 면한 때에는 보험수익자를 위하여 적립한 금액을 보험계약자에게 반환하여야 한다(보험적립금 반환의무)(736). 이러한 경우로는 ㉠ 보험사고 발생 전의 보험계약자에 의한 임의해지(649), ㉡ 보험료 부지급으로 인한 계약해지(650), ㉢ 고지의무 위반으로 인한 계약해지(651), ㉣ 위험증가에 의한 계약해지(652·653), ㉤ 보험자의 파산선고로 인한 보험계약자의 해지(654), ㉥ 보험자의 면책의 경우(659·660) 등이다. 이 외에도 약관에 의하여 보험자는 해약반환금 반환의무, 이익배당의무 및 보험증권대부의무를 지는 경우가 있다.

II. 상해보험계약

1. 의　의

상해보험계약은 피보험자의 신체의 상해에 관한 보험사고가 생길 경우에 보험자가 보험금액 기타의 급여를 할 것을 약정하고 보험계약자가 이에 대하여 보험료를 지급할 것을 약정하는 보험계약이다(737). 이러한 상해보험에 관해서는 15세 미만자 등에 관한 계약금지에 관한 규정(732)을 제외하고 생명보험에 관한 규정을 준용한다(739).

2. 상해의 개념

상해보험에서 보험계약자는 보험사고를 입증해야 하는데, 이때 선결문제로 상해를 어떻게 정의할 것인가가 문제가 된다. 그러나 상법은 상해에 관한 정의 규정이 없다. 우리 법원은 "상해보험은 피보험자가 급격한 외부적인 우연한 사고로 인하여 신체에 상해를 입는 것"이라고 한다. 우리나라(1①)와 독일(2①)의 상해보험약관도 이와 동일한 정의를 하고 있다.

3. 보험사고

상해보험의 경우에 보험사고의 성격이 독특하다. 여기에서 상해란 외부로부터의 우연한 돌발적인 사고로 인한 신체의 상해를 말한다. 피보험자의 생사를 보험사고로 하는 생명보험의 경우에 보험사고는 그 시기가 불확정할 뿐 발생 여부는 명확하고, 보험금액의 지급도 확정적인 데 비해, 상해보험의 경우는 급격하고도 우연히 외부로부터 생긴 사고로 인한 신체의 손상으로서 그 발생시기뿐만 아니라 발생 자체도 불확정적이며, 그 결과로 발생한 양상도 후유장해·치료·수술·사망 등 매우 다양하다. 결국 상해보험에서 보험사고는 생명보험의 경우보다 다양하고 범위도 넓다. 그러므로 보험금 청구에 있어서 상해의 원인뿐만 아니라 그 사고와 결과에 대한 인과관계도 입증하여야 한다. 판례도 사고의 외래성 및 상해 또는 사망이라는 결과 사이의 인과관계에 관해서는 보험금청구자에게 그 입증책임이 있다고 한다.

4. 기타 상해보험의 특징

1) 일반 손해보험과는 달리 타인의 행위로 인해 피보험자가 상해를 입은 경우에도 보험자는 손해배상청구권을 대위행사할 수 없다.

2) 손해보험에서 보험계약자나 피보험자는 손해방지에 노력하여야 하나 상해

보험에서는 이러한 손해방지의무가 없다.

　　3) 사망보험의 경우에 보험사고인 피보험자의 사망이 피보험자, 보험수익자 또는 보험계약자의 중과실로 인한 경우에 보험자의 보험금지급의무는 소멸하지 아니한다(732의2). 그러므로 사망보험이 아닌 상해보험에서는 보험계약자 측에 중과실이 있는 경우에도 보험자의 면책조항이 유효하게 적용된다고 본다.

　　4) 상해보험은 사람의 신체를 대상으로 하는 보험이므로 그 대상을 금전으로 환산할 수 없다. 따라서 상해보험에서는 피보험이익이라는 개념이 없다. 그러므로 피보험이익을 전제로 하는 일부보험, 전부보험, 초과보험 및 중복보험의 문제는 발생하지 아니한다.

5. 질병보험

　　과거에는 질병보험에 관한 규정을 두고 있지 아니하고 단지 해석과 약관에 의해서 규율되고 있어 그 법적 규율에 구체성이 부족한 측면이 있었다. 2014년 상법 개정을 통해서 질병보험자의 책임과 준용규정 등 질병보험에 관한 법률관계를 직접 규정하여 질병보험에 관한 법률관계의 명확성을 높이고, 증가하고 있는 관련 법적 분쟁의 해결에 도움이 될 것으로 보인다. 상법은 질병보험에 관하여는 그 성질에 반하지 아니하는 범위에서 생명보험 및 상해보험에 관한 규정을 준용하도록 했다(739의2 및 739의3).

제6편 해상법

제1장 │ 총론

제1절 해상법의 의의

해상법(Admiralty, Maritime Law)이란 형식적 의의로는 '상행위 기타 영리를 목적으로 항해에 사용하는 선박'을 적용대상으로 하고 있는(740) 상법전 제5편 해상편을 말한다. 한편 실질적 의의로는 해상기업에 관한 관계주체의 이익의 조정을 위한 법규의 전체라고 할 수 있다. 해상법은 사법이므로 사법법규로 구성되어 있으나, 사법법규의 시행을 위한 공법법규도 포함한다. 따라서 실질적 의의의 해상법은 주로 상법 제5편에 규정되어 있으나, 그 밖에 조약 · 특별법령 · 관습법 등의 형식으로도 존재하며, 유류오염손해배상보장법, 선박소유자 등의 책임제한절차에 관한 법률, 선원법, 도선법 등을 포함하는 개념이다.

제2절 해상법의 지위

해상법은 상법의 일 부문으로서, 해상기업 생활관계를 규제하는 법이다. 기업 일반을 그 규제대상으로 하는 상법에 대하여는 특별법으로서의 지위를 차지한다. 따라서 해상기업에 관한 법률사실에 관하여는 해상편의 규정 외에도 상법총칙편 · 상행위편 등의 상법전과 상관습법, 그리고 민법 등의 규정이 보충적으로 적용된다(1). 해상 분야에서의 상관습법은 많지 않다. FOB(Free on Board) 계약에서 운송인의 상대방은 매수인이고, CIF(Cost, Insurance & Freight) 계약에서는 매도인이 되는 것 등이 그 예이다.

제3절 해상법의 특수성

해상법의 自主性이란 민법이나 (육)상법에 대해서 어느 정도 독립된 법분야로서 연구될 수 있는 실질적인 가치를 말하며, 해상법의 特殊性이란 자주성을 인정하는 원인이 되는 특질을 말한다. 해상기업의 특수성으로부터 해상법의 특수한 법적 규제가 요청되고, 특수성이 있으므로 자주성이 인정되는 것이다. 해상에서 태풍을 만나는 경우는 육상에서 태풍을 만나는 경우보다 훨씬 그 위험성이 크다. 그러므로 선박소유자를 보호하기 위한 여러 가지의 제도가 마련될 필요가 있다. 선박소유자 책임제한제도나 항해과실면책제도 등은 그러한 필요에서 비롯된 것이다.

해상기업이란 직접 해양을 무대로 하여 선박에 의하여 영위되는 기업이다. 그 대표적인 것은 해상운송기업이지만, 해난 구조기업·어업·해상예선기업 같은 것도 해상기업에 속한다. 해사에 관련된 기업으로서 해상보험업·해상매매업·해상금융업 같은 것은 해상기업을 전제로 하거나 혹은 해상기업에 부수되는 것이므로 해상기업이라고 할 수는 없다. 해상기업의 특수성은 기업 자체의 물리적·경제적·사회적 성질, 즉 해상기업의 기술적 성격에서 오는 것이나, 해상기업 특유의 절대적인 것은 아니며 전체적·포괄적 경향으로 나타나는 것으로서 보통 해양의 광대성·위험성·선박의 대자본성·위험단체성 등으로 지적된다.

제4절 해상법의 경향

I. 통일적 경향

각국의 해상법은 獨法系, 佛法系 및 英美法系로 분류될 수 있으나, 해상기업활동은 주로 국제적으로 이루어지는 경우에 그 의미가 크다. 운송도구인 선박과 그 조종방법, 선원의 조직 등은 대개 각국이 동일하며, 선박은 다같이 공통된 해상위험에 놓여 있는데, 각국의 해상법이 서로 내용이 다르면 각 이해관계인에게 많은 불편을 주게 된다. 따라서 해상법은 국가·민족의 풍속·전통 기타의 사정과 밀접한 관계를 가지는 민법에 비하여 국제적 통일성이 강하며, 이러한 경향은 상법의 다른 분야보다도 더 적극적이다. 그리고 이러한 법규의 통일은 주로 조약에 의하여 이루어지고 있다.

II. 해상법의 통일운동

해상법은 해상기업활동의 국제성으로 인하여 국제적인 성격을 띠게 된다. 따라서 어떤 특정 국가가 독자적인 해상법 체계를 가지고 국제적인 해운활동을 하는 것은 적절하지 않다. 그러므로 세계 각국은 해상법을 국제조약의 형태로 성안한 후 이를 국내법화하는 것이 일반적이다. 해상법의 국제화를 위해 주도적인 역할을 해 온 대표적인 기구로는 국제해법학회(Committee Maritime International: CMI)와 국제해사기구 법률위원회(International Maritime Organization Legal Committee) 등을 들 수 있다. 1860년 영국의 사회과학진흥협회에 의하여 소집된 글래스고 회의에서 공동해손법의 통일에 관한 이른바 글래스고 규칙(Glasgow Resolution)을 정한 이후 여러 관련 국제기관들의 노력에 의하여 각종의 통일조약과 규칙이 성립되었다. 현재까지 성립된 해상운송관계 주요 규칙으로는 공동해손에 관한 요크·앤트워프 규칙(York-Antwerp Rules)과 와르소 옥스퍼드 규칙(Warsaw Oxford Rules) 등이 있다. 이들 규칙들은 조약이 아니고 당사자의 합의에 의한 원용이 있을 때만 효력이 있는 통일규칙에 불과하지만, 현재 세계 각국의 해운·보험업자들이 약관으로 이 규칙을 채용하고 있다.

제5절 2007년 개정 상법(해상편)의 주요 내용 및 방향

2007년 개정 법률은 현재 사용되고 있는 상법 해상편의 운송인의 책임제도에 대하여는 같은 기조를 유지하고 있다. 즉, 운송인의 감항능력주의의무(794)와 운송물에 대한 주의의무(795①)를 두 근간으로 하면서, 운송인의 과실은 추정되어 운송인은 운송물의 손상에 대하여 자신이 과실이 없음을 입증하여야 책임을 면하게 하고 있다. 운송인은 항해과실 및 화재면책(795②), 그리고 입증책임이 전환된 면책사항(796)으로 보호된다. 나아가 선박소유자는 선박소유자책임제한제도(769)를 이용하여 자신의 책임을 일정한 액수로 제한할 수 있다. 또한 운송인의 경우에는 포장당책임제한제도(797)를 통하여 책임을 제한할 수 있다. 운송인이 부합계약의 성질을 갖는 선하증권을 통하여 자신의 책임과 의무를 감경하거나 면제하는 것은 여전히 무효가 된다(799, 855⑤). 이러한 기본 체제는 헤이그 비스비 규칙의 태도와 같다. 2007년 개정 법률의 내용 중에서 가장 특징적인 것은 기존 상법의 편제를 크게 변화시킨 점이다. 기존의 5개장을 3개의 장으로 줄였다. 제1장 해상기업, 제2장 운송과 용선, 그리고 제3장 해상위험이다. 제2장에서 개품운송, 여객운송, 항해용선, 정기용선, 그리고 선체용선(나용선)을 구별하여 나열하고 정의규정을 두는 방식을 취하였다.[1]

　　오늘날 컨테이너를 중심으로 하는 개품운송이 주를 이루고 있음에도, 과거의 상법은 운송에 대하여 항해용선을 중심으로 기술하고 개품운송은 여기저기 추가하는 형식을 취하고 있어서 이해하기 쉽지 않은 측면이 있었다.[2] 개품운송에 관한 규정을 분리함으로써 미국, 일본, 영국, 호주 등과 같이 개품운송계약을 단행법화(COGSA)할 수 있는 기반이 마련되었다고 할 수 있다. 그러다 보니 조문이 모두 바뀌게 되는 결과를 가져왔다.

---

1) 채이식, "해상물건운송법 체제의 재검토,"「한국해법학회지」제24권 제1호(2002.5), 180쪽 이하.

2) 김인현, "항해용선계약과 개품운송계약의 이동에 대한 소고,"「해상법연구」(삼우사, 2003), 518쪽 이하; 채이식, "2005년 상법 제5편 해상편 개정안에 대한 소고,"「한국해법학회지」제27권 제2호(2005.11), 442쪽; "입법예고 상법," 법률신문 2005년 11월 10자 법률신문.

제2장 | 해 상 기 업

제1절 선 박

I. 서

해상기업주체는 해상운송사업을 통하여 영업수익을 추구한다. 해상운송사업을
위하여는 운송수단이 필요한데 그중에서 가장 중요한 것은 선박이라고 하여야 할
것이다. 즉, 선박은 해상법에 있어서 모든 문제의 법적 기초가 된다. 해상법의 적용
범위는 선박에 의하여 그 한계가 정하여지고, 선박소유자 · 선박공유자 · 항해용선
자 · 정기용선자 등의 여러 개념도 이것에 의하여 정하여지며, 선박채권 · 선박소유
자의 책임제한 · 선박충돌 · 공동해손 · 해난구조 등의 여러 법률관계가 모두 선박의
개념을 떠나서는 정하여질 수 없는 것이다.

II. 해상법상의 선박

상법은 단지 "이 법에서 '선박'이란 상행위나 그 밖의 영리를 목적으로 항해에
사용하는 선박을 말한다"(740)라고 하는 데 그치고, 그 의의의 기초가 되는 '선박'의
개념에 대하여는 정의하지 않고 있다. 즉 위의 규정은 해상법의 적용을 받을 선박의
범위를 정하는 데 지나지 않으므로 넓은 의미의 선박의 의의는 사회통념에 따라서
정하는 수밖에 없다.

1. 사회통념상 선박

사회통념상 선박은 수면이나 수중을 항행하는 데 사용하는 구조물로 이해된다.
구체적으로는 부양성, 적재성, 이동성을 갖출 것을 요한다. 그러므로 바다에 고정되

어 있는 석유시추선이나 부선(barge)은 선박이라 할 수 없다. 선박법에서도 구조·형태·동력 같은 것은 불문하고 수상 또는 수중에서 항행용으로 사용하거나 사용될 수 있으면 선박으로 볼 수 있다고 하며, 기관추진력을 가지는 기선, 돛을 사용하여 추진하는 범선, 자력항행능력이 없는 부선으로 분류하고 있다(선박법 1의2).

2. 영리성의 배제

해상법상의 선박은 (기본적으로) 상행위 그 밖의 영리를 목적으로 항해에 사용하는 선박을 말한다(740). 즉 영리선을 말한다. 상행위를 목적으로 하는 선박인 商船과 기타의 영리를 목적으로 하는 선박으로 어선 등이 이에 해당한다. 그러나 개정법 제741조에서는 선박법 제29조를 반영하여 비영리선이라도 해상법이 적용될 수 있음을 신설하고 있다. 즉, 요트와 같이 상행위성이 없이 항해용으로 사용되는 선박에 대해서도 상법(해상 편)을 준용하여 논리적 일관성과 이해의 편의를 도모하고 있다.

3. 항해에 사용하는 선박: 항해선

(1) 항해선의 의의

해상법은 원칙적으로 '항해에 사용하는 선박', 즉 항해선에 적용된다. 즉 그것은 해수항해의 선박에 한정되며, 호천(호수, 하천)·항만 소위 평수구역(內水)을 항행하는 선박에 대해서는 해상법이 적용되지 아니한다.

(2) 항해선의 제한

항해선이라도 단정(短艇) 또는 주로 노(櫓) 또는 상앗대(櫂)로 운전하는 선박(741②)과 일부 국유선 또는 공유선(741①단서)에 대하여는 해상법이 적용 또는 준용되지 아니한다.

III. 선박의 성질

1. 부동산 유사성

선박은 동산(민 99)의 일종이나, 그 가격·용적·형상 등이 대체로 크다는 점에서 부동산에 유사한 성질을 가진다. 따라서 법률은 일정한 규모 이상의 선박에 대하여는 특정한 경우에 부동산적인 취급을 한다.

2. 합성물

선박은 동체·갑판·추진기·기관·돛·갑판 등의 각 부분이 유기적으로 결합된 것으로 그 자체가 하나의 독립된 합성물이다. 즉, 선박은 선체와 별도로 나침반·해도·닻·돛·구명구·신호기구 같은 여러 가지 물건을 구비한다. 이것을 속구(屬具)라 한다. 이러한 속구와 민법상의 「從物」과의 관계를 보면 속구 가운데 선박소유자의 소유에 속하지 않는 것도 있을 것이므로, 속구를 바로 종물로 볼 수는 없을 것이다. 그러나 법은 선박의 속구(속구목록에 기재된 물건)를 선박의 종물로 추정하고 있으므로(742) 그 속구가 선박소유자의 소유물이 아니라는 증명이 없는 한, 그에 관한 권리는 선박과 운명을 같이한다.

3. 선박의 인격자 유사성

선박은 하나의 물건이며 따라서 권리의 객체에 불과한 것이지만, 한편 사람과 비슷한 취급을 받는 경우가 있다. 즉 선박은 사람이 이름을 가지는 것과 같이 그 명칭을 가지고, 자연인에 국적이 있는 것과 같이 선박에도 국적이 인정되며, 또 자연인의 주소 및 상인의 영업소와 유사하게 선박에는 해상기업활동의 본거지라는 의미의 선적항이 있다.[1]

IV. 선박의 국적

1. 선박국적의 의의

선박의 국적은 선박이 어느 국가에 속하는가 하는 것이며, 당해 선박이 등록된 항구가 속하여져 있는 국가를 말한다. 이에 따라서 우리나라 선박과 외국선박을 구별하게 된다. 국적선박은 우리나라 법의 규율을 받게 된다.

2. 선박국적 취득요건에 관한 입법주의

선박에 국적을 부여하는 요건은 국가마다 그 입장이 상이하다. 선박의 국적취득의 요건에 관한 입법주의에는 선박제조지주의, 승선원의 국적주의, 선박소유자 국적주의 등이 있다.

---

[1] 대판 1991.12.24, 91다30880.

3. 선박국적의 취득과 상실

우리나라 선박법은 선박의 국적취득요건에 관하여 선박소유자 국적주의를 취하고, 동시에 선박의 소유자가 한국인임을 절대적인 요건으로는 하지 않는다. 우리나라 국적의 선박요건은 선박법으로 정한다(선박법 2). 대한민국 선박의 국적을 취득함에는, 그 소유자는 등기를 한 다음 선박원부에 등록을 하고 선박국적증서를 교부받아야 한다(선박법 8). 한국 선박은 그 소유권이 외국인에게 이전되는 등, 위의 선박국적 취득요건을 갖추지 못하는 때에 국적을 상실하게 되며, 공유선박의 경우에는 선박공유자의 지분의 이전 또는 그 국적상실로 인하여 대한민국의 국적을 상실하게 된다.

V. 선박의 공시

선박에 대하여는 선적을 확인하고 항해 및 선박의 관리를 용이하게 하려고 하는 공법상의 필요에서 선박등록제도를 채택하고, 권리관계를 명백히 할 사법상의 필요에서 선박등기제도를 채택하고 있다(선박법 8).

VI. 선박소유권

1. 서

선박은 동산이므로 그 소유권의 취득과 상실은 민법의 일반 동산의 소유권에 관한 규정에 따라야 할 것이지만, 선박에 있어서는 해상기업의 특수성에 비추어 약간의 특칙이 있다.

2. 취득과 상실

원시취득의 원인은 대체로 일반 동산의 경우와 같이 증여·교환·회사의 합병·상속 등에 의하여 취득되는 한편, 다음과 같은 특수원인에 의한 경우도 있다. 즉, 공법상의 취득원인으로 국제법상의 포획, 선박법 위반으로 인한 몰수 및 수용 등이 있다. 사법상의 취득원인으로는 건조 이외에 해상법상 선박공유지분의 강제매수(761①) 또는 경매 및 매수청구(760), 선장이 하는 매각(753), 보험위부(710) 등의 경우가 있다. 선박소유권의 취득원인은 동시에 그 반면에서는 종전 소유자의 소유권의 상실원인이 되기도 한다. 이 밖에 선박의 침몰, 해체, 포기에 의하여서도 선박소유권은 소멸한다.

3. 선박소유권의 양도

(1) 양도의 요건

등기선의 소유권양도는 그 효력발생요건으로서 양도의 의사표시만을 요하고, 이전등기와 선박국적증서의 명의개서를 제3자에 대한 대항요건으로 한다(743). 이것은 민법상 일반 동산의 양도에 있어서 목적물의 인도가 효력발생의 요건으로 되어 있는 것에 대한 예외가 되는 것이다. 비등기선(20톤 미만의 선박)의 양도는 민법의 일반원칙에 따른다.

(2) 양도의 효과

특약이 없는 한 선박소유권의 양도로 그 속구의 소유권도 이전하는 것으로 본다. 선박매매의 경우 매수인은 매도인이 제3자와 체결한 운송계약에는 구속되지 않지만, 매매 당시에 이미 선적이 끝났거나, 선적작업이 계속되고 있는 경우에는 다른 특약이 없는 한, 매수인이 기존 운송약정을 수행할 의무를 지는 것으로 본다. 항해 중에 있는 선박이나 그 지분을 양도한 경우에는 당사자 간에 다른 약정이 없으면, 양수인이 그 항해로부터 생기는 이익을 얻고 손실을 부담한다(763). 여기서 항해로부터 생긴 손실에는 예컨대 연료·급수의 비용, 선원의 급료 등이 포함된다. 다만 이것은 당사자 간의 효과에 불과하며, 제3자에 대하여는 매도인이 권리의무의 주체가 된다. 여기서 항해라 함은 기업으로서의 1항해를 의미하며, 1항해 중 각 구간의 항해는 아니다.

제2절 선 장

I. 총   설

선장이란 광의로는 특정선박의 항해지휘자를 말하고, 이것에는 선박소유자 또는 선박공유자로서 동시에 선장인 자(동시선장, 자선선장)도 포함된다. 협의로는 선박소유자의 피용자로서 특정선박의 항해를 지휘하고, 그 대리인으로서 항해에 관한 여러 가지 행위를 할 법정권한을 가지는 자를 가리키며, 선장이라고 할 때에는 보통 이 후자를 말한다. 선장은 선박소유자의 피용자로서 법률상의 대리권한을 가지는 점에서 지배인·대표이사·선박관리인 등과 비슷하다. 그러나, 선장은 특정선박의 지휘자이고, 그 지위에 있어서 선원법상의 선박권력이 부여되어 있으며, 그 대리권의 범위가 항해단위로 정하여지는 등의 점에서 그들과 다르다.

II. 선임과 종임

1. 선   임

선장은 선박소유자가 선임한다(745). 그러나 선박공유의 경우에는 선박관리인이 공유자의 대리인으로서 이를 선임하고, 선체용선의 경우에는 선체용선자가 선임한다. 선장이 불가항력으로 인하여 그 직무를 집행할 수 없는 때에는, 자기의 책임으로 타인을 선정하여 선장의 직무를 집행하게 할 수 있다(代船長). 선임행위는 고용과 위임의 혼합계약이 일반적이다.

2. 종   임

이와 같이 선장의 선임행위는 고용계약과 위임계약이 병합되는 경우가 많을 것이므로, 용선기간의 만료·선장의 사임·사망·파산 또는 금치산 등이 종임사유가 된다. 이러한 일반적 종임사유 이외에 상법은 특별규정을 두어, 선박소유자에게 선장해임의 자유를 인정하고 있다(745). 선장이 항해 중에 해임 또는 임기가 만료된 경우에는, 다른 선장이 그 업무를 처리할 수 있을 때 또는 그 선박이 선적항에 도착할 때까지 그 직무를 집행할 책임이 있다(747). 선장은 특정선박의 지휘자로서 공법상 및 사법상 복잡한 직무권한을 가지며, 잠시라도 항해 중에는 없어서는 안 될 지위에 있는 자이기 때문이다.

III. 공법상의 지위

선장의 직무권한에 관하여는 주로 사익보호의 견지에서 상법상 제 규정을 두고 있으나, 이 밖에 공익보호의 입장에서 각종의 행정법규를 두고 있다. 그러나 선박의 항해에는 항상 공익과 사익이 밀접한 관계를 가지므로, 행정법규 가운데서도 사법상의 색채를 가진 규정이 없지 않다.

IV. 사법상의 지위

1. 내부관계

선장은 선박소유자가 이를 선임 또는 해임하며, 선장과 선박소유자 간의 법률관계는 고용과 위임의 병합이 보통이다. 따라서 이에 대하여는 고용에 관한 민법 및 선원법의 관계규정이 적용된다. 이 밖에 상법은 선장은 항해에 관한 중요한 사항을

지체 없이 선박소유자에게 보고하게 하며, 선장은 매 항해를 종료한 때에는 그 항해
에 관한 계산서를 지체 없이 선박소유자에게 제출하여 그 승인을 얻어야 한다. 선장
은 또 선박소유자의 청구가 있을 때에는 언제든지 항해에 관한 사항과 계산의 보고
를 하여야 한다(755).

2. 외부관계

(1) 선장의 대리권의 의의

선장의 대외관계에서의 사법상의 지위는 대리권의 문제이다. 상법이 선장의 권
한으로 규정하고 있는 것은 선박소유자를 위한 대리권한과 적하의 이해관계인을 위
한 대리권한의 두 가지 면으로 나누어 볼 수 있다. 이것은 해상 멀리 떨어져 있는 선
박 위에서는 이해관계인은 선박의 지휘자인 선장에 의하여 그 이익을 보호받을 수
밖에 없으므로, 선장은 자기를 선임한 선박소유자를 위함은 물론, 직접적으로는 계
약관계가 없는 적하의 이해관계인을 위하여서도 그들의 이익을 위한 임기응변의 행
동이 요구되기 때문이다.

(2) 선박소유자를 위한 대리권

선장은 선박소유자를 위하여 법률이 정한 범위의 대리권을 가진다. 그 대리권
의 범위를 정하는 입법주의에는 (i) 선박소유자 소재지주의, (ii) 선적항주의, (iii) 선
장행위주의가 있다. 우리 상법은 대체로 선적항주의에 따라 다음과 같이 규정하고
있다.

1) 선적항 내에서의 대리권 　선적항에서는 선장은 특히 위임을 받은 경우 외
에는 해원의 고용과 해고를 할 권한만을 가진다(749②). 선적항 내에는 선장은 선박
소유자의 직접 지휘를 받는 수가 많기 때문에, 대리권의 범위를 선적항 외의 경우와
같이 넓게 인정할 필요가 없는 것이다. 그러나 선장은 이 밖에도 선박소유자의 위임
이 있으면 선적항의 내외를 불문하고 운송물의 인도, 운임 기타 배당금 등의 수령
및 운송물의 유치와 운송물의 공탁, 선하증권의 발행 등을 할 수 있다.

2) 선적항 외에서의 대리권

㈎ 원　칙　　선적항 외에서는 선장은 항해에 필요한 재판상 또는 재판외의
모든 행위를 할 권한을 가진다(749①). 재판상의 행위란 소송행위를 말한다. 선장의
대리권은 그가 지휘하는 특정 선박의 특정 항해에 관한 것이라는 점에서 지배인의
대리권과 다르다. 항해에 필요한 재판외의 행위는 구체적인 항해를 하는 데 필요한
모든 행위를 가리키며 선원의 고용,[2] 도선사의 사용, 연료·식량·속구 기타 필요

품의 구입, 해난구조계약의 체결, 감항능력 보충을 위한 수선 등 선박운항에 관한 것뿐만 아니라, 운송계약상의 의무 이행 및 운임의 수령 등 경영상의 행위까지를 모두 포함한다. 운송계약과 보험계약은 이를 체결할 수 있다고 보는 견해가 있으나, 항해를 위하여 필요한 경우가 아니면 체결할 수 없는 것으로 본다(다수설 및 판례).

(나) 예 외　선장의 대리권은 제한되는 경우가 있다. 선장은 선박수선료·해난 구조료·기타 항해의 계속에 필요한 비용을 지급하여야 할 경우 외에는 △선박 또는 속구를 담보에 제공하거나, △借財하고, 또는 △적하의 전부나 일부를 처분하는 행위를 하지 못한다(750①). 이러한 신용행위는 후에까지 선박소유자의 부담으로 남기 때문에, 항해의 계속에 필요한 비용의 지급을 위하여 필요한 경우라야 하는 동시에, 이 밖에는 방법이 없는 경우여야 한다. 선장의 대리권은 확장되기도 한다. 선적항 외에서 선박이 수선하기 불능하게 된 때에는 선장은 해무관청의 인가를 얻어 이를 경매할 수 있다(753). 선장의 권한은 선박으로 하여금 안전하게 항해를 계속하게 하는 데 있으므로, 선박을 매각한다는 것은 선장의 권한이 예외적으로 확장된 경우가 된다. 선박을 매각하는 방법은 경매의 방법에 의한다.

(3) 적하이해관계인을 위한 대리권

선장이 항해 중에 적하를 처분하는 경우에는 이해관계인의 이익을 위하여 가장 적당한 방법으로 하여야 한다(752①). 원래 선장은 적하에 대하여는 이를 목적항에 안전하게 도착시킬 의무가 있을 뿐이지만, 항해상의 위험이나 적하의 위험 등이 생겨서 임기응변의 조처를 요하는 경우에는 그 적하의 매각 또는 양륙·보관 등의 처분을 할 수 있는 권한을 선장에게 인정하는 것이다. 선장의 이 적하처분권은 이해관계인의 법정대리인으로서의 권한인 동시에 의무이기도 하다.

제3절 선박공유

선박공유자란 광의로는 단순히 선박을 공유하는 자를 말하고, 협의로는 선박을 공유하고 그것에 의하여 영리항해에 사용하는 자를 말한다. 전자에 관하여는 민법의 공유에 관한 규정(민 262 이하)을 따르면 되므로, 상법은 후자에 대하여서만 특별규정을 두고 있다. 즉 후자가 해상법상 해상기업의 주체가 되는 것이다. 상법은 1척

2) 그러므로 당해 해원의 입사시기는 선장과의 승선계약을 한 날이고 정식발령일이 아니다(대판 1968.5.28, 67다2422).

선박의 공유를 전제로 하고 있으므로 수인이 2척 이상의 선박을 공유하면서 해상기업을 경영하는 경우에는 각 선박마다 별개의 공유관계가 발생한다.

근세에 이르기까지는 해상기업에는 대자본이 필요하다는 것과 해상위험 때문에 일반적으로 조합조직에 의한 선박공유제도가 이용되었고, 단독소유는 예외였다. 그러나 18세기 이후에는 재력의 증대·교통의 안전·위험의 감소 등에 따라서 선박의 단독소유가 발달하였으며, 특히 주식회사제도의 발달에 따라서 선박공유제도는 거의 실용성이 없어지고 있다. 최근의 선박투자회사(선박펀드)는 하나의 펀드가 하나의 선박을 소유하는 형태로 투자자는 주주자격으로 수익을 배당의 형태로 취한다. 소규모의 해상기업에 있어서도 유한회사제도가 생김에 따라 선박회사의 설립에 의하여 선박공유에 관한 규정은 적용될 여지가 줄어들고 있다.

제4절 선박소유자 등의 책임제한

I. 총 설

채무자나 가해자는 자신의 고의 또는 과실로 인하여 발생한 채권자나 피해자의 손해에 대하여 모든 손해를 배상하여야 한다고 하는 것이 일반 사법상의 논리이다. 해상기업은 연혁적으로 열악한 지위에서 바다를 무대로 활동하므로 해상기업의 해상위험은 특수하고, 이로 인하여 해상기업을 보호하고자 하는 사상이 반영되어 선박소유자(선주)의 책임을 일정한 한도로 제한하는 제도가 성립되었다. 선박소유자 등의 해상기업주체가 해상기업활동을 영위함에 있어서 부담하는 채무에 대하여 그 책임을 어떻게 규제할 것인가는 해상법의 중요한 과제이다.

선주책임제한제도는 국제조약의 형태로 발전하였다. 1924년, 1957년, 그리고 1976년 조약이 마련되었고, 현재는 1996년 의정서가 작성되어 있다. 우리나라는 이들 조약을 비준하지는 않았지만 1976년 조약을 상법에 수용하고 있다. 오늘날 대다수의 국가들은 1976년 조약을 채택하고 있다.

선박소유자의 해상기업상의 행위로 인한 책임제한의 근거에 대하여는 여러 가지의 견해가 있다. 즉, 선박법인설 또는 선박유기체설, 선장의 대리권의 광범성 및 선원감독의 곤란성, 해상기업의 위험성과 대자본성과의 관련 등을 주장하는 견해가 있다. 그러나 이러한 견해들은 책임제한제도의 연혁적 사실의 배경을 설명해 주는 것 이외에는 오늘날 통신기관의 발달, 금융기관의 정비, 영업조직 내지 제도의 발달

등의 상황을 감안하면 그 현대적 의의를 인정하기 어려운 것으로 생각된다. 이리하여 오늘날 선박소유자의 책임제한의 근거로서는 오래전부터 승인되어 온 제도라고 하는 연혁적인 사정을 배경으로 하여 오늘날에도 해상기업을 정책적으로 보호하고 육성할 필요가 있다는 점에서 국가적인 차원에서의 정책적인 이유(정책설)를 인정할 수 있을 것이다. 선장의 법률행위 또는 선원의 불법행위의 상대방에 대한 선박소유자의 책임제한에 관한 입법주의에는 다음의 여러 가지가 있지만, 주요 해운국들은 1976년의 「해사채권에 대한 책임제한에 관한 조약」에 따라 국내법을 제정하고 있으므로 오늘날 입법주의에 관한 논의는 연혁적 의미를 가지는 데 불과하다.

II. 책임제한의 내용

1. 서

상법은 1976년의 통일조약을 수용하여 금액책임주의로 일원화한 입법을 하고 있다(770). 선박소유자의 총체적 책임제한과 해상운송인 측의 상업과실로 인한 개별적인 운송물의 손해에 대한 책임제한의 두 가지 책임제한을 인정한다. 전자는 해상기업주체로서의 선박소유자에 대하여 단일사고에서 발생한 모든 채권자에 대한 책임을 총체적으로 제한하는 제도이며, 후자는 운송계약에서의 개개의 운송물에 대한 책임을 제한하는 제도이다. 이와 같이 해상법상 해상기업자의 기업책임은 이중으로 제한된다.

2. 책임제한의 주체

(1) 선박소유자 등(769, 774① i)

(2) 무한책임사원(774① ii)

(3) 선장·해원·도선사·기타 선박사용인(774① iii)

(4) 해난구조자(775①)

(5) 책임보험자

3. 책임제한채권

(1) 일반책임제한채권(769)

선박소유자 등은 청구원인의 여하에 불구하고 다음에 열거된 채권에 대하여 상법 제770조의 규정에 의한 금액의 한도로 책임을 제한할 수 있다(769본문). 그러므로 청구원인이 채무불이행으로 인한 것이든, 불법행위로 인한 것이든지 묻지 아니한다.

1) 인적·물적 손해에 관한 채권(ⅰ)　　선박에서 또는 선박의 운항에 직접 관련하여 발생한 사람의 사망, 신체의 상해 또는 선박 이외의 물건의 멸실 또는 훼손으로 인하여 생긴 손해에 관한 채권(769 ⅰ)을 말한다.

2) 운송지연손해채권(ⅱ)　　운송물·여객 또는 수하물의 운송의 지연으로 인하여 생긴 손해에 관한 채권을 말한다.

3) 기타 손해채권(ⅲ)　　이상 1) 및 2) 이외에 선박의 운항에 직접 관련하여 발생한 계약상의 권리 이외의 타인의 권리의 침해로 인하여 생긴 손해에 관한 채권을 말한다.

4) 손해의 방지·경감조치관련 손해채권(ⅳ)　　이상의 1)부터 3)까지의 채권의 원인이 된 손해를 방지 또는 경감하기 위한 조치에 관한 채권 또는 그 조치의 결과로 인하여 생긴 손해에 관한 채권을 말한다.

(2) 해난구조자의 책임제한채권

해난구조자의 구조활동에 직접 관련하여 발생한 채권은 책임제한의 대상이 된다(775①, 774 ①ⅲ).

(3) 책임보험자의 책임제한채권

책임제한주체를 피보험자로 하고 책임제한채권의 담보를 목적으로 하는 책임보험의 경우에는 상법 제724조 제2항을 근거로 제3자의 직접청구권을 인정하며, 보험자는 피보험자와 동일한 책임제한을 할 수 있는 것으로 해석된다.

(4) 청구원인

이상의 채권은 그 청구원인의 여하를 불문하고 선주 등은 그 책임이 제한된다(769). 채무불이행 및 불법행위로 인한 손해배상채권이 모두 책임제한채권에 포함된다.

4. 非責任制限債權

(1) 故意 등으로 인한 손해배상채권

책임제한권자가 그 채권이 선박소유자 자신의 고의 또는 손해발생의 염려가 있음을 알면서 무모하게 한 작위 또는 부작위(act or ommission … done … recklessly and with knowledge that damage would probably result)로 인하여 생긴 손해에 관한 것인 때에는 그 책임을 제한하지 못한다(769단서). 이러한 경우까지 선주 등의 유한책임을 인정하는 것은 불합리하기 때문이다. 책임제한이 배제되는 요건은 각 책임제한

주체별로 판단한다. 예컨대 선박사용인에게 이러한 사유가 있어도 선박소유자에게는 없는 경우에 선주는 책임을 제한할 수 있는 것이다.[3) 책임제한을 배제하는 요건은 채권자가 입증하여야 한다.[4)

(2) 선장 기타 사용인의 선박소유자 등에 대한 채권

선장, 해원 기타의 사용인으로서 그 직무가 선박의 업무에 관련된 자 또는 그 상속인, 피부양자, 그 밖의 이해관계인의 선박소유자에 대한 채권(773 i)에 대하여는 책임제한이 인정되지 아니한다. 이 채권은 고용계약 등에 의한 것이든 불법행위에 의한 것이든 불문하며, 사회보장적 측면을 고려한 것이다.

(3) 해난구조료 또는 공동해손분담에 관한 채권

해난구조료 또는 공동해손부담에 관한 채권에 대하여는 각각 독자적으로 책임한도를 정하는 규정을 두고 있으므로 책임제한의 대상에서 제외되었다(773 ii). 해난구조료채권을 다시 책임제한의 대상으로 하는 경우에는 구조활동이 소극적으로 될 우려가 있을 것이라는 점, 공동해손채권은 선주 이외에 적하 이해관계인에 대한 것도 있는데 선주에 대한 채권만 제한하는 경우에는 선주만 지나치게 보호하는 것이 되어 공평하지 못하다고 하는 점 등이 그 이유가 될 것이다.

(4) 유류오염손해에 관한 채권

유조선의 경우에는 1969년에 성립된 「유류오염손해에 대한 민사책임에 관한 국제조약」(CLC)(1984년과 1992년 개정)과 1971년에 성립된 「유류오염손해의 배상의 확보를 위한 국제보상기금에 관한 국제조약」(IFC)(1992년 개정)이 적용되어 선박소유자가 보호된다. 따라서 이 조약의 비준과 더불어 제정된 특별법인 「유류오염손해배상보장법」에 의하여 선주의 책임이 제한되므로 상법에서는 이 경우의 책임제한을 규정할 필요가 없게 되었다(773 iii).

(5) 침몰선박 기타 난파물의 인양 등에 관한 채권

"침몰, 난파, 좌초, 유기 기타의 해난을 당한 선박 및 그 선박 안에 있거나 있었던 적하 기타의 물건의 인양, 제거, 파괴 또는 무해조치에 관한 채권"도 선박소유자의 책임제한의 대상에서 제외된다(773 iv). 이러한 조치와 관련하여 개항질서법 · 해상교통

---

3) 대판 1995.6.5, 95마325.
4) 대판 2004.7.22, 2001다58269.

안전법·행정대집행법 등에 의해 선박소유자가 지는 책임이 주로 이에 해당한다.

(6) 원자력손해에 관한 채권

원자력손해에 관하여는 원자력손해배상법에 의하여 별도로 규율하므로 상법은 이를 책임제한채권에서 배제하고 있다(773ⅴ).

5. 손해의 종류에 따른 책임한도

선박소유자 등의 책임한도액은 제770조 제1항에서 3가지 그룹별로 규정하고 있으며, 이 각 책임제한액은 선박마다 동일한 사고에서 생긴 각 책임한도액에 대응하는 선박소유자 등에 대한 모든 채권에 미친다. 동일한 선박이라도 한 항해에서 사고가 두 번 생기면 책임한도액은 두 개 형성된다. 또한 동일한 선박의 동일한 하나의 사고에서 이상의 3가지 유형의 손해사고가 생긴 경우에는 선주 등의 채무자가 부담하는 배상한도액은 3배가 되는 것이다. 이 밖에 해난구조의 경우에 발생한 손해에 관한 채권도 이상과는 별도로 책임한도액이 형성된다. 이 경우의 구조자의 책임한도액은 구조선마다 정하되, 구조활동을 구조선으로부터 하지 않은 경우 및 피구조선에서만 구조활동을 한 경우에는 구조자마다 정한다.

(1) 旅客의 사상으로 인한 손해(개정)

개정법 제770조는 선박의 선박검사증서에 기재된 여객의 정원에 175,000 계산단위(약 2억원)를 곱하여 얻은 금액으로 책임을 상향조정하고 단일화하였다. 이는 현실의 배상액을 반영하여, 1976년 「국제해사채권책임제한조약」의 1996년 개정의정서 수준에 맞추고자 한 것이지만 선박소유자들이 상향 책임의 부보 여부 및 보험료 부담을 우려하였다. 그러나 우리나라의 제고된 국제적 위상과 인권존중의 사상을 고려하여 개정안대로 입법이 실현되었으며, 다만 선박소유자의 부담을 고려하여 개정법 시행 후 3년 동안의 사고에 대하여는 175,000 계산단위의 50%에 해당하는 87,500 계산단위를 적용하도록 하였다(부칙4).

(2) 非旅客의 사상으로 인한 손해

여객 이외의 사람의 사망 또는 신체의 상해로 인한 손해에 대한 책임의 한도액은 그 선박의 톤수에 따라서 정하는 금액으로 한다.

(ⅰ) 300톤 미만의 선박의 경우에는 획일적으로 16만 7천 계산단위(SDR)에 상당하는 금액이 한도액이 된다. (ⅱ) 300톤 이상 500톤 이하의 선박의 경우에는 33만 3

천 SDR에 상당하는 금액이 책임한도액이 된다. (iii) 500톤을 초과하여 3,000톤까지
의 선박의 경우는 위의 (ii)의 금액에 500톤을 초과하는 부분에 대하여 매 톤당 500
SDR에 상당하는 금액을 가산한 금액, (iv) 3,000톤을 초과하여 30,000톤까지의 선박
의 경우는 위 (iii)의 전액에 3,000톤을 초과하는 부분에 대하여 매 톤당 333 SDR에
상당하는 금액을 가산한 금액, (v) 30,000톤을 초과하여 70,000톤까지의 선박의 경
우는 (iv)의 금액에 30,000톤을 초과하는 부분에 대하여 매 톤당 250 SDR에 상당하
는 금액을 가산한 금액, (vi) 70,000톤을 초과하는 선박의 경우는 (v)의 금액에
70,000톤을 초과하는 부분에 대하여 매 톤당 167 SDR에 상당하는 금액을 가산한 금
액이 각각 책임한도액이 된다(770①ⅱ). 여기서는 톤수의 증가에 비례하여 책임한도
액이 증가하는 비례방식을 취하되, 톤수의 증가에 따라서 증가하는 책임한도액의
증가비율이 점차 감소하는 체감방식(sliding scale)을 병용하고 있다.

(3) 기타 물적 손해

위의 두 가지의 채권 이외의 채권, 즉 물적 손해 기타의 손해에 대한 책임한도
액은 그 선박의 톤수에 따라서 정하되, 다음에 의하여 계산한다.

(i) 300톤 미만의 선박의 경우는 톤수에 따른 비례 없이 획일적으로 8만 3천
SDR에 상당하는 금액이 책임한도액이 된다. 그 한도액이 약 절반으로 줄어들고 있
다. (ii) 300톤 이상 500톤 이하의 선박의 경우는 역시 톤수에 따른 비례 없이 획일적
으로 16만 7천 SDR에 해당하는 금액이 한도액이 된다. (iii) 500톤을 초과하여
30,000톤까지의 선박의 경우는 (ii)의 금액에 500톤을 초과하는 부분에 대하여 매 톤
당 167 SDR의 금액을 가산한 금액, (iv) 30,000톤을 초과하여 70,000톤까지의 선박
의 경우는 (iii)의 금액에 30,000톤을 초과하는 부분에 대하여 매 톤당 125 SDR의 금
액을 가산한 금액, (v) 70,000톤을 초과하는 선박의 경우는 (iv)의 금액에 70,000톤
을 초과하는 부분에 대하여 매 톤당 83 SDR에 해당하는 금액이 각각 책임한도액이
된다(770①ⅲ).

(4) 해난구조의 경우

구조자가 책임제한을 주장하는 데 있어서 구조자의 법적 개념이 중요한데 이는
해난구조에서 말하는 구조자의 범위보다 제한되어 있다. 개정법에서는 「1976년 국
제해사채권책임제한조약」의 내용을 자세하게 반영하여 구조자의 개념을 "구조활동
에 직접 관련된 용역을 제공한 자"로 정의하고 있다.

구법 제752조의2는 구조자가 구조활동과 관련하여 유발한 불가피한 손해에 대

하여 책임제한을 주장할 수 있는 채권의 범위가 분명하지 않았다. 즉, 종래 규정은 구조채권의 범위를 "구조활동과 직접 관련한 채권"으로 정한 반면, 개정법에서는 이를 보다 구체화하여 "구조자 또는 그 피용자의 구조활동과 직접 관련하여 발생한 사람의 사망·신체의 상해, 재산의 멸실이나 훼손, 계약상 권리 외의 타인의 권리의 침해로 인하여 생긴 손해에 관한 채권 및 그러한 손해를 방지 혹은 경감하기 위한 조치에 관한 채권 또는 그 조치의 결과로 생긴 손해에 관한 채권"으로 정하고 있다(775①).

6. 책임제한총액

동일한 사고에서 발생한 모든 채권에 대한 선박소유자 및 그 밖의 책임제한권자에 의한 책임제한의 총액은 선박마다 제770조에 의한 책임한도액을 초과하지 못한다(774②). 예컨대 동일한 선박의 동일한 사고에서 발생한 손해에 대하여 선박소유자 및 선장이 모두 책임이 있는 경우에는 이들 각자가 유한책임을 지게 되나, 이 경우 채권자가 배상받을 수 있는 책임한도액은 선주와 선장에 따라 각각 별개로 정하는 것이 아니라 하나의 한도액만 정한다는 것이다. 따라서 가해자가 선주만 있는 경우나 선장도 있는 경우나 배상받을 수 있는 책임한도액은 동일하다는 것이다.

7. 반대채권의 공제

선박소유자가 책임의 제한을 받는 채권자에 대하여 동일한 사고로 인하여 생긴 손해에 관한 채권을 가지는 경우에는 그 채권액을 공제한 잔액에 한하여 책임의 제한을 받는 채권으로 한다(771). 선박소유자와 동일한 사고로 인한 손해의 채권자가 상호 간에 채권을 가지는 경우에 만일 각 채권액을 차감하지 않고 그대로 각각 전액에 대하여 채권을 행사한다고 하면, 선주의 채권은 제한을 받지 않고, 상대방의 채권은 선주가 제한할 수 있는 채권이 되어 형평성을 잃게 된다. 여기서 쌍방의 채권액을 공제한 잔액만을 책임제한채권으로 한 것은 이러한 점을 고려한 것이다.

8. 책임한도액에 대한 채권의 경합

책임제한채권은 이상의 3가지 부류의 각 책임한도액에 대하여 각 채권액의 비율로 경합한다(770③). 여객 이외의 사람의 사상의 경우에 의한 책임한도액이 그 부류의 채권의 변제에 부족한 때에는 물적 손해 등의 경우에 의한 책임한도액을 그 잔액채권의 변제에 충당한다. 이 경우 동일한 사고에서 물적 손해 등의 경우의 채권도 발생한 때에는 이 채권과 여객 이외의 사람의 사상의 경우의 잔액채권은 물적 손해 등의 경우에 의한 책임한도액에 대하여 각 채권액의 비율로 경합한다.

9. 책임제한절차

1991년 상법 개정 이전에도 상법은 선주의 책임제한을 인정하였으나, 그에 관한 절차법이 존재하지 않았기 때문에 통상의 소송에서 단순한 항변만으로 책임제한이 인정되었을 뿐이었다. 그리하여 소송의 비용과 시간을 낭비하는 등의 불편이 있었고, 선박 피압류로부터의 해방 등이 실현될 수 없었다. 그리하여 1991년 상법 개정을 통하여 상법 제752조에 책임제한절차에 관한 규정을 신설하였으며, 이것을 개정법(776)에서도 계속 유지하고 있다.

책임을 제한하고자 하는 자는 채권자로부터 책임한도액을 초과하는 청구금액을 명시한 서면에 의한 청구를 받은 때로부터 1년 내에 법원에 책임제한절차개시를 신청하여야 한다. 또한 책임제한절차 개시의 신청, 책임제한기금의 형성, 공고, 참가, 배당, 기타 필요한 사항은 법률로 정하도록 하였다(776②). 이에 따라 절차법인「선박소유자 등의 책임제한절차에 관한 법률」의 제정을 보게 되었다.

제5절 선박담보

민법상 채권자를 보호하는 수단으로는 일반적으로 연대채무, 보증채무 등의 인적 담보제도와 저당권, 질권 등의 물적 담보제도가 있다. 이러한 일반적인 제도 이외에도 상법은 특별한 담보제도를 마련하여 선박채권자의 보호를 도모하고 있다. 해상기업을 경영하기 위하여 많은 자금이 소요된다. 과거에는 해상기업금융의 형태의 대표적인 것으로 모험대차가 활용되었다. 이것은 선박 또는 적하를 담보로 하는 금전소비대차로서 안전한 항해의 종료를 변제의 조건으로 하는 대신에 해상위험이 크므로 이율이 매우 높았다. 19세기 이후 이에 갈음하는 해상기업금융의 형태로 등장한 것이 선박우선특권과 선박저당권이다.

1. 선박우선특권

일반적으로 선박과 관련한 담보물권으로는 유치권, 질권, 저당권 등을 들 수 있다. 나아가서 상법은 저당권보다 우선하는 특수한 물권으로 선박우선특권을 선박소유자의 상대방에게 부여한다. 선박우선특권(maritime lien)이란 일정한 법정채권(893, 777① i~iv)을 가진 채권자가 적하, 선박·그 속구·그 채권이 생긴 항해의 운임 및 그 선박과 운임에 부수한 채권에 대하여 다른 채권자보다 우선하여 변제를 받을 수 있는 해상법상의 담보물권(893, 777)을 가리킨다. 이 제도는 선주유한책임과의 형평상 선박채권자 보호의 필요와 해상기업의 위험성과 관련하여 금융조달의 편의를 위한 특별 담보권의 필요 등에 따라 인정되는 것이다.

선박우선특권은 해상법상의 특수한 담보물권이며, 우선변제권이 있는 담보물권이라는 점에서 민법상의 저당권과 같다. 따라서 선박우선특권에는 그 성질에 반하지 않는 한 민법의 저당권에 관한 규정이 준용된다. 그러나 법정담보물권으로서 공시되지 않고 피담보채권이 제한되며(유익비 채권, 임금 채권, 위급 채권, 사고 채권 등), 저당권보다 언제나 선순위인 점에서 저당권과 다르다.

선박우선특권은 그 목적물에 대한 경매권, 우선변제권이 있고, 추급권이 있으므로 그 선박소유권의 이전으로 인하여 영향을 받지 아니한다.

2. 선박저당권, 선박질권

선박저당권(ship mortgage)이란 등기선박을 목적으로 하여 계약에 의하여 설정되는 상법상의 특수한 저당권이다(787①). 상법은 등기선박에 한하여 선박저당제도를 인정하고 있고, 선박저당권에 대하여는 부동산의 저당권에 관한 규정을 준용하고 있다(787③). 비등기선은 동산질의 규정에 의하여 질권을 설정할 수 있을 뿐이고, 이에 반하여 등기선은 질권의 목적물이 될 수 없다(789).

선박저당권은 그 속구에도 미친다. 선박공유에 있어서 공유지분은 선박관리인의 지분을 제외하고는 선박저당권의 목적물이 될 수 없다. 선박저당권과 선박우선특권이 경합하는 경우에는 선박저당권은 언제나 후순위이다(788). 선박저당권의 효력은 부동산저당권의 경우와 같다(787③). 건조 중의 선박에 대해서도 선박저당권에 관한 규정을 준용한다.

3. 선박에 대한 강제집행

채권의 효력으로서 채권자는 재판청구권과 집행청구권을 갖는다. 채무자가 법원의 이행판결에 복종하지 않는 경우 채권자는 집행청구권을 행사하여 국가권력으로 채무자의 급부의무를 강제적으로 실현할 수 있게 된다. 이러한 법률절차를 강제집행이라고 한다. 민사집행법이 강제집행을 위한 절차를 규율한다(민집 172).

선박에 대한 압류는 경매개시결정에 의하여 하게 된다(민집 172, 83). 선박에 대해 가압류를 집행하는 경우에는 가압류를 하는 방법이나 집행관에게 선박국적증서 등을 선장으로부터 받아 집행법원에 제출하도록 명하는 방법으로 한다(민집 295).

제1절 총 설

상법은 물건의 운송과 관련한 해상기업활동을 대체적으로 운송과 용선으로 구분한다. 선박소유자는 용선을 통하여 용선료를 취득하고, 운송을 통하여 운임을 취득한다. 이러한 용선료와 운임은 선박소유자의 영업수입의 기초가 된다. 용선계약은 대등한 지위에 있는 해상기업 사이의 계약이 대부분이므로 사적 자치의 원칙이 적용되고, 용선계약서가 발행된다. 그러나 개품운송계약은 운송인 측에서 미리 마련한 선하증권이 운송계약을 대신하는 부합계약의 성질이 가진다. 그러므로 운송인에 비해 송하인은 열악한 지위에 놓이게 되므로 이들을 보호하기 위한 조치가 필요하게 된다.

제2절 개품운송

I. 의 의

개품운송계약(carriage in general ship)이란 운송인이 개개의 물건을 해상에서 선박으로 운송할 것을 인수하고, 송하인이 이에 대하여 운임을 지급하기로 약정함으로써 효력이 생기는 계약을 말한다(791). 이러한 개품운송계약은 현대 운송실무에서 주된 계약의 지위를 차지하고 있다. 개품운송계약은 용선계약과 달리 선박 또는 선복에 중점이 있는 것이 아니라, 각 운송물과 운송의 결과에 중점이 있고, 그 성질은 역시 도급계약이다.

용선계약은 불특정 항로에서 임시적으로 이용되는 것이 보통인 데 대하여 개품운송계약은 특정 선박으로 정기적으로 운송하게 되는 것이 보통이며, 용선계약의 경우에는 대개 소형선박이 이용되지만 개품운송계약의 경우는 대형선박이 주로 이용되고, 용선계약에 있어서는 그 계약내용이 각 계약마다 정하여지는 데 대하여 개품운송계약은 선하증권약관에 의하여 계약내용이 정하여지므로 부합계약성을 띠며, 용선계약은 재운송계약을 인정하는 데 대하여, 개품운송계약은 이를 인정하지 않는 등 차이가 있다.

II. 堪航能力注意義務

감항능력주의의무(seaworthiness)란 해상운송인이 용선자 또는 송하인에 대하여 발항 당시 선박이 안전하게 항해를 감당할 수 있는 선박을 제공함에 있어서 자기 또는 선원 기타의 선박사용인이 상당한 주의를 다하여야 할 의무를 말한다(794). 해상운송은 육상운송과는 달리 고도의 위험성을 수반하기 때문에 상법이 해상운송인에게 특별한 주의의무를 부과한 것이다. 이 의무는 운송물에 관한 직접적인 주의의무와는 달리 운송설비인 선박의 안전운항과 관련된 주의의무라는 점에 특색이 있다.

선박의 감항능력이란 운송계약상의 특정한 항해의 특수 사정을 참작하여 특정한 선박이 도모하는 특정 항해 또는 통상 예견되는 항해의 위험을 견딜 수 있는 이른바 상대적 감항능력이다. 그러므로 연안을 항해하는 선박과 해양을 항해하는 선박은 그 감항능력의 판단기준이 다를 수밖에 없는 것이다. 또한 감항능력이란 통상의 위험을 감당할 수 있는가를 표준으로 한다. 통상이라 함은 바다의 상태가 일반적이고 평상적인 것으로 기대되는 것을 의미한다. 따라서 선박이 예고된 악천후 상황에서 침몰하였다면 이는 통상의 위험에 감당하지 못한 것이 된다. 그러나 어떤 악천후에도 견딜 수 있을 것을 요구하는 절대적 완전성을 요구하는 것은 아니다.

III. 운송물의 보관 · 처분의무

운송인은 운송물의 수령시부터 인도시까지 선량한 관리자의 주의로써 운송물을 보관하여야 하고(795①), 위급한 때에는 적당한 방법으로 운송물을 처분할 의무가 있다(801). 또 해상운송인은 용선자, 송하인 또는 선하증권소지인이 운송의 중지, 운송물의 반환 기타의 처분을 청구할 때에는 그 지시에 따라야 한다(815, 139①).

IV. 운송물 인도의무

운송인은 수하인에게 운송물을 인도하여야 한다. 인도는 보통 적하의 양륙과 동시에 하는 것이나, 반드시 일치하는 것은 아니다. 운송인은 수하인이 운임, 부수비용, 체당금, 정박료, 운송물의 가액에 따른 공동손해 또는 해양사고 구조로 인한 부담액 등의 지급과 상환하지 아니하면 운송물을 인도할 의무가 없고(807②), 이들 금액을 지급받기 위하여 법원의 허가를 얻어 운송물을 경매할 수도 있다(808①). 정기개품운송에서는 대량의 운송물을 단시간 내에 양륙하기 위하여 운송물은 먼저 양륙되고, 인도는 해상운송인의 육상의 사용인 또는 대리인(예컨대, 부두경영자, 창고업자, 운송주선인 등)에 의하여 행하여지는 경우가 많다. 운송물의 인도란 운송물에 대한 사실상의 지배 상태인 점유가 운송인으로부터 벗어나는 것을 말하므로, 수하인뿐만 아니라 운송물이 세관당국의 관장 하에 들어간 것도 인도에 해당한다(803).

V. 운송인의 손해배상책임

상법은 개품운송인의 손해배상책임에 관하여 육상물건운송인의 책임규정을 준용하고 있으므로(815, 136, 138, 140) 개품운송인의 책임은 육상물건운송인의 책임과 대체로 같다. 그러나 해상운송의 특수성에 비추어 약간의 특별규정을 두고 있다. 즉, 상법은 과실책임주의를 원칙으로 하면서 과실을 상사과실과 항해과실로 구분하여 항해과실 및 선박화재에 대하여는 운송인의 책임을 면제하고(795), 일정한 사항에 대하여는 입증책임을 경감하며(796), 손해배상책임을 제한하는가 하면(797), 반면에 면책약관을 제한하는 규정(799)을 둠으로써 해상기업의 보호와 이해관계인의 이익도 도모하고 있다.

VI. 해상물건운송계약의 종료

해상물건운송계약은 운송의 완료라는 운송계약의 목적의 달성에 의해 정상적으로 종료하는 것이 일반적이다. 그러나 계약의 해제, 기타 원인에 의해 운송의 진행 중에 비정상적으로 종료하는 경우도 있다. 운송의 진행 중에 종료하는 원인에 계약의 해제 등 일반종료원인 이외에, 해상운송의 특이성에 비추어 육상운송의 경우와는 달리 상세히 특별규정을 두고 있다.

VII. 복합운송계약

오늘날 컨테이너에 의하여 해상운송과 육상운송, 해상운송과 항공운송이 결합된 복합운송이 국제운송의 대부분을 이루고 있는 상황에서 이를 통일적으로 규율할 법제의 필요성이 증가되어 왔다. 또한 UNCITRAL은 새로운 "운송조약" 초안을 작성하여 그 제정을 추진하고 있는바, 이 초안에서는 그 적용범위를 "문전에서 문전으로 (door to door)"로 정하고 있으므로 필수적으로 복합운송이 관련되고 있다. 복합운송은 육상, 항공 등 다른 운송구간과 결합된 것이므로 이는 논리상 상법 총칙편에 규정하는 것이 당연하지만, 우리나라의 지정학적 위치가 아직 대부분의 복합운송이 해상운송에 부수하여 이루어지는 점을 고려하여 이를 해상편에 도입하기로 하였다. 이에 1992년 FIATA약관, 1980년 국제복합운송에 관한 UN협약, 독일 등 외국의 입법례를 참조하여 원칙적으로 운송인은 손해가 발생한 운송구간에 적용될 법에 따라 책임을 지게 하는 방식으로 법무부는 개정이유를 제시하였다.[1] 복합운송계약에 있어서 2 이상의 운송인이 운송에 관여하는 상황에서 운송물의 멸실·훼손 및 연착으로 인한 손해가 발생하는 경우 운송인의 책임을 어떻게 합리적으로 규율할 것인가라고 하는 점이 중요한 쟁점이 되고 있다.

복합운송(multimodal transport)계약이란 운송수단을 달리하는 2 이상의 운송인이 물건의 운송을 인수하는 계약을 말한다. 복합운송에서는 異種의 운송수단이 이용되는 점에서 단순히 복수의 운송수단이 이용되는 통운송계약과 다르나, 1매의 운송증권이 발행되고 송하인은 운송구간마다 운송계약을 체결할 필요가 없는 점은 통운송계약과 같다. 1992년 국제복합운송업자연맹(FIATA)의 선하증권, 1980년 UN의 「국제복합물건운송협약」 및 독일 등의 입법례를 참조하여 원칙적으로 운송인은 손해가 발생한 운송구간에 적용될 법에 따라 손해배상책임을 지도록 하였다(816①). 그러므로 복합운송인은 사고가 해상에서 발생하였으면 해상운송법을 적용받고 그에 따른 책임을 부담하고, 육상에서 발생하였으면 육상운송법의 적용을 받게 된다.[2] 그런데 어느 운송구간에서 손해가 발생하였는지 불분명한 경우 및 손해의 발생이 성질상 특정한 지역으로 한정되지 아니하는 경우에는 운송인은 운송거리가 가장 긴 구간에 적용되는 법에 따라 책임을 지게 하였다(816②). 다만, 운송거리가 같거나 가장 긴 구간을 정할 수 없는 경우에는 운임이 가장 비싼 구간에 적용되는 법

---

1) 법무부 개정이유서, 22-23쪽.
2) 한국해법학회의 의견에 대하여는 김창준, "복합운송에 관한 상법규정의 신설," 한국해법학회지 제26권 제2호(2004년 11월), 37면 이하 참조.

에 따라 책임을 지게 하였다(816② 단서).

　　이와 같은 복합운송인의 책임에 관한 규정을 강행규정으로 볼 것인가 아니면 임의규정으로 볼 것인가? 즉, 복합운송인과 화주가 어느 구간에서 손해가 발생하든 해상운송법에 따라 책임을 부담한다는 약정을 맺은 경우에 이는 제816조 제1항에 따라 무효가 된다고 보아야 하는가, 아니면 이는 단지 임의규정으로서의 기능만을 하는 것인가? 제2항에 대하여도 한국법을 준거법으로 한 경우 복합운송인의 선하증권에 구간을 불문하고 해상운송법을 적용한다는 약정이 있다면, 이것은 무효가 되고 법원은 주된 운송구간을 육상운송구간이라고 판단하여 상법의 육상운송법을 적용할 수 있는지가 문제될 수 있다. 그러나 강행규정이라는 명문의 규정이 없으므로 임의규정으로서 당사자 사이에 특약이 없는 경우에만 적용되는 것으로 보는 것이 타당할 것이다. 운송구간에 있어서 육상구간이 길게 되어 육상운송법을 적용할 경우에, 별도의 약정이 없는 경우에는 상법의 총칙과 상행위편이 적용되어야 할 것이다. 그러나 여기에는 책임제한 규정이 없다. 육상운송구간에도 책임제한규정을 두는 개정작업이 필요할 것이다.

제3절 해상여객운송

I. 의　의

　　해상여객운송계약이란 당사자의 일방이 여객의 해상운송을 인수하고, 상대방이 이에 대하여 보수를 지급할 것을 약정하는 일종의 도급계약이다. 그동안 해상여객운송에 대한 정의규정이 없었지만 개정법에서는 "운송인이 특정한 여객을 출발지에서 도착지까지 해상에서 선박으로 운송할 것을 인수하고, 이에 대해 상대방이 운임을 지급할 것을 지급하기로 약정함으로써 효력이 생기는" 계약이라고 규정한다(817). 해상여객운송계약에도 물건운송의 경우와 같이 용선계약의 경우와 개별운송계약의 경우가 있으나, 주로 후자가 많이 이용된다. 용선계약은 이민운송을 하거나 (이민선) 단체유람 등을 위하여 이용된다. 해상여객운송에 관하여는 육상여객운송규정 및 해상물건운송에 관한 많은 규정이 준용된다(826).

II. 성   립

해상여객운송계약의 당사자는 해상운송인(선박소유자, 용선자 등)과 운송계약의 객체인 여객 자신이다. 해상여객운송계약도 해상물건운송계약의 경우와 같이 낙성, 불요인의 계약이다. 따라서 운송계약서의 작성 또는 승선표의 발행도 계약의 성립요건은 아니다. 승선표(passage ticket)는 여객운송계약의 성립을 증명하는 것으로서 기명식으로 발행한 경우에는 타인에게 양도하지 못하고(818), 무기명식으로 발행한 경우에는 발항 전에는 양도 가능한 유가증권이지만 발항 후에는 단순한 증거증권이다.

III. 해상여객운송계약의 효력

1. 해상여객운송인의 의무

해상여객운송계약은 운송의 객체가 운송인이 점유할 수 없는 여객이라는 점 외에는 운송계약이라는 공통성 때문에 해상물건운송계약이나 육상여객운송계약과 같은 점이 많으므로, 양자에 관한 규정을 해상여객운송인에게도 준용하고 있다(826). 운송인은 자기 또는 사용인이 운송에 관한 주의를 해태하지 아니하였음을 증명하지 아니하면 여객의 운송으로 인하여 받은 손해를 배상할 책임이 있다. 이때 법원은 손해배상액을 정함에 있어 피해자와 그 가족의 정상을 참작하여야 한다(826①, 148). 해상운송인의 여객의 손해에 대한 책임은 5년의 소멸시효에 걸리나, 수하물에 대한 책임은 1년 내에 재판상의 청구가 없으면 소멸한다(826②, 814). 그 밖에 해상여객운송에 관한 특별규정을 두고 있다(821①, 819①, 819②③, 820, 824).

2. 해상여객운송인의 권리

해상운송인은 여객에 대하여 운임을 청구할 수 있다. 운임을 운임표에 따라 선표와 상환으로 선급하는 것이 보통이다. 그 밖에도 수하물에 대한 공탁권·경매권이 있고(826②·149②), 여객이 위법한 휴대품을 반입한 경우 손해배상청구권이 있다(826②·801 참조). 운송인의 권리는 1년 내에 재판상의 청구가 없으면 소멸한다(826②③, 814).

IV. 종   료

여객은 발항 전에는 운임의 반액을, 발항 후에는 운임의 전액을 지급하고 계약을 해지할 수 있다(822). 또 항해의 중도에서 선박을 수선하는 경우에는 비율운임을 지급하고 계약을 해지할 수 있다(819③). 항해 또는 운송이 법령에 위반하게 되거나 기타 불가항력으로 인하여 해상물건운송계약의 목적을 달성할 수 없게 된 때에는 각 당사자는 계약을 해제할 수 있다(826①, 811①). 발항 후에 그러한 사유가 생긴 때에는 비율운임을 지급하여야 한다(826②, 811②).

그 밖에 해상여객운송 특유의 규정으로서, 여객이 발항 전에 사망, 질병 기타의 불가항력으로 인하여 항해를 할 수 없게 된 때에는 운임의 10분의 3을, 발항 후에 그 사유가 생긴 때에는 운송인의 선택으로 운임의 10분의 3 또는 비율운임을 지급하고 각각 계약을 해지할 수 있다(823). 여객운송계약은 선박의 침몰 또는 멸실, 수선불능, 포획 등 법정사유로 인하여 종료한다. 항해 도중에 이러한 사유가 생긴 때에는 여객은 비율운임을 지급하여야 한다(825).

제4절 항해용선

I. 의   의

항해용선계약이란 특정한 항해를 할 목적으로 선박소유자가 용선자에게 선원이 승무하고 항해장비를 갖춘 선박의 전부 또는 일부를 물건의 운송에 제공하기로 약정하고 용선자가 이에 대하여 운임을 지급하기로 약정함으로써 그 효력이 생기는 계약을 말한다(827①). 항해용선자가 자신의 화물을 싣는 경우는 그 자신이 화주가 되어 더 이상의 용선관계는 없게 된다(운송형 항해용선). 한편 항해용선자가 자신의 선복을 이용하여 자신이 선박소유자의 입장에서 용선자와 다시 용선계약을 체결하는 경우(기업형 항해용선, 재용선)가 있다. 이 경우 항해용선자는 해상기업의 주체가 된다. 일반적으로는 전자의 형태가 많이 사용되며, 화주로서의 항해용선자를 보통 용선자라고 한다. 이 경우의 용선자는 개품운송계약에서의 송하인에 해당한다.

항해용선에 관한 절(제5편 제2장 제3절)의 규정은 그 성질에 반하지 아니하는 한 여객운송을 목적으로 하는 항해용선계약에도 준용한다(827②). 선박소유자가 일정한 기간 동안 용선자에게 선박을 제공할 의무를 지지만 항해를 단위로 운임을 계산하여 지급하기로 약정한 경우에도 그 성질에 반하지 아니하는 한 이 절의 규정을 준용한다(827③). 또한 개품운송계약에 관한 규정 중 상당수의 규정이 항해용선계약에 준용된다(841).

　그동안 상법의 해상물건운송계약에 관한 규정은 항해용선계약을 중심으로 여러 규정을 두면서 현대 해상물건운송의 중심인 개품운송에 관하여는 소수의 특별규정만을 두고 있고, 그 내용도 혼재되어 있어서 현 해상운송 실무에 부합하지 않는 문제점이 있었다. 이에 따라 2007년 개정 법률은 기존 규정에서 항해용선과 개품운송을 그 법적 성질에 따라서 분류하고, 정의규정(827)을 두어 항해용선에 관한 규정을 체계적으로 개편한 것이며, 나머지 대부분의 규정은 기존의 규정을 그대로 재정리한 것이다.

II. 법적 성질

　항해용선계약의 법적 성질은 계약의 내용에 따라 결정된다. 항해용선도 일종의 용선이므로 어느 정도 임대차의 성질을 가지고 있는 것으로 볼 수 있다. 항해용선계약의 정의 규정을 보면, 특정한 항해를 할 목적으로 선박소유자가 용선자에게 선원이 승무하고 항해장비를 갖춘 선박의 전부 또는 일부를 물건의 운송에 제공하기로 약정하고, 용선자가 이에 대하여 운임을 지급하기로 하는 것으로 되어 있다(827①). 그러므로 항해용선계약은 실질적으로 운송계약으로 볼 수 있을 것이다.[3]

　개품운송계약은 개별적인 물건의 운송을 운송인이 인수하고 그 대가로 화주가 운임을 지급하는 계약으로 전형적인 도급계약이다. 그러나 항해용선계약은 화물의 운송을 위하여 선박을 빌려주는 형식의 운송계약으로, 선적기간이나 양륙기간 등의 조정이나 계약의 한계 내에서 다시 운송인이 될 수 있다는 점에서 도급계약의 성질이 약화되어 있다고 할 수 있을 것이다. 해상운송인은 운송의 인수를 영업으로 하므로 해상운송계약은 기본적 상행위이다(46xiii). 해상운송계약은 당사자의 일방이 운송이라는 일의 완성을 목적으로 하고, 이에 대하여 상대방이 보수를 지급하기로 약속하는 것이므로 민법상의 도급계약(민 664)에 속한다(통설, 판례). 그러나 해상운송에 관하여는 상법의 규정이 자세하고, 상관습법과 각종 약관이 발달하고 있어 민법의 도급 규정이 적용될 여지는 거의 없다. 또 해상운송계약은 약관에 의하여 체결되는 경우가 일반적이므로 부합계약이며, 불요식의 낙성계약이 원칙이고, 유상·쌍무

---

3) 김인현, 「해상법」(법문사, 2003), 121면.

계약이다.

III. 항해용선계약에 준용되는 개품운송규정

2007년 개정 법률은 항해용선계약에 대하여 여러 준용 규정을 두고 있는데, 이는 기존 해상운송 규정이 항해용선계약 위주로 되어 있는 것을 개품운송계약 중심으로 개편함에 따라 규정 체계상 뒷부분의 항해용선계약은 앞부분에 규정되어 있는 개품운송계약의 관련 규정을 준용하는 형식을 취하게 하는 것이 입법기술상 적절했기 때문이다. 항해용선계약에 개품운송계약에 관한 규정을 준용하고 있는 내용은 다음과 같다.

운송물의 멸실과 운임(134), 고가물에 대한 책임(136), 손해배상의 액(137), 수하인의 지위(140), 운송에 필요한 서류의 교부(793), 감항능력주의의무(794), 운송물에 관한 주의의무(795), 면책사유(796), 책임한도(797), 비계약적 청구에 대한 적용(운송물에 관한 손해배상청구가 운송인 이외의 실제운송인 또는 그 사용인이나 대리인에 대하여 제기된 경우 제외)(798①-③), 위법선적물의 처분(800), 위험물의 처분(801), 운송물의 공탁(803), 운송물의 일부 멸실·훼손에 관한 통지(804), 운송물의 중량·용적에 따른 운임(805), 운송기간에 따른 운임(806), 수하인의 의무 및 선장의 유치권(807), 운송인의 운송물 경매권(808), 운송계약의 종료사유(810), 법정사유로 인한 해제(811), 운송물의 일부에 관한 불가항력(812), 선장의 적하처분과 운임(813).

상법총칙 물건운송법의 준용규정 중에서 제134조(운송물멸실과 운임), 제136조(고가물에 대한 책임), 제137조(손해배상의 액), 제140조(수하인의 지위)는 그대로 준용되지만, 제138조 및 제139조에 대한 준용규정이 없다. 제139조는 화주가 가지는 운송물에 대한 처분권이다. 송하인 혹은 선하증권소지인은 운송의 중지, 운송물의 반환 기타의 처분을 운송인에게 청구할 수 있는 권리이다. 개품운송에는 존치되었지만 항해용선에서는 준용되지 않음으로써 화주의 지위가 약화되었다고 할 수 있다.

항해용선계약도 운송계약의 일종이므로 개품운송계약에서 준용하여야 하는 규정을 정하고 있다. 제793조-797조(운송에 필요한 서류의 교부, 감항능력주의의무, 운송물에 관한 주의의무, 운송인의 면책사유, 책임의 한도), 제798조 제1항-제3항(비계약적 청구에 대한 적용)은 준용된다. 제798조 제4항은 운송인 외의 실제운송인 또는 그 사용인이나 대리인에 대하여 제기된 경우에도 준용하는 규정이다. 이것은 개품운송을 적용대상으로 하는 헤이그 비스비 규칙을 따른 것이므로 항해용선계약에서는 준용하지 않는다.[4]

제800조(위법선적물의 처분), 제801조(위험물의 처분), 제803조(운송물의 공탁 등), 제804조 제1항 내지 제4항(운송물의 일부 멸실훼손에 관한 통지), 제805조 내지 제808조(운송물의 중량·용적에 따른 운임, 운송기간에 따른 운임, 수하인의 의무 및 선장의 유치권, 운송물의 경매권)와 제810조 내지 제813조의 규정(운송계약의 종료사유, 법정사유로 인한 해제, 운송물의 일부에 관한 불가항력, 선장의 적하처분과 운임)은 항해용선계약에 준용한다.

제799조가 준용되지 않은 것은 제855조 제5항으로 항해용선계약에서 선하증권이 발행된 경우를 처리하고 있기 때문이다. 제802조가 준용되지 않기 때문에, 항해용선에서는 지체 없는 운송물수령의무는 용선자에게 부과되지 않고 있다. 제804조 제5항(수하인 보호 강행규정)은 대등한 협상력을 가지는 항해용선계약에서는 적용할 수 없기 때문이다. 제809조가 준용되지 않은 것은 제809조의 적용범위를 줄이기 위한 것으로 보인다. 운송인과 최종적으로 운송계약을 체결한 자가 용선자인 경우에는 제809조의 적용이 없기 때문에 선박소유자는 법정의 연대책임을 부담하지 않는다.

IV. 항해용선계약의 종료

항해용선계약은 운송의 완료라는 목적의 달성에 의해 정상적으로 종료하는 것이 일반적이나 계약의 해제 기타의 원인에 의해 운송의 진행 중에 비정상적으로 종료하는 경우도 있다. 운송의 진행 중에 종료하는 원인에 해제 등 계약의 일반종료원인 이외에 항해용선의 특이성에 비추어 육상운송의 경우와는 달리 용선자의 임의해제(832, 833, 834), 불가항력에 의한 임의해제(841①, 811), 법정원인에 의한 당연종료(841①, 810①) 등 상세한 특별규정을 두고 있다.

---

4) 그런데, 현행상법은 정기용선자가 운송인이고 화주가 용선자인 경우에, 정기용선자가 선하증권을 발행한 경우에 실제운송을 하는 선박소유자가 손해배상청구를 받을 경우에 책임제한 등의 이익을 향유할 여지가 있었음에도 이를 원천 차단하는 결과가 되지 않을까 우려된다.

제5절 정기용선

I. 정기용선계약의 의의

定期傭船契約(timecharter)이라 함은 선박소유자가 용선자에게 선원이 승무하고 항해장비를 갖춘 선박을 일정한 기간 동안 항해에 사용하게 할 것을 약정하고, 용선자가 이에 대하여 기간으로 정한 용선료를 지급하기로 약정함으로써 그 효력이 생기는 계약을 말한다(842). 정기용선계약상의 용선자를 가리켜 정기용선자(time charterer)라고 한다.

정기용선계약의 법률관계는 종래 법전 외에서 국제적으로 통용되는 약관에 의하여 정하여져 왔다. 그러나 이용되는 범위가 적지 않으므로 이에 관한 주요한 사항을 상법전 속에 명문화하게 되었다. 따라서 정기용선계약의 법률관계는 먼저 상법의 규정에 따르고, 규정이 없는 사항에 대하여는 약관에 의하여 정하여진다. 정기용선자는 용선자와 비교될 수 있다. 용선자는 선박소유자의 해운기업을 이용하여 재운송의 인수를 하는 데 그치지만, 정기용선자는 선박의 자유사용과 항해지휘권을 얻어 해상기업주체의 지위에서 선박을 운용한다.

정기용선은 선체용선과도 비교될 수 있다. 선체용선의 경우에는 선체용선자가 여러 가지 해상기업상의 위험(선원의 임면, 급여, 항해상의 위험 등) 등을 부담하지만, 정기용선자는 선박소유자가 임용한 선장 · 해원을 선박과 더불어 이용할 수 있으므로 그 노동조직과 경영을 확대하지 않고 선박의 수요의 정도에 따라서 자유로이 경영할 수 있다. 뿐만 아니라 선박소유자로서도 자기가 임용한 선장 기타의 선원이 있는 그대로의 선박을 정기용선자에게 이용하게 하는 점에서 선박의 관리 · 보존에 안심을 할 수 있고, 동시에 종래의 기업경영이나 노동조직을 해체하지 않고 후일 자기의 경영에 대비할 수 있으면서 용선료를 얻을 수 있으므로, 결국 정기용선제도는 선박소유자와 정기용선자의 쌍방을 위하여 유리한 것이 된다. 이리하여 정기용선제도는 선체용선과 용선계약 양자의 단점을 보완하고 있으며, 양자의 중간의 위치에 있다고 할 것이다.

II. 정기용선계약의 법적 성질

정기용선계약을 용선계약의 일종으로 보는 견해가 있다(용선계약설). 그런데 정기용선자는 선장 · 해원에 대한 지휘감독권을 가지며 선박상에 직접 사용수익권을 가지므로 용선료와 재운임과의 차액을 목적으로 계약상의 운송의 인수를 하는 보통의 용선자와 다르며, 자신이 해상기업을 경영하는 것이다. 따라서 정기용선자는 타선의장자라는 점에서 선체용선에 유사하며, 정기용선계약은 이것과 선원 등의 노무공급계약과의 혼합계약이 되고 이 경우에는 임대차에 관한 규정이 유추적용된다고 보는 견해도 있다(혼합계약설). 우리나라와 일본 등 소수의 국가에서는 판례상 혼합계약설이 인정되지만, 영국법상으로는 용선계약설이 인정되고 있다.

III. 정기용선계약의 효력

1. 내부관계

정기용선자와 선박소유자의 내부관계는 상법에 의하여 정하여지며, 규정이 없는 사항에 관하여는 전형약관에 의하여 보충된다. 이것으로도 정하여지지 않는 사항은 해사관습에 의하고, 이상의 어느 것도 없는 때에는 정기용선계약의 임대차성에 따라서 민법의 임대차에 관한 규정에 의하여 정하여진다.

(1) 정기용선자의 권리의무

1) 용선료지급의무   정기용선자가 선박소유자 또는 선체용선자의 선박을 선원과 함께 일정 기간 항해에 사용하는 데 대한 대가로서 부담하는 의무이다(842).

2) 선박반환의무   상법에 명문의 규정은 없으나, 정기용선자는 용선기간이 만료하면 당해 선박을 선박소유자에게 반환하여야 하며, 선박은 용선기간이 개시할 때의 인수한 당시의 상태에서 반환하여야 하고 선박에 손상이 있는 경우에는 정기용선자가 이에 대한 책임을 진다.

3) 선장지휘권 및 손해배상청구권   정기용선자는 정기용선계약의 약정한 범위 안의 선박의 사용을 위하여 선장을 지휘할 권리가 있다(843①).

(2) 선박소유자 등의 권리의무

1) 유치권·경매권   정기용선자가 선박소유자에게 용선료, 체당금 기타 이와 유사한 정기용선계약에 의한 채무를 이행하지 아니하는 경우에는 선박소유자는 그 지급이 있을 때까지 운송물을 인도할 의무가 없으며(844, 807)(유치권), 또 이 경우 선박소유자는 용선료 등의 지급을 받기 위하여 법원의 허가를 얻어 운송물을 경매하여 우선변제를 받을 수 있다(844, 808)(경매권). 선박소유자의 운송물에 대한 유치권과 경매권은 정기용선자가 운송물에 관하여 약정한 용선료 또는 운임(및 체당금)의

범위를 넘어서 행사하지 못한다(844②). 정기용선자가 발행한 선하증권을 선의로 취득한 제3자가 있는 경우에는 선박소유자는 위의 운송물에 대한 유치권 및 경매권을 행사하지 못한다(844①단서). 선하증권의 선의취득자의 보호를 더 중요한 것으로 보기 때문이다.

2) 계약해지권   정기용선자가 용선료를 약정 기일에 지급하지 아니한 때에는 선박소유자는 계약을 해제 또는 해지할 수 있다(845①). 선박소유자가 계약을 해제 또는 해지한 경우에도 손해가 있으면 정기용선자에 대한 배상청구를 할 수가 있다(845④). 정기용선자가 제3자와 운송계약을 체결하여 운송물을 선적한 후 선박의 항해 중에 선박소유자가 위와 같이 계약을 해제 또는 해지한 때에는 선박소유자는 적하이해관계인에 대하여 정기용선자와 동일한 운송의무가 있다(845②). 적하이해관계인의 보호를 위하여 선박소유자에게 이러한 의무를 부담시키는 것이다. 이 경우에도 적하이해관계인에게 손해가 있는 때에는 정기용선자에 대하여 배상청구를 할 수 있다(845④).

3) 손해배상책임   선장, 해원 기타의 선박사용인이 정기용선자의 정당한 지시에 위반하여 정기용선자에게 손해가 생긴 경우에는 선박소유자가 이를 배상할 책임이 있다(843②).

(3) 채권의 소멸

정기용선계약에 관하여 발생한 당사자 사이의 채권은 선박이 선박소유자에게 반환된 날로부터 2년 이내에 재판상 청구가 없으면 소멸한다. 이것은 제척기간이다. 예컨대, 용선료채권 등이 이 규정에 의하여 단기간의 불행사로써 소멸하게 된다. 이 기간은 당사자 간의 합의에 의하여 연장할 수 있다(846①단서, 814①단서).

2. 외부관계

(1) 정기용선자와 제3자와의 관계

정기용선계약의 법적 성질을 무엇으로 보든 정기용선자는 해상기업의 주체로서 활동하기 때문에 정기용선자와 제3자와의 관계는 제850조의 유추적용에 의하여 정하여진다(통설). 즉 정기용선자는 선박의 이용에 관한 사항에서는 해상기업주체로서 제3자에 대하여 선박소유자와 동일한 권리의무를 가진다. 이에 따라 선원의 과실로 인한 선박충돌 기타의 손해에 대하여는 이를 배상할 책임을 지게 된다. 정기용선자가 선박의 운항에 관련하여 생긴 인적 · 물적 손해에 대하여 책임을 지는 경우에는 선박소유자와 동일하게 책임을 제한할 수 있다. 이것은 위의 제850조의 유

추적용에 의할 뿐만 아니라, 책임제한권자에는 용선자도 포함되어 있기 때문이다(774).[5]

(2) 선박소유자 등과 제3자와의 관계

정기용선계약에서는 선박소유자는 원래는 제3자에 대하여 선박의 이용에 관한 사항에서는 아무런 관계가 없다. 그러나 선박소유자가 제3자에 대하여 일정한 법률관계를 가지게 되는 경우에는 문제가 된다.

정기용선자가 제3자와 운송계약을 체결하여 운송물을 선적한 후 선박의 항해 중에 정기용선자가 약정기일에 용선료를 지급하지 않음으로써 선박소유자가 정기용선계약을 해제 또는 해지한 경우에(845①) 그 선박소유자는 적하이해관계인에 대하여 정기용선자와 동일한 운송의무가 있다(845②).

또한 위의 사유로 선박소유자가 계약의 해제 또는 해지 및 운송계속의 뜻을 적하이해관계인에게 서면으로 통지한 때에는 선박소유자의 정기용선자에 대한 용선료 등의 채권을 담보하기 위하여 정기용선자가 적하이해관계인에 대하여 가지는 용선료 또는 운임의 채권을 목적으로 질권을 설정한 것으로 본다(845③). 정기용선자에 의한 선박의 이용에 관하여 우선특권이 생긴 경우에는(777) 그 우선특권은 선박소유자에 대하여도 효력이 있다(850의 유추적용).

제6절 선체용선

I. 의   의

선체용선계약은 용선자의 관리·지배 하에 선박을 운항할 목적으로 선박소유자가 용선자에게 선박을 제공할 것을 약정하고 용선자가 이에 따른 용선료를 지급하기로 약정함으로써 그 효력이 생기는 계약을 말한다(847①). 뿐만 아니라 선박소유자가 선장 그 밖의 해원을 공급할 의무를 지는 경우에도 용선자의 관리·지배 하에서 해원이 선박을 운항하는 것을 목적으로 하면 이를 선체용선계약으로 본다(847②). 실무상으로는 선체용선에 사용되는 선박을 裸傭船이라고도 한다.

---

5) 대판 2003.8.22, 2001다65977.

II. 법적 성질

선체용선계약은 그 성질에 반하지 아니하는 한 「민법」상 임대차에 관한 규정을 준용한다(848①). 용선기간이 종료된 후에 용선자가 선박을 매수 또는 인수할 권리를 가지는 경우 및 금융의 담보를 목적으로 채권자를 선박소유자로 하여 선체용선계약을 체결한 경우에도 용선기간 중에는 당사자 사이에서는 상법 제5편 제2장 제5절(선체용선)의 규정에 따라 권리와 의무가 있다(848②). 그러므로 선체용선계약은 선박소유자가 장기간 선박을 선체용선자에게 제공하고, 선체용선자는 그 대가로 용선료를 지급할 것을 약정하는 임대차계약의 일종이다. 선체용선자는 선박소유자로부터 선박이라는 물적 설비만을 빌린다. 따라서 선체용선자는 원칙적으로 항해에 필요한 보급품이나 선원 등을 스스로 갖추어야 한다.

선체용선자에 비하여 항해용선계약상의 용선자는 선박소유자와 운송계약(용선계약)을 체결하는 데 불과하며, 선박의 전부 또는 일부의 사용권을 얻어서 이것에 의하여 적하 또는 여객을 운송하는 자이며, 선체용선계약상의 용선자와는 다르다. 그러나 실제에 있어서는 이 양자의 구별은 명백하지 않으며, 보통 선박의 점유의 유무, 즉 선장의 선임감독권이 선박소유자에게 있는가의 여부에 따라서 구별한다.

III. 선체용선계약의 효력

1. 내부관계(선박소유자와의 관계)

선박소유자와 선체용선자의 관계는 당사자 사이의 선체용선계약에 의하고, 특약이 없으면 해사관습 또는 민법의 임대차에 관한 규정(민 654, 610①, 623참조)에 의하여 정한다. 선체용선자는 선박소유자에 대하여 선체용선등기에 협력할 것을 청구할 수 있다(849①). 이것은 선체용선자의 이익보호, 나아가서 해상기업의 장려에 그 목적이 있다.

2. 외부관계(제3자와의 관계)

(1) 선체용선자의 제3자에 대한 관계

선체용선자가 상행위 그 밖에 영리를 목적으로 선박을 항해에 사용하는 경우에는 그 이용에 관한 사항에는 제3자에 대하여 선박소유자와 동일한 권리의무가 있다(850①).[6] 그러나 이것은 선박의 이용에 관한 사항에 한하는 것이므로, 선박의 양도나 저당권의 설정 등 그 이외의 사항에 있어서는 선박소유자로서의 취급을 받지 않는다.

(2) 선체용선등기의 효력

선박은 동산이지만 등기선의 경우에는 선체용선등기를 할 수 있으며, 이 등기를 한 때에는 그때부터 그 선박에 관하여 물권을 취득한 자에 대하여도 그 효력이 생긴다(849②). 비등기선에 대하여는 이 규정이 적용되지 아니한다.

(3) 선박공유자와 제3자와의 관계

선체용선자가 상행위 그 밖에 영리를 목적으로 선박을 항해에 사용하는 경우에는 선박의 이용에 관하여 생긴 우선특권은 선박소유자에 대하여도 그 효력이 있다(850②본문). 이것은 우선특권을 가진 채권자의 보호를 위한 제도이다. 그러므로 채권자가 그 채권의 발생원인이 되는 선박의 이용이 임대차계약의 본래의 취지에 반함을 알고 있는 경우에는 이를 보호할 필요가 없다. 따라서 이러한 경우에는 선박에 대한 우선특권을 취득하지 못하게 된다(850②단서).

IV. 선체용선계약상의 채권의 제척기간

2007년 개정 법률은 항해용선 및 정기용선의 경우와 통일을 기하기 위하여 선체용선계약상 채권의 제척기간도 2년으로 하고, 이 기간은 당사자의 합의로 연장할 수 있도록 하며, 이 기간을 단축하는 운송인과 용선자의 약정은 이를 운송계약에 명시적으로 기재하지 아니하면 그 효력이 없도록 규정함으로써 운송을 위한 용선계약에 동일한 기준을 적용하였다. 그리고 개정 법률이 시행되기 전에 체결된 선박임대차계약의 경우에는 종전대로 1년의 제척기간이 적용되도록 하는 경과조치를 두어(부칙 5②), 제척기간 변경으로 인한 혼란을 방지하는 것 또한 정기용선계약의 경우와 동일하다.

---

6) 서울고판 1974.4.19, 73나1709; 대판 1975.3.31, 74다847.

제7절 운송증서

I. 선하증권

1. 의   의

선하증권(bill of lading)이란 해상운송인이 운송물의 수령 또는 선적을 증명하고, 양륙항에서 이것과 상환으로 운송물을 인도할 의무를 부담하는 유가증권이다. 선하증권은 운송물인도청구권을 표창하는 물품증권으로서, 그 법률상의 성질로는 채권증권성, 법률상 당연한 지시증권성, 요식증권성, 요인증권성, 문언증권성, 제시증권성, 상환증권성, 인도증권성, 처분증권성 등을 갖는다. 요인증권성에 기해 운송계약이 전혀 없는 경우 선하증권(空券)은 무효이다(대판 1982.9.14, 80다1325).

2. 기   능

선하증권은 그 형식과 기능이 약간씩 변해 왔지만 해운산업에서 필수불가결한 문서로 인정되어 왔다. 이와 같이 선하증권이 널리 사용되다 보니, 그 형식과 기능에 대한 표준화 작업이 필요하게 되었다. 선하증권의 표준화로 인하여 국제해운산업이 효과적으로 발전할 수 있게 되었다. 표준화된 선하증권에는 운송물을 수령하였다는 영수증으로서 화물수령증, 운송계약의 내용을 증명하는 증거증권으로서 운송계약서, 운송물을 대표하는 인도증권으로서의 권리증서(권원증권) 등의 기능이 있다.

3. 발   행

(1) 증권의 발행

선하증권은 운송물을 수령한 후에 송하인(또는 운송주선인)의 청구에 따라 해상운송인이 발행하는 것이나, 경우에 따라 선장 또는 기타의 대리인에게 그 발행이나 선적의 표시를 위임할 수 있다(852③). 운송인은 수통의 선하증권을 발행할 수도 있다(852①). 수통의 선하증권을 발행한 때에는 그 수를 선하증권에 기재하여야 한다(853①ⅹ).

(2) 선하증권의 기재사항

1) 법정기재사항   선하증권에는 △선박의 명칭, 국적과 톤수, △송하인이 서

면으로 통지한 운송물의 종류, 중량 또는 용적, 포장의 종별, 개수와 기호, △운송물의 외관상태, △용선자 또는 송하인의 성명·상호, △수하인 또는 통지수령인의 성명·상호, △선적항, △양륙항, △운임, △발행지와 그 발행연월일, △수통의 선하증권을 작성한 때에는 그 수, △운송인의 성명 또는 상호, △운송인의 주된 영업소소재지를 기재하고 운송인이 기명날인 또는 서명하여야 한다(853①). 선하증권은 어음이나 수표와 같은 엄격한 요식성을 요구하지는 않으므로 위의 기재사상이 모두 기재되어 있지 않더라도 본질적인 것이 아니면 유효하다. 선하증권의 교부를 받은 용선자 또는 송하인은 발행자의 청구가 있는 때에는 선하증권의 등본에 기명날인 또는 서명하여 교부하여야 한다(856). 이는 운송인이 증거를 보존하기 위한 것이다. 이 밖에도 개정법에서는 실무관행과 함부르크 규칙(15①(c))을 고려하여 운송인에 관한 인적 사항(운송인의 성명 또는 상호, 운송인의 주된 영업소소재지)을 새로이 추가하고 있다.

2) 임의적 기재사항　　　실제 선하증권을 보면 위의 법정 기재사항 외에도 많은 내용의 기재가 있고, 이들은 대부분 운송인의 책임을 면제하거나 경감하는 면책약관으로서 그 내용은 상법 제797조(책임의 한도) 및 제798조(비계약적 청구에 대한 적용) 등의 내용을 담고 있다.

(3) 복본의 발행

선하증권은 용선자 또는 송하인의 청구에 따라서 수통을 교부할 수 있으므로(852①) 그 법률관계가 다소 복잡한데, 상법은 이에 관한 특별규정을 두고 있다(857①②, 858, 859①②, 860①).

4. 효　　력

(1) 물권적 효력

선하증권에 의하여 운송물을 받을 수 있는 자(선하증권의 적법한 소지인)에게 선하증권을 교부한 때에는 그 교부는 운송물 위에 행사하는 권리(소유권, 질권)의 취득에 관하여 운송물을 인도한 것과 동일한 효력을 갖는다(861, 133)(인도증권성). 선하증권의 물권적 효력에 관한 법률적 이론구성은 화물상환증의 경우와 같다. 다만 운송인이 수통의 선하증권을 발행한 경우의 관계에 대하여는 특칙이 있다(857-860).

(2) 채권적 효력

선하증권은 운송인에 대한 운송물인도청구권을 나타내는 유가증권이므로 채권증권이다(861, 129). 선하증권의 이러한 힘을 채권적 효력이라고 한다. 선하증권은 요인증권성과 문언증권성이 공존하지만 어음수표만큼 문언증권성이 강하지 않고, 더욱이 1991년 상법 개정시 화물상환증의 문언증권성 준용규정을 삭제하고 있는 점에서(구법 820) 선하증권의 문언증권성은 약화된 반면 요인증권성이 상대적으로 강화되었다고 볼 것이다. 이는 선하증권을 발행한 운송인에 대해 수하인과 선의의 증권소지인의 운송물인도청구권, 즉 선하증권의 채권적 효력에도 반영되어 증권관계와 운송계약관계가 공존하는 운송인·수하인(악의의 증권소지인) 사이에서는 송하인의 운송물인도청구시 운송인이 이의(반증)를 제기할 수 있는 반면, 증권관계와 운송계약관계가 없는 운송인·(선의의)소지인 사이에서는 운송인이 어떤 이의도 제기할 수 없도록 함으로써(854), 채권적 효력의 차이를 나타내고 있다.

선하증권이 법정기재사항을 기재하여 발행된 경우에는 운송인이 그 증권에 기재된 대로 운송물을 수령 또는 선적한 것으로 추정한다. 추정적 효력을 인정하고 있으므로 운송인은 기재와 상이한 운송물을 수령하였음을 입증하여 면책될 수 있다. 이 추정적 효력은 수하인을 포함한 (악의의)증권소지인에 대한 것이며, 송하인과의 관계는 직접적인 운송계약의 당사자관계이므로 그 계약에 따라서 정하여진다. 이 추정력은 악의의 증권취득자에 대하여만 발생하므로 반증이 없는 한, 운송인과 소지인 간의 관계는 증권에 기재된 바에 따른다. 그러나 운송인은 선하증권을 선의로 취득한 제3자에게는 대항하지 못한다. 이 경우에는 운송인의 반증을 인정하지 않는다. 그러므로 운송인은 증권의 기재와 상이한 운송물을 수령하였음을 입증하여도 증권의 선의취득자에 대하여 책임을 면하지 못한다.

(3) 용선계약과 선하증권

용선계약 하에서 선하증권이 발행된 경우에 선하증권에 대한 법적 효력을 부여하기 위한 규정을 새로이 신설하였다(855). 선하증권을 선의로 소지하게 되는 제3자는 운송인에 대하여 간주적인 효력(conclusive evidence)을 가지게 된다(855③). 반증이 허용되지 않는다. 당사자 사이에는 선하증권에는 추정적 효력이 있다(855②). 그런데 운송계약에 다른 내용이 있으면 운송계약이 우선하게 된다.

FOB 계약에서 운송계약의 상대방인 shipper가 미국에 있는 경우에 한국에서 선적인(송하인)이 선하증권을 발급받는 경우 송하인도 제3자로서 선하증권의 효력을 가지게 되고 그는 운송인에 대하여 간주적인 효력을 가지게 된다(855③). 이때의 송하인은 선적 양륙비용을 부담하는 자가 된다. 용선계약 하에서 선하증권이 발행된 경우에 운송인과 선하증권의 소지인과의 관계에서는 운송인의 책임감경금지규정이 적용된다. 과거 상법 제790조 제3항과 동일하다(855⑤).

II. 전자선하증권

1. 의 의

선하증권은 권리증권적 효력에 의해 선하증권소지인은 선주에게 화물인도청구권을 행사할 수 있으며(채권적 효력), 거래은행에 화환어음의 배서·교부를 통해 소유권을 이전함으로써(물권적 효력) 거래대금의 즉시회수에 기여한다. 이러한 선하증권의 기본적 기능은 고속선의 등장으로 선박이 선하증권보다 먼저 목적지에 도착하여 운송인을 포함한 이해관계자에 대해 복잡한 법률문제를 야기하는 등 국제무역환경이 크게 변화하고 있다. 그러나 컴퓨터통신의 발전에 따른 전자식 선하증권을 이용하면 시간지연에 따른 문제점은 일차적으로 해소가 가능하게 되었다. 그에 따라 개정법도 전자선하증권의 상용화를 위해 최소한의 규정을 두고 있다. 전자선하증권은 문서로 된 선하증권과 동일한 효력이 있다. 즉, 전자문서에 의한 작성과 배서는 종이문서에 의한 작성과 배서와 동일하다(862①④).

2. 적용요건

(i) 송하인 또는 용선자의 동의를 받아야 한다.
(ii) 선하증권에 기재할 사항이 동일하게 표시되어야 한다.
(iii) 운송인의 전자서명이 있어야 한다.
(iv) 용선자 또는 송하인이 수신하여야 한다.

3. 권리양도방법

전자선하증권의 권리자는 배서의 뜻을 기재한 전자문서를 작성한 후 전자선하증권을 첨부하여 지정등록기관을 통하여 상대방에게 송신하는 방법으로 권리양도를 할 수 있다(862③).

4. 효 과

(1) 효력 일반

전자선하증권은 온라인상에서 교부되므로 위조, 변조, 분실위험을 방지할 수 있고, 선하증권의 발행·보관·관리 및 유통비용을 절감할 수 있으며, 아울러 종이선하증권의 송부지연에 따라 발생하는 보증도와 같은 법률문제를 해결할 수 있는 장점이 있다. 그러나 개정법에서는 상환증권성, 지시증권성, 처분증권성 및 선하증권교부의 물권적 효력이 전자선하증권에 적용되는지가 직접적으로 규정되어 있지 않아 법적 불안정의 문제가 발생할 수 있다.

(2) 신용장거래에서의 이용가능성

신용장통일규칙에서도 송하인과 운송인 간의 합의로 전자식 선하증권의 이용이 가능하다(1, 20b). 그러나 EDI 메시지표준의 통일문제, 개인키의 보안 등의 기술적 문제로 말미암아 전자선하증권을 수령할 은행이 이를 수용할 가능성은 매우 낮다.

III. 해상화물운송장

1. 의 의

오늘날 해상운송은 대형 컨테이너에 의한 운송이 일반화되고, 선박운항과 항만하역의 속도가 빨라, 특히 근거리 해상운송에 있어서는 화물이 목적항에 도착한 후 상당한 시일이 경과하여야 선하증권이 수하인에게 입수되는 상황이 자주 발생하고 있다. 이 점에서 선하증권은 운송의 신속화에 대응하는 데 한계가 있어 개정법은 새로이 운송실무에서 많이 이용되고 있는 화물수령증으로서 해상화물운송장(Sea Waybill: SWB)제도를 도입하였다. 우리나라 전체 해상운송의 50% 이상이 해상화물운송장을 이용하고 있다. 이 점에서 개정법에서 함께 도입하고 있는 전자선하증권과 그 목적이 유사하고, 기능에 있어서도 중복되는 경향이 있다. 그러므로 전자선하증권이 발행된 경우에도 해상화물운송장을 중복하여 발행하는 문제에 대해서는 검토의 여지가 있다고 판단된다.

2. 법적 성질

해상화물운송장은 선하증권과는 달리 유가증권이 아니면서 운송을 증명하고, 그 수하인에게 운송물을 인도하면 운송채무가 이행되는 화물수령증서이다. 유통성이 없으며, 운송인이 송하인 또는 용선자의 청구에 따라 발행·교부한다. 당사자의 합의에 따라 전자식으로 발행할 수도 있다(863①).

3. 효 력

(1) 적법수령·선적의 추정효

해상화물운송장이 발행된 경우 운송인은 그 운송장에 기재된 대로 운송물을 수령 또는 선적한 것으로 추정한다(864①).

(2) 면책적 효력

선하증권의 경우 증권과 상환하지 아니하고 무권리자에게 운송물을 인도하면 어떤 경우에도 운송인이 그 책임을 면하지 못하지만(선하증권의 상환증권성), 해상화물운송장의 경우에는 운송인이 운송물을 인도함에 있어서 화물운송장에 기재된 수하인 또는 그 대리인임을 확인하기 위한 모든 합리적인 주의를 다하였음을 증명하는 경우에는 수령인이 무권리자라 하더라도 운송인은 그 책임을 면할 수 있다 (864②).

제4장 │ 해 상 위 험

공동해손, 선박충돌, 해난구조는 해상기업에 발생할 수 있는 해상위험에 해당한다. 공동해손은 민법상의 부당이득과 유사하고, 해난구조는 사무관리와 비슷하며, 선박충돌은 불법행위와 유사한 측면을 가지고 있다. 그러나 이러한 각각의 해상위험은 구체적으로 살펴보면 민법상 제도와 상당한 차이가 있음을 알 수 있다. 그러므로 상법은 이들 세 가지의 해상위험에 대하여 별도로 규정을 두고 있는 것이다.

I. 공동해손

공동해손(general average)이란 선박과 적하의 공동위험을 면하기 위하여 선장이 행한 선박 또는 적하에 대한 처분행위로 인하여 생긴 손해와 비용 또는 이러한 손해와 비용을 이해관계인에게 부담시키는 제도를 말한다(865).

공동해손의 법적 성질로서 상법이 손해와 선장의 처분행위와의 사이에 인과관계의 존재를 요하는 점에서 부당이득설을 취하는 입장이 있으나, 만일 부당이득의 성질을 가진다면 특별규정을 둘 필요가 없을 것이다. 또 사무관리 · 공동대리 및 해상협동체 등의 민법상의 개념으로 설명하려는 입장 등이 있으나, 어느 것도 실정법상의 법적 성격을 제대로 설명하고 있는 것으로 보기 어렵다. 그러므로 이것은 해상법상의 특수한 법률요건으로 보는 것이 옳을 것이다(통설). 이에 관한 규정은 임의규정이라고 볼 수 있다.

II. 선박충돌

선박충돌사고는 과거에는 비교적 경미한 손해에 그쳤으나, 오늘에 와서는 톤수와 속력이 증가함에 따라 대체로 손해도 거액에 달하는 경향이 있다. 뿐만 아니라

교통이 발달함에 따라 동일 항로를 항행하는 선박의 수가 증가하여 가고 있으므로 충돌의 기회는 점차 늘어나게 된다. 이리하여 선박충돌에 관한 규정은 공법상으로나 사법상으로나 매우 중요한 의의를 가지게 되었다.

선박충돌(collision)이라 함은 2척 이상의 선박이 어떠한 수면에서 접촉하여 손해가 생기는 것을 말한다(876). 충돌은 2척 이상의 선박이 접촉하는 것이다. 선박은 상법의 적용 또는 준용을 받는 선박을 말하므로 국유선 또는 공유선은 제외된다. 그러나 私船이면 항해선 상호 간뿐만 아니라 내수항해선과의 충돌이라도 무방하다. 다만 내수항해선 상호 간의 충돌은 이에 해당하지 아니한다. 또 충돌선박이 모두 동일소유자의 소속선인 경우에도 선박충돌이 된다. 각 선박의 이해관계인이 반드시 같지는 않기 때문이다.

2007년 개정 이전에는 선박충돌의 개념에 대한 규정이 없어 상법상 선박충돌 규정이 선박의 직접충돌의 경우에만 적용된다는 견해와 간접충돌의 경우에도 적용된다는 견해로 나뉘었다. 2007년 개정법(876②)은 「선박충돌에 관한 조약」(1910년), 「충돌손해배상액산정에 관한 리스본규칙」(1987년)을 반영하여, "선박의 충돌이라 함은 2척 이상의 선박이 그 운용상 작위 또는 부작위로 선박 상호 간에 다른 선박 또는 선박 내에 있는 사람 또는 물건에 손해를 생기게 하는 것을 말하며, 직접적인 접촉의 유무를 묻지 아니한다"라고 규정함으로써 선박충돌의 개념에 간접충돌도 포함되는 것으로 보았다.

III. 해난구조

해난구조(salvage)란 해상기업활동에 수반되는 해상위험에 처한 선박 및 적하의 구제를 위하여 인정된 제도이다. 해난에 조우한 선박 및 적하를 구제하는 것은 당연한 일이지만, 해난구조는 연혁적으로 약탈을 금지함과 동시에 구조를 장려하기 위한 제도로 발전된 것이며, 구조자에게 따르는 위험을 감안하여 형평의 관념에 따라 구조에 대한 보수를 인정한다. 우리 상법은 선박 또는 적하에 대한 해난의 구조에 중점을 두고 있으며, 인명구조에 대하여는 다른 일반 항행법의 규율에 맡기고 있다.

해난구조란 광의로는 해난에 조우한 선박 또는 적하를 구조하는 것을 말한다. 이에는 당사자 사이에 미리 구조에 관한 계약이 있는 경우(계약구조)와 아무런 계약 없이 구조를 하는 경우가 있는데, 후자의 경우를 협의의 해난구조라고 한다(882). 협의의 해난구조의 법적 성질에 대하여는 부당이득설·사무관리설·준계약설 등이 있으나, 해상법상의 특수한 법률요건으로서의 사건이라고 보는 것이 통설이다. 구조계약에 의한 해난구조는 일의 완성에 대하여 구조료를 지급하므로 도급계약으로 보는 견해도 있지만[1] 해난구조가 법적 의무자에 의해 실행되고, 구조료(보수)결정에 구조효과, 그 밖의 제반사정을 참조할 수 있도록 하고(883), 구조료보수와 구조계약의 성질에 반하지 않는 한 특별보상을 고려할 수 있다고 하고, 구조료보수와 특별보상 간에 차이가 분명하지 않음을 고려한다면 사무관리로 볼 여지도 있으므로 해난구조관계는 도급계약과 사무관리의 혼합계약으로 보아진다.

---

1) 해난구조에 관한 정의규정인 재882조의 "그 결과에 대하여"라는 문언에 비추어 기본적으로 도급계약에 해당한다고 풀이된다.

제7편 항공운송

제1장 | 통 칙

　　세계적으로 항공운송산업이 성장함에 따라 항공운송과 관련된 규범의 필요성이 커져 가면서 이에 관한 입법노력이 전개된 결과 2011년 5월 23일 법률 제10969호로 상법 제6편에 항공운송편을 신설하는 상법 일부개정법률안이 공포되었다. 항공운송과 관련하여 이미 항공법, 항공기저당법, 항공운송사업진흥법 등이 있었으나 이들 법은 공법적 관계를 규율했고, 사법적 관계를 규율하지는 않았기 때문에 그에 관한 문제점이 제기되어 오다가, 결국 항공운송에 관한 사법적 규정이 제정된 것이다. 이 개정상법은 몬트리올협약 등 국제조약을 대부분 수용하고 있다.

제1절 항공운송법의 의의

　　항공운송은 공중에서 항공기에 의해 여객 또는 물건을 운송하는 것을 말한다. 항공운송법상의 항공기란 상행위나 그 밖의 영리를 목적으로 운항에 사용하는 항공기를 말한다. 다만, 대통령령으로 정하는 초경량 비행장치(超輕量 飛行裝置)는 제외한다(896). 대통령령으로 정하는 초경량 비행장치란 「항공법」 제2조 제28호에 따른 초경량비행장치를 말하며(상령 47), 동법상 초경량비행장치란 항공기와 경량항공기 외에 비행할 수 있는 장치로서 국토교통부령으로 정하는 동력비행장치(動力飛行裝置), 인력활공기(人力滑空機), 기구류(氣球類) 및 무인비행장치 등을 말한다.

　　항공운송법이란 실질적 의미로는 항공운송기업에 특유한 법규의 전체를 말한다고 할 수 있으며, 이는 주로 상법 제6편에 규정되어 있다. 형식적인 의의에서는 상법 제6편을 말한다. 운항용 항공기에 대하여는 상행위나 그 밖의 영리를 목적으로 하지 아니하더라도 상법 제6편의 규정을 준용한다(897본). 다만, 국유(國有) 또는 공유(公有) 항공기에 대하여는 운항의 목적 · 성질 등을 고려하여 이 규정을 준용하는 것이 적합하지 아니한 경우로서 대통령령으로 정하는 경우에는 그러하지 아니하다 (897단). 그러므로 상법 제6편은 영리목적의 항공기뿐만 아니라, 비영리목적의 항공기 및 국유 또는 공유의 항공기에도 준용되어 항공운송법의 적용범위는 크게 확대된다.

제2절 운송인 등의 책임감면

항공여객운송인의 책임한도액에 관한 규정(905①)을 포함하여 상법 제6편에서 정한 운송인이나 항공기 운항자의 손해배상책임과 관련하여 운송인이나 항공기 운항자가 손해배상청구권자의 과실 또는 그 밖의 불법한 작위나 부작위가 손해를 발생시켰거나 손해에 기여하였다는 것을 증명한 경우에는, 그 과실 또는 그 밖의 불법한 작위나 부작위가 손해를 발생시켰거나 손해에 기여한 정도에 따라 운송인이나 항공기 운항자의 책임을 감경하거나 면제할 수 있다(898). 이는 항공운송인의 손해배상책임을 결정함에 있어서 일정한 경우 책임을 감면할 수 있게 하는 취지의 규정이다.

상법강의·7편   항 공 운 송

제2장 | 운 송

제1절 항공운송인의 책임에 관한 통칙

I. 항공운송계약의 의의

공중에서 기업의 영리활동을 실현하는 행위를 항공운송기업 활동이라고 한다. 항공운송계약이란 항공운송인이 여객 또는 물건을 공중에서 항공기로 운송할 것을 인수하고, 운송의 위탁자가 이에 대해 보수를 지급하기로 약정함으로써 효력이 발생하는 계약을 말한다(791, 817, 827).

II. 비계약적 청구에 대한 적용

상법 제6편의 운송인의 책임에 관한 규정은 운송인의 불법행위로 인한 손해배상의 책임에도 적용한다(899①). 계약책임의 경우만이 아니라 불법행위책임에도 항공운송인의 책임에 관한 규정이 적용되는 점을 분명히 한 것이다. 여객, 수하물 또는 운송물에 관한 손해배상청구가 운송인의 사용인이나 대리인에 대하여 제기된 경우에 그 손해가 그 사용인이나 대리인의 직무집행에 관하여 생겼을 때에는 그 사용인이나 대리인은 운송인이 주장할 수 있는 항변과 책임제한을 원용할 수 있다(899②). 그리하여 해상법(798②본)과 동일한 취지의 규정을 둔 것이다.

항공운송인의 항변과 책임제한을 원용할 수 있다고 해도, 여객 또는 수하물의 손해가 운송인의 사용인이나 대리인의 고의로 인하여 발생하였거나 또는 여객의 사망·상해·연착(수하물의 경우 멸실·훼손·연착)이 생길 염려가 있음을 인식하면서 무모하게 한 작위 또는 부작위로 인하여 발생하였을 때에는 그 사용인이나 대리인은 운송인이 주장할 수 있는 항변과 책임제한을 원용할 수 없다(899③). 이른바 항공운송인의 사용인이나 대리인에게 고의적 악행(wilful misconduct)가 있는 경우 책임 제한이 배제되지 않는다는 점을 간접적으로 규정한 것이다. 제899조 제2항의 경우에 운송인과 그 사용인이나 대리인의 여객, 수하물 또는 운송물에 대한 책임제한금액의 총액은 각각 제905조 · 제907조 · 제910조 및 제915조에 따른 한도를 초과하지 못한다(899④).

III. 실제운송인에 대한 청구

운송계약을 체결한 운송인(이하 "계약운송인"이라 한다)의 위임을 받아 운송의 전부 또는 일부를 수행한 운송인(이하 "실제운송인"이라 한다)이 있을 경우 실제운송인이 수행한 운송에 관하여는 실제운송인에 대하여도 이 장의 운송인의 책임에 관한 규정을 적용한다(900①본). 다만, 제901조의 순차운송에 해당하는 경우는 그러하지 아니하다((900①단). 이 경우 제899조 제2항부터 제4항까지를 준용한다. 이 경우 제899조 제2항 · 제3항 중 "운송인"은 "실제운송인"으로, 같은 조 제4항 중 "운송인"은 "계약운송인과 실제운송인"으로 본다(900③). 실제운송인이 여객 · 수하물 또는 운송물에 대한 손해배상책임을 지는 경우 계약운송인과 실제운송인은 연대하여 그 책임을 진다(900②). 상법 제6편에서 정한 운송인의 책임과 의무 외에 운송인이 책임과 의무를 부담하기로 하는 특약 또는 이 장에서 정한 운송인의 권리나 항변의 포기는 실제운송인이 동의하지 아니하는 한 실제운송인에게 영향을 미치지 아니한다(900④).

IV. 순차운송

둘 이상이 순차(順次)로 운송할 경우에는 각 운송인의 운송구간에 관하여 그 운송인도 운송계약의 당사자로 본다(901①). 순차운송에서 여객의 사망, 상해 또는 연착으로 인한 손해배상은 그 사실이 발생한 구간의 운송인에게만 청구할 수 있다. 다만, 최초 운송인이 명시적으로 전 구간에 대한 책임을 인수하기로 약정한 경우에는 최초 운송인과 그 사실이 발생한 구간의 운송인이 연대하여 그 손해를 배상할 책임이 있다(901②). 순차운송에서 수하물의 멸실, 훼손 또는 연착으로 인한 손해배상은 최초 운송인, 최종 운송인 및 그 사실이 발생한 구간의 운송인에게 각각 청구할 수 있다(901③). 이 경우 각 운송인은 연대하여 그 손해를 배상할 책임이 있다(901⑤).

순차운송에서 운송물의 멸실, 훼손 또는 연착으로 인한 손해배상은 송하인이 최초 운송인 및 그 사실이 발생한 구간의 운송인에게 각각 청구할 수 있다. 다만, 제918조 제1항에 따라 수하인이 운송물의 인도를 청구할 권리를 가지는 경우에는 수하인이 최종 운송인 및 그 사실이 발생한 구간의 운송인에게 그 손해배상을 각각 청구할 수 있다(901④). 이 경우도 각 운송인은 연대하여 그 손해를 배상할 책임이 있다(901⑤). 최초 운송인 또는 최종 운송인이 제2항부터 제5항까지의 규정에 따라 손해를 배상한 경우에는 여객의 사망, 상해 또는 연착이나 수하물·운송물의 멸실, 훼손 또는 연착이 발생한 구간의 운송인에 대하여 구상권을 가진다(901⑥).

V. 책임의 소멸 및 감면특약의 효력

운송인의 여객, 송하인 또는 수하인에 대한 책임은 그 청구원인에 관계없이 여객 또는 운송물이 도착지에 도착한 날, 항공기가 도착할 날 또는 운송이 중지된 날 가운데 가장 늦게 도래한 날부터 2년 이내에 재판상 청구가 없으면 소멸한다(902). 항공운송인의 책임에 관한 규정에 반하여 운송인의 책임을 감면하거나 책임한도액을 낮게 정하는 특약은 효력이 없다(903).

VI. 편면적 강행법규성

상법 항공운송법규에 반하여 운송인의 책임을 감면하거나 책임한도액을 낮게 정하는 특약은 효력이 없다(930). 이것은 항공운송편의 편면적 강행법규성을 정한 것이다.

제2절 항공여객운송인의 책임

I. 여객에 대한 책임

1. 여객의 사망·상해

(1) 책임발생원인

운송인은 여객의 사망 또는 신체의 상해로 인한 손해에 관하여는 그 손해의 원인이 된 사고가 항공기상에서 또는 승강(乘降)을 위한 작업 중에 발생한 경우에만 책임을 진다(904). 사고는 예상하지 못했거나 비정상적인 외부적 사건으로 항공 고유의 위험에 해당하는 것이다.

(2) 책임한도액

여객의 사망 또는 신체의 상해로 인한 손해 중 여객 1명당 11만3천100 계산단위(SDR)의 금액까지는 운송인의 배상책임을 면제하거나 제한할 수 없다(905①). 운송인은 그 손해가 운송인 또는 그 사용인이나 대리인의 과실 또는 그 밖의 불법한 작위나 부작위에 의하여 발생하지 아니하였다는 것, 또는 그 손해가 오로지 제3자의 과실 또는 그 밖의 불법한 작위나 부작위에 의하여만 발생하였다는 것 중의 어느 하나를 증명하면 배상책임을 지지 아니한다(905②).

(3) 선 급 금

여객의 사망 또는 신체의 상해가 발생한 항공기사고의 경우에 운송인은 손해배상청구권자가 청구하면 지체 없이 선급금(先給金)을 지급하여야 한다. 이 경우 선급금의 지급만으로 운송인의 책임이 있는 것으로 보지 아니한다(906①). 피해자의 급박한 경제적 어려움을 해결하기 위해 배려한 규정이다. 지급한 선급금은 운송인이 손해배상으로 지급하여야 할 금액에 충당할 수 있다(906②). 선급금의 지급액, 지급절차 및 방법 등에 관하여는 대통령령으로 정한다(906③).

2. 연 착

운송인은 여객의 연착으로 인한 손해에 대하여 책임을 진다. 다만, 운송인이 자신과 그 사용인 및 대리인이 손해를 방지하기 위하여 합리적으로 요구되는 모든 조치를 하였다는 것 또는 그 조치를 하는 것이 불가능하였다는 것을 증명한 경우에는 그 책임을 면한다(907①).

II. 수하물에 대한 책임

운송인은 위탁수하물의 멸실 또는 훼손으로 인한 손해에 대하여는 그 손해의 원인이 된 사실이 항공기상에서 또는 위탁수하물이 운송인의 관리하에 있는 기간 중에 발생한 경우에만 책임을 진다. 다만, 그 손해가 위탁수하물의 고유한 결함, 특수한 성질 또는 숨은 하자로 인하여 발생한 경우에는 그 범위에서 책임을 지지 아니한다(908①). 운송인은 휴대수하물의 멸실 또는 훼손으로 인한 손해에 대하여는 그 손해가 자신 또는 그 사용인이나 대리인의 고의 또는 과실에 의하여 발생한 경우에만 책임을 진다(908②). 운송인은 수하물의 연착으로 인한 손해에 대하여 책임을 진다. 다만, 운송인이 자신과 그 사용인 및 대리인이 손해를 방지하기 위하여 합리적으로 요구되는 모든 조치를 하였다는 것 또는 그 조치를 하는 것이 불가능하였다는 것을 증명한 경우에는 그 책임을 면한다(909).

이상의 운송인의 손해배상책임은 여객 1명당 1천131 계산단위의 금액을 한도로 한다. 다만, 여객이 운송인에게 위탁수하물을 인도할 때에 도착지에서 인도받을 때의 예정가액을 미리 신고한 경우에는 운송인은 신고가액이 위탁수하물을 도착지에서 인도할 때의 실제가액을 초과한다는 것을 증명하지 아니하는 한 신고가액을 한도로 책임을 진다(910①). 이 규정은 운송인 또는 그 사용인이나 대리인의 고의로 또는 수하물의 멸실, 훼손 또는 연착이 생길 염려가 있음을 인식하면서 무모하게 한 작위 또는 부작위에 의하여 손해가 발생한 것이 증명된 경우에는 적용하지 아니한다(910②).

여객이 위탁수하물의 일부 멸실 또는 훼손을 발견하였을 때에는 위탁수하물을 수령한 후 지체 없이 그 개요에 관하여 운송인에게 서면 또는 전자문서로 통지를 발송하여야 한다. 다만, 그 멸실 또는 훼손이 즉시 발견할 수 없는 것일 경우에는 위탁수하물을 수령한 날부터 7일 이내에 그 통지를 발송하여야 한다(911①). 운송인의 여객에 대한 책임은 그 청구원인에 관계없이 여객이 도착지에 도착한 날, 항공기가 도착할 날 또는 운송이 중지된 날 가운데 가장 늦게 도래한 날부터 2년 이내에 재판상 청구가 없으면 소멸한다(902). 여객운송인은 휴대수하물에 대하여는 다른 약정이 없으면 별도로 운임을 청구하지 못한다(912).

제3절 항공물건운송인의 책임

I. 운송물의 멸실·훼손에 대한 책임

운송인은 운송물의 멸실 또는 훼손으로 인한 손해에 대하여 그 손해가 항공운송 중(운송인이 운송물을 관리하고 있는 기간 포함)에 발생한 경우에만 책임을 진다. 다만, 운송인이 운송물의 멸실 또는 훼손이 운송물의 고유한 결함, 특수한 성질 또는 숨은 하자, 운송인 또는 그 사용인이나 대리인 외의 자가 수행한 운송물의 부적절한 포장 또는 불완전한 기호 표시, 전쟁, 폭동, 내란 또는 무력충돌, 운송물의 출입국, 검역 또는 통관과 관련된 공공기관의 행위, 불가항력의 사유로 인하여 발생하였음을 증명하였을 경우에는 그 책임을 면한다(913①). 이 규정에 따른 항공운송 중에는 공항 외부에서 한 육상, 해상 운송 또는 내륙 수로운송은 포함되지 아니한다. 다만, 그러한 운송이 운송계약을 이행하면서 운송물의 적재(積載), 인도 또는 환적(換積)할 목적으로 이루어졌을 경우에는 항공운송 중인 것으로 추정한다(913②). 운송인이 송하인과의 합의에 따라 항공운송하기로 예정된 운송의 전부 또는 일부를 송하인의 동의 없이 다른 운송수단에 의한 운송으로 대체하였을 경우에는 그 다른 운송수단에 의한 운송은 항공운송으로 본다(913③).

II. 연착에 대한 책임

운송인은 운송물의 연착으로 인한 손해에 대하여 책임을 진다. 다만, 운송인이 자신과 그 사용인 및 대리인이 손해를 방지하기 위하여 합리적으로 요구되는 모든 조치를 하였다는 것 또는 그 조치를 하는 것이 불가능하였다는 것을 증명한 경우에는 그 책임을 면한다(914).

III. 책임한도

운송인의 손해배상책임은 손해가 발생한 해당 운송물의 1킬로그램당 19 계산단위(SDR)의 금액을 한도로 하되, 송하인과의 운송계약상 그 출발지, 도착지 및 중간 착륙지가 대한민국 영토 내에 있는 운송의 경우에는 손해가 발생한 해당 운송물의 1킬로그램당 15 계산단위의 금액을 한도로 한다. 다만, 송하인이 운송물을 운송인에게 인도할 때에 도착지에서 인도받을 때의 예정가액을 미리 신고한 경우에는 운송인은 신고가액이 도착지에서 인도할 때의 실제가액을 초과한다는 것을 증명하지 아니하는 한 신고가액을 한도로 책임을 진다(915①).

IV. 일부멸실·훼손 등에 관한 통지

수하인은 운송물의 일부 멸실 또는 훼손을 발견하면 운송물을 수령한 후 지체 없이 그 개요에 관하여 운송인에게 서면 또는 전자문서로 통지를 발송하여야 한다. 다만, 그 멸실 또는 훼손이 즉시 발견할 수 없는 것일 경우에는 수령일부터 14일 이내에 그 통지를 발송하여야 한다(916①). 이러한 통지가 없는 경우에는 운송물이 멸실 또는 훼손 없이 수하인에게 인도된 것으로 추정한다(916③). 운송물이 연착된 경우 수하인은 운송물을 처분할 수 있는 날부터 21일 이내에 이의를 제기하여야 한다(916②). 위의 기간 내에 통지나 이의제기가 없을 경우에는 수하인은 운송인에 대하여 제소할 수 없다. 다만, 운송인 또는 그 사용인이나 대리인이 악의인 경우에는 그러하지 아니하다(916⑤).

V. 책임의 소멸

운송인의 송하인 또는 수하인에 대한 책임은 그 청구원인에 관계없이 여객 또는 운송물이 도착지에 도착한 날, 항공기가 도착할 날 또는 운송이 중지된 날 가운데 가장 늦게 도래한 날부터 2년 이내에 재판상 청구가 없으면 소멸한다(902).

VI. 운송물 처분청구권

송하인은 운송인에게 운송의 중지, 운송물의 반환, 그 밖의 처분을 청구할 수 있다. 이것을 송하인의 처분권이라 한다. 송하인이 이 권리를 행사할 경우 운송인은 운송계약에서 정한 바에 따라서 운임, 체당금, 처분으로 인한 비용 등의 지급을 청구할 수 있다(917①). 항공화물운송장은 상환증권이 아니라는 점에 착안하여 처분권의 주체는 송하인으로 제한했다.

VII. 운송물의 인도

운송물이 도착지에 도착한 때에는 수하인은 운송인에게 운송물의 인도를 청구할 수 있다. 다만, 송하인이 처분청구권을 행사한 경우에는 그러하지 아니하다(918①). 운송물이 도착지에 도착하면 다른 약정이 없는 한 운송인은 지체 없이 수하인에게 통지하여야 한다(918②).

제4절 항공물건운송인의 권리와 의무

항공운송법은 운송인의 권리에 관하여 운송물을 제공받을 권리, 운송에 필요한 서류를 교부받을 권리, 운송물에 대한 유치권 및 운임청구권 등에 대해 규정한다(920, 792, 793, 120, 134). 운송인의 송하인 또는 수하인에 대한 채권은 2년간 행사하지 아니하면 소멸시효가 완성한다(919). 항공물건운송 특히 국제화물운송에서는 송하인과 운송인 사이의 계속적 거래가 이루어지는 것이 보통이다. 항공운송법은 항공운송인에 대해 운송물 수령 적재의무, 송하인의 처분에 따를 의무, 운송물 인도의무, 운송인의 책임 등을 규정한다. 그 이외의 운송계약 당사자의 권리 의무에 대해서는 약관 및 관습에 맡기고 있다(917-920).

제5절 항공운송증서

I. 여객항공권

여객항공권은 항공운송인이 여객의 운송을 인수한 때 작성·교부하는 증서이다. 운송인은 여객운송을 인수하면 여객에게 여객의 성명 또는 단체의 명칭, 출발지와 도착지, 출발일시, 운항할 항공편, 발행지와 발행연월일, 운송인의 성명 또는 상호를 적은 개인용 또는 단체용 여객항공권을 교부하여야 한다(921①). 운송인은 이러한 정보를 전산정보처리조직에 의하여 전자적 형태로 저장하거나 그 밖의 다른 방식으로 보존함으로써 앞의 여객항공권 교부를 갈음할 수 있다. 이 경우 운송인은 여객이 청구하면 이러한 정보를 적은 서면을 교부하여야 한다(921②). 운송채권의 행사에 증권의 소지가 필요한 것은 아니므로 유가증권이 아니라 증거증권으로 본다.

II. 수하물표

운송인은 여객에게 개개의 위탁수하물마다 수하물표를 교부하여야 한다(922). 수하물표는 수하물의 탁송 및 운송의 조건을 적은 증거증권 내지 면책증권이고 유가증권은 아니다.

III. 항공화물운송장

항공화물운송장은 송하인이 항공운송인의 청구에 의해 작성·교부하는 증서이다. 운송물의 인도청구권을 행사함에 있어서 증권의 소지를 요하지 않으므로 유가증권이 아니라 증거증권이라고 본다. 송하인은 운송인의 청구를 받아 송하인의 성명 또는 상호, 수하인의 성명 또는 상호, 출발지와 도착지, 운송물의 종류, 중량, 포장의 종별·개수와 기호, 출발일시, 운송할 항공편, 발행지와 발행연월일, 운송인의 성명 또는 상호를 적은 항공화물운송장 3부를 작성하여 운송인에게 교부하여야 한다(923①). 송하인은 항공화물운송장에 적었거나 운송인에게 통지한 운송물의 명세 또는 운송물에 관한 진술이 정확하고 충분함을 운송인에게 담보한 것으로 본다(928①). 송하인은 운송물의 명세 또는 운송물에 관한 진술이 정확하지 아니하거나 불충분하여 운송인이 손해를 입은 경우에는 운송인에게 배상할 책임이 있다(928②). 운송인은 전산정보처리조직에 의하여 저장·보존되는 운송에 관한 기록이나 화물수령증에 적은 운송물의 명세 또는 운송물에 관한 진술이 정확하지 아니하거나 불충분하여 송하인이 손해를 입은 경우 송하인에게 배상할 책임이 있다. 다만, 제1항에 따라 송하인이 그 정확하고 충분함을 담보한 것으로 보는 경우에는 그러하지 아니하다(928③).

항공화물운송장 또는 화물수령증이 교부된 경우 그 운송증서에 적힌 대로 운송계약이 체결된 것으로 추정한다(929①). 운송인은 항공화물운송장 또는 화물수령증에 적힌 운송물의 중량, 크기, 포장의 종별·개수·기호 및 외관상태대로 운송물을 수령한 것으로 추정한다(929②). 운송물의 종류, 외관상태 외의 상태, 포장 내부의 수량 및 부피에 관한 항공화물운송장 또는 화물수령증의 기재 내용은 송하인이 참여한 가운데 운송인이 그 기재 내용의 정확함을 확인하고 그 사실을 항공화물운송장이나 화물수령증에 적은 경우에만 그 기재 내용대로 운송물을 수령한 것으로 추정한다(929③).

운송인은 제923조 제1항 각 호의 정보를 전산정보처리조직에 의하여 전자적 형태로 저장하거나 그 밖의 다른 방식으로 보존함으로써 항공화물운송장의 교부에 대체할 수 있다(924①). 이 경우 운송인은 송하인의 청구에 따라 송하인에게 제923조 제1항 각 호의 정보를 적은 화물수령증을 교부하여야 한다(924②).

IV. 운송물의 성질에 관한 서류

송하인은 세관, 경찰 등 행정기관이나 그 밖의 공공기관의 절차를 이행하기 위하여 필요한 경우 운송인의 요청을 받아 운송물의 성질을 명시한 서류를 운송인에게 교부하여야 한다(926①). 운송인은 이러한 서류의 교부와 관련하여 어떠한 의무나 책임을 부담하지 아니한다(926②).

제3장 | 지상 제3자에 대한 책임

항공운송활동에는 여러 가지 항공위험이 따르게 되며, 그에 따른 항공사고의 가능성이 크다. 비행기의 추락과 같은 항공사고로 인하여 지상의 제3자가 손해를 입는 경우 신속한 피해구제를 위해 적절한 구제책이 마련되어야 할 것이다. 그리하여 항공운송법은 항공기 운항자의 책임에 관한 규정을 규정하고 있다.

제1절 항공기 운항자의 배상책임

항공기 운항자는 비행 중인 항공기 또는 항공기로부터 떨어진 사람이나 물건으로 인하여 사망하거나 상해 또는 재산상 손해를 입은 지상(지하, 수면 또는 수중 포함)의 제3자에 대하여 손해배상책임을 진다(930①).

I. 책임의 주체

배상책임의 주체는 항공기 운항자이다. "항공기 운항자"란 사고 발생 당시 항공기를 사용하는 자를 말한다. 다만, 항공기의 운항을 지배하는 자(이하 "운항지배자"라 한다)가 타인에게 항공기를 사용하게 한 경우에는 운항지배자를 항공기 운항자로 본다(930②). 상법 제6편을 적용할 때에 항공기등록원부에 기재된 항공기 소유자는 항공기 운항자로 추정한다(930③). 2대 이상의 항공기가 관여하여 제1항의 사고가 발생한 경우 각 항공기 운항자는 연대하여 제1항의 책임을 진다(930⑤). 운항지배자의 승낙 없이 항공기가 사용된 경우 운항지배자는 이를 막기 위하여 상당한 주의를 하였음을 증명하지 못하는 한 승낙 없이 항공기를 사용한 자와 연대하여 항공기운항자의 유한책임(932)에서 정한 한도 내의 책임을 진다(930⑥).

II. 책임의 발생원인

비행 중인 항공기 또는 항공기로부터 떨어진 사람이나 물건으로 인하여 사망하거나 상해 또는 재산상 손해를 입어야 한다. 이때 "비행 중"이란 이륙을 목적으로 항공기에 동력이 켜지는 때부터 착륙이 끝나는 때까지를 말한다(930④).

III. 면책사유

항공기 운항자는 비행 중인 항공기 또는 항공기로부터 떨어진 사람이나 물건으로 인한 사망, 상해 또는 재산상 손해의 발생이 다음의 어느 하나에 해당함을 증명하면 책임을 지지 아니한다(931).

(i) 전쟁, 폭동, 내란 또는 무력충돌의 직접적인 결과로 발생하였다는 것

(ii) 항공기 운항자가 공권력에 의하여 항공기 사용권을 박탈당한 중에 발생하였다는 것

(iii) 오로지 피해자 또는 피해자의 사용인이나 대리인의 과실 또는 그 밖의 불법한 작위나 부작위에 의하여서만 발생하였다는 것

(iv) 불가항력

항공기 운항자는 무과실책임(엄격책임)을 지지 않고 과실에 따른 과실책임만 부담한다. 테러행위로 인한 경우는 면책사유로 규정되지 않았다. 따라서 테러행위로 인한 피해에 대해서는 항공기 운항자가 무과실책임을 부담한다.

IV. 책임의 소멸

항공기 운항자의 지상 제3자의 손해에 대한 책임은 사고가 발생한 날부터 3년 이내에 재판상 청구가 없으면 소멸한다(934).

제2절 항공기 운항자의 책임제한

항공기 운항자의 지상 제3자에 대한 책임에 대해 엄격책임을 규정함에 따라 그의 책임범위를 제한하고 있다. 선주의 책임한도와 유사한 방식을 취하고 있다(770).

I. 책임한도액

1. 총체적 책임제한

항공기 운항자의 제930조에 따른 책임은 하나의 항공기가 관련된 하나의 사고에 대하여 항공기의 이륙을 위하여 법으로 허용된 최대중량(이하 "최대중량"이라 한다)에 따라 다음에 정한 금액을 한도로 한다(932①).

(i) 최대중량이 2천킬로그램 이하의 항공기의 경우 30만 계산단위(SDR)의 금액

(ii) 최대중량이 2천킬로그램을 초과하는 항공기의 경우 2천킬로그램까지는 30만 계산단위, 2천킬로그램 초과 6천킬로그램까지는 매 킬로그램당 175 계산단위, 6천킬로그램 초과 3만킬로그램까지는 매 킬로그램당 62.5 계산단위, 3만킬로그램을 초과하는 부분에는 매 킬로그램당 65 계산단위를 각각 곱하여 얻은 금액을 순차로 더한 금액

2. 개별적 책임제한

하나의 항공기가 관련된 하나의 사고로 인하여 사망 또는 상해가 발생한 경우 항공기 운항자의 제930조에 따른 책임은 제1항의 금액의 범위에서 사망하거나 상해를 입은 사람 1명당 12만5천 계산단위의 금액을 한도로 한다(932②).

3. 책임한도액의 경합

하나의 항공기가 관련된 하나의 사고로 인하여 여러 사람에게 생긴 손해의 합계가 총체적 책임한도액을 초과하는 경우, 각각의 손해는 제1항의 한도액에 대한 비율에 따라 배상한다(932③). 하나의 항공기가 관련된 하나의 사고로 인하여 사망, 상해 또는 재산상의 손해가 발생한 경우 제1항에서 정한 금액의 한도에서 사망 또는 상해로 인한 손해를 먼저 배상하고, 남는 금액이 있으면 재산상의 손해를 배상한다(932④).

4. 무한책임

항공기 운항자 또는 그 사용인이나 대리인이 손해를 발생시킬 의도로 제930조 제1항의 사고를 발생시킨 경우에는 제932조를 적용하지 아니한다. 이 경우 항공기 운항자의 사용인이나 대리인의 행위로 인하여 사고가 발생한 경우에는 그가 권한 범위에서 행위하고 있었다는 사실이 증명되어야 한다(933①). 항공기를 사용할 권한을 가진 자의 동의 없이 불법으로 항공기를 탈취(奪取)하여 사용하는 중 사고를 발

생시킨 자에 대하여는 항공기 운항자의 유한책임에 관한 제932조를 적용하지 아니한다(933②).

II. 책임제한의 절차

지상 제3자의 손해에 대한 책임 규정에 따라 책임을 제한하려는 자는 채권자로부터 책임한도액을 초과하는 청구금액을 명시한 서면에 의한 청구를 받은 날부터 1년 이내에 법원에 책임제한절차 개시의 신청을 하여야 한다(935①). 선주유한책임에서 책임제한절차의 개시를 신청하는 경우와 같다(776①). 책임제한절차 개시의 신청, 책임제한 기금의 형성·공고·참가·배당, 그 밖에 필요한 사항에 관하여는 성질에 반하지 아니하는 범위에서 「선박소유자 등의 책임제한절차에 관한 법률」의 예를 따른다(935②). 이 점도 선주유한책임에서의 책임제한절차의 경우와 같다(776②).

III. 책임의 소멸

항공기 운항자의 지상 제3자에 대한 책임은 사고가 발생한 날부터 3년 이내에 재판상 청구가 없으면 소멸한다(934). 해상물건운송인의 책임이 원칙적으로 1년 단기 제척기간으로 되어 있는 점(814)과는 달리 3년의 제척기간으로 정하고 있다.

찾아보기

김 홍 수

연세대학교 법과대학(법학박사)

현, 한남대학교 법과대학 명예교수

한　철

고려대학교 법과대학(법학박사)

현, 한남대학교 법과대학 교수

김 원 규

일본 조치대학 대학원 법학연구과(법학박사)

현, 한남대학교 법과대학 교수

제6판 **상법강의**

─────────────────────────────────

2008년 3월 1일 초 판 발행
2020년 8월 25일 제6판 발행

—

공저자 김홍수 · 한 철 · 김원규
발행인 이방원
발행처 세창출판사
　　　　서울 서대문구 경기대로 88(냉천빌딩 4층)
　　　　전화 (02) 723-8660　　팩스 (02) 720-4579
　　　　신고번호 제300-1990-63호

　　　　—

　　　　이메일: edit@sechangpub.co.kr　　홈페이지: http://www.sechangpub.co.kr
　　　　블로그: blog.naver.com/scpc1992　페이스북: fb.me/scp1008　인스타그램: @pc_sechang

ISBN　978-89-8411-967-3　93360